Die Standard-Symbolleiste

Neu
Sichern
E-Mail
Seitenansicht
Recherchieren
Format übertragen
Kopieren
Tabellen und Rahmen
Wiederherstellen
Excel-Tabelle einfügen
Spalten
Zeichnen
einblenden/ ausblenden
Hilfe

Drucken
Ausschneiden
Einfügen
Rückgängig
Tabelle einfügen
Hyperlink einfügen
Dokument- struktur
Zoom
Lesemodus

Berechtigungen
Öffnen
Rechtschreibung und Grammatik

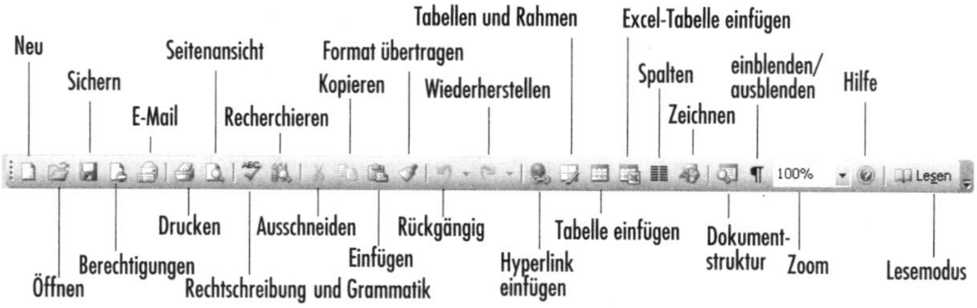

Die Format-Symbolleiste

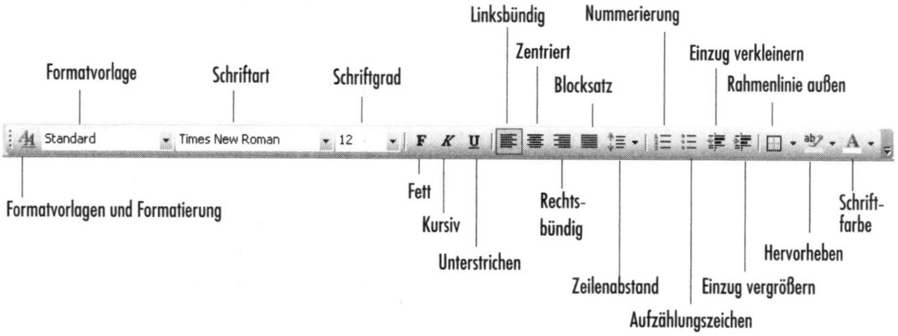

Formatvorlage
Schriftart
Schriftgrad
Linksbündig
Zentriert
Blocksatz
Nummerierung
Einzug verkleinern
Rahmenlinie außen

Standard — Times New Roman — 12 —

Formatvorlagen und Formatierung

Fett
Kursiv
Unterstrichen
Rechts- bündig
Zeilenabstand
Aufzählungszeichen
Einzug vergrößern
Schrift- farbe
Hervorheben

Der Word 2003-Bildschirm

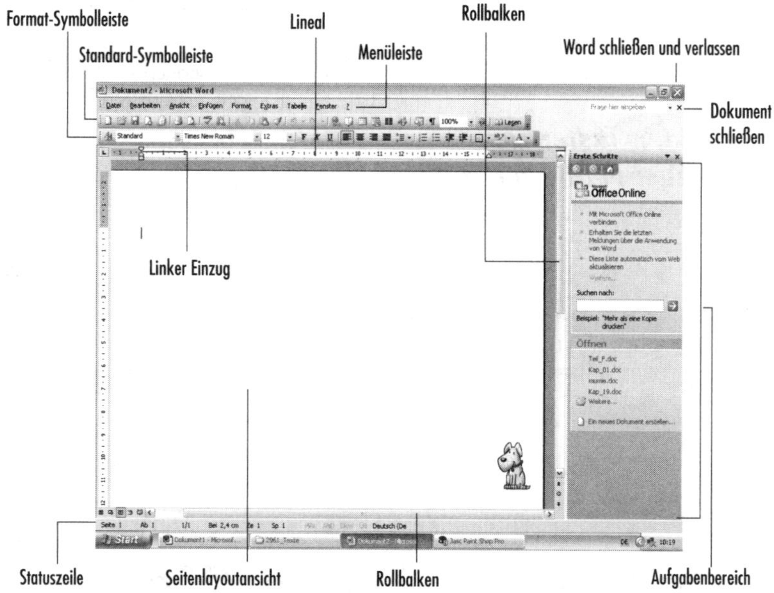

Format-Symbolleiste
Standard-Symbolleiste
Lineal
Menüleiste
Rollbalken
Word schließen und verlassen
Dokument schließen

Linker Einzug

Statuszeile
Seitenlayoutansicht
Rollbalken
Aufgabenbereich

Sich durch das Dokument bewegen

↑	Bewegt den Zahnstocher-Cursor zeilenweise nach oben.
↓	Bewegt den Zahnstocher-Cursor zeilenweise nach unten.
→	Bewegt den Zahnstocher-Cursor zeichenweise nach rechts durch den Text.
←	Bewegt den Zahnstocher-Cursor zeichenweise nach links durch den Text.
Strg + ↑	Bewegt den Zahnstocher-Cursor absatzweise nach oben.
Strg + ↓	Bewegt den Zahnstocher-Cursor absatzweise nach unten.
Strg + →	Bewegt den Zahnstocher-Cursor wortweise nach rechts.
Strg + ←	Bewegt den Zahnstocher-Cursor wortweise nach links.
Bild ↑	Bewegt den Zahnstocher-Cursor bildschirmweise nach oben.
Bild ↓	Bewegt den Zahnstocher-Cursor bildschirmweise nach unten.
Ende	Bewegt den Zahnstocher-Cursor an das Ende der aktuellen Zeile.
Pos1	Bewegt den Zahnstocher-Cursor an den Anfang der aktuellen Zeile.
Strg + Pos1	Bewegt den Zahnstocher-Cursor an den Anfang des Dokuments.
Strg + Ende	Bewegt den Zahnstocher-Cursor an das Ende des Dokuments.

Die Kindergartentasten

Kopieren	Strg + C
Ausschneiden	Strg + X
Einfügen	Strg + V
Rückgängig	Strg + Z

Die wichtigsten Tastenkombinationen zum Formatieren

Fett	Strg + Umschalt + F
Kursiv	Strg + Umschalt + K
Unterstreichen	Strg + Umschalt + U
Zentrieren	Strg + E
Links ausrichten	Strg + L
Rechts ausrichten	Strg + R
Blocksatz	Strg + B

Die wichtigsten Tastenkombinationen in Word

Abbrechen	ESC
Zurück zur vorherigen Position	Shift + F5
Aufgabenbereich anzeigen/ausschalten	Shift + F1
Neues Dokument	Strg + N
Öffnen	Strg + O
Drucken	Strg + P
Schnellspeichern	Strg + S
Befehl wiederholen	F4
Suchen	Strg + F
Ersetzen	Strg + H

Excel 2003 für Dummies – Schummelseite

Tastatur-Shortcuts zum Hantieren mit Tabellenblättern

Tasten	Aufgabe
Strg + Bild↓	Zum nächsten Tabellenblatt in der Arbeitsmappe wechseln
Strg + Bild↑	Zum vorherigen Tabellenblatt in der Arbeitsmappe wechseln
⇧ + Strg + Bild↓	Aktuelles und nachfolgendes Tabellenblatt in der Arbeitsmappe markieren
⇧ + Strg + Bild↑	Aktuelles und vorhergehendes Tabellenblatt in der Arbeitsmappe markieren
⇧ + F11 bzw. Alt + ⇧ + F1	Neues Tabellenblatt in die Arbeitsmappe einfügen
Alt + T + B + U	Aktuelles Tabellenblatt umbenennen (FORMAT|BLATT|UMBENENNEN)
Alt + T + B + A	Aktuelles Tabellenblatt ausblenden (FORMAT|BLATT|AUSBLENDEN)
Alt + T + B + E	Aktuelles Tabellenblatt einblenden (FORMAT|BLATT|EINBLENDEN)
Alt + T + B + R	Farbe für das aktuelles Blattregister wählen (FORMAT|BLATT|REGISTERFARBE)
Alt + B + T	Aktuelles Tabellenblatt in eine andere Arbeitsmappe verschieben bzw. kopieren (BEARBEITEN|BLATT VERSCHIEBEN/KOPIEREN)
Alt + B + L	Aktuelles Tabellenblatt löschen (BEARBEITEN|BLATT LÖSCHEN)

Tastatur-Shortcuts zum Bearbeiten von Zelleinträgen

Tasten	Aufgabe
Strg + F1	Aufgabenbereich auf der linken Seite des Anwendungsfensters öffnen bzw. schließen
F2	Einfügemarke hinter das letzte Zeichen des Inhalts der aktuellen Zelle setzen, um Zelleintrag zu bearbeiten
⇧ + F2	Einfügemarke hinter das letzte Zeichen des Kommentars der aktuellen Zelle setzen, um Kommentar zu bearbeiten
⬅ (Backspace)	Im Bearbeitungsmodus Zeichen links von der Einfügemarke löschen
Entf	Im Bearbeitungsmodus Zeichen rechts von der Einfügemarke löschen; ansonsten Inhalt des markierten Bereichs löschen
ESC	Bearbeitung der aktuellen Zelle abbrechen
↵	Bearbeitung der aktuellen Zelle abschließen
Strg + C + C	Aufgabenbereich ZWISCHENABLAGE öffnen
Strg + C	Markierten Bereich in die Zwischenablage kopieren
Strg + X	Markierten Bereich löschen und in der Zwischenablage ablegen
Strg + V	Zuletzt kopierten bzw. ausgeschnittenen Bereich aus der Zwischenablage an der aktuellen Cursorposition einfügen
Strg + + (Plus)	Dialogfeld ZELLEN EINFÜGEN öffnen und restlichen Zellen nach rechts bzw. nach unten verschieben
Strg + - (Minus)	Dialogfeld LÖSCHEN öffnen und restliche Zellen nach links bzw. nach oben verschieben
Strg + Z	Letzten Arbeitsschritt rückgängig machen
Strg + Y	Letzten Arbeitsschritt wiederholen

Excel 2003 für Dummies – Schummelseite

Mit der Format-Symbolleiste Format zeigen

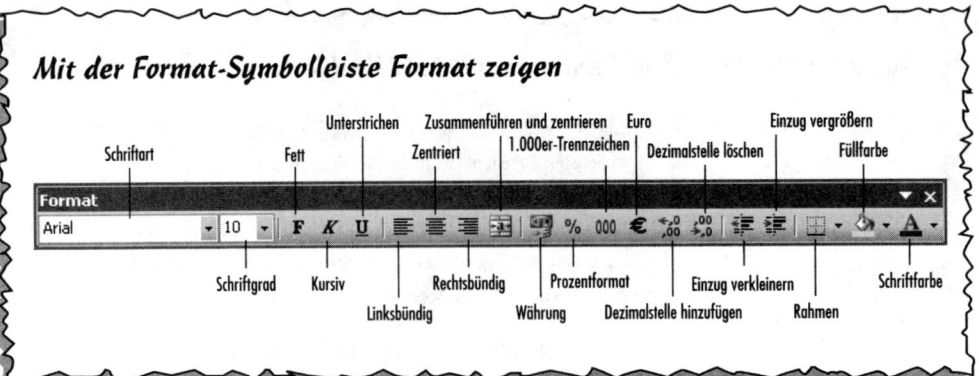

Die Tastatur-Shortcuts zum Formatieren von Zelleinträgen

Tasten	Aufgabe
Strg + #	Formeldarstellung aktivieren bzw. deaktivieren
Strg + ^	Uhrzeitformat (14:30)
Strg + 0	Spaltenbreite der aktuellen Spalte auf 0 setzen
Strg + 1	Dialogfeld ZELLEN FORMATIEREN öffnen
Strg + 2	**Fett** aktivieren bzw. deaktivieren
Strg + 3	*Kursiv* aktivieren bzw. deaktivieren
Strg + 4	Unterstreichen aktivieren bzw. deaktivieren
Strg + 5	~~Durchstreichen~~ aktivieren bzw. deaktivieren
Strg + 6	Diagrammobjekt ein- bzw. ausblenden
Strg + 7	Gliederungsmodus aktivieren bzw. deaktivieren
Strg + 8	Standard-Symbolleiste ein- bzw. ausblenden
Strg + 9	Markierte Zeilen verbergen
Strg + ⇧ + ☐	Rahmen einfügen
Strg + ⇧ + 1	Tausendertrennzeichen und zwei Dezimalstellen (11.555,40)
Strg + ⇧ + 2	Exponentialdarstellung (1,16E+04)
Strg + ⇧ + 3	Datumsformat (05. Jan 61)
Strg + ⇧ + 4	Währungsformat (11.555,40 DM; ja wirklich DM und nicht €)
Strg + ⇧ + 5	Prozentformat (115554%)
Strg + ⇧ + 6	Standardzahlenformat (11555,4)
Strg + ⇧ + 9	Verborgene Zeilen wieder anzeigen

Word 2003 und Excel 2003
für Dummies

Dan Gookin und Greg Harvey

Word 2003 und Excel 2003 für Dummies

Sonderausgabe

Übersetzung aus dem Amerikanischen von Robert Hahn, Petra Heubach-Erdmann, Martina Hesse-Hujber und Sabine Lambrich

WILEY-VCH
VCH

WILEY-VCH Verlag GmbH & Co. KGaA

Bibliografische Information Der Deutschen Bibliothek
Die Deutsche Bibliothek verzeichnet diese Publikation
in der Deutschen Nationalbibliografie;
detaillierte bibliografische Daten sind im Internet über
<http://dnb.ddb.de> abrufbar.

1. Auflage 2006

© 2006 WILEY-VCH Verlag GmbH & Co. KGaA, Weinheim

Original English language editions *Word 2003 For Dummies* and *Excel 2003 For Dummies* Copyright
© 2003 by Wiley Publishing, Inc. All rights reserved including the right of reproduction in whole or in part
in any form. This translation is published by arrangement with John Wiley and Sons, Inc.

Copyright der englischsprachigen Originalausgaben *Word 2003 für Dummies* und *Excel 203 für Dummies*
© 2003 von Wiley Publishing, Inc. Alle Rechte vorbehalten inklusive des Rechtes auf Reproduktion im
Ganzen oder in Teilen und in jeglicher Form. Diese Übersetzung wird mit Genehmigung von John Wiley and
Sons, Inc. publiziert.

Wiley, the Wiley logo, Für Dummies, the Dummies Man logo, and related trademarks and trade dress are
trademarks or registered trademarks of John Wiley & Sons, Inc. and/or its affiliates, in the United States and
other countries. Used by permission.

Wiley, die Bezeichnung »Für Dummies«, das Dummies-Mann-Logo und darauf bezogene Gestaltungen sind
Marken oder eingetragene Marken von John Wiley & Sons, Inc., USA, Deutschland und in anderen Ländern.

Das vorliegende Werk wurde sorgfältig erarbeitet. Dennoch übernehmen Autoren und Verlag für die Richtig-
keit von Angaben, Hinweisen und Ratschlägen sowie für eventuelle Druckfehler keine Haftung.

Printed in Italy

Gedruckt auf säurefreiem Papier

Satz   Conrad und Lieselotte Neumann, München
Druck und Bindung   L.E.G.O. S.p.A., Lavis (TN)

ISBN-13: 978-3-527-70311-1
ISBN-10: 3-527-70311-X

Dan Gookin

Word 2003
für Dummies

*Übersetzung aus dem Amerikanischen von Robert Hahn
und Petra Heubach-Erdmann*

WILEY-
VCH

WILEY-VCH Verlag GmbH & Co. KGaA

Cartoons im Überblick

von Rich Tennant

»Ich finde es wirklich toll, dass dein Computer 256
Farben hat. Bloß – warum müssen die alle
auf einer Seite sein?«

Seite 35

»Diese Kidnapper sind clever, Inspektor. Schauen Sie mal,
diese Fußnote und die eingefügte vierfarbige Grafik mit
dem Bild des Opfers. Und erst die Fonts! Die entwerfen
bestimmt selber welche! Das müssen über 35
verschiedene Schriftarten hier im Text sein!«

Seite 171

Dad animiert die traditionelle Lagerfeuergeschichte
mit Multimedia, Sound und Grafiken.

Seite 277

»Hast du kürzlich auf Hilfe in der Word-Menüleiste
geklickt? Hier ist Mr. Gates und will wissen,
ob alles in Ordnung ist.«

Seite 329

»Es ist ein Computerprogramm, das eher die tatsächliche
Büro-Umgebung widerspiegelt. Es kommuniziert mit
anderen Nutzern, integriert gemeinsame Daten und
benutzt dann diese Information, um haltlose Gerüchte
über das ~~System~~ auszutauschen.«

Seite 349

»Mensch Richard, du musst mir
unbedingt zeigen, wo du auf
der Symbolleiste den Knopf
»Overkill« gefunden hast.«

Seite 405

Fax: 001-978-546-7747
Internet: www.the5thwave.com
E-Mail: richtennant@the5thwave.com

Inhaltsverzeichnis

Kapitel 10
Tipps von einem Word-Guru 163

Teil II
Lassen Sie Word das Formatieren übernehmen 171

Kapitel 11
Zeichen, Schrift und Text formatieren 173

Kapitel 12
Absätze formatieren

Kapitel 13
Tabulatoren einstellen

Kapitel 14
Seiten formatieren

Kapitel 28
Words Aussehen verändern 361

Kapitel 29
Das zerbrochene Word 367

Einführung

*W*illkommen zu Word 2003 für Dummies, dem ultimativen, Mythen zerstampfenden und Irrsinn vorbeugenden Buch über Microsofts neuestes und bestes Textverarbeitungsprogramm für 2003 und immerdar.

Word ist beeindruckend und faszinierend. Mehr als nur ein einfaches Textverarbeitungsprogramm, kann man mit ihm fast alles auf eine Seite Papier bringen. Aber müssen Sie all diese Funktionen dafür kennen?

Nein! Sie werden wahrscheinlich gar nicht alles über Word wissen wollen, was man wissen kann. Sie wollen nur die Grundlagen wissen oder auch ein paar nützliche Tricks kennen lernen, damit Sie mit dem Programm zurecht kommen und Ihre Arbeit erledigen können, ohne von den Tücken der Software zum Wahnsinn getrieben zu werden. Wenn Sie so denken, dann ist dies das Buch für Sie.

Dieses Buch soll informieren und unterhalten. Und es hat eine total unernste und dabei praktische Einstellung zu seinem Thema: Sie müssen Word nicht lieben, um es zu benutzen. Es ist nur ein Werkzeug. Klar, es gibt bestimmt eine Menge Kerle, die in ihren Schraubenschlüssel verliebt sind, oder Computerfreaks, die sich nur noch mit ihren Programmen unterhalten – doch auch Programme sind schließlich nur Werkzeuge.

Bleiben Sie also ruhig und erwarten Sie von diesem Buch informative, bodenständige Erklärungen in klarem Deutsch über die Arbeit mit Microsoft Word. Nehmen Sie Ihre Arbeit ernst – Word brauchen Sie wirklich nicht ernst zu nehmen.

Über dieses Buch

Dieses Buch soll nicht von der ersten bis zur letzten Seite gelesen werden. Es handelt sich nicht um einen Roman, und falls es einer wäre, würde ich die Hauptfiguren am Ende alle sterben lassen, so dass es kein wirkliches Lesevergnügen wäre. Stattdessen ist dieses Buch ein Nachschlagewerk. Jedes Kapitel widmet sich einem bestimmten Thema oder einer bestimmten Aufgabe, die Word erledigt. Innerhalb eines Kapitels finden Sie in sich abgeschlossene Abschnitte, in denen beschrieben wird, wie eine bestimmte, mit diesem Thema zusammenhängende Aufgabe durchgeführt wird. Beispielsweise stoßen Sie in diesem Buch auf Abschnitte, in denen Folgendes behandelt wird:

✔ Ihre Sachen speichern

✔ Textabschnitte ausschneiden und einfügen

✔ Schnell eine Textstelle finden

✔ Absätze ausrichten

✔ Tabellen auf die Schnelle zusammenstoppeln

✔ Eine Dokument-Vorlage benutzen

Sie müssen keine Tastenkombinationen auswendig lernen, keine Geheimcodes, keine Tricks, keine Schaubilder, keine Wandpläne. Stattdessen erklärt jeder Abschnitt ein Thema so, als ob es das erste wäre, das Sie in dem Buch lesen. Es wird nichts vorausgesetzt, und auf alle anderen wichtigen Sachen zum Thema wird querverwiesen. Technische Ausdrücke und Inhalte werden – sofern sie überhaupt vorkommen – schön zur Seite geschoben, so dass Sie es leicht vermeiden können, sie zu lesen. Es geht hier nicht darum, dass Sie etwas auswendig lernen. Die Philosophie dieses Buches lautet: Nachschlagen, Lösung finden, weiterarbeiten.

Wie man dieses Buch benutzt

Dies ist ein praxisbezogenes Buch. Es handelt von den Sachen, die Sie mit Word machen können, und als einzige Voraussetzung müssen Sie wissen, was Sie machen wollen. Zumindest sollten Sie eine vage Idee davon haben.

In Word benutzen Sie, genau wie in Windows, die Maus und die Menüs, um damit Texte zu bearbeiten. Manchmal allerdings sind verschiedene Tastenkombinationen erforderlich. Man muss sie dann gleichzeitig oder hintereinander drücken, um etwas in Gang zu setzen.

So sieht eine Tastenkombination aus. Auf Englisch heißt so etwas *shortcut*:

Strg + Shift + P

Wenn Sie diese Tastenkombination anwenden wollen, dann müssen Sie die Strg -Taste und die Umstelltaste drücken und gedrückt halten, während Sie die P -Taste drücken.

Menü-Befehle werden folgendermaßen dargestellt:

DATEI | ÖFFNEN

Dieser Befehl bedeutet, dass Sie im Menü auf den Menüeintrag DATEI drücken (ob Sie das jetzt mit der Maus oder der Tastatur machen, ist völlig egal) und dann auf den Befehl ÖFFNEN klicken sollen. Wenn Sie genau auf die Menü-Einträge schauen, dann sehen Sie dort die ersten Buchstaben jedes Menüeintrages unterstrichen. Das sind die so genannten *hot keys*, die in Windows benutzt werden. An diesen heißen Tasten müssen Sie sich aber nicht die Finger verbrennen. Sie entsprechen nur den dazugehörigen Tastenbefehlen, mit denen Sie die Menü-Einträge öffnen können (zum Beispiel Alt + D für Datei oder Alt + B für Bearbeiten). Probieren Sie's mal aus!

Achten Sie allerdings darauf, dass Sie in Windows dabei immer die Alt -Taste zuerst drücken müssen, um die *hot keys* zu aktiveren.

Wenn ich eine Meldung von Word oder etwas, das Sie selber eingeben, beschreibe, sieht das so aus:

```
Kann die Festplatte nicht finden, woanders speichern?
```

Wenn Sie zusätzliche Hilfe brauchen, wie Sie mit Ihrem Computer umgehen sollen, oder überhaupt ein gutes Nachschlagewerk, kann ich Ihnen mein Buch »PCs für Dummies«, erschienen bei mitp, empfehlen. Das Buch enthält eine Menge zusätzlicher Informationen, die das, was Sie in diesem Buch finden werden, sinnvoll unterstützen.

Was Sie nicht lesen müssen

Spezielle technische Abschnitte übersäen dieses Buch wie Windpocken ein achtjähriges Kind. Sie bieten anödende, endlose technische Erklärungen, Beschreibungen fortgeschrittener Themen oder alternative Befehle, die Sie wirklich nicht kennen müssen. Jeder Abschnitt ist mit einem speziellen Symbol beflaggt oder in einem Kasten mit elektrischem Stacheldraht und Brennnesseln verpackt. Das Lesen dieses Krams ist absolut freiwillig.

Törichte Annahmen

Hier sind die Vorstellungen, die ich von Ihnen habe: Sie benutzen einen Computer. Sie arbeiten mit Windows, entweder Windows 2000 oder Windows XP (egal, ob Professional oder Home Edition). Word 2003 läuft auf keinen anderen Versionen von Windows (zumindest bis zur Drucklegung dieses Buches).

Ihr Textverarbeitungsprogramm ist Microsoft Word 2003. Ich nenne es in diesem Buch einfach »Word«. Word war vielleicht schon auf Ihrem Computer vorinstalliert oder Sie haben es vielleicht extra als Einzelprogramm erstanden oder es ist Bestandteil eines größeren Programmpakets, das Microsoft Office 2003 genannt wird. Wie auch immer. Das gleiche Programm, das gleiche Word.

Das Programm, das ich im Buch beschreibe, ist nicht Microsoft Works. Das ist ein vollkommen anderes Programm von Microsoft. Works wird in diesem Buch nicht behandelt. Alles klar?

Ich setze nicht voraus, dass Sie Microsoft Office installiert haben. Office wird in diesem Buch nicht behandelt und auch nicht irgendeine der anderen Office-Anwendungen.

Zu guter Letzt setzt dieses Buch voraus, dass das PERSONALISIERTE MENÜ bei Ihrem Word ausgeschaltet ist. Um sich davon zu überzeugen, müssen Sie folgende Schritte in Word 2003 ausführen:

1. **Wählen Sie EXTRA | ANPASSEN aus der Menü-Leiste.**

   Die Dialogbox ANPASSEN erscheint nun.

2. **Klicken Sie mit Ihrer Maus auf die Karteikarte OPTIONEN.**

3. **Klicken Sie mit Ihrer Maus ein Häkchen vor den Punkt IMMER GANZE MENÜS ZEIGEN.**

4. **Klicken Sie auf den OK-Knopf.**

Durch diese Einstellung zeigt Ihnen Word jedes Mal, wenn Sie einen Menü-Eintrag öffnen, den ganzen Eintrag. Ansonsten zeigt es nämlich nicht alle, was ganz schön ärgerlich sein kann.

Wie dieses Buch aufgebaut ist

Dieses Buch besteht aus sechs Hauptteilen, jeder Teil ist in verschiedene Kapitel unterteilt. Die Kapitel selbst sind wiederum in kleinere, unabhängige Abschnitte aufgegliedert. Sie können das Buch hernehmen und jeden beliebigen Abschnitt lesen, ohne notwendigerweise zu wissen, was in den übrigen Abschnitten behandelt worden ist. Starten Sie, wo es Ihnen beliebt.

Hier ist eine Zusammenfassung der Teile und was sie enthalten:

Teil I: Word-Grundlagen

Das ist der Word-Kinderkram – die einfachen Grundlagen. Hier lernen Sie Text einzugeben, Dokumente zu öffnen und zu speichern, ganze Textabschnitte zu bearbeiten, die Rechtschreibprüfung zu nutzen und Dokumente zu drucken.

Teil II: Lassen Sie Word die Formatierung übernehmen

Dieser Teil des Buches enthält Kapitel, die Ihnen zeigen, wie man Zeichen, Zeilen, Absätze, Seiten und ganze Dokumente formatiert.

Teil III: Ein Dokument aufpeppen

Weit hinter dem Formatieren liegt das Reich der Dinge, die Sie Ihrem Dokument hinzufügen können, damit es nett aussieht. Dieser Teil des Buches ist ein Potpourri esoterischer Wundermittelchen, die Sie in Ihrem Text wirken lassen können: Rahmen, Schatten, Tabellen, Bilder, Spalten, Fußnoten und andere interessante Spielereien.

Teil IV: Lustige und seltsame Dinge

Dieser Teil behandelt einige verschiedene allgemeine Themen, Dinge, die manche als zu sehr an der Grenze des Bizarren sehen, um sie in ein »Anfänger«-Word-Buch aufzunehmen.

Teil V: Word kreativ

Obwohl ich nicht die Seiten zur Verfügung habe, um alles unterzubringen, gibt dieser Teil des Buches einige Hinweise und Tipps zu verschiedenen lustigen und interessanten (und unerwarteten) Sachen, die man mit Word anstellen kann.

Teil VI: Der Top-Ten-Teil

Wie wär's mit »Die Zehn Word-Gebote«? Oder »Zehn wirklich bizarre Dinge«? Oder das nützliche »Zehn Dinge, die Sie sich merken sollten«? Dieser Abschnitt ist eine Goldmine für Zehner-Listen.

Was Sie hier nicht finden werden

Einerseits steht in diesem Buch alles, was Sie über Word 2003 wissen müssen. Andererseits ist in meinem Kopf viel mehr Wissen, als in dieses Buch passt. Was tun? Um das Ungleichgewicht von Buch und Kopf auszugleichen, habe ich eine Website erstellt, auf der Sie die allerneuesten Neuigkeiten von Word 2003 erfahren: zusätzliche Informationen über alles, was nach dem Druck dieses Buches an neuen Anwendungen und Fragen so an das Licht des grellen Tages getreten ist. Bitte beachten Sie dabei, dass ich im richtigen Leben eigentlich nur Englisch spreche. Sie sollten deshalb Ihre Fragen an mich auch in dieser Sprache stellen.

Wenn Sie einen Internetanschluss und einen Browser haben, können Sie die Seite zu diesem Buch unter

```
www.wambooli.com/help/word
```

erreichen.

Außerdem veröffentliche ich wöchentlich einen Newsletter, der öfters auch Tipps und Tricks, spezielle Tastenkombinationen und Erklärungen bringt, mit denen Sie Ihr Word-Wissen erweitern können. Beachten Sie, dass auch dieser Newsletter gänzlich auf Englisch gehalten ist. Tja. Und hier ist er zu kriegen:

```
www.wambooli.com/newsletter/weekly
```

Symbole in diesem Buch

Dieses Symbol signalisiert nützliche, hilfreiche Tipps oder Abkürzungen.

Dieses Symbol kennzeichnet die freundliche Erinnerung daran, etwas zu tun.

Dieses Symbol kennzeichnet die freundliche Warnung, etwas zu unterlassen.

Dieses Symbol alarmiert Sie, dass Sie auf ziemlich nervtötende Experten-Informationen und technisches Gerede stoßen. Diese Erklärungen müssen Sie nicht lesen; allerdings könnten Sie damit auf Cocktail-Partys angeben, wenn Sie sie dort zum Besten geben.

Und was kommt jetzt?

Na fangen Sie an zu lesen! Untersuchen Sie das Inhaltsverzeichnis und schauen Sie, was Sie interessiert. Oder suchen Sie nach Ihrem Problem im Index hinten im Buch.

Hier einige Tipps:

Wenn Sie mit Word noch nicht gearbeitet haben, sollten Sie mit Kapitel 1 beginnen.

Wenn Sie allerdings ein unerschrockener und mit allen Wassern gewaschener Word-Veteran sind, sollten Sie sich von Teil V inspirieren lassen.

Word-Probleme? Zickt das Programm rum? – Lassen Sie sich in Kapitel 29 helfen!

Und nun los: Lesen Sie! Schreiben Sie! Schaffen Sie!

Übrigens: Ich bin natürlich auch über E-Mail zu erreichen. Meine Adresse ist: dgookin@wambooli.com

Ach ja – sagte ich es schon? – ich spreche nur Englisch.

Ich antworte auf alle meine E-Mails, schicken Sie mir also einfach ein paar Zeilen, auch wenn Sie mir nur mal »Hallo!« sagen wollen. Und schauen Sie mal auf die Webseite zu diesem Buch (Adresse siehe oben).

Viel Spaß mit dem Buch, viel Spaß mit Word ... oder zumindest wenig Probleme.

Teil I

Hallo Welt!

The 5th Wave — By Rich Tennant

»Ich finde es wirklich toll, dass dein Computer 256 Farben hat. Bloß – warum müssen die alle auf einer Seite sein?«

In diesem Teil ...

Schon in der Steinzeit saßen unsere Vorfahren Urf und Gronk in ihrer komfortablen Höhle vor dem Feuer und träumten von einer effizienten computergestützten Software, die es ihnen ermöglichen würde, ihre Gedanken auszudrücken. Aber – o weh! – es gab nichts als Steine. Als Urf nun begann, seine Gedanken vorsichtig mit einem Feuerstein in die Höhlenwand zu ritzen, ließ Gronk seiner Kehle einen gigantischen Rülpser entfahren. Die Höhle stürzte ein, und so werden wir nie erfahren, was unsere Vorfahren wirklich dachten.

Lassen Sie Ihre Textverarbeitungsversuche mit Word nicht so einfach vereiteln! Es war ein weiter Weg von den Höhlenzeichnungen und der Feuersteinzeit: Die alten Ägypter erfanden das Papier, die Phönizier entwickelten das Alphabet und Gutenberg den Buchdruck. Jenen schließlich, die über eine vollkommen unleserliche Handschrift verfügen, erlaubte die Schreibmaschine die Kunst des Schreibens, ohne den Leser zum Wahnsinn zu treiben.

Und heutzutage gibt es Textverarbeitungsprogramme. Jedermann benutzt sie und darüber vergisst man leicht, dass es mal die Ägypter mit ihrem Papyrus, Gutenberg mit seiner Druckerpresse und die gute alte Reiseschreibmaschine gab. Wörter erscheinen wie von Zauberhand, werden gelöscht, verschoben, gesucht und gefunden, gespeichert und gedruckt – alles nur mit ein paar lässigen Bewegungen aus dem Handgelenk. Nehmen Sie sich kein Vorbild an Gronk bei der Verwirklichung Ihrer Textverarbeitungswünsche. Legen Sie einfach ab und genießen Sie die folgenden Kapitel, die die nackten Grundlagen Ihrer Textverarbeitungsodyssee behandeln.

Der große Überblick

Es gibt nichts Gutes. Es sei denn: man tut es.

Träumen wir nicht alle davon, ein berühmter Schriftsteller zu werden? Oder vielleicht einmal ein preisverdächtiges Drehbuch zu schreiben? Natürlich gibt es auch viel weniger Prickelndes zu schreiben: Berichte, Memos, Notizen oder eine Aufgabenliste. Das sind alles Wörter. Vom Diktat in der Grundschule bis zum ersten Bestseller in diesem Jahrhundert – es sind alles Wörter, die geschrieben wurden.

Die Software, die dafür gemacht wurde, um mit großartigen oder banalen Wörtern umzugehen, ist ein Textverarbeitungsprogramm wie zum Beispiel Microsoft Word.

Dieses Kapitel ist eine Einführung in Microsoft Word. Es versieht Sie mit dem nötigen Rüstzeug, damit Sie verstehen, wie Word Ihnen bei Ihrer Computerarbeit hilft. Außerdem zeigt es Ihnen einige schicke Dinge, die Sie mit Word machen können und die Sie garantiert nicht erwartet hätten. Noch besser: Es beschleunigt Ihre Entwicklung zum größten deutschen Schriftsteller aller Zeiten!

Die guten, die besten und die schlechtesten Möglichkeiten, Word zu starten

Wie starte ich dich, oh Word? Lass mich die Wege zählen ...

Jeder, der einen Computer benutzt, hat die dunkle Ahnung, dass es doch irgendwie einen besseren, schnelleren Weg geben müsse, die Aufgaben zu erledigen. Es gibt ja so viele Wege. Und irgendwann passiert es dann: Sie sitzen am Computer und irgendwer schaut vorbei, als Sie gerade Ihr Textverarbeitungsprogramm starten. Mit seinen fettigen Wurstfingern zeigt er auf Ihren Bildschirm und kichert: »So machst du das?« Oh, Mist. Und jetzt?

Nur keine Aufregung! Es gibt mehr Wege zum Starten eines Computerprogramms als Wege, wie eine Horde bekiffter Schimpansen einen Antik-Laden verwüsten kann. Natürlich sollten wir keine Zeit verschwenden und alle Methoden erörtern. Statt dessen werde ich Ihnen den normalen, den besseren und den besten Weg zeigen, Ihr Word-Programm zu starten. (Die schlechtesten Wege finden Sie in einem anderen Buch von einem anderen Autor.)

Zuerst ein paar grundlegende Schritte, die Sie tun müssen, egal wie Sie weitermachen.

1. **Sehen Sie zu, dass Ihr Computer eingeschaltet und warmgelaufen ist.**

    Jeder Computer, der eingeschaltet ist, ist eigentlich warmgelaufen. Die einzige Methode, ihn noch ein wenig mehr anzuheizen, würde darin bestehen, ihn auf den Herd zu stellen. Aber das empfiehlt sich nicht.

2. **Bereiten Sie sich körperlich vor!**

    Setzen Sie sich. Sitzen Sie gerade, aufrecht und entspannt. Atmen Sie tief durch. Knacken Sie mit den Fingern. Sind Ihre Finger bereit, auf der Tastatur zu tanzen? Gut!

3. **Bereiten Sie sich mental vor!**

    Schließen Sie die Augen. Entspannen Sie sich. Denken Sie an ruhiges blaues Wasser. Bereiten Sie sich darauf vor, Ihre Gedanken in den Computer fließen zu lassen. Denken Sie daran, Sie sind der Meister. (Murmeln Sie das immer wieder vor sich hin: Ich bin der Meister.)

 Wenn Sie Hilfe brauchen, um Ihren Computer zu starten, sehen Sie in »PCs für Dummies« (erschienen bei mitp) nach. Dort finden Sie schnell ordentliche Anweisungen.

Jetzt können Sie aufhören, »Ich bin der Meister« zu murmeln.

Eine gute, zuverlässige Möglichkeit, Word zu starten

Eine zuverlässige Möglichkeit, jedes Programm zu starten, ist der legendäre START-Knopf. Das ist vielleicht nicht der coolste Weg ein Programm zu starten, aber es ist Standard und zuverlässig – so was braucht man auf einem Computer. Befolgen Sie folgende Schritte:

1. **Klappen Sie das Startmenü auf.**

     Klicken Sie auf die START-Schaltfläche, um das Menü aufzuklappen. Diese Schaltfläche befindet sich oft in der linken Ecke der Taskleiste, ganz unten am Bildschirm.

Eine andere Möglichkeit, das Startmenü aufzuklappen, ist, die Tastenkombination Strg + ESC oder – sofern Ihre Tastatur darüber verfügt – die Windows-Taste (zwischen der Strg - und der Alt -Taste) zu drücken.

2. **Wählen Sie** ALLE PROGRAMME | MICROSOFT WORD **oder – sofern Sie wie in Abbildung 1.1 das komplette Office-Paket installiert haben –** ALLE PROGRAMME | MICROSOFT OFFICE | MICROSOFT OFFICE WORD 2003 **.**

Der Menü-Eintrag kann auch WORD, MICROSOFT WORD oder WORD 2003 lauten. Außerdem kann es sein, dass es bei Ihnen lediglich »Programme« anstatt »Alle Programme« heißt.

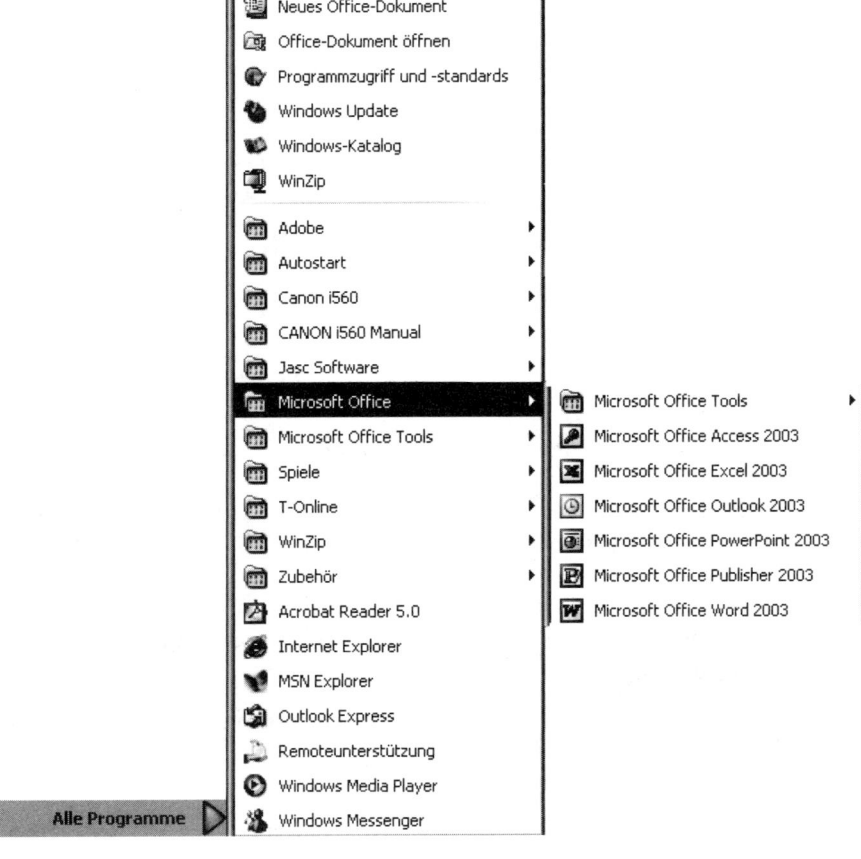

Abbildung 1.1: Word im Startmenü auftreiben

Schauen Sie mit Erstaunen zu, wie Ihr Computer ein wenig rödelt und rattert. Es dauert nicht lange, und Word erscheint auf des Computers Bildschirm und sieht aus wie ein betrunkener Verwandter, der zu spät zur Familienfeier kommt und nur eine billige Flasche Schnaps mitbringt.

Regen Sie sich jetzt nicht über Words Aussehen auf! Ich erkläre Ihnen, was Sie da sehen, später in dem Abschnitt »Word auf dem Bildschirm«.

Word automatisch starten lassen, wenn Sie Ihre Windowssitzung beginnen

Wenn Sie wollen, dass Word jedes Mal automatisch startet, wenn Sie mit Ihrer Windowssitzung beginnen, müssen Sie folgendermaßen vorgehen:

1. **Klicken Sie mit der rechten Maustaste auf die Schaltfläche START, und klicken Sie dann auf EIGENSCHAFTEN.**

2. **Klicken Sie auf der Registerkarte STARTMENÜ auf KLASSISCHES STARTMENÜ, und klicken Sie dann auf ANPASSEN. Dadurch wird das Format des Startmenüs geändert.**

3. **Klicken Sie auf ERWEITERT.**

4. **Suchen Sie im Ordner STARTMENÜ nach der Verknüpfung zu dem Programm, das beim Starten von Windows gestartet werden soll, und ziehen Sie sie in den Ordner AUTOSTART, der sich im Ordner PROGRAMME befindet**

Falls irgendetwas bei dieser Aktion schief läuft, drücken Sie einfach ⌨Strg + ⌨Z und machen damit alles rückgängig. Oder suchen Sie sich irgendeinen Computerguru, der Ihnen dabei hilft.

Meine Lieblingsmethode Word zu starten

Microsoft Word

Meine Lieblingsmethode, Word zu starten, besteht darin, auf eine Schaltfläche, die ich auf den Desktop gelegt habe, oder auf eine Schaltfläche in der Schnellstartleiste zu klicken. Diese Wege sind für mich mehr geradeaus als dieser Umweg über die dämliche Start-Schaltfläche, und die Schnellstartleistenmethode ist überhaupt die schnellste, weil Sie die Schaltfläche nur einmal anklicken müssen, um Word zu starten.

Ob Sie nun ein Word-Symbol auf dem Desktop oder in der Schnellstartleiste anlegen, der erste Schritt ist immer derselbe: das Word-Symbol anlegen. Das kann ein bisschen technisch sein, also passen Sie gut auf, wenn Sie diesen Schritten folgen.

1. **Suchen Sie im Startmenü den Eintrag MICROSOFT WORD.**

   Starten Sie Word jetzt nicht! Zeigen Sie nur mit der Maus auf den Eintrag, wie Sie es in Abbildung 1.1 gesehen haben.

2. **Klicken Sie mit der rechten Maustaste auf den Eintrag MICROSOFT WORD.**

   Ein Aufklappmenü erscheint.

3. **Wählen Sie SENDEN AN | DESKTOP (VERKNÜPFUNG ERSTELLEN).**

   Plopp. Sie haben ein Word-Icon (jawohl, Icon – sprich: *Eiken* – ist ein Zeichen, das eine Verknüpfung beherbergen kann) auf dem Desktop erstellt. Das war zu einfach! Überprüfen Sie es:

4. Klicken Sie mit der Maus auf den Desktop.

Mit Desktop meine ich den Hintergrund, den Sie bei Windows sehen. Wenn Sie darauf klicken, klappt das Startmenü wieder ein.

5. Finden Sie das MS Word Verknüpfungszeichen.

Das Zeichen sieht wie im Startmenü aus: ein blaues W in einem rechteckigen weißen Feld mit der Bezeichnung MICROSOFT WORD darunter. Das ist Ihre Verknüpfung zu Word.

Wenn Sie Word lieber in der Schnellstartleiste haben wollen, dann ziehen Sie das Shortcut-Symbol nach da: Benutzen Sie die Maus, um das Word-Symbol in die Schnellstartleiste zu ziehen (*drag*) und lassen Sie dann die Maustaste los, um das Symbol dort fallen zu lassen (*drop*). Diese Methode heißt *Drag & Drop*. Wer hätte das gedacht! (Es ist möglich, dass Sie die Schnellstartleiste vergrößern müssen, um das Word-Symbol sehen zu können.) Nun ist Word nur noch einen schnellen Klick von Ihren Schreibkünsten entfernt.

Word-Symbol auf dem Desktop

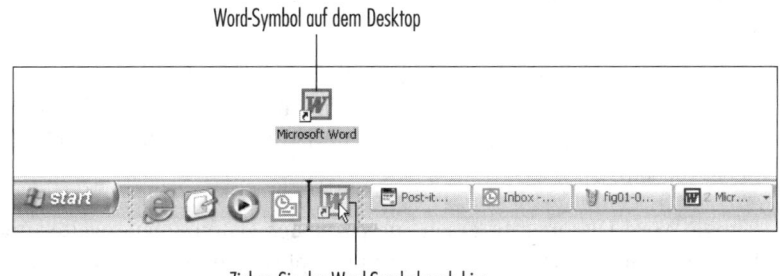

Ziehen Sie das Word-Symbol nach hier

Abbildung 1.2: Word in die Schnellstartleiste packen

Word-Dokumente öffnen und Word dabei starten

Hölle19.doc

Mit Word können Sie Dokumente erstellen. Diese Dokumente sehen aus wie Seiten aus Papier, werden aber auf dem Computer als Dateien abgelegt. Diese Dateien erscheinen bei Windows als drollige kleine Symbole (Icons) auf dem Bildschirm. Jedes Mal, wenn Sie über ein Symbol eines Word-Dokuments stolpern, können Sie mit Ihrer Maus darauf doppelklicken und starten damit automatisch Microsoft Word, um sich das Dokument anzusehen und es zu bearbeiten. Und so könnte das aussehen:

1. Öffnen Sie den Ordner EIGENE DATEIEN.

Eigene Dateien

Der Ordner EIGENE DATEIEN ist der Ort, wo Word und andere Programme die Sachen abspeichert, die Sie herstellen. Sie finden den Ordner auf dem Desktop oder in dem Startmenü: Zeigen Sie mit dem Mauszeiger auf das Symbol und klicken Sie zweimal drauf.

2. **Suchen Sie sich ein Word-Dokument aus.**

    Word-Dokumente tauchen als Symbole mit einem blauen W auf, genau so wie im Startmenü und auf dem Desktop.

3. **Doppelklicken Sie auf das Word-Symbol.**

    Damit öffnen Sie das Dokument, indem Sie Word automatisch starten lassen. Jetzt können Sie Ihr Dokument durchlesen, auflesen, ablesen, bearbeiten, verarbeiten, zerarbeiten, drücken, knutschen, kneten und jenseits aller Vorstellungskraft zusammenfalten und wieder ablegen. Oder verlegen, wenn Sie wollen.

Sie können jedes Word-Dokument öffnen, wenn Sie den eben beschriebenen Schritten folgen. Das Dokument kann sich auf dem Desktop befinden, im Ordner EIGENE DATEIEN oder in jedem anderen Ordner oder Ort, wo Word-Dokumente lauern können.

✔ Der Dokumentenname steht unter dem Symbol. Sie können anhand des Namens den Inhalt des Dokuments bestimmen, vorausgesetzt, dass Sie das Dokument beim Speichern auch richtig bezeichnet haben. Dazu aber später mehr.

✔ Wenn Sie öfters an einem bestimmten Dokument arbeiten, sollten Sie in Betracht ziehen, von dort eine Verknüpfung zum Desktop zu legen, um es schnell zu erreichen. Klicken Sie also mit der rechten Maustaste auf das Symbol und wählen Sie SENDEN AN | DESKTOP (VERKNÜPFUNG ERSTELLEN)

Einige Word-Dokumente erscheinen mit der Dateinamenerweiterung *.doc* am Ende des Namens. Diese Erweiterung ist optional und wird bei vielen Konfigurationen von Windows gar nicht angezeigt. Wenn Sie die Erweiterung hinzufügen oder entfernen wollen, müssen im Startmenü auf ALLE PROGRAMME | ZUBEHÖR | WINDOWS EXPLORER gehen und dort in der Menüleiste EXTRAS | ORDNEROPTIONEN klicken. Hier wählen Sie die Karteikarte ANSICHT und setzen oder entfernen das Häkchen beim Punkt ERWEITERUNGEN BEI BEKANNTEN DATEITYPEN AUSBLENDEN. Das sollte wirken.

Word auf dem Bildschirm

Direkt nachdem ich Word gestartet habe, will ich mehr Raum. Nein, ich will nicht in eine größere Wohnung umziehen (oder doch?). Ich möchte den Platz vergrößern, der Word auf meinem Bildschirm zur Verfügung steht.

Um Word im Voll-Bildschirmmodus laufen zu lassen, klicken Sie auf die *Vergrößern-Schaltfläche* (die mittlere) in der rechten oberen Ecke des Fensters. Diese Schaltfläche vergrößert Word, bis es den gesamten Bildschirm einnimmt. Wenn Word bereits voll vergrößert ist, erscheinen zwei sich überlappende Kästchen auf der Schaltfläche. In dem Fall brauchen Sie natürlich nichts anzuklicken.

Nun, da Sie Word in seiner ganzen Schönheit und Größe auf dem Bildschirm sehen können, machen Sie mit diesem Text und Abbildung 1.3 weiter, um die vielen neuen und aufregenden Sachen auf dem typischen leeren Word-Bildschirm zu entdecken.

Technischer Schickimicki

Schreiben ist Words Hauptaufgabe. Nun, nicht »Schreiben« im Sinne von Ernest Hemingway. Eigentlich ist es die Verarbeitung von Wörtern, die Word am besten erledigt. Das ist der Grund, warum der größte Teil des Word-Bildschirms für das Arrangieren von Text draufgeht (siehe Abbildung 1.3).

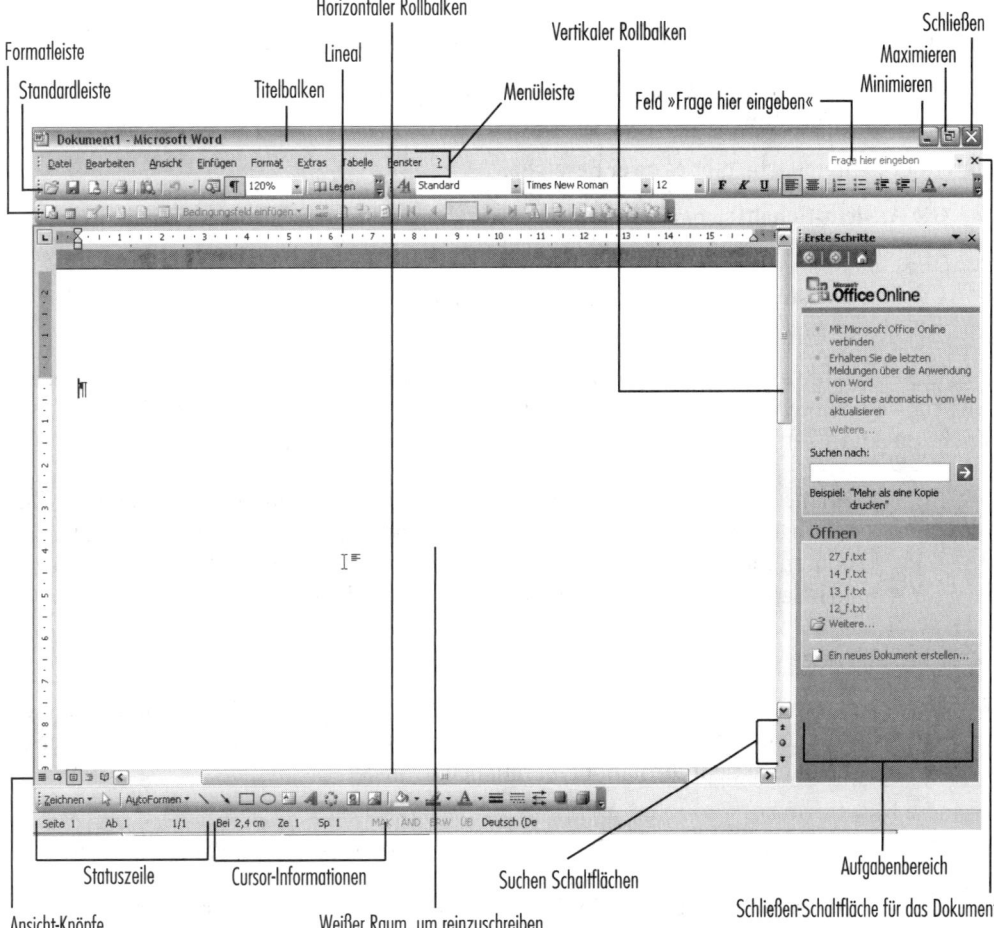

Abbildung 1.3: Das ist Word.

Um die Schreibfläche herum werden Sie eine Reihe Glocken, Pfeifen, Schalter und Zeug finden, das ganz interessant wäre, wenn man es denn bearbeiten könnte. Und die gute Nachricht ist, dass Sie in Word diesen ganzen Kram nach Ihrem Gusto selbst zusammenstellen können. (Besser, Sie finden erst raus, worum es sich jeweils handelt, bevor Sie anfangen, alles zu verändern.)

✔ **Der Titelbalken,** in dem DOKUMENT1 – MICROSOFT WORD steht, bis Sie Ihr Dokument speichern.

✔ **Die Menüleiste,** die eine ganze Liste mit Words verschiedenen Hinz-und-Kunz-Befehlen enthält.

✔ **Die Standard- und Format-Symbolleisten,** die in der Abbildung 1.3 nebeneinander liegen, obwohl Sie sie nach Lust und Laune auch anders anordnen können.

✔ **Das Lineal,** das Sie beim Setzen von Rändern und Tabulatoren unterstützt.

✔ **Der Aufgabenbereich,** der Befehle auflistet, die für das wichtig sind, was auch immer Sie gerade in Word tun.

Unter der Schreibfläche gibt es zwei Bereiche:

✔ **Die Ansicht-Schaltflächen,** die sich links vom horizontalen Rollbalken befinden, steuern, wie Ihr Dokument angezeigt wird.

✔ **Die Statusleiste,** in der eine Menge Banalitäten über Ihr Dokument angezeigt werden; einige davon sind ganz interessant.

Was diese verschiedenen Schaltflächen, Leisten und Menüs leisten und ob sie wichtig oder unwichtig sind, wird woanders in diesem Buch behandelt. Im Moment müssen Sie nur die Bezeichnungen wissen, damit Sie später nicht die Orientierung verlieren.

Den meisten Kram davon kann man anpassen. Man kann nicht nur die Word-Einstellungen verändern oder variieren, um es den eigenen Bedürfnissen anzupassen, sondern Sie können die ganzen Sachen auch einfach ausschalten, so dass Sie nur noch den weißen Raum sehen, in den Sie schreiben.

✔ Normalerweise verändern die Leute aber keine Einstellungen. Leider ...

✔ Die Statuszeile ist kein Schickimicki-Kram. Sie enthält kleine kuschelige Eckchen, in denen seltsame und geheimnisvolle Informationen erscheinen. Ich werde Ihnen später erklären, wozu Sie diese Informationen brauchen.

Abbildung 1.3 zeigt Ihnen Word in der so genannten Seitenlayout-Ansicht. Wenn es bei Ihnen etwas anders aussehen sollte, wählen Sie bitte ANSICHT | SEITENLAYOUT aus der Menüleiste. (Es gibt Leute, die die Ansicht NORMAL vorziehen).

✔ Wenn Sie die Standardleiste und die Formatleiste untereinander haben wollen, dann sollten Sie mal auf den nach unten zeigenden Pfeil am Ende jeder Zeile klicken. Ein Ausklappmenü erscheint, aus welchem Sie den Befehl KNÖPFE IN ZWEI REIHEN ZEIGEN auswählen. Das sollte das regeln.

✔ Der Aufgabenbereich zeigt sich nicht, bevor Sie ihn nicht rufen oder besondere Befehle verwenden. Wählen Sie ANSICHT | AUFGABENBEREICH aus der Menüleiste.

✔ Die *Windows-Taskleiste*, die sich ganz unten am Bildschirm befindet, ist Teil von Windows selbst und nicht von Word. Wie dem auch sei, wenn Sie Dokumente in Word öffnen, erscheinen Schaltflächen, die diese Dokumente repräsentieren, in der Taskleiste.

✔ Haben Sie den Mauszeiger in der Abbildung 1.3 bemerkt? Es ist der Einfüge-Cursor, der wie ein großes I aussieht. Das ist die Art, wie der Mauszeiger erscheint, wenn er über Ihr Dokument in Word fährt. Dieser Cursor bedeutet: »Ich stelle den Einfüge-Cursor an diese Stelle, wenn du mit der Maus hierhin klickst.«

✔ Die Linien neben (oder unter) dem Einfüge-Cursor sind Bestandteil von Words »Klicken und eingeben«-Fähigkeit. »Klicken und eingeben« ist Thema in Kapitel 18, Formatierungstricks.

 Sie können die Maus benutzen, um herauszufinden, was die kleinen Schaltflächen und Sachen mit den Bildern drauf in Word so alles anstellen. Führen Sie einfach den Mauszeiger über diese Schaltfläche und –voilà! – da klappt eine kleine Info aus!

✔ Wenn Sie die STANDARD- oder FORMAT-Symbolleiste oder das Lineal nicht sehen oder wenn Sie das Aussehen des Word-Bildschirms jetzt verändern wollen, und zwar sofort, dann begeben Sie sich ganz zackig zu Kapitel 28, »Words Aussehen verändern«.

Die leere Fläche, auf der Sie schreiben

Nachdem Word gestartet wurde, sind Sie mit einer elektronischen Version eines »leeren Blattes« konfrontiert, dem gleichen Ideenkiller, der schon die literarische Kreativität von Generationen von Schreibern blockiert hat. Da fragt man sich, ob Höhlenmenschen schon so etwas vor einer leeren Felswand erlebt haben.

Der Schlüssel zum Schreiben mit Word liegt darin, auf den blinkenden Einfüge-Cursor zu achten – ein blinkender Zahnstocher in Ihrem Text, der Ihnen zeigt, wo Ihr Getipptes auf dem Bildschirm erscheinen wird.

Wählen Sie ANSICHT | NORMAL.

In der Normalansicht wird mehr Platz auf dem Bildschirm für das Schreiben von Text reserviert. Nichtsdestotrotz erscheint in dieser Ansicht eine waagerechte Linie auf dem Bildschirm, gerade unter dem Zahnstocher-Cursor. Das ist die Text-Ende-Marke. Betrachten Sie sie als einen stählerner Balken, der Ihren Text vor dem Bösen beschützt, das in dem Nichts unter Ihrem Text lauert.

Wählen Sie ANSICHT | SEITENLAYOUT.

In der Seitenlayoutansicht verschwindet die Text-Ende-Marke. Im Gegensatz zu der Normalansicht liegt das Hauptaugenmerk hier darauf, wie das Dokument ausgedruckt aussieht. Ich persönlich schreibe am liebsten in der Normalansicht und schalte dann in die Seitenlayoutansicht um, um zu formatieren und zu überarbeiten.

✔ Schreiben (oder tippen, hängt davon ab, wie gut Sie sind) wird im nächsten Kapitel behandelt. Das wäre dann Kapitel 2.

✔ Jegliches komische Zeug, das Sie auf dem Bildschirm sehen (ein ¶ zum Beispiel), ist ein Word-Geheimnis. Kapitel 2 erklärt Ihnen, warum Sie diese geheimen Symbole vielleicht interessieren könnten und wie Sie sie wieder verstecken können, wenn sie Ihnen auf die Nerven gehen.

✔ Der exakte Punkt, an dem der Text erscheint, heißt *Cursor*. Er wird auch *Einfüge-Cursor* oder *Einfügebalken* genannt, weil traditionelle Computer-Cursor Unterstreichungen sind, die unter dem, was Sie gerade schreiben, herrutschen. Ich bevorzuge den Ausdruck *Zahnstocher-Cursor*, weil Einfüge-Cursor für meinen Geschmack ein wenig zu geometrisch klingt. Die Buchstaben, die Sie tippen, erscheinen sofort links von der Position, wo der Zahnstocher-Cursor blinkt, und dann rückt er vor und wartet auf den nächsten Buchstaben.

Der Office-Assistent

Es gibt viele Möglichkeiten, von Word Hilfe zu bekommen, die meisten werden in Kapitel 2 beschrieben. Jetzt sehen Sie auf dem Bildschirm wohl zwei Orte, an denen Ihnen Hilfe angeboten wird.

Zuerst ist da das Kästchen FRAGE HIER EINGEBEN, in das Sie eine Frage eintippen können, und dann eine Reihe der möglichen Antworten bekommen. Denken Sie dabei wie Word. Geben Sie sich geheimnisvoll. Schreiben Sie bitte nicht: »Sag mir wie ich diesen Absatz formatieren soll!« Schreiben Sie: »Absätze formatieren«.

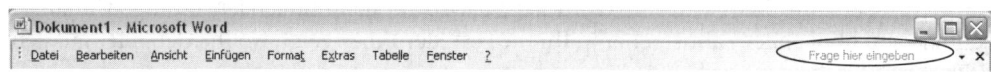

Abbildung 1.4: Geheimnisvoll und mystisch: Das »Frage hier eingeben«-Feld

Zweitens (und viel interessanter als dieses FRAGE HIER EINGEBEN-Kästchen) haben wir den Office-Assistent.

Sollte der Office-Assistent auf dem Bildschirm nicht sichtbar sein, wählen Sie ? | OFFICE-ASSISTENTEN ANZEIGEN. Was dann erscheint, ist eine hilfsbereite Figur, normalerweise eine Büroklammer mit rollenden Augen, aber Sie können die Figur auch austauschen, wenn Sie Lust dazu haben (ich erkläre es Ihnen in Kapitel 2). Die Büroklammer, offiziell unter dem Namen *Karl Klammer* bekannt, ist in Abbildung 1.5 abgebildet.

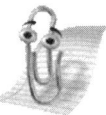

Abbildung 1.5: Karl Klammer

Der Office-Assistent ist dazu da, Ihnen zu helfen. Die meiste Zeit jedoch sitzt er da und glotzt, während Sie tippen, oder er langweilt sich, während Sie verzweifelt nach einem Gedankenblitz suchen.

Und das können Sie mit dem Assistenten anstellen:

✔ Sie können den Office-Assistenten herumbewegen, indem Sie ihn mit der Maus ziehen. Ich stelle meinen Assistenten runter in die rechte untere Ecke des Bildschirms, wo er nicht in Gefahr läuft, in Schwierigkeiten zu geraten.

✔ Klicken Sie mit der rechten Maustaste auf den Office-Assistenten, um die Liste seiner Menüoptionen aufzuklappen. Mein Lieblings-Menüeintrag ist ANIMATION!, was den Office-Assistenten zu interessanten Aktionen bewegt.

✔ Sie können aus einer Anzahl von Office-Assistenten auswählen: Klicken Sie einfach mit rechts auf den Office-Assistenten und wählen Sie ASSISTENT AUSWÄHLEN aus dem Ausklapp-Menü. Mein Lieblings-Assistent ist der Hund, obwohl ich auch den Professor ganz gern mag.

✔ Wenn der Office-Assistent Sie nervt, klicken Sie mit der rechten Maustaste auf seine Nase und wählen Sie AUSBLENDEN aus dem Menü. Ja, ist doch wahr! Der Bildschirm ist schon voll genug!

✔ Der Office-Assistent verschwindet im Hintergrund, wenn man von Word in andere Anwendungen wechselt.

✔ Wie man mit dem Office-Assistenten Hilfe anfordert, wird in Kapitel 2 behandelt.

Ein Blick auf Ihre Tastatur

Die kürzeste Entfernung zwischen Ihrem Hirn und einem Word-Dokument geht entlang Ihrer Arme durch Ihre Finger zur Computertastatur. Sie werden die Tastatur nicht nur für das Schreiben von Texten benutzen, sondern auch, um ihn zu bearbeiten und die vielen Befehle zu verwenden, um ihn aufzumotzen.

Die Abbildung 1.6 zeigt die typische PC-Tastatur, die zur Jahrhundertwende eingesetzt wird (Jahrhundertwende vom 20. zum 21. Jahrhundert, nicht vom 19. zum 20., als »Tastatur« nur in Verbindung mit einem Klavier bekannt war).

Sehen Sie, dass die Tastatur in verschiedene Bereiche unterteilt ist, von der jeder eine besondere Funktion hat? In Word benutzen Sie die Tasten in diesen Gruppen entweder einzeln oder in Kombination mit anderen Tasten:

✔ **Funktionstasten:** Diese Tasten befinden sich in der obersten Reihe der Tastatur. Sie sind von `F1` bis `F12` durchnummeriert. Diese Tasten benutzen Sie allein oder als Begleiter der Tasten `Strg`, `Alt` oder der `Shift`-Tasten.

✔ **Schreibtasten:** Die alphanumerischen Standardtasten, die Sie auf jeder Schreibmaschine finden: `A` bis `Z`, `1` bis `0` plus Symbole und ein paar exotische Zeichen.

✔ **Cursor-Tasten:** Pfeiltasten, die den Zahnstocher-Cursor auf dem Bildschirm herumbewegen. Dazwischengequetscht sind auch noch die Tasten `Pos1` , `Ende` , `Bild ↑` und `Bild ↓` sowie die Tasten `Einfg` und `Entf` . Ach ja, und die großen Plus- und Minus-Tasten auf dem numerischen Tastenblock gehören auch noch dazu.

✔ **Phantasten:** So nennt man Spinner höflich. Gibt's auch unter Word-Anwendern. Vermeiden Sie jegliche Konversation.

✔ **Numerischer Tastenblock:** Diese Tasten schwanken zwischen einem Dasein als Cursor-Tasten und als Zahlen. Ihre gespaltene Persönlichkeit ist oben an jeder Taste abzulesen, weil dort zwei Symbole stehen. Die `Num`-Taste und das dazugehörende Licht sind an, wenn der numerische Tastenblock (1, 2, 3 ...) aktiv ist. Wenn die Cursor-Tasten (Pfeile, `Pos1` etc.) aktiv sind, ist `Num` ausgeschaltet.

✔ **Umschalttasten:** Diese Tasten machen eigentlich selber gar nichts. Stattdessen arbeiten `↑` , `Strg` und `Alt` nur in Kombination mit anderen Tasten zusammen.

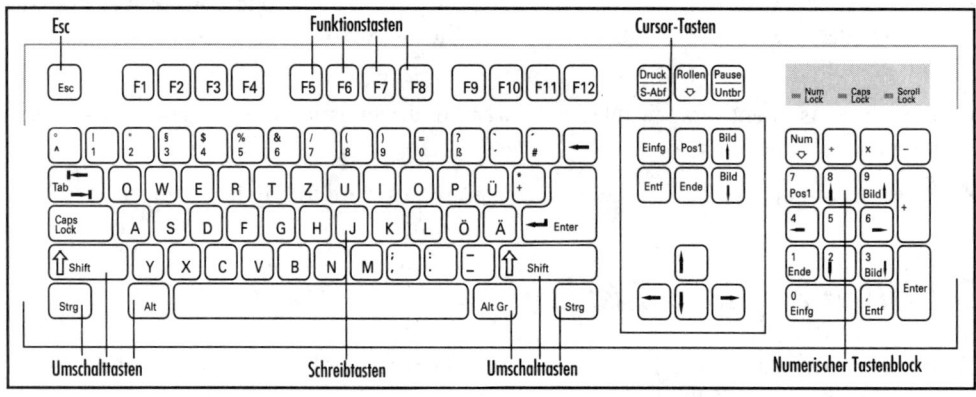

Abbildung 1.6: Sensationen einer typischen PC-Tastatur

Hier sind noch ein paar Einzeltasten von einzigartiger Bedeutung:

✔ **Entertaste:** zumeist mit einem kryptischen, gebogenen Pfeilding (Return-Symbol). Die benutzen Sie, um einen Textabsatz zu beenden (Sie wird deswegen auch Returntaste oder »Die dicke Berta« genannt).

✔ **Escapetaste:** ESC macht eigentlich nicht viel, wenn man es in Word benutzt. Dialogboxen werden allerdings dadurch geschlossen.

✔ **Leertaste:** Die einzige Taste, auf der nichts steht; sie fügt Leerzeichen zwischen den Wörtern ein.

✔ **Tabulatortaste:** Fügt das Tabulator-Zeichen ein, das den Text, den Sie tippen, rüber zu dem nächsten Tabulator schiebt. Eine sehr interessante und möglicherweise auch frustrierende Formatierungstaste (aber hübsch erklärt in Kapitel 13).

✔ **Rücktaste:** Ihre »Zurück- und weg-damit«-Taste. Ausgesprochen praktisch.

✔ **Entfernen:** Entf genannt. Funktioniert in etwa so wie die Rücktaste. Wie genau, das erkläre ich Ihnen in Kapitel 4.

Tasten niederdrücken

Wenn ich Ihnen sage: »Drücken Sie die Returntaste«, dann sollten Sie auf Ihre Tastatur schauen, der Returntaste direkt ins Auge starren und laut sagen: »Du ulkige Taste. Du bist wertlos. Alle anderen Tasten hassen dich. Du bist geächtet! Du solltest umgehend die Tastatur verlassen und dich in Scham verbergen! Du wertlose Taste, du!« Nun ist die Returntaste wirklich gedrückt.

Aber ernsthaft: Dies ist nicht ganz die richtige Methode. Drücken Sie eine Taste. Und lassen Sie sie wieder los. Eigentlich reicht eine leichte Bewegung meist aus. Und die besseren Tastaturen werden dabei ein wenig klicken, wodurch das Tippen so laut wird wie auf einer alten Olympia-Schreibmaschine.

Tastenkombinationen tippen

Neben dem normalen Tippen brauchen Sie verschiedene Tastenkombinationen, um Word mitzuteilen, wie bestimmte Befehle ausgeführt werden sollen. Zum Beispiel:

Strg + P

Sagen Sie »Steuerung und Peh«. Das ist die »Steuerung-und-P«-Kombination. Oder, wenn Sie es schaffen, mit einer Hand einen Basketball hochzuheben, können Sie es auch mal hiermit versuchen:

Strg + Shift + F12

Das ist »Steuerung, Shift und F12«. Beide Tastenkombinationen öffnen das Dialogfenster DRUCKEN – was jetzt nicht recht von Bedeutung ist. Was Ihnen diese Tastenkombinationen sagen sollen, ist, dass Sie die [Strg]-Taste gedrückt halten sollen und dann die [P]-Taste betätigen müssen. Dann lassen Sie alle beiden Tasten los. Oder halten Sie die [Strg]-und die [Shift]-Taste gedrückt und drücken Sie dann [F12]. Lassen Sie alle drei Tasten los.

Drücken Sie immer erst die erste Taste (oder die beiden ersten Tasten) und halten Sie sie gedrückt und dann drücken Sie die letzte Taste: drücken und loslassen.

✔ Es funktioniert genauso, wie Sie [Shift]+[F] drücken, wenn Sie ein großes »F« brauchen. Es ist das Gleiche, nur mit den seltsamen [Strg] (Steuerung)- und [Alt] (»Alternate« – Wechseln)-Tasten.

✔ Ja, ja, man braucht schon lange Finger für einige dieser Kombinationen.

✔ Sie müssen nicht fest zudrücken. Wenn Sie Probleme mit einem Befehl haben, bringt kräftiges Drücken den Computer auch nicht dazu, zu denken: »O gütiger Herr, jetzt drückt sie aber kräftig. Ich glaube, sie meint's ernst. Aufwachen, aufwachen!« Eine leichte Berührung reicht völlig aus.

Denken Sie daran, die Tasten wieder loszulassen: Bei [Strg]+[P] zum Beispiel die [Strg]-Taste drücken und gedrückt halten, [P] drücken und dann beide Tasten loslassen. Wenn Sie nicht wissen, welche Sie zuerst loslassen sollen, lassen Sie zuerst die zweite Taste los und zuletzt die Umschalttaste ([Shift], [Strg], [Alt]).

✔ Klicken Sie auf die Schaltflächen ABBRECHEN oder SCHLIESSEN, wenn Sie versehentlich das Dialogfenster DRUCKEN geöffnet haben; oder Sie können auch die Taste [ESC] auf Ihrer Tastatur benutzen. Siehe Kapitel 9, wo Sie Information zum Abbrechen des Drucks erhalten.

Word verlassen, wenn alles getan ist

Zu wissen, wann man gehen sollte, ist die Krönung höflichen Benehmens. Und manchmal zahlt es sich aus, gar nicht erst aufzutauchen. Aber Word macht sich um gutes Benehmen weniger Gedanken. Wenn das Schreiben erledigt ist oder wenn Sie mit dem Schreiben fertig sind, ist es an der Zeit, Word zu verlassen.

1. **Wählen Sie DATEI | BEENDEN.**

   Das ist der normale Weg, um jedes Windows-Programm zu verlassen.

2. Speichern Sie jede Datei, wenn Word Sie dazu auffordert.

Word warnt Sie immer, bevor es verschwindet; falls Sie irgendetwas noch nicht Gespeichertes geöffnet haben, werden Sie aufgefordert, zu speichern. Wenn der Office-Assistent sichtbar ist, bringt er diese Warnung in einer kleinen Sprechblase, wie in Abbildung 1.7 gezeigt.

Klicken Sie auf JA, um Ihre Datei zu speichern. Sie werden vielleicht aufgefordert, der Datei einen Namen zu geben, wenn Sie das noch nicht gemacht haben. (Kapitel 2 erklärt, wie das funktioniert.)

Falls das Zeug, das Sie geschrieben haben, es nicht wert ist, gespeichert zu werden, klicken Sie auf NEIN.

Abbildung 1.7: Wenn Ihr Hund spricht ... arbeiten Sie mit Word.

Sie können auch auf ABBRECHEN klicken, um den BEENDEN-Befehl zurückzunehmen und zu neuen Textverarbeitungsfreuden nach Word zurückzukehren.

Falls Sie sich entschieden haben zu beenden, verlässt Word den Bildschirm, und Sie kehren zum Windows-Desktop zurück, wo Sie sich mit einem neuen Spiel wie FreeCell oder Solitär beschäftigen können.

 Drücken Sie auf keinen Fall den Reset-Knopf oder schalten Sie einfach den Computer aus, um Word zu verlassen! So etwas kann Dateien auf der Festplatte zerschießen. Computer machen so schon genug Schwierigkeiten. Es gibt keinen Grund, ihre Verrücktheiten noch zu unterstützen, indem Sie schlampig mit ihnen umgehen.

Wie Sie das, was Sie gerade machen, beenden können, ohne Word zu beenden

Der Befehl DATEI | BEENDEN beendet alle Word-Dokumente, an denen Sie gerade arbeiten. Wenn Sie gleichzeitig an mehreren Dokumenten arbeiten, möchten Sie vielleicht nur ein einziges Dokument schließen und an den anderen weiterarbeiten. Oder Sie wollen nur das eine Dokument schließen und etwas Neues beginnen. Wenn das der Fall ist, dann sollten Sie den Befehl DATEI | SCHLIESSEN benutzen.

Dieser Befehl schließt das Dokumentfenster, es verschwindet im Nirwana, dem Ziel allen leidhaften Lebens hie auf Erden. Der weiße Raum in der Mitte des Bildschirms verschwindet, aber Word wird durch diesen Befehl nicht beendet. Die Befehlsleisten bleiben bestehen und bieten Ihnen alle Möglichkeiten weiter zu machen.

✔ Warum sollten Sie ein Dokument schließen? – Weil Sie mit Ihrer Arbeit fertig sind! Vielleicht wollen Sie etwas Neues anfangen oder Word danach auch nur schließen. Sie haben die Qual der Wahl. Mehr zur Qualwahl im nächsten Kapitel.

Ein Dokument in Word zu schließen kann man damit vergleichen, ein Blatt Papier aus einer Schreibmaschine zu reißen – leider ohne dieses satte Rrrrrrrrrschttttt!-Geräusch, das das macht.

✔ Sie brauchen ein Dokument auch nicht zu schließen. Echt nicht. Ich arbeite an einem Dokument oft über einen Zeitraum von mehreren Tagen, ohne es zu schließen. Tut ihm nicht weh und mir auch nicht. Allerdings speichere ich die Datei zwischendurch immer auf der Festplatte ab. Und das ist wichtig.

✔ Wenn Sie versuchen, ein Dokument zu schließen, bevor Sie es abgespeichert haben, wird Word Sie daran erinnern. Klicken Sie in der Dialogbox einfach auf JA, wenn Sie die Datei abspeichern wollen. Wenn Sie Mist geschrieben haben und die ganze Sache lieber dem Dunkel des Vergessens anheim stellen wollen, dann klicken Sie auf NEIN, und wenn Sie eigentlich bloß mal wieder aus Langeweile auf irgendwelche Knöpfe gedrückt haben und eigentlich weiterarbeiten wollen, wählen Sie ABBRECHEN.

✔ Wenn Sie an mehreren Dokumenten gleichzeitig arbeiten, erscheint nach dem Schließen eines Dokuments das nächste auf dem Bildschirm.

Ein neues Dokument beginnen

Eine der Sachen, die Sie machen können, nachdem Sie ein Dokument geschlossen haben, ist, ein neues zu starten. Wenn dem so ist, dann wählen Sie DATEI | NEU. Es öffnet sich die AUSWAHL | NEU, wo Sie die Wahl unter verschiedenen Vorlagen haben. Bitte wählen Sie LEERES DOKUMENT, und los geht's.

Sie können auch ein neues Dokument erzeugen, indem Sie auf das Symbol NEU in der Standardleiste klicken. Dies erzeugt allerdings nur ein neues LEERES DOKUMENT. Wenn Sie die anderen Vorlagen benutzen wollen, müssen Sie sich schon durch das Menü DATEI | NEU quälen. Da hilft nix.

✔ Natürlich können Sie auch ein Dokument öffnen, das Sie vorher auf die Festplatte gespeichert hatten. Wie das geht, erkläre ich Ihnen im nächsten Kapitel, das in wenigen Zeilen beginnt. Ich verrate hier nur so viel, dass Sie den Befehl DATEI | ÖFFNEN verwenden müssen.

Noch einmal: Sie müssen Word nicht beenden, bloß weil Sie an einem neuen oder anderen Word-Dokument arbeiten wollen. Bitte denken Sie daran.

Wie die meisten Leute Word benutzen

In diesem Kapitel

- Ein neues Word-Dokument starten
- Tipps zum Tippen
- Formatierung
- Hilfe anfordern
- Das Dokument speichern
- Drucken
- Ein Dokument schließen

Bei der Benutzung von Word kratzen die meisten Leute noch nicht mal an der Oberfläche des Möglichen. Das ist auch nicht schlecht. Manche Menschen hingegen tauchen in dieses Programm wie ein Klippenspringer von Acapulco in die blauen Wogen der Brandung. Andere wiederum sind so gut dran wie Sie und haben ein exzellentes Buch wie dieses zur Hand. Normalerweise benutzen die Leute aber Word folgendermaßen:

Stellen Sie sich zwei interstellare Superhelden in voller Sci-Fi-High-Tech-Garnitur vor, wie sie sich in das Cockpit ihres phantastischen, futuristischen Raumschiffs schwingen. Sie drücken Knöpfe, kontrollieren Checklisten und geben Formeln ein. Sie quatschen Sachen wie »Quanten-Fusions-Matrix aktiviert!« und »Check!« und »Anti-Gravitations-Protonenfeld aufgebaut!« und »Roger«. Die Erde bebt, und die unglaubliche Maschine vibriert, die Turbinen heulen auf und Lichter blinken. Und dann: »Energie!« Die interstellaren Superhelden geben richtig Gas, die Maschine dröhnt und schießt donnernd 10 Meter vorwärts. Dann schalten unsere Superhelden alles aus, fahren die Programme runter und gehen einen Kaffee trinken.

Das ist die Art, wie die meisten Leute Word benutzen.

Dieses Kapitel versorgt Sie mit dem Basiswissen, das Sie bei der täglichen Arbeit mit Word brauchen. Wäre dieses Buch nur eine kleine Broschüre, würde ich mich auf dieses Kapitel beschränken. Der Rest des Buches geht mehr ins Detail und gibt Ihnen höchst wertvolle Informationen sowie die Rechtfertigung für den Verkaufspreis.

Überblick (für die Ungeduldigen)

Der Prozess der Textverarbeitung verläuft folgendermaßen:

1. **In Word ein neues Dokument starten**
2. **Tippen**
3. **Formatieren**
4. **Speichern**
5. **Vorschau**
6. **Drucken**
7. **Schließen**

Jeder Anwender folgt in der einen oder anderen Weise diesem Ablauf. Ein guter Word-Anwender wiederholt die Schritte 2, 3 und 4, mitunter ändert er die Reihenfolge. (Die meiste Zeit tippen Sie in Word. Zum Ende dieser Phase sollten Sie mit der Formatierung beginnen, obgleich auch viele Leute formatieren, während sie schreiben.)

Falls Sie ein Dokument bereits einmal gespeichert haben, und Sie wollen erneut daran arbeiten, tauschen Sie Schritt 1 gegen »Öffnen Sie ein Dokument« aus. (Siehe Kapitel 8, wo Sie mehr Informationen über den ÖFFNEN-Befehl erhalten.)

Die Schritte 5 und 6 sind nur notwendig, wenn Sie fertig sind und vorhaben, Ihr Dokument zu drucken. (Kapitel 9 beschreibt die Vorschau- und Drucken-Funktionen.)

Der Rest dieses Kapitels widmet sich diesen Schritten.

Ein neues Dokument starten

Wenn Word startet, präsentiert es ein leeres Dokument, das sich zum Eingeben von Text eignet. Ihr nächster Schritt ist – logischerweise – tippen:

tippe-di-tippe-di-tipp-tipp-tipp

Falls Sie ein neues Dokument starten müssen, während Sie bereits etwas anderes in Word bearbeiten (zum Beispiel, wenn Sie einen Brief an einen Freund schreiben und merken, dass Sie vergessen haben, einen wichtigen Geschäftsbrief aufzusetzen), machen Sie Folgendes:

1. **Wählen Sie DATEI | NEU aus dem Menü.**

    Der Aufgabenbereich NEU erscheint zur Linken und bietet eine Fülle von Möglichkeiten, neues Dies und Das zu machen. Sie möchten ein neues Dokument.

2. **Wählen Sie LEERES DOKUMENT aus.**

    Der Aufgabenbereich verschwindet und ein leeres Dokument erscheint, fertig zum Beschreiben.

Ein schnellerer Weg, das zu erledigen, ist das Neu-Symbol in der Standardleiste. Dadurch öffnet sich ebenfalls ein leeres Dokument, ohne dass Sie sich mit den vielen verwirrenden Optionen im Aufgabenbereich herumschlagen müssten.

✔ In Kapitel 10 finden Sie weiterführende Erläuterungen über das Arbeiten mit mehr als einem Dokument gleichzeitig.

✔ Eine andere Art zu beginnen, besteht darin, ein Dokument von der Festplatte zu öffnen. (Siehe Kapitel 8, »Die wichtigsten Tricks mit Dokumenten«.) Nachdem das Dokument geöffnet wurde, erscheint es in einem Fenster wie alle anderen Dokumente auch, mit denen Sie zu tun haben. Legen Sie los!

Tippen (auch gut: Zweifinger-Suchsystem)

Vergessen Sie all die Spielereien und eindrucksvollen Möglichkeiten! Die meiste Zeit verbringen Sie in Word mit Tippen.

tippe-di-tippe-di-tipp-tipp-tipp

Machen Sie hin, tippen Sie Ihr Zeug weg; lassen Sie Ihre Finger über die Tasten tanzen! Was Sie tippen, erscheint auf dem Bildschirm, Buchstabe für Buchstabe – selbst abschätziges Zeug über den Computer. (Ihrem PC ist das egal, aber das heißt nicht, dass Word keine Gefühle hat.)

Der neue Text wird geradewegs vor dem blinkenden Zahnstocher-Cursor eingefügt. Zum Beispiel können Sie diese Zeile tippen:

```
Landwirtschaft ist das älteste Gewerbe der Welt.
```

Um diesen Satz zu verändern, bewegen Sie den Zahnstocher-Cursor direkt hinter das t von »ist«. Tippen Sie den folgenden Text:

```
fast
```

Der Text wird beim Tippen eingefügt, während der bereits vorhandene Text höflich nach rechts wandert (und sogar in die nächste Zeile).

Der gesamte Satz sollte nun so aussehen:

```
Landwirtschaft ist fast das älteste Gewerbe der Welt.
```

✔ Jede Buchstabentaste, die Sie drücken, produziert einen Buchstaben auf dem Bildschirm. Diese Tatsache trifft zu bei allen Buchstaben, Zahlen und Symboltasten. Die anderen Tasten, die meistens grau auf der Tastatur sind, machen komische und wunderbare Sachen. Das übrige Buch versucht aufrichtig, diese Sachen zu erklären.

✔ Haben Sie keine Angst, die Tastatur zu benutzen! Word zeigt immer Warnmeldungen, bevor etwas Ernstzunehmendes passiert. Eine praktische Rückgängig-Funktion holt alles zurück, was Sie versehentlich gelöscht haben. (Siehe Kapitel 4.)

 Wenn Sie ein Umsteiger von einer Schreibmaschine sind, dann sind Sie möglicherweise schon so um die Vierzig. Mann, sind Sie alt! Aber im Ernst: Benutzen Sie in einer Textverarbeitung nicht das L oder das I als Taste für die Nummer Eins oder das O (Oh) für die Null. Das ist falsch. Bitte tippen Sie 1 für die Nummer Eins und 0 für die Nummer Null

✔ Die `Shift`-Taste produziert Großbuchstaben, genau wie eine Schreibmaschine (falls Sie jemals eine benutzt haben).

 Die Feststelltaste `CapsLock` funktioniert genauso wie die Feststelltaste bei der Schreibmaschine. Nachdem Sie sie gedrückt haben, erscheinen alle Buchstaben in GROSSBUCHSTABEN.

✔ Entschuldigung für die Schreibmaschinen-Analogien.

✔ Die Zahlentasten auf der rechten Seite der Tastatur liegen auf dem numerischen Tastenblock. Um diese Tasten zu benutzen, müssen Sie die `Num`-Taste drücken, dann sehen Sie auch, dass das Num-Lock-Licht auf der Tastatur angeht. Wenn das Num-Lock-Licht aus ist, haben die Tasten Cursorfunktionen.

✔ Das älteste Gewerbe der Welt ist höchstwahrscheinlich die Jagd oder die Tierzucht und nix anderes.

Wann man diese Eingabetaste drückt

Drücken Sie die Eingabetaste nur, wenn Sie am Ende eines Absatzes sind!

Lesen das noch mal. Es ist eine Mahnung:

Drücken Sie die Eingabetaste nur, wenn Sie am Ende eines Absatzes sind!

 ### »Muss ich tippen lernen?«

Niemand muss tippen lernen, um Word zu benutzen. Aber Sie tun sich selbst einen Gefallen, wenn Sie es lernen. Mein Rat ist, sich ein Computerprogramm zu besorgen, das Ihnen das Tippen beibringt. Zu wissen, wie man tippt, macht eine schmerzvolle Erfahrung wie Word ein wenig leichter.

Anders als beim Schreiben mit der Schreibmaschine arbeitet Word mit Wörtern und Absätzen, nicht mit Zeilen von Wörtern. Es ist wichtig, dass Sie dem Textverarbeitungsprogramm sagen, wo der Absatz endet. Die Textzeile? Das ist kein Problem: Wenn Ihr Text den rechten Rand der Seite erreicht, erfolgt der Umbruch zur nächsten Zeile. Sie müssen also wirklich nur am Ende eines Absatzes die Eingabetaste drücken.

Tippen Sie zum Beispiel den folgenden Text. Tippen Sie einfach alles ein und kümmern Sie sich nicht um die Returntaste, nein, nicht im Geringsten:

Wir saßen still auf der Veranda des alten Landhauses und sahen neugierig zu, wie Großvater Baum für Baum umbrach. Als alter Landschaftsgärtner achtete er darauf, dass dabei kein Krumen Erde aufbrach und die brachliegenden gebrochenen Äste und Zweige der Bäume sauber zerbrochen in die Abbruchkiste fielen. "Der Trick ist, sauber um den Stamm herumzubrechen. Tja, um umbrechen zu können, muss man die richtigen Brechmittel wissen!", erklärte er kennerisch. "Es ist ein Verbrechen!", murmelte gebrochen mein Bruder neben mir.

Bemerken Sie die Textumbrüche? Der letzte Teil des Textes am Ende einer Zeile rutscht an den Anfang der folgenden Zeile. Das geht automatisch! Es gibt weder ein »Dong!« noch ist es nötig, die Returntaste am Ende einer Zeile zu drücken.

✔ Dieses Ereignis (das Schieben von Text von einer Zeile zur nächsten) nennt man Zeilenumbruch.

✔ Einige Leute beenden einen Absatz durch zweimaliges Drücken der Returntaste; andere drücken nur einmal. Wenn Sie mehr Abstand zwischen den Absätzen haben wollen, sollten Sie die Befehle zur Absatzformatierung benutzen, die ich in Kapitel 12 in diesem Buch beschreibe.

✔ Ein doppelter Zeilenabstand wird ebenso mit dem Absatz-Formatierungsbefehl eingerichtet. Drücken Sie nicht die Returntaste, wenn Sie einen doppelten Zeilenabstand wollen! Siehe Kapitel 12 für mehr Informationen.

✔ Wenn Sie den nächsten Absatz einziehen wollen, drücken Sie die Tabulator-Taste, nachdem Sie die Returntaste betätigt haben.

 Wenn Sie die Returntaste mitten in einem Absatz drücken, erstellt Word einen neuen Absatz. Der Text über dem Zahnstocher-Cursor wird ein eigener Absatz, und der Text nach dem Zahnstocher-Cursor wird der nächste Absatz.

✔ Sie können ein Absatzzeichen mit der ⌈Backspace⌋- oder der ⌈Entf⌋-Taste löschen. Das Löschen eines Absatzzeichens verbindet zwei Absätze.

Die Versuchung des weichen Umbruchs

Eine andere Art, einen Absatz zu beenden – aber nicht wirklich zu beenden –, ist die Benutzung der ⌈Shift⌋+⌈Enter⌋-Tastenkombination, auch weicher Umbruch oder Zeilenumbruch genannt. Damit können Sie eine Zeile Text beenden und eine neue Zeile beginnen, jedoch ohne einen neuen Absatz anzufangen. Tippen Sie diese Zeile:

Die Müllers servieren

Drücken Sie jetzt $\boxed{\texttt{Shift}}$ + $\boxed{\texttt{Enter}}$. Eine neue Zeile beginnt. Schreiben Sie:

(Kein Kannibalen-Kochbuch)

Drücken Sie jetzt die Eingabetaste und beenden Sie den Absatz.

Dieser gesamte Text ist ein Absatz, trotzdem erscheinen die Müllers in einer separaten Zeile. Das ist der Sinn des weichen Umbruchs oder Zeilenumbruchs. Am häufigsten wird er in Tabellen benutzt, aber Sie werden ihn auch bei der Erstellung von Formularen, Webseiten oder anderen Dokumenten, in denen eine solche Formatierung hilfreich ist, nützlich finden.

✔ Nein, Sie werden die weichen Umbrüche nicht so häufig benutzen wie die echten Umbrüche (zufälligerweise auch harte Umbrüche genannt).

✔ Schauen Sie in Kapitel 20 nach, wenn Sie sich für Tabellen interessieren.

Wann man die Leertaste drückt

Sie benutzen die Leertaste, um Zwischenräume zwischen Wörtern und Sätzen einzufügen.

OhnesiewürdeIhrTextsehrschwerzulesensein.

In Word, genau wie bei allem Schreiben auf einem Computer, setzen Sie nur eine Leerstelle zwischen die Sätze. (Falls Sie ein Blindschreiber sind, ist es schwer, mit dieser Gewohnheit zu brechen, aber es ist möglich.)

Das einzig Ärgerliche, was es über die Leertaste zu berichten gibt, ist, dass Leute sie zu oft benutzen, um Text bündig auszurichten oder Einzüge zu konstruieren. Das ist furchtbar falsch und, wie diese Leute entdecken, der Papierausdruck sieht geschmacklos aus. Ja, billig und geschmacklos.

Statt die Leertaste für Einzüge oder Textausrichtung zu verwenden, benutzen Sie die Tabulator-Taste. Die Tabulator-Taste ist die beste Art, Informationen auf dem Bildschirm auszurichten. Anders als die Leertaste zieht die Tabulator-Taste Text an einer exakten Position ein, so dass es auch noch im Ausdruck schön und ordentlich aussieht. (Siehe Kapitel 13, dort stehen mehr Tabulator-Infos.)

✔ Benutzen Sie die Leertaste, um Leerräume zwischen den Wörtern und Sätzen einzufügen.

Eine Leerstelle zwischen Sätzen ist alles, was Sie brauchen. Immer wenn Sie versucht sind, mehr als eine Leerstelle einzufügen, so z.B. um Text in Spalten anzuordnen oder Dinge aufzuzählen, sollten Sie stattdessen die Tabulator-Taste benutzen (siehe Kapitel 13).

✔ Ich höre, dass Tipp-Lehrer immer noch ihren Schülern beibringen, zwei Leerstellen zwischen zwei Sätzen einzufügen. Hey: Das ist ein Irrtum. Vergessen Sie es. Die Schreibmaschine ist tot. Okay? Gehen Sie mit der Zeit ...

✔ Die Römer konnten keine Zwischenräume zwischen Wörtern an Gebäuden einfügen, weil die Steinmetz-Gewerkschaft sich auf keinen Tarif für Leerstellen festlegen konnte.

Sachen zum Anschauen, während man schreibt

Es gehen viele interessante Dinge vor, während Sie schreiben; einige davon könnten Sie verwirren, andere nerven, und einige könnten heftige Bestürzung hervorrufen.

Die Statusleiste

Das Erste, was Ihnen auffällt, während Sie schreiben, ist die Statusleiste unten am Bildschirm. Die Angaben dort erzählen Ihnen etwas über Ihr Dokument und wo Sie sich gerade darin befinden. Die Abbildung 2.1 erklärt alles, obgleich die einzigen Angaben, auf die ich mich beziehe, SEITE (die aktuelle Seite, die Sie bearbeiten) und die Gesamtseitenangabe des Dokuments ist (die zweite Nummer bei C in Abbildung 2.1).

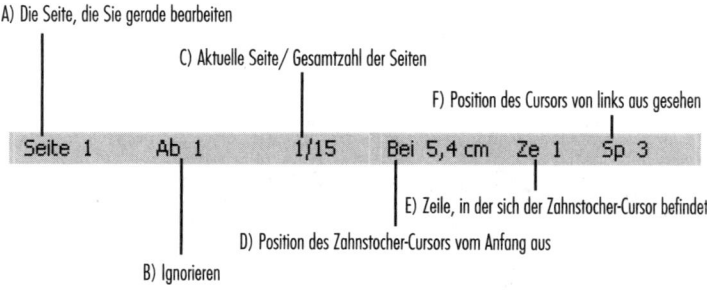

Abbildung 2.1: Geheimnisse der Statusleiste

Leben zwischen den Seiten

Word zeigt Ihnen gern, wo eine Seite endet und die andere anfängt. Das ist gut zu wissen, weil das meiste von dem, was Sie schreiben, nur auf eine Seite Papier soll – na, und dann kommen zwei Seiten aus dem Drucker, aber Sie wollten doch nur eine. In diesem Fall können Sie immer die Statusleiste benutzen (schauen Sie sich Abbildung 2.1 an), um zu sehen, wie viele Seiten Sie haben oder auf welcher Seite Sie sich gerade befinden. Aber Word hat auch plastischere Methoden.

Word benutzt zwei Darstellungsweisen, um Ihnen zu zeigen, wo eine neue Seite anfängt, abhängig davon, welche Ansicht Sie für Ihr Dokument benutzen.

Wenn Sie ANSICHT | SEITENLAYOUT wählen (die Ansicht, die meist voreingestellt ist), stellt sich der Seitenumbruch sehr plastisch dar. Abbildung 2.2 zeigt die Einzelheiten. Die Seiten sind weiß und der Bereich zwischen ihnen ist grau.

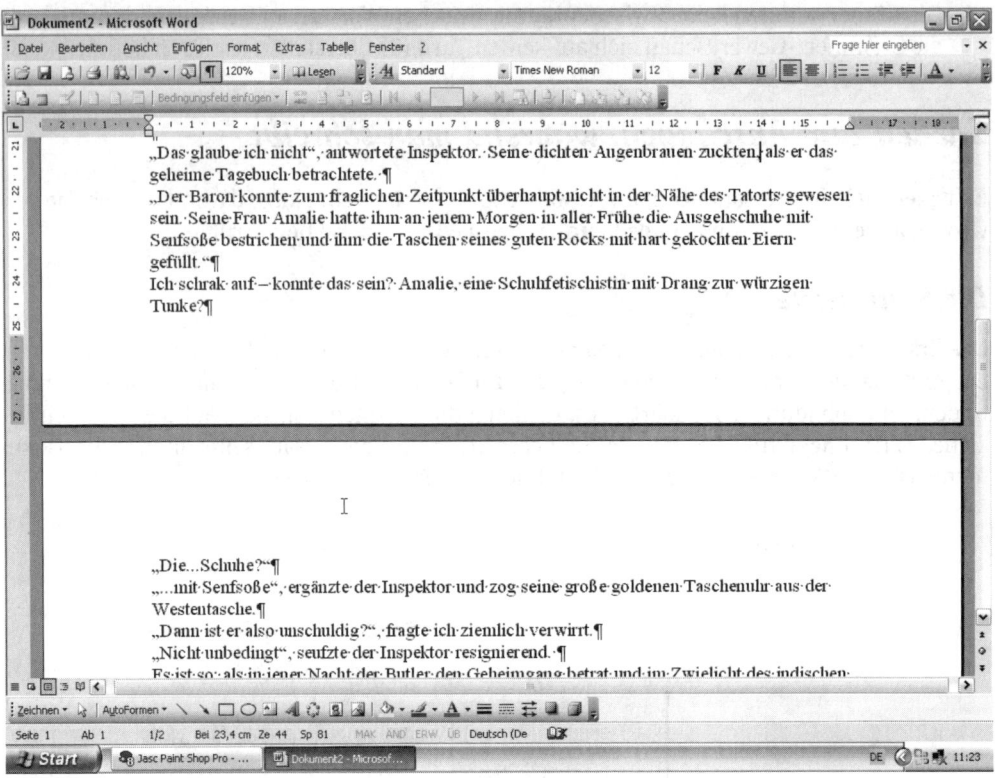

Abbildung 2.2: Ein Seitenumbruch im Seitenlayout

Wenn Sie ANSICHT | NORMAL wählen (das ist die Ansicht, die ich immer benutze), zeigt sich der Seitenumbruch als eine Reihe Ameisen, die über den Bildschirm marschieren. Besprühen Sie sie nicht mit Insektenvernichtungsmittel!

Dieses Ding (oben abgebildet) ist der Seitenumbruch in der Normalansicht. Der Text, den Sie oberhalb der Ameisen, pardon Punkte, sehen, befindet sich auf der vorhergehenden Seite; Text unterhalb der Punkte ist auf der nächsten Seite.

✔ Sie können einen Seitenumbruch nicht löschen. Sie können die Stelle ändern, an dem er stattfindet, aber wenn Ihr Text zu lang für eine Seite ist, packt Word den Text automatisch auf die nächste Seite.

✔ Eine Reihe von eng beieinander liegenden Punkten – sehr freundliche Ameisen – markiert einen harten Seitenumbruch. Das Word Seitenumbruch erscheint geradewegs in der Mitte dieser Linie. Dieser absichtliche Seitenumbruch wird in Kapitel 14 behandelt.

Flecken zwischen den Wörtern!

Es gibt keinen Grund zur Panik, wenn Sie Punkte oder komische Zeichen auf dem Bildschirm sehen, wenn Sie die Leertaste oder die Returntaste drücken, zum Beispiel:

`Das·kann·einem·wirklich·auf·die·Nerven·gehen.`

Die leere letzte Seite murksen

Ein Problem, das vielen Word-Nutzern begegnet, ist die leere letzte Seite. Das ist besonders ärgerlich, wenn Word anzeigt, dass das Dokument eine Seite länger als gewollt ist. Um diese blöde letzte Seite, auf der sowieso nichts steht, los zu werden, machen Sie Folgendes: Drücken Sie `Strg`+`Ende`. Damit springt Ihr Cursor ans Ende des Dokuments. Benutzen Sie jetzt die Rücklauftaste, um die überflüssigen Leerzeichen und -zeilen zu löschen. Aber Vorsicht! Sonst löschen Sie noch etwas vom Text.

Was Sie in der Zeile oben sehen, sind nicht druckbare Zeichen. Diese Symbole repräsentieren Zwischenräume (die von der Leertaste erzeugt werden), Absatzzeichen `Enter` und Tabulatoren (kleine Pfeile, die oben nicht abgebildet sind).

Warum wollen Sie sich aufregen? Wenn Sie die nicht druckbaren Zeichen einblenden, können Sie leicht auf Sachen stoßen, die Ihren Text verunstalten, aber sonst schwerlich zu finden wären. Zum Beispiel können zwei Tabulatoren in einer Zeile Ihren Text über den Bildschirm verstreuen, während Sie arbeiten. Sie können zwei Tabulatoren in einer Zeile nur finden, wenn Sie die nicht druckbaren Zeichen einblenden.

✔ Um die nicht druckbaren Zeichen auszublenden, drücken Sie `Strg`+`Shift`+`8`. (Drücken Sie sie noch einmal, um sie wieder einzublenden, falls Sie neugierig sind.) Benutzen Sie die Taste `8` auf der Tastatur, nicht auf dem numerischen Tastenblock.

¶ Sie können auch auf die Schaltfläche EINBLENDEN/AUSBLENDEN in der STANDARD-Symbolleiste klicken, um die nicht druckbaren Zeichen ein- oder auszublenden.

✔ Die Zeichen erscheinen auf dem Bildschirm, aber – glücklicherweise – nicht in einem gedruckten Dokument.

Zickzacklinien

In Word Text zu unterstreichen, geht ganz locker. Kapitel 11 erzählt Ihnen alles darüber. Tja, aber da kommt es vor, dass Word etwas ganz von allein unterstreicht, mit grünen, roten und lilafarbenen gestrichelten oder gepunkteten Linien. Word will Sie so auf etwas aufmerksam machen.

Rechtschreibfehler unterlegt Word mit einer roten Zickzacklinie. Auf diese Weise nörgelt Word an Ihrer Rechtschreibung herum.

Grammatikfehler unterlegt Word mit einer grünen Zickzacklinie. Word teilt Ihnen mit (in der Regel zu Unrecht), dass Sie einen Verstoß gegen die deutsche Sprache begangen haben.

Die lilafarbene Unterstreichung wird in Word benutzt, um eine mögliche Kontaktperson zu kennzeichnen. Words überschlaues Gehirn erkennt verschiedene Namen in Ihrem Dokument und setzt für Sie rote Pünktchen darunter.

Generell gesprochen sollten Sie all diese Zickzacklinien ignorieren, bis Sie in die Editierphase überwechseln. (Es sei denn, Sie wären besessen, aber das verzögert im Allgemeinen den Schreibvorgang.)

✔ Lesen Sie in Kapitel 7 mehr darüber, wie Sie Rechtschreib- und Grammatikfehler beheben können – und so auch die Zickzacklinien entfernen können, wenn Sie wollen.

✔ In Kapitel 34 erfahren Sie alles über Smarttags und auch, wie man sie abstellt.

Achten Sie auf den Office-Assistenten!

Während Sie schreiben, unternimmt der Office-Assistent eine Menge interessanter Dinge, die Sie vielleicht amüsieren. Falls Sie allerdings zu lange damit beschäftigt sind, Ihren Text zu lesen oder Ihre Gedanken zu sortieren, werden Sie feststellen, dass sich der Office-Assistent schlafen legt (siehe den Hund am Seitenrand). Das ist ein guter Hinweis darauf, dass Sie aufhören sollten, in die Luft zu starren, um vielleicht zu Ihrer Arbeit zurückzukehren!

Ups! Ich hab' mich vertan!

Falls Sie einen Fehler machen, drücken Sie die $\boxed{\text{Backspace}}$-Taste, um rückwärts zu löschen. Diese Taste weist einen langen nach links weisenden Pfeil auf.

Wenn Sie die $\boxed{\text{Backspace}}$-Taste gedrückt halten, kommen Sie in einen schnellen Wiederholungsmodus – und eine ganze Menge Buchstaben links vom Zahnstocher-Cursor müssen dran glauben –, bis Sie die $\boxed{\text{Backspace}}$-Taste wieder loslassen.

Die Taste $\boxed{\text{Entf}}$ verschlingt ebenfalls Buchstaben, jedoch löscht sie die Buchstaben rechts vom blinkenden Zahnstocher-Cursor.

Für noch größere Pannen (der Super-GAU) hat Word die RÜCKGÄNGIG-Schaltfläche. Damit wird kein Text gelöscht, aber diese Funktion hilft Ihnen, Text zurückzubringen, den Sie versehentlich gelöscht haben. Siehe Kapitel 4 mit mehr Informationen zur Rückgängig-Funktion.

Dokumente formatieren

Formatierung ist das, was Ihr Dokument professionell aussehen lässt und nicht, als käme es aus einem gebrauchten Vervielfältigungsapparat aus den 60er Jahren. Es gibt verschiedene Sachen, die Sie in Ihrem Dokument formatieren können:

✔ Buchstaben

✔ Absätze

✔ Einrückungen

✔ Das gesamte Dokument

✔ Seiten

✔ Spalten

✔ Kopf- und Fußzeilen

Ihre wichtigste Aufgabe in der Textverarbeitung ist die, den Text runterzuschreiben. Danach gehen Sie normalerweise zurück und formatieren ihn, ändern die Schriftart oder passen die Seitenränder an. Das wird alles in Teil II dieses Buches erklärt.

✔ Word kann Ihr Dokument für Sie formatieren. In Kapitel 18 beschreibe ich, wie das funktioniert.

✔ Die meisten Leute formatieren den Text, während sie schreiben, fügen *Kursiv*- oder **Fettformatierung** oder sonst etwas hinzu. Sie können auch Absätze formatieren, während Sie schreiben, obgleich größere Formatierungshausaufgaben am besten erledigt werden, nachdem Sie den Text geschrieben haben. (Beispiele beider Techniken finden Sie in Teil II.)

✔ Word gibt Ihnen die verschiedensten Formatierungsmöglichkeiten an die Hand: Sie können Zeichnungen einfügen, Bilder, Linien, Spalten und andere Elemente, die das Dokument echt schick aussehen lassen. Die Teile III und V beschäftigen sich mit diesen Themen.

Hilfe!

Hilfe gibt es überall, zumindest in Word:

Sie können für (fast) alles Hilfe erhalten, indem Sie F1 drücken. Normalerweise ruft das den Office-Assistenten (wenn er gerade nicht sichtbar ist). Eine Sprechblase erscheint über dem Hundekopf und fragt Sie: »Was möchten Sie tun?« Tippen Sie Ihre Frage ein, und zwar wie in Abbildung 2.3 dargestellt. Drücken Sie die Returntaste und der Hund beantwortet Ihre Frage:

Wau! Wuff! Wuff! Uhhhhhh!

Abbildung 2.3: Der Office-Assistent hilft Ihnen weiter.

Im Ernst, der Office-Assistent schaut sich um und versucht Antworten auf Ihre Fragen zu finden. Seine Suchergebnisse präsentiert er dann im Aufgabenfeld. Sie können sich die Antworten dann anschauen und finden dort mit Gottes Segen auch das, was Sie suchten.

Speichern Sie Ihre Sachen!

Der Computer ist dumm. Der Computer ist vergesslich. Und er verliert Sachen. Um dem Computer zu helfen, sich zu erinnern, müssen Sie ihm sagen, dass er Ihr Zeug speichern soll. Alles, was Sie in Word erstellen, sollte gespeichert werden, so wie man ein Dokument wegheftet.

 Um ein Dokument zu speichern, wählen Sie DATEI I SPEICHERN, Alt + D + S . (Sie können auch auf die SPEICHERN-Schaltfläche in der STANDARD-Symbolleiste klicken, sie sieht aus wie eine altmodische Diskette.)

Falls Sie das Dokument zum ersten Mal speichern, erscheint das Dialogfenster SPEICHERN UNTER, das in Abbildung 2.4 gezeigt wird.

Tippen Sie den Namen des Dokuments in das Feld DATEINAME. Der Name *Max geht nach Plantax* wird in Abbildung 2.4 gezeigt. Falls Sie beim Tippen einen Fehler machen, bügeln Sie ihn mit der Backspace -Taste wieder aus.

Klicken Sie auf die Schaltfläche SPEICHERN, um das Dokument zu sichern.

✔ Kapitel 8 beschreibt das Speichern eines Dokuments im Detail.

✔ Der Dateiname dient dazu, dass Sie später einmal die Datei finden können, wenn Sie sie nachbearbeiten oder noch einmal drucken wollen.

 Die schnellste Methode, eine Datei zu speichern, ist der Einsatz der Tastatur. Die Tastenkombination zum Speichern ist Strg + S . Halten Sie die Taste Strg gedrückt und betätigen Sie die Taste S . Wenn Sie einen Basketball mit einer Hand aufheben können, können Sie auch die Kombination Shift + F12 probieren.

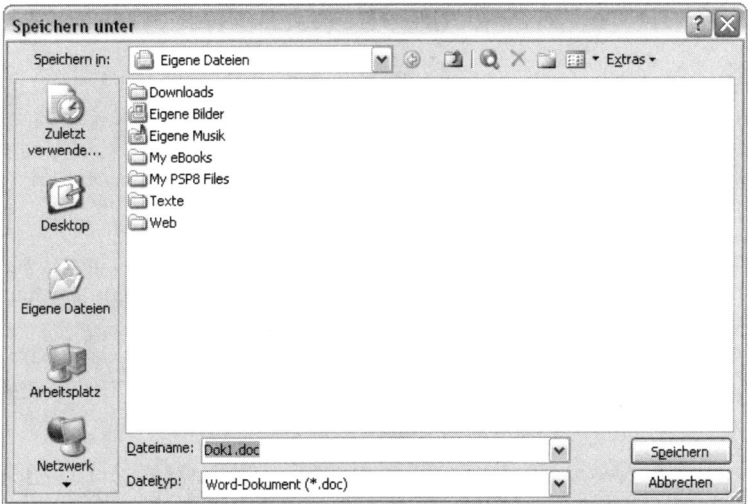

Abbildung 2.4: Das Dialogfenster SPEICHERN UNTER

✔ Beobachten Sie nach dem Befehl zum Speichern die Statusleiste – sie zeigt Ihnen kurz-zeitig eine Mitteilung, dass Word Ihr Dokument speichert (oder kurz ein Diskettensym-bol).

✔ Der Hund sagt Ihnen Bescheid, wenn Sie einen verbotenen Dateinamen eintippen. Kli-cken Sie auf OK und versuchen Sie es erneut unter Berücksichtigung von Rockys Hinwei-sen.

✔ Nachdem das Dokument gespeichert worden ist, sehen Sie seinen Namen in der Titelleiste des Dokumentfensters. Diese Anzeige ist ein Hinweis darauf, dass das Dokument gespei-chert worden ist.

 Wenn Sie gerade mal nicht gut drauf sind, kann es passieren, dass Sie einen Na-men vergeben, den bereits eine andere gespeicherte Datei hat. Dieses Vorhaben ist GAU-mäßig, weil die neuere Datei die andere auf der Festplatte mit dem gleichen Namen überschreiben würde. Wenn Sie beispielsweise Ihren neuen Brief mit dem Dateinamen BRIEF speichern wollen und eine Datei namens BRIEF bereits auf der Festplatte existiert, wird die neue Datei die alte überschreiben. Es gibt keine Mög-lichkeit, das Original wieder zurückzuholen, also benutzen Sie stattdessen einen anderen, spitzfindigeren Namen. Vor der Gefahr des Überschreibens warnt Sie der Hund mit der Mitteilung:

Soll die bereits existierende Datei BRIEF ersetzt werden?

Klicken Sie auf NEIN oder auf ABBRECHEN. Verwenden Sie einen anderen Namen. Oder Sie werden bis in alle Ewigkeit verdammt sein.

Das Werk auf Papier bannen (Drucken)

Die großen Autoren haben sich übers Drucken keine Gedanken gemacht. Tolstoi musste niemals sein Dokument speichern oder eine Seitenlayoutansicht aufrufen. Hugo schrieb *Les Misérables* auf Papier, also war »Drucken« ein Prozess des Schreibens an sich. Und Mark Twain, der *Die Abenteuer des Tom Sawyer* auf dieser neumodischen Schreibmaschine schrieb, dachte, er wäre seiner Zeit weit voraus. Und Sie?

Drucken ist das Ergebnis unserer Arbeit mit einer Textverarbeitung. Herkules? Der musste den Gürtel eines Mädchens wiederfinden. Sie? Sie müssen Ihr Dokument drucken. Alles sieht schön und sauber auf Papier aus – fast professionell.

Zuerst die Vorschau

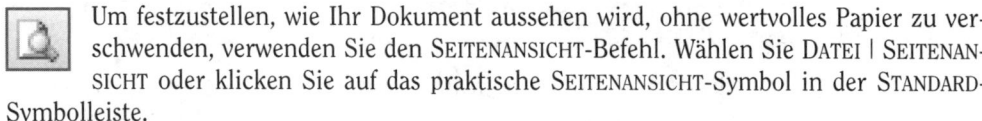

Um festzustellen, wie Ihr Dokument aussehen wird, ohne wertvolles Papier zu verschwenden, verwenden Sie den SEITENANSICHT-Befehl. Wählen Sie DATEI | SEITENANSICHT oder klicken Sie auf das praktische SEITENANSICHT-Symbol in der STANDARD-Symbolleiste.

Die Abbildung 2.5 zeigt, wie der Seitenansicht-Modus aussieht. Ihr Dokument wird genauso angezeigt, wie es gedruckt wird, einschließlich Bilder, Kopf- und Fußzeilen oder Dinge, die während der Bearbeitung nicht sauber angezeigt werden.

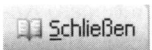

Okay. Es sieht gut aus. Klicken Sie auf die SCHLIESSEN-Schaltfläche und kehren Sie zu Ihrem Dokument zum weiteren Bearbeiten oder Drucken zurück.

Zeit zu drucken

Um das Dokument in Word zu drucken – das Dokument, das Sie auf dem Bildschirm haben, und zwar komplett –, erledigen Sie Folgendes:

1. **Überzeugen Sie sich, dass der Drucker eingeschaltet und betriebsbereit ist.**

   Schlagen Sie in Kapitel 9 nach, um herauszufinden, wie Sie Ihren Drucker betriebsbereit machen.

2. **Wählen Sie den Befehl DATEI | DRUCKEN.**

   Das Dialogfenster DRUCKEN öffnet sich. Das ist der Ort, wo sich das Drucken und damit zusammenhängende Aktionen abspielen.

3. **Klicken Sie auf die Ok-Schaltfläche.**

   Das Dokument kommt aus Ihrem Drucker.

✔ Sie können auch das DRUCKEN-Dialogfenster mit der Tastenkombination $\boxed{\text{Alt}}$+$\boxed{\text{D}}$+$\boxed{\text{D}}$ oder mit $\boxed{\text{Strg}}$+$\boxed{\text{P}}$ hervorzaubern. Diese Methode bietet sich an, wenn Sie lange Finger haben, Kreuzstich-Stickereien beherrschen oder wenn die Maus gerade in der Küche Käse frisst.

 Kapitel 9 bietet detaillierte Erläuterungen über das Drucken und wie man den Drucker betriebsbereit macht.

✔ Beachten Sie, dass das Speichern vor dem Drucken kommt. Das muss zwar nicht so sein, aber ich bin ein Verfechter davon, ein Dokument zu speichern, speichern, speichern.

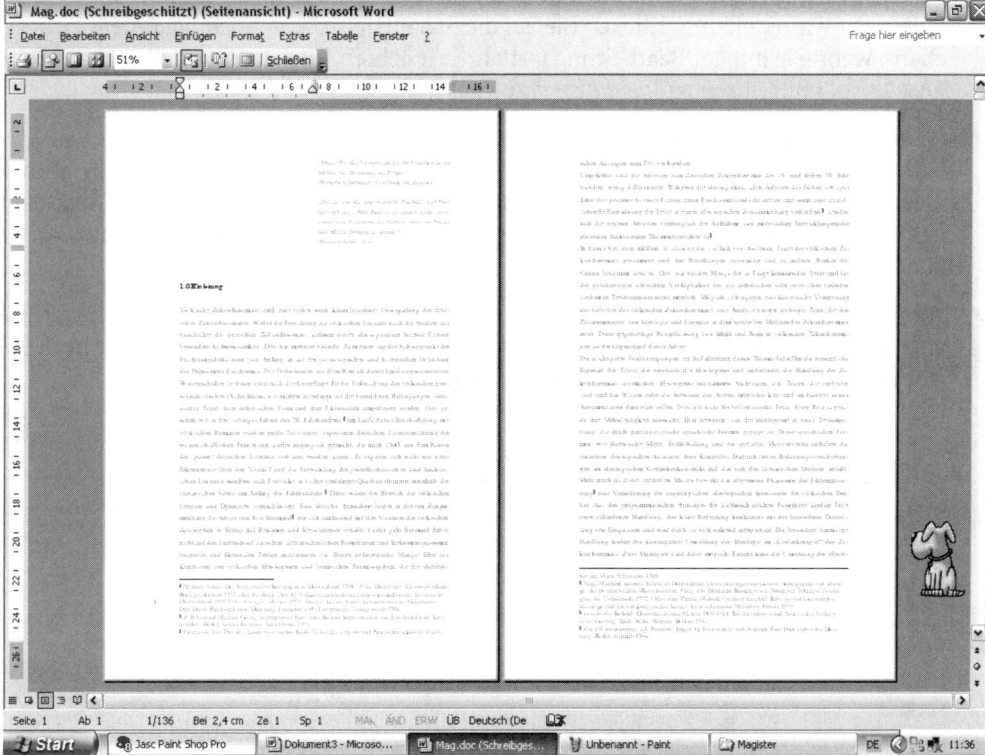

Abbildung 2.5: Die Seitenansicht

Die Sache abschließen

Um ein Dokument zu schließen, wenn Sie fertig sind, wählen Sie den Befehl DATEI |
SCHLIESSEN `Strg`+`W`. Dieser Befehl sorgt dafür, dass das Dokumentfenster geschlossen
wird und vom Bildschirm verschwindet. Ziiischsch! (Auch wenn Sie »Ziischsch!« an dieser
Stelle sagen müssen, ist Word seltsam stumm dabei.) Dieser Schritt wird kurz in Kapitel 1 be-
handelt, und zwar im Abschnitt »Wie Sie das, was Sie gerade machen, beenden können, ohne
Word zu beenden«.

✔ Warum ein Dokument schließen? Weil Sie damit fertig sind, daran zu arbeiten. Vielleicht
   wollen Sie ja an etwas anderem arbeiten oder Word nach dem Schließen verlassen. Sie haben die freie Auswahl!

✔ Falls Sie versuchen, ein Dokument zu schließen, bevor es gespeichert worden ist, zeigt
   Word eine Warnmeldung. Klicken Sie auf die Schaltfläche JA, um das Dokument zu spei-
   chern. Wenn Sie mit der Bearbeitung fortfahren möchten, klicken Sie auf die Schaltfläche
   ABBRECHEN und kehren zu Ihrer Arbeit zurück.

✔ Wenn Sie gerade nur an einem Dokument arbeiten und es schließen, sieht Word aus, als
   hätte es sich aus dem Staub gemacht; die Symbolleisten und Menüs verschwinden, ebenso
   die Rollbalken und anderer Bildschirmmüll. Keine Panik: Sie haben gerade ein Dokument
   geschlossen, und Word hat nicht viel anderes zu tun. Word sitzt geduldig da und wartet
   auf den nächsten Befehl.

✔ Wenn Sie auch Word nicht mehr brauchen, dann verlassen Sie es. Anderenfalls können Sie
   anfangen, ein anderes Dokument zu bearbeiten. Schlagen Sie im Abschnitt »Ein neues
   Dokument starten« weiter vorne in diesem Kapitel nach.

Wie steuere ich durch mein Dokument?

3

In diesem Kapitel

▷ Den Zahnstocher-Cursor bewegen

▷ Mit Tastenkombinationen aufwärts, abwärts, an den Anfang, ans Ende – Sie verstehen schon

▷ Den Befehl GEHE ZU einsetzen

▷ Lesezeichen in wichtige Textstellen legen

▷ Die versteckten Schaltflächen an den Rollbalken verwenden

Denk ich ans Fernsehen in der Nacht, dann bin ich um den Schlaf gebracht, ich kann nicht mehr die Augen schließen, und meine heißen Tränen fließen.

S chreiben heißt auch etwas neu schreiben, das bedeutet, dass Sie von Zeit zu Zeit Ihr Dokument nur durchstöbern. Um sich das geistig vorzustellen, denken Sie an eine Schreibmaschine mit einem ganz langen Bogen Papier. Um das Dokument zu prüfen, muss man es so lange durch den Einzug drehen, bis man den Teil gefunden hat, um den es geht. Was für ein Umstand!

Zum Glück bietet Word einige grundlegende Befehle zum Bewegen des Zahnstocher-Cursors, mit denen Sie viel schneller durch Ihr Dokument blättern, es schneller lesen und bearbeiten können, als dies mit einer mechanischen Kurbel ginge. Alles dreht sich um Bewegung! Trainieren Sie! Halten Sie sich fit! Und vermeiden Sie das Fernsehen!

Durch das Dokument surfen

Wenn Sie auf einen Notizblock kritzeln, verlieren Sie nur schwerlich die Orientierung. Und in den guten alten Tagen der Schreibmaschine war alles auf die Größe einer Seite beschränkt. Aber bei Word können die Dokumente regelrecht gigantischen Umfang annehmen. Unglücklicherweise erscheint immer nur ein kleiner Teil Ihres riesigen Dokuments auf dem Bildschirm. Um von einer Stelle zur nächsten zu gelangen, müssen Sie mehr tun, als nur die Pfeiltasten zu drücken. Sie müssen etwas über die Navigationstasten von Word und seine Spezialbefehle herausfinden, mit deren Hilfe Sie sich im Dokument bewegen können.

Hierhin und dahin und rauf und runter (die elementaren Pfeiltasten)

Die gebräuchlichste Methode, sich in einem Dokument zu bewegen, führt über die Pfeiltasten, die auch Richtungstasten oder Cursor-Tasten heißen, weil sie den Zahnstocher-Cursor auf dem Bildschirm in die richtige Richtung steuern. Diese Tasten können sowohl allein als auch in Kombination mit anderen Tasten benutzt werden, um den Zahnstocher-Cursor tipp-tipp-tipp über Ihr ganzes Dokument zu steuern.

 Falls Sie die Pfeiltasten auf dem numerischen Tastenblock benutzen, prüfen Sie, ob das Num-Lock-Licht ausgeschaltet ist. Falls nicht, drücken Sie einmal auf die Num -Taste. Falls Sie das unterlassen, sehen Sie Zahlen in Ihrem Text, anstatt dass der Zahnstocher-Cursor aktiv wird. So44444zum5555Beispiel.

Die vier grundlegenden Pfeiltasten bewegen den Zahnstocher-Cursor aufwärts, abwärts, **ganz** nach rechts oder nach links:

Taste	Was sie macht
↑	Bewegt den Cursor nach oben in die vorherige Textzeile.
↓	Bewegt den Cursor nach unten in die nächste Textzeile.
→	Bewegt den Cursor nach rechts zum nächsten Buchstaben.
←	Bewegt den Cursor nach links zum vorhergehenden Buchstaben.

Wenn Sie die Taste Strg gedrückt halten und dann eine Pfeiltaste drücken, schalten Sie in den Turbo-Gang. Der getunte Cursor springt in gigantischen Schritten in alle vier Himmelsrichtungen.

Drücken Sie diese Tasten ...	... um dies zu machen
Strg + ↑	Bewegt den Cursor nach oben zum Anfang des vorherigen Absatzes.
Strg + ↓	Bewegt den Cursor zum Anfang des folgenden Absatzes.
Strg + →	Bewegt den Cursor nach rechts zum Anfang (erster Buchstabe) des nächsten Wortes.
Strg + ←	Bewegt den Cursor nach links zum Anfang (erster Buchstabe) des vorherigen Wortes.

Benutzen Sie die [Strg]-Taste mit den Pfeiltasten genauso, wie Sie [Shift] mit dem s einsetzen, um ein großes S zu bekommen: Halten Sie die Taste [Strg] gedrückt und drücken Sie dann eine Pfeiltaste. Lassen Sie dann beide Tasten los. Sie müssen nicht besonders kräftig drücken.

✔ Sie können den Zahnstocher-Cursor nicht aus Ihrem Dokument hinaus manövrieren. Sie können nicht »höher« rollen als die erste Zeile oder »tiefer« als die letzte Zeile eines Dokuments. Sie können den Zahnstocher-Cursor auch nicht dazu bewegen, sich in diesem Niemandsland zwischen zwei Seiten niederzulassen, indem Sie mit der Maus klicken.

✔ Wenn Sie wollen, können Sie Word anweisen zu piepen, wenn Sie versuchen sollten, den Cursor außerhalb Ihres Dokuments zu platzieren: Wählen Sie EXTRAS | OPTIONEN. Klicken Sie in dem OPTIONEN-Dialogfenster auf das Register ALLGEMEIN und setzen Sie ein Häkchen vor die Zeile FEEDBACK MIT SOUND. Klicken Sie auf OK, und Word wird ohrenbetäubend piepen, wenn Sie den Versuch unternehmen, den Zahnstocher-Cursor außerhalb einer Seite zu setzen.

 Das Bewegen des Cursors löscht keine Zeichen; die [Backspace]-Taste oder die Taste [Entf] löschen Zeichen (neben anderen Sachen, die weiter hinten in diesem Kapitel behandelt werden).

✔ Das Wort »dâr« bedeutet im Althochdeutschen soviel wie dort oder dorthin. Hier ist hier, dort ist dort und dar ist wie da, vielleicht noch ein Stückchen weiter. Es taucht heute noch in Worten wie »darauf« und »darin« auf.

Sich mit großen Sprüngen fortbewegen

Nicht alle Ihre Finger sind gleich lang. Werfen Sie einen Blick drauf! Sehen Sie, dass einige länger und andere kürzer sind? Die kurzen sind vielleicht deshalb so kurz, weil Sie die Pfeiltasten auf Ihrer Tastatur etwas unschicklich drücken. Unschicklich deshalb, weil es keinen Grund gibt, ständig auf den Pfeiltasten herumzudrücken. Es gibt bessere Methoden, durch ein Dokument zu springen.

Anstatt auf Ihrer Tastatur herumzuhämmern, benutzen Sie die Pfeiltastenkombinationen aus den folgenden Abschnitten, auf dass der Zahnstocher-Cursor durch Ihr Dokument fliegt.

Seite hoch und Seite runter

[Bild ↑] ist der Tastaturausdruck für Seite nach oben. Und [Bild ↓] ist der Tastaturausdruck für Seite nach unten. Ihre Tastatur hat diese Tasten in zweifacher Ausführung: einmal bei den Bewegungstasten über den Cursor-Tasten und einmal auf dem numerischen Tastenblock. Ist das nicht schön?

Man könnte – logischerweise – annehmen, dass diese Bildtasten ein Dokument eine Seite nach oben oder eine Seite nach unten bewegen würden. Das ist aber nicht so. Anstatt Ihr Dokument seitenweise zu bewegen, bewegen diese Tasten das Dokument bildschirmweise.

[Bild ↑] Diese Taste bewegt den Zahnstocher-Cursor um eine Bildschirmseite nach oben. Oder diese Taste führt Sie an den Dokumentanfang, falls Sie schon ziemlich weit oben im Dokument sind.

[Bild ↓] Bewegt den Cursor um eine Bildschirmseite nach unten oder ans Ende des Dokuments, falls Sie davon weniger als eine Bildschirmseite entfernt sind.

Genau wie bei den Pfeiltasten können Sie auch die Bildlauftasten mit der [Strg]-Taste kombinieren.

[Strg]+[Bild ↑] führt Sie zum Anfang der aktuellen Seite, was Sie unten in der Statuszeile kontrollieren sollten. Noch ein Druck und Sie sind am Anfang der vorhergehenden Seite usw.

[Strg]+[Bild ↓] führt Sie zum Anfang der nächsten Seite.

Wenn Sie nur daran interessiert sind, an den Anfang oder an das Ende einer Bildschirmseite zu springen (der Text, der in dem Word-Fenster angezeigt wird), nutzen Sie diese verrückten Kombinationen:

[Strg]+[Alt]+[Bild ↑] Springt zur ersten Zeile in der aktuellen Bildschirmseite.

[Strg]+[Alt]+[Bild ↓] Bewegt den Cursor an das Ende der aktuellen Bildschirmseite.

Ich persönlich habe diese Tastenkombinationen noch nie benutzt, weil es viel einfacher ist, mit der Maus dahin zu klicken, wo ich den Zahnstocher-Cursor haben will.

Es gibt in der Computer-Industrie keine Logik.

Vom Anfang und vom Ende

Aufwärts/abwärts, Anfang/Ende, nach oben/nach unten – manchmal muss man einfach genau dahin. Hier sind die Tasten, mit denen das geht – und sie sind überraschend gut benannt:

Taste oder Kombination	Wohin sie den Cursor führt
[Ende]	Diese Taste schickt den Zahnstocher-Cursor an das Ende einer Textzeile.
[Pos1]	Diese Taste schickt den Zahnstocher-Cursor an den Anfang einer Textzeile.

Taste oder Kombination	Wohin sie den Cursor führt
`Strg`+`Ende`	Diese Tastenkombination führt den Zahnstocher-Cursor an das allerletzte Ende Ihres Dokuments.
`Strg`+`Pos1`	Diese Tastenkombination bringt den Zahnstocher-Cursor an den obersten Anfang Ihres Dokuments. Wruumm!

 `Strg`+`Ende` ist eine Tastenkombination, die man schnell versehentlich drückt. Sie wirft Sie – buchstäblich – an das Ende des Dokuments. Falls Ihnen das passiert und Sie haben das Gefühl, dass das echt Mist war, drücken Sie `Shift`+`F5`, die Tastenkombination zum Umkehren (zurück zu Ihrer vorherigen Bearbeitungsstelle). Siehe auch »Zurückkehren« weiter hinten in diesem Kapitel.

Mit der Maus auf Tour

Die Maus bietet eine einfache und schnelle Möglichkeit, den Zahnstocher-Cursor zu bewegen: Halten Sie zuerst Ausschau nach einer neuen Position für den Cursor. Dann bewegen Sie den Mauszeiger an die Stelle, wo der Cursor stehen soll, und klicken. Der Cursor setzt sich sofort dort nieder. Das ist Zeigen und Klicken.

Sie können mit der Maus außerdem den Rollbalken (rechts im Dokumentfenster) bewegen. Der Rollbalken ist ein Standard-Windows-Spielzeug, es funktioniert in Word genauso wie in allen anderen Windows-Anwendungen. Es gibt hier nur den Pluspunkt, dass Sie eine kleine Blase sehen, wenn Sie an der Aufzug-Schaltfläche ziehen. In der Blase steht ungefähr die Seitennummer, zu der Sie gerade ziehen (siehe Abbildung 3.1). Manchmal sehen Sie sogar die aktuelle Abschnitts- oder Kapitel-Überschrift.

Abbildung 3.1: Lebensnotwendige Seitennummer-Informationen

Zum Schluss noch: Falls Ihr PC mit einer dieser modernen »Rad«-Mäuse ausgestattet ist, wie zum Beispiel die Microsoft Intellimaus, dann können Sie mit dem Rädchen zwischen den Maustasten durch Ihr Dokument rollen:

✔ Drehen Sie an dem Rädchen in die eine oder andere Richtung, um durch das Dokument zu rollen. (Die Anzahl der Zeilen, die das Dokument rollt, können Sie in dem Konfigurationsfenster Ihrer Maus festlegen.)

✔ Klicken Sie auf das Rädchen, um mit Super-Maus-Kontrolle über den vertikalen Rollbalken schnell Ihr Dokument auf und ab zu rollen.

✔ Drücken Sie das Rädchen wie eine Schaltfläche, um gemütlich auf und ab zu rollen oder Ihr Dokument von links nach rechts zu bewegen.

Ach, wie liebe ich dieses Mäuse-Spielzeug!

 Passen Sie auf, wenn Sie den vertikalen Rollbalken benutzen, um in Ihrem Dokument zu blättern! Die Bildschirmseiten rollen bewegt nicht mal eben so den Cursor. Sie müssen mit der Maus in den Text klicken, um den Cursor tatsächlich an einen bestimmten Punkt zu lenken. Wenn Sie z.B. gerollt sind, um die Seite 5 anzusehen, blinkt der Zahnstocher-Cursor immer noch auf Seite 3. Wenn Sie nun anfangen zu tippen, erscheint der neue Text auf Seite 3, wo der Zahnstocher-Cursor ist, und nicht auf Seite 5, die Sie gerade anschauen.

✔ Sie müssen mit der Maus klicken, um den Cursor an einen gewünschten Punkt zu bringen. Wenn Sie nicht mit der Maus klicken, bringen Sie den Computer um den Verstand.

Ganz schnell mit dem Befehl Gehe zu

Gehe zu wie bei Schiller: »Gehet zu, meine lieben Pappenheimer«. Dieser Befehle ermöglicht es Ihnen, überall im Dokument hinzugehen. Mit dem Befehl GEHE ZU können Sie eine bestimmte Seite finden, eine Zeile oder was auch immer sonst so im Dokument so rumlungert.

Um den GEHE ZU Befehl zu benutzen, müssen Sie BEARBEITEN | GEHE ZU auswählen, und die Dialogbox SUCHEN UND ERSETZEN erscheinet vor Euren Augenlichtern (Abbildung 3.2).

Sie können sich die verschiedensten Ziele aussuchen, die Ihnen in der Abbildung 3.2 als Elemente präsentiert werden. Normalerweise sucht man damit eine bestimmte Seitenzahl.

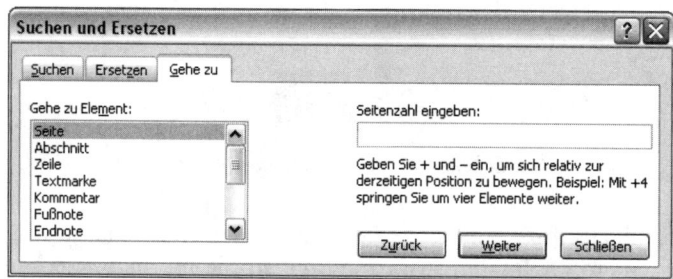

Abbildung 3.2: Wer suchet, der findet im Dialogfeld GEHE ZU

Tippen Sie zum Beispiel 14 in das rechte Feld ein und drücken Sie dann ⌑Enter⌑, dann kommen Sie auf die Seite 14. Vorausgesetzt, Sie wollen auf die Seite 14.

✔ Sie können auch die Taste F5 drücken, um das Dialogfenster SUCHEN UND ERSETZEN im Register GEHE ZU zu öffnen.

✔ Sie können auch die Tastenkombination Strg + G benutzen. (Kann man sich sowieso leichter merken als F5).

✔ Wenn Sie auf die Seitennummer in der Statusleiste doppelklicken (dabei müssen Sie murmeln: »Verwandle dich, du Idiot!« – das hilft ein wenig nach), erscheint das GEHE ZU-Dialogfenster wie der Geist aus der Flasche.

✔ Um Ihre GEHE ZU-Befehle noch konkreter auf den Punkt zu bringen, lesen Sie den Abschnitt »Lesezeichen ohne Eselsohren (der Befehl TEXTMARKE)« weiter hinten in diesem Kapitel.

Zurückkehren

Man sagt, wenn man sich erst einmal entschieden hat, gibt es kein Zurück mehr. Das mag zutreffen, außer man kandidiert als Bundeskanzler oder benutzt Word. Wenn Sie irgendwo hinkommen, wo Sie nicht sein wollen, drücken Sie Shift + F5, und Word bringt Sie dahin zurück, von wo Sie losmarschiert sind.

Die Shift + F5 -Tastenkombination funktioniert nur in Word; im echten Leben können Sie das nicht probieren.

 Wenn Sie Shift + F5 drücken, kehren Sie dorthin zurück, woher Sie gekommen sind; wenn Sie noch einmal drücken, gelangen Sie wieder dorthin zurück, von wo Sie gerade gekommen sind. Das klappt ungefähr drei Mal, bevor es sich selbst wiederholt. Wiederholt. Wiederholt.

Lesezeichen ohne Eselsohren (der Befehl Textmarke)

Wie so ein zerstreuter Professor ertappe ich mich oft dabei, dass ich an verschiedenen Teilen eines Dokuments gleichzeitig arbeite. Vielleicht geht Ihnen das auch so. Oder vielleicht lesen Sie sich gerade noch einmal durch, was Sie so geschrieben haben, und wissen, dass Sie an diese bestimmte Stelle später noch einmal zurückkehren müssen. Was auch immer der Grund sein mag, oft ist es notwendig, ein Lesezeichen in ein Dokument zu legen. Versuchen Sie mal, eine Ecke des Bildschirms umzuknicken, damit Sie ein Eselsohr bekommen, zu dem Sie zurückblättern können! Ich glaube nicht, dass es funktioniert.

Herzlich willkommen zu Words TEXTMARKE-Befehl.

Eine Textmarke setzen

Um Ihren Platz im Dokument zu markieren, setzen Sie eine Textmarke. Folgen Sie diesen Schritten:

1. **Stellen Sie den Zahnstocher-Cursor an die Stelle, wo Sie eine Textmarke haben wollen.**

2. **Wählen Sie den Befehl EINFÜGEN | TEXTMARKE (oder, wenn Sie drei Hände haben, verwenden Sie die Tastenkombination** ⌷Strg⌷+⌷Shift⌷+⌷F5⌷ **).**

   Das Dialogfenster TEXTMARKE öffnet sich, siehe Abbildung 3.3.

Abbildung 3.3: Das Dialogfenster TEXTMARKE

3. **Geben Sie einen Namen für die Textmarke ein.**

   Stellen Sie sich intelligent an! Der Name soll Sie daran erinnern, wo Sie in dem Dokument sind. Wenn Sie also eine Diplomarbeit schreiben, sind eindeutige Textmarkennamen für die verschiedenen Teile Ihres Dokuments (und ihre ursprünglichen Quellen) schon empfehlenswert.

 Übrigens können Textmarkennamen keine Leerzeichen enthalten. Wie auch immer, Sie können in diese neudeutsche Schreibweise mit Großbuchstaben wechseln, wie dies auch in Abbildung 3.3 gezeigt wird.

4. **Drücken Sie die Returntaste oder klicken Sie auf die Schaltfläche HINZUFÜGEN.**

Eine Textmarke finden und sich zu dieser Stelle im Dokument bewegen

Um zu einer Textmarke zurückzukehren, benutzen Sie den Befehl GEHE ZU, der im Abschnitt »Ganz schnell mit dem Befehl GEHE ZU« weiter vorne im Kapitel erläutert wurde. Folgende Schritte verhindern, dass Sie eine Seite umblättern und den Gedankenfaden verlieren:

1. **Drücken Sie die Taste** F5 .

   Das Dialogfenster SUCHEN UND ERSETZEN macht sich auf dem Bildschirm breit.

2. **Markieren Sie den Eintrag Textmarke in der Liste Gehe zu Element.**

   Das ist der vierte Eintrag von oben.

   Das Feld SEITENZAHL EINGEBEN ändert sich zum Feld TEXTMARKENNAMEN EINGEBEN. Die Textmarken erscheinen alphabetisch sortiert in dem Feld.

   Wenn Sie Ihre Textmarke nicht sehen, klicken Sie auf die Pfeilschaltfläche, und Sie werden eine lange Liste der Textmarkennamen aus Ihrem Dokument sehen. Klicken Sie auf diejenige, die Sie anspringen möchten.

3. **Klicken Sie auf die Schaltfläche GEHE ZU.**

   Und schon sind Sie da!

4. **Klicken Sie auf die Schaltfläche SCHLIESSEN, um das Dialogfenster SUCHEN UND ERSETZEN wieder loszuwerden und zur Bearbeitung Ihres Dokuments zurückzukehren.**

Mit den geheimen Rollbalken-Schaltflächen navigieren

Schielen Sie mal unten auf den vertikalen Rollbalken, wo sich drei Schaltflächen befinden (siehe Abbildungen am Rand). Dies sind die Browse-Schaltflächen (englisch *to browse*: blättern), mit denen Sie in ganz verschiedenen Sprüngen und Haken durch Ihr Dokument rollen können.

 Die oberste Schaltfläche sucht nach oben.

 Die unterste Schaltfläche sucht nach unten.

 Und die mittlere Schaltfläche heißt kryptisch BROWSEOBJEKT AUSWÄHLEN (was für ein Deutsch!).

Wenn Sie auf die mittlere Schaltfläche klicken, klappt eine Palette mit Symbolen auf, die anzeigen, nach welchen Sachen Sie suchen können (siehe Abbildung 3.4). Sobald Sie den Mauszeiger auf ein Symbol stellen, erscheint ein Text unten in der Palette, der die jeweilige Funktion erläutert.

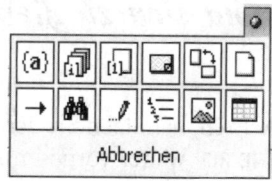

Abbildung 3.4: Verschiedene Sachen, nach denen Sie suchen können

✔ Mit der Auswahl eines Symbol auf der Palette bestimmen Sie, wie die Browse-Schaltflächen arbeiten.

✔ Die ⟨Strg⟩+⟨Bild ↑⟩-Tastenkombination ist mit dem BROWSE UP-Knopf verbunden.

✔ Die ⟨Strg⟩+⟨Bild ↓⟩-Tastenkombination ist mit dem BROWSE DOWN-Knopf verbunden.

Wie die geheimen Rollbalkenknöpfe funktionieren

Wenn Sie keine andere Einstellung aus der Palette gewählt haben, hüpfen Sie mit den Browse-Knöpfen von Seite zu Seite quer durchs Dokument.

Immer wenn Sie eine andere Einstellung als Seite durchsuchen gewählt haben, erscheinen die Browse-Knöpfe in einer anderen Farbe. Wenn Ihre Knöpfchen also schwarz sind wissen Sie, dass Sie von Seite zu Seite hüpfen, springen, gleiten. Sind sie aber plötzlich blau (die Knöpfe, nicht Sie), dann sucht der Knopf nach etwas anderem. (Leider, leider sagt Ihnen die Browse-Palette nicht, welche Suchoption Sie gerade gewählt haben.)

 Eine handlichere Suchmethode ist NACH BEARBEITUNG DURCHSUCHEN. Wenn Sie diese Einstellung wählen, ermöglichen Ihnen die Browse Up/Browse Down-Knöpfe, quer durchs Dokument zu den drei zuletzt gemachten Einträgen zu hüpfen. Diese Funktion ist sehr nützlich, wenn Sie Texte zusammenbasteln.

Die Browse-Knöpfe und der Suchen-Befehl

Die Browse-Knöpfe sind auch mit dem SUCHEN-Befehl (wird in Kapitel 5 behandelt) verbunden. Wenn Sie die SUCHEN-Option aus der Palette wählen, dann führen Sie die Browse-Knöpfe zu der Stelle im Dokument, die Sie zuletzt gesucht haben.

Mal ein Beispiel: Sie benutzen den SUCHEN-Befehl, um ein Stück Text zu finden. Wenn Sie jetzt später genau zu dieser Stelle zurückwollen, weil Sie dort Ihren Regenschirm oder etwas ähnliches vergessen haben, dann benutzen Sie die Browse-Knöpfe, um dorthin zu gelangen, ohne dass Sie das Dialogfeld SUCHEN wieder aufrufen müssten. Sehr praktisch.

Bearbeitungsgrundlagen

In diesem Kapitel

- Überschreiben und einfügen
- Text mit der Backspace-Taste und Entf löschen
- Zeilen, Sätze und Absätze löschen
- Fehler rückgängig machen
- Der Befehl zum Wiederherstellen (rück-rückgängig)

Überarbeiten! Das klingt so sauber und einfach, nicht wahr? Es ist ein Hilfe-Wort.

*Ü*berarbeiten bedeutet helfen. »Komm! Lass mich das für dich überarbeiten. Ich mach nur ein paar kleine Sachen. Streiche ein bisschen und füge was ein. Ändere nicht deinen Stil und achte auf deinen Gedankengang.« So habe ich mir immer Überarbeiten vorgestellt. Aber die Wahrheit ist hässlicher. Ja, Überarbeiten ist Zerstören.

Überarbeiten heißt Schneiden. Hacken. Zerstören. Verbrannten Text zurücklassen, die Stoppeln und Stümpfe überflüssiger Wörter und verquerer Ideen, zu schwerfällig und kompliziert für die gedruckte Seite. Das ist die Wahrheit übers Überarbeiten. Und das ist das Thema dieses Kapitels.

Textverarbeitung ist mehr als nur tippen und den Cursor herumführen. Es bedeutet mit dem Text spielen. Überschreiben. Löschen. Rückgängig machen. Das sind die grundlegenden Bearbeitungsaufgaben, die Sie im folgenden Text finden (den ich viele Male getippt, neu getippt, überschrieben, gelöscht und rückgängig gemacht habe).

Einfügen oder überschreiben: Das ist hier die Frage

Ich wette, Sie wussten nicht, dass Word normalerweise im Einfügemodus arbeitet. Das bedeutet, dass neuer Text, den Sie eintippen, direkt vor dem blinkenden Zahnstocher-Cursor eingefügt wird. Neuer Text schubst jeden existierenden Text nach rechts und unten, während Sie schreiben. Das ist der Einfügemodus.

Der böse Zwilling des Einfügemodus ist der Überschreibenmodus. Im Überschreibenmodus überschreibt der Text, den Sie tippen, den bereits bestehenden Text auf dem Bildschirm, ersetzt ihn während Ihrer Eingabe.

Um in den Überschreibenmodus zu schalten, drücken Sie die Taste Einfg auf Ihrer Tastatur. Diese Taste steht auch auf dem Nummernblock bereit (Num Lock ausschalten).

 Während Sie sich im Überschreibenmodus befinden, sind die Buchstaben ÜB in der Statusleiste aufgeblendet. Sie können auch auf diese Buchstaben doppelklicken, um zwischen dem Einfüge- und dem Überschreibenmodus hin- und herzuwechseln.

Ehrlich gesagt, es gibt keinen Grund, im Überschreibenmodus zu arbeiten. Der Einfügemodus ist ganz in Ordnung; Sie können die verschiedenen Befehle, die in diesem Kapitel beschrieben werden, benutzen, um beliebig Text zu löschen.

✔ Im Überschreibenmodus frisst der neue Text den auf, der sich bereits auf dem Bildschirm befindet. Wenn Ihnen so etwas Seltsames passiert, doppelklicken Sie auf die Buchstaben ÜB in der Statusleiste, und der Spuk ist vorüber. Benutzen Sie anschließend die Tastenkombination Strg + Z (rückgängig), um den gelöschten Text zurückzuholen.

✔ Die Antwort auf die Überschrift dieses Abschnitts ist, dass der Einfügemodus die Antwort ist.

Zeug löschen

Ich kannte einen Autor, der war furchtbar ängstlich, irgendetwas zu löschen. Anstatt den einen oder anderen verunglückten Absatz einfach rauszuwerfen, neigte er eher dazu, die Absätze als Abschnitte zu kopieren und sie »zum Aufbewahren« an das Ende des Dokuments zu stellen. Klasse. Und wenn dann ein neuer William Shakespeare aus ihm geworden ist, hat die Nachwelt all diese ausrangierten Absätze zum Bestaunen. Ist das nicht ein Glück?

Die Wahrheit ist, das Löschen von Text ist wie das Schreiben ein Teil des Bearbeitungsprozesses. Jeder bearbeitet und jeder löscht Text. In der Tat behaupte ich gerne, dass man möglicherweise den Einleitungsabsatz jedes beliebigen Textentwurfs löschen kann. Wenn dies Ihr Bedürfnis ist oder wenn Sie auch nur kleine Textteile löschen wollen, dann ist dieser Teil des Buches genau das Richtige für Sie.

✔ Es wird behauptet, dass Isaac Asimov niemals einen zweiten Entwurf von irgendetwas machte. Das bedeutet nicht, dass er nicht nachträglich seine Sachen bearbeitete: Das heißt nur, dass er möglicherweise viel besser schreiben konnte als die meisten Leute, die ich kenne.

✔ Das Bewegen von Textabschnitten wird in Kapitel 6 behandelt.

Ihre wichtigsten Lösch-Tasten: Rücktaste und Entf-Taste

Sie können zwei Tasten benutzen, um einzelne Zeichen im Text zu löschen:

✔ Backspace -Taste: Löscht das Zeichen links neben dem Zahnstocher-Cursor.

✔ Entf -Taste: Löscht das Zeichen rechts neben dem Zahnstocher-Cursor.

Wir waren froh, dass Heinz den Wurst|grill betreute, während die Feuerwache nebenan noch offen hatte.

In der vorhergehenden Zeile »blinkt« (okay, auf einem Computerbildschirm würde er blinken) der Zahnstocher-Cursor zwischen »Wurst« und »grill«. Drücken der ⌨Backspace-Taste würde das t in »Wurstgrill« löschen; drücken der Taste ⌨Entf löscht das g.

✔ Wenn ein Zeichen gelöscht wird, rückt der Text, der rechts davon oder darunter steht, auf, um die Lücke zu füllen.

✔ Wenn Sie im Überschreibenmodus sind, zieht die ⌨Backspace-Taste immer noch den Rest des Textes nach links.

✔ Die ⌨Backspace-Taste funktioniert nicht wie die Rückschritttaste auf einer Schreibmaschine. Der Unterschied liegt darin, dass bei der Benutzung der ⌨Backspace-Taste in Word der Cursor zurückläuft und löscht. (Das Äquivalent zur Rückschritttaste einer Schreibmaschine ist in Word die Taste mit dem Pfeil nach links.)

Nicht jeder Text in Word lässt sich so einfach mit der ⌨Backspace-Taste oder der ⌨Entf-Taste löschen. Ein Beispiel für solchen Text sind Feldfunktionen; das ist ein spezieller Text, der immer, na ja sagen wir mal, das heutige Datum anzeigt. Solcher Text sieht immer hellgrau aus, wenn Sie versuchen, ihn zu löschen. Das ist Words Art, Sie auf die Besonderheit des Textes aufmerksam zu machen. Sie müssen ⌨Backspace oder ⌨Entf noch einmal drücken, um einen solchen Text zu löschen.

✔ Sie können ⌨Backspace oder ⌨Entf gedrückt halten, um Zeichen im »Maschinengewehr«-Stil auszulöschen. Lassen Sie die Taste los, wenn Sie genug vom sinnlosen Metzeln haben.

Ein Wort löschen

Word lässt Sie ganze Wörter auf einmal verschlingen, wenn Sie einen der beiden »Wort löschen«-Befehle benutzen:

✔ ⌨Strg+⌨Backspace löscht das Wort, das (links) vor dem Cursor steht.

✔ ⌨Strg+⌨Entf löscht das Wort, das (rechts) hinter dem Cursor steht.

Wenn Sie ein Wort mit Hilfe von ⌨Strg+⌨Backspace löschen wollen, positionieren Sie den Cursor auf dem letzten Buchstaben des Wortes. Drücken Sie ⌨Strg+⌨Backspace, und das Wort ist weg! Der Cursor sitzt dann am Ende des vorhergehenden Wortes oder am Anfang der Zeile (wenn Sie das erste Wort in einem Absatz gelöscht haben).

Wenn Sie ein Wort mit Hilfe von ⌨Strg+⌨Entf löschen wollen, positionieren Sie den Cursor auf dem ersten Buchstaben des Wortes. Drücken Sie ⌨Strg+⌨Entf, und das Wort ist weg! Der Cursor sitzt dann am Anfang des nächsten Wortes oder am Ende der Zeile (wenn Sie das letzte Wort in einem Absatz gelöscht haben).

Sofern Sie sich innerhalb eines Wortes befinden, dann löschen diese Befehle unglücklicherweise lediglich von dieser Position bis zum Anfang oder Ende des Wortes. Für diesen Fall empfehle ich den folgenden Trick:

 Um ein Wort zu löschen, das ganze Wort und nicht weniger, stellen Sie die Maus auf dieses störende Insekt und doppelklicken Sie mit der Maustaste. Das wählt das gesamte Wort aus und markiert es auf dem Bildschirm. Drücken Sie [Entf], um das Wort wegzuzappen.

Nachdem Sie Text gelöscht haben, sammelt Word ordentlich den verbleibenden Text auf und fügt ihn in grammatikalisch angemessener Weise wieder zusammen.

Kein Radiergummi kommt mit [Strg]+[Entf] oder [Strg]+[Backspace] mit, wenn es um Geschwindigkeit und Schrecken geht.

Zeilen, Sätze und Absätze löschen

In Word gibt es einen Unterschied zwischen einer Textzeile, einem Satz und einem Absatz.

✔ Eine Zeile ist lediglich eine Zeile auf der Seite (nicht wirklich eine grammatikalische Angelegenheit). Die Anzeige bei ZE in der Statusleiste sagt Ihnen, in welcher Textzeile Sie sich befinden, und zwar gemessen vom Seitenanfang. Im Moment arbeite ich zum Beispiel in der Zeile 25. Ist ja auch egal.

✔ Ein Satz ist ein Satz. Sie wissen ja: Er startet mit einem Großbuchstaben und endet mit einem Punkt, einem Fragezeichen oder einem Ausrufezeichen. Möglicherweise haben Sie dies in der Grundschule gelernt.

✔ Ein Absatz ist eine Zusammenrottung von Text, der mit dem Drücken der Returntaste beendet wird. Also kann ein Absatz auch eine Textzeile sein, einen Satz oder mehrere Sätze umfassen.

Und wen soll das interessieren? Nun, das alles wird wichtig, wenn Sie verschiedene Texteinheiten löschen wollen. Es gibt verschiedene Methoden, Zeilen, Sätze und Absätze zu löschen.

Eine Textzeile löschen

Word hat keinen einzigen Tastatur-Befehl für das Löschen einer Zeile. Aber mit Hilfe der Maus ist das nur eine Sache eines Klicks und eines Tastendrucks. Folgen Sie diesen Schritten:

1. **Bewegen Sie die Maus zum linken Rand Ihres Dokuments.**

   Der Cursor verwandelt sich in einen eher nach Nordost als nach Nordwest zeigenden Pfeil.

2. **Richten Sie den Mauszeigerpfeil auf die Textzeile, die Sie loswerden wollen.**

3. **Klicken Sie mit der linken Maustaste.**

   Die Textzeile wird markiert, oder ausgewählt.

4. **Drücken Sie die** Entf **-Taste, um diese Zeile in die ewige Leere zu schicken.**

Wenn der Mauszeiger nach Nordost zeigt, können Sie ihn am linken Rand entlangziehen und so viele Zeilen markieren, wie Sie wollen. Diese können dann alle mit einem Druck auf Entf gelöscht werden.

In Kapitel 6 erfahren Sie mehr darüber, wie man Textabschnitte markiert und ins Jenseits bläst.

Einen Satz löschen

Einen ganzen Satz zu löschen, ist kinderleicht. Nun, Sie könnten einfach für jedes Zeichen im Satz Entf drücken. Aber wie immer im Umgang mit dem Computer gibt es eine einfachere Methode:

1. **Platzieren Sie den Zahnstocher-Cursor entschlossen mitten in den störenden Satz.**

   Klick.

2. **Drücken Sie dreimal die** F8 **-Taste.**

   Das erste Drücken der F8 -Taste schaltet den Modus MARKIERUNG ERWEITERN ein, der in Kapitel 6 behandelt wird. Das zweite Drücken von F8 markiert ein Wort, und das dritte Drücken wählt den Satz aus.

3. **Drücken Sie** Entf **.**

   Ups! Er ist verschwunden!

 Das dreimalige Drücken der Taste F8 markiert einen Satz (wählt ihn aus).

Wenn Sie es sich doch anders überlegen, drücken Sie ESC . Das bricht den Modus MARKIERUNG ERWEITERN ab. Drücken Sie irgendeine Pfeiltaste oder klicken Sie mit der Maus in den Text, um die Markierung aufzuheben.

Absätze löschen

Es gibt zwei, nein, drei Wege, um einen Absatz zum Abschuss zu markieren:

✔ Die Triple-Klick-Methode. Klicken Sie dreimal mit der Maus in den Absatz. Klick-klick-klick. Erledigen Sie das schnell. Das markiert den Absatz, und ein geschicktes Drücken der Taste Entf kickt ihn von der Seite.

✔ Die ⌊F8⌋-⌊F8⌋-⌊F8⌋-⌊F8⌋-Methode. Sie können einen Absatz auch markieren und löschen, indem Sie den Zahnstocher-Cursor in dem Absatz platzieren und die ⌊F8⌋-Taste viermalig, das heißt vier Mal, drücken. Drücken Sie ⌊Entf⌋ und – tschüss! – der Text verpufft!

✔ Die Nordostcursor-Doppelklick-Methode: Wenn Sie ein Anhänger der nach Nordost weisenden Maus sind, bewegen Sie den Mauszeiger in die linke Spalte auf der Seite (wo er sich in einen Nordost-Zeiger verwandelt) und doppelklicken dann. Der Absatz, der sich rechts neben dem Mauszeiger befindet, ist markiert und bereit zum Löschen mit einer schnellen Bewegung auf ⌊Entf⌋.

Alle möglichen Textabschnitte löschen

Word kann Zeichen, Wörter und Zeilen von allein löschen. Um etwas anderes zu löschen, müssen Sie es zunächst als einen Textabschnitt markieren und diesen Block danach löschen.

Schlagen Sie in Kapitel 6 nach, um mehr Informationen darüber zu erhalten, wie Sie einen beliebigen Textblock markieren. Nachdem ein beliebiger Textblock markiert ist, löscht ihn das Betätigen der Taste ⌊Entf⌋. (Wenn man nur die Blockwarte auch so einfach loswerden könnte ...)

Fehler ganz schnell ungeschehen machen

Sie brauchen in Word keine Angst vor gar nichts zu haben! Vor gar nichts! Word hat nämlich einen praktischen RÜCKGÄNGIG-Befehl. Der RÜCKGÄNGIG-Befehl erinnert sich an die letzten Dinge, die Sie eingefügt oder gelöscht haben, und ist in der Lage, ganz einfach Fehler wieder auszubügeln. Darüber hinaus gibt es einen WIEDERHERSTELLEN-Befehl, der eigentlich ein Rückgängig-Rückgängig-Befehl ist; da dies aber eine doppelte Negation ist, schmerzt es mein Hirn, darüber nachzudenken.

Der gesegnete Rückgängig-Befehl

Um Text, den Sie versehentlich gelöscht haben, wieder zurückzuholen, stehen Ihnen diese Möglichkeiten zur Verfügung:

✔ Drücken Sie ⌊Strg⌋+⌊Z⌋.

✔ Wählen Sie BEARBEITEN | RÜCKGÄNGIG mit der Maus.

✔ Klicken Sie auf das RÜCKGÄNGIG -Symbol in der STANDARD-Symbolleiste.

Dies sind die drei Methoden für dem RÜCKGÄNGIG-Befehl. (Ich selbst bevorzuge die Tastenkombination ⌊Strg⌋+⌊Z⌋).

✔ Anders als bei anderen Programmen macht ein wiederholter RÜCKGÄNGIG-Befehl nicht die letzte Rückgängig-Aktion wieder rückgängig. Zum Beispiel fügt ⌊Strg⌋+⌊Z⌋ den Text wieder ein, den Sie gerade gelöscht haben. Wenn Sie jetzt erneut ⌨Strg+⌨Z drücken, wird es den Text nicht wieder löschen (das Rückgängig-Machen rückgängig machen).

✔ Der RÜCKGÄNGIG-Eintrag im BEARBEITEN-Menü ändert sich, je nachdem was rückgängig gemacht werden kann: RÜCKGÄNGIG: EINGABE, RÜCKGÄNGIG: FETT, RÜCKGÄNGIG: KATASTROPHE usw.

✔ Wenn Sie auf den kleinen, nach unten weisenden Pfeil neben dem RÜCKGÄNGIG-Symbol klicken, sehen Sie eine Aufklappliste mit den letzten Sachen, die Sie in Word gemacht haben. Sie können die ganze Gruppe auswählen (indem Sie mit der Maus durch die Liste ziehen), um alle Ihre vorherigen Aktionen in einem Rutsch rückgängig zu machen.

✔ Hin und wieder passiert es, dass RÜCKGÄNGIG nicht funktioniert. Bevor dieser Fall eintritt, werden Sie von Word gewarnt. Es zeigt Ihnen Nachrichten wie zum Beispiel »Nicht genug Speicherplatz, um rückgängig zu machen. Fortsetzen?« Fahren Sie auf eigene Gefahr fort oder lassen Sie's lieber.

✔ Die RÜCKGÄNGIG-Funktion funktioniert nicht, wenn gar nichts rückgängig zu machen ist. Manchmal kann auch etwas gar nicht rückgängig gemacht werden, zum Beispiel, wenn Sie etwas auf die Festplatte gespeichert haben.

✔ Um ein RÜCKGÄNGIG rückgängig zu machen, wählen Sie WIEDERHERSTELLEN. Siehe Abschnitt »Rückgängig, oder nimm zwei« etwas weiter hinten in diesem Kapitel.

Rückgängig, oder nimm zwei

Wenn Sie etwas rückgängig machen, und – ups! – Sie haben es nicht so gemeint, müssen Sie den WIEDERHERSTELLEN-Befehl verwenden, um alles wieder zurückzusetzen. Um Text wieder zurückzuholen, den Sie versehentlich gelöscht haben, stehen Ihnen die folgenden Möglichkeiten zur Verfügung:

✔ Drücken Sie ⌨Strg+⌨Y.

✔ Wählen Sie BEARBEITEN | WIEDERHERSTELLEN mit der Maus.

✔ Klicken Sie auf das WIEDERHERSTELLEN-Symbol in der STANDARD-Symbolleiste (falls es dort sichtbar ist).

Wie könnte das wohl funktionieren? Nun, stellen Sie sich vor, nach einem außergewöhnlich reichhaltigen Mittagessen kehren Sie in Ihr Büro zurück, um noch rasch etwas zu tippen. Nun ja, der Schlaf übermannt Sie, und Ihr Kopf fällt auf die Tastatur und drückt einige Tasten. Nachdem Sie aufgeschreckt sind – und sich vergewissert haben, dass niemand diesen kleinen Black-out gesehen hat –, entscheiden Sie sich, das, was Ihr Kopf gerade getan hat, wieder rückgängig zu machen: ⌨Strg+⌨Z, ⌨Strg+⌨Z, ⌨Strg+⌨Z.

Aber – ups! – Sie haben einmal $\boxed{\text{Strg}}$+$\boxed{\text{Z}}$ zu oft gedrückt. In diesem Fall benutzen Sie den Befehl BEARBEITEN | WIEDERHERSTELLEN (oder $\boxed{\text{Strg}}$+$\boxed{\text{Y}}$), um den Kram, den Sie gerade rückgängig gemacht haben, zurückzuzerren.

✔ Ehrlich gesagt, niemand benutzt den WIEDERHERSTELLEN-Befehl häufig. Falls Sie eine Ausnahme sind, werden Sie feststellen, dass das sehr frustrierend sein kann, da dieser Befehl dahin tendiert, Sachen wiederherzustellen, die Sie eigentlich nicht wirklich zurückhaben wollten. (Sie werden das verstehen, wenn Sie einmal mehrere WIEDERHERSTELLEN - Aktionen nacheinander ausführen.)

✔ Das WIEDERHERSTELLEN-Symbol in der STANDARD-Symbolleiste ist vielleicht nicht sichtbar. Ich rate Ihnen, sich Ihre Symbolleisten neu einzurichten, was ich in Kapitel 28 beschreibe.

✔ Wie auch der RÜCKGÄNGIG-Befehl hat der WIEDERHERSTELLEN-Befehl ein Symbol in der STANDARD-Symbolleiste. Neben diesem Symbol befindet sich eine Pfeilschaltfläche, die Sie anklicken können, um eine Liste der letzten Rückgängig-Aktionen zu erhalten. Oder Rück-Rückgängig-Aktionen. Oder so.

Etwas suchen und durch etwas anderes ersetzen

5

In diesem Kapitel

▶ Text in Ihrem Dokument finden

▶ Die verschiedenen Optionen des Suchen-Dialogfensters

▶ Text oberhalb oder unterhalb des Zahnstocher-Cursors suchen

▶ Text finden, den man nicht eintippen kann

▶ Formatierungscodes im Dokument finden

▶ Anwendung des Ersetzen-Befehls

W äre es nicht toll, wenn alle verlorenen Dinge ganz leicht wieder zu finden wären? Autoschlüssel. Portmonees. Ihre alten Pantoffeln. Dieses Mädchen namens Doris damals im Sommerlager. Oder Ihre gesamte Erinnerung daran, was Sie eigentlich an Ihrem dreiundzwanzigsten Geburtstag auf Mallorca nach der letzten Runde Schnaps so gemacht haben. Und warum kichern eigentlich Ihre Freunde immer so, wenn die Rede darauf kommt? Ja, das wäre doch toll, wenn Sie all diese verlorenen Stücke von irgendwas genau so leicht finden könnten, wie der SUCHEN-Befehl Ihre Textfitzelchen wieder findet.

Dank des Word-Befehls SUCHEN findet Rotkäppchen den bösen Wolf, der New Age Hippie das verlorene Atlantis und der Geizige sein steinernes Herz. Nicht nur das. Wenn Sie den Suchen mit dem ERSETZEN-Befehl verbinden, könnten Alchemisten glatt Blei in Gold verwandeln. Vielleicht wäre das nicht so lukrativ wie sie dächten, aber immerhin: Es ist möglich. Dieses Kapitel beinhaltet die Anleitung.

Schau, was ich gefunden habe!

Word kann schnell jedes Stückchen Text überall in Ihrem Dokument finden, von einem bombastischen Oratorium bis zu dem geringsten Statistensatz. Der Befehl, mit dem man Text sucht, heißt – überraschenderweise – SUCHEN und lungert im BEARBEITEN-Menü herum. Folgen Sie diesen Schritten, um den SUCHEN-Befehl einzusetzen und den Text zu finden, der in Ihrem Dokument herumhängt.

1. **Überlegen Sie sich einen Text, den Sie finden wollen.**

   Zum Beispiel Blei.

2. **Wählen Sie den Befehl** Bearbeiten|Suchen. **Sie sehen das Dialogfenster** Suchen und Ersetzen, **das in Abbildung 5.1 gezeigt wird.**

   Beachten Sie, dass dieses Dialogfenster auch zum Ersetzen von Text und für die Gehe-zu-Funktion Verwendung findet, was Sie an den Registern erkennen können. Aber Sie wollen Text suchen, so dass das Suchen-Register vorne liegt. Gut.

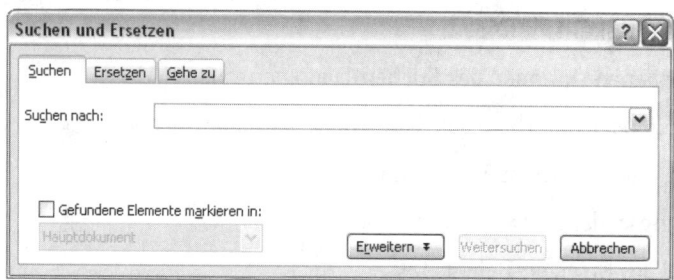

Abbildung 5.1: Das Dialogfenster Suchen und Ersetzen

3. **Tippen Sie den Text, den Sie suchen wollen.**

   Geben Sie den Text in das Feld Suchen nach ein. Zum Beispiel Blei. Tippen Sie es exakt so, wie Sie es im Dokument vermuten.

   Wenn Sie nicht sicher sind, ob der Text in Groß- oder Kleinbuchstaben getippt ist, verwenden Sie Kleinbuchstaben.

4. **Klicken Sie auf die Schaltfläche** Weitersuchen, **um die Suche zu starten.**

   Oder Sie drücken Enter.

   Wenn Text gefunden wird, erscheint er markiert auf dem Bildschirm. Das Dialogfenster Suchen und Ersetzen verschwindet nicht, bevor Sie nicht die Schaltfläche Abbrechen anklicken oder die Taste ESC drücken. (Das Dialogfenster bleibt deshalb, damit Sie nach weiterem Text suchen können, falls Ihnen danach ist.)

   Die schnellste Methode, Text zu finden, ist die Tastenkombination Strg+F. (F scheint für Finden zu stehen.)

   ✔ Tippen Sie den Text, nach dem Sie suchen, exakt ein. Es kann ein Wort, mehrere Wörter oder ein kompletter Satz sein, den Sie finden wollen. (Beenden Sie die Eingabe nicht mit einem Satzzeichen, es sei denn, Sie wollen auch das finden.)

✔ Wenn der Text nicht gefunden wird, fragt Sie der Hund (oder der Office-Assistent Ihrer Wahl), ob Sie noch einmal vom Anfang mit der Suche beginnen möchten. Klicken Sie auf JA oder NEIN, je nachdem. Falls der Text nicht gefunden wurde, lässt Sie Rocky (oder ein anderer Assistent) dies wissen. (Falls Sie den Hund rausgeschickt haben, wird die Nachricht in einem gewöhnlichen Dialogfenster angezeigt.)

✔ Falls der Text nicht gefunden wurde, Sie aber sicher sind, dass er vorhanden ist, versuchen Sie es erneut. Wobei Sie jedoch zuvor die Schreibweise noch einmal prüfen sollten.

✔ Wenn Sie an mehr als einem Dokument gleichzeitig arbeiten, achten Sie darauf, dass Word Text nur im aktuellen Dokument sucht (dasjenige, das Sie auf dem Bildschirm sehen). Um Text in einem anderen Dokument zu finden, klicken Sie in der Taskleiste auf die Schaltfläche des betreffenden Dokuments und starten Sie die Suche.

✔ Schlagen Sie in Kapitel 27 nach, um mehr über das Suchen in mehreren Dokumenten zu erfahren.

✔ Um weitere Vorkommen des Textes im Dokument zu finden, klicken Sie auf die Schaltfläche WEITERSUCHEN.

 Sie können auch die Suchschaltflächen verwenden, um die nächste Textstelle zu finden – selbst wenn das Dialogfenster SUCHEN UND ERSETZEN nicht mehr auf dem Bildschirm sichtbar ist. Wenn Sie also gerade »Julia« gesucht und auch gefunden haben, klicken Sie auf einen Suchpfeil, um nach einem weiteren Vorkommen von »Julia« zu forschen. (Sie können auch ⌞Strg⌟+⌞Bild ↑⌟ oder ⌞Strg⌟+⌞Bild ↓⌟ benutzen, um das vorhergehende oder folgende Vorkommen des Textes zu finden.)

Ihrem Office-Assistenten wächst vielleicht eine Glühbirne über seinem Kopf, nachdem Sie das Dialogfenster SUCHEN UND ERSETZEN geschlossen haben. Ein Klick auf diese Glühbirne zeigt zusätzliche Informationen über den SUCHEN-Befehl, das meiste davon ist in den vorhergehenden Punkten bereits zusammengefasst.

Erneut suchen

Word merkt sich den letzten Text, nach dem Sie gesucht haben. Das nächste Mal, wenn Sie das SUCHEN UND ERSETZEN-Dialogfenster aufrufen, erscheint dieser Text markiert. Das ist praktisch, wenn Sie nach diesem Text erneut suchen wollen – oder Sie können diesen Text überarbeiten, leicht verändern, um etwas anderes zu finden.

Wenn Sie mal einen Blick auf die rechte Seite des SUCHEN NACH-Eingabefelds werfen, sehen Sie einen nach unten weisenden Pfeil (siehe Abbildung 5.1). Wenn Sie auf diesen Pfeil klicken, erscheint eine Liste mit den Texten, nach denen Sie zuvor gesucht haben. Um erneut nach einem Text zu suchen, nach dem Sie bereits gesucht haben, klicken Sie auf den nach unten weisenden Pfeil und dann auf den Text, den Sie noch einmal finden wollen. Klicken Sie auf die WEITERSUCHEN-Schaltfläche, und schon sind Sie unterwegs.

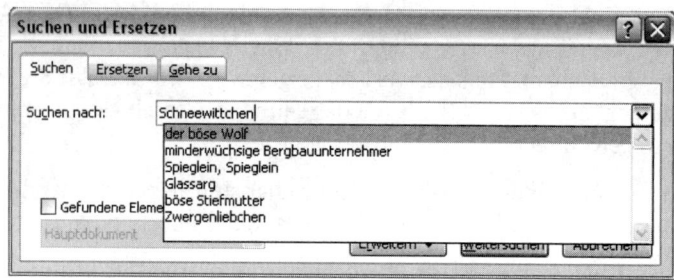

Abbildung 5.2: Einen Begriff erneut suchen

Mehr Zeug suchen

Das übliche Dialogfenster SUCHEN UND ERSETZEN (siehe Abbildung 5.1) ist in Ordnung, wenn es darum geht, schnell ein paar Textfetzen zu finden. Manchmal wollen Sie aber nach detailliertem Zeug suchen oder nach etwas, das Sie nicht einfach mit der Tastatur eingeben können (wie zum Beispiel das Absatzzeichen). Oder Sie wollen Text finden, der genau auf »Schaf« passt und nicht zu »schaf«. In diesem Fall benötigen Sie das detailliertere Dialogfenster SUCHEN UND ERSETZEN.

Drücken Sie `Strg`+`F`, um das Dialogfenster SUCHEN UND ERSETZEN aufzurufen, und klicken Sie dann auf die Schaltfläche ERWEITERN. Das Dialogfenster SUCHEN UND ERSETZEN wird größer und zeigt unten einen Haufen Optionen und Firlefanz (siehe Abbildung 5.2).

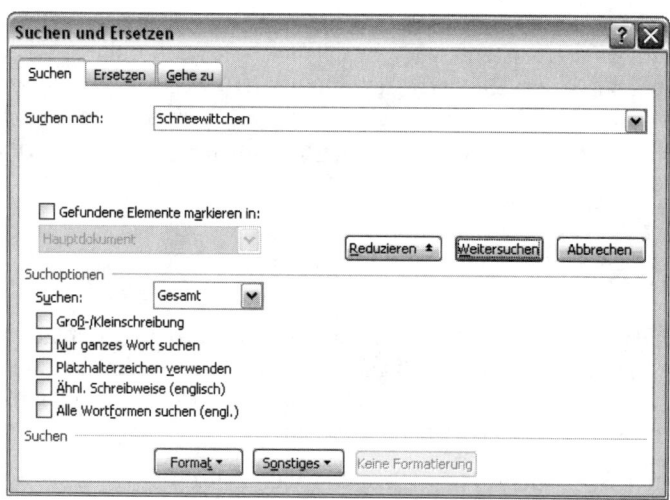

Abbildung 5.3: Das erweiterte Dialogfenster SUCHEN UND ERSETZEN

In den folgenden Abschnitten erfahren Sie, warum Sie vielleicht mit einigen dieser Optionen ein wenig spielen könnten.

Eine exakte Zeichenfolge finden

Es gibt einen Unterschied zwischen »Rot« und »rot«. Das eine ist der Name einer Farbe, das andere die Eigenschaft rot. Um diese Wörter auch beim Suchen zu unterscheiden, aktivieren Sie die Option GROSS-/KLEINSCHREIBUNG bei den SUCHOPTIONEN. Auf diese Weise wird nur das Wort gesucht, dass zum Beispiel mit dem Großbuchstaben »R« beginnt und mit den Kleinbuchstaben »ot« weitergeführt wird.

Ein ganzes Wort suchen

Die Option NUR EIN GANZES WORT SUCHEN ermöglicht es Ihnen, nach einzelnen Wörtern zu suchen. Wenn Sie zum Beispiel nach »Bild« suchen, wollen Sie vielleicht nicht, dass Begriffe wie »Abbildung«, »Gebilde« oder »Bilderrahmen« ebenfalls angezeigt werden.

Text finden, von dem Sie nur einen Teil kennen (Wildcards)

Hier ist was Ekliges für Sie. Es ist möglich, mit so genannten *Wildcards* (Platzhaltern) Wörter zu finden, von denen Sie nur einen Teil kennen, oder eine Gruppe von Wörtern mit ähnlichen Buchstaben. Das ist eine extrem technische Sache, so dass ich Ihnen rate, nicht zu fahren oder eine gefährliche Maschine zu benutzen, wenn Sie das Folgende lesen.

Die beiden grundlegenden Wildcard-Zeichen sind ? und *, wobei ? einen einzelnen Buchstaben repräsentiert und * eine Gruppe von Buchstaben. Nehmen Sie an, Sie tippen Folgendes in das Feld SUCHEN NACH:

```
w?n
```

Wenn Sie die Option PLATZHALTERZEICHEN VERWENDEN anklicken, sucht Word nach jeder Zeichenkombination mit drei Buchstaben, die mit w startet und mit einem n endet: win, wen, Anwendung, Gewinn usw.

```
H*s
```

Das Sternchen steht für eine Gruppe von Zeichen, so dass mit diesem Platzhalter alle Wörter und Zeichenfolgen, die mit H beginnen und mit s enden, gefunden werden, zum Beispiel: Hans, Haus, Handys, aber auch: HomeOffice Finanzierungs.

Es gibt eine Reihe anderer Wildcard-Zeichen, die Sie verwenden können, um Text auf verschiedene interessante Weisen aufzutreiben. Zum Beispiel:

```
[CK]odierung
```

Der Eckige-Klammer-Unsinn in der obigen Zeile findet das Wort Kodierung ebenso wie das Wort Codierung.

Word hat noch viel mehr Variationen und Platzhalter-Zeichen in der Tasche, wobei * und ? die am häufigsten benötigten sind und für Sie gerade noch annehmbar sein dürften. Um herauszufinden, welche Wildcards es sonst noch gibt, aktivieren Sie die Option PLATZHALTERZEICHEN VERWENDEN und klicken auf die Schaltfläche SONSTIGES. Detaillierte Informationen erhalten Sie, wenn Sie dem Assistenten eine Frage nach Platzhalterzeichen stellen.

Ähnliche Schreibweisen finden

Die Option ÄHNL. SCHREIBWEISE gibt es leider nur für englische Texte. Sie können damit nach Homonymen suchen, also Wörtern, die ähnlich klingen, wie »their« und »there«. Wozu das gut ist, werde ich wohl nie erfahren. Aber da es das im Moment nur auf Englisch gibt, soll es uns im deutschsprachigen Bereich auch nicht interessieren.

Oh! Das ist kein Befehl zum Suchen von Reimen. Falls Sie versuchen, damit welche zu finden, zum Beispiel alles, was sich auf Doris reimt, wird er nicht auf Boris, Morris oder so etwas Ähnliches kommen.

Variationen eines Wortes finden

»Nein, nein, nein! Supermann geht nirgendwohin! Er fliegt! Ändere das!« Also machen Sie sich nach Word auf, um jede Variation des Wortes *gehen* zu finden: gehen, geht, ging usw. Word schafft das. Tippen Sie einfach geh* ging* in das Feld SUCHEN NACH und klicken Sie auf die Option ALLE WORTFORMEN SUCHEN.

Oben, unten, links und rechts suchen

Janus war der römische Gott des Anfangs und des Endes. Er hatte zwei Gesichter, die in zwei Richtungen blickten, ideal um Tennis zu gucken oder Sachen zu finden, die Sie verloren haben. Der SUCHEN-Befehl ist wie Janus, weil er über das ganze Dokument nach Ihren Einträgen sucht, bis Sie ihm sagen, wohin er zuerst blicken soll. Dazu müssen Sie eine Richtung in dem SUCHEN-Dialogfeld unter ERWEITERT auswählen:

✔ **Nach unten**: Sucht vom Zahnstocher-Cursor zum Ende des Dokuments.

✔ **Nach oben**: Sucht vom Zahnstocher-Cursor zum Anfang des Dokuments.

✔ **Gesamt**: Vergiss den Zahnstocher-Cursor – Word durchsucht das gesamte Dokument.

Sobald die Suche das Ende Ihres Dokuments erreicht hat, fragt Sie Word oder Ihr Hund, ob Sie die Suche vom Anfang des Dokuments aus fortsetzen wollen. Wenn Sie wollen, klicken Sie auf JA. Beim zweiten Durchgang stoppt die Suchfunktion, wenn sie die Stelle erreicht hat, an der Sie Ihre Suche zuerst begonnen haben.

Was das Suchen nach links und rechts anbelangt – da habe ich in der Überschrift nur Spaß gemacht. Links ist eigentlich »nach oben« oder vor dem Zahnstocher-Cursor; rechts ist »nach unten« oder hinter dem Zahnstocher-Cursor. Und Steuerbord ist rechts und Backbord ist links, falls Sie Word irgendwo auf dem Ozean auf einem Laptop einsetzen.

Kram finden, den man nicht einfach eintippen kann

Nein, das ist jetzt nicht der Zensur-Teil. Es gibt einfach nur ein paar Zeichen, die Sie nicht in das Dialogfenster SUCHEN UND ERSETZEN eingeben können – nicht druckbares, unbeschreibliches Zeug. Nein, nicht Wörter, die jeden Lektor vor Scham erröten lassen. Ich meine Zeichen, die Sie nicht tippen können. Probieren Sie zum Beispiel, ein Tabulatorzeichen zu suchen: Sie schaffen das nicht! Drücken Sie die [Tab]-Taste im Dialogfenster SUCHEN UND ERSETZEN – wupps! – nichts passiert. Das liegt daran, dass das Tabulatorzeichen und noch ein paar andere ganz besondere Zeichen sind. Das Dialogfenster SUCHEN UND ERSETZEN braucht in diesem Fall eine Zwangsernährung.

Um ein spezielles, nicht druckbares Zeichen zu finden, klicken Sie auf die Schaltfläche ERWEITERN, so dass sich das Dialogfenster SUCHEN UND ERSETZEN im Detail zeigt. Klicken Sie auf die Schaltfläche SONSTIGES (siehe Abbildung 5.3). Es erscheint eine Liste mit verschiedenen Zeichen, nach denen Word suchen kann, die Sie aber in einer Million Jahre nicht eingegeben bekämen (siehe Abbildung 5.3).

Klicken Sie auf einen Eintrag in der Liste, um nach einem speziellen Zeichen zu suchen. Daraufhin erscheint eine besonders scharfe Kurzdarstellung dieses Zeichens im Feld SUCHEN NACH (zum Beispiel ^t für ein Tabulatorzeichen). Klicken Sie auf die Schaltfläche WEITERSUCHEN, um dieses Zeichen aufzutreiben.

Hier sind ein paar der nützlichsten Zeichen, die Sie über die Schaltfläche SONSTIGES auswählen können:

✔ Beliebiges Zeichen, Beliebige Ziffer, Beliebiger Buchstabe sind spezielle Zeichen, die beinahe alles repräsentieren. Diese Zeichen werden als Platzhalter eingesetzt.

✔ Das *Caret*-Zeichen ermöglicht die Suche nach dem Caret-Symbol (^), das ein besonderes Zeichen ist. Wenn Sie nur das Caret-Symbol selbst tippen, denkt Word, dass Sie versuchen, ein Sonderzeichen einzugeben.

✔ Die Absatzmarke (¶) ist ein spezielles Zeichen, das entsteht, wenn Sie (Return) drücken – was Sie eben am Ende eines Absatzes tun.

✔ Das Tabstopp-Zeichen ist das Zeichen, das den Cursor zur nächsten Tabulatorposition bewegt.

✔ Die Leerfläche ist jedes Zeichen, das Leerraum schafft: eine Leerstelle, ein Tab und so weiter.

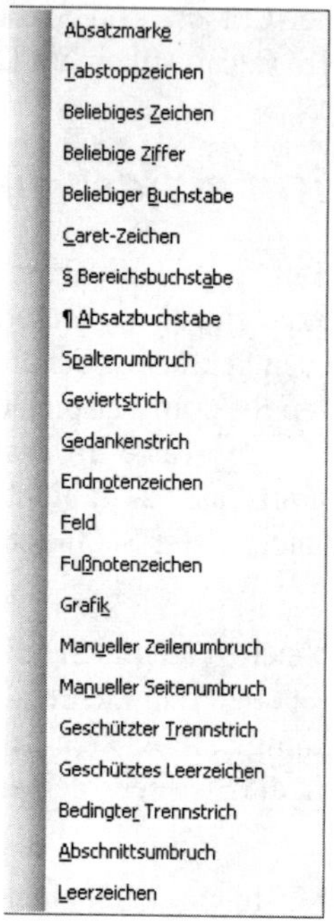

Absatzmark<u>e</u>

<u>T</u>abstoppzeichen

Beliebiges <u>Z</u>eichen

Beliebige Z<u>i</u>ffer

Beliebiger <u>B</u>uchstabe

<u>C</u>aret-Zeichen

§ Bereichsbuchst<u>a</u>be

¶ <u>A</u>bsatzbuchstabe

S<u>p</u>altenumbruch

Geviert<u>s</u>trich

<u>G</u>edankenstrich

Endn<u>o</u>tenzeichen

<u>F</u>eld

Fu<u>ß</u>notenzeichen

Grafi<u>k</u>

Man<u>u</u>eller Zeilenumbruch

Ma<u>n</u>ueller Seitenumbruch

Geschützter <u>T</u>rennstrich

Geschütztes Leerzei<u>ch</u>en

Bedingte<u>r</u> Trennstrich

<u>A</u>bschnittsumbruch

<u>L</u>eerzeichen

Abbildung 5.4: Nach diesem Spezialzeug können Sie suchen.

Ja, Sie können diese Sonderzeichen mit normalem Text für eine Suchaktion mischen. Wenn Sie also ein Tabulatorzeichen, gefolgt von »Jäger« suchen wollen, dann benutzen Sie die Schaltfläche SONSTIGES, um das Tabstopp-Zeichen (^t im Dialogfenster SUCHEN UND ER-SETZEN) einzufügen, und dann tippen Sie einfach Jäger ein, indem Sie Ihre Finger benutzen. Das sieht dann so aus:

`^tJäger`

Sie brauchen diese Sonderzeichen-Liste nicht zu benutzen, wenn Sie eine Liste der Sonder-zeichen im Kopf behalten können. Ich mache das immer so: Weil ich weiß, dass ^p das Kürzel für die Absatzmarke ist, kann ich es ganz einfach eintippen und brauche nicht umständlich auf die SONSTIGES-Schaltfläche in der SUCHEN UND ERSETZEN-Dialogbox zu klicken. Hier ist eine praktische Kürzel-Liste der gebräuchlichsten Spezialzeichen, für den Fall, dass Sie sie aus-wendig lernen wollen.

Absatzmarke	^p
Tabstopp-Zeichen	^t
Beliebiges Zeichen	^?
Beliebige Ziffer	^#

Beliebiger Buchstabe	^$
Caret-Zeichen	^^
Manueller Zeilenwechsel	^l
Manueller Seitenumbruch	^m
Leerfläche	^w

 Wenn Sie nach dem Absatzendezeichen (¶) suchen wollen, dann wählen Sie natürlich Absatzmarke.

Formatierungen finden

Die letzte und irrsinnigste Sache, die der SUCHEN-Befehl für Sie erledigen kann, ist das Suchen nach Formatierungscodes, die in Ihrem Dokument verstreut sind. Sie können zum Beispiel ganz einfach das Word »blöd« nur in der Form fett formatiert finden.

Um nach Formatierungen in einem Dokument zu suchen, öffnen Sie das erweiterte Dialogfenster SUCHEN UND ERSETZEN (siehe Abbildung 5.2). Klicken Sie auf die Schaltfläche FORMAT, und eine Liste mit Word-Formatierungsoptionen klappt auf – wie in Abbildung 5.4 zu sehen.

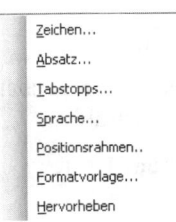

Abbildung 5.5: Die verschiedenen Formatierungsoptionen, nach denen Sie suchen können

Jeder Menü-Eintrag öffnet ein Dialogfenster, in dem Sie die zu suchenden Formatierungsoptionen auswählen können. In diesen Dialogfenstern können Sie die Format-Attribute auswählen, nach denen Sie suchen wollen. Sie benutzen das ZEICHEN-Dialogfenster, um nach speziellen Zeichenformatierungen zu suchen, und das ABSATZ-Dialogfenster, um nach einer bestimmten Absatz-Formatierung zu suchen. (Noch einmal: Es hilft, die Optionen in den Dialogfenstern zu kennen.)

Angenommen, Sie wollen das fettgedruckte Wort »**blöd**« in Ihrem Dokument finden, dann folgen Sie diesen Schritten:

1. **Rufen Sie das Dialogfenster SUCHEN UND ERSETZEN auf.**

   Die Tastenkombination `Strg` + `F` ist die einzig vernünftige Methode, dies zu erledigen. Eventuell müssen Sie im Feld SUCHEN NACH erst einen anderen Eintrag löschen, der sich auf einen früheren Suchlauf bezieht. (Der letzte Suchbegriff bleibt immer in diesem Dialogfenster hängen, nur für den Fall, dass Sie vergessen, wonach Sie letztens gesucht haben.)

2. **Tippen Sie** blöd **in das Feld SUCHEN NACH.**

3. **Klicken Sie auf die Schaltfläche ERWEITERN, um den unteren Teil des Dialogfensters SUCHEN UND ERSETZEN anzuzeigen.**

   Dieser Schritt ist nicht notwendig, wenn der untere Teil bereits gezeigt wird. (Und wir wissen alle, wie peinlich das sein kann.)

4. **Falls ein Knopf mit der sinistren Aufschrift KEINE FORMATIERUNG erscheint, klicken Sie auf ihn.**

   Damit löschen Sie alle Formatattribute aus einer vorherigen Suche, die Sie nicht haben wollen.

5. **Klicken Sie auf die Schaltfläche FORMAT.**

   Die Liste der Formate klappt auf.

   Sie brauchen das Dialogfenster ZEICHEN, wenn Sie Ihren Text fett formatieren.

6. **Klicken Sie auf ZEICHEN.**

   Es erscheint das Dialogfenster ZEICHEN SUCHEN (weitere Informationen erhalten Sie in Kapitel 11, falls Sie nachschlagen müssen). Sie suchen nach der Eigenschaft FETT, also müssen Sie diese unter SCHRIFTSCHNITT auswählen.

7. **Klicken Sie unter SCHRIFTSCHNITT auf FETT.**

8. **Klicken Sie auf OK.**

   Das Dialogfenster ZEICHEN SUCHEN verschwindet, und Sie kehren zum Dialogfenster SUCHEN UND ERSETZEN zurück.

   Beachten Sie den Text unterhalb des Feldes SUCHEN NACH. Da steht FORMAT: SCHRIFTART: FETT. Das sagt Ihnen, dass Word sich darauf eingestellt hat, nur noch fetten Text zu finden.

9. **Klicken Sie auf die Schaltfläche WEITERSUCHEN, um den formatierten Text zu finden.**

   Word lokalisiert das nächste fett formatierte Vorkommen des Wortes blöd im Text.

Wenn Sie nur nach einem speziellen Format suchen wollen, aber kein besonderes Wort dabei im Auge haben, lassen Sie das Suchen nach Eingabefeld einfach frei. Auf dieses Weise suchen Sie nach Formaten, ohne auf den Inhalt des Textes zu achten.

✔ Sie können dieses Vorgehen anwenden, um nach speziellen Schriftarten, zum Beispiel Courier oder Times New Roman, zu suchen. Dazu wählen Sie die Schriftart aus der entsprechenden Liste im Dialogfenster ZEICHEN SUCHEN. Blättern Sie durch die Schriftartenliste, um Ihre Wahl zu treffen.

✔ Sie können nach einer speziellen Schriftgröße suchen (24 pt zum Beispiel), indem Sie sie in der Liste der Schriftgrößen aussuchen. Siehe Kapitel 11, um mehr Informationen über Zeichenformatierung zu erhalten.

✔ Sie können außerdem nach Absatzformatierungen suchen, indem Sie ABSATZ anstatt ZEICHEN aus dem FORMAT-Menü im Dialogfenster SUCHEN UND ERSETZEN wählen. In Kapitel 12 gibt es weitere Informationen zur Formatierung von Absätzen.

✔ Die weiteren Optionen in der Liste der Formate sind eher obskur; wenn Sie allerdings mit Word vertrauter werden, werden Sie auch mit Hilfe dieser, nun, Was-auch-immer-Optionen nach Formatierungen suchen können.

Für einige Suchläufe nach Formatierungen müssen Sie ein Grundwissen darüber mitbringen, wie Word Texte, Zeichen und Dokumente formatiert. Ich empfehle Ihnen dringend, dass Sie sich in den Kapiteln des zweiten Teils dieses Buches damit vertraut machen, falls Sie dazu noch keine Gelegenheit hatten.

Word erinnert sich an Ihre Formatierungsoptionen! Wenn Sie also anschließend nach Text ohne besonderen Formatierungsdefinitionen suchen wollen, müssen Sie auf die Schaltfläche KEINE FORMATIERUNG klicken. Dadurch werden die Formatierungsoptionen entfernt, und Sie suchen wieder einfach nur nach dem Text. Das werden Sie hin und wieder vergessen, und es wird Sie wirklich in Panik versetzen, dass Word Ihren Text nicht finden kann. Also vergessen Sie nicht, auf die Schaltfläche KEINE FORMATIERUNG zu klicken, um in den normalen Suchmodus für einfachen Text zurückzugelangen.

Suchen und Ersetzen

Der SUCHEN-Befehl an sich ist schon sehr praktisch. Aber seine wahre Kraft liegt in seiner Fähigkeit, nicht nur Text zu finden, sondern ihn auch durch etwas anderes zu ersetzen. Das ist eine der Fähigkeiten einer Textverarbeitung, die daran mitgewirkt haben, dass Schreibmaschinenhersteller Pleite gemacht haben.

Wenn Sie mit dem SUCHEN-Befehl klargekommen sind, dann ist Ihr schwarzer Gürtel im Ersetzen nur einen Absatz weit entfernt. In der Tat ist das einzige Problem, das Sie mit dem ERSETZEN-Kommando haben dürften, seine Tastenkombination.

Nein, es ist nicht ⒠ - der Befehl ⌈Strg⌉+⒠ zentriert Text in einem Absatz. (Trotzdem ein schöner Versuch.) Anscheinend ging Microsoft davon aus, dass es mehr Menschen gibt, die verzweifelt ihren Text zentrieren wollen, als jene, die Text ersetzen möchten.

Okay, geben Sie jetzt auf. Auch kein anderes Wort, das man für Ersetzen verwenden kann (austauschen, substituieren, zappen), bietet eine Eselsbrücke zu dieser Tastenkombination. Und die Tastenkombination für den ERSETZEN-Befehl lautet ... `Strg`+`H` !

Genug mit dem Rumbummeln. Stellen Sie sich als Beispiel vor, Sie wollen das Wort »Ferkel« gegen »Schweinefleisch« austauschen. Beide Begriffe haben die gleiche Bedeutung, aber Sie essen nicht »Ferkel«, sondern »Schweinefleisch«, es sei denn, Ihre Religion verbietet es Ihnen; in diesem Fall essen Sie Hühnchen oder eines dieser unzähligen leckeren vegetarischen Gerichte. Genug!

1. **Wählen Sie** BEARBEITEN | ERSETZEN.

   Oder falls Ihnen einfällt, wofür H stehen könnte, tippen Sie `Strg`+`H` . Ehrlich!

   Das Dialogfenster SUCHEN UND ERSETZEN, siehe Abbildung 5.5, erscheint auf dem Bildschirm. Dieses Register ist eigentlich nur ein weiteres Feld im Dialogfenster SUCHEN UND ERSETZEN – was auch Sinn macht, da Suchen ein wesentlicher Bestandteil des ERSETZEN-Prozesses ist.

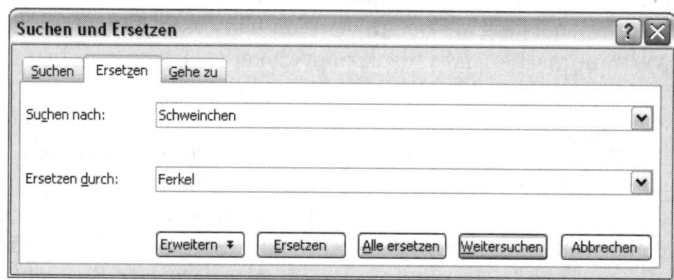

Abbildung 5.6: Das Dialogfenster SUCHEN UND ERSETZEN *mit dem Register* ERSETZEN

   Im Register ERSETZEN des Dialogfensters SUCHEN UND ERSETZEN befindet sich ebenfalls die Schaltfläche ERWEITERN. Falls Sie bereits die erweiterte Ansicht des Dialogfensters auf dem Bildschirm haben, klicken Sie auf die Schaltfläche REDUZIEREN, so dass das Dialogfenster aussieht wie in Abbildung 5.5. (Siehe auch den Abschnitt »Mehr Zeug suchen« weiter oben in diesem Kapitel, um herauszufinden, wofür diese Optionen gut sind, sie gelten sowohl für Suchen als auch für Ersetzen.)

2. **Tippen Sie in das Feld** SUCHEN NACH **ein, was Sie suchen wollen.**

   Das ist der Text, den Sie durch etwas anderes austauschen möchten.

   Drücken Sie die `Tab`-Taste, wenn Sie damit fertig sind.

3. **Geben Sie in das Feld** ERSETZEN DURCH **den Text ein, der den ursprünglichen Text ersetzen soll.**

up ...

... up ... update

Nutzen Sie den UPDATE-SERVICE des Dummies-Teams bei Wiley-VCH. Registrieren Sie sich jetzt!

Unsere Bücher sind mit großer Sorgfalt erstellt. Wir sind stets darauf bedacht, Sie mit den aktuellsten Inhalten zu versorgen, weil wir wissen, dass Sie gerade darauf großen Wert legen. Unsere Bücher geben den topaktuellen Wissens- und Praxisstand wieder.

Möchten Sie über das gesamte Programm des mitp-Verlags informiert werden? Dafür haben wir einen besonderen Leser-Service eingeführt.

Lassen Sie sich professionell, zuverlässig und fundiert auf den neuesten Stand bringen.

Lassen Sie sich jetzt auf www.wiley-vch.de registrieren und Sie erhalten zukünftig einen E-Mail-Newsletter mit Hinweisen auf Aktivitäten des Verlages wie zum Beispiel unsere aktuellen, kostenlosen Downloads.

Ihr Dummies-Team von Wiley-VCH

4. Fragen Sie sich: »Muss ich es mir noch einmal überlegen, bevor ich jedes gefundene Wort austausche?«

Falls dem so ist, klicken Sie auf die Schaltfläche WEITERSUCHEN (dieses Vorgehen ist eigentlich das beste). Falls dem nicht so ist, klicken Sie auf die Schaltfläche ALLE ERSETZEN; dann wird der Text automatisch gesucht und ersetzt, und Sie haben keine Chance mehr, es sich jeweils anders zu überlegen.

5. Wenn Sie auf Weitersuchen klicken, macht Word bei jeder gefundenen Textstelle eine Pause.

Der gefundene Text wird markiert auf dem Bildschirm angezeigt, wie beim einfachen Suchen. Sie können nun die Schaltfläche ERSETZEN anklicken, um den Text auszutauschen, oder Sie klicken auf WEITERSUCHEN, um ihn zu überspringen und nach der nächsten Textstelle zu suchen. Klicken Sie auf die Schaltfläche ABBRECHEN oder benutzen Sie die Taste ESC, wenn Sie aus der Sache aussteigen wollen.

 Word findet Ihren Text, zum Beispiel »Bild«, mitten in einem anderen Wort, zum Beispiel »Abbildung«. Ups! Klicken Sie auf die Schaltfläche ERWEITERN und aktivieren Sie die Option NUR EIN GANZES WORT SUCHEN, um ein falsches Ersetzen zu verhindern.

Falls es nichts mehr zu ersetzen gibt, sagt der Hund:

Der Suchvorgang innerhalb des Dokuments ist abgeschlossen. Es wurden 9 Ersetzungen vorgenommen.

Natürlich hängt die Anzahl der Ersetzungen davon ab, was Sie gesucht haben.

✔ Falls Sie nichts in das Feld ERSETZEN DURCH eingegeben haben ... hoppla! Wenn Sie vergessen, den Ersatzbegriff einzugeben, verwandelt sich der Befehl zum Ersetzen noch lange nicht in eine Suchen-Funktion. Nein, Word nimmt einfach an, dass Sie den Text gegen gar nichts austauschen wollen. So. Das bedeutet, dass der gesamte gefundene Text gelöscht wird. Das kann einem wirklich Angst machen, also klicken Sie lieber auf WEITERSUCHEN. Sonst vernichten Sie vielleicht Teile Ihres Dokuments, und, Junge, fühlen Sie sich dann mies (bis Sie den RÜCKGÄNGIG-Befehl aktivieren).

✔ Ich rate, meistens auf WEITERSUCHEN zu klicken. Nur wenn Sie absolut sicher sind (was selten vorkommt, zumindest meiner Erfahrung nach), sollten Sie auf ALLE ERSETZEN klicken.

✔ Der Befehl RÜCKGÄNGIG stellt Ihr Dokument in seiner ursprünglichen Form wieder her, wenn das Ersetzen nach hinten losgegangen ist.

✔ Die Tastenkombination Strg+H für den ERSETZEN-Befehl gibt für mich keinen Sinn. Aber der aufmerksame Leser Robin R. hat mich darauf hingewiesen, dass das H gleich neben F und G auf der Tastatur zu finden ist. Und es ist ja so, dass Strg+F für Finden, Strg+G für Gehe zu und Strg+H für Ersetzen die drei Befehle sind, die in dem SUCHEN UND ERSETZEN-Dialogfenster auftauchen. Clever!

Formate finden und ersetzen

Sie können das SUCHEN UND ERSETZEN-Feld auch benutzen, um Textformatierungen zu suchen und zu, äh... ersetzen. Das funktioniert genau so, wie der SUCHEN NACH-Befehl reinen Text findet, mit dem Unterschied, dass Sie noch ein Ersatzformat in dem ERSETZEN DURCH-Feld angeben müssen.

Wenn Sie zum Beispiel alle Textteile, die in dem Font Courier New formatiert sind, blau einfärben wollen, müssen Sie folgende Schritte befolgen:

1. **Öffnen Sie das Dialogfeld SUCHEN UND ERSETZEN.**

2. **Klicken Sie mit der Maus in das SUCHEN NACH-Feld.**

3. **Klicken Sie auf den FORMAT-Knopf und wählen Sie aus dem Ausklapp-Menü ZEICHEN.**

   Wählen aus dem Dialogfeld ZEICHEN SUCHEN den Font Courier unter SCHRIFTART.

4. **Klicken Sie auf OK.**

5. **Klicken Sie auf die Karteikarte ERSETZEN und klicken Sie den Cursor in das Feld ERSETZEN DURCH.**

6. **Klicken Sie wieder auf den FORMAT-Knopf und wählen Sie wieder ZEICHEN.**

   Jetzt wird's tricksig: Weil Sie Courier blau haben wollen, müssen Sie aus der Liste zuerst Courier wählen und dann unter FARBE blau.

7. **Klicken Sie auf OK.**

   Das Dialogfeld zeigt nun bei SUCHEN NACH den Eintrag FORMAT:

   ```
   Font: Courier und bei Ersetzen durch den Eintrag Format: Font: Courier, Font
   color: Blue.
   ```

   Zum Schluss klicken Sie auf den WEITERSUCHEN-Knopf und fangen an, den Text zu ersetzen.

Überflüssig zu sagen, dass das schon ein sehr fortgeschrittener Aspekt des Word-Gebrauchs ist. Speichern Sie Ihre Dokumente also lieber ab, bevor Sie die Funktion FORMATE SUCHEN UND ERSETZEN ausprobieren.

Mit Textabschnitten arbeiten

In diesem Kapitel

▷ Mit der Shift-Taste einen Textabschnitt markieren

▷ Text mit der Maus markieren

▷ Mit der F8-Taste markieren

▷ Markierung eines Textabschnitts aufheben

▷ Textblöcke kopieren und verschieben

▷ Die Zwischenablage benutzen

▷ Einen Textabschnitt formatieren, suchen, drucken und löschen

E in Textabschnitt in einer Textverarbeitung ist eine wunderbare Sache. Sie können einen Abschnitt des Textes herausnehmen – jeden beliebigen Abschnitt, einen Buchstaben, jedes Wort, jeden Satz oder Absatz, eine Seite oder ein weitläufiges Viereck – und ihn dann wie eine Einheit behandeln – einen Block. Sie können den Block kopieren, bewegen, löschen, formatieren, die Rechtschreibung prüfen, ihn verwenden, um einen Freistoß der gegnerischen Mannschaft zu verhindern, und so weiter und so fort. Denken Sie an all diese Freuden: fast so gut wie die Blockschokolade in Ihrer Kindheit.

Eine Textpassage markieren

Ich erinnere mich an etwas, was mir ein erfahrener alter Schriftsteller in meiner Jugend erzählt hat. Wenn ich wirklich Schriftsteller werden wollte, solle ich alles mit dreifachem Abstand tippen und zwar auf ganz schweres Papier. Dann sollte ich immer Schere und Klebstoff bereit haben, um den Text umzuarrangieren und zu bearbeiten. Immerhin, behauptete er, sei das besser, als den Text immer wieder zu tippen. Sein Rat war vielleicht 1978 zeitgemäß, aber heutzutage ist das kompletter Mist.

Mit Word können Sie Textblöcke an jeder beliebigen Stelle Ihres Dokuments ausschneiden und einfügen. Und Sie müssen sich keine Gedanken über dreifache Abstände, schweres Papier und Ausgaben für Riesenklebstofftuben machen. Stattdessen müssen Sie wissen, wie Sie einen Textabschnitt markieren. Wie üblich bietet Ihnen Word mehrere Millionen Methoden, dies zu erledigen. Ich beschreibe im Folgenden einige dieser Methoden, und zwar jeweils die für die Textblockgröße angemessenste.

Kurze Textpassagen mit der Tastatur markieren

Um schnell kurze Textabschnitte zu markieren – ein Wort, eine Zeile oder einen Absatz – können Sie die Shift-Taste verwenden, und zwar in Kombination mit den Pfeiltasten (auch als Richtungs- oder Cursor-Tasten bekannt). Diese Methode ist am besten geeignet, um ein kleines Stückchen Text auf dem Bildschirm zu markieren. Tabelle 6.1 weist Ihnen den Weg.

Um dies zu tun ...	... machen Sie das
Ein Zeichen rechts vom Zahnstocher-Cursor markieren	`Shift` + `→`
Ein Zeichen links vom Zahnstocher-Cursor markieren	`Shift` + `←`
Einen Textabschnitt von der Zahnstocher-Cursor-Position bis zum Zeilenende markieren	`Shift` + `Ende`
Einen Textabschnitt von der Position des Zahnstocher-Cursors bis zum Zeilenanfang markieren	`Shift` + `Pos1`
Einen Textabschnitt vom Zahnstocher-Cursor bis zur Zeile darüber markieren	`Shift` + `↑`
Einen Textabschnitt vom Zahnstocher-Cursor bis zur darunter liegenden Zeile markieren	`Shift` + `↓`

Tabelle 6.1: Markieren mit der Tastatur

Ein paar zufällige Gedanken über die Shift-Taste:

✔ Jede Shift-Taste tut es.

✔ Die Shift-Taste ist praktisch, um kleine Textabschnitte zu markieren. Es gibt allerdings bessere Methoden, um Textabschnitte zu markieren, die über eine ganze Zeile oder mehr gehen.

✔ Schlagen Sie in Kapitel 3 nach, um mehr Informationen über die Pfeiltasten zu erhalten.

Ich benutze die linke Shift-Taste und arbeite dann mit den Pfeiltasten auf der rechten Seite der Tastatur. Wenn Sie sich das auch beibringen können, werden Sie feststellen, dass Sie sehr routiniert im Umgang mit dieser Pfeiltasten-Methode zum Markieren werden können.

Wenn Sie das Absatzende markieren, berücksichtigen Sie, dass die Absatzmarke (die das Ende des Absatzes anzeigt) ebenfalls markiert ist. Wenn Sie also den Textabschnitt löschen oder neu formatieren, ändert das vielleicht auch die Formatierung des folgenden Absatzes. Um dies zu vermeiden, drücken Sie `Shift` + `←`, um ein Zeichen zurückzuwandern und die Absatzmarke nicht zu erwischen.

Einen Textabschnitt mit der Maus markieren

Mickey ist vielleicht dazu gemacht, ein Königreich zu regieren, aber die Computermaus ist dafür da, Text auszuwählen. Ernsthaft! Außerhalb der Grafikwelt lieben alle Textauswähler ihre Mäuse.

Mit einem Rutsch den Text markieren

Um einen Textabschnitt mit der Maus zu markieren, folgen Sie diesen Nagetierspuren:

1. **Stellen Sie den Mauszeiger dorthin, wo der Abschnitt beginnen soll.**

2. **Halten Sie die linke Maustaste gedrückt und ziehen Sie die Maus über Ihren Text.**

   Während Sie ziehen, wird der Text markiert, wie in Abbildung 6.1 zu sehen ist. Ziehen Sie die Maus vom Anfang zum Ende des Textes, den Sie als Block markieren wollen.

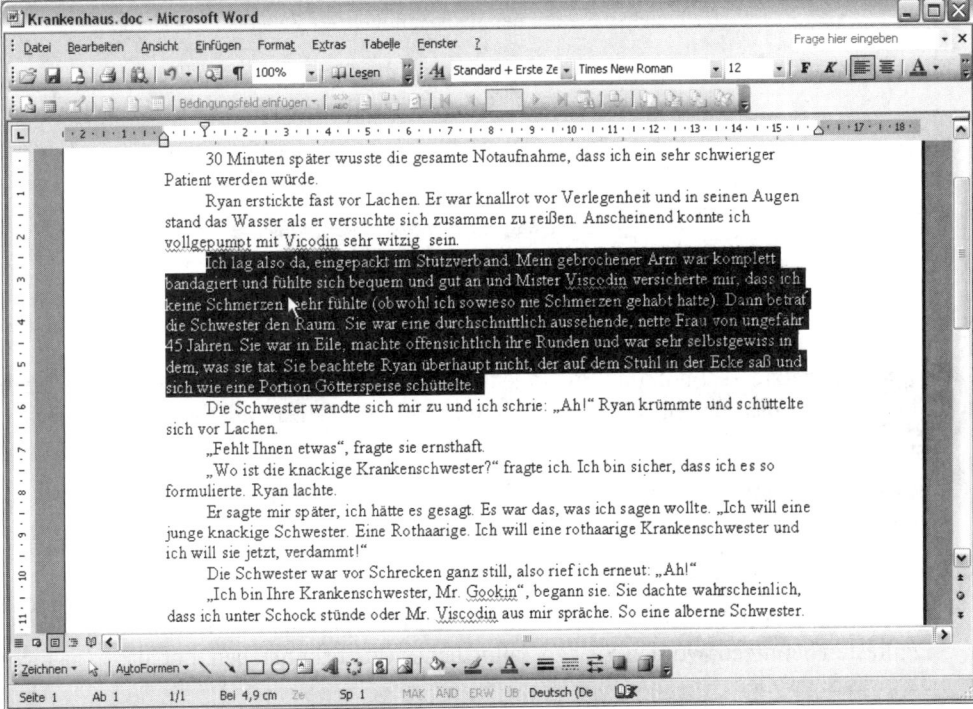

Abbildung 6.1: Ein markierter Textabschnitt

3. **Lassen Sie die Maustaste los – hören Sie auf zu ziehen –, um das Ende Ihres Abschnitts zu markieren.**

Sie können Text jeder beliebigen Größe mit der Maus auswählen. Trotzdem gebe ich Ihnen den Rat, nur den Text auszuwählen, den Sie auf dem Bildschirm sehen können. Wenn Sie Text auswählen wollen, der über Ihre Bildschirmseite hinausgeht, müssen Sie auswählen und scrollen – das kann kompliziert werden; die Maus rollt den Text ganz schnell auf und ab, und, ach, Sie verlieren die Übersicht.

Klick-Klick mit der Maus, um Text zu markieren

Tabelle 6.2 zeigt Ihnen, wie Sie Ihr Mäuschen dazu bringen, bestimmte Stellen zu markieren.

Um dies zu schaffen...	...müssen Sie dies tun
Ein Wort markieren	Zeigen Sie mit der Maus auf das Wort und doppelklicken Sie.
Eine Zeile auswählen	Bewegen Sie die Maus in den linken Rand neben der Zeile, die Sie markieren möchten. Der Mauszeiger wandelt sich in einen Nordost-Pfeil. Klicken Sie einmal, um eine einzelne Zeile zu markieren, oder ziehen Sie mit der Maus, um mehrere Zeilen zu markieren.
Einen Satz markieren	Zeigen Sie mit der Maus auf den Satz und klicken Sie, während Sie die Taste Strg gedrückt halten. Der Satz ist nun ausgewählt.
Einen Absatz markieren	Zeigen Sie mit der Maus irgendwo in den Absatz und klicken Sie dreimal.

Tabelle 6.2: Markieren mit der Maus

Die alte » Stochern und Zeigen«-Methode

Als letzte Technik, um Text in jeder beliebigen Größe zu markieren, möchte ich Ihnen das vorstellen, was ich als »Stochern und Zeigen«-Methode bezeichne.

1. **Beginnen Sie, indem Sie den Zahnstocher-Cursor dahin setzen, wo die Markierung beginnen soll – den Ankerpunkt.**

2. **Rollen Sie durch Ihr Dokument mit dem Rollbalken.**

   Sie müssen den Rollbalken benutzen, um durch Ihr Dokument zu rollen. Wenn Sie die Pfeiltasten benutzen, würden Sie den Zahnstocher-Cursor umstellen, und das ist ja nicht das, was Sie wollen.

3. **Um das Ende des Textabschnitts zu markieren, drücken Sie die Shift-Taste und klicken mit der Maus dahin, wo der Textabschnitt zu Ende sein soll.**

   Der Text von dem Zahnstocher-Cursor bis dahin, wo Sie mit der Maus klicken, ist als ein Textabschnitt ausgewählt.

Buchstabe oder Wort gefällig?

Beachten Sie, wie Word automatisch ganze Wörter markiert, wenn Sie mit der gedrückten Maus eine Zeile entlang fahren. Um Word klarzumachen, dass es keine ganzen Wörter markieren soll, wählen Sie EXTRAS | OPTIONEN aus dem Menü. Im Register BEARBEITEN klicken Sie auf die Option WÖRTER AUTOMATISCH MARKIEREN, um sie zu deaktivieren. Der Haken wird mit einem Mausklick entfernt. Klicken Sie auf die Schaltfläche OK, um diese Einstellung zu speichern.

Diese Methode ist klasse, um Textabschnitte jeder beliebigen Größe auszuwählen, besonders wenn Sie durch das Dokument rollen müssen, um das Ende des Textabschnitts zu markieren.

Die magische F8-Taste

Wer könnte schon auf die Idee kommen, dass die [F8]-Taste zum Markieren da ist? Möglicherweise die gleiche Bande von dumm schwätzenden, Volvo fahrenden und von Aktien besessenen Leuten bei Microsoft, die auf die Idee mit der [F4]-Taste gekommen ist. Erinnern Sie sich, dass [F4] die WIEDERHOLEN-Taste ist? [F8] bedeutet: Text markieren. Trinken Sie etwas Blubberwasser und Sie werden es verstehen.

Egal! Falls Sie also noch etwas Kapazitäten in Ihrem Hirn frei haben, um sich die Taste [F8] zu merken, wäre das sehr nützlich. Nun folgt eine kleine Aufstellung darüber, was sie am besten auf die Reihe kriegt:

Ein Wort markieren. Zweimaliges Drücken der Taste [F8] markiert ein Wort. Aber ehrlich gesagt, wenn Sie auf ein Wort zeigen, um mit einem Klick den Zahnstocher-Cursor darin zu positionieren, können Sie genauso gut gleich darauf doppelklicken.

Einen Satz auswählen. Positionieren Sie den Zahnstocher-Cursor in einem Satz und drücken Sie dann die Taste [F8] dreimal, und der Satz ist markiert.

Einen Absatz markieren. Positionieren Sie den Zahnstocher-Cursor in einem Absatz. Drücken Sie die Taste [F8] viermal, um den ganzen Absatz zu markieren.

Das Dokument markieren. Drücken Sie fünfmal die [F8]-Taste. Es gibt allerdings eine bessere Methode, das gesamte Dokument zu markieren. Diese wird im Abschnitt »Das gesamte Dokument markieren« weiter hinten im Kapitel erläutert.

Oh! Und wenn man [F8] nur einmal drückt? Bestellt Sie Ihnen dann eine frische Tasse Kaffee? Stellt den Fernseher an? Ganz und gar nicht! Erfahren Sie im folgenden Abschnitt das furchtbare Geheimnis.

Anker werfen mit F8

Die Taste [F8] transferiert Word in einen praktischen (aber möglicherweise nervenden) Markierung-erweitern-Modus. In diesem Modus wirft [F8] »einen Anker« am Anfang eines Textabschnitts. Sie können dann die Pfeiltasten, eine andere Positionstaste, die Buchstabentasten oder die Maus verwenden, um mit der Markierung des Textabschnitts fortzufahren. Während dieses Vorgangs – und das ist wichtig – befinden Sie sich im Erweiterungsmodus, und Sie können Word für nichts anderes als zum Markieren eines Abschnitts einsetzen.

Lassen Sie sich davon nicht stören! Sicher, es mag Sie manchmal verwirren, aber der Einsatz der [F8]-Taste im Erweiterungsmodus ist die beste Art, einen Text zu markieren, der in seiner Gesamtheit nicht mehr auf dem Bildschirm angezeigt wird.

Folgen Sie diesen Schritten, um sich im Erweiterungsmodus zurechtzufinden:

1. **Positionieren Sie den Zahnstocher-Cursor an der Textposition, wo Ihre Markierung beginnen soll.**

2. **Drücken Sie die Taste [F8].**

    Die [F8]-Taste wirft einen Anker.

     Sehen Sie die Buchstaben ERW in der Statusleiste? Dies ist ein wichtiger Hinweis. Sie sind nun im Erweiterungsmodus, und die Tasten Ihrer Tastatur dienen nur noch dem Markieren, nicht mehr dem Schreiben von Text. Bewahre!

3. **Wählen Sie den Textabschnitt aus.**

    Sie können den Abschnitt markieren, indem Sie die Pfeiltasten oder eine andere Positionstaste benutzen, siehe Kapitel 3.

     Sie können auch eine Buchstabentaste verwenden, um Text bis zu dem jeweils gedrückten Buchstaben zu markieren. Wenn Sie [n] drücken, wird der Textabschnitt bis zum ersten N, das nach der Startposition folgt, markiert – einschließlich N. Nett. Nützlich. Putzig.

4. **Nachdem ein Textblock markiert worden ist, können Sie etwas damit anstellen.**

5. **Stellen Sie etwas mit dem markierten Textabschnitt an.**

Das ist der störende Teil. Nachdem Sie einen Textabschnitt markiert haben, müssen Sie etwas damit machen. Sehen Sie die Statusleiste? ERW ist noch immer aufgeblendet. Sie markieren immer noch einen Abschnitt! Solange Sie ihn nicht kopieren, ihn ausschneiden, die Rechtschreibung prüfen lassen oder etwas anderes machen, bleiben Sie im Markierungsmodus.

Wenn Sie das Markieren abbrechen wollen, drücken Sie ESC. Oder doppelklicken Sie auf ERW in der Statusleiste (was Sie dazu zwingt, ERW zur Kenntnis zu nehmen, so dass es Sie später nicht frustriert).

✔ Sie können mit der Maus und der F8-Taste echte Kunststücke vollbringen. Positionieren Sie den Cursor am Ende oder Anfang des zu markierenden Textabschnitts und drücken Sie F8. Positionieren Sie anschließend den Mauszeiger am anderen Ende des Abschnitts und drücken Sie die linke Maustaste. Alles von dieser Position zur anderen ist markiert.

✔ Es ist völlig egal, wie oft Sie F8 drücken, denken Sie daran, dass diese Taste immer einen Anker wirft. Falls Sie sie zwei- oder dreimal drücken (siehe vorigen Abschnitt), markiert F8 ein Stück Text – aber Sie sind noch im Erweiterungsmodus. Stellen Sie etwas mit dem Textabschnitt an oder drücken Sie ESC, um aus diesem Modus wieder rauszukommen.

✔ Gewöhnen Sie sich an die Tastaturbefehle, um Textabschnitte zu definieren, und Sie werden viel glücklicher sein, glauben Sie mir.

Mehr als nur einen Textabschnitt markieren

Es ist theoretisch möglich, mehr als nur einen Textabschnitt auszuwählen. Sie können zum Beispiel eine Gruppe von Namen aus einem Dokument wählen, auch wenn diese Namen nicht alle an derselben Stelle stehen. Abbildung 6.2 zeigt diese Auswahl in Aktion.

```
Dienstag
        Habe verschlafen. Verfluchter Wecker hat nicht geklingelt.
        Kam zu spät zu meinem 9:30 Treffen mit Charlie T. Komisch,
        aber Fat Tony tauchte auch auf. Musste deswegen meinen
        11:30 Termin nicht machen und traf mich mit Vinny und Tito
        zum Mittagessen im Rosetti's. Traf Don V. um 3:00. Lud Fat
        Tony auf dem Müllplatz aus. Frühes Abendessen mit Maria.
        Dann zu Hause mit Sadie und den Kindern.
```

Abbildung 6.2: Mehrere Textabschnitte markieren

Um mehrere Textstellen in einem einzigen Dokument zu markieren, brauchen Sie zwei Werkzeuge: die Maus und die Strg-Taste. Folgen Sie diesen Schritten:

1. Zuerst wählen Sie einen Textabschnitt.

Sie können jede der vorher beschriebenen Markierungsmethoden benutzen.

2. **Drücken Sie die** [Strg]**-Taste und halten Sie sie gedrückt.**

   Es ist egal, welche [Strg]-Taste Sie nehmen.

3. **Ziehen Sie die Maus, um einen zusätzlichen Textabschnitt auszuwählen.**

   Wiederholen Sie diesen Schritt, um weitere Textabschnitte auszuwählen.

Sie sehen, dass jeder Textabschnitt separat und für sich allein markiert ist. Nur der Text, der auf dem Bildschirm markiert ist, gehört zu dem Block. Der Text dazwischen, der nicht ausgewählt ist, ist kein Teil dieses Blocks. Das Geheimnis ist Drücken und Gedrückt-Halten der [Strg]-Taste, während Sie mit der Maus ziehen.

Der Text, den Sie auf diese Weise auswählen, wird dennoch von Word als ein zusammenhängender Block betrachtet; es ist nur so, dass dieser Text von mehreren Stellen in Ihrem Dokument zusammengeklaubt worden ist. Wenn Sie den Text ausschneiden, verschwindet er von den einzelnen Stellen, an denen Sie ihn ausgewählt haben. Wenn Sie den Text wieder in Ihr Dokument einfügen, wird jedes einzelne Stück als separater Absatz eingefügt.

Beachten Sie bitte, dass einige Abschnittsbefehle nicht funktionieren, wenn Sie den Text auf diese Weise markieren.

Das gesamte Dokument markieren

Um alles in Ihrem Dokument zusammenhängend zu markieren, wählen Sie BEARBEITEN | ALLES MARKIEREN. Das allgemeine Windows-Tasten-Äquivalent für den Befehl ALLES MARKIEREN ist [Strg]+[A] .

In Word können Sie außerdem noch die merkwürdige Tastenkombination [Strg]+[5] (die 5 auf dem numerischen Tastenblock) verwenden oder Sie können die Taste [F8] fünfmal traktieren.

Neeeiiiinnn: Einfach [Strg]+[A] drücken, um alles zu markieren.

Eine Markierung aufheben

Nachdem Sie nun einen Textabschnitt markiert haben, ähmm, was beabsichtigen Sie, damit anzustellen? Und wie gelangen Sie wieder zurück in den normalen Modus, werden diese Markierungen wieder los, so dass Sie weitertippen können? Frustriert? Kein Grund dazu!

Hier sind ein paar praktische Methoden, um diese lästige Markierung wieder loszuwerden:

✔ Die Taste [←] drücken. Dies hebt die Markierung eines Textabschnitts auf und schickt den Zahnstocher-Cursor zu der Position zurück, wo die Markierung begann, oder zum Anfang des Dokuments, sofern Sie das gesamte Dokument ausgewählt hatten. Das funktioniert mit dem Kram, den Sie mit der Maus oder mit `Shift` markiert haben.

✔ Mit der Maus klicken. Diese Methode hebt die Markierung eines Textabschnitts auf und stellt den Zahnstocher-Cursor an die Stelle, an die Sie geklickt haben. Diese Methode funktioniert bei Markierungen, die mit der Maus oder mit `Shift` erzeugt worden sind.

✔ Drücken Sie die Taste `ESC` und dann die Taste `←`. Diese Methode funktioniert, wenn Sie sich im Markierung-erweitern-Modus befinden (die `F8`-Taste oder ein Doppelklick auf ERW in der Statusleiste, erinnern Sie sich?).

✔ Und nicht zu vergessen `Shift`+`F5`! Das Betätigen dieser Tastenkombination hebt nicht nur die Markierung des Textabschnitts auf (ob Sie ihn nun mit der Maus, `Shift` oder mit `F8` markiert haben), sondern bringt Sie auch noch zu der Textstelle zurück, die Sie vor dem Markieren bearbeitet haben. Klasse!

Einen Textabschnitt kopieren

Nachdem ein Textabschnitt markiert worden ist, können Sie ihn in einen anderen Teil Ihres Dokuments kopieren. Der ursprüngliche Abschnitt bleibt bei dieser Operation unangetastet. Folgen Sie diesen Schritten, um einen Textabschnitt von einer Position zu einer anderen zu kopieren:

1. **Markieren Sie den Textabschnitt.**

   Detaillierte Anweisungen dazu finden Sie im ersten Teil dieses Kapitels.

2. **Wählen Sie BEARBEITEN | KOPIEREN.**

Word platziert eine Kopie des markierten Textes in die Windows-Zwischenablage – ein Speicherbereich für Texte oder Grafiken, die Sie ausschneiden oder kopieren. Um den Kopier-Vorgang abzuschließen, brauchen Sie diesen Block nur noch wieder einzufügen, was in dem Abschnitt »Textabschnitte einfügen« etwas später in diesem Kapitel beschrieben wird.

✔ Das Tastenkürzel für das Kopieren in Word (und in Windows) ist `Strg`+`C`.

 Sie können auch auf das KOPIEREN-Symbol in der Symbolleiste klicken, um einen ausgewählten Textabschnitt zu kopieren.

✔ Wenn Sie versehentlich zweimal `Strg`+`C` drücken, um einen Textabschnitt zu kopieren, rufen Sie dadurch die Zwischenablage auf. Mehr Informationen zu diesem Thema finden Sie in dem Abschnitt »Mehrere Elemente kopieren (sammeln und einfügen)« weiter hinten in diesem Kapitel.

✔ Schauen Sie sich den Abschnitt »Mehrere Elemente kopieren (sammeln und einfügen)« auch an, um mehr über die Zwischenablage zu erfahren.

Einen Textabschnitt verschieben

Um einen Textabschnitt zu verschieben, schneiden Sie ihn aus und kleben ihn ein (*cut and paste*). Das ist Microsofts Ausdrucksweise, nicht meine. Normalerweise verschieben Textverarbeitungsprogramme Text. Ausschneiden und einkleben ist etwas, was Kinder im Kindergarten tun. Aber ich gebe mich geschlagen.

Einen Textabschnitt verschieben ist wie das Kopieren eines Textabschnitts, nur dass Sie Strg + X (oder BEARBEITEN | AUSSCHNEIDEN) benutzen anstatt Strg + C . Der ausgewählte Textabschnitt verschwindet. Nun ja, er geht in die Zwischenablage. Aber von dort aus können Sie ihn, wo immer Sie wollen, in Ihrem Dokument einfügen.

Geraten Sie nicht in Panik, wenn der Textabschnitt verschwindet! Denken Sie daran, das ist ein Verschieben-Vorgang. Der Original-Textabschnitt wird irgendwo anders wieder eingefügt (wie es im nächsten Abschnitt beschrieben wird).

 Sie können auch das AUSSCHNEIDEN-Werkzeug aus der Symbolleiste benutzen, um einen Textabschnitt zu verschieben.

✔ Zusätzliche Informationen über das Markieren von Text finden Sie in den ersten zwei Abschnitten dieses Kapitels.

 Mit Strg + Z machen Sie ein Verschieben wieder rückgängig.

✔ Nachdem Sie einen Textabschnitt ausgeschnitten und verschoben haben, können Sie ihn ein weiteres Mal in Ihr Dokument einfügen. Dieses Thema wird in dem folgenden Abschnitt »Einen Textabschnitt einfügen« behandelt.

Einen Textabschnitt einfügen

Nachdem Sie einen Textabschnitt kopiert haben, ist der nächste Schritt das Einfügen dieses Textstückchens. Es ist uninteressant, ob der Textabschnitt kopiert oder ausgeschnitten wurde, einfügen klappt mit beiden. Folgen Sie diesen Schritten:

1. **Stellen Sie den Cursor an die Stelle, an der Sie den Textabschnitt haben wollen.**

   Regen Sie sich nicht auf, wenn dort kein Platz ist. Word fügt den Textabschnitt so in Ihren Text ein, als würden Sie ihn selbst tippen.

2. **Wählen Sie BEARBEITEN | EINFÜGEN.**

   Und schon ist der Text da. Wenn Sie eine Kopie eingefügt haben, haben Sie jetzt zwei Kopien dieses Textabschnitts in Ihrem Dokument.

Wenn Sie Text in Ihr Dokument eingefügt haben, erscheint das EINFÜGEN-OPTIONEN-Symbol am Ende des eingefügten Textes, so wie es hier abgebildet ist. Erschrecken Sie sich nicht. Mit dieser Schaltfläche können Sie für den eingefügten Textabschnitt Formatierungen wählen, da er zwar Formatierungen enthält, aber, nun ja, doch gelegentlich recht hässlich aussieht, nachdem sie ihn eingefügt haben.

Sie können das EINFÜGEN-OPTIONEN-Symbol benutzen oder auch nicht. Sie können sogar einfach in Word weitertippen oder arbeiten, dann verschwindet das Symbol sofort. Aber wenn Sie die Formatierung des eingefügten Textabschnitts anpassen wollen, folgen Sie den folgenden Schritten:

1. **Zeigen Sie mit der Maus auf das EINFÜGEN-OPTIONEN-Symbol.**

   Das Symbol verwandelt sich in eine »Schaltfläche« mit einem nach unten weisenden Dreieck an einem Ende. Wenn Sie schon eine Weile mit Windows arbeiten, werden Sie das als das Aufklappmenüzeichen erkennen.

2. **Klicken Sie auf dieses Dreieck.**

   Ein Menü erscheint, aus dem Sie verschiedene Formatierungen auswählen können (siehe Abbildung 6.3).

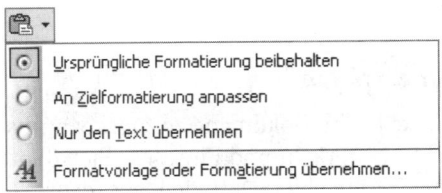

Abbildung 6.3: Verschiedene EINFÜGEN-Optionen zum Formatieren

Hier eine kurze Zusammenfassung der verfügbaren Optionen:

✔ Ursprüngliche Formatierung beibehalten: Die Formatierung ist in Ordnung; tu nichts!

✔ An Zielformatierung anpassen: Formatiere den eingefügten Textabschnitt so um, dass er aussieht wie der Text, in den er eingefügt wurde.

✔ Nur Text einfügen: Füge nur den Text ein. Keine Formatierung.

✔ Formatvorlage oder Formatierung übernehmen: Zeige das Ansichtsfenster mit verschiedenem Text und Stilen und anderen Sachen an, um den Bildschirm zu füllen.

Wählen Sie eine Option aus, um die gewünschte Formatierung anzuwenden. Ich kann nur die erste und zweite Option empfehlen. Die letzte Option öffnet zweifellos die Tür zum Land des Fremden und Hässlichen.

✔ Sie können auch `Strg`+`V` benutzen, um einen Textabschnitt einzufügen.

Oh, und Sie können natürlich auch auf das EINFÜGEN-Symbol klicken, um einen kopierten oder ausgeschnittenen Textabschnitt einzufügen. Entscheidungen, Entscheidungen ...

✔ Das EINFÜGEN-OPTIONEN-Symbol verschwindet normalerweise erst, wenn Sie anfangen, neuen Text zu tippen oder irgendeinen anderen Textbearbeitungsbefehl zu nutzen.

✔ Wenn Sie genug von dem EINFÜGEN-OPTIONEN-Symbol haben, können Sie es auch ganz abschalten: Wählen Sie EXTRAS | OPTIONEN und wählen Sie das Register BEARBEITEN. Löschen Sie das Häkchen bei OPTIONENSCHALTFLÄCHEN FÜR "EINFÜGEN" ANZEIGEN. Klicken Sie auf OK.

Nachdem Sie einen Textabschnitt kopiert haben, können Sie ihn ein zweites Mal in Ihr Dokument einfügen. Word merkt sich nämlich jeden Textabschnitt, den Sie kopiert oder ausgeschnitten haben. Sie können diesen Block zu jeder Zeit noch einmal in Ihr Dokument packen – Sie benutzen das Einfügen-Tastaturkürzel [Strg] + [V], und ruck, zuck ist eine zweite Kopie da!

✔ Sie können den Textabschnitt sogar in ein anderes Dokument einfügen, an dem Sie arbeiten, oder in eine andere Anwendung. (Das ist ein Windows-Trick, den alle guten Bücher über Windows vorstellen.)

Mehr als nur einfügen

Wenn Word Text in Ihr Dokument einfügt, dann hat es alle Formatierungen dabei, mit allen Schnörkeln und Finessen. Sie können diese Einstellung übergehen, indem Sie eine der Optionen aus dem EINFÜGEN-OPTIONEN-Symbol wählen. Oder Sie teilen Word ganz einfach vor dem Einfügen mit, wie der Text eingefügt werden soll, indem Sie den Befehl BEARBEITEN | INHALTE EINFÜGEN benutzen.

Es ist möglich, dass Sie den Befehl INHALTE EINFÜGEN nicht gleich im BEARBEITEN-Menü sehen können. In einem solchen Fall klicken Sie auf die Pfeile am Ende des BEARBEITEN-Menüs. Jetzt wird das ganze Menü angezeigt, inklusive einer ganzen Menge Optionen, die Sie höchstwahrscheinlich nie nutzen werden. Unter all diesen finden Sie INHALTE EINFÜGEN.

Nachdem Sie den Befehl gewählt haben, wird das Dialogfenster INHALTE EINFÜGEN angezeigt, das einige Optionen zum Einfügen von Text auflistet: MICROSOFT WORD-DOKUMENT-OBJEKT, FORMATIERTEN TEXT (RTF), UNFORMATIERTEN TEXT, GRAFIK und so weiter. Jedes dieser Dinger sagt Word, wie es einfügen soll. Um herauszufinden, was jede dieser Optionen tut, wählen Sie eine aus und lesen die Beschreibung im Bereich ERGEBNIS.

Wenn ich zum Beispiel Text von einer Webseite einfügen will, aber bitte ohne dieses ganze HTML-Formatierungs-Blabla, nehme ich den INHALTE EINFÜGEN-Befehl und wähle UNFORMATIERTEN TEXT. Ich klicke auf OK, und der Text wird in Word als reiner Text eingefügt und nicht als irgendein Web-Objekt.

Übrigens, über dieses Dialogfenster fügt Word auch Verknüpfungen zu anderen Office-Anwendungen ein, zum Beispiel zu Excel-Arbeitsmappen oder zu Informationen aus Access.

Textabschnitte mit der Maus kopieren oder verschieben

Falls Sie einen Textabschnitt nur über eine kurze Distanz bewegen wollen, können Sie die Maus dazu verwenden. Das ist praktisch, aber es funktioniert normalerweise am besten, wenn Sie beim Kopieren oder Verschieben die beiden Positionen auf dem Bildschirm sehen können. Anderenfalls rollen Sie Ihr Dokument mit der Maus, was so ähnlich ist, als wollten Sie eine wütende Schlange packen.

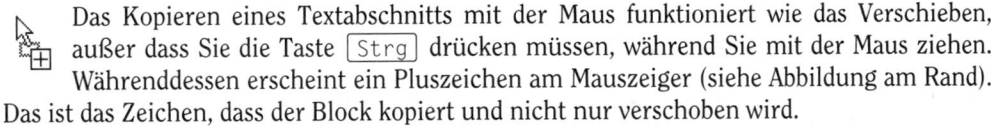

Um einen markierten Abschnitt mit der Maus zu verschieben, zeigen Sie mit dem Mauszeiger drauf und ziehen: Positionieren Sie den Mauszeiger irgendwo auf den markierten Abschnitt und halten Sie die linke Maustaste gedrückt, während Sie den balkenartigen Cursor an die neue Position stellen. Beachten Sie, wie der Mauszeiger ein Viereck anzeigt (siehe Abbildung am Rand). Das bedeutet, dass Sie Text verschieben.

Das Kopieren eines Textabschnitts mit der Maus funktioniert wie das Verschieben, außer dass Sie die Taste [Strg] drücken müssen, während Sie mit der Maus ziehen. Währenddessen erscheint ein Pluszeichen am Mauszeiger (siehe Abbildung am Rand). Das ist das Zeichen, dass der Block kopiert und nicht nur verschoben wird.

✔ Das EINFÜGEN-OPTIONEN-Symbol erscheint, nachdem Sie das Textstück »fallen gelassen« haben. Schauen Sie sich noch einmal die vorigen Abschnitte an, um mehr über dieses EINFÜGEN-OPTIONEN-Symbol zu erfahren.

✔ Wenn Sie einen Textabschnitt mit der Maus ziehen, kopieren Sie ihn nicht in die Zwischenablage. Sie können nicht den EINFÜGEN-Befehl ([Strg]+[V]) verwenden, um den Text ein weiteres Mal einzufügen.

Eine verknüpfte Kopie wird erstellt, indem Sie den markierten Abschnitt mit der Maus ziehen und dabei [Shift] und [Strg] gedrückt halten. Wenn Sie die Maustaste wieder loslassen, fällt die Kopie des Textes in Ihr Dokument, sieht aber fürchterlich hässlich aus:

```
{LINK Word.Document.1 "Document2" "OLE_Link1" \a \r}
```

Na toll! Diese fortschrittliche Funktion von Word (deshalb auch das Technik-Symbol am Rand) verknüpft den kopierten Block mit dem Original, so dass sich jede Änderung auf beide auswirkt. Es ist so hässlich wie Medusa, damit Sie es vermeiden und es nicht ansehen wollen. Bewahren Sie sich diesen Trick besser für mein Buch über Word für Fortgeschrittene auf, das ich bis jetzt noch nicht geschrieben habe.

Kopieren und verschieben mit F2

Eine andere Methode einen Abschnitt zu verschieben oder zu kopieren, ist der Gebrauch der `F2`-Taste, nachdem Sie den Abschnitt markiert haben. Das kann enorm praktisch sein, aber man sollte es am besten direkt zusammen mit dem Kopieren, Ausschneiden und Einfügen verwenden. Wenn Sie allerdings kopieren und dann zuerst arbeiten müssen und erst später den Textteil einfügen, dann arbeiten Sie besser mit `Strg`+`C` und dann `Strg`+`V`. Ansonsten benutzen Sie den `F2`-Befehl folgendermaßen:

1. **Markieren Sie einen Abschnitt.**

2. **Drücken Sie die `F2`-Taste**

   Beachten Sie wie die Statuszeile fragt: Wohin verschieben?

3. **Gehen Sie dahin, wo Sie den Abschnitt einfügen wollen.**

   Benutzen Sie dafür den Rollbalken. Dort, wo der Zahnstocher-Cursor auftaucht, ist die Stelle, an der Sie den Abschnitt einfügen können.

4. **Drücken Sie die Eingabetaste, um den Text einzufügen.**

Um einen Abschnitt zu kopieren anstatt ihn zu verschieben, müssen Sie in Schritt 2 die Tasten `Shift`+`F2` drücken.

 Wenn Sie ein Textstück markieren, bevor Sie die Eingabetaste drücken, wird der Text dort eingesetzt.

Mehrere Elemente kopieren (sammeln und einfügen)

Eine von den besonderen Word-Funktionen, etwas, das andere Windows-Programme vermissen lassen, ist die Möglichkeit, mehr als einen ausgeschnittenen oder kopierten Textabschnitt in die Zwischenablage zu packen. So können Sie ausschneiden, ausschneiden, ausschneiden oder kopieren, kopieren, kopieren und dann auswählen, welchen dieser

Textabschnitte Sie in Ihr Dokument einfügen wollen. Man nennt das »sammeln und einfügen«, und ich bin fest davon überzeugt, dass das eine praktische und willkommene Funktion ist – aber eine, die ein bisschen Erklärung bedarf.

Die Zwischenablage kann mehrere Textabschnitte enthalten, große und kleine. Aber normalerweise enthält sie nur einen einzigen Textabschnitt.

Die Zwischenablage ansehen

Sie können sich ausgeschnittene oder kopierte Stücke ansehen, indem Sie in Words Spezial-Zwischenablage schauen.

1. **Rufen Sie den Aufgabenbereich auf.**

   Wenn der Aufgabenbereich nicht sichtbar ist (auf der rechten Seite des Dokumentbereichs, wie es in Abbildung 1.3 gezeigt wurde), wählen Sie ANSICHT | AUFGABENBEREICH.

2. **Schauen Sie sich den ZWISCHENABLAGE-Aufgabenbereich an.**

   Klicken Sie auf das nach unten zeigende Dreieck in dem Aufgabenbereich. Wählen Sie ZWISCHENABLAGE aus dem Menü. Der ZWISCHENABLAGE-Aufgabenbereich erscheint, wie es in Abbildung 6.4 gezeigt wird.

Die Liste enthält die letzten Sachen, die Sie kopiert haben, nicht nur von Word, sondern genauso auch von anderen Programmen.

Wie Sie Sachen aus der Zwischenablage einfügen, wird im nächsten Abschnitt beschrieben.

✔ Die Zwischenablage kann maximal 24 Sachen beinhalten. Wenn mehr kopiert oder ausgeschnitten wurde, werden die älteren Sachen aus der Liste »rausgeschmissen«, um Platz für die neueren zu machen. Die momentane Anzahl wird oben in dem Aufgabenbereich angezeigt.

✔ Andere Programme aus Microsoft Office (Excel oder PowerPoint zum Beispiel) nutzen diese Sammeln-und-Einfügen-Funktion auch.

✔ Sie können den Aufgabenbereich schließen, wenn Sie mit dem Sammeln und Einfügen fertig sind: Klicken Sie auf das X in der obersten rechten Ecke des AUFGABENBEREICH-Dialogfensters.

Abbildung 6.4: Der Zwischenablage-Aufgabenbereich

Aus der Zwischenablage einfügen

Um irgendeinen gesammelten Text aus der Zwischenablage einzufügen, klicken Sie auf dieses Textstück. Der Text wird aus der Zwischenablage an die Stelle in Ihrem Dokument kopiert, wo gerade der Zahnstocher-Cursor steht.

Um alles aus der Zwischenablage zu kopieren – all dieses Zeug – klicken Sie auf die ALLE EIN-FÜGEN-Schaltfläche.

 Sie können auswählen, was Sie einfügen. Zum Beispiel positionieren Sie den Zahnstocher-Cursor und wählen ein spezielles Stück aus. Dann bewegen Sie den Zahnstocher-Cursor und fügen etwas anderes ein. Sie können so den lieben langen Tag lang einfügen, solange der ZWISCHENABLAGE-Aufgabenbereich sichtbar ist.

Nach dem Einfügen erscheint das Einfügen-Optionen-Symbol neben dem eingefügten Text. Schauen Sie sich den Abschnitt »Einen Textabschnitt einfügen« etwas weiter vorn in diesem Kapitel an, um zu erfahren, was Sie mit diesem Ding machen können.

Die Zwischenablage löschen

Sie können die Zwischenablage löschen, wenn der Zwischenablage-Aufgabenbereich sichtbar ist. Um einen einzelnen Eintrag zu entfernen, zeigen Sie mit der Maus darauf und klicken Sie auf das nach unten weisende Dreieck (siehe Abbildung 6.4). Wählen Sie Löschen aus dem Menü, und dieses einzelne Stück fliegt aus der Zwischenablage raus.

Um alles aus der Zwischenablage rauszuschmeißen, klicken Sie auf die Alle löschen-Schaltfläche am Anfang des Zwischenablage-Aufgabenbereichs. Ich mache das, wenn ich vorhabe, mehrere Teile zu sammeln, die auf einmal woanders eingefügt werden sollen. Zum Beispiel klicke ich auf Alle löschen und marschiere dann los und kopiere, kopiere, kopiere. Dann stelle ich den Zahnstocher-Cursor an die Stelle, an der ich alles eingefügt haben möchte, und klicke auf die Alle Einfügen-Schaltfläche.

Merken Sie sich, dass ein Löschen des Zwischenablage-Aufgabenbereichs nicht wieder rückgängig gemacht werden kann. Seien Sie also vorsichtig!

Was Sie noch mit Textabschnitten anstellen können

Wenn Sie einen Textabschnitt markiert haben, können Sie alles Mögliche damit anstellen. Die Befehle, die Sie benutzen, beziehen sich dann nur auf den markierten Bereich.

Neben den Befehlen zum Kopieren, Ausschneiden und Einfügen gibt es noch folgende Bearbeitungsmöglichkeiten:

✔ Einen Textabschnitt formatieren (siehe Teil II).

✔ Den Ersetzen-Befehl benutzen, um nur in diesem Textabschnitt etwas zu suchen und zu ersetzen (Kapitel 5).

✔ Den Textabschnitt drucken (Kapitel 9).

✔ Den Textabschnitt löschen mit Entf oder mit der Rücktaste.

Von der Rächtschreibunk und dem Grammatik

7

In diesem Kapitel

▷ Die Sofort-Rechtschreibprüfung verstehen

▷ Word automatisch die Rechtschreibung korrigieren lassen

▷ Word das Tippen mit AutoText überlassen

▷ Grammatik korrigieren

▷ Synonyme finden

▷ Den Thesaurus benutzen

▷ Mit Übersetzungen spielen

▷ Wörter zählen

Was ist verkehrt mit der deutschen Sprache? Deutsche Sprache – schwere Sprache?!?! Diese unmöglichen Regeln und Ausnahmen von der Regel, das versteht doch kein Mensch! Und dann noch die Rechtschreibreform, nur damit die Sprachwissenschaftler etwas zu tun haben. Und die ganzen Fremdwörter, die in die deutsche Sprache ohne Sinn und Verstand übernommen werden. Kein Wunder, dass die deutsche Rechtschreibung und Grammatik so »kommpilliciert« ist.

Nun, es gibt drei Möglichkeiten: 1) Vergessen Sie alles und nehmen Sie wieder Latein als Weltsprache (lingua mundum, was gut klingt, aber höchstwahrscheinlich falsch ist) 2) sprechen Sie Deutsch, aber schreiben Sie es niemals 3) benutzen Sie Words Rechtschreib- und Grammatikprüfungen, um sicherzustellen, dass Ihr Deutsch perfekt, plusquamperfekt, aber niemals imperfekt ist. Oder irgend so was.

Die automatische Rechtschreibprüfung funktioniert nicht!

Es gibt ein paar Fälle, in denen es so aussieht, als würde die automatische Rechtschreibprüfung nicht funktionieren. Falls Ihnen das passiert, versuchen Sie dies:

Erstens: Prüfen Sie, ob die automatische Rechtschreibprüfung aktiviert ist. Siehe Abschnitt »Ein oder aus?«.

Zweitens: Besuchen Sie das Dialogfenster OPTIONEN: Wählen Sie EXTRAS | OPTI-ONEN. Klicken Sie auf das Register RECHTSCHREIBUNG UND GRAMMATIK. Falls ein Häkchen vor der Option RECHTSCHREIBFEHLER AUSBLENDEN steht, klicken Sie drauf, um es zu entfernen. Klicken Sie auf OK.

Drittens: Ihr Dokument ist in keiner »Prüf-Sprache« abgefasst. Um das Problem zu lösen, markieren Sie Ihr gesamtes Dokument, indem Sie $\boxed{\text{Strg}}$ + $\boxed{\text{A}}$ drücken. Dann wählen Sie EXTRAS | SPRACHE | SPRACHE FESTLEGEN. (Vielleicht müssen Sie auf die Pfeile unten im Menü klicken, um den Eintrag SPRACHE FESTLEGEN zu sehen.) Im Dialogfenster SPRACHE wählen Sie DEUTSCH (DEUTSCH-LAND) (für Deutschland) und klicken auf OK. Das sollte die automatische Rechtschreibprüfung wieder auf Trab bringen.

Värbesern Sie Ihre Rechtschreibunk in Wörd

Es ist allgemein bekannt, dass Textverarbeitungen falsch geschriebene oder anderweitig suspekte Wörter markieren können. Sogar Ihr E-Mail-Programm kann das (und wenn nicht, haben Sie kein Update auf die letzte Version vorgenommen).

Die heutigen Computer sind so fix, dass sie ein falsch geschriebenes Wort oder zweifelhafte Grammatik in dem Moment erkennen, in dem es geschrieben wird. In manchen Fällen wird der Quatsch sofort korrigiert. Zack bumm! In anderen Fällen wird es mit Words Wackelstift unterstrichen – rote Tinte für schlechte Schreibweise und grüne Tinte für hässliche Grammatik. Lassen Sie sich nicht von diesem Anfall linguistischer Eigentümlichkeiten verärgern. Lesen Sie stattdessen die nächsten paar Abschnitte, um Words Rechtschreibprüfung genau kennen zu lernen.

Words Rechtschreibprüfung sagt Ihnen sofort, ob es ein Wort erkennt oder nicht. Es sagt Ihnen allerdings nicht, ob das Wort in einem korrekten Zusammenhang benutzt wird. Nur weil ein Dokument keine falsch geschriebenen Wörter enthält, heißt das noch lange nicht, dass das Dokument auch ordentlich ist.

Ein oder aus?

Um sicherzustellen, dass Word automatisch Ihre Rechtschreibung prüft, wählen Sie EXTRAS | OPTIONEN aus dem Menü. Klicken Sie auf das Register RECHTSCHREIBUNG UND GRAMMATIK, das in der Abbildung 7.1 gezeigt wird.

Schauen Sie ganz oben nach der Option RECHTSCHREIBUNG WÄHREND DER EINGABE ÜBERPRÜFEN. Ein Häkchen bei dieser Option bedeutet, dass die automatische Rechtschreibprüfung aktiviert ist.

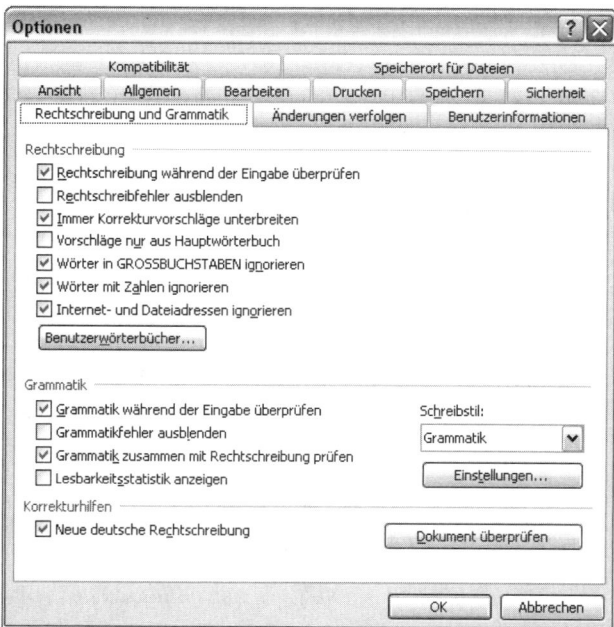

Abbildung 7.1: Verschiedene Rechtschreib- und Grammatik-Optionen

Wenn Sie die automatische Rechtschreibprüfung nicht mögen, dann klicken Sie in das Kästchen und entfernen das Häkchen. Danach wird Sie Word nicht länger mit komischen Wellenlinien unter Ihrem Text nerven, obgleich Sie dann immer noch den Befehl EXTRAS | RECHTSCHREIBUNG UND GRAMMATIK auswählen können, um Ihr Dokument jederzeit zu überprüfen.

Klicken Sie auf OK, um das Dialogfenster zu verlassen.

Was weiß Word von der neuen deutschen Rechtschreibung?

Leider eine ganze Menge. Wenn Sie sich wundern, warum Word beim Korrigieren auf der langen Leitung steht, liegt es vielleicht daran, dass die neue deutsche Rechtschreibung als Vorgabe für die Rechtschreib- und Grammatikprüfung aktiviert ist. Und so machen Sie dem ein Ende:

1. **Wählen Sie den Menübefehl EXTRAS | OPTIONEN.**

2. **Klicken Sie auf das Register RECHTSCHREIBUNG UND GRAMMATIK.**

3. **Deaktivieren Sie die Option NEUE DEUTSCHE RECHTSCHREIBUNG.**

   Klicken Sie dazu in das Feld vor dieser Option im Bereich KORREKTURHILFEN, so dass das Häkchen entfernt wird.

4. **Klicken Sie auf OK, um die Einstellung zu speichern.**

Wenn Sie die neue deutsche Rechtschreibung wieder aktivieren wollen – was nicht immer nur eine Gewissensfrage ist –, wiederholen Sie die Schritte 1 bis 4, setzen aber das Häkchen wieder vor die Option NEUE DEUTSCHE RECHTSCHREIBUNG.

Die automatische Rechtschreibprüfung in Aktion

Word überprüft automatisch alles, was Sie eingeben, in dem Moment, in dem Sie es tippen. Machen Sie etwas falsch, teilt Word Ihnen das mit. In derselben Sekunde, in der Sie die Leertaste drücken oder ein Satzzeichen eingeben, prüft Word, was Sie eingegeben haben, und schreit gleich falsch, falsch, falsch! Es unterstreicht das Wort mit einer roten Zickzacklinie. In Abbildung 7.2 sehen Sie ein Beispiel.

„Rühren Sie sie nicht an!"
„Was? Wieso? Warum nicht?" Ich taumelte von der Leiche zurück.
„Was haben Sie gestern abend so gegen 18.35 Uhr gerade getan, Herr Walter?" fragte
Inspektor Knopp. Die Frage schoss aus ihm hervor, wie Erbrochenes aus dem Mund eines
Minderjährigen nach einem Himbeereis-Wettessen.
Der Inspektor wandte sich der Leiche zu. „Wer immer das Dienstmädchen erdrosselt hat, hat
einen schweren Fehler begangen."
„So?" Der junge Ottmar hatte seine Fassung wieder gewonnen. „Welchen Fehler?"
Gewandt zog der Inspektor das blaue Halstuch mit den Donald-Duck-Motiven vom Gesicht
der Leiche.
„Es ist gar nicht das Dienstmädchen, sondern Freifrau Frieda von Krantz, die Schwägerin des
Barons und Halbschwester des unglückseligen jungen Grafen Schwallenstein!"
Erstarrt blickten wir auf den reglosen Körper zu unseren Füßen.
„Und außerdem", fuhr der Inspektor sanft lächelnd fort „außerdem hat er seinen
Personalausweis neben der Leiche liegen lassen."

Abbildung 7.2: Ein paar furchtbar missbrauchte Worte sind markiert

Wörter aus dem Wörterbuch entfernen

Mit der Zeit werden Sie feststellen, dass Sie ein ganze Menge Wörter in das Wörterbuch aufgenommen haben – Wörter, von denen Sie wissen, dass sie richtig geschrieben sind, die das Wörterbuch aber nicht erkannt hatte. Sie wissen schon, Straßennamen, Städte, Verwandte, Außerirdische und solche Sachen. Word sammelt diese hinzugefügten Wörter in dem Benutzerwörterbuch.

Das Benutzerwörterbuch ist etwas, mit dem Sie sich normalerweise nicht beschäftigen. Das ist der Grund, weshalb ich mich darüber hier, in einem »Technik-Bereich«, auslasse. Aber gelegentlich bekomme ich E-Mails von Lesern, die verzweifelt ein Wort aus ihrem Benutzerwörterbuch entfernen wollen, das sie versehentlich dort hinein gepackt haben. Ups. Und wenn Ihnen das passiert, brauchen Sie Zugang zu Ihrem Benutzerwörterbuch, um dieses fälschlicherweise hinzugefügte Wort wieder zu löschen. Hier folgt, wie es geht:

1. **Wählen Sie** EXTRAS | OPTIONEN.

2. **In dem** OPTIONEN**-Dialogfenster klicken Sie auf das Register** RECHTSCHREIBUNG UND GRAMMATIK.

3. **Klicken Sie auf die Schaltfläche** BENUTZERWÖRTERBÜCHER.

   Dieser Schritt zeigt alle Benutzerwörterbücher an, die Sie haben. In dem meisten Fällen ist dort allerdings nur eins, das BENUTZER.DIC.

4. **Wählen Sie das** BENUTZER.DIC**-Wörterbuch und klicken Sie auf** ÄNDERN.

   Sie sehen eine lange Liste von Wörtern, die Sie vorher in das Benutzerwörterbuch eingefügt haben. Sie können nun jedes Wort löschen, indem Sie es auswählen und auf die LÖSCHEN-Schaltfläche klicken.

   (Sie können auch hier Wörter einfügen, indem Sie sie in das WORT-Eingabefeld tippen und auf die HINZUFÜGEN-Schaltfläche klicken.)

   Wenn Sie fertig sind, klicken Sie so lange auf die unterschiedlichen OK-Schaltflächen, bis Sie wieder zurück in Word sind.

Wenn Sie sich einer stabilen geistigen Gesundheit erfreuen, können Sie weitertippen. Es ist wichtiger, die Gedanken auf den Bildschirm zu bannen, als zu unterbrechen und mit diesen unerträglichen Buchstaben herumzutun. (Nebenbei, im nächsten Abschnitt zeige ich Ihnen einen Trick, wie Sie automatisch Ihre Fehler korrigieren können.)

Wenn Sie fertig sind, kehren Sie zurück und bringen Ihre Rechtschreibfehler in Ordnung. Ich mache das in jedem zweiten oder dritten Absatz:

1. **Suchen Sie nach dem falsch geschriebenen Wort.**

   Schauen Sie nach der roten Zickzacklinie.

2. **Klicken Sie mit der rechten Maustaste auf das falsch geschriebene Wort.**

   Das klappt ein Menü auf, das ähnlich wie das in Abbildung 7.3 aussieht.

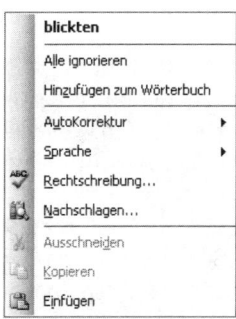

Abbildung 7.3: Wählen Sie das richtig buchstabierte Wort aus dieser Liste.

3. Wählen Sie das Wort, das Sie eigentlich schreiben wollten, aus der Liste.

In Abbildung 7.3 ist das Wort »blühen« das gewünschte. Klicken Sie das Wort an, und es fügt sich anstelle des Missetäters automatisch in Ihr Dokument ein.

Falls das eigentlich benötigte Wort nicht in der Liste aufgeführt ist, müssen Sie sich keine Sorgen machen. Word ist nicht so klug. Vielleicht müssen Sie ein richtiges Wörterbuch benutzen oder einen weiteren Versuch unternehmen, das Wort zu buchstabieren und es erneut korrigieren zu lassen.

Die schnelle Rechtschreibprüfung

 Sie können die Seite nach dem nächsten Wort absuchen, aber es ist einfacher, auf das Rechtschreibsymbol in der Statusleiste doppelzuklicken (siehe Abbildung am Rand). Ein Doppelklick auf dieses, äh, »Buch« bringt Sie ohne Umschweife zum nächsten falsch geschriebenen Wort (oder Grammatikfehler).

Wenn die Rechtschreibprüfung irrt

Word kennt nur eine beschränkte Anzahl von Wörtern. Wenn es nun auf ein Wort trifft, das es nicht kennt, wie zum Beispiel Ihren Nachnamen oder Ihre Heimatstadt, dann schlägt es Alarm. Was tun, wenn Sie sicher sind, dass dieses Wort richtig geschrieben wurde? Da gibt es zwei Möglichkeiten, die beide in Abbildung 7.3 aufgeführt wurden.

Wählen Sie den Eintrag ALLE IGNORIEREN aus der Liste, wenn das Wort eigentlich richtig buchstabiert ist und Sie nicht wollen, dass Word es weiterhin als falsch buchstabiert auszeichnet. Wenn ich beispielsweise eine Kurzgeschichte über jemanden schreibe, der Nordnick heißt, bitte ich Word darum, dieses Wort bei jedem Vorkommen zu ignorieren: Selbst wenn Word denkt, es sei falsch, so ist es doch für mich in Ordnung.

Der Menüpunkt HINZUFÜGEN ZUM WÖRTERBUCH wird eingesetzt, um häufig benutzte Wörter in das Wörterbuch von Word aufzunehmen. Zum Beispiel ist mein Nachname Gookin, von dem Word denkt, es sei falsch geschrieben. Nein, nein, nein. So klicke ich denn auf HINZUFÜGEN ZUM WÖRTERBUCH, um dieses Wort in Words internes Wörterbuch aufzunehmen.

Der Befehl ALLE IGNORIEREN übergeht Rechtschreibfehler für ein bestimmtes Wort nur während der aktuellen Dokumentbearbeitung. Wenn Sie wollen, dass das Wort für immer ignoriert wird, dann wählen Sie den Befehl HINZUFÜGEN ZUM WÖRTERBUCH, um es in Words Das-ist-richtig-geschrieben-Liste aufzunehmen.

✔ Wenn das Wort richtig aussieht, aber dennoch rot unterkringelt ist, kann es sich auch um ein wiederholtes Wort handeln. So etwas wird von Word genau wie ein falsch geschriebenes Wort gekennzeichnet, so dass Sie sich aussuchen können, ob Sie das doppelte Wort löschen oder den Hinweis ignorieren wollen.

Die Freuden der AutoKorrektur

Die Wahrheit ist, dass Sie in Word niemals »Accessoire« als »Aksessoir« schreiben können. Versuchen Sie es! Word korrigiert das falsch geschriebene Wort in dem Augenblick, in dem Sie die Leertaste oder ein Satzende-Zeichen tippen. Der Grund dafür ist, dass »Aksessoir« in Words interner AutoKorrektur-Liste steht. Word nimmt an, dass, immer wenn Sie »Aksessoir« schreiben, Sie eigentlich »Accessoire« meinen. Das Gleiche gilt für »Bibliotekh« und »Bibliothrk« für »Bibliothek«. Das ist einer der Vorteile der AutoKorrektur: Es ist schwer, üblicherweise falsch geschriebene Wörter falsch zu schreiben, wenn Sie tippen.

Ein anderer Vorteil der AutoKorrektur ist, dass Sie die Wörter, die Sie häufig falsch schreiben, auch in die AutoKorrektur-Sammlung aufnehmen können. Zum Beispiel. wenn Sie laufend »Bildschimr« schreiben statt »Bildschirm«, dann können Sie Word sagen – nein, besser befehlen –, dass es immer automatisch korrigiert werden soll. Diese nächsten Abschnitte sagen Ihnen, wie.

AutoKorrektur aktivieren

Die AutoKorrektur-Anwendung von Word funktioniert nur, wenn sie auch angeschaltet wurde. Wenn Sie sich darüber vergewissern wollen, folgen Sie diesen Schritten:

1. **Wählen Sie EXTRA | AUTOKORREKTUR aus dem Menü.**

   Das AutoKorrektur Dialogfeld öffnet sich (siehe Abbildung 7.4)

Abbildung 7.4: Das Dialogfeld AutoKorrektur

2. **Überprüfen Sie, ob ein Häkchen im Kästchen vor der Option WÄHREND DER EINGABE ERSETZEN steht.**

3. **Klicken Sie auf OK.**

Jetzt ist AutoKorrektur startklar.

AutoKorrektur einsetzen

Es ist eigentlich nichts Besonderes, AutoKorrektur zu benutzen; es funktioniert automatisch. Der einzige Trick dabei ist, Ihre eigene Sammlung von Wörtern in die AutoKorrektur-Liste aufzunehmen. Es ist so einfach:

Um irgendein falsch geschriebenes Wort in den AutoKorrektur-Eimer zu werfen, klicken Sie mit der rechten Maustaste auf das Wort. Nun wählen Sie aber nicht das richtig geschriebene Wort aus dem Menü, sondern wählen den Eintrag AUTOKORREKTUR. Schwupp! erscheint ein Untermenü mit verschiedenen Rechtschreib-Vorschlägen wie in Abbildung 7.5. Wählen Sie aus diesem Untermenü das korrekt geschriebene Wort. Dieses Wort wird dann der AutoKorrektur-Liste hinzugefügt und, als besonderes Bonbon, korrigiert Word auch noch das Wort in Ihrem Text.

 Wenn möglich, dann versuchen Sie möglichst nur Verben in Kleinbuchstaben der AutoKorrektur hinzuzufügen. Zum Beispiel zeigt die Abbildung 7.5, dass das Wort »blühen« hinzugefügt wurde. Die AutoKorrektur wird alle Variationen dieses Wortes in Ordnung bringen, Groß- und Kleinbuchstaben.

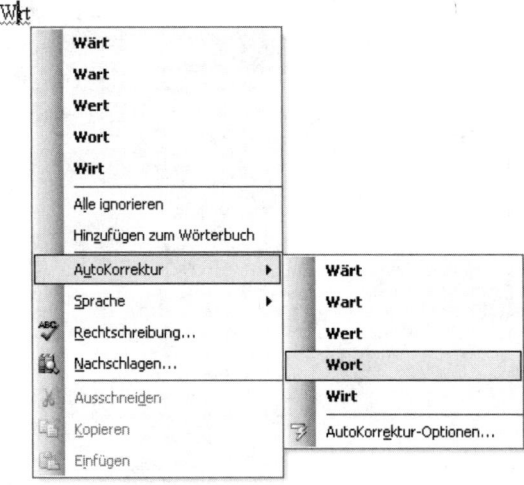

Abbildung 7.5: Ein Wort autokorrigieren

AutoKorrektur rückgängig machen

Wenn die AutoKorrektur eine Änderung vornimmt, die Ihnen nicht passt, können Sie auch das wieder rückgängig machen. In der Regel klappt das, wenn Sie ganz einfach die Tastenkombination $\boxed{\text{Strg}}$+$\boxed{\text{Z}}$ für den Rückgängig-Befehl drücken, sobald Sie den von der AutoKorrektur in die Mangel genommenen Text sehen. Manchmal funktioniert auch die Rücktaste.

Receive Wenn Sie ein von der AutoKorrektur korrigiertes Wort korrigieren, erscheint ein blaues Viereck unter dem Wort. Zeigen Sie mit der Maus auf dieses Viereck, damit Sie das AUTOKORREKTUR-OPTIONEN-Symbol sehen können. Wenn Sie auf den nach unten weisenden Pfeil in dem Symbol klicken, sehen Sie ein paar Auswahlmöglichkeiten (siehe Abbildung 7.6), weil Word sich darüber wundert, dass Sie die AutoKorrektur rückgängig machen.

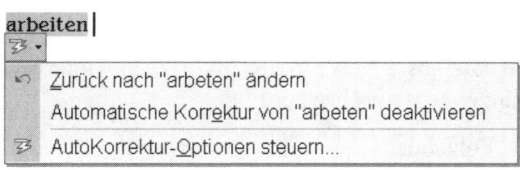

Abbildung 7.6: Die AUTOKORREKTUR *anpassen*

Sie können Ihr Rückgängig-Machen rückgängig machen, indem Sie den ersten Menü-Punkt auswählen ZURÜCK NACH [WAS AUCH IMMER] ÄNDERN.

Wenn Sie den zweiten Punkt auswählen, wird das Wort aus der AutoKorrektur-Sammlung entfernt.

Der letzte Punkt zeigt das AUTOKORREKTUR-Dialogfenster, das später in diesem Kapitel noch erläutert wird.

Klicken Sie irgendwo in Ihrem Dokument oder drücken Sie $\boxed{\text{ESC}}$, um dieses Aufklappmenü wieder verschwinden zu lassen.

Weitere AutoKorrektur-Tricks

Geben Sie Folgendes in Word ein:

```
Copyright (C)1999, WunderKram GmbH
```

Wenn Sie (C) tippen, wird dies von Word automatisch in das Copyright-Symbol © verwandelt. Auch das ist eine Funktion der AutoKorrektur.

Probieren Sie auch einmal Folgendes aus:

```
Bitte umblättern -->
```

Das --> verwandelt sich in einen nach rechts zeigenden Pfeil →.

Beliebt ist auch:

`Olaf, ich trenne mich jetzt von dir, in Ordnung? :-)`

Das :-) verwandelt sich in ein ☺. Das gibt der Mitteilung gleich einen freundlicheren Unterton, nicht wahr?

 Wenn Sie diesen Spaß-Kram nicht mögen, können Sie ihn mit $\boxed{\texttt{Strg}}$ + $\boxed{\texttt{Z}}$ oder der Rücklauftaste rückgängig machen.

Wie wär's mit ein paar AutoText-Tricks?

Ähnlich wie die AutoKorrektur funktioniert in Word der Trick mit dem AutoText. Im Gegensatz zur AutoKorrektur, die falsch geschriebene Wörter korrigiert, vervollständigt AutoText Wörter, sobald Sie anfangen, sie zu schreiben.

Geben Sie zum Beispiel Folgendes ein:

`Hochachtungsvoll.`

Wenn Sie es halbwegs durch dieses Wort geschafft haben, erscheint ein Kasten über dem Zahnstocher-Cursor. Er sagt: »Hochachtungsvoll (Eingabetaste drücken, um einzufügen)«. Das ist AutoText in voller Aktion. Drücken Sie $\boxed{\texttt{Enter}}$, damit Word das Wort für Sie ausschreibt.

So bekommen Sie Einblick in die Einstellungen von AutoKorrektur und AutoText

Sie können das Vokabular von AutoKorrektur und AutoText überprüfen, sei es, weil Sie neugierig sind oder weil Sie Wörter und Phrasen hinzufügen oder entfernen wollen. Dazu rufen Sie das Dialogfenster AUTOKORREKTUR auf.

Wählen Sie im Menü EXTRAS | AUTOKORREKTUR-OPTIONEN. (Eventuell müssen Sie in dem Menü auf die nach unten weisenden Pfeile klicken, um den Menü-Eintrag AUTOKORREKTUR zu finden.) Vergewissern Sie sich, dass das Register AUTOKORREKTUR vorne liegt, so wie in Abbildung 7.4 zu sehen.

Sie finden oben in dem Dialogfenster mehrere Optionen, um von der AutoKorrektur einige Fehler beheben zu lassen, die Ihnen immer wieder passieren: zwei Großbuchstaben am Anfang eines Satzes (für die ganz schnellen Tipper); der erste Buchstabe eines Satzes und die Namen von Wochentagen, falls sie kleingeschrieben sind; das versehentliche Verwenden der Feststelltaste.

Der letzte, das Kontrollkästchen WÄHREND DER EINGABE ERSETZEN, schaltet die AutoKorrektur ein. Achten Sie darauf, dass es aktiviert ist.

In den folgenden Abschnitten wird davon ausgegangen, dass das Dialogfenster AUTOKORREKTUR geöffnet ist und zur Eingabe bereitsteht.

Manuelles Hinzufügen eines Eintrags in die AutoKorrektur-Liste

Sie können im Register AUTOKORREKTUR manuell eigene Einträge eingeben, und zwar mit Hilfe der Felder ERSETZEN und DURCH.

✔ Tipp- und Schreibfehler wandern in das Feld ERSETZEN.

✔ Das richtige Wort kommt in das Feld DURCH. (Wählen Sie NUR TEXT, damit Ihre Formatierungen jeweils erhalten bleiben.)

✔ Klicken Sie auf die Schaltfläche HINZUFÜGEN, um einen Eintrag aufzunehmen.

✔ Klicken Sie auf OK, um das Dialogfenster AUTOKORREKTUR zu schließen, wenn Sie fertig sind.

 Es ist ziemlich einfach, sich ein paar Gemeinheiten für die AutoKorrektur einfallen zu lassen. Man könnte ja einfach »wirr« für »wir« einfügen und so den einen oder anderen in den Wahnsinn treiben. Denken Sie daran, dass die AutoKorrektur subtil vorgeht. Wenn Sie beim Tippen auf die Tastatur schauen und nicht auf den Bildschirm, bekommen Sie nie mit, was gerade abgeht.

So entfernen Sie unerwünschte AutoKorrektur-Einträge

Suchen Sie das unerwünschte Element in der Liste. Die AutoKorrektur führt beispielsweise »ist« als Korrektur für »sit« auf, Sie aber arbeiten gerade an einem Projekt namens SIT, was nicht immer in IST geändert werden soll, wenn Sie den Namen eintippen.

Haben Sie die störende Schreibweise in der Liste gefunden, stellen Sie den Mauszeiger darauf und klicken dann auf die Schaltfläche LÖSCHEN. Der Störenfried verschwindet.

Klicken Sie auf OK, um das Dialogfenster AUTOKORREKTUR zu schließen, nachdem Sie Ihre Zerstörungswut ausgetobt haben.

So fügen Sie AutoText einen neuen Eintrag hinzu

Um einen Eintrag in AutoText hinzuzufügen (erinnern Sie sich? Das ist das, wo Word für Sie zu Ende tippt), klicken Sie im Dialogfenster AUTOKORREKTUR auf das Register AUTOTEXT. Sie bekommen jetzt Informationen über AUTOTEXT zu Gesicht, wie sie in Abbildung 7.7 zu sehen sind.

In AUTOTEXT gibt es kein ERSETZEN DURCH oder Ähnliches. Sie fügen einfach ein Wort oder einen Satz hinzu, den Word für Sie zu Ende tippen soll. Sie könnten beispielsweise die folgende Adresse in das Feld AUTOTEXT-EINTRÄGE HIER EINGEBEN eingeben:

```
Königswinterer Straße
```

Wenn Sie auf die Schaltfläche HINZUFÜGEN klicken, wird dieses Element in den AutoText-Eimer aufgenommen. Jedes Mal, wenn Sie jetzt »Köni« in einem Dokument tippen, greift AutoText ein und zeigt den Rest der Adresse. Wenn Sie [Enter] drücken, wird er eingefügt.

Klicken Sie auf die Schaltfläche OK, um das Dialogfenster AUTOKORREKTUR zu schließen.

Abbildung 7.7: Das Dialogfenster AUTOTEXT

Der schnelle Weg zum AUTOTEXT-Dialogfeld ist EINFÜGEN | AUTOTEXT | AUTOTEXT aus dem Menü.

✔ Jeder Text, der in Ihrem Dokument markiert ist, erscheint automatisch in dem AUTOKORREKTUR/AUTOTEXT-Dialogfenster. Das ist eine wunderbare Methode, um lange detaillierte Informationen in diese Dialogbox zu bekommen, ohne erneut tippen zu müssen: Wählen Sie einfach den Text aus, den Sie zu AUTOTEXT hinzufügen möchten, rufen Sie das AUTOKORREKTUR- oder AUTOTEXT-Dialogfenster auf und klicken Sie auf HINZUFÜGEN. Der ausgewählte Text wird eingefügt.

✔ Vergewissern Sie sich, dass kein Text markiert ist, wenn Sie keine Einträge in AUTOTEXT bekommen.

AutoText-Einträge werden anhand ihrer Formatvorlage definiert. Wenn Sie also einen AutoText-Eintrag in eine besondere Kategorie stecken wollen, dann sollten Sie dem Text ein Format zuweisen. Der Name der Formatvorlage wird automatisch zum Namen der Kategorie.

Einen AutoText-Eintrag löschen

Sie brauchen keinen Geisterjäger, um Ihr AUTOTEXT-Haus von bösen Geistern zu befreien. Wählen Sie nur den Eintrag, den Sie nicht mehr haben wollen, markieren ihn und drücken auf Entf.

Klicken Sie auf OK, wenn Sie mit dem Geisterjagen fertig sind.

Grammatik Gutt

Rechtschreibung ist Glückssache, Grammatik ein moderner Mythos. Darüber könnte ich mich stundenlang auslassen. Ganz gleich, was die Grammatiker sagen – Deutsch ist nicht Latein. Geht gar nicht. Im Lateinischen gibt es normalerweise eine einzige richtige Art und Weise, um etwas auszudrücken. Im Deutschen gibt es viele Arten und Wörter, um denselben Gedanken auszudrücken. Deshalb ist es ja die Sprache der Dichter und Denker.

Ohne Rücksicht auf meine Gefühle zu nehmen, hat Word eine Grammatikprüfung im Gepäck, die gelegentlich verdächtige Wörter oder Sätze mit einer hässlichen grünen Zickzacklinie unterstreicht. Das ist ein Hinweis darauf, dass Sie irgendwie den grammatikalischen Gerechtigkeitssinn von Word beleidigt haben. Abbildung 7.8 zeigt ein Beispiel. Wenn Sie auf den grün unterstrichenen Text mit der rechten Maustaste klicken, erscheint ein Menü, das dem der Rechtschreibprüfung ähnelt.

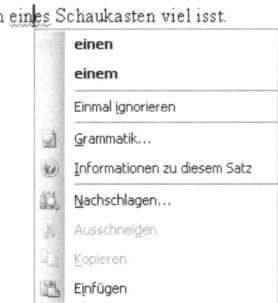

Abbildung 7.8: Word merkt, dass da gestammelt wird.

Das Aufklappmenü listet entweder ein paar Alternativen auf wie diejenige, die in Abbildung 7.8 angeboten wird, oder teilt Ihnen kurz und ergreifend mit, dass der Satz zu lang oder nur ein Fragment ist, und bietet weder Vorschläge noch irgendwelchen Trost an. Wählen Sie einen ordentlichen Satz, und Word ersetzt den unordentlichen in Ihrem Dokument, oder versuchen Sie es so lange, bis Sie den Grammatik-Gott befriedigt haben.

✔ Wenn Sie in dem Aufklappmenü auf GRAMMATIK klicken, erklärt Ihnen Rocky, der Hunde-Assistent von Office, welche Regel der deutschen Grammatik Sie soeben willkürlich verletzt haben. (Na ja, mehr oder weniger. Manchmal liegt Rocky mit seinen Erklärungen ziemlich daneben.)

 Manchmal scheint die Grammatikprüfung im Unrecht zu sein. Geben Sie trotzdem nicht auf! Überprüfen Sie den gesamten Satz auf mögliche Fehler. Vielleicht haben Sie irgendwo Singular und Plural verwechselt, so dass jetzt die Endung des Verbs und das Subjekt des Satzes nicht mehr zueinander passen.

✔ Falls Sie die Sofort-Grammatikprüfung hassen, können Sie sie auch ausschalten. Wählen Sie EXTRAS | OPTIONEN. Klicken Sie auf das Register RECHTSCHREIBUNG UND GRAMMATIK. Ziemlich weit unten auf dem Register finden Sie in dem Bereich GRAMMATIK das Kontrollkästchen GRAMMATIK WÄHREND DER EINGABE ÜBERPRÜFEN. Klicken Sie darauf, um das Häkchen zu entfernen, und danach auf OK. Die Grammatikprüfung wird ausgeschaltet.

✔ Sie können auch über das RECHTSCHREIBUNG UND GRAMMATIK-Register in dem OPTIONEN-Dialogfenster einstellen, wie Word die Grammatikprüfung handhaben soll. Wenn Sie auf die Schaltfläche EINSTELLUNGEN klicken, können Sie von einfachem bis zu hochgestochenem Deutsch festlegen, wie Word Ihr Dokument behandeln soll.

Thesaurus Rex – nein, das ist kein urzeitliches Monster

Wenn Sie Ihrem Werk den besonderen Schliff geben wollen, betrachten Sie den Thesaurus als Ihren Schleifstein. Ursprünglich war ein gedruckter Thesaurus für einen Schriftsteller bald genauso wichtig wie ein gutes Wörterbuch. Über einen Thesaurus konnten Sie für so gewöhnliche, langweilige Wörter wie *groß* Alternativen finden, die zwar dasselbe meinten, aber es wesentlich eleganter oder abwechslungsreicher ausdrückten, wie umfangreich, enorm, gigantisch oder sogar zyklopisch. Nun, genau so wie Words Rechtschreib- und Grammatikprüfung ist auch der Thesaurus dazu da, dass Sie immer die richtigen Worte finden.

Der fixe Thesaurus

Ein Thesaurus ist ein Buch der Synonyme. Ein Synonym ist ein Wort, das die gleiche oder eine ähnliche Bedeutung hat wie ein anderes Wort, so zum Beispiel groß und voluminös oder klein und erbärmlich. Das Deutsche ist voll davon und so ist es auch bei Word. Synonyme sind einen Mausklick weit entfernt: Um das Synonym von irgendeinem Wort zu finden, klicken Sie mit der rechten Maustaste auf das Wort in Ihrem Dokument. Von dem Aufklappmenü wählen Sie das SYNONYME-Untermenü, um sich eine Liste der Wörter mit ähnlicher Bedeutung anzusehen (siehe Abbildung 7.9).

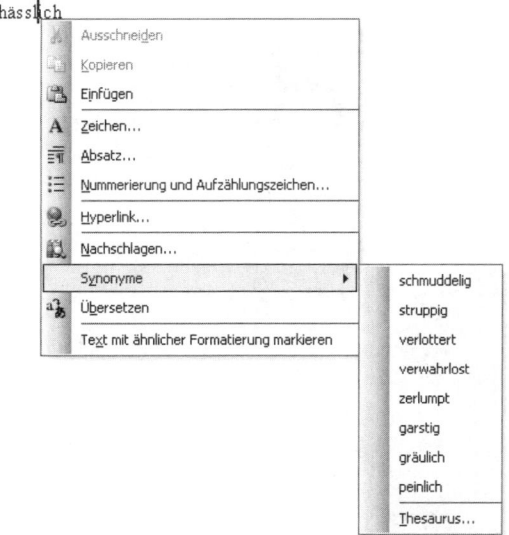

Abbildung 7.9: Synonyme für hässlich

Das SYNONYME-Untermenü zeigt eine Liste von gut einem halben Dutzend Synonymen für groß, wie Sie in Abbildung 7.9 sehen. Um das Wort in Ihrem Dokument durch ein Synonym zu ersetzen, wählen Sie es einfach aus dem Untermenü aus.

Sag's auf Englisch

Eine andere, dem Thesaurus sehr ähnliche Funktion ist die Fähigkeit von Word, Wörter in eine andere Sprache zu übersetzen. Am besten kann Word das, wenn es immer nur ein einzelnes Wort übersetzen muss, was auch überhaupt sehr empfehlenswert ist, weil Computer es immer noch nicht gelernt haben, ganze Sätze korrekt zu übersetzen. Nun, um ein kleines bisschen – ähm, a little bit – Englisch in Ihr Dokument einzufügen, wirkt der ÜBERSETZEN-Befehl Wunder. Oder »wonder«, vielleicht.

Um ein Wort von Deutsch nach Englisch zu übersetzen, folgen Sie den folgenden Schritten:

1. **Klicken Sie mit der rechten Maustaste auf das Wort, das Sie übersetzen wollen.**

   Das Wort muss richtig geschrieben und grammatikalisch korrekt sein. Wenn nicht, berichtigen Sie erst das Wort und versuchen Sie dann das Rechts-Klicken erneut.

2. **Wählen Sie ÜBERSETZEN aus dem Aufklappmenü.**

   Der ÜBERSETZEN-Aufgabenbereich erscheint, wie es in Abbildung 7.10 angezeigt wird. Übersetzungen erscheinen in dem ERGEBNISSE-Bereich des Dialogfensters; wenn nicht, klicken Sie auf die AUSFÜHREN-Schaltfläche. Es kann sein, dass Sie diese Funktion erst installieren müssen, halten Sie also Ihre Original-Word- oder Microsoft-Office-CD griffbereit.

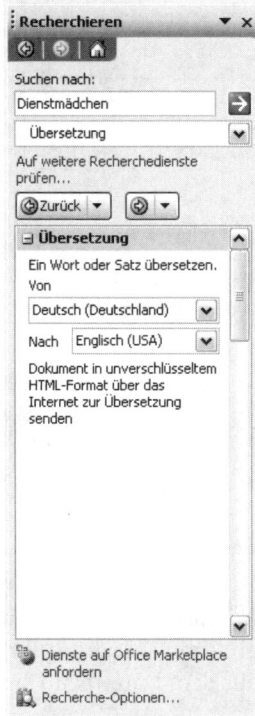

Abbildung 7.10: Der ÜBERSETZEN-Aufgabenbereich

no problem!

✔ Diese Funktion wirkt am besten, wenn immer nur ein Wort übersetzt wird. Auch wenn es so aussieht, als könnten Sie einen ganzen Satz übersetzen, es ist einfach zu viel für Word.

✔ Meine Version von Word kann nur Deutsch, Französisch und Italienisch nach Englisch und umgekehrt. Hoffentlich ist in der nahen Zukunft etwas mehr verfügbar, besonders der unheimlich wichtige Latein-Übersetzer und der zwar oft belächelte, aber dennoch notwendige Klingon-Übersetzer.

✔ Ich würde es vermeiden, im Internet nach Übersetzungen zu suchen, zumindest in der Art, in der Word vorgibt, solche Sachen zu tun.

✔ Auf der anderen Seite, meine Lieblings-Webseite, um ins Englische oder aus dem Englischen zu übersetzen ist `http://babelfish.altavista.com/`. Von dort können Sie Text kopieren und in Word einfügen. *No problem.*

Der offizielle Thesaurus

Die gebräuchlichste Art, den Thesaurus zu nutzen, ist das THESAURUS-Dialogfenster. Anders als das SYNONYME-Untermenü ist das THESAURUS -Dialogfenster eher ein Platz, an dem Sie Wörter erforschen statt nur Synonyme nachschlagen zu können. Natürlich ist das reine Zeitverschwendung, dorthin zu gehen, aber wenn Sie es wirklich wollen, dann wählen Sie EXTRA | SPRACHE | THESAURUS aus dem Menü. Dort wird Ihnen eine Liste mit Synonymen präsentiert, Sie können aber auch selber Worte eintippen und im Internet recherchieren. Ziemlich cool, aber nicht so praktisch wie der RECHTSKLICK | SYNONYME-Trick, den ich eben gezeigt habe.

Jedes Wort zählt

Schreiberlinge werden nach Wörtern bezahlt. Wenn Sie das Glück habe, für Ihr Geschreibe bezahlt zu werden, kennen Sie den Ausdruck »Wörter zählen« gut genug. Herausgeber verlangen Artikel mit einer bestimmten Wort-Anzahl. »Ich brauche 350 Wörter darüber, wie unheimlich lustig es ist, sich zum ersten Mal einen Computer zu kaufen« hat mal ein Herausgeber zu mir gesagt. Und Roman-Autoren brüsten sich geradezu damit, wie viele Seiten in ihrem letzten Werk enthalten sind. »Mein nächstes Buch hat 350.000 Wörter«, sagen sie mit einer achtungheischenden Stimme. Woher wissen sie, wie viele Wörter tatsächlich da sind? Nun, sie nutzen Words praktische Wörterzähl-Funktion.

Um zu sehen, wie viele Wörter Ihr Dokument hat, rufen Sie EXTRAS | WÖRTER ZÄHLEN auf.

Das Dialogfenster gibt Ihnen einen Überblick über die statistischen Daten Ihres Dokuments, wie Sie es in Abbildung 7.11 sehen können. Es werden auch eine Menge anderer Sachen aufgeführt: Seiten, Zeichen, Absätze, Zeilen und anderer Kram.

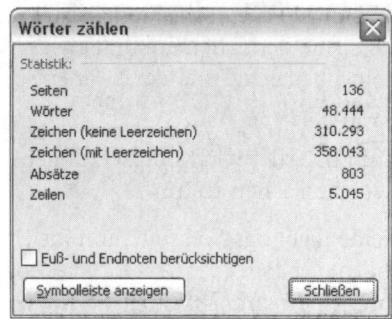

Abbildung 7.11: Jetzt wird abgerechnet!

Das Dialogfenster WÖRTER ZÄHLEN ist in Ordnung; aber Word hat einen interaktiveren Weg, um Ihnen zu sagen, wie viele Wörter Sie noch schreiben müssen – oder wie viele Wörter Sie schon zu viel haben. Es handelt sich um die WÖRTER ZÄHLEN-Symbolleiste. Klicken Sie auf die SYMBOLLEISTE ANZEIGEN-Schaltfläche in dem WÖRTER ZÄHLEN-Dialogfenster (siehe Abbildung 7.12) oder wählen Sie ANSICHT | SYMBOLLEISTEN | WÖRTER ZÄHLEN. So rufen Sie die unverankerte transparente Symbolleiste WÖRTER ZÄHLEN auf, wie sie in Abbildung 7.12 gezeigt wird.

Abbildung 7.12: Sofortiges Wörter-Zählen

Die unverankerte Symbolleiste WÖRTER ZÄHLEN hängt über Ihrem Dokument, während Sie schreiben. Um Ihre momentane Wörter-Statistik sehen zu können, klicken Sie auf die NEU ZÄHLEN-Schaltfläche. Sie können auch etwas anderes auswählen, was gezählt werden soll, wie Absätze, Zeichen, Seiten oder Zeilen.

Klicken Sie auf das X in der unverankerten WÖRTER ZÄHLEN-Symbolleiste, damit sie wieder verschwindet.

Die wichtigsten Tricks mit Dokumenten

8

In diesem Kapitel

▷ Speichern

▷ Der richtige Dateiname

▷ Ein Dokument unter einem neuen Namen speichern

▷ Ein bereits gespeichertes Dokument öffnen

▷ Ein Dokument in einem anderen öffnen

S obald Sie auch nur den winzigsten Textschnipsel geschrieben haben, sollten Sie Ihr Dokument speichern. Auf Ihrer Festplatte wird das Dokument zur Datei, zu einer Aufzeichnung, die Sie wieder öffnen können, um sie zu bearbeiten, auszudrucken oder durchzusehen – als hätten Sie sie eben erst eingegeben. Solange Sie Ihre Arbeitsergebnisse speichern – selbst die scheinbar unbedeutendsten –, sind sie für immer und ewig gesichert. Und machen Sie sich keine Sorgen, das könne zu viel Speicherplatz in Anspruch nehmen. Textverarbeitungsdokumente nehmen auf der Festplatte nicht viel Raum ein. Legen Sie sich viele davon zu!

In diesem Kapitel erfahren Sie, wie ein Dokument gespeichert und ein bereits gespeichertes wieder geöffnet wird. Und da draußen gerade die Sonne scheint und ich gute Laune habe, erfahren Sie sogar, wie man ein Dokument innerhalb eines anderen Dokuments öffnet. Ja, die Geheimnisse werden jetzt gelüftet.

✔ Was Sie speichern, ist ein Dokument – der ganze Text und das andere Zeug, das Sie mit Word erstellen. Manche Menschen bezeichnen ein gespeichertes Dokument als Datei. Ist das Gleiche.

✔ Relativ gesehen nimmt ein Textverarbeitungsdokument auf einer Festplatte wenig Platz ein. Jedes Kapitel in diesem Buch ist 5 bis 10 Seiten lang und die Dokumentdateien auf der Festplatte haben bei jedem Kapitel einen Umfang von durchschnittlich 42 Kbyte – eine einfache Bilddatei hat im Vergleich dazu 100 Kbyte oder mehr.

Ein Dokument speichern (das erste Mal)

Sie sollten nicht denken, dass Sie mit dem Speichern warten müssen, bis Sie ein Dokument fertig gestellt haben. Im Gegenteil – das Speichern sollte sofort erfolgen, wenn Sie die ersten paar Sätze oder Absätze geschrieben haben. Speichern! Speichern! Speichern!

Wenn Sie ein noch nicht gespeichertes Dokument speichern wollen, befolgen Sie diese Schritte:

1. **Rufen Sie den Befehl SPEICHERN auf.**

 Klicken Sie in der Symbolleiste auf die Schaltfläche SPEICHERN. Das Dialogfenster SPEICHERN UNTER erfreut Sie mit seiner Gegenwart, wie in Abbildung 8.1 zu sehen ist.

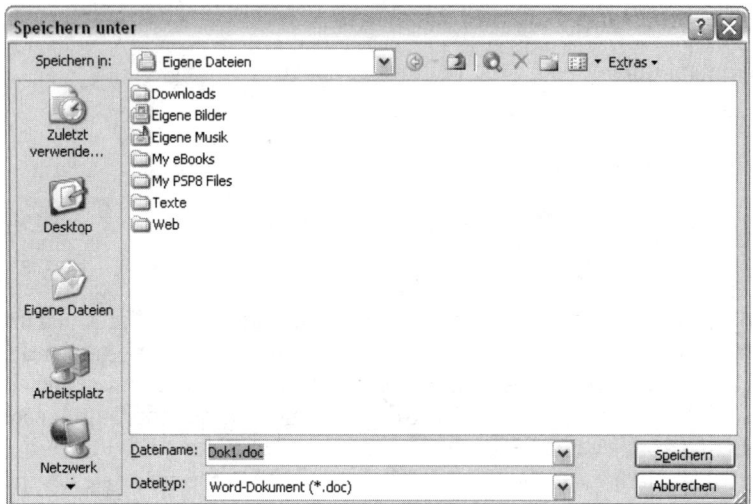

Abbildung 8.1: Das Dialogfenster SPEICHERN UNTER

Falls Sie das Dialogfenster SPEICHERN UNTER nicht zu Gesicht bekommen, bedeutet dies, dass Sie Ihr Dokument schon einmal gespeichert haben. Sie speichern es jetzt einfach erneut. Das ist prima.

2. **Geben Sie einen Namen für Ihr Dokument ein.**

Word wählt automatisch die erste Zeile oder mehrere Wörter vom Anfang Ihres Dokuments als Dateinamen aus und steckt sie in das Dialogfenster SPEICHERN UNTER. Wenn das in Ordnung geht, können Sie bei Schritt 3 weitermachen.

Wollen Sie Ihrem Dokument einen anderen Namen geben als im Dialogfenster SPEICHERN UNTER vorgeschlagen, tippen Sie den neuen Namen ein. Sie können Buchstaben, Zahlen, Leerzeichen und eine Vielzahl von Symbolen verwenden. Ein Dateiname kann endlos lang sein, ich rate Ihnen aber, sich kurz zu fassen und einfache, aussagefähige Namen zu verwenden (deswegen können das die meisten Anwälte nicht).

3. **Klicken Sie auf die Schaltfläche SPEICHERN.**

Als Hinweis darauf, dass die Datei erfolgreich gespeichert wurde, sehen Sie den Dateinamen in der Titelleiste des Dokuments oben auf dem Bildschirm.

Falls ein Problem auftaucht, sehen Sie eine der beiden folgenden Fehlermeldungen:

```
Die Datei [egal was] ist bereits vorhanden.
Wollen Sie ...
```

Komplizierte, aber wichtige Informationen über Dateinamen

Sie müssen Ihre Datei nach den liebevollen, aber strengen Regeln von Windows benennen. Das ist nicht so schwierig wie das Auswendiglernen für die Führerscheinprüfung und nicht so schlimm, wie es in den verflossenen DOS-Zeiten war – aber schön ist es immer noch nicht.

✔ Ein Dateiname kann bis zu 255 Zeichen lang sein; trotzdem sollten Ihre Dateinamen kurz und aussagekräftig sein.

✔ Zu einem Dateinamen können Buchstaben, Zahlen und Leerzeichen gehören und er kann mit einem Buchstaben oder einer Zahl beginnen.

✔ Ein Dateiname kann Semikola, Kommata und Bindestriche enthalten.

✔ Ein Dateiname darf folgende Zeichen nicht enthalten:

\ / : * ? " < > |

✔ Sie müssen am Ende Ihrer Word-Dateien keine Drei-Buchstaben-Erweiterung – .DOC – eingeben. (Das ist ein Hinweis für all diejenigen, die schon mal eine ältere Version von Word benutzt haben, bei der das .DOC am Ende des Namens notwendig war. Das ist mittlerweile überflüssig.)

Sie haben drei Möglichkeiten. Wählen Sie die mittlere aus: ÄNDERUNGEN UNTER EINEM ANDEREN NAMEN SPEICHERN. Dann tippen Sie einen anderen Namen in dem Dialogfenster SPEICHERN UNTER ein. (Wenn Sie eine der anderen Optionen wählen, riskieren Sie, dass Sie eine Datei auf Ihrer Festplatte zerstören – was nicht ungeschehen gemacht werden kann.)

Die zweite Fehlermeldung sieht wahrscheinlich so ähnlich aus wie:

```
Der angegebene Dateiname, Speicherort oder Format von [egal was] ist unzuläs-
sig. Geben Sie den Dateinamen und Speicherort in einem gültigen Format an,
z.B. c:\Speicherort\Dateiname.
```

Egal. Im Kern ist es einfach so, dass Sie ein schlimmes Zeichen für den Dateinamen benutzt haben. Wenn Sie auf Nummer Sicher gehen wollen, bleiben Sie bei Buchstaben, Zahlen und Leerzeichen. Wenn Sie sich nicht dran halten, geraten Sie mit den Vorstellungen von Word über Kreuz, was ein Dateiname ist und was nicht. Sehen Sie sich den Abschnitt »Komplizierte, aber wichtige Informationen über Dateinamen« an. Danach klicken Sie auf OK und probieren es noch einmal.

✔ Sie können Ihr Dokument auch mit DATEI | SPEICHERN speichern. Und Tastatur-Fans können die Tastenkombination [Strg]+[S] oder die ganz bizarre Kombination [Shift]+[F12] benutzen.

✔ Speichern Sie immer Ihr Dokument, selbst wenn Sie erst ein paar Textzeilen eingegeben haben.

✔ Sie sollten Ihre Dateien außerdem in Ihren eigenen Ordnern auf der Festplatte speichern.

✔ Wenn Sie das Dokument als Webseite speichern wollen, wählen Sie DATEI | ALS WEBSEITE SPEICHERN. Das ist auch unter »Speichern im HTML-Format« bekannt, was ein gebräuchliches Dateiformat ist, um Dokumente oder ähnliche Sachen mit anderen zu teilen.

✔ Word kann große Dokumente zwar in den Griff bekommen (die absolute Größe ist unbegrenzt), aber kleinere Dokumente lassen sich auf lange Sicht leichter verwalten. Wenn Sie ein Buch mit Word schreiben oder irgendetwas mit mehreren Teilen, sollten Sie jedes Kapitel als separates Dokument speichern.

Ein Dokument speichern (nachdem es bereits gespeichert wurde)

Dass Sie Ihr Dokument einmal gespeichert haben, bedeutet nicht, dass Sie bereits fertig wären. Sie sollten Ihr Dokument regelmäßig wieder speichern. Nur so werden die Änderungen, die Sie seit dem letzten Speichern vorgenommen haben, aufgezeichnet. Sie müssen deswegen nicht gleich speicherbesessen werden. Ich zum Beispiel speichere immer nach ein paar Seiten oder wenn das Telefon klingelt oder ich mir ein bisschen die Beine vertrete oder Kaffee hole oder ...

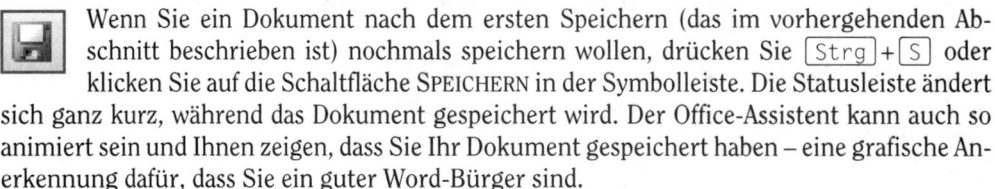 Wenn Sie ein Dokument nach dem ersten Speichern (das im vorhergehenden Abschnitt beschrieben ist) nochmals speichern wollen, drücken Sie ⌈Strg⌉+⌈S⌉ oder klicken Sie auf die Schaltfläche SPEICHERN in der Symbolleiste. Die Statusleiste ändert sich ganz kurz, während das Dokument gespeichert wird. Der Office-Assistent kann auch so animiert sein und Ihnen zeigen, dass Sie Ihr Dokument gespeichert haben – eine grafische Anerkennung dafür, dass Sie ein guter Word-Bürger sind.

Ein Dokument unter einem neuen Namen speichern

Eine Textverarbeitung kennt so etwas wie einen »Entwurf« nicht. Sie wissen ja: Rohfassung, erster Entwurf, dritter Entwurf und so weiter und so fort. Auf gewisse Art und Weise ist jeder Ausdruck des Dokuments ein Entwurf. Sie müssen aber gar nicht auf das Konzept des »Entwurfs« zurückgreifen, da Sie das Dokument nach jeder Bearbeitung wieder speichern.

Wenn Sie Entwürfe speichern wollen oder sogar jedes Dokument mit einem neuen Namen speichern möchten, wählen Sie DATEI | SPEICHERN UNTER. Sie sehen dann das Dialogfenster SPEICHERN UNTER (siehe Abbildung 8.1), in dem Sie einen neuen Namen für die Datei eingeben können, wie zum Beispiel Invasionspläne, Zweiter Entwurf.

 Sie müssen DATEI | SPEICHERN UNTER verwenden, wenn Sie eine Datei unter einem neuen Namen speichern wollen. DATEI | SPEICHERN, das Klicken auf die Schaltfläche SPEICHERN in der Symbolleiste und die Tastenkombination [Strg]+[S] speichern lediglich Ihr Dokument erneut, sie machen jedoch keine zweite Datei.

Automatische Wiederherstellung (falls Sie das Speichern vergessen haben)

Speichern Sie Ihr Dokument. Speichern Sie es oft. Ich benutze laufend [Strg]+[S] oder die SPEICHERN-Schaltfläche in der STANDARD-Symbolleiste. Der Grund hierfür ist reine Angst: Sie haben Angst, Ihrem Computer könne etwas Furchtbares widerfahren und Sie verlören alles, was Sie eingetippt haben. (Das ist mir oft genug passiert, glauben Sie's mir.)

Um noch sicherer zu sein und damit sicherzustellen, dass Sie immer eine sichere Kopie Ihrer Sachen haben, bietet Word auch noch die Funktion der automatischen Wiederherstellung (AUTOWIEDERHERSTELLEN).

AUTOWIEDERHERSTELLEN speichert im Geheimen alle paar Minuten Informationen über Ihr Dokument. Falls also der Strom ausfällt oder ein anderes Missgeschick passiert und Sie vergessen haben, [Strg]+[S] zu drücken, bekommen Sie wenigstens etwas von Ihrem Dokument zurück. Diese nützliche Funktion sollten Sie auf jeden Fall einsetzen.

Befolgen Sie diese Schritte, um AUTOWIEDERHERSTELLEN einzuschalten:

1. **Wählen Sie EXTRAS | OPTIONEN.**

2. **Es kann sein, dass Sie unten in dem Menü auf die nach unten zeigenden Pfeile klicken müssen, um den Menü-Eintrag Optionen zu finden.**

3. **Klicken Sie auf das Register SPEICHERN.**

4. **Im Dialogfenster OPTIONEN finden Sie eine Menge Register. Suchen Sie nach SPEICHERN und klicken Sie darauf; dann bekommen Sie Informationen über das Speichern angezeigt.**

5. **Vergewissern Sie sich, dass AUTOWIEDERHERSTELLEN-INFO SPEICHERN ein Häkchen hat.**

   Das Kontrollkästchen heißt AUTOWIEDERHERSTELLEN-INFO SPEICHERN ALLE: ... MINUTEN. Es befindet sich in der Mitte des Dialogfensters.

6. **Geben Sie in das Feld MINUTEN ein Sicherungsintervall ein.**

   Geben Sie beispielsweise die Zahl 10 ein, speichert Word Ihre Dokumente alle zehn Minuten. Ist die Stromversorgung bei Ihnen zu Hause oder in Ihrem Büro instabil, geben Sie 5, 3, 2 oder sogar nur 1 Minute als Speicherintervall ein. (Je kleiner das Intervall allerdings ist, desto öfter könnte Word Ihre Arbeit unterbrechen, um zu speichern.)

7. **Drücken Sie die Returntaste, um zu Ihrem Dokument zurückzukehren.**

Werden Sie trotz der AUTOWIEDERHERSTELLEN-Funktion nicht schlampig! Am besten speichern Sie weiterhin mit [Strg]+[S] oder der SPEICHERN-Schaltfläche auf der Symbolleiste, so oft es Ihnen möglich ist.

Die AUTOWIEDERHERSTELLEN-Option arbeitet, ohne dass Sie daran denken müssen. Aber stellen Sie sich vor, irgendetwas passiert – sagen wir mal, ein LKW brettert in einen Hochspannungsmast in Ihrer Nachbarschaft. Der Strom fällt aus, und Sie hatten absolut keine Zeit, Ihre Dokumente zu sichern. Oh, oh! Hoffen Sie, dass AUTOWIEDERHERSTELLEN das meiste für Sie gesichert hat.

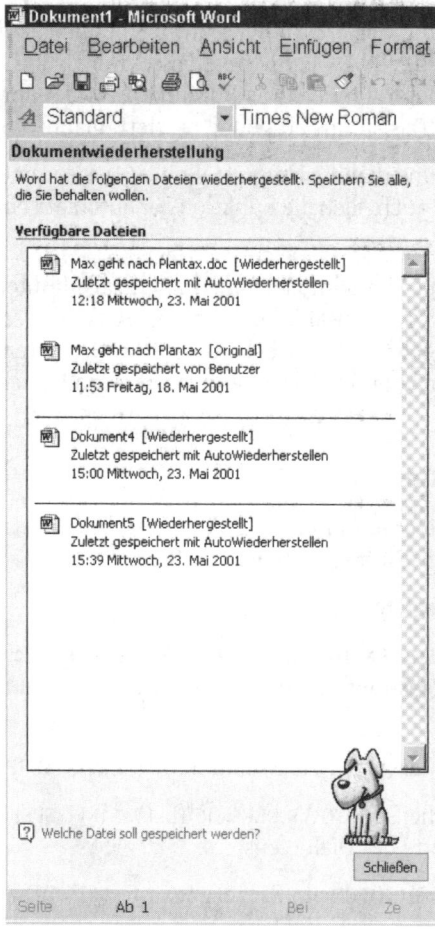

Abbildung 8.2: DOKUMENTWIEDERHERSTELLEN tritt in Aktion

Irgendwann wird alles repariert sein (auch der LKW), und der Strom ist wieder da. Wenn Word dann wieder läuft, sehen Sie das DOKUMENTWIEDERHERSTELLUNG-Bild, wie es auch in Abbildung 8.2 dargestellt ist. Es listet alle Dateien auf, die automatisch von Word gesichert worden sind.

Zum Beispiel war das MAX GEHT NACH PLANTAX [ORIGINAL]-Dokument, das in Abbildung 8.2 dargestellt ist, zwar schon auf Festplatte gespeichert, aber die DOKUMENTWIEDERHERSTELLUNG -Kopie wurde später gesichert und ist dadurch aktueller.

Wählen Sie das Dokument, das Sie wiederherstellen wollen; klicken Sie es einfach in der Liste an. Das Dokument wird geöffnet und angezeigt. Sie sollten sofort nachsehen, welcher Text fehlen könnte. Es gibt zwar keine Möglichkeit, auch diesen Text wiederherzustellen, aber vielleicht haben Sie ihn noch im Kopf und können ihn so doch recht schnell rekonstruieren.

Klicken Sie auf die SCHLIESSEN-Schaltfläche, um das DOKUMENTWIEDERHERSTELLUNG-Dialogfenster in der Versenkung verschwinden zu lassen.

Speichern, wenn man fertig ist

Sie sind für heute fertig. Die Finger sind wund, die Augen glasig. Sie sehen Sterne, wenn Sie Ihre Augen schließen. Es wird Zeit, es für heute gut sein zu lassen. Stehen Sie auf und strecken Sie sich. Aber bevor Sie nun der realen Welt entfleuchen, haben Sie noch zwei Möglichkeiten:

✔ Wählen Sie DATEI | SCHLIEßEN. So wird Ihr Dokument geschlossen, ohne dass Sie Word verlassen. Sie können jetzt noch ein wenig weitermachen und ein neues Dokument anlegen, ein altes öffnen oder ein wenig mit dem Office-Assistenten spielen.

✔ Wählen Sie DATEI | BEENDEN. So schließen Sie Word und gelangen zu Windows zurück, wo Sie eine Menge Spaß haben können.

In beiden Fällen kann es sein, dass Word Sie fragt, ob Sie speichern wollen. Klicken Sie auf JA. Das Dokument wird ein letztes Mal gespeichert.

Falls das Dokument, an dem Sie gearbeitet haben, noch gar nicht gespeichert wurde, sehen Sie das Dialogfenster SPEICHERN UNTER (Abbildung 8.1). In diesem Fall müssen Sie der Datei einen Namen geben und dann speichern.

Andere Optionen in dem Optionen | Speichern-Dialogfenster

Vielleicht sind Ihnen noch ein paar interessante Sache auf der SPEICHERN-Registerkarte in dem OPTIONEN-Dialogfenster aufgefallen. Widerstehen Sie der Versuchung! Ignorieren Sie so verlockende Angebote wie SCHNELLSPEICHERUNG ZULASSEN. Gerade das kann Ihnen Probleme machen, weil es lediglich die Änderungen in einem Dokument speichert und nicht das gesamte Dokument. Klar, es funktioniert. Aber Sie werden laufend Probleme haben, besonders wenn das Dokument sehr groß wird.

SICHERUNGSKOPIE IMMER ERSTELLEN ist interessant. Es erstellt zwei Kopien von dem Dokument, das Sie speichern, die aktuelle Kopie und eine Sicherung der alten Kopie. Das ist in Ordnung, aber eigentlich ist es ein Relikt aus den alten Versionen von Word, als es den mächtigen RÜCKGÄNGIG-Befehl noch nicht gab. Und diese Sicherungskopien kosten enormen Speicherplatz.

> Die anderen Optionen in dem OPTIONEN | SPEICHERN-Dialogfenster sollten Sie nur dann auswählen, wenn Sie sie wirklich brauchen oder angewiesen werden, sie für irgendwelche Spezial-Fälle zu benutzen. Allgemein gesagt sind die Optionen so in Ordnung, wie Word sie selbst installiert hat. Die einzige Option, um die Sie sich kümmern sollten, ist das Zeit-Intervall für das AutoWiederherstellen, wie es eben in dem Abschnitt »Automatische Wiederherstellung (falls Sie das Speichern vergessen haben)« beschrieben wurde.

Word lässt einfach nicht zu, dass Sie das Programm verlassen oder ein Dokument schließen, ohne dass zuvor gespeichert wurde.

Wenn Sie DATEI | SCHLIESSEN oder DATEI | BEENDEN wählen und Word Sie nicht zum Speichern auffordert, wurde das Dokument bereits gespeichert. Keine Bange. Alles ist in bester Ordnung.

Die Tastenkombination für DATEI | SCHLIESSEN ist $\boxed{\text{Strg}}$ + $\boxed{\text{W}}$.

✔ Die Tastenkombination zum Schließen von Word ist – sind Sie so weit? – $\boxed{\text{Alt}}$ + $\boxed{\text{F4}}$.

✔ Es gibt keinen Grund, Word zu schließen und neu zu starten, wenn Sie mit einem leeren Dokument weiterarbeiten möchten.

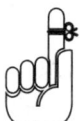

Verlassen Sie Word immer ordentlich. Schalten Sie nie den PC einfach aus oder starten ihn neu, solange sich Word oder Windows noch auf dem Bildschirm befinden. Schalten Sie den PC erst aus, wenn Windows Sie dazu auffordert. Verstoßen Sie gegen diese Regeln, kann es sein, dass Ihr PC langsamer läuft oder Windows abstürzt (jedenfalls häufiger).

Ein gespeichertes Dokument öffnen

Wollen Sie sich ein gespeichertes Dokument herbeiholen, benutzen Sie den Befehl ÖFFNEN. Mit seiner Hilfe suchen Sie ein gespeichertes Dokument und öffnen es in einem Fenster, wo Sie es lesen, bearbeiten und drucken können und mit ihm tun dürfen, was Sie möchten.

Und so holen Sie sich eine Datei und öffnen sie:

1. **Rufen Sie den Befehl ÖFFNEN auf.**

   Wählen Sie DATEI | ÖFFNEN, um sich das Dialogfenster ÖFFNEN anzeigen zu lassen, das Sie in Abbildung 8.3 sehen.

Die Tastenkombination für Öffnen ist Strg + O , und auf der Symbolleiste finden Sie auch eine Schaltfläche, die diesen Job erledigt.

2. Klicken Sie auf den Namen des Dokuments.

Das Dialogfenster Öffnen – so groß und wild es auch ist – enthält eine Liste der bereits gespeicherten Dokumente, wie in Abbildung 8.3 zu sehen ist. Ihre Aufgabe ist es, das gewünschte zu finden.

Gelegentlich müssen Sie ein Ordner-Symbol öffnen, um Ihr Dokument zu finden. Der Ordner *Theater* in Abbildung 8.3 enthält beispielsweise Sachen, die ich für die Bühne geschrieben habe (mein anderes Leben).

Wenn Sie die Datei gefunden haben, klicken Sie auf ihren Namen, um sie zu markieren.

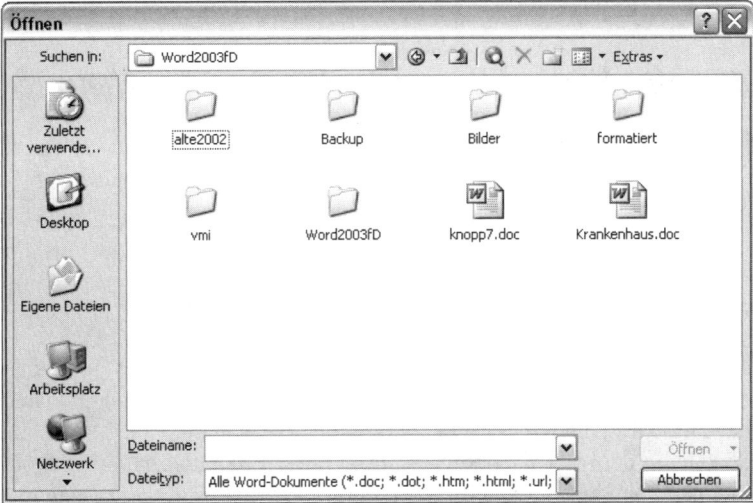

Abbildung 8.3: Das Dialogfenster Öffnen

3. Klicken Sie auf die Schaltfläche Öffnen.

Word öffnet die Datei, indem es sie vorsichtig von der Festplatte hebt und auf den Bildschirm klatscht, wo Sie sie bearbeiten, drucken, lesen oder einfach nur in stiller Andacht bewundern können.

✔ Das Öffnen einer Datei löscht diese nicht von der Festplatte.

✔ Das Öffnen eines Dokuments ist eines der ersten Dinge, die Sie am Anfang eines Word-Tages unternehmen.

Es kann sein, dass Word sich beschwert, es könne ein bestimmtes Dokument nicht öffnen, da eine bestimmte Konvertierungsfunktion nicht zur Verfügung stehe. In diesem Fall klicken Sie auf JA, um diese Funktion zu laden. (Es kann sein, dass Sie dafür die Word- oder Office-CD benötigen.)

✔ Sollten Sie Ihr Dokument nicht finden können, sehen Sie in Kapitel 27 nach.

Öffnen Sie keine Datei direkt von einer Diskette oder einem anderen Wechselmedium aus. Obwohl es möglich ist, führt es oft zu Problemen, wenn Sie die Diskette entfernen müssen, noch während Word versucht, sie zu öffnen oder zu speichern. Deswegen empfehle ich Ihnen, die Datei einfach in den EIGENE DATEIEN-Ordner von Windows zu kopieren. Öffnen Sie sie von dort aus mit Word.

Eine praktische Möglichkeit, eine kürzlich bearbeitete Datei zu öffnen

Word merkt sich die letzten Dateien, an denen Sie gearbeitet haben, und zeigt sie in einer Liste im DATEI-Menü an. Die Chancen stehen gut, dass Sie eins von ihnen öffnen wollen, und dann können Sie es schnell über das DATEI -Menü tun.

Die Anzahl der Dateien, die Word in dem Datei-Menü anzeigt, können Sie vorgeben. Um diesen Wert einzugeben, wählen Sie EXTRAS | OPTIONEN. In dem OPTIONEN-Dialogfenster klicken Sie auf das Register ALLGEMEIN. Suchen Sie nach LISTE ZULETZT GEÖFFNETER DATEIEN. Daneben ist ein Eingabefeld, in dem normalerweise 4 steht. Sie können diesen Wert erhöhen oder verringern, je nachdem, ob Sie wollen, dass Word sich mehr oder weniger Dateien merkt. Klicken Sie auf OK, wenn Sie den Wert angepasst haben.

Die Dateien in der Dateityp-Liste nutzen

In dem ÖFFNEN-Dialogfenster erscheinen zwei Dinge: Ordner und Dateien. Die Dateitypen, die angezeigt werden, sind durch die DATEITYP-Liste vorgegeben. In Abbildung 8.3 heißt es ALLE DATEIEN (*.*), was besagt, dass das ÖFFNEN-Dialogfenster alle Dateien in dem EIGENE DATEIEN-Ordner anzeigt.

Um nur Dateien eines bestimmten Typs zu sehen, wählen Sie diesen Typ in dem Aufklappmenü. Wenn Sie zum Beispiel nur Word-Dateien sehen wollen, wählen Sie in dem Aufklappmenü ALLE WORD-DOKUMENTE.

Wenn Sie nur WordPerfect-Dateien sehen wollen, wählen Sie einen der WordPerfect-Datei-typen aus dem Aufklappmenü.

PS: Wenn Sie eine Datei, von der Sie wissen, das sie existiert, nicht sehen, prüfen Sie die DA-TEITYP-Liste, ob Ihnen das ÖFFNEN-Dialogfenster auch die Dateien anzeigt, die Sie erwarten. (Sehen Sie auch in Kapitel 27 nach, um mehr Informationen darüber zu erhalten, wie Sie mit anderen Dateitypen in Word arbeiten können.)

Ein Dokument innerhalb eines anderen Dokuments öffnen

Stellen Sie sich vor, dass Sie für einen allgemeinen Bericht mehrere kleinere Dokumente, die von anderen Personen geschrieben worden sind, in ein einziges, größeres Dokument zusammenfassen müssen. Oder vielleicht wollen Sie ein einfaches Stück Text, das Sie bereits gespeichert haben, in andere Dokumente einfügen. Sie könnten diese Dokumente öffnen und dann kopieren und ihren Inhalt einfügen. Aber Word bietet eine bessere Möglichkeit.

Um den Inhalt von einem Dokument in ein anderes einzufügen, folgen Sie diesen Schritten:

1. **Stellen Sie den Zahnstocher-Cursor genau dahin, wo Sie das Dokument einfügen wollen.**

   Dieses Schritt wirkt genauso wie Kopieren oder Bewegen; der neue Text erscheint genau da, wo der Zahnstocher-Cursor gerade blinkt.

2. **Wählen Sie EINFÜGEN | DATEI.**

   Wenn Sie den Befehl DATEI nicht sehen, klicken Sie auf die »Zeige mehr«-Pfeile am Ende des Menüs.

3. **Benutzen Sie das DATEI EINFÜGEN-Dialogfenster, um Ihre Datei aufzuspüren.**

   Das DATEI EINFÜGEN-Dialogfenster funktioniert genau so wie das ÖFFNEN-Dialogfenster.

4. **Klicken Sie auf die EINFÜGEN-Schaltfläche, um das Dokument zu öffnen und in Ihren Text einzufügen.**

   Und das ist es.

So bringen Sie es zu Papier

In diesem Kapitel

▷ Den Drucker druckbereit machen

▷ Seitenansicht vor dem Drucken

▷ Bestimmte Teile eines Dokuments drucken

▷ Mehrere Dokumente drucken

▷ Mehrere Kopien eines Dokuments drucken

▷ Den Druckbefehl abbrechen

In diesem Kapitel geht es um den letzten Schritt nach der Erstellung Ihres Meisterwerkes. Nein, nein, nein! Vergessen Sie im Moment noch das Publizieren. Sicher können Sie Ihr Werk an das große Verlagshaus in Bonn schicken, einen Vertrag über einen Riesenvorschuss unterzeichnen und Millionen Exemplare verkaufen. Aber was wollen Sie denn schicken? Hmmm?

Aha! Sie müssen drucken! Es auf Papier bringen. Drucken klingt so einfach: Locken Sie Ihr Dokument aus dem Computer und in den Drucker hinein, wo es gedruckt wird und genau so aussieht, wie Sie es sich immer vorgestellt haben. Aber ein paar Problemchen kann es geben, um die es in diesem Kapitel geht. Schließlich hat kein Gerät in Ihrem gesamten Computer-Fuhrpark mehr einen kräftigen Tritt verdient als der Drucker.

Vorbereitung des Druckers (Das sollten Sie zuerst tun!)

Vor dem Drucken sollten Sie sich vergewissern, dass Ihr Drucker druckbereit ist. Haken Sie folgende Punkte ab:

1. **Sehen Sie nach, ob Ihr Drucker eingestöpselt und richtig mit dem Computer verbunden ist.**

   Wenn Sie mehr Informationen über Benutzung und Anschluss eines Druckers haben wollen, schauen Sie einfach in meinem Buch »PCs für Dummies« (mitp-Verlag) nach.

    Stöpseln Sie niemals ein Druckerkabel in Drucker oder Computer, die angeschaltet und in Betrieb sind. Schalten Sie Drucker und Computer immer zuerst aus, bevor Sie irgendetwas einstöpseln. Tun Sie dies nicht, könnten Sie die elektronischen Innereien der Geräte beschädigen.

2. **Vergewissern Sie sich, dass der Drucker über genügend Toner oder Tinte oder ein ordentliches Farbband verfügt.**

Bei Laserdruckern sollte eine gute Toner-Cartridge installiert sein. Wenn die Anzeige »Toner leer« aufleuchtet, ersetzen Sie sofort den Toner.

Die meisten Tintenstrahldrucker geben Bescheid, wenn ihnen die Tinte ausgeht; ansonsten stellen Sie fest, dass das Druckbild unsauber wird und Lücken aufweist. Ersetzen Sie umgehend die Tintenpatrone.

3. **Sehen Sie nach, ob der Drucker Papier hat.**

Die Papierzufuhr kann sich hinten befinden, aus einem Papierschacht erfolgen, oder Sie müssen das Papier manuell Blatt für Blatt zuführen. Ganz gleich, wie Ihr Drucker Papier zu sich nimmt, es muss ihm vor dem Drucken ordentlich zugeführt werden.

4. **Ihr Drucker muss online oder aktiv sein, bevor Sie etwas drucken können.**

Das ist verrückt: Manche Drucker sind eingeschaltet, drucken aber trotzdem nicht. Strom ist zwar da, aber so lange der Drucker nicht online oder aktiv ist, nimmt er den Computer einfach nicht zur Kenntnis. Um den Drucker zu zwingen, dem Computer zu gehorchen, müssen Sie den Knopf mit der Aufschrift Online oder Auswahl oder etwas Ähnlichem drücken.

✔ Wenn Sie auf einem Netzwerkdrucker drucken – allein der Gedanke lässt mich erschaudern –, ist jemand anders für den Drucker verantwortlich. Der Netzwerkdrucker sollte eingerichtet und druckbereit sein. Falls nicht, ist es nützlich, jemanden zu haben, bei dem man sich beschweren kann.

 Der von Ihnen benutzte Drucker hat Einfluss darauf, wie Word Ihr Dokument darstellt und druckt. Bevor Sie sich ins Formatieren stürzen, sollten Sie daher nachsehen, ob Sie den richtigen Drucker ausgewählt haben.

Die Seitenansicht

Word zeigt Ihnen ganz genau, wie Ihr Dokument aussehen wird, direkt auf dem Bildschirm. Ganz besonders dann, wenn Sie das Seitenlayout wählen (ANSICHT | SEITENLAYOUT), sehen Sie die Seite genau so, wie sie ausgedruckt wird – Kopfzeilen, Fußzeilen, Grafiken, Seitenumbrüche und all so was. Aber manchmal ist auch das nicht gut genug. Manche Leute preschen vor und drucken ein Exemplar, nur um zu sehen, ob sie das Ergebnis mögen – ohne sich bewusst zu sein, dass das, was sie tun, sinnlos Bäume vernichtet und so viel Papier verbraucht, dass all die Wälder verschwinden und Meister Lampe kein Zuhause mehr hat.

Rettet Meister Lampe!

Wollen Sie eine Vorschau darauf haben, wie Ihr Dokument gedruckt aussieht, wählen Sie DATEI | SEITENANSICHT oder klicken auf die praktische Schaltfläche SEITENANSICHT in der Symbolleiste. Sie sehen dann Ihr Dokument aus einer gewissen Distanz, wie in Abbildung 9.1 zu sehen ist.

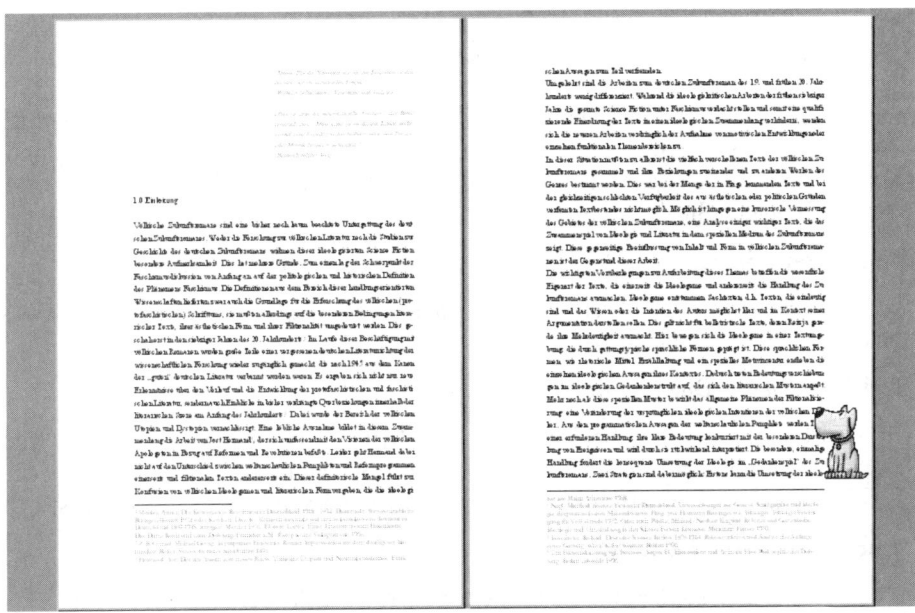

Abbildung 9.1: Das Dokument wird vor dem Drucken dargestellt, was schon ein paar Bäume retten wird.

Schauen Sie sich an, wie Ihr Text auf der Seite wirkt. Sehen Sie sich die Seitenränder an. Falls Sie Fußnoten, Kopf- oder Fußzeilen verwenden, können Sie deren Layout betrachten. Es geht dabei darum, die schrecklichsten Fehler vor dem Ausdrucken zu finden.

 Wenn Sie genug geglotzt haben, klicken Sie auf die Schaltfläche SCHLIESSEN und kehren zu Ihrem Dokument zurück.

 Falls alles super aussieht, können Sie auch auf die kleine Schaltfläche DRUCKEN klicken, und Ihr Dokument wird sofort ausgedruckt.

✔ Mit Hilfe des Rollbalkens bekommen Sie mehr von Ihrem Dokument zu Gesicht.

✔ Wenn Sie eine Radmaus wie die Microsoft Intellimaus besitzen, können Sie mit dem Rad nach oben oder nach unten rollen, um eine Seite nach oben oder nach unten zu blättern.

✔ Ist Ihre Maus radlos, können Sie mit den Tasten ⎡Bild ↑⎤ und ⎡Bild ↓⎤ die Seiten Ihres Dokuments durchstöbern.

Klicken Sie in Ihr Dokument, um es heranzuzoomen und einen besseren Blick zu haben. Klicken Sie noch einmal, um wieder auszuzoomen. Wenn das nicht funktioniert, klicken Sie auf die Schaltfläche LUPE und versuchen Sie es noch einmal.

So drucken Sie ein ganzes Dokument

Alle alten Höhlenzeichnungen sind nur rohe Entwürfe. Sie, die Sie im 21. Jahrhundert leben, können sich den Luxus leisten, zu bearbeiten, zu formatieren und umzuschreiben, und das alles am Bildschirm. Aber wenn Sie bereit sind, es auf die Wand zu schreiben (oder auf Papier in diesem Fall), folgen Sie diesen Schritten:

1. **Vergewissern Sie sich, dass der Drucker online und druckbereit ist.**

   Sehen Sie dazu im ersten Abschnitt dieses Kapitels, »Vorbereitung des Druckers (Das sollten Sie zuerst tun!)«, nach.

2. **Speichern Sie Ihr Dokument.**

    Ha! Überraschung! Speichern vor dem Drucken ist nicht das Dümmste. Klicken Sie auf das kleine Symbol SPEICHERN in der Symbolleiste, um schnell zu speichern, und falls Sie weitere Hilfe benötigen, sehen Sie in Kapitel 8 nach, wie man speichert.

3. **Drucken Sie Ihr Dokument.**

    Die schnellste Methode dafür besteht darin, auf die Schaltfläche DRUCKEN zu klicken. Klicken Sie darauf, und der Druck Ihres Dokuments beginnt.

   Wählen Sie stattdessen DATEI | DRUCKEN oder [Strg]+[P], erscheint das Dialogfenster DRUCKEN (Abbildung 9.2). Sie müssen dann auf OK klicken oder [Return] drücken, um Ihr Dokument zu drucken.

Das Drucken kann ein Weilchen dauern – wirklich. Sehr lange. Zum Glück gestattet Word Ihnen, Ihre Arbeit fortzusetzen, während es im Hintergrund druckt. Wollen Sie sichergehen, dass Word so arbeitet, sehen Sie in dem Abschnitt »Drucken und weiterleben« nach.

 Wird nichts gedruckt, wiederholen Sie bloß nicht den Druckbefehl! Es gibt aller Wahrscheinlichkeit nach keine echten Probleme; der Computer denkt einfach noch nach oder schickt den Text an den Drucker. Wenn Sie keine Fehlermeldung erhalten, wird wahrscheinlich früher oder später alles ordnungsgemäß ausgedruckt.

✔ Der Computer druckt bei jedem Druckbefehl, den Sie geben, ein Exemplar Ihres Dokuments aus. Wenn der Drucker einfach nur langsam ist und Sie voller Ungeduld zehnmal auf die Schaltfläche DRUCKEN klicken, erhalten Sie daher zehn Exemplare Ihres Dokuments. (Im Abschnitt »Wie man einen Druckauftrag abbricht« finden Sie weiter hinten in diesem Kapitel mehr dazu.)

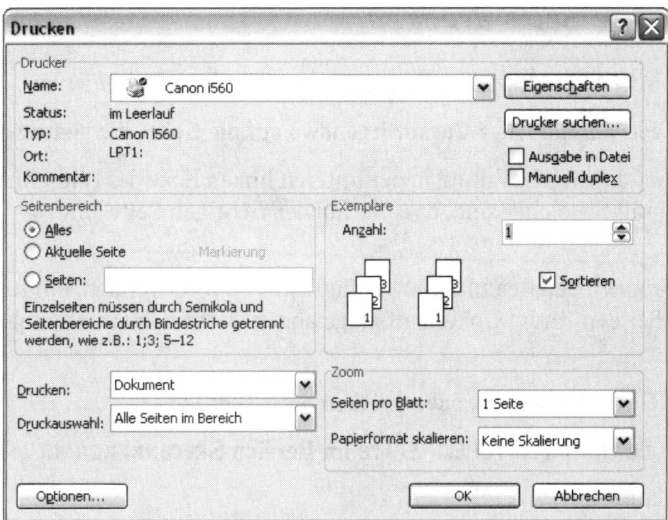

Abbildung 9.2: Das Dialogfenster DRUCKEN

✔ Haben Sie einen Drucker, der von Hand mit Papier gefüttert werden muss, bettelt er selbst um Papier. Ihr Drucker sagt »Piep, füttere mich!« Sie müssen daneben stehen, Papier bereithalten und es in den gierigen Rachen des Druckers stopfen, bis Ihr Dokument fertig ausgedruckt ist.

✔ Ist an Ihrem Computer mehr als ein Drucker angeschlossen oder können Sie auf andere Drucker über das Netzwerk zugreifen, können Sie in dem DRUCKEN-Dialogfenster aus dem NAME-Aufklappmenü den Drucker wählen, auf dem Sie drucken möchten. Genauso arbeiten auch viele Fax-Programme: Sie wählen das Fax-Modem aus dem NAME-Dialogfenster aus, um Ihr Dokument zu faxen statt zu drucken.

Es könnte nützlich sein, Ihr Dokument vor dem Drucken nicht nur zu speichern, sondern auch noch Korrektur zu lesen. Mehr dazu in Kapitel 7.

So druckt man Häppchen

Sie müssen nicht jedes Mal das gesamte Dokument drucken, wenn Sie einen Ausdruck benötigen. Sie können mit Hilfe von Word auch eine einzelne Seite, mehrere Seiten oder einen markierten Textblock ausdrucken. Das können Sie alles mit Hilfe des Bereichs SEITENBEREICH im Dialogfenster DRUCKEN regeln (Sie finden ihn in der Mitte links).

Im folgenden Abschnitt gehe ich davon aus, dass Ihr Drucker angeschaltet und druckbereit ist.

Eine bestimmte Seite drucken

Mit Hilfe dieser Schritte drucken Sie eine einzelne Seite Ihres Dokuments:

1. **Stellen Sie den Zahnstocher-Cursor irgendwo auf die Seite, die gedruckt werden soll.**

   Achten Sie auf die Seitenzählung in der unteren linken Ecke des Bildschirms (auf der Statusleiste), damit Sie sicher sind, dass Sie auf der richtigen Seite sind.

   Sie können den Befehl GEHE ZU (die Taste F5) verwenden, um zu einer bestimmten Seite in Ihrem Dokument zu gelangen. Mehr dazu in Kapitel 3.

2. **Wählen Sie DATEI | DRUCKEN oder drücken Sie Strg + P.**

3. **Wählen Sie die Option AKTUELLE SEITE im Bereich SEITENBEREICH.**

4. **Klicken Sie auf OK.**

   Das Dialogfenster schließt sich und die einzelne Seite wird gedruckt. (Das kann etwas dauern, da Word erst einmal seine Gedanken sortieren muss.)

Die einzelne Seite wird mit allen Formatierungen ausgedruckt, die ihr zugewiesen sind. Haben Sie beispielsweise ein Dokument mit Kopf- und Fußzeilen und einer Seitennummerierung, werden alle diese Informationen auf der ausgedruckten Einzelseite dargestellt – so, als hätten Sie das gesamte Dokument ausgedruckt.

Wenn Sie (oder der Drucker) den Ausdruck einer einzigen Seite eines Dokuments versiebt haben, ist diese Methode bestens geeignet, um diese Seite nachzuproduzieren. Man rettet mehr Bäume als beim erneuten Ausdruck des gesamten Dokuments. Da freut sich Meister Lampe.

Mehrere Seiten drucken

Sie können mit Word eine einzelne Seite, mehrere aufeinander folgende Seiten und sogar eine beliebige Kombination von Seiten eines Dokuments ausdrucken. Wollen Sie aufeinander folgende Seiten oder mehrere Einzelseiten ausdrucken, befolgen Sie diese Schritte:

1. **Rufen Sie den Befehl DATEI | DRUCKEN auf.**

2. **Klicken Sie im Bereich SEITENBEREICH des Dialogfensters DRUCKEN auf SEITEN.**

3. **Tippen Sie die Seitenzahlen und den Umfang der Seiten ein.**

   Wollen Sie Seite 3 bis 5 drucken, tippen Sie 3-5.

   Wollen Sie Seite 1 bis 7 drucken, tippen Sie 1-7.

   Wollen Sie Seite 2 und 6 drucken, tippen Sie 2;6.

4. **Klicken Sie auf Ok.**

Die ausgewählten Seiten – und nur die – werden gedruckt.

Sie können mit der Option SEITENBEREICH sehr genau arbeiten. Wollen Sie beispielsweise die Seiten 3, 5 bis 9, 15 bis 17 und 19 drucken (Junge, Junge, der Kaffee hat weit gespritzt), geben Sie 3;5-9;15-17;19 ein.

Rückwärts drucken

Vielleicht haben Sie ja einen dieser Drucker, bei denen Ihr Ausdruck mit der bedruckten Seite nach oben herauskommt. Wenn dies so ist, dann müssen Sie beim Seriendruck die Reihenfolge Ihrer Dokumente immer neu ordnen, weil sie genau verkehrt herum ist (weil die nachfolgende Seite immer auf die vorhergehende fällt). Um das zu vermeiden, können Sie die Druckreihenfolge umkehren. Machen Sie Folgendes:

1. **Machen Sie das DATEI | DRUCKEN-Tänzchen.**

2. **Klicken Sie auf den OPTIONEN-Knopf.**

3. **Setzen Sie ein Häkchen im Kästchen vor UMGEKEHRTE DRUCKREIHENFOLGE.**

Diese Option befindet sich oben rechts im Dialogfeld.

4. **Klicken Sie auf OK.**

5. **Klicken Sie auf OK, um Ihr Dokument zu drucken.**

Jetzt kommt das Dokument rückwärts aus dem Drucker, allerdings immer noch mit dem Gesicht nach oben, so dass es automatisch in die richtige Reihenfolge kommt. Schon wieder einer dieser Zeitspartipps, die beweisen, dass Sie doch kein Dummy waren, dieses Buch zu kaufen.

Einen Textabschnitt drucken

Wenn Sie auf dem Bildschirm einen Textabschnitt markiert haben, können Sie den DRUCKEN-Befehl bitten, nur diesen Block zu drucken. So geht's:

1. **Markieren Sie den Textabschnitt, der gedruckt werden soll.**

In Kapitel 6 finden Sie alle Abschnittsmarkierungsanweisungen dieser Welt.

2. **Wählen Sie DATEI | DRUCKEN.**

3. Kreuzen Sie das Kästchen neben MARKIERUNG an.

Die Option MARKIERUNG im Dialogfenster DRUCKEN steht Ihnen nur zur Verfügung, wenn Sie einen Textabschnitt markiert haben. Drücken Sie [Alt]+[M] oder klicken Sie auf das Kästchen neben dem Wort MARKIERUNG. (MARKIERUNG befindet sich im Bereich SEITENBEREICH des Dialogfelds DRUCKEN.) So teilen Sie Word mit, dass nur der markierte Abschnitt gedruckt werden soll.

4. Klicken Sie auf die Schaltfläche OK.

In wenigen Momenten werden Sie sehen, wie der Ausdruck aus dem Drucker zischt. Die Seitenmarkierung wird an derselben Stelle und mit denselben Kopf- und Fußzeilen ausgedruckt, als hätten Sie das gesamte Dokument gedruckt.

Mehrere Dokumente drucken

Vielleicht sind Sie der Meinung, dass die beste Methode zum Ausdrucken mehrerer Dokumente darin besteht, jedes von ihnen zu öffnen und sie nacheinander zu drucken. Da haben Sie sich aber schwer geirrt! Es gibt eine bessere Lösung. Sie verbirgt sich im Dialogfenster ÖFFNEN, dasselbige, das Sie auch verwenden, um ein gespeichertes Dokument zu öffnen.

Wollen Sie mehrere Dokumente auf einen Schlag ausdrucken, gehen Sie so vor:

1. Vergewissern Sie sich, dass der Drucker angeschaltet und ausgewählt ist und darauf brennt zu drucken.

2. Wählen Sie DATEI | ÖFFNEN.

Oder nutzen Sie einen der vielen anderen Wege, um das ÖFFNEN-Dialogfenster herbeizuzaubern.

3. Markieren Sie die Dokumente, die Sie drucken wollen.

Sie markieren ein Dokument, indem Sie die [Strg]-Taste gedrückt halten und mit der Maus darauf klicken.

Fahren Sie damit fort, bis Sie alle Dokumente markiert haben, die Sie drucken wollen.

4. Klicken Sie oben im Dialogfenster ÖFFNEN auf die Schaltfläche EXTRAS.

Es erscheint ein Aufklappmenü mit einer Reihe von Befehlen. Der gewünschte heißt DRUCKEN.

5. Wählen Sie den Befehl DRUCKEN.

Word freut sich, alle Dokumente drucken zu dürfen, die Sie markiert haben.

Wenn Sie eine Reihe von Dokumenten drucken, werden sie einfach gedruckt. Kein Dialogfenster DRUCKEN und keine Warnung fragt, ob der Drucker genug Papier hat oder ob Sie spirituell wirklich darauf vorbereitet sind, all diese Dokumente auf einmal zu drucken.

So drucken Sie mehr als ein Exemplar

Jedes Jahr setze ich ein familiäres Weihnachtsschreiben auf und bringe Dutzenden von Freunden und Verwandten, die ein Exemplar erhalten, ein wenig Freude in ihr trübes Leben. Statt zum Kopierladen zu fahren und die exorbitante Gebühr von fünf Cent pro Kopie zu zahlen, drucke ich lieber selbst und gebe Word den Befehl, die mehrere Dutzend Exemplare auszuspucken, die ich benötige. Diese Vorgehensweise hat was, vor allem, wenn Sie genug Papier besitzen und wissen, wo Sie das Dialogfenster DRUCKEN zwicken müssen.

Wollen Sie mehrere Kopien eines Dokuments drucken, folgen Sie diesen Schritten:

1. **Bereiten Sie alles vor.**

   Stellen Sie sicher, dass das Dokument tipptopp in Ordnung ist (da hilft Ihnen die Seitenansicht, die weiter vorne in diesem Kapitel erörtert wurde), und achten Sie darauf, dass der Drucker mit ausreichend Festtagspapier versorgt ist.

2. **Wählen Sie DATEI | DRUCKEN.**

   Oder drücken Sie ⟨Strg⟩+⟨P⟩. Wie bei den anderen Druckvariationen können Sie auch beim Druck mehrerer Kopien nicht die Schaltfläche DRUCKEN in der Symbolleiste verwenden (es sei denn, Sie klicken zweimal darauf, wenn Sie schnell zwei Exemplare haben möchten).

3. **Geben Sie die Zahl der Exemplare in den Kasten EXEMPLARE ein.**

   Der Bereich EXEMPLARE befindet sich in der Mitte der rechten Seite des Dialogfelds DRUCKEN (sehen Sie in Abbildung 9.2 nach). Geben Sie in den Kasten die Zahl der gewünschten Kopien ein. Für drei Kopien eines Memos tragen Sie 3 ein.

4. **Klicken Sie auf Ok, um Ihre Kopien auszudrucken.**

Unter normalen Umständen druckt Word ein Exemplar des Dokuments nach dem anderen. Das nennt man »Sortieren«. Wollen Sie allerdings beispielsweise sieben Kopien drucken und möchten sieben Mal die Seite 1 und dann sieben Mal die Seite 2 (und so weiter), müssen Sie in das Kontrollkästchen SORTIEREN klicken, um das Häkchen zu entfernen. (Normalerweise sollten Sie das Häkchen in Ruhe lassen.)

Wie man einen Druckauftrag abbricht (ojemine!)

Da Sie wahrscheinlich irgendwann einmal das Drucken schnell abbrechen müssen, hier das Wichtigste:

1. Doppelklicken Sie auf den kleinen Drucker, der sich gerade auf der Taskleiste befindet.

 Damit öffnen Sie das Fenster Ihres Druckers (siehe Abbildung 9.4) und bekommen eine Liste der Dokumente zu sehen, die darauf warten, gedruckt zu werden.

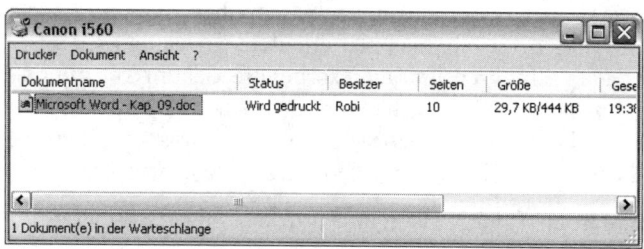

Abbildung 9.3: Die Dokumente in der Drucker-Warteschlange

2. Klicken Sie auf den Namen des Druckauftrags in der Liste des Druckers.

3. Wählen Sie DOKUMENT | DRUCKAUFTRAG ABBRECHEN.

4. Klicken Sie auf Ok, um den Auftrag zu löschen.

Bei einigen Versionen von Windows könnte dieser Befehl auch OK heißen

5. Schließen Sie das Fenster des Druckers, wenn Sie fertig sind.

Wählen Sie DRUCKER | SCHLIESSEN, damit das Fenster vom Desktop verschwindet.

Es kann eine Weile dauern, bis der Drucker tatsächlich aufhört zu drucken. Er hat nämlich sein eigenes Gedächtnis (RAM), und ein paar Seiten können sich da schon festgesetzt haben und werden einfach weiter ausgedruckt, obwohl Sie dem Drucker gesagt haben, er solle aufhören. (Dummer Drucker, du!)

✔ Wenn Sie einen Netzwerkdrucker benutzen, ist das nicht immer möglich. Pech gehabt.

✔ Löschen Sie weitere Druckaufträge, falls Sie gerade besonders mies drauf sind. Wiederholen Sie einfach die Schritte 2 bis 4 für jeden Auftrag, der gelöscht werden soll.

✔ Um alle Dokumente zu löschen wählen Sie DRUCKER | ALLE DOKUMENTE löschen.

 Einen Druckauftrag löscht nur eine offensichtlich verzweifelte Person. Da Windows Computer-Nutzern das Leben erleichtern möchte, versucht es hartnäckig, uns zur Einsicht zu verhelfen. Das Löschen von etwas, das gerade gedruckt wird, kann funktionieren oder nicht. Ich empfehle Ihnen, mit dem Befehl DRUCKEN vorsichtig zu sein.

Tipps von einem Word-Guru

In diesem Kapitel

- Die Tipps des Office-Assistenten
- Den richtigen Einstieg in die tägliche Arbeit finden
- Die Wiederholen-Taste
- Dokument-Vorschau im Öffnen-Dialogfenster
- Mit mehreren geöffneten Dokumenten arbeiten
- Ein Dokument in zwei Fenstern betrachten
- Den Bildschirm aufteilen

In den letzten ungefähr zwölf Jahren habe ich hauptsächlich Word als Textverarbeitungsprogramm eingesetzt. Deshalb bin ich Experte genug, zumindest aber erfahren genug, um ein paar Tricks, die ich im Laufe der Jahre zu schätzen gelernt habe, an Sie weiterzugeben.

Dieses Kapitel bietet Vorschläge und Hintergrundwissen, das im Zusammenhang mit anderen Themen in diesem Teil des Buches steht, die ich hier aber zum schnellen Nachschlagen zusammengestellt habe. Diese Tipps und Tricks sind solche, von denen ich mir gewünscht hätte, dass ich sie gekannt hätte, als ich anfing, mit Word zu arbeiten – manche dieser Hinweise werden selbst alte Word-Hasen überraschen.

Der Office-Assistent denkt sich was!

Es gibt einen guten Grund, den Office-Assistenten einzublenden: die Glühbirne! Während Sie versuchen, eine bestimmte Aufgabe durchzuführen, bekommt der Assistent einen Heiligenschein der besonderen Sorte, und zwar von der Art dieser Glühbirne, die am Rand abgebildet ist. Das bedeutet, dass der Office-Assistent einen Vorschlag parat hat, wie Sie Ihre Aufgabe einfacher in Angriff nehmen können.

Um diesen Vorschlag zu sehen, klicken Sie auf die Glühbirne. Eine Comic-Textblase mit einer hilfreichen oder interessanten Information erscheint, siehe zum Beispiel Abbildung 10.1. Klicken Sie auf OK, wenn Sie sie gelesen haben.

Abbildung 10.1: Der Office-Assistent erzählt Ihnen etwas Nützliches.

✔ Um den Office-Assistenten einzublenden, wählen Sie ? | OFFICE-ASSISTENTEN ANZEIGEN aus dem Menü.

✔ Um die Tipps zu aktivieren, müssen Sie einmal auf den Office-Assistenten rechtsklicken und OPTIONEN aus dem Ausklappmenü wählen. Im Dialogfeld OFFICE-ASSISTENT können Sie dann bei den Themen Häkchen setzen, über die Sie Informationen wünschen.

Finden Sie schnell den richtigen Einstieg!

Am Beginn einer Arbeitssitzung öffnen Sie Ihr Dokument – und was dann? Sie rollen runter, lesen und bearbeiten den Text, bis Sie das Gefühl haben, wieder an der Stelle zu sein, wo Sie gestern aufgehört haben. Sinnlos festzustellen, dass das die reinste Zeitverschwendung ist.

Leider erinnert sich die Tastenkombination Shift + F5 (»Gehe zurück«) nicht mehr, wo Sie zuletzt waren, wenn Sie das Dokument erneut öffnen (außer Sie schließen Word nie). Mein Trick für diesen Fall ist, zwei Ampersand-Zeichen (&&) – auf gut Deutsch »Kaufmännisches Und« – dort in das Dokument einzufügen, wo ich zuletzt gearbeitet habe. Zum Beispiel:

```
"So," fuhr Desmond fort. "Es war nicht Onkel Jonas, der Vater umgebracht hat.
Nein! Die Krankenschwester rief wirklich an, und die Stadtwerke teilten mit,
dass es in dieser Nacht keinen Stromausfall gab. Das bedeutet, dass nur &&
```

Die beiden Und-Zeichen im Beispieltext oben zeigen die Stelle an, wo ich zuletzt geschrieben habe. Um diese Zeichen nach dem Öffnen des Dokuments zu finden, drücke ich Strg + F, was das Dialogfenster SUCHEN UND ERSETZEN auf den Bildschirm bringt; dann suche ich nach &&. Ich schließe das Dialogfenster und fahre mit meiner Arbeit fort.

Sie müssen nicht die Symbole && benutzen (die jeweils mit Shift + 6 erzeugt werden, falls Sie von Word so weit beeinflusst sind, dass Sie auf diese Weise denken). Sie können jedes beliebige Symbol verwenden, um die Stelle zu markieren. Sie müssen sich nur daran erinnern können.

Die Vorteile der Wiederholen-Taste

Wenn der »Tu es noch einmal«-Befehl, `Strg`+`Y`, gerade nichts zu tun hat, können Sie ihn auch als Wiederholen-Taste einsetzen. Sie kann eine echte Zeitersparnis bedeuten. Wenn Sie einen Word-Befehl benutzen, eine Cursor-Taste oder einen Buchstaben und dann die Wiederholen-Taste betätigen, dann wird dieser letzte Word-Befehl, die Cursor-Taste oder der Buchstabe wiederholt.

Tippen Sie beispielsweise die folgenden Zeilen in Word:

```
Klopf. Klopf.
Wer ist da?
Klopf.
Klopf wer?
```

Nun drücken Sie `Strg`+`Y`. Word wiederholt die letzten Sachen, die Sie getippt haben. (Falls Sie die `Backspace`-Taste gedrückt haben, um rückwärts zu löschen, dann wiederholt `Strg`+`Y` nur von dieser Stelle an.)

Sie können auch den Befehl BEARBEITEN | WIEDERHOLEN wählen oder, wenn Sie sich das merken können, drücken Sie (F4), um dasselbe wie mit `Strg`+`Y` zu machen.

✔ Noch eine praktische Anwendung der Wiederholen-Taste: Tippen Sie ein paar Unterstriche auf den Bildschirm, so wie Linien in einem Formular. Dann drücken Sie `Enter`. Drücken Sie die Tasten `Strg`+`Y` ein paar Mal, und die Seite ist bald mit Linien gefüllt. Hey! Erstellen Sie Ihr eigenes liniertes Papier!

✔ Mit der Wiederholen-Taste können Sie auch Formatierungen wiederholt hinzufügen. So sparen Sie Zeit, wenn Sie sich durch ein Dokument hindurcharbeiten müssen.

Dokumente anschauen, bevor sie geöffnet werden

Sie können Ihr Dokument noch so ausgeklügelt benennen, trotzdem haben Sie zehn Tage später vergessen, worum es in diesem Dokument geht. Oder vielleicht arbeiten Sie an einem Buch und müssen noch einmal den echten Titel prüfen, den Sie Kapitel 8 gegeben haben. Natürlich, werden Sie zu Recht sagen, kann ich das Dokument ganz schnell öffnen, um einen kurzen Blick reinzuwerfen.

Oh! Aber es gibt eine bessere Methode. Sie können das ÖFFNEN-Dialogfenster verwenden, um eine Vorschau auf das Dokument zu erhalten, bevor Sie es öffnen, womit Sie eine Menge Zeit und Umstand sparen. Und so funktioniert's:

1. **Wählen Sie DATEI | ÖFFNEN.**

   Oder Sie können auf das ÖFFNEN-Symbol in der Symbolleiste klicken oder `Strg`+`O` verwenden. Ganz egal. Das Dialogfenster ÖFFNEN erscheint.

2. Klicken Sie auf den Pfeil neben der Symbolschaltfläche ANSICHTEN.

 Diese Schaltfläche befindet sich oben rechts in dem Dialogfenster. (Sie sieht ähnlich wie die ANSICHTEN-Schaltfläche in Windows 98 aus.) Klicken Sie auf den Pfeil neben diesem Symbol, und ein Menü klappt auf.

3. Wählen Sie VORSCHAU aus diesem Menü.

Das Aussehen des ÖFFNEN-Dialogfensters verändert sich und zeigt sich im Vorschau-Modus. Jede Datei, die Sie auf der linken Seite des Dialogfelds anklicken, wird rechts in einer Vorschau gezeigt, siehe auch Abbildung 10.2.

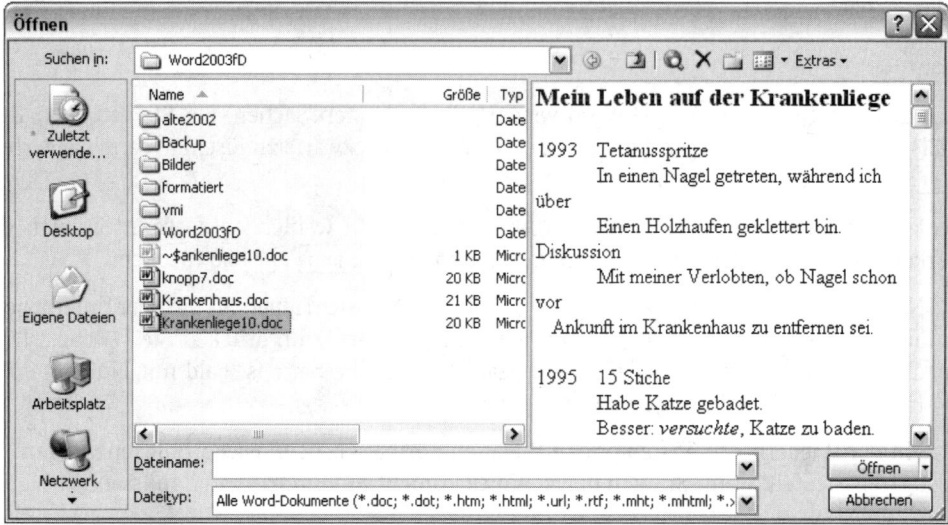

Abbildung 10.2: Werfen Sie einen Blick auf die Vorschau, bevor Sie das Dokument öffnen.

Sie können durch das Dokument rollen, um mehr zu sehen, falls Sie das wollen.

Wählen Sie eine andere Datei, indem Sie auf den Dateinamen klicken.

4. Um die Datei zu öffnen, klicken Sie auf die Schaltfläche ÖFFNEN. Falls Ihnen die Vorschau genügt hat, klicken Sie auf ABBRECHEN.

Das ÖFFNEN-Dialogfenster bleibt in der VORSCHAU-Ansicht, bis Sie eine andere Ansicht über die entsprechende Symbolschaltfläche wählen. (Standardmäßig ist Word auf die Ansicht LISTE eingestellt.)

✔ Wenn Sie ALLE DATEIEN aus der Liste der Dateitypen wählen, dann können Sie diese VORSCHAU-Ansicht von Word auch dazu benutzen, andere Dateitypen anzuschauen: Grafikdateien, Textdokumente oder sogar Excel-Dokumente.

 Diese VORSCHAU-Ansicht kann Word mitunter dazu veranlassen, ein Dialogfenster zur Dateikonvertierung anzuzeigen. Klicken Sie auf OK, falls Sie die Dateien öffnen möchten; anderenfalls – wenn Sie nur herumsuchen – klicken Sie auf ABBRECHEN.

 Falls Sie versuchen, eine Webseite anzuzeigen, die Sie auf die Festplatte gespeichert haben, kann es passieren, dass Windows eine Internet-Verbindung herstellen will, um die Seite zu aktualisieren. (Nur eine Warnung, falls Ihnen so etwas die Laune verdirbt.)

✔ Falls der Dateityp Word nicht bekannt ist, erhalten Sie die Information VORSCHAU NICHT VERFÜGBAR im VORSCHAU-Fenster.

✔ Siehe Kapitel 8, wo Sie mehr allgemeine Informationen über das Öffnen von Dokumenten erhalten.

Multiple-Dokumente-Manie

Word lässt Sie mit einer Million Dokumente gleichzeitig arbeiten. Nun, genau genommen können Sie an mehreren Dokumenten gleichzeitig arbeiten. Jedes Mal, wenn Sie ein Dokument öffnen oder den Befehl DATEI | NEU aufrufen, um ein neues Dokument zu beginnen, öffnet Word ein neues Dokumentfenster.

All diese Dokumentfenster erscheinen als Schaltfläche auf der Taskleiste. Um von einem Dokument zum nächsten zu schalten, klicken Sie auf dessen Schaltfläche in der Taskleiste.

✔ Eine schnelle Methode, von einem Dokument zu nächsten zu schalten, ist die Tastenkombination Alt+Tab.

✔ Eine andere Art, zwischen den Dokumenten hin- und herzuschalten, ist das FENSTER-Menü. Achtung, das FENSTER-Menü zeigt nur die ersten neun Dokumente, die Sie geöffnet haben (was schon eine Menge ist). Wenn Sie mehr als neun haben, sehen Sie den Eintrag WEITERE FENSTER, der die gesamte Liste aller geöffneten Dokumente/Fenster aufklappt.

✔ Die Vorgänge in einem Dokument haben keine Auswirkung auf die anderen: Drucken, Rechtschreibprüfung oder Formatierungen wirken sich nur in dem Dokument aus, das Sie aktuell auf dem Bildschirm sehen.

✔ Sie können einen Textabschnitt von einem Dokument in ein anderes kopieren. Markieren Sie einfach den Abschnitt im ersten Dokument, kopieren Sie ihn (Strg+C), öffnen Sie das zweite Dokument und fügen Sie ihn ein (Strg+V). Schlagen Sie in Kapitel 6 nach, um herauszufinden, wie man Textabschnitte markiert.

Ihre Dokumente schließen

X Wenn Sie mit mehreren Dokumenten oder Fenstern gleichzeitig arbeiten, dann können Sie diese Dokumente mit Klick auf das X, die SCHLIESSEN-Schaltfläche, in der rechten oberen Ecke des Fensters loswerden. Wenn Sie beim letzten offenen Dokument angekommen sind, klicken Sie nicht auf die SCHLIESSEN-Schaltfläche, außer Sie wollen Word mit dem Schließen des Dokuments ebenfalls beenden.

Mehr als ein Dokument sehen

Sie können mit dem Befehl FENSTER | ALLE ANORDNEN alle Ihre geöffneten Dokumente auf dem Bildschirm arrangieren. (Sie müssen möglicherweise auf die Pfeile am Ende des Menüs klicken, um diesen Menü-Eintrag angezeigt zu bekommen.) Der Befehl ALLE ANORDNEN platziert alle Fenster in einem Kachelmuster auf dem Bildschirm, so dass Sie mehr als ein Dokument gleichzeitig sehen können.

Natürlich funktioniert der Befehl FENSTER | ALLE ANORDNEN am besten mit zwei Dokumenten. Drei oder mehr Dokumente auf dem Bildschirm sehen eher wie moderne Kunst aus als wie etwas, das Ihnen helfen soll, Ihre Arbeit effizienter zu erledigen.

✔ Auch wenn Sie mehr als ein Dokument gleichzeitig sehen, können Sie nur an einem arbeiten. Das Dokument mit der markierter Titelleiste ist das »oberste«.

✔ Nachdem die Fenster angeordnet sind, können Sie ihre Größe oder Position mit der Maus verändern.

 Indem Sie auf die MAXIMIEREN-Schaltfläche des Fensters klicken, stellen Sie die Vollbilddarstellung des Fensters wieder her.

An einem Dokument in zwei Fenstern arbeiten

Man kann in Word ein Dokument in zwei Fenstern anzeigen. Das ermöglicht es Ihnen, zwei verschiedene Teile desselben Dokuments in einem großen Fenster zu sehen.

Um ein zweites Fenster für Ihr Dokument zu öffnen, wählen Sie FENSTER | NEUES FENSTER aus dem Menü. (Sie müssen möglicherweise auf die Pfeile am Ende des Menüs klicken, um diesen Menü-Eintrag zu sehen.) Das zweite Fenster öffnet sich, und eine zweite Schaltfläche für dieses Fenster erscheint in der Taskleiste.

Auch wenn zwei Fenster geöffnet sind, arbeiten Sie noch in ein und demselben Dokument. Die Änderungen, die Sie in einem der beiden Fenster durchführen, werden sofort in das andere Fenster übernommen. (Wenn Sie eine Kopie des Dokuments herstellen wollen, verwenden Sie Windows, um die Datei zu kopieren.)

| X | Wenn Sie das zweite Fenster nicht mehr brauchen, klicken Sie auf die SCHLIESSEN-Schaltfläche, um es zu beenden. Das schließt das Fenster, ohne das Dokument zu schließen; das erste Fenster bleibt geöffnet. |

✔ Die Möglichkeit ist hilfreich, wenn Sie Text oder Grafik in einem Teil des Dokuments ausschneiden und in einem anderen Teil wieder einfügen möchten, besonders in sehr langen Dokumenten.

✔ Die Titelleiste sagt Ihnen, welche Kopie Ihres Dokuments Sie sich gerade ansehen, und zwar über eine Nummer, die sich hinter einem Doppelpunkt nach dem Dateinamen befindet. Zum Beispiel: LANGWEILIGES ZEUG:1 für das eine Fenster und LANGWEILIGES ZEUG:2 für das andere Fenster.

✔ Eine andere Methode, zwei Teile desselben Dokuments zu sehen, ist der gute alte Trick, das Fenster zu teilen. Dies wird, nun, gleich hier beschrieben.

Einen Bildschirm teilen

Das Teilen des Bildschirms ermöglicht es Ihnen, zwei auseinander liegende Teile Ihres Dokuments in einem einzigen Fenster zu sehen. Kein Rummachen mit Extra-Fenstern. In der Tat bevorzuge ich es auch, Word mit so wenig unnützem Zeug wie möglich auf dem Bildschirm zu benutzen. Wenn ich also zwei Teile meines Dokuments in Augenschein nehmen will, teile ich einfach den Bildschirm – wie Moses das Rote Meer – und hebe die Teilung wieder auf, wenn ich fertig bin. Sie können dies in folgenden Arbeitsschritten nachvollziehen:

1. **Platzieren Sie den Mauscursor auf den kleinen grauen Balken, der oberhalb des nach oben zeigenden Pfeils im vertikalen Rollbalken (oben rechts über dem Dokument) untergebracht ist.**

   Oh, Mann! Schauen Sie einfach auf die Abbildung 10.3, um herauszufinden, worüber ich spreche.

 Der kleine graue Balken

Abbildung 10.3: Der kleine graue Balken, den Sie benutzen, um ein Fenster zu teilen

Wenn Sie dieses tolle Teil gefunden haben, ändert der Mauszeiger seine Form und zeigt zwei horizontale Linien mit Pfeilen, die nach oben und unten weisen.

2. **Halten Sie die linke Maustaste gedrückt und ziehen Sie den Mauszeiger nach unten.**

   Während Sie ziehen, kommt eine Linie mit und teilt das Dokumentfenster. Diese Linie zeigt an, wo der Bildschirm geteilt wird.

3. **Lassen Sie die Maustaste los.**

Ihr Bildschirm sieht ungefähr so aus wie in Abbildung 10.4.

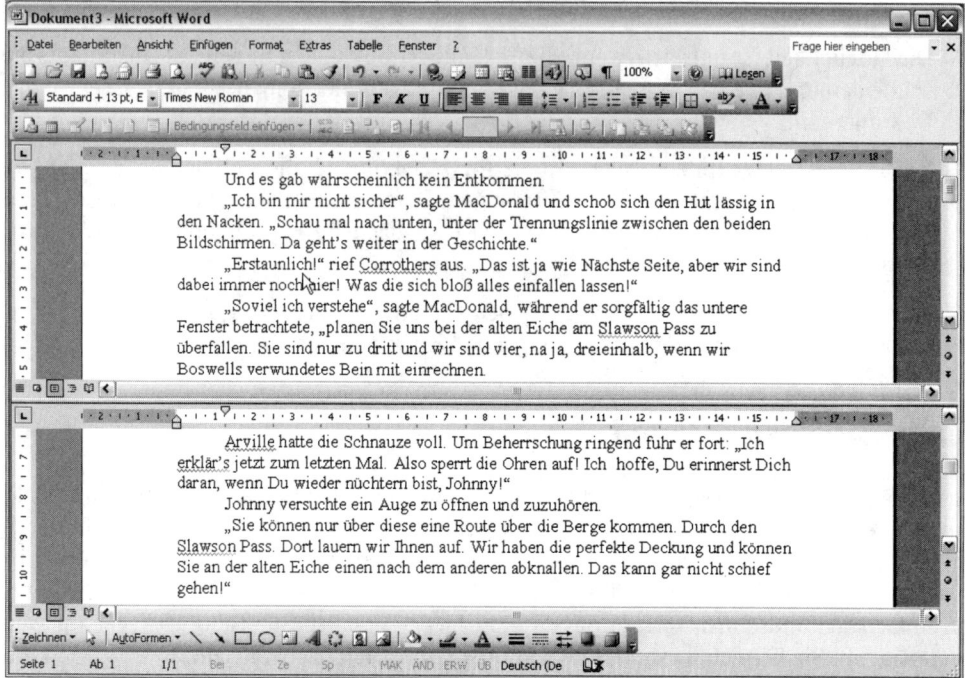

Abbildung 10.4: Den Bildschirm teilen

✔ Jeder Teil des Bildschirms kann für sich bearbeitet und gerollt werden. Aber die Fenster repräsentieren noch immer dasselbe Dokument; Änderungen in einem der Teile werden sofort in den anderen Teil übernommen.

✔ Diese Möglichkeit ist hilfreich, um Text oder Grafik zwischen Teilen ein und desselben Dokuments zu kopieren oder zu verschieben.

 Die schnellste Methode, einen Bildschirm zu teilen, besteht darin, den Mauszeiger auf den kleinen grauen Balken zu stellen und dann doppelzuklicken. Ebenso machen Sie die Teilung ganz schnell rückgängig: Doppelklicken Sie auf den kleinen grauen Balken.

✔ Sie können auch den Menübefehl FENSTER | TEILEN bemühen, um Ihren Bildschirm zu teilen. Der Befehl FENSTER | TEILUNG AUFHEBEN macht die Teilung rückgängig. (Dieser Befehl wird sichtbar, wenn Sie auf die Pfeile am Ende des Menüs klicken.)

Teil II

Lassen Sie Word das Formatieren übernehmen

The 5th Wave — By Rich Tennant

»Diese Kidnapper sind clever, Inspektor. Schauen Sie mal, diese Fußnote und die eingefügte vierfarbige Grafik mit dem Bild des Opfers. Und erst die Fonts! Die entwerfen bestimmt selber welche! Das müssen über 35 verschiedene Schriftarten hier im Text sein!«

In diesem Teil ...

Formatierung ist die Kunst, Ihr Dokument weniger hässlich aussehen zu lassen. Das ist der andere Teil der Textverarbeitung, gleich nach dem Schreiben, obwohl dieser Teil mehr Zeit verschlingen kann. Trotzdem: Text bleibt Text. Sie haben ein Talent dafür oder eben nicht. Und falls nicht, ist Word in der Lage, einfachen, langweiligen Text wirklich gut aussehen zu lassen. (Er liest sich dann vielleicht immer noch schlecht, aber sieht gut aus.) Ach, lassen Sie sich das sagen: Nichts macht einen stolzer als ein gut formatiertes Dokument.

Dieser Teil des Buches erklärt Ihnen, wie Sie Ihr Dokument formatieren. Sie können Text, Zeichen, Absätze, Sätze und das gesamte Dokument formatieren. Ich werde Ihnen auch etwas über Format- und Dokumentvorlagen sowie AutoFormatierungs-Tipps erzählen und Tricks verraten, mit denen Sie die Hauptanforderungen einer Dokumentgestaltung erfüllen können.

Zeichen, Schrift und Text formatieren

11

In diesem Kapitel

▷ Die Schriftart ändern

▷ Text **fett**, *kursiv* und <u>unterstrichen</u> formatieren

▷ Textattribute benutzen

▷ Textgröße ändern

▷ Hoch- und Tiefstellungen anwenden

▷ Textformatierungen rückgängig machen

▷ Das Dialogfenster Zeichen benutzen

▷ Groß- und Kleinbuchstaben tauschen

D ie kleinste Einheit, die Sie in einem Dokument formatieren können, ist ein Zeichen. So wie Ihr Körper aus Millionen von Zellen besteht, besteht Ihr Dokument aus tausenden von Zeichen. So wie eine Zelle im Körper ist ein Zeichen die grundlegende Einheit Ihres Dokumentes. Zeichen können Buchstaben sein, Symbole oder ein Stopp-Schild an der Kreuzung.

Sie können Zeichen so formatieren, dass sie fett, unterstrichen, kursiv, klein, groß, in anderen Schriften oder Farben – oder sogar animiert (falls Sie gerade an einer Webseite basteln) – erscheinen. Word gibt Ihnen vielfältige Möglichkeiten in die Hand, das Erscheinungsbild Ihres Textes zu kontrollieren. Dieses Kapitel bietet die Details.

Wie Sie Ihren Text formatieren

Es gibt zwei Methoden, die Textformatierung zu verändern:

✔ Wählen Sie einen Befehl zur Textformatierung und tippen Sie dann Ihren Text. Der nachfolgende Text kommt in dem gewählten Format.

✔ Tippen Sie den Text, markieren Sie anschließend einen Textabschnitt und weisen Sie dann die Formatierung zu. Das funktioniert am besten, wenn Sie sich auf den Inhalt konzentrieren müssen und sich erst später mit den Formatierungen beschäftigen wollen.

Sie werden beide Methoden einsetzen, während Sie Text in Ihrem Dokument niederschreiben. Manchmal ist es einfacher, erst die Formatierung zu wählen und dann zu schreiben. Ein anderes Mal werden Sie Ihr Dokument überarbeiten, Text markieren und die Formatierungen dem markierten Text zuweisen. Beide Vorgehensweisen funktionieren.

Siehe Kapitel 6, wenn Sie mehr Informationen zum Markieren von Textabschnitten benötigen.

Schnell eine Schriftart wiederholt verwenden

Die Schriftartenliste kann lang werden, so lang wie die Anzahl der Schriften ist, die Sie in Windows installiert haben. Glücklicherweise erinnert sich Word an die letzten paar Schriften, die Sie aus der Schriftartenliste ausgewählt haben. Diese Schriftarten erscheinen am Anfang der Liste, wie in der Abbildung unten gezeigt. Falls Sie eine Schrift wieder verwenden wollen, schauen Sie am Anfang der Liste nach, und wählen Sie diese aus.

Zum Beispiel zeigt die Abbildung unten die Schriften Century Gothic, Impact und Tahoma als Schriften, die erst kürzlich benutzt worden sind. Da sie nun oben in der Liste stehen, ist es praktischer, sie dort auszuwählen.

Die Schriftart ändern

Eine der angenehmen Eigenschaften von Word ist, dass man eine Menge unterschiedlicher Schriften verwenden kann. Sicher, Sie können Text fett, kursiv, unterstrichen, groß, klein usw. usf. formatieren, aber eine besondere Schriftart zuzuweisen, um eine Stimmung auszudrücken, verleiht Ihrem Dokument auf einem ganz anderen Niveau mehr Ausdruck.

Um eine andere Schriftart einzustellen, folgen Sie diesen Schritten:

1. **Klappen Sie die Liste der Schriftarten auf.**

   Klicken Sie auf den Pfeil neben dem Feld mit der Schriftarten-Angabe, um eine Liste mit allen Schriften aufzuklappen, die Ihnen auf dem Computer zur Verfügung stehen, siehe Abbildung 11.1.

2. **Rollen Sie zu der Schrift, die Ihnen gefällt.**

   Die Schriften sind alphabetisch nach ihrem Namen aufgeführt, und das Aussehen der Schrift können Sie ebenfalls der Liste entnehmen (siehe Abbildung 11.1).

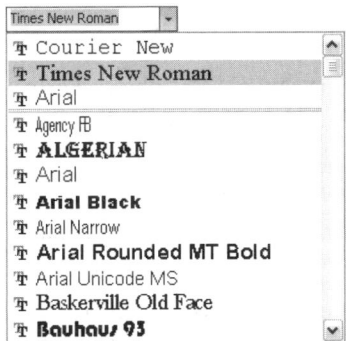

Abbildung 11.1: Die Liste der Schriftarten

3. Klicken Sie auf eine Schrift, um sie auszuwählen.

Alles, was Sie tippen, nachdem Sie die Schrift gewählt haben, kommt in dieser Schriftart auf den Bildschirm. Der Text wird außerdem so ausgedruckt, wie er aussieht. Wenn Sie zuvor einen Textabschnitt markiert haben und dann die Schriftart zuweisen, dann wird jetzt diese Markierung in der gewählten Schriftart dargestellt.

✔ Die Schriftartenliste zeigt immer die Schrift ganz oben an, die Sie gerade benutzen. Standardmäßig ist das die Schrift Times New Roman. Wenn Sie eine andere Schrift einstellen, erscheint deren Name im Listenfeld.

 Wenn Sie den Namen der gewünschten Schrift kennen, können Sie Zeit sparen, indem Sie ihn in das Feld der Schriftarten in der Symbolleiste eingeben. Manchmal brauchen Sie auch nur die ersten Buchstaben der Schrift einzutippen, und Word vervollständigt den Rest automatisch, so reicht CO, um Courier anzuzeigen.

✔ Eine komische Tastenkombination dafür gefällig? Versuchen Sie `Strg`+`Shift`+`A`. Dann drücken Sie die Taste `↓`, um durch die Liste zu blättern, dann `Enter`, um die Schrift auszuwählen. (Ermüdend, nicht wahr?)

 Schriftarten unterliegen der Verantwortlichkeit von Windows, nicht Word. Neue Schriften werden im Dienstprogramm Schriftarten in der Systemsteuerung installiert (diese Prozedur ist ganz einfach). Es gibt Tausende von Schriften für Windows, und sie funktionieren in allen Windows-Anwendungen.

✔ Die Schriftartenliste erscheint in der FORMAT-Symbolleiste. Wenn Sie mehr über diese Leiste wissen wollen, schauen Sie in Kapitel 28 nach. (Schauen Sie dort auch nach, wenn Sie die Schriftartenliste nicht finden können.)

Einfache Zeichenformatierung

Nach der Auswahl einer Schriftart sind die einfachsten Formatierungen eines Textes die **Fettformatierung**, das *Kursivsetzen* und das Unterstreichen. Leicht zu merkende Tastenkombinationen und Schaltflächen auf der FORMAT-Symbolleiste machen diese zu den einfachsten Formatierungsinstrumenten.

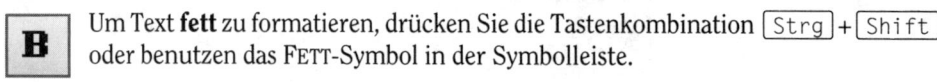

B Um Text **fett** zu formatieren, drücken Sie die Tastenkombination $\boxed{\text{Strg}}+\boxed{\text{Shift}}+\boxed{\text{F}}$ oder benutzen das FETT-Symbol in der Symbolleiste.

Benutzen Sie fett, um Text auf der Seite hervorzuheben – für Überschriften oder Abkürzungen zum Beispiel – oder um Text, der sich sehr wichtig nimmt, sich gerne hervortut, Cowboy-Stiefel trägt – Sie kennen diese Sorte –, zu betonen.

I Um Text *kursiv* darzustellen, drücken Sie $\boxed{\text{Strg}}+\boxed{\text{Shift}}+\boxed{\text{K}}$ oder klicken auf die KURSIV-Schaltfläche in der Symbolleiste.

Kursiv ersetzt die Unterstreichung als bevorzugte Methode, Text hervorzuheben; das sieht sehr viel besser aus als so ein plumper unterstrichener Text. Kursivierungen sind leicht und elegant, poetisch und luftig. Unterstreichen ist etwas, was das Amt für Straßenbau macht, wenn es sich kreativ fühlt.

U Unterstreichen Sie Text, indem Sie $\boxed{\text{Strg}}+\boxed{\text{Shift}}+\boxed{\text{U}}$ drücken oder auf die Schaltfläche in der Symbolleiste klicken.

Unterstreichungen sind wirklich ein Relikt aus der Schreibmaschinenzeit. In den meisten Fällen, in denen unterstrichener Text erwünscht wird (von wem eigentlich?), können Sie auch mit kursiver Schrift zurechtkommen. Also egal, was der zerstreute Professor auch denken mag, *Schuld und Sühne* sieht einfach besser aus als das langweilige Schuld und Sühne.

Einfache Zeichenformatierungen wirken sich lediglich auf zuvor markierten Text oder auf neuen Text aus, den Sie tippen wollen.

✔ Um diese Textattribute auszuschalten, wiederholen Sie den Formatierungsbefehl. Drücken Sie beispielsweise $\boxed{\text{Strg}}+\boxed{\text{Shift}}+\boxed{\text{K}}$, um etwas kursiv zu tippen. Dann wiederholen Sie die Tastenkombination, um zum normalen Text zurückzukehren.

✔ Sie können Zeichenformatierungen mixen; Text kann fett und unterstrichen oder fett und kursiv sein. Ja, Sie müssen möglicherweise erst eine Reihe von Formatierungsbefehlen tippen, bevor Sie Ihren Text eingeben: $\boxed{\text{Strg}}+\boxed{\text{Shift}}+\boxed{\text{K}}$, $\boxed{\text{Strg}}+\boxed{\text{Shift}}+\boxed{\text{F}}$ und $\boxed{\text{Strg}}+\boxed{\text{Shift}}+\boxed{\text{U}}$ für kursiv, fett und unterstrichen, alles auf einmal. Dann müssen Sie diese ganze Kette wiederholen, um wieder in den normalen Modus zurückzukehren.

✔ Die Symbole FETT, KURSIV und UNTERSTRICHEN in der Symbolleiste zeigen Ihnen, welche Attribute Ihrem Text zugewiesen sind. Wenn sich beispielsweise der Zahnstocher-Cursor auf einem fetten Wort befindet, erscheint das F in der FORMAT-Symbolleiste niedergedrückt (versuchen Sie es aber deswegen nicht gleich aufzumuntern, es macht nur seinen Job).

Der langweilige Unterschied zwischen einer fetten Schrift und einem fett formatierten Text

In Windows können Sie beides haben, fette Schriftarten und fetten Text. Wie bitte? Zum Beispiel gibt es die normale Schrift Arial Rounded MT, die Sie mit Strg+Shift+F fett machen können, und dann gibt es noch die Arial Rounded MT Bold, die irgendwie schon fett klingt (»Bold« ist englisch und heißt »fett«). So, wo liegt der Unterschied?

Der Unterschied zwischen einer fetten Schrift und dem Fett-Befehl ist der, dass eine fette Schrift fett entwickelt wurde. Das sieht sowohl auf dem Bildschirm als auch ausgedruckt besser aus. Wenn Sie Text mit dem Fett-Befehl fetten, sagen Sie Windows mehr oder weniger, dass es die gewählte Schrift nachziehen soll, nämlich so, dass sie fetter aussieht. Auch wenn das funktioniert, zeigt der FETT-Befehl die Schrift nicht so wohlproportioniert und schön an wie eine Schrift, die dafür geschaffen wurde.

Offensichtlich ist es einfacher, den FETT-Befehl zu verwenden, als mitten im Absatz die Schriftart zu wechseln. Aber wenn es Ihnen möglich ist, sollten Sie in Betracht ziehen, eine fette Schriftart für längere Textpassagen, Überschriften usw. zu verwenden. Der FETT-Befehl ist in Ordnung, um Text mitten im Satz zu fetten. Aber eine fette Schrift sieht immer besser aus.

Ein Beispiel: Text kursiv darstellen

Um Text kursiv darzustellen, folgen Sie diesen Schritten:

1. **Drücken Sie die Tastenkombination** Strg+Shift+K.

   I Der Kursiv-Modus ist eingeschaltet! (Sie können auch auf die KURSIV-Schaltfläche klicken.)

2. **Schreiben Sie sich Ihren Text von der Seele!**

   Schauen Sie, wie Ihr leichtfüßig nach rechts gekippter Text über den Bildschirm läuft.

3. **Drücken Sie** Strg+Shift+K**, wenn Sie fertig sind.**

   Der Kursiv-Modus ist wieder ausgeschaltet. (Oder Sie klicken wieder auf das KURSIV-Symbol.)

✔ Sie können dies mit jedem Befehl zur Zeichenformatierung (oder mit jedem Formatierungssymbol) durchführen, statt also kursiv Strg+Shift+F für fett und Strg+Shift+U für unterstrichen.

 Falls sich der Text, den Sie kursiv haben möchten, bereits auf dem Bildschirm befindet, müssen Sie ihn als Abschnitt markieren und dann das Zeichenformat in kursiv ändern. Markieren Sie den Text, indem Sie den Schritten, die in Kapitel 6 ausgeführt sind, folgen, und drücken Sie dann die Tastenkombination `Strg`+`Shift`+`K` oder drücken Sie auf das nach rechts geneigte Symbol mit dem K in der FORMAT-Symbolleiste.

Textattribute-Rundumschlag

Fett, kursiv, unterstrichen sind die populärsten Methoden, ein Zeichen aufzupeppen. Word bietet jedoch jede Menge Zeichenattribute, die Sie Ihrem Text zuweisen können. Die Tabelle 11.1 zeigt viele davon, einschließlich der grundlegenden Befehle FETT, KURSIV, UNTERSTRICHEN.

Tastenkombination	Symbol	Weist dieses Format zu
`Strg`+`Shift`+`G`	ₐA	Großbuchstaben
`Strg`+`Shift`+`F`	**B**	Fett
`Strg`+`Shift`+`D`	D̲	Doppelt unterstrichen
`Strg`+`Shift`+`H`		Ausgeblendeter Text (wird nicht gedruckt – schschsch!)
`Strg`+`Shift`+`K`	*I*	Kursiv
`Strg`+`Shift`+`Q`	ABC	KAPITÄLCHEN
`Strg`+`Shift`+`U`	U̲	Durchgehende Unterstreichung
`Strg`+`Shift`+`W`	W̲	Wörter, nicht Leerzeichen, unterstreichen

Tabelle 11.1: Text-Formatierungsbeispiele und Befehle

Tastenkombination	Symbol	Weist dieses Format zu
Strg + #	x_2	Tiefstellen
Strg + +	x^2	Hochstellen

Tabelle 11.1: Text-Formatierungsbeispiele und Befehle (Forts.)

Das Zuweisen dieser Textattribute, die in Tabelle 11.1 aufgeführt sind, ist eine todsichere Sache. Folgen Sie einfach den Anleitungen im vorhergehenden Abschnitt, »Ein Beispiel: Text kursiv darstellen«, und ersetzen Sie die richtige Tastenkombination aus Tabelle 11.1.

✔ Beachten Sie besonders die durchgehende und die wortweise Unterstreichung. Einige Leute ziehen die eine Variante vor und verachten die andere. Falls Sie die wortweise Unterstreichung vorziehen, denken Sie daran, Strg + Shift + W zu benutzen und nicht Strg + Shift + U.

Ausgeblendeter Text – wozu soll das gut sein? Das ist gut für Sie, den Schreiber, wenn Sie Gedanken einbringen wollen, die Sie dann verstecken, wenn das Dokument gedruckt wird. Natürlich sehen Sie den Text auch nicht auf dem Bildschirm. Um ausgeblendeten Text zu finden, müssen Sie den SUCHEN-Befehl verwenden (in Kapitel 5 behandelt), mit dem Sie spezielle Attribute auftreiben können. Sie müssen im Dialogfenster SUCHEN UND ERSETZEN auf die Schaltfläche FORMAT klicken, ZEICHEN wählen und dann auf die Option AUSGEBLENDET klicken. (Diese Information sollte man auch besser verstecken.)

✔ Wenn man auf ausgeblendeten Text stößt, lohnt es sich, diesen wieder einzublenden. Entfernen Sie dazu nur das Häkchen vor der Option AUSGEBLENDET im Dialogfenster ZEICHEN.

Großer Text, kleiner Text: Textgrößen-Effekte

Attribute – fett, kursiv, unterstrichen und so weiter – sind nur ein Teil der Möglichkeiten, Zeichen zu formatieren. Der andere Teil ist die Textgröße. Indem Sie die entsprechenden Textformatierungsbefehle benutzen, können Sie Ihren Text ganz klein und bescheiden oder riesengroß daherkommen lassen.

Bevor wir mit diesem Thema beginnen, müssen Sie sich mit einem offiziellen Begriff aus dem Bereich des Schriftsatzes vertraut machen: Punkt. Das ist das, was Word benutzt: Punkt anstatt Textgröße. Es ist nicht Punkt wie »Ein Punkt im Universum«, sondern eine Maßeinheit. Ein Punkt ist ungefähr 0,375 mm. Schriftsetzer ...

✔ Je größer die Punktgröße, umso größer der Text.

✔ Meistens hat Text 10 oder 12 Punkt (nein, nicht Punkte).

✔ Überschriften haben typischerweise 14 bis 24 Punkt.

✔ Die meisten Schriften können 1 bis 1.638 Punkt groß sein. Punktgrößen, die kleiner als 6 sind, sind für den Normalmenschen schwer zu lesen.

✔ Der Autor ist 5.112 Punkt groß.

Die Textgröße einstellen

Die Schriftgröße wird aus einer Liste in der FORMAT-Symbolleiste ausgewählt (gleich neben der Liste der Schriftarten). Klicken Sie auf den Pfeil und die Liste klappt auf, wie in Abbildung 11.2 zu sehen.

Die gewählte Schriftgröße wirkt sich auf jeden markierten Text auf dem Bildschirm aus. Falls ein Textabschnitt nicht markiert wurde, dann wird jeder neue Text, den Sie tippen, in dieser neuen Größe erscheinen.

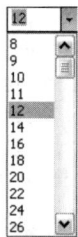

Abbildung 11.2: Wählen Sie eine Schriftgröße aus.

Hier ein paar Dinge, die Sie sich in Bezug auf Schriftgrößen merken können:

✔ Die merkwürdige Tastenkombination, mit der man zur Liste der Schriftgrößen gelangt, ist ⌊Strg⌋+⌊Shift⌋+⌊P⌋. (Klingt nach schmutziger Unterwäsche für mich).

✔ Sie können eine bestimmte Textgröße in das Schriftgrößen-Feld direkt eingeben (was ich selten tue).

Größere Nummern bedeuten größerer Text; kleinere Nummer bedeuten kleinerer Text.

Text größer oder kleiner machen

Sie können eine Reihe flinker Tastenkombinationen verwenden, um Ihren Text in einem markierten Abschnitt auf die Schnelle zu schrumpfen oder aufzublasen. Die beliebtesten sind:

Strg + Shift + >   Bläst den Text in die nächst größere »hübsche« Größe auf.

Strg + <   Schrumpft den Text in die nächst kleinere »hübsche« Größe.

Daran kann man sich leicht erinnern, denn > ist das Symbol für »größer als« und < ist das Symbol für »kleiner als«. Denken Sie einfach, »Ich will meinen Text größer als den, den ich jetzt habe«, wenn Sie Strg + Shift + >, oder: »Ich will meinen Text kleiner als den, den ich jetzt habe«, wenn Sie Strg + < drücken.

Wenn Sie die Schriftgröße in kleineren Schritten verkleinern oder vergrößern wollen, verwenden Sie die folgenden Tastenkombinationen:

Strg + 9   Macht den Text um einen Punkt größer.

Strg + 8   Macht den Text um einen Punkt kleiner.

 Diese Befehle (alle vier) wirken sich auf einen markierten Textabschnitt auf dem Bildschirm aus. Anderenfalls wirkt sich der Befehl nur auf das Wort aus, in dem sich der Zahnstocher-Cursor befindet.

Hey! Ich habe diesen ganzen Abschnitt ohne einen Viagra-Witz geschafft!

Text hoch oder tief stellen

Eine Hochstellung ist das Ausrichten von Text oberhalb der Grundlinie (zum Beispiel die 10 in 210). Tiefstellung ist das Positionieren von Text unter der Grundlinie (zum Beispiel die 2 in H2O). Hier sind die zwei Tastenkombinationen, die Sie benötigen:

Strg + +   verwandelt in hoch gestellten Text.

Strg + #   verwandelt in tief gestellten Text.

Nun können Sie die Befehle beim Tippen verwenden, um hoch oder tief gestellten Text zu erzeugen. Wie dem auch sei, ich empfehle, dass Sie Ihren Text tippen und dann zurückkehren, den hoch oder tief zu stellenden Text markieren und dann die Tastenkombinationen verwenden. Der Grund ist der, dass der Text, den Sie modifiziert haben, sehr klein wird und schwer zu bearbeiten ist. Also besser erst schreiben, dann formatieren.

Diesen ganzen Textformatierungs-Unsinn wieder rückgängig machen

Es ist gut möglich, dass Sie Ihren Text mit so vielen Formatierungsbefehlen verunstaltet haben, dass es frustrierend wäre, sie alle einzeln wieder rückgängig zu machen. Bevor Sie nun den Text löschen und von vorne eingeben, können Sie einen einfachen und universellen Formatieren-Rückgängig-Befehl nutzen – Words Gegenstück zu einem Formatierungsradiergummi. Das Kommando lautet ZEICHENFORMATIERUNG ZURÜCKSETZEN, und die Tastenkombination ist `Strg`+`Leertaste`.

Wenn Sie also eine Unmenge hässlich und übermäßig formatierten Text haben, wählen Sie ihn als Textabschnitt und drücken `Strg`+`Leertaste`. Diese Tastenkombination zieht die Formatierung von dem Text wie ein wirkungsvolles und höchst umweltschädliches industrielles Abbeiz-Mittel. Schwupp! Und weg ist sie (die Formatierung)!

✔ Eine andere Tastenkombination für `Strg`+`Leertaste` ist `Strg`+`Shift`+`Z`. Erinnern Sie sich: `Strg`+`Z` ist der RÜCKGÄNGIG-Befehl. Um eine Formatierung rückgängig zu machen, verfahren Sie ebenso, verwenden dabei aber `Shift`, was Sinn macht – wenn denn überhaupt irgendetwas von diesem Zeug Sinn macht.

 `Strg`+`Leertaste` setzt den Text auf die Formatierung zurück, die in der Dokumentvorlage Ihres Dokuments definiert ist. Wenn also die Standard-Vorlage Times New Roman, 10 pt ist, wird durch `Strg`+`Leertaste` diese Schriftart und -größe wieder hergestellt. Lassen Sie sich davon nicht nerven. Blättern Sie stattdessen zu Kapitel 16, um mehr Informationen über Word-Vorlagen zu erhalten.

Das Dialogfenster Zeichen

Es gibt einen Ort in Word, wo alle Freuden der Schriftformatierung schön ordentlich zusammengefasst sind. Das ist das Dialogfenster ZEICHEN, das in Abbildung 11.3 gezeigt wird.

Um das Dialogfenster ZEICHEN aufzurufen, wählen Sie FORMAT | ZEICHEN aus dem Menü. Die praktische Tastenkombination ist `Strg`+`D`. Dieses Dialogfenster ist definitiv nichts für Ängstliche – ähnlich wie »Der Wüstenplanet«. Alle Arten von aufregenden und exotischen Dingen passieren hier; die meisten werden in diesem Kapitel mit anderen Vorgehensweisen erläutert. Aber wenn Sie alles auf einmal erledigen wollen, dann ist dies der richtige Ort. Sie können Schriftart, Schriftgröße, Textattribute und alles andere ändern.

Ach, bitte achten Sie doch auf das reizende VORSCHAU-Fenster am Ende des ZEICHEN-Dialogfensters. Dieses Fenster ermöglicht Ihnen, sich die Auswirkungen auf Ihren Text vorher anzuschauen. Einer meiner liebsten Zeitvertreibe ist, eine Schrift nach der anderen aus dem ZEICHEN-Aufklappmenü zu wählen, nur um zu sehen, wie sie in dem VORSCHAU-Fenster aussehen.

Abbildung 11.3: Das wunderbare Dialogfenster ZEICHEN

Die Änderungen, die Sie im Dialogfenster ZEICHEN vornehmen, wirken sich auf markierten Text auf dem Bildschirm oder auf Text aus, den Sie noch schreiben werden, nachdem Sie auf OK geklickt haben.

Klicken Sie auf OK, nachdem Sie alle Schriftformatierungen eingestellt haben. Oder klicken Sie auf ABBRECHEN, falls Sie nur einmal vorbeischauen wollten.

 Der größte Vorteil des Dialogfensters ZEICHEN ist das VORSCHAU-Fenster unten. Dieses Fenster zeigt exakt, wie sich Ihre Einstellungen auf den Text in Ihrem Dokument auswirken.

✔ Beachten Sie, dass das Attribut zum Unterstreichen aus einer aufklappbaren Liste ausgewählt wird. Es gibt nämlich verschiedene Varianten der Unterstreichung in Word.

✔ Beachten Sie die verschiedenen Möglichkeiten im Aufklappmenü UNTERSTREICHUNG.

✔ Probieren Sie RELIEF und GRAVUR! Aber im Interesse Ihrer zukünftigen Leser sollten Sie darauf verzichten, das gesamte Dokument mit diesen Attributen auszuzeichnen. Sparen Sie sich die feierlichen Schriften für Titel und Überschriften auf.

✔ Das Register ZEICHENABSTAND bietet fortgeschrittene Möglichkeiten, den Text in einer Zeile zu gestalten. Das ist in Ordnung, wenn Sie mit speziellem Text herumspielen, wie zum Beispiel mit einer Überschrift, aber machen Sie hier keine regelmäßigen Besuche.

✔ Das Register TEXTEFFEKTE macht irgendwie Spaß, obwohl die meisten der dort wählbaren Effekte ihre Wirkung nur auf Webseiten zeigen, die Sie mit Word erstellen. (Außer Sie schaffen es beispielsweise, Ameisen so zu dressieren, dass sie auf Ihrem Papier marschieren.)

Den Standard-Zeichensatz ändern

Wenn Computer-Freaks vom *Standard* oder *default (englisch für Unterlassung)* reden, meinen sie »die Einstellung, die Ihr Computer für Sie macht, wenn Sie keine machen.« Im Falle der Zeichensätze ist die Standardeinstellung von Word der Font Times New Roman, 12 pt.

Wenn Sie einen anderen Font als Standard-Zeichensatz benutzen wollen, oder anders gesagt, wenn Sie möchten, dass ein Ihr Dokument automatisch mit einem anderen Zeichensatz geöffnet wird, dann folgen Sie diesen Schritten:

1. **Wählen Sie FORMAT | ZEICHEN, um das Dialogfenster ZEICHEN zu öffnen.**

2. **Wählen Sie den Font, den Sie als Standard haben wollen.**

   Wählen Sie zum Beispiel den Zeichensatz VERDANA und setzen Sie die Größe auf 14 pt, wenn das Ihre Phantasie anregt.

3. **Klicken Sie auf den Knopf STANDARD in der linken unteren Ecke.**

   Jetzt bittet Sie der Office-Assistent noch mal um Bestätigung der Einstellung.

4. **Klicken Sie auf JA.**

Ab jetzt werden alle Ihre Dokumente automatisch diese Einstellung haben.

Das Dialogfenster-Déjà Vu

Eine andere Stelle, an der Sie das Dialogfenster ZEICHEN wieder finden, ist das Fenster SUCHEN UND ERSETZEN. Wenn Sie, wie in Kapitel 5 beschrieben, auf den Knopf ERWEITERN klicken, finden Sie den Knopf FORMAT, der es Ihnen ermöglicht, nach bestimmten Formaten zu suchen. Wenn Sie jetzt den Punkt ZEICHEN aus dem Ausklappmenü wählen, gelangen Sie stracks zu der Dialogbox ZEICHEN.

Wenn Sie zum Beispiel nach irgendeinem hochgestellten Text in Ihrem Dokument suchen würden, dann könnten Sie nach der Anleitung in Kapitel 5 verfahren und das Dialogfenster ZEICHEN benutzen, um das Format HOCHGESTELLT auszuwählen.

Mehr zu diesem Suchen-Kram in Kapitel 5.

Groß- und Kleinbuchstaben tauschen

Groß- und Kleinbuchstaben gehören eigentlich nicht in die Reihe der Schriftformatierung, Textattribute oder sonstigen Formate. Aber die genialen Word-Entwickler bei Microsoft fanden in ihrem Tricks-Eintopf noch ein Plätzchen für einen Zweifinger-Befehl, mit dem Sie die Groß- und Kleinbuchstaben in Ihrem Dokument noch ein wenig herumwirbeln lassen können.

Drücken Sie Shift + F3, um Groß- und Kleinbuchstaben zu tauschen.

Der Befehl Shift + F3 funktioniert mit einem markierten Text, oder er wirkt sich auf ein einzelnes Wort aus, wenn sich der Zahnstocher-Cursor darin befindet (oder nahe dabei).

Drücken Sie Shift + F3 einmal, um ein Wort in Kleinbuchstaben in ein Wort umzuwandeln, dessen erster Buchstabe großgeschrieben und die folgenden klein sind (»fein« in »Fein«). Wenn Sie die Tastenkombination erneut drücken, verwandeln sich alle Buchstaben des Wortes in Großbuchstaben (»FEIN«). Wenn Sie noch einmal Shift + F3 drücken, wird wieder alles kleingeschrieben. Wenn Sie noch einmal Shift + F3 drücken, geht das Spiel von vorne los.

Auch wenn ich die Tastenkombination Shift + F3 bevorzuge, gibt es noch den Befehl FORMAT | GROSS-/KLEINSCHREIBUNG. Dieser Befehl ruft das Dialogfenster GROSS-/KLEINSCHREIBUNG auf, das Sie auch in Abbildung 11.4 sehen, in dem Sie spezielle Gestaltungsmöglichkeiten für Ihre Groß- und Kleinbuchstaben auswählen können, wie es ebenfalls in der Abbildung gezeigt wird.

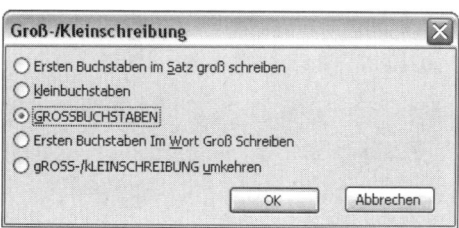

Abbildung 11.4: Das Dialogfenster GROSS-/KLEINSCHREIBUNG

Die Änderungen, die Sie in dem Dialogfenster GROSS-/KLEINSCHREIBUNG auswählen, werden auf das Wort angewandt, in dem der Zahnstocher-Cursor blinkt, oder in einem ausgewählten Textabschnitt.

Absätze formatieren

In diesem Kapitel

▶ Text ausrichten (zentrieren, ausrichten und herunterspülen)

▶ Den Zeilenabstand verändern

▶ Platz zwischen Absätzen einfügen

▶ Einen Absatz einziehen

▶ Einen hängenden Absatzeinzug einrichten

▶ Einen Absatz doppelt einrücken

▶ Das Lineal verwenden

▶ Ein Survival-Guide für die Absatzformatierung

Zeichen zu formatieren ist etwas komplizierter als ganze Absätze zu formatieren. Absätze nennt man die dicken Textknödel, die entstehen, wenn man die [Enter]-Taste drückt. (Vergessen Sie jetzt mal die Sätze. Word sind die Sätze komplett schnurz-piep-egal.) Absätze zu formatieren ist so, wie eine Gruppe von Leuten zu fotografieren: Sie können sie nach rechts oder links dirigieren oder in die Mitte, darum geht's bei der Sache. Das ist auch schon alles. Word versucht alles, um Ihnen die Arbeit mit Absätzen so einfach wie möglich zu machen. Dieses Kapitel zeigt Ihnen alle Tricks.

Techniken der Absatzformatierung

Es gibt mehrere Möglichkeiten, einen Absatz in Word zu formatieren:

✔ Benutzen Sie den Formatierungsbefehl und schreiben Sie einen neuen Absatz in dem Format.

✔ Wenden Sie den Formatierungsbefehl auf einen einzelnen Absatz an, um diesen Absatz zu formatieren. (Platzieren Sie den Zahnstocher-Cursor in diesen Absatz und dann wählen Sie den Formatierungsbefehl.)

✔ Wenden Sie den Formatierungsbefehl auf einen Block von markierten Absätzen an, um sie alle zusammen zu formatieren.

Egal für welche Methode Sie sich entscheiden, denken Sie daran, dass die Absatz-Formatierungsbefehle nur für Absätze funktionieren, nicht für Sätze oder Wörter. Natürlich, wenn Ihr Absatz nur aus einem Wort oder einem Satz besteht, klappt es:

✔ Schlagen Sie in Kapitel 6 nach, um einige unterhaltsame Anleitungen zum Markieren von Textabschnitten nachzuvollziehen.

✔ Um für ein einzelnes Wort einen Absatz zu erzeugen, tippen Sie einfach dieses Wort ein, gefolgt von einem Drücken auf Enter.

Denken Sie daran, dass ein Absatz eine Ansammlung von Text ist, die mit einem Drücken auf Enter abgeschlossen wird.

✔ Wenn Sie einzelne Zeichen oder den Text innerhalb eines Absatzes formatieren wollen, schlagen Sie noch einmal in Kapitel 11 nach.

✔ Sie können alle Absätze in einem Dokument formatieren, wenn Sie zuerst das gesamte Dokument auswählen. Wählen Sie BEARBEITEN | ALLES MARKIEREN oder drücken Sie Strg + A.

Wenn Sie das Symbol für die Absatzendemarke sehen wollen (¶), wählen Sie EXTRAS | OPTIONEN. Klicken Sie auf das Register ANSICHT. Im zweiten Bereich, bei den FORMATIERUNGSZEICHEN, wählen Sie die Option ABSATZMARKEN. Klicken Sie auf OK. Nun wird jedes Mal, wenn Sie die Returntaste drücken, das Symbol ¶ am Ende des Absatzes sichtbar. (Vielen Word-Anwendern ist diese Einstellung angenehm.)

Absätze ausrichten

Nein, hier geht es nicht um Schuhfetischismus. Linksbündig und rechtsbündig hat auch nichts mit extremistischen Geheimgesellschaften zu tun, zentriert ist nicht die politische Mitte Ihres Dokumentes, und im Block heißt nicht Knast für Ihre Buchstaben. Es geht stattdessen darum, wie die Ecken des Absatzes auf dem Papier aussehen. Es gibt vier Varianten der Textausrichtung: linksbündig, zentriert, rechtsbündig, im Block.

Word bietet keine Option »Keine Textausrichtung« an. Um eine Textausrichtung aufzuheben wählen Sie einfach AUSRICHTUNG | LINKS. Links ist normal.

✔ Sie können auch das Dialogfenster Absatz benutzen, um Ihren Text auszurichten. Wählen Sie FORMAT | ABSATZ. Das Ausklappmenü AUSRICHTUNG beinhaltet die vier Ausrichtungen, die Word hat.

Bitte alle nach links!

Sehr zur Freude der Traditionalisten gilt das linksbündige Ausrichten als normal. Das ist genau so, wie die alten Schreibmaschinen es gemacht haben: Die linke Seite des Absatzes ist gerade und ordentlich. Die rechte Seite flattert, sie ist nicht ausgerichtet.

 Um einen Absatz linksbündig auszurichten, drücken Sie Strg + L oder benutzen das entsprechende Symbol aus der FORMAT-Symbolleiste.

✔ Wegen der taumelnden und umherirrenden Linie, die der rechte Rand dabei beschreibt nennt man das auch Flattersatz.

✔ Mit der linken Textausrichtung kann man alle anderen Textausrichtungen rückgängig machen.

Zusammenrücken bitte!

Zentrierter Text erscheint im Zentrum der Seite.

Er ist hervorragend für Überschriften geeignet.

Wenn Sie mehr als eine Zeile in einem zentrierten Absatz schreiben, wird jede Zeile des Absatzes in der Mitte der Seite geschrieben, eine über der anderen. Ich nehme an, dass Künstler und Poeten das schön finden. Es ist auch gut für Überschriften und Titel. Aber diese Arte der Absatz-Formatierung ist in einem langen Absatz nicht angenehm zu lesen.

 Um einen Absatz zu zentrieren, drücken Sie Strg + E oder benutzen Sie das Symbol ZENTRIERT.

✔ Sie können ein einzelnes Wort in der Mitte der Zeile zentrieren, indem Sie den Tabulator zum Zentrieren verwenden. Wie das geht, lesen Sie in Kapitel 13.

 Wenn Sie es schaffen, Ihre Seele im kosmischen Gleichgewicht zu zentrieren, dann werden Sie Respekt und Ruhm ernten. Lassen Sie sich jedoch nie von Ihren Jüngern dabei erwischen, wie Sie Knackwürste essen!

Bitte alle nach rechts!

Ein Absatz, der rechts ausgerichtet ist, hat seinen rechten Seitenrand gerade und sauber. Der linke Seitenrand dagegen ist gezackt. Dieser Stil wird auch rechtsbündig genannt, da die rechte Seite bündig mit dem Seitenrand ist. Wann benutzen Sie diesen Formatierungsstil? Ich habe keine Ahnung, aber es macht riesigen Spaß, einen Absatz zu tippen, der rechtsbündig ist.

 Um Ihren Text am rechten Seitenrand entlang bündig auszurichten, drücken Sie Strg + R oder klicken auf das Symbol RECHTSBÜNDIG in der FORMAT-Symbolleiste.

- ✔ Auch hier handelt es sich genau genommen um einen Flattersatz, nur dass es jetzt links flattert.

- ✔ Man kann den Absatz auch mit Hilfe des Tabulators rechts ausrichten. Schauen Sie bitte in Kapitel 13 nach, wie das geht.

- ✔ Wenn Sie in einem rechtsbündigen Absatz zu schreiben anfangen, tauchen die Zeichen immer am rechten Rand auf. Ein bisschen wie Hebräisch zu schreiben!

Du kommst in den Block!

Zum Schluss folgt die höhere Gerechtigkeit: Beide Seiten, die rechte und die linke Seite des Absatzes sind sauber und ordentlich ausgerichtet, in einer geraden Linie mit den Seitenrändern. Das ist der Stil, der in Zeitungen und Magazinen gern verwendet wird, da er die schmalen Textspalten besser lesbar macht. Word bewerkstelligt diese saubere Ausrichtung, indem es zusätzlichen Platz zwischen den einzelnen Wörtern des Absatzes lässt.

 Um Ihren Text im Blocksatz auszurichten, drücken Sie ⌈Strg⌉+⌈B⌉ oder wählen das Symbol BLOCKSATZ aus der Symbolleiste.

Für Platz zwischen Absätzen sorgen

Sie können Abstände in Ihrem Text auf zwei Arten vergrößern oder verkleinern. Die erste, traditionelle Methode besteht in der Änderung des Zeilenabstandes, die zweite ist die, Zwischenräume vor und nach Absätzen einzufügen.

Die Methode, Leerraum zwischen zwei Absätzen einzufügen, ist mehr oder weniger gleichbedeutend mit dem zweimaligen Drücken der Returntaste nach jedem Absatz – aber in Word kann der Computer dies für Sie übernehmen.

Wie immer bei der Abatzformatierung wirkt sich auch der Zeilenabstand nur auf den aktuellen Absatz aus (derjenige, in dem der Zahnstocher-Cursor gerade blinkt) oder in allen markierten Absätzen.

Den Zeilenabstand verändern

Den Zeilenabstand zu verändern bedeutet, mehr Raum zwischen allen Zeilen des Textes in einem Absatz einzufügen. Das ist wie bei der guten alten Schreibmaschine, wenn Sie so uralt sind und sich noch daran erinnern.

Es gibt drei praktische Tastenkombinationen, um drei verschiedene Arten des Zeilenabstands zu verändern: einfacher Zeilenabstand, 1,5-facher Zeilenabstand und doppelter Zeilenabstand.

✔ Für den einfachen Zeilenabstand in einem Absatz (oder aller gewählten Absätze) drücken Sie `Strg`+`1`.

✔ Für den doppelten Zeilenabstand in einem Absatz (oder aller gewählten Absätze) drücken Sie `Strg`+`2`.

✔ Für den 1,5-fachen Zeilenabstand drücken Sie `Strg`+`5`.

Zeilenabstände werden normalerweise eingefügt, um dort später per Hand Notizen oder schnöde Kommentare reinzuschmieren. Zum Beispiel wünschen emsige Lektoren oftmals den doppelten – wenn nicht sogar den dreifachen – Zeilenabstand. Je emsiger der Lektor, desto größer der Abstand, den Sie wählen sollten.

✔ `Strg`+`5` bedeutet 1,5-facher Zeilenabstand, nicht fünffacher.

 Benutzen Sie für die Tastenkombination `Strg`+`5` nicht den numerischen Tastaturblock. Das wäre dann der Befehl, um den gesamten Text in Ihrem Dokument zu markieren. Benutzen Sie stattdessen die `5`, die sich über den Tasten `R` und `T` befindet.

Schnell den Zeilenabstand ändern

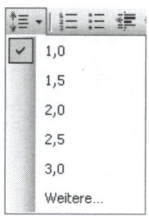 Eine besondere Schaltfläche in der FORMAT-Symbolleiste ist extra dafür da, den Zeilenabstand zu verändern. Wenn Sie auf den kleinen Pfeil neben der ZEILENABSTAND-Schaltfläche klicken, sehen Sie ein Aufklappmenü, das die ZEILENABSTAND-Optionen wie in Abbildung 12.1 anzeigt. Um den Zeilenabstand zu bestimmen, wählen Sie einen Wert aus dieser Liste.

Abbildung 12.1: Den Zeilenabstand aus diesem Menü wählen

Den Zeilenabstand sehr eigenwillig ändern

Word ist in der Lage, den Zeilenabstand auch auf andere Werte als 1, 1,5, 2 usw. zu setzen. Wenn Sie also Ihren Text etwas zusammenquetschen wollen, damit er noch auf eine Seite passt, können Sie alle die Absätze auswählen und »,9« als Zeilenabstand wählen. Oder auch »1,2«, um ein bisschen mehr Luft zu haben, aber eben nicht so viel, wie 1,5 Ihnen gibt. Das können Sie tun, indem Sie das ABSATZ-Dialogfenster aufrufen.

1. **Wählen Sie FORMAT | ABSATZ aus dem Menü.**

   Dieser Schritt ruft das ABSATZ-Dialogfenster auf, wie es in Abbildung 12.2. dargestellt wird.

2. **Wählen Sie MEHRFACH aus dem ZEILENABSTAND-Aufklappmenü.**

3. **Geben Sie den gewünschten Zeilenabstand ein.**

   Zum Beispiel ist »2« doppelter Abstand und »2,5« ergibt den zweieinhalbfachen Abstand zwischen zwei Zeilen. Sie können jeden Wert zwischen »,1« und, nun ja, was Sie wollen, eingeben. Werte wie »,9« oder »,8« können echt helfen, einen Absatz etwas zusammenzuschieben.

4. **Klicken Sie auf OK.**

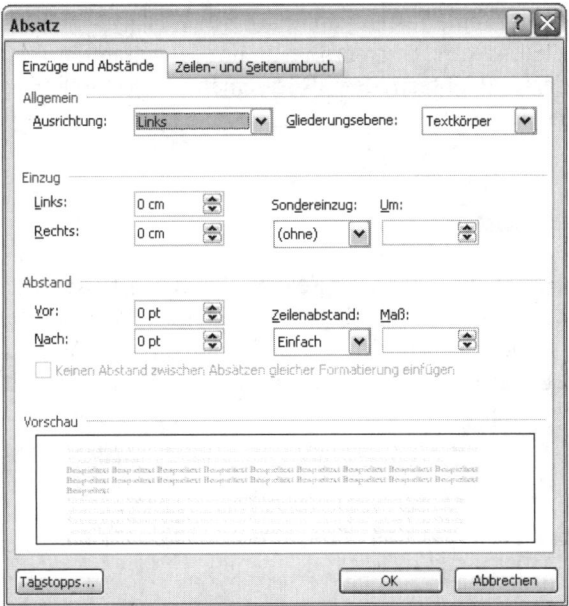

Abbildung 12.2: Das Dialogfenster Absatz

Der neue Zeilenabstand wirkt sich auf den aktuellen Absatz aus oder auf alle Absätze, die markiert sind.

Das ABSATZ-Dialogfenster ist ein häufig genutzter Ort. Die nächsten Abschnitte stellen Ihnen noch andere Dinge vor, die Sie dort zusätzlich zum Zeilenabstand tun können.

Zwischen Absätzen Luft zum Atmen einfügen

Manche Menschen, meine Wenigkeit eingeschlossen, neigen dazu, ⌐Enter⌐ zweimal zu drücken. Sie drücken ⌐Enter⌐, ⌐Enter⌐, um einen Absatz zu beenden, obwohl Word doch nur einmal ⌐Enter⌐ benötigt. Es ist ein ähnliches Fehlverhalten wie das Drücken von Leertaste, Leertaste nach einem Punkt – im Zeitalter der modernen Textverarbeitung eine ausgesprochen nutzlose Übung, ein unnötiges Relikt aus der Schreibmaschinenzeit. In Word ist das so schlimm, als würden Sie Ihr Gestammel niederschreiben.

Wenn Ihre Absätze automatisch etwas »Luft« haben sollen – wie in Dr. Scholls Luftpolster-Sandalen –, dann müssen Sie Word nur mitteilen, dass es ein Luftpolster einlegen soll. Und so funktioniert's:

1. **Stellen Sie den Zahnstocher-Cursor in den Absatz, der mehr Luft um sich haben soll, oder markieren Sie eine Reihe von Absätzen, die Sie bearbeiten möchten.**

   Die Luft kann sowohl vor als auch nach dem Absatz eingefügt werden.

2. **Wählen Sie FORMAT | ABSATZ.**

   Das ruft das Dialogfenster ABSATZ auf, das in Abbildung 12.2 gezeigt wird.

   Überprüfen Sie, ob das Register EINZÜGE UND ABSTÄNDE vorne liegt, so wie in der Abbildung gezeigt.

   Sie werden sich mit dem Bereich, der mit ABSTAND bezeichnet ist, beschäftigen.

3. **Um Luft vor einem Absatz einzufügen, geben Sie einen Wert im Feld VOR ein.**

   Jetzt wird Platz über den Absatz gestopft.

4. **Um Platz nach einem Absatz zu schaffen, geben Sie einen Wert in das Feld NACH ein.**

   Dieser Platz kommt jetzt unter den Absatz.

5. **Klicken Sie auf OK.**

   Der Absatz (oder Absätze) weist nun größere Abstände auf.

Um zum Beispiel Platz nach jedem Absatz einzufügen – so, als würde man zweimal (Return) drücken –, klicken Sie zweimal auf den nach oben weisenden Pfeil neben dem Feld. Der Wert 12 pt bedeutet, dass es eine leere Zeile nach dem Absatz geben wird.

 Verwenden Sie das VORSCHAU-Fenster unten im Dialogfenster ABSATZ, um die Auswirkungen der Abstandeinstellungen zu prüfen.

✔ Erinnern Sie sich noch an pt, die Größe Ihrer Zeichen (Kapitel 11)? Wenn Sie eine leere Zeile nach Ihrem Absatz einfügen wollen, dann müssen Sie zuerst schauen, welche Größe Ihre Zeichen haben. Die Leerzeile hat dann genau die gleiche Größe.

✔ Was sollen Sie verwenden, einen Abstand vor oder einen nach dem Absatz? Mein Tipp ist, immer Abstand nach dem Absatz einzufügen, und zwar in das Feld NACH. Ich arbeite mit einem Abstand vor dem Absatz nur, wenn ich wirklich etwas vom vorhergehenden Absatz abheben möchte (was selten vorkommt).

✔ Das Einfügen von Leerraum vor oder nach einem Absatz ist nicht das Gleiche wie das Zuweisen eines doppelten Zeilenabstandes innerhalb des Absatzes. Es ist nämlich so, dass das Hinzufügen von Absatzabständen sich nicht auf den Text innerhalb des Absatzes auswirkt.

Das pt-Ding

Die Größe des Leerraums, den Word zwischen die Absätze quetscht, wird in Punkt gemessen – was eine Maßeinheit der Schriftsetzer ist. Wenn Sie sich jemals mit der Schriftgröße herumgeschlagen haben (siehe auch Kapitel 11), haben Sie schon mit Punkt gearbeitet, obwohl das ZEICHEN-Dialogfenster die Abkürzung pt nicht benutzt.

Ein Punkt entspricht 0,375 mm. Wenn Sie also eine 12-Punkt-Schrift benutzen, die sehr gebräuchlich ist, dann wird ein Abstand von 12 pt eine Extra-Zeile einfügen. Sechs Punkt (6 pt) entspricht einer halben Zeile.

Die Felder im Dialogfenster ABSATZ, in denen Sie Punkt-Werte eingeben, haben kleine »Rädchen«. Wenn Sie auf die nach oben oder unten weisenden Pfeile klicken, dann erhöhen oder reduzieren Sie die Abstände in 6-Punkt-Schritten. Wenn Sie ganz bestimmte Werte dazwischen benötigen, dann können Sie sie direkt eintippen (obgleich ich in meinem kurzen Leben immer nur 6, 12 oder vielleicht 18 benutzt habe).

Den Einzug des Absatzes verändern

Word kann Ihre Absätze ebenso einfach einziehen wie Sie Ihren Bauch.

Ich wette, momentan rücken Sie Ihre Absätze ein, indem Sie mit der ⌷Tab⌷-Taste arbeiten. Nun will ich nicht darüber herziehen, aber es gibt einen besseren Weg: Lassen Sie Word das Einziehen erledigen. Automatisch!

Die folgenden Abschnitte erklären die verschiedenen Einzugsoptionen.

Automatisch die erste Zeile des Absatzes einziehen

Es gibt keinen Grund, ⌷Tab⌷ am Anfang eines neuen Absatzes zu drücken. Nein, Word kann das für Sie automatisch erledigen.

1. **Wählen Sie FORMAT | ABSATZ aus dem Menü.**

Das Dialogfenster ABSATZ erscheint. Holen Sie gegebenenfalls das Register EINZÜGE UND ABSTÄNDE nach vorne (wie in Abbildung 12.2).

2. Suchen Sie nach der Liste SONDEREINZUG.

Sie finden sie im Dialogfenster im Bereich EINZUG in der Mitte.

3. Wählen Sie ERSTE ZEILE aus der Liste.

4. Geben Sie im Feld UM die Länge ein, in der der Text der ersten Zeile eingezogen werden soll.

Wenn Sie Word nicht gerade aufgemischt haben, sollte in dem Feld automatisch der Eintrag 1,25 cm stehen, was bedeutet, dass Word automatisch die erste Zeile jedes Absatzes um 1,25 cm einzieht. Wenn Sie Ihre Einzüge üppiger oder bescheidener gestalten wollen, können Sie einen anderen Wert eingeben. (Die Einzüge werden hier in Zentimeter, nicht in Punkt gemessen.)

5. Klicken Sie auf OK.

Der markierte Text oder der aktuelle Absatz (und die folgenden Absätze, die Sie tippen), erhalten vollautomatisch einen Erstzeileneinzug.

Um den Erstzeileneinzug wieder aus einem Absatz (und den folgenden, die Sie tippen werden) zu entfernen, wiederholen Sie die Schritte, wählen aber OHNE aus der Liste in Schritt 3. Dann klicken Sie auf die OK-Schaltfläche.

Es gibt zwei Wege, zwei Absätze voneinander zu trennen. Sie können entweder Platz zwischen den beiden einfügen, wie ich es oben im Abschnitt »Luft zum Atmen einfügen« beschrieben habe. Oder Sie können, wie in diesem Abschnitt beschrieben, die erste Zeile einziehen.

Hängende Einzüge

Ein hängender Einzug hat kein Kapitalverbrechen begangen. Vielmehr ist es ein Absatz, in dem erst die erste Zeile noch bis zum linken Rand reicht, aber sämtliche folgenden Zeilen des Absatzes eingerückt sind – so wie das hier:

Tut mir leid, Sheriff, aber wir können Big Vern einfach nicht hängen. Sein verdammter Hals ist zu dick! Wir haben es versucht und versucht, aber jedes Mal, wenn wir ihn fallen lassen, rutscht das Seil einfach an seinem Hals hoch, und er fällt runter. Jetzt tun ihm die Beine weh, und er hat schon Bremsspuren auf den Ohren. Ist das schlimm genug? Können wir ihn nicht einfach gehen lassen?

Mit folgenden Schritten können Sie diese Bestie erstellen:

1. **Platzieren Sie den Zahnstocher-Cursor irgendwo im Absatz, den Sie hängend einziehen möchten.**

   Sie können den Cursor auch dort postieren, wo Sie den neuen Absatz mit hängendem Einzug tippen möchten. Oder Sie markieren mehrere Absätze – ja, ja, Sie kennen die Prozedur mittlerweile.

2. **Drücken Sie** $\boxed{\text{Strg}}$+$\boxed{\text{T}}$**, die Tastenkombination für den hängenden Einzug.**

   Die Tastenkombination $\boxed{\text{Strg}}$+$\boxed{\text{T}}$ rückt in Word einen Absatz an der ersten Tabstopp-Position ein, belässt aber die erste Zeile am linken Rand.

Sie können diese Einstellung auch im Dialogfenster ABSATZ vornehmen. Wählen Sie aus der Liste SONDEREINZUG den Eintrag HÄNGEND, und geben Sie im Feld UM einen anderen Wert ein, wenn Sie mit 1,25 cm nicht einverstanden sind. Klicken Sie auf OK!

✔ Der hängende Einzug ist in Wirklichkeit eine »Alles-bis-auf-die-erste-Zeile-des-Absatzes-einziehen«-Art des Einzuges.

✔ Falls Sie den Absatz stärker einziehen wollen, wiederholen Sie das Drücken der Tastenkombination $\boxed{\text{Strg}}$+$\boxed{\text{T}}$.

✔ Es ist dämlich, dass es eine Tastenkombination für das Formatieren eines hängenden Einzugs, nicht aber für den Erstzeileneinzug gibt, von dem ich glaube, dass ihn die Leute häufiger benötigen als diesen »Hängend«-Unsinn.

 Um einen hängenden Einzug rückgängig zu machen, drücken Sie $\boxed{\text{Strg}}$+$\boxed{\text{Shift}}$+$\boxed{\text{T}}$. Das ist die Abhängen-Tastenkombination, und Ihr Absatzhals wird in seine alte Form zurückkehren.

Den gesamten Absatz einrücken

Einen Absatz einzuziehen bedeutet, dass Sie den ganzen Absatz mit seinem linken Rand an einer Tabstopp-Position ausrichten. Hier erfahren Sie, wie Sie das anstellen:

1. **Positionieren Sie den Zahnstocher-Cursor irgendwo im Absatz.**

   Der Absatz kann sich bereits auf dem Bildschirm befinden oder noch irgendwo in der Mache sein. Oder Sie probieren diesen Befehl an einem markierten Text aus.

2. **Drücken Sie** $\boxed{\text{Strg}}$+$\boxed{\text{M}}$**, die Tastenkombination für Einzug.**

    Mmmmm – Einzug! Mmmmmmm – Einzug! Wiederholen Sie es immer wieder. Es funktioniert irgendwie. (Sie können auch das Symbol für EINZUG VERGRÖSSERN in der FORMAT-Symbolleiste anklicken.)

3. **Schreiben Sie Ihren Absatz, wenn Sie das nicht schon erledigt haben.**

   Ein markierter Absatz ist jetzt bis zum nächsten Tabstopp-Zeichen eingerückt.

✔ Um den Absatz bis zum nächsten Tabstopp einzuziehen, drücken Sie erneut `Strg`+`M`.

 Um zum ursprünglichen Rand zurückzukehren, drücken Sie `Strg`+`Shift`+`M`. Sie können auch auf das Symbol EINZUG VERKLEINERN klicken. (Sie müssen möglicherweise auf die Pfeile am Ende der FORMAT-Symbolleiste klicken, um dieses Symbol zu sehen.)

✔ Sie können einen Absatz auch über das ABSATZ-Dialogfenster einziehen oder »ent-einziehen« (siehe auch Abbildung 12.2). In dem EINZUG-Bereich wird das LINKS-Feld benutzt, um die linke Seite eines Absatzes durch einen eingetragenen Wert zu bewegen.

✔ Schauen Sie ins Kapitel 28, um zu erfahren, wie Sie die Symbolleisten anpassen können, so dass Sie die Einzug- und Nicht-Einzug-Schaltflächen sehen können.

✔ Die beiden Tastenkombinationen `Strg`+`M` sowie `Strg`+`Shift`+`M` sind auf Anhieb nicht leicht zu merken, ihr einziger Unterschied ist die `Shift`-Taste. Haben Sie sich aber erst einmal an diese Befehle gewöhnt (hoffentlich noch in diesem Leben), werden Sie sie leicht im Gedächtnis behalten.

Einen Absatz beidseitig einziehen

Manchmal reicht ein Einzug auf der linken Seite einfach nicht aus. Es gibt Tage, da möchten Sie einen Absatz gleich doppelt einziehen: einmal links und einmal rechts (vielleicht haben Sie ein Zitat aufgenommen und möchten nicht den Vorwurf hören, ein Plagiat erstellt zu haben). Es hat mal jemand ein komplettes Buch von mir zitiert (zweimal sogar), indem er einfach die Absätze beidseitig eingezogen hat. Und trotzdem kam er nicht ins Gefängnis.

1. **Wählen Sie Ihren Absatz.**

   Ist der Text im Absatz noch nicht geschrieben, postieren Sie den Cursor dort, wo Sie den neuen Text schreiben wollen. Oder stellen Sie den Zahnstocher-Cursor in den Absatz oder markieren Sie einfach mehrere Absätze.

2. **Wählen Sie den Befehl FORMAT | ABSATZ.**

   Das Dialogfenster ABSATZ erscheint (siehe Abbildung 12.2). Suchen Sie nach dem Bereich EINZUG.

3. **Geben Sie den Wert für den linken Einzug ein.**

   Geben Sie beispielsweise 1,5 ein, um einen Einzug von 1,5 cm festzulegen, oder verwenden Sie die Pfeile, um den Wert zu erhöhen oder zu reduzieren.

4. **Geben Sie den Wert für den rechten Einzug ein.**

   Tippen Sie den gleichen Wert wie beim linken Einzug ein.

5. **Klicken Sie auf OK.**

Werfen Sie einen Blick auf die Vorschau unten im Dialogfenster ABSATZ und kontrollieren Sie den Effekt Ihrer Einstellungen.

Um einen Absatz wieder auszurücken, müssen Sie die obigen Schritte wiederholen, geben aber 0 sowohl für den linken als auch für den rechten Einzug ein.

Passen Sie auf, wenn Sie den linken oder rechten Einzug mit dem Erstzeileneinzug oder mit dem hängenden Einzug mixen. Es kann Sie verrückt machen, bis Sie OHNE aus der Liste SONDEREINZUG gewählt haben.

Das ausgesprochen praktische Lineal

Words Verwandtschaft mit einer Schreibmaschine verrät sich durch das Lineal am stärksten (siehe Abbildung 1.3). Das Lineal kann man ebenso gut zur Schnellformatierung von Einzügen eines Absatzes wie für das Setzen von Tabulatoren benutzen. (Tabulatoren werden in Kapitel 13 behandelt.)

Survival-Guide Absatzformatierung

Diese Tabelle enthält alle Befehle zur Absatzformatierung, die Sie aufrufen können, indem Sie die Strg-Taste gedrückt halten, während Sie den entsprechenden Buchstaben oder die entsprechende Zahl tippen. Sie sollten diese Liste unter keinen Umständen auswendig lernen.

Tastenkombination	Was sie bewirkt
Strg + E	Zentriert Absätze
Strg + B	Blocksatz
Strg + L	Linksbündig
Strg + R	Rechtsbündig
Strg + M	Texteinzug links
Strg + Shift + M	Texteinzug rückgängig
Strg + T	Hängender Einzug
Strg + Shift + T	Hängender Einzug rückgängig
Strg + 1	Einzeiliger Zeilenabstand
Strg + 2	Doppelter Zeilenabstand
Strg + 5	1,5-facher Zeilenabstand

Wenn Sie das Lineal nicht auf dem Bildschirm sehen, wählen Sie den Befehl ANSICHT | LINEAL aus dem Menü. (Möglicherweise müssen Sie die Pfeile am Ende des Menüs anklicken.)

Die Abbildung 12.3 zeigt ein typisches Word-Lineal. Beachten Sie die drei Teile des Lineals, die für das Einziehen eines Absatzes benötigt werden (oder für eine Gruppe markierter Absätze).

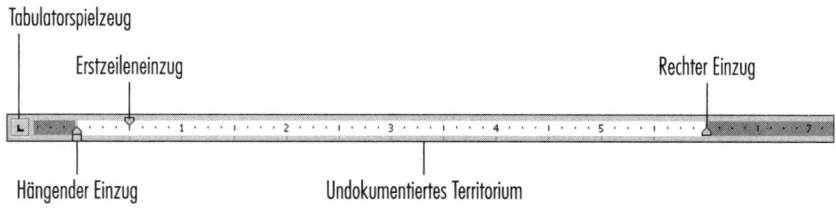

Abbildung 12.3: Das Word-Lineal

Die folgenden Aktionen wirken sich auf den Absatz aus, in dem sich der Zahnstocher-Cursor befindet, oder auf eine Gruppe markierter Absätze:

 Um den Einzug für die rechte Seite des Absatzes zu justieren, ziehen Sie den Schieber für den rechten Einzug nach links oder rechts.

 Um den Einzug für die linke Seite des Absatzes zu justieren, ziehen Sie den Schieber für den linken Einzug. Beachten Sie, dass das Verschieben dieses Feldes den Erstzeileneinzugschieber und den für den hängenden Einzug ebenfalls verschiebt.

 Um den linken Einzug zu verschieben, ohne den Erstzeileneinzug zu bewegen, ziehen Sie den Schieber für den hängenden Einzug nach links oder rechts.

 Um den Erstzeileneinzug zu justieren, ziehen Sie am Erstzeileneinzugschieber in die eine oder andere Richtung.

✔ Das Lineal ist ein Mausspielzeug; Sie benutzen die Maus, um dort Einstellungen vorzunehmen. Dennoch kann alles, was Sie für einen Absatz im Lineal einstellen können, ebenso im Dialogfenster ABSATZ festgelegt werden.

✔ Sie können über das Tabulatorspielzeug verschiedene Tabulatorarten auswählen. Siehe Kapitel 13.

 Das Lineal ist klasse, um visuell Einzüge festzulegen, wenn Sie aber sehr präzise arbeiten müssen, setzen Sie besser das Dialogfenster ABSATZ ein. Nur dort können Sie exakte Werte für Einzüge eingeben. Schlagen Sie in den vorhergehenden Abschnitten dieses Kapitels nach, um detaillierte Erläuterungen zum Einstellen verschiedener Einzugsvarianten zu erhalten.

✔ Das Festlegen von Einzügen entspricht nicht dem Festlegen von Rändern. Ränder werden über die Seitenformatierung festgelegt. Siehe Kapitel 14, um darüber mehr zu erfahren.

Tabulatoren einstellen

In diesem Kapitel

▷ Tabulatoren auf dem Lineal finden

▷ Tabulatoren setzen

▷ Rechte, mittige und dezimale Tabulatoren setzen

▷ Das Dialogfenster TABSTOPPS

▷ Tabstopps entfernen

▷ Furchtlose Füllzeichen

*E*igentlich sollte man logischerweise annehmen, dass Tabulatoren Teil der Absatzformatierung sind. Sind sie auch. Aber Tabulatoren in Word sind so verwirrend, dass ich beschlossen habe, ein eigenes Kapitel darüber zu schreiben. Es ist ja nicht so, dass Tabulatoren böse wären. Sie verfügen nicht über Tentakel oder eine bösartige Intelligenz. Sie wollen auch nicht die Erde erobern und die Menschen auffressen. Nein. Sie benötigen nur besondere Aufmerksamkeit und Zuneigung. Und in diesem Kapitel bekommen sie es.

Die Geschichte des Tabulators (für Freunde Tab)

Es war einmal ein großer Cola-Hersteller, der suchte nach einem Diät-Getränk.

Ups! Falsche Tab-Geschichte.

Ein Tabulator ist wie ein großer Leerraum. Wie groß? So groß, wie Sie wollen. Das legen Sie fest. Wenn Sie die Tabulator-Taste drücken, lässt Word den Zahnstocher-Cursor zur nächsten Tabstopp-Position zischen.

Tabulatoren werden benützt, um Sachen wie an einer Tafel auszurichten. Sie können Tabulatoren einsetzen, um Spalten auszurichten oder um Absätze oder Textzeilen einzurücken. Sie sind praktisch. Das sollten Sie wissen. Diese Kapitel versucht, gewissenhaft den Rest des Tabulator-Mysteriums zu erläutern.

✔ Das Drücken der `Tab`-Taste fügt das »Tabstopp-Zeichen« in Ihr Dokument ein. Dieses Zeichen bewegt den Zahnstocher-Cursor und jeglichen Text, den Sie tippen, rüber zum nächsten Tabstopp.

✔ Das Drücken der `Tab`-Taste fügt keine Leerstellen ein. Wenn Sie die Rücktaste oder die Taste `Entf` benutzen, um den Tabulator zu entfernen, löschen Sie lediglich ein Zeichen – das Tabstopp-Zeichen.

Word kann das Tabstopp-Zeichen anzeigen, wenn Sie das wollen. Es sieht aus wie ein kleiner Pfeil, der nach rechts weist. Um das Tabstopp-Zeichen auf den Bildschirm zu bringen, wählen Sie EXTRAS | OPTIONEN aus dem Menü. Klicken Sie auf das Register ANSICHT. Wählen Sie die Option TABSTOPP-ZEICHEN, die sich im Bereich FORMATIERUNGSZEICHEN befindet. Klicken Sie auf OK.

✔ Tabstopps werden in Schritten von 1,25 cm in jeder Textteile gesetzt – außer Sie legen etwas anderes fest.

✔ Tabulatoren arbeiten mit Absätzen zusammen. Die Bewegung des Tabulators betrifft also den Absatz, in dem gerade der Cursor blinkt. Um den Tabulator für mehrere Absätze feststellen, müssen Sie diese als Textabschnitt definieren. Für diese Textabschneidereien schauen Sie in Kapitel 6 nach.

Das Lineal erweist sich bei der Arbeit mit Tabulatoren als sehr nützlich. Wählen Sie ANSICHT | LINEAL aus dem Menü, falls das Lineal nicht sichtbar sein sollte. Sie müssen möglicherweise erst auf die Pfeile unten im Menü klicken, um den Eintrag LINEAL zu sehen. (Siehe Abbildung 1.3, der Sie entnehmen können, wo sich das Lineal auf dem Bildschirm befindet.)

Tab ist die Kurzform von Tabulator. Irgendwie kommt es aus dem Lateinischen und hat etwas mit Tabellen zu tun. Das ist praktisch, weil es das ist, wobei Ihnen Tabs helfen: Sachen in Tabellenform aufbereiten. Nichtsdestotrotz hat Word auch einen Tabellen-Befehl. Siehe Kapitel 20.

Der Tabulator stoppt hier

Nur um Sie zu verwirren, können Sie in Word Tabulatoren an zwei Orten einstellen. Der erste ist das Lineal, das in Abbildung 13.1 die Tabulatoren zeigt. Der zweite ist das Dialogfenster TABSTOPPS. Die meisten Leute benutzen das Lineal, aber für einige Tabulatoroptionen müssen Sie sich zum Dialogfenster bemühen.

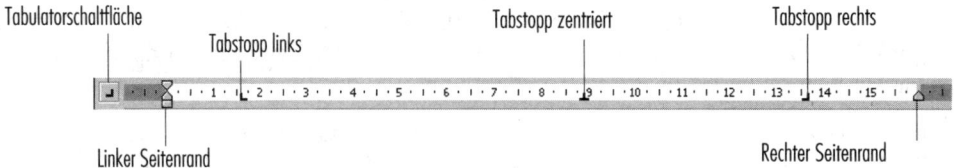

Abbildung 13.1: Wichtige Sachen auf dem Lineal

Wegen der TABULATOR-Schaltfläche links ist das Lineal die beste Variante, Tabulatoren zu setzen (siehe Abbildung 13.1). Die TABULATOR-Schaltfläche zeigt immer einen der fünf verschiedenen Arten von Tabstopps, die es in Word gibt. Hier ist eine kurze Zusammenfassung (an die Sie sich nicht erinnern müssen):

Der am häufigsten anzutreffende Tabulator ist der linke Tabstopp, das plumpe L. Dieser Tab funktioniert wie die Tabulatortaste auf der Schreibmaschine: Drücken Sie die Tabulatortaste und der folgende Text erscheint am Tabstopp. Kein geistiger Überflug soweit.

Der zentrierte Tabstopp zentriert Text an seinem »Haltepunkt«. Das ist merkwürdig, was später noch in allen Details näher begründet wird. Siehe den Abschnitt »Mit dem Tabulator zentrieren«.

Dieser rechte Tabstopp bewegt Text dazu, sich am Haltepunkt rechts auszurichten. Dieser Tabstopp gibt Ihnen die Möglichkeit, eine einzelne Zeile rechts auszurichten, etwas, was im Abschnitt »Der rechte Tabstopp« weiter hinten in diesem Kapitel behandelt wird.

Der Dezimaltabulator richtet Zahlen an der Dezimalstelle aus. Dies ist wirklich praktisch für jeden, der zum Beispiel eine Preisliste ausdrucken muss. Siehe den Abschnitt »Der wunderbare Dezimaltabulator« später in diesem Kapitel.

Die hässliche Stiefschwester in der Tab-Familie ist die Vertikale Linie. Ich bin sicher, dass an dem Tag, an dem man diesen Tabulator benannt hat, ein paar Heuler im Word-Programmierungslabor waren. Siehe den Abschnitt »Der Tabulator Vertikale Linie«, irgendwo ein paar Seiten weiter hinten.

Wenn Sie auf die TABULATOR-Schaltfläche klicken, wird einer der obigen Tabulatoren angezeigt. Klicken Sie ein paar Mal auf die Schaltfläche, um zu sehen, wie die Tabulatorart jedes Mal automatisch wechselt.

Außerdem befinden sich auf der TABULATOR-Schaltfläche die Symbole für den linken Einzug und für den hängenden Einzug, obwohl sie eigentlich keine Tabulatoren sind. Warum man sie dorthin gepackt hat, ist mir ein Rätsel. Kapitel 12 zeigt Ihnen auf jeden Fall bessere Methoden, einen Absatz einzuziehen.

Die folgenden Abschnitte beschreiben verschiedene Tabstopps und wie man sie in Dokumenten einsetzen kann.

Wie Sie einen Tabstopp setzen

Um einen Tabstopp zu setzen, folgen Sie im Allgemeinen diesen Schritten:

1. **Klicken Sie auf die TABULATOR-Schaltfläche, bis Sie den gewünschten Tabulatortyp sehen.**

Klicken Sie beispielsweise so lange auf die TABULATOR-Schaltfläche, bis Sie den Standardtabulator links sehen – das große L – siehe Randabbildung.

2. **Klicken Sie im Lineal dorthin, wohin der Tabstopp positioniert werden soll.**

Das ist der schwierige Teil. Sie müssen mitten ins Lineal klicken. Um zum Beispiel den Tabulator an der Position 5 cm unterzubringen, müssen Sie den Mauszeiger wie in Abbildung 13.2 gezeigt positionieren.

 Sie können den Tabstopp nach links oder nach rechts ziehen. Während Sie ziehen, beachten Sie die Linie, die über Ihrem Dokument verläuft (siehe Abbildung 13.2). Diese Linie sagt Ihnen genau, wo sich Ihr Text an diesem Tabstopp ausrichten wird.

Lassen Sie die Maustaste los, um den Tabulator zu setzen.

3. **Um einen anderen Tabstopp zu setzen, wiederholen Sie Schritt 2.**

Immer wenn Sie in das Lineal klicken, setzen Sie einen neuen Tabulator. Der Tabulatortyp, der auf der TABULATOR-Schaltfläche angezeigt wird, legt fest, welche Art von Tabulator Sie setzen.

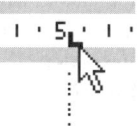

Abbildung 13.2: Einen linken Tabulator setzen

4. **Wenn Sie damit fertig sind, klicken Sie einfach in Ihr Dokument, um Ihren Zahnstocher-Cursor zu positionieren, und tippen los.**

Wenn Sie ⌷Tab⌷ betätigen, wird der Zahnstocher-Cursor zur nächsten Tabstopp-Position geschickt – bei 5 cm zum Beispiel wie in Abbildung 13.2.

✔ Wenn Sie Ihre eigenen Tabulator-Einstellungen geben, werden die Voreinstellungen von Word dadurch gelöscht. Die automatischen Tabulatoren linker Hand werden gelöscht, und nur die rechts hängen noch herum.

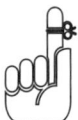 Das Setzen eines Tabstopps wirkt sich nur in dem Absatz aus, in dem sich der Zahnstocher-Cursor befindet. Wenn Sie einen Tabstopp für mehrere Absätze oder für das gesamte Dokument setzen wollen, dann müssen Sie diese zuvor markieren, um anschließend die Tabulatoren zu setzen.

✔ Das beste an der Arbeit mit dem Tabulator ist, dass man den Textanfang damit genau untereinander bekommt. Da kann man die Leertaste eine Zillion mal drücken, und es sieht immer noch nicht so gut aus.

✔ Das Entfernen eines Tabstopps ist ebenso einfach wie das Ziehen eines Tabulators (zum Beispiel das dicke L oder ein anderes Tabulatorsymbol) aus dem Lineal. Sie haben richtig gelesen: Sie können einen Tabstopp aus dem Lineal raus in Ihren Text ziehen, um ihn zu entfernen.

 Der »Phantom«-Tabulator erscheint, wenn ein Tabulator in einem Absatz gesetzt ist, aber nicht in allen. Sie können den Phantomtab entfernen, indem Sie ihn aus dem Lineal ziehen, oder klicken Sie mit der Maus auf diesen Tabstopp, um ihn für alle markierten Absätze auszuwählen.

Linke Standardtabstopps einrichten

Linke Tabstopps sind die standardmäßigen, typischen, langweiligen Tabulatoren, die fast jeder benutzt. Aber warum sind sie links? Politisch gesehen? Menschlich?

Die linken Tabulatoren werden so genannt, weil sie getippten Text an der Tabstopp-Position links ausrichten. Abbildung 13.3 zeigt, wie das funktioniert. Sehen Sie, wie sich jeder Text links vom Tabstopp positioniert? Mit der Leertaste klappt das nie! Sie müssen einen Tabstopp benutzen.

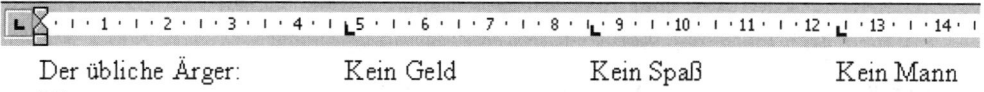

Der übliche Ärger: Kein Geld   Kein Spaß   Kein Mann

Abbildung 13.3: Text an Tabstopps ausrichten

Um einen neuen linken Tabstopp in Ihrem aktuellen Absatz einzufügen, folgen Sie diesen Schritten:

1. **Tippen Sie den Absatz, in dem Sie Tabstopps positionieren wollen.**

 Ich bin ein Fan davon, erst den Text zu schreiben. Das liegt daran, dass ein einziger Tabstopp die Sache bereits erledigt. Tippen Sie einfach Ihren Text, drücken Sie einmal auf ⎢Tab⎥ – ganz egal, wie weit Sie eventuell Ihren Text wegschieben wollen. Zu viele Leute drücken ⎢Tab⎥ mehrmals. Das ist in Ordnung, aber es ist ineffizient. Word ist schlauer. Drücken Sie nur einmal ⎢Tab⎥, dann benutzen Sie das Lineal, um den Tabstopp richtig einzurichten. Vertrauen Sie mir, das ist die beste Art, mit Tabulatoren zu arbeiten.

2. **Achten Sie darauf, dass der Zahnstocher-Cursor in dem Absatz steht, den Sie ändern wollen.**

3. **Wählen Sie auf der** TABULATOR-**Schaltfläche den linken Tabstopp.**

   Klicken Sie so lange auf die Schaltfläche, bis der linke Tabstopp als Symbol erscheint, wie am Rand abgebildet.

4. **Klicken Sie mit der Maus in das Lineal an die Position, wo der Tabstopp sich ausrichten soll.**

   Beispielsweise befindet sich in Abbildung 13.3 der erste Tabstopp bei 4,75 cm, der zweite bei 8,5 cm, der dritte bei 12,5 cm, na jedenfalls so ungefähr.

Mit dem Tabulator zentrieren

Der Tabulator zum Zentrieren ist ein einzigartiger Tabulator. Er wird normalerweise verwendet, um ein einzelnes Wort oder ein paar Wörter auszurichten. Er ermöglicht Ihnen, ein Wort oder die Wörter in einer Zeile zu zentrieren, ohne den gesamten Absatz zu zentrieren. So funktioniert das:

1. **Starten Sie einen neuen Absatz, und zwar einen, der Text zum Zentrieren enthält.**

   Okay, Sie wollen vielleicht keinen ganzen Absatz für einen Tabstopp zum Zentrieren tippen. Das wäre in der Tat auch sehr ungewöhnlich. Stattdessen wäre das Beispiel für einen solchen Tabulator eine Kopf- oder Fußzeile – eine einzelne Textzeile. (Siehe Kapitel 15, um mehr Informationen über Kopf- und Fußzeilen zu saugen.)

2. **Drücken Sie die** Tab **-Taste.**

   Sie können es glauben oder auch nicht; Sie brauchen wirklich nur einen Tabstopp.

3. **Tippen Sie den Text, den Sie zentrieren wollen.**

   Eine Kapitelüberschrift, Ihr Name, was auch immer Sie schreiben, wird in dieser Zeile zentriert, wenn Sie einen Tabstopp zum Zentrieren setzen.

4. **Drücken Sie die Returntaste.**

   Das beendet die Zeile. Nun sind Sie bereit, den Tabulator zum Zentrieren einzurichten.

5. **Klicken Sie mit der Maus, um den Zahnstocher-Cursor in die Zeile zu stellen, die Sie gerade geschrieben haben.**

6. **Klicken Sie auf die** TABULATOR-**Schaltfläche, bis der Tabulatortyp zum Zentrieren erscheint.**

   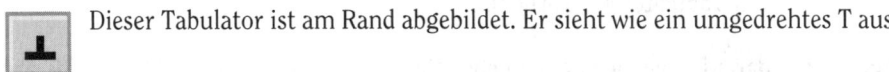

   Dieser Tabulator ist am Rand abgebildet. Er sieht wie ein umgedrehtes T aus.

7. Klicken Sie mit der Maus mitten ins Lineal, um den Tabulatorstopp einzurichten.

Ihr Text sollte wie in Abbildung 13.4 ausgerichtet sein. Sehen Sie, wie der Text »Über das Zusammenleben von Hund und Katze« am Tabstopp zentriert erscheint? Der Absatz ist noch immer linksbündig ausgerichtet, aber dieses kleine Stück Text hält sich nicht daran.

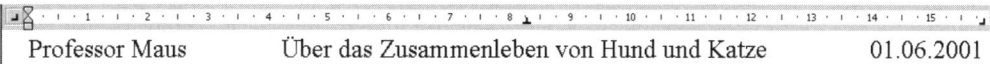

Professor Maus   Über das Zusammenleben von Hund und Katze   01.06.2001

Abbildung 13.4: Ein Textteil ist am Tabstopp zentriert worden.

✔ Tabstopps zum Zentrieren werden am besten bei einzelnen Textzeilen eingesetzt, normalerweise einzeln. Es gibt keinen Grund, es anders zu machen.

✔ Ganz klar wird in den meisten Fällen das Zentrieren eines Absatzes die Verwendung des Tabulators zum Zentrieren um Längen schlagen. In der Tat finde ich Tabulatoren zum Zentrieren nur in Kopf- und Fußzeilen nützlich.

Der rechte Tabstopp

Der rechte Tabstopp ist ein Wesen, das Text rechts von der Tabstopp-Position ausrichtet, nicht links. Abbildung 13.4 zeigt, wie ein rechter Tabstopp Text in Ergänzung des Beispiels aus dem vorigen Abschnitt ausrichtet.

 Um einen rechten Tabstopp einzurichten, wählen Sie diesen mit der TABULATOR-Schaltfläche im Lineal aus. Dann klicken Sie in das Lineal, wo Sie ihn positionieren wollen.

✔ Die Abbildung 13.4 zeigt den rechten Tabulator an der rechten Seite der Überschrift. Nachdem ich den rechten Tabstopp gesetzt hatte, habe ich ⌞Tab⌟ gedrückt und das Datum eingetippt.

✔ Wenn man Text an einem rechten Tabstopp eingibt, wird dieser nach links geschoben (das Gegenteil von normal), was den Text an der Tabstopp-Position rechtsbündig ausrichtet.

✔ Wie beim Tabstopp zum Zentrieren wird auch der rechte Tabstopp am besten in einer Zeile für sich allein benutzt, normalerweise in einer Kopf- oder Fußzeile oder in einer Überschrift wie die in Abbildung 13.4.

Der wunderbare Dezimaltabulator

Ich liebe Dezimaltabs. Ohne sie würden Spalten mit Zahlen niemals gut ausgerichtet werden. Das ist etwas richtig Tolles für jeden, der Finanzreports, wie in Abbildung 13.5 gezeigt, schreiben muss.

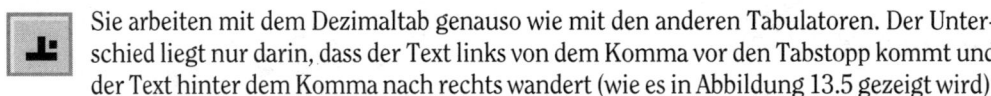

Geschenk	von wem	geschätzte Kosten
Krawatte	Tante Doris	15,00 €
Pullover	Mutti	30,00 €
Socken	Jonas	6,50 €
Kettensäge	Matthias	230,00 €
Massage	Viola	kostenlos

Abbildung 13.5: Zahlen mit dem Dezimaltabulator ausrichten.

 Sie arbeiten mit dem Dezimaltab genauso wie mit den anderen Tabulatoren. Der Unterschied liegt nur darin, dass der Text links von dem Komma vor den Tabstopp kommt und der Text hinter dem Komma nach rechts wandert (wie es in Abbildung 13.5 gezeigt wird).

In Abbildung 13.5 zum Beispiel habe ich in der dritten Zeile Pullover, ⌐Tab⌐, Mutti, ⌐Tab⌐ und dann 30,00 € geschrieben. Durch das erste Drücken von ⌐Tab⌐, einem linken Tabstopp, wurde Mutti auf der linken Seite mit dem anderen in der Spalte ausgerichtet. Erneutes Drücken von ⌐Tab⌐ bewegte den Tabstopp an die Position 7,25 cm (schauen Sie auf das Lineal). Ich tippte nun 30 und es bewegte sich nach links. Aber als ich dann das Komma tippte, das den Tabstopp zum »Stoppen« bringt, bewegte sich der Rest der Eingabe nach rechts. (Sie müssen das wirklich selbst ausprobieren, um zu sehen, wie es funktioniert.)

Wenn Sie die Dinge neu arrangieren müssen (vielleicht weil die Spalten zu eng beisammen sind), markieren Sie alle Zeilen mit den Zahlen. Mit der Maus ziehen Sie im Lineal den Dezimaltab nach rechts oder nach links. Auf diese Weise richten Sie die Zahlen im markierten Abschnitt alle auf einmal neu aus.

Der Tabulator »Vertikale Linie«

Genug Schläge für jetzt! Das Setzen des Tabulators »Vertikale Linie« produziert eine vertikale Linie in Ihrem Dokument an der Tabstopp-Position, siehe dazu Abbildung 13.6.

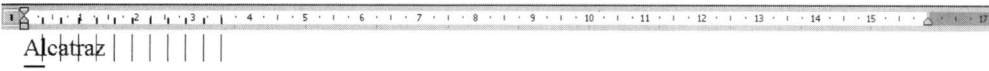

Abbildung 13.6: Mysteriöse Linientabs

Dieser Tabulator setzt eigentlich keinen wirklichen Tabstopp. Das ist wichtig! Die »Vertikale Linie« ist eigentlich eine Textdekoration, wie eben eine vertikale Linie, aber Sie können sie wie einen Tabulator setzen. Wie Sie in Abbildung 13.6 sehen, können Sie den Text quer durch die vertikalen Linien hindurch schreiben. Da frage ich mich nun doch, was das für einen Sinn macht. Aber was soll's!

Das Dialogfenster Tabstopps

Das Setzen von Tabstopps im Lineal funktioniert für die meisten Leute ganz gut. Mir gefällt diese Vorgehensweise, weil man sofort sehen kann, welche Auswirkung der Tabstopp auf den Text hat, und man kann durch Ziehen am Tabstopp nachbessern. Für Puristen jedoch gibt es noch das Dialogfenster TABSTOPPS.

Rufen Sie das Dialogfenster TABSTOPPS auf, indem Sie FORMAT | TABSTOPP aus dem Menü wählen. Das Dialogfenster TABSTOPPS erscheint in seiner ganzen Schönheit, wie in Abbildung 13.7 gezeigt.

Um einen Tabstopp im Dialogfenster TABSTOPPS einzurichten, folgen Sie diesen Schritten:

1. **Rufen Sie das Dialogfenster TABSTOPPS auf.**

   Wählen Sie FORMAT | TABSTOPP aus dem Menü.

2. **Geben Sie die exakten Tabstopp-Positionen im Feld TABSTOPPPOSITION ein.**

   Tippen Sie beispielsweise 5,34, um den Stopp an diesem exakten Punkt zu setzen.

3. **Wählen Sie die Tabulatorart aus dem Bereich AUSRICHTUNG aus.**

   Der Standardtabstopp ist der linke. Die anderen Tabulatorarten werden weiter vorne in diesem Kapitel behandelt.

4. **Klicken Sie auf die Schaltfläche FESTLEGEN.**

   Die Schaltfläche FESTLEGEN – nicht die OK-Schaltfläche – kreiert nun den Tabstopp. Nachdem Sie auf FESTLEGEN geklickt haben, wird Ihr Tabstopp in die Liste unterhalb des Feldes TABSTOPPPOSITION übernommen. (Vielleicht merken Sie, dass die Zahlen auf zwei Stellen hinter dem Komma gerundet werden. Word interpretiert 1,1875 als 1,19.)

Abbildung 13.7: Das Dialogfenster TABSTOPPS

5. Fahren Sie mit dem Festlegen von Tabstopp-Positionen fort.

Wiederholen Sie die Schritte 1 bis 4, bis Sie alle benötigten Tabulatoren beisammen haben.

6. Klicken Sie auf OK.

Sie kehren zu Ihrem Dokument zurück, das alle festgelegten Tabulatoren in dem Lineal anzeigt.

✔ Falls Sie Tabulatoren in regelmäßigen Abständen benötigen, zum Beispiel alle 1,5 cm, tippen Sie 1,5 in das Feld STANDARDTABSTOPPS, dann klicken Sie auf OK. Word richtet automatisch die Tabulatoren ein. Sie können diese Standardtabstopps sehen, sie erscheinen als dunkle braune Punkte auf der grauen Linie unter dem Lineal (sie sind wirklich schwer zu erkennen).

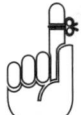 Sie müssen auf die FESTLEGEN-Schaltfläche klicken, um einen Tabstopp zu setzen. Ich weiß nicht, wie oft ich schon auf OK geklickt habe, in der festen Auffassung, dass dann der Tabstopp gesetzt wäre, er ist es aber nicht.

✔ Um einen Tabstopp über das Dialogfenster Tabstopps zu löschen, öffnen Sie das Dialogfenster TABSTOPPS. Markieren Sie den zu löschenden Tabstopp in der Liste unterhalb des Feldes TABSTOPPPOSITION. So markieren Sie den Tabulator. Klicken Sie auf LÖSCHEN. Weg ist er!

✔ Wenn Sie auf die Schaltfläche ALLE LÖSCHEN klicken, werden alle Tabstopps aus dem Lineal entfernt.

Furchtlose Füllzeichen

Eine Sache, die Sie mit dem Dialogfenster TABSTOPPS erledigen können, aber nicht im Lineal, ist das Setzen von Füllzeichen.

Die Füllzeichenoption produziert eine Reihe von Punkten, wenn Sie die Tab-Taste betätigen. Manchmal sieht man solche Füllzeichen in Inhalts- oder Stichwortverzeichnissen. In Word haben Sie die Auswahl zwischen drei verschiedenen Füllzeichenarten:

Furchtlose gepunktete Füllzeichen 147

Reißverschluss-Füllzeichen --147

U-Boot-Unterstrich-Füllzeichen _____ 147

Um furchtlose Füllzeichen einzurichten, folgen Sie diesen Schritten:

1. **Positionieren Sie den Zahnstocher-Cursor in der Zeile, wo Sie furchtlose Füllzeichen haben wollen.**

   Oder wählen Sie einige Absätze aus, die Sie schon getippt haben. Aufgepasst: nur einmal tabben, äh, den Tabulator benutzen. Name, Tab, Telefonnummer, Tab, Schauspieler, Tab, Figur, Tab, Zitat, Tab, Seitenzahl usw.

2. **Wählen Sie FORMAT | TABSTOPP.**

3. **Suchen Sie eine Position für den Tabulator in dem Kästchen TABSTOPPPOSITION aus.**

   Sagen wir mal 3 cm, also tippen Sie 3 in das Kästchen. (Sie können das später mit dem Lineal noch ändern.)

4. **Wählen Sie AUSRICHTUNG | LINKS.**

   Rechts ginge auch, besonders für Auflistungen von Telefonnummern.

5. **Wählen Sie nun die Art des Füllzeichens aus.**

   Sie haben die Wahl zwischen gepunktet, gestrichelt und unterstrichen.

6. **Klicken Sie auf den Knopf FESTLEGEN.**

   Das werden Sie garantiert vergessen, wenn Sie das das erste Mal machen. Dann werden Sie hierhin zurückkommen und diese Zeilen wieder lesen.

7. **Klicken Sie auf OK.**

   Die Füllzeichen sind jetzt konfiguriert.

Sie können jetzt beobachten, wie sich Ihr Text verändert hat. Wenn Sie noch nichts geschrieben haben, können Sie jetzt anfangen. Benutzen Sie jeweils nur einen Tabulator für die Füllzeichen. Zum Beispiel: Marlon Brando, Tab, Vito Corleone.

Sie können diesen Tabstopp auch verschieben, nachdem Sie bereits Text damit ausgerichtet haben und dieser nicht ganz passt. Denken Sie daran, dass Sie erst die Absätze markieren müssen, in denen Sie die Tabstopps verschieben. Siehe Kapitel 6.

Seiten formatieren

In diesem Kapitel

▷ Seiten- und Papierformat einstellen

▷ Hoch- und Querformat

▷ Seitenränder des Dokuments festlegen

▷ Automatische Seitennummerierung

▷ Seitenzahlen ändern

▷ Harter Seitenumbruch

▷ Die leere letzte Seite löschen

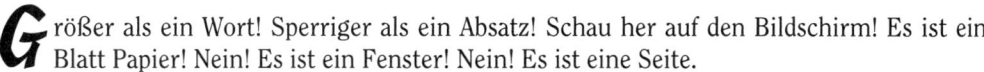

Größer als ein Wort! Sperriger als ein Absatz! Schau her auf den Bildschirm! Es ist ein Blatt Papier! Nein! Es ist ein Fenster! Nein! Es ist eine Seite.

Indem wir weiterhin dem Trend folgen, vom Kleinen zum Großen zu kommen, ist der nächste Auftritt im Formatierungszirkus der Formatierung einer Seite gewidmet. Seiten haben eine bestimmte Größe, ein bestimmtes Format, Seitenränder und Seitenzahlen. All das wird hier schön ordentlich und sauber beschrieben, so dass Sie sich ebenso prima unterhalten wie informiert fühlen dürfen.

Wie groß ist meine Seite?

Wie viele Engel können auf einem Bogen Papier tanzen? Nun, das hängt von der Bogengröße ab – und natürlich nicht zu vergessen vom Tanzstil.

Die meisten Drucksachen befinden sich auf einem klassischen DIN-A4-Bogen, dessen Maße 210 mm x 297 mm betragen. Das ist das, was Word als »Seite« definiert und auf dem Sie Seitenränder und andere Gestaltungselemente unterbringen können. Aber Word ist noch nicht so eingefahren, dass es nicht noch andere Papierformate zulassen würde – von einem einfachen Briefumschlag bis zu einer Bogengröße, mit der Sie Ihr Bett bedecken könnten.

Das Einrichten des Papierformats passiert im Dialogfenster SEITE EINRICHTEN. Die folgenden Anweisungen erklären Ihnen, wie Sie die Papiergröße anders einstellen.

1. **Wählen Sie den Befehl DATEI | SEITE einrichten.**

   Das Dialogfenster SEITE EINRICHTEN erscheint.

2. Holen Sie das Register FORMAT nach vorne.

Siehe Abbildung 14.1, um zu überprüfen, ob Sie richtig liegen mit dem, was Sie auf dem Bildschirm sehen. Falls nicht, klicken Sie auf das Register FORMAT.

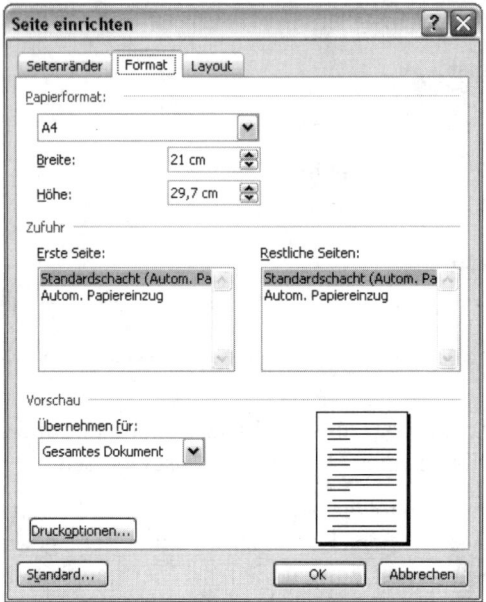

Abbildung 14.1: Das Dialogfenster SEITE EINRICHTEN mit dem Register FORMAT.

3. Klicken Sie auf den Pfeil beim Feld PAPIERFORMAT.

Es klappt eine Liste auf, die eine Auswahl an Papierformaten bereitstellt.

4. Wählen Sie ein Papierformat aus der Liste.

Zum Beispiel sind die Formate A4 und A5 die Formate, die den deutschen DIN-Bestimmungen entsprechen. Aber andere Standardmaße werden dort auch aufgeführt.

 Die meisten PC-Drucker sind in der Lage, auf die verschiedenen Papierformate zu drucken. Ungewöhnliche Formate wie die amerikanischen Papierformate können – obwohl in der Liste aufgeführt – schon einmal bei Ihrem Drucker zu Problemen führen. Und denken Sie daran, dass Sie auch die gewählte Papiergröße zur Verfügung haben müssen – Word kann ein DIN-A4-Blatt nicht 10 cm länger machen.

Wählen Sie die neue Papiergröße aus, indem Sie sie mit der Maus anklicken.

5. Zeigen Sie das Aufklappmenü der Liste bei ÜBERNEHMEN FÜR an.

Wählen Sie GESAMTES DOKUMENT, um die neue Papiergröße Ihrem gesamten Dokument zuzuweisen. Wenn Sie DOKUMENT AB HIER (was für eine Formulierung!) wählen, wird das Papierformat ab der Seite, auf der sich der Zahnstocher-Cursor befindet, zugewiesen.

Wenn Sie mit Dokument-Abschnitten arbeiten, wählen Sie AKTUELLEN ABSCHNITT, um das Papierformat dem aktuellen Abschnitt zuzuweisen. Abschnitte werden in Kapitel 15 erläutert.

6. Klicken Sie auf OK.

Okay, schreiben Sie auf Ihrem neuen Papierbogen weiter.

✔ Beachten Sie, dass das Seitenformatierungszeug sich in dem Menüpunkt DATEI befindet und nicht im Punkt FORMAT. Das macht die meisten Benutzer verrückt, denn eigentlich sollte man annehmen, dass Seitenformatierung eine Sache der Formatierung ist. Ist sie nicht. So viel zur Logik in der Computerindustrie.

✔ Falls das Papier, auf dem Sie drucken, nicht in der Liste der Papierformate aufgeführt ist, können Sie die Abmessungen manuell eingeben. Wählen Sie zuerst BENUTZERDEFINIERTES FORMAT aus der Liste. Dann geben Sie die Papierbreite im Feld BREITE und die Höhe ebenfalls im entsprechenden Feld ein.

 Wenn Sie auf einem ungewöhnlichen Papierformat drucken, denken Sie daran, dieses Papier in Ihren Drucker einzulegen, bevor Sie mit dem Drucken beginnen. Einige der besseren Drucker sagen Ihnen sogar, welche Art Papier sie brauchen. Meiner nörgelt mich ständig wegen des Papierformats an. Er ist wie eine zweite Ehefrau.

✔ Werfen Sie einen Blick auf das Vorschaufeld im Dialogfenster SEITE EINRICHTEN. Es verändert sich und zeigt die ungefähren Proportionen des neuen Papierformats.

✔ Schlagen Sie in Kapitel 30 nach, um mehr Informationen über das Drucken von Briefumschlägen zu erhalten. (Es gibt einen speziellen Befehl dafür; es gibt also keinen Grund, hier die Papiergröße für einen Umschlag einzustellen.)

Hoch- oder Querformat

Word druckt normalerweise von oben nach unten auf einem Stück Papier – so wie man es gewohnt ist, eine Seite zu lesen. Wie dem auch sein, Word kann auch seitwärts auf eine Seite drucken. In diesem Fall wird die Seite gedreht; statt von oben nach unten wird das Blatt quer bedruckt.

Also: Der technische, Ich-bin-der-Held-der-Textverarbeitung-Ausdruck für diese beiden Ausrichtungen ist Hochformat oder eben Querformat. Ein Bild im Hochformat ist gewöhnlich länger und schmaler. Querformat ist breiter und kürzer (also eigentlich nur ein DIN-A4-Blatt um 90° gedreht – keine große Sache).

Um Word dazu zu bringen, im Querformat eine Seite zu bedrucken, machen Sie Folgendes:

1. **Wählen Sie D**ATEI **| S**EITE EINRICHTEN**.**

   Das Dialogfenster SEITE EINRICHTEN erscheint. Überzeugen Sie sich, dass das Register SEI-TENRÄNDER vorne liegt; falls das nicht so ist, klicken Sie auf das Register, siehe Abbildung 14.2.

Abbildung 14.2: Das Dialogfenster SEITE EINRICHTEN mit dem Register SEITENRÄNDER.

2. **Wählen Sie H**OCHFORMAT **oder Q**UERFORMAT **aus dem Bereich O**RIENTIERUNG**.**

   Das kleine Seitensymbol und die Vorschau zeigen den Wechsel der Papierausrichtung an.

3. **Klicken Sie auf O**K**.**

✔ Wenn Sie im Querformat drucken, kann es sein, dass Sie die Seitenränder anpassen müssen – siehe auch den nächsten Abschnitt.

✔ Entscheiden Sie sich für das Querformat, bevor andere weitgehende Formate hinzufügen. Querformat beeinträchtigt nämlich alle Formatierungen der »niedrigeren Ebenen« und deswegen ist es besser, es zuerst einzustellen, bevor man sein Textlayout gestaltet.

 Vermeiden Sie das Querformat als Standardformat. Wissenschaftler und andere Leute in weißen Laborkitteln, die solche Sachen studieren, haben beschlossen, dass die Lesegeschwindigkeit erheblich verlangsamt wird, wenn die Textzeilen sehr lang sind. Verwenden Sie das Querformat nur für Listen, Tabellen und andere Sachen, für die das Hochformat zu schmal wäre.

✔ Wie beim Ändern des Papierformats können Sie das Hoch- oder Querformat dem gesamten Dokument, einer bestimmten Seite oder einem bestimmten Dokumentabschnitt zuweisen. Siehe dazu die vorhergehenden Abschnitte.

✔ Es ist möglich, mitten im Dokument die Papierausrichtung zu ändern. So können Sie eine Seite in einem langen Dokument im Querformat drucken. Dazu müssen Sie sich Words Abschnittsformat-Befehlen bedienen. Sie beginnen einen neuen Abschnitt, ändern die Seitenausrichtung nur für diesen Abschnitt und beginnen wieder einen neuen Abschnitt, wenn die Seitenausrichtung wieder zurückgeändert werden soll. In Kapitel 15 erhalten Sie mehr Informationen, wie Abschnitte definiert werden.

Randbemerkungen

Jede Seite hat Ränder. Sie umgeben das Dokument mit etwas Luft – diese paar Zentimeter zum Luftholen, die Ihren Text aus der Seite herausheben. Wie alle anderen Sachen in Word kann man diese Ränder einstellen, abstellen, verschieben und verscheuchen.

Word setzt die Ränder automatisch 1,2 cm oben, links und rechts und vom unteren Seitenrand 2 cm. Die meisten deutschen Lehrer, Buchlektoren und Redakteure wollen die Ränder in dieser Größe, weil sie es lieben, in die Ränder reinzukritzeln (sie schreiben auf diese Weise sogar auch auf leeres Papier). In Word können Sie die Ränder neu einstellen und so die Korrekturprofis verwirren.

Um die Ränder neu einzustellen, folgen Sie diesen Schritten:

1. **Wählen Sie** D ATEI | S EITE EINRICHTEN.

    Das Dialogfenster S EITE EINRICHTEN erscheint, wie in Abbildung 14.2 abgebildet. Klicken Sie auf das Register S EITENRÄNDER, falls es nicht schon vorne liegt.

2. **Geben Sie die neuen Abmessungen für den oberen, unteren, linken und rechten Seitenrand ein.**

    Tippen Sie die neuen Werte in die entsprechenden Felder ein. Geben Sie zum Beispiel 3 in alle Felder ein, so werden die Ränder überall 3 cm breit. Sie müssen die Angabe »cm« nicht mit eingeben.

 Das V ORSCHAU-Fenster zeigt Ihnen, wie sich Ihre Einstellungen ungefähr auf die Seite auswirken.

3. **Wählen Sie** G ESAMTES DOKUMENT, D OKUMENT AB HIER **oder** A KTUELLEN ABSCHNITT **aus der Liste** Ü BERNEHMEN FÜR.

    ✔ Die Option G ESAMTES DOKUMENT stellt die Ränder für das gesamte Dokument neu ein, von Kopf bis Fuß.

✔ Die Option DOKUMENT AB HIER bedeutet, dass die neuen Seitenränder von der Position des Zahnstocher-Cursors beginnend wirksam werden.

✔ Die Option AKTUELLEN ABSCHNITT legt die Ränder für den aktuellen Dokumentabschnitt fest. Worum es dabei geht, können Sie in Kapitel 15 nachlesen.

4. **Klicken Sie auf OK.**

Die neuen Ränder werden wirksam.

✔ Seitenränder gehören zu den seitenübergreifenden Befehlen (deshalb werden Sie in diesem Kapitel abgehandelt). Um Einzüge für einen einzelnen Absatz zu setzen, müssen Sie einen Absatzformatierungsbefehl benutzen. Siehe Kapitel 12.

 Wenn Sie auf gelochtes Papier drucken, setzen Sie die linken Ränder auf 3 cm. Diese Einstellung lässt noch genügend Raum, so dass die Lochungen nicht den Textfluss stören. Es sieht außerdem ganz gut aus, wenn Sie Text schön abgeheftet in einem schicken Ordner abliefern.

✔ Denken Sie daran, dass die meisten Laserdrucker nicht ganz bis an den Papierrand drucken können – weder oben noch unten, links oder rechts. Dieser Bereich ist ein absoluter Rand; auch wenn Sie Word sagen können, dass es den Rand auf 0 cm setzen soll, wird der Text dennoch dort nicht gedruckt. Wählen Sie stattdessen ein Minimum von 0,6 cm.

✔ Auch manche Tintenstrahldrucker brauchen unten mehr Platz. Wenn Sie versuchen, außerhalb dieses Bereiches zu drucken, wird ein Hinweis-Dialogfenster erscheinen, das Sie über Ihren Fehltritt aufklärt.

Seitennummerierung

Zeit, das Textverarbeitungsmantra zu wiederholen:

Word übernimmt die Seitennummerierung.

Word übernimmt die Seitennummerierung.

Word übernimmt die Seitennummerierung.

Merken Sie es sich. Leben Sie danach.

Word kann die Seiten für Sie nummerieren. Es gibt keinen Grund, es selbst zu tun. Egal wie viele Seiten Sie haben oder wie viel Text Sie noch hinzufügen oder löschen möchten, Word behält die Übersicht. Es gibt nichts anderes für Sie zu tun, als Word zu sagen, wo es die Seitenzahl hinpacken soll. Bitte, bitte nummerieren Sie nichts manuell in Word!

Gefahrenzone Mehrere Seiten

Eingekuschelt in die Karteikarte SEITENRÄNDER befindet sich der Punkt SEITEN. Hier können Sie bestimmen, wie Word Ihre Dokumente auf das Papier druckt. Wies Sie dort sehen, kann Word ein Dokument auf mehr als eine Weise drucken.

STANDARD (Abbildung 14.2) bedeutet, dass Word Ihr Dokument druckt, wie man es eigentlich auch erwartet: eine Seite pro Blatt Papier.

GEGENÜBERLIEGENDE SEITEN wird nur benutzt, wenn Sie einen Drucker haben, der gleichzeitig beide Seiten des Papiers bedrucken kann. Auf diese Weise werden Vorder- und Rückseite des Blatts gespiegelt und im gleichen Format gedruckt. So wird zum Beispiel ein Bundsteg, der auf der Vorderseite links ausgerichtet ist, auf der Rückseite rechts erscheinen.

2 SEITEN PRO BLATT teilt das Blatt in zwei Hälften und zwingt Word, Ihr Dokument als zwei Seiten pro Blatt erscheinen zu lassen. Beachten Sie bitte, dass das natürlich am besten im Querformat klappt.

BUCH bewirkt den Textumbruch wie in einem Buch. Ihre Seiten werden so angeordnet, dass Sie sie anschließend nehmen, ineinander legen und binden könnten. Das klappt am besten mit einem Drucker, der die Blätter beidseitig bedrucken kann.

Bitte beachten Sie, dass Word trotz dieser Funktion eigentlich kein Buchpublikationsprogramm ist. Wenn Sie Bücher oder Broschüren setzen und veröffentlichen wollen, sollten Sie erwägen ein Desktop Publishing Programm zu erwerben. Programme wie Adobe InDesign oder Microsoft Publisher sind weit besser für solche Sachen ausgerüstet als Word.

Wohin mit der Seitenzahl?

Die Frage ist nicht: »Kann Word Seitenzahlen auf Ihre Seite bringen?« sondern: »Wo soll die Seitenzahl untergebracht werden?« Wenn Sie diesen Schritten folgen, können Sie Word anleiten, die Seitenzahl irgendwo auf der Seite unterzubringen. (Nun, irgendwo, wo es logisch erscheint.)

1. **Wählen Sie den Befehl EINFÜGEN | SEITENZAHLEN.**

   Das Dialogfenster SEITENZAHLEN, das in Abbildung 14.3 zu sehen ist, erscheint.

2. **Wählen Sie eine Position für die Seitenzahl.**

   Word kann die Seitennummer oben oder unten auf der Seite unterbringen. Wählen Sie die gewünschte Position aus der Liste POSITION aus.

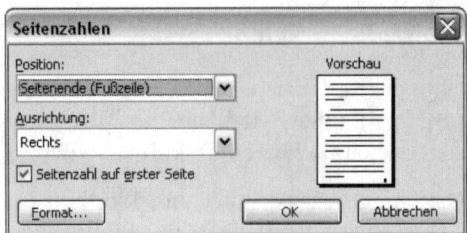

Abbildung 14.3: Das Dialogfenster SEITENZAHLEN

3. Wählen Sie eine Ausrichtung aus.

Die Seitenzahl kann rechts, links, mittig, innerhalb oder außerhalb Ihres Textes erscheinen. Wählen Sie eine Variante aus der Liste AUSRICHTUNG.

4. Klicken Sie auf OK.

Die Seitenzahlen sind eingefügt.

Sie können die Seitenzahlen auch in die Kopf- oder Fußzeilen packen. Siehe Kapitel 15, wenn Sie mehr darüber erfahren möchten. (Wenn Sie eine Seitenzahl in der Kopf- oder Fußzeile einfügen, brauchen Sie nicht den SEITENZAHLEN-Befehl.)

 Überlegen Sie sorgfältig und überprüfen Sie das Ergebnis im Vorschaufeld.

✔ Wenn Sie auf Ihrer ersten Seite (der Titelseite) keine Seitenzahl haben wollen, deaktivieren Sie die Option SEITENZAHL AUF ERSTER SEITE, indem Sie sie einmal anklicken (im Dialogfenster SEITENZAHL, siehe Abbildung 14.3). Das sagt Word, dass es nicht eine hässliche »1« auf die ausgefeilt formatierte Titelseite stellen soll.

Schicke Seitenzahlenformate

Mit Word müssen Sie nicht die langweilige 1,2,3-Nummerierung durchziehen. Wenn Sie wollen, können Sie auch A, B, C nummerieren oder vielleicht niedliche kleine lateinische Zahlen benutzen: i, ii, iii oder sogar Bindestriche auf beiden Seiten der Zahl einfügen. Jau – Word kann das alles für Sie regeln, vorausgesetzt, Sie sind klug genug, den FORMAT-Knopf im Dialogfenster SEITENZAHLEN zu drücken. Dann sehen Sie nämlich das Fenster SEITENZAHLEN-FORMAT, wie in Abbildung 14.4 gezeigt.

Benutzen Sie das Ausklappmenü, um ein Format für Ihre Seitenzahlen zu finden. Klicken Sie auf OK, um Ihr Format auszusuchen und dann noch mal auf OK, um das Dialogfenster SEITEN-ZAHLEN zu verlassen.

Mit einer anderen Seitenzahl beginnen

Um die Seitenzählung mit einer anderen Seitenzahl als der 1 zu beginnen, folgen Sie den Anweisungen des vorhergehenden Abschnitts und öffnen das Dialogfenster SEITENZAHLEN. Das müssen Sie zuerst erledigen, da es offensichtlich keinen Sinn macht, die Anfangsseitenzahl zu ändern, wenn Word noch gar keine Seitenzahlen eingefügt hat.

Hier ist die weiter führende Anleitung:

1. **Wählen Sie** EINFÜGEN | SEITENZAHLEN.

2. **Klicken Sie im Dialogfenster** SEITENZAHLEN **auf die Schaltfläche** FORMAT.

   Ein Klick auf diese Schaltfläche öffnet das Dialogfenster SEITENZAHLENFORMAT.

3. **Klicken Sie auf die Option** BEGINNEN BEI.

4. **Klicken Sie auf** OK, **um das Dialogfenster** SEITENZAHLENFORMAT **zu schließen.**

5. **Klicken Sie auf** OK, **um das Dialogfenster** SEITENZAHLEN **zu schließen.**

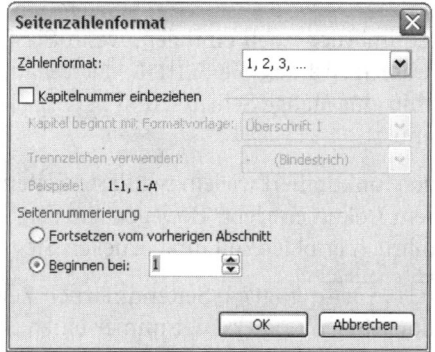

Abbildung 14.4: Das Dialogfenster SEITENZAHLENFORMAT

Die Seitenzahl wird in Ihr Dokument eingefügt. (Am besten sieht man das im Seitenlayout-modus: Wählen Sie ANSICHT | SEITENLAYOUT). Beachten Sie bitte, dass die angezeigte Seitenzahl in der Statusleiste die gegenwärtige Seite anzeigt und nicht die Formate, die Sie gewählt haben.

Der harte Seitenumbruch

Sie können zwischen zwei Methoden wählen, mit denen Sie eine neue Seite in Word beginnen können, zwischen der furchtbar falschen, aber eingängigsten Methode und der beeindruckend korrekten Methode:

✔ Furchtbar falsch: Drücken Sie immer wieder `Enter`, bis Sie eine Reihe von Punkten sehen, die den Beginn einer neuen Seite anzeigen. Ja, es funktioniert. Aber es ist furchtbar falsch.

✔ Beeindruckend korrekt: Drücken Sie die Kombination `Strg`+`Enter`. Siehe da, eine neue Seite!

`Strg`+`Enter` fügt einen *harten Seitenumbruch* in Ihr Dokument ein, der von Word eine neue Seite GENAU HIER verlangt. Das ist die bessere Methode, einen Seitenumbruch einzufügen.

In der Normalansicht (siehe auch Kapitel 2) sieht der harte Seitenumbruch wie ein normaler Seitenumbruch aus, es steht nur zusätzlich SEITENUMBRUCH in der Mitte der Linie.

-- Seitenwechsel --

In der Seitenlayoutansicht sieht der harte Seitenumbruch aus wie ein neues Blatt Papier (siehe auch Abbildung 2.2).

Folgendes sollten Sie wissen, wenn Sie es mit harten Seitenumbrüchen zu tun haben:

✔ Sie können einen Seitenumbruch auch einfügen, wenn Sie EINFÜGEN | MANUELLER UMBRUCH aus dem Menü wählen. Wählen Sie SEITENUMBRUCH aus der Liste und klicken Sie auf OK. Das sind immerhin eine Menge Schritte, und `Strg`+`Enter` wird von den meisten Anwendern gern benutzt.

✔ Der harte Seitenumbruch funktioniert wie ein regulärer Seitenumbruch, obgleich Sie bestimmen, wo er in Ihrem Dokument lebt: Bewegen Sie den Zahnstocher-Cursor an die Stelle, wo der Seitenumbruch erfolgen soll, und drücken Sie `Strg`+`Enter`.

✔ Das Drücken von `Strg`+`Enter` fügt ein Seitenumbruch-Zeichen in Ihr Dokument ein. Dieses Zeichen bleibt dort stehen und erzeugt immer einen Seitenumbruch, egal ob Sie in der vorherigen Seite noch Text einfügen.

✔ Sie können den harten Seitenumbruch löschen, indem Sie `Backspace` oder `Entf` drücken. Falls Sie das versehentlich machen, drücken Sie erneut `Strg`+`Enter` oder Sie können mit `Strg`+`Z` das Löschen rückgängig machen.

✔ Wenn Sie harte Seitenumbrüche einfügen, denken Sie daran, die SEITENANSICHT zu verwenden, bevor Sie das Dokument drucken. Manchmal wird bei der Textüberarbeitung ein harter Seitenumbruch überflüssig oder störend. Siehe Kapitel 9, um mehr Informationen über den DRUCKEN-Befehl zu erhalten.

 Geraten Sie nicht in diese Falle, harte Seitenumbrüche einzusetzen, um Ihre Seitennummerierung anzupassen. Sie können die Power des Computers benutzen, um Ihre Seitennummerierung zu verändern, ohne mit der Seitenformatierung herumzuspielen. Siehe »Wohin mit der Seitenzahl?« weiter vorne in diesem Kapitel.

Diese ärgerliche leere letzte Seite löschen

Manchmal fügt man, ohne dass man es merkt, weißen Raum, leere Absätze und der derglei-chen Blödsinn in sein Dokument ein. Dieser Müll sammelt sich dann am Ende des Dokuments. Machen Sie sich nichts draus: Das passiert jedem. Daraus resultiert aber, dass Ihr Dokument mit einer leeren Seite endet. Gewöhnlich bemerken Sie das allerdings erst, wenn Sie drucken und diese alberne leere Seite zum Schluss aus Ihrem Drucker kommt.

Um diese leere letzte Seite los zu werden, müssen Sie Folgendes machen:

1. **Drücken Sie** `Strg`+`Ende`.

   Damit bewegt sich Ihr Zahnstocher-Cursor bis ans Ende des Dokuments.

2. **Drücken Sie die Rücklauftaste.**

3. **Wiederholen Sie Schritt 2 solange, bis die überflüssigen Leerzeilen verschwunden sind.**

Durch das Drücken der Rücktaste löschen Sie die leeren Absätze und die Leerzeilen, die sich am Ende des Dokuments eingenistet haben. Dabei schreiten Sie zurück zur vorhergehenden Seite, und die Leerseite verschwindet automatisch.

✔ Das Ganze geht leichter, wenn Sie dieses unsichtbare Zeug sehen, das Sie löschen wollen. Blenden Sie mit `Strg`+`Shift`+`8` die Absatzsymbole ein. Benutzen Sie dabei die 8 aus der normalen Tastatur und nicht aus dem Zahlenblock.

✔ Wenn Sie zu weit zurück gehen und aus Versehen etwas Text löschen, drücken Sie `Strg`+`Z` oder die Rückgängig-Taste, um den Text wieder herzustellen.

Manchmal funktioniert dieser Leere-Seiten-Trick nicht. Für gewöhnlich ist dann der Fall, wenn Sie eine Grafik, ein Bild oder ein Feld in das Dokument eingefügt hatten, das nun leer am Ende herumhängt. In diesem Fall müssen Sie das Objekt markieren und mit der `Entf`-Taste löschen.

Dokumente formatieren

In diesem Kapitel

▷ Das Dokument in kleine Häppchen zerlegen

▷ Das Beste aus Abschnitten herausholen

▷ Kopf- und Fußzeilen hinzufügen

▷ Zwei Varianten von Kopf- und Fußzeilen in einem Dokument

▷ Eine Titelseite ohne Kopf- und Fußzeile

▷ Wie man mit der Symbolleiste Kopf- und Fußzeile umgeht

Dokument ist ein wichtiges Wort. Es hat Gewicht. Komisch, dass man nicht bei einem simplen Brief an seine Nichte an etwas Schwerwiegendes, Wichtiges oder offiziell Klingendes denkt. In Word jedoch dreht sich alles um Dokumente. Es gibt Leute, die speichern ihre Einkaufsliste als ein Dokument auf ihrem Computer. Ich nehme an, das bedeutet, dass es irgendwie wichtig sein muss.

So weit es die Formatierung betrifft, ist ein Dokument nicht das Gleiche wie eine Seite. Nein, das Formatieren eines Dokuments ist die Sache. Zwar ist es so, dass viele Informationen in diesem Kapitel für die meisten Dokumente, die Sie erstellen (die simplen Briefe an die Nichte nämlich), völlig nutzlos sind; aber wenn Sie vielleicht doch eines Tages durchdrehen oder es entsteht ein dringendes Bedürfnis, mit Ihrem Wissen über Word zu protzen, dann wird Ihnen dieses Kapitel zur Seite stehen.

Ihr Dokument in Abschnitte aufteilen

Viele Word-Formatierungsbefehle betreffen das gesamte Dokument. Zum Beispiel sind die meisten Seitenformatierungsbefehle, die in Kapitel 14 behandelt wurden, typische Befehle, die sich auf das Dokument beziehen: Seitenränder, Papierformat, Ausrichtung oder andere. Und die Kopf- und Fußzeilen, die Sie in ein Dokument einbauen können (und die in diesem Kapitel behandelt werden), werden ebenfalls dem gesamten Dokument zugewiesen.

Falls jemals die Zeit kommen sollte, wo Sie ein Format, das sich auf das Dokument bezieht, für eine einzige Seite oder eine Gruppe von Seiten ändern müssen, dann müssen Sie Ihr Dokument in Abschnitte aufteilen. Jeder Abschnitt besitzt seine eigene Seitenformatierung. Wenn Sie also eine einzelne Seite im Querformat drucken müssen, richten Sie für diese Seite einen separaten Abschnitt ein. Oder wenn Ihre Titelseite einzigartige Seitenränder braucht, richten Sie einen Abschnitt nur für die Titelseite ein.

Abschnitte sind einfach einzurichten. Sie können das Getue mit dem Formatieren von langen Dokumenten echt vereinfachen. Die folgenden Abschnitte sagen Ihnen alles, was Sie wissen müssen.

✔ Ein Abschnitt ist vom Grundsatz her ein Bereich in Ihrem Dokument, wo die Seitenformatierung von dem Rest des Dokuments unabhängig ist.

✔ Text- und Absatzformatierungen, auch die von Ihnen erstellten Formatvorlagen, scheren sich nicht im Geringsten um Abschnitte.

✔ Abschnitte werden eingesetzt, um viele interessante und verschrobene Typen von Dokumenten zu erstellen, wie sie zum Beispiel in Teil IV dieses Buches besprochen werden.

 Normalerweise wird das Thema »Abschnitte« als fortgeschrittenes Word-Wissen bezeichnet. Die meisten Leute benutzen sie nie. Nur bei sehr seltenen Gelegenheiten entsteht die Notwendigkeit, ein Dokument in Abschnitte zu unterteilen. Wenn Sie also wollen, können Sie diese Erläuterungen auch überspringen.

Zeit für einen Wechsel

Das Aufteilen eines Dokuments in Abschnitte ist nicht besonders kompliziert. Word hat alle seine Befehle für Seiten-, Abschnitts- oder Spaltenwechsel etc. in dem praktischen Dialogfenster MANUELLER UMBRUCH zusammengefasst. Um dieses Dialogfenster aufzurufen, wählen Sie EINFÜGEN | MANUELLER UMBRUCH aus dem Menü.

Die Abbildung 15.1 zeigt das Dialogfenster MANUELLER UMBRUCH. Die oberste Gruppe bilden die Textumbrüche, die untere Gruppe die Abschnittswechsel.

Abbildung 15.1: Das Dialogfenster MANUELLER UMBRUCH

Stellen Sie sich vor, Sie entwerfen die Titelseite in einem neuen Dokument. Bevor Sie irgendetwas tippen, entwerfen Sie die Titelseite wie folgt:

1. **Wählen Sie den Befehl** EINFÜGEN | MANUELLER UMBRUCH.

   Das Dialogfenster MANUELLER UMBRUCH öffnet sich, wie es in Abbildung 15.1 gezeigt wird.

2. **Wählen Sie die Option** NÄCHSTE SEITE **aus der Liste der** ABSCHNITTSWECHSEL.

   Die Option NÄCHSTE SEITE bewirkt das Gleiche wie ein harter Seitenumbruch: Sie fügt einen Seitenumbruch und einen Abschnittswechsel in Ihr Dokument ein. Das ist die gebräuchlichste Art eines Abschnittswechsels, da sich die meisten Formatierungsbefehle auf eine Seite beziehen.

3. **Klicken Sie auf** OK.

   In der Seitenlayoutansicht sieht der neue Abschnitt wie ein harter Seitenumbruch aus. In der Normalansicht sieht er so aus:

   ·····························Abschnittswechsel (Nächste Seite)·····························

Der nächste Schritt ist nun, den Zahnstocher-Cursor auf die erste Seite zu stellen (die Titelseite im vorangegangenen Abschnitt) und diese Seite entsprechend Ihren Vorstellungen zu formatieren.

✔ Sie können den fortlaufenden Abschnittswechsel nutzen, um Formatierungen innerhalb der Seite zu mischen. Wenn Sie zum Beispiel mit Spalten arbeiten, die von Textzeilen unterbrochen werden, die über die ganze Seitenbreite laufen, dann ist der fortlaufende Abschnittswechsel die ideale Lösung, um diese individuellen Formatierungsarten zu separieren. Siehe Kapitel 21 für ausführlichere Erläuterungen.

✔ Sie können die Option GERADE SEITE oder UNGERADE SEITE verwenden, um einen neuen Abschnitt mit einer geraden oder eben ungeraden Seite zu beginnen. Wenn beispielsweise das von Ihnen verfasste Dokument gebunden werden soll, wollen Sie vielleicht bestimmte Abschnitte auf einer rechten oder linken Buch- oder Magazinseite beginnen lassen. (Ich kenne niemanden, der diese Optionen verwendet.)

✔ Mit Abschnittswechseln können Sie auch ein Dokument, das aus mehreren Teilen besteht, in Formatierungseinheiten unterteilen. Zum Beispiel kann die Titelseite ein separater Abschnitt sein, die Einführung, Kapitel 1 und Anhang A – alles kann in eigenen Abschnitten ein und desselben Dokuments formatiert werden. Sie können dann mit Words GEHE ZU-Befehl zu jedem Abschnitt springen. Sehen Sie in Kapitel 3 nach, um mehr über den GEHE ZU-Befehl zu erfahren.

✔ Sie können einen Seitenumbruch auch mit $\boxed{\text{Strg}}$+$\boxed{\text{Enter}}$ einfügen.

✔ Siehe Kapitel 21 für Erläuterungen zum Spaltenumbruch.

Man kann Text auch so umbrechen, dass er um ein Bild oder eine Tabelle fließt. (Siehe Kapitel 23)

Einen Abschnittswechsel löschen

Sie können einen Abschnittswechsel mit Ihrer `Backspace`-Taste oder mit der Taste `Entf` löschen.

Wenn Ihnen das versehentlich passiert, verlieren Sie jede spezielle Formatierung, die Sie diesem Abschnitt zugewiesen haben. In diesem Fall drücken Sie die Rückgängig-Tastenkombination `Strg`+`Z`, bevor Sie noch mehr anstellen.

✔ Sie können auch die Rücktaste benutzen, um einen Seitenwechsel zu löschen. Allerdings müssen Sie ihn vorher markieren.

 Am besten sieht man Seitenwechsel in der Normalansicht: ANSICHT | NORMAL.

Die Freuden der Kopf- und Fußzeilen

Eine Kopfzeile ist keine neue Modefrisur, sondern Text, der auf jeder Seite Ihres Dokuments oben erscheint. Zum Beispiel ist auf jeder Seite dieses Buches die Nummer und der Titel des Kapitels abgebildet. Das sind Kopfzeilen. Sie können Kopfzeilen an Ihr Dokument heften, komplett mit einem Titel, Ihrem Namen, Datum, Seitenzahlen, schmutzigen Reimen – was Ihnen so einfällt.

Eine Fußzeile ist der Text, der am Ende einer Seite erscheint. Eine großartige Fußzeile ist etwa »Umblättern, Dummkopf«, obwohl zu professionellen Fußzeilen Seitenzahlen, Titel eines Kapitels oder Dokument- und Geruchsfresser gehören. Eine Fußzeile erstellen Sie genauso wie eine Kopfzeile.

✔ Kopfzeilen enthalten normalerweise Dinge wie Ihren Namen, den Dokumentnamen, das Datum, die Seitenzahl und Telefonnummern. (»Rufen Sie JETZT an! Unsere Damen erwarten Sie!«)

✔ Fußzeilen können auch Seitenzahlen, den Titel des Kapitels oder des Dokuments enthalten.

✔ Fußzeilen sind nicht das Gleiche wie Fußnoten. Siehe Kapitel 22, wenn Sie mehr über Fußnoten erfahren wollen.

Eine Kopfzeile oder eine Fußzeile einfügen

Kopf- und Fußzeilen können jedes Dokument zum Glänzen bringen. Sie müssen nicht beides verwenden; Sie können auch nur eine Fußzeile ohne Kopfzeile und umgekehrt einfügen. Egal, wie Sie die Sache angehen, Sie benötigen jeweils die gleichen Befehle.

Folgen Sie zum Einfügen einer Kopf- oder/und Fußzeile diesen Schritten:

1. **Wählen Sie ANSICHT | KOPF- UND FUSSZEILE aus dem Menü.**

   Word stößt Sie in eine spezielle Version der Seitenlayoutansicht, die die Bereiche für Kopf- und Fußzeile hervorhebt. Außerdem sehen Sie die Symbolleiste KOPF- UND FUSSZEILE über Ihrem Dokument schweben. Ein Beispiel wird in Abbildung 15.2 gezeigt.

2. **Klicken Sie auf die Schaltfläche ZWISCHEN KOPF- UND FUSSZEILE WECHSELN, um von der Kopfzeile zur Fußzeile zu springen.**

    Mit Klicken auf diese Schaltfläche springen Sie zwischen Kopf- und Fußzeile hin und her.

Abbildung 15.2: Eine Beispiel-Kopfzeile mit der Symbolleiste KOPF- UND FUSSZEILE

3. **Geben Sie den Text für die Kopf- oder Fußzeile ein.**

   Jeder Text, den Sie schreiben, kann mit den üblichen Word-Befehlen für Text- und Absatzformatierung gestaltet werden, einschließlich Tabulatoren (siehe Kapitel 11, 12 und 13).

    Word hat in Kopf- und Fußzeilen bereits einen zentrierten und ganz am rechten Rand einen rechten Tabstopp eingefügt. Das ermöglicht es Ihnen, ganz einfach die Tabulatortaste zu drücken, Text einzugeben und so diesen Text auf die Schnelle zentriert oder rechtsbündig auszurichten. Diese Tabulatoren müssen nicht eingesetzt werden, aber es ist sehr rücksichtsvoll von Microsoft, sie schon einmal eingerichtet zu haben.

4. **Benutzen Sie die Schaltflächen in der Symbolleiste KOPF- UND FUSSZEILE, um bestimmte Daten einzusetzen.**

   Bewegen Sie den Mauszeiger nacheinander über jedes Symbol, um einen Blick auf die Kurzerläuterungen in den QuickInfos zu werfen (wie in den richtigen, großen Symbolleisten!).

Sie können beispielsweise die $\boxed{\text{Tab}}$-Taste drücken und dann in der Mitte der Fußzeile auf das Symbol SEITENZAHL EINFÜGEN klicken.

Sie können den Befehl AUTOTEXT EINFÜGEN verwenden, um AutoText-Einträge in die Kopf- oder Fußzeile aufzunehmen. Diese Einträge fügen »Felder« ein, die aktualisiert werden und verschiedene Informationen über Ihr Dokument zeigen, siehe auch Abbildung 15.3. Der Eintrag SEITE X VON Y zeigt immer die aktuelle Seitennummer und die Gesamtseitenanzahl an.

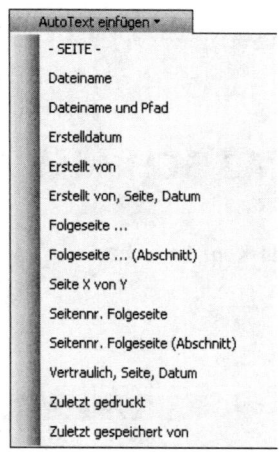

Abbildung 15.3: AutoText-Einträge können Sie in die Kopfzeile stellen.

5. Klicken Sie auf die Schaltfläche SCHLIESSEN, wenn Sie fertig sind.

Sie kehren damit in Ihr Dokument zurück.

In der Seitenlayoutansicht sehen Sie Ihre Kopf- und Fußzeilen in einem »geisterhaften« Grau dargestellt. In der Normalansicht können Sie keine Kopf- oder Fußzeile sehen, obgleich sie noch vorhanden sind. (Sie können auch den Befehl SEITENANSICHT verwenden, der in Kapitel 9 beschrieben wird, um sich die Kopf- und Fußzeilen zu betrachten.)

Sie können alles in die Kopf- oder Fußzeile stecken, was Sie auch sonst in Ihr Dokument einfügen können, einschließlich Bilder (siehe Abbildung 15.2). Diese Möglichkeit ist besonders hilfreich, wenn Sie ein Logo an jedem Seitenanfang platzieren möchten. Siehe Kapitel 23, um mehr Informationen über Grafik in Word zu erhalten.

✔ Sie müssen sich nicht auf die Seite 1 bewegen, um eine Seitennummer in der Kopfzeile einzufügen. Word ist schlau genug, die richtige Nummer auf die richtige Seite zu stellen, egal wo Sie gerade die Kopf- oder Fußzeile in Ihrem Dokument bearbeiten.

✔ Kopfzeilen und Fußzeilen sind in die Textabschnitte eingebettet. So lange Sie in einem Textabschnitt sind, können Sie die Kopf- und Fußzeilen dieses Abschnitts bearbeiten.

 Wenn Sie Ihr Dokument in einzelne Abschnitte unterteilt haben, sind die Kopf- und Fußzeilen in diesen Abschnitten enthalten. Wenn es mehr als einen Abschnitt gibt, zeigt die Kopf- und Fußzeile die Abschnittsnummer an, so zum Beispiel KOPFZEILE -ABSCHNITT 2-. Sie müssen daran denken, dass sich Änderungen an den Kopf- und Fußzeilen eines Abschnittes nur auf diese Kopf- und Fußzeilen auswirken.

 In der Seitenlayoutansicht kommen Sie ganz schnell an die Kopf- oder Fußzeile heran, wenn Sie auf deren graue geisterartige Darstellung doppelklicken.

✔ Sie wollen möglicherweise etwas vor der Seitenzahl eingeben, weil eine Nummer so ganz allein etwas einsam wirkt. Sie können richtig kreativ werden und das Wort »Seite« zusammen mit einer nachfolgenden Leerstelle eingeben, bevor Sie auf die #-Schaltfläche klicken, oder Sie können sich etwas eigenen Text einfallen lassen.

 Um das aktuelle Datum oder die Zeit in der Kopf- oder Fußzeile einzufügen, klicken Sie auf die Schaltflächen DATUM EINFÜGEN oder ZEIT EINFÜGEN in der Symbolleiste KOPF- UND FUSSZEILE.

 Vergessen Sie nicht den Umschalter zwischen Kopf- und Fußzeile, um zur Bearbeitung in die jeweilige Zeile zu wechseln.

Unterschiedliche Kopfzeilen für gerade und ungerade Seiten

Word lässt Sie zweierlei Arten von Kopf- und Fußzeilen einfügen. Eine Art für die ungeraden und eine für die geraden Seiten. Zum Beispiel ist dieses Buch auf diese Art formatiert worden. Die Kopfzeile auf den ungeraden Seiten enthält die Kapitelnummer und den Titel. Die Kopfzeile auf den geraden Seiten enthält den Namen des Buches. Sie können so etwas auch!

Um Word dazu zu bringen, zwei Arten von Fuß- und Kopfzeilen zu akzeptieren, folgen Sie diesen Schritten:

1. **Wählen Sie ANSICHT | KOPF- UND FUSSZEILE.**

   Diese Aktion blendet die Kopf- und Fußzeilenbereiche Ihres Dokuments ein und bringt die Symbolleiste KOPF- UND FUSSZEILE auf den Bildschirm (siehe Abbildung 15.2).

2. **Klicken Sie in der Symbolleiste KOPF- UND FUSSZEILE auf die Schaltfläche SEITE EINRICHTEN.**

    Das Dialogfenster SEITE EINRICHTEN erscheint mit dem Register LAYOUT vorne, wie in Abbildung 15.4 gezeigt.

3. **Klicken Sie auf die Option GERADE/UNGERADE ANDERS im Bereich KOPF- UND FUSSZEILEN.**

Das verrät Word, dass Sie zwei Arten von Kopf- und Fußzeilen wollen, eine für die ungeraden und eine für die geraden Seiten. Sehen Sie, wie das VORSCHAU-Fenster sich ändert, um nun zwei statt einer Seite anzuzeigen. Echt cool!

4. **Klicken Sie auf OK.**

   Sie kehren nun zur Bearbeitung der Kopf- und Fußzeilen zurück; aber haben Sie gemerkt, dass Sie dort nun beispielsweise die Angabe UNGERADE KOPFZEILE oder GERADE KOPFZEILE finden?

5. **Erstellen Sie die ungerade (oder gerade) Kopf- oder Fußzeile.**

   Schlagen Sie im vorhergehenden Abschnitt nach, um herausfinden, wie Sie Kopf- oder Fußzeilen zusammenstellen.

Abbildung 15.4: Das Dialogfenster SEITE EINRICHTEN mit dem Register LAYOUT

6. **Erstellen Sie die gerade (oder ungerade) Kopf- oder Fußzeile.**

   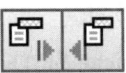 Klicken Sie auf die Schaltflächen VORHERIGE ANZEIGEN oder NÄCHSTE ANZEIGEN, um die vorherige oder nächste Kopf- oder Fußzeile zu sehen. Diese beiden Schaltflächen führen Sie durch alle Kopf- und Fußzeilen des Dokuments.

7. **Klicken Sie auf die Schaltfläche SCHLIESSEN, wenn Sie mit dem Bearbeiten der Kopf- und Fußzeilen fertig sind.**

   Dieses Gerede von gerade und ungerade hat nichts mit der Form der Kopf- und Fußzeile zu tun.

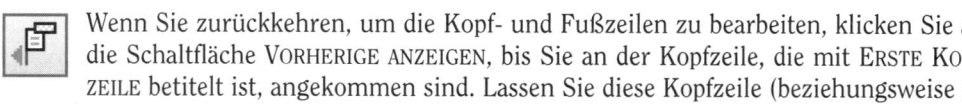

Ich will aber keine Kopfzeile auf meiner ersten Seite!

Um zu verhindern, dass eine Kopf- oder Fußzeile auf der ersten Seite auftaucht, die oft die Titelseite darstellt, müssen Sie wieder das Dialogfenster SEITE EINRICHTEN aufrufen, so wie dies im vorherigen Abschnitt beschrieben wurde. Wählen Sie im Dialogfenster SEITE EINRICHTEN die Option ERSTE SEITE ANDERS; klicken Sie anschließend auf OK.

Wenn Sie zurückkehren, um die Kopf- und Fußzeilen zu bearbeiten, klicken Sie auf die Schaltfläche VORHERIGE ANZEIGEN, bis Sie an der Kopfzeile, die mit ERSTE KOPFZEILE betitelt ist, angekommen sind. Lassen Sie diese Kopfzeile (beziehungsweise die Fußzeile) leer. Diese Prozedur platziert eine leere Kopfzeile/Fußzeile auf die erste Seite. Die Kopfzeile/Fußzeile erscheint auf allen anderen Seiten wie eingestellt. Sie können diese Option auch verwenden, um eine andere Kopfzeile auf der ersten Seite unterzubringen – eine Grafik zum Beispiel.

Noch mehr Kopf- und Fußzeilen-Verrücktheiten!

Eine Kopf- oder Fußzeile bezieht sich auf einen Abschnitt in Word. Das funktioniert für die meisten Dokumente, die aus einem einzigen Abschnitt bestehen, ganz gut. Stellen Sie sich aber einmal vor, dass Sie aus irgendeinem Grund viele verschiedene Kopf- und Fußzeilen in Ihrem Dokument benötigen. Oder Sie müssen in bestimmten Abschnitten die Kopf- und Fußzeilen »abstellen« – oder eine Grafik auf einer Seite soll nicht von der Kopf- oder Fußzeile überschnitten werden. Dann also brauchen Sie viele verschiedene Kopf- oder Fußzeilen (Kopfzeile einfügen, keine Kopfzeile, dann wieder Kopfzeilen zum Beispiel). Dazu müssen Sie Ihr Dokument in Abschnitte unterteilen.

Indem Sie das Dokument in Abschnitte aufsplitten, können Sie verschiedene Arten von Kopf- und Fußzeilen definieren und Ihren Seiten zuweisen, ein Set für jeden Abschnitt. Die neuen Kopf- oder Fußzeilen des Abschnitts unterscheiden sich grundlegend von denen des vorhergehenden (oder nächsten) Abschnitts. Und Änderungen in den Kopf- und Fußzeilen eines Abschnitts wirken sich nicht auf einen anderen Abschnitt im Dokument aus. Schlagen Sie im Abschnitt »Ihr Dokument in Abschnitte aufteilen« weiter vorne in diesem Kapitel nach, um darüber mehr herauszufinden.

Mit Formatvorlagen arbeiten

Meine Güte, man muss schon eine ganze Menge Formatierungskram im Kopf behalten! Stellen Sie sich vor: Sie müssen nicht nur Ihr Dokument tippen, sondern direkt danach (oder während dessen) müssen Sie auch noch die gefährlichen Abgründe des Formatierens durchschreiten. Und das wieder und wieder. Absatz um Absatz. Klicken, hinzufügen, einstellen, verschieben, zentrieren, ausrichten, Tabulatoren hier, Tabulatoren da, Einzug, Auszug, fett und fertig!

Wenn Sie zu denjenigen Menschen gehören, die daran glauben, dass Computer dazu gemacht wurden, Ihnen Arbeit zu ersparen, dann wird dies Ihr Lieblingskapitel im Buch werden. Word gestattet Ihnen, alle Formatierungsbefehle, die Sie wollen, brauchen oder bereits verwendet haben, an einem einzigen Ort abzuspeichern. Diesen Ort nennt man Formatvorlage. Wenn Sie dann diese Wagenladung von Befehlen wieder einem Text hinzufügen wollen, wählen Sie nur die richtige Formatvorlage aus, und die gesamten Formatierungsbefehle werden mit einem schnellen Schwupp auf Ihren Text angewendet. Das folgende Kapitel erklärt Ihnen, wie man dieses Aspirin der Formatvorlagen auf Ihre Formatierungskopfschmerzen anwendet.

Was ist eine Formatvorlage?

Eine Formatvorlage ist nicht mehr als eine Zusammenstellung von Formatierungsbefehlen, alle zusammen in eine einzige Kiste gesteckt. Wenn also Ihr Absatz in Times New Roman, 12 pt, linksbündig mit Tabulatoren bei 5 cm und 10 cm formatiert ist, dann können Sie diese Einstellungen jedem Absatz auf einmal zuweisen, indem Sie eine Vorlage verwenden. Das ist es, worum es in diesem Kapitel geht.

✔ Textverarbeitungsprogramme werden immer besser, und die Drucker erfinden immer mehr Schriften, die Sie sich mit Windows so am Bildschirm ansehen können, wie sie später auch ausgedruckt werden. Und so wächst natürlich auch der Bedarf an fortgeschrittenen Formatierungsbefehlen. Um Ihnen mit all diesem Formatierungs-Tohuwabohu zu helfen, wurden die Formatvorlagen erfunden.

✔ Jeder Text in Word hat eine Formatvorlage. Word benutzt die STANDARD-Formatvorlage, normalerweise Times New Roman in 12 Punkt mit linksbündigen Absätzen, ohne Einzug. Wenn Sie keine andere zuweisen, wird diese von Word benutzt.

✔ Word verlangt nicht von Ihnen, Formatvorlagen zu benutzen. Aber sie erleichtern das Formatieren ungemein.

Wo sich die Vorlagen verstecken

In Word können Sie die Vorlagen an einem von zwei Orten finden: Entweder in der FORMAT-Symbolleiste oder im Dialogfenster FORMATVORLAGE, das Sie erhalten, wenn Sie FORMAT | FORMATVORLAGE UND FORMATIERUNG wählen.

Am Ende werden Sie vermutlich Ihre Vorlagen immer aus der Symbolleiste auswählen. Das Dialogfenster FORMATVORLAGE eignet sich am besten zum Erstellen und Bearbeiten von Vorlagen für Ihr Dokument.

Formatvorlagen in der Symbolleiste

Der einfachste Weg, Formatvorlagen aufzutreiben und sie im Dokument zu verwenden, ist der Einsatz der aufklappbaren Liste in der FORMAT-Symbolleiste – diese Liste, in der STANDARD steht –, wie in Abbildung 16.1 gezeigt.

Abbildung 16.1: Formatvorlagen in der Symbolleiste

 Möglicherweise müssen Sie Ihre Symbolleisten neu anordnen, um die Liste der Formatvorlagen zu sehen. Schlagen Sie dazu in Kapitel 28 nach.

Die Formatvorlagen, die Sie in der Liste sehen, können Sie in Ihrem Dokument verwenden. In Abbildung 16.1 sehen Sie die Standardformate, die Word jedem Dokument zuweist. Es gibt vier Standard-Vorlagen: drei Überschriftenformate und Standard. Wenn Sie noch mehr Formate in Ihrer Liste sehen, hat sie jemand hinzugefügt.

Das FORMATIERUNG LÖSCHEN-Ding ist einfach ein Befehl, der alle Formatierungen vom ausgewählten Text entfernt.

Wenn Sie auf MEHR... klicken erscheint der Aufgabenbereich FORMATVORLAGE.

Wenn Sie neue Formatvorlagen entwerfen, werden sie zu dieser Liste hinzugefügt.

Wenn Sie eine existierende Formatvorlage bearbeiten, so zum Beispiel die Schrift ändern, erscheint die Formatvorlage mit den Änderungen in der Liste. Wenn Sie also die Schrift in Arial ändern, erscheint oben in der Formatvorlagen-Liste ein neuer Eintrag STANDARD+ARIAL. Der Schrift-Name (Arial in diesem Fall) wird der Liste hinzugefügt. Aber es gibt natürlich bessere Möglichkeiten, Einträge der Liste hinzuzufügen, und dieses Kapitel scheut keine Mühe, sie zu erklären.

Die Art, wie die Formatvorlagen in der Liste erscheinen, gibt Ihnen einen Hinweis auf ihr Format. Zum Beispiel zeigen sich die Überschriftenformate fett und in einer bestimmten Größe und Dicke, aber die Standardschrift erscheint in Times New Roman, 12 pt.

Eine kleine Absatzmarke (¶) neben dem Namen einer Formatvorlage bedeutet, dass es sich um eine Absatz-Formatvorlage handelt. Die Formatierungsbefehle wirken sich sowohl auf Absätze als auch auf Text aus.

Ein unterstrichenes A (a) neben dem Namen einer Formatvorlage bedeutet, dass es sich um eine Zeichen-Formatvorlage handelt. Die Formatierungsbefehle wirken sich nur auf Zeichen aus. Sie sind keine Absatz-Formatierungsbefehle.

✔ Wenn es mehr Formatvorlagen gibt, als auf dem Bildschirm angezeigt werden können, erscheint ein WEITERE-Eintrag am Ende der Liste. Wenn Sie diesen Eintrag wählen, wird der Aufgabenbereich aufgerufen, der im nächsten Abschnitt vorgestellt wird.

✔ Die Standard-Formatvorlagen werden in einer Dokumentvorlage gespeichert, die Word für alle neuen Dokumente verwendet. Der Name dieser Dokumentvorlage ist Normal (oder Normal.dot), und die wird im nächsten Kapitel näher erläutert.

✔ Die Überschriftenformate sind nicht das Gleiche wie die Kopf- und Fußzeilen, um die es in Kapitel 15 geht. Kopfzeilen erscheinen am Seitenanfang. Überschriftenformate werden für Kapitel- oder Abschnittüberschriften benutzt.

Formatvorlagen im Aufgabenbereich

Das meiste, was Sie mit Formatvorlagen machen, spielt sich im Aufgabenbereich ab. Wenn Sie also bis jetzt den Aufgabenbereich in Word vermieden haben, dann müssen Sie jetzt aufgeben und das Unausweichliche akzeptieren, ohne Rücksicht darauf, dass der Aufgabenbereich nahezu ein Viertel von dem Platz einnimmt, in dem Sie in Word schreiben, er geht nicht weg. Uhh-uhh.

 Um den FORMATVORLAGEN UND FORMATIERUNG-Aufgabenbereich anzuzeigen, klicken Sie auf die AA-Schaltfläche neben dem Formatvorlagen-Aufklappmenü.

✔ Oder Sie wählen FORMAT | FORMATVORLAGEN UND FORMATIERUNG.

✔ Wählen Sie den Punkt MEHR... ganz am Ende des Ausklappmenüs.

✔ Drücken Sie ⌈Strg⌉+⌈F1⌉, um den Aufgabenbereich anzuzeigen. Wählen Sie hier Formatvorlagen (das Dreieck oben im Aufgabenbereich)

Egal wie, der FORMAT | FORMATVORLAGEN UND FORMATIERUNG -Aufgabenbereich wird angezeigt und sieht in etwa so aus wie in Abbildung 16.2.

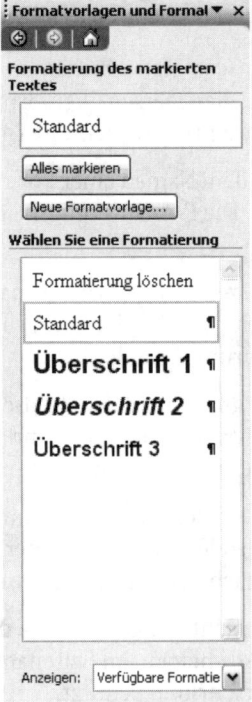

Abbildung 16.2: FORMATVORLAGEN UND FORMATIERUNG-Aufgabenbereich

Der FORMAT | FORMATVORLAGEN UND FORMATIERUNG-Aufgabenbereich ist der Platz, um Formatvorlagen zu kontrollieren, zu entwerfen, zu löschen oder anderweitig zu malträtieren. Alle Formatvorlagen in Ihrem Dokument werden dort angezeigt. Die gerade angewandte Formatvorlage (die Formatvorlage, die zu dem Text passt, der ausgewählt ist oder in dem gerade der Zahnstocher-Cursor blinkt) erscheint in dem oberen Kästchen. In Abbildung 16.2 ist das die STANDARD-Formatvorlage.

Zeigen Sie mit der Maus auf eine Formatvorlage in der Liste, damit Ihnen Informationen über diese Vorlage angezeigt werden. Zuerst wird Ihnen ein runterklappbarer Pfeil auffallen, der das Menü anzeigt, das jeder Formatvorlage zugewiesen ist (siehe Abbildung 16.3). Als Nächstes, wenn Sie die Maus ganz still halten, wird ein Aufklappfenster erscheinen und die besonderen Formatierungen aufführen, die dieser Formatvorlage zugewiesen sind. In Abbildung 16.3 basiert die ÜBERSCHRIFT 1-Formatvorlage auf der STANDARD-Formatvorlage plus einiger anderer Formatierungsoptionen.

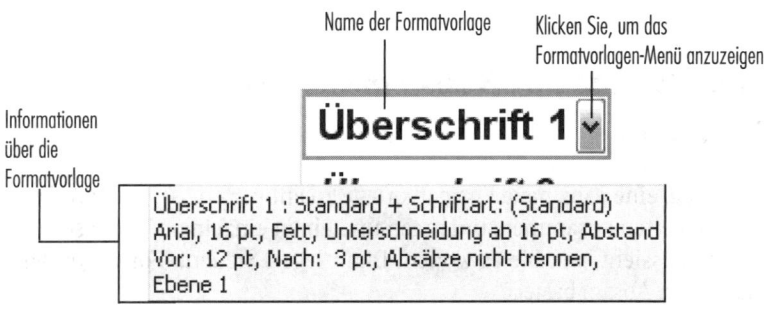

Abbildung 16.3: Informationen über eine Formatvorlage erhalten

✔ Der FORMATVORLAGEN UND FORMATIERUNG-Aufgabenbereich ist der Ort, an dem Sie Formatvorlagen anlegen und bearbeiten.

✔ Die ALLES MARKIEREN-Schaltfläche wählt den gesamten Text in Ihrem Dokument aus, genauso wie BEARBEITEN | ALLES MARKIEREN oder $\boxed{\text{Strg}}+\boxed{\text{A}}$. Auf diese Art können Sie Ihrem gesamten Dokument eine Formatvorlage zuweisen, ohne den Aufgabenbereich verlassen zu müssen.

✔ Siehe Kapitel 6 für weitere Informationen über die Text-Auswahl.

✔ Mit dem FORMATVORLAGE-Menü können Sie eine Formatvorlage löschen, anpassen, auswählen oder aktualisieren. Abbildung 16.3 zeigt Ihnen, wohin Sie klicken müssen. Weiter hinten in diesem Kapitel wird erklärt, wie Sie das Menü nutzen können.

✔ Seien Sie so frei und schließen Sie den Aufgabenbereich, wenn Sie genug herumgestylt haben.

Eine neue Formatvorlage erstellen

Ich hasse das Format STANDARD. Ich nehme an, dass man es auch »Vanille« hätte nennen können, aber ich gehöre zu jenen 40 % der Bevölkerung, die Vanille-Eiscreme mögen. Und es das »Langweiler«-Format zu nennen, würde zu viel Humor für ein Microsoft-Produkt verschwenden. Nein, es ist Standard. Und Standard stinkt.

Die folgenden Abschnitte zeigen Ihnen, wie Sie einige neue Formate erstellen können, etwas Besseres als Standard.

Gemäß diesen Statistikern, die ja alles erfassen, ist jede vierte Eis-Bestellung Vanille-Eis verglichen mit nur jeder neunten für Schokoladen-Eis.

Eine Formatvorlage auf Basis eines bereits formatierten Absatzes erstellen

Der einfachste Weg, eine ganz neue Formatvorlage zu entwerfen, ist, alle Ihre Formatierungskünste und -fähigkeiten zusammenzunehmen und einen einzelnen Absatz so zu formatieren, dass er genau so aussieht, wie Sie es wollen. Dann legen Sie eine Formatvorlage an, die auf diesem formatierten Absatz basiert.

1. **Geben Sie den Text ein.**

   Oder Sie können einfach mit einem Absatz arbeiten, der sich bereits in Ihrem Dokument befindet. Sie müssen eben nur etwas auf dem Bildschirm sehen, um zu überprüfen, ob die Formatierung funktioniert.

2. **Markieren Sie den Absatz.**

   Siehe Kapitel 6, um herauszufinden, wie man einen Textabschnitt markiert.

3. **Formatieren Sie den Textabschnitt.**

   Wählen Sie die gewünschte Zeichenformatierung. Wählen Sie eine Schriftart und -größe, um den Text größer oder kleiner werden zu lassen. Siehe Kapitel 11, um mehr über Zeichenformatierung zu erfahren.

Beschränken Sie sich auf die Schriftart und -größe Ihres Textes. Vermeiden Sie Zeichenformatierungen wie fett, kursiv oder unterstrichen, außer Sie wollen diese Formatierung allen Zeichen im markierten Abschnitt zuweisen.

Definieren Sie die Absatzformatierung. Wählen Sie die Ausrichtung und die Einzüge und so weiter aus. Siehe Kapitel 12, um sich einen Eindruck von allen Möglichkeiten zu verschaffen.

4. **Drücken Sie** [Strg]+[Shift]+[S].

Diese Tastenkombination aktiviert die Liste der Formatvorlagen in der Symbolleiste. Die aktuelle Formatvorlage ist markiert.

5. **Geben Sie einen neuen Namen für die Formatvorlage ein.**

Ein kurzer, anschaulicher Name, der aus einem einzelnen Wort besteht, ist genau richtig.

Wenn Sie zum Beispiel einen eingezogenen Absatz kreieren, den Sie verwenden wollen, um Listen zu gestalten, dann benennen Sie das Format zum Beispiel mit `Auflisten`. Wenn Sie hingegen eine spezielle Formatvorlage für ein Dokument über klassische Musik entwerfen, nennen Sie es `Aufliszten`.

Sollten Sie aus Versehen die Bezeichnung einer bereits vorhandenen Formatvorlage wählen, wird Word Sie rabiat darauf aufmerksam machen. Das ist gut. Nehmen Sie eine andere Bezeichnung.

6. **Drücken Sie die Returntaste.**

Die Formatvorlage wird dem Word-Formatvorlagen-Repertoire hinzugefügt.

Die Formatvorlage, die Sie erstellt haben, ist nun dem Absatz zugeordnet, den Sie eingegeben haben (oder auf dem die Formatvorlage basiert); weitere Absätze, die Sie eingeben, übernehmen ebenfalls diese Formate. Und Sie können diese Formatvorlage anderen Absätzen zuweisen.

✔ Geben Sie der Formatvorlage einen Namen, der ihre Funktion beschreibt. Namen wie *Eingezogene Liste* oder *Tabellentext* sind wunderbar, weil sie die Erinnerung daran, wofür sie erstellt worden sind, erleichtern. Namen wie *Jonny* oder *Hoppi* sind weniger hilfreich.

 Die Formatvorlagen, die Sie erstellen, sind nur in dem Dokument erhältlich, in dem sie erstellt worden sind.

✔ Wenn Sie Ihre Lieblings-Formatvorlagen in mehreren Dokumenten verwenden wollen, dann müssen Sie etwas erstellen, was Dokumentvorlage genannt wird. Kapitel 17 behandelt die Prozedur, eine ganz persönliche Dokumentvorlage zu erstellen.

✔ Sie wollen vielleicht einmal etwas in Ihrer Formatvorlage ändern. Falls das so ist, benötigen Sie den FORMATVORLAGEN UND FORMATIERUNG-Aufgabenbereich. Siehe Abschnitt »Eine Formatvorlage bearbeiten« weiter hinten in diesem Kapitel.

Eine Formatvorlage im Formatvorlagen- und Formatierung-Aufgabenbereich erstellen

Der Einsatz des Aufgabenbereichs FORMATVORLAGEN UND FORMATIERUNG ist praktisch, um eine neue Vorlage zu erstellen – vorausgesetzt, Sie sind routiniert im Umgang mit Words Formatierungsbefehlen, einschließlich einiger, die ich erst im nächsten Teil des Buches vorstellen werde. In jedem Fall werden Sie die folgenden Schritte durch das Gestrüpp des Dialogfensters FORMATVORLAGE führen:

1. **Wählen Sie** FORMAT | FORMATVORLAGEN UND FORMATIERUNG.

   Der FORMATVORLAGEN UND FORMATIERUNG-Aufgabenbereich erscheint (siehe Abbildung 16.2).

   Beachten Sie, dass Sie weder einen neuen Absatz schreiben noch irgendetwas für diesen Schritt vorformatieren müssen. Sie schlagen tapfer diesen Weg ein und bauen von Anfang an eine Formatvorlage manuell zusammen.

2. **Klicken Sie auf die Schaltfläche** NEUE FORMATVORLAGE.

   Das Dialogfenster NEUE FORMATVORLAGE öffnet sich, wie in Abbildung 16.4 gezeigt.

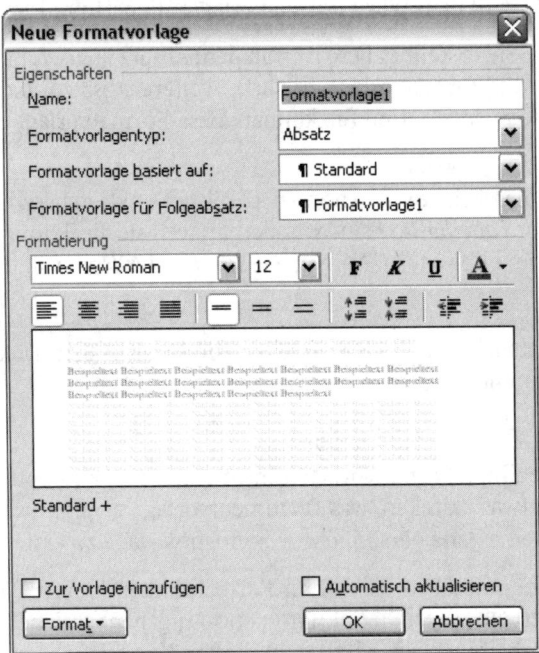

Abbildung 16.4: Das Dialogfenster NEUE FORMATVORLAGE

3. **Geben Sie einen Namen in das Feld NAME ein.**

Das ist der Name, der auch in der Formatvorlagen-Liste erscheint, hoffentlich etwas, das Sie sich leicht merken können, etwas anderes als Formatvorlage1. Geben Sie zum Beispiel Titel A für eine Titelformatierung auf der Ebene A ein.

Word warnt Sie, wenn Sie versuchen, einen Namen doppelt zu vergeben. Verwenden Sie dann einen anderen Namen.

4. **Wählen Sie den FORMATVORLAGENTYP.**

Die meisten Formatvorlagen sind Absatz-Formatvorlagen, das heißt, dass die Formatvorlage alle Schriften und Absatz-Formatierungsoptionen abdeckt, die Sie sich vorstellen können, alle beziehen sich auf Absätze als Ganzes.

Zeichen-Formatvorlagen sind selten. Einmal schrieb ich ein Buch, in dem die einzutippenden Befehle in einer fetten und blauen Courier-New-Schrift gesetzt werden mussten. So legte ich also eine Zeichen-Formatvorlage an, die diese Format-Befehle beinhaltete, und nannte sie »TextBlau«. So konnte ich den speziellen Text formatieren, indem ich ihn markierte und ihm die TextBlau-Formatvorlage zuwies.

Die Tabellen-Formatvorlage wird für Tabellen benutzt, siehe auch Kapitel 20. Die Listen-Formatvorlage wird für Aufzählungen (wie die Gliederungen in Word) benötigt. Es ist besser, wenn Sie sich erst mit Tabellen und Listen gut auskennen, bevor Sie solche Formatvorlagen erstellen.

5. **Wählen Sie eine Vorlage unter FORMATVORLAGE BASIERT AUF.**

Um Zeit zu sparen, können Sie eine existierende Formatvorlage als Vorlage für Ihre neue Formatvorlage benutzen. Wenn Ihre neue Formatvorlage der TextBlau-Formatvorlage in allem entspricht, nur kleineren Text haben soll, können Sie »TextBlau« als Vorlage nehmen und die Modifizierungen für den kleineren Text vornehmen.

Alle Formatvorlagen basieren auf der Standard-Formatvorlage.

Die Aufklappliste enthält eine ganze Menge von Formatvorlagen. Blättern Sie durch die Liste, um eine spezielle zu finden, oder geben Sie auf und nehmen STANDARD.

6. **Wählen Sie FORMATVORLAGE FÜR FOLGEABSATZ.**

Das ist eine äußerst praktische Option. Normalerweise wird dort ebenfalls der Name der Formatvorlage, die Sie gerade entwerfen, eingetragen. So haben alle Absätze, die Sie tippen, denselben Stil. Man kann damit aber auch ein paar tolle Formatierungs-Tricks anwenden. Der Abschnitt »Die Follow-me-Formatvorlage« gibt Ihnen dazu weitere Hinweise.

7. **Wählen Sie die Formatierungs-Optionen für Ihre Formatvorlage.**

Das Dialogfenster NEUE FORMATVORLAGE enthält eine Unmenge von Schaltflächen und Aufklapplisten – alles Sachen, die Sie bereits kennen –, die Ihnen sofort helfen, grundsätzliche Formatierungs-Optionen auszuwählen. Das Vorschaufenster kann Ihnen Ihre Auswahl erleichtern.

Wenn Sie etwas Besonderes brauchen, zum Beispiel doppelte Unterstreichungen oder Tabulatoren, müssen Sie die FORMAT-Schaltfläche benutzen. Wenn Sie auf diese Schaltfläche klicken, öffnet sich ein Aufklappmenü mit Words gängigsten Formatierungsbefehlen (ähnlich wie die Befehle in dem FORMAT-Menü). Wenn Sie dort einen Befehl auswählen, öffnet sich das entsprechende Dialogfenster, wo Sie die verschiedenen Formatierungsoptionen setzen können. Viele dieser Dialogfenster werden an anderen Stellen in diesem Buch behandelt, aber denken Sie daran, dass sie nur die Formatvorlage beeinflussen, die Sie gerade entwerfen, und nicht irgendwelchen Text in Ihrem Dokument (jedenfalls nicht jetzt).

Das Dialogfenster NEUE FORMATVORLAGE setzt voraus, dass Sie wissen, welche Formate Sie Ihrer Formatvorlage hinzufügen. Wenn Sie es nicht wissen, benutzen Sie besser die Technik, die ich im vorhergehenden Abschnitt »Eine Formatvorlage auf Basis eines bereits formatierten Absatzes erstellen« beschrieben habe.

8. **Klicken Sie auf OK, um diese Formatvorlage anzulegen.**

    Das Dialogfenster NEUE FORMATVORLAGE verschwindet. Die von Ihnen erstellte Formatvorlage erscheint in der Liste der Formatvorlagen im Dialogfenster FORMATVORLAGEN.

Eine Zeichen-Formatvorlage erstellen

Die meisten Vorlagen, die Sie in Word erstellen, gelten für Absätze. Um eine Formatvorlage zu erstellen, die ausschließlich eine Fülle komplexer Zeichenformatierungen enthält, greifen Sie auf die Möglichkeit der Zeichen-Formatvorlage zurück. Dieser Formatvorlagentyp ist in der Formatvorlagenliste mit einem unterstrichenen a gekennzeichnet.

Stellen Sie sich vor, dass alle diese mathematischen Formeln, die Sie in Ihrem Antrag auf ein Patent für Ihr fliegendes Auto eingeben, in fettem, rotem Text sein müssen. Sie können natürlich einfach den Text markieren und über FORMAT | ZEICHEN den Text fett und rot machen (oder die Symbolleiste benutzen). Aber das ist zu viel Arbeit im Computer-Zeitalter. Sie sollten stattdessen eine Zeichen-Formatvorlage entwerfen, die nur »rot« und »fett« zuweist, das aber in einer ganz einfachen Aktion.

Die Follow-me-Formatvorlage

Wenn ich ein neues Kapitel in einem Buch beginne, fange ich mit der Formatvorlage KAPITELTITEL an. Direkt danach benutze ich die EINFÜHRUNGSABSATZ-Formatvorlage. Auf EINFÜHRUNGSABSATZ kommt FLIESSTEXT, gefolgt von FLIESSTEXT, FLIESSTEXT, FLIESSTEXT usw. Es gibt keinen Grund, immer die Formatvorlage zu ändern, weil Word gesagt werden kann, dass es die Formatvorlage automatisch wechseln soll.

In dem Dialogfenster NEUE FORMATVORLAGE (oder im FORMATVORLAGE ÄNDERN-Dialogfenster) gibt es ein Aufklappmenü, das FORMATVORLAGE FÜR FOLGEABSATZ heißt. Die Formatvorlage, die dort angezeigt wird, sagt Word, zu welcher Formatvorlage gewechselt werden soll, wenn Sie ⌈Enter⌉ drücken, um einen Absatz zu beenden. Normalerweise ist es dieselbe Formatvorlage, denn das macht fast immer Sinn. Aber wenn Sie wissen, dass die Formatvorlage sich ändert, können Sie von Word verlangen, dass Word diesen Wechsel für Sie vornimmt. Sie können bei KAPITELTITEL in dem Aufklappmenü FORMATVORLAGE FÜR FOLGE-ABSATZ die Formatvorlage EINFÜHRUNGSABSATZ vorgeben. Auf diese Art erscheint die Formatvorlage EINFÜHRUNGSABSATZ, sobald Sie ⌈Enter⌉ drücken, wenn Sie mit dem Kapiteltitel fertig sind. Sehr schön!

Um eine Zeichen-Formatvorlage zu erstellen, folgen Sie den Schritten, die im vorhergehenden Abschnitt beschrieben sind. Nach Schritt vier allerdings, im Dialogfenster NEUE FORMATVOR-LAGE, wählen Sie ZEICHEN aus der Liste bei FORMATVORLAGENTYP. Das stellt im Dialogfenster NEUE FORMATVORLAGE alles so um, dass Sie nur noch Formatierungen, die sich auf Zeichen beziehen, einrichten können. Sachen, die sich auf die Absatz-Ebene beziehen, sind nicht länger verfügbar.

Dann fahren Sie in dem Dialogfenster NEUE FORMATVORLAGE fort und wählen verschiedene Zeichen-Optionen. Wenn Sie fertig sind, klicken Sie auf OK, um die Formatvorlage anzulegen.

✔ Die Zeichen-Formatvorlagen wirken sich nicht auf Absatzformatierungen aus. Die Wahl einer Zeichen-Formatvorlage ändert nur die Schrift, den Schriftschnitt, die Größe, die Unterstreichung und so weiter.

✔ Hey! Wir leben im 21. Jahrhundert! Ich will mein fliegendes Auto, und zwar sofort!

 Ein Abschnitt in Kapitel 19 hat den Titel »Einen auffälligen Weiß-auf-Schwarz-Text erstellen«. Schlagen Sie dort nach, wenn Sie erfahren wollen, wie man weiße Schrift auf schwarzem Hintergrund erzeugt.

✔ Schlagen Sie darüber hinaus in Kapitel 18 im Abschnitt »Format-Diebstahl« nach, wo erklärt wird, wie man ganz schnell Zeichenformate zuweisen kann.

Eine Formatvorlage bearbeiten

Die Zeiten ändern sich, Formatvorlagen ändern sich. Nur Schlaghosen ändern sich nicht; sie waren einmal der letzte Schrei, und sie bestimmen auch jetzt schon wieder den Modetrend. Aber lassen Sie uns nicht abschweifen.

Times New Roman – der Fluch der Standard-Formatvorlage – ist eine wunderschöne Schriftart ..., wenn Sie Fliegen tragen und denken, dass Sushi der Name einer Pop-Sängerin ist. Times New Roman ist ein Arbeitspferd, das von jedem für beinahe alles gebraucht wird. Vielleicht wollen Sie es wieder auf die Weide bringen und eine andere Formatierung in Ihrer Standard-Formatvorlage verwenden. Falls ja, können Sie diese Veränderung durchführen.

Hier sind die Instruktionen, um eine Formatvorlage zu verändern – jede Formatvorlage, nicht nur die Standard-Formatvorlage.

1. **Rufen Sie den FORMATVORLAGEN UND FORMATIERUNG-Aufgabenbereich auf.**

    Klicken Sie auf die AA-Schaltfläche oder wählen Sie FORMAT | FORMATVORLAGEN UND FORMATIERUNG aus dem Menü.

2. **Zeigen Sie mit der Maus auf die Formatvorlage, die Sie ändern wollen.**

3. **Zeigen Sie das Menü der Formatvorlage an.**

   Schauen Sie auf Abbildung 16.3, um zu sehen, wo Sie klicken müssen.

4. **Wählen Sie FORMATVORLAGE ÄNDERN.**

   Das Dialogfenster NEUE FORMATVORLAGE erscheint, aber es heißt FORMATVORLAGE ÄNDERN, da diese Formatvorlage ja bereits existiert.

5. **Ändern Sie die Formatierung der Formatvorlage.**

   Sie können all die Formatierungsoptionen benutzen, um Ihre Formatvorlage zu ändern. Sie können auch neue Formatierungen hinzufügen oder auch eine Tastenkombination (was im nächsten Abschnitt beschrieben wird).

6. **Klicken Sie auf OK, wenn Sie fertig sind.**

   Schließen Sie auch den Aufgabenbereich, wenn Sie mit ihm fertig sind.

 Das Ändern einer Formatvorlage wirkt sich auf jeden dödeligen Absatz in Ihrem Dokument aus, der mit dieser Formatvorlage formatiert worden ist.

✔ Irgendwie ist das Ändern einer Formatvorlage cool; wenn Sie die erste Zeile in jedem Absatz einziehen müssen, dann ändern Sie einfach die Formatvorlage. Wenn Sie das Dialogfenster FORMATVORLAGE verlassen, übernehmen wundersamerweise alle Absätze diese Änderung.

✔ Wenn Sie ein für allemal die Formatvorlage STANDARD ändern wollen, müssen Sie die Dokumentvorlage NORMAL.DOT bearbeiten. Das wird in Kapitel 17 behandelt.

Ihrer Formatvorlage eine Tastenkombination zuweisen

Formatvorlagen erlauben Ihnen das schnelle Zuweisen von Formatierungen. Formatvorlagen-Tastenkombinationen setzen dem noch eins drauf, weil das Drücken von $\boxed{\text{Alt}} + \boxed{\text{Shift}} + \boxed{\text{T}}$

zum Zuweisen des Formats TITEL A noch schneller geht, als mit der Formatvorlagenliste oder mit dem Dialogfenster FORMATVORLAGE herumzuspielen – besonders, wenn Sie es mit einer ganzen Horde von Formatvorlagen zu tun haben.

Um Ihre Formatvorlage mit einer Tastenkombination zu verbinden, folgen Sie diesen Schritten:

1. **Rufen Sie den FORMATVORLAGEN UND FORMATIERUNG-Aufgabenbereich auf.**

2. **Wählen Sie das Menü-Ding der Formatvorlage (siehe Abbildung 16.3).**

3. **Wählen Sie ÄNDERN.**

   Das Dialogfenster FORMATVORLAGE ÄNDERN zeigt sich.

4. **Klicken Sie auf die Schaltfläche FORMAT.**

5. **Wählen Sie TASTENKOMBINATION aus dem Menü.**

   Ein kryptisches Dialogfenster TASTATUR ANPASSEN erscheint. Verschwenden Sie keine Zeit darauf, es irgendwie erschließen zu wollen. Gehen Sie weiter zu Schritt 6.

6. **Drücken Sie die gewünschte Tastenkombination.**

   Verwenden Sie die `Strg`+`Shift` + Buchstabentaste oder `Strg`+`Alt` + Buchstabentaste oder `Shift`+`Alt` + Buchstabentaste, wobei Buchstabentaste für jeden beliebigen Buchstaben steht, den Sie auf der Tastatur drücken können. Drücken Sie beispielsweise `Strg`+`Alt`+`S`, um die Formatvorlage TITEL A mit einer Tastenkombination zu versehen.

   Sie werden feststellen, dass die gedrückte Tastenkombination im Feld NEUE TASTENKOMBINATION erscheint (rechts mittig im Dialogfenster). Falls Sie einen Fehler machen, benutzen Sie die `Backspace`-Taste, um sie zu löschen.

7. **Prüfen Sie, ob die Tastenkombination noch nicht benutzt wird.**

   Wenn Sie beispielsweise `Strg`+`Alt`+`T` drücken, ist auf meinem Computer diese Tastenkombination schon für das Zeichen (tm) vergeben. Diese Information erscheint im Feld unter der Tastenkombination bei DERZEIT ZUGEWIESEN AN. Behalten Sie dieses Feld im Auge! Falls die Tastenkombination also schon belegt ist, drücken Sie die Rücktaste und kehren zu Schritt 5 zurück.

 Nebenbei: Die Tastenkombination `Strg`+`Shift`+`B` weist auch das Textformat fett zu. Meiner Meinung nach können Sie ruhig diese Kombination für eine Ihrer Formatvorlagen benutzen: `Strg`+`B` macht das gleiche und ist viel einfacher zu tippen.

Wenn die Tastenkombination von keiner anderen Funktion belegt ist, sehen Sie [NICHT ZUGEWIESEN] neben der Überschrift DERZEIT ZUGEWIESEN AN.

8. **Klicken Sie auf die Schaltfläche ZUORDNEN.**

9. **Klicken Sie auf die Schaltfläche SCHLIESSEN.**

Das Dialogfenster TASTATUR ANPASSEN macht sich vom Acker.

10. Klicken Sie auf die Schaltfläche OK.

Das Dialogfenster FORMATVORLAGE ÄNDERN verzieht sich.

Sie können auch den Aufgabenbereich schließen, wenn Sie genug von ihm haben.

Herzlichen Glückwunsch; Sie haben nun eine praktische Tastenkombination für Ihre Format-vorlage. Probieren Sie es gleich mal aus: Klicken Sie den Zahnstocher-Cursor in einen Absatz und drücken Sie die Tasten. Tusch! Die Formatierung wird hinzugefügt.

Eine Formatvorlage löschen

Sie können jede Formatvorlage löschen, die Sie angelegt haben. Es ist ganz einfach: Zeigen Sie den FORMATVORLAGEN UND FORMATIERUNG-Aufgabenbereich an, wählen Sie die Formatvorlage aus und wählen Sie LÖSCHEN aus ihrem Menü. Sie werden gefragt, ob Sie sich sicher sind, dass Sie die Formatvorlage löschen wollen. Wählen Sie JA, um sie tatsächlich zu löschen.

Sie können die Formatvorlagen STANDARD, ÜBERSCHRIFT oder ABSATZ-STANDARD-SCHRIFTART nicht löschen.

Formatvorlagen richtig verwenden

Sie verwenden eine Formatvorlage nicht, sondern weisen sie vielmehr zu. Die Zeichen- und Absatzformatierungen, die in einer Formatvorlage sorgfältig gespeichert sind, werden einem Text auf dem Bildschirm zugewiesen oder einem markierten Textabschnitt oder einem Text, den Sie noch schreiben wollen.

Schritt für Schritt ist es einfach, eine Formatvorlage zuzuweisen:

1. Entscheiden Sie sich, welcher Text die Formatvorlage erhalten soll.

Ist es ein Absatz, der sich schon auf dem Bildschirm befindet, dann setzen Sie einfach Ihren Zahnstocher-Cursor irgendwo in den Absatz. Oder Sie wählen einen Textabschnitt aus. Anderenfalls wird die Vorlage jedem neuen Text, den Sie tippen, zugewiesen.

2. Wählen Sie eine Vorlage aus der FORMAT-Symbolleiste.

Oder wenn der FORMATVORLAGEN UND FORMATIERUNG-Aufgabenbereich sichtbar ist, können Sie die Formatvorlage dort auswählen, obwohl das wirklich Bildschirm-Platzverschwen-dung wäre, wenn Sie nur eine Formatvorlage auswählen und nicht erstellen.

Denken Sie an die Unterschiede zwischen Absatz- und Zeichen-Formatvorlagen. Sie können eine Absatz-Formatvorlage nicht einem einzelnen Wort in einem Absatz zuweisen. Die Formatvorlage wirkt sich stattdessen auf den ganzen Absatz aus.

✔ Sie können eine Formatvorlage auch über eine Tastenkombination zuweisen. Sehen Sie sich noch einmal die sauber nummerierte Anleitung in dem vorherigen Abschnitt an.

Wenn Sie in Ihrem Dokument nur einige wenige Formatvorlagen benutzen wollen, dann können Sie die überflüssigen auch aus dem Ausklappmenü löschen. Öffnen Sie dazu den Aufgabenbereich Formatvorlage und wählen Sie dort aus dem Ausklappmenü ANZEIGEN BENUTZTE FORMATIERUNGEN. Damit werden die angezeigten Formatvorlagen auf die tatsächlich benutzten beschränkt.

✔ Um Ihrem gesamten Dokument eine Formatvorlage zuzuweisen, wählen Sie BEARBEITEN | ALLES MARKIEREN. Dann wählen Sie die Formatvorlage, die Sie für alles haben wollen.

Die vorgegebenen Überschriften-Formatvorlagen einsetzen

Es gibt drei (oder mehr) Überschriften-Formatvorlagen in Word. Sie können diese Formate verwenden, wenn Sie Ihr Dokument in verschiedene Abschnitte mit unterschiedlichen Überschriften untergliedern wollen. Sie müssen es nicht tun, aber wenn Sie es tun, hat es gewisse Vorteile.

Zum Beispiel gibt es in diesem Kapitel Hauptüberschriften wie zum Beispiel »Formatvorlagen richtig verwenden«, und es gibt Unterüberschriften wie »Ihrer Formatvorlage eine Tastenkombination zuweisen«. Die Hauptüberschriften wurden mit der Formatvorlage ÜBERSCHRIFT 1 formatiert. Den Subunterschriften wurde die ÜBERSCHRIFT 2 zugewiesen.

Zugegeben, so wie die Überschriftenformatierungen daherkommen, sind sie hässlich. Aber Sie können sie ja so überarbeiten, dass sie dem Zweck Ihres Dokuments gerechter werden. Schlagen Sie im Abschnitt »Eine Formatvorlage bearbeiten« nach, um herauszufinden, wie man Aussehen und Geruch einer Formatvorlage ändert.

Welchen Vorteil hat es, die Überschriften-Formatvorlagen zu benutzen? Der erste besteht darin, dass Sie die Überschriften angezeigt bekommen, wenn Sie am Aufzugsknopf im Rollbalken ziehen. Außerdem können Sie die Suchschaltflächen unterm vertikalen Rollbalken benutzen, um durch Ihr Dokument zu hüpfen und bei den verschiedenen Überschriften-Formatvorlagen zu stoppen. All das wird in Kapitel 3 behandelt, falls es Sie näher interessiert.

✔ Überschriften-Formatvorlagen können wie auch STANDARD UND ABSATZ-STANDARDSCHRIFT-ART nicht aus dem Dokument gelöscht werden.

✔ Es gibt eigentlich noch mehr Überschriften-Formatvorlagen, die Word zur Verfügung hat, von ÜBERSCHRIFT 1 bis runter zu ÜBERSCHRIFT 9. Diese kommen meistens dann ins Spiel, wenn Sie Words Gliederungsfunktionen benutzen. Siehe Kapitel 25.

Die verschiedenen Formatvorlagen organisieren

Formatvorlagen können wie Sammelbildchen sein. Und das sollten sie auch! Falls Sie ein Dokument mit ganz tollen Formatvorlagen erstellt haben, wäre es ja nett, diese auch für verschiedene andere Dokumente benutzen zu können. Das ist ganz einfach, und die Formatvorlage muss dazu auch nicht neu erstellt werden (und Sie brauchen dazu auch keine Dokumentvorlage, die in Kapitel 17 behandelt wird).

Um Ihre Formatvorlagen zu organisieren, benötigen Sie das Dialogfenster »Organisieren«. Und das ist leider nicht so einfach zu finden:

1. **Rufen Sie den FORMATVORLAGEN UND FORMATIERUNG-Aufgabenbereich auf.**

2. **Wählen Sie BENUTZERDEFINIERT aus der ANZEIGEN-Liste.**

   (Die ANZEIGEN-Liste ist unten im Aufgabenbereich.)

   Das FORMATIERUNGSEINSTELLUNGEN-Dialogfenster erscheint, was Sie aber zum größten Teil ignorieren können.

3. **Klicken Sie auf die FORMATVORLAGEN-Schaltfläche.**

   Fast fertig: Das FORMATVORLAGE-Dialogfenster erscheint. Ignorieren Sie es und ...

4. **Klicken Sie auf die ORGANISIEREN-Schaltfläche.**

   Endlich! Das ORGANISIEREN-Dialogfenster erscheint und zeigt das FORMATVORLAGEN-Register an, wie es in Abbildung 16.5 gezeigt wird.

Der Zweck dieses Dialogfensters ist die Verwaltung von Formatvorlagen (und anderer Sachen, aber dieses Kapitel dreht sich um Formatvorlagen). Dies geschieht, indem man Formatvorlagen zwischen verschiedenen Dokumenten und Dokumentvorlagen in Word austauscht.

Sie sehen beispielsweise in Abbildung 16.5 in der linken Liste die Formatvorlagen, die in Ihrem Dokument zur Verfügung stehen. In der rechten Liste befinden sich die Formatvorlagen, die es in der NORMAL.DOT gibt. (NORMAL.DOT ist eine Datei, die alle Standardeinstellungen von Word enthält.)

Wählen Sie von einer Seite des Dialogfensters die Formatvorlage, die Sie kopieren wollen. Nachdem Sie die Formatvorlage ausgewählt haben, klicken Sie auf die Schaltfläche KOPIEREN, um sie auf die andere Seite zu kopieren. So werden Formatvorlagen zwischen zwei Dokumenten und Dokumentvorlagen hin- und herkopiert.

Um ein anderes Dokument oder eine andere Dokumentvorlage auszuwählen, klicken Sie auf die Schaltfläche DATEI SCHLIESSEN. Danach verwandelt sich diese Schaltfläche in eine mit der Beschriftung DATEI ÖFFNEN, die Sie nun anklicken, um ein anderes Word-Dokument von der Festplatte zu öffnen. Sobald dies geöffnet ist, erscheint seine Liste der Formatvorlagen im Dialogfenster.

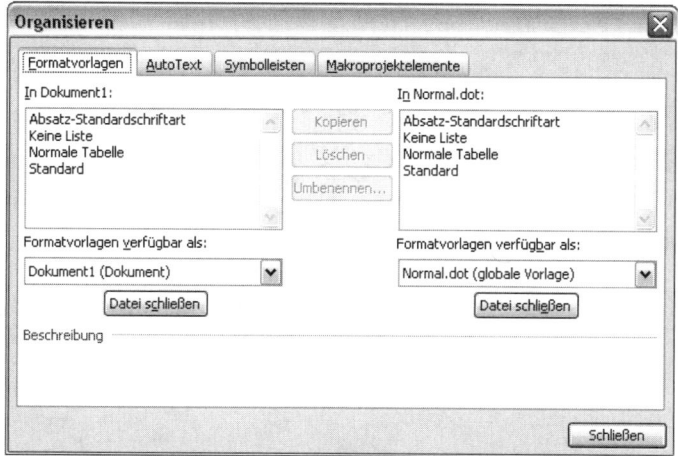

Abbildung 16.5: Das ORGANISIEREN-*Dialogfenster ist tief in Words Keller versteckt.*

Klicken Sie auf die Schaltfläche SCHLIESSEN, wenn Sie alle Formatvorlagen neu verteilt haben.

✔ Wie Sie sehen, können Sie das Dialogfenster ORGANISIEREN auch dazu verwenden, Ihre AutoText-Einträge, Symbolleisten und Makros (die zu einem Spezialistenwissen gehören, das nicht in diesem Buch abgedeckt wird) zu verwalten. Genau wie Formatvorlagen können Sie AutoText-Einträge oder spezielle Symbolleisten von einem Dokument zu einem anderen oder zwischen Dokumentvorlagen in dem ORGANISIEREN-Dialogfenster kopieren.

✔ Siehe auch Kapitel 17, um herauszufinden, was genau eine Dokumentvorlage ist.

Mit Dokumentvorlagen arbeiten

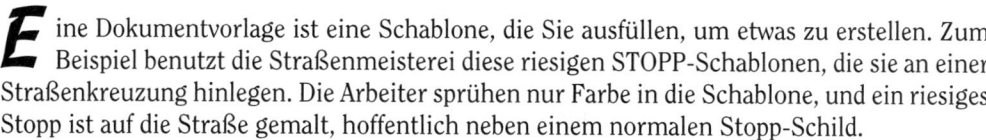

E ine Dokumentvorlage ist eine Schablone, die Sie ausfüllen, um etwas zu erstellen. Zum Beispiel benutzt die Straßenmeisterei diese riesigen STOPP-Schablonen, die sie an einer Straßenkreuzung hinlegen. Die Arbeiter sprühen nur Farbe in die Schablone, und ein riesiges Stopp ist auf die Straße gemalt, hoffentlich neben einem normalen Stopp-Schild.

Eine Dokumentvorlage in Word funktioniert wie diese STOPP-Schablone. Es handelt sich dabei eigentlich um ein Skelett eines Dokuments, dem Sie Text hinzufügen können (indem Sie tippen, nicht sprayen). Die Vorlage enthält hauptsächlich Formatvorlagen, obwohl Sie auch Text, Grafik und eigene Symbolleisten enthalten kann. Dieses Kapitel behandelt dies alles (bis auf den Teil mit den Symbolleisten, der in Kapitel 28 Thema ist).

Ein Loblied auf die Dokumentvorlage

Dokumentvorlagen sind etwas wirklich Nützliches. Ich benutze sie, um Faxe zu versenden, Briefe zu schreiben und so weiter. Dieses Buch hat seine eigene »Dummies-Dokumentvorlage«, die alle Formatvorlagen, die in diesem Buch vorkommen, enthält. Immer wenn ich ein neues Kapitel beginne, wähle ich die Dummies-Dokumentvorlage, so dass alle Absätze, Überschriften, Einzüge und so weiter genau so aussehen, wie der Herausgeber es wünscht, was ihn sehr glücklich macht, hoffe ich jedenfalls.

Es lohnt sich, für jede Art von Dokument, das Sie regelmäßig benutzen, eine Dokumentvorlage zu erstellen. Die folgenden Abschnitte werden erklären, wie das funktioniert:

✔ Wenn Sie sich nicht anders entscheiden, benutzt Word die Normal-Dokumentvorlage, die auch als NORMAL.DOT bekannt ist.

✔ Lesen Sie den Abschnitt »Die Dokumentvorlage NORMAL.DOT verstehen« etwas später in diesem Kapitel, um mehr über die NORMAL.DOT zu erfahren.

✔ Ich empfehle, zuerst das Dokument und dann die Vorlage zu erstellen, die auf diesem Dokument beruht. Nur wenn Sie richtig fit in Word-Formatierung und Formatvorlagen sind, sollten Sie versuchen, eine Dokumentvorlage direkt neu zu erstellen. Und selbst dann müssen Sie wohl gelegentlich zurück und ein paar Sachen nachbessern.

Eine Dokumentvorlage verwenden

Word hat schon einen ganzen Sack voll eigener Dokumentvorlagen, mit denen Sie nicht nur verstehen können, wie Dokumentvorlagen benutzt werden, sondern mit denen Sie auch schnell benutzerdefinierte Dokumentvorlagen anlegen können, die auf diesen vorgefertigten Vorlagen aufbauen. Um eine Dokumentvorlage zu verwenden, folgen Sie diesen Schritten:

1. **Wählen Sie DATEI | NEU.**

   Dadurch wird der Aufgabenbereich NEUES DOKUMENT aufgerufen.

2. **Suchen Sie die Vorlage, die Sie benutzen wollen.**

   Hier finden Sie unter dem Stichpunkt VORLAGEN drei Möglichkeiten, um Vorlagen aufzurufen. Die erste ist Office-Online, eine Webseite, die von Microsoft betrieben wird. Hier finden Sie interessante Dokumentvorlagen, die Sie alle mal erforschen sollten, wenn Sie sonst nichts zu tun haben und auch nichts im Fernsehen läuft.

   EIGENE WEBSEITE verweist Sie an eine beliebige Webseite, auf der Sie Dokumentvorlagen finden können. Hierbei müssen Sie allerdings die Internetadresse kennen.

   Der Bereich ANDERE VORLAGEN umfasst die Vorlagen, die auf Ihrem Computer entworfen und gelagert worden sind.

3. **Wählen Sie eine kürzlich benutzte Vorlage aus.**

   Wenn Sie in dieser Liste eine Vorlage finden, wie etwa DREHBUCH.DOT, die Sie gesucht haben, dann klicken Sie einfach drauf und fertig! Wenn nicht, dann machen Sie weiter mit Schritt 4.

4. **Klicken Sie auf EIGENER COMPUTER.**

   Das VORLAGEN-Dialogfenster wird angezeigt (siehe Abbildung 17.1). Dieses Dialogfenster enthält viele Register voller Vorlagen, Assistenten und was auch immer. Das ALLGEMEIN-Register wird in Abbildung 17.1 angezeigt (dort erscheinen alle Vorlagen, die Sie entwerfen).

5. **Wählen Sie eine Vorlage.**

   Vorlagen sind in Kategorien organisiert, die durch die Register in dem Dialogfenster repräsentiert werden. Klicken Sie zum Beispiel auf das Register BRIEFE & FAXE. Sie sehen dann verschiedene Vorlagen und Assistenten.

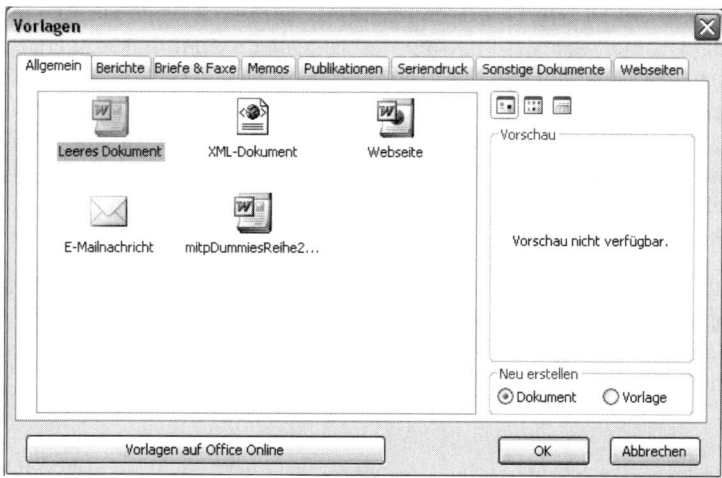

Abbildung 17.1: Das Dialogfenster VORLAGEN

Die Assistenten sind Programme, die Sie Schritt für Schritt durch das Erstellen eines neuen Dokuments führen.

Vorlagen sind spezielle Word-Dokumente, die verschiedene Formatvorlagen und zusätzlich vielleicht noch etwas Text oder Grafiken enthalten – genug, damit Sie anfangen können. Zum Beispiel gibt es in der Vorlage »Professioneller Brief« aus dem Register BRIEFE & FAXE viele Felder, die nur ausgefüllt werden müssen, genau an den richtigen Stellen, wie es sich für einen typischen Geschäftsbrief gehört.

Die Dokumentvorlage LEERES DOKUMENT in dem Register ALLGEMEIN ist die Vorlage NORMAL.DOT. Das ist die Vorlage, die Word immer dann benutzt, wenn Sie ein neues Dokument beginnen. Langweilig.

6. Klicken Sie auf OK.

Word startet ein neues Dokument mit allen Definitionen aus der Vorlage, also Schriften, Formatvorlagen und so weiter, so dass Sie sofort loslegen können. Sie können alle Formatvorlagen, die in der Dokumentvorlage zusammengefasst sind, benutzen und den in der Vorlage bereits vorbereiteten Text sehen oder bearbeiten.

✔ Das Öffnen eines Dokuments über eine Dokumentvorlage ändert nichts an der Dokumentvorlage; Ihr neues Dokument benutzt nur die Formatvorlagen und den Text aus der Vorlage. Wie Sie eine Dokumentvorlage bearbeiten, erfahren Sie später in diesem Kapitel.

✔ Schauen Sie in Kapitel 18, um mehr über Assistenten zu erfahren.

Ja, Sie können Word als E-Mail-Editor benutzen, solange Sie Microsofts Outlook-oder Outlook-Express-Programm als E-Mail-Programm benutzen. Sie können eine neue E-Mail-Nachricht schreiben, indem Sie die E-MAILNACHRICHT-Vorlage aus dem Vorlagen-Dialogfenster (siehe auch Abbildung 17.1) benutzen. Oder Sie klicken auf die E-MAIL-Schaltfläche in der Symbolleiste, um eine neue Nachricht zu schreiben. In diesem Fall wird Word nur als E-Mail-Editor benutzt. Aber da das ein Buch über die Grundlagen der Textverarbeitung ist, müssen Sie woanders nachschlagen, wenn Sie wissen wollen, wie Outlook oder Outlook Express mit Word zusammenarbeiten.

✔ Einige von Words Vorlagen können auch benutzt werden, um eine Webseite zu entwerfen. Ehrlich gesagt, ist Word ein lausiger Webseiten-Gestalter. Wenn Word wirklich ein so gutes Webseiten-Erstellungs-Tool ist, warum muss Microsoft dann sein FrontPage-Programm entwickeln und verkaufen?

Eine Dokumentvorlage erstellen

Es ist einfach, eigene Vorlagen zu erstellen – und nützlich. Sie werden bei der Textverarbeitung wohl bald feststellen, dass Sie eine ganze Menge gleichartiger Dokumente erstellen. Anstatt nun immer wieder von vorn anzufangen, brauchen Sie nur eine Vorlage zu entwerfen und Ihr Dokument auf dieser Vorlage aufzubauen. Alle Ihre Formatvorlagen sind in dieser Vorlage gespeichert, so dass Sie sie nicht für ein neues Dokument erneut anlegen müssen.

Um eine Vorlage zu erstellen, folgen Sie diesen Schritten:

1. **Suchen Sie ein Dokument, das als Vorlage für die Vorlage gelten soll.**

    Auch wenn Sie eine Vorlage ganz neu erstellen können, habe ich die Erfahrung gemacht, dass es besser ist, mit irgendetwas anzufangen. Sie können mit einem Dokument anfangen, das Sie bereits erstellt haben, oder Sie erstellen ein neues Dokument.

    Wenn Sie ein neues Dokument anlegen, brauchen Sie nur alle Formatvorlagen, die Sie benutzen wollen und den allgemeinen Text dort hineinzupacken. Zum Beispiel enthält meine BUCH-Vorlage (wenn ich mal aufhöre, Computerbücher zu schreiben, und mit »echten« Büchern anfange) all die Formatvorlagen, die ich für das Schreiben von Büchern brauche und zusätzlich das Wort *Kapitel* am Anfang jeder Seite. Denn jedes Dokument ist ein eigenständiges Kapitel, und ich spare mir mit dem Text *Kapitel* schon in der Dokumentvorlage wertvolle Tipp-Energie-Moleküle.

    Wenn Sie ein bereits existierendes Dokument benutzen, speichern Sie es noch einmal, um ganz sicher zu gehen. Als Nächstes schmeißen Sie allen Text raus, den Sie nicht in der Dokumentvorlage haben wollen. Löschen Sie alle Grafiken, die Sie nicht in der Dokumentvorlage haben wollen. Bearbeiten Sie die Kopf- und Fußzeile, so dass sie nur die Sachen enthalten, die Sie in Ihrer Dokumentvorlage brauchen.

 Abbildung 17.2 zeigt eine meiner Beispiel-Dokumentvorlagen mit einem bisschen Text und Grafiken. Denken Sie daran, dass die Dokumentvorlage nur die Formatvorlagen enthalten soll, die Sie für das Dokument brauchen, plus dem Text, der für alle Dokumente gleich ist. In Abbildung 17.2 ist nur der Text eingefügt, der immer identisch ist. Anderer Text wurde eingefügt, um dem Anwender bei der Erstellung eines neuen Dokuments zu helfen.

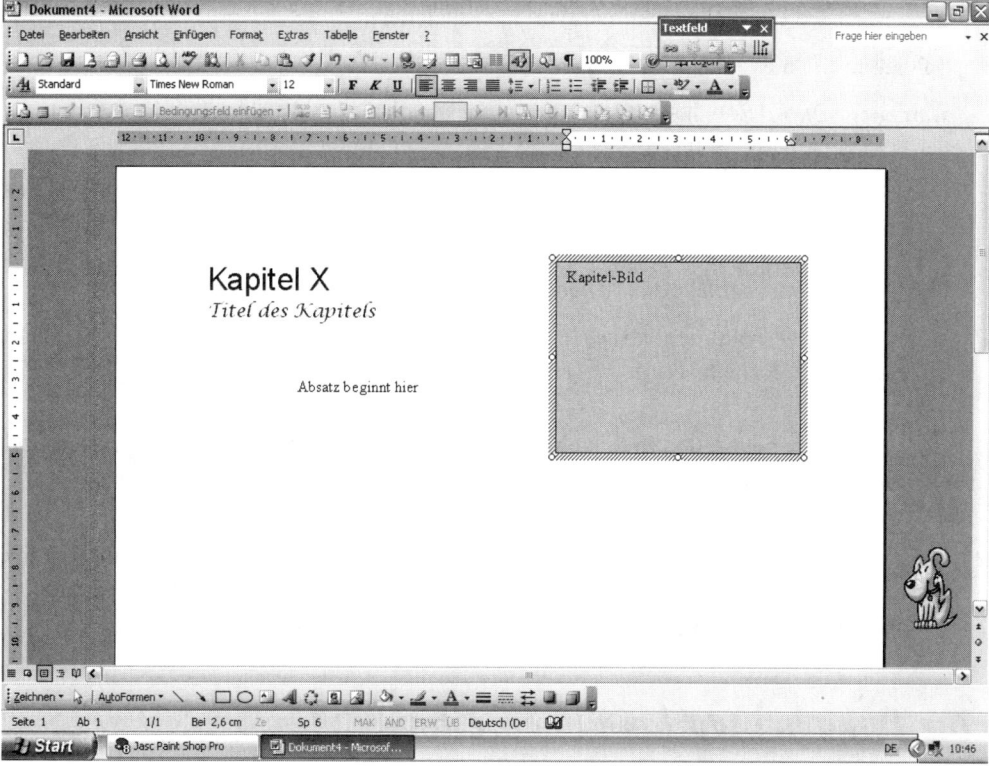

Abbildung 17.2: Eine Beispiel-Dokumentvorlage, mit Liebe erstellt

2. Wählen Sie DATEI | SPEICHERN UNTER.

Das Dialogfenster SPEICHERN UNTER erscheint. Es ist dasselbe Dialogfenster, das Word auch benutzt, um etwas anderes zu speichern. Schlagen Sie in Kapitel 8 nach, wenn Sie eine Auffrischung benötigen.

3. Geben Sie einen Namen für Ihre Dokumentvorlage ein.

Der Name kommt in das DATEINAME-Kästchen. Seien Sie informativ.

Sie müssen das Wort »Vorlage« nicht im Namen verwenden.

4. **Aus dem DATEITYP-Aufklappmenü wählen Sie DOKUMENTVORLAGE.**

   Aha! Das ist das Geheimnis. Das Dokument muss als Dokumentvorlage gespeichert werden. Wenn Sie diesen Punkt wählen, wird Word angewiesen, das Dokument als eine Dokumentvorlage in Words speziellen Vorlagen-Ordner zu speichern. Word nimmt Ihnen viel Arbeit ab, aber Sie müssen als Dateityp DOKUMENTVORLAGE wählen.

5. **Klicken Sie auf SPEICHERN.**

   Ihre Mühen werden nun als Dokumentvorlage gespeichert, schön eingepackt an dem richtigen Platz, wo Word alle Dokumentvorlagen speichert.

6. **Schließen Sie die Dokumentvorlage.**

   Wählen Sie DATEI | SCHLIESSEN oder klicken Sie auf die X-Schaltfläche, um das Fenster mit der Vorlage zu schließen.

✔ Sie sollten das Fenster schließen, da jede Änderung, die Sie ab jetzt vornehmen, an der Vorlage gemacht werden würde. Wenn Sie mit der Dokumentvorlage ein neues Dokument anlegen wollen, müssen Sie die Vorlage aus dem VORLAGE-Dialogfenster wählen, wie es vorher in diesem Kapitel beschrieben wurde.

✔ Wenn Sie zu der Dokumentvorlage zurückkehren wollen, um sie zu bearbeiten, schauen Sie in den nächsten Abschnitt.

 Denken Sie an den Zweck einer Dokumentvorlage: Sie soll Formatvorlagen und oft genutzte Informationen an einem einzigen Ort speichern.

✔ Sie können einer Vorlage jeden Namen geben, aber wenn Sie den Namen einer bereits existierenden Dokumentvorlage wählen, warnt Word Sie. Das ist der übliche Speicher-Kram, Wählen Sie einfach einen anderen Namen und schon geht es weiter.

Eine Dokumentvorlage bearbeiten

Das Ändern oder Bearbeiten der Dokumentvorlage funktioniert genauso wie bei einem normalen Dokument. Der Unterschied besteht darin, dass Sie eine Dokumentvorlage öffnen anstatt ein Dokument. Das macht nur einen kleinen Unterschied, ist aber wichtig, weil Vorlagen nicht wirklich Dokumente sind.

1. **Wählen Sie DATEI | NEU.**

   Der Aufgabenbereich NEUES DOKUMENT erscheint.

2. **Suchen Sie Ihre Vorlage aus der Liste oder klicken Sie auf EIGENER COMPUTER, um das Dialogfenster VORLAGEN zu öffnen und dort einen Vorlage auszuwählen.**

   Ja, stimmt, damit öffnen Sie keine Vorlagen, sondern ein Dokument, das eine Vorlage benutzt. So geht's aber schneller.

3. **Nehmen Sie Ihre Änderungen vor.**

Bearbeiten Sie das Dokument so, wie Sie es brauchen. Denken Sie daran, dass Sie in Wirklichkeit kein Dokument, sondern eine Dokumentenvorlage bearbeiten.

4. **Speichern Sie die veränderte Vorlage mittels DATEI | SPEICHERN UNTER.**

5. **Benennen Sie die Vorlage neu oder behalten Sie den alten Namen.**

6. **Wählen Sie den Punkt DOKUMENTVORLAGE aus dem Ausklappmenü DATEITYP.**

7. **Klicken Sie auf den SPEICHERN-Knopf.**

Wenn Word Sie fragt, ob Sie tatsächlich die alte Vorlage überschreiben wollen, antworten Sie mit JA. Andernfalls hätten Sie vorher einen anderen Namen vergeben sollen.

Alle Änderungen, die Sie in einer Dokumentvorlage durchführen, wirken sich nicht auf Dokumente aus, die Sie bereits vorher mit dieser Dokumentvorlage erstellt haben. Die Änderungen machen sich erst in den neuen Dokumenten bemerkbar, die auf Basis dieser Vorlage erstellt werden.

Das Geheimnis des unheimlichen Verstecks Ihrer Vorlagen auf der Festplatte (nur für Leute mit starken Nerven)

Ich finde es einfacher, Vorlagen so zu bearbeiten, wie ich es Ihnen eben erklärt habe (»Eine Dokumentvorlage bearbeiten«) als sich mit Hilfe des Öffnen-Fensters in die Untiefen der Festplatte aufzumachen und den wahren Speicherplatz Ihrer Vorlagen zu finden. Word verbirgt den Speicherort leider viel zu gut für die meisten Leute.

Dabei ist der Speicherort nicht wirklich ein Geheimnis, man kommt einfach nur so schlecht dahin. In Windows XP haben alle Benutzer des Systems einen eigenen Ordner im Ordner Dokumente und Einstellungen. Wenn Sie Ihren Ordner öffnen finden Sie einen geheimen und versteckten Ordner mit Namen ANWENDUNGSDATEIEN. Hier verstecken viele Anwendungen bestimmte Daten. Im Falle von Word sind hier die Dokumentvorlagen im Ordner MICROSOFT\VORLAGEN abgespeichert.

Ganz ehrlich: Ich weiß nicht, ob selbst Indiana Jones diese Daten auftreiben könnte.

Technisch gesprochen lautet der Ort der Vorlagen:

C:\DOKUMENTE UND EINSTELLUNGEN\HIERSTEHTIHRBENUTZERNAME\ANWENDUNGSDATEN\MICROSOFT\VORLAGEN

Mit HIERSTEHTIHRBENUTZERNAME meine ich natürlich den Namen Ihres Benutzerkontos auf dem Computer. Viel Spaß bei der Jagd!

Eine Dokumentvorlage einem Dokument hinzufügen

Dokumente haben Dokumentvorlagen, wie Leute Namen haben. Meistens werden die Dokumente mit ihren Dokumentvorlagen geboren. Entweder suchen Sie die Vorlage aus dem VORLAGEN-Dialogfenster (siehe Abbildung 17.1) oder Sie legen einfach ein neues Dokument an, in diesem Fall wird NORMAL.DOT als Vorlage benutzt. Aber was ist, wenn Sie die Dokumentvorlagen ändern wollen?

Sie können Dokumentvorlagen nicht so einfach wechseln. Sie müssen dem Dokument eine neue Dokumentvorlage hinzufügen. Hier kommt, wie:

1. **Öffnen Sie das verwaiste Dokument.**

   Dieses Dokument ist dasjenige, das Sie ändern wollen. Es kann schon einen Dokumentvorlage haben oder auch keine, das spielt keine Rolle.

2. **Wählen Sie EXTRAS | VORLAGEN UND ADD-INS.**

3. **Klicken Sie auf die Registerkarte VORLAGEN.**

   Was Sie jetzt sehen, sollte wie Abbildung 17.3 aussehen. Hier wird gerade die Vorlage NORMAL.DOT benutzt, was bedeutet, dass eigentlich gar keine Vorlage benutzt wird.

Abbildung 17.3: Das Dialogfenster DOKUMENTVORLAGEN UND ADD-INS

4. **Klicken Sie auf die Schaltfläche HINZUFÜGEN.**

   Word zeigt das Dialogfenster VORLAGE HINZUFÜGEN an, das dem Dialogfenster ÖFFNEN sehr ähnlich ist, so dass ich hier wohl keine Abbildung davon zeigen muss. Normalerweise öffnet sich dieses Dialogfenster in dem Vorlagen-Ordner, wo Sie wohl die Dokumentvorlage gespeichert haben, die Sie jetzt auswählen wollen.

5. **Wählen Sie die Dokumentvorlage, die Sie hinzufügen wollen.**

6. **Klicken Sie auf den Knopf ÖFFNEN.**

7. **Klicken Sie auf OK.**

    Die Formatvorlage (und Symbolleisten und Makros), die in dieser Dokumentvorlage gespeichert sind, stehen nun für Ihr Dokument zur Verfügung.

Beachten Sie, dass eine neue Vorlage nicht Texte oder Grafiken zu Ihrem Dokument hinzufügt, sondern nur die Formatvorlage (und Symbolleisten und Makros).

Sie können auch die angeführten Schritte unternehmen, um die Hinzufügung einer Vorlage wieder rückgängig zu machen. Wählen Sie dazu die Datei NORMAL.DOT aus.

Die Dokumentvorlage Normal.dot verstehen

Die Normalvorlage ist ein ganz besonderes Biest. Auch NORMAL.DOT genannt (ihr alter MS-DOS-Dateiname), ist die Normalvorlage diejenige, in der Word alle Einstellungen für neue Dokumente gespeichert hat, die Sie mit $\boxed{\text{Strg}}$+$\boxed{\text{N}}$ oder mit Klick auf das Symbol NEU starten.

NORMAL.DOT erscheint im Dialogfenster NEU (siehe Abbildung 17.1) als die Vorlage LEERES DOKUMENT.

Und warum ist das nun wichtig? Weil Sie die Normalvorlage ändern können, falls Sie die Standardschriftgröße und -art (oder jegliche andere Formatierung) bearbeiten möchten, die Word verwendet, wenn es ein neues Dokument öffnet. Ändern Sie die Schrift und die Einzüge für den Standardstil, dann speichern Sie NORMAL.DOT zurück auf die Festplatte. Das ist alles.

Nachdem ich Ihnen das verraten habe, möchte ich Sie waren, die NORMAL.DOT zu sehr zu verändern. Es ist nicht schlecht, die NORMAL.DOT als Ausgangsstandard zu verwenden. Fertigen Sie also lieber neue Vorlagen an.

✔ NORMAL.DOT erscheint im Aufgabenbereich NEUES DOKUMENT als Vorlage LEERES DOKUMENT.

✔ Lesen Sie den Abschnitt »Eine Dokumentvorlage bearbeiten« etwas früher in diesem Kapitel, um mehr Informationen darüber zu erhalten, wie Sie NORMAL.DOT finden und ändern können.

✔ Wenn Sie nur die Standard-Schriftart ändern wollen, lesen Sie in Kapitel 11 den Abschnitt »Die Standardschriftart ändern«.

Formatierungstricks

18

In diesem Kapitel

▷ Die Formatierungen des Dokuments überprüfen

▷ Mit Feldern spielen

▷ Farbiger Text

▷ Eine Seite mittig ausrichten

▷ Spaß mit Klicken und eingeben

▷ Zeichenformatierungen ausleihen

▷ AutoFormat-Befehle und -Tricks

▷ Words Assistenten

*N*ichts bringt ein gähnendes Word-Dokument mehr auf Trab als eine koffeinierte Formatierung. Dieser Teil des Buches beschäftigt sich mit Formatierungen, einschließlich der Vorteile, die Format- und Dokumentvorlagen bringen, indem sie die Sache vereinfachen. Nun ist es Zeit für etwas Spaß.

Diese Kapitel enthält Tipps und Tricks, die Ihnen die Formatierungsaufgaben etwas leichter machen. Die Abschnitte dieses Kapitels sind die Kleinkramschublade mit lauter nützlichen Sachen, die ich in vielen Jahren als Word-Anwender gesammelt habe. Manche dieser Vorgehensweisen werden Ihnen vielleicht momentan nicht sehr nützlich vorkommen, also machen Sie sich hier ein Eselsohr für späteres Studium im fortgeschritteneren Word-Anwender-Stadium.

Was ist mit dieser Formatierung los!?

Ah, das Geisterformat! Sie prüfen Ihr letztes Meisterstück und bemerken – genau da macht er sich über Sie lustig – einen Absatz, der nicht richtig zu passen scheint. Irgendetwas stimmt nicht mit der Formatierung, aber was? Um herauszufinden, was mit diesem Stück Text los ist, könnten Sie den Zahnstocher-Cursor in diesen Absatz stellen und ein paar Formatierungsbefehle ausprobieren, bis Sie entdecken, wo das Problem liegt. Man muss nicht betonen, dass dies eine grässliche Methode ist, etwas über die Formatierung des Dokuments herauszufinden.

Ein toller Trick, Ihrem Text den Schleier herunterzuziehen, ist das Drücken der Tastenkombination `Shift` + `F1`. Der Aufgabenbereich FORMATIERUNG ANZEIGEN erscheint. Word beschreibt genau, was zum Teufel mit den Formatierungen los ist, in dem Aufgabenbereich FORMATIERUNG ANZEIGEN, wie Sie es in Abbildung 18.1 sehen können.

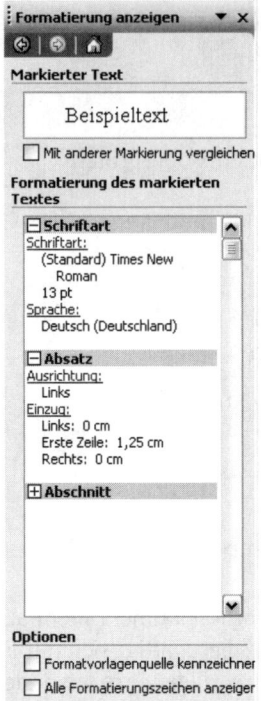

Abbildung 18.1: Drücken Sie die Shift-Taste + F1, um die Textformatierungen auszuspionieren.

Der Aufgabenbereich FORMATIERUNG ANZEIGEN gibt Ihnen Informationen über die Zeichen, die Sprache, Format und andere Leckerlis, alle in einer Liste aufgeführt.

Blau unterstrichener Text in diesem Aufgabenbereich kann man anklicken. Dann erscheint ein Dialogfenster, das mit dem Text zu tun hat und wo Sie Formate verändern oder untersuchen können.

Schließen Sie den Aufgabenbereich, wenn Sie fertig sind. Klicken Sie einfach auf das X oben rechts oder drücken Sie ⌈Strg⌉+⌈F1⌉.

Lassen Sie Word die Arbeit für Sie übernehmen

Word kann vieles für Sie erledigen, Sachen, die manche Anwender anders und weniger effizient erledigen. Um Sie bei Formatierungsaufgaben zu unterstützen, habe ich ein paar Tipps über Sachen zusammengetragen, die Word ganz schnell erledigen kann. Mit diesen Sachen mühen sich manche Anwender ganz furchtbar ab. Kümmern Sie sich nicht drum! Word kann das für Sie erledigen!

Die Freuden der aktualisierenden Felder

Ein Feld ist ein spezielles Stück Text, das Sie in Ihr Dokument einfügen. Dieses Stück sieht aus wie echter Text, aber in Wirklichkeit zeigt es spezielle Informationen an: die aktuelle Seitennummer oder das aktuelle Datum, Ihren Namen oder andere Sachen, die sich ändern können. Zum Beispiel wird in Kapitel 17 beschrieben, wie man ein Datumsfeld in eine Vorlage packen kann, so dass immer das aktuelle Datum angezeigt wird. Sie können ähnliche Tricks mit anderen Feldern anstellen, nicht nur in Vorlagen, sondern in jedem Dokument, das Sie anlegen.

Das Geheimnis liegt in dem Befehl EINFÜGEN | FELD. Es zeigt das FELD-Dialogfenster, wie es in Abbildung 18.2 dargestellt wird. Die linke Seite des Dialogfensters enthält eine Liste von Feldern (und da sind wirklich ein paar); die rechte Seite des Dialogfensters ändert sich in Abhängigkeit von dem Feld, das Sie in der Liste ausgewählt haben.

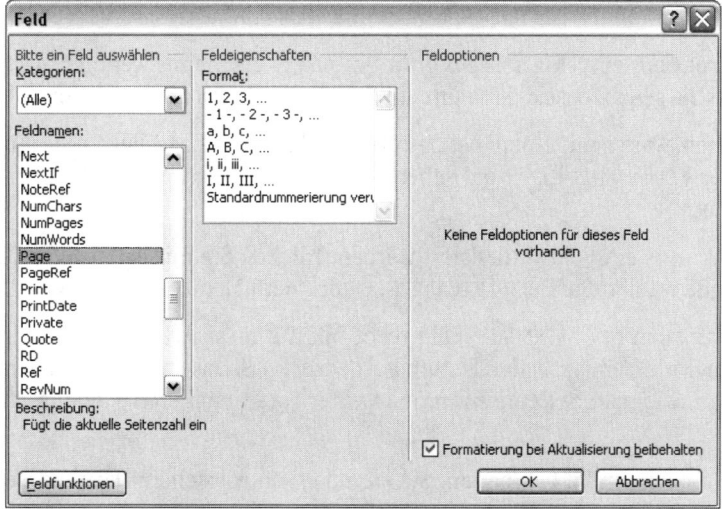

Abbildung 18.2: Das Dialogfenster FELD

Eines der besten Felder, die es gibt, ist das Feld, mit dem Sie automatisch die Seiten nummerieren können. Im Gegensatz zu dem Befehl EINFÜGEN | SEITENZAHLEN können Sie dieses Feld überall in Ihrem Dokument einfügen. Wählen Sie PAGE (oder SEITE – kommt darauf an, ob Sie eine rein deutsche oder eine internationale Word-Version installiert haben) aus der FELD-NAMEN-Liste, um die aktuelle Seitennummer irgendwo in Ihr Dokument zu packen. Und so geht's:

1. **Klicken Sie auf EINFÜGEN | FELD.**

   Haben Sie wahrscheinlich ja schon gemacht.

2. **Wählen Sie NUMMERIERUNG aus der Liste KATEGORIEN.**

3. **Wählen Sie** PAGE **(oder** SEITE**) aus der Liste** FELD.

Die Beschreibung sagt: »Fügt die aktuelle Seitenzahl ein.« Ja, das stimmt. Die aktuelle Seitenzahl kann sich ändern, während Sie das Dokument bearbeiten.

4. **Wählen Sie ein Format für die Seitenzahl.**

5. **Klicken Sie auf** OK.

Die aktuelle Seitenzahl erscheint im Dokument.

Sie können auch andere tolle Sachen in ein Dokument einfügen. Wenn Sie zum Beispiel ein Schriftsteller sind, der nach Wörtern bezahlt wird, wählen Sie die Kategorie DOKUMENTINFORMATION. Das Feld NUMWORDS zählt für Sie die Wörter und damit, wie viel Knete Sie machen, Knete Sie machen, Knete Sie machen, Knete Sie machen, Knete Sie machen (so wird man reich!).

Das Feld AUTHOR aus der Kategorie DOKUMENTINFORMATION teilt Ihnen mit, wer den Text gerade bearbeitet.

Beachten Sie, das ein eingefügtes Feld grau hinterlegt erscheint, wenn es ausgewählt wird. Damit können Sie sehen, dass es sich um ein Feld handelt und nicht um normalen Text.

✔ Um zu sehen, was es mit einem bestimmten Feld auf sich hat, klicken Sie auf den Feldnamen in der FELDNAMEN-Liste und sehen Sie sich den Beschreibungsbereich direkt unter der Liste an.

✔ Manchmal muss ein Feld aktualisiert werden. Klicken Sie mit der rechten Maustaste auf das Feld und wählen Sie FELD AKTUALISIEREN aus dem Menü.

✔ Ich benutze auch das PRINTDATE-Feld recht oft. Auf diese Art und Weise wird das Dokument immer mit dem aktuellen Datum ausgedruckt. Siehe Kapitel 14, in dem Sie nachlesen können, wie man Seitennummern an einer traditionelleren Stelle in das Dokument einfügt.

✔ Sie können Felder nicht bearbeiten. Sie können sie nur löschen: Dazu müssen Sie das gesamte Feld markieren und dann die Taste $\boxed{\texttt{Entf}}$ drücken.

Gestalten Sie Ihren Text farbig

Der einfachste Weg, in Word etwas blumig auszudrücken, ist, den Text einzufärben. In Word ist Farbe genauso ein Text-Attribut wie fett, kursiv oder riesengroß. Junge Mädchen können lila schreiben und Banker grün, und Sie können einen wütenden Brief an die Redaktion in Rot schreiben.

 Um die Textfarbe zu ändern, markieren Sie den betreffenden Text und klicken auf den Pfeil neben dem Symbol SCHRIFTFARBE in der Symbolleiste (siehe Abbildung am Rand). Ein Klick auf diesen Pfeil klappt eine Farbpalette auf. Wählen Sie eine Farbe, und Ihr Text übernimmt diese.

Erwarten Sie keinen farbigen Ausdruck, wenn Sie nur einen Schwarz-Weiß-Drucker haben.

✔ Um die Farbe aus einem Text wieder zu entfernen, wählen Sie den Text aus und wählen Sie AUTOMATISCH aus der Schriftfarben-Palette.

✔ Die Farbe AUTOMATISCH ist die, die in der angewandten Formatvorlage vorgegeben ist. Für die STANDARD-Dokumentvorlage ist es Schwarz. Aber wenn Sie eine bestimmte Formatvorlage benutzen, in der die Textfarbe Weiß ist, würde AUTOMATISCH diesen Text wieder weiß einfärben.

Farbiger Text ist auf dem Bildschirm viel einfacher zu finden. Wenn ich zum Beispiel schreibe, färbe ich Text lila ein, wenn ich später an die Stelle zurückkehren muss, um dort noch etwas zu ändern oder zu prüfen. Das macht es viel einfacher, die Stelle wieder zu finden, wenn ich das Dokument lese oder überarbeite.

✔ Falls das Symbol für die Schriftfarbe bereits die Farbe zeigt, die Sie zuweisen wollen, dann klicken Sie einfach auf das Symbol, um die Textfarbe zu ändern.

Vergessen Sie diese Tricks nicht!

Hier sind noch ein paar Formatierungstricks, die ich in den anderen Teilen des Buches erwähne – das ist das Zeug, mit dem Sie wirklich glücklich werden:

✔ Verwenden Sie immer `Strg`+`Enter`, um eine neue Seite zu beginnen.

✔ Verwenden Sie Tabulatoren, um Ihren Text auszurichten. Niemals Leerstellen. Ein einziger Tabulator ist alles, was Sie brauchen. Wenn Sie mehr als einmal `Tab` tippen, müssen Sie die Tabstopps setzen. Siehe Kapitel 13.

✔ Verwenden Sie zwischen Spalten immer einen Tabstopp, um sie auszurichten. Das vereinfacht das Nachbearbeiten der Informationen, falls es notwendig sein sollte.

✔ Wenn Sie mitten im Dokument die Seiten-Formatierung ändern müssen, müssen Sie einen neuen Abschnitt anlegen. Siehe Kapitel 15.

✔ Speichern Sie Ihre Formatvorlagen in einer Dokumentvorlage. So können Sie sie für neue Dokumente wieder verwenden, ohne sie immer wieder neu erstellen zu müssen. Siehe Kapitel 16 und 17.

✔ Sie können ganz schnell jede Zeichenformatierung rückgängig machen, wenn Sie `Strg`+`Leertaste` als Tastenkombination verwenden.

Eine Seite mittig ausrichten

Nichts macht einen Dokumenttitel edler und ansprechender als seine Platzierung in der Seitenmitte. Ich meine hier die Mitte zwischen dem oberen und dem unteren Seitenrand, nicht die zwischen dem linken und dem rechten Seitenrand. Zwischen dem linken und dem rechten Rand können Sie ihn leicht über die Absatz-Formatierung »zentriert« mittig ausrichten. Aber wie den Titel mittig zwischen dem oberen und dem unteren Seitenrand ausrichten? Word kann das auch:

1. **Bewegen Sie den Zahnstocher-Cursor an den Anfang des Dokuments.**

   Die Tastenkombination `Strg`+`Pos1` bewegt Sie auf Anhieb dorthin.

2. **Schreiben Sie den Titel des Dokuments.**

   Es kann sich um eine einzelne oder um mehrere Zeilen handeln.

   Um den Titel zu zentrieren, wählen Sie ihn aus und drücken Sie `Strg`+`E`, die ZENTRIEREN-Tastenkombination. Falls erforderlich, weisen Sie die Schrift- oder Absatzformatierungen zu.

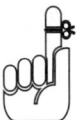 Widerstehen Sie der Versuchung, mit der `Enter`-Taste zusätzlichen Zwischenraum ober- oder unterhalb Ihres Titels einzufügen. Im Moment befindet sich der Titel ganz allein oben auf der Seite. Das wird jetzt ganz schnell geändert.

3. **Wählen Sie nach der letzten Zeile den Befehl EINFÜGEN | MANUELLER UMBRUCH.**

   Es erscheint das Dialogfenster MANUELLER UMBRUCH.

4. **Wählen Sie NÄCHSTE SEITE aus der Liste der Abschnittswechsel.**

   Dieser Schritt bewirkt zweierlei. Erstens fügt er einen Seitenumbruch ein, und zweitens legt er einen neuen Abschnitt an. Dadurch beeinflusst der Befehl zum Zentrieren nur den ersten Abschnitt, der die erste Seite des Dokuments ist.

5. **Klicken Sie auf OK.**

   Der neue Abschnitt erscheint auf dem Bildschirm.

6. **Setzen Sie den Zahnstocher-Cursor wieder in die Titelseite.**

   Sie müssen den Zahnstocher-Cursor auf die Seite setzen, die Sie formatieren wollen.

7. **Wählen Sie DATEI | SEITE EINRICHTEN aus dem Menü.**

   Das Dialogfenster SEITE EINRICHTEN erscheint.

8. **Klicken Sie auf das Register LAYOUT.**

9. **Wählen Sie aus der Liste VERTIKALE AUSRICHTUNG den Eintrag ZENTRIERT.**

10. **Kontrollieren Sie, dass der Punkt DOKUMENT AB HIER in der Ausklappliste ÜBERNEHMEN FÜR erscheint.**

11. Klicken Sie auf OK.

 Vielleicht, vielleicht auch nicht bemerken Sie etwas von dieser neuen Einstellung auf dem Bildschirm. Um sicherzugehen, klicken Sie auf das Symbol SEITENANSICHT in der Symbolleiste, und, ja, Sie sind ein überzeugter Seitenzentrierer.

Klicken Sie auf die SCHLIESSEN-Schaltfläche, um aus dem SEITENANSICHT-Fenster wieder zu Ihrem Dokument zurückzukehren.

Mit der Funktion Klicken und eingeben herumspielen

Das Stereotyp des modernen Künstlers ist das einer Person, die eine Basenmütze auf dem Kopf trägt und vor einer großen, leeren Leinwand mit einem Eimer Farbe steht. »Kleckse ein wenig hier«, sagen sie und werfen etwas Farbe in die Ecke. Dann holen sie sich einen anderen Eimer. »Wirf's hierhin«, sagen sie und werfen noch mehr Farbe in die Mitte der Leinwand. Und so weiter. Kurze Zeit später verlangen sie € 500.000 für ihr Meisterwerk und werden von den Möchtegerns und Neureichs euphorisch gefeiert. Aber ich schweife ab.

Sie haben die Möglichkeit, Ihr eigener verrückter Künstler zu sein, indem Sie Words amüsante und manchmal nützliche Funktion KLICKEN UND EINGEBEN nutzen. So, als ob Sie Farbe auf eine Leinwand schmeißen würden, lässt Sie diese Funktion Text in der Seite verteilen – wo auch immer Sie ihn wollen – fast überall. Formatierungsregeln sollen verflucht sein!

Um die Funktion Klicken und eingeben zu nutzen, stellen Sie Ihr Dokument in der Seitenlayoutansicht dar. Wählen Sie ANSICHT | SEITENLAYOUT, wenn keine der Techniken zu funktionieren scheint. Es funktioniert außerdem am besten in einem neuen Dokument.

Während Sie den Mauszeiger auf der leeren Seite herumbewegen, werden Sie Veränderungen an ihm feststellen. Die verschiedenen Cursor-Formen teilen Ihnen mit, wie der Text auf der Seite ausgerichtet werden würde.

Wenn Sie mit dieser Art Mauszeiger doppelklicken, erhalten Sie einen eingezogenen Absatz, linksbündig auf der Seite ausgerichtet.

Ein Doppelklick mit diesem Mauszeiger setzt einen linksbündigen Absatz. Der Absatz beginnt dort auf der Seite, wo immer Sie auch hinklicken.

Ein Doppelklick in Ihr Dokument mit diesem Mauszeiger erstellt an der Klickstelle einen zentrierten Absatz.

Doppelklicken mit diesem Mauszeiger (jetzt raten Sie mal) bewegt Word zu einem rechtsbündig ausgerichteten Absatz. Toll.

✔ Ich ziehe es vor, nicht mit KLICKEN UND EINGEBEN zu arbeiten, und zwar hauptsächlich deshalb, weil ich die anderen Formatierungsbefehle ganz gut kenne. KLICKEN UND EINGEBEN ist ganz praktisch, aber wenn Sie wirklich die Kontrolle haben wollen, ist KLICKEN UND EINGEBEN für die anderen Formatierungsbefehle, die ich in diesem Buch beschrieben habe, keine Konkurrenz.

✔ Wenn Sie die Funktion KLICKEN UND EINGEBEN ausschalten wollen, gehen Sie zu EXTRAS | OPTIONEN und wählen Sie die Registerkarte BEARBEITEN. Ganz unten gibt es ein kleines Häkchen hinter KLICKEN UND EINGEBEN aktivieren. Machen Sie's weg.

 Wenn Sie wirklich Texte mit KLICKEN UND EINGEBEN auf die Seite werfen, denken Sie daran, den Zoom für das Dokument richtig einzustellen; verkleinern Sie die Ansicht, damit die Gesamtansicht besser wird. Siehe Kapitel 28.

Format-Diebstahl

Wo wir gerade von verrückten Malern sprechen: Das Pinselwerkzeug in der STANDARD-Symbolleiste kann dazu eingesetzt werden, Zeichenformate zu malen, indem es sie von einem Textabschnitt zu einem anderen Abschnitt in Ihrem Dokument kopiert. Und so funktioniert's:

1. **Stellen Sie den Zahnstocher-Cursor mitten in den Text, der die Formatierung hat, die Sie kopieren wollen.**

   Der Zahnstocher-Cursor muss mitten im Wort sein, nicht links oder rechts davon (allerdings muss er nicht in der exakten Mitte stehen, einfach »im Wort«). Falls Sie das nicht hinkriegen, funktioniert der Trick nicht.

2. **Klicken Sie auf das Symbol FORMAT ÜBERTRAGEN in der STANDARD-Symbolleiste.**

    Möglicherweise müssen Sie die Symbolleisten neu anordnen, um das PINSEL-Symbol zu sehen. Schlagen Sie in Kapitel 28 nach.

    Der Cursor verändert sich zu einem Pinsel/I-Punkt-Zeiger, der am Rand abgebildet ist. Dieser spezielle Mauszeiger wird dazu benutzt, den Text in Ihrem Dokument zu markieren und neu zu formatieren.

3. **Stöbern Sie nach dem Text, den Sie ändern wollen.**

4. **Markieren Sie den Text.**

   Ziehen Sie mit der Maus über den zu ändernden Text – malen Sie. (Sie müssen hier die Maus verwenden.)

   Voilà! Der Text ist geändert.

Verrückte moderne Künstler können auch diese Tipps und Hinweise gebrauchen:

✔ Formatpinsel funktioniert nur mit Zeichen- und Absatz-Formatierungen, nicht mit Seiten-Formatierungen.

✔ Um die Formatierungen mehrerer Textabschnitte zu ändern, doppelklicken Sie auf den Formatpinsel. Auf diese Weise bleibt der Pinsel-Cursor aktiv und kann verschiedene Textabschnitte neu formatieren. Drücken Sie die Taste ESC , um diesen Modus wieder auszuschalten.

Wenn Sie die Maus satt haben, können Sie die Tastenkombination Strg + Shift + C benutzen, um Zeichenformate von einem markierten Textabschnitt zu einem anderen Ort in Ihrem Dokument zu transferieren. Benutzen Sie die Tastenkombination Strg + Shift + V, um das Zeichenformat woanders wieder einzufügen. Markieren Sie einfach den Text in Ihrem Dokument und drücken Sie Strg + Shift + V, um die Schriftformatierung anzuwenden.

✔ Sie können sich vielleicht die Tastenkombinationen Strg + Shift + C und Strg + Shift + V für das Kopieren und Einfügen von Zeichenformatierungen merken, weil im Allgemeinen in Windows und Word die Tasten Strg + C und Strg + V zum Kopieren und Einfügen verwendet werden.

✔ Verwechseln Sie den Pinsel zum Übertragen von Formaten nicht mit dem Symbol zum Hervorheben von Text, das in Kapitel 26 beschrieben wird.

Automatische Formatierung

Words AUTOFORMAT-Befehl hat absolut nichts mit Schrift- oder Absatzformatierung zu tun. Nein, in Wirklichkeit putzt AUTOFORMAT Ihr Dokument, entfernt überflüssige Leerstellen, fügt welche hinzu, wo sie nötig sind, und weist Überschriften-Formatvorlagen den Teilen Ihres Dokuments zu, von denen Word denkt, dass es sich um Überschriften handelt – und andere kleine Haushaltstätigkeiten. Ja, AUTOFORMAT entfernt den Schmutz, den die meisten von uns in einem Dokument gedankenlos hinterlassen.

Bevor AUTOFORMAT in Aktion treten kann, müssen Sie einen Text für Ihr Dokument erstellen. Schreiben! Schreiben! Schreiben! Schreiben Sie Ihren Brief, Ihr Memo, Kapitel oder Gedicht – völlig egal. Dann folgen Sie diesen Schritten:

1. **Speichern Sie das Dokument.**

   Dieser Schritt ist am wichtigsten, und überhaupt sollten Sie Ihr Dokument immer wieder zwischenspeichern. Speichern Sie also Ihre Datei nochmals, bevor Sie AUTOFORMAT verwenden. Schlagen Sie in Kapitel 8 nach, wenn Sie mehr über das Speichern von Dokumenten erfahren wollen.

2. **Wählen Sie FORMAT | AUTOFORMAT.**

3. **Klicken Sie auf OK.**

   Quietsch! Ratter! Wums!

4. **Formatierung beendet.**

   Word hat Ihr Dokument sorgfältig durchgeknetet und formatiert. Sie finden möglicherweise neue Überschriften, Aufzählungen und andere erstaunliche und eindrucksvolle Dinge, die sich automatisch in Ihren Text eingeschlichen haben.

Ha! AutoFormat hat genau hier im Text eine nette Liste erstellt:

✔ Wenn Sie wollen, können Sie AUTOFORMAT aufrufen und die Option AUTOFORMAT MIT AN-ZEIGE DER ÄNDERUNGEN aktivieren, um genau zu verfolgen, was AUTOFORMAT ändern wür-de, bevor diese Änderungen durchgeführt werden.

✔ Falls Ihr Text ein wenig langweilig ist, wird sich das nicht wesentlich ändern, wenn Sie AUTOFORMAT verwenden. Verzweifeln Sie nicht. AUTOFORMAT ist ganz gut darin, Über-schriften und Aufzählungen zu gestalten, aber es kann keine Gedanken lesen.

Sie können immer den RÜCKGÄNGIG-Befehl verwenden, wenn Ihnen die AUTOFOR-MAT-Überarbeitungen in Ihrem Dokument nicht gefallen. (Ach, es gibt leider kei-nen GEFÄLLT-MIR-NICHT-Befehl.)

Automatische Formatierung während der Eingabe

Manchmal kann Word so schlau sein, dass es einem Angst macht. Vor langer Zeit galt ein Pro-gramm, das einen ans Speichern erinnert hat, bevor man es verlässt, als technisches Wunder-werk. Aber inzwischen ... warum hat mich Word letztens daran erinnert, dass ich vergessen habe, mir abends die Zähne zu putzen, und dass ich diverse Kilos über meinem Idealgewicht bin, obwohl die Blaubeertorte wirklich verlockend aussah? Beängstigend.

Die automatische Formatierung während der Texteingabe durch-führen lassen

Sie müssen Word sagen, dass es mitdenken soll. Das Programm kann das von sich aus nicht. Um die Vorteile der vielen automatischen Funktionen, die Word beherrscht, zu nutzen, folgen Sie diesen Schritten:

1. **Wählen Sie FORMAT | AUTOFORMAT.**

   Das AUTOFORMAT-Dialogfenster zeigt sich auf dem Bildschirm.

2. **Klicken Sie auf die Schaltfläche OPTIONEN.**

   Das Dialogfenster AUTOKORREKTUR erscheint, wie in Abbildung 18.4 gezeigt.

3. **Klicken Sie auf das Register AUTOFORMAT WÄHREND DER EINGABE.**

   Damit wird das Dokument automatisch formatiert, noch während Sie tippen. Abbildung 18.3 zeigt Ihnen, wie das Dialogfenster aussieht.

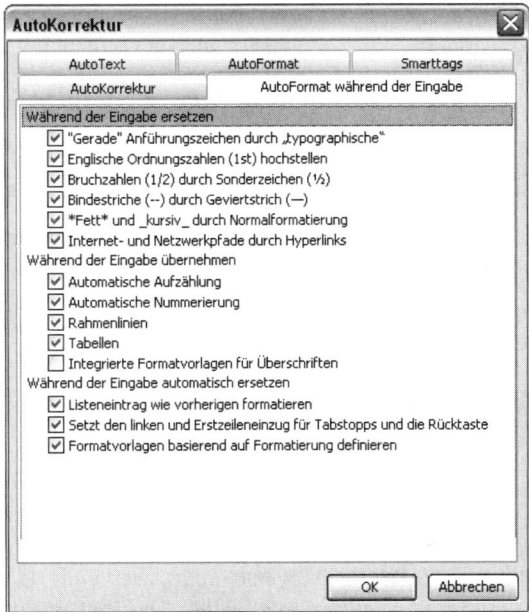

Abbildung 18.3: Autoformat während der Eingabe

4. Da Sie nicht wissen, was die ganzen Optionen bedeuten, aktivieren Sie sie alle.

Hey! Sie sind eigentlich alle aktiviert! Word installiert sich mit allen aktivierten AutoFormatierungs-Optionen. Falls sie nicht aktiviert sind, hat höchstwahrscheinlich jemand Word so eingestellt, dass es anders arbeitet. Wie dem auch sein. Überprüfen Sie, ob alle Optionen eingestellt sind, und klicken Sie die nicht aktivierten an, um sie zu aktivieren. Eine vorinstallierte Sache, die Sie eventuell abwählen sollten ist der Punkt »Internet- und Netzwerkpfade durch Hyperlinks«. Das bedeutet, dass jede Internetadresse, die Sie tippen automatisch als Link dargestellt wird, was einige Leute ziemlich nervt.

5. Klicken Sie auf OK und anschließend noch einmal auf OK.

Schließen Sie die beiden Dialogfenster, die Sie noch geöffnet haben. Nun können Sie ein bisschen spielen, beginnend mit dem nächsten Abschnitt.

Automatisch nummerierte Listen

Die beste Art, das Abenteuer AUTOFORMAT WÄHREND DER EINGABE zu verstehen, ist, es zu leben. Folgen Sie diesen Schritten:

1. Beginnen Sie in Word ein neues Dokument.

Die einfachste Art, das zu erledigen, ist das Drücken der Tastenkombination $\boxed{\text{Strg}}+\boxed{\text{N}}$. So weit kein Problem.

2. Geben Sie Folgendes ein:

`Heute zu erledigen:`

Drücken Sie die `Enter`-Taste, um eine neue Zeile zu tippen. Schreiben Sie:

`1.Bohnen einkaufen.`

Nun – machen Sie sich auf etwas gefasst – drücken Sie `Enter`, um diese Zeile zu beenden.

 Nicht nur, dass Word automatisch eine 2 einfügt, es formatiert sogar die vorhergehende Zeile mit Einzug. Erstaunlich. Fantastisch.

3. Tippen Sie weiter, wenn Sie wollen.

Wenn Sie die automatische Nummerierung beenden wollen und wieder normalen Text schreiben wollen, drücken Sie zweimal `Enter`.

Die Autokorrektur-Optionen sind mehr als nur so ein Dings, das so herum liegt oder ein Stückchen Fliegendreck, das an der Mattscheibe klebt. Wenn Sie mit der Maus auf dieses Symbol zeigen, ändert es sich in eine Schaltfläche, die Sie anklicken können. Wenn Sie die Schaltfläche anklicken, wird ein Menü angezeigt, wie es in Abbildung 18.4 dargestellt ist. Wählen Sie RÜCKGÄNGIG: AUTOMATISCHE NUMMERIERUNG, wenn die Liste nicht nummeriert werden soll oder Sie eigenständig nummerieren wollen. Das sagt Word: »Kümmer dich nicht drum!«

Oder Sie drücken `ESC` und tippen weiter Text ein.

 Dieser Trick funktioniert auch mit Buchstaben (und römischen Zahlen). Tippen Sie einfach etwas mit einem Buchstaben und einem Punkt am Anfang ein, und Word schnappt sich den nächsten Buchstaben aus dem Alphabet und einen Punkt und beginnt damit die nächste Zeile.

✔ Sie können auch eine auto-formatierte Liste mit dem RÜCKGÄNGIG-Befehl rückgängig machen.

✔ Ich weiß, dass ich etwas früher in diesem Buch geschrieben habe, dass Sie `Enter` nicht zweimal drücken sollen, um einen Absatz zu beenden. Okay, ich habe gelogen. Sie müssen nicht wirklich zweimal `Enter` drücken, um einen AutoFormat-Trick zu beenden. Sie können `Enter` und dann `Backspace` drücken. Aber `Enter` - `Enter` funktioniert genauso gut.

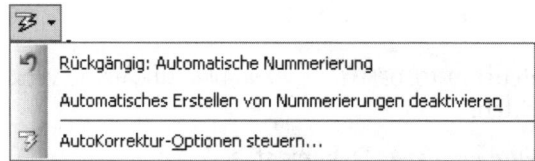

Abbildung 18.4: Während des Tippens die AUTOKORREKTUR-OPTIONEN kontrollieren

Automatische Rahmen

In der Frühzeit der Textverarbeitung auf der Schreibmaschine haben wir unsere Dokumente aufgepeppt, indem wir Unterstriche, Bindestriche oder Gleichheitszeichen in den Text gehackt haben. Es treibt einem eine wehmütige Träne ins Auge, besonders mir, der ich die Tasten so hart angeschlagen habe, dass ich immer, wenn ich das Papier aus der Schreibmaschine gezogen habe, das Papier zerrissen habe. Das passiert einem nicht mit einer modernen Textverarbeitung.

Wenn Sie eine einfache Rahmenlinie vom linken zum rechten Seitenrand wünschen, tippen Sie drei Bindestriche:

Dann drücken Sie die ⌴Enter⌴-Taste. Word verwandelt die drei Striche umgehend in eine durchgehende Linie.

Wollen Sie eine Doppellinie? Dann tippen Sie drei Gleichheitszeichen:

===

Drücken Sie die ⌴Enter⌴-Taste, und Word zieht eine Doppellinie von einem Seitenrand zum anderen.

Eine dickere Linie? Nehmen Sie drei Unterstriche:

___

 Wie üblich taucht das AUTOKORREKTUR-OPTIONEN-Symbol auf, so dass Sie Ihre Meinung ändern oder diese Option ausschalten können. Denken Sie auch daran, dass Sie einfach ⌴Strg⌴+⌴Z⌴ drücken können, um es rückgängig zu machen, wenn alles, was Sie wirklich wollen, drei Gleichheitszeichen in einer Zeile sind.

Kneifen Sie und verwenden Sie den Assistenten

Nun werden Sie den Assistenten kennen lernen, den wunderbaren Assistenten von Word ...

Ein Assistent ermöglicht Ihnen die automatische Erstellung eines fast perfekten Dokuments. Sie brauchen nur ein paar Optionen anzuklicken und Einstellungen in einem praktischen, informativen Dialogfenster vorzunehmen. Word erledigt den restlichen Kram. Das ist so einfach, dass es fast schon eine Sünde ist.

Um den Word-Assistenten zu benutzen, folgen Sie diesen Schritten:

1. **Wählen Sie DATEI | NEU.**

   Der Befehl öffnet den Aufgabenbereich NEUES DOKUMENT.

2. **Klicken Sie im Aufgabenbereich auf EIGENER COMPUTER.**

   Das Dialogfenster VORLAGEN erscheint (siehe Abbildung 17.1 in Kapitel 17).

3. Suchen Sie einen Assistenten aus.

Eine Reihe von bereits mit Word installierten Assistenten steht zur Auswahl bereit. Natürlich versteckt sich keiner von ihnen im Register ALLGEMEIN. Um einen Assistenten aufzutreiben, klicken Sie durch die anderen Register im Dialogfenster NEU, zum Beispiel auf Briefe & Faxe.

 Die Assistenten leben bei den Dokumentvorlagen; sie haben zwar bereits das Wort »Assistent« in ihrem Namen, können aber zusätzlich noch an einem besonderen Symbol erkannt werden. (Andere Register haben andere Assistenten, die Sie allein entdecken können.)

Wählen Sie einen Assistenten aus, indem Sie ihn mit der Maus anklicken. Wenn Sie Glück haben, erscheint ein VORSCHAU-Fenster in der rechten Seite des Dialogfensters. Wie nett!

4. Klicken Sie auf OK.

Word wurschtelt ein paar Sekunden vor sich hin. Es denkt nach – ohne Zweifel ein schmerzhafter Prozess. Lassen Sie ihm Zeit.

5. Lassen Sie sich vom ASSISTENTEN-Dialogfenster erleuchten.

Die fortschrittlicheren Assistenten fragen Sie aus. Sie werden ein Dialogfenster sehen, in dem Ihnen eine Reihe Fragen gestellt werden, deren Beantwortung den Assistenten dabei unterstützt, das passende Dokument zu erstellen.

Einige Assistenten erstellen lediglich ein fast leeres Dokument, das Sie komplettieren können. Füllen Sie die Stellen, die etwa wie [GEBEN SIE HIER DIE EMPFÄNGERADRESSE EIN] gekennzeichnet sind, mit den betreffenden Angaben aus, und schon wird ein richtiges Dokument daraus.

Assistent. Assistent. Assistent. Das ist eines der Wörter, die immer merkwürdiger klingen, je öfter man sie wiederholt.

 Ein Assistent erstellt zwar Ihr Dokument, aber Sie müssen es immer noch speichern, wenn Sie fertig sind. Die meisten Assistenten begleiten Sie nur bei den ersten Schritten, danach müssen Sie das Dokument wie jedes andere auch bearbeiten. Vergessen Sie nicht zu speichern!

 Word hat einen speziellen Assistenten-Menü-Eintrag: EXTRAS I BRIEFE UND SENDUNGEN I BRIEF-ASSISTENT. Nachdem Sie diesen Befehl gewählt haben, folgen Sie den Anweisungen des Assistenten und beantworten Sie verschiedene Fragen in den folgenden Dialogfenstern.

✔ Einige Assistenten schreiben Ihnen sogar Ihren Text. Das sind Vorsage-Assistenten. Der Stephen-King-Assistent beispielsweise schreibt ein Buch innerhalb eines Tages.

Teil III

Ihr Dokument aufpeppen

The 5th Wave   **By Rich Tennant**

Dad animiert die traditionelle Lagerfeuergeschichte mit Multimedia, Sound und Grafiken.

In diesem Teil ...

Linien zeichnen, Schatten werfen, Felder hinzufügen, Spalten, Farben, Bilder und Tabellen sind eigentlich nicht das, was ich als Aufgabe eines Textverarbeitungsprogramms bezeichnen würde. Trotzdem wurden diese Anwendungen so vor einigen Millionen Jahren in Word eingebaut. Damals wurden Textverarbeitungsprogramme nicht nur an ihrer Geschwindigkeit und Fähigkeit Wörter zu verarbeiten gemessen, sondern auch daran, welche Extra-Funktionen sie boten. Und obwohl Mighty Write fast genau so schnell wie Word war und auch die grundlegenden Suchen-und-Ersetzen-Funktionen und Rechtschreibkorrektur-Funktionen hatte, hätte jeder den 1. Preis als besseres Programm an Word vergeben, weil es zusätzlich die Funktion hatte, den Text in mehrere Spalten zu hauen!

Diese Zusatzfunktionen sind natürlich nicht vollkommen nutzlos. Sie können Ihr Dokument auf witzige und lustige Weise aufpeppen.

Und obwohl Sie vielleicht niemals irgendeine dieser Funktionen und Tricks benutzen wollen, werde ich Sie Ihnen in den nächsten Kapiteln erklären. Es gibt sie. Sie haben dafür gezahlt. Warum also nicht einige davon ausprobieren und einem ansonsten langweiligen Dokument etwas Würze und Schwung zufügen?

Rahmen, Kästen und Schatten

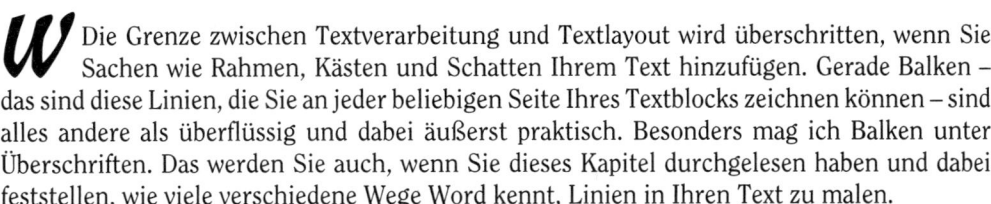

In diesem Kapitel

▶ Einen Kasten um Ihren Text zeichnen

▶ Die gesamte Seite einrahmen

▶ Weniger als einen Kasten um den Text legen

▶ Text mit Schatten versehen

▶ Weiß auf Schwarz drucken

W Die Grenze zwischen Textverarbeitung und Textlayout wird überschritten, wenn Sie Sachen wie Rahmen, Kästen und Schatten Ihrem Text hinzufügen. Gerade Balken – das sind diese Linien, die Sie an jeder beliebigen Seite Ihres Textblocks zeichnen können – sind alles andere als überflüssig und dabei äußerst praktisch. Besonders mag ich Balken unter Überschriften. Das werden Sie auch, wenn Sie dieses Kapitel durchgelesen haben und dabei feststellen, wie viele verschiedene Wege Word kennt, Linien in Ihren Text zu malen.

Text in einen Kasten stellen

Die folgenden Abschnitte erklären, wie Sie beinahe alles in ordentliche Kästen packen können, vom übersichtlichen Absatz bis zu ganzen Textseiten.

Kleine Textabschnitte oder Absätze einrahmen

Word ermöglicht das Einrahmen jedes beliebigen Textabschnitts oder Absatzes in Ihrem Dokument. Sie können beispielsweise um einen Titel, einen Hinweiskasten oder um ein einzelnes Wort einen Rahmen ziehen. Egal, was Sie einrahmen, folgen Sie diesen Schritten:

1. **Markieren Sie den Text, den Sie einrahmen wollen.**

    Wenn nichts markiert worden ist, zieht Word einen Rahmen um den Absatz, in dem sich der Zahnstocher-Cursor gerade befindet.

2. **Wählen Sie den Befehl FORMAT | RAHMEN UND SCHATTIERUNG.**

    Das Dialogfenster RAHMEN UND SCHATTIERUNG öffnet sich. Wählen Sie das Register RAHMEN, wie in Abbildung 19.1 gezeigt. (Falls es nicht vorne liegt, klicken Sie es mit der Maus an.)

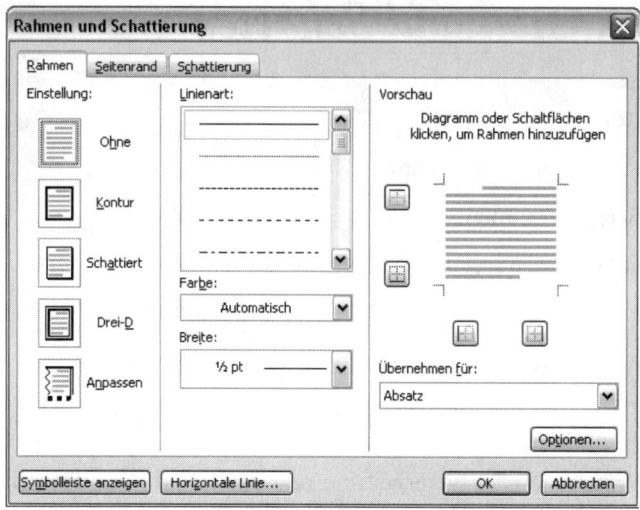

Abbildung 19.1: Das Dialogfenster RAHMEN UND SCHATTIERUNG

3. Wählen Sie den gewünschten Rahmentyp in der Spalte EINSTELLUNG.

Es sind vier vorgefertigte, schmissige, frische Rahmenformen erhältlich; kümmern Sie sich nicht um den Typ ANPASSEN, solange Sie das Prinzip noch nicht völlig raus haben. Klicken Sie einfach auf die Rahmenform, die Sie wollen. Mein Lieblingsrahmen ist SCHATTIERT.

Wenn Sie wollen, können Sie aus der Liste in der Mitte eine Linienart auswählen.

Die aufklappbare Liste der Farben definiert die Rahmenfarbe. (Die Farbe AUTOMATISCH ist Schwarz oder eben die Farbe, die durch die Formatvorlage vorgegeben ist.)

Über die Liste der Breiten stellen Sie die Rahmendicke ein.

 Werfen Sie einen Blick in das VORSCHAU-Fenster, um zu überprüfen, wie sich die Einstellungen auf den Text auswirken.

4. Wählen Sie im Feld ÜBERNEHMEN FÜR die Einstellung TEXT oder ABSATZ aus.

Word ist hier sehr gründlich. Falls Sie nur ein Wort oder einen Textabschnitt, der kleiner als ein Absatz ist, markiert haben, geht Word davon aus, dass Sie nur dieser Markierung einen Rahmen zuweisen wollen. Trotzdem können Sie ABSATZ oder TEXT aus der Liste wählen.

5. Klicken Sie auf OK.

Um den Text herum ist nun ein Kasten gezogen.

Nur teilweise einrahmen

Rahmen müssen keine Kästen sein. In Abbildung 19.2 ist eine Titelseite eines Mitteilungsblattes nur mit horizontalen Linien oben und unten gestaltet worden. Auch das kann über das Dialogfenster RAHMEN UND SCHATTIERUNG erledigt werden:

Ψ Der Höllen-Anzeiger Ψ

Willkommen, verlorene Seelen!   **Nr. 666**   **Das Wetter heute: heiß**

Tod zurück aus den Ferien   Satans Herbstmode
Dienstag: Knochenkegeln   Höllisch gute Kochtipps
Schach: Attila vs. Dracula   Bleigießen mit Beelzebub

---

13. Höllenkreis – Wie unser
Korrespondent   Dante   Aligieri   **Fegefeuer** – Ein Straferlass für
bestätigt. ist ein 14. Höllenkreis   Schlagerkomponisten wird von der

Abbildung 19.2: Ein Dokumenttitel mit verschiedenen Rahmen

1. **Wählen Sie den Textteil aus, den Sie mit Linien umgeben wollen.**

2. **Wählen Sie FORMAT | RAHMEN UND SCHATTIERUNG.**

    Behalten Sie das VORSCHAU-Fenster im Auge. In diesem Fenster können Sie Ihre Einpack-Fähigkeiten kontrollieren können.

3. **Wählen Sie OHNE aus der EINSTELLUNG-Liste.**

    Es ist am besten, ganz ohne Linien anzufangen.

4. **Wählen Sie eine Rahmenart aus der LINIENART-Liste.**

    Sie können zwischen verschiedenen Stärken und Formen wählen, siehe Abbildung 19.2.

5. **Sie können auch eine Farbe auswählen, wenn Ihnen danach ist.**

    Die Standardeinstellung ist die normale Textfarbe des benutzten Schrifttyps, normalerweise Schwarz.

6. **Spielen Sie ein wenig herum und wählen Sie eine Breite aus der Liste.**

7. **Klicken Sie im VORSCHAU-Fenster mit der Maus auf die Schaltfläche, die die gewünschte Position der Linie anzeigt.**

     Dieser Schritt sagt Word, dass es die Linie über den Text legen soll. Sie können auch oberhalb des stilisierten Textes in dem VORSCHAU-Fenster klicken, um dort eine Linie einzufügen.

 Die Schaltflächen für Unten, Links und Rechts rund um das VORSCHAU-Fenster können ebenfalls benutzt werden, um Linien auf spezielle Seiten des Textes zu legen.

8. **Wenn Sie mehr Linien haben wollen, müssen Sie Schritt 4 bis 7 wiederholen.**

9. **Klicken Sie auf OK, wenn Sie mit dem Einrichten des Rahmens fertig sind.**

Sie können jede Linie entfernen, wenn Sie wieder auf die entsprechenden Symbole im Vorschau-Fenster klicken. Klicken Sie einmal, um sie hinzuzufügen, klicken Sie noch einmal, um es zu entfernen. Oder klicken Sie einfach auf das OHNE-Symbol, und alle Rahmen werden entfernt.

Einen Rahmen um eine Seite legen

Sie können nicht nur Titel und Absätze einschnüren, Sie können Rahmen auch um jede Seite Ihres Dokuments legen. Nun, das klingt vielleicht etwas überkandidelt, wenn Sie jedoch ein Mitteilungsblatt, eine Auszeichnungsurkunde oder ähnlichen Käse erstellen, kann ein Rahmen ganz gut kommen.

Um einen Rahmen um Ihr Dokument zu drapieren, müssen Sie diesen Schritten folgen

1. **Klicken Sie Ihren Zahnstocher-Cursor auf die Seite, auf der Sie Ihren Rahmen wollen.**

Zum Beispiel auf die erste Seite Ihres Dokumentes.

2. **Wählen Sie FORMAT | RAHMEN UND SCHATTIERUNG.**

3. **Klicken dann auf das Register SEITENRAND, um dieses nach vorne zu holen.**

Ich werde dazu hier keine Abbildung einfügen, weil dieses Register genauso aussieht und funktioniert wie das Register RAHMEN; siehe den vorhergehenden Abschnitt.

4. **Wählen Sie unter EINSTELLUNGEN den Seitenrand, den Sie wünschen.**

Benutzen Sie einfach die Symbole aus dem Dialogfenster.

5. **Wählen Sie aus der Ausklappliste ÜBERNEHMEN FÜR aus, welche Seiten Sie umrahmt haben wollen.**

Sie können die Option GESAMTES DOKUMENT auswählen, wenn Sie die Rahmen auf jeder Seite haben wollen. Wenn Sie nur die erste Seite rahmen wollen, müssen Sie DIESEN ABSCHNITT NUR 1. SEITE wählen. Andere Optionen in der Liste ÜBERNEHMEN FÜR haben mit den Abschnitten in Ihrem Dokument zu tun.

Und jetzt ein Geheimnis:

6. **Klicken Sie auf OPTIONEN.**

Das Dialogfeld RAHMEN- UND SCHATTIERUNGSOPTIONEN erscheint.

7. **Wählen Sie aus der Ausklappliste den Punkt TEXT.**

Eventuell könnte hier SEITENRAND eingestellt sein. Das funktioniert aber mit den meisten Druckern nicht. Wählen Sie einfach TEXT.

8. **Klicken Sie auf OK.**

9. **Klicken Sie auf OK, um das Dialogfeld RAHMEN UND SCHATTIERUNG zu schließen.**

Am besten können Sie Ihren neuen Rahmen betrachten, wenn Sie DATEI | SEITENANSICHT klicken.

Wenn Sie nur eine Seite von vielen einrahmen wollen, müssen Sie diese Seite in einen eigenen Abschnitt stellen. Schlagen Sie in Kapitel 15 nach, um mehr über das Erstellen von Abschnittswechseln in einem Dokument herauszufinden.

Das Rahmensymbol in der Symbolleiste

 Wenn Sie einmal ganz schnell Ihrem Absatz (oder in einer Tabelle) einen Rahmen zuweisen müssen, können Sie das RAHMEN-Symbol in der Symbolleiste und seine praktische Rahmenpalette nutzen.

Klicken Sie einfach auf den Pfeil neben dem Symbol, und klappen Sie eine Auswahl von Rahmentypen auf – oben, unten, Rahmenlinie außen und so weiter (siehe Abbildung 19.3). Klicken Sie auf eine der Varianten, und je nachdem, in welchem Absatz sich der Zahnstocher-Cursor befindet oder welcher Text markiert ist, entsteht ein Rahmen.

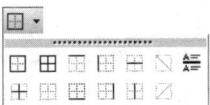

Abbildung 19.3: Die Auswahl von Rahmenarten, die Sie über das Rahmensymbol erhalten

✔ Wenn Sie die Linienart des Rahmens nicht mögen, wählen Sie FORMAT | RAHMEN UND SCHATTIERUNG, um die Einstellung zu ändern.

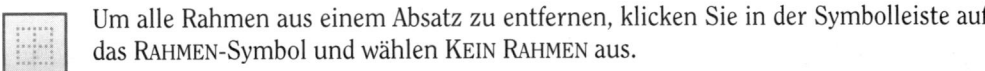 Um alle Rahmen aus einem Absatz zu entfernen, klicken Sie in der Symbolleiste auf das RAHMEN-Symbol und wählen KEIN RAHMEN aus.

✔ Das RAHMEN-Symbol wirkt sich lediglich auf Text aus, nicht auf die gesamte Seite. Um eine gesamte Seite einzurahmen, siehe den Abschnitt »Einen Rahmen um eine Seite legen«, der sich irgendwo in diesem Kapitel befindet.

Text mit Schatten versehen

Der beeindruckendste Effekt aus dem Rahmen-Dialogfenster ist der Schatten. Sie können Text und Teile des Dokuments mit Schatten versehen, zum Beispiel einen Titel, wie er in Abbildung 19.4 gezeigt wird. Sie können Text oder einen Titel mit oder ohne Rahmen mit grauem oder farbigem Schatten versehen. Es ist eine reine Wunderkiste! Folgen Sie diesen Schritten:

Abbildung 19.4: Ein Beispiel eines Dokumenttitels mit einem Rahmen und Schattierung

1. **Markieren Sie den Text oder die Überschrift.**

   Schlagen Sie in Kapitel 6 nach, wenn Sie wissen wollen, wie man effizient einen Textabschnitt markiert.

    Wenn Sie wollen, dass sich die Schattierung über den Titel hinaus erstreckt, markieren Sie die Zeilen vor und nach dem Titel.

2. **Wählen Sie FORMAT | RAHMEN UND SCHATTIERUNG.**

   Das Dialogfenster RAHMEN UND SCHATTIERUNG erscheint, aber ...

3. Sorgen Sie dafür, dass sich das Register SCHATTIERUNG vorne befindet.

Klicken Sie mit der Maus auf das Register SCHATTIERUNG, falls es sich nicht vorne befindet. Das Register hüpft nach vorne, wie in Abbildung 19.5 gezeigt.

4. Wählen Sie eine Schattenfarbe aus dem Bereich AUSFÜLLEN.

In den ersten drei Reihen der Palette (unterhalb der Einstellung KEIN INHALT) finden Sie Graustufen als Schattierungsoptionen, und zwar in Prozent von Schwarz (= 100%). Dann kommen die Regenbogenfarben und natürlich die Schaltfläche Weitere Farben, die die unendliche Palette der Farben aufführt – einige für das menschliche Auge nicht sichtbar –, aus denen Sie nun wählen können.

Die besten Werte für einen Textschatten liegen in der Grauzone. Ich bevorzuge 20% Grau, weil es sich im Laserausdruck ganz gut macht und der Text noch lesbar ist.

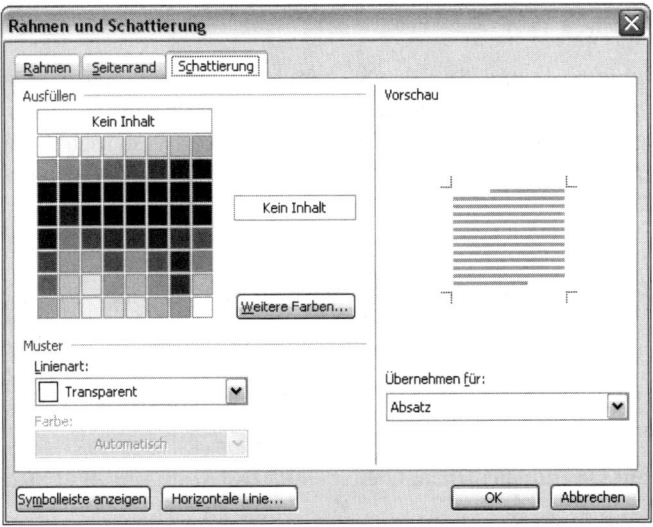

Abbildung 19.5: Das Register SCHATTIERUNG im Dialogfenster RAHMEN UND SCHATTIERUNG

Vermeiden Sie den Einsatz der Muster. Sie mögen zwar wie Graufüllungen aussehen, sind aber in Wirklichkeit ziemlich hässlich. Ich denke, irgendwo wird sie irgendjemand schon nützlich finden, aber als Textschatten eignen sie sich wirklich nicht.

5. Klicken Sie auf OK.

Ihr Text erscheint mit einem Schatten auf dem Bildschirm. Jeder wird sich fragen, wie Sie das wohl hinbekommen haben.

Einen auffälligen Weiß-auf-Schwarz-Text erstellen

Nach dem Schattieren ist die netteste Sache, einen weißen Text auf schwarzem Untergrund zu drucken. Das ist eine sehr auffällige Gestaltung, die sofort die Aufmerksamkeit auf sich zieht – wie ein blaues Auge. Also setzen Sie diesen Kniff nicht übertrieben ein.

> Liebes Publikum, bitte nehmen Sie davon Abstand, Ihre Waffen während der Vorstellung abzufeuern.

Um weißen Text auf schwarzem Untergrund zu produzieren, müssen Sie zwei Dinge erledigen. Zuerst müssen Sie einen schwarzen Hintergrund erstellen und zweitens müssen Sie weißen Text formatieren. So erstellen Sie den schwarzen Hintergrund:

1. **Markieren Sie Ihren Text.**

   Am besten beginnen Sie mit Text, den Sie bereits geschrieben haben. An einem Punkt der Bearbeitung werden Sie schwarzen Text auf schwarzem Untergrund haben, so dass Sie ihn also nicht mehr sehen können. Wenn Sie bereits den Text geschrieben haben, ist es einfacher zu erkennen, ob die Gestaltung funktioniert hat. (Siehe Kapitel 6 zum Thema Markieren von Text.)

2. **Wählen Sie FORMAT | RAHMEN UND SCHATTIERUNG.**

   Das Register SCHATTIERUNG muss sich im Vordergrund befinden.

3. **Klicken Sie auf das schwarze Kästchen im Bereich AUSFÜLLEN.**

   Das ist das erste Kästchen in der vierten Spalte; Sie können das Wort *Schwarz* im Feld rechts von der Farbpalette sehen.

4. **Klicken Sie auf OK, um das Dialogfenster RAHMEN UND SCHATTIERUNG zu verlassen.**

Nun sehen Sie nichts mehr auf dem Bildschirm, weil Sie schwarzen Text auf schwarzem Untergrund haben. (Wenn Sie allerdings den Abschnitt markiert haben, sehen Sie, dass ein großer weißer Kasten über dem schwarzen Kasten schwebt. Rasten Sie nicht gleich aus!)

Während der Text noch immer markiert ist, ändern Sie die Textfarbe in Weiß. Das erledigen Sie über das Symbol SCHRIFTFARBE in der FORMAT-Symbolleiste.

1. **Klicken Sie auf den Pfeil neben dem Symbol SCHRIFTFARBE in der Symbolleiste.**

    Eine Farbpalette klappt auf.

2. **Wählen Sie AUTOMATISCH.**

   Das steht ganz oben. Damit wählt Word ganz automatisch die passende Farbe zum Hintergrund aus. Und weil Sie die schwarze Hintergrundfarbe schon ausgewählt haben, wird der Text jetzt weiß gefärbt. Nicht schlecht, hä?

Normalerweise wird der Text in Word immer durch diese AUTOMATISCH-Funktion dargestellt. Wenn Sie allerdings Dokument- oder Formatvorlagen benutzen, müssen Sie diese letzten zwei Schritte durchführen.

✔ Word ist eigentlich ganz gut darin, weißen Text auf Schwarz darzustellen, besonders, wenn der Text markiert ist. Sie werden niemals Text auf dem Bildschirm »verlieren«.

✔ Ich empfehle nicht, längere Textabschnitte invers darzustellen. Weißer Text auf schwarzem Untergrund wird von den meisten Druckern nicht besonders gut ausgedruckt. Man verwendet diesen Effekt am besten bei Titeln oder um kleinere Textabschnitte hervorzuheben.

 Wenn Sie Probleme damit haben, weißen Text auf Schwarz zu drucken, müssen Sie möglicherweise Ihre Druckereinstellungen ändern. Klicken Sie im Dialogfenster DRUCKEN auf die Schaltfläche EIGENSCHAFTEN. Falls Ihr EIGENSCHAFTEN-Dialogfenster ein Register GRAFIK bietet, klicken Sie es an. Wählen Sie die richtigen Einstellungen, um sicherzustellen, dass Ihr Drucker im Grafikmodus druckt. Dann klicken Sie auf OK, um die Druckereigenschaften zu schließen.

Tabellen bauen

In diesem Kapitel

▷ Tabellen in Word verstehen

▷ Eine Tabelle zeichnen

▷ Text in eine Tabelle eingeben

▷ Eine Tabelle bearbeiten

▷ Eine Tabelle aus Text erstellen

▷ Eine Tabelle wieder in Text umwandeln

▷ Der Befehl AutoFormat für Tabellen

In Word ist eine Tabelle eine Sammlung von Einträgen, die in ganz bestimmter Weise sortiert sind, nämlich in Spalten und Zeilen. In primitiver Vorzeit wurden Tabellen mit Hilfe von Tabulatoren erstellt – was fast gar nicht nervte. Darüber gibt es keinen Zweifel: Text dazu zu bringen, sich vernünftig auszurichten, kann einen verrückt machen – selbst in einer Textverarbeitung und selbst, wenn Sie denken, dass Sie wissen, was Sie tun.

Die Rettung naht natürlich in Form von Word: »Mama, der Tabellennotdienst ist da, und er kommt, um uns zu retten!« Word bietet einen eigenen Tabellen-Befehl. (Nun, ehrlich gesagt, es hat sogar mehrere davon.) Indem Sie auf primitive Kenntnisse zurückgreifen, die Sie erworben haben, weil Sie regelmäßig das Fernsehprogramm von ARTE schauen, können Sie elegante und interessante Tabellen überall in Ihrem Dokument erstellen. In diesem Kapitel erfahren Sie alle Details.

Warum Tabellen einsetzen?

Tabellen sind eine logische Erweiterung von Tabulatoren. Beide Wörter haben dieselbe Wurzel im Lateinischen. Oder war's Griechisch? Egal: Oft, wenn Sie Sachen in Spalten packen, wären sie besser in einer Tabelle aufgehoben.

✔ Verwenden Sie Tabellen, wenn Sie Texte haben, die in Zeilen und Spalten ausgerichtet werden können.

✔ Jedes Kästchen in einer Tabelle wird Zelle genannt. Word lässt Sie in eine Zelle so viel Text (oder gar Grafiken) einfügen, wie Sie wollen.

✔ Zellen haben ihre eigenen Seitenränder, Text- und Absatz-Formatierungen. Sie können sogar Grafiken in Zellen packen.

✔ Anders als beim Arbeiten mit Tabulatoren können Word-Tabellen in der Größe und Ausrichtung Ihren Daten beliebig angepasst werden. Mit anderen Worten: Wenn Sie vorhaben, die Texte später nachzubearbeiten, ist es einfacher, mit Tabellen zu arbeiten als mit kurzen Listen, die mit Tabulatoren formatiert sind.

✔ Nein, Word hat keinen Tabletten-Befehl für besonders kleine Tabellen. Microsoft soll aber bereits an einem Aspirin-Befehl für Word-Geschädigte arbeiten.

Wirf mir eine Tabelle her!

Tabellen werden in Ihr Dokument gezeichnet, indem Sie die praktische Schaltfläche TABELLEN UND RAHMEN benutzen. Grundsätzlich zeichnen Sie zuerst die Tabelle und füllen später die Zeilen und Spalten aus. Und es ist völlig egal, ob sich bereits Text in Ihrem Dokument befindet; das Zeichnen einer Tabelle schiebt bereits vorhandenen Text einfach zu Seite und schafft Platz für eine Tabelle.

Um eine Tabelle mitten in Ihr Dokument zu werfen, folgen Sie diesen Schritten:

1. **Klicken Sie auf die Schaltfläche** TABELLEN UND RAHMEN**.**

 Nachdem Sie auf diese Schaltfläche (siehe Rand) geklickt haben, erscheint die Symbolleiste TABELLEN UND RAHMEN, über Ihrem Text schwebend. (Siehe Abbildung 20.1.) Diese Symbolleiste enthält Schaltflächen zum Erstellen einer Tabelle, aber auch Optionen aus dem Dialogfenster RAHMEN UND SCHATTIERUNG (siehe Kapitel 19).

Falls Sie nicht zuvor in der Seitenlayoutansicht waren, schaltet Word automatisch dorthin um. (Sie können keine Tabellen in der Normalansicht auf eine Seite werfen.)

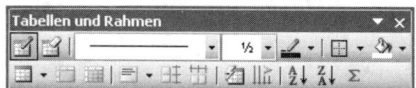

Abbildung 20.1: Die Symbolleiste TABELLEN UND RAHMEN

2. **Prüfen Sie, ob die Schaltfläche** TABELLE ZEICHNEN **in der Symbolleiste** TABELLEN UND RAHMEN **aktiviert ist.**

 Diese Schaltfläche sollte eingedrückt erscheinen, außer Sie haben irgendetwas anderes zwischen diesem und dem vorletzten Schritt angestellt (was wirklich nicht nett von Ihnen wäre). Falls die Schaltfläche TABELLE ZEICHNEN nicht eingedrückt erscheint, klicken Sie sie an.

Der Mauszeiger verändert seine Form in einen Stift, weshalb ich ihn Malstift-Cursor nenne.

3. **Ziehen Sie die Maus, um den äußeren Rahmen der Tabelle in Ihrem Dokument »aufzuzeichnen«.**

Beginnen Sie an der oberen linken Ecke der imaginären Tabelle und ziehen Sie bis zur rechten unteren Ecke den Tabellenumriss auf, so dass Word einen Eindruck bekommt, wo sich die Tabelle befinden soll. Sie sehen einen Umriss während des Zeichnens (siehe Abbildung 20.2).

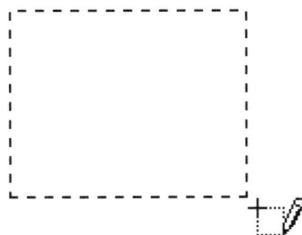

Abbildung 20.2: Eine Tabelle in ein Dokument zeichnen

 Machen Sie sich keine Gedanken über die richtige Tabellengröße; Sie können die Größe später passend einstellen.

Beachten Sie, dass der Text, der sich bereits in Ihrem Dokument befindet, aus dem Weg geschoben wird und Platz für die neue Tabelle schafft.

4. Verwenden Sie den Malstift-Cursor, um Zeilen und Spalten zu zeichnen.

Solange der Mauszeiger wie ein Stift aussieht, können Sie ihn zum Zeichnen von Spalten und Zeilen Ihrer Tabelle benutzen.

Um eine Zeile zu zeichnen, ziehen Sie den Malstift-Cursor von der linken zur rechten Seite der Tabelle.

Eine Spalte zeichnen Sie, indem Sie den Malstift-Cursor vom oberen Rand der Tabelle zum unteren ziehen, wie in Abbildung 20.3 gezeigt.

Während Sie den Malstift-Cursor ziehen, erscheint eine gepunktete Linie, die anzeigt, wo die neue Zeile oder Spalte verläuft. Abbildung 20.3 zeigt, wie sich Ihre Tabelle aufbaut. Beachten Sie auch, dass Sie Spalten oder Zeilen weiter unterteilen können, indem Sie einfach den Malstift-Cursor innerhalb einer Zelle ziehen und nicht über die gesamte Tabelle.

 Noch einmal: Machen Sie sich keine Gedanken darüber, ob Sie zu viel oder zu wenig Zeilen oder Spalten haben. Sie können überzählige später löschen und fehlende hinzufügen. Und machen Sie sich keine Gedanken darum, dass die Elemente der Tabelle unregelmäßig sind; Sie können im nachhinein die Spalten und Zeilen korrekt arrangieren.

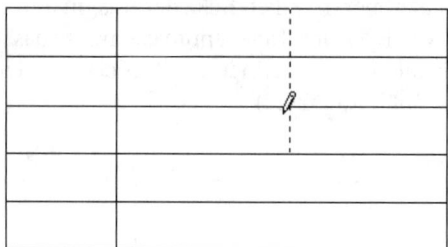

Abbildung 20.3: Eine Spalte zeichnen

5. Klicken Sie auf die Schaltfläche TABELLE ZEICHNEN, wenn Sie mit dem Erstellen der Zeilen und Spalten fertig sind.

Dieser Klick beendet den Tabellen-Anlegen-Modus und schaltet in den normalen Bearbeitungsmodus zurück. Nun können Sie den Text in Ihre Tabelle eingeben oder die Tabelle nachbearbeiten oder was auch immer.

Die Symbolleiste TABELLEN UND RAHMEN während der Arbeit an der Tabelle auf dem Bildschirm zu haben, ist wirklich praktisch. Um sie jedoch loszuwerden, wenn Sie fertig sind, klicken Sie auf die X-Schaltfläche (oben rechts in der Titelleiste) zum Schließen der Symbolleiste.

Etwas in eine Tabelle eingeben

Geben Sie Text in eine Tabelle wie sonst auch in ein Dokument ein. Hier sind ein paar Hinweise dazu:

✔ Die Zellen passen sich beim Tippen der eingegebenen Textmenge an. Sie werden größer oder kleiner.

✔ Sie können mit der Returntaste einen neuen Absatz in der Zelle oder mit der Tastenkombination [Shift]+[Enter] eine neue Textzeile beginnen.

Benutzen Sie die Tabulatortaste, um sich in Ihrem Dokument von einer Zelle zur nächsten vorwärts zu bewegen.

✔ Wenn Sie die Tabulatortaste in der letzten Zelle der Tabelle benutzen, erzeugen Sie eine neue Zeile.

✔ Die Tastenkombination [Shift]+[Tab] bewegt den Zahnstocher-Cursor rückwärts durch die Zellen. (Das ist einfacher, als die Pfeiltasten zu benutzen, die den Zahnstocher-Cursor Zeichen für Zeichen durch den Text einer Zelle führen.)

✔ Wenn Sie einen Tabulator innerhalb einer Zelle benutzen wollen, drücken Sie `Strg`+`Tab`.

✔ Text in einer Zelle wird über das Dialogfenster ZEICHEN formatiert, eben wie ganz normaler Text in Ihrem Dokument.

✔ Jede Zelle bildet in Bezug auf Absatzformatierungen eine eigene Einheit. Um eine ganze Zeile oder Spalte auszurichten oder einzurücken, wählen Sie TABELLE I MARKIEREN und dann entsprechend SPALTE oder ZEILE aus dem aufklappenden Untermenü. Damit markieren Sie eine Spalte beziehungsweise eine Zeile.

✔ Sie können auch Spalten markieren, indem Sie den Mauszeiger über die Spalte führen, bis der Mauszeiger seine Form in einen fetten, nach unten weisenden Pfeil verändert. Führen Sie diesen Pfeil über die zu markierende Spalte und klicken Sie die linke Maustaste. Mehrere Spalten wählen Sie aus, indem Sie anschließend mit gedrückter Maustaste über die benachbarten Spalten fahren.

✔ Ein dreifacher Mausklick in einer Zelle markiert den gesamten Text in dieser Zelle.

✔ Auch Grafiken können in eine Zelle eingefügt werden.

Mit der Tabelle herummachen

Nachdem die Tabelle in Ihrem Dokument Platz genommen hat, können Sie alles Mögliche damit anstellen. Die folgenden Hinweise helfen Ihnen ein wenig auf die Sprünge:

 In der oberen linken Ecke oberhalb der Tabelle befindet sich eine Markierung, mit der Sie die Tabelle bewegen können. Damit können Sie die Tabelle durch das ganze Dokument ziehen. Einfach das Symbol mit der Maus ziehen. Dennoch:

✔ Wie bei allem Ziehen mit der Maus, ist es vielleicht ratsamer, die Tabelle auszuschneiden und woanders wieder einzufügen, wenn Sie vorhaben, sie mehr als ein paar Zeilen zu bewegen. Stellen Sie den Zahnstocher-Cursor in die Tabelle und wählen Sie TABELLE I MARKIEREN I TABELLE aus dem Menü, um die ganze Tabelle zum Ausschneiden und Einfügen zu markieren.

 Wenn die ungleichmäßigen Spalten und Zeilen Sie stören, dann wählen Sie TABELLE I AUTOANPASSEN I SPALTEN GLEICHMÄßIG VERTEILEN, um ähh...na ja ...die Spalten gleichmäßig zu verteilen.

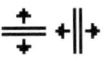 Stellen Sie die Maus zwischen zwei Zeilen oder Spalten, um deren Größe zu ändern. Der Mauszeiger ändert an einem bestimmten Punkt sein Aussehen in einen Doppelpfeil, siehe Abbildungen am Rand. Wenn der Mauszeiger diese Form angenommen hat, drücken Sie die linke Maustaste und ziehen nach links oder rechts oder oben oder unten.

Die folgenden Tipps gehen davon aus, dass die Symbolleiste TABELLEN UND RAHMEN über den Word-Bildschirm schwebt. Falls nicht, wählen Sie ANSICHT | SYMBOLLEISTEN | TABELLEN UND RAHMEN aus dem Menü.

 Um eine Linie zwischen zwei Zellen zu löschen, klicken Sie erst auf den Radiergummi in der Symbolleiste TABELLEN UND RAHMEN und anschließend auf die betreffende Linie. Falls die Zellen, die von dieser Linie abgetrennt werden, Text enthalten, dann schmeißt Word einfach den Inhalt in eine gemeinsame Zelle.

 Über die aufklappbaren Listen LINIENART und LINIENSTÄRKE definieren Sie die Art und Dicke der Linien in der Tabelle. Nachdem Sie eine Linienart und -stärke gewählt haben, benutzen Sie das Werkzeug TABELLE ZEICHNEN (das Symbol mit dem Malstift) und klicken die Linie in der Tabelle an, die daraufhin ihr Aussehen verändert.

 Darüber hinaus können Sie Ihre Tabelle über die Schaltfläche TABELLE EINFÜGEN bearbeiten. Klicken Sie auf den Pfeil neben dem Symbol, und es klappt ein Menü mit verschiedenen Befehlen zum Einfügen von Spalten oder Zeilen oder zum automatischen Anpassen der Tabellenabmessungen auf. Oh, wie praktisch!

✔ Um die Tabelle endgültig aus Ihrem Dokument zu entfernen, klicken Sie mit der Maus in die Tabelle und wählen TABELLE | LÖSCHEN | TABELLE. Die Tabelle löst sich in Nichts auf.

Eine Tabelle aus bereits vorhandenem Text zaubern

Nachdem Sie die Großartigkeit von Tabellen erkannt haben, möchten Sie vielleicht Text, der mit Tabulatoren formatiert ist, in eine Tabelle umwandeln. Oder Sie wollen vielleicht irgendeinen Text als Tabelle darstellen, weil Sie von Tabellen besessen sind, und einen Text nicht als Tabelle zu sehen, macht Sie nervös und ärgerlich, und die kleinen Menschen hören nicht auf zu schreien ...

Atmen Sie tief durch!

Um Text, der sich bereits in Ihrem Dokument befindet, in eine Tabelle umzuwandeln, befolgen Sie diese Anweisungen:

1. **Markieren Sie zuerst den Text.**

   Es ist hilfreich, wenn der Text in Spalten angeordnet ist, die jeweils durch ein Tabstopp-Zeichen voneinander getrennt sind.

2. **Als Nächstes wählen Sie TABELLE | UMWANDELN | TEXT IN TABELLE.**

   Das Dialogfenster TEXT IN TABELLE UMWANDELN erscheint, siehe Abbildung 20.4.

Ja, es funktioniert! Aber Sie werden bestimmt noch ein paar Dinge anpassen müssen, Spalten-breiten ändern und so weiter und so fort. Es mag lästig sein, aber es ist immerhin besser, als alles neu zu tippen.

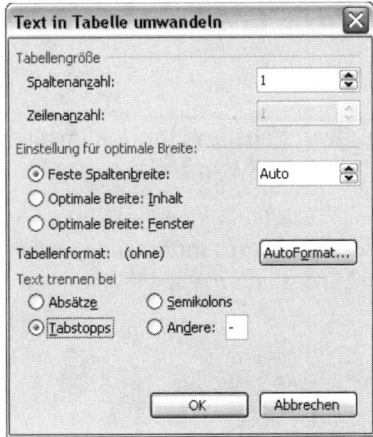

Abbildung 20.4: Das Dialogfenster zum Umwandeln von Text in eine Tabelle

Eine Tabelle wieder in Text zurückverwandeln

Genauso wie eine gute Fee einen Frosch in eine schöne Prinzessin verwandeln kann, kann auch die schöne Prinzessin in einen Frosch verwandelt werden. Um eine Tabelle wieder in reinen Text zu verwandeln, vielleicht mit Tabstopps, die die Spalten voneinander trennen, wählen Sie die Tabelle über TABELLE | MARKIEREN | TABELLE. Dann wählen Sie TABELLE | UM-WANDELN | TABELLE IN TEXT. Dieser Befehl ist grundsätzlich das Gegenteil von dem Befehl, den wir im vorigen Abschnitt benutzt haben.

Benutzen Sie das Dialogfenster TABELLE IN TEXT UMWANDELN (siehe Abbildung 20.5), um das Zeichen, Symbol oder Schnickschnack auszuwählen, das die Zellen in Ihrer Tabelle trennen soll. (Ich empfehle Tabstopps, wie es auch in der Abbildung gezeigt wird.) Dann klicken Sie auf OK.

Abbildung 20.5: Das Dialogfenster TABELLE IN TEXT UMWANDELN

Bei diesem Vorgang müssen Sie nachher ganz schön aufräumen. Neue Tabs einstellen und so etwas. Nichts Schwieriges.

Eine schnelle Methode, eine Tabelle zusammenzustöpseln

 Um auf die Schnelle eine leere Tabelle in Ihr Dokument einzufügen, verwenden Sie das Symbol TABELLE EINFÜGEN aus der Symbolleiste (siehe Abbildung am Rand).

Ein Klick auf das Symbol TABELLE EINFÜGEN klappt ein Menü auf. Ziehen Sie mit gedrückter Maustaste über die weißen Felder, um Word mitzuteilen, wie groß die zu erstellende Tabelle sein soll, zum Beispiel 2 Zeilen auf 3 Spalten, wie in Abbildung 20.6.

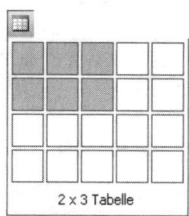

2 x 3 Tabelle

Abbildung 20.6: Die Schaltfläche zum Einstellen der Zeilen- und Spaltenzahl der neuen Tabelle

 Die Schaltfläche TABELLE EINFÜGEN wird auch benutzt, um schnell Zellen, Zeilen oder Spalten zu einer Tabelle hinzuzufügen. Um das zu tun, wählen Sie eine Zelle, Zeile oder Spalte in einer Tabelle aus und klicken auf die Schaltfläche TABELLE EINFÜGEN, die praktischerweise ihr Aussehen nun für das Einfügen von Zellen, Zeilen oder Spalten ändert.

Eine Tabelle automatisch aufpeppen

 Word bietet einen riesigen Fundus an Formatierungstricks, die Sie in allen vorhandenen Tabellen anwenden können, um sie wirklich, wirklich, wirklich todschick aussehen zu lassen. Mit diesem Trick, dem AutoFormatierungstrick, können Sie mit verschiedenen Gestaltungselementen eine Tabelle automatisch aufpeppen.

Stellen Sie den Zahnstocher-Cursor in eine beliebige Tabelle, vorzugsweise in eine bereits ausgefüllte. Dann wählen Sie TABELLE | TABELLE AUTOFORMAT FÜR TABELLEN. Das Dialogfenster TABELLE AUTOFORMAT erscheint, siehe Abbildung 20.7.

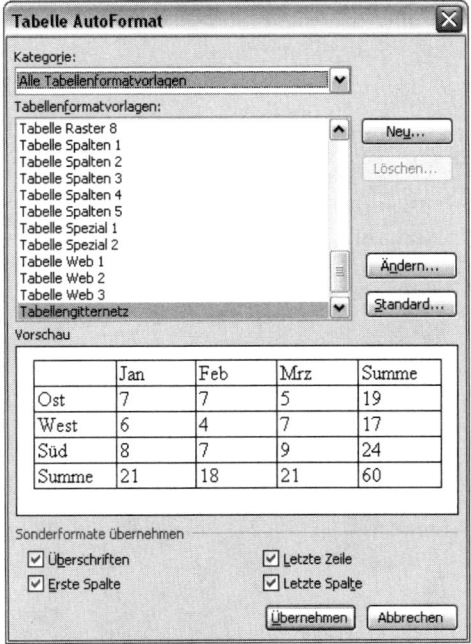

Abbildung 20.7: Das Dialogfenster TABELLE AUTOFORMAT

Lassen Sie Ihren Blick konzentriert auf der Beispieltabelle im Vorschau-Fenster des Dialogfensters ruhen. Dann klicken Sie mit der Maus nacheinander auf die Einträge in der Liste der Formate. Jeder Eintrag peppt Ihre Tabelle mit anderen Accessoires auf, wie es im VORSCHAU-Fenster angezeigt wird.

Wenn Sie das gewünschte Format gefunden haben, klicken Sie auf die ÜBERNEHMEN-Schaltfläche.

Ihre Bekannten werden glauben, Sie hätten stundenlang an dieser Tabelle herumformatiert, dabei haben Sie nur so einen kleinen schmutzigen Trick aus diesem »...für Dummies«-Buch benutzt!

Text in Spalten antreten lassen

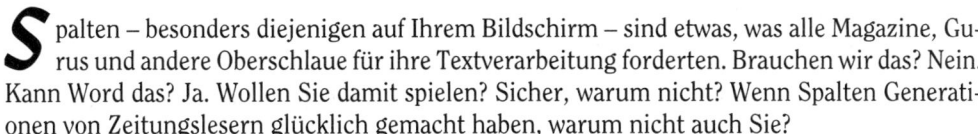

In diesem Kapitel

▷ Spalten verstehen

▷ Text in Spalten aufteilen

▷ Aus Spaltentext »normalen« Text machen

▷ Einen Spaltenumbruch einfügen

▷ Die Spalten-Schaltfläche

S palten – besonders diejenigen auf Ihrem Bildschirm – sind etwas, was alle Magazine, Gurus und andere Oberschlaue für ihre Textverarbeitung forderten. Brauchen wir das? Nein. Kann Word das? Ja. Wollen Sie damit spielen? Sicher, warum nicht? Wenn Spalten Generationen von Zeitungslesern glücklich gemacht haben, warum nicht auch Sie?

Dieses Kapitel behandelt die Möglichkeiten, mit denen Sie in Word Ihren Text in Spalten antreten lassen können.

Warum Spalten?

Spalten sind in einem Dokument ziemlich sinnlos, wenn Sie nicht mindestens zwei davon haben. Wenn Sie es genau betrachten, ist nämlich eine Seite Text nichts anderes als eine Spalte. Eigentlich sollte es deswegen ziemlich einfach sein, zwei oder mehr Spalten auf einer Seite anzuordnen – so, wie zwei Seiten auf einer zu drucken. Es ist in der Tat einfach, wenn Sie meinen Hinweisen in diesem Kapitel folgen.

✔ Sie können Ihre eigenen Zeitungen, Broschüren, Ankündigungen und Manifeste erstellen, ohne teures Geld für ein Desktop-Publishing-Programm ausgeben zu müssen. Trotzdem:

✔ Spalten für kleine Dokumente scheinen in Word gut zu funktionieren. Wenn das Dokument allerdings zehn oder mehr Seiten enthält, sollten Sie besser ein Desktop-Publishing-Programm für die Spalten benutzen.

 Wenn Sie mit Spalten arbeiten und bemerken, dass Word langsam und schusselig wird, dann sollten Sie so schnell wie möglich Ihre Arbeit abspeichern. Machen Sie lieber mit einem Desktop-Publishing-Programm weiter.

✔ Desktop-Publishing-Programme sind teuer. Am oberen Ende befindet sich QuarkXPress, was eine Anwendung für die Profis ist. In der Mitte finden Sie Adobe InDesign. Gebräuchlicher und einfacher zu handhaben ist Microsoft Publisher, das ich empfehle.

Text in Spalten aufteilen

Um Spalten in Ihrem Dokument einzurichten, folgen Sie diesen Schritten:

1. Stellen Sie den Zahnstocher-Cursor an die Stelle, wo die Spalten beginnen sollen.

Falls Ihr Dokument bereits Text enthält, stellen Sie den Zahnstocher-Cursor an den Anfang des ersten Absatzes, der in Spalten erscheinen soll.

Falls Sie den Text für die Spalten noch nicht geschrieben haben, ist das in Ordnung. Gehen Sie zu Schritt 2.

2. Wählen Sie den Befehl FORMAT | SPALTEN.

Falls der SPALTEN-Befehl nicht sichtbar ist, klicken Sie auf die Pfeile unten im Menü, um dieses ganz aufzuklappen.

Das Dialogfenster SPALTEN öffnet sich, siehe Abbildung 21.1.

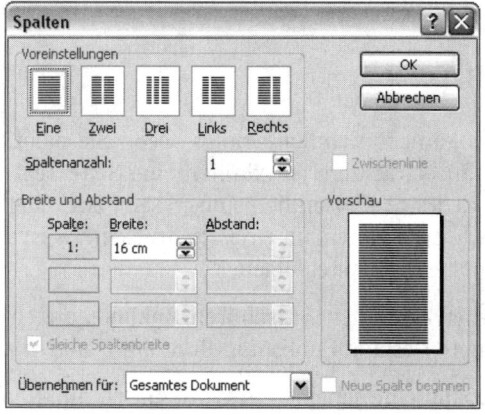

Abbildung 21.1: Das Dialogfenster SPALTEN

3. Wählen Sie aus dem Bereich VOREINSTELLUNGEN eine Spaltenart aus.

Zwei Spalten reichen eigentlich aus, um jeden zu beeindrucken. Mehr Spalten machen Ihren Text schmaler und damit schwer lesbar.

Beachten Sie die Vorschau, die Ihnen anzeigt, wie sich die Spalteneinstellung auf Ihr Dokument auswirkt (oder auswirken wird).

Wenn Sie mehr als drei Spalten benötigen, müssen Sie die Anzahl im Feld SPALTENANZAHL eintragen.

Besondere Einstellungen zu den Spalten können im Bereich BREITE UND ABSTAND vorgenommen werden.

Wenn Sie eine schöne Linie zwischen den Textspalten wünschen, aktivieren Sie die Option ZWISCHENLINIE. (Im Dialogfenster steht ZWISCHENLINIE, nicht SCHÖNE ZWISCHENLINIE).

4. **Wählen Sie, auf welchen Bereich des Dokuments Sie die Spalten anwenden wollen.**

Sie haben in der Liste ÜBERNEHMEN FÜR die Wahl zwischen AKTUELLEN ABSCHNITT, DOKUMENT AB HIER und GESAMTES DOKUMENT. Wenn Sie nur von der Cursorposition beginnend Spalten zuweisen wollen, wählen Sie DOKUMENT AB HIER.

5. **Klicken Sie auf die OK-Schaltfläche.**

Okay!

Was Sie nun auf dem Bildschirm sehen, hängt davon am, wie Word Ihr Dokument anzeigt. Wenn Sie von der Normal- in die Seitenlayoutansicht schalten, dann sehen Sie die Spalten auf dem Bildschirm.

Wenn Sie die Normalansicht eingestellt haben, sehen Sie die Zeile ABSCHNITTSWECHSEL (FORTLAUFEND) in Ihrem Text und eine schmale Spalte. Das hat einfach nur damit zu tun, wie Word Spalten in der Normalansicht darstellt. Wählen Sie ANSICHT | SEITENLAYOUT, um die Spalten in Echt zu sehen.

Anstatt die Pfeiltasten zu benutzen, um den Zahnstocher-Cursor zwischen den Spalten zu bewegen, verwenden Sie besser die Maus. Es ist einfacher, auf die Spalte zu zeigen und zu klicken, als dem Zahnstocher-Cursor dabei zuzuschauen, wie er sich mühsam über die gesamte Seite hangelt.

✔ Der Raum zwischen den Spalten nennt sich einfach Abstand, und Word setzt ihn standardmäßig auf 1,25 cm. Dieser weiße Zwischenraum tut dem Auge gut, ohne die Lobpreisung übertreiben zu wollen.

✔ Sie können die Spaltenbreite über den Bereich BREITE UND ABSTAND des SPALTEN-Dialogfensters anpassen. Oder Sie lassen diesen Bereich in Ruhe. Word gibt Ihnen schöne und gleichmäßige Spalten.

✔ Maximale Anzahl der Spalten pro Seite? Das hängt von der Größe des Papiers ab. Words kleinste Spaltenbreite ist 1,27 cm, so dass ein normales Blatt Papier 12 Spalten haben kann.

Ein dreispaltiger Text sieht gut auf einem querformatigen Papier aus. Auf diese Weise werden Broschüren erstellt. Schlagen Sie in Kapitel 30 dazu nach.

✔ Words Zeichen- und Absatzformatierungen gelten auch für Text in Spalten. Der Unterschied besteht nur darin, dass die Spaltenränder – nicht die Seitenränder – die linken und rechten Ränder für die Absatzformatierung darstellen.

✔ Siehe Kapitel 15 zum Thema Abschnitte in Dokumenten.

✔ Sie können zwar Spalten bestimmten Abschnitten in einem Dokument zuweisen, Word lässt Sie jedoch den Spaltenmodus im gesamten Dokument ein- und ausschalten, ohne selbst Abschnitte einfügen zu müssen. Siehe auch »Spalten rückgängig machen« gleich hier!

Spalten rückgängig machen

Ginge es nach Word, dann gäbe es so etwas wie keine Spalten nicht. Nein, wenn Sie »normalen Text« haben, denkt Word einfach, dass Sie nur eine Spalte auf der Seite haben. Lustig, oder?

Um Spalten aus Ihrem Dokument zu entfernen, bewegen Sie den Zahnstocher-Cursor zum Beginn der Spalte. (Wählen Sie ANSICHT | SEITENLAYOUT aus dem Menü, damit Sie die genaue Position schneller finden.) Dann folgen Sie den Schritten aus dem vorhergehenden Abschnitt, aber wählen einfach in Schritt 3 EINE in der Liste der Spaltenvarianten. In Schritt 4 wählen Sie GESAMTES DOKUMENT aus. Klicken Sie auf OK.

Falls Sie ein Dokument mit Spalten haben, aber an einer bestimmten Position zu normalem Text zurückkehren wollen, bewegen Sie den Zahnstocher-Cursor an die Stelle, wo die Zweispaltigkeit enden soll. Dann wiederholen Sie die Schritte aus dem vorhergehenden Abschnitt: Wählen Sie EINE in Schritt 3. Anschließend wählen Sie DOKUMENT AB HIER in Schritt 4. Klicken Sie auf OK.

 Wenn Sie Spalten nur für einen Teil des Dokuments verwenden wollen, sollten Sie diesen Teil zu einem Abschnitt machen. Schauen Sie im Kapitel 15 nach. Ihre Spalten sollten dann aber tatsächlich nur zu diesem Abschnitt gehören.

Das Spalten-Symbol aus der Standard-Symbolleiste

In Eile? Dann benutzen Sie das Symbol SPALTEN . Klicken Sie auf das Symbol, und ein Dialogfenster mit Baby-Spalten erscheint. Klicken Sie darauf, und ziehen Sie die Maus, um festzulegen, wie viele Textspalten Sie wünschen. Wenn Sie die Maustaste loslassen, erscheinen die Spalten.

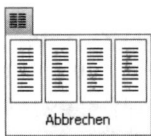

Abbildung 21.2: Die Schaltfläche SPALTEN und ihr Menü

Listige Listen voller Zeugs

22

In diesem Kapitel

▷ Aufzählungszeichen automatisch einfügen

▷ Ein Inhaltsverzeichnis in das Dokument einbauen

▷ Einen Index erstellen

▷ Fuß- und Endnoten und anderen akademischen Krimskrams einfügen

L isten geben einem Dokument etwas, das man ohne Liste einfach nicht beschreiben kann: Das Dokument erscheint gut durchdacht, Information wird organisiert dargestellt, und deswegen muss offensichtlich alles stimmen. Weshalb sollte man sonst überhaupt etwas in eine Liste stellen? Listen umweht ein Hauch von Autorität. Sie bringen Informationen in einer knappen, zügigen Form, mit der selbst Dieter Thomas Heck nicht konkurrieren kann.

Word bringt Ihnen einen ganzen Sack voller Werkzeuge, um Listen zu erstellen. Diese Werkzeuge umfassen die ganze Bandbreite von Listen einzelner Punkte bis hinauf zu intellektuellem Kram wie Indizes und Fußnoten. Die zu erstellen ist eigentlich ein Kinderspiel – was niemals rauskommen darf! Wenn irgendjemand je herausfinden sollte, wie einfach es ist, eine Liste mit Word zusammenzubrauen, werden Listen all ihre gedachte Kraft vergessen, und unzählbare böse und schreckliche Dinge werden alle großen und kleinen Herrscher befallen. (Wäre das wirklich so schlecht?)

Eine Fußnote ist nicht dasselbe wie eine Fußzeile. Informationen zu Fuß- und Kopfzeilen finden Sie in Kapitel 15.

Die einfache Liste

Die einfachste Form einer Liste ist die, die Sie selbst tippen – zum Beispiel eine Aufgabenliste oder eine Liste der notwendigen Schritte für den Bau eines Atomreaktors. Eine andere Form der Liste, oft genutzt, um ein paar Punkte klarzustellen, ist die Liste mit den Häkchen als Aufzählungszeichen, so wie die hier:

✔ Bäng!

✔ Bäng!

✔ Bäng!

Um Aufzählungszeichen zu Ihrem Text hinzuzufügen, markieren Sie die entsprechenden Absätze und wählen FORMAT | NUMMERIERUNG UND AUFZÄHLUNGSZEICHEN. Dieser Befehl zeigt das Dialogfenster NUMMERIERUNG UND AUFZÄHLUNGSZEICHEN wie in Abbildung 22.1.

Abbildung 22.1: Das Dialogfenster NUMMERIERUNG UND AUFZÄHLUNGSZEICHEN

Sie brauchen in dem Dialogfenster nicht herumzutrödeln; klicken Sie nur doppelt auf die Art der Aufzählungszeichen, die Sie haben wollen, und Ihr markierter Text ist »gepunktet«, sauber und ordentlich.

✔ Sie können Ihren Absätzen auch Nummern hinzufügen und so eine nummerierte Liste erstellen. Das erfolgt ebenfalls über das Dialogfenster NUMMERIERUNG UND AUFZÄHLUNGSZEICHEN (siehe Abbildung 22.1): Klicken Sie auf das Register NUMMERIERUNG, um es nach vorn zu bringen, und klicken Sie dann auf OK.

✔ Über die Schaltfläche ANPASSEN im Dialogfenster NUMMERIERUNG UND AUFZÄHLUNGSZEICHEN können Sie andere Aufzählungszeichen als die angezeigten auswählen.

 Sie können Ihren Text schnell mit Aufzählungszeichen formatieren, indem Sie auf die Schaltfläche AUFZÄHLUNGSZEICHEN in der FORMAT-Symbolleiste klicken.

 Sie können Ihren Text auch schnell in eine nummerierte Liste verwandeln, indem Sie auf die Schaltfläche NUMMERIERUNG, direkt neben der Schaltfläche AUFZÄHLUNGSZEICHEN, klicken.

Diese Listensachen verstehen

Um zwei Listen kümmert sich dieses Buch vor allen Dingen (obwohl Word mehr drauf hat, aber ich habe nicht den Platz, um sie alle aufzuführen). Es handelt sich um das Inhaltsverzeichnis und den Index. Beide Listen werden von Word erstellt. Über ein paar Hinweise aus dem Dokument werden diese Listen zusammengestellt und mit den richtigen Seitenzahlen und Formaten – und einem bisschen schmückenden Beiwerk – eingefügt.

Ein Inhaltsverzeichnis erstellen

Gejagt von Deutschlands Gier nach neuen unverständlichen und überflüssigen Abkürzungen, habe ich mich von meinem deutschen Verlag überreden lassen, Ihnen Folgendes zu erklären:

Im Verlagswesen wird ein Inhaltsverzeichnis auch ein TOC (*table of content*) genannt. Das wird entweder *Tock* gesprochen oder ganz fein auf Englisch *Tiii-ou-ssssiii*. Nachdem Sie jetzt diesen Begriff gemeistert haben, brauchen Sie nur noch die Begriffe *Bögen*, *Zuschnitt* und *Abgabedatum* und können schon für jeden Verlag im Lande arbeiten.

Mit Word können Sie für jedes Ihrer Dokumente ein Inhaltsverzeichnis erstellen – vorausgesetzt natürlich, dass Sie Ihre Überschriften mit der richtigen Formatvorlage für Überschriften bearbeiten. (In Kapitel 16 finden Sie Informationen darüber, wie man die eingebauten Überschriften-Formatvorlagen benutzt.) Wenn Sie das immer brav tun, ist die Erstellung eines Inhaltsverzeichnisses ein Kinderspiel.

Folgen Sie diesen Schritten, wenn Sie Ihr Dokument mit einem Inhaltsverzeichnis versehen wollen – vorausgesetzt natürlich, dass Sie die eingebauten Formatvorlagen für Überschriften benutzt haben:

1. **Bewegen Sie den Zahnstocher-Cursor an die Stelle, wo das Inhaltsverzeichnis auftauchen soll.**

   Ich stelle es immer auf eine eigene Seite am Anfang (manchmal sogar in einen eigenen Abschnitt). In Kapitel 15 können Sie nachsehen, wie man ein Dokument in Abschnitte unterteilt.

2. **Wählen Sie EINFÜGEN | REFERENZ | INDEX UND VERZEICHNISSE.**

   Das Dialogfenster INDEX UND VERZEICHNISSE erscheint.

3. **Klicken Sie auf das Register INHALTSVERZEICHNIS.**

   Sie sehen den Bereich INHALTSVERZEICHNIS, wie er in Abbildung 22.2 dargestellt ist.

4. **Spielen Sie damit herum (falls Sie möchten).**

   Sie können mit den Optionen in der Liste FORMATE herumspielen und sich im Fenster SEITENANSICHT ansehen, welche Auswirkungen das hat.

Im Ernst! Wählen Sie ein paar Optionen und schauen Sie sich an, wie diese das Inhaltsverzeichnis beeinflussen. Das ist ein lustiges Dialogfenster, um damit herumzuspielen.

5. Klicken Sie auf OK, um das Inhaltsverzeichnis zu erstellen.

Word sieht das gesamte Dokument durch und nimmt alles mit, was mit der Formatvorlage ÜBERSCHRIFT gekennzeichnet ist (egal ob es sich um ÜBERSCHRIFT 1, 2 oder 3 handelt). Dann stellt es fest, auf welcher Seite es sich befindet, und baut für Sie ein Inhaltsverzeichnis.

Trotz dieser schicken Anweisungen schreiben die meisten Autoren zuerst das Inhaltsverzeichnis und schreiben dann den Text danach. Leider gibt es noch keine Anwendung von Word, die ein Buch aus einem Inhaltsverzeichnis schreiben könnte.

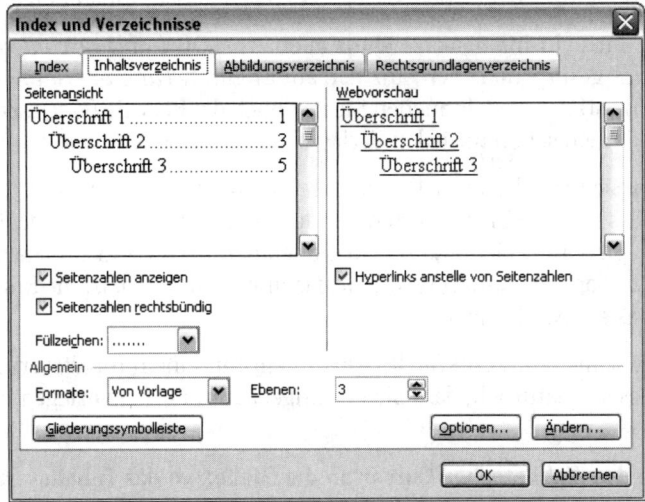

Abbildung 22.2: Das Dialogfenster INDEX UND VERZEICHNISSE mit dem Register INHALTSVERZEICHNIS

✔ Ein Bogen ist eine Anzahl von Seiten, normalerweise 16. Ein 384 Seiten Buch hat 16 Bögen. Wenn der Verfasser des Buches durchdreht und zuviel schreibt, muss noch mal eine ganze Lage von 16 Seiten dazu kommen, was dem Verleger viel Ungemach bereitet. (Für gewöhnlich erschießen sie den Verfasser, bevor so etwas passiert).

✔ Zuschnitt heißen die Maße des Buches. Dieses Buch zum Beispiel hat 17,6 x 24 cm - perfekt für ein »...für Dummies«-Buch!

✔ Ich habe nicht die leiseste Ahnung, was dieses Wort »Abgabedatum« wohl bedeuten soll.

Wie Sie einen Index erstellen

Am anderen Ende eines Dokuments, gegenüber von dem Inhaltsverzeichnis, findet man üblicherweise ein Stichwortverzeichnis. Dafür gibt es auch einen Fachausdruck des Verlagsgewerbes: Index.

Mal ernsthaft, ein Index ist wesentlich genauer als ein Inhaltsverzeichnis. Er bezieht sich auf spezielle Elemente, Aufgaben, Begriffe oder Menschen, die in einem Dokument auftauchen. Das ist ganz offensichtlich eher etwas für Techniker; ich nehme nicht an, dass Sie jemals einen Brief an Ihre Mutter mit einem Index versehen möchten – und hoffe, dass Sie niemals Grund dafür bekommen.

Ein Index wird in Word in zwei Schritten erstellt. Zuerst werden die Wörter oder Formulierungen in einem Dokument identifiziert, die in den Index aufgenommen werden sollen. (Das setzt natürlich voraus, dass Sie erst einmal das Dokument schreiben, das mit einem Index versehen werden soll.) Der zweite Schritt ist das eigentliche Erstellen des Indexes.

Soll ein Textstück für die Aufnahme in den Index markiert werden, gehen Sie so vor:

1. **Markieren Sie den Text, auf den im Index Bezug genommen werden soll.**

    Das kann ein Wort, eine Formulierung oder ein beliebiges Textstück sein. Markieren Sie diesen Text.

2. **Wählen Sie** EINFÜGEN | REFERENZ | INDEX UND VERZEICHNISSE.

    Das Dialogfenster INDEX UND VERZEICHNISSE erscheint.

3. **Klicken Sie auf das Register** INDEX.

4. **Klicken Sie auf die Schaltfläche** EINTRAG FESTLEGEN.

    Es erscheint das Dialogfenster INDEXEINTRAG FESTLEGEN , wie es in Abbildung 22.3 zu sehen ist. Sie sehen, dass der Text, den Sie in Ihrem Dokument markiert haben, im Kasten HAUPTEINTRAG erscheint. (Sie können diesen Text bearbeiten, falls Sie das möchten.)

5. **Klicken Sie entweder auf die Schaltfläche** FESTLEGEN **oder auf die Schaltfläche** ALLE FESTLEGEN.

    Mit der Schaltfläche FESTLEGEN nehmen Sie nur diese eine Stelle im Text, an der das Wort auftaucht, in den Index auf. Sie benutzen diese Schaltfläche, wenn Sie nur die Textstellen markieren wollen, die dem Leser wirklich nutzen. Die Schaltfläche ALLE FESTLEGEN veranlasst Word, alle Stellen, an denen der markierte Text auftaucht, zu suchen und zu markieren, und für jede gefundene Textstelle einen Indexeintrag anzulegen. Diese Option ist die bessere, wenn Sie Ihrem Leser selbst die Entscheidung überlassen wollen, welche Stellen relevant sind und welche nicht.

Abbildung 22.3: Das Dialogfenster INDEXEINTRAG FESTLEGEN

Sie können auch mit den anderen Optionen im Dialogfenster INDEXEINTRAG FESTLEGEN herumspielen.

Wenn Sie einen Index festlegen, wechselt Word in einen Ansichtsmodus, in dem Sie alle Zeichen wie Leerzeichen, Absatzmarkierungen und Tabulatoren in Ihrem Dokument sehen. Flippen Sie jetzt nicht aus. In Schritt 8 erfahren Sie, wie Sie das ausschalten können.

Sie sehen auch den Indexeintrag im Dokument auftauchen, von geschweiften Klammern eingeschlossen.

6. **Blättern Sie weiter durch Ihr Dokument und suchen Sie nach Material für Ihren Index.**

   Das Dialogfenster INDEXEINTRAG FESTLEGEN bleibt geöffnet, so dass Sie damit fortfahren können, Ihren Index zu erstellen. Sie markieren einfach Text in Ihrem Dokument und klicken dann auf das Dialogfenster INDEXEINTRAG FESTLEGEN. Der markierte Text erscheint im Kasten HAUPTEINTRAG. Klicken Sie auf FESTLEGEN oder auf ALLE FESTLEGEN, um Ihren Index zu erstellen.

7. **Klicken Sie auf die Schaltfläche SCHLIESSEN, wenn Sie fertig sind.**

   Das Dialogfenster INDEXEINTRAG FESTLEGEN verschwindet.

8. **Drücken Sie** Strg + Shift + 8, **um den Ansichtsmodus für die Formatierungszeichen zu verlassen.**

Benutzen Sie die Taste 8 auf der Tastatur und nicht die im numerischen Tastenblock.

Nachdem alle Textstellen für den Index markiert sind, muss er jetzt nur noch erstellt werden:

1. **Stellen Sie den Zahnstocher-Cursor dahin, wo der Index erscheinen soll.**

2. **Wählen Sie EINFÜGEN | REFERENZ | INDEX UND VERZEICHNISSE.**

3. **Klicken Sie auf das Register INDEX.**

   In Abbildung 22.4 sehen Sie, wie dies aussieht.

4. **Spielen Sie nach Herzenslust mit dem Dialogfenster herum.**

   Sie können in der Liste FORMATE eine Formatvorlage für den Index aussuchen. In der SEI-TENANSICHT sehen Sie, wie sich Ihre Wahl auf das Endprodukt auswirkt.

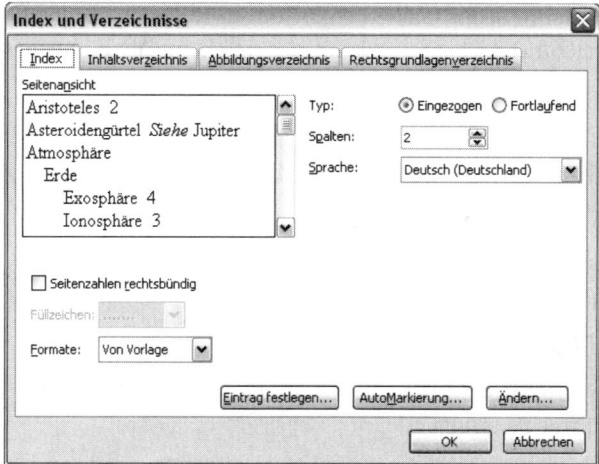

Abbildung 22.4: Das Dialogfenster INDEX UND VERZEICHNISSE mit dem Register INDEX

Mit der Liste SPALTEN teilen Sie Word mit, in wie vielen Spalten der Index dargestellt sein soll. Zwei Spalten sind Standard, es gibt dafür aber keinen vernünftigen Grund.

5. **Klicken Sie auf OK.**

   Der Index wird in einem separaten Abschnitt in Ihr Dokument eingefügt (siehe Kapitel 15).

✔ Untersuchung von Leuten in weißen Laborkitteln haben ergeben, dass mehr Leser einen Index benutzen als ein Inhaltsverzeichnis. Sorgen Sie deshalb dafür, dass Ihr Index aussagekräftig und gut ist.

 Machen Sie ruhig den `Strg` + `Z` um Ihren Index wieder zu löschen. Testen Sie erstmal Ihre Indexfähigkeiten, bevor Ihrem Boss irgendwas präsentieren.

Wie man Fuß- und Endnoten (oder beides) benutzt

Muss ich wirklich erklären, was Fuß- und Endnoten sind? Wahrscheinlich nicht. Die meisten Menschen, die so etwas für ihre Dokumente benötigen, wissen, was eine Fußnote ist und wo eine Endnote hingehört. Es ist also keine Anekdote[1] erforderlich. Es folgt daher einfach die Prozedur, Schritt für Schritt:

1. **Stellen Sie den Zahnstocher-Cursor an die Stelle in Ihrem Dokument, auf die sich Fuß- oder Endnote beziehen sollen.**

2. **Wählen Sie den Befehl EINFÜGEN | REFERENZ | FUSSNOTE.**

   Wenn Sie den Befehl FUßNOTE aufrufen, bekommen Sie das Dialogfenster FUSSNOTE UND ENDNOTE zu Gesicht. Das ist so langweilig, dass ich keine Abbildung davon in diesem Buch sehen will.

3. **Wählen Sie FUSSNOTEN, wenn Sie eine Fußnote erstellen wollen.**

   Oder: Wählen Sie ENDNOTEN, wenn Sie eine Endnote erstellen wollen.

4. **Stellen Sie alle zusätzlichen Formate ein.**

   Das müssen Sie nur einmal, nämlich bei Ihrer ersten Fußnote machen. Alle folgenden benutzen automatisch dann diese Einstellungen.

5. **Klicken Sie auf OK.**

   Wenn Sie die Normalansicht benutzen, erscheint wie von Geisterhand ein neues »Fenster« unten auf Ihrer Seite.

   Wenn Sie sich in der Seitenlayoutansicht befinden, bewegt sich der Zahnstocher-Cursor an das Ende der Seite und ist unterhalb einer grauen Linie bereit für Sie ...

6. **Geben Sie Fuß- oder Endnoten ein.**

   Sie können in eine Fußnote alles stecken, was in ein Dokument passt – Tabellen, Zeichnungen, Bilder und sogar Text.

7. **Fahren Sie mit der Texteingabe fort.**

   Wollen Sie zurück in die Normalansicht, klicken Sie auf die Schaltfläche SCHLIESSEN.

   In der Seitenlayoutansicht können Sie versuchen, mit der Tastenkombination [Shift]+[F5] zu Ihrem Text zurückzukehren, was allerdings nicht immer gelingt. Klicken Sie stattdessen mit der Maus wieder in den Haupttext Ihres Dokuments.

Hier sind ein paar Fußnoten-Nichtfußnoten:

✔ Wollen Sie Fußnoten in der Normalansicht sehen oder bearbeiten, wählen Sie ANSICHT | FUSSNOTEN. (In der Seitenlayoutansicht erscheinen die Fußnoten unten auf jeder »Seite« auf dem Bildschirm.)

---

1. Word hat keinen Befehl für Anekdoten.

✔ Wollen Sie eine Fußnote schnell bearbeiten, doppelklicken Sie auf die Nummer der Fuß-note auf der Seite. Der Bereich zur Bearbeitung der Fußnote öffnet sich.

✔ Möchten Sie eine Fußnote löschen, markieren Sie deren Nummerierung in Ihrem Doku-ment und drücken die $\boxed{\texttt{Entf}}$-Taste. Word zaubert ein wenig und nummeriert alle ver-bleibenden Fußnoten neu.

✔ Sie können wirklich Grafiken in eine Fußnote einfügen, genau so, wie Sie sie auch in Kopf- und Fußzeilen einfügen können. Denken Sie nur daran, wie beschämt die ganzen Akademiker sein werden, die eifersüchtig Ihre kreativen grafischen Fußnoten bewundern! In Kapitel 23 und 24 dieses Buches finden Sie Informationen zum Einfügen von Bildern in Ihr Dokument.

Alles über Bilder

In diesem Kapitel

▷ Bilder finden

▷ Der Befehl zum Einfügen von Grafiken

▷ Ein Bild aus einer Datei einfügen

▷ Bilder ein wenig zwicken

▷ Ein Bild bewegen

▷ Bildgröße ändern

▷ Ein Bild zuschneiden

▷ Ein Bild drehen

▷ Eine Grafik mit Text umschließen

▷ Eine Bildunterschrift hinzufügen

*E*in Bild sagt soviel wie 1.000 Worte, sagt man. Doch nicht bei Word. 1.000 Worte sind in einer Word-Datei etwa 1 Kilobyte groß – oder 1 K, wie der Computerspinner sagt. Die meisten Grafik-Dateien – »Bilder« – haben dagegen eine Größe von 40 K bis 70 K. Eigentlich müsste man deswegen sagen, dass ein Bild soviel wie 70.000 Wörter sagt. Und was bedeutet das?

Nun, es bedeutet, dass es viel einfacher ist, ein Bild einzufügen, als einen ganzen Roman darüber zu schreiben, was man darauf sieht. Dank Words praktischen Grafik-Befehlen können Sie ganz leicht hunderte von Bildern in ein Dokument einfügen und sich und Ihren Lesern Millionen Wörter ersparen. Oder Sie sparen sich die Bilder für Dokumente auf, wo man sie wirklich braucht: Baupläne für diesen neuartigen protonengetriebenen Anti-Gravitationsgleiter oder für dieses unglaubliche Satellitennetzwerk, mit dem die Regierung unsere Blumenbeete bespitzelt. Dieses Kapitel ist Ihr Führer durch die Grafik-Funktionen von Word.

✔ Bilder in ein Dokument einfügen ist nicht schwer. Der Schlüssel dazu ist, dass Sie Bilder bereits auf der Festplatte Ihres Computers haben. Dann liegt der Trick nur noch darin, die Bilder in Word hinein zu bekommen.

✔ Mit Word können Sie sogar andere grafische Objekte in Ihren Text einfügen. Siehe Kapitel 24 für weitergehende Informationen.

 Je mehr Bilder Sie in Word einfügen, um so träger wird es. Mein Rat: Fügen Sie die Grafiken zum Schluss hinzu.

Ich habe diese Einschränkung schon früher in diesem Buch erwähnt, aber da ich gelernt habe, dass nur wenige Leute ein Buch von vorn bis hinten lesen, erwähne ich es erneut: Word ist eine Textverarbeitung. Sicher, Sie können Bilder und all solche Sachen in Ihr Dokument einfügen. Aber wenn Sie wirklich Macht und Einfluss über Bilder und Text haben wollen, benötigen Sie eine echte Desktop-Publishing-Anwendung.

»Wo kann ich Bilder finden?«

Es gibt verschiedene Möglichkeiten, Grafik in ein Word-Dokument einzufügen:

✔ Kopieren Sie das Bild aus einem Grafikprogramm (oder aus einer Webseite) und fügen Sie es dann in Ihr Dokument dort ein, wo gerade der Zahnstocher-Cursor steht.

✔ Fügen Sie ein ClipArt ein.

✔ Fügen Sie irgendeine Datei von Ihrer Festplatte ein.

✔ Fügen Sie das Bild von einem Scanner oder einer Video-Kamera, die an Ihrem Rechner angeschlossen ist, ein.

✔ Erstellen Sie ein Bild, indem Sie eines der Word-Miniprogramme benutzen.

✔ Kleben Sie ein Bild auf Ihren Monitor.

Ich habe all diese Methoden ausprobiert. Deshalb kann ich nicht für die letzte Methode plädieren. Sicher, es funktioniert ganz gut, solange Sie niemals durch Ihr Word-Dokument auf dem Bildschirm rollen. Aber es gibt bessere Methoden.

✔ Um ein Bild von einer Webseite zu holen, klicken Sie mit der rechten Maustaste auf das Bild und wählen BILD SPEICHERN UNTER aus dem aufklappenden Menü. Nachdem Sie das Bild auf Ihrer Festplatte gespeichert haben, können Sie es in jedes Word-Dokument einfügen.

Es ist viel besser, ein Bild auf der Festplatte abzuspeichern, als es zu kopieren und direkt einzufügen.

✔ Windows wird mit einem kleinen Malprogramm auf Ihrem Computer installiert, das MS PAINT heißt. Sie können mit MS PAINT interessante, wenn auch einfache Bilder zur Verwendung in Word erstellen.

✔ Word (oder Microsoft Office) hat ein paar ClipArt-Bilder im Gepäck, die Sie verwenden können. Sie müssen möglicherweise die ClipArt Gallery irgendwann einmal nachinstallieren, während Sie an diesem Kapitel arbeiten; halten Sie die Word- (oder Office-) CD parat für den Fall, dass Sie der Office-Assistent auffordert, sie einzulegen.

Geistig gesund bleiben und den ClipArt-Befehl vermeiden

Bitte, bitte, ärgern Sie sich nicht selbst und benutzen Sie den Befehl EINFÜGEN | GRAFIK | CLIPART nicht. Das ist ein schlechter Trip, auf den Sie nicht gehen wollen.

Früher in den guten alten Tagen brachte Word einige hundert ClipArt-Bilder mit, die alle über den ClipArt-Befehl geöffnet werden konnten. Heutzutage befinden sich die meisten ClipArts im Internet, auf einem von Microsofts Webservern. Um also die ClipArts zu erreichen und durchzusehen, brauchen Sie nur eine funktionierende Internetverbindung, und zwar eine schnelle. Und auch wenn Sie eine schnelle haben, ist es im Ganzen keine freudvolle Erfahrung.

Mein Rat ist: Wenn Sie ClipArts brauchen, gehen Sie los und kaufen sich eine von Millionen-Trillionen ClipArt-CDs oder -DVDs. Da sind alle möglichen Bilder drauf und die sind oft auch noch zur besseren Handhabung katalogisiert. Das schlägt den unfähigen ClipArt-Befehl von Word um Längen!

Und hier ist ein Bild!

Um ein Bild in Ihr Dokument zu bringen, folgen Sie diesen wunderlichen Schritten:

1. **Wechseln Sie in die Seitenlayoutansicht.**

   Falls Sie sich nicht in der Seitenlayoutansicht befinden, schalten Sie nun dahin um: Wählen Sie ANSICHT | SEITENLAYOUT aus dem Menü. (Falls Sie das jetzt nicht erledigen, wird Word umschalten, wenn Sie eine Grafikdatei einfügen.)

2. **Positionieren Sie den Zahnstocher-Cursor an der Stelle, wo das Bild eingefügt werden soll.**

   Falls sich dort bereits Text befindet, wird er automatisch zur Seite geschoben, um Platz für das Bild zu machen.

   Das Einfügen eines Bildes in Word ist vergleichbar mit dem Einfügen eines Buchstabens, obgleich sich ein Bild wie ein sehr großer Buchstabe aufführt.

3. **Wählen Sie EINFÜGEN | GRAFIK.**

   Der Klick auf den GRAFIK-Befehl klappt wiederum ein Menü auf, das einige Befehle zum Einfügen von Bildern in Ihr Dokument enthält, siehe Abbildung 23.1.

4. **Wählen Sie AUS DATEI aus dem Menü.**

   Das Dialogfeld BILD EINFÜGEN erscheint (Abbildung 23.1), die genau so aussieht wie Words Dialogfenster ÖFFNEN, mit der Sie aber auch die Grafiken auf Ihrer Festplatte suchen können.

Abbildung 23.1: Das Untermenü EINFÜGEN | GRAFIK

5. Benutzen Sie das Fenster, um Ihre Bilder zu finden.

Das Dialogfenster BILD EINFÜGEN öffnet sich im Verzeichnis EIGENE BILDER. Vielleicht sind hier aber gar keine Bilder. Schauen Sie mit Hilfe des Ausklappmenüs oben in Ihren anderen Ordnern nach.

6. Wählen Sie die Datei aus, die Sie einfügen wollen.

Klicken Sie einmal drauf, um sie zu markieren.

7. Klicken Sie auf EINFÜGEN.

Das Bild wird an der Stelle eingefügt, an der sich der Zahnstocher-Cursor befindet.

Das Bild benötigt jetzt wahrscheinlich noch etwas Feinarbeit. Das kommt jetzt.

 Eine coole Sache ist, die eigene Unterschrift unter jedem Brief einzufügen. Benutzen Sie einen Scanner, um Ihren Friedrich-Wilhelm einzuscannen. Speichern Sie das Bild auf Festplatte und folgen Sie den oben genannten Arbeitsschritten, um die Bilddatei an der richtigen Stelle in Ihrem Dokument einzufügen.

✔ Word schluckt fast alle der Menschheit bekannten Bildformate. Das TIFF-Format funktioniert am besten. GIF und JPEG-Bilder sind für das Web gemacht und sehen nicht so gut aus, wenn sie gedruckt werden. Besonders wenn Sie auf professionellem Niveau arbeiten wollen, sollten Sie in Betracht ziehen mit TIFFs zu arbeiten.

✔ Wenn Sie ein Bild nicht mögen, können Sie es auch wieder löschen. Klicken Sie einmal auf das Bild um es zu markieren. Drücken Sie auf den [Entf]-Knopf – fertig.

 Über den Eintrag Von Scanner oder Kamera können Sie ein Bild von einem Scanner oder einer digitalen Kamera holen, vorausgesetzt, so ein Ding ist bereits an Ihren Computer angeschlossen. Ich empfehle diese Option dennoch nicht, weil Word kein guter Foto-Editor ist. Benutzen Sie stattdessen Ihre Fotobearbeitungs-Software, um das Bild zu übernehmen und es zu bearbeiten, und speichern Sie es dann auf Ihrer Festplatte. Dann können Sie den Menü-Befehl Aus Datei benutzen, um das Bild einzufügen.

✔ Sie müssen den Befehl Einfügen | Grafik nicht verwenden, wenn Sie ein Bild kopieren und einfügen. Dazu erstellen Sie ein Bild in einem anderen Windows-Programm, markieren es, um es zu kopieren, und dann kehren Sie zu Word zurück, um es einzufügen.

✔ Sie können nicht mit der ⌨Backspace⌨-Taste über Ihr Bild gehen. Um es loszuwerden, klicken Sie es einmal an und drücken Sie ⌨Entf⌨.

 Anstatt braunen Zucker zu verwenden, könnten Sie eventuell auch die gleiche Menge braunen Rums im Rezept verwenden.

Das Bild ein wenig zwicken

Sofern Sie nicht ein professioneller Grafiker sind (wobei Sie in diesem Fall möglicherweise das falsche Buch gekauft haben), müssen Sie an jedem Bild, das Sie in Ihr Dokument einfügen, ein paar Nachbearbeitungen vornehmen. Und, oh je, Word stellt ein paar frustrierende Dinge mit diesen Bildern an. Glücklicherweise gibt es immer eine versteckte Methode, die Dinge in Ordnung zu bringen.

 Es ist immer am besten, in der Seitenlayoutansicht mit Bildern zu arbeiten. Wählen Sie Ansicht | Seitenlayout aus dem Menü.

 Es hilft auch, die Grafik-Symbolleiste sichtbar zu haben, wenn Sie Grafiken bearbeiten. Wählen Sie Ansicht | Symbolleisten | Grafik aus dem Menü (siehe Abbildung 23.4). (Die folgenden Abschnitte gehen davon aus, dass die Symbolleiste sichtbar ist.)

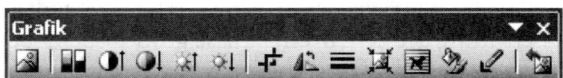

Abbildung 23.2: Die Grafik-Symbolleiste

Wenn Sie auf ein Bild klicken, um es zu markieren, bekommt es acht »Henkel«, einen für jede Seite und Ecke. Sie benutzen diese Henkel, um das Bild zu modifizieren, wie die folgenden Abschnitte zeigen werden.

Wenn Sie mit der Bildbearbeitung fertig sind, klicken Sie mit der Maus irgendwo in den Text. Das hebt die Bildmarkierung wieder auf und kehrt in den normalen Textverarbeitungsmodus zurück. (Sie können dann auch die GRAFIK-Symbolleiste mit Klick auf die X-Schaltfläche oben rechts wieder schließen.)

Ein Bild von hier nach dort bewegen

Um ein Bild auf der Seite herumzubewegen, ziehen Sie es mit der Maus. Klicken Sie dazu mitten ins Bild. Wenn Sie auf den Rand klicken oder auf einen der Henkelchen, dann verändern Sie die Größe des Bildes.

 Denken Sie daran, dass Word ein Bild wie einen riesigen Buchstaben behandelt. Die markierte Grafik passt überall dorthin, wo sich auch ein Buchstabe in Ihrem Dokument befinden könnte.

✔ Falls Sie Ihr Bild über dem Text »fließen« lassen wollen, siehe den Abschnitt »Ein Bild von Text umfließen lassen« weiter hinten in diesem Kapitel.

✔ Wenn Sie ein Bild zentrieren wollen, dann stellen Sie es in eine eigene Zeile und drücken Strg+E, die Tastenkombination für Zentrieren.

Die Bildgröße ändern

Wenn Sie auf ein Bild klicken, um es zu markieren, bekommt das Bild acht Henkel, je einen für jede Seite und jede Ecke. Mit diesen Henkeln können Sie das Bild verändern.

Um zum Beispiel die Bildgröße zu verändern, markieren Sie es und fassen es einfach an einem seiner Henkelchen. Schieben Sie das Henkelchen hin und her, um die Größe zu verändern. (Abbildung 23.3 zeigt Ihnen ein Bild, dass gerade größer gemacht wird.)

✔ Ziehen Sie am oberen Markierungspunkt, um das Bild in der Länge zu strecken oder zu reduzieren.

✔ Ziehen Sie an einem seitlichen »Henkel«, um das Bild breiter oder schmaler zu machen. Dabei wird das Bild allerdings verzerrt.

✔ Die Eckpunkte ziehen ein Bild gleichzeitig in zwei Richtungen (diagonal), so können Sie ein Bild unter Beibehaltung der Seitenverhältnisse größer oder kleiner machen.

Abbildung 23.3: Ziehen Sie an einem der Markierungspunkte, um die Bildgröße zu ändern.

Bildteile wegschneiden

Wenn Sie Bildteile wegschneiden, wird das Motiv an sich nicht vergrößert oder verkleinert. Oma macht das immer so, wenn sie die Familie fotografiert: Sie schneidet immer die Köpfe ab. Das ist so, als würde man etwas aus einer Fotografie ausschneiden. Abbildung 23.6 zeigt ein Beispiel.

Abbildung 23.4: Ein Bild beschneiden

Um ein Bild zu beschneiden, klicken Sie es einmal an, damit es markiert ist. Dann klicken Sie auf das Symbol ZUSCHNEIDEN in der GRAFIK-Symbolleiste. Sie sind nun im Zuschneide-Modus, der so ähnlich wie das Ändern der Bildgröße funktioniert: Ziehen Sie an einem der Markierungspunkte nach innen, um Teile vom Rand her wegzuschneiden.

Normalerweise benutze ich die seitlichen Henkel (links, oben, unten, rechts) beim Zuschneiden. Die Eckpunkte führen selten zum gewünschten Ergebnis.

Wenn Sie mit dem Zuschneiden fertig sind, klicken Sie noch einmal auf das Symbol Zu-SCHNEIDEN, um diesen Modus zu beenden.

Falls Sie mit dem Ergebnis unzufrieden sind, klicken Sie auf das Symbol GRAFIK ZU-RÜCKSETZEN, um zum Ausgangsbild zurückzukehren.

Bilder durchdrehen lassen

Das ist einfacher, als Sie glauben: Klicken Sie auf das Bild, um es zu markieren. Klicken Sie dann auf das Symbol LINKSDREHUNG 90 GRAD-Symbol auf der Werkzeugleiste, bis das Bild so liegt, wie Sie es wollen.

Wenn Sie Ihr Bild frei drehen wollen, dann müssen Sie das Bild am grünen Henkel oben drehen. Dieser Henkel erscheint allerdings erst, wenn Sie zweimal neben das Bild geklickt haben.

Ein Bild von Text umfließen lassen

Über das Symbol TEXTFLUSS in der GRAFIK-Symbolleiste stellen Sie ein, wie Ihr Bild von Text umgeben werden soll. Sie haben mehrere Auswahlmöglichkeiten: vom Einfügen eines Bildes wie einen großen Buchstaben bis zur geisterhaften Darstellung des Bildes hinter dem Text.

Um die Einstellungen zum Textfluss vorzunehmen, klicken Sie auf das Bild, so dass es markiert ist. Danach klicken Sie auf das Symbol TEXTFLUSS in der GRAFIK-Symbol-leiste. Es klappt ein Menü mit verschiedenen Textflussoptionen auf, wie es in Abbildung 23.7 gezeigt wird.

Tja, leider! Ich habe nicht den Platz, um über alle zu schreiben, obwohl es sehr interessant ist, mit ihnen zu spielen. Hier meine generellen Ideen über die Fluss-Optionen:

✔ Die MIT TEXT IN ZEILE-Option ist die normale Option, wie Text sich um ein Bild legt, nämlich gar nicht. Das Bild wird wie ein Riesen-Buchstabe behandelt, der mit dem anderen Text in einer Zeile in Ihrem Dokument steht.

✔ Die Optionen HINTER DEN TEXT oder VOR DEN TEXT lassen das Bild entweder vor oder hinter dem Text fließen. Mit HINTER DEN TEXT erscheint es als ein Teil des »Papiers«, und der Text wird darüber gedruckt. Durch VOR DEN TEXT liegt das Bild auf Ihrem Text wie ein Foto, das auf das Papier gelegt wurde. In jedem Modus kann das Bild auf der Seite frei bewegt werden; verschieben Sie es einfach mit der Maus.

✔ Der PASSEND-Eintrag legt den Text eng um das Bild, das ist fast wie Desktop Publishing.

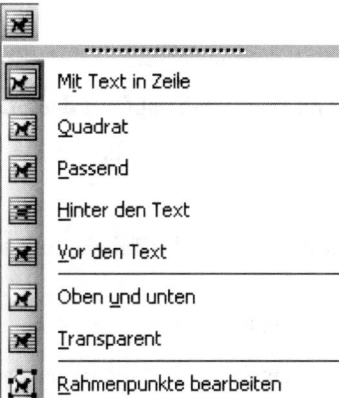

Abbildung 23.5: Words Optionen zum Textfluss um Bilder

✔ Die Option RAHMENPUNKTE BEARBEITEN funktioniert fast genauso wie die Option PASSEND. Wie dem auch sei, wenn Sie diese Option gewählt haben, erscheint das Bild von einer roten Rahmenlinie umgeben in Ihrem Text. Ein Klick auf diese Rahmenlinie produziert einen kleinen Punkt. Wenn Sie diesen Punkt mit der Maus ziehen, verändern Sie die rote Rahmenlinie, an der der Text das Bild umfließen soll. Sie können also den Text auch in ganz unregelmäßigen Formen um oder in das Bild laufen lassen. Jeder Mausklick auf die Rahmenlinie erzeugt einen neuen Henkel, an dem Sie die Linie verändern können. Sie können diese Punkte auch erneut anklicken und verschieben. Das macht Spaß! Und ich? Ich benutze meistens die Option PASSEND und lasse Word die Arbeit erledigen.

✔ Die anderen Optionen packen den Text in verschiedenen Ausführungen und Methoden um das Bild, wie es in dem Menü gezeigt wird. In all diesen Modi kann das Bild frei im Dokument herumbewegt werden.

Wenn alles perfekt ist (oder so gut wie), klicken Sie wieder mit der Maus in den Text, um mit der Bearbeitung fortzufahren. (Vielleicht müssen Sie nach der Textbearbeitung noch einmal zur Bearbeitung des Bildes zurückkehren; deshalb weise ich noch einmal auf meinen Tipp vom Anfang des Kapitels hin, erst ganz zum Schluss die Bilder einzufügen.)

Eine Unterschrift für Ihr Bild

Sie können dem Bild eine Bildunterschrift auf zwei Arten hinzufügen: durch den Befehl Bildunterschrift oder indem Sie das Bild in eine Tabelle stellen. Letzteres halte ich für die bessere Lösung.

Der Bildunterschrift-Befehl ist so dämlich und nervend, dass ich ihn nicht behandeln werde. Ernsthaft: Ich habe versucht damit klarzukommen, aber er ist zu frustrierend, um ihn zu empfehlen. Stattdessen sollten Sie eine Tabelle einfügen:

1. **Klicken Sie auf das Bild, um es zu markieren.**

2. **Klicken Sie auf den TABELLE EINFÜGEN-Knopf auf der Standardleiste.**

   Dadurch wird eine Tabelle aus einer Zelle um das Bild gelegt.

3. **Ziehen Sie an der rechten unteren Ecke der Tabelle, um sie etwas größer als das Bild zu machen (Abb. 23.6).**

4. **Drücken Sie auf die Tabulatortaste.**

   Jetzt erscheint unter dem Bild eine weitere Zeile in der Tabelle.

5. **Tippen und formatieren Sie Ihre Bildunterschrift.**

   Ich mag meine zum Beispiel in Arial. Ein bisschen kleiner oder größer als normal. Oh, und zentriert. Wie in Abbildung 23.6.

Abbildung 23.6: Ein Bild in einer Tabelle mit der Bildunterschrift in der zweiten Zeile

Schließlich können Sie auch noch den Rahmen verschwinden lassen, wenn Ihnen danach ist.

6. **Wählen Sie TABELLE | AUSWÄHLEN | TABELLE.**

7. **Wählen Sie aus EIGENSCHAFTEN den Punkt OHNE.**

    Da ist es, Ihr Bild mit Unterschrift in der Tabelle.

Objekte einfügen

In diesem Kapitel

▶ Ein Dokument einfügen

▶ AutoFormen

▶ Mit WordArt herumspielen

▶ Mit Word Bilder zeichnen

*I*n jedem Haus, in jeder Garage und in jedem Werkzeugschuppen der Welt gibt es eine Krimskrams-Schublade. Trotz größter Anstrengungen der Menschheit sich zu organisieren, wird es immer diese verschrobenen Schubladen geben, voller Krempel, Nippes und Tand, Stücke und Stückchen, die eigentlich nirgendwo hinpassen, die aber viel zu wertvoll scheinen, als dass man sie einfach wegschmeißen könnte.

Bei Word erreichen Sie diese Schublade über das EINFÜGEN-Menü. Von dort aus können Sie mit den verschiedensten Befehlen eine Wagenladung voll ungewöhnlichster Dingen mit einem Klatsch in Ihr Textdokument kleckern. Einige der interessanten Dinge werden ich im Folgenden behandeln. Die anderen sind bizarr und obskur und werden in anderen Büchern über Word behandelt – oder auch gar nicht.

Wie man ein Dokument in ein anderes einfügt

Ein Dokument an den Busen eines anderen zu legen, ist weder seltsam, abartig noch überflüssig. Außerdem muss man dazu keinen Chirurgen bemühen. Sie könnten beispielsweise Ihre Biographie, Ihre Diplomarbeit und Ihren Lebenslauf gespeichert haben, und jetzt wollen Sie diese Informationen am Ende eines Briefes einfügen, mit dem Sie um einen Job betteln. In diesem Fall und in ähnlichen Situationen, von denen mir jetzt keine einfallen will, tun Sie Folgendes:

1. **Stellen Sie den Zahnstocher-Cursor dorthin, wo der Text des anderen Dokuments erscheinen soll.**

   Der Text wird dort eingefügt, als hätten Sie ihn gerade mit Ihren kleinen Stummelfingern getippt.

2. **Wählen Sie EINFÜGEN | DATEI.**

   Es kann sein, dass Sie auf die nach unten weisenden Pfeile am Fuß des Menüs klicken müssen, um den Befehl DATEI zu sehen.

   Es erscheint ein Dialogfenster ähnlich dem Dialogfenster ÖFFNEN (siehe Kapitel 8).

3. **Wählen Sie das Symbol des Dokuments, das Sie einfügen wollen.**

   Sie können auch die ganzen Hilfswerkzeuge und Wunderdinge in diesem Dialogfenster benutzen, um sich bei der Suche nach einer Datei in einem anderen Ordner oder auf einem anderen Laufwerk oder sogar auf einem anderen Rechner in einem Netzwerk helfen zu lassen. So viel Macht!

4. **Klicken Sie auf die Schaltfläche EINFÜGEN.**

   Das Dokument wird genau dort eingefügt, wo sich der Zahnstocher-Cursor befindet.

✔ Das daraus resultierende kombinierte Dokument trägt immer noch den Namen des ersten Dokuments.

✔ Sie können nacheinander eine beliebige Anzahl von Dokumenten in Ihr Dokument einfügen. Es gibt keine Begrenzung.

✔ Sie können mit dieser Methode einen Textabschnitt, der in dem einen Dokument gespeichert ist, in ein anderes Dokument stecken. Man nennt das auch Schnellkoch-Methode: Eine oft verwendete Textpassage wird in mehrere Dokumente hineingeklatscht. So entstehen schmierige Liebesromane.

✔ Biographie, Resümee, Curriculum Vitae. Je mehr Sie von sich halten, desto fremdartiger wird Ihre Beschreibung dessen, was Sie gemacht haben.

Weitere lustige Dinge, die Sie einfügen können

Word hat eine ganze Palette lustiger kleiner Programme, mit deren Hilfe Sie lustige und seltsame Objekte in Ihr Dokument einfügen und so Ihrem Text eine gewisse Würze verleihen können. In den folgenden Abschnitten erleben Sie eine Blitztour durch die populärsten dieser Programme. Trauen Sie sich ruhig, mit jedem dieser Programme so lange zu spielen, bis Sie ein Gespür dafür bekommen.

Wie man AutoFormen einbaut

AutoFormen sind einfache Bilder, die in einem Dokument ganz nützlich sein können. Es handelt sich dabei um Sterne, Karos, grüne Kleeblätter und andere Dinge, die jeder »zeichnen« kann, da sie automatisch für Sie gezeichnet werden! In Abbildung 24.1 ist die Sprechblase die AutoForm. Text wurde auch in diese Sprechblase eingegeben.

Wozu ein Zeichnungsbereich?

Manchmal wenn Sie ein Bild oder eine Grafik einfügen, erscheint der Zeichnungsbereich. Sollte das passieren drücken Sie bitte den ⌈Entf⌉-Knopf, um sie auszuschalten. Obwohl dieser Bereich sehr nützlich sein kann, wenn Sie Grafiken anordnen wollen, steht er doch meistens im Wege, wenn Sie so einfache Bildarbeiten erledigen wollen, wie sie in diesem Buch beschrieben werden. Ehrlich, sogar wenn ich mehrere Grafiken gleichzeitig bearbeiten müsste, würden Sie mich dabei ertappen, wie ich den Zeichnungsbereich lösche. Er ist nur Mist. Löschen Sie ihn.

Abbildung 24.1: Eine AUTOFORMEN-Legende mit der Symbolleiste AUTOFORMEN

Wollen Sie eine willkürliche oder eine nützliche Form einfügen, wählen Sie EINFÜGEN | GRAFIK | AUTOFORMEN. Die Symbolleiste AUTOFORMEN erscheint (siehe Abbildung 24.1). (Außerdem werden Sie in die Seitenlayoutansicht geworfen, falls Sie sich noch nicht darin befinden.)

Jede Schaltfläche auf der Symbolleiste AUTOFORMEN steht für ein Aufklappmenü mit Formen. Entscheiden Sie sich für eine Form. Der Mauszeiger verwandelt sich in ein Pluszeichen. Jetzt »zeichnen« Sie die Form in Ihrem Dokument, indem Sie die Maus ziehen. So entsteht die Form in einer bestimmten Größe und an einer bestimmten Position, die Sie beide später ändern können, wenn Sie wollen.

✔ Die AutoForm kann in der Größe verändert werden, indem Sie an einem der acht »Henkel« ziehen, die an den Ecken und in den Seiten erscheinen.

Um ein AutoFormen-Bild zu verschieben, zeigen Sie mit der Maus auf das Bild, bis sich der Mauszeiger in ein Vier-Wege-Ding verändert. Dann ziehen das Bild an eine andere Stelle auf der Seite.

✔ Der spezielle grüne Henkel oben auf einer AutoForm dient dazu, das Bild zu drehen.

✔ Einige AutoFormen haben spezielle gelbe Henkel. Diese gelben Henkel ermöglichen einige Spezial-Effekte, so kann damit zum Beispiel der Bereich einer Sprechblase, der auf den Mund zeigen soll, bewegt werden (siehe Abbildung 24.1).

✔ Nicht alle Autoformen sind Textfelder, so wie in Abbildung 24.1.

WordArt ist wunderbar

Von all den Dingen in Word ist meiner Meinung nach WordArt das nützlichste, lustigste und der größte Zeitverschwender. Wenn ein Word-Anwender WordArt entdeckt, ist die Hölle los.

Wollen Sie WordArt in Ihr Dokument einfügen, wählen Sie EINFÜGEN | GRAFIK | WORDART. Dann erscheint das Dialogfenster WORDART und zeigt Ihnen die Farben und Variationen, die Sie mit WordArt erstellen können. Ein bisschen sieht das aus wie ein Display für Lippenstifte in einem Kosmetikgeschäft (siehe Abbildung 24.2).

Suchen Sie sich eine WordArt-Stilrichtung aus der Galerie aus und klicken Sie auf OK.

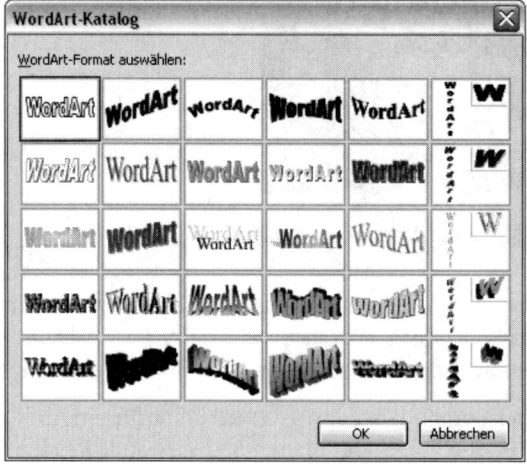

Abbildung 24.2: Das Lippenstift-Display des Dialogfensters WORDART

Im Dialogfenster WORDART-TEXT bearbeiten geben Sie den (kurzen und knappen) Text ein, der mit WordArt behandelt werden soll. Wählen Sie eine Schriftart, eine Schriftgröße und vielleicht noch fett und kursiv – Sie kennen die Übung. Wenn Sie fertig sind, klicken Sie auf OK, und dieser Text erscheint als Bild in Ihrem Dokument.

✔ Um Ihre WordArt zu bearbeiten, klicken Sie einmal darauf. Dann erscheint die WORDART-Symbolleiste, mit der Sie Ihren Text noch ein bisschen mehr aufmischen können.

 Wie andere Grafiken in Ihrem Text erscheint die WordArt dort, wo der Zahnstocher-Cursor herumlungert. Wenn Sie also wollen, dass Ihr Text im Dokument die WordArt-Grafik umfließt, klicken Sie auf die Schaltfläche TEXTFLUSS in der WORDART-Symbolleiste.

✔ WordArt-Grafiken können Sie verzerren und verbiegen wie andere Grafiken auch. Mehr dazu in Kapitel 23.

 Klicken Sie auf die Schaltfläche TEXT BEARBEITEN, um zum Dialogfenster WORDART TEXT BEARBEITEN zurückzukehren und den WordArt-Text zu modifizieren, Schriftart und -größe zu ändern und so weiter und so fort. Klicken Sie auf OK, wenn Sie fertig sind.

 Die Schaltfläche WORDART-FORM zeigt eine Liste mit verschiedenen Layouts für Ihren WordArt-Text – eine detailliertere Version, als Sie sie im WORDART-KATALOG finden. Sie wählen einfach eine Form aus und Ihr WordArt-Text wird neu formatiert, so dass er in diese Form passt.

 Wenn Sie wissen wollen, wie Sie in Ihrem Dokument ein Initial erstellen, sehen Sie in Kapitel 31 nach. Sie sind vielleicht der Meinung, dass WordArt das übernehmen könne, aber mit dem Befehl INITIAL kommen Sie viel besser zurecht.

In Word kritzeln

Word verfügt über einen speziellen Zeichnen-Modus, mit dem Sie Kreise, Linien, Pfeile und andere vorgefertigte Kunststückchen ganz nach Laune einfügen können. Über dieses Thema könnten man ein ganzes Buch schreiben, deswegen kann ich Ihnen hier nur mitteilen, was Sie wirklich wissen müssen.

Wollen Sie den Zeichnen-Modus von Word aktivieren, klicken Sie mit der Maus auf die Schaltfläche ZEICHNEN in der STANDARD-Symbolleiste. (Sie können im Menü auch AN-SICHT | SYMBOLLEISTEN | ZEICHNEN wählen.) Damit rufen Sie die Symbolleiste ZEICHNEN auf, die verschiedene Dinge zum Zeichnen enthält. Es kann sein, dass die Symbolleiste über der Startleiste erscheint, ganz unten im Fenster.

Die Symbolleiste ZEICHNEN ist in mehrere Bereiche unterteilt. Der mittlere Bereich enthält Werkzeuge, mit denen Sie verschiedene Linien, Pfeile, Quadrate und Kreise zeichnen können.

Der rechte Bereich enthält Kontrollelemente für Farben, Linienart und dreidimensionale Effekte.

Na los, Sie können ruhig damit spielen. Und ich? Ich erstelle alle Grafiken in einem anderen Programm. Aber wenn Sie festsitzen und eine Grafik benötigen, kann Ihnen die Symbolleiste ZEICHNEN aus der Patsche helfen.

✔ Die Werkzeuge zum Zeichnen sind ganz gut, aber eigentlich für einfache Illustrationen gedacht. Wenn Sie komplexe oder detaillierte Zeichnungen benötigen, rate ich Ihnen, sich ein hübsches Grafikpaket für Ihren Computer zu besorgen. Lassen Sie sich in einem Software-Laden beraten.

✔ Diagramme oder ähnliches können Sie nicht mit Zeichnen erstellen. Benutzen dafür lieber EINFÜGEN | GRAFIKEN | DIAGRAMM.

✔ Befindet sich die Zeichnung in Ihrem Dokument, verhält sie sich wie eine beliebige Grafik. In Kapitel 23 finden Sie einige allgemeine Informationen zur Behandlung von Grafiken.

✔ Die ZEICHNEN-Symbolleiste kann von Zeit zu Zeit automatisch erscheinen, das hängt davon ab, was Sie gerade in Word machen. Sie verschwindet aber leider nicht automatisch wieder, was heißt, dass sie unnötig Bildschirmplatz verschwendet. Um die ZEICHNEN-Symbolleiste zu entfernen, klicken Sie auf die Schaltfläche mit dem X (zum Schließen) in der oberen rechten Ecke.

Teil IV

Seltsame und lustige Dinge

»Hast du kürzlich auf Hilfe in der Word-Menüleiste
geklickt? Hier ist Mr. Gates und will wissen,
ob alles in Ordnung ist.«

In diesem Teil ...

Wie viel würden Sie für dieses Textverarbeitungsprogramm bezahlen? Aber halt! Es gibt noch mehr!

Word kann einige Sachen, die in keiner Weise zu rechtfertigen sind. Ich meine Linien, Rahmen, Spalten, Tabellen, das ganze Zeug ist nicht weit weg von der eigentlichen Textverarbeitung. Aber während dieses Buch langsam zu seinem wohlverdienten Ende fortschreitet, entfernen sich seine Themen mehr und mehr vom Herz der Textverarbeitung. Wie Extra-Dreingaben bei rostfreien japanischen Messersets oder garantiert ungiftigen Enthaarungsmittel aus spanischen Orangen aus diesen Verkaufsshows wird Word mit Extra-Dreingaben ohne Ende ausgeliefert. Nützlich oder nicht, sie sind drin. Sie haben dafür bezahlt. Warum also nicht mal schauen und sie benutzen?

Dieser Teil des Buches behandelt jene außergewöhnlichen Sachen, die Word macht und die in früheren Zeiten von Anwendungen ausgeführt wurden, für die man extra bezahlen musste. Darunter habe ich noch ein paar Kapitel über die Instandhaltung von Word gemischt. Na, ist das nicht ein gutes Geschäft? Schnell: Wer zuerst kommt, kriegt eine Extra-Dreingabe!

Andere Ansichten eines Dokuments

25

Im Anfang war die Normalansicht, und die Normalansicht war gut und trug keinen Namen, denn nur in ihr konnte man das Dokument schauen. Doch siehe, da kam Seitenansicht und mit ihm Seitenlayout, denn zu viele wollten ihre Seiten in Seitenansicht bearbeiten. Schwarzer Wahnsinn befiel das Land: So kam es, dass wir zur Stunde über fünf – bitte nachzählen – fünf verschiedene Arten der Ansicht eines Word-Dokuments verfügen.

Außer Normal und Seitenlayout verfügt Word über drei weitere Formen der Dokumentansicht. Da gibt es einmal Web-Layout, das Zeitverschwendung ist, denn Word ist kein Web-Editor. Dann gibt es noch die interessanten und ja, tatsächlich nützlichen Modi, bekannt als Gliederungsansicht und – halten Sie sich fest – Lesemoduslayout. Wer solche Wörter wohl erfindet? Wegen ihres inneren Werts verdienen sie etwas mehr Aufmerksamkeit, die sie dann auch hier in diesem Kapitel erhalten.

✔ Die Ansichten werden von fünf klitzekleinen Knöpfchen in der unteren linken Ecke von Word kontrolliert. Ganz unten, ganz links. Ach was: Schauen Sie einfach in Abbildung 1.1

✔ Die Ansichten kann man auch über den Befehl ANSICHT verändern. Bitte achten Sie auf die ersten fünf Befehle.

Der Gliederungsmodus von Word

Mit Gliederungen in Word können Sie Ihre Gedanken einfach strukturieren und Listen entwerfen. Schalten Sie Word einfach auf den Gliederungsmodus um. In diesem Modus werden Absätze zu Themen und Unterthemen, die Sie mit Hilfe von Tastenkombinationen verändern können.

Das Geheimnis des Gliederungsmodus'

Eine Gliederung funktioniert in Word wie ein beliebiges anderes Dokument. Der einzige Unterschied besteht darin, wie Word den Text auf dem Bildschirm darstellt. Ich gebe Ihnen einen Tipp: Der Gliederungsmodus greift auf die Formatvorlage ÜBERSCHRIFT zurück – was toll ist, da Word sehr oft davon ausgeht, dass Sie mit der Formatvorlage ÜBERSCHRIFT arbeiten.

Wenn Sie eine Gliederung erstellen wollen, befolgen Sie diese Schritte:

1. **Legen Sie ein neues Dokument an.**

   Drücken Sie ⌈Strg⌉+⌈N⌉ oder klicken Sie in der Symbolleiste auf die Schaltfläche NEU.

2. **Wechseln Sie in die Gliederungsansicht.**

   Aha. Das Geheimnis. Wählen Sie ANSICHT | GLIEDERUNG oder klicken Sie auf die Schaltfläche GLIEDERUNGSANSICHT, die sich in der linken unteren Ecke herumdrückt. Sie bekommen etwas wie in Abbildung 25.1 zu sehen (in dieser Abbildung befindet sich allerdings bereits ziemlich viel Text – so viel werden Sie jetzt noch nicht auf Ihrem Bildschirm sehen).

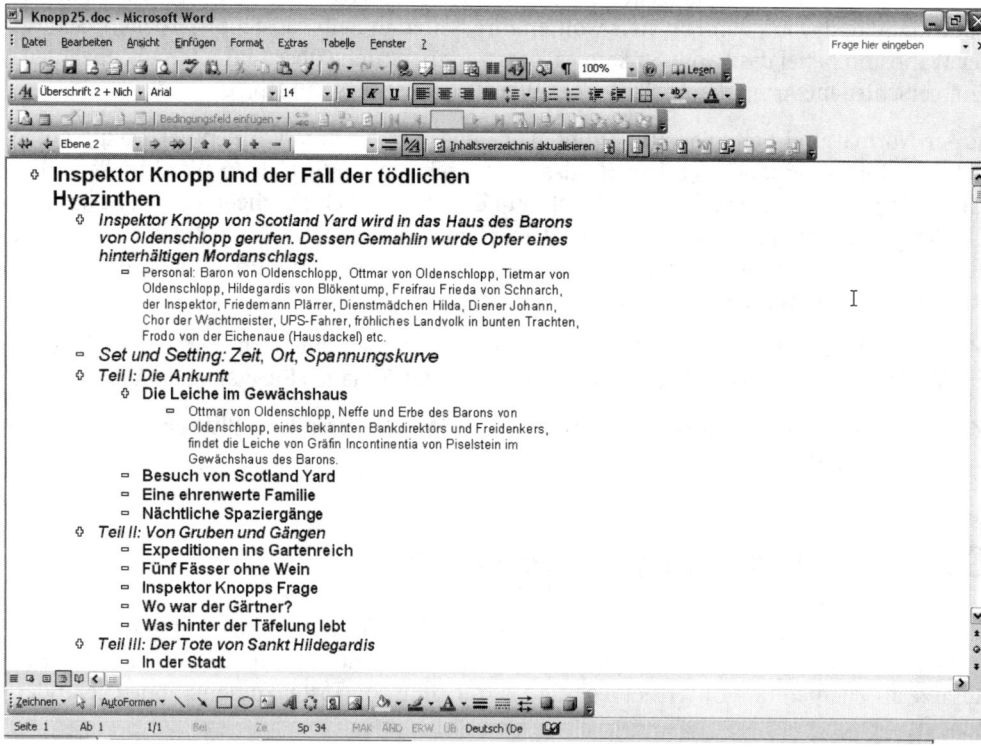

Abbildung 25.1: Eine typische Gliederung

Es geschehen zwei wunderbare Dinge. Erstens sehen Sie die GLIEDERUNG-Symbolleiste, die das Lineal in Words Fenster ersetzt. Mit der GLIEDERUNG-Symbolleiste können Sie Ihre Gliederung bearbeiten und organisieren. Zweitens erscheint ein hohes Minus-Zeichen vor dem Zahnstocher-Cursor. Dieses Minus-Zeichen signalisiert, dass Sie ein Thema in die Gliederung eingeben, das kein Unterthema hat.

3. Sie können mit Ihrer Gliederung loslegen.

In den nächsten Abschnitten werden alle Einzelheiten der Gliederung erläutert. Jetzt erst einmal ein paar allgemeine Tatsachen:

✔ Die Gliederungsfunktion von Word ist eher eine andere Herangehensweise, sich ein Dokument anzuschauen. Sie können in die Normalansicht oder in die Seitenlayoutansicht wechseln, was aber nicht wirklich nötig ist, wenn Sie an einer Gliederung arbeiten.

 Machen Sie sich beim Erstellen einer Gliederung keine Gedanken über Schriftarten und Formatierungen. Word benutzt für Ihre Gliederung die Überschriften 1 bis 9. Das ist in Ordnung.

✔ Alle normalen Befehle von Word funktionieren auch in der Gliederungsansicht. Sie können die Cursor-Tasten verwenden, Text löschen, die Rechtschreibung prüfen, speichern, sonderbare Zeichen einfügen, drucken und so weiter.

Wie Sie weitere Themen in Ihre Gliederung aufnehmen

Eine Gliederung besteht aus Themen und Unterthemen. Die Hauptthemen entsprechen Ihren Hauptideen, die Unterthemen führen Einzelheiten aus. Sie sollten mit den Hauptthemen anfangen und sie einfach aufschreiben.

In Abbildung 25.2 sehen Sie mehrere Themen getippt, jede in einer eigenen Zeile. Wenn Sie nach der Eingabe eines Themas [Enter] drücken, erscheint ein neuer hohler Bindestrich, an dem Sie Ihr nächstes Thema eingeben können.

> ▫ **Pläne zur Erringung der Weltherrschaft:**
> ▫ Gedankenkontrolle
> ▫ Futuristische Strahlen-Dingsdas
> ▫ Invasion aus dem Weltall
> ▫ Zuckerhaltige Brausen
> ▫ Quizshows

Abbildung 25.2: Themen der Ebene 1

✔ Drücken Sie nach jedem Gliederungspunkt [Enter]. Dann weiß Word, dass Sie mit der Eingabe von Informationen zu diesem Thema bzw. Gliederungspunkt fertig sind, und erzeugt den nächsten Gliederungspunkt.

✔ Schauen Sie im nächsten Abschnitt nach, wie man ein Unterthema erstellt.

✔ Die Hauptthemen sollten kurz und knackig sein: Schauen Sie mal in das Inhaltsverzeichnisses eines Buchs.

✔ Sie können einen Gliederungspunkt teilen, indem Sie den Zahnstocher-Cursor irgendwo in die Mitte stellen und dann ⌈Enter⌋ drücken. So können Sie Nadeln und Nägel in zwei Kategorien trennen (natürlich innerhalb des Themas »Scharfe Dinger«).

✔ Wollen Sie zwei Gliederungspunkte zusammenfügen, stellen Sie den Zahnstocher-Cursor ans Ende des ersten Gliederungspunktes und drücken die ⌈Entf⌋-Taste. (Das funktioniert wie das Zusammenfügen von zwei Absätzen in einem normalen Dokument.)

 Es spielt keine Rolle, ob Sie die richtige Reihenfolge auf Anhieb hinbekommen oder nicht. Das Schöne am Erstellen einer Gliederung mit einem Textverarbeitungsprogramm liegt darin, dass Sie Ihre Gliederung umbauen können, wenn Ihre Vorstellungen klarer werden. Ich rate Ihnen, einfach anzufangen und sich später um die Organisation zu kümmern.

Wie Sie ein Unterthema anlegen

Unterthemen haben mehrere Ebenen. Unterhalb von Themen gibt es Unterthemen, und diese Unterthemen haben Unterunterthemen. Ihr Hauptthema könnte beispielsweise sein »Dinge, die mich zur Weißglut treiben«, und die Unterthemen wären diese einzelnen Dinge.

 In Word erstellen Sie nicht wirklich Unterthemen, sondern Sie stufen sie tiefer.

 Wollen Sie ein Unterthema erstellen, geben Sie einfach Ihr Unterthema auf derselben Ebene ein wie das Hauptthema. Stellen Sie den Zahnstocher-Cursor in das Thema und klicken Sie in der Symbolleiste GLIEDERUNG auf die Schaltfläche TIEFER STUFEN.

Sofort wird der Text in dem Thema einen Tabstopp weit eingerückt, und die Formatvorlage ändert sich in die der nächsten ÜBERSCHRIFT-Formatvorlage. Beides weist visuell darauf hin, dass Sie jetzt auf einer anderen Themenebene arbeiten.

| Ebene 2 | ▾ |

Um zu sehen, an welcher Gliederungsebene Sie gerade arbeiten, benutzen Sie die GLIEDERUNGSEBENE-Liste. Sie können auch eine Ebene aus der Liste auswählen, um das aktuelle Thema in irgendeine andere Ebene höher oder tiefer zu stufen.

✔ Sie können weitere Untergliederungen erstellen, indem Sie am Ende jedes Unterthemas ⌈Enter⌋ drücken – so wie Sie neue Gliederungspunkte auf der Hauptebene angelegt haben. Word gibt Ihnen weitere Unterthemen, bei jedem Drücken der Returntaste ein neues.

✔ Beachten Sie, dass neben dem Hauptthema (dem Thema, in dem das Unterthema lebt) ein +-Zeichen erscheint. Das ist ein Signal, dass ein Thema Unterthemen hat. Mehr dazu finden Sie in dem Abschnitt »Die Gliederungsansicht« ein bisschen weiter hinten.

✔ Sie können einen Gliederungspunkt auch mit der Tastenkombination $\boxed{\text{Alt}}$+$\boxed{\text{Shift}}$+ $\boxed{\rightarrow}$ tiefer stufen.

 Anders als beim Erstellen von Hauptthemen können Sie bei der Erstellung von Unterthemen ein wenig wortreicher werden. Schließlich geht es dabei darum, das Hauptthema auszuführen. Wenn Sie beispielsweise eine Rede schreiben, enthält ein Unterthema einen detaillierteren Entwurf der Rede. Vielleicht nicht die Rede selbst, sondern mehr Einzelheiten.

 Wollen Sie ein Unterthema in ein Thema zurückverwandeln, stufen Sie es hoch. Sie stellen den Zahnstocher-Cursor in das Thema und drücken $\boxed{\text{Alt}}$+$\boxed{\text{Shift}}$+$\boxed{\leftarrow}$ oder Sie klicken auf die Schaltfläche HÖHER STUFEN.

 Um irgendein Thema auf die erste Ebene zu verschieben, klicken Sie auf die Schaltfläche ZUR »ÜBERSCHRIFT 1« HÖHER STUFEN.

✔ Unter »Wie man sich eine Gliederung ansieht« finden Sie Hinweise dazu, wie man sich einzelne Teile der Gliederung anschaut und andere verdeckt.

✔ Sie können ein Unter-Unterthema erstellen, indem Sie die vorausgegangenen Schritte bei einem Unterthema wiederholen. Word erlaubt es Ihnen, mit zahlreichen Ebenen zu arbeiten. Üblicherweise haben die meisten Gliederungen allerdings nur vier oder fünf Ebenen.

Wie man eine Textebene hinzufügt

Wenn Sie aus dem Trott ausbrechen wollen und tatsächlich beabsichtigen, einen ganzen Absatz in der Gliederung zu schreiben, können Sie auch das tun. Es ist zwar völlig in Ordnung, wenn Sie den Absatz auf der Themenebene schreiben, besser ist es allerdings, wenn Sie ihn in eine Textebene stecken, was Sie mit Hilfe der Schaltfläche UMWANDELN IN TEXTKÖRPER bewerkstelligen. Und so geht's:

1. **Drücken Sie die Returntaste, um ein neues Thema zu beginnen.**

   Das funktioniert genauso, als würden Sie ein beliebiges neues Thema in einer eigenen Zeile anlegen.

2. **Klicken Sie auf die Schaltfläche UMWANDELN IN TEXTKÖRPER.**

 Sie können auch $\boxed{\text{Strg}}$+$\boxed{\text{Shift}}$+$\boxed{\text{N}}$ drücken.

Mit diesem Schritt ändern Sie die Formatvorlage in STANDARD (das erledigt die Tastenkombination). In Ihrer Gliederung können Sie allerdings mit dieser Formatvorlage einen Textabsatz schreiben, der nicht als Überschrift formatiert wird. Sie können jetzt eine Textpassage für Ihre Rede, Anweisungen in einer Liste oder Dialoge für einen Roman schreiben.

✔ Die Formatvorlage TEXTKÖRPER wird mit einem winzigen hohlen Quadrat versehen, im Gegensatz zu Themen, neben denen ein hohles Plus- oder Minuszeichen steht.

✔ Wenn Sie sich eines Besseren besinnen, können Sie Ihren Textkörper zu einem Thema oder Unterthema herauf- oder herabstufen. Sehen Sie dazu im letzten Abschnitt nach.

Wie man Themen neu arrangiert

Das Umarrangieren von Themen in einer Computer-Gliederung ist ein Kinderspiel – nicht schwieriger, als würde man ein paar Karteikarten in eine neue Reihenfolge bringen. Es macht aber mehr Spaß als das Arbeiten mit Karteikarten, da man da nie so genau weiß, was sich auf der Rückseite befindet (ich hab' mal die Backrezepte meiner Mutter erwischt ...).

Wollen Sie ein Thema in Ihrer Gliederung verschieben, stellen Sie den Zahnstocher-Cursor in das Thema und klicken dann auf eine der folgenden Schaltflächen:

 Klicken Sie auf die Schaltfläche NACH OBEN (oder drücken Sie [Alt]+[Shift]+[↑], um ein Thema eine Zeile nach oben zu bewegen.

 Klicken Sie auf die Schaltfläche NACH UNTEN (oder drücken Sie [Alt]+[Shift]+[↓], um ein Thema eine Zeile nach unten zu bewegen.

 Klicken Sie auf die Schaltfläche HÖHER STUFEN (oder drücken Sie [Alt]+[Shift]+[←], um einen Gliederungspunkt eine Ebene höher zu stufen.

 Klicken Sie auf die Schaltfläche TIEFER STUFEN (oder drücken Sie [Alt]+[Shift]+[→], um einen Gliederungspunkt um eine Ebene tiefer zu stufen.

Sie können Gliederungspunkte auch mit der Maus herumbewegen: Sie fassen das Thema an seinem Plus- oder Minuszeichen an, ziehen Sie es an eine neue Position in der Gliederung und lassen es an der neuen Stelle los. Ich persönlich verwende diese Technik nicht, da meine Gliederungen ziemlich komplex sind und das Verschieben von Themen mit dieser Methode schnell unübersichtlich wird.

Die Gliederungsansicht

Sofern Sie Word nichts anderes mitteilen, zeigt es alle Themen in Ihrer Gliederung, von oben nach unten, alles. Aber diese Darstellung ist nicht das wirklich Reizvolle an der Gliederung. Das besteht nämlich darin, dass Sie einen Schritt zurücktreten und einen Eindruck vom Gesamtbild bekommen können.

Wollen Sie beispielsweise alle Themen der ersten Ebene in Ihrer Gliederung sehen, benutzen Sie die Aufklappliste EBENE ANZEIGEN. Um zum Beispiel die Ebene 1 anzuzeigen, klicken Sie auf den Eintrag EBENE 1 ANZEIGEN. Alle Unterthemen und Textthemen werden verborgen.

Hat ein Thema Unterthemen, erscheint neben ihm nicht nur ein hohles Pluszeichen, Sie sehen zusätzlich auch eine gekräuselte Linie unter dem letzten Teil des Themas. Ich habe bisher noch niemanden getroffen, der mir erklären könnte, was das bedeuten soll.

Wollen Sie Ihre Gliederung detaillierter sehen, klicken Sie auf den Eintrag EBENE 2 ANZEIGEN oder EBENE 3 ANZEIGEN. Jeder Eintrag auf der Liste zeigt die Gliederung nur bis zu dieser Ebene, tiefere Ebenen bleiben verborgen.

Der Eintrag ALLE EBENEN ANZEIGEN erweitert Ihre Gliederungsansicht, so dass Sie alles auf einmal sehen.

✔ Sie können einzelne Themen öffnen oder schließen, indem Sie mit der Maus auf das hohle Pluszeichen doppelklicken.

 Mit der Schaltfläche ERWEITERN auf der Symbolleiste öffnen oder erweitern Sie einen Gliederungspunkt. Sie können auch [Alt]+[Shift]+[+] (das Pluszeichen im Ziffernblock Ihrer Tastatur) drücken.

 Mit der Schaltfläche REDUZIEREN können Sie ein Thema schließen. Die Tastenkombination ist [Alt]+[Shift]+[-].

 Wenn Sie wortreiche Themen haben, können Sie Word anweisen, nur die erste Zeile des Themas anzuzeigen, indem Sie auf die Schaltfläche NUR ERSTE ZEILE klicken. Die Tastenkombination [Alt]+[Shift]+[L] erfüllt den gleichen Zweck.

 Eine andere großartige Möglichkeit in der Gliederungsansicht besteht darin, sich den Text mit Formatierung anzusehen. Klicken Sie dazu auf die Schaltfläche FORMATIERUNG ANZEIGEN. Diese Schaltfläche zeigt oder entfernt die Formatierungen aus der Gliederungsansicht, was (wenn die Formatierung nicht angezeigt ist) mehr Text auf den Bildschirm bringt.

✔ Wenn sich Ihre Gliederung der Perfektion nähert, können Sie Teile davon kopieren und in andere, neue Dokumente einfügen. Mit dieser Methode arbeiten viele Autoren bei ihren Büchern und Romanen. Das Dokument ist dann lediglich eine längere, vollständigere Version dessen, was als Gliederung begonnen hat.

Die Gliederung drucken

Das Drucken der Gliederung funktioniert wie der Ausdruck eines gewöhnlichen Dokuments in Word. Da es sich aber um eine Gliederung handelt, gibt es einen Unterschied: Im Gliederungsausdruck sind nur die Gliederungspunkte zu sehen.

Wollen Sie zum Beispiel nur die beiden ersten Ebenen Ihrer Gliederung drucken, klicken Sie in der Aufklappliste EBENE ANZEIGEN auf den Eintrag EBENE 2 ANZEIGEN. So verbergen Sie alle Unterthemen, und beim Ausdruck der Gliederung werden nur die Themen der ersten und zweiten Ebene gedruckt.

Wollen Sie die gesamte Gliederung ausdrucken, müssen Sie vor dem Drucken auf den Eintrag ALLE EBENEN ANZEIGEN klicken.

Alle Gliederungs-Tastenkombinationen im Überblick

Wenn ich tippe, bleiben meine Hände auf der Tastatur. Daher habe ich die folgenden Tastenkombinationen entdeckt, die beim Arbeiten mit der Gliederung funktionieren. Probieren Sie sie aus, wenn Sie sich das trauen:

Tastenkombination	Funktion
Alt + Shift + →	Thema tiefer stufen
Alt + Shift + ←	Thema höher stufen
Alt + Shift + ↑	Thema eine Zeile nach oben schieben
Alt + Shift + ↓	Thema eine Zeile nach unten schieben
Strg + Shift + N	Textkörper einfügen
Alt + Shift + 1	Nur die obersten Themen anzeigen
Alt + Shift + 2	Themen der beiden ersten Ebenen anzeigen
Alt + Shift + Zahl	Alle Themen bis zur Ebene (Zahl) anzeigen
Alt + Shift + A	Alle Themen anzeigen
Alt + Shift + +	Alle Unterthemen im aktuellen Hauptthema zeigen
Alt + Shift + -	Alle Unterthemen im aktuellen Hauptthema verbergen.

Arbeiten mit Lesemoduslayout

Jahrelang lag der Schwerpunkt darauf, mit Word ein Dokument zu bearbeiten, während es gleichzeitig auf dem Bildschirm genau so aussehen sollte, wie es gedruckt würde. Lustige Sachen passieren wenn man das versucht: Das Dokument ist plötzlich schwer zu lesen, die Wörter werden winzig, die Zeichensätze machen das Dokument undeutlich. Lesen und kontrollieren der Dokumente wurde zu etwas, das viele Leute lieber mit dem gedruckten Ergebnis machten als am Bildschirm.

Die Lösung dieses Problems war Words Lesemoduslayout. Diese Ansicht ist ideal fürs Kontrollieren, Bearbeiten, Kommentieren und natürlich fürs Lesen.

Lesemoduslayout öffnen

Um in den Lesemoduslayout-Modus (dieses Wort macht Spaß, finden Sie nicht?) zu wechseln, können Sie den Befehl ANSICHT | LESEMODUSLAYOUT wählen, den roten Knopf auf der Standardleiste klicken oder den Lesemodus-Knopf – den fünften von links – in der unteren linken Ecke von Words Fenster klicken. Dabei verändern sich einige Dinge auf dem Bildschirm (Abb. 25.3).

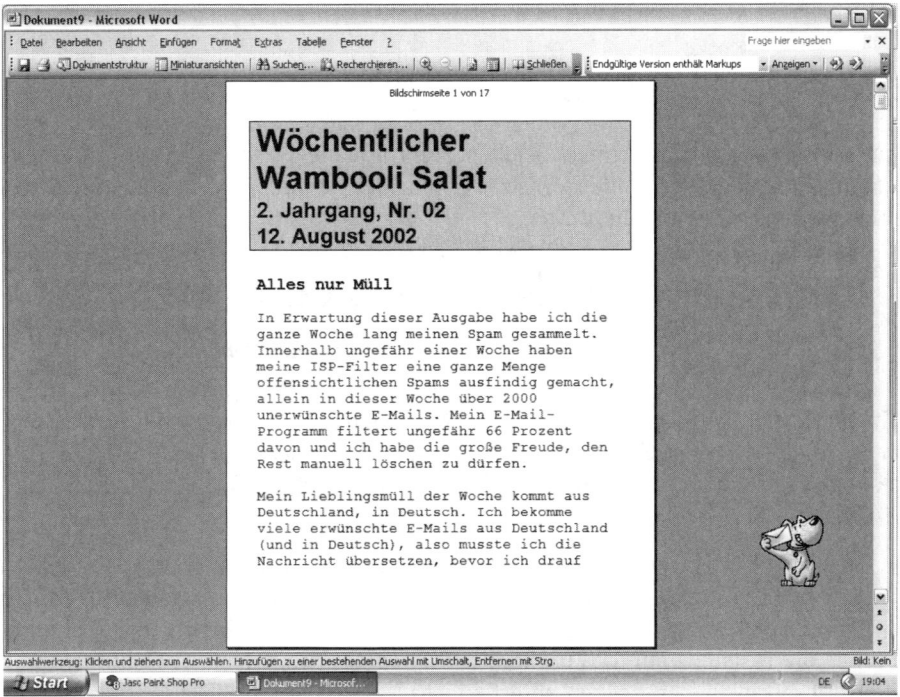

Abbildung 25.3: Das Lesemoduslayout

Die Standard- und Formatleiste sind verschwunden. An ihrer Stelle sind die Lesemodusleiste (oben links) und die Überarbeitenleiste erschienen (oben rechts) erschienen. Die Menüleiste gibt's noch, aber die Statuszeile ist weg. Außerdem hat sich der Text auf der Seite vergrößert, weil man in diesem Modus nicht arbeiten oder Vorschau betreiben soll, sondern lesen.

✔ Um das Dokument zu lesen, müssen Sie lesen!

✔ Benutzen Sie die Bildlauftasten ⌷Bild ↑⌷ und ⌷Bild ↓⌷, um durch das Dokument zu scrollen.

✔ Mit den [↑] und [↓] Tasten können Sie sich um einen Bildschirm nach oben oder unten bewegen.

✔ Die Knöpfe [Pos1] und [Ende] bringen Sie an den Anfang beziehungsweise das Ende Ihres Dokuments.

✔ Sie können in diesem Modus auch den Text bearbeiten. Dieselben Tastenkombinationen wie in den anderen Modi funktionieren hier auch, Sie können auch die Befehle der Menüleiste benutzen, um zu formatieren. Trotzdem empfehle ich Ihnen nicht, diesen Modus zum Bearbeiten zu benutzen, besonders nicht, wenn Sie Formate ändern wollen. Verwenden Sie dafür lieber den Seitenlayout-Modus.

✔ Der Lesemodus ist ideal dafür, Texte zu lesen und an Ihnen mit anderen zusammen zu arbeiten. Das wird im nächsten Kapitel behandelt.

Irre Tricks im Lesemodus

Sie tun sich wirklich selber keinen Gefallen, wenn Sie die Werkzeugleisten im Lesemodus nicht so arrangieren, dass Sie alle Werkzeugleisten auf einen Blick sehen können. Alle Leisten auf einmal sehen Sie in Abbildung 25.4.

Abbildung 25.4: Die Lesemodusleiste in voller Montur

Die Knöpfe SPEICHERN, DRUCKEN und SUCHEN aktivieren Funktionen, die in diesem Buch schon behandelt wurden: SPEICHERN speichert das Dokument auf Festplatte (Kapitel 8), DRUCKEN druckt (Kapitel 9) und SUCHEN öffnet das Dialogfenster SUCHEN UND ERSETZEN (Kapitel 5).

Die Dokumentstruktur zeigt Ihnen eine Gliederung Ihres Dokuments auf der linken Seite Ihres Fensters – wie ein verzaubertes Inhaltsverzeichnis. Sie können auf eine beliebige Überschrift der Gliederung klicken, und der Bildschirm zeigt Ihnen die Textstelle an. (Das funktioniert allerdings nur, wenn das Dokument in Überschriften auf verschiedenen Ebenen unterteilt ist.)

Klicken Sie noch mal auf den Knopf DOKUMENTSTRUKTUR, und diese Funktion schaltet sich wieder aus.

Eine andere Möglichkeit sich schnell im Dokument zu bewegen ist der MINIATURANSICHTEN-Knopf. Hier sehen Sie Ihr Dokument von höchsten Höhen. Klicken Sie einfach auf ein Vorschaubild, und Sie gelangen auf die entsprechende Seite. Auf diese Weise können Sie alle Illustrationen finden, anstatt den Text lesen zu müssen.

Klicken Sie noch mal auf den Knopf, und die Funktion schaltet sich wieder aus.

Mit dem RECHERCHIEREN-Knopf öffnen Sie den Recherche-Aufgabenbereich. Markieren Sie ein Wort, einen Satz, einen Namen, Ort oder was auch immer und klicken Sie auf den RECHERCHIEREN-Knopf. Nach kurzer Zeit (es dauert länger, wenn Sie nicht schon ins Internet eingeklinkt sind) erscheint ein ganzer Haufen von Informationen über Ihren gesuchten Begriff: Wörterbucheinträge, Übersetzungen in andere Sprachen, Lexikonartikel usw.

 Mit dem ZOOM-Knopf können Sie den Text größer oder kleiner erscheinen lassen, um Ihnen das Lesen zu erleichtern. Dies beeinträchtigt aber nur die Erscheinung des Textes auf dem Bildschirm und nicht, wie das Dokument gedruckt wird.

 Der TATSÄCHLICHE SEITE-Knopf ist reine Zeitverschwendung. Er zeigt Ihnen, wie schäbig und klein Ihr Dokument korrekt formatiert aussehen wird.

 Der MEHRERE SEITEN ZULASSEN-Knopf zeigt Ihnen Ihr Dokument auf zwei Schirmen gleichzeitig, falls Sie wissen wollen, wie Word mit besoffenem Kopf aussieht.

Um den Aufgabenbereich zu schließen, drücken Sie ⌷Strg⌷+⌷F1⌷ .

✔ Bearbeiten Sie keine Formate im Lesemodus. Dafür wurde er nicht konzipiert.

Den Lesemodus schließen

Wenn der SCHLIESSEN-Knopf auf der Werkzeugleiste sichtbar ist, klicken Sie ihn. Wenn nicht, wählen Sie ANSICHT | NORMAL oder ANSICHT | SEITENLAYOUT aus dem Menü, um zu Ihrer normalen Arbeit zurückzukehren.

Gemeinsam an Dokumenten arbeiten

26

In diesem Kapitel

▷ Kommentare in ein Dokument einbauen

▷ Text hervorheben

▷ Änderungen markieren

▷ Zwei Dokumente miteinander vergleichen

▷ Alle Änderungen in einem Dokument verfolgen

S chreiben ist etwas, das Sie im Wesentlichen ganz allein erledigen. Manchmal allerdings müssen (oder wollen) Sie mit anderen zusammenarbeiten – Sie wollen sicher sein, dass Ihr Vorschlag auf der Höhe der Zeit ist und Sie niemandem damit auf die Zehen treten, also lassen Sie ihn von jemandem gegenlesen. In einem solchen Fall können Sie einige der Hilfsmittel verwenden, die Word Ihnen für gemeinsames Arbeiten mit Schreibpartnern (oder Redakteuren und Lektoren) zur Verfügung stellt.

In diesem Kapitel geht es um die Tricks und Techniken, die Word Ihnen für die harmonische Zusammenarbeit mit Partnern zur Verfügung stellt. Sie und Ihre Genossen können so gemeinsam an einem umstürzlerischen Manifest arbeiten, aber wenn die Geheimpolizei zuschlägt, wird nur ein einziger verhaftet.

✔ Dieses Buch behandelt nicht die Online-Zusammenarbeit, bei der man sich im Internet trifft, um gemeinsam an einem Dokument zu arbeiten.

Kommentare abgeben

Die Kommentarfunktion von Word ähnelt einem Notizzettel, den man in den Text klebt. Allerdings sehen sie mehr wie Sprechblasen aus. Das ist der erste von Words verschiedenen Markierungsbefehlen. Sie können damit mit anderen (oder mit sich selbst) kommunizieren oder nützliche Hinweise, Ratschläge oder was auch immer geben.

Kommentare hinzufügen

Wollen Sie einen Kommentar in Ihr Dokument einfügen, befolgen Sie diese Schritte:

1. **Wechseln Sie zum Seitenlayout-Modus. Wählen Sie ANSICHT | SEITENLAYOUT.**

 In diesem Modus können Sie die Kommentare am besten sehen.

2. **Markieren Sie den Text, den Sie kommentieren wollen.**

   Seien Sie genau. Auch wenn Sie gerne das ganze Dokument markieren möchten, reicht es vollkommen aus, die ersten paar Wörter zu markieren.

3. **Wählen Sie EINFÜGEN | KOMMENTAR.**

   Eventuell müssen Sie unten in dem Menü auf die nach unten weisenden Pfeile klicken, um den Befehl KOMMENTAR zu finden.

   Eine Sprechblase erscheint mit dem Text KOMMENTAR darin (siehe Abbildung 26.1).

„Gute Nachrichten!" rief der rundliche Wachtmeister. „Bodo Hase war der Mörder!" - - - - - - - **Kommentar [RH1]:** Noch zu früh. Lieber mit der Enthüllung warten! Spannung aufbauen!

Abbildung 26.1: Einen Kommentar in den Text einfügen

4. **Tippen Sie Ihren Kommentar.**

   Die Sprechblase vergrößert sich, um alle Ihre Kommentare aufzunehmen – und sie können ziemlich lang werden, obwohl kurze und prägnante die besten sind.

5. **Wenn Sie fertig sind, klicken Sie einfach in Ihren Text und schreiben weiter.**

   Die Kommentare bleiben in Ihrem Text sichtbar, wenn Sie sie nicht verbergen. Wie das geht, wird im nächsten Abschnitt beschrieben.

Wiederholen Sie diese Schritte, um weitere Anmerkungen Ihrem Text hinzuzufügen.

✔ Die Sprechblasenkommentare können sowohl im Seitenlayout als auch im Lesemodus gemacht werden.

✔ Wenn Sie die Normalansicht wählen, werden die Kommentare im Bearbeitungsbereich unten am Bildschirm gezeigt. Das ist ein wenig umständlich im Gebrauch, deswegen empfehle ich den Seitenlayout-Modus.

✔ Sie können die Kommentare wie jeden anderen Text auch bearbeiten.

 Kommentartext hat ein eigenes Textformat: KOMMENTARTEXT.

✔ Kommentare werden mit ausgedruckt, es sei denn, Sie weisen Word an, sie nicht zu drucken. Im DRUCKEN-Dialogfenster wählen Sie DOKUMENT im DRUCKEN-Bereich (im unteren linken Teil des Dialogfensters). Und wenn Sie nur die Kommentare drucken wollen, wählen Sie MARKUPLISTE.

✔ Wenn Sie sehen wollen, wie die Kommentare gedruckt werden, wählen Sie DATEI | SEITENANSICHT. In Kapitel 8 finden Sie Einzelheiten.

Die Überarbeitungsleiste benutzen

 Um am effektivsten mit Kommentaren arbeiten zu können, öffnen Sie am besten die Leiste Überarbeitung, wie in Abbildung 26.2 gezeigt. Wählen Sie ANSICHT | SYMBOLLEISTEN | ÜBERARBEITUNG.

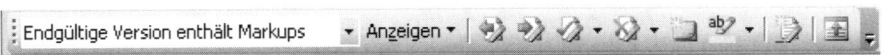

Abbildung 26.2: Die Symbolleiste ÜBERARBEITUNG

Die Überarbeitungsleiste enthält nicht nur Menüs und Optionen, um Kommentare einzufügen, sondern auch, um Text hervorzuheben und Änderungen von anderen zu überarbeiten. Diese Funktionen werden in den folgenden Abschnitten dieses Kapitels behandelt.

Kommentare verbergen

Um die Kommentare zu verbergen, und eigentlich sogar alle Dokument-Markups, wählen Sie ANSICHT | MARKUP. Dieser Befehl verbirgt alle Kommentare (und andere Markiersprechblasen). So kann man Kommentare am einfachsten anzeigen und verbergen.

Sie können die Kommentare auch verstecken, indem Sie in der ÜBERARBEITEN-Symbolleiste aus der ANZEIGEN-Liste KOMMENTARE wählen (siehe Abbildung 26.3). Diese Aktion entfernt das Häkchen bei dem KOMMENTARE-Eintrag und verbirgt die Kommentare in Ihrem Dokument.

Umgekehrt können Sie auch KOMMENTARE aus der Liste ANZEIGEN wählen, um die Kommentare in dem Dokument anzeigen zu lassen.

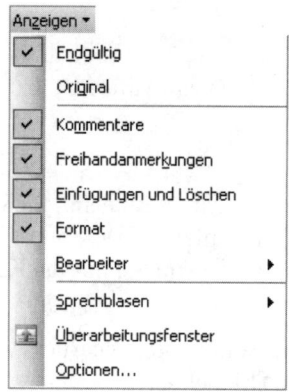

Abbildung 26.3: Das ANZEIGEN-Menü

Alle Kommentare sehen

Wollen Sie alle Kommentare in einem Dokument auf einmal sehen, klicken Sie in der ÜBERARBEITEN-Symbolleiste auf die Schaltfläche ÜBERARBEITUNGSFENSTER, die, wie ihr Name schon sagt, das Überarbeitungsfenster anzeigt. Dann wird der Bildschirm geteilt, und im unteren Teil sehen Sie jeden Kommentar, wer ihn eingab und Datum und Uhrzeit des Kommentars.

Um einen Kommentar vom Aufgabenbereich ÜBERARBEITEN aus zu finden, klicken Sie nur mit Ihrer Maus drauf. Das Dokument rollt automatisch zu der Stelle, wo sich der Kommentar befindet. Sehr praktisch für Kommentare, die über ein langes Dokument verteilt sind.

Um das Überarbeitungsfenster zu schließen, klicken Sie erneut auf die Schaltfläche ÜBERARBEITUNGSFENSTER.

Einen Kommentar löschen

Um einen Kommentar zu löschen, müssen Sie ihn zuerst auswählen. Sie müssen lediglich in die Sprechblase des Kommentars klicken. Daraufhin wird die Farbe der Sprechblase eine Idee dunkler. Das ist alles, um den Kommentar zu markieren.

Nachdem der Kommentar markiert ist, klicken Sie mit der rechten Maustaste darauf und wählen KOMMENTAR LÖSCHEN aus dem Kontextmenü.

Wir schlagen mit dem gelben Textmarker zu

Word verfügt über einen Textmarker, mit dem Sie Textpassagen in Ihrem Dokument einfärben können, ohne Ihren Computer-Monitor zu beschädigen.

Zum elektronischen Markieren auf dem Bildschirm klicken Sie in der Symbolleiste FORMAT einfach auf die Schaltfläche HERVORHEBEN. Klick.

 Nun sind Sie im HERVORHEBEN-Modus. Der Mauszeiger verwandelt sich in etwas, das ich verbal nicht beschreiben kann – deshalb ist es hier am Rand zu sehen. Wenn Sie die Maus über Ihren Text ziehen, wird dieser hervorgehoben – so, wie Sie es mit einem Textmarker auf normalen Papier tun würden – erstaunlich, was den Jungs bei Microsoft so alles einfällt ...

Wollen Sie den HERVORHEBEN-Modus beenden, klicken Sie nochmals auf die Schaltfläche HERVORHEBEN oder auf die `ESC`-Taste.

✔ Wollen Sie die Hervorhebung von Text rückgängig machen, klicken Sie auf den nach unten weisenden Pfeil neben der Schaltfläche HERVORHEBEN und wählen Sie als Markierungsfarbe KEIN(E). Dann gehen Sie über den hervorgehobenen Text, um die Markierung rückgängig zu machen.

✔ Wollen Sie die Hervorhebung im gesamten Text rückgängig machen, drücken Sie `Strg`+`A` und wählen dann als Markierungsfarbe KEIN(E).

✔ Sie können auch einen Textabschnitt hervorheben, indem Sie ihn zunächst markieren und dann auf die Schaltfläche HERVORHEBEN klicken. In Kapitel 6 finden Sie die passenden Anweisungen zum Markieren von Abschnitten.

 Der hervorgehobene Text wird ausgedruckt, also seien Sie vorsichtig. Wenn Sie keinen Farbdrucker haben, wird der markierte Text schwarz auf grau ausgedruckt.

✔ Außer der Option KEIN(E) steht Ihnen in der HERVORHEBEN-Liste eine ganze Palette von Farben zur Verfügung. Und jetzt denken Sie mal, was Sie dafür im Schreibwarengeschäft gezahlt hätten!

Gemeinsames Arbeiten mit Änderungsmarkierungen

Jeder Autor hütet eifersüchtig seinen Text. Es langt schon, dass er von einem Lektor bearbeitet wird, einer dieser Kreaturen, die gelb vor Neid sind, dass der ganze Ruhm dem edlen Autor zufällt, auch wenn der eigentlich dem Lektor gebührt. Oh, Lektoren können übel sein [Heh! – *Der Lektor*]. Aber andere Autoren können noch schlimmer sein [Na also! – *Der Lektor*].

Änderungsmarkierungen ermöglichen es, Veränderungen auf die Spur zu kommen, die bösartige Menschen an Ihrem Dokument vorgenommen haben. Na ja, vielleicht nicht bösartig, aber immerhin Menschen, die Änderungen vorgenommen haben, ohne zuerst einen Vorschlag zu machen. Sie können sich gegen solche Eindringlinge wehren, und zwar mit einer der vielen Funktionen von Word, mit denen Sie Änderungen verfolgen können. Im folgenden Abschnitt lernen Sie zwei Methoden kennen.

Änderungen in zwei Versionen eines Dokuments verfolgen

Sie können das Vergrößerungsglas ruhig liegen lassen. Es ist ganz einfach, ein Word-Dokument, das Ihnen jemand anders überarbeitet zurückgibt, mit seiner jungfräulichen Version zu vergleichen. Word notiert alle Änderungen und zeigt sie Ihnen auf dem Bildschirm. So geht's:

1. **Vergewissern Sie sich, dass das bearbeitete (neuere) Dokument geladen ist und sich auf dem Bildschirm befindet.**

   Das Original-Dokument sollte gespeichert sein. Das langt im Moment; Sie müssen es nicht öffnen. Öffnen Sie einfach das bearbeitete Dokument und holen Sie es auf den Bildschirm.

    Wichtiger Hinweis: Das neuere und das Original-Dokument sollten zwei unterschiedliche Namen haben, Das vereinfacht die Sache!

2. **Wählen Sie** EXTRAS | DOKUMENTE VERGLEICHEN UND ZUSAMMENFÜHREN.

   Das Dialogfenster ÖFFNEN erscheint, heißt diesmal aber nicht ÖFFNEN, sondern DOKUMENTE VERGLEICHEN UND ZUSAMMENFÜHREN.

3. **Suchen Sie Ihr Original-Dokument.**

   Jetzt können Sie Ihre Qualifikationen im Umgang mit dem Dialogfenster ÖFFNEN unter Beweis stellen und das Original-Dokument finden und markieren.

4. **Klicken Sie auf die Schaltfläche** AUSFÜHREN.

   Word denkt lange und intensiv nach. Es vergleicht jetzt das Dokument auf dem Bildschirm mit der älteren gespeicherten Version.

5. **Begutachten Sie die Änderungen.**

   Prüfen Sie die Änderungen, die diese unverschämten Besserwisser an Ihrem göttlichen Werk vorgenommen haben.

    Was Sie auf dem Bildschirm sehen, ist das Original-Dokument, nicht die bearbeitete Kopie. (Schauen Sie sich den Namen in der Titelleiste an.) Vergessen Sie das nicht!

Text, der hinzugefügt wurde, wird unterstrichen und in einer anderen Farbe dargestellt.

In der Seitenlayoutansicht erscheint gelöschter Text als ein kleines Dreieck mit einer Unterstreichung, die zum rechten Seitenrand führt, wo der gelöschte Text erscheint. In der Normalansicht ist gelöschter Text durchgestrichen.

Ja, das ist eine echte Lesequal!

✔ Jedem »Überarbeiter« wird eine eigene Farbe auf Ihrem Bildschirm zugewiesen. So sehe ich zum Beispiel die Änderungen des Überarbeiters in Rot. Hätte ich noch einen zweiten, der meinen Text überarbeitet, hätten seine Kommentare eine andere Farbe, und so weiter für andere Überarbeiter.

✔ Um die Änderungen zu sehen, wie sie gemäß dem überarbeiteten Dokument erscheinen, wählen Sie ORIGINALVERSION ENTHÄLT MARKUPS aus dem ANZEIGE FÜR ÜBERARBEITUNG-Aufklappmenü (der erste Eintrag in der ÜBERARBEITEN-Symbolleiste).

✔ Um die Änderungsmarkierungen auszublenden, wählen Sie ENDGÜLTIG aus dem ANZEIGE FÜR ÜBERARBEITUNG-Aufklappmenü.

So bearbeiten Sie die Änderungen

Es gibt keinen Grund, irgendeinem Herausgeber oder Kritiker blind zu gehorchen. Wenn Sie ein tapferer Autor sind, müssen Sie ein neues Wort lernen: STET. Es ist Lateinisch und bedeutet *stehen*. Wenn Sie eine Überarbeitung STETten, teilen Sie Ihrem Lektor mit, dass Sie seine Änderungen ablehnen und das Thema so stehen lassen wollen. Denken Sie immer daran, dass der Lektor dafür da ist, Ihnen zu helfen, und in den meisten Fällen möchte, dass Ihr Text lesbarer wird, als er es möglicherweise am Anfang war. Trotzdem ist STET ein ganz praktischer Befehl.

Um die Änderungen in Ihrem Dokument zu STETten, haben Sie mehrere Möglichkeiten. Als Erstes klicken Sie mit der rechten Maustaste auf eine Überarbeitungsmarkierung. Aus dem Kontextmenü wählen Sie entweder die Befehle ANNEHMEN oder NICHT ÜBERNEHMEN. EINFÜGEN ANNEHMEN und LÖSCHEN ANNEHMEN bestätigen, dass die Änderungen etwas sind, was Sie wollen. EINFÜGEN NICHT ÜBERNEHMEN und LÖSCHEN NICHT ÜBERNEHMEN sind die STET-Befehle. Sie sagen Word, dass der Text in seinem ursprünglichen, beabsichtigten Zustand wieder hergestellt werden soll.

Zweitens können Sie auch die Knöpfchen auf der Überarbeitungsleiste klicken:

 Um schnell die nächste Markierung zu finden, klicken Sie auf die Schaltfläche WEITER in der ÜBERARBEITEN-Symbolleiste.

 Die Schaltfläche ZURÜCK bringt Sie zu der vorigen Markierung zurück.

 Mit der Schaltfläche ÄNDERUNGEN ANNEHMEN können Sie Ihr Einverständnis zu einer Überarbeitung geben.

 Die Schaltfläche ÄNDERUNGEN ABLEHNEN/KOMMENTAR LÖSCHEN wird benutzt, um na ja, um eben STET zu sagen.

Wenn Sie es drittens echt eilig haben, können Sie auch die Aufklapplisten neben den ÄNDERUNGEN ANNEHMEN- oder ÄNDERUNGEN ABLEHNEN-Schaltflächen benutzen, um entweder die ALLE ÄNDERUNGEN IM DOKUMENT ANNEHMEN- oder ALLE ÄNDERUNGEN IM DOKUMENT ABLEHNEN-Befehle anzuwenden. Es ist entweder ein Freibrief für Ihren Lektor, oder es ist STET, STET, STET!

✔ Wenn Sie Mist gebaut haben, können Sie die Schaltfläche RÜCKGÄNGIG benutzen.

✔ Wenn Sie sich so durch Ihr Dokument durcharbeiten, löschen Sie alle Überarbeitungsmarkierungen aus Ihrem Dokument. Wenn Sie die Änderungen noch einmal prüfen wollen, müssen Sie die Schritte aus dem vorherigen Abschnitt wiederholen, um zwei Dokumente zu vergleichen.

Vergessen Sie nicht, Ihr überarbeitetes Dokument wieder zu speichern.

Änderungen bei der Eingabe sichtbar machen

Stellen Sie sich vor, Sie sind der Lektor! Ha! Sie lächeln bestimmt selbstzufrieden, wenn Sie sich mit Schere und Klebstoff über die Arbeit eines anderen hermachen. Oh, Mann! Das muss doch Spaß machen!

Bitte seien Sie gnädig, wenn Sie korrigieren. Rasten Sie nicht aus! Als Hilfe können Sie Words Überarbeiten-Funktion einschalten, so dass alle Überarbeitungen markiert werden, wenn Sie am Bildschirm arbeiten.

Sie aktivieren den Überarbeitungsmodus, indem Sie auf die Schaltfläche ÄNDERUNGEN VERFOLGEN in der ÜBERARBEITEN-Symbolleiste klicken. Oder Sie können in der Statusleiste unten auf dem Bildschirm auf ÄND doppelklicken. Egal wie, die Überarbeitung ist eingeschaltet und bereit.

Nun korrigieren Sie!

Jeder Text, den Sie eingeben, wird unterstrichen. Gelöschter Text verschwindet sofort an den rechten Seitenrand. Oder, wenn Sie in der Normalansicht arbeiten, wird er ~~durchgestrichen~~ dargestellt.

Viel Spaß!

Mit Dokumenten arbeiten

27

In diesem Kapitel

▹ So legen Sie einen neuen Ordner für Ihre Sachen an

▹ Ordner wechseln

▹ Der Befehl SUCHEN in Word

▹ Dateigruppen öffnen, speichern und schließen

▹ Mit Dokumenten und Textdateien arbeiten, die nicht von Word stammen

*J*e mehr Sie mit Word arbeiten, desto mehr Dokumente erstellen Sie – ganze Dateistapel. Und wenn Sie die nicht aufräumen und organisieren, stecken Sie in ein paar Wochen bis zu den Knöcheln darin, wie im Komposthaufen in Ihrem Garten. Vielleicht auch schon früher.

In diesem Kapitel geht es um Dateien – wie man sie verwendet und organisiert. Es ist eher ein Windows-Kapitel, also halte ich den Teil über die Dateiverwaltung eher kurz. Sie können aber auch aus Word heraus einiges an Dateiverwaltung erledigen, ohne dass Sie dazu Windows einsetzen müssten, das Übermutter-Betriebssystem.

Außerdem im Angebot: Import und Export von Dateien. Ganz ohne internationale Lizenz!

Einen neuen Ordner anlegen

Wenn Sie für ein wenig Organisation sorgen wollen, sollten Sie für neue Projekte neue Ordner anlegen. Nehmen wir einmal an, Sie wollten den internationalen Geldverkehr durch Gehirnwellen beeinflussen. Dann benötigen Sie einen neuen Ordner, in den die ganzen dazugehörigen Memos und Briefe wandern.

Und so geht's:

1. **Rufen Sie das Dialogfenster SPEICHERN UNTER mit DATEI | SPEICHERN UNTER auf.**

   Es hilft, wenn Sie erst einmal etwas haben, was Sie speichern können, zum Beispiel die ersten Briefe an die Europäische Zentralbank.

2. **Klicken Sie auf die Schaltfläche NEUEN ORDNER ERSTELLEN.**

    Es erscheint das Dialogfenster NEUER ORDNER.

3. **Geben Sie einen Namen für Ihren neuen Ordner ein.**

   Machen Sie's aussagekräftig. Seien Sie kreativ. Fassen Sie sich kurz. Kommen Sie auf den Punkt. (Wenn Sie Anwalt sind, müssen Sie sich richtig anstrengen.)

Der Name des Ordners sollte seinen Inhalt wiedergeben.

4. **Klicken Sie auf OK.**

   Magische Computerkräfte erzeugen einen neuen Ordner. Noch mehr Zauberkräfte öffnen diesen Ordner und zeigen seinen Inhalt an. Er ist leer.

5. **Fahren Sie mit dem Speichern Ihres Dokuments fort.**

   Sie müssen nicht jedes Mal ein Dokument speichern, wenn Sie einen neuen Ordner anlegen. Sie können im Dialogfenster SPEICHERN UNTER auch auf die Schaltfläche ABBRECHEN klicken, um fortzufahren. Wenn Sie das nächste Mal ein Dokument speichern (oder eins öffnen wollen), können Sie den neuen Ordner verwenden, den Sie gerade erstellt haben.

✔ Sie können im Dialogfenster SPEICHERN UNTER neue Ordner anlegen, aber nicht im Dialogfenster ÖFFNEN. Also, hmm. Wenn Sie im Dialogfenster ÖFFNEN einen neuen Ordner erstellen würden, wäre in dem Ordner ja gar nichts, was man öffnen könnte. Es gibt schon Leute ...

Sehr nützlich sind Ordner mit Namen wie *Müll* oder *Verschiedenes*.

Einen anderen Ordner benutzen

Falls Sie sich jetzt in das Anlegen von Ordnern stürzen, bedenken Sie bitte, dass Sie Zugriff auf diese Ordner haben müssen, wenn Sie sehen möchten, welche Dokumente sie enthalten, oder wenn Sie ein neues Dokument in einem bestimmten Ordner speichern wollen. So gehen Sie vor:

1. **Rufen Sie mit DATEI | ÖFFNEN den Befehl ÖFFNEN auf.**

   Oder drücken Sie ⌨Strg+⌨O. Das Dialogfenster ÖFFNEN kommt in Sicht.

2. **Sehen Sie zuerst nach, welchen Ordner Sie gerade benutzen.**

   Der Name des Ordners erscheint im Kasten SUCHEN IN oben im Dialogfenster. Normalerweise ist das der Ordner EIGENE DATEIEN, da Word dort am liebsten speichert.

   Wenn Sie sich bereits in dem gewünschten Ordner befinden, gehen Sie zu Schritt 6 (was bedeutet, dass Sie mehr oder weniger fertig sind).

3. **Markieren Sie das gewünschte Laufwerk in der Liste von SUCHEN IN.**

Wenn Sie ein Diskettenlaufwerk auswählen, achten Sie darauf, dass sich eine Diskette darin befindet, bevor Sie es markieren.

Wenn Sie nur eine Festplatte, C, haben, markieren Sie sie ebenfalls. Es ist am besten, einen Ordner von oben nach unten zu suchen.

 Da sich die meisten Ordner im Ordner EIGENE DATEIEN befinden, können Sie im Dialogfenster ÖFFNEN immer auf die große Schaltfläche EIGENE DATEIEN auf der linken Seite klicken. So sausen Sie sofort zu diesem Ordner.

4. **Markieren Sie in der Auflistung den gewünschten Ordner.**

Es kann sein, dass Sie durch die Liste blättern müssen, um diesen Ordner zu finden.

5. **Wiederholen Sie Schritt 4, bis Sie den gesuchten Ordner gefunden haben.**

Es kann beispielsweise sein, dass Sie erst EIGENE DATEIEN, dann PROJEKTE und dann MEMOS öffnen müssen, um schließlich die Dokumente zu sehen, die im Ordner MEMOS gespeichert sind.

6. **Öffnen Sie Ihr Dokument.**

Klicken Sie auf die Schaltfläche ÖFFNEN.

✔ Manche Ordner enthalten weitere Ordner. Wenn Sie im Dialogfenster ÖFFNEN auf den Namen eines Ordners doppelklicken, sehen Sie seinen Inhalt.

 Versuchen Sie zu vermeiden, Dateien von Disketten, CDs und besonders Zip Disks zu öffnen. Es kann Word ganz schön verwirren, wenn Sie dieses Wechselmedium entfernen und Word noch nicht fertig mit der Datei darauf ist. Oft müssen Sie dann das Wechselmedium wieder in den Rechner stecken, um Word wieder unter Ihre Kontrolle zu kriegen. Eine bessere Lösung ist, die Dateien auf Ihre Festplatte zu speichern und von dort aus mit ihnen zu arbeiten. Kopieren Sie die Dateien einfach wieder zurück auf Diskette, wenn Sie fertig sind.

✔ In Kapitel 8 finden Sie weitere Informationen zum Gebrauch des Dialogfensters ÖFFNEN.

✔ Jede Festplatte und Diskette in Ihrem System verfügt über einen eigenen Satz von Ordnern. Wenn Sie den gesuchten Ordner nicht auf der einen Festplatte oder Diskette finden, versuchen Sie es auf einer anderen. Durchstöbern Sie beispielsweise die Festplatte D, wenn sich Festplatte C als Niete erweist.

In Word Dateien finden

Die Dateisuche ist in Wahrheit eine Windows-Funktion. Windows ist für die Dateisuche am besten geeignet, aber auch Word kann verloren gegangene Dokumente wieder finden. Leider findet man Socken oder ein sauberes Hemd nicht so schnell.

1. **Öffnen Sie das Dialogfenster ÖFFNEN.**

   Wenn Sie es sich mal richtig überlegen, ist das ganz vernünftig: Sie suchen eine Datei, um sie zu öffnen, oder? Wählen Sie also DATEI | ÖFFNEN.

2. **Klicken ganz rechts oben auf das Symbol EXTRAS.**

   Ich wette, Sie wussten noch nicht mal, dass der Knopf da oben war. Wenige Leute wissen das. Deshalb lesen Sie dieses Buch.

3. **Wählen Sie EXTRAS | SUCHEN aus dem Ausklappmenü.**

   Das Dialogfenster SUCHEN erscheint. Es ist viel zu sonderbar, um es hier zu zeigen, folgen Sie also sorgsam diesen Anweisungen.

4. **Klicken Sie auf das Register GRUNDLEGEND im Dialogfenster SUCHEN.**

5. **Tippen Sie etwas Text, der höchstwahrscheinlich in dem Dokument vorkommt, in das Textfeld.**

   Und so denken die meisten Leute, wenn sie ein Dokument suchen. Sie denken: »Das Dokument da über Weihnachtskekse mit Zimt und Vanille. Wo hab' ich das nur hingetan?« Also müssen Sie `Weihnachtskekse Zimt Vanille` in das Textfeld des Dialogfensters, um alle Dokumente zu finden, die diese Wörter enthalten.

   Weiter müssen wir uns jetzt nicht mit dem Dialogfenster SUCHEN herumquälen.

6. **Klicken Sie auf die LOS-Schaltfläche.**

   Dann ist alles eine Weile mucksmäuschenstill, während Word die Festplatte durchnudelt.

   Nudel, nudel, nudel.

   Schließlich sehen Sie eine kaskadenartige Liste von Ordnern und Dokumenten, die Word gefunden hat und die der gesuchten Information entsprechen. Oder, wenn nichts gefunden wurde, wird nichts angezeigt. Versuchen Sie es noch einmal mit einem anderen Stückchen Text, oder geben Sie für jetzt auf und kochen Sie sich einen Topf gummiweiche Nudeln.

7. **Um ein Dokument zu auszuwählen, klicken Sie doppelt drauf.**

   Das wirft Sie zurück in das Dialogfenster ÖFFNEN.

8. **Klicken Sie auf den ÖFFNEN-Knopf.**

   Die Datei öffnet sich und das war's.

Wenn die Datei nicht die gesuchte ist, müssen Sie die Suche von vorne beginnen. Leider, ja leider ist Word nicht klug genug, um Sie alle gefundenen Dateien auf einmal durchsuchen zu lassen (zumindest in dieser Version).

✔ Ehrlich, der beste Weg, um Dateien zu finden ist die Suchfunktion von Windows. Wenn Windows alle Dateien aufgelistet hat, können Sie alle auf einmal mit Word öffnen und durchsuchen – vorausgesetzt, Ihr Computer hat genug Arbeitsspeicher.

✔ Schauen Sie in meinem Buch »PCs für Dummies« (mitp-Verlag) nach, wie man Dateien mit Windows ausfindig macht.

Dateimanagement in Word

Sie können die Dialogfenster SPEICHERN ALS und ÖFFNEN benutzen, um einige grundlegende Hausarbeiten im Dateimanagement zu erledigen, ohne dabei Word verlassen zu müssen.

Wenn Sie zum Beispiel eine Datei in dem SPEICHERN ALS- oder ÖFFNEN-Dialogfenster umbenennen möchten, klicken Sie auf die Datei, um sie auszuwählen, und drücken die F2-Taste, die die Tastenkombination für den UMBENENNEN-Befehl ist. Sie können jetzt genau wie in Windows einen neuen Namen eingeben.

Wenn Sie eine Datei in dem SPEICHERN ALS - oder ÖFFNEN-Dialogfenster löschen wollen, wählen Sie die Datei aus und drücken die Entf-Taste. Windows kümmert sich dann um die Datei.

Seien Sie vorsichtig mit dem, was Sie löschen! Beachten Sie außerdem, dass Word Sie keine geöffneten oder gerade durch andere Programme benutzte Dateien umbenennen lässt.

(Sie können in den ÖFFNEN- und SPEICHERN ALS-Fenstern auch Dateien verschieben und kopieren, was ich Ihnen aber nicht empfehlen würde, denn es ist zu nervend.)

Mit Gruppen von Dateien arbeiten

Alle, die zu viel zu tun, aber zu wenig Zeit dafür haben, sollten dankbar sein, dass Word Befehle bietet, die es ermöglichen, alle Arten von Dokumenten gleichzeitig zu öffnen, zu speichern oder zu schließen, ohne dabei verrückt zu werden.

Eine Wagenladung voll Dateien öffnen

Das Dialogfenster ÖFFNEN gibt Ihnen die Möglichkeit, mit einzelnen Dateien oder mit Gruppen von Dateien zu arbeiten. Der Trick, um mehr als eine Datei gleichzeitig zu öffnen, ist die Verwendung der `Strg`-Taste. Genau wie in Windows markiert man mit ihr mehrere Dateien gleichzeitig. Der gleiche Trick funktioniert auch im ÖFFNEN-Dialogfenster von Word.

Und so geht's:

1. **Drücken Sie die `Strg`-Taste und markieren Sie bei gedrückter Taste eine der Dateien.**

2. **Fahren bei gedrückter Taste fort und markieren Sie die restlichen Dateien.**

3. **Wenn Sie einen ganzen Block Dateien auf einmal auswählen wollen, markieren Sie die erste Datei. Dann markieren Sie die letzte bei gedrückter `Shift`-Taste. Alle dazwischen liegenden Dateien werden markiert. Praktisch, gell?**

Nachdem Sie mit dem `Strg`+Klick-Trick mehrere Dateien ausgewählt haben, klicken Sie auf ÖFFNEN. Alle Dateien öffnen sich in einem eigenen Fenster in Word.

✔ Das Geheimnis des `Strg`+Klick-Tricks ist, die Taste gedrückt zu halten, während Sie die Dateien auswählen. Lassen Sie die Taste los, wenn Sie fertig damit sind.

 Die Zahl der Dateien, mit denen Word gleichzeitig arbeiten kann, ist begrenzt. Nein, ich weiß nicht, wie hoch die maximale Anzahl ist – aber Sie werden es merken! Es erscheinen dann seltsame Fehlermeldungen über nicht genug Speicherplatz oder Arbeitsspeicher oder ähnlich Fremdartiges. Keine Panik. Schließen Sie ein paar Fenster, vielleicht müssen Sie auch Word schließen, und beginnen von vorn.

Eine Gruppe von Dokumenten gleichzeitig speichern

Wollen Sie mehrere Dokumente auf einmal speichern, können Sie in jedes einzelne Fenster gehen und den Befehl DATEI | SPEICHERN aufrufen. Sie können es sich auch bequem machen und Folgendes tun:

1. **Drücken Sie eine der `Shift`-Tasten und halten Sie sie gedrückt.**

2. **Wählen Sie DATEI | ALLE SPEICHERN.**

   Normalerweise wählen Sie das Element SPEICHERN. Drücken Sie aber die Shifttaste, bevor Sie das Menü DATEI wählen, wird es auf magische Weise zum Element ALLE SPEICHERN.

   Es gibt keine weiteren Eingabe-Aufforderungen, kein Warten und Zuschauen. Es wird einfach alles so schnell gespeichert, wie Ihr PC kann.

✔ Wurde eine Datei noch nicht gespeichert, werden Sie aufgefordert, ihr einen Namen zu geben. Sehen Sie im Abschnitt »Ein Dokument speichern (das erste Mal)« in Kapitel 8 nach, wenn Sie weitere Informationen benötigen.

 Ich benutze den Befehl DATEI | ALLE SPEICHERN jedes Mal, wenn ich meinen Computer alleine lassen muss – und wenn es nur für einen Moment ist, weil das Telefon klingelt oder Außerirdische auf dem Rasen landen und nach Smarties verlangen.

Eine Gruppe von Dokumenten gleichzeitig schließen

Sie können den Befehl ALLES SCHLIESSEN genau so aufrufen wie den Befehl ALLE SPEICHERN. Der Unterschied besteht darin, dass Sie einfach im Menü das Element ALLES SCHLIESSEN wählen. Sie drücken einfach eine der Shifttasten, bevor Sie mit der Maus auf das Menü DATEI klicken. Dann wählen Sie die Option ALLES SCHLIESSEN, und – wusch! – sind alle Dokumente geschlossen.

Word fragt nach, ob Sie noch nicht gespeicherte Dokumente speichern möchten, bevor es sie schließt. Mehr dazu finden Sie in Kapitel 8, »Ein Dokument speichern (das erste Mal)«.

Das Arbeiten mit anderen Dokumentformaten

Glauben Sie es oder auch nicht, Word ist nicht das einzige Textverarbeitungsprogramm der Welt. Es ist nicht so, dass Word darum kämpft, den Markt zu beherrschen. Nein! Es tut es einfach! Aber auch so gibt es andere Textverarbeitungsprogramme und auch Dateien mit anderen Dokumentformaten. Und gelegentlich bekommen Sie es mit solchen Dateien zu tun. In diesem Fall müssen Sie ihre seltsamen Textverarbeitungsdateien in Word importieren, damit Sie etwas damit anfangen können. Ähnlich ist es, wenn Sie Ihre Word-Dokumente in seltsame Textverarbeitungsformate exportieren müssen. Die nächsten Abschnitte zeigen Ihnen, wie es geht.

Eine fremdartige Textdatei laden

Bereiten Sie sich darauf vor, den Eindringling willkommen zu heißen! Stellen Sie sich vor, irgendwer schickt Ihnen eine Textdatei oder ein WordPerfect-Dokument oder eine Webseite oder was weiß ich für ein Dokument, das in keinster Weise ein Word-Dokument ist. Kein Problem! Word kann das Dokument öffnen und untersuchen, ohne auch nur im Geringsten in elektronischen Schweiß auszubrechen. Folgen Sie diesen Schritten:

1. **Benutzen Sie den Befehl ÖFFNEN.**

2. **Wählen Sie in der Liste DATEITYP das Dateiformat.**

   Wenn Sie das Format kennen, wählen Sie in der Liste aus. Hier folgen ein paar gängige Formate:

✔ **Word-Dokumente:** jedes Dokument, das mit Word erstellt wurde.

✔ **XML-Dateien:** Dokumente, die im normalen XML-Format gespeichert wurden (zum Beispiel andere Office-Dokumente).

✔ **Webseiten:** HTML-Dokumente oder Webseiten, die Sie auf Festplatte gespeichert haben.

✔ **Rich Text Format (RTF):** ein gängiges Dateiformat, um Textverarbeitungsdokumente zwischen Textverarbeitungsprogrammen auszutauschen.

✔ **Text-Dateien:** Einfache, langweilige Nur-Text-Dokumente. Keine Formatierung. Auch als ASCII oder MS-DOS Text bekannt.

 **Text aus beliebiger Datei wiederherstellen:** eine sehr praktische Option, mit der Word Text aus jedem Dateityp herausziehen kann. Benutzen Sie das hier als letzte Zufluchtstätte.

✔ **WordPerfect (verschiedene Versionen):** kann WordPerfect-Dateien lesen.

✔ **Works (verschiedene Versionen):** kann Microsoft-Works-Dokumente lesen.

✔ **Word (verschiedene Versionen/Plattformen):** kann ältere Word-Dokumente oder Dokumente, die auf dem Macintosh erstellt wurden, lesen.

✔ **Andere Formate:** Zu unheimlich, um sie zu erwähnen.

Wenn Sie ein bestimmtes Dateiformat ausgewählt haben, zeigt Word in dem ÖFFNEN-Dialogfenster nur die Dateien an, die diesem Format entsprechen. Ihre nächste Aufgabe besteht nun darin, die Datei zu finden, die Sie öffnen wollen.

Wenn Sie die Formate nicht kennen, wählen Sie ALLE DATEIEN aus der Liste. Word wählt dann, so gut es kann.

3. **Stöbern Sie die Datei auf, die Sie laden wollen.**

Benutzen Sie die Steuerung im Dialogfenster, um die gewünschte Datei zu finden. Im Abschnitt »Einen anderen Ordner benutzen« weiter vorne in diesem Kapitel finden Sie zusätzliche Informationen.

4. **Klicken Sie mit der Maus einmal auf das Symbol der Textdatei.**

5. **Klicken Sie auf ÖFFNEN.**

Die fremdartige Textdatei erscheint auf dem Bildschirm und kann wie ein beliebiges Word-Dokument bearbeitet werden.

✔ In manchen Fällen und bei manchen Dateiformaten müssen Sie die Formatierung überarbeiten.

✔ Es kann sein, dass Word ein Dialogfenster namens DATEI KONVERTIEREN zeigt, mit dem Sie eine Vorschau auf das Aussehen des Dokuments erhalten. Allgemein gesagt ist es bei diesem Schritt das Beste, auf OK zu klicken.

✔ Wenn die Datei, die Sie suchen, nicht in dem ÖFFNEN-Dialogfenster erscheint, Sie aber wissen, dass sie da ist, versuchen Sie mal, ihren Namen in die DATEINAME-Zeile einzutippen und auf die ÖFFNEN-Schaltfläche zu klicken.

Word merkt sich den Dateityp! Wenn Sie das nächste Mal das ÖFFNEN-Dialogfenster benutzen, steht in der Liste der Dateityp, den Sie beim letzten Mal ausgewählt haben. Wenn Sie also ein Word-Dokument öffnen wollen, nachdem Sie beim letzten Mal ein HTML-Dokument geöffnet hatten, müssen Sie WORD-DOKUMENT in der Liste auswählen. Sonst kann es sein, dass Word die Dokumente in einer Art öffnet, die Ihnen ziemlich fremdartig vorkommt.

✔ Weitere Dateitypen und Konvertieren-»Filter« befinden sich auf der Word- (oder Office-) CD. Um sie zu installieren, lassen Sie das Setup-Programm auf der CD laufen und installieren Sie nur die neuen Filter.

Eine Datei in einem total fremden und unnatürlichen Format speichern

Word ist ganz schön clever, wenn es darum geht, Dateien zu speichern. Wenn Sie zum Beispiel ein WordPerfect-Dokument öffnen, speichert Word es automatisch im WordPerfect-Format. Das gilt auch für alle anderen fremdartigen Dateiformate: Das Format, das zum Öffnen der Datei benutzt wurde, benutzt Word auch, um es wieder zu speichern.

Das Geheimnis ist – genau wie beim Öffnen von anderen Dateitypen – der Dateityp in dem SPEICHERN UNTER-Dialogfenster. Wenn Sie die Datei unter einem anderen Format speichern wollen, bleibt Ihnen nur die Möglichkeit, einen anderen Dateityp aus der Liste auszuwählen.

Wenn Sie zum Beispiel ein Dokument als Textdatei speichern müssen, wählen Sie in dem Dialogfenster SPEICHERN UNTER aus der DATEITYP-Liste den Eintrag NUR TEXT. Klicken Sie auf die SPEICHERN-Schaltfläche und Ihr Dokument ist gesichert. Das Gleiche gilt für HTML-Format, RTF oder jegliches andere fremdartige Dokumentformat.

Word (oder der Assistent) teilt eventuell mit, dass das Speichern des Dokuments als NUR TEXT, na ja, schlecht ist. Egal. Klicken Sie auf JA, um das Dokument zu speichern.

Sie können ein Dokument sowohl als Word-Datei als auch in einem anderen Format speichern. Zuerst speichern Sie dabei die Datei als Word-Dokument. Dazu wählen Sie im Kasten DATEITYP die Option WORD-DOKUMENT. Danach speichern Sie die Datei noch einmal unter einem anderen Dateityp, zum Beispiel NUR TEXT.

✔ Um im HTML-Format zu speichern, wählen Sie WEBSEITE aus der DATEITYP-Liste.

Denken Sie daran, dass Word sich das Format merkt! Wenn Ihnen auffällt, dass Ihre Dokumente nicht so gespeichert werden, wie Sie das eigentlich wollen, geben Sie der DATEITYP-Liste die Schuld! Prüfen Sie immer doppelt, ob Ihre Dokumente in dem richtigen Format gespeichert werden.

Words Aussehen verändern

28

In diesem Kapitel

▷ Word-Menüs verstehen

▷ Mit Symbolleisten arbeiten

▷ Symbolleisten anzeigen

▷ Symbolleisten (verankerte und unverankerte) anordnen

▷ Den Zoom-Befehl verwenden

▷ Word zwicken

*E*s gibt zwei Wege, das Aussehen Ihres Computers zu verändern. Beim ersten spielen Hammer, Axt oder Schrotflinte eine Rolle. Beim zweiten die Einstellungen der Software. Beide Methoden sind ziemlich effektiv.

Doch während die erste Methode gefühlsmäßig sehr befriedigend sein kann, haben wissenschaftliche Studien bewiesen, dass die zweite Methode – die Verwendung von Software – oft die beste langfristige Lösung des Computer-Aussehen-verändern-Problems ist. Nehmen Sie zum Beispiel Word: Alle Werkzeugleisten, die Sie sehen sind anpassbar. Sie können Sie biegen, brechen, in kleine Stückchen bröseln und wie eine Pusteblume in den Wind blasen. Dieses Kapitel zeigt Ihnen, wie das geht (naja, irgendwie schon) und wie man Words Aussehen ganz nach Ihrem Geschmack anpasst, arrangiert, löscht, knetet, verdreht, faltet und verändert.

An den Befehlen im Menü rütteln

Mit den Symbolleisten herumzuspielen, ist eine der Sachen, die ich mache, wenn ich Word auf einem neuen Computer öffne. Word verfügt über Dutzende von Symbolleisten. Wenn Sie allerdings auf die tolle Idee kommen sollten, alle anzeigen zu lassen, wird der Bildschirm, in den Sie schreiben, bald so klein wie ein Mauseloch sein!

Glücklicherweise sind alle Symbolleisten in Word optional. Sie können sie anzeigen oder verbergen, Sie können sie umstellen oder in unverankerte transparente Symbolleisten verwandeln, und Sie können Schaltflächen hinzufügen oder wegnehmen. Es liegt ganz bei Ihnen – und ich möchte Sie ermutigen, mit den Symbolleisten zu spielen und sie wirklich zu Ihren eigenen zu machen.

✔ Das ANSICHT-Menü ist dasjenige, mit dem Sie die Einträge, die Word auf dem Bildschirm anzeigt, kontrollieren können.

✔ Das Lineal ist keine Symbolleiste, obwohl es auch im ANSICHT -Menü kontrolliert wird. Um das Lineal ein- oder auszublenden, wählen Sie ANSICHT | LINEAL.

✔ Word zeigt normalerweise die STANDARD- und die FORMAT-Symbolleisten an. Die STANDARD-Symbolleiste ist die mit der NEU, ÖFFNEN- und SPEICHERN-Schaltfläche auf der linken Seite. Die FORMAT-Symbolleiste enthält FORMATVORLAGE-, SCHRIFTART- und SCHRIFTGRAD-Aufklappmenüs auf der linken Seite.

Sie können alles von dem Bildschirm entfernen, wenn Sie ANSICHT | GANZER BILDSCHIRM wählen. Damit wird Ihnen der komplette Bildschirm zum Schreiben zur Verfügung gestellt. Klicken Sie auf die Schaltfläche GANZER BILDSCHIRM SCHLIESSEN (oder drücken Sie ⎵ESC⎵), um wieder in den Nicht-ganzen-Bildschirm-Modus zurückzukehren.

Eine Symbolleiste ansehen

Alle Symbolleisten sind im Prinzip gleich. Sie können Schaltflächen beinhalten, von denen einige wie Textfelder funktionieren, Aufklappmenüs, Menüs oder irgendwelche Kombinationen von all dem. Zusätzlich sollten Sie Ihre besondere Aufmerksamkeit drei Dingern auf einer Symbolleiste schenken: dem Symbolleistenkopf (oder auch Ziehpunkt), dem Symbolleistenmenü und den »Zeig-mehr«-Pfeilen.

Der Ziehpunkt befindet sich an der linken Seite der Symbolleiste. Wenn Sie an diesem Ziehpunkt ziehen, können Sie die Symbolleiste bewegen. (Sogar die Menüleiste hat einen Ziehpunkt, was bedeutet, dass sie auch bewegt werden kann.)

Die Schaltfläche MENÜ befindet sich ganz rechts in der Symbolleiste. Es handelt sich einfach um einen nach unten weisenden Pfeil. Ein Klick darauf zeigt das Symbolleistenmenü.

Auch Symbolleisten besitzen »Zeig mehr«-Pfeile, genauso wie Menüs auch. Allerdings weisen die »Zeig mehr«-Pfeile nach rechts, wie in der kleinen Abbildung gezeigt wird. Wenn Sie auf diese Schaltfläche klicken, erscheint ein Aufklappmenü oder eine Liste der verbleibenden Schaltflächen auf der Symbolleiste, genau wie auch alle Einträge in dem Symbolleistenmenü, siehe Abbildung 28.1. Sie können eine Schaltfläche aus diesem Menü auswählen oder ⎵ESC⎵ drücken, um das Menü zu verbergen.

Um die kleinen Pfeile loszuwerden, müssen Sie nur die Symbolleiste so ziehen, dass ihre komplette Größe angezeigt werden kann. (Oder Sie passen die Symbolleiste so an, dass die Schaltflächen, die Sie nicht so häufig brauchen, nicht mehr angezeigt werden.)

✔ Symbolleisten müssen nicht in einer einzigen Zeile angeordnet sein. Wenn Word frisch installiert ist, werden Sie feststellen, dass die STANDARD- und die FORMAT-Symbolleiste sich in derselben Zeile befinden. Um dieses Problem zu lösen, wählen Sie SCHALTFLÄCHEN IN ZWEI REIHEN ANZEIGEN entweder aus dem FORMAT- oder dem STANDARD-Symbolleistenmenü.

✔ Schlagen Sie im Abschnitt »Symbolleisten verschieben« weiter hinten in diesem Kapitel nach, wenn Sie mehr über das sinnvolle Anordnen der FORMAT- und der STANDARD-Symbolleiste erfahren wollen.

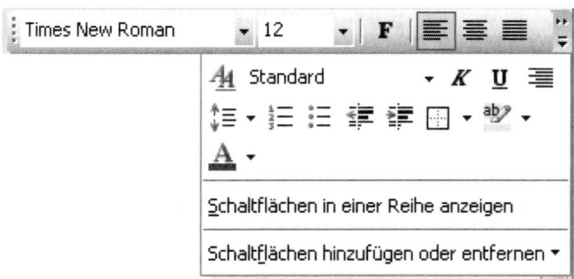

Abbildung 28.1: Eine verkürzte Symbolleiste zeigt den Rest der Einträge.

Wo sind die Symbolleisten?

Auch wenn die meisten Symbolleisten dann erscheinen, wenn sie gebraucht werden, können Sie jede gewünschte Symbolleiste aus dem Untermenü ANSICHT | SYMBOLLEISTEN aussuchen.

✔ An den aktiven und sichtbaren Symbolleisten erscheint ein Häkchen.

✔ Um eine andere Symbolleiste anzuzeigen, wählen Sie diese aus dem Untermenü.

✔ Ein erneuter Klick auf den Symbolleistennamen entfernt das Häkchen und damit auch die Symbolleiste.

 Eine schnelle Methode, an das SYMBOLLEISTEN-Untermenü zu gelangen, ist ein Rechtsklick auf irgendeine Symbolleiste in Word. Aus dem aufklappenden Menü können Sie direkt eine andere Symbolleiste aufrufen.

Symbolleisten verschieben

Sie verschieben eine Symbolleiste in Word, indem Sie sie an ihrem Ziehpunkt ziehen, der sich ganz links an der Symbolleiste befindet. Wenn sich der Mauszeiger in einen Vierfachpfeil verwandelt (siehe Abbildung am Rand), bedeutet das, dass Sie die Symbolleiste herumbewegen können.

Sie können Symbolleisten auch so ziehen, dass sie zu unverankerten transparenten Symbolleisten werden. Ziehen Sie die Symbolleiste einfach in die Dokumentfläche. Dort wird sie zu einer unverankerten schwebenden Symbolleiste – einem kleinem Mini-Fenster, das sich über alle anderen Fenster legen kann und seine eigene SCHLIESSEN-Schaltfläche hat, siehe Abbildung 28.3.

Um eine unverankerte transparente Symbolleiste wieder in eine verankerte Symbolleiste zu verwandeln, ziehen Sie sie im Word-Bildschirm ganz nach oben oder ganz nach unten. An einem bestimmten Punkt verändert die schwebende Palette ihre Form und wird zu einer verankerten Symbolleiste.

✔ Symbolleisten können über, unter, links oder rechts vom Dokumentfenster existieren. Ja, sie leben auch links oder rechts vom Dokumentfenster, obwohl das sehr ungewöhnlich ist.

✔ Manchmal dauert es eine Weile, bis eine Symbolleiste schön ordentlich positioniert ist. Üben Sie sich in Geduld.

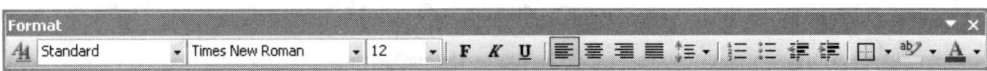

Abbildung 28.2: Die Format-Symbolleiste als schwebende Palette

 Die STANDARD-.und die FORMAT-Symbolleisten haben einen speziellen Menü-Eintrag. Sie können den Eintrag SCHALTFLÄCHEN IN ZWEI REIHEN ANZEIGEN auswählen, um direkt diese zwei Symbolleisten anzuordnen. Andere Symbolleisten haben dieses Menü nicht, so dass sie ausschließlich über die Maus bewegt werden können.

✔ Sie können auch die Größe einer unverankerten Symbolleiste verändern und sie so quadratischer oder länglicher machen. Greifen Sie bei einer Fenstervergrößerung einfach eine Ecke der Symbolleiste mit der Maus und ziehen Sie dran.

✔ Wenn Sie die STANDARD- oder FORMAT-Symbolleiste zu einer unverankerten transparenten Symbolleiste gemacht haben und sie irrtümlich schließen, denken Sie daran, dass Sie sie über ANSICHT | SYMBOLLEISTEN wiederbeleben können.

Die Zoom-Funktion

Der ZOOM-Befehl ganz unten im Menü ANSICHT kontrolliert, wie groß Ihr Dokument auf dem Bildschirm erscheint. Nein, der Befehl verändert nicht die Textgröße – das wird über das FORMAT-Menü erledigt. Stattdessen überwacht der ZOOM-Befehl, wie viel Sie von Ihrem Text auf dem Bildschirm sehen. Folgen Sie diesen Schritten, um sich das schnell vorführen zu lassen:

1. **Wählen Sie ANSICHT | ZOOM.**

   Es erscheint das Dialogfenster ZOOM, das wie in der Abbildung 28.6 aussieht.

2. **Wählen Sie einen Zoom-Faktor aus dem Bereich ZOOMMODUS.**

   Die Einstellung 200% beispielsweise lässt Ihren Text wirklich groß erscheinen – ideal für Opa.

Die Option SEITENBREITE stellt den Zoom so ein, dass Sie das gesamte Dokument vom linken zum rechten Seitenrand sehen können.

Der Eintrag MEHRERE SEITEN zoomt Sie in die nächste Abteilung, in der Sie mehrere Seiten auf einem einzigen Bildschirm sehen können, wenn Sie denn was erkennen können.

Sie können eigene Zoom-Faktoren in Prozent im ZOOM-Feld in der STANDARD-Symbolleiste einstellen.

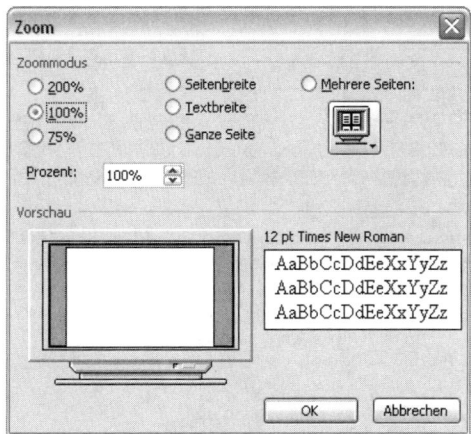

Abbildung 28.3: Das Dialogfenster ZOOM

3. Klicken Sie auf OK, um Ihr Dokument in der neuen Größe auf dem Bildschirm zu betrachten.

✔ Die Optionen GANZE SEITE und MEHRERE SEITEN im ZOOM-Dialogfenster sind nur in der Seitenlayoutansicht erhältlich. Wählen Sie ANSICHT | SEITENLAYOUT und rufen Sie dann den ZOOM-Befehl auf, um mit diesen Optionen zu spielen, pardon, zu experimentieren.

✔ Wenn Sie das Zoomen übertreiben, erscheint Ihr Text als graue Fläche. Obgleich sich diese Einstellung nicht zum Bearbeiten eignet, vermittelt Sie Ihnen doch vor dem Drucken einen gewissen Eindruck, wie das Dokument eigentlich aufgeteilt ist.

 Auf der rechten Seite der STANDARD-Symbolleiste lebt die Zoom-Liste. Klicken Sie auf den Pfeil neben 100%, um auf die Schnelle den Zoom-Faktor neu einzustellen. Sie können auch einen Prozentsatz eingeben. Auf meinem Bildschirm sehen die Dokument am besten mit dem Zoom-Faktor 125% aus. (Das ist lustig, bevor ich 40 wurde, habe ich diese Funktion nicht gebraucht.)

✔ Wenn Sie eine Microsoft Intellimaus haben (oder irgendeine andere »Radmaus«), können Sie zoomen, indem Sie die [Strg]-Taste auf Ihrer Tastatur drücken und das Rädchen in die eine oder andere Richtung drehen. »Herrollen« verkleinert die Ansicht, »Wegrollen« vergrößert sie.

✔ Ach, Sie können leider nur in Word zoomen. Das Spiel FreeCell bietet diese Zoom-Funktion nicht.

Schluss mit dem Lärm!

Weiteres Zwicken von Word findet auf dem belebten Platz namens OPTIONEN-Dialogfenster statt, wie in Abbildung 28.7 zu sehen ist. Sie besuchen diesen Platz über EXTRAS | OPTIONEN.

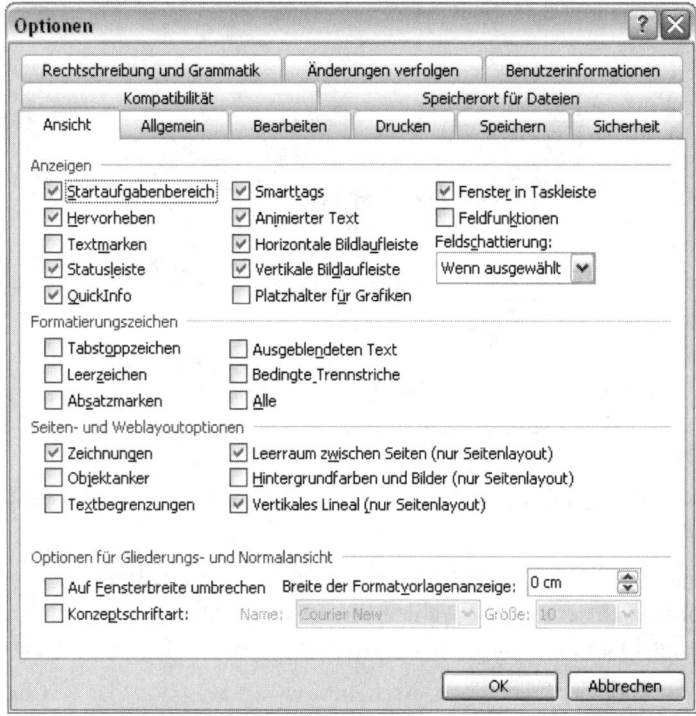

Abbildung 28.4: Das Dialogfenster OPTIONEN

Ach, leider gibt es viel zu viele Optionen, um das OPTIONEN-Dialogfenster in Gänze vorzustellen. Die meisten Einstellungen sind jedem, der Word schon ein paar Monate benutzt, geläufig. Sie können Einträge ein- oder ausschalten, so wie den Aufgabenbereich beim Starten (siehe den oberen linken Bereich in der Abbildung 28.7), oder Sound, Animation und andere Optionen, die Sie ärgern könnten. Denken Sie immer daran, es ist Ihre Version von Word. Stellen Sie sie ein, wie Sie wollen.

Klicken Sie auf die OK-Schaltfläche, wenn Sie mit dem Ändern der Optionen fertig sind.

Das zerbrochene Word

Oh, kommen Sie schon! Sie trauen Ihrem Computer gerade so weit, wie Sie ihn werfen können. Obwohl Word ein erstaunliches Programm mit vielen ausgeklügelten Funktionen ist, stabil genug um damit über alles Mögliche zu schreiben, gibt es da eine dunkle Seite in Ihrer Seele, die Word nicht vertraut. *Und aus gutem Grund!* Computer können verrecken! Sie drehen durch! Sie machen wacka-wacka-knirsch-quietsch-plöng!

Für diese üblen Zeiten habe ich dieses Kapitel geschrieben. Ich wende mich nun Words Unpässlichkeiten und Malaisen zu, vom leichten Schnupfenanfall bis zu der rasenden, wutschäumenden und Pesthauch verspritzenden Wildheit eines verstümmelten, auf ewig Seiten spuckenden satanischen Dokuments aus den tiefsten Schlünden der Hölle! Im Allgemeinen gibt es für alle Word-Rülpser und -Schluckaufs eine Lösung. Die Wetten stehen gut, dass sie auf den folgenden Seiten stehen.

Allgemeines

Es gibt eine erstaunliche Anzahl von Sachen die bei Word falsch laufen können und es auch tun. Weil ich meine E-Mail-Adresse in diesem Buch angebe (dgookin@wambooli.com), bekomme ich eine große Anzahl von Nachrichten über Word aus aller Welt und habe im Laufe der Jahre hunderte von Fragen beantwortet. Die folgenden Fragen (oder wahrscheinlich eher Bitten) sind die vielleicht häufigsten.

Das Erkennen und Reparieren-Dings benutzen

Es gibt in Word einen praktischen Eintrag im Hilfe-Menü namens ERKENNEN UND REPARIEREN – eine tolle Sache, wenn Word oder irgendein anderes Microsoft Office-Programm Ihnen Kopfschmerzen bereitet.

Wählen Sie HILFE | ERKENNEN UND REPARIEREN aus dem Menü. Ein Dialogfenster mit verschiedenen Optionen erscheint. Wenn Sie bereit sind, klicken Sie auf START.

ERKENNEN UND REPARIEREN kann verlorenen Dateien wieder finden, defekte Einstellungen wieder herstellen und andere kleinere Reparaturen ausführen. Es überprüft auch die Windows Registry auf alles, was mit Word nicht stimmen könnte. Doch leider hilft es nicht viel bei beschädigten Word-Dokumenten.

Was Sie immer zuerst versuchen sollten

Bevor ich jetzt zu den Einzelheiten komme, erinnern Sie sich bitte daran, dass die erste Waffe aus Ihrem Word-Reparatur-Arsenal der Befehl BEARBEITEN | RÜCKGÄNGIG, die Tastenkombination ⌷Strg⌷+⌷Z⌷ ist. Dieser Befehl macht wirklich alles, was Sie gemacht haben rückgängig, vom radikalen Formatwechsel bis zum Löschen weiter Textteile.

»Ich habe gerade ein Dokument geschlossen, ohne zu speichern!«

Sofort: Schalten Sie Ihren Computer aus. Ziehen Sie den Stecker. Und beten Sie.

Ja, das ist eine verbotene und falsche Sache, die Ihnen in keinem Computerbuch, Handbuch oder Bedienungsanleitung empfohlen wird. Aber im Fall der Fälle könnte es Ihren Arsch retten. Das Geheimnis liegt bei Words AUTOWIEDERHERSTELLEN-Funktion (siehe Kapitel 8). Wenn diese Funktion eingeschaltet war, versucht Word, Ihr Dokument wieder herzustellen, auch wenn Sie es nicht abgespeichert haben.

Den Computer willkürlich abzustöpseln zwingt Word zu der Annahme, dass es einen Systemzusammenbruch gab. Wenn Windows wieder läuft, starten Sie Word erneut. Wenn dann Word startet, zeigt es die DOKUMENT WIEDERHERSTELLEN-Information (wie in Abbildung 8.2). Von dort aus können Sie Ihr Dokument wieder herstellen.

✔ Dieser Trick funktioniert nur, wenn Sie Word vorher nicht schließen. Wenn Sie Word verlassen, wird die Information für die AUTOWIEDERHERSTELLEN-Funktion nicht gespeichert, und die Wiederherstellung ist nicht möglich.

✔ AUTOWIEDERHERSTELLUNG erfolgt typischerweise in Intervallen von 10 Minuten. Sie können also maximal das an Daten verlieren, was Sie innerhalb der letzten 10 Minuten getippt haben.

✔ Sie können viele PCs auch herunterfahren, indem Sie den Anschaltknopf gedrückt halten.

✔ Schlagen Sie in Kapitel 8 nach, wenn Sie mehr über AUTOWIEDERHERSTELLEN wissen wollen.

»Ich kann meine Datei nicht wieder finden!«

Das gibt es ziemlich häufig und nur, weil Sie meinen Empfehlungen in Kapitel 8 nicht gefolgt sind: Sie haben vergessen, in welchen Ordner Sie Ihre Datei gespeichert haben und haben ihr auch keinen intelligenten Namen verpasst. Schämen Sie sich!

Word führt die letzten vier benutzten Dateien am Ende des Menüpunktes DATEI auf, wie in Abbildung 29.1 gezeigt. Dort finden Sie wahrscheinlich Ihre Datei.

Abbildung 29.1: Die vier zuletzt geöffneten Dateien befinden sich ganz unten im DATEI-Menü

Und nun ein Bündel »Wenn's«:

✔ Wenn die Datei hier nicht aufgelistet ist, dann benutzen Sie den SUCHEN-Befehl wie in Kapitel 27 beschrieben.

✔ Wenn die Datei zwar aufgelistet ist, aber nichts passiert, wenn Sie draufklicken, dann wurde entweder der Namen der Datei geändert oder ihr Speicherort oder sie wurde komplett gelöscht.

✔ Schauen Sie im Windows Mülleimer (RECYCLER) nach Ihren Dateien.

✔ Wenn Sie die Datei auf der Festplatte umbenannt haben und Sie sich aber nicht mehr an den neuen Namen erinnern können, dann benutzen Sie den SUCHEN-Befehl. Siehe Kapitel 27.

✔ Wenn Sie so albern waren und Ihre Datei auf einer Diskette gespeichert haben, müssen Sie Ihre gesamte Disketten-Sammlung nach der Datei durchsuchen. Beten Sie, dass Sie die entsprechende Diskette etikettiert haben und sich erinnern, auf welcher Sie die Datei gespeichert haben.

✔ Überprüfen Sie, ob Sie sich ins richtige Benutzerkonto von Windows eingeloggt haben. Nicht alle Benutzerkonten geben Ihnen die gleichen Berechtigungen.

✔ Wenn Sie eine Datei abspeichern wollen, auf die Nutzer verschiedener Benutzerkonten zugreifen müssen, speichern Sie sie im Ordner GEMEINSAME DOKUMENTE (SHARED DOCUMENTS) in Windows XP ab.

»Ich kann dieses Textstück nicht löschen«

Unmöglich zu löschender Text kommt in vielen Formen daher.

Die erste Form ist ein eingefügtes Sonderzeichen. Wenn Sie den Befehl EINFÜGEN | SYMBOL benutzen, müssen Sie zweimal die ⌈Backspace⌉-Taste über das Symbol bewegen, um es zu löschen.

Die zweite Form ist ein Textfeld, das wie normaler Text aussieht, aber nicht durch einmaliges Betätigen der ⌈Backspace⌉- oder ⌈Entf⌉-Taste löschen können. Wie bei dem Sonderzeichen müssen Sie zweimal die Taste drücken.

Die letzte Form ist ein sichtbarer oder unsichtbarer Rahmen um Text. Manchmal haben diese Rahmen auch gar keinen Inhalt, aber sie beeinflussen die Lage des Textes auf dem Bildschirm. Der Trick dabei ist, auf dem Schirm herum zu klicken, bis man den Rahmen sieht, wie in Abbildung 29.2 gezeigt. Dann können Sie auf ⌈Entf⌉ drücken, um den leeren Rahmen zu entfernen.

> Dieser Text ist nicht auf ⌀⌀⌀⌀⌀schirm zu
> sehen, weil er von etwas ⌀⌀⌀⌀⌀⌀ wird. Wahr-
> scheinlich ist es ein Text⌀⌀⌀⌀⌀⌀ ein Rahmen,
> der sich im Text versteckt.

Abbildung 29.2: Ein leeres Textfeld enthüllt sich durch einen Klick auf den Rahmen.

Das ärgerlichste Vorkommen von unlöschbarem Text kommt in Kopf- und Fußzeilen vor. Ein leeres Textfeld in einer Kopfzeile kann tatsächlich die Seitengestaltung eines Dokuments beeinflussen. Wenn Sie also dieses störrische Textteil in Ihrem Dokument nicht finden können, dann überprüfen Sie am besten die Kopf- und Fußzeilen. Wählen Sie ANSICHT | KOPF- UND FUSSZEILEN.

»Wie kann ich die leere letzte Seite löschen?«

Aus irgendeinem unerfindlichen Grund muss jedes von einem Textverarbeitungsprogramm erstellte Textdokument mit einigen überflüssigen leeren Absätzen und Zeilen enden. Die überflüssigen Leerzeilen kann man ja noch verzeihen, aber die leeren Absätze am Ende des Dokuments erzeugen ein leeres Blatt beim Drucken des Dokuments, was ärgerlich sein kann.

Um die überflüssige leere letzte Seite zu löschen, folgen Sie diesen Schritten:

1. **Drücken Sie** `Strg` + `Ende` **um den Zahnstocher-Cursor ans Ende Ihres Dokuments zu befördern.**

2. **Drücken Sie die** `Backspace` **-Taste.**

3. **Wiederholen Sie Schritt 2, bis Sie alle leeren Absätze und Zeilen am Ende Ihres Dokuments erledigt haben.**

Sie stolpern dann in das Ende Ihres Textes hinein und da müssen Sie stoppen (klar, oder?).

Wenn Sie trotzdem dennoch eine leere letzte Seite bei Ihrem Dokument haben, dann gibt es etwas Unsichtbares auf dieser Seite, das sich weigert zu verschwinden (Geister, hä?). Wahrscheinlich ist es ein leerer Rahmen, ein Textfeld oder ein eingefügtes Objekt. Wechseln Sie zum Seitenlayoutmodus und beginnen Sie wie wild mit Ihrer Maus auf der Seite herumzuklicken. Oder ziehen Sie mit Ihrer Maus einmal quer drüber, um dieses schurkische Objekt zu entdecken und seiner gerechten Strafe zuzuführen.

»Wie funktioniert die Normal.dot?«

NORMAL.DOT ist der Name der grundlegenden Vorlagen-Datei, diejenige, die Word benutzt, um alle Standardinformationen zu speichern.

Wann immer Sie Word konfigurieren, eine Werkzeugleiste verändern, eine Option tauschen oder eine Einstellung speichern, bietet Ihnen Word drei Möglichkeiten an, wo Sie diese Einstellungen speichern wollen: im Dokument selber, in der Dokumentvorlage oder in der NORMAL.DOT.

Wenn Sie eine Änderung in der NORMAL.DOT speichern, sind diese Änderungen auch für alle anderen Dokumente verfügbar, was sehr praktisch sein kann. Wie auch immer: Wenn Sie Ihr Dokument verlassen und wollen Ihre Änderung in der NORMAL.DOT zum Standard machen, antworten Sie mit JA.

Arbeiten mit einem zerschossenen Dokument

Der erste Schritt bei der Behandlung von zerschossenen Dokumenten ist festzustellen, ob es tatsächlich zerschossen ist. Das können Sie auf verschiedene Weise machen, was im Folgenden behandelt wird.

✔ Um zu entscheiden, ob es sich um ein zerschossenes Dokument oder ein allgemeines Problem mit Word handelt, versuchen Sie andere Dokumente mit Word zu öffnen. Kontrollieren Sie, ob sie sich genauso verhalten wie das problematische Dokument.

✔ Die Verrücktheiten des Dokuments könnten mit seiner Format- oder Dokumentvorlage zusammenhängen. Testen Sie deswegen auch andere Dokumente, von denen Sie wissen, dass sie andere oder gar keine Vorlagen benutzen.

✔ Manchmal ist ungewöhnliches Dokumentverhalten eine einmalige Sache. Überprüfen Sie, ob dieses Verhalten wiederholbar oder vorhersehbar ist.

✔ Testen Sie das Dokument auf einem anderen Computer oder einem anderen Betriebssystem. Es könnte ein grundsätzliches Problem Ihres Computersystems sein.

Ein Dokument im richtigen Format öffnen

Der häufigste Grund für das seltsame Verhalten eines Dokuments ist, dass Sie das falsche Dateiformat im Dialogfenster ÖFFNEN gewählt haben. Also:

1. **Schließen Sie das zerschossene Dokument. Speichern Sie es nicht!**

2. **Wählen Sie DATEI | ÖFFNEN, um es erneut zu öffnen.**

3. **Benutzen Sie das Dialogfenster ÖFFNEN, um das Dokument ausfindig zu machen.**

4. **Stellen Sie sicher, dass im Ausklappmenü DATEITYP das Dateiformat WORD DOKUMENTE (*.DOC) steht.**

5. **Klicken Sie auf ÖFFNEN.**

Damit sollte sich das Dokument richtig öffnen. Wenn nicht, dann können Sie versuchen, das Dokument so zu reparieren, wie es weiter hinten im Abschnitt »Dokumente öffnen und reparieren« beschrieben ist.

Einen anderen Drucker wählen

Manchmal hängen Formatierungsprobleme mit einem schlechten Druckertreiber zusammen. In diesem Fall müssen Sie einen neuen Druckertreiber in Windows installieren (vom Treiber erhält Word viele Möglichkeiten der Seitengestaltung).

1. **Wählen Sie DATEI | DRUCKEN.**

2. **Wählen Sie einen anderen Drucker aus dem Ausklappmenü NAME.**

3. **Klicken Sie auf SCHLIESSEN.**

   Dadurch verwendet Word jetzt die Informationen dieses Druckertreibers, druckt das Dokument jetzt aber nicht.

Dokumente öffnen und reparieren

Wenn sich ein Dokument seltsam benimmt, aber das Format nicht das Problem ist, müssen sie es öffnen und reparieren. Klicken Sie im ÖFFNEN- Dialogfenster auf den kleinen Pfeil rechts neben dem ÖFFNEN Knopf. Wählen Sie ÖFFNEN UND REPARIEREN aus dem Ausklappmenü, wie in Abbildung 29.3 gezeigt.

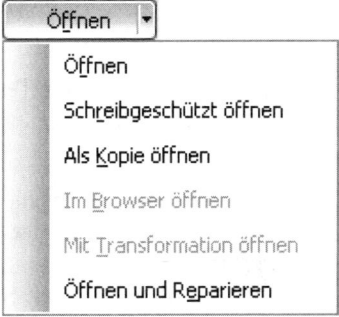

Abbildung 29.3: Ein Dokument öffnen, um es zu reparieren

Word versucht jetzt automatisch, Ihr Dokument beim Öffnen zu reparieren. Wenn das nicht klappt, arbeiten Sie sich bitte durch die nächsten Abschnitte, um das Problem zu beheben.

Dokumentvorlagen wieder zuweisen

Das Problem könnte auch durch die Dokumentvorlage bedingt sein. In diesem Fall können Sie erneut die NORMAL.DOT dem Dokument zuweisen, um zu sehen, ob das die Probleme behebt.

Beim geöffneten Problemkind machen Sie dies:

1. **Wählen Sie EXTRAS | VORLAGEN und ADD-INS.**

2. **Klicken Sie auf das Register VORLAGEN im Dialogfenster VORLAGEN UND ADD-INS.**

3. **Überprüfen Sie, ob NORMAL im Textfeld DOKUMENTVORLAGEN aufgeführt ist. Wenn ja, dann sind Sie schon fertig. Wenn nicht:**

4. **Klicken Sie auf HINZUFÜGEN.**

5. **Wählen Sie NORMAL oder NORMAL.DOT aus dem Dialogfenster VORLAGEN HINZUFÜGEN.**

6. **Klicken Sie auf ÖFFNEN.**

7. **Klicken Sie auf OK.**

Die Dokumentspinnereien sollten jetzt verschwinden. Wenn ja, super: Speichern Sie Ihr Dokument neu ab. Wenn nicht, folgen Sie den Anweisungen in den nächsten Abschnitten, wo es mehr um allgemeinere Word-Behandlungen geht.

✔ Manchmal sind die Makros im Dokument an seinem komischen Verhalten schuld.

✔ Tastaturzuweisungen in der Vorlage können auch zu komischen Verhalten von Word führen.

✔ Überlegen Sie sich, ob Sie vielleicht die Vorlage neu bearbeiten, löschen oder ganz von Anfang an neu entwerfen. Wenn ein anderer die Vorlage gemacht hat, fragen Sie ihn nach dem Grund des Problems.

Letzte verzweifelte Taten

Manchmal gebe ich einfach auf: Ich markiere den gesamten Text des Dokuments und füge ihn in ein anderes Dokument ein und speichere dann ab. Das ursprüngliche Dokument wird dann gelöscht.

Es gibt allerdings Fälle, bei denen der kopierte Text das Problem ins neue Dokument kopiert. In diesem Fall müssen Sie Ihr Dokument in TEXTFORMAT oder RICH TEXT FORMAT (.rtf) auf die Festplatte speichern. Das müsste die Problemfelder eliminieren, denn die Word-eigenen Informationen werden in diesen Formaten nicht abgespeichert. Sie können die Textdokumente dann wieder in Word oder einem anderen Textverarbeitungsprogramm öffnen, um sie weiter zu bearbeiten.

Word reparieren

Das offensichtlichste Zeichen, dass mit Word etwas nicht stimmt, ist, dass es verdammt komisch auf dem Bildschirm aussieht. Teile fehlen. Teile sind hinzugefügt. Andere Teile tauchen auf oder tauchen ab. Jemand könnte versucht haben, Word zu konfigurieren, solche Sachen passieren nun mal. Die folgenden Abschnitte beschreiben einige Maßnahmen, die Sie treffen können, um Word wieder zur Arbeit zu bringen.

Sind Sie in der Ansicht Ganzer Bildschirm oder der Seitenansicht?

Die Einstellungen GANZER BILDSCHIRM oder SEITENANSICHT könnte Sie täuschen und zu der Annahme verleiten, dass Word irgendwie beschädigt sei oder Teile fehlten. Ärgern Sie sich nicht! Drücken Sie einfach ESC, und Word taucht wieder ganz normal auf dem Bildschirm auf.

✔ Sie können auch Alt + C drücken, um den Modus GANZER BILDSCHIRM zu verlassen.

✔ Es gibt auch Unterschiede zwischen dem Seitenlayoutmodus und der Normalansicht. Wenn Sie also finden, dass Word irgendwie ein bisschen anders aussieht, probieren einen der beiden Befehle aus dem Menü ANSICHT zu wählen.

Sind die Werkzeugleisten verschoben oder versteckt?

Werkzeug- und Menüleisten sind beweglich, und man kann sie auch verstecken, in unverankerte transparente Paletten verwandeln und alles durcheinander bringen.

Drücken Sie auf F10, um das versteckte Menü anzuzeigen.

Drücken Sie Alt + V, um das Menü ANSICHT zu öffnen. Wählen Sie Symbolleisten und hier STANDARD und FORMAT.

Bei angezeigten Symbolleisten beenden Sie Word. Dann starten Sie es erneut. Das sollte die Einstellungen festlegen.

Wenn die Leisten wieder verschwinden, liegt das wahrscheinlich an einer Vorlage, die Sie benutzen. Um die Vorlage loszuwerden, schauen Sie im Abschnitt »Dokumentvorlagen wieder zuweisen« vorne im Kapitel nach.

Die Makro-Manie

Word startet manchmal direkt mit einem Satz Makros, die sein Aussehen verändern. Das ist eine kniffelige Angelegenheit, achten Sie also genau auf die Anweisungen:

1. **Suchen Sie das Symbol, mit dem Sie Word starten.**

     Das kann ein Symbol auf Ihrem Desktop sein, ein Symbol im Menü ALLE PROGRAMME von Windows oder ein Symbol auf der Schnellstartleiste. Wo und wie Sie auch immer Word starten, Sie klicken auf irgendein Symbol. Finden Sie dieses Symbol.

    Es muss sich dabei um ein Word-Programmsymbol und nicht um ein Word-Dokumentsymbol handeln.

2. **Klicken Sie mit der rechten Maustaste auf das Symbol.**

3. **Wählen Sie EIGENSCHAFTEN aus dem Ausklappmenü.**

4. **Wenn es ein Register VERKNÜPFUNG gibt, klicken darauf. Wenn nicht, klicken Sie auf ALLGEMEIN.**

    Sie sehen dort eine Textzeile, die Word aufruft. Sie endet mit dem Programmnamen, `Winword.exe`. Wenn ein Start-Makro benutzt wird, steht hinter dem `Winword.exe` ein `/m` (oder `/M`) und dann der Makro-Name.

5. **Wenn Sie das `/m` und den Makro-Namen sehen, löschen Sie ihn.**

    Löschen Sie einfach alles vom `/m` bis zum rechten Ende der Zeile.

Diese Konfiguration von Word ist sehr selten, seien Sie also nicht überrascht, wenn Sie kein Makro finden.

Ist Normal.dot schuld?

Manchmal lauert das Böse dort, wo man eigentlich den Hort der Normalität und Stabilität erwartet: in der Normal.dot-Datei. In diesem Fall wollen Sie vielleicht die Normal.dot-Datei mit allem darin enthaltenen Mist entfernen. Und so geht's:

1. **Beenden Sie Word.**

2. **Verwenden Sie den SUCHEN-Befehl aus dem Startmenü von Windows, um NORMAL.DOT zu finden.**

3. **Wenn Sie NORMAL.DOT gefunden haben, klicken Sie mit rechts auf die Datei.**

4. **Wählen Sie UMBENENNEN aus dem Ausklappmenü.**

5. **Ändern Sie den Namen in ABNORMAL.DOT**

6. **Drücken Sie auf** `Enter`.

Damit löschen Sie die Datei nicht, verhindern aber, dass Word sie findet. Beim nächsten Start wird Word deswegen eine neue Normal.dot erstellen und sie benutzen.

Das nackte Word (der letzte Schritt)

Wenn Sie alle Hoffnung auf Rettung verloren haben und alles furchtbar verdreht und falsch ist, können Sie Word auf eine Weise starten, die ich den »Nacktmodus« nennen möchte. In diesem Modus entkleiden Sie Word aller Schickimicki-Dingsdas und können es meistens zu geistiger Gesundheit zurückführen. Und das geht so:

1. **Wählen Sie AUSFÜHREN aus dem Windows Startmenü.**

   Sie können auch die Tastenkombination `Win` + `R` tippen.

2. **Tippen Sie** Winword /A **in das Textfeld.**

3. **Klicken Sie auf OK.**

Word sollte jetzt normal starten, und alles ist in Butter.

Das /A ist eine zusätzliche Option, die Word anweist, ohne Änderungen an seiner Standardeinstellung zu starten. In den meisten Fällen löst Words Verdrehtheiten im Nu.

Was tun, wenn Sie alle Hoffnung verloren haben

Der ultimativ letzte Akt ist, Word erneut von der CD zu installieren. Halten Sie sich nicht damit auf, die aktuelle Version zu deinstallieren, installieren Sie Word einfach über die Version, die Sie im Moment haben. Das wird die Probleme richten, aber Sie andererseits auch in mancher Weise zurückwerfen. Aber denken Sie dran: Das ist der allerletzte verzweifelte Schritt.

Wenn Word nicht mehr repariert werden kann, erinnern Sie sich bitte daran, dass Windows noch ein anderes Textverarbeitungsprogramm besitzt: das kleine WordPad. Wenn alles andere nicht funktioniert, dann können Sie wenigstens Ihre Gedanken mit WordPad niederlegen und hoffentlich diese WordPad-Dokumente später wieder in Word verwenden, wenn alles wieder klar ist und läuft.

Word im Sicherheitsmodus starten

Der Sicherheitsmodus funktioniert ähnlich wie der /A-Modus. Der Unterschied zwischen beiden besteht darin, dass Sie Winword /Safe in das Textfeld in Schritt 2 des »Das nackte Word (der letzte Schritt)« Abschnitts tippen müssten.

Sie können Word auch im Sicherheitsmodus starten, wenn Sie die Strg-Taste beim Start des Programms gedrückt halten.

Im Sicherheitsmodus unterbindet Word einige Vorgänge und begrenzt die Sachen, die es tut. Wie der Sicherheitsmodus in Windows ist es ein Werkzeug zur Problemlösung durch MS Office. Sie werden sehr selten manuell im Sicherheitsmodus starten, allerdings kann es Ihnen passieren, dass Word beim Starten automatisch diesen Modus wählt, um Funktionen oder Dateien zu reparieren. Beenden Sie dann einfach Word und starten es erneut.

Teil V

Word kreativ

The 5th Wave — By Rich Tennant

»Es ist ein Computerprogramm, das eher die tatsächliche
Büro-Umgebung widerspiegelt. Es kommuniziert mit
anderen Nutzern, integriert gemeinsame Daten und
benutzt dann diese Information, um haltlose Gerüchte
über das Intranet auszutauschen.«

In diesem Teil ...

Es sieht so einfach aus, oder? Bei allen Profis, die ihre Fähigkeiten unter Beweis stellen, sieht es natürlich und mühelos aus. Athleten laufen mühelos. Turner springen und fliegen durch die Luft, der Schwerkraft zum Trotz. Köche werfen dies und das in den Kessel, und in Null-Komma-Nix haben sie ein fantastisches Gericht gezaubert, das man fast durch die Bildschirmscheibe riechen kann. Ich glaube, ein Teil des Expertentums besteht darin, es einfach aussehen zu lassen. Dabei stehen Jahre des Trainings und der Reinfälle auf dem langen Weg zum Erfolg.

Dieser Teil des Buches soll Ihnen ein paar Extra-Kenntnisse über Word vermitteln. Er ist eine Art Kochbuch, das ein paar interessante Tricks und Techniken zeigt, mit denen Sie ein Dokument gut in Szene setzen können, ohne viel lernen zu müssen. Es ist ein netter, praktischer Teil, der – anders als bei dem Fernsehkoch – wunderbare, schmackhafte Dokumente mit minimalem Aufwand erzeugt. Legen Sie los. Machen Sie sich Appetit!

Einfach nur ein Brief mit Umschlag

30

In diesem Kapitel

▷ Einen Brief in Word erstellen

▷ Word zum Druck von Briefumschlägen einrichten

▷ Einen Briefumschlag zu einem Brief hinzufügen

▷ Ganz schnell einen Briefumschlag drucken

▷ Einen Umschlag als Dokument kreieren

Trotz all seiner technisch fortgeschrittenen Funktionen, kann man mit Word auch die allereinfachsten Dokumente erstellen – von der Aufgabenliste bis zum simplen Brief. Klar, der Brief ist schon ein Stückchen ausgeklügelter als eine Aufgabenliste. Und manchmal müssen Sie auch einen Brief schreiben, der gut aussieht – wie zum Beispiel diese überzeugenden Darlegungen in Ihrer Einkommenssteuererklärung, in denen Sie erklären, dass Ihr Hund wie ein Kind für Sie ist und deswegen als steuermindernde Ausgabe beachtet werden sollte.

Dieses Kapitel handelt davon, normale Briefe und Umschläge zu kreieren. Über die einfachen Anweisungen hinaus zeigt Ihnen dieses Kapitel ein paar Profitricks und einige nicht so offensichtliche Lösungen des menschlichen Briefverkehrs.

Einen dummen, unmodernen Brief schreiben

Briefe sind langweilig einfach. Alle haben gewisse Elemente zu eigen, aber der gemeine Brief ist wirklich nicht mehr als ein simples Word-Dokument. Eigentlich werden Briefe erst dann aufregend, wenn Sie edles Schreib- oder Kunstpapier benutzen.

Trotz ihrer langweiligen Natur haben Briefe gemeinsame Elemente: Sie haben ein Datum, das immer oben steht. Dann ist da die Adresse des Empfängers, die auch immer oben steht. Und plötzlich stellt sich heraus, dass es da einige interessante Sachen gibt, die Sie mit diesen beiden Elementen machen können.

Das Datum

Um ein Datum in ein Word-Dokument einzufügen, benutzen Sie den Befehl EINFÜGEN | DATUM UND UHRZEIT. Wählen Sie das Format für das Datum aus der Liste im Dialogfenster DATUM UND UHRZEIT. Klicken Sie anschließend auf OK.

✔ Wenn Sie wollen, dass immer das aktuelle Datum angezeigt wird und nicht das Datum, an dem Sie den Brief geschrieben haben, setzen Sie ein Häkchen in das Feld AUTOMATISCH AKTUALISIEREN. Dadurch wird ein Feld ins Dokument eingefügt, das immer das aktuelle Datum anzeigt. Wenn kein Datums-Feld eingefügt werden soll, entfernen Sie das Häkchen in dem Dialogfenster DATUM UND UHRZEIT.

Wenn Sie das Datum am rechten Seitenrand unterbringen wollen, drücken Sie die Tastenkombination Strg + R , gleich nachdem Sie das Datum eingefügt haben. Drücken Sie Enter und dann die Tastenkombination Strg + L , um im folgenden Absatz zu links ausgerichtetem Text zurückzukehren.

✔ Sie können auch das Datum-Feld über Alt + Shift + D einfügen.

Ein automatisches Datum mit AutoText

Wenn bei Ihnen AutoText läuft (und das tut es wahrscheinlich), dann müssen Sie nur anfangen, das Datum zu tippen: Mittw. Nach so viel Text schlägt Ihnen Word »Mittwoch« vor. Drücken Sie nur die Returntaste und Word ergänzt automatisch.

Wenn Sie nun das Datum schreiben, werden Sie bemerken, dass Word die amerikanische Datumsnotation vorzieht: 2003-12-25 zum Beispiel.

Schauen Sie in Kapitel 7 nach, wenn Sie mehr über die AutoText-Funktion wissen wollen.

Die Adresse

Im amerikanischen Sprachraum platzieren die meisten Briefeschreiber die Empfängeradresse zwei Zeilen unterhalb des Datums (drücken Sie zweimal Enter). Im deutschen Sprachraum wird das Datum jedoch meistens rechtsbündig wenige Zeilen unterhalb der Adresse eingegeben. Ich weiß wirklich nicht, warum wir das so machen, wir machen es eben so. Schreiben Sie also die Adresse, drücken Sie zwei Mal Enter und geben Sie dann Datum bzw. direkt die Anrede ein. Zum Beispiel so:

```
Fröhlich GmbH
Pfad der Tugend 43
55555 Himmelreich
```

Vielleicht haben Sie schon bemerkt, dass viele Anreden, wie zum Beispiel »Sehr geehrte Damen und Herren,« bereits als AutoText-Einträge gespeichert sind; Sie müssen nur den ersten Teil tippen, und Word vervollständigt den Rest, wenn Sie Enter drücken. Siehe Kapitel 7 zu diesem Thema.

Der Brieftext

Das Schreiben des restlichen Briefes ist Ihre Angelegenheit. Tippen Sie los! Dumdidumm ...

Falls der Brief länger als eine Seite ist, sollten Sie vielleicht Seitenzahlen einfügen. Dafür benutzen Sie den Befehl EINFÜGEN | SEITENZAHLEN.

Schließlich beenden Sie den Brief mit der Unterschriftszeile für Ihren Namen. Fertig. Das Einzige, was Sie noch erledigen müssen, ist das Hinzufügen eines Umschlags.

Den Brief unterschreiben

Schließlich beenden Sie Ihren Brief mit einer Grußformel und Ihrer Unterschrift: Hochachtungsvoll, mit freundlichen Grüßen, mit vielen Grüßen, tschüss und weg, gefolgt von genug Platz, um zu unterschreiben und Ihren Namen und die Adresse zu schreiben.

Beachten Sie bitte, dass Sie Ihren Namen und Ihre Adresse nicht schreiben müssen, wenn er schon im Briefkopf steht. So steht's zumindest in den Benimmregeln.

Als letzten Schritt drucken Sie den Brief.

 Vergessen Sie nicht, Ihren Brief abzuspeichern! Selbst wenn es ein dummer Brief ist, empfehle ich Ihnen, ihn zu speichern.

✔ Wenn Sie den Brief auf edlem Schreibpapier drucken wollen, sollten Sie dieses Papier vor dem Druck auch in den Drucker legen.

Alles über den Briefumschlag-Druck

Um zu einem Dokument einen Briefumschlag zu erstellen, greifen Sie auf Words Befehl UMSCHLÄGE UND ETIKETTEN zurück. Damit können Sie sofort einen Umschlag erstellen oder einen Briefumschlag an einen Brief anhängen, so dass sie nacheinander ausgedruckt werden. Die folgenden Abschnitte erläutern alles, was Sie dazu wissen müssen.

Sagen Sie Ihrem Drucker, dass er einen Briefumschlag lieben soll

Jeder Drucker frisst auf eine andere Art Briefumschläge. Einige haben leider keinen Einzug für Briefumschläge, andere haben sogar eigene Fächer dafür. Wieder andere haben einen manuellen Einzug, den man separat aufklappen muss, um einen Briefumschlag reinzustecken. In den folgenden Schritten erfahren Sie, wie Sie Word einrichten, um einen Briefumschlag korrekt auf Ihrem Drucker auszudrucken.

1. **Suchen Sie nach dem Briefumschlageinzug in Ihrem Drucker.**

   Achten Sie genau darauf, wie der Briefumschlag eingelegt werden muss. Möglicherweise gibt es an Ihrem Drucker ein Symbol, das Ihnen verrät, dass Sie den Briefumschlag in der Mitte, links, rechts, quer oder wie auch immer einlegen müssen. Achten Sie außerdem darauf, ob der Briefumschlag mit der zu bedruckenden Seite nach oben oder nach unten eingelegt werden muss. (Schauen Sie im Handbuch Ihres Druckers nach dem Index-Eintrag »Umschlag".)

2. **Wählen Sie EXTRAS | BRIEFE UND SENDUNGEN | UMSCHLÄGE UND ETIKETTEN.**

   Das Dialogfenster UMSCHLÄGE UND ETIKETTEN erscheint (das ich im folgenden Abschnitt erklären werde). Prüfen Sie, ob sich das Register UMSCHLÄGE auch vorne befindet.

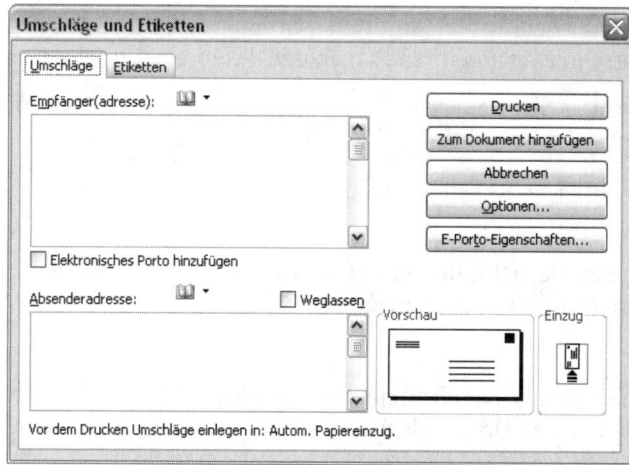

Abbildung 30.1: Das Dialogfenster UMSCHLÄGE UND ETIKETTEN

3. **Kontrollieren Sie, dass das Register UMSCHLÄGE vorne liegt.**

4. **Klicken Sie auf das Symbol EINZUG.**

   Das bringt das Dialogfenster UMSCHLAGOPTIONEN mit dem Register DRUCKOPTIONEN auf den Bildschirm.

5. **Wählen Sie die richtige Ausrichtung des Briefumschlags.**

   Wählen Sie eine der sechs Varianten. Wählen Sie OBEN BEDRUCKEN oder UNTEN BEDRUCKEN. Und, falls erforderlich, klicken Sie auf die Schaltfläche DREHEN IM UHRZEIGERSINN. Der Witz daran ist, genau zu beschreiben, wie der Umschlag in Ihren Drucker eingezogen wird. (Der Drucker bestimmt also, welche Optionen Sie auswählen.)

6. **Klicken Sie auf OK.**

   Das schließt das Dialogfenster OPTIONEN FÜR UMSCHLÄGE.

Nun sind Sie bereit, einen Briefumschlag zu erstellen oder zu drucken, oder Sie können auf die Schaltfläche ABBRECHEN klicken, um zu Ihrem Dokument zurückzukehren. Word weiß jetzt über Ihren Drucker Bescheid, und Sie können einen Briefumschlag beim nächsten Mal, wenn Sie einen brauchen, korrekt ausdrucken.

Ihrem Brief einen Briefumschlag hinzufügen

 Eine schnelle Methode, einen Briefumschlag mit jedem Brief, den Sie erstellen, zu drucken, besteht darin, den Briefumschlag ans Ende des Briefes zu hängen. So funktioniert's:

1. **Erstellen Sie Ihren Brief.**

   Schlagen Sie in den Abschnitten am Beginn dieses Kapitels nach, um mehr darüber zu erfahren.

2. **Wählen Sie EXTRAS | BRIEFE UND SENDUNGEN | UMSCHLÄGE UND ETIKETTEN.**

   Dieser Schritt öffnet das Dialogfenster UMSCHLÄGE UND ETIKETTEN.

   Falls sich eine Adresse in Ihrem Dokument befindet, dann steckt Word sie auf geheimnisvolle Weise in das Feld EMPFÄNGER(ADRESSE). Tataaa!

3. **Falls Word die Adresse nicht automatisch einsetzt, geben Sie sie nun ein.**

4. **Wenn Sie wollen, können Sie Ihre eigene Adresse in das Feld ABSENDERADRESSE eingeben.**

5. **Klicken Sie auf die Schaltfläche ZUM DOKUMENT HINZUFÜGEN.**

   Das Dialogfenster UMSCHLÄGE UND ETIKETTEN verschwindet und Sie kehren zu Ihrem Dokument zurück.

Es mag auf dem Bildschirm vielleicht nicht gleich auffallen, aber die erste Seite Ihres Briefes ist nun der Briefumschlag. (Wählen Sie DATEI | SEITENANSICHT, um dieses Wunder in Augenschein zu nehmen.) Wenn Sie so weit sind, den Brief zu drucken, wird zuerst der Umschlag gedruckt und dann der Brief. Sie brauchen nur noch den Brief in den Umschlag zu stecken, ihn zuzukleben und die irrwitzig teure Briefmarke draufzukleben.

✔ Der Brief und der Umschlag werden gedruckt, wenn Sie den Befehl DATEI | DRUCKEN aufrufen (oder die Tastenkombination ⌨Strg+P drücken oder auf das Symbol DRUCKEN klicken).

✔ Die meisten Drucker verlangen von Ihnen, dass Sie manuell einen Briefumschlag einlegen. Nachdem Sie das erledigt haben, müssen Sie vielleicht auf einen Knopf am Drucker drücken, um ihn dazu zu bewegen, mit dem Drucken weiterzumachen. (Mein LaserJet sagt einfach »Füttere mich« und weiß dann aus irgendeinem Grund, dass er fortfahren kann, sobald ich den Briefumschlag eingelegt habe.)

✔ Prüfen Sie den Umschlag, um sicherzustellen, dass Sie nicht die Rückseite beschriftet oder die Adresse verkehrt herum gedruckt haben – wie mir das so oft passiert. Dieser letzte Schritt ist wichtig, weil Sie dann gegebenenfalls die ganzen oben beschriebenen Schritte wiederholen dürfen.

Wenn Sie ein Problem damit haben, sich daran zu erinnern, wie der Umschlag in den Drucker eingelegt wird, malen Sie sich eine Skizze als Eselsbrücke und kleben Sie sie auf Ihren Drucker.

Einen Briefumschlag sofort drucken

Wann immer Sie einen Umschlag benötigen, egal wozu, können Sie Word dazu bringen, ganz schnell einen für Sie zu gestalten. Folgen Sie diesen Schritten:

1. **Wählen Sie EXTRAS | BRIEFE UND SENDUNGEN | UMSCHLÄGE UND ETIKETTEN.**

2. **Im Dialogfenster UMSCHLÄGE UND ETIKETTEN tippen Sie die Adresse ein, die Sie auf dem Umschlag haben wollen.**

Wenn Sie die Adresse formatieren wollen, geben Sie sie erst im Dokument ein. Formatieren und markieren Sie sie, anschließend wählen Sie EXTRAS | BRIEFE UND SENDUNGEN | UMSCHLÄGE UND ETIKETTEN. Passen Sie trotzdem auf! Zu viel Text passt unter Umständen nicht auf den Umschlag.

3. **Klicken Sie auf die Schaltfläche DRUCKEN.**

Vielleicht piept Ihr Drucker oder weist Sie darauf hin, dass Sie einen Briefumschlag einlegen sollen, oder er legt einfach los.

Das eigenartige Konzept der Umschläge als Dokument

Ein Umschlag ist von Haus aus ein Blatt Papier, obwohl es gefaltet und mit dem am widerlichsten schmeckenden Klebstoff bestrichen ist, den man sich nur vorstellen kann. Aber es bleibt dabei – ein Umschlag ist nichts weiter als ein spezielles Blatt Papier. Und deshalb kann man Word so konfigurieren, dass ein normaler Briefumschlag genau so gedruckt wird wie jedes andere Dokument. Folgen Sie diesen Schritten:

1. **Beginnen Sie mit einem neuen Dokument.**

Word klatscht ein neues Dokument auf den Bildschirm. Nun werden Sie es von einem einfachen Stück Papier in einen Briefumschlag verwandeln.

2. **Überzeugen Sie sich, dass Sie in der Seitenlayoutansicht sind.**

Wählen Sie ANSICHT | SEITENLAYOUT, wenn Sie es nicht sind. Sie können in der Seitenansicht die Dinge besser erkennen.

3. **Wählen Sie DATEI | SEITE EINRICHTEN.**

4. **Klicken Sie auf das Register SEITENRÄNDER.**

5. **Setzen Sie alle Seitenränder auf 1,5 cm.**

   Umschläge sind klein, aber nahezu jeder Drucker kann diese Seitenränder verarbeiten.

6. **Wählen Sie QUERFORMAT.**

   Umschläge sind breiter als hoch, aber dieser Schritt wird gemacht, damit das Drucken auf dem Umschlag längs geht und nicht auf der Seite (was, wie ich gehört habe, die Postämter sehr ärgert).

7. **Klicken Sie auf das Register PAPIERFORMAT.**

8. **Wählen Sie aus dem FORMAT-Aufklappmenü BRIEFUMSCHLAG DL.**

   Schauen Sie sich die Vorschau im unteren rechten Teil des Dialogfensters an. Da ist Ihr Briefumschlag.

9. **Klicken Sie auf OK.**

   Das Dialogfenster SEITE EINRICHTEN entfleucht.

   In der Seitenlayoutansicht sehen Sie Ihren Umschlag in dem Dokumentteil des Fensters. Es sieht aus wie ein Briefumschlag! Wow!

10. **Tippen Sie die Absenderadresse.**

    Wenn Sie nicht das Dialogfenster UMSCHLÄGE UND ETIKETTEN benutzen, können Sie hier die Formate festlegen und sogar eine Grafik hinzufügen (so lange sie klein genug ist, um nicht das Postamt zu verärgern).

11. **Marschieren Sie runter, um die Adresse einzugeben.**

    Drücken Sie ein paar Mal die Returntaste, bis sie so ungefähr auf derselben Höhe mit der 4-cm-Marke auf dem Lineal ist. Oder benutzen Sie Ihr Augenmaß. Die Adresse soll etwas über der Mitte des Briefumschlags stehen.

12. **Ziehen Sie den linken Seitenrand auf 12 cm ein.**

    Um die Adresse einzuziehen, ziehen Sie das Dingsbums für den linken Einzug auf dem Lineal zu der 12-cm-Position.

13. **Tippen Sie die Adresse ein und formatieren Sie sie.**

    Und da ist Ihr Umschlag!

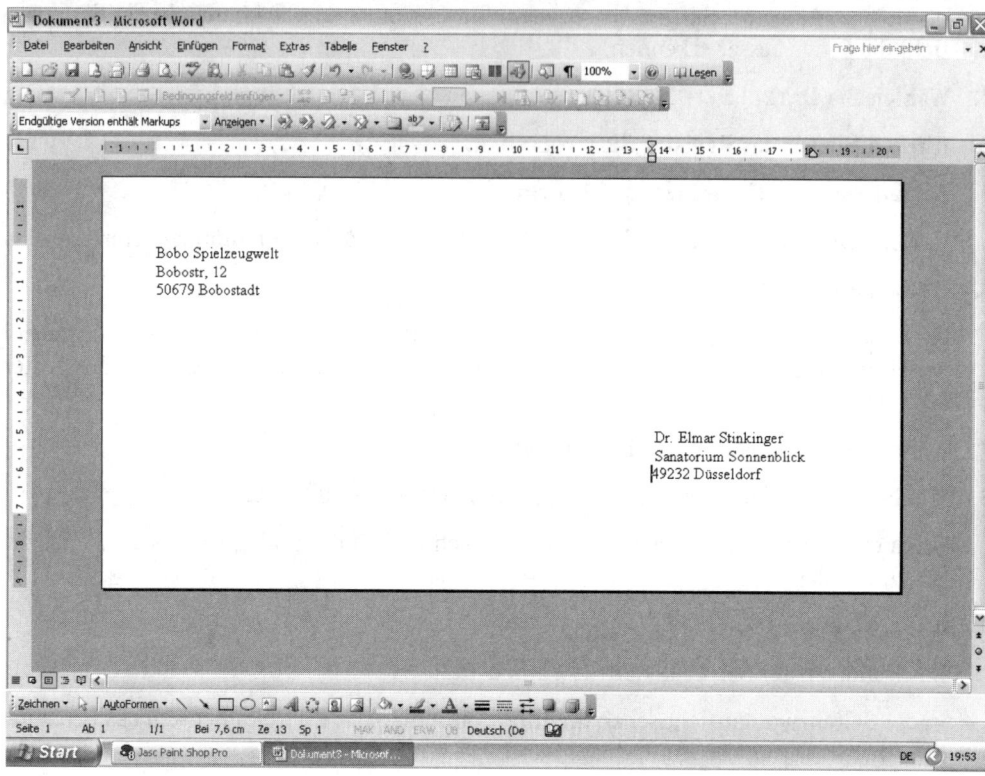

Abbildung 30.2: Einen Umschlag erstellen

Wenn Sie noch etwas auf den Umschlag schreiben müssen, ziehen Sie den Einzug wieder nach 0. Ziehen Sie auch das Dingsbums für den linken Einzug wieder zurück. Dann drücken Sie [Enter] ein paar Mal, bis der Zahnstocher-Cursor nahe an der linken unteren Ecke des Briefumschlages steht. Da können Sie nun tippen: Achtung: Bissiger Hund oder was immer Sie wollen.

Diese Methode, einen Umschlag als Dokument anzulegen, ist weitaus flexibler, als das UMSCHLÄGE UND ETIKETTEN-Dialogfenster zu benutzen. Überlegen Sie, ob Sie Ihr Dokument nicht speichern und es erneut benutzen wollen, oder speichern Sie es als Dokumentvorlage, damit Sie es immer und immer wieder benutzen können. Siehe Kapitel 17 für weitere Informationen, wie man Vorlagen erstellt.

Broschüren und Grußkarten

31

In diesem Kapitel

▷ Eine dreiteilige Broschüre gestalten

▷ Verschiedene Titelblätter entwickeln

▷ Initialen benutzen

▷ Ein schwebendes Textfeld hinzufügen

▷ Eine dreiteilige Broschüre drucken

▷ Eine Grußkarte drucken

*W*enn Sie etwas in Word erstellen wollen, das jemanden einfach umhaut, dann sind Sie hier im richtigen Kapitel angekommen. Hier werden keine Geheimnisse verraten, und ganz bestimmt ist es auch nicht für fortgeschrittene Anwender. Es handelt sich einfach um eine Sammlung von Informationen, die bereits einmal Thema dieses Buches waren, allerdings diesmal vor einem besonderen Praxishintergrund: der Erstellung einer dreiteiligen Broschüre oder Grußkarte. Legen Sie los! Staunen Sie über sich selbst!

Das Grundgerüst der Broschüre

Eine Aufgabe, vor denen Sie denken, dass Word sie schließlich doch nicht meistern könne, erledigt es mit Leichtigkeit. Zum Beispiel eine typische dreiteilige Broschüre, die in Abbildung 31.1 dargestellt ist.

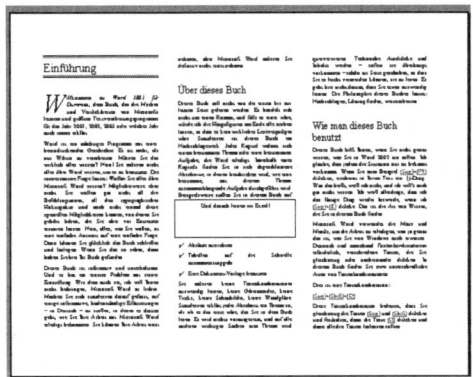

Abbildung 31.1: Eine typische dreiteilige Broschüre ist für Word ein Kinderspiel.

Während sich Thomas Jefferson noch tagelang zurückgezogen hat, um die Amerikanische Unabhängigkeitserklärung zu Papier zu bringen, zaubern Word und ich innerhalb von drei Minuten eine dreiteilige Broschüre aus dem Hut. Und ein paar Augenblicke später saust sie aus meinem Drucker – vorausgesetzt, dass nicht zwischenzeitlich die Briten mein Büro stürmen.

Das Pamphlet aufbauen

Eine dreiteilige Broschüre ist eigentlich ein normales Blatt Papier, das ins Querformat gedreht wurde und zweimal gefaltet wird. In Word erledigen Sie das in zwei einfachen Schritten – nachdem Sie Ihren Text geschrieben haben.

 Es ist immer am besten, zuerst den Text zu verfassen und das Dokument später zu gestalten. Außerdem arbeitet Word schneller ohne Formatierungen (also ohne Spalten). Wenn Sie später noch einmal an den Text müssen, auch gut.

Um das Querformat einzustellen, unternehmen Sie Folgendes:

1. **Wählen Sie DATEI | SEITE EINRICHTEN.**

    Das Dialogfenster SEITE EINRICHTEN erscheint.

2. **Klicken Sie auf das Register SEITENRÄNDER.**

3. **Wählen Sie die Option QUERFORMAT aus dem Bereich ORIENTIERUNG.**

    Siehe da, Ihre Welt hat sich um 90 Grad gedreht!

4. **Stellen Sie sicher, dass die Option GESAMTES DOKUMENT im Feld ÜBERNEHMEN FÜR eingestellt ist.**

5. **Klicken Sie auf OK.**

Die Spalten stellen Sie in folgenden Arbeitsschritten ein:

1. **Wählen Sie FORMAT | SPALTEN.**

2. **Wählen Sie DREI aus der Liste der VOREINSTELLUNGEN.**

    Diese befindet sich ganz oben im Dialogfenster.

3. **Überprüfen Sie, ob die Option GESAMTES DOKUMENT im Feld ÜBERNEHMEN FÜR eingestellt ist.**

4. **Klicken Sie auf OK.**

Sie sehen jetzt nicht allzu viele Veränderungen, aber nun ist Ihr Dokument in drei Bereiche unterteilt, zwischen denen Sie es falten können. Um Ihren Text auf beiden Seiten der Seite zu drucken, müssen Sie noch ein paar Tricks anwenden, die alle im Abschnitt »Die Broschüre drucken« weiter hinten im Kapitel erklärt werden.

Der Titel für die Broschüre

Die beste Art, eine Titelzeile für eine Broschüre zu gestalten, ist das Zeichnen einer Tabelle. Nicht nur, dass sich in der Tabelle bereits Rahmen befinden, sie erlaubt Ihnen darüber hinaus, dass Sie Text rechts oder links ausrichten, ohne dass Sie Stress mit Words Absatz- oder Tabulatorformatierung bekommen.

Benutzen Sie die Einweisung in das Tabellen-Zeichnen aus Kapitel 20, um den Titel-Teil des Dokuments zu zeichnen, das ist genau das, was ich in Abbildung 30.1 getan habe. Dann benutzte ich FORMAT | RAHMEN UND SCHATTIERUNG, um oben und unten Rahmen einzufügen. Ich hätte auch mit dem Schattierung-Teil des Dialogfensters RAHMEN UND SCHATTIERUNG Schattierungen und Farben in den Dokument-Titel einfügen können.

Wenn Sie es noch netter machen wollen, zeichnen Sie zusätzliche Zeilen und Spalten mit Text ein. Sie können zum Beispiel einen 3-spaltigen Titel mit Informationen in dem linken und rechten Teil und dem Dokument-Titel selbst in der Mitte anlegen. Und vergessen Sie auch nicht, dass Sie ganz einfach Grafiken zu einer Tabelle hinzufügen können.

Einen Absatz mit einem großen Buchstaben beginnen

Ein Initial ist der erste Buchstabe in einem Bericht, Artikel, Kapitel oder in einer Geschichte, der größer und in einer auffälligeren Schrift als die anderen Buchstaben erscheint. Abbildung 31.1 zeigt ein Beispiel. Und so funktioniert das Einfügen eines Initials in Ihre Broschüre (oder irgendein anderes Dokument):

1. **Markieren Sie den ersten Buchstaben des ersten Wortes an Ihrem Textanfang.**

   Zum Beispiel das E in »Es war einmal«.

   Es ist sinnvoll, den Absatz links und ohne Einzug auszurichten. Teil II widmet sich solchen Formatierungen ausführlich.

2. **Wählen Sie FORMAT | INITIAL.**

   Es öffnet sich das Dialogfenster INITIAL, das in Abbildung 31.2 zu sehen ist.

3. **Wählen Sie eine Initialposition.**

   Die erste Option OHNE ist überhaupt gar kein Initial. Der Stil IM TEXT ist die zweite und der Stil IM RAND die dritte. Ich persönlich ziehe IM TEXT vor. Klicken Sie in das gewünschte Feld, um den Stil auszuwählen.

   Wenn Sie wollen, können Sie noch eine Schriftart auswählen.

   Und mit den anderen Optionen können Sie ja auch noch ein wenig herumspielen, wenn Sie Lust dazu haben. Besonders, wenn man einen neuen Roman beginnt, beschäftigt man sich gerne mit solchen Sachen ausführlich ...

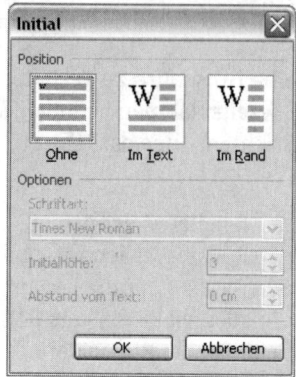

Abbildung 31.2: Das Dialogfenster INITIAL

4. Klicken Sie auf OK.

Falls Sie sich nicht in der Seitenlayoutansicht befinden, schaltet Word Ihr Dokument in diese Ansicht um, so dass Sie das Initial in Aktion sehen können.

Das Initial ist markiert und in einem schraffierten Kasten untergebracht, der acht Henkel aufweist. Ja, sehr scharfsinnig, lieber Leser, genau wie ein eingefügtes Bild. (Siehe Kapitel 23.)

Vielleicht müssen Sie das Initial/Bild ein bisschen herumziehen, besonders wenn Sie eine Tabelle für den Dokument-Titel benutzen, wie es in Abbildung 31.1 gezeigt wird. Zeigen Sie einfach mit der Maus auf das Initial und ziehen Sie, sobald die Maus sich in dieses 4-Pfeile-Ding verwandelt.

5. Klicken Sie mit der Maus in Ihren Text (nicht auf das Initial) und fahren Sie mit der Bearbeitung fort.

Wenn Sie wollen, können Sie jetzt mit Ihrer Arbeit weitermachen.

 Sie können ein Initial rückgängig machen, indem Sie ihren Kasten anklicken und dann FORMAT | INITIAL wählen. Im Dialogfenster INITIAL klicken Sie auf das Feld OHNE, und das Initial verschwindet.

Ein Textfeld schweben lassen

Ein anderes lustiges Element, das Sie bei einer Broschüre benutzen können, ist das schwebende Textfeld. Es funktioniert grundsätzlich wie ein Grafik, es schwebt vor Ihrem Text. Der Unterschied liegt darin, dass das »Bild« in Wirklichkeit ein Stück Text ist, das Sie formatieren und schreiben können. Hier folgt, wie Sie eins zu einem Dokument hinzufügen können:

1. **Stellen Sie den Zahnstocher-Cursor so ungefähr dahin, wo Sie das Textfeld haben wollen.**

   Sie können die Position nachher verändern, aber irgendwo müssen Sie ja anfangen.

2. **Wählen Sie EINFÜGEN | TEXTFELD.**

   Wenn Sie in der Normalansicht sind, werden Sie sofort zur Seitenlayoutansicht geschickt.

   Der Mauszeiger ändert sich in ein Kreuz, mit dem Sie das Textfeld ziehen und verschieben können. Ein Platzhalter für das Textfeld wird in Ihrem Text platziert: Den brauchen Sie nicht, also:

3. **Drücken Sie auf Entf .**

4. **Ziehen Sie die Maus, um das Textfeld zu erstellen.**

   Ziehen Sie von der oberen linken Ecke runter in die untere rechte Ecke, um das Textfeld anzulegen. Wenn Sie die Maustaste loslassen, sehen Sie, wie das Textfeld über Ihrem Text liegt, wie es in Abbildung 31.3 gezeigt wird.

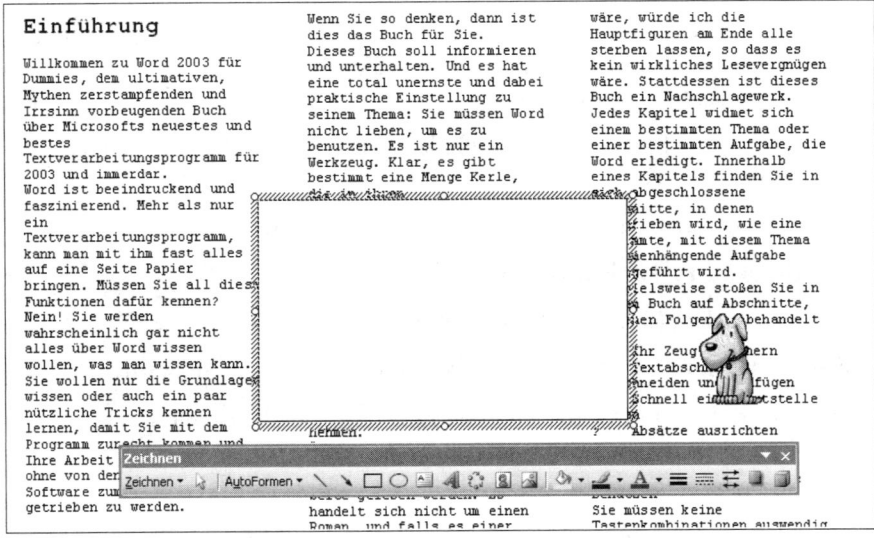

Abbildung 31.3: Ein Textfeld in Ihrem Dokument zeichnen

5. **Tippen und formatieren Sie den Text innerhalb des Textfeldes.**

   Sie können alle Ihre Schreib- und Formatierungskünste innerhalb des Feldes anwenden, so wie Sie es auch außerhalb des Textfeldes tun würden. Sie können Zeichensätze, Formatvorlagen, fett, zentriert und Einzüge benutzen. Sie können sogar die Textrichtung ändern.

   Sie können das Textfeld in der Größe verändern, wenn Sie seine Ecken nach innen oder außen ziehen.

Sie bewegen das Textfeld, indem Sie mit der Maus darauf zeigen, bis der Mauszeiger sich in dieses 4-Pfeile-Ding verwandelt. Dann ziehen Sie das Textfeld dahin oder dorthin.

Benutzen Sie die Schaltfläche LINIENART in der ZEICHNEN-Symbolleiste, um den Rahmenstil für das Textfeld festzulegen. Andere Schaltflächen auf der Symbolleiste beeinflussen die Textfeld ebenfalls. Experimentieren Sie damit in Ihrer Freizeit.

6. Klicken Sie mit der Maus in Ihr Dokument, wenn Sie fertig sind.

Durch diesen Schritt verlassen Sie das Textfeld und kehren zu Ihrem normalen Dokument-Text zurück, um dort weiterzuarbeiten. (Sie müssen die ZEICHNEN- und TEXTFELD-Symbolleiste manuell schließen. Klicken Sie auf ihr X, die SCHLIESSEN-Schaltfläche.)

In das Textfeld können Sie zurückkehren, indem Sie einfach mit der Maus da hinein klicken.

Beachten Sie bitte, dass Sie am besten in der Seitenlayout-Ansicht arbeiten können, aber Sie können auch Normalansicht wählen, wenn Sie den Text dort bearbeiten wollen.

Die Broschüre drucken

Das Drucken von Broschüren erledigen Sie am besten in einem Copy-Shop oder einem anderen professionellen DTP-Unternehmen. Wenn Sie allerdings ein beschränktes Budget haben, können Sie das auch selbst erledigen.

Drucken Sie zuerst eine Probebroschüre, um den Ablauf zu testen. Dann können Sie stapelweise richtige Broschüren drucken.

Um eine Probebroschüre zu drucken, folgen Sie diesen Schritten:

1. Machen Sie den Drucker betriebsbereit.

2. Wählen Sie aus dem Menü DATEI | DRUCKEN.

3. Wählen Sie die Option UNGERADE SEITEN aus der Liste DRUCKAUSWAHL.

Sie finden diese Liste unten links im Dialogfenster DRUCKEN. Damit drucken Sie die Vorderseite der Broschüre zuerst – die ungeraden Seiten.

4. Klicken Sie auf OK.

Die ungeraden Seiten Ihrer Broschüre werden gedruckt. Falls Sie eine einseitige Broschüre drucken, kommt nur eine Seite aus dem Drucker. Anderenfalls bekommen Sie nur die Seiten 1, 3, 5 und so weiter.

Nun der schwierige Teil:

Sammeln Sie die Seiten zusammen und legen Sie sie andersherum zurück in das Papierfach des Druckers. Sie wollen die Rückseiten bedrucken. Dazu müssen Sie vielleicht einige Dinge berücksichtigen. Sie müssen aufpassen, dass die ungeraden Seiten in der richtigen Ausrichtung in das Papierfach gelegt werden, so dass die geraden Seiten nicht verkehrt herum gedruckt werden. Lassen Sie sich nicht davon entmutigen, wenn Sie dazu mehrere Anläufe benötigen. (Und fühlen Sie sich nicht diskriminiert, wenn irgendein Schlaumeier »oben« auf eine Stelle des Papierfachs schreibt.)

Nachdem Sie das Papier wieder eingelegt haben, folgen Sie diesen Schritten, um die geraden Seiten zu drucken:

1. **Wählen Sie** DATEI | DRUCKEN **aus dem Menü.**

2. **Wählen Sie die Option** GERADE SEITEN **aus der Liste bei** DRUCKAUSWAHL.

3. **Klicken Sie auf** OK.

Prüfen Sie das Ergebnis. Wenn Sie es noch einmal versuchen müssen, lassen Sie sich davon nicht abhalten.

Ein anderes Rätsel, auf das Sie vielleicht stoßen werden: Die Broschüre lässt sich nicht in der von Ihnen gewünschten Weise falten. Macht nichts! Über das SPALTEN-Dialogfenster können Sie die Abmessungen der Spalten anpassen. Oder stellen Sie über das Dialogfenster SEITE EINRICHTEN/SEITENRÄNDER die Seitenränder anders ein.

Wenn alles für die Massenproduktion vorbereitet ist, wiederholen Sie einfach die Schritte von oben, geben aber im DRUCKEN-Dialogfenster im Feld ANZAHL 50 ein. So werden Sie dann 50 Kopien der Broschüre drucken, jedes Mal die Vorder- und Rückseite. (Übertreiben Sie es aber nicht, sonst haben Sie irgendwann kein Papier mehr.)

Selbst gemachte Grußkarten

Grußkarten sind einfach eine Variation des Broschüren-Beispiels, das in den Abschnitten zuvor behandelt wurde – mit einer speziellen Ausnahme.

Um Word so einzustellen, dass es auf Basis eines Standardpapierformats eine Grußkarte gestaltet, folgen Sie diesen Schritten:

1. **Wählen Sie** DATEI | SEITE **einrichten.**

2. **Klicken Sie auf das Register** SEITENRÄNDER.

3. **Wählen Sie die Option** QUERFORMAT **aus dem Bereich** ORIENTIERUNG.

4. **Wählen Sie 2** SEITEN PRO BLATT **aus dem** SEITEN-**Einstellungsbereich.**

   Diese Option stellt Word so ein, dass es jede Seite in der Mitte vertikal teilt und – aha, Sie haben es schon erraten – eine Grußkarte erstellt.

5. **Klicken Sie auf** OK.

Nun ist Ihr Dokument richtig formatiert. Sie brauchen bloß noch die Grußkarte mit Text und vielleicht ein paar Bildern zu füllen. Dabei müssen aber auf Folgendes aufpassen!

Die Grußkarte muss vier Seiten lang sein: zwei Seiten für die Innenseite, zwei Seiten für die Außenseite. (Nur ein Papierbogen wird dafür benötigt, 2 »Seiten« pro Bogen.) Und so teilen sich die Seiten auf:

✔ Seite 1 ist die innere linke Seite. Normalerweise bleibt diese leer. Also können Sie in Ihrem Dokument ⎡Strg⎤+⎡Enter⎤ drücken, um einen harten Seitenumbruch zu erzeugen und die Seite leer zu lassen.

✔ Seite 2 ist die innere rechte Seite. Dorthin platzieren Sie Ihre Nachricht – und vielleicht eine Grafik.

✔ Seite 3 ist die äußere Rückseite. Sie kann leer bleiben oder Sie können einen kleinen Text am unteren Blattrand dort hinterlassen, um mit Ihren Textverarbeitungskenntnissen anzugeben, oder dass die Karte € 3,95 kosten würde, wenn Sie sie bei Macpaper gekauft hätten.

✔ Seite 4 ist schließlich das Cover der Grußkarte. Füllen Sie sie mit Grafik oder blumigem Text.

Haben Sie's? Falls nicht, glauben Sie mir, es funktioniert alles.

Füllen Sie Ihre Grußkarte entsprechend aus.

Um die Grußkarte zu drucken, müssen Sie planvoll vorgehen. Folgen Sie diesen Schritten:

1. **Wählen Sie DATEI | DRUCKEN.**

2. **Geben Sie 1-2 in das Feld SEITEN ein.**

   Beim ersten Mal wollen Sie nur die Seiten 1 bis 2 drucken.

3. **Klicken Sie auf OK.**

   Nehmen Sie die Seite aus dem Drucker und legen Sie sie wieder zurück. Stellen Sie sicher, dass sich das Papier nun andersherum im Drucker befindet, und zwar so, dass beim nächsten Druck die Rückseite in der richtigen Ausrichtung bedruckt wird. (Darauf müssen Sie vielleicht ein paar Versuche verwenden; haben Sie Geduld.)

Nun drucken Sie die Rückseite:

1. **Wählen Sie DATEI | DRUCKEN.**

2. **Geben Sie 3-4 in das Feld SEITEN ein.**

   Dieses Mal wollen Sie nur die Seiten 3 und 4 drucken.

3. **Klicken Sie auf OK.**

Wenn alles gut geht, sollten Sie in der Lage sein, das Papier in der Mitte zu falten, und – voilà! – Sie haben eine Grußkarte.

 Wenn Sie sich gründlicher in die Grußkartenmaterie einarbeiten wollen, denken Sie über die Verwendung von Abschnittswechseln statt harten Seitenumbrüchen nach, die Sie mit [Strg]+[Enter] einfügen, um die Grußkarte zu unterteilen.

 Seien Sie vorsichtig bei schickem, dickem Papier. Das macht bei den meisten Laserdruckern Schwierigkeiten. (Falls Ihr Laserdrucker einen Einzelpapiereinzug hat und hinten einen Ausgabeschacht, dann kann das Bedrucken des dicken Papiers funktionieren.) Grußkartenpapier ist ebenso schwer durch einen Tintenstrahldrucker zu jagen.

Ein paar Etiketten

In diesem Kapitel
- Etiketten verstehen
- Einen Etikettenbogen drucken
- Einen Etikettenbogen mit einem Bild drucken

*E*ine der esoterischsten Pflichten von Word ist das Drucken von Etiketten. Nun, das ist nicht zu weit entfernt von der Welt der Textverarbeitung. Zum ersten Mal druckte ich in den dunklen Zeiten der Textverarbeitung meine Absenderetiketten mit WordPerfect 4.0. Anders jedenfalls als WordPerfect 4.0 hat Word einen eigenen Etiketten-Befehl und viele tolle Etiketten-Optionen. Dieses Kapitel erklärt Ihnen, wie Sie damit umgehen.

Alles über Etiketten

Weil meine Handschrift so verdammt schlecht ist, drucke ich die Etiketten mit meiner Absender-Adresse und klebe sie auf meine Rechnungen und so weiter. Damit tue ich den überarbeiteten Männern und Frauen bei der Deutschen Post einen Gefallen. Natürlich können Etiketten auch zum Adressieren von Umschlägen verwendet werden.

Wenn Sie wissen wollen, welche Arten von Etiketten es gibt, schauen Sie im nächsten Schreibwarenladen oder Kaufhaus nach. Sie können alle möglichen Arten kreativer Etiketten dort finden, von den kindlichen »Dieses Buch gehört« bis zu CD-Labels.

Achten Sie beim Kauf von Etiketten darauf, dass Sie zu Ihrem Drucker kompatibel sind. Laserdrucker benötigten spezielle Laser-taugliche Etiketten. Einige Tintenstrahler verlangen nach qualitativ hochwertigen Etiketten, damit der Ausdruck nicht verschmiert. Nadeldrucker benötigen Etiketten mit einem Lochrand.

Durchsichtige Etiketten sind ebenfalls erhältlich; wenn Sie aber einen Laserdrucker haben, müssen Sie aufpassen. Transparente Etiketten müssen speziell für Laserdrucker ausgewiesen sein, sonst könnte die Hitze im Laserdrucker die Etiketten zum Schmelzen bringen, und dann haben Sie ein ernstes Problem.

Word hat alle Etikettenhersteller im Programm. Falls der Hersteller nicht zu exotisch ist, bietet Word die entsprechenden Etikettenabmessungen schon an.

Einen Bogen identischer Etiketten drucken

Hier sind die Anleitungen zum Drucken eines vollständigen Etikettenbogens in Word, zum Beispiel Absender-Etiketten mit Ihrem Namen und Ihrer Adresse:

1. **Wählen Sie EXTRAS | BRIEFE UND SENDUNGEN | UMSCHLÄGE UND ETIKETTEN.**

2. **Klicken Sie auf das Register ETIKETTEN.**

   Das Dialogfenster auf dem Bildschirm sollte ungefähr dem in Abbildung 32.1 entsprechen.

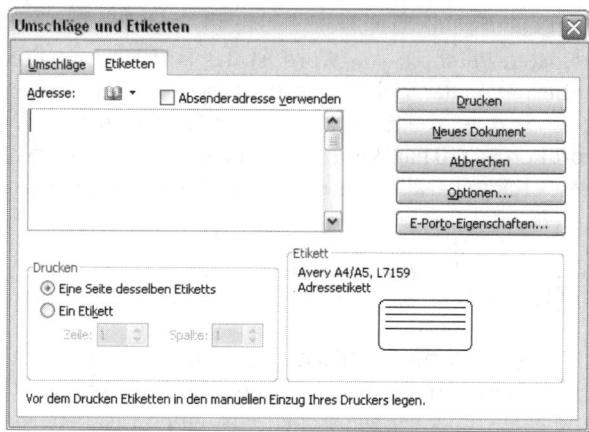

Abbildung 32.1: Das Register ETIKETTEN des Dialogfensters UMSCHLÄGE UND ETIKETTEN

3. **Wählen Sie den Etikettentyp, auf dem Sie drucken wollen.**

   Überprüfen Sie, ob die Artikelnummer in der unteren rechten Ecke des Dialogfensters mit der Ihrer Etiketten übereinstimmt.

   Falls dies nicht der Fall ist, klicken Sie auf die Schaltfläche OPTIONEN, um das Dialogfenster ETIKETTEN EINRICHTEN aufzurufen. Klicken Sie auf den Pfeil neben dem Listenfeld ETIKETTENMARKE und suchen Sie den benötigten Hersteller aus. In der Liste BESTELLNUMMER wählen Sie die richtige Artikelnummer mit Mausklick. Klicken Sie auf OK.

4. **Schreiben Sie den Text, den Sie auf den Etiketten ausdrucken wollen, in das Eingabefeld ADRESSE.**

   Denken Sie daran, dass Sie nur so und so viele Zeilen zur Verfügung haben und dass jedes Etikett auch nur so und so breit ist.

   Drücken Sie nach jeder Zeile Enter.

   Sie können jetzt einige einfache Formatierungen vornehmen: fette Buchstaben, kursive, unterstrichene. Wenn Sie mit der rechten Maustaste in das Adress-Fenster klicken, können Sie Zeichen oder Absatz aus dem Menü wählen.

5. Klicken Sie auf die Schaltfläche NEUES DOKUMENT.

Ha! Ich wette, Sie dachten, Sie müssten auf die Schaltfläche DRUCKEN klicken. Keineswegs! Die Etiketten sind normalerweise hässlicher, als Sie sich das vorstellen, und Sie wollen vielleicht eine Möglichkeit ergreifen, sie ein wenig vor dem Druck aufzupeppen.

Die Etiketten erscheinen als Tabelle formatiert in Ihrem Word-Dokument. Von diesem Punkt an können Sie mit den Etiketten in Ihrem Dokument so umgehen, als würden Sie eine Tabelle bearbeiten. (Schlagen Sie in Kapitel 20 die Ausführungen über Tabellen nach.)

Passen Sie auf, dass Sie die Spalten und Zeilen der Tabelle nicht verschieben. Alles ist hier passend formatiert. Falls Sie etwas verändern, kann es passieren, dass Ihre Etiketten nicht mehr richtig bedruckt werden.

6. Formatieren Sie den Etikettentext (wenn Sie wollen).

Drücken Sie [Strg]+[A], um das gesamte Dokument zu markieren (es umfasst nur eine Seite). Ändern Sie dann die Schrift in etwas Ansprechenderes. Schlagen Sie in Kapitel 11 die Details zur Schriftformatierung nach.

Spielen Sie nicht mit Rändern oder Absatzformatierungen. Diese sind sorgfältig mit den von Ihnen gewählten Etikettenmaßen abgestimmt.

Sie können die Etiketten bearbeiten. Sicher, sie sehen alle gleich aus, aber Sie können in den Zellen nach Belieben ein paar Namen und weitere Angaben ändern.

7. Drucken Sie das Dokument.

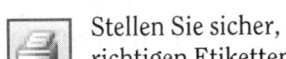

Stellen Sie sicher, dass Ihr Drucker eingeschaltet und betriebsbereit ist. Legen Sie die richtigen Etikettenbogen in den Drucker, und zwar richtig herum – Sie wissen schon. Dann drucken Sie Ihr Dokument, wie Sie das normalerweise auch tun. Klicken Sie auf die Schaltfläche DRUCKEN, und die Etiketten winden sich schon bald aus Ihrem Drucker und warten darauf, abgerissen und aufgeklebt zu werden.

Sie müssen das Dokument nicht speichern, außer Sie mögen die Etiketten und wollen sie behalten. Drücken Sie [Strg]+[W], um das Dokument zu schließen, und klicken Sie auf NEIN, wenn Sie die Etiketten nicht speichern wollen.

Es ist auch möglich, Etiketten aus einer Datenbank mit Hilfe von Words Serienbrief-Funktion zu schreiben. Aber dieser komplexe und komplizierte Prozess befindet sich nun wirklich in dem Bereich »Word für Fortgeschrittene«. Es funktioniert am besten, wenn Sie eine Datenbank eingerichtet haben oder Microsoft Outlook benutzen, um eine Kontakte-Liste zu verwalten. Aber selbst, wenn Sie diese ganze Arbeit erledigt haben, bleibt immer noch eine ganze Menge an Formatierung und anderen Fallstricken, in denen Sie sich verheddern können, so dass dieser Vorgang mehr unter Schwerstarbeit als unter Trick einzustufen ist.

Etiketten mit Grafiken drucken

Es ist möglich, eine Grafik auf das Etikett zu drucken, aber um das zu machen, müssen Sie Word täuschen und ihm vorgaukeln, dass es einen Seriendruck anfertigen soll. Folgen Sie diesen betrügerischen Schritten:

1. **Öffnen Sie ein neues leeres Dokument in Word.**

2. **Wählen Sie ANSICHT | SYMBOLLEISTEN | SERIENDRUCK.**

3. **Klicken Sie auf HAUPTDOKUMENTTYP.**

4. **Wählen Sie die Option ETIKETTEN aus dem Dialogfeld HAUPTDOKUMENTTYP.**

5. **Klicken Sie auf OK.**

   Das Dialogfenster ETIKETTEN erscheint.

6. **Markieren Sie anhand der Produktnummer den Typ von Etikett, den Sie Drucken wollen.**

   Es gibt einen riesige Menge verschiedener Etikettentypen von Adressetiketten über Diskettenetiketten bis zu CD-Etiketten. Achten Sie bitte auf die Produktnummer auf der Packung, mit deren Hilfe Sie Ihre Etiketten identifizieren können.

7. **Klicken Sie OK.**

   Das Dokument wird jetzt in Zellen aufgeteilt – eigentlich eine große Tabelle. Das funktioniert genau so wie der Befehl ETIKETTEN, den ich Ihnen im vorigen Abschnitt erklärt habe. Durch den Missbrauch der Seriendruckfunktion ist es allerdings leichter, grafische Elemente auf den Etiketten zu replizieren.

8. **Wählen Sie EINFÜGEN | GRAFIK | AUS DATEI.**

9. **Suchen Sie mit dem EINFÜGEN-Fenster nach der Datei, die Sie in das Etikett einfügen wollen.**

10. **Markieren Sie die Bilddatei und klicken Sie auf den EINFÜGEN-Knopf.**

    Glücklicherweise ist Word dabei so klug, dass es das Bild automatisch auf die passende Größe schrumpft. Trotzdem könnte es sein, dass Sie das Bild noch verkleinern wollen:

11. **Klicken Sie einmal auf das Bild, um es zu markieren.**

    Dem Bild wachsen jetzt acht Henkelchen, die Sie mit der Maus zum Verkleinern greifen können.

12. **Schnappen Sie sich den unteren rechten Henkel und ziehen Sie ihn nach links oben, um das Bild einen Hauch zu verkleinern.**

    Nun sollten Sie noch einige Formatierungen hinzufügen:

13. **Doppelklicken Sie auf das Bild.**

Das Dialogfenster GRAFIK FORMATIEREN erscheint.

14. **Klicken Sie auf das Register LAYOUT.**

15. **Wählen Sie die Option RECHTECK.**

16. **Klicken Sie auf OK.**

17. **Positionieren Sie das Bild auf dem Etikett mit Hilfe Ihrer Maus.**

Jetzt können Sie noch mal die Bildgröße mit Hilfe der Henkel verändern oder das Bild mit dem grünen Henkel drehen.

Zeit, sich um den Text zu kümmern:

18. **Klicken Sie mit der Maus außerhalb des Bildes, irgendwo in die Zelle.**

19. **Tippen Sie den Text, der auf jedem Etikett erscheinen soll.**

Wenn eine purpurne gepunktete Linie erscheint: Das ist Words SMART TAGS-Funktion, die in diesem Buch nicht behandelt werden, weil sie nicht funktionieren.

20. **Klicken Sie den ETIKETTEN ÜBERTRAGEN-Knopf auf der Seriendruckleiste.**

 Ihr Etikettenentwurf wird jetzt auf alle anderen Zellen übertragen, Grafiken, Text und so weiter, genau wie in Abbildung 32.2 gezeigt.

Als einziges Problem verbleibt, den lästigen Eintrag »NÄCHSTER DATENSATZ« loszuwerden, der von der Seriendruckfunktion eingetragen wurde, den Sie aber nicht brauchen. Weg damit!

21. **Markieren Sie vorsichtig »NÄCHSTER DATENSATZ«, mitsamt der Anführungszeichen links und rechts.**

22. **Drücken Sie `Strg`+`C`, um den markierten Text zu kopieren.**

23. **Drücken Sie `Strg`+`H`, um das SUCHEN UND ERSETZEN-Dialogfenster aufzurufen.**

Klicken Sie das Register ERSETZEN.

24. **Klicken Sie mit der Maus in das SUCHEN NACH Textfeld und drücken Sie dann `Strg`+`V`, um den Text einzufügen.**

Wichtig: Lassen Sie das Textfeld ERSETZEN DURCH frei.

25. **Klicken Sie auf ALLE ERSETZEN.**

Und schwupp! Dieses ärgerlichen »NÄCHSTER DATENSATZ«-Geschwafel verschwindet von den Etiketten.

Nun sind Ihre Etiketten soweit, um abgespeichert und gedruckt zu werden.

✔ Wenn Sie nur einen Bogen mit identischen Etiketten drucken wollen, dann sollten Sie besser den Anweisungen im vorigen Abschnitt »Einen Bogen mit identischen Etiketten drucken« folgen. Die lange Liste von Schritten ist in diesem Abschnitt ist nur nötig, wenn Sie eine Grafik auf das Etikett bringen wollen.

Vergessen Sie um Gottes Willen das Speichern nicht! Es ist viel einfacher, den Bogen zu bearbeiten oder erneut zu drucken, wenn er abgespeichert wurde.

✔ In diesem Buch wird der Seriendruck nicht behandelt. Wenn Sie mehr darüber wissen wollen, wenden Sie sich an meine Webseite, wo ich Zusatzinformation zum Buch habe:

www.wambooli.com/help/word/

✔ Wenn Sie mehr über Bilder und Grafiken in Word wissen wollen, dann schauen Sie bitte in Kapitel 23 nach.

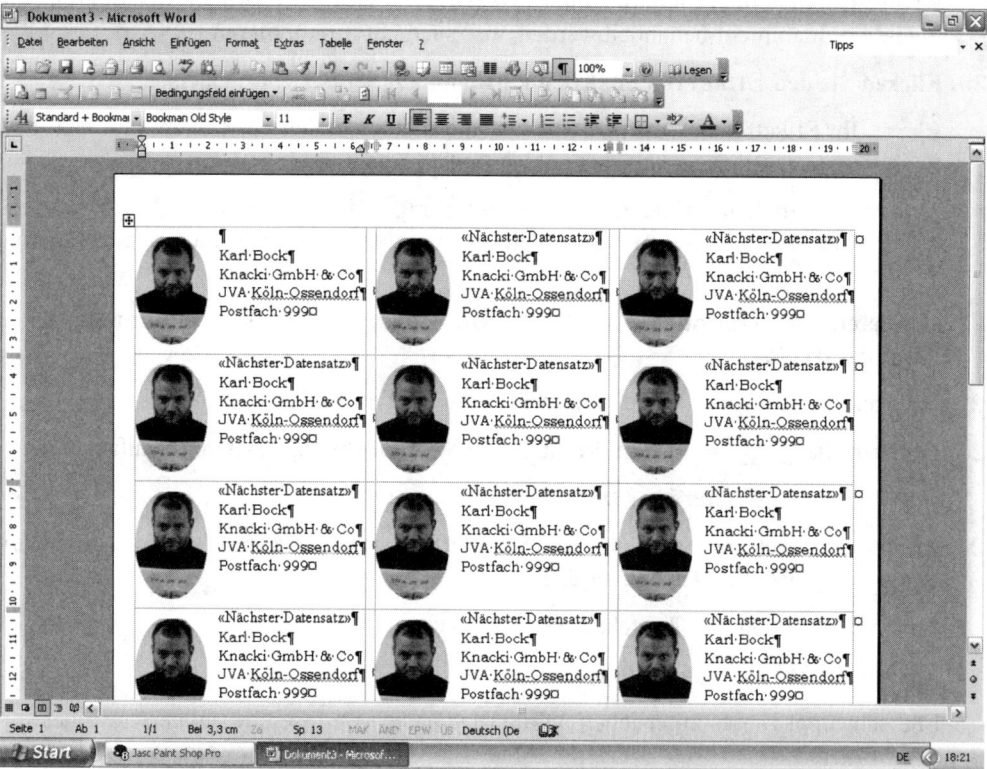

Abbildung 32.2: Ein Bogen identischer Etiketten mit Bild

Teil VI

Der Top-Ten-Teil

In diesem Teil ...

Ich liebe Listen. Alles ist sauber und ordentlich strukturiert, man weiß immer, wo ein neuer Inhalt beginnt und kommt sich wichtig dabei vor. Deswegen dachte ich mir, dass ich zum Schluss noch ein paar Listen in dieses Buch stecke. Es ist der Top-Ten-Teil, in dem ich verschiedene Dinge über Word immer zu zehn Punkten zusammenfasse. Vielleicht sind es nicht die Top Ten, sondern nur einfach zehn. Sachen wie »Zehn grausame Dinge, die man einem Obstverkäufer antwortet, wenn er ‚Papier oder Plastik?‘ fragt« oder »Zehn Sachen, die ich im Ohr meines Sechsjährigen gefunden habe« oder sogar »Zehn Arten in einen Hundehaufen zu treten«. So etwas sorgt dafür, dass die Welt sich dreht.

Die Kapitel in diesem Teil enthalten Listen mit zehn Dingen. Hier finden Sie ein paar Tipps, Kommentare, Vorschläge, Sachen, die Sie vermeiden sollten, und Sachen, die Sie sich merken sollten. Manchmal sind das die Sachen, die einfach in kein anderes Kapitel passten, so wie im Kapitel »Zehn wahrhaft bizarre Dinge«, meistens sind es aber nur gute Ratschläge.

Nicht jedes Kapitel enthält genau zehn Punkte. Manche haben mehr, manche weniger. Aber wenn eine elfte Sache aus dem Ohr des Sechsjährigen kommt – weshalb sollte man sie verschweigen?

Die zehn Word-Gebote

33

In diesem Kapitel

▷ Du sollst nicht einfügen unnötige Leerstellen

▷ Du sollst nicht drücken die Returntaste am Zeilenende

▷ Du sollst nicht vernachlässigen deine Tastatur

▷ Du sollst nicht ausschalten deinen PC, bevor du nicht hast beendet Word und Windows

▷ Du sollst nicht nummerieren deine Seiten per Hand

▷ Du sollst nicht benutzen die Returntaste, um eine neue Seite zu beginnen

▷ Du sollst nicht beenden Word, ohne zu speichern

▷ Du sollst nicht klicken OK spontan

▷ Du sollst nicht vergessen, deinen Drucker einzuschalten

▷ Du sollst daran denken, deine Arbeit zu speichern

M oses war wohl der Erste, der mit einer allgemein bekannten Zehner-Liste daherkam. Aber nicht nur das – es ist die einzige Zehner-Liste, über die mehrere Filme gedreht worden sind. Dieser Film »Die zehn schwärzesten Tage an der Börse« ist eben nicht so beeindruckend wie – nun ja, Charlton Heston, als er das Rote Meer durchfurchte.

Dieses Kapitel behandelt die Zehn Gebote der Textverarbeitung, konkret Word, aber Sie können diese Tipps auch auf andere Textverarbeitungsprogramme anwenden (erzählen Sie es bloß nicht weiter!). Hier sind in einem kleinen praktischen Kapitel die Regeln und Vorschläge zusammengefasst, die ich im ganzen Buch verteilt habe. Die machen viel mehr her als zwei von diesen Tafel-Dingern, die Charlton Heston diesen Pappmaché-Berg runterschleppen musste.

Du sollst nicht einfügen unnötige Leerstellen

Ganz allgemein gesagt: Sie sollten niemals mehr als eine Leerstelle in Ihrem Word-Dokument finden. Immer, wenn Sie mehr als eine Leerstelle nebeneinander in Ihrem Dokument haben, sollten Sie möglicherweise die Tabulatortaste verwenden. Benutzen Sie die Leertaste, um Wörter voneinander abzutrennen und um einen Satz zu beenden. Wenn Sie Daten in Spalten ausrichten, benutzen Sie die Tabulatortaste. Wenn Sie Informationen in Zeilen und Spalten anordnen möchten, benutzen Sie die Tabellenfunktion (siehe Kapitel 20).

Und hier noch eine dringende Bitte an alle Tipplehrer: Bitte hören Sie endlich auf, diese geheimnisvolle Tradition der zwei Leerstellen am Ende eines Satzes zu predigen. Bei einem Textverarbeitungsprogramm ist das alles unnötig. Ich bezweifle, dass einer Ihrer Schüler in Zukunft noch irgendwann einmal mit einer Schreibmaschine schreiben muss.

Du sollst nicht drücken die Returntaste am Zeilenende

Word schiebt automatisch am rechten Seitenrand den Text in die nächste Zeile. Es gibt keinen Grund, `Enter` zu bemühen, außer wenn Sie einen neuen Absatz beginnen möchten. (Natürlich ist es in Ordnung, wenn der Absatz nur eine Zeile lang ist.)

Wenn Sie keinen neuen Absatz beginnen wollen, aber eine neue Zeile benötigen, dann drücken Sie `Shift`+`Enter`, den »weichen« Zeilenumbruch.

Du sollst nicht vernachlässigen deine Tastatur

Word ist Windows, und Windows ist mausfixiert. Sie können eine Menge mit der Maus anstellen, aber einige Dinge funktionieren schneller mit der Tastatur. Wenn ich beispielsweise an mehreren Dokumenten gleichzeitig arbeite, schalte ich mit der Tastenkombination `Alt`+`Tab` zwischen ihnen hin und her. Und schnell mal `Strg`+`S` zum Speichern oder `Strg`+`P` zum Drucken zu drücken, geht besser, als mit der Maus herumzufummeln. Sie müssen diese ganzen Tastenbefehle nicht lernen, aber wenigstens die paar zu kennen, die in diesem Buch vorkommen, hilft schon weiter.

Du sollst nicht ausschalten deinen PC, bevor du nicht hast beendet Word und Windows

Verlassen Sie Word immer ordnungsgemäß und besonders auch Windows. Schalten Sie Ihren PC erst aus, wenn Sie dieses »Es ist jetzt ganz o.k., den PC auszuschalten« auf dem Bildschirm sehen – niemals jedoch, wenn Word läuft oder Windows noch aktiv ist. So erhöre mich doch, folge diesem Gebot, sonst kommt großer Ärger über dich, wahrhaftig, jo!

Du sollst nicht nummerieren deine Seiten per Hand

Word bietet einen Befehl zur automatischen Seitennummerierung. Schlagen Sie im Kapitel 14 im Abschnitt »Wohin mit der Seitenzahl?« nach.

Du sollst nicht benutzen die Returntaste, um eine neue Seite zu beginnen

Sicher, es funktioniert: Klicken Sie mit leerem Blick ein paar Mal `Enter`, und Sie sind auf einer neuen Seite. Aber das ist nicht der richtige Weg, und Sie werfen wieder alles durcheinander, wenn Sie zu früheren Seiten zurückkehren und dort den Text erneut bearbeiten. Das Drücken von `Strg`+`Enter` geht außerdem schneller. Diese Aktion fügt einen harten Seitenumbruch in Ihr Dokument ein.

Schlagen Sie in Kapitel 14 im Abschnitt »Der harte Seitenumbruch« nach, um mehr darüber zu erfahren.

Du sollst nicht beenden Word, ohne zu speichern

Speichern Sie Ihr Dokument, bevor Sie es schließen. `Shift`+`F12` ist die Tastenkombination, an die Sie sich erinnern sollten. Oder `Strg`+`S` – an die Sie sich nicht explizit erinnern müssen, weil sie doch so selbsterklärend ist. Falls doch nur alles im Leben – nein, vergessen Sie das Leben: Falls doch nur alles in Word so selbsterklärend wäre.

Du sollst nicht klicken OK spontan

Word hat viele Ja/Nein/OK-Fragen. Falls Sie auf OK klicken, ohne darüber nachzudenken (oder versehentlich (Return) drücken), können Sie Text löschen, Dateien löschen, eine Ersetzen-Aktion durchführen, ohne es zu wollen … Lesen Sie immer die Frage, bevor Sie auf OK klicken.

Einige Dialogfenster haben eine SCHLIESSEN-Schaltfläche anstatt einer OK-Schaltfläche. Diese Schaltflächen werden üblicherweise verwendet, wenn Sie eine Auswahl oder Einstellung treffen können, aber nicht mit dem Befehl fortfahren wollen. Sie können beispielsweise den Drucker im DRUCKEN-Dialogfenster wechseln und dann auf die SCHLIESSEN-Schaltfläche klicken, ohne zu drucken.

Und vergessen Sie die praktische Rückgängig-Tastenkombination nicht: `Strg`+`Z`!

Du sollst nicht vergessen, deinen Drucker einzuschalten

Das größte bekannte Problem beim Drucken besteht darin, dass man Word sagt, dass es drucken soll, aber der Drucker ist nicht eingeschaltet. Überprüfen Sie, dass der Drucker eingeschaltet, gesund und betriebsbereit ist, bevor Sie Word sagen, dass es nun an der Zeit zum Drucken ist.

 Wiederholen Sie nicht immer und immer wieder den Druckbefehl, wenn ein Dokument nicht aus dem Drucker kommt – versuchen Sie wenigstens, es zu vermeiden. Word versucht es bei jedem Befehl. Und irgendwann und irgendwo kommen dann mal all diese Dokumente aus dem Drucker, wenn Sie nichts dagegen unternehmen.

Du sollst daran denken, deine Arbeit zu speichern

Speichern! Speichern! Speichern! Speichern Sie immer Ihren Kram. Drücken Sie immer, wenn Ihre Gedanken wandern, Ihre Finger auf die Tastenkombination $\boxed{\text{Strg}}$+$\boxed{\text{S}}$. Ehre gebühre deinen Dokumenten. Mögest du deine Arbeit speichern!

Zehn wahrhaft bizarre Dinge

34

In diesem Kapitel

▶ Nicht trennende Trennzeichen und Leerstellen

▶ Die Dokumentstruktur

▶ Der Silbentrennungsbefehl

▶ Word rechnet

▶ Makros

▶ Die beschränkte Querverweisfunktion

▶ Suchen *de luxe*

▶ Fertig zum Diktat

▶ Die verrückten »Smarttags«

▶ Die digitale Unterschrift

A lles in diesem Programm ist bizarr, aber einige Sachen sind noch bizarrer als andere. Im Folgenden ist in loser Reihenfolge aufgelistet, was ich für die zehn bizarrsten Dinge halte. Lesen Sie weiter. Wenn Sie sich trauen.

Die Unzertrennlichen

Die beiden merkwürdigen Tasten auf Ihrer Tastatur sind die Leertaste und der Trennstrich. Sie sind merkwürdig, weil Word sie benutzt, um Textzeilen zu trennen: Die Leertaste umbricht eine Zeile zwischen zwei Wörtern, und der Bindestrich trennt eine Zeile zwischen zwei Wortteilen.

Es gibt Zeiten, in denen Sie nicht wollen, dass eine Zeile an einer bestimmten Leerstelle oder einem Bindestrich umbrochen wird. Zum Beispiel ist das Umbrechen einer Telefonnummer nicht gut – Sie wollen die Telefonnummer immer in einer Zeile. Und Leerstellen können einem auch auf die Nerven gehen. Stellen Sie sich beispielsweise vor, Sie arbeiten für die Firma Bandini, Lambert und Locke, und – herrje – Locke kann es nicht ausstehen, allein in einer Zeile zu stehen. Also fügen Sie feste, nicht zu umbrechende Leerstellen zwischen den Namen ein, um so sicherzustellen, dass sie immer beieinander bleiben.

Um eine Leerstelle davon abzuhalten, einen Zeilenumbruch zu erlauben, drücken Sie Strg + Shift + Leertaste anstatt nur die Leertaste. Das fügt eine feste Leerstelle zwischen zwei Wörtern ein.

Um einen Bindestrich davon abzuhalten, ein Wort am Zeilenende zu trennen, drücken Sie die Tastenkombination [Strg]+[Shift]+[-] (Bindestrich), anstatt nur den Bindestrich zu verwenden. Tippen Sie also die ersten drei Ziffern der Nummer, drücken Sie dann [Strg]+[Shift]+[-] und die Telefonnummer verteilt sich nicht mehr über zwei Zeilen.

Die Dokumentstruktur

Ich nehme an, dass es diese Funktion gibt, damit Sie sich einen Gesamtüberblick verschaffen können, besonders, wenn Sie Words Überschriften-Formatvorlagen benutzt haben. Wählen Sie ANSICHT | DOKUMENTSTRUKTUR, und es öffnet sich eine Leiste an einer Seite Ihres Dokuments, die eine kurze Zusammenfassung auflistet.

Diese Funktion kann sehr nützlich sein. Da ich die Überschriften-Formatvorlagen benutze, kann ich mit der DOKUMENTSTRUKTUR schnell überprüfen, wie mein Dokument strukturiert ist – wie mit einer Mini-Gliederungsansicht. Es ist eben eine bizarre Funktion, deshalb befindet sie sich ja auch in diesem Kapitel.

Wählen Sie ANSICHT | DOKUMENTSTRUKTUR ein zweites Mal, um die Ansicht wieder zu schließen.

Silbentrennung

Die Silbentrennung ist eine automatische Funktion, die lange Wörter am Ende einer Zeile aufteilt, damit der Text besser auf die Seite passt. Die meisten Leute lassen sie weg, weil getrennte Wörter dazu führen, dass sich die Lesegeschwindigkeit reduziert. Wie dem auch sei, wenn Sie einen Text trennen wollen, wählen Sie EXTRAS | SPRACHE | SILBENTRENNUNG aus dem Menü. Langen Sie zur [F1]-Taste, wenn Sie Hilfe benötigen.

Mathematik

Hat es den Word-Leuten jemals gedämmert, dass Deutsch und Mathematik aus einem bestimmten Grund zwei verschiedene Schulfächer sind? Mathematik und Deutsch werden immer als verschiedene Fächer unterrichtet. Wer braucht also eine Rechenfunktion in einer Textverarbeitung? Ich weiß es nicht. Selbst wenn Sie es wüssten, ist es noch einfacher, mit dem Taschenrechner als mit Word zu rechnen.

Ein unheimliches, merkwürdiges Ding, das man unter allen Umständen vermeiden sollte

In den vielen Jahren, in denen ich Word bereits benutze, habe ich einen der nervtötendsten Befehle in der Geschichte der Textverarbeitung entdeckt. Es ist der erschreckende Menübefehl-Entferner, etwas, worüber Sie eines Tages versehentlich stolpern könnten. (Ich hoffe, dass dies nicht der Fall sein wird.)

Falls Sie ⌷Strg⌷+⌷Alt⌷+⌷-⌷ (Bindestrich) in Word drücken, verändert sich der Mauszeiger in einen dicken, waagerechten Balken. Dieser Balken ist der Menübefehl-Entferner-Cursor. Wählen Sie damit einfach irgendeinen Menü-Eintrag und – wupps! – er ist weg, gelöscht, weggezappt, tot. Und es gibt keinen Weg, diesen Menü-Eintrag wiederzubekommen. Tödlich! Unheimlich! Noch nicht einmal Stephen King könnte sich so etwas Bizarres ausdenken.

Falls Sie versehentlich die Tastenkombination ⌷Strg⌷+⌷Alt⌷+⌷-⌷ gedrückt haben, betätigen Sie ganz schnell ⌷ESC⌷ , um den Modus zu beenden. Welcher kranke Verstand hat sich das ausgedacht?

Wenn Sie mit Word rechnen wollen, müssen Sie erst die Daten in eine Tabelle eingeben. Dann markieren Sie die Zeile oder Spalte, die berechnet werden soll. Wählen Sie TABELLE I FORMEL. Word schlägt eine Formelart vor oder Sie können Word sagen, was es mit den Zahlen anstellen soll. Wenn ich noch einmal darüber nachdenke, glaube ich, dass es für den Algebra-Unterricht ganz praktisch wäre. Egal, Word fügt die Antwort dort ein, wo Sie den blinkenden Zahnstocher-Cursor hinterlassen haben.

Makros

Makros liegen hinter dem Horizont dieses Buches.

Querverweise

Der Befehl EINFÜGEN I REFERENZ I QUERVERWEIS ermöglicht Ihnen, so etwas wie »Siehe Kapitel 99, Abschnitt Z« in Ihr Dokument einzugeben. Diese Funktion klappt, weil Sie eine Superpille genommen haben und jetzt über einen IQ verfügen, den man nur in wissenschaftlicher Schreibweise wiedergeben kann. Glücklicherweise haben Sie vielleicht noch die Überschriften-Formatvorlagen benutzt, um Text auszuzeichnen, auf den Sie querverweisen wollen. Das Verwenden der Überschriften-Formatvorlagen gewährleistet, dass der Befehl EINFÜGEN I REFERENZ I QUERVERWEIS funktioniert und so etwas wie »Siehe Kapitel 99, Abschnitt Z« in Ihr Dokument einfügt – komplett mit einem aktualisierten Verweis zu der Seite, sollten Sie Ihr Dokument einmal zur Inspektion schicken.

Die Freuden der Recherche

Besser als die Rechtschreibprüfung und der Thesaurus, sogar besser als Words Fähigkeit, Text in eine fremde Sprache zu übersetzen (siehe Kapitel 7) ist der Aufgabenbereich Recherche. Es verbindet in Null-Komma-Nichts (vielleicht auch etwas langsamer, wenn Sie sich noch nicht eingewählt haben) mit dem Internet, um dort in Online-Bibliotheken und Suchmaschinen nach dem Begriff zu suchen, den Sie vorher mit $\boxed{\text{Alt}}$ +Klick markiert haben.

Wenn Sie zum Beispiel das Wort Mesopotamien in Ihr Dokument schreiben, drücken Sie mit Links auf die $\boxed{\text{Alt}}$ -Taste und klicken mit rechts die Maus auf »Mesopotamien«. In Null-Komma-Nichts (vielleicht auch etwas langsamer, wenn Sie sich noch nicht eingewählt haben) werden Sie mit dem Internet verbunden und erhalten interessante Informationen über Mesopotamien. Das ist Recherche.

Lies mir von den Lippen, Word

Alle Microsoft Office-Anwendungen bieten die Möglichkeit zu diktieren, das heißt sie nehmen Ihre Sprache auf und schreiben das gesprochen Wort dann hin. Word ist die Heimat dieser Spracherkennungsfunktion, aber leider ist das nicht so himmelhoch toll, wie es sein sollte.

Damit die Spracherkennung in Word funktioniert, braucht Ihr PC ein Mikrophon, am besten ein Headset (weil Sie trotz des ganzen Gequatsches noch immer tippen müssen). Dann braucht es aber immer noch mehrere Stunden, um Word Ihre Aussprache anzugewöhnen. Mehrere Stunden lang – in einigen Teilen des Landes sogar länger – müssen Sie mit Word sprechen und es trainieren, Sie zu verstehen. Je mehr Sie üben, desto besser wird Word Sie verstehen und das Diktat aufnehmen. Ich habe mir sagen lassen, dass die Leute, die sich wirklich mit dieser Funktion auskennen, mindestens 15 Stunden mit Word üben, manchmal sogar länger.

Die Resultate von Words Spracherkennungsmodus sind alles andere als galaktisch gut. Aus diesem Grund wurde die Spracherkennungsfunktion bei der letzten Version des Programms lautstark angepriesen, wird inzwischen aber in der Werbung kaum noch erwähnt.

Mehr Informationen darüber finden Sie auf meiner Seite:

www.wambooli.com/help/word

Smarttags verstehen

Word rätselt, wer in Ihrem Dokument wer ist. Wenn Word glaubt, dass es eine Person entdeckt hat, kringelt es lila Pünktchen unter den Namen. Für Word ist eine Person ein Kontakt. Und die lila Unterstreichung soll zeigen, dass Word ein Smarttag zu diesem Namen hinzugefügt hat.

 Wenn Sie mit der Maus auf ein Smarttag zeigen, erschient das Smarttag-Symbol, wie es am Rand dargestellt ist. Klicken Sie auf dieses Symbol, um das Smarttag-Menü anzuzeigen, das nur dann funktioniert, wenn Sie Microsoft Outlook (nicht Outlook Express) auf Ihrem Computer installiert haben und es so konfiguriert ist, dass es als Ihre Kontakt-Datenbank agieren kann.

Um die Smarttags abzuschalten, wählen Sie EXTRAS | AUTOKORREKTUR-OPTIONEN und klicken auf das SMARTTAGS-Register. Entfernen Sie das Häkchen bei der Option TEXT MIT SMARTTAGS VERSEHEN (Word würde sowieso nur englische Angaben verstehen). Klicken Sie auf OK.

Was zum Teufel ist eine »digitale Unterschrift«?

Word 2003 führt das Konzept der digitalen Unterschrift ein. Eine *digitale Unterschrift* ist eine in weiten Kreisen akzeptierte Methode zu garantieren, dass etwas nicht verändert worden ist, seit der Original-Verfasser dieses Etwas »unterschrieben« hat. Es wird hauptsächlich bei der Makro-Programmierung eingesetzt (die dieses Buch nicht abdeckt). Wenn Sie ein Makro digital unterschreiben, können Sie damit anderen garantieren, dass es Ihre Original-Fassung ist und dass es nicht ohne Ihre Erlaubnis von anderen geändert oder mit Viren verseucht worden ist. Komisches Zeug!

Zehn coole Tricks

35

In diesem Kapitel

▷ Komische Zeichen einfügen

▷ Brüche darstellen

▷ Hoch- und tiefgestellten Text einfügen

▷ Komische ausländische Schriftzeichen erstellen

▷ Bockspringen mit Absätzen spielen

▷ AutoZusammenfassen

▷ Alles markieren

▷ Datum und Uhrzeit

▷ Sachen sortieren

▷ Automatisch speichern

*W*as ein cooler Trick ist oder nicht, kann nur ganz subjektiv entschieden werden. Ich bin sicher, dass Anwender, die früher ihre Seiten manuell nummeriert haben, denken, dass die automatische Seitennummerierung in Word ein cooler Trick ist. Ich finde die AutoKorrektur cool. Ich bin sicher, dass einige Leute, die nur das Zweifingersuchsystem beherrschen, die Rechtschreibprüfung während der Eingabe ganz klasse finden. Wenn sich nun die Jungs und Mädels in den Word-Werkstätten vielleicht noch etwas einfallen lassen können, dass etwas laut Ausgesprochenes wieder rückgängig macht, dann wären wir wirklich alle gesegnet.

Dieses Kapitel erklärt ein paar schöne Word-Tricks – zum größten Teil obskures Zeug, das ich vielleicht im übrigen Buch nicht erwähnt habe. Einige sind einfach und geradeaus; an einigen kaut der menschliche Geist ein wenig länger herum.

Coole Zeichen

Sie können mit dem Befehl EINFÜGEN | SYMBOL merkwürdige und hübsche Zeichen in Ihr Dokument aufnehmen. Einige Windows-Schriften enthalten zum Teil interessante Zeichen. Die Schrift Symbol bietet beispielsweise eine Menge; die Schrift Wingdings enthält ebenfalls eine Menge Sonderzeichen; sogar die Normalschrift Times New Roman enthält ein paar coole Zeichen.

Sie können diese auffälligen Zeichen ganz einfach einfügen.

1. **Wählen Sie Einfügen | Symbol.**

   Das aufregende Symbol -Dialogfenster erscheint, wie in Abbildung 35.1 gezeigt.

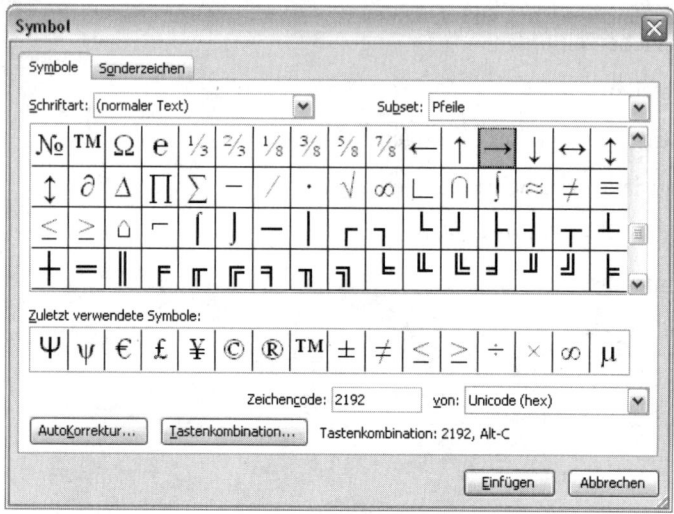

Abbildung 35.1: Das Dialogfenster Symbol

2. **Wählen Sie eine Schriftart aus.**

   Einige Schriftarten sind zum Spaßhaben erschaffen worden, so wie Symbol, Webdings und Wingdings. Wählen Sie sie aus der Liste der Schriftarten aus, und Sie werden ihre unterschiedlichen Zeichen sehen.

   Um einen Ausschnitt aller Arten von coolen Schriftzeichen zu sehen, wählen Sie (Normaler Text) ganz oben in der Schriftart-Liste. Diese Zeichen stehen im Gegensatz zu denen einiger anderer Schriftarten für jeden zur Verfügung, der Windows benutzt. (Es handelt sich nicht um spezielle Schriftarten, die nur auf bestimmten Plattformen laufen.) Darüber hinaus können Sie aus der Subset-Liste wählen, welchen Typ von »normalem« Symbol Sie wollen. In Abbildung 35.1 ist Mathematische Operanden gewählt. Damit wird einfach nur die Liste der coolen Zeichen runtergerollt bis zu den Mathe-Zeichen, so wie die Brüche, die Sie in der Abbildung sehen.

3. **Wählen Sie das Zeichen aus, das Sie einfügen wollen.**

   Das Zeichen wird markiert.

4. **Klicken Sie auf die Schaltfläche Einfügen.**

   Damit wird das Zeichen in Ihr Dokument eingefügt.

5. Klicken Sie auf die Schaltfläche ABBRECHEN, wenn Sie fertig sind.

Einige interessante Symbole, die es wert sind, eventuell eingefügt zu werden: Das Multiplikationssymbol, – etwas besser als ein X, und das Divisions-Symbol – was schöner ist als ein /. Ich benutze gern die Nach-links-, Nach-rechts, Nach-oben- und Nach-unten-Pfeile, wenn ich über, oh, Textverarbeitung schreibe.

✔ Sie müssen für jedes Symbol, das Sie einfügen wollen, einmal auf die EINFÜGEN-Schaltfläche klicken. Wenn Sie drei ∑- (Summen-)Zeichen in Ihr Dokument einfügen wollen, müssen Sie das Symbol suchen und dann dreimal auf die EINFÜGEN-Schaltfläche klicken.

✔ Einigen Symbolen sind bereits Tastenkombinationen zugewiesen. Sie erscheinen unten im SYMBOL-Dialogfenster. So hat zum Beispiel das Euro-Zeichen € [Alt]+[Strg]+[E] (wenn Sie noch eine Tastatur ohne Euro-Zeichen besitzen).

✔ Einige ausländische Zeichen können nicht nur im Symbol-Dialogfenster ausgewählt, sondern auch über bestimmte Tastenkombinationen eingegeben werden. Siehe den Abschnitt »Zeichen wie À und Ð tippen« später in diesem Kapitel.

✔ Einige Zeichen, wie @ oder ©, können über AutoText eingefügt werden. Siehe Kapitel 7.

 Es ist auch möglich, die Symbole über einen Code einzufügen. Zum Beispiel ist der Code für ∑ 8721. Halten Sie [Alt] gedrückt und tippen Sie 8721 auf dem numerischen Teil Ihrer Tastatur ein. Die 8721 wird wie von Zauberkraft in ein ∑ verwandelt.

✔ Achten Sie auch auf die Liste der zuletzt verwendeten Symbole unten in dem Dialogfenster. Sehr nützlich!

Brüche verursachen

Das Dialogfenster SYMBOL enthält mehrere praktische Brüche, die Sie in Ihr Dokument einfügen können (siehe vorigen Abschnitt). Und wenn Sie die AutoKorrektur eingeschaltet haben, konvertiert Word drei Brüche automatisch. Anderenfalls müssen Sie die Brüche mit dem HOCHSTELLEN-Befehl selbst bauen. Hier steht, wie es geht:

1. Drücken [Strg]+[+] (Pluszeichen).

Das ist die Tastenkombination für das Hochstellen von Text.

2. Tippen Sie den Zähler – das ist der obere Teil des Bruches.

Beispielsweise 4 wie in 4/5.

3. Drücken Sie die Tastenkombination [Strg]+[+] erneut, um den Hochstellen-Modus zu verlassen.

4. Tippen Sie den Schrägstrich.

5. **Drücken Sie die Tastenkombination** `Strg`+`#`**, um den folgenden Text tiefer zu stellen.**

6. **Tippen Sie den Nenner, den unteren Teil des Bruches.**

7. **Drücken Sie** `Strg`+`#` **erneut, um den Tiefstellen-Modus zu verlassen.**

Und da ist Ihr Bruch.

Die Symbole zum Hoch- und Tiefstellen in der Symbolleiste

Wenn Sie eine Menge Brüche tippen müssen oder Ihnen einfach hoch- oder tiefgestellter Text gefällt, warum fügen Sie dann nicht die entsprechenden Symbolschaltflächen der FORMAT-Symbolleiste hinzu?

Klicken Sie auf das nach unten weisende Dreieck ganz rechts in der FORMAT-Symbolleiste. Wählen Sie SCHALTFLÄCHEN HINZUFÜGEN ODER ENTFERNEN. Fast ganz unten befinden sich die Befehle zum Hoch- und Tiefstellen. Klicken Sie sie jeweils an und drücken Sie dann die `ESC`-Taste.

Das Symbol zum Hochstellen (X^2) und das zum Tiefstellen (X_2) wurden der Symbolleiste hinzugefügt.

Zeichen wie À und Ð tippen

Word kann alle möglichen Sonderzeichen aus fremden Sprachen darstellen, so genannte diakritische Zeichen. Das sind diese kleinen Kommas unter einigen Buchstaben, Striche über Vokalen oder zusammengeklebte Buchstaben und was weiß ich noch alles. Nun, Sie können Exposee schreiben oder auch Exposé. Es ist einfach, wenn Sie herausgefunden haben, wie Word denkt.

Die meisten Sonderzeichen werden durch vorangestellte Tastenanschläge erstellt, so genannte Präfixe. Sie tippen einfach erst diese Präfix-Taste und dann den entsprechenden Buchstaben, Und, wie gut für Sie, diese Präfix-Tasten machen Sinn.

Präfix-Tasten	Ergebnis
`´` (Akzent)	á, é, í, ó, ú, ý
`Shift`+`´` (Akzent)	à è, ì, ò, ù
`Strg`+`,` (Komma)	ç

Tabelle 35.1: Fremdartige Buchstaben eingeben

Präfix-Tasten	Ergebnis
`Strg` + `Shift` + `:` (Doppelpunkt)	ë, ï
`Strg` + `^` (Zirkumflex)	â, ê, ô, û, î
`Strg` + `Alt` + `Shift` und `^` (Zirkumflex)	Å
`Strg` + `Alt` + `+` (Pluszeichen)	ã, õ, ñ
`Strg` + `Shift` + `/` (Querstrich)	Ø
`Strg` + `Shift` + `#` (Gittertaste)	Đ

Tabelle 35.1: Fremdartige Buchstaben eingeben (Forts.)

Tippen Sie nach dem Präfix den Buchstaben, um den Akzent zu setzen. Um ein È zu erhalten, tippen Sie erst `Shift` und das Akzentzeichen, dann lassen Sie die beiden Tasten los und tippen `Shift` + `E`. Um ein Đ zu erhalten, tippen Sie erst `Strg` + `Shift` und die Gittertaste, lassen die drei Tasten los und drücken `Shift` + `D`.

Beachten Sie, dass es zwei Tasten gibt, die sich sehr ähnlich sehen. Die Akzent-Taste oben rechts neben dem Fragezeichen und dem scharfen S. Und die Häkchen-Taste neben dem Ä. Deshalb habe ich sie als Gittertaste bezeichnet, weil sich auf dieser Taste auch noch dieses berühmte Doppelkreuz befindet.

Wenn dieser Trick nicht funktioniert, funktioniert er eben nicht. Wenn Sie also `Strg` + `Alt` + `Shift` und `^` (Zirkumflex) tippen und das å erscheint nicht, nun dann erscheint es eben nicht. Dann müssen Sie das SYMBOL-Dialogfenster benutzen (früher in diesem Kapitel beschrieben) und schauen, ob Sie dieses besondere Zeichen finden.

Markierte Textabschnitte herumzerren

Hier ist ein komischer Trick: Markieren Sie einen Absatz oder irgendeine Textpassage. Um diesen jeweils um einen Absatz nach oben zu bewegen, benutzen Sie die Tastenkombination `Alt` + `Shift` + `↑`.

Die Tastenkombination `Alt` + `Shift` + `↓` bewegt den markierten Textabschnitte jeweils um einen Absatz nach unten. Interessant, nicht wahr?

Ich glaube, dass Sie diese Tastenkombinationen vielleicht praktisch finden könnten, um Text herumzubewegen, der im Umgang mit der Maus vielleicht etwas schwerfällig ist.

AutoZusammenfassen

In die Kategorie »Wie haben die das nur gemacht?« gehört die Funktion AUTOZUSAMMEN-FASSEN. Diese Funktion lässt Ihren Text wie bereits vollgeschmierte Lehrbücher in der Schule wirken, nachdem es die wichtigsten Passagen in Ihrem Dokument herausgesucht und markiert hat. Ich habe keine Vorstellung davon, wie dies funktioniert, aber es ist ziemlich klasse – für Word-Verhältnisse.

Um Ihr Dokument automatisch zusammenzufassen, wählen Sie EXTRAS | AUTOZUSAMMEN-FASSEN. Verfolgen Sie die Schritte auf dem Bildschirm. Nach ein paar Sekunden erscheint das Dialogfenster AUTOZUSAMMENFASSEN. Klicken Sie auf OK. (Sie können die Optionen im Dialogfenster AUTOZUSAMMENFASSEN ja einmal durchprobieren, wenn Sie wollen; ein Klick auf die OK-Schaltfläche reicht aber für gewöhnlich aus, um das zu erreichen, was Sie mit dieser Funktion wollen.)

Wumm! In Ihrem Dokument sind nun die relevanten Stellen gelb angestrichen. Außerdem ist die Symbolleiste AUTOZUSAMMENFASSEN auf dem Bildschirm aktiv, aus der ich allerdings noch schlau werden muss.

Um in den normalen Bearbeitungsmodus zurückzukehren, klicken Sie auf die SCHLIESSEN-Schaltfläche in der Symbolleiste AUTOZUSAMMENFASSEN. Das Dokument zeigt sich wieder ganz normal.

Nein, mit der AUTOZUSAMMENFASSEN-Funktion können Sie auch kein schönes Wetter machen.

Alles markieren

Manchmal möchten Sie alles auf einen Schlag markieren: von Kopf bis Fuß, vom Anfang bis zum Ende. Einfach das ganze Dokument auswählen: Wenn Sie das wollen, klicken Sie mit der Maus dreimal in den linken Seitenrand. Klick, klick, schwupp. Bitte schön!

Oh, und dann können Sie noch die ⌈Strg⌉-Taste gedrückt halten und die ⌈5⌉ auf der numerischen Tastatur drücken. Zapp-zerrapp! Schon sind Sie da!

Und Sie können fünfmal ⌈F8⌉ drücken (die Taste für den Erweiterungsmodus). Klick, klick, klick, klick, klick. Schon wieder sind Sie da!

Nun ja, und BEARBEITEN | ALLES MARKIEREN tut es auch. Drücken Sie ⌈Strg⌉+⌈A⌉. Schwumm!

Das Datum einfügen

Words Datum-Befehl heißt DATUM UND UHRZEIT und hängt im EINFÜGEN-Menü herum. Ein Klick auf diesen Menüpunkt ruft ein Dialogfenster auf, das jede Menge Datums- und Zeitformate anbietet. Suchen Sie sich eines aus und klicken Sie auf OK, um das aktuelle Datum, die aktuelle Uhrzeit oder beides einzufügen.

Sie können ganz schnell das DATUM-Feld einfügen, indem Sie Alt + Shift + D drücken. Denken Sie daran, dass Sie mit der rechten Maustaste auf das Feld klicken können und mit FELDFUNKTIONEN EIN/AUS zwischen der hässlichen grauen Feld-Ansicht und dem aktuellen Datum hin- und herspringen können.

Sortieren

Sortieren ist einer von Words besseren Tricks. Wenn Sie SORTIEREN erst einmal verstanden haben, suchen Sie nach Möglichkeiten, diese Funktion einzusetzen. Sie können den SORTIEREN-Befehl verwenden, um Text in alphabetischer oder numerischer Abfolge zu arrangieren. Sie können Absätze, Tabellenzeilen, Spalten in Tabellen und Tabellen, die unter Verwendung der Tabulator-Taste erstellt wurden, sortieren.

Speichern Sie immer, bevor Sie sortieren.

Sortieren ist nicht besonders schwer. Zuerst arrangieren Sie den Text, der sortiert werden soll, in verschiedenen Textzeilen, wie zum Beispiel:

```
Ärger
Lust
Eitelkeit
Spaß
Frust
Stolz
```

Word sortiert nach dem ersten Zeichen in jeder Zeile. Markieren Sie alle zu sortierenden Zeilen und wählen Sie TABELLE | SORTIEREN. Es erscheint das Dialogfenster TEXT SORTIEREN. (Ja, der SORTIEREN-Befehl befindet sich im Tabellenmenü, obwohl der Text keine Tabelle sein muss.)

Wenn Sie das brauchen, können Sie ein wenig mit dem Dialogfenster herumspielen, allerdings bringt Word es so voreingestellt auf den Bildschirm, dass der markierte Text in alphabetischer Reihenfolge sortiert wird. Klicken Sie einfach auf OK, um die Aktion zu starten.

Automatisches Speichern

Wenn die Funktion AutoSpeichern aktiv ist, wird Ihr Dokument in regelmäßigen Abständen auf die Festplatte gespeichert. Das ist nicht das Gleiche wie das Drücken von $\boxed{\text{Strg}}$+$\boxed{\text{S}}$. Stattdessen legt Word immer eine heimliche Kopie an. Falls es zu einem Absturz kommt, können Sie Ihre Arbeit mit der Sicherungskopie retten – selbst wenn Sie niemals das Dokument gespeichert haben.

Um das AutoSpeichern einzustellen, wählen Sie Extras | Optionen. Klicken Sie auf das Register Speichern, um es nach vorne zu bringen. Setzen Sie ein Häkchen bei der Option Auto-Wiederherstellen-Info speichern alle .... Minuten. Geben Sie das Speicherungsintervall ein. Ich habe zum Beispiel 10 eingestellt, damit Word mein Dokument alle zehn Minuten speichert. Wenn Ihre Stromversorgung nicht sehr stabil ist, stellen Sie 5, 3, 2 oder sogar nur 1 Minute ein. Drücken Sie $\boxed{\text{Enter}}$, um zu Ihrem Dokument zurückzukehren.

Wenn diese Funktion eingestellt ist, werden Sie zwar im Notfall nicht alles von Ihrem Dokument wiederhergestellt bekommen, aber doch das meiste.

Zehn Dinge, die Sie sich merken sollten

36

In diesem Kapitel

▶ Lassen Sie Word die Arbeit erledigen

▶ Sorgen Sie für die nötigen Vorräte

▶ Schlagen Sie nach

▶ Wie Sie Ihre Dateien organisieren

▶ Denken Sie [Strg]+[Z]

▶ Benutzen Sie [Strg]+[S]

▶ Mit mehreren Dokumentfenstern arbeiten

▶ Verwenden Sie AutoText

▶ Benennen Sie Dateien richtig

▶ Haben Sie Spaß

Es gibt nichts Schöneres, als ein Buch mit ein paar herzerwärmenden, freundlichen Worten zu beenden. Als Word-Benutzer brauchen Sie diese Ermutigung und Motivation. Word kann unbarmherzig sein, ist aber nicht unbedingt bösartig. Dieses Buch soll Ihnen zeigen, dass Sie mit Word eine Menge Spaß haben können und trotzdem Ihre Arbeit erledigt bekommen. Damit das klappt, folgen einige Dinge, die Sie sich merken sollten.

Lassen Sie Word die Arbeit erledigen!

Es gibt so viel, was Word erledigen kann. Trotzdem bestehen einige Sturköpfe darauf, alles auf ihre eigene Art und Weise zu tun, weil sie das schon immer so gemacht haben. Falsch! Sie können fast alles mit einem praktischen Word-Befehl erledigen, und Sie werden sich die Befehle nie merken, wenn Sie Angst haben, sie zu benutzen.

Legen Sie Papier-, Toner- und andere Vorräte an

Wenn Sie Papier kaufen, kaufen Sie eine Kiste. Wenn Sie eine Druckerpatrone kaufen, kaufen Sie drei oder vier. Bevorraten Sie auch bergeweise Stifte, Blöcke, Gummibänder, Büroklammern und was es sonst noch so in Büros gibt.

Um Ihre Arbeit richtig zu sichern (ein Backup erstellen), brauchen Sie Disketten oder Zip-Disketten oder CDs. Auf diese Datenträger können Sie eine Kopie Ihrer Daten speichern, die Sie dann an einem sicheren Ort aufbewahren. (Ich habe meine Zip-Disketten in einem feuersicheren Safe.) Benutzen Sie Word, um Ihre Word-Dokumentdateien auf einen externen Datenträger zu speichern; sehen Sie in »PCs für Dummies« nach (ebenfalls bei mitp erschienen), um zu erfahren, wie es geht.

Benutzen Sie Nachschlagewerke!

Word ist ein Werkzeug zum Schreiben. Sie selbst müssen mit den Grammatikregeln Ihrer Sprache vertraut sein und sie befolgen. Wenn diese Sprache zufällig Deutsch ist, haben Sie einiges vor sich. Word verfügt zwar über elektronische Wörterbücher, ich empfehle Ihnen allerdings, immer Nachschlagewerke zur Hand zu haben. Der Duden ist da eine gute Adresse. Gehen Sie einfach in den Buchladen und stöbern Sie bei den Nachschlagewerken. Ganz billig wird das allerdings nicht.

Organisieren Sie Ihre Dateien!

Speichern Sie Ihre Dokumentdateien auf Ihrer Festplatte in Ordnern. Stecken Sie verwandte Dokumente in dasselbe Unterverzeichnis.

Denken Sie an die Tastenkombination Strg + Z!

Die Tastenkombination [Strg]+[Z] macht Dinge rückgängig. Sie können sie verwenden, um versehentlich gelöschten Text wieder hervorzuholen. Das funktioniert bei einzelnen Buchstaben, bei Sätzen, Absätzen, Seiten und großen Textblöcken.

Speichern Sie Ihr Dokument oft!

Speichern Sie Ihr Dokument, sobald Sie ein paar bedeutungsvolle Worte auf dem Bildschirm sehen. Dann sollten Sie immer wieder regelmäßig speichern. Selbst wenn Sie die Funktion AUTOSPEICHERN benutzen, sollten Sie Ihr Dokument weiterhin manuell speichern: [Strg]+[S].

Nutzen Sie mehrere Fenster

Jedes Dokument erscheint in Word in seinem eigenen Fester auf dem Bildschirm. Sie können leicht Dutzende davon offen haben. Wenn ich ein Buch schreibe, habe ich normalerweise in einem Fenster die Gliederung geöffnet, in einem anderen das Kapitel, an dem ich gerade arbeite, und ein paar andere Kapitel, Referenzen oder Anhänge in weiteren Fenstern. Ich benutze die Schaltflächen in der Symbolleiste oder die ⎡Alt⎤+⎡Tab⎤-Tastenkombination, um zwischen diesen Fenstern hin und her zu wechseln.

Benutzen Sie AutoText für Zeug, das Sie oft tippen!

Wollen Sie Dinge, die Sie immer wieder tippen, schnell einfügen (zum Beispiel Ihren Namen und Ihre Adresse), benutzen Sie einen AutoText-Eintrag. Sie geben den Eintrag einmal ein und definieren ihn im Menü EINFÜGEN als Glossareintrag. Sie können dann die Tastenkombination benutzen, wann immer Sie ihn benötigen. In Kapitel 7 finden Sie mehr zu AutoText.

Verwenden Sie intelligente Dateinamen, an die Sie sich erinnern!

Eine Datei mit dem Namen BRIEF hat schon einen gewissen Aussagewert, aber welchen? Eine Datei namens BRIEF AN MUTTI ist noch aussagekräftiger, aber es fehlen noch ein paar Informationen. Eine Datei BRIEF AN MUTTI, APRIL 23 ist noch besser. Sie können sich auch kurz fassen und es mit 4-23, MUTTI BRIEF probieren. (Oder Sie können sie alle in den Ordner MUTTI werfen.) Sie verstehen schon: Verwenden Sie intelligente und informative Dateinamen!

Nehmen Sie das alles nicht zu ernst!

Eigentlich soll man mit Computern Spaß haben. Zu viele Menschen geraten zu schnell in Panik, wenn sie es mit einem Computer zu tun bekommen. Das sollte Ihnen nicht passieren! Und – bitte, bitte! – installieren Sie Word nicht neu, wenn Sie ein kleineres Problem haben. Für alles, was schief geht, gibt es eine Lösung. Wenn Sie diese Lösung nicht in diesem Buch finden, konsultieren Sie Ihren Guru. Irgendjemand kann Ihnen bestimmt helfen.

Greg Harvey

Excel 2003
für Dummies

*Übersetzung aus dem
Amerikanischen
von Martina Hesse-Hujber
und Sabine Lambrich*

**WILEY-
VCH**

WILEY-VCH Verlag GmbH & Co. KGaA

Cartoons im Überblick

von Rich Tennant

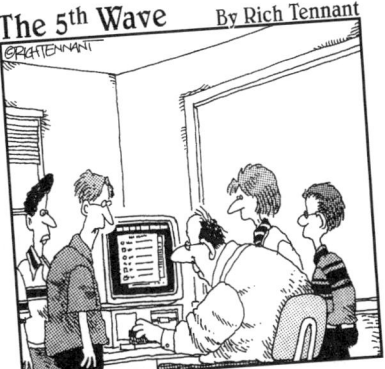

Herr Schwarz, ich glaube, der Mauszeiger bewegt sich nicht, weil Sie Ihre Hand auf dem Tafelschwamm haben ...!

Seite 23

Smartes Diagramm, Frank, aber nicht unbedingt nötig, oder?

Seite 115

Zum Donnerwetter noch einmal! Dieses Gemüseauflaufdiagramm ist genauso verwirrend wie das Sauerbratenchart und das Kürbisdiagramm. Warum kannst du nicht einmal ganz normale Tortendiagramme erstellen wie andere Leute auch?

Seite 219

Nun, anscheinend ist eine Zelle im Navigations-tabellenblatt defekt!

Seite 271

Meine Freundin hat mein Leben in einer Tabelle festgehalten und daraus dieses Diagramm erstellt. Das Einzige, was ich jetzt noch hoffen kann, ist, dass sie ihr Informatikstudium abbricht und stattdessen Sozialarbeit studiert.

Seite 349

Fax: 001-978-546-7747
Internet: www.the5thwave.com
E-Mail: richtennant@the5thwave.com

Inhaltsverzeichnis

Teil II
Ändern nach Lust und Laune 539

Kapitel 3
Ein bisschen Glanz für nüchterne Zahlen 541

Kapitel 4
Wie Sie Änderungen durchführen, ohne ein Chaos zu veranstalten 583

Kapitel 5
Und jetzt alles aufs Papier gebracht 617

Teil IV
Ein Leben nach den Tabellenblättern

695

Einführung

Willkommen zu »Excel 2003 für Dummies«, dem Buch zu Excel 2003 für alle, die sich nicht länger als unbedingt nötig mit Tabellenkalkulation befassen wollen. In diesem Buch finden Sie alle erforderlichen Informationen, um sich bei den Alltagsaufgaben, die »normale« Menschen mit Excel ausführen, über Wasser halten zu können. Der Autor hofft, dass es ihm in diesem Buch gelungen ist, die Dinge einfach darzustellen und Sie nicht mit unnötigen technischen Details zu langweilen, die Sie weder brauchen noch interessieren. So weit dies möglich ist, wird in diesem Buch versucht, nur das Wesentliche zu zeigen und in verständlicher Weise lediglich die Dinge zu beschreiben, die nötig sind, um eine bestimmte Aufgabe mit Excel auszuführen.

»Excel 2003 für Dummies« enthält alle grundlegenden Techniken, die Sie kennen müssen, um eigene Tabellenblätter zu erstellen, zu bearbeiten, zu formatieren und zu drucken. Aber Sie lernen nicht nur, wie man mit einem Tabellenblatt arbeitet, Sie werden auch mit Grundlagenwissen zum Erstellen von Diagrammen, Datenbanken und Webseiten konfrontiert; allerdings beschränke ich mich darauf, Ihnen nur die einfachsten Funktionen zu erklären. Das vorliegende Buch konzentriert sich in erster Linie auf das Arbeiten mit Tabellenblättern, da dies sicherlich der Teil des Programms ist, mit dem Sie am häufigsten zu tun haben werden.

Über dieses Buch

Dieses Buch ist kein Buch, das man von Anfang bis Ende durchliest. Auch wenn die Kapitel in einer logischen Reihenfolge aufeinander aufbauen (in etwa so, als ob Sie Excel in einem Fortbildungsseminar erlernen), so ist doch jedes in einem Kapitel behandelte Thema von den anderen vollkommen unabhängig. (Sie haben es also mit emanzipierten Kapiteln zu tun!)

Zu Beginn eines Themas wird erst einmal die Frage beantwortet, wofür eine bestimmte Funktion überhaupt gut ist. Danach können Sie sich entscheiden, ob Sie lernen möchten, wie Sie diese Funktion einsetzen. Manchmal ist die graue Theorie ja schon mehr als abschreckend. In Excel, wie auch in anderen anspruchsvollen Programmen, gibt es in der Regel mehr als einen Weg, eine bestimmte Aufgabe auszuführen. Um Sie nicht zu sehr zu strapazieren, habe ich absichtlich die Auswahlmöglichkeiten gering gehalten und Ihnen nur den effektivsten Weg zur Ausführung einer Aufgabe aufgezeigt. Später, falls es Sie reizen sollte, können Sie mit den verschiedenen Möglichkeiten experimentieren. Fürs Erste sollten Sie sich lediglich darauf konzentrieren, die Aufgabe wie beschrieben auszuführen.

So weit dies möglich war, habe ich mich bemüht, das Buch so aufzubauen, dass Sie für die Aufgabe, die Sie gerade ausführen, keine Informationen aus vorangegangenen Kapiteln brauchen. Wenn es sich aber manchmal eben doch nicht vermeiden ließ, werden Sie auf einen Querverweis auf einen anderen Abschnitt oder ein anderes Kapitel in diesem Buch stoßen.

Falls Sie Lust haben, machen Sie schnell einen Abstecher in das entsprechende Kapitel. Wenn es Sie jedoch nicht interessiert, ist das auch nicht weiter tragisch. Ignorieren Sie die Querverweise, so als ob sie gar nicht vorhanden wären.

Wie Sie dieses Buch benutzen

Ich habe dieses Buch wie ein Nachschlagewerk aufgebaut, bei dem Sie zuerst entweder im Inhaltsverzeichnis oder im Index das Thema nachschlagen, zu dem Sie Informationen benötigen, und dann direkt im betreffenden Abschnitt nachlesen. Die meisten Themen werden ganz locker erklärt (als ob Sie in der hinteren Reihe eines Klassenzimmers sitzen, wo Sie ungestört vor sich hin dösen können). Manchmal bricht allerdings meine Erinnerung an die Zeit beim Militär wieder hervor und ich liste exakt die Schritte auf, die Sie zur Ausführung einer bestimmten Aufgabe in einem bestimmten Abschnitt benötigen.

Was Sie nicht lesen müssen

Wenn Sie auf einen Abschnitt stoßen, in dem die Schritte für eine bestimmte Aufgabe erklärt werden, haben Sie die Wahl zwischen der Lang- und der Kurzversion. Die, die's eilig haben, lesen nur das fett Gedruckte, die anderen auch das Drumherum.

Wo immer es möglich war, habe ich versucht, Hintergrundwissen oder sonstige Zusatzinformationen von den eigentlichen Fakten zu trennen, indem ich diese Informationen in eigenständige Rubriken gepackt habe. Diese Abschnitte sind meistens mit Symbolen gekennzeichnet, die gleichzeitig Aufschluss über den Inhalt geben. Sie können Text, der so gekennzeichnet ist, (in den meisten Fällen) ruhigen Gewissens überlesen. (Welche Symbole in diesem Buch verwendet werden, erfahren Sie gegen Ende dieses Kapitels.)

Törichte Annahmen über den Leser

Also, ich nehme mal Folgendes an (mal sehen, ob ich richtig liege): Sie haben die Möglichkeit, an einem PC zu arbeiten (zumindest gelegentlich), auf dem Windows XP oder Windows 2000 und Excel 2003 installiert sind. (Auf Ihrer Festplatte ist jetzt kaum noch Platz für irgendetwas anderes.) Ich bin mir allerdings nicht so sicher, ob Sie Excel überhaupt schon mal gestartet, geschweige denn damit gearbeitet haben.

Dieses Buch wendet sich in erster Linie an die, die zum ersten Mal mit Excel 2003 arbeiten. Wenn Sie eine Vorgängerversion von Excel für Windows besitzen (z. B. Excel 2002) und mit einer älteren Windows-Version (z. B. 98 oder Me) arbeiten, dann sollten Sie dieses Buch lieber wieder zurück ins Regal stellen und stattdessen zu »Excel 2002 für Dummies« greifen. Falls Sie mit Excel für den Macintosh arbeiten, sollten Sie dieses Buch auch aus der Hand legen und sich in der Macintosh-Ecke des Buchladens umsehen.

Sollten Sie jedoch mit Excel 2002 arbeiten (weil Sie entweder noch keinen Grund dafür sehen umzusteigen oder zu geizig sind, sich das Update zu kaufen, oder aber, und das ist gar nicht mal so unwahrscheinlich, weil Ihrer Festplatte nach der Installation von Windows XP ganz einfach die Luft bzw. der Platz ausgegangen ist), dann können Sie mit diesem Buch auch etwas über Excel 2002 lernen. Sie sollten nur darauf achten, dass es die Aufgabenbereiche ERSTE SCHRITTE und RECHERCHIEREN sowie die Option NEBENEINANDER VERGLEICHEN MIT in Excel 2002 einfach noch nicht gab. Auch einige Hilfe- und Suchfunktionen weichen etwas von denen in Excel 2002 ab.

Wie dieses Buch aufgebaut ist

Dieses Buch ist in fünf Teile aufgeteilt. (Sie werden also mindestens fünf dieser großartigen Cartoons von Rich Tennant sehen.) Jeder Teil enthält mindestens zwei Kapitel, die mehr oder weniger zusammengehören. Jedes Kapitel ist unterteilt in locker miteinander verknüpfte Abschnitte, die das Grundwissen zu dem entsprechenden Thema vermitteln. Sie sollten sich jedoch nicht zu sehr darauf konzentrieren, dem Aufbau des Buches zu folgen, denn letztendlich ist es vollkommen egal, ob Sie erst lernen, wie man eine Tabelle bearbeitet, und dann, wie man sie formatiert. Oder ob Sie erfahren, wie man eine Tabelle ausdruckt, bevor Sie wissen, wie man sie bearbeitet. Wichtig ist nur, dass Sie diese Information sofort finden, wenn Sie eine bestimmte Aufgabe durchführen wollen – und diese auch verstehen, wenn Sie sie gefunden haben.

Falls es Sie interessiert, hier eine kurze Zusammenfassung der Inhalte der einzelnen Teile:

Teil I: Für den Anfang: Das absolute Minimum

Wie der Name bereits verrät, vermittelt Teil I das erforderliche Grundwissen, wie das Starten des Programms, die Bezeichnung der einzelnen Bildschirmelemente, die Eingabe der Daten in das Tabellenblatt, das Speichern des Dokuments etc. Wenn Sie absolut gar nichts über den Umgang mit Tabellenkalkulationsprogrammen wissen, so werden Sie sicherlich einen Blick in Kapitel 1 werfen wollen, um zu erfahren, zu was Excel überhaupt zu gebrauchen ist, bevor Sie in Kapitel 2 mit dem Erstellen neuer Tabellenblätter weitermachen.

Teil II: Ändern nach Lust und Laune

Teil II vermittelt Ihnen das nötige Grundwissen, um Tabellenblätter gut aussehen zu lassen und so zu bearbeiten, dass das Ganze nicht in einer Katastrophe endet. Lesen Sie in Kapitel 3 weiter, wenn Sie wissen wollen, wie man die eingegebenen Daten im Tabellenblatt anders darstellen kann. Schlagen Sie in Kapitel 4 nach, wenn Sie im Tabellenblatt Daten anders anordnen, löschen oder neu eingeben wollen. In Kapitel 5 finden Sie dann alles Wissenswerte, um Ihr fertiges Produkt zu drucken.

Teil III: Den Daten auf der Spur

In Teil III erfahren Sie, was Sie mit den Daten eines Tabellenblatts alles anstellen können, nachdem Sie sie eingegeben haben. Das Kapitel 6 ist voller guter Ideen, wie Sie Ihre Daten in einem Tabellenblatt fest in den Griff kriegen. Kapitel 7 zeigt Ihnen, wie Sie mit den Daten der verschiedenen Tabellenblätter in einer Arbeitsmappe jonglieren und wie die Daten zwischen den Tabellenblättern der verschiedenen Arbeitsmappen verschoben werden können.

Teil IV: Ein Leben nach den Arbeitsblättern

Teil IV beleuchtet, was Excel außer der Tabellenfunktion noch beherrscht. In Kapitel 8 erfahren Sie, wie ungeheuer einfach es ist, mit den Daten Ihres Tabellenblatts ein Diagramm zu erstellen. Kapitel 9 erklärt, wie nützlich die Excel-Datenbankfunktion sein kann, wenn Sie den Überblick über sehr viele Daten behalten und diese verwalten müssen. In Kapitel 10 steht, wie Sie Hyperlinks erstellen, um in einem Tabellenblatt hin und her zu springen, zu anderen Dokumenten oder zu einer Webseite zu gelangen. Als kleines Highlight erfahren Sie dort auch noch, wie Sie aus Ihren Tabellen statische (Rühr-mich-nicht-an-) bzw. interaktive (Rühr-mich-an-) Webseiten für die Website Ihrer Firma fabrizieren.

Teil V: Der Top-Ten-Teil

Es ist Tradition in diesen ... *für Dummies*-Büchern, dass der letzte Teil aus Listen mit den zehn (zumeist) nützlichsten Fakten, Tipps und Ratschlägen besteht. Bleiben Sie gelassen, Sie müssen keine weiteren zehn Kapitel lesen, wenn Sie erst einmal so weit gekommen sind.

Konventionen in diesem Buch

Im Folgenden will ich Sie noch auf die in diesem Buch verwendeten Konventionen aufmerksam machen, die Sie brauchen werden, um sich darin zurechtzufinden und effektiv damit arbeiten zu können.

Tastatur und Maus

Excel 2003 ist ein vielseitiges Programm mit einer ganzen Reihe beeindruckender Dialogfelder, vielen Symbolleisten und mehr Menüs, als Sie zählen können. In Kapitel 1 erkläre ich alle diese Elemente und ihre Verwendung. Schlagen Sie immer mal wieder in Kapitel 1 nach, wenn Sie Fragen zum Programm haben.

Auch wenn Sie die Maus und die Abkürzungstasten verwenden, um sich in und um die Excel-Tabelle herum zu bewegen, müssen Sie sich Zeit nehmen, um die Daten einzugeben, damit

Sie sie hinterher mit der Maus hin und her schieben können. Daher möchte Sie dieses Buch ab und zu dazu ermuntern, bestimmte Dinge in eine bestimmte Zelle im Tabellenblatt einzugeben. Sie können natürlich stets beschließen, die Anweisungen nicht zu befolgen; aber Sie sollten zumindest wissen, wie diese Anweisungen aussehen. Wenn Sie z. B. aufgefordert werden, eine bestimmte Zeichenfolge einzugeben, wird das in der so genannten Listingschrift dargestellt:

```
=SUMME(A2:B2)
```

Also, in einer separaten Zeile und in einer anderen Schriftart als der Rest des Textes. Oder ich bringe das, was Sie eingeben sollen, im Fließtext unter, verwende aber dabei auch diese andere Schriftart. In beiden Fällen will ich Ihnen damit sagen, dass Sie genau das eingeben sollen, was Sie sehen: ein Gleichheitszeichen, das Wort SUMME, eine öffnende runde Klammer, den Text A2:B2 (vollständig mit dem Doppelpunkt zwischen den beiden Buchstaben-Zahlen-Kombinationen) und eine schließende runde Klammer. Sie müssen dann natürlich noch ⏎ drücken, um die Eingabe auf die Datenreise in das Computerhirn zu schicken.

Manchmal kommuniziert Excel mit Ihnen nicht über Dialogfelder, sondern blendet höchst informative Meldungen in der Statusleiste am unteren Programmfensterrand ein. Auch diese Meldung steht in der bereits erwähnten Listingschrift.

Manchmal möchte ich etwas besonders hervorheben oder einen neuen Begriff einführen. Um Ihnen dies zu signalisieren, habe ich den *Kursivdruck* gewählt.

Gelegentlich werde ich Sie auch auffordern, einmal eine Tastenkombination zu drücken, um eine bestimmte Aufgabe auszuführen. Eine Tastenkombination ist z. B. Strg+S. Das Pluszeichen zwischen den beiden Tasten bedeutet, dass Sie gleichzeitig sowohl Strg als auch S drücken müssen. Diese Art der Fingerakrobatik mag am Anfang etwas schwierig sein, aber mit ein bisschen Training wird auch dies zu meistern sein.

Sehr häufig werden Sie auf Text stoßen, der als KAPITÄLCHEN formatiert ist. Dies soll Ihnen anzeigen, dass ich von Menüs, Befehlen oder Bestandteilen von Dialogfeldern spreche. Na ja, das kriegen wir schon!

Symbole, die in diesem Buch verwendet werden

Die folgenden Symbole finden Sie am Rand neben dem Text. Sie sind strategisch günstig platziert, damit Sie auf einen Blick sehen können, welche Informationen Sie lesen sollten oder nicht unbedingt lesen müssen.

Hier erwarten Sie langatmige und langweilige Diskussionen, die Sie genauso gut auslassen können (oder lesen können, wenn Sie mal ganz viel Zeit haben).

 Dieses Symbol weist Sie auf Abkürzungstasten hin oder gibt wertvolle Tipps, wie Sie sich das Leben leichter machen können.

 Dieses Symbol steht neben Informationen, die Sie sich merken sollten, wenn Sie gegen etwas Erfolg nichts einzuwenden haben.

 Diese Informationen sollten Sie sich unbedingt merken, wenn Sie die absolute Katastrophe verhindern wollen.

Wie es weiter geht

Wenn Sie noch nie mit einem elektronischen Tabellenblatt gearbeitet haben, schlage ich vor, dass Sie sich zuerst Kapitel 1 vornehmen und herausfinden, um was es sich hier überhaupt handelt. Wenn Sie sich bereits mit elektronischer Tabellenkalkulation auskennen, aber nichts über das Erstellen von Tabellenblättern mit Excel wissen, beginnen Sie mit Kapitel 2, in dem erklärt wird, wie Sie mit der Eingabe von Daten und Formeln anfangen. Später, wenn Sie bestimmte Aufgaben durchführen wollen (z. B. Formeln kopieren oder bestimmte Bereiche des Tabellenblatts drucken), konsultieren Sie das Inhaltsverzeichnis oder den Index, um den gewünschten Abschnitt zu finden und dort direkt nach den entsprechenden Informationen zu suchen. Also, auf geht's und viel Spaß!

Teil I

Für den Anfang: Das absolute Minimum

The 5th Wave   By Rich Tennant

Herr Schwarz, ich glaube, der Mauszeiger bewegt sich nicht,
weil Sie Ihre Hand auf dem Tafelschwamm haben ...!

In diesem Teil ...

Beim ersten Blick auf den neuen Excel 2003-Bildschirm (mit all diesen Feldern, Schaltflächen und Registerkarten) sehen Sie bereits, dass es hier einiges zu tun gibt. Aber verzweifeln Sie nicht: Kapitel 1 widmet sich ausschließlich den verschiedenen Elementen des neuen Excel 2003-Bildschirms und versucht, Licht ins Dunkel der unzähligen Symbole, Schaltflächen und Felder zu bringen, die Sie von jetzt an Tag für Tag umgeben werden.

Aber dass Sie nun nicht glauben, Sie könnten sich lässig zurücklehnen und mich hier alles machen lassen. So nun auch nicht. Wenn Sie mit Excel vernünftig arbeiten wollen, dann werden Sie wohl oder übel lernen müssen, wozu man diese ganzen Symbole, Felder etc. braucht. Zu diesem Zweck habe ich das zweite Kapitel verfasst, in dem ich Ihnen alles Wissenswerte über den Gebrauch der wichtigsten Schaltflächen und Felder verrate, mit denen Sie Ihre Daten in die Arbeitsmappe eingeben und dort auch dauerhaft speichern. »Aller Anfang ist schwer«, doch schon bald werden Sie es sein, der Excel beherrscht (und nicht umgekehrt)!

Worauf haben Sie sich da bloß eingelassen?

1

In diesem Kapitel

▶ Excel 2003 für Ihre Zwecke einsetzen

▶ Zellen auf den Grund gehen

▶ Excel 2003 aus dem Startmenü oder über eine Verknüpfung starten

▶ Der Excel 2003-Bildschirm

▶ Die verschiedenen Symbolleisten in Excel 2003

▶ Herumsurfen in der Excel 2003-Arbeitsmappe

▶ Befehle aus den Menüs der Menüleiste auswählen

▶ Befehle aus den Kontextmenüs auswählen

▶ Fragen an den Antwort-Assistenten

▶ Excel 2003 schleunigst wieder beenden

*O*bwohl quasi auf jedem Rechner neben einer Textverarbeitung und jeder Menge Spiele auch eine elektronische Tabellenkalkulation wie Excel 2003 zu finden ist, bedeutet dies noch lange nicht, dass die stolzen ComputerbesitzerInnen die Tabellenkalkulation kennen, geschweige denn benutzen. Ich persönlich kenne jede Menge Leute, die zwar ganz ordentlich mit Microsoft Word umgehen können, aber nicht den blassesten Schimmer davon haben, was man mit Excel tun kann bzw. soll.

Das ist wirklich eine Schande! Vor allem, wenn man bedenkt, dass Microsoft Office 2003 oft die einzige Software ist, die auf vielen Rechnern zu finden ist. (Dies wiederum liegt wahrscheinlich daran, dass Windows XP oder 2000 und Microsoft Office 2003 zusammen so viel Speicher brauchen, dass an eine andere Software gar nicht mehr zu denken ist.)

Wenn Sie aber zu den Leuten gehören, die Microsoft Office 2003 auf dem Rechner installiert haben, aber eine Arbeitsmappe nicht von einem Arbeitsessen unterscheiden können, dann belegt Excel 2003 lediglich jede Menge Festplattenspeicher – und dafür ist Speicher doch wirklich zu schade. Höchste Zeit, das zu ändern.

Was zum Teufel fängt man mit Excel an?

Excel ist zunächst mal ein echt guter Organisator von allen möglichen Datentypen (Zahlen, Text etc.). Da es jede Menge Berechnungsfunktionen enthält, greifen die meisten auf Excel zurück, wenn es darum geht, irgendwelche Finanzblätter zu erstellen. Diese Blätter werden dann bis an die Zähne mit Formeln bewaffnet, mit deren Hilfe so Zeugs wie Umsatz, Gewinne und Verluste oder Wachstumsraten in Prozent berechnet werden sollen.

Berühmt ist Excel unter anderem auch für seine Fähigkeiten, Zahlen grafisch darzustellen. Das heißt, dass Sie Ihre nüchternen Zahlen im Handumdrehen in ein Diagramm oder eine Grafik Ihrer Wahl umsetzen können. Aus langweiligen Zahlenkolonnen werden auf einmal farbenfrohe Linien, Balken etc. Verschönern Sie beispielsweise langweilige Sitzungsberichte (mit Microsoft Word erstellt) mit ein paar geschmackvollen Pizzas (gemeint sind Kreis-diagramme) oder peppen Sie hochoffizielle Folien steifer Business-Präsentationen (vielleicht mit Microsoft PowerPoint fabriziert) etwas auf.

Selbst wenn Sie nicht allzu oft schicke und wichtige Finanzberechnungen erstellen oder Schnickschnack-Diagramme erzeugen müssen, gibt es bestimmt noch jede Menge Aufgaben, die Sie mit Excel erledigen könnten oder sollten. Es kann sich dabei um ganz simple Daten-listen handeln, sei es für den privaten Gebrauch oder im Job. Excel ist ein ausgezeichneter Listenverwalter (ExpertInnen bezeichnen diese Listen in Excel als *Datenlisten* oder *Daten-banken*) und ein noch größerer Aus-Listen-Tabellen-Macher. Also, wenn es darum geht, Pro-dukte, die Sie verkaufen, Kunden, die Sie beliefern, Angestellte, für die Sie zuständig sind, oder sonstiges übersichtlich zu verwalten, dann nichts wie ran an Excel.

Jede Menge kleiner Rechtecke

Warum kann Excel so gut Berechnungen durchführen und Daten in Listen und Tabellen orga-nisieren? Ganz einfach! Betrachten Sie einmal eine leere Excel-Arbeitsmappe (die in Abbil-dung 1.1 eignet sich hierzu hervorragend). Was sehen Sie? Jede Menge kleiner Rechtecke. Diese Rechtecke – es gibt in jeder Arbeitsmappe Millionen davon – werden im Tabellen-kalkulationsjargon als *Zellen* bezeichnet. Jede einzelne Information (z. B. ein Name, eine Straße, eine Zahl, ja sogar der Geburtstag von Tante Martha) wird in einer Zelle der Arbeits-mappe untergebracht, die Sie gerade erstellen.

Wenn Sie sich mit Textverarbeitung auskennen, dann wird es Ihnen komisch vorkommen, verschiedene Datentypen in kleine Zellchen zu schreiben. Vielleicht hilft es Ihnen aber, wenn Sie sich vorstellen, dass Sie beim Aufbau eines Excel-Arbeitsblatts eher so vorgehen wie beim Erstellen einer Tabelle in einem Word-Dokument.

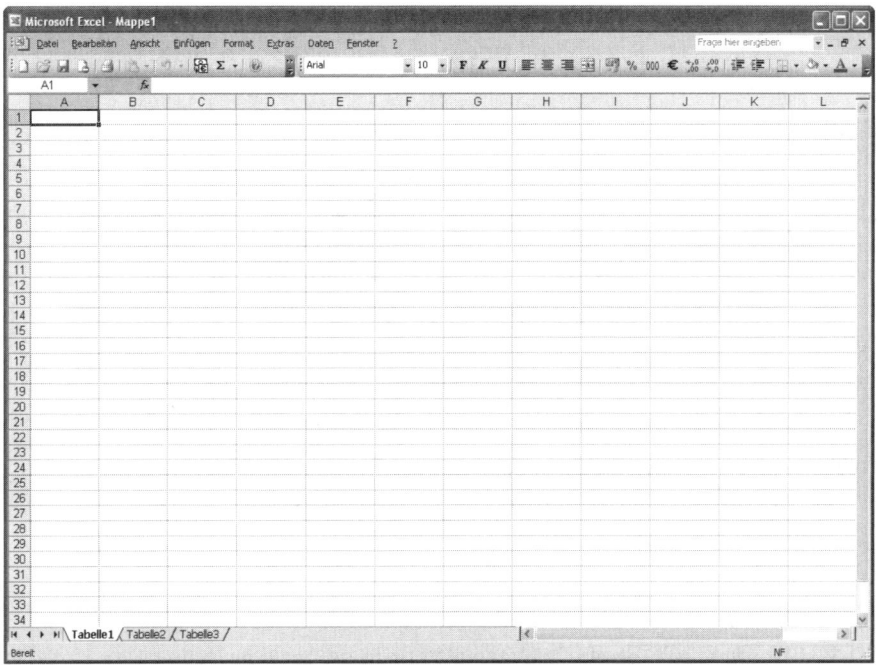

Abbildung 1.1: Jede Menge Rechtecke – und alle sehen gleich aus!

Warum Tabellenkalkulationsprogramme Arbeitsmappen produzieren

In Tabellenkalkulationsprogrammen wie Excel 2003 werden die elektronischen Blätter, die so genannten *Tabellenblätter*, in *Arbeitsmappen* abgelegt. Dies ist auch ganz okay so. Sie sollten sich aber niemals dazu hinreißen lassen, Excel deswegen als ein Arbeitsmappenprogramm zu bezeichnen. Also: Stellen Sie sich Excel als ein Tabellenkalkulationsprogramm vor, das Arbeitsmappen produziert, nicht aber als Arbeitsmappenprogramm, das Tabellenblätter zaubert. Und noch eins drauf: Jede Arbeitsmappe enthält natürlich Tabellenblätter – wir wären also wieder beim Tabellenkalkulationsprogramm.

Bitte alles an meine Zelladresse

Wie Sie in Abbildung 1.1 sehen können, wird eine Excel-Arbeitsmappe von einer Art Rahmen umgeben, in dem die Spalten und Zeilen benannt werden. Spalten werden mit Buchstaben, Zeilen mit Zahlen bezeichnet. Warum ist das notwendig? Excel-Arbeitsmappen sind riesengroß. (In Abbildung 1.1 sehen Sie nur einen Bruchteil der gesamten Mappe.) Also brauchen alle Zellen einen eindeutigen Namen – eine Zelladresse. Stellen Sie sich diese Namen wie die Bezeichnungen auf einem Schachbrett vor: »Ziehe den Turm von A1 nach A4« – allerdings in ganz anderen Dimensionen.

In Abbildung 1.2 zeigt Excel die aktuelle Position in der Arbeitsmappe gleich auf drei verschiedene Weisen an:

✔ Oberhalb der Arbeitsmappe auf der linken Seite der so genannten Bearbeitungsleiste zeigt Excel die aktuelle Zelladresse im Namenfeld an (siehe Abbildung 1.2). Ist beispielsweise diejenige Zelle die aktuelle Zelle, deren Schnittpunkt durch die Spalte G und die Zeile 9 definiert wird, dann steht dort G9. (Dieses System wird auch als A1-Bezugsart bezeichnet.)

✔ Im Tabellenblatt selbst wird der Zellcursor (Abbildung 1.2 zeigt, welcher das ist) – ein dicker Rahmen um die Zelle – in der aktuell markierten Zelle positioniert.

✔ Im Tabellenblattrahmen sind die Spalten- und Zellenbezeichnungen der Zelle, in denen sich der Zellcursor gerade befindet, ockerfarben hinterlegt.

Warum um alles in der Welt wird um die aktuelle Zelle so viel Wind gemacht? Eine gute Frage, auf die es eine gute Antwort gibt:

Sie können in einem Tabellenblatt nur in die aktuelle Zelle Daten eingeben und nur in der aktuellen Zelle Daten bearbeiten.

Die Aussage dieses scheinbar eher banalen Satzes ist ungemein wichtig und ihre Nichtbeachtung kann ungeahnte Folgen haben. Es ist nämlich nicht nur wichtig, was Sie eingeben, sondern auch, wo Sie es eingeben. Wie schnell werden bereits vorhandene Daten durch neue überschrieben (d. h. gelöscht). Oder versuchen Sie mal, Daten zu bearbeiten, ohne vorher die entsprechende Zelle zu markieren. Weit kommen Sie mit diesem System bestimmt nicht.

Zellen – die Bausteine aller Arbeitsmappen

Alle Zellen werden durch die Schnittpunkte des Spalten- und Zeilengitters definiert. Der Terminus technicus für ein solches Raster lautet *Array*. Die Position von Daten wird in einem Array zunächst durch ihre Zeilen- und anschließend durch ihre Spaltenposition bestimmt. (Keine Panik! Spätestens im Abschnitt »A1 alias Z1S1« weiter unten in diesem Kapitel wird das Ganze etwas klarer werden.) Um die Daten aus dem Arbeitsblatt anzuzeigen, liest Excel einfach die Zeilen- und Spaltenposition ab, die zu den Daten gehören, die Sie dort eingegeben haben.

Aktuelle Zelladresse   Spaltenbuchstaben und Zeilennummern   Zellcursor

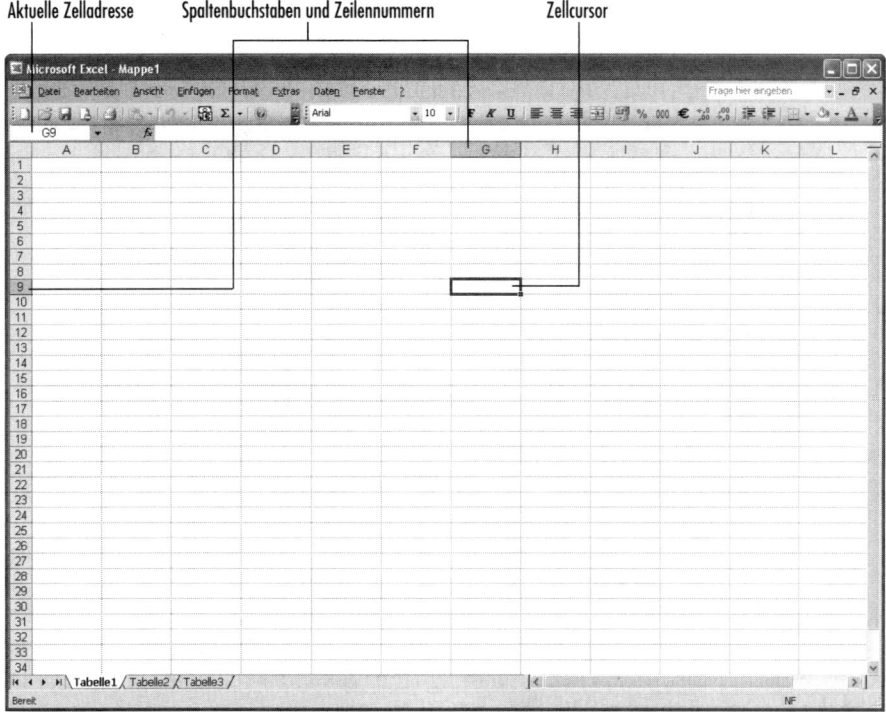

Abbildung 1.2: Excel kennzeichnet die aktuelle Position mit dem Zellcursor.

Also, wie groß ist die Arbeitsmappe nun wirklich?

Es ist wirklich keine Übertreibung, wenn ich behaupte, dass es in einer Arbeitsmappe Millionen von Zellen gibt. In jeder Arbeitsmappe gibt es sage und schreibe drei Tabellenblätter. Jedes Tabellenblatt besteht aus 256 Spalten (in der Regel sehen Sie, je nach Größe Ihres Bildschirms, nur die ersten zwölf Spalten – A bis L) und 65.536 Zeilen, von denen normalerweise nur die ersten 34 auf dem Bildschirm angezeigt werden, wenn Excel bei Ihnen den gesamten Bildschirm ausfüllen darf. Das macht insgesamt 16.777.216 leere Zellen in jedem einzelnen Tabellenblatt, das Sie öffnen. (Das sind mehr als 16 Millionen von diesen Dingern!)

Wohlgemerkt: Wir sprechen von lediglich einem Tabellenblatt. Es gibt nun aber drei Tabellenblätter pro Arbeitsmappe. Jedes Blatt bringt seine 16.777.216 leeren Zellen mit. Wenn Sie also eine Excel-Datei öffnen, stehen Ihnen auf einen Schlag 50.331.648 Zellen zur Verfügung. Und sollten Ihnen diese Zellen einmal doch nicht ausreichen, dann können Sie jederzeit ein neues Tabellenblatt in die Arbeitsmappe einfügen – mit 16.777.216 neuen Zellen.

A1 alias Z1S1

Die A1-Bezugsart ist ein Relikt aus VisiCalc-Tagen (der Urgroßmutter der heutigen Tabellenkalkulationsprogramme für PCs). Excel bietet zusätzlich noch eine weitere Bezugsart an: die Z1S1-Bezugsart. Hier werden sowohl die Spalten als auch die Zeilen des Tabellenblatts nummeriert, wobei die Zeilenbezeichnung der Spaltenbezeichnung vorangestellt wird. Bei diesem System wird z. B. die Zelle A1 als Z1S1 (Zeile 1, Spalte 1), die Zelle A2 als Z2S1 (Zeile 2, Spalte 1) und die Zelle B1 als Z1S2 (Zeile 1, Spalte 2) bezeichnet. Wenn Sie lieber mit diesem System arbeiten wollen, müssen Sie im Menü EXTRAS den Befehl OPTIONEN wählen und zunächst auf die Registerkarte ALLGEMEIN klicken. Aktivieren Sie hier das Kontrollkästchen Z1S1-BEZUGSART und klicken Sie abschließend auf OK.

Kommt eigentlich nach Z auch noch was?

Unser Alphabet mit seinen 26 Buchstaben reicht natürlich nicht aus, um die 256 fortlaufenden Spalten des Excel-Tabellenblatts zu bezeichnen. Deshalb verdoppelt Excel die Zellenbuchstaben in der Spaltenbezeichnung, sodass die Spalte AA direkt nach der Spalte Z kommt. Dieser folgen dann die Spalten AB, AC usw. bis AZ. Nach der Spalte AZ geht es weiter mit BA, BB, BC etc. Wenn Sie das System kapiert haben, dann wissen Sie nun, dass die 256. und damit letzte Spalte des Tabellenblatts IV heißt, was wiederum bedeutet, dass die allerletzte Zelle des Tabellenblatts die Bezeichnung IV65536 trägt!

Was Sie bis jetzt über Excel wissen sollten

So viel wissen Sie bis jetzt über Excel (bzw. sollten Sie wissen):

✔ Jede Excel-Datei wird als *Arbeitsmappe* bezeichnet.

✔ Jede neue Arbeitsmappe, die Sie öffnen, enthält drei riesengroße leere Tabellenblätter.

- Jedes dieser drei Tabellenblätter enthält unzählig viele Zellen, in die Sie Daten eingeben können.

- Jede Zelle in jedem dieser drei Tabellenblätter hat ihre eigene Zelladresse, die sich aus dem/den Buchstaben der Spalte und der Zeilennummer zusammensetzt.

Noch ein paar Arbeitsmappen-Banalitäten

Wollten Sie also ein ganzes Tabellenblatt auf Papier bringen, so bräuchten Sie ein Blatt, das etwa sechs Meter breit und 416 Meter lang ist.

Auf einem 19-Zoll-Bildschirm werden in der Regel nicht mehr als zwölf vollständige Spalten und 34 vollständige Zeilen des ganzen Tabellenblatts angezeigt, wenn Sie Excel gerade neu gestartet haben. Geht man davon aus, dass eine Spalte etwa 4 Zentimeter breit und eine Zeile etwa 0,6 Zentimeter hoch ist, dann stellen zwölf Spalten gerade mal acht Prozent der gesamten Breite des Tabellenblatts dar, während 34 Zeilen nur ein paar Hundertstel der gesamten Länge ausmachen. Dieser Exkurs sollte dazu dienen, Ihnen eine Vorstellung davon zu geben, wie klein der Ausschnitt des Tabellenblatts ist, der auf dem Bildschirm angezeigt wird, und wie viel Platz überhaupt verfügbar ist.

✔ Die Daten werden in den einzelnen Zellen eines Tabellenblatts gespeichert. Sie können aber Daten immer nur in die aktuelle Zelle eingeben, d. h. in die, die mit dem Zellcursor markiert ist.

✔ Excel ist so hilfsbereit und zeigt Ihnen, in welcher der über 16 Millionen Zellen Sie (bzw. der Cursor) sich gerade befinden, indem es die Zelladresse in der Bearbeitungsleiste und den Zellcursor im Tabellenblatt anzeigt (Abbildung 1.2).

✔ Das System, mit dem sich Excel auf die einzelnen Zellen in einem Tabellenblatt bezieht – die so genannte A1-Bezugsart –, beruht auf einer Kombination aus Spaltenbuchstabe und Zeilennummer.

Was Sie noch über Excel wissen sollten

Sie könnten nun vielleicht den Eindruck gewinnen, dass ein Tabellenkalkulationsprogramm wie Excel nicht viel mehr als ein etwas seltsames Textverarbeitungsprogramm mit Gitternetzlinien ist, das Sie zwingt, Ihre Daten in kleine, einzelne Zellen einzugeben, anstatt Ihnen die Weite einer ganzen Seite zu bieten.

Nun, ich möchte Ihnen hier nur sagen, dass Bill Gates (das ist der Big Boss von Microsoft, dem Hersteller von Excel) keinesfalls Multimillionär mit dem Verkauf eines seltsamen Textverarbeitungsprogramms geworden ist. Der große Unterschied zwischen den Zellen eines Tabellenblatts und den Seiten eines Textverarbeitungsprogramms besteht darin, dass jede Zelle Möglichkeiten für Berechnungen, Textverarbeitung und Gestaltung bietet. Die Rechenleistung basiert auf den Formeln, die Sie in verschiedenen Zellen des Tabellenblatts erstellen.

Ganz im Gegensatz zu einer Tabelle auf Papier, die nur Werte enthält, die an anderer Stelle errechnet wurden, kann ein elektronisches Tabellenblatt sowohl Formeln als auch die mittels dieser Formeln errechneten Werte speichern. Außerdem können Ihre Formeln die in anderen Zellen des Tabellenblatts gespeicherten Werte verwenden; wie Sie in Kapitel 2 lesen können, aktualisiert Excel die errechnete Antwort aus einer solchen Formel jedes Mal automatisch, wenn Sie die betreffenden Werte im Tabellenblatt ändern.

Excels Rechenfähigkeiten – kombiniert mit den Bearbeitungs- und Gestaltungsmöglichkeiten – machen es zu einem perfekten Programm zum Erstellen von Dokumenten, die sowohl Text-

als auch Zahleneingaben enthalten, mit denen Sie Berechnungen durchführen können. Da Sie Ihre Formeln dynamisch gestalten können – d. h., Ihre Berechnungen werden automatisch aktualisiert, wenn Sie Referenzwerte ändern, die in anderen Zellen des Tabellenblatts gespeichert sind –, ist es kinderleicht, die errechneten Werte in einem Tabellenblatt stets auf dem neuesten, korrekten Stand zu halten.

Meine Damen, meine Herren, starten Sie Ihre Tabellen!

Wenn Sie sich bereits etwas mit Windows XP oder mit Windows 2000 auseinander gesetzt haben, wird es kein allzu großer Schock für Sie sein zu erfahren, dass es unzählige Möglichkeiten gibt, Excel zu starten. (In Wahrheit gibt es ein halbes Dutzend davon und die werde ich in diesem Buch fast alle behandeln.) Aber ohne Windows läuft nichts. Die verschiedenen Startmöglichkeiten von Excel erfordern dieses Betriebssystem und Excel 2003 gibt sich ohnehin nicht mit einer geringeren Version als Windows XP oder Windows 2000 ab. Aber wenn Windows und Excel installiert sind, brauchen Sie bloß Ihren Rechner einzuschalten und eine der folgenden Methoden zum Starten von Excel auszuführen. Viel Glück und viel Spaß!

Excel 2003 über das Windows-Startmenü starten

Der wohl üblichste Weg, Excel zu starten, führt über das Windows-Startmenü. Sie können über das Startmenü übrigens auch alle anderen Programme starten, die auf Ihrem Rechner installiert sind. Um also Excel 2003 über das Startmenü zu starten, führen Sie einfach die folgenden Schritte aus:

1. **Klicken Sie in der Windows-Taskleiste auf die Schaltfläche Start, um das Startmenü zu öffnen.**

2. **Wählen Sie im Startmenü den Befehl Alle Programme.**

3. **Klicken Sie nun einfach auf den Eintrag Microsoft Excel 2003 bzw. zuerst auf Microsoft Office und dann auf Microsoft Excel 2003.**

Sobald Sie Schritt 3 ausgeführt haben, wird Excel geöffnet und Sie haben das Vergnügen, den Eingangsbildschirm von Microsoft Excel 2003 zu betrachten. Danach sehen Sie einen Bildschirm, der mehr oder weniger wie der in Abbildung 1.4 aussieht. Eine brandneue, leere Arbeitsmappe liegt vor Ihnen und es kann losgehen.

 Sobald Sie Excel einmal aus dem Untermenü Alle Programme gestartet haben, geht Windows hin und fügt den Eintrag Microsoft Office Excel 2003 auf der linken Seite des Startmenüs ein. Wenn Sie also das nächste Mal Excel starten müssen, brauchen Sie nur auf die Schaltfläche Start in der Windows-Taskleiste zu klicken und den Eintrag Microsoft Office Excel 2003 auf der linken Seite des Startmenüs auszuwählen.

Excel 2003 über eine Verknüpfung auf dem Desktop starten

Wenn Sie wie ich ständig mit Excel arbeiten, dann werden Sie es bald als lästig empfinden, das Programm über das Startmenü aufrufen zu müssen. Stattdessen können Sie eine Verknüpfung zu Excel auf dem Desktop erstellen, über die Sie dann das Programm mit einem Doppelklick aufs Excel-Symbol starten. Wenn Ihnen das zu umständlich ist, können Sie die Verknüpfung auch in der Schnellstartleiste auf der Windows-Taskleiste ablegen. Dann können Sie Excel mit einem einfachen Klick auf die Programmschaltfläche in der Schnellstartleiste starten.

Führen Sie die folgenden Schritte aus, um eine Verknüpfung zu Excel auf dem Desktop zu erstellen:

1. **Klicken Sie auf die Schaltfläche START in der Windows-Taskleiste.**

   Das Startmenü mit der Option SUCHEN wird geöffnet.

2. **Klicken Sie auf der rechten Seite des Startmenüs auf SUCHEN.**

   Das Dialogfeld SUCHERGEBNISSE wird angezeigt.

3. **Klicken Sie auf der linken Seite des Dialogfelds auf den Eintrag DATEIEN UND ORDNERN.**

   Der SUCH-ASSISTENT wird auf der linken Seite des Dialogfelds SUCHERGEBNISSE angezeigt.

4. **Geben Sie in das Textfeld GESAMTER ODER TEIL DES DATEINAMES** excel.exe **ein.**

   excel.exe ist der Name der ausführbaren Programmdatei, die Excel startet. Sobald diese Datei auf der Festplatte gefunden wurde, können Sie hiermit eine Verknüpfung auf dem Desktop erstellen, über die Sie dann das Programm starten können.

5. **Klicken Sie auf die Schaltfläche SUCHEN.**

   Windows durchsucht nun Ihre Festplatte nach der Excel-Programmdatei. Sobald die Datei gefunden ist, wird sie auf der rechten Seite des Dialogfelds SUCHERGEBNISSE angezeigt. Beenden Sie dann die Suche, indem Sie auf der linken Seite des Dialogfelds auf die Schaltfläche BEENDEN klicken.

6. **Klicken Sie mit der rechten Maustaste auf die Datei** excel.exe **und markieren Sie im Kontextmenü den Befehl SENDEN AN und klicken Sie anschließend auf den Eintrag DESKTOP (VERKNÜPFUNG ERSTELLEN).**

   Eine Verknüpfung, die sich VERKNÜPFUNG MIT EXCEL.EXE nennt, wird am Desktop angezeigt.

7. **Klicken Sie auf die Schaltfläche für Schließen rechts oben im Dialogfeld SUCHERGEBNISSE.**

   Nachdem Sie das Dialogfeld SUCHERGEBNISSE geschlossen haben, sollten Sie das Symbol mit dem sinnvollen Namen VERKNÜPFUNG MIT EXCEL.EXE auf dem Bildschirm sehen. Sicherlich möchten Sie dieser Verknüpfung einen etwas gefälligeren Namen geben. Wie wäre es mit Excel 2003?

8. **Klicken Sie mit der rechten Maustaste auf das Symbol Verknüpfung mit Excel.exe und dann im Kontextmenü auf den Befehl Umbenennen.**

9. **Ersetzen Sie den alten Namen, indem Sie einfach einen neuen Namen für die Verknüpfung eingeben – beispielsweise Excel 2003 – und dann auf eine beliebige Stelle auf dem Desktop klicken.**

Nachdem Sie die Verknüpfung auf dem Desktop erstellt haben, können Sie Excel jederzeit mit einem Doppelklick auf dieses Symbol starten.

 Wenn Sie Excel lieber mit einem einfachen Klick starten wollen, dann ziehen Sie das Symbol für die Excel-Verknüpfung in die Schnellstartleiste, die sich direkt neben der Schaltfläche Start, also ganz vorne in der Windows-Taskleiste befindet. Wenn Sie das Symbol auf dieser Leiste einfügen wollen, zeigt Windows die Position, an der es als neue Schaltfläche eingefügt werden wird, mit einem großen schwarzen I vor oder zwischen den bereits vorhandenen Schaltflächen an. Sobald Sie die Maustaste loslassen, fügt Windows eine Excel 2003-Schaltfläche in die Schnellstartleiste ein, und Sie können von jetzt an das Programm mit einem einfachen Klick auf diese Schaltfläche starten.

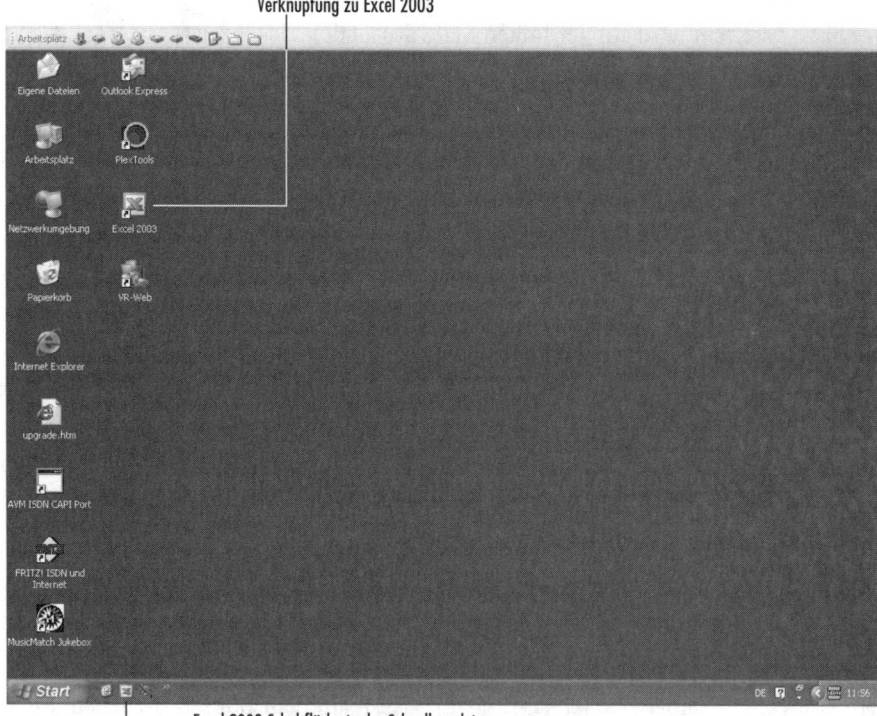

Abbildung 1.3: Um Excel zu starten, klicken Sie auf die Excel-Schaltfläche in der Schnellstartleiste oder Sie doppelklicken auf die Verknüpfung auf dem Desktop.

In Abbildung 1.3 sehen Sie meinen Windows-Desktop mit der Verknüpfung zu Excel 2003. Unten in der Taskleiste sehen Sie die Verknüpfung als Schaltfläche in der Schnellstartleiste. Wenn Sie die Verknüpfung vom Desktop in die Schnellstartleiste ziehen, wird dadurch Erstere nicht entfernt. Auf diese Weise haben Sie die Möglichkeit, Excel je nach Klicklaune mit Einfach- oder Doppelklick zu starten.

Keine Angst vor Mäusen!

Sie können zwar die meisten der Excel-Funktionen auch über die Tastatur aufrufen, mit der Maus lässt sich jedoch in den meisten Fällen sehr viel effektiver ein Befehl auswählen oder ein bestimmter Vorgang ausführen. Schon deshalb ist es der Mühe wert, sich die verschiedenen Maustechniken des Programms anzueignen. Wenn Sie Excel zur Erledigung Ihrer Arbeit regelmäßig einsetzen, lohnt es sich natürlich ganz besonders.

Was man mit der Maus so alles machen kann

Windows-Anwendungen wie Excel verwenden vier grundlegende Maustechniken, um Elemente im Programm oder im Arbeitsmappenfenster zu markieren und zu bearbeiten:

✔ **Auf ein Element klicken:** Mit dem Mauszeiger auf das Element zeigen und dann die linke Maustaste drücken und sofort wieder loslassen. (Linkshänder drücken natürlich die rechte Maustaste – vorausgesetzt, sie haben in der Windows-Systemsteuerung die linke und die rechte Maustaste vertauscht.)

✔ **Auf ein Element mit der rechten Maustaste klicken:** Mit dem Mauszeiger auf das Element zeigen und dann die rechte Maustaste (die linke für Linkshänder) drücken und sofort wieder loslassen.

✔ **Auf ein Element doppelklicken, um es zu öffnen, zu aktivieren etc.:** Mit dem Mauszeiger auf das Element zeigen und dann die linke Maustaste zweimal kurz hintereinander drücken und sofort wieder loslassen (klick-klick).

✔ **Ein Element ziehen, um es zu verschieben oder zu kopieren:** Mit dem Mauszeiger auf das Element zeigen und dann die linke Maustaste gedrückt halten, während Sie das Element mit der Maus in die gewünschte Richtung ziehen. Sobald sich das gezogene Etwas an der richtigen Stelle befindet, lassen Sie die Maustaste los.

Wenn Sie auf ein Element klicken, um es zu markieren, müssen Sie darauf achten, dass die Spitze des Pfeils das zu markierende Element auch wirklich berührt. Damit sich der Mauszeiger vor dem Klicken nicht auf einmal selbstständig macht, halten Sie die Maus fest mit Daumen, Ring- und kleinem Finger umklammert und drücken dann mit dem Zeigefinger auf die linke Maustaste. Wenn Ihnen die Maus vom Schreibtisch läuft, fangen Sie sie ein (hochheben ist damit gemeint) und setzen sie erneut auf die Unterlage (der Zeiger wird dadurch nicht bewegt).

Wenn es auch ein einfacher Klick tut

Wenn Sie mit Windows XP oder mit Windows 2000 arbeiten, dann können Sie wählen, wie Sie die Objekte auf dem Windows-Desktop öffnen wollen. Diese Einstellung nehmen Sie auf der Registerkarte ALLGEMEIN im Dialogfeld ORDNER-OPTIONEN vor (die finden Sie, wenn Sie im Fenster ARBEITSPLATZ oder EIGENE DATEIEN im Menü EXTRAS den Befehl ORDNEROPTIONEN wählen). Wenn Sie sich für die Option ÖFFNEN DURCH EINFACHEN KLICK entschieden haben, dann können Sie Programme wie Excel 2003 und Dateien, die auf dem Desktop, im Windows Explorer oder im Ordner EIGENE DATEIEN abgelegt sind, öffnen, indem Sie auf das jeweilige Objekt zeigen und dann klicken. Wenn Sie Ihren Computer so eingerichtet haben, dann gehören für Sie die Doppelklicks bald der Vergangenheit an.

Die vielen Gesichter des Mauszeigers

Der Mauszeiger hat in Excel für wahr die verschiedensten Gesichter. Während Sie den Mauszeiger auf dem Excel-Bildschirm bewegen, verändert er ständig sein Aussehen, um anzuzeigen, dass jetzt eine bestimmte Funktion ausgeführt werden kann.

Verwechseln Sie den Zellcursor nicht mit dem Mauszeiger. Der *Mauszeiger* verändert seine Form, wenn Sie ihn bewegen. Der *Zellcursor* behält stets seine Form; er wird lediglich größer, wenn Sie einen Zellbereich markieren. Der Mauszeiger reagiert auf jede Bewegung, die Sie mit der Maus auf dem Schreibtisch machen, und bewegt sich immer unabhängig vom Zellcursor. Sie können mit dem Mauszeiger jedoch die Position des Zellcursors ändern, indem Sie den Mauszeiger in Form des dicken, weißen Kreuzes auf die Zelle setzen, die durch den Zellcursor markiert werden soll, und dann mit der linken Maustaste klicken.

Und was passiert, wenn ich diesen Knopf drücke?

In Abbildung 1.4 erfahren Sie endlich, wie die verschiedenen Elemente des Excel-Fensters heißen. Was Sie dort sehen, ist in etwa der Bildschirm, den Sie vor sich haben, wenn Sie Excel ganz neu starten (ohne eine bereits existierende Arbeitsmappe geöffnet zu haben). Wie Sie sehen, enthält das Excel-Fenster jede Menge nützlicher, aber überaus verwirrender Dinge.

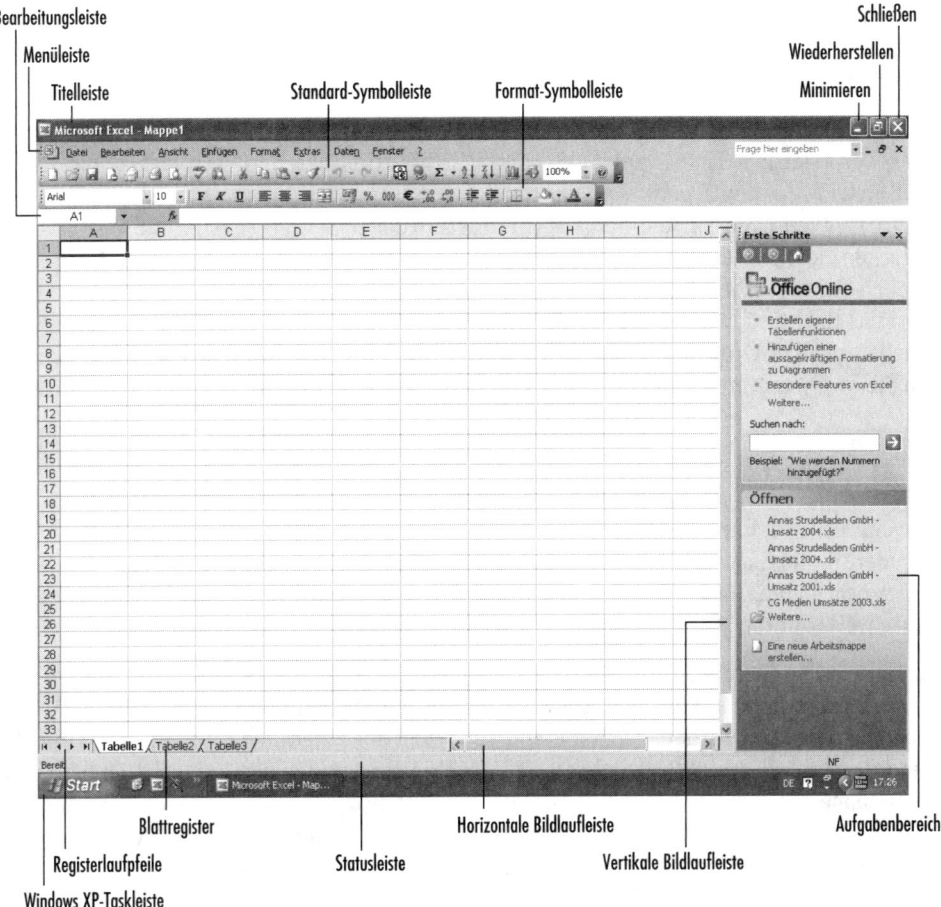

Abbildung 1.4: Schaltflächen und Leisten, wohin das Auge auch schaut – das ist das Excel-Fenster.

Die Titelleiste

Die erste Zeile im Excel-Fenster wird als *Titelleiste* bezeichnet, da sie den Programmnamen enthält, nämlich Microsoft Excel. Wenn das Arbeitsmappenfenster in seiner vollen Größe angezeigt wird (nennt man auch Vollbilddarstellung oder maximiertes Fenster), dann steht unmittelbar hinter dem Programmnamen auch noch der Name der aktuellen Arbeitsmappe. Das könnte dann ungefähr folgendermaßen aussehen:

```
Microsoft Excel - Mappe1
```

Ganz links in der Titelleiste sehen Sie das stilisierte XL-Symbol. Wenn Sie auf dieses Symbol klicken, wird das Systemmenü von Excel aufgeklappt. Es enthält Befehle, mit denen Sie das Excel-Programmfenster verschieben, verkleinern und vergrößern können. Außerdem gibt es dort noch den Befehl SCHLIESSEN, mit dem Sie – wie der Name bereits andeutet – Excel beenden und wieder auf dem Desktop landen. (Die Abkürzung $\boxed{\text{Alt}}$+$\boxed{\text{F4}}$ für diesen Befehl – ExpertInnen sprechen hier auch von Shortcut oder Tastenkombination – tut's auch.)

Mit den Schaltflächen ganz rechts in der Titelleiste können Sie die Größe des Programm-fensters verändern. Wenn Sie auf die Schaltfläche für Minimieren klicken (das ist die, die wie ein Unterstrich aussieht), dann wird das Excel-Fenster zum Symbol in der Windows-Taskleiste verkleinert. Wenn Sie auf die Schaltfläche für Wiederherstellen (das ist die mit den zwei Rechtecken) klicken, dann wird das Fenster auf dem Desktop etwas verkleinert. Die Wieder-herstellen-Schaltfläche muss dann ihren Platz für die Schaltfläche für Maximieren räumen (das ist das Rechteck, was wiederum ein Fenster darstellen soll), mit der sich das Excel-Fens-ter wieder in voller Größe anzeigen lässt. Nun noch zum X. Damit beenden Sie Excel genauso, als ob Sie im Systemmenü von Excel den Befehl SCHLIESSEN wählen oder $\boxed{\text{Alt}}$+$\boxed{\text{F4}}$ drücken.

Die Menüleiste

Die zweite Zeile im Excel-Fenster ist die Menüleiste. Sie beherbergt die aufklappbaren Menüs, die wiederum die Excel-Befehle enthalten, die Sie brauchen, wenn Sie Tabellenblätter erstel-len oder bearbeiten. (Mehr dazu im Abschnitt »Die Qual der Wahl: Menüleiste oder Kontext-menü?« weiter unten in diesem Kapitel.)

Ganz links in der Menüleiste erwartet Sie wieder das XL. Wenn Sie auf das XL klicken, wird ein weiteres Systemmenü aufgeklappt. Dieses Mal ist es das Systemmenü für die aktuelle Arbeits-mappe. Das Menü sieht dem Systemmenü für Excel aber ziemlich ähnlich. Also, mit dem Systemmenü für die aktuelle Arbeitsmappe verschieben, verkleinern und vergrößern Sie das Arbeitsmappenfenster, das sich im Excel-Programmfenster befindet. Es gibt auch hier den Befehl SCHLIESSEN, mit dem Sie logischerweise nicht Excel, sondern die aktuelle Arbeitsmappe schließen. Die Shortcuts für diesen Befehl lauten $\boxed{\text{Strg}}$+$\boxed{\text{W}}$ oder $\boxed{\text{Strg}}$+$\boxed{\text{F4}}$.

Rechts in der Menüleiste sehen Sie ein Textfeld, in dem die nette Aufforderung steht: FRAGE HIER EINGEBEN. Kommen Sie dieser Aufforderung ruhig nach und löchern Sie den Antwort-As-sistenten mit Fragen zu Excel 2003. Sobald Sie eine Frage in dieses Textfeld eingeben und $\boxed{\hookleftarrow}$ drücken, wird eine Liste mit möglicherweise passenden Hilfethemen unterhalb dieses Textfelds angezeigt. Klicken Sie auf das Thema, das der Beantwortung Ihrer Frage am nächs-ten kommt, und schon öffnet sich automatisch das Excel-Hilfefenster. Weitere Infos zu diesem Thema finden Sie im Abschnitt »Hilfe ist schon unterwegs«.

Die drei Schaltflächen ganz rechts in der Menüleiste funktionieren im aktuellen Arbeits-mappenfenster genauso wie Ihre Schwestern in der Titelleiste des Excel-Programmfensters. Wenn Sie auf die Schaltfläche für Minimieren (im Arbeitsmappenfenster) klicken, schrumpft die Arbeitsmappe zu einem kleinen Symbol oberhalb der Statusleiste zusammen. Wenn Sie auf die Schaltfläche für Maximieren klicken, nimmt die Arbeitsmappe den gesamten Raum zwischen Bearbeitungs- und Statusleiste ein. Statt der Maximieren- wird dann die Wiederher-stellen-Schaltfläche angezeigt. Wenn Sie auf diese Schaltfläche klicken, wird die aktuelle Arbeitsmappe in der Größe angezeigt, die sie vor dem Maximieren hatte. In diesem Fall werden das XL, der Name sowie das Schaltflächen-Trio für die Arbeitsmappe in der Titelleiste des Arbeitsmappenfensters dargestellt. Verwirrend – aber Sie gewöhnen sich schon dran. Mit dem X ganz rechts wird die Arbeitsmappe geschlossen (ist dasselbe wie der Befehl Schliessen im Systemmenü der Arbeitsmappe bzw. das Drücken von Strg+W oder Strg+F4).

Excel 2003 fügt für jede Arbeitsmappe, die Sie öffnen, automatisch eine Schaltfläche in die Windows-Taskleiste ein. Damit können Sie superschnell von einer Arbeitsmappe zur anderen wechseln. Wenn Sie Excel mit der Schaltfläche für Minimieren verkleinern, bleibt die Schaltfläche mit dem Namen der aktuellen Arbeitsmappe einfach in der Taskleiste stehen.

Die Symbolleisten für Standards und Formate

Die dritte Zeile in Excel 2003 beherbergt die beiden wohl bekanntesten Excel-Symbolleisten einträchtig nebeneinander: die Standard-Symbolleiste und die Format-Symbolleiste. Diese beiden Symbolleisten enthalten Schaltflächen, mit denen Sie in Excel die gängigsten Funktionen ausführen können. So finden Sie in der Standard-Symbolleiste die Schaltflächen, mit denen Sie die grundlegenden Dateiarbeiten ausführen können, z. B. Arbeitsmappen erstellen, speichern, öffnen und drucken. In der Format-Symbolleiste sind dann die Schaltflächen untergebracht, mit denen Sie auf das Äußere Ihrer Arbeitsmappe achten können, also neue Schriftarten und Schriftgrößen wählen und Effekte, wie Fett- oder Kursivdruck, hinzufügen können.

Wenn Sie nun wissen möchten, was sich hinter einer dieser Schaltflächen dieser beiden (oder irgendeiner anderen) Symbolleisten verbirgt, dann brauchen Sie nur mit dem Mauszeiger auf die betreffende Schaltfläche zu zeigen, bis ein kleines Kästchen angezeigt wird, das Ihnen die Aufgabe dieser Schaltfläche verrät (das Ganze nennt sich QuickInfo). Ein Klick auf die Schaltfläche und Excel führt den damit verknüpften Befehl aus. Praktisch, nicht?

Alles übereinander

Wenn Sie gerne *jederzeit* sofortigen Zugriff auf *alle* Schaltflächen der Standard- und Format-Symbolleisten haben wollen, dann müssen Sie dazu nur die beiden Symbolleisten übereinander anstatt nebeneinander anordnen. (So wurden die beiden Symbolleisten bereits in den drei Vorgängerversionen von Excel angezeigt.) Sie müssen hierzu irgendwo auf der Menüleiste oder der Leiste, die die beiden Symbolleisten beherbergt mit der rechten Maustaste klicken und dann den Befehl Anpassen auswählen, der im angezeigten Kontextmenü ganz unten zu finden ist. Das Dialogfeld Anpassen wird geöffnet, in dem Sie auf die Registerkarte Optionen klicken. Aktivieren Sie das erste Kontrollkästchen auf dieser Registerkarte Standard- und Formatsymbolleiste in zwei Zeilen anzeigen. Ich verspreche Ihnen, dass Sie von jetzt an die Optionen für die Symbolleisten nicht mehr zu belästigen brauchen.

Da sowohl die Standard- als auch die Format-Symbolleiste sehr viele Schaltflächen enthalten, können nicht alle auf einmal auf dem Bildschirm angezeigt werden. Aus diesem Grund finden Sie als jeweils letzte Schaltfläche in diesen Symbolleisten folgendes Zeichen: >> (über einem nach unten zeigenden Pfeil). Die QuickInfo verrät Ihnen die Funktion: Hier verbergen sich Optionen für Symbolleisten.

Wenn Sie auf diese Schaltfläche klicken, zeigt Excel eine Palette mit allen weiteren Schaltflächen an, die nicht mehr in die Symbolleiste passen, solange sich diese den Platz mit der anderen teilen muss. Am Ende der Palette befinden sich zwei zusätzliche Befehle:

✔ **Schaltflächen in zwei Reihen anzeigen:** Klicken Sie auf diesen Befehl, um die Standard-Symbolleiste und die Format-Symbolleiste in zwei separaten Reihen unterzubringen.

✔ **Schaltflächen hinzufügen oder entfernen:** Wenn Sie diesen Befehl wählen, zeigt Excel ein Menü an, das die Befehle STANDARD und/oder FORMAT (je nachdem, ob Sie sich entschieden haben, eine oder zwei Symbolleisten pro Reihe anzuzeigen) sowie den Befehl ANPASSEN enthält. Entscheiden Sie sich für STANDARD oder für FORMAT und schon wird ein weiteres Menü aufgeklappt, das alle Schaltflächen der gewählten Symbolleiste enthält.

Wenn Sie auf die Schaltfläche SCHALTFLÄCHEN HINZUFÜGEN ODER ENTFERNEN klicken, zeigt Excel ein weiteres Kontextmenü an, in dem Sie die Standard- oder Format-Symbolleiste wählen können. Sobald das geschehen ist, zeigt sich sogleich ein weiteres Kontextmenü, das alle Schaltflächen enthält, die zu dieser Symbolleiste gehören. Die Schaltflächen, die bereits angezeigt werden, haben vor ihrer Bezeichnung ein Häkchen. Wollen Sie also eine Schaltfläche aus diesem Menü in die Symbolleiste einfügen, dann klicken Sie einfach auf die betreffende Schaltfläche, damit davor ein Häkchen angezeigt wird. Das Entfernen funktioniert genau umgekehrt: Ein Klick auf die Schaltfläche, die nicht mehr angezeigt werden soll, und, schwupp, ist das Häkchen weg. (Wenn Sie genauer wissen wollen, wie Sie diese und andere Excel-Symbolleisten individuell für Ihre Bedürfnisse einstellen, dann lesen Sie in Kapitel 12 nach.)

Tabelle 1.1 enthält die Namen und Funktionen aller Schaltflächen in der Standard-Symbolleiste, die nach der Erstinstallation von Excel 2003 angezeigt werden. Tabelle 1.2 zeigt, welche Auswahl die Format-Symbolleiste bietet. Sie können sicher sein, dass Sie im Laufe der Zeit mit jeder einzelnen Schaltfläche Kontakt aufnehmen werden.

Schaltfläche	Bezeichnung	Funktion
	Neu	Erstellt eine neue Arbeitsmappe mit drei leeren Tabellen blättern
	Öffnen	Öffnet eine vorhandene Arbeitsmappe
	Speichern	Speichert die Änderungen in der aktiven Arbeitsmappe
	Berechtigung (Unbeschränkter Zugriff)	Enthält die aktuellen Freigabeeinstellungen für die aktuelle Arbeitsmappe und ermöglicht Ihnen, diese Einstellungen zu ändern

Schaltfläche	Bezeichnung	Funktion
	E-Mail	Öffnet einen leeren E-Mail-Nachrichtenkopf, um die Arbeitsmappe via Internet zu versenden
	Drucken	Druckt die aktive Arbeitsmappe
	Seitenansicht	Zeigt jede Seite so an, wie sie im Ausdruck erscheint
	Rechtschreibung	Überprüft Text im Tabellenblatt auf Rechtschreibfehler
	Recherchieren	Öffnet den Aufgabenbereich RECHERCHIEREN, von wo aus Sie online auf die Suche nach Informationen begeben können
	Ausschneiden	Entfernt den markierten Bereich und speichert ihn in der Zwischenablage, wo er darauf wartet, irgendwo wieder eingefügt zu werden
	Kopieren	Kopiert den markierten Bereich in die Zwischenablage
	Einfügen	Fügt den Inhalt der Zwischenablage an der markierten Stelle ein
	Format übertragen	Überträgt die Formatierung der markierten Zelle auf alle Zellen Ihrer Wahl
	Rückgängig	Macht den zuletzt gewählten Befehl rückgängig
	Wiederholen	Wiederholt den zuletzt gewählten Befehl
	Euroumrechnung	Öffnet ein Dialogfeld, in dem Sie den Bereich festlegen, der in Euro umgerechnet werden soll.
	Hyperlink einfügen	Fügt einen Hyperlink zu einer anderen Datei, zu einer Internetadresse (URL) oder zu einer bestimmten Stelle in einem anderen Dokument ein (Kapitel 10 erklärt, wie man Hyperlinks einsetzt)
Σ	AutoSumme	Addiert, ermittelt den Durchschnitt, zählt oder sucht nach dem höchsten bzw. niedrigsten Wert in der aktuellen Zellauswahl; außerdem können Sie hiermit noch einige weitere Excel-Funktionen aufrufen.
	Aufsteigend sortieren	Sortiert die Daten eines Zellbereichs je nach Datentyp in aufsteigender alphabetischer und/oder numerischer Reihenfolge
	Absteigend sortieren	Sortiert die Daten eines Zellbereichs je nach Datentyp in umgekehrter alphabetischer und/oder numerischer Reihenfolge
	Diagramm-Assistent	Leitet Sie Schritt für Schritt durch die Erstellung eines neuen Diagramms im aktiven Tabellenblatt (siehe Kapitel 8)

Schaltfläche	Bezeichnung	Funktion
	Zeichnen	Zeigt die Zeichnen-Symbolleiste an, mit der Sie verschiedene Formen und Pfeile erstellen können (mehr dazu in Kapitel 8)
100% ▾	Zoom	Vergrößert oder verkleinert die Bildschirmdarstellung der Daten in Ihrem Tabellenblatt
	Microsoft Excel-Hilfe	Der Antwort-Assistent meldet sich zu Wort. Hier können Sie Fragen stellen und nach bestimmten Themen zum Arbeiten mit den vielen Excel-Funktionen suchen. (Näheres erfahren Sie weiter unten in diesem Kapitel im Abschnitt »Hilfe ist schon unterwegs«.)

Tabelle 1.1: Die coolen Schaltflächen der Standard-Symbolleiste

Eigenwillige Symbolleisten

Gewöhnen Sie sich nicht allzu sehr an die Reihenfolge der Schaltflächen, die Excel bei der Erstinstallation in der Standard- und in der Format-Symbolleiste anzeigt. Excel funktioniert hier etwas eigenwillig. Das Programm verschiebt nämlich die Schaltfläche, die Sie als Letzte verwendet haben, weiter nach vorne. Was heißt das genau? Also, wenn Sie eine Schaltfläche aus der Palette mit den Optionen für Symbolleisten verwenden, dann wird diese Schaltfläche automatisch zu den bereits in der Symbolleiste angezeigten hinzugefügt. Da der Platz ja begrenzt ist, wird eine der nicht verwendeten Schaltflächen, die am Ende der Symbolleiste angezeigt werden, in die Palette mit den Optionen für Symbolleisten abgeschoben. Das Ergebnis sind Symbolleisten, die ständig anders aussehen. Mal wird die benötigte Schaltfläche in der Symbolleiste angezeigt sein, beim nächsten Mal befindet sie sich jedoch vielleicht wieder im Exil in der Palette!

Leider gibt es in Excel 2003 keine Option, mit der Sie diesem Spielchen ein Ende bereiten können. Das einzige Mittel, mit dem Sie die ursprüngliche Anordnung der Schaltflächen auf den Symbolleisten (und damit gleichzeitig die Menübefehle) wiederherstellen können, funktioniert so: Klicken Sie mit der rechten Maustaste irgendwo auf die Menüleiste oder die Standard- bzw. die Format-Symbolleiste und wählen Sie dann den Befehl ANPASSEN im angezeigten Kontextmenü. Im Dialogfeld ANPASSEN klicken Sie nun auf die Registerkarte OPTIONEN und dort auf die Schaltfläche VERWENDUNGSDATEN VON MENÜ- UND SYMBOLLEISTEN ZURÜCKSETZEN. Excel zeigt daraufhin eine Warnmeldung an, dass die Liste der Befehle, die Sie in Excel verwendet haben, gelöscht wird. Klicken Sie auf JA, damit das Programm die Standardbefehle für Menüs und Symbolleisten wiederherstellt.

Schaltfläche	Bezeichnung	Funktion
Arial	Schriftart	Formatiert einen Zellbereich in der gewählten Schriftart
10	Schriftgrad	Formatiert einen Zellbereich in der gewählten Schriftgröße
F	Fett	Formatiert den Zellbereich fett
K	Kursiv	Formatiert den Zellbereich kursiv
U	Unterstrichen	Unterstreicht die Einträge im Zellbereich (nicht die Zellen)
≡	Linksbündig	Richtet den Inhalt eines Zellbereichs linksbündig aus
≡	Zentriert	Zentriert den Inhalt eines Zellbereichs
≡	Rechtsbündig	Richtet den Inhalt eines Zellbereichs rechtsbündig aus
⊞	Zusammenführen und zentrieren	Verbindet zwei oder mehr markierte und aneinander grenzende Zellen zu einer Zelle und zentriert den Inhalt in der verbundenen Zelle; enthält die Auswahl mehrerer Werte, wird in der verbundenen Zelle nur der Wert aus der obersten linken Zelle angezeigt.
💲	Währung	Stellt den Zellbereich im Währungsformat dar (DM nachgestellt, Tausendertrennzeichen, zwei Dezimalstellen)
%	Prozentformat	Stellt den Zellbereich im Prozentformat dar (Zahlen mit 100 multipliziert, %-Zeichen nachgestellt, keine Dezimalstellen)
000	1.000er-Trennzeichen	Trennt Tausenderstellen durch einen Punkt und zeigt zwei Dezimalstellen an
€	Euro	Formatiert die Zellen im Euro-Buchungsformat (€ nachgestellt, Tausendertrennzeichen, zwei Dezimalstellen)
←,0,00	Dezimalstelle hinzufügen	Zeigt bei jedem Klicken auf diese Schaltfläche eine Dezimalstelle mehr an (mit ⇧ + Klicken wird eine Dezimalstelle weniger angezeigt)
,00→,0	Dezimalstelle löschen	Zeigt bei jedem Klicken auf diese Schaltfläche eine Dezimalstelle weniger an (mit ⇧ + Klicken wird eine Dezimalstelle mehr angezeigt)
⬅≡	Einzug verkleinern	Verschiebt den Eintrag in der aktuellen Zelle um die Breite eines Zeichens in der Standardschriftart nach links
➡≡	Einzug vergrößern	Verschiebt den Eintrag in der aktuellen Zelle um die Breite eines Zeichens in der Standardschriftart nach rechts
⊡	Rahmen	Zeigt eine Palette verschiedener Rahmentypen an, mit der Sie Zellbereiche mit Linien schmücken können

Schaltfläche	Bezeichnung	Funktion
	Füllfarbe	Zeigt eine Palette mit Hintergrundfarben für die Zellen an
	Schriftfarbe	Zeigt eine Palette mit Farben für Text in den Zellen eines Zellbereichs an
	Optionen für Symbolleisten	Zeigt ein Menü an, das Ihnen anbietet, die Symbolleisten in zwei Reihen anzuzeigen (wenn sie gerade nebeneinander angezeigt werden) bzw. in einer Reihe anzuzeigen (wenn sie sich gerade über zwei Reihen breit machen). Außerdem können Sie hiermit Schaltflächen hinzufügen oder entfernen. Wenn in der Symbolleiste nicht alle Schaltflächen angezeigt werden (was an dem >> zu erkennen ist), dann enthält das dazugehörige Kontextmenü eine Palette mit allen Schaltflächen, die ebenfalls zur Verfügung stehen.

Tabelle 1.2: Die flotten Schaltflächen der Format-Symbolleiste

Die Bearbeitungsleiste

Die Bearbeitungsleiste zeigt die Zelladresse und den Inhalt der aktuellen Zelle an. Sie ist in drei Abschnitte unterteilt:

✔ **Namenfeld:** Der erste Abschnitt ganz links enthält die aktuelle Zelladresse.

✔ **Schaltflächen der Bearbeitungsleiste:** Der zweite Abschnitt der Bearbeitungsleiste ist der blaue Bereich zwischen dem Namenfeld und dem Zellinhalt. Er enthält ganz links den nach unten zeigenden Pfeil des Dropdown-Listenfelds des Namenfelds und ganz rechts die Schaltfläche für Funktion einfügen (*fx*).

✔ **Zellinhalt:** Der große weiße Bereich füllt den verbleibenden rechten Teil der Bearbeitungsleiste auf.

Wenn die aktuelle Zelle leer ist, dann enthält auch dieser dritte Abschnitt keinen Eintrag. Wenn Sie aber Daten oder eine Formel eingeben, erwachen der zweite und der dritte Abschnitt zum Leben. Sobald Sie eine Taste drücken, werden im zweiten Abschnitt die Schaltfläche für Abbrechen und die Schaltfläche für Eingeben angezeigt (Abbildung 1.5). Diese Schaltflächen werden zwischen dem nach unten zeigenden Pfeil des Namenfelds (das automatisch zu einem Dropdown-Listenfeld wird, sobald Sie eine Zelle bearbeiten, die eine Formel enthält) und der Schaltfläche für Funktion einfügen angezeigt. (In Kapitel 2 erfahren Sie, wie Sie diese Elemente einsetzen.)

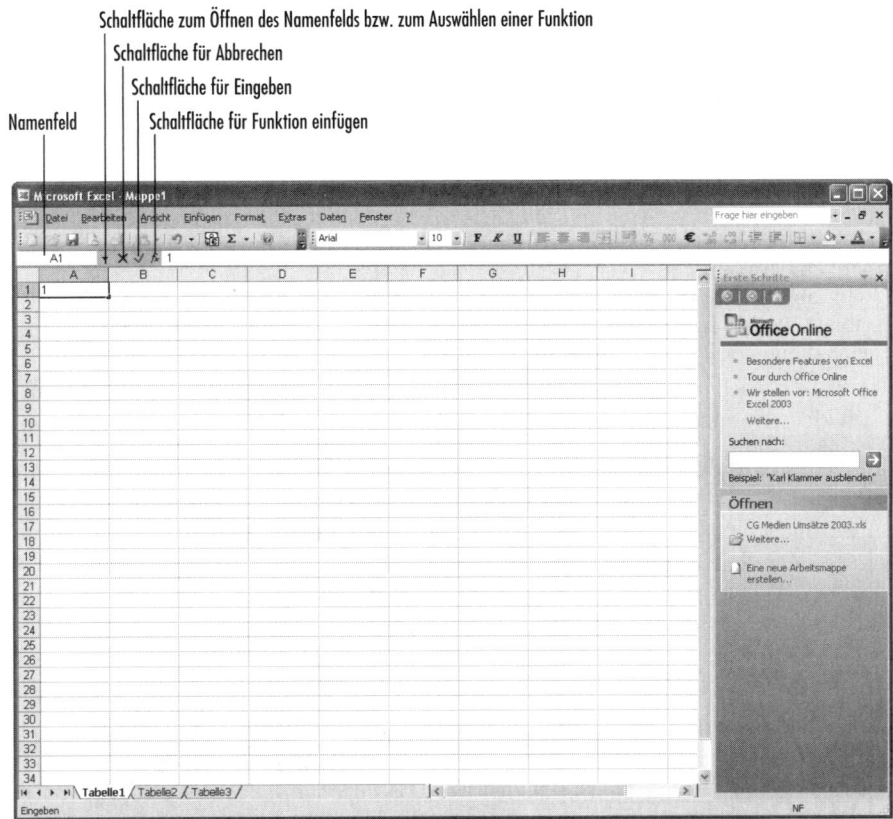

Abbildung 1.5: Die Schaltfläche für Abbrechen und die Schaltfläche für Eingeben werden in der Bearbeitungsleiste angezeigt, sobald Sie etwas in eine Zelle eingeben.

Hinter diesen Feldern und Schaltflächen werden im dritten Abschnitt der Bearbeitungsleiste die Zeichen angezeigt, die Sie gerade in eine Zelle im Tabellenblatt eingeben. Wenn Sie den Eintrag abgeschlossen haben (indem Sie auf die Schaltfläche für Eingeben in der Bearbeitungsleiste geklickt oder ⏎ bzw. eine der Pfeiltasten gedrückt haben), zeigt Excel den gesamten Eintrag in der Zelle an. Die zwei Schaltflächen aus dem zweiten Abschnitt der Bearbeitungsleiste sind wieder verschwunden. Sobald Sie den Zellcursor wieder auf dieser Zelle positionieren, wird der Inhalt dieser Zelle erneut in der Bearbeitungsleiste angezeigt.

Das Arbeitsmappenfenster

Wenn Sie das Programm aufrufen, wird normalerweise eine leere Arbeitsmappe in einem neuen Arbeitsmappenfenster direkt unterhalb der Bearbeitungsleiste angezeigt, das auf der rechten Seite den Aufgabenbereich ERSTE SCHRITTE enthält. Abbildung 1.6 zeigt, dass das Arbeitsmappenfenster (nachdem Sie auf die Schaltfläche für Wiederherstellen im Arbeitsmappenfenster geklickt haben) einen eigenen Platz links neben dem Aufgabenbereich ERSTE SCHRITTE einnimmt. Es verfügt über ein eigenes Systemmenüfeld, eine eigene Titelleiste sowie eigene Schaltflächen für Minimieren, Maximieren bzw. Wiederherstellen und zum Schließen. In der Titelleiste des Arbeitsmappenfensters wird außerdem noch der Arbeitsmappenname angezeigt (MAPPE1, wenn Sie Excel aufrufen, MAPPE2, wenn Sie das nächste neue Arbeitsmappenfenster öffnen, etc.).

Am unteren Rand des Arbeitsmappenfensters befinden sich die Registerlaufpfeile, das Blattregister für die Aktivierung der verschiedenen Tabellenblätter der Arbeitsmappe (Sie wissen ja – drei neue Blätter warten auf Ihre Zahlen) sowie die horizontale Bildlaufleiste, mit der Sie im Tabellenblatt weiter nach rechts bzw. nach links blättern können. Am rechten Rand des Arbeitsmappenfensters gibt es noch die vertikale Bildlaufleiste, mit der Sie im Tabellenblatt nach unten bzw. nach oben blättern können. (Sie erinnern sich sicherlich, dass Sie nur einen lächerlich kleinen Prozentsatz des gesamten Tabellenblatts auf dem Bildschirm sehen.)

Sie können direkt nach dem Aufrufen von Excel mit dem Erstellen eines neuen Tabellenblatts in TABELLE1 der MAPPE1 beginnen, die im Arbeitsmappenfenster in voller Größe angezeigt wird. Wenn Ihre Bildschirmanzeige so wie die in Abbildung 1.6 aussehen soll, dann klicken Sie rechts in der Menüleiste des Arbeitsmappenfensters auf die Schaltfläche für Wiederherstellen. Und, schwuppdiwupp, erhalten Sie ein auf das Wichtigste reduziertes Arbeitsmappenfenster.

Arbeitsmappenfenster in beliebiger Größe

Sie können die Größe und die Position einer Arbeitsmappe, die nicht zum Symbol verkleinert und nicht als Vollbild dargestellt wird (so wie die in Abbildung 1.6), manuell ändern. Hierzu hat Microsoft für ganz Blinde eine spezielle Ecke (das so genannte Größenfeld) kreiert, die uns in der unteren rechten Ecke des Arbeitsmappenfensters beglückt. Rein theoretisch tut es jede andere Ecke auch, aber die ist wohl besonders schön.

Gehen Sie nun folgendermaßen vor: Zeigen Sie mit dem Mauszeiger auf das besagte Größenfeld des Arbeitsmappenfensters (oder eine beliebige andere Ecke – es gibt ja noch drei davon). Ein neues Mausgesicht – der Doppelpfeil – zeigt sich. Ziehen Sie nun die Maus so lange (die linke Maustaste bleibt gedrückt), bis das Fenster die gewünschte Größe hat. Beachten Sie, dass der Mauszeiger die Form eines Doppelpfeils nur dann annimmt, wenn Sie wirklich auf *die* oder eine andere Ecke zeigen.

✔ Wenn Sie den Mauszeiger auf den unteren Rahmen des Fensters setzen und dann senkrecht nach oben ziehen, wird das Fenster verkürzt. Ziehen Sie den Rahmen nach unten, wird das Fenster in die Länge gestreckt.

✔ Wenn Sie den Zeiger auf den rechten Fensterrahmen setzen und dann nach links ziehen, wird das Fenster schmaler. Ziehen Sie den Rahmen nach rechts, wird das Fenster breiter.

✔ Wenn Sie den Zeiger auf die untere rechte Ecke des Fensterrahmens setzen und dann diagonal in Richtung auf die linke obere Rahmenecke ziehen, wird das Fenster kürzer und schmaler. Ziehen Sie von der linken oberen Rahmenecke weg, wird das Fenster länger und breiter.

Sobald die Fenstergröße Ihren Wünschen entspricht, lassen Sie die linke Maustaste los. Excel zeichnet dann das Arbeitsmappenfenster gemäß Ihren Angaben neu.

 Wenn Sie die Größe eines Arbeitsmappenfensters manuell geändert haben, können Sie die ursprüngliche Fenstergröße auch nur manuell wiederherstellen. Es gibt in diesem Fall leider keine Schaltfläche für Wiederherstellen, auf die Sie klicken könnten.

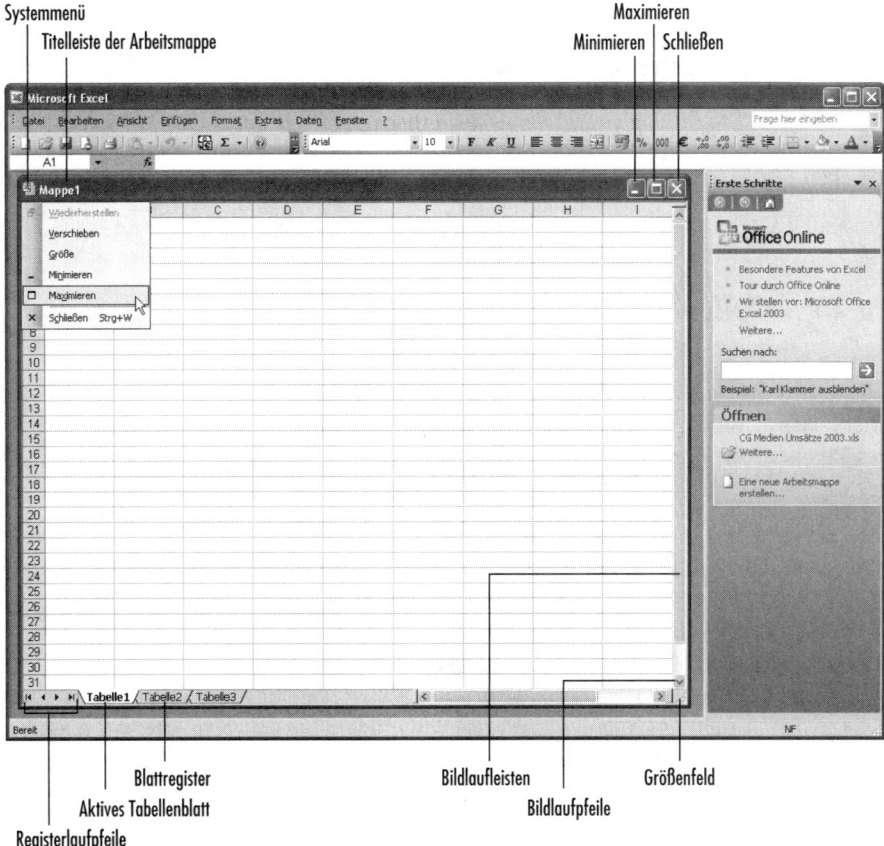

Abbildung 1.6: Jedes Arbeitsmappenfenster enthält sein eigenes Systemmenüfeld sowie Schaltflächen zum Blättern und zum Verändern der Größe.

Damit aber nicht genug. Die Arbeitsmappenfenster können nicht nur in ihrer Größe verändert, sondern auch zwischen Bearbeitungsleiste und Statusleiste verschoben werden.

Um ein Arbeitsmappenfenster zu verschieben, führen Sie die folgenden Schritte aus:

1. Packen Sie das Arbeitsmappenfenster einfach am Kragen bzw. an der Titelleiste.

2. **Wenn Sie die Titelleiste fest im Griff haben, ziehen Sie das Fenster an die gewünschte Position und lassen die linke Maustaste wieder los.**

Wenn Ihnen das Ziehen von Objekten mit der Maus Schwierigkeiten bereitet, dann können Sie ein Arbeitsmappenfenster auch noch auf folgende Weise verschieben:

1. **Drücken Sie** ⎡Strg⎤+⎡F7⎤ **oder wählen Sie im Systemmenü des Arbeitsmappenfensters den Befehl** VERSCHIEBEN.

   Der Mauszeiger zeigt ein neues Gesicht: den Vierfachpfeil.

2. **Ziehen Sie das Fenster mit dem Vierfachpfeil oder drücken Sie die Pfeiltasten (**⎡←⎤, ⎡↑⎤, ⎡→⎤ **oder** ⎡↓⎤**), bis das Fenster im Schneckentempo an die gewünschte Position gekrochen ist.**

3. **Drücken Sie abschließend** ⎡↵⎤.

   Der Mauszeiger zeigt wieder sein Alltagsgesicht: das dicke, weiße Kreuz.

Durch die Tabellenblätter surfen

Ganz unten links im aktiven Arbeitsmappenfenster werden die Registerlaufpfeile und daneben die Register für die ersten drei Tabellenblätter angezeigt. Das aktive Tabellenblatt ist daran zu erkennen, dass es weiß ist und der Registername fett dargestellt wird. Wenn Sie Lust auf ein anderes Tabellenblatt der Mappe haben, dann klicken Sie einfach auf das dazugehörige Blattregister.

Falls Sie der Arbeitsmappe weitere Tabellenblätter hinzugefügt haben (Kapitel 7 sagt Ihnen, wie man das macht!) und nun das Blattregister für das Tabellenblatt, das Sie unbedingt sehen möchten, nicht angezeigt wird, dann blättern Sie mit den Registerlaufpfeilen ganz einfach nach links oder rechts. Sehen Sie die vier links neben den Registern angezeigten Schaltflächen mit den schwarzen Pfeilen? Nun, wenn Sie auf eine der beiden mittleren Schaltflächen klicken, blättern Sie in der Registerlaufleiste jeweils um ein Register nach rechts bzw. nach links. Wenn Sie auf eine der beiden äußeren Schaltflächen klicken, blättern Sie zum ersten bzw. letzten Register in der Arbeitsmappe.

Die Statusleiste

Die letzte Zeile am unteren Rand des Excel-Fensters wird als *Statusleiste* bezeichnet, da sie Informationen über den aktuellen Zustand des Programms enthält. Im linken Teil der Statusleiste werden Meldungen angezeigt, die gegenwärtig ablaufende Vorgänge oder den Befehl beschreiben, den Sie in der Excel-Menüleiste ausgewählt haben. Nachdem Sie Excel gestartet haben, wird dort die Meldung `Bereit` angezeigt (Abbildung 1.7). Wie nett! Excel teilt Ihnen mit, dass es losgehen kann.

Auf der rechten Seite der Statusleiste befinden sich mehrere Felder, die den aktuellen Modus des Programms anzeigen, d. h., hier können Sie sehen, ob bestimmte Tasten aktiviert sind, die das Arbeiten mit dem Programm irgendwie beeinflussen könnten. Nach dem Starten von Excel wird z. B. im Feld für den Status der Zehnertastatur NF angezeigt. Wenn Sie die ⇧-Taste drücken, um Text in Großbuchstaben einzugeben, wird in der Statusleiste GROSS neben NF angezeigt. Drücken Sie die Rollen-Taste, damit Sie mit den Pfeiltasten durch das Tabellenblatt blättern können, wird SCRL angezeigt.

Bitte einmal AutoBerechnung

Das größte Feld in der Statusleiste (das dritte von links) ist das Feld für AutoBerechnung. Mit diesem kleinen Zauberfeld können Sie schnell und einfach Zwischensummen von beliebigen Zellbereichen bilden, wenn das Kopfrechnen nicht mehr so ganz funktioniert. (In Kapitel 3 kriegen Sie jede Menge Infos darüber, wie Sie einen Zellbereich markieren.) In Abbildung 1.7 sehen Sie beispielsweise ein Tabellenblatt, in dem ein Teil einer Spalte markiert ist. Und man sehe und staune: Die Summe aller markierten Zellen steht unaufgefordert unten in der Statusleiste im Feld für AutoBerechnung.

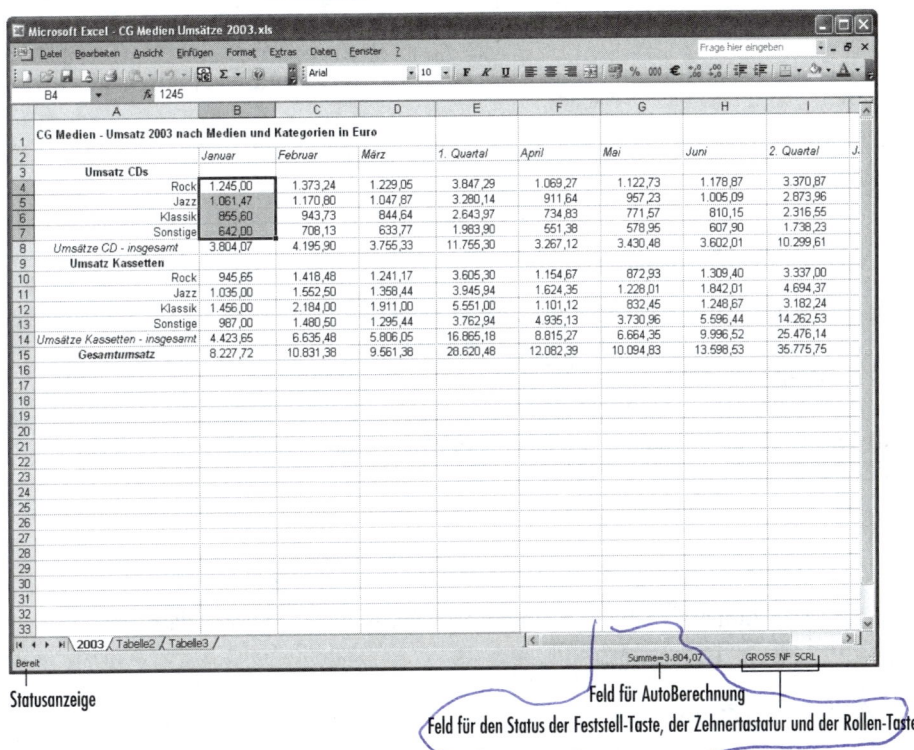

Statusanzeige

Feld für AutoBerechnung

Feld für den Status der Feststell-Taste, der Zehnertastatur und der Rollen-Taste

Abbildung 1.7: Das Feld für AutoBerechnung in der Statusleiste berechnet automatisch die Summe aller markierten Zellen, die Werte enthalten. Sie brauchen keinen Finger dafür krumm zu machen.

Wenn Sie meinen, das war's, dann irren Sie sich gewaltig. Das Feld für AutoBerechnung kann weit mehr als nur eine läppische Summe bilden. Wie wäre es mit dem Mittelwert oder der Anzahl von Werten? Wenn Sie beispielsweise wissen möchten, wie viele markierte Zellen Werte enthalten (Excel ignoriert beim Zählen alle Textzellen), dann klicken Sie mit der rechten Maustaste auf das Feld für AutoBerechnung, um ein Kontextmenü zu öffnen und dann die Qual der Wahl aus folgenden Optionen zu haben:

✔ Um den Mittelwert der aktuellen Zellauswahl zu ermitteln, wählen Sie im Kontextmenü den Befehl MITTELWERT.

✔ Um die Anzahl aller Zellen zu berechnen, die Werte enthalten (Zellen mit Texteinträgen werden ignoriert), wählen Sie den Befehl ANZAHL.

✔ Wenn Sie die Anzahl aller Zellen ermitteln wollen, egal welchen Dateityp sie enthalten, dann wählen Sie im Kontextmenü den Befehl ZÄHLEN.

✔ Wenn Sie mithilfe der AutoBerechnung-Funktion feststellen wollen, welches der höchste Wert in der aktuellen Zellauswahl ist, dann wählen Sie den Befehl MAX, für den niedrigsten Wert – Sie können es sich denken – den Befehl MIN.

✔ Damit keine Berechnungen in der Statusleiste angezeigt werden, wählen Sie ganz oben in diesem Menü den Befehl KEIN(E).

✔ Damit im Feld für AutoBerechnung wieder die normale Summenfunktion angezeigt wird, wählen Sie den Befehl SUMME.

Der Status der Zehnertastatur

Was geht Sie der Status der Zehnertastatur an? Ganz einfach: Das NF-Feld in der Statusleiste zeigt an, ob die Taste ⌈Num⌉ auf der Zehnertastatur gedrückt oder nicht gedrückt ist. Müssen Sie das wissen? Klar! Denn nur so wissen Sie, ob die Pfeiltasten oder die Zahlen auf der Zehnertastatur aktiv sind. Ist ⌈Num⌉ aktiviert, können Sie die Zahlen verwenden, ist die Taste deaktiviert, wird der Zellcursor um eine Zelle nach rechts verschoben, wenn Sie auf die Taste mit der 6 drücken.

Die Aufgabenbereiche

Wenn Sie Excel zum ersten Mal mit einer leeren Arbeitsmappe öffnen, dann wird automatisch auf der rechten Seite des Programmfensters der Aufgabenbereich ERSTE SCHRITTE angezeigt (wie in Abbildung 1.4 zu sehen). Sie arbeiten mit diesem Aufgabenbereich, um erst vor kurzem geöffnete Arbeitsmappen erneut zu bearbeiten oder weitere neue Arbeitsmappen zu erstellen. (Lesen Sie Kapitel 2, wenn Sie dieses Thema interessiert.) Im Aufgabenbereich ERSTE SCHRITTE beherbergt Excel 2003 noch eine ganze Reihe anderer Aufgabenbereiche, beispielsweise HILFE, SUCHERGEBNISSE, ZWISCHENABLAGE, RECHERCHIEREN, ClipArt oder NEUE ARBEITSMAPPE, die weitere spezielle Aufgabenbereiche wie HILFE ZUR VORLAGE, FREIGEGEBENER ARBEITSBEREICH, DOKUMENTAKTUALISIERUNGEN und XML-QUELLE umfasst.

Sie stört es, dass fast ein Drittel des Bildschirms für den Aufgabenbereich draufgeht? Dann klicken Sie einfach auf die Schaltfläche für Schließen (das X in der rechten oberen Ecke des Aufgabenbereichs) oder drücken Sie ⌷Strg⌷+⌷F1⌷. Wenn Sie den Aufgabenbereich wieder anzeigen wollen, drücken Sie einfach erneut ⌷Strg⌷+⌷F1⌷ oder Sie wählen im Menü ANSICHT den Befehl AUFGABENBEREICH oder den Befehl SYMBOLLEISTEN und dann den Unterbefehl AUFGABEN-BEREICH.

Wird das Aufgabenbereichsfenster angezeigt, können Sie wählen, welchen Aufgabenbereich Sie anzeigen wollen, indem Sie im Aufgabenbereich auf den nach unten zeigenden Pfeil direkt links neben der Schaltfläche für Schließen klicken. Wenn Sie einen neuen Aufgabenbereich gewählt haben, können Sie in den alten wieder zurückwechseln, indem Sie zwischen den einzelnen Aufgabenbereichen hin und her blättern. Dafür gibt es auf der linken Seite des Aufgabenbereichsfensters die Schaltflächen für Zurück und Weiter, die durch einen nach links bzw. nach rechts zeigenden Pfeil gekennzeichnet sind. Wenn Sie direkt wieder zurück zum Aufgabenbereich ERSTE SCHRITTE wollen, klicken Sie auf die Schaltfläche für Homepage (die mit dem Haussymbol).

 Wenn Sie es leid sind, dass nach jedem Starten von Excel automatisch der Aufgabenbereich ERSTE SCHRITTE geöffnet wird, dann steht es Ihnen frei, diese Funktion zu deaktivieren. Wählen Sie dazu im Menü EXTRAS den Befehl OPTIONEN und dann die Registerkarte ANSICHT. Deaktivieren Sie hier das Kontrollkästchen START-AUFGABENBEREICH.

Nichts wie raus aus dieser Zelle!

Excel verfügt über mehrere Möglichkeiten, mit denen Sie sich in den einzelnen riesigen Tabellenblättern der Arbeitsmappe bewegen können. Am einfachsten ist es, in der Registerlaufleiste auf das entsprechende Register zu klicken und dann die Bildlaufleisten im Arbeitsmappenfenster zu verwenden, um andere Bereiche des Tabellenblatts anzuzeigen. Excel bietet Ihnen auch eine ganze Reihe von Tasten oder Tastenkombinationen, mit denen Sie nicht nur einen anderen Bereich des Tabellenblatts anzeigen, sondern auch eine neue Zelle aktivieren können.

Einfach laufen lassen

Wie funktioniert das mit den Bildlaufleisten in Excel? Stellen Sie sich vor, Sie rollen Ihr Tabellenblatt auf, als ob es eine Pergamentrolle wäre. Um einen anderen Bereich auf der Rolle sichtbar zu machen, der noch auf der rechten Seite verborgen ist, müsste man die rechte Seite abrollen, bis der Bereich mit den gewünschten Zellen erscheint. Wollte man einen Bereich des Tabellenblatts auf der linken Seite sehen, so müsste man die linke Seite abrollen, bis der Zellbereich erscheint.

Vor und zurück mit der horizontalen Bildlaufleiste

Um diesen Links-/Rechts-Bildlauf in einem Excel-Tabellenblatt durchzuführen, verwenden Sie die *horizontale Bildlaufleiste* am unteren Rand des Arbeitsmappenfensters. Wenn Sie auf den linken Bildlaufpfeil in der Bildlaufleiste klicken, bewegt sich das Tabellenblatt nach rechts und zeigt eine neue Spalte an, die bis jetzt auf der linken Seite verdeckt war. Wenn Sie auf den rechten Bildlaufpfeil in der Bildlaufleiste klicken, bewegt sich das Tabellenblatt nach links und zeigt eine neue Spalte an, die bis jetzt auf der rechten Seite verdeckt war. Na, so weit alles klar?

Es geht aber auch noch schneller. Klicken Sie auf den Bildlaufpfeil, in dessen Richtung Sie blättern müssen. Halten Sie die Maustaste eisern gedrückt, bis die Spalte angezeigt wird, die Sie sehen möchten. Wenn Sie beispielsweise nach rechts blättern, wird das *horizontale Bildlauffeld* (der große rechteckige Block) immer kleiner, je mehr Sie sich in den hinteren Spaltenbereich, beispielsweise zu Spalte BA und weiter wagen. Am Schluss ist das Bildlauffeld nur noch ein kleiner mickriger Strich. Wenn Sie dann auf den Bildlaufpfeil nach links klicken, um zurückzublättern, plustert sich das Bildlauffeld immer mehr auf, je mehr Sie sich der Spalte A nähern. Netter optischer Schnickschnack.

Wenn Sie noch flotter durch die Spalten blättern wollen, dann ziehen Sie einfach das dicke Bildlauffeld in die entsprechende Richtung.

Auf und ab mit der vertikalen Bildlaufleiste

 Mit der vertikalen Bildlaufleiste wird das Tabellenblatt nach oben bzw. nach unten gerollt. Auch hier bietet sich das Bild der Pergamentrolle an, die jetzt allerdings waagrecht gehalten wird. Sie rollen die Pergamentrolle nach unten ab, um die am unteren Rand verdeckten Zeilen anzusehen, bzw. nach oben auf, um die am oberen Rand verdeckten Zeilen anzusehen.

Die vertikale Bildlaufleiste an der rechten Seite des Arbeitsmappenfensters enthält die entsprechenden Bildlaufpfeile. Klicken Sie auf den nach unten zeigenden Bildlaufpfeil, um das Tabellenblatt nach oben zu verschieben und die nächste noch verdeckte Zeile am unteren Fensterrand anzuzeigen. Klicken Sie auf den nach oben zeigenden Bildlaufpfeil, um das Tabellenblatt nach unten zu verschieben und die nächste noch verdeckte Zeile am oberen Fensterrand anzuzeigen.

Da ich mich ungern wiederhole, möchte ich Sie auf die beiden letzten Absätze im vorhergehenden Abschnitt verweisen. Dies funktioniert selbstverständlich auch beim vertikalen Blättern.

Bildschirm für Bildschirm

Sie können mit den Bildlaufleisten auch einen Bildschirmsprung im Dokument machen. Klicken Sie dazu auf den hellgrauen Bereich in der Bildlaufleiste zwischen dem Bildlauffeld und einem der Bildlaufpfeile. Um einen Bildschirm mehrere Spalten nach links oder nach rechts zu blättern, klicken Sie in der horizontalen Bildlaufleiste auf die entsprechende Seite des Bildlauffelds (links neben dem Bildlauffeld = nach links; rechts neben dem Bildlauffeld = nach rechts).

Um einen Bildschirm nach oben oder nach unten zu blättern, klicken Sie in der vertikalen Bildlaufleiste auf die entsprechende Seite des Bildlauffelds (oberhalb des Bildlauffelds = nach oben; unterhalb des Bildlauffelds = nach unten).

Tastenkombinationen zum Verschieben des Zellcursors

Ein Nachteil bei der Verwendung der Bildlaufleisten besteht darin, dass lediglich neue Bereiche des Tabellenblatts angezeigt werden, aber die Position des Zellcursors nicht geändert wird. Das heißt, wenn Sie in die Zellen eines neuen Tabellenblattbereichs Daten eingeben wollen, dürfen Sie nicht vergessen, die Zelle(n) zu markieren, in der Sie mit der Dateneingabe beginnen wollen.

Excel bietet eine ganze Reihe von Tastenkombinationen, mit denen der Zellcursor in eine neue Zelle verschoben werden kann. Wenn Sie eine dieser Kombinationen verwenden, blättert Excel bei Bedarf im Tabellenblatt, um den Zellcursor neu positionieren zu können. Tabelle 1.3 enthält diese schlauen Tastenkombinationen und beschreibt, welche Sprünge der Zellcursor bei welcher Taste bzw. Tastenkombination ausführt.

 Bei den Tastenkombinationen in Tabelle 1.3, bei denen Pfeiltasten verwendet werden, müssen Sie entweder mit den Pfeiltasten auf dem Cursorblock arbeiten oder die ⎡Num⎤-Taste deaktivieren, um mit den Pfeiltasten auf der Zehnertastatur zu arbeiten. Wenn Sie die Pfeiltasten nämlich verwenden wollen, solange die ⎡Num⎤-Taste aktiviert ist, werden entweder Zahlen in die aktuelle Zelle eingegeben oder es passiert überhaupt nichts. Sagen Sie dann aber nicht, daran sei ich schuld!

Taste(nkombinationen)	Funktion
⎡→⎤ oder ⎡⇥⎤	Nach rechts zur nächsten Zelle
⎡←⎤ oder ⎡⇧⎤+⎡⇥⎤	Nach links zur vorhergehenden Zelle
⎡↑⎤	Eine Zeile nach oben
⎡↓⎤	Eine Zeile nach unten
⎡Pos1⎤	Zur ersten Zelle in der aktuellen Zeile
⎡Strg⎤+⎡Pos1⎤	Zur ersten Zelle (A1) im Tabellenblatt
⎡Strg⎤+⎡Ende⎤ oder ⎡Ende⎤, ⎡Pos1⎤	Zur Zelle in der rechten unteren Ecke des aktiven Bereichs des Tabellenblatts (also die letzte Zelle, die Daten enthält)
⎡Bild↑⎤	Einen Bildschirm nach oben zur Zelle in derselben Spalte
⎡Bild↓⎤	Einen Bildschirm nach unten zur Zelle in derselben Spalte
⎡Strg⎤+⎡→⎤ oder ⎡Ende⎤, ⎡→⎤	Nach rechts zur nächsten belegten Zelle in derselben Zeile, die sich entweder vor oder nach einer leeren Zelle befindet; wenn keine Zelle belegt ist, springt der Zellcursor an das Ende der Zeile

Taste(nkombinationen)	Funktion
`Strg` + `←` oder `Ende` , `←`	Nach links zur nächsten belegten Zelle in derselben Zeile, die sich entweder vor oder nach einer leeren Zelle befindet; wenn keine Zelle belegt ist, springt der Zellcursor an den Anfang der Zeile.
`Strg` + `↑` oder `Ende` , `↑`	Nach oben zur nächsten belegten Zelle in derselben Spalte, die sich entweder vor oder nach einer leeren Zelle befindet; wenn keine Zelle belegt ist, springt der Zellcursor an den Anfang der Spalte.
`Strg` + `↓` oder `Ende` , `↓`	Nach unten zur nächsten belegten Zelle in derselben Spalte, die sich entweder vor oder nach einer leeren Zelle befindet; wenn keine Zelle belegt ist, springt der Zellcursor an das Ende der Spalte.
`Strg` + `Bild ↓`	Zur letzten Zelle mit Daten im nächsten Tabellenblatt der Arbeitsmappe
`Strg` + `Bild ↑`	Zur letzten Zelle mit Daten im vorherigen Tabellenblatt der Arbeitsmappe

Tabelle 1.3: Tastenkombinationen zum Verschieben des Zellcursors

Von Bereich zu Bereich

Die Tastenkombinationen `Strg` bzw. `Ende` plus Pfeiltaste aus Tabelle 1.3 sind ideal für das schnelle Hin- und Herspringen von einem Ende des Tabellenblatts zum anderen oder von einem Tabellenbereich zum anderen, vor allem wenn man mit großen Tabellen arbeitet.

✔ Wenn sich der Zellcursor in einer leeren Zelle irgendwo links neben einem Tabellenbereich mit Zelleinträgen befindet, den Sie anzeigen möchten, dann können Sie mit `Strg` + `→` den Zellcursor auf den ersten Zelleintrag am linken Rand des Tabellenbereichs bewegen (in derselben Zeile versteht sich).

✔ Wenn Sie noch einmal `Strg` + `→` drücken, hüpft der Zellcursor auf den letzten Zelleintrag am rechten Rand des Tabellenbereichs (sofern es in dieser Zeile keine leeren Zellen gibt).

✔ Wenn Sie dann die Richtung ändern und `Strg` + `↑` drücken, springt der Zellcursor direkt zum letzten Zelleintrag am Ende des Tabellenbereichs (immer vorausgesetzt, dass es in dieser Tabellenspalte keine leeren Zellen gibt).

✔ Wenn Sie dann nochmals `Strg` + `↑` drücken, springt der Zellcursor auf den ersten Eintrag am oberen Rand des nächsten darunter liegenden Tabellenbereichs (vorausgesetzt, dass sich über diesem Bereich keine anderen Einträge in derselben Spalte befinden).

✔ Wenn Sie `Strg` oder `Ende` zusammen mit einer der Pfeiltasten drücken und sich in der Richtung der gewählten Pfeiltaste keine belegten Zellen mehr befinden, springt der Zellcursor direkt zu der Zelle, die sich in dieser Richtung am äußersten Rand des Tabellenblatts befindet.

✔ Wenn sich der Zellcursor beispielsweise in Zelle C15 befindet und in Zeile 15 keine weiteren Zellen belegt sind, dann wird der Zellcursor zur Zelle IV15 am rechten Rand des Tabellenblatts springen, sobald Sie ⌨Strg+→ drücken. Ein weiter, weiter Weg!

✔ Wenn Sie sich in Zelle C15 tummeln und es darunter in Spalte C keine weiteren Einträge gibt, dann wird der Zellcursor zur Zelle C65536 am unteren Rand des Tabellenblatts springen, sobald Sie ⌨Strg+↓ drücken. So schnell kann's gehen!

Wenn Sie ⌨Strg und eine Pfeiltaste drücken, um in einem Tabellenbereich von einer Seite zur anderen zu hüpfen oder zwischen den Tabellenbereichen in einem Tabellenblatt hin- und herzuwandern, müssen Sie ⌨Strg gedrückt halten, während Sie eine der vier Pfeiltasten betätigen. (Das Pluszeichen in den Tastenkombinationen soll genau dies aussagen, z. B. ⌨Strg+→.)

Wenn Sie ⌨Ende und eine der Pfeiltasten verwenden, müssen Sie ⌨Ende drücken und diese Taste loslassen, bevor Sie die Pfeiltaste drücken. (Das Komma soll Ihnen dabei auf die Sprünge helfen, z. B. ⌨Ende, →.) Wenn Sie ⌨Ende drücken und wieder loslassen, dann wird in der Statusleiste END angezeigt. Jetzt wissen Sie: »Aha! Excel wartet darauf, dass ich eine der vier Pfeiltasten drücke.«

 Da Sie ⌨Strg gedrückt lassen können, während Sie verschiedene Pfeiltasten verwenden, ist die Tastenkombination ⌨Strg+Pfeiltaste für ein schnelles Navigieren zwischen den Bereichen eher geeignet als die Tastenkombination ⌨Ende, Pfeiltaste.

Auch auf die Gefahr hin, dass Sie vom vielen Hüpfen und Springen bereits etwas müde geworden sind, sollten Sie sich doch noch den letzten beiden (ruhigeren) Abschnitten zu diesem Thema widmen.

Lieber Zellcursor, bitte gehe zu Zelle A105

Mit der Option GEHE ZU können Sie direkt zu einer Zelle im Tabellenblatt springen. Öffnen Sie dazu das Dialogfeld GEHE ZU. Wie immer haben Sie die Qual der Wahl: Wählen Sie entweder den Befehl GEHE ZU im Menü BEARBEITEN oder drücken Sie ⌨Strg+G bzw. ⌨F5. Danach schreiben Sie in das Textfeld VERWEIS die Adresse der Zelle, zu der Sie hüpfen möchten. OK wählen oder ⌨↵ drücken und schon sind Sie dort. Das Textfeld VERWEIS ist übrigens nicht wählerisch. Sie können dort Groß- und/oder Kleinbuchstaben eingeben.

Das schlaue Excel merkt sich übrigens die letzten vier Zellen, zu denen Sie gesprungen sind. Diese werden oben im Dialogfeld GEHE ZU angezeigt. Sie werden vielleicht auch bemerken, dass im Textfeld VERWEIS zusätzlich noch die Zelladresse steht, von der Sie abgesprungen sind. Damit können Sie schnell zwischen der aktuellen Position und Ihrer vorherigen Position im Tabellenblatt hin- und herpendeln. Einfach ⌨F5 und danach ⌨↵ drücken (immer vorausgesetzt, Sie haben den Befehl GEHE ZU benutzt, um zur aktuellen Position zu gelangen).

Lieber Zellcursor, bitte bleib, wo du bist

Sie können mit der ⌨Rollen-Taste die Position des Zellcursors im Tabellenblatt »einfrieren«, damit Sie mit Tasten wie ⌨Bild↑ oder ⌨Bild↓ im Tabellenblatt blättern können, ohne die ursprüngliche Position des Zellcursors zu verändern. (Das heißt, Sie können mit diesen Tasten genauso arbeiten wie mit den Bildlaufleisten.)

Wenn Sie also die ⌨Rollen-Taste drücken und in Ihrem Tabellenblatt mithilfe von Tasten oder Tastenkombinationen blättern, wird Excel keine neue Zelle markieren, sondern nur einen neuen Bereich des Tabellenblatts anzeigen. Wenn Sie beim Blättern mit der Tastatur den Zellcursor wieder mobil machen wollen, drücken Sie einfach nochmals die ⌨Rollen-Taste.

Die Qual der Wahl: Menüleiste oder Kontextmenü?

Für die Gelegenheiten, bei denen Ihnen die Excel-Symbolleisten nicht mit einer Schaltfläche zur Seite stehen, müssen Sie auf die Menübefehle zurückgreifen, die das Programm für Sie bereithält. Excel bietet Ihnen eine Menüauswahl, die einem 5-Sterne-Restaurant alle Ehre macht: Neben den normalen Menüs in der Menüleiste (sie werden manchmal auch als Pulldown-Menüs bezeichnet), die es in fast allen Windows-Anwendungen gibt, bietet Excel Ihnen noch ein zweites Menüsystem, die so genannten _Kontextmenüs_.

Die Kontextmenüs machen einen schnelleren Zugriff auf die am häufigsten verwendeten Menübefehle möglich, da sie mit einem bestimmten Bildschirmelement (z. B. mit einer Symbolleiste, einem Arbeitsmappenfenster, einer Zelle) verknüpft sind und nur die Befehle enthalten, die für dieses Element gedacht sind. Das führt dazu, dass die Kontextmenüs oft Befehle beherbergen, die sich in der Menüleiste in verschiedenen separaten Menüs tummeln.

Darf ich die Bestellung aufnehmen?

Wie beim Verschieben des Zellcursors im Tabellenblatt können Sie bei der Wahl der Befehle in der Menüleiste zwischen Maus und Tastatur wählen. Um ein Menü mit der Maus zu öffnen, klicken Sie einfach auf den Menünamen in der Menüleiste. Wenn Sie ein Menü mit der Tastatur öffnen wollen, halten Sie ⌨Alt gedrückt und geben den Buchstaben ein, der im betreffenden Menünamen unterstrichen ist. (Sie können diese Buchstaben einfach als unterstrichene Buchstaben bezeichnen. Wenn Ihnen dies zu läppisch ist, stehen Ihnen die Fachtermini _Zugriffstaste_, _Befehlsbuchstabe_ oder _Hotkey_ zur Verfügung.) Wenn Sie z. B. ⌨Alt drücken und gleichzeitig B eingeben, öffnet Excel das Menü Bearbeiten, da dort der Buchstabe B unterstrichen ist.

Sie können allerdings auch ⌨Alt oder ⌨F10 und dann ⌨→ drücken, bis das gewünschte Menü markiert ist. Um das Menü aufzuklappen, wenden Sie sich einfach an die Taste ⌨↓.

Sobald Sie ein Menü in der Menüleiste geöffnet haben, können Sie dort jeden beliebigen Befehl wählen, indem Sie mit der Maus auf den Befehl klicken, den unterstrichenen Buchstaben des Befehlsnamens eingeben oder mit ⌨↓ den Befehl markieren und anschließend ⌨↵ drücken.

Wenn Sie die Excel-Befehle nach einiger Zeit besser kennen, können Sie das Öffnen eines Menüs und die Auswahl eines Menübefehls miteinander kombinieren. Mit der Maus klicken Sie zuerst einmal auf das Menü. Dann fahren Sie lässig mit dem Mauszeiger nach unten, bis der gewünschte Befehl markiert ist. Dann klicken Sie einfach noch mal – und schon ist der Befehl gewählt. Wenn Sie mit der Tastatur arbeiten, halten Sie ⌈Alt⌉ gedrückt und geben den unterstrichenen Buchstaben des gewünschten Menüs und anschließend den des Befehls ein. Um z. B. das aktive Arbeitsmappenfenster mit dem Befehl Schliessen im Menü Datei zu schließen, drücken Sie lediglich ⌈Alt⌉+⌈D⌉, ⌈C⌉.

Wem all diese Möglichkeiten noch nicht ausreichen – eine habe ich noch: Einige Befehle in den Menüs der Menüleiste können auch durch so genannte Tastaturbefehle aufgerufen werden. (Diese werden hinter dem Befehl angezeigt.) Sie können mit diesen Tasten direkt den gewünschten Befehl ausführen, anstatt den Umweg über die Menüs zu gehen. Wenn Sie also z. B. das aktive Dokument speichern wollen, drücken Sie die Abkürzungstaste ⌈Strg⌉+⌈S⌉, anstatt den Befehl Speichern im Menü Datei zu wählen. Sollten Sie allerdings erst im Menü nachschlagen müssen, wie der entsprechende Tastaturbefehl lautet, dann können Sie auch gleich den Befehl im bereits aufgeklappten Menü wählen.

Manchmal kann es passieren, dass Sie einen Befehl in einem Menü wählen und ein Dialogfeld angezeigt wird, das weitere Befehle und Optionen enthält. (Nur kein Stress! Der Abschnitt »Wie man eine intelligente Unterhaltung mit einem Dialogfeld führt« weiter hinten in diesem Kapitel zeigt Ihnen, wo's langgeht.) Befehle, nach deren Auswahl sich ein Dialogfeld öffnet, sind daran zu erkennen, dass hinter dem Befehl drei Punkte stehen. Wie Sie ja vielleicht schon wissen, öffnet Excel nach der Wahl des Befehls Speichern unter im Menü Datei ein Dialogfeld. Beim näheren Hinsehen entdecken Sie jetzt auch den Grund dafür. Genau: Der Befehl endet mit drei Punkten!

Es kann allerdings auch sein, dass manchmal bestimmte Menübefehle einfach Pause machen. Sie klicken drauf und nichts passiert. Wenn Sie genau hinsehen, werden Sie merken, dass der faule Befehl hellgrau dargestellt ist. (ExpertInnen sprechen hier auch von abgeblendet.) Das bedeutet, dass der Befehl derzeit nicht verfügbar ist. Da hilft es auch nicht, wenn Sie mehrmals draufklicken. Ein Befehl bleibt so lange abgeblendet, bis die Bedingungen, die seinen Einsatz erfordern bzw. ermöglichen, im Dokument vorhanden sind. Was heißt das denn? Sie können beispielsweise nichts aus der Zwischenablage in das Tabellenblatt einfügen, wenn Sie nicht zuvor etwas dort abgelegt (kopiert oder ausgeschnitten) haben. Also verweigert der Befehl Einfügen im Menü Bearbeiten so lange die Arbeit, bis Sie etwas in die Zwischenablage gelegt haben.

Das Menü-Versteckspiel

Die Menüs der Menüleiste zeigen sich bei jedem Aufruf in einem anderen Gewand. Dank einer weiteren (un)sinnigen Erfindung von Microsoft, werden die meisten Menüs beim ersten Öffnen nicht ganz vollständig angezeigt. Diese »Kurzversion« des Menüs soll nur die Menübefehle enthalten, die Sie in der letzten Zeit verwendet haben. Alle, die länger nicht gebraucht wurden, bleiben in der Versenkung. Ob ein Menü verkürzt wurde, können Sie an den zwei übereinander stehenden Vs erkennen, die wie eine nach unten zeigende Pfeilspitze aussehen und am unteren Rand des Menüs angezeigt werden.

Wenn Sie ein paar Sekunden Zeit und Geduld haben, um sich so ein abgeschnittenes Menü anzusehen, dann ersetzt Excel automatisch die Kurzversion durch das komplette Menü. Wenn Sie diese Zeit und Geduld nicht aufbringen können oder wollen, dann zwingen Sie Excel zur vollständigen Anzeige des Menüs, indem Sie am Ende der Befehlsliste auf die Schaltfläche mit den zwei Vs klicken.

Wenn das vollständige Menü angezeigt wird, wird der linke Rand (dort wo die Symbole einiger Menübefehle stehen) der zuvor nicht angezeigten Menübefehle in einem dunkleren Blauton dargestellt als der Rand der Befehle, die bereits in der Kurzversion angezeigt wurden. Auf diese Weise sehen Sie auf einen Blick, welche Menüs in der Komplettversion hinzugekommen sind. Es hilft Ihnen jedoch nicht dabei, die neuen Positionen der Menübefehle schneller zu finden, da viele Befehle in der Langversion anders angeordnet werden als in der Kurzversion.

Wenn Sie keine Lust haben, sich an diesem Menü-Versteckspiel zu beteiligen, dann können Sie diese tolle Funktion mit den folgenden Schritten ausschalten:

1. **Klicken Sie mit der rechten Maus auf eine beliebige Stelle in der Menüleiste oder in der Zeile mit den Standard- und Format-Symbolleisten, um das Kontextmenü zu öffnen.**

2. **Wählen Sie im Kontextmenü den Befehl ANPASSEN, um das Dialogfeld ANPASSEN zu öffnen.**

   Das Dialogfeld ANPASSEN wird angezeigt.

3. **Klicken Sie in diesem Dialogfeld auf das Register OPTIONEN.**

   Auf dieser Registerkarte ist nicht das Kontrollkästchen MENÜS IMMER VOLLSTÄNDIG ANZEIGEN, sondern standardmäßig das Kontrollkästchen NACH KURZER VERZÖGERUNG VOLLSTÄNDIGE MENÜS ANZEIGEN aktiviert.

4. **Ändern Sie diese Einstellung, indem Sie das Kontrollkästchen MENÜS IMMER VOLLSTÄNDIG ANZEIGEN aktivieren.**

   Excel blendet daraufhin die Anzeige des Kontrollkästchens NACH KURZER VERZÖGERUNG VOLLSTÄNDIG MENÜS ANZEIGEN ab.

5. **Klicken Sie auf die Schaltfläche SCHLIESSEN, um das Dialogfeld zu schließen.**

Wenn Sie noch nie zuvor mit Excel gearbeitet haben, dann rate ich Ihnen dringend, diese Funktion zu deaktivieren, denn sonst werden immer nur die Befehle angezeigt, die Sie ständig verwenden, und andere, vielleicht auch ganz interessante, bleiben im Verborgenen, weil Sie von ihrer Existenz gar nichts wissen.

Wenn Ihnen das Menü-Versteckspiel zwar gefällt, Sie jedoch gar nichts damit anfangen können, dass das vollständige Menü automatisch nach einigen Sekunden angezeigt wird, dann können Sie diese Funktion deaktivieren, indem Sie das Häkchen aus dem Kontrollkästchen NACH KURZER VERZÖGERUNG VOLLSTÄNDIGE MENÜS ANZEIGEN entfernen.

 Wenn Sie in Excel 2003 im Dialogfeld ANPASSEN auf der Registerkarte OPTIONEN die Einstellungen für PERSONALISIERTE MENÜS UND SYMBOLLEISTEN ändern, wirken sich diese Änderungen auch auf die Symbolleisten und Menüs in allen anderen auf Ihrem Rechner installierten Office 2003-Programmen aus, beispielsweise auf Word 2003 oder PowerPoint 2003.

Arbeitsverkürzung mit Kontextmenüs

Anders als bei den Menüs der Menüleiste, die Sie sowohl mit der Maus als auch mit der Tastatur aktivieren können, brauchen Sie für die Kontextmenüs die Maus. Da die Kontextmenüs mit einem bestimmten Bildschirmelement (z. B. Arbeitsmappenfenster, Symbolleiste oder Zelle) verknüpft sind, verwendet Excel die rechte Maustaste, um die Kontextmenüs zu öffnen. (Durch Klicken mit der linken Maustaste wird ein Element, z. B. eine Zelle, nur markiert.)

In Abbildung 1.8 sehen Sie das Kontextmenü, das mit allen Excel-Symbolleisten verknüpft ist. Wenn Sie dieses Menü aktivieren möchten, zeigen Sie mit dem Mauszeiger auf eine beliebige Stelle in einer Symbolleiste und klicken dann mit der rechten Maustaste. Denken Sie daran, nicht die linke Taste zu drücken, da Sie sonst die Schaltfläche aktivieren, auf der der Mauszeiger steht!

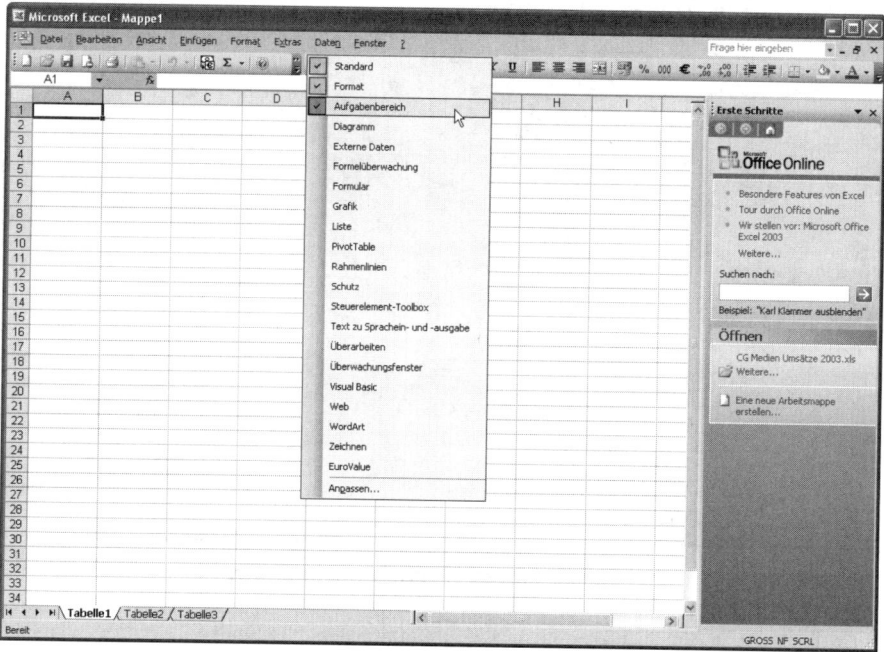

Abbildung 1.8: Das Kontextmenü für Symbolleisten

Nachdem Sie das Kontextmenü für Symbolleisten geöffnet haben, können Sie mit diesen Befehlen die integrierten Symbolleisten anzeigen oder anpassen. (In Kapitel 12 finden Sie Näheres hierzu.)

In Abbildung 1.9 sehen Sie das Kontextmenü, das mit jeder beliebigen Zelle des Tabellenblatts verknüpft ist. Um dieses Kontextmenü zu öffnen, zeigen Sie lässig auf eine Zelle und klicken dann mit der rechten Maustaste. Übrigens, Sie können dieses Kontextmenü mit den dazugehörigen Befehlen auch für einen markierten Zellbereich verwenden. (Wie Sie Zellen markieren, erfahren Sie in Kapitel 3.)

Da auch die Befehle der Kontextmenüs Befehlsbuchstaben haben, können Sie sie entweder darüber aufrufen oder Sie klicken mit der Maus auf den Befehl bzw. drücken ⎡↓⎤ bzw. ⎡↑⎤, bis der Befehl markiert ist, und drücken dann ⎡↵⎤.

 Das einzige Kontextmenü, das Sie über die Tastatur öffnen können, ist das Kontextmenü für Zellen in einem Tabellenblatt. Um dieses Kontextmenü in der rechten unteren Ecke der aktuellen Zelle zu öffnen, drücken Sie ⎡⇧⎤+⎡F10⎤. Diese Tastenkombination funktioniert für alle Arten von Excel-Tabellen – mit Ausnahme des Diagramms, dafür gibt es dieses Kontextmenü nicht.

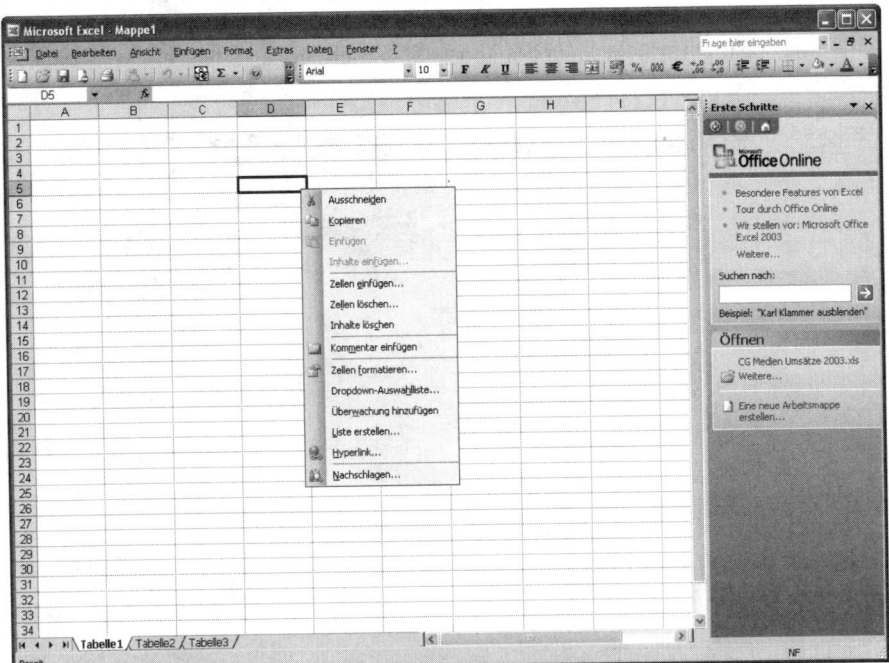

Abbildung 1.9: Das Kontextmenü für Zellen

Wie man eine intelligente Unterhaltung mit einem Dialogfeld führt

Viele Excel-Befehle sind mit einem Dialogfeld verknüpft, das Ihnen eine Vielfalt an Optionen für den betreffenden Befehl bietet. In den Abbildungen 1.10 und 1.11 sind die Registerkarten ALLGEMEIN und ANSICHT des Dialogfelds OPTIONEN zu sehen. Dort finden Sie fast alle Typen von Schaltflächen, Registern und Feldern, die Excel zu bieten hat. In Tabelle 1.4 habe ich dann die möglichen Bestandteile eines Dialogfelds nochmals zusammengefasst, damit auch ja alle (Un)Klarheiten beseitigt werden.

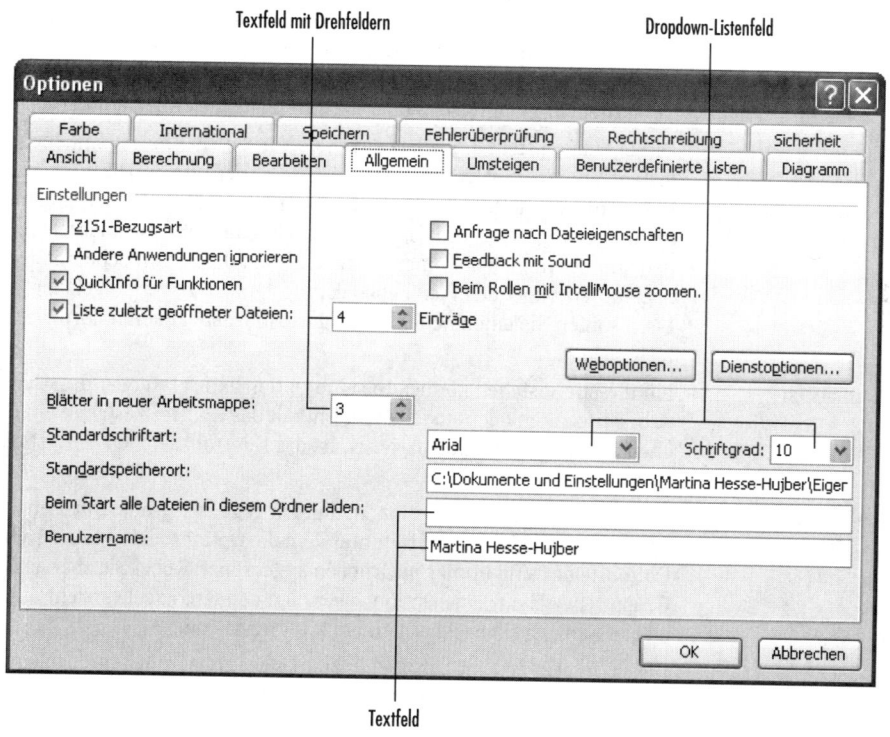

Abbildung 1.10: Die Registerkarte ALLGEMEIN *im Dialogfeld* OPTIONEN *enthält Textfelder, Drehfelder sowie einige Dropdown-Listenfelder.*

Bezeichnung	Funktion
Register	Mithilfe von Registerkarten können verschiedene Arten von Programmeinstellungen in einem einzigen Dialogfeld angezeigt werden; mit anderen Worten: Sie brauchen nur solch ein Dialogfeld zu öffnen, um von Milliarden von Optionen erschlagen zu werden. Ein gutes Beispiel hierfür ist Abbildung 1.10.
Textfelder	In diese Felder können Sie selbst etwas eingeben. Viele Textfelder enthalten bereits Einträge, die Sie bearbeiten oder überschreiben können.
Listenfelder	Diese Felder enthalten eine Liste mit verschiedenen Einträgen, aus denen Sie wählen können. Wenn das Listenfeld mehr Optionen enthält, als angezeigt werden können, verfügt es sinnvollerweise über eine Bildlaufleiste, mit der Sie in der Liste blättern können. Einige Listenfelder gibt es in Kombination mit einem Textfeld, sodass Sie einen neuen Eintrag entweder im Textfeld direkt eingeben oder im Listenfeld auswählen können.
Dropdown-Listenfelder	Dieser Feldtyp stellt eine Platz sparende Variante des herkömmlichen Listenfelds dar. Anstatt mehrere Optionen in der Liste anzuzeigen, wird immer nur der aktuelle Listeneintrag (der zunächst auch die Standardoption ist) angezeigt. Um das Listenfeld zu öffnen und die anderen Optionen zu Gesicht zu bekommen, klicken Sie auf die Schaltfläche mit dem nach unten zeigenden Pfeil neben dem Listenfeld. In der aufgeklappten Liste wählen Sie einen neuen Eintrag wie in jedem anderen normalen Listenfeld aus.
Kontrollkästchen	Mit diesem Kästchen können Sie eine Option aktivieren oder deaktivieren, d. h. einschalten oder ausschalten. Enthält das Kontrollkästchen ein Häkchen, dann ist die Option aktiviert. Ist das Kontrollkästchen leer, ist die Option deaktiviert.
Optionsfelder	Dieser Feldtyp steht für Optionen, die sich gegenseitig ausschließen. Das Optionsfeld ist ein Kreis, hinter dem die Optionsbezeichnung steht. Optionsfelder sind immer in Gruppen angeordnet, wobei Sie aber aus einer Gruppe jeweils nur eine Option auswählen können. Excel versieht das aktuell aktivierte Optionsfeld mit einem schwarzen Punkt.
Drehfelder	Dieser Feldtyp besteht aus zwei übereinander angeordneten Kästchen. Das obere Kästchen enthält einen nach oben zeigenden Pfeil (eher ein Dreieck), das untere einen nach unten zeigenden Pfeil (auch eher ein Dreieck). Durch Klicken auf die Pfeile können Sie in einer Optionsliste blättern (meist fortlaufende Zahlen). Ein Drehfeld tritt meistens zusammen mit einem Textfeld auf, in das Sie den Eintrag auch manuell eingeben können.
Schaltflächen	Mit einer Schaltfläche wird eine Aktion ausgeführt. Schaltflächen sind rechteckig und haben natürlich auch einen Namen. Stehen hinter einem Schaltflächennamen drei Punkte (...), so wird Excel ein weiteres Dialogfeld mit noch mehr Optionen anzeigen, wenn Sie die Schaltfläche wählen.

Tabelle 1.4: Das alles können Sie in Dialogfeldern finden.

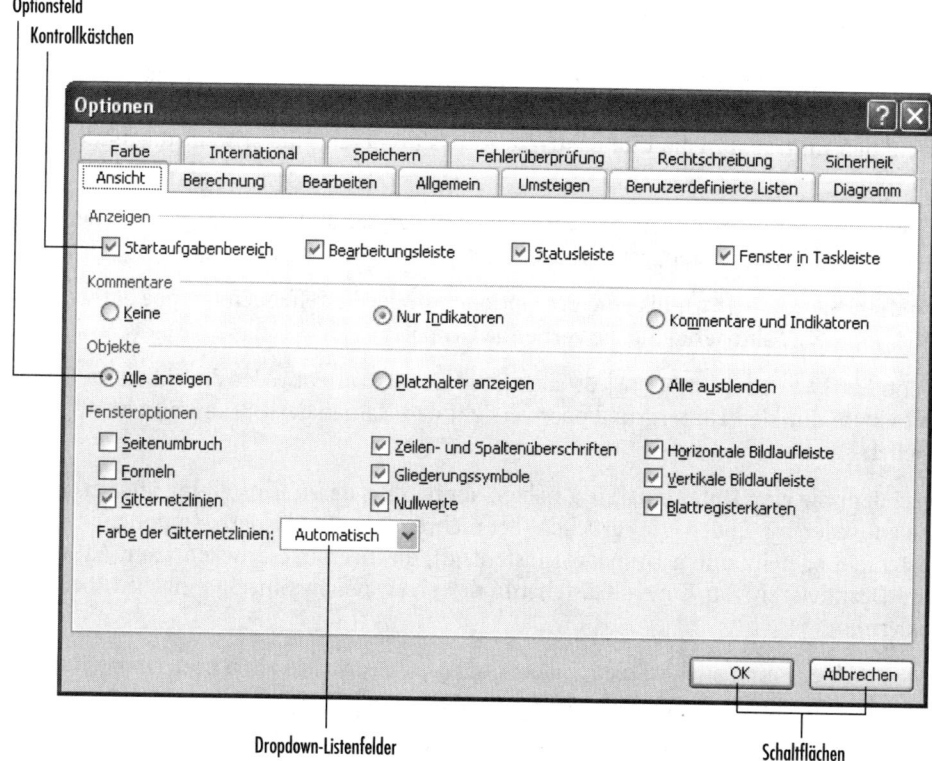

Abbildung 1.11: Die Registerkarte Ansicht *des Dialogfelds* Optionen *enthält verschiedene Kontrollkästchen und Optionsfelder sowie Schaltflächen.*

Hinweis: Sie können zwar ein Dialogfeld in Ihrem Tabellenblatt umherschieben, um darunter liegende Daten sichtbar zu machen, die Größe oder Form des Dialogfelds kann jedoch nicht verändert werden. Da stellt sich Excel stur und gibt einfach seine Größen vor.

In vielen Dialogfeldern sind bestimmte Optionen und Einträge standardmäßig eingestellt. Wenn Sie dort nichts ändern, verwendet Excel automatisch diese Vorgaben.

✔ Um das Dialogfeld zu schließen und die von Ihnen getroffene Auswahl zu aktivieren, wählen Sie die Schaltfläche OK bzw. die Schaltfläche Schliessen. (In einigen Dialogfeldern gibt es kein OK.)

✔ Wenn die Schaltfläche OK fett umrahmt ist, und das ist meistens so, können Sie auch [↵] drücken, um Ihre Auswahl zu bestätigen.

✔ Um das Dialogfeld zu schließen, ohne die geänderten Einstellungen auszuführen (weil Sie es sich doch anders überlegt haben), wählen Sie entweder die Schaltfläche Abbrechen bzw. die Schaltfläche für Schließen (das X ganz rechts in der Titelleiste) oder Sie drücken ganz einfach [ESC].

In den meisten Dialogfeldern werden verwandte Optionen in einer Gruppe zusammengefasst, d. h., sie werden zusammen in einem mit einem Rahmen versehenen Bereich dargestellt. Wenn Sie die Einstellungen in einem Dialogfeld mit der Maus festlegen, klicken Sie auf die gewünschte Option; falls es sich um einen Texteintrag handelt, klicken Sie mit dem Mauszeiger auf den Eintrag, um die Einfügemarke zu positionieren, und schreiben dann, was Sie wollen.

Wenn Sie die Tastatur bemühen, um die Einstellungen zu ändern, müssen Sie zuerst die gewünschte Gruppe aktivieren, bevor Sie dort eine Option wählen können.

✔ Drücken Sie so oft ⇥, bis eine der Optionen in der betreffenden Gruppe aktiviert ist. (Mit ⇧+⇥ aktivieren Sie die vorherige Gruppe.)

✔ Wenn Sie ⇥ bzw. ⇧+⇥ drücken, markiert Excel entweder die aktivierte Option mit einem dunklen Hintergrund oder versieht den Namen der Option mit einem gestrichelten Rahmen.

✔ Nachdem Sie eine Option markiert haben, können Sie deren Einstellung ändern, indem Sie entweder ↑ oder ↓ drücken (bei mehreren Optionsfeldern, Optionen in einem Listenfeld oder in einem Dropdown-Listenfeld), die Leertaste drücken (zum Aktivieren und Deaktivieren von Kontrollkästchen) oder einen neuen Eintrag eingeben (bei Textfeldern).

Sie können eine Option auch wählen, indem Sie Alt gedrückt halten und dann den unterstrichenen Buchstaben des Options- oder Gruppennamens eingeben.

✔ Wenn Sie Alt drücken und den unterstrichenen Buchstaben eines Textfelds eingeben, wird der Eintrag in diesem Textfeld markiert, damit Sie ihn durch einen neuen Eintrag ersetzen können.

✔ Wenn Sie Alt drücken und den unterstrichenen Buchstaben eines Kontrollkästchens eingeben, wird die Option aktiviert bzw. deaktiviert, d. h., das Häkchen wird hinzugefügt bzw. entfernt.

✔ Wenn Sie Alt drücken und den unterstrichenen Buchstaben eines Optionsfelds eingeben, wählen Sie diese Option und deaktivieren dabei gleichzeitig das zuvor aktivierte Optionsfeld.

✔ Wenn Sie Alt drücken und dann den Buchstaben einer Schaltfläche eingeben, wird die entsprechende Aktion ausgeführt oder – wenn Sie Pech haben – ein weiteres Dialogfeld angezeigt.

Neben den aufwändigen Dialogfeldern, die in Abbildung 1.10 und 1.11 dargestellt sind, werden Sie auch auf ganz einfache Dialogfelder treffen, die Mitteilungen oder Warnungen enthalten. Die meisten dieser Dialogfelder verfügen lediglich über die Schaltfläche OK, die Sie wählen müssen, um das Dialogfeld zu schließen, nachdem Sie die Mitteilung brav gelesen haben.

Hilfe ist schon unterwegs

Wer kennt das nicht: Sie wollen unbedingt noch schnell etwas im Programm erledigen und haben völlig vergessen, wie es funktioniert (bzw. wussten überhaupt noch nie, wie es funktioniert). Was tun? Wenden Sie sich vertrauensvoll an die Hilfefunktion von Excel, die so gründlich überarbeitet worden ist, dass man manchmal überhaupt nichts mehr findet. Das Problem mit dem traditionellen Hilfesystem ist z. B., dass man es allenfalls dann richtig einsetzen kann, wenn man sich mit der Excel-Terminologie auskennt. Wenn Sie nicht wissen, wie eine bestimmte Funktion in Excel bezeichnet wird, werden Sie diese auch nur schwer unter den Hilfethemen finden können. Versuchen Sie mal ein Wort im Wörterbuch nachzuschlagen, von dem Sie nicht wissen, wie es geschrieben wird ...! Excel unterstützt Sie jedoch, indem es Ihnen einen netten Assistenten zur Seite stellt: den Antwort-Assistenten. Mit dem können Sie reden, wie Ihnen der Schnabel gewachsen ist. Sie formulieren also ganz simple deutsche Sätze, die der Assistent anschließend in den schrecklichen Excel-Techno-Jargon übersetzt. Anschließend sucht er nach passenden Antworten auf der Website von Microsoft und bietet Ihnen verschiedene Themen an, von denen er glaubt, dass sie Ihnen weiterhelfen werden.

Fragen Sie den Antwort-Assistenten

Der Antwort-Assistent ist das personifizierte Hilfesystem, d. h., Sie können den Assistenten in ganz normalem Deutsch mit jeder nur denkbaren Frage behelligen. Sie rufen den Assistenten auf, indem Sie ganz rechts in der Menüleiste in das Textfeld FRAGE HIER EINGEBEN oder im Aufgabenbereich EXCEL-HILFE in das Textfeld SUCHEN NACH klicken (der geöffnet wird, wenn Sie F1 drücken).

Wenn Sie beispielsweise Informationen zum Drucken eines Tabellenblatts suchen, dann geben Sie die Frage Wie drucke ich ein Tabellenblatt? in das Textfeld SUCHEN NACH im Aufgabenbereich EXCEL-HILFE ein und klicken dann auf die Schaltfläche für Suche starten (das ist die grüne Schaltfläche mit dem nach rechts weisenden Pfeil), die Sie in Abbildung 1.12 sehen. Der Antwort-Assistent zeigt daraufhin eine Liste mit Themen an, die irgendwie etwas mit Drucken zu tun haben (Abbildung 1.13).

Wenn Sie mehr Infos zu einem der aufgeführten Themen wollen, dann klicken Sie auf das Symbol mit dem Fragezeichen oder zeigen mit dem Mauszeiger (der in diesem Fall die Form einer Hand hat) auf das entsprechende Thema (dieser wird dann wie ein Hyperlink unterstrichen dargestellt) und klicken dann. Der Antwort-Assistent öffnet daraufhin das Fenster der Microsoft Excel-Hilfe wie in Abbildung 1.14. Das Hilfefenster enthält eine Reihe von weiteren Hinweisen zu diesem Thema, die vielleicht Ihre Frage beantworten. Sie können weitere Informationen zu jedem angezeigten Punkt anzeigen, indem Sie auf das betreffende Thema klicken. Sie können Unterthemen anzeigen, indem Sie auf das Thema selbst oder das dreieckige Symbol vor dem Text klicken.

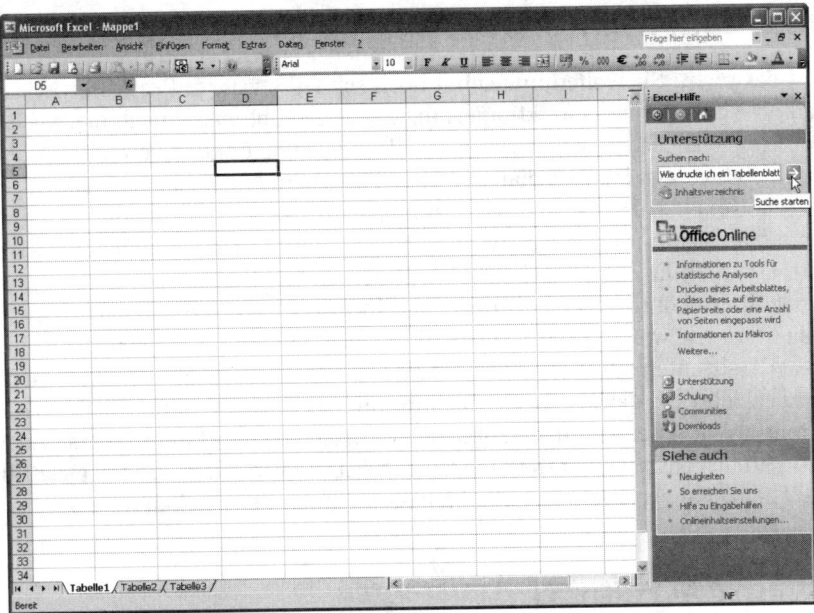

Abbildung 1.12: Geben Sie eine Frage in das Textfeld SUCHEN NACH im Aufgabenbereich EXCEL-HILFE ein und klicken Sie dann auf die Schaltfläche für Suche starten.

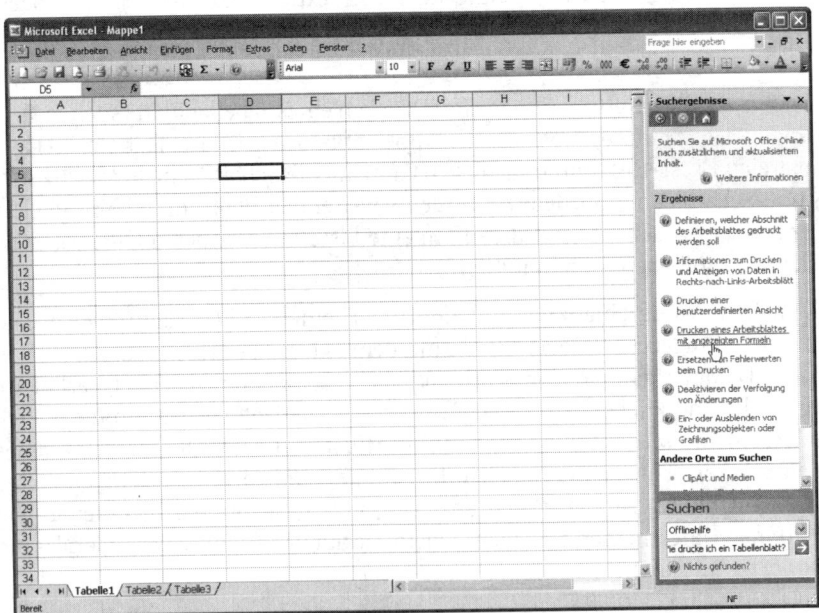

Abbildung 1.13: Wenn Sie ein Thema aus den Suchergebnissen auswählen, öffnet der Antwort-Assistent das Hilfefenster von Microsoft Excel.

Sobald Sie auf ein Thema oder auf dessen Symbol klicken, werden unter dieser Überschrift weitere Informationen angezeigt (auch das dreieckige Symbol ändert nun seine Form, indem es nicht mehr nach rechts, sondern nach unten zeigt). Während Sie den Hilfetext lesen, werden Ihnen vermutlich weitere Unterthemen begegnen, die wiederum mit dem Dreiecksymbol versehen sind. Auch hier klicken Sie einfach auf den Text oder das Symbol, um noch mehr Informationen anzuzeigen.

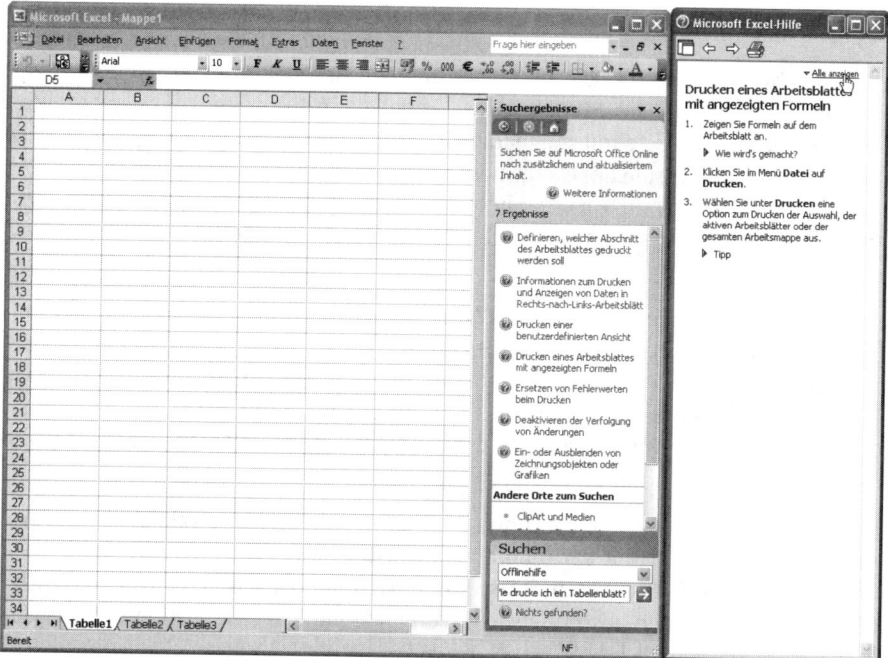

Abbildung 1.14: Das ausgewählte Hilfethema im Microsoft Excel-Hilfefenster

Um die gesamten Texte der Unterthemen eines bestimmten Hilfethemas anzuzeigen, klicken Sie auf den Link ALLE ANZEIGEN rechts oben im Fenster der Microsoft Excel-Hilfe. Um die Hilfetexte in ihrer vollen Größe anzuzeigen, klicken Sie im Hilfefenster auf die Schaltfläche für Maximieren. Wollen Sie Ihre Augen schonen und lieber alles ausdrucken? Dann klicken Sie auf die Schaltfläche für Drucken (die mit dem Drucker-Symbol) unterhalb der Titelleiste des Hilfefensters.

Wenn Sie sich im Fenster der Microsoft Excel-Hilfe schlau gemacht haben, dann wechseln Sie zurück zu Excel und Ihrer Arbeitsmappe, indem Sie im Hilfefenster auf die Schaltfläche für Schließen klicken. Schwupp! Schon füllt Excel 2003 wieder das gesamte Fenster aus. Den Aufgabenbereich EXCEL-HILFE schließen Sie ganz einfach mit $\boxed{\text{Strg}} + \boxed{\text{F1}}$.

Sprechen Sie mit Karl Klammer

Sie können dem Antwort-Assistenten auch ein Gesicht geben, beispielsweise das von Karl Klammer. Wählen Sie dazu im Hilfemenü (das mit dem ?) den Befehl OFFICE-ASSISTENTEN ANZEIGEN.

Sobald er angezeigt wird, können Sie ihn aktivieren, indem Sie auf sein Symbol klicken. Daraufhin wird neben Karl eine Sprechblase angezeigt, die ein Textfeld enthält, in das Sie Ihre Frage eingeben können.

Geben Sie Stichwörter oder Fragen in das Textfeld ein und drücken Sie dann ⏎ oder klicken Sie auf die Schaltfläche SUCHEN. Excel öffnet daraufhin den Aufgabenbereich SUCH-ERGEBNISSE und zeigt eine Liste mit möglicherweise hilfreichen Antwortthemen an. (Diese Liste sieht genauso aus wie die, die angezeigt wird, wenn Sie eine Frage im Textfeld in der Menüleiste oder im Aufgabenbereich EXCEL-HILFE eingeben.) Sobald Sie auf ein Thema in dieser Liste klicken, öffnet sich das Fenster der Microsoft Excel-Hilfe direkt rechts vom Aufgabenbereich EXCEL-HILFE.

Nachdem Sie sich durch die verschiedenen Hilfethemen gekämpft und das Hilfefenster bereits geschlossen haben, steht Karl Klammer Ihnen immer noch zu Diensten. Das ist ja ganz nett, aber meistens nervt er mich, weil er nämlich häufig den Aufgabenbereich EXCEL-HILFE und das Hilfefenster verdeckt, da er sich grundsätzlich auf der rechten Bildschirmseite aufhält. Sie müssen diese tanzende Büroklammer also erst einmal aus dem Weg ziehen, bevor Sie die Hilfe sehen können, die Sie so nötig brauchen.

Wenn Sie Karl loswerden wollen, dann müssen Sie im Hilfemenü den Befehl OFFICE-ASSISTEN-TEN AUSBLENDEN wählen oder mit der rechten Maustaste auf den Kerl klicken und im Kontextmenü den Befehl AUSBLENDEN wählen. (Also wenn Sie mich fragen, ich würde Karl Klammer umgehen und meine Fragen ausschließlich in das Textfeld FRAGE HIER EINGEBEN tippen.)

Mit dem Inhaltsverzeichnis arbeiten

Sie können auch nach Hilfethemen suchen, indem Sie mit dem Inhaltsverzeichnis arbeiten. Führen Sie hierzu die folgenden Schritte aus:

1. **Drücken Sie** F1.

   Excel öffnet den Aufgabenbereich EXCEL-HILFE.

2. **Klicken Sie auf den Link INHALTSVERZEICHNIS, der direkt unter dem Textfeld SUCHEN NACH steht.**

   Das Inhaltsverzeichnis der Excel-Hilfe wird angezeigt.

3. **Klicken Sie auf das Buchsymbol vor dem Hauptthema, das Sie durchsuchen wollen.**

   Excel erweitert das Thema, indem es weitere Seiten mit Informationen zu diesem Thema anzeigt.

4. **Klicken Sie auf den Link für die Seite, die Sie sich anzeigen möchten.**

   Excel zeigt die Hilfeinformationen im Fenster der Microsoft Excel-Hilfe an.

5. **(Optional) Um alle Informationen eines ausgewählten Themas anzuzeigen, klicken Sie auf die Schaltfläche für Maximieren im Hilfefenster und, falls erforderlich, auf die Schaltfläche ALLE ANZEIGEN.**

6. **(Optional) Um ein Hilfethema zu drucken, klicken Sie auf die Schaltfläche für Drucken in der Symbolleiste des Hilfefensters.**

   Wenn Sie die Informationen im Hilfefenster gelesen oder gedruckt haben, können Sie ein anderes Thema im Aufgabenbereich EXCEL-HILFE wählen oder das Hilfefenster schließen.

7. **Um das Hilfefenster zu schließen, klicken Sie auf die Schaltfläche für Schließen in der rechten oberen Fensterecke.**

   Das Programmfenster von Excel wird wieder in voller Größe angezeigt. Sie können nun den Aufgabenbereich EXCEL-HILFE schließen, indem Sie $\boxed{\text{F1}}$ drücken.

Online Hilfe holen

Wenn Sie online arbeiten, stehen Ihnen eine ganze Reihe weiterer Hilfethemen zur Verfügung. Im Aufgabenbereich SUCHERGEBNISSE befindet sich ganz unten der Bereich SUCHEN. Wählen Sie dort im Dropdown-Listenfeld die Option MICROSOFT OFFICE ONLINE, geben Sie Ihre Frage in das Textfeld ein und klicken Sie auf die Schaltfläche für Suche starten. Im Handumdrehen wird das Fenster der Microsoft Excel-Hilfe angezeigt, das hoffentlich Antworten auf Ihre Frage enthält (Abbildung 1.15). Wenn Sie festlegen wollen, dass die Online-Hilfe automatisch geöffnet wird, dann führen Sie folgende Schritte aus:

1. **Klicken Sie im Hilfemenü auf den Befehl MICROSOFT EXCEL-HILFE, um den Aufgabenbereich EXCEL-HILFE anzuzeigen.**

2. **Klicken Sie ganz unten im Aufgabenbereich EXCEL-HILFE unter SIEHE AUCH auf ONLINE-INHALTSEINSTELLUNGEN (siehe Abbildung 1.12).**

3. **Im Dialogfeld DIENSTOPTIONEN aktivieren Sie das Kontrollkästchen BEI BESTEHENDER VERBINDUNG ONLINE-INHALTE AUTOMATISCH DURCHSUCHEN.**

   Das Kontrollkästchen INHALT UND HYPERLINKS FÜR MICROSOFT OFFICE ONLINE ANZEIGEN ist bereits standardmäßig aktiviert.

4. **Klicken Sie auf OK, um das Dialogfeld zu schließen.**

   Die Online-Hilfe von Excel steht ab jetzt zu Ihrer Verfügung, sobald Sie sich bei der nächsten Suchaktion mit dem Internet verbinden.

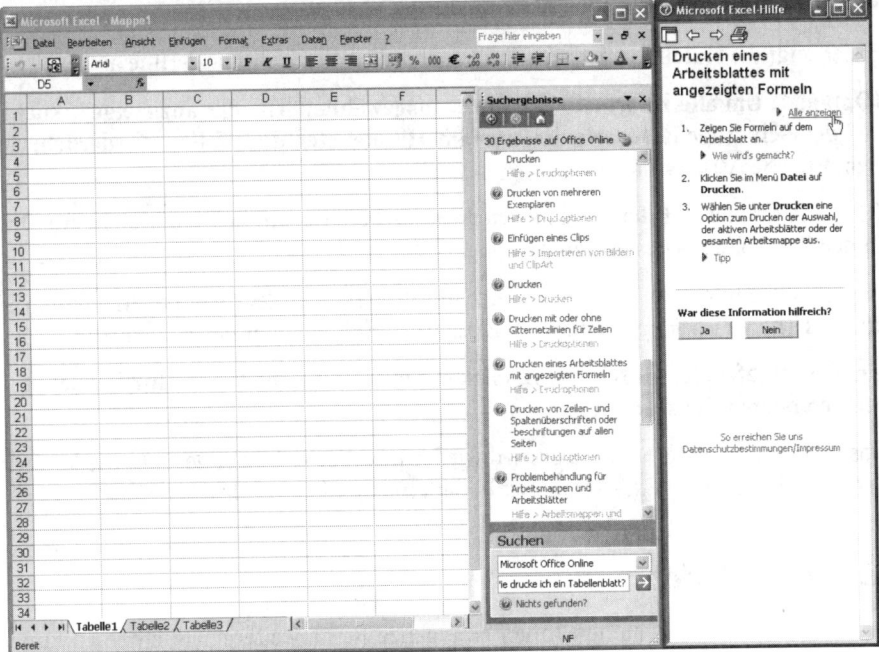

Abbildung 1.15: Die Online-Hilfe von Excel 2003

Schluss, aus und vorbei

Wenn Sie den Feierabend einläuten und Excel beenden wollen, haben Sie hierzu mehrere Möglichkeiten:

✔ Klicken Sie auf die Schaltfläche zum Schließen im Excel-Fenster.

✔ Wählen Sie im Menü DATEI den Befehl BEENDEN.

✔ Doppelklicken Sie auf das Systemmenüfeld im Excel-Fenster (das XL ganz links in der Titelleiste).

✔ Drücken Sie ⎡Alt⎤+⎡F4⎤.

Wenn Sie Excel beenden wollen, aber die letzten Änderungen in einem Dokument noch nicht gespeichert haben, wird Excel Sie anpiepsen und ein Dialogfeld öffnen, in dem abgefragt wird, ob Sie die Änderungen speichern möchten. Wählen Sie JA, wenn Sie die Änderungen speichern wollen (mehr dazu in Kapitel 2). Wenn Sie sich nur ein bisschen die Zeit vertrieben haben und die Änderungen mit Sicherheit nicht speichern wollen, wählen Sie NEIN.

Die erste Arbeitsmappe

In diesem Kapitel

▷ Eine neue Arbeitsmappe anlegen

▷ Drei verschiedene Datentypen in eine Arbeitsmappe eingeben

▷ Einfache Formeln manuell erstellen

▷ Eingabefehler korrigieren

▷ AutoKorrektur

▷ AutoVervollständigen

▷ AutoAusfüllen

▷ Formeln, die integrierte Funktionen beinhalten, eingeben und bearbeiten

▷ AutoSumme

▷ Arbeitsmappen speichern und nach einem Crash wiederherstellen

*J*etzt, da Sie wissen, wie Sie Excel 2003 aufrufen, ist es höchste Zeit, dass Sie auch lernen, damit umzugehen. In diesem Kapitel erfahren Sie, wie Sie die unterschiedlichsten Daten in diese kleinen weißen Zellen des Tabellenblatts bringen, von denen ich im ersten Kapitel berichtet habe. Dieses Kapitel befasst sich mit den Excel-Funktionen AutoKorrektur und AutoVervollständigen und ich zeige Ihnen, wie Sie damit Fehlerquellen ausschalten und Ihre Arbeit beschleunigen können. Natürlich erzähle ich Ihnen auch einiges über andere schlaue Wege, sich die Dateneingabe zu erleichtern, z. B. mit der Funktion AutoAusfüllen, mit der Sie denselben Eintrag in ganz viele Zellen auf einmal eingeben.

Wenn Sie dann wissen, wie Sie ein Tabellenblatt mit den erforderlichen Daten und Formeln füllen, sollen Sie auch noch das Wichtigste von allem erfahren, nämlich das Speichern der Daten auf einem Datenträger, damit Sie nicht alles noch einmal eingeben müssen.

Die Arbeit beginnt

Wenn Sie Excel aufrufen, ohne dabei ein bestimmtes Dokument zu öffnen (falls Sie nicht mehr wissen, wie das geht, blättern Sie zurück zu Kapitel 1), wird eine leere Arbeitsmappe am Bildschirm angezeigt, die zunächst als MAPPE1 bezeichnet wird. Diese Arbeitsmappe enthält drei leere Tabellenblätter (TABELLE1, TABELLE2 und TABELLE3). Ihre Arbeit beginnt also mit der Eingabe der ersten Daten in die erste Tabelle der Arbeitsmappe MAPPE1.

Das Wichtigste zur Dateneingabe

Hier ein paar Richtlinien, die Sie beachten sollten, wenn Sie das erste Tabellenblatt in Tabelle1 Ihrer neuen Arbeitsmappe anlegen:

✔ Wann immer es möglich ist, sollten Sie Ihre Daten in Tabellenform anordnen. Das heißt, die Spalten und Zeilen sollten neben- bzw. untereinander liegen. Beginnen Sie mit der Dateneingabe in der oberen linken Tabellenblattecke und arbeiten Sie sich lieber senkrecht anstatt waagerecht vor. Lassen Sie zwischen den einzelnen Datenbereichen (z. B. einer Liste von Zahlen, die addiert werden sollen) einen Abstand von höchstens einer Spalte bzw. Zeile.

✔ Wenn Sie Tabellen erstellen, sollten Sie keine Spalten oder Zeilen überspringen, nur um mehr Platz zwischen den einzelnen Einträgen zu schaffen. In Kapitel 3 lernen Sie, wie Sie die Spaltenbreite, die Zeilenhöhe und die Ausrichtung ändern, um ausreichend Leerraum zwischen den Daten in benachbarten Spalten und Zeilen zu schaffen.

✔ Reservieren Sie eine Spalte auf der linken Seite der Tabelle für die Zeilenüberschriften der Tabelle.

✔ Reservieren Sie eine Zeile oben in der Tabelle für die Spaltenüberschriften der Tabelle.

✔ Wenn Ihre Tabelle eine Überschrift erhalten soll, schreiben Sie diese in die Zeile über den Spaltenüberschriften und zwar in dieselbe Spalte wie die Zeilenüberschriften. Wie Sie den Titel über den Spalten der gesamten Tabelle zentrieren, erzähle ich Ihnen ebenfalls in Kapitel 3.

Sie fragen sich vielleicht, warum ich im ersten Kapitel so viel Aufhebens um die Größe des Excel-Tabellenblatts gemacht habe, wenn ich jetzt ständig betone, dass die Daten im Tabellenblatt möglichst eng zusammengehalten werden sollen. Wozu bietet die Excel-Arbeitsmappe so viel Platz, wenn nicht dazu, diesen Platz auch ausgiebig zu nutzen!

Sie haben natürlich Recht, wenn da nicht diese kleine unangenehme Sache wäre, die es zu bedenken gilt: Wer im Tabellenblatt mit dem Platz ökonomisch umgeht, der spart auch Speicherplatz! Wenn die Tabelle immer weiter wächst und sich in neue Bereiche ausdehnt, wird Excel auch Speicherplatz für mögliche Zelleinträge bereithalten, falls Sie beschließen sollten, die freigelassenen Zellen doch noch zu füllen. Wenn Sie also Spalten oder Zeilen überspringen, ohne dass dies erforderlich ist, verbrauchen Sie damit Speicherplatz, der zum Speichern anderer Daten im Tabellenblatt genutzt werden könnte.

Vergissmeinnicht

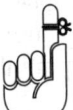

Die endgültige Größe eines Tabellenblatts wird also durch den verfügbaren Speicherplatz Ihres Computers bestimmt und nicht durch die Anzahl der Zellen in einem leeren Tabellenblatt. Wenn Sie nicht mehr genug Speicherplatz haben, ist definitiv Schluss, egal wie viele Spalten und Zeilen noch nicht gefüllt sind.

Das ABC der Dateneingabe

Lassen Sie uns mit der Grundregel für die Dateneingabe in das Tabellenblatt beginnen, die da lautet:

Um Daten in ein Tabellenblatt einzugeben, setze ich den Zellcursor in die Zelle, in der der Eintrag erfolgen soll, und beginne zu schreiben.

Denken Sie jedoch daran, dass Sie, bevor Sie den Zellcursor zur Dateneingabe in eine Zelle setzen, Excel für Sie bereit sein muss (d. h., in der Statusleiste muss das Wörtchen Bereit angezeigt werden). Sobald Sie mit der Eingabe beginnen, ändert Excel die Modusanzeige in Eingeben. (Wenn Sie's nicht glauben wollen, dann sehen Sie doch in die Statusleiste!)

 Sollte Excel sich nicht im Bereit-Modus befinden, so versuchen Sie mal, ESC zu drücken.

Sobald Sie das erste Zeichen im Eingabe-Modus tippen, wird es sowohl in der markierten Zelle im Tabellenblatt als auch in der Bearbeitungsleiste oberhalb des Tabellenblatts angezeigt. Damit aber nicht genug. Die Bearbeitungsleiste hat sich grundlegend geändert. Vor dem gerade eingegebenen Zeichen stehen jetzt zwei neue Felder. Die Schaltflächen für Eingeben und Abbrechen werden jetzt zwischen dem Namenfeld und der Schaltfläche für Funktion einfügen angezeigt.

Wenn Sie weiterschreiben, wird die Eingabe sowohl in der Bearbeitungsleiste als auch in der aktiven Tabellenblattzelle angezeigt (Abbildung 2.1). Die Einfügemarke (der blinkende senkrechte Strich) steht jedoch nur am Ende der in der Zelle angezeigten Zeichen.

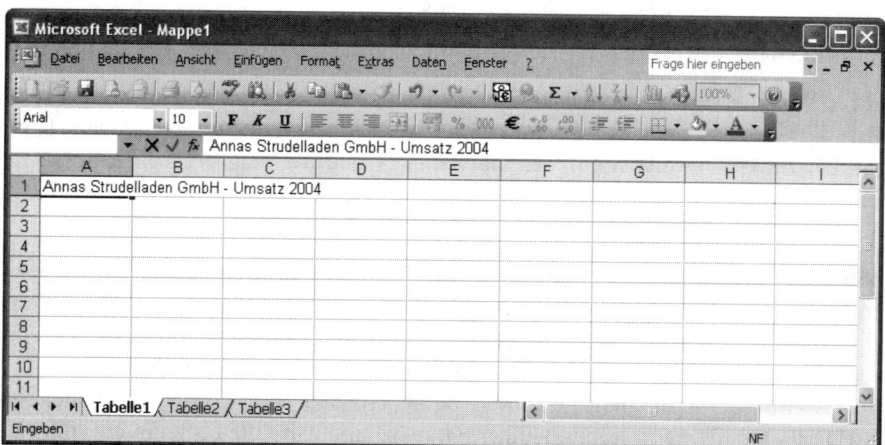

Abbildung 2.1: Ihre Dateneingabe wird sowohl in der Zelle als auch in der Bearbeitungsleiste angezeigt.

Wenn Sie alle Daten eingetragen haben, müssen Sie diese noch in die aktive Zelle übertragen. Excel schaltet dann automatisch vom Eingabe- in den Bereit-Modus um, damit Sie den Zellcursor zu einer anderen Zelle bewegen und auch dort Daten eingeben oder bearbeiten können.

Um nun genau dies zu tun (nämlich den Zelleintrag abzuschließen und gleichzeitig Excel vom Eingabe-Modus in den Bereit-Modus zu schalten), klicken Sie in der Bearbeitungsleiste auf die Schaltfläche für Eingeben (die Schaltfläche mit dem Häkchen) oder Sie drücken ⏎ bzw. eine der Pfeiltasten. Sie können einen Zelleintrag auch mit ⇥ oder ⇧+⇥ abschließen.

Denken Sie jedoch immer daran: Auch wenn jede dieser Möglichkeiten Ihre Daten in die Zelle überträgt, so sind doch die Folgen jeweils ein bisschen anders.

✔ Wenn Sie auf die Schaltfläche für Eingeben in der Bearbeitungsleiste klicken, wird der Zellcursor nach der Datenübergabe in die Zelle nicht bewegt.

✔ Wenn Sie ⏎ drücken, wird die Eingabe abgeschlossen und Excel markiert die nächste Zelle in der darunter liegenden Zeile.

✔ Wenn Sie eine der Pfeiltasten drücken, wird die Eingabe übertragen und der Zellcursor springt zur nächsten Zelle in Richtung des Pfeils. Wenn Sie also ↓ drücken, bewegt sich der Zellcursor in die nächste Zelle der darunter liegenden Zeile, so als ob Sie die ⏎-Taste gedrückt hätten. Drücken Sie jedoch →, bewegt sich der Zellcursor nach rechts in die nächste Spalte. Bei ← wird der Zellcursor in die nächste Zelle der auf der linken Seite liegenden Spalte gesetzt. Der Zellcursor bewegt sich in die Zelle in der darüber liegenden Zeile, wenn Sie – na? – ↑ drücken.

✔ Wenn Sie ⇥ drücken, wird die Eingabe in die Zelle eingefügt und der Zellcursor springt zur angrenzenden Zelle in der rechten Spalte. (Das Resultat ist also dasselbe wie beim Drücken von →.) Wenn Sie ⇧+⇥ drücken, springt der Zellcursor zur angrenzenden Zelle in der linken Spalte. (Sie hätten dieses Ergebnis auch mit ← erzielt.)

Sobald Sie die Dateneingabe in der aktiven Zelle abgeschlossen haben, deaktiviert Excel die Bearbeitungsleiste und blendet die Schaltflächen für Eingeben und Abbrechen aus. Die eingegebenen Daten werden weiterhin in der Tabellenblattzelle angezeigt (von einigen Ausnahmen abgesehen, auf die ich aber erst später eingehe). Jedes Mal, wenn Sie den Zellcursor auf diese Zelle setzen, wird der Zelleintrag wieder in der Bearbeitungsleiste angezeigt.

Wenn Sie merken, dass Sie Ihre Daten gerade in eine falsche Zelle eingeben, können Sie, bevor Sie den Eintrag abschließen, alles wieder rückgängig machen, indem Sie auf die Schaltfläche für Abbrechen (die mit dem X) klicken oder ESC drücken. Sollten Sie Ihren Fehler jedoch zu spät bemerken und der Eintrag ist bereits in der falschen Zelle festgeschrieben, können Sie den Eintrag entweder in die richtige Zelle verschieben (dazu mehr in Kapitel 4) oder den Eintrag löschen (auch hierzu in Kapitel 4 nachschauen) und dann die Daten in die richtige Zelle eingeben.

Wie man der ⏎ -Taste sagt, wo der Zellcursor hin soll

Excel bewegt den Zellcursor automatisch zur nächsten Zelle in der darunter liegenden Zeile, wenn Sie ⏎ drücken, um die Eingabe abzuschließen. Wenn es Ihnen jedoch lieber ist, dass der Zellcursor auf der Zelle stehen bleibt, in die Sie gerade Daten eingegeben haben, oder wenn er in die nächste Zelle in der daneben liegenden Spalte springen soll, dann wählen Sie den Befehl OPTIONEN im Menü EXTRAS, um das Dialogfeld OPTIONEN zu öffnen. Klicken Sie hier auf das Register BEARBEITEN.

Wenn sich der Zellcursor nach der Dateneingabe nicht mehr von der Stelle rühren soll, dann deaktivieren Sie das Kontrollkästchen MARKIERUNG NACH DEM DRÜCKEN DER EINGABETASTE VERSCHIEBEN, d. h., Sie klicken einfach auf das Kästchen, um das Häkchen zu entfernen. Soll der Zellcursor in eine andere Richtung als die vorgegebene springen, dann wählen Sie im Dropdown-Listenfeld RICHTUNG (direkt unter diesem Kontrollkästchen) eine andere Richtung (RECHTS, OBEN oder LINKS). Wählen Sie abschließend OK oder drücken Sie ⏎.

Welche Daten sind denn Ihr Typ?

Von Ihnen vollkommen unbemerkt, prüft Excel bei jeder Eingabe in das Tabellenblatt, um welchen der drei möglichen Datentypen es sich gerade handelt: *Text, Zahl* oder *Formel*.

Wird die Dateneingabe als Formel erkannt, berechnet das Programm die Formel und zeigt das Ergebnis in der Tabellenblattzelle an. (Die Formel selbst wird weiterhin in der Bearbeitungsleiste angezeigt.) Wenn es sich bei der Eingabe nicht um eine Formel handelt (was eine richtige Formel ausmacht, erfahren Sie gleich), entscheidet das Programm, ob es die Eingabe als Text oder als Zahl klassifizieren soll.

Excel muss diese Unterscheidungen treffen, da Text in Zellen anders ausgerichtet wird als Zahlen (Text wird linksbündig, Zahlen werden rechtsbündig ausgerichtet). Die meisten Formeln funktionieren nur dann fehlerfrei, wenn Zahlen eingegeben werden. Indem es Text und Zahlen unterscheidet, weiß das Programm, welche Daten für die Eingabe in eine Formel geeignet ist und welche nicht. Wenn Sie Text in eine Zelle schreiben, in der eine Zahl stehen müsste, können Sie Formeln ganz schön aus dem Konzept bringen.

Text (weder Fisch noch Fleisch)

Text ist für Excel jede Dateneingabe, die nicht als Formel oder Zahl erkannt wird. Somit ist Text die Kategorie, zu der alle anderen Excel-Datentypen zählen. Die meisten Texteingaben bestehen aus einer Kombination von Buchstaben und Satzzeichen oder Buchstaben und Zahlen, die für die Titel und Überschriften des Tabellenblatts verwendet werden.

Wenn Excel eine Eingabe als Texteintrag erkennt, wird der Text in der Zelle automatisch links-bündig ausgerichtet. Wenn die Texteingabe länger als die Zelle ist, wird der Text in der rechts angrenzenden Zelle weitergeschrieben, vorausgesetzt, diese Zelle ist leer (Abbildung 2.2).

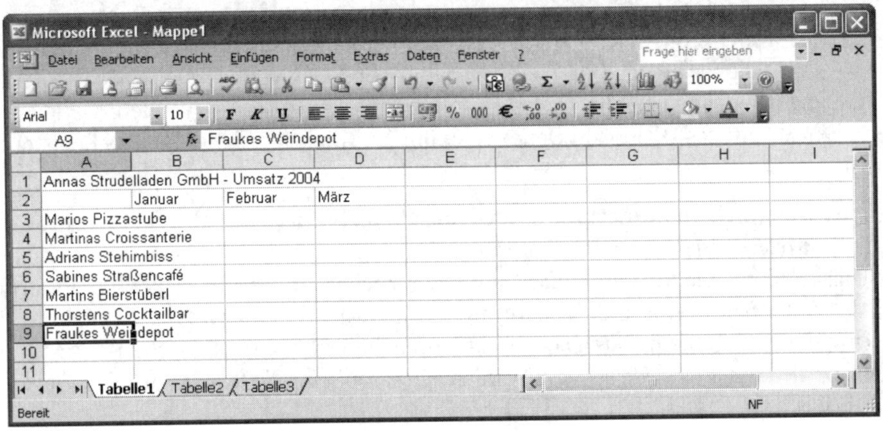

Abbildung 2.2: Lange Texteingaben fließen in die angrenzenden leeren Zellen über.

Wenn Sie zu einem späteren Zeitpunkt in diese benachbarte Zelle Daten eingeben, schneidet Excel den Textteil, der in der linken Zelle keinen Platz mehr hatte und sich deshalb in der Nachbarzelle breit gemacht hat, einfach ab (Abbildung 2.3). Aber keine Sorge: Excel lässt die-sen Teil des Zelleintrags nicht einfach verschwinden, sondern verkürzt nur die Anzeige, um der neuen Eingabe Platz zu machen. Wenn Sie in diesem Zusammenhang unter »Trennungs-ängsten« leiden sollten, verbreitern Sie einfach die Spalte der Zelle mit dem überlangen Ein-trag. Wie das geht, erfahren Sie in Kapitel 3.

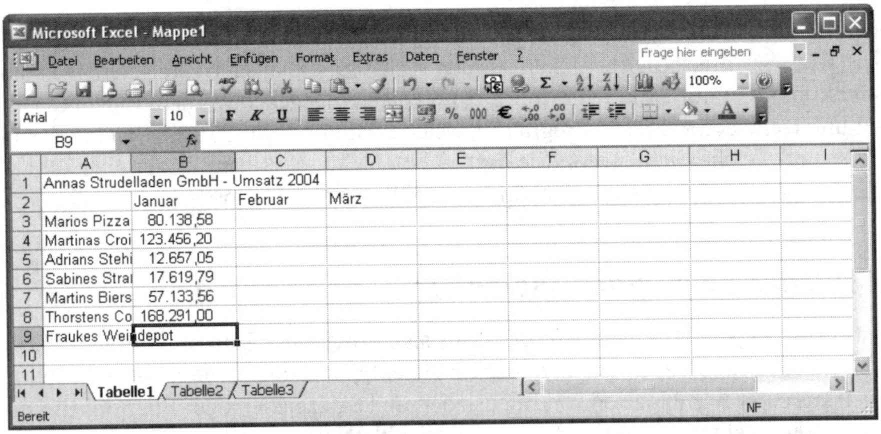

Abbildung 2.3: Hat sich ein langer Zelleintrag auch in der Nachbarzelle breit gemacht, wird er rigoros abgeschnitten, sobald Sie dort etwas eingeben.

Für Excel ist Text stets eine Null

Wenn Sie das nicht glauben wollen, dann prüfen Sie es doch einfach nach. Immer wenn Sie Text in eine Zelle eingeben, wird in der Statusleiste im Feld für AutoBerechnung nichts angezeigt. Geben Sie doch einfach in eine Zelle die Zahl 10 und in die Zeile darunter einen vollkommen unsinnigen Text ein, z. B. Excel ist wie Kaffee und Kuchen. Wenn Sie jetzt diese beiden Zellen markieren und dann einen Blick auf das Feld für AutoBerechnung werfen, dann werden Sie sehen, dass dort SUMME = 10 steht, womit bewiesen wäre, dass für Excel Text absolut Luft ist.

Jede Menge Zahlen

Zahlen sind der Grundstock für die meisten Formeln, die Sie mit Excel erstellen. Excel unterscheidet dabei zwei Arten von Zahlen: Mengenangaben (z. B. 10 Unternehmen oder 100 €) und Datums- (z. B. 30. Juli 2004) bzw. Uhrzeitangaben (z. B. 13:10 Uhr).

Wenn Excel einen Zelleintrag als Zahl interpretiert, wird dieser in der Zelle automatisch rechtsbündig ausgerichtet. Wenn die eingegebene Zahl länger als die Spaltenbreite ist, stellt Excel den Wert automatisch im so genannten *wissenschaftlichen Darstellungsformat* dar. (6E+8 bedeutet z. B., dass hinter der 6 noch acht Nullen kommen, also 600 Millionen.) Wenn ein derart merkwürdig dargestellter Wert wieder als ganz normale Zahl angezeigt werden soll, verbreitern Sie einfach nur die entsprechende Spalte. (In Kapitel 3 steht, wie das geht.)

Eine Zahl, bitte!

Beim Aufbau eines neuen Tabellenblatts werden Sie viel Zeit damit verbringen, Zahlen einzugeben, die darstellen sollen, wie viel Geld Sie aus dem Budget entnommen oder noch nicht verbraucht haben (z. B. wie hoch der Brotzeitanteil am Abteilungsbudget ist). Jetzt sagen Sie bloß nicht, Ihre Brotzeit müssen Sie aus Ihrer eigenen Tasche bezahlen ...?

Um eine Zahl einzugeben, die einen positiven Wert darstellt, z. B. Ihre Einnahmen im letzten Jahr, markieren Sie eine Zelle, schreiben die Zahlen – z. B. 459600 – und übergeben den Eintrag dann mit einem Klick auf die Schaltfläche für Eingeben oder mit einem Druck auf ⏎ bzw. auf eine der Pfeiltasten in die Zelle. Soll eine Zahl eingegeben werden, die einer Ausgabe entspricht, z. B. wie viel Geld die Abteilung im letzten Jahr für Brotzeit aufgewendet hat, dann setzen Sie vor den Eintrag ein Minuszeichen oder einen Bindestrich, z. B.: -175 (das ist doch nicht zu viel für Brotzeit, wenn man gerade 459.600,- € eingenommen hat, oder?), und schließen den Eintrag ab.

Wenn Sie mit Buchhaltung zu tun haben, können Sie negative Zahlen auch in Klammern setzen, also (175). Sie müssen nur damit rechnen, dass – wenn Sie Klammern verwenden – Excel diesen Wert automatisch in eine Zahl mit einem Minuszeichen umwandelt, d. h., Ihre

Ausgabe (175) für die Brotzeit wird von Excel eigenmächtig in -175 geändert, sobald Sie ⏎ drücken.

Sie können Ihre Zahlen mit Währungszeichen (z. B. €) und Tausendertrennzeichen eingeben. Sie sollten dabei allerdings Folgendes beachten: Wenn Sie eine Zahl mit Tausenderpunkt eingeben, weist Excel dem Eintrag ein Zahlenformat zu, das Ihrer Eingabe entspricht. Näheres zu den Zahlenformaten finden Sie in Kapitel 3. Dies gilt auch für die Währungsangabe. Sie können für die Zahl ein Währungsformat wählen, bei dem die Euro-Angabe und das Tausendertrennzeichen automatisch eingefügt werden.

Wenn Sie eine Zahl mit Dezimalstellen eingeben, verwenden Sie das Komma als Dezimaltrennzeichen. Wenn Sie Dezimalzahlen eingeben, fügt das Programm automatisch eine Null vor dem Dezimalkomma ein – Sie schreiben ,34 und der Zelleintrag lautet 0,34. Außerdem streicht Excel eigenmächtig Nullen am Ende der Zahl: Sie schreiben 12,50 und der Zelleintrag lautet 12,5.

Sie können einen Wert anstatt als Dezimalzahl auch als Bruch eingeben. Sie geben z. B. 2 3/16 (mit einem Leerzeichen zwischen 2 und 3) statt 2,1875 ein. Wenn Sie eine Dezimalzahl als Bruch eingeben, wird in der Bearbeitungsleiste die entsprechende Dezimalzahl angezeigt, obwohl in der Zelle der Bruch angezeigt wird. In Kapitel 3 erfahren Sie, wie einfach es ist, die Anzeige 2 3/16 in der Zelle so zu formatieren, dass sie der Anzeige 2,1875 in der Bearbeitungsleiste entspricht.

Hinweis: Wenn Sie einfache Brüche wie 2/3 oder 5/8 eingeben, müssen Sie den Brüchen eine Null voranstellen, d. h., Sie geben 0 2/3 oder 0 5/8 ein, wobei Sie das Leerzeichen zwischen der Null und dem Bruch nicht vergessen dürfen. Sonst bringen Sie Excel ziemlich durcheinander! Seien Sie aber vorsichtig bei der Eingabe von 1/2, 1/4 oder 3/4, da die AutoKorrektur das automatisch in ½, ¼ und ¾ umwandelt. Und dann versteht Excel nur noch Bahnhof! (Was es mit der AutoKorrektur auf sich hat, erfahren Sie weiter unten im Abschnitt »Einmal AutoKorrektur, bitte«.)

Wenn Sie eine Prozentzahl in eine Zelle eingeben möchten, so können Sie das auf zweierlei Arten tun:

✔ Sie können die Zahl durch 100 teilen und die entsprechende Dezimalzahl eingeben (das Dezimalkomma um zwei Stellen nach links verschieben, so wie Sie's in der Schule gelernt haben). Also: ,12 anstatt 12%. (Das funktioniert natürlich nur, wenn der Zelle ein Prozentformat zugewiesen ist. Dazu mehr in Kapitel 3.)

✔ Sie können die Zahl gleich mit einem Prozentzeichen eingeben (z. B. 12%). Excel weist der Zahl dann automatisch ein Prozentformat zu. Welch ein Service!

In beiden Fällen speichert Excel den Dezimalwert in der Zelle (in diesem Beispiel also 0,12). Wenn Sie das Prozentzeichen verwenden, weist Excel dem Wert im Tabellenblatt ein Format für Prozentzahlen zu, sodass in der Zelle 12% angezeigt wird.

Können Sie meinen Dezimalstellen Ordnung beibringen?

Wenn Sie eine ganze Kolonne Zahlen eingeben müssen, die alle dieselbe Anzahl an Dezimalstellen enthalten sollen, können Sie sich der Option FESTE DEZIMALSTELLE SETZEN bedienen und das Programm die Dezimalstellen für Sie eingeben lassen. Dies ist besonders hilfreich, wenn Sie Zahlen eingeben müssen, die alle zwei Dezimalstellen für die Centbeträge verwenden.

Um die Anzahl der Dezimalstellen für einen Zahleneintrag festzulegen, gehen Sie folgendermaßen vor:

1. **Wählen Sie im Menü** EXTRAS **den Befehl** OPTIONEN.

   Das Dialogfeld OPTIONEN wird geöffnet.

2. **Wählen Sie das Register** BEARBEITEN.

3. **Klicken Sie auf das Kontrollkästchen** FESTE DEZIMALSTELLE SETZEN.

   In der Standardeinstellung zeigt Excel zwei Dezimalstellen hinter dem Komma an. Um die Standardeinstellung zu ändern, machen Sie mit Schritt 4 weiter, ansonsten springen Sie zu Schritt 5.

4. **Schreiben Sie eine neue Zahl in das Textfeld** STELLENANZAHL **oder verwenden Sie die Drehfelder, um den Wert zu ändern.**

   Schreiben Sie beispielsweise 3 in das Textfeld STELLENANZAHL, um mit Zahlen mit drei Nachkommastellen zu arbeiten.

5. **Wählen Sie OK oder drücken Sie** [↵].

   In der Statusleiste wird jetzt FIX angezeigt, um Sie wissen zu lassen, dass die Dezimalstellenfunktion aktiviert ist.

Excel fügt nun in Eigeninitiative bei jeder Zahleneingabe für Sie das Komma ein. Sie müssen nur noch die Zahlen eingeben und [↵] drücken. Beispiel: Um die Zahl 100,99 in eine Zelle einzugeben, nachdem Sie die Dezimalstelle auf zwei Nachkommastellen festgelegt haben, schreiben Sie 10099. Sobald Sie auf die Schaltfläche für Eingeben klicken, [↵] oder eine Pfeiltaste drücken, um den Zelleintrag abzuschließen, fügt Excel den Wert 100,99 in die Zelle ein.

Wenn Sie wieder zur normalen Zahleneingabe (bei der Sie das eventuelle Dezimalkomma selbst eingeben müssen) zurückkehren wollen, öffnen Sie erneut das Dialogfeld OPTIONEN, deaktivieren das Kontrollkästchen FESTE DEZIMALSTELLE SETZEN und wählen dann OK bzw. drücken [↵]. Die Anzeige FIX verschwindet aus der Statusleiste.

Dezimalstelle hin, Dezimalstelle her!

Denken Sie daran, dass Excel bei allen Zahleneingaben ein Dezimalkomma einfügt, solange die Dezimalstellenfunktion aktiviert ist. Wenn Sie eine Zahl ohne Dezimalkomma oder mit mehr bzw. weniger Dezimalstellen eingeben möchten, müssen Sie das Dezimalkomma selbst eingeben. Beispiel: Um die Zahl 1099 anstatt 10,99 einzugeben, wenn das Dezimalkomma bei zwei Nachkommastellen festgelegt ist, schreiben Sie 1099, in die Zelle. (Komma am Schluss nicht vergessen!)

Und vergessen Sie bloß nicht, die Dezimalstellenfunktion wieder zu deaktivieren, bevor Sie mit einem neuen Tabellenblatt beginnen oder Excel beenden. Ansonsten wird jedes Mal, wenn Sie einen Wert, z. B. 20, eingeben, 0,2 in der Zelle angezeigt, und Sie werden sich wundern, was das Programm für eine neue Macke hat ...

Eingabe wie mit dem Taschenrechner

Um mit der Dezimalstellenfunktion noch effektiver arbeiten zu können, markieren Sie den Zellbereich, in dem die Zahlen eingegeben werden sollen (siehe auch »Das große Zellcursorspringen« weiter unten in diesem Kapitel), drücken [Num] und geben dann die Zahlen auf der Zehnertastatur ein.

Auf diese Weise können Sie die Zahlen wie auf einem Taschenrechner eingeben und müssen nur noch [↵] auf der Zehnertastatur drücken, damit Excel die Dezimalstelle an die richtige Stelle setzt und den Zellcursor in die nächste Zelle der darunter liegenden Zeile verschiebt. Und noch was: Sobald Sie den letzten Zahlenwert in einer Spalte eingegeben und [↵] gedrückt haben, setzt Excel den Zellcursor automatisch auf die erste Zelle der nächsten Spalte des markierten Zellbereichs.

In den Abbildungen 2.4 und 2.5 sehen Sie, wie das Ganze funktioniert. In Abbildung 2.4 ist die Dezimalstellenfunktion aktiviert, die standardmäßig zwei feste Dezimalstellen anzeigt. Der Zellbereich von Zelle B3 bis D9 ist markiert. Sechs Einträge sind bereits erfolgt. Die siebte Zahl (30834,63) wird gerade in Zelle B9 eingegeben. Um diese Zahl bei aktivierter Dezimalstellenfunktion einzugeben, brauchen Sie nur über die Zehnertastatur 3083463 einzugeben.

Abbildung 2.5 zeigt bereits das Resultat dieser Eingabe (nachdem Sie [↵] auf der Tastatur oder der Zehnertastatur gedrückt haben). Wie Sie sehen, hat Excel den Wert in Zelle B9 nicht nur automatisch mit dem Dezimalkomma versorgt, sondern auch den Zellcursor auf Zelle C3 weitergerückt, damit Sie in dieser Zelle mit der Eingabe fortfahren können.

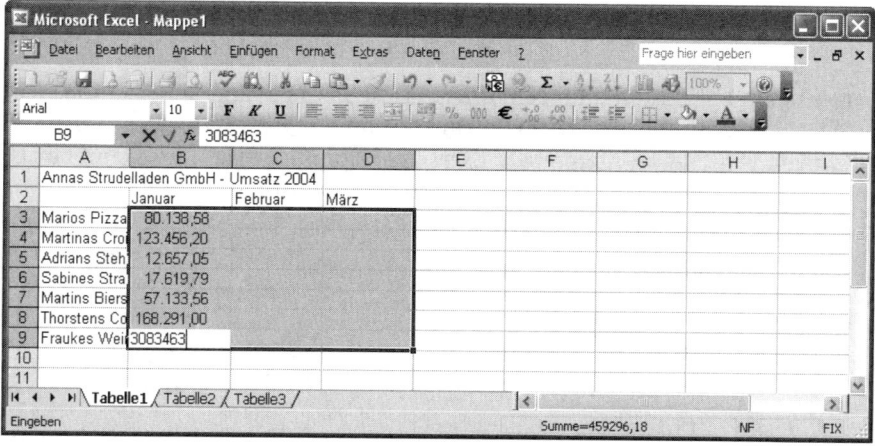

Abbildung 2.4: Um den Wert 30834,63 in die Zelle B9 einzugeben, schreiben Sie 3083463 und drücken ⏎.

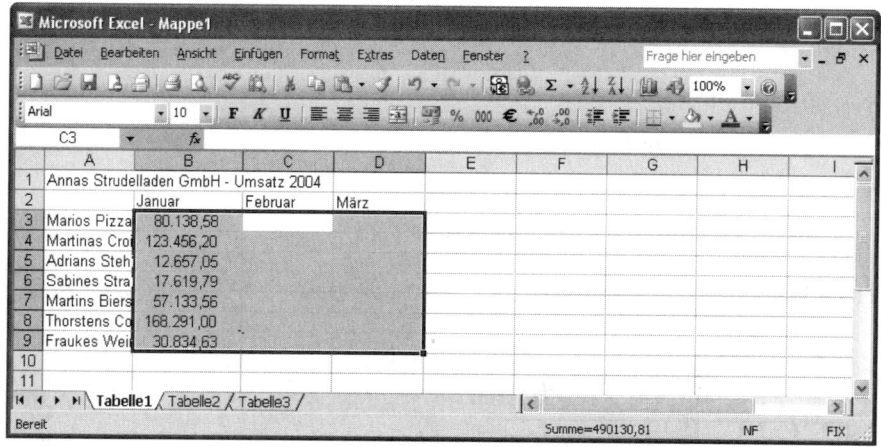

Abbildung 2.5: Sobald Sie in Zelle B9 ⏎ drücken, verschiebt Excel den Zellcursor auf Zelle C3.

Und jetzt ein Datum!

Es mag Ihnen komisch vorkommen, dass Datums- und Uhrzeitangaben in die Zellen eines Tabellenblatts als Zahlen anstatt als Text eingegeben werden. Dies hat seinen Grund: Sie können nämlich mit Datums- und Uhrzeitangaben auch rechnen. Ehrlich!

Sie können Datumsangaben natürlich auch als Text eingeben, ohne dass Ihnen oder Ihrem Tabellenblatt etwas passiert; Sie werden dann diese Datumsangaben allerdings nicht mehr in Formeln verwenden können. Wenn Sie z. B. zwei Datumsangaben als Zahlen eingeben, können Sie damit eine Formel erstellen, in der das neuere Datum vom älteren abgezogen und als

Ergebnis die Differenz zwischen beiden in Tagen errechnet wird. Geben Sie die Datumsangaben jedoch als Text ein, versteht Excel in der Formel nur Bahnhof.

Excel erkennt am Datums- und Uhrzeitformat, ob die Datums- und Uhrzeitangaben als Zahl oder als Text eingegeben wurden. Wenn Sie eines der im Programm enthaltenen Datums- oder Uhrzeitformate verwenden, interpretiert Excel das Datum oder die Uhrzeitangabe als Zahl. Wenn Ihre Eingabe mit keinem internen Format übereinstimmt, wird die Datums- oder Uhrzeitangabe als Texteingabe interpretiert. So einfach ist das!

Excel erkennt unter anderem die folgenden Uhrzeitformate:

1:30 PM

13:30:55

1:30:55 PM

14.3.01 1:30 PM

14.3.01 13:30

... und mindestens die folgenden Datumsformate:

14.3.01 und 14.03.01

14. Mrz. 2001 und 14. März 2001

14. Mrz.01 und 14. Mrz. 2001

14. Mrz. und 14.3.

Mrz. 01 und März 01

14.3.01 13:30

Mein Datum, dein Datum

Datumsangaben werden als serielle Zahlen, d. h. als fortlaufende Zahlenreihe, gespeichert, die anzeigen, wie viele Tage seit dem Anfangsdatum verstrichen sind. Uhrzeitangaben werden als Dezimalbrüche gespeichert, die die verstrichene Zeit in einem 24-Stunden-Zeitraum anzeigen. Excel unterstützt zwei Datumssysteme: In Excel für Windows ist das Anfangsdatum der 1. Januar 1900 (serielle Zahl = 1) und in Excel für den Macintosh der 2. Januar 1904.

Sollte Ihnen also jemals eine Arbeitsmappe unterkommen, die mit Excel für den Macintosh erstellt wurde und äußerst seltsame Daten enthält, dann können Sie dieses Problem vielleicht lösen, indem Sie im Menü Extras den Befehl Optionen wählen, im Dialogfeld Optionen auf das Register Berechnung klicken und dort im Gruppenfeld Arbeitsmappenoptionen das Kontrollkästchen 1904-Datumswerte aktivieren. Schließen Sie das Dialogfeld mit OK.

Datumseingaben im 21. Jahrhundert

Sie werden es wahrscheinlich nicht so recht glauben können, aber wenn Sie im 21. Jahrhundert ein Datum eingeben, dann können Sie dazu, wenn Sie wollen, nur die letzten zwei Stellen der Jahreszahl verwenden. Wenn also in einem Tabellenblatt 16. Januar 2004 stehen soll, dann ist eine Eingabemöglichkeit 16.01.2004. Genauso gut könnten Sie den 15. Februar 2010 in ein Tabellenblatt in folgender Form eingeben: 15.02.10

Ich muss allerdings gestehen, dass die Eingabe mit den letzten zwei Stellen der Jahreszahl im 21. Jahrhundert nur für die ersten drei Jahrzehnte gilt, also nur von 2000 bis 2029. Ab 2030 müssen die Jahreszahlen vierstellig eingegeben werden.

Dies bedeutet natürlich auch, dass Sie bei Datumseingaben für die ersten drei Jahrzehnte des 20. Jahrhunderts (1900 bis 1929) auch mit vier Stellen arbeiten müssen. Für den 21. Juli 1925 geben Sie also ein: 21.07.1925. Wenn Sie nämlich nur die letzten zwei Stellen (25) für die Jahreszahl eingeben, interpretiert Excel dies als 2025 und nicht als 1925!

Excel 2003 zeigt immer alle vier Stellen einer Jahreszahl in der Zelle und der Bearbeitungsleiste an, auch wenn Sie nur die letzten zwei Stellen eingeben. Wenn Sie also beispielsweise in eine Zelle 16.11.04 eingeben, zeigt Excel automatisch in dem Tabellenblatt (und auch in der Bearbeitungsleiste) 16.11.2004 an.

Ich finde, das ist ein toller Service. Sie sehen nun auf einen Blick, ob es sich um eine Zahl aus dem letzten Jahrhundert handelt und brauchen sich nicht diese blödsinnigen Regeln zu merken, bis wann zweistellige Jahreszahlen geschrieben werden dürfen und wann nicht mehr. Lesen Sie weiter in Kapitel 3, wenn Sie wissen wollen, wie Sie Datumseingaben so formatieren, dass im Tabellenblatt stets nur die letzten zwei Stellen angezeigt werden.

 Wie Sie einfache arithmetische Operationen zwischen Datums- und Zeitangaben, die Sie in ein Tabellenblatt eingeben, ausführen und brauchbare Ergebnisse erhalten, erfahren Sie in Kapitel 3.

Formeln, die der Aufgabe gewachsen sind

Formeln sind die eigentlichen Arbeiter des Tabellenblatts. Wenn Sie eine Formel richtig aufbauen, wird das Ergebnis berechnet, sobald Sie ⏎ drücken. Danach wird der Wert der Zelle immer dann aktualisiert, wenn Sie Werte ändern, die in der Formel verwendet werden.

Wie weiß Excel nun, dass Sie eine Formel eingeben möchten? Ganz einfach: Jede Formel beginnt mit einem Gleichheitszeichen (=). Bei den meisten einfachen Formeln steht nach dem Gleichheitszeichen eine Funktion, die Excel bereits fix und fertig für Sie bereitstellt, z. B. SUMME oder MITTELWERT. (Näheres zum Einsatz von Funktionen in Formeln erfahren Sie im Abschnitt »Viel Spaß beim Einfügen von Funktionen« weiter hinten in diesem Kapitel.) Andere einfache Formeln verwenden Zahlenreihen oder Bezüge auf Zellen (die wiederum Zahlen enthalten). Formelelemente werden durch einen oder mehrere der folgenden mathematischen Operatoren voneinander getrennt:

+ zur Addition

– zur Subtraktion

* zur Multiplikation

/ zur Division

^ zur Potenzierung

Beispiel: Wenn Sie in Zelle C2 die Werte in A2 und B2 miteinander multiplizieren wollen, geben Sie folgende Formel in Zelle C2 ein: =A2*B2

Hier nun die Einzelschritte für die Eingabe dieser Formel in Zelle C2.

1. **Aktivieren Sie die Zelle C2.**

2. **Geben Sie die vollständige Formel =A2*B2 in der Bearbeitungsleiste ein.**

3. **Drücken Sie ⏎.**

Oder:

1. **Aktivieren Sie die Zelle C2.**

2. **Geben Sie ein Gleichheitszeichen (=) ein.**

3. **Markieren Sie die Zelle A2 im Tabellenblatt mit der Maus oder mit der Tastatur.**

   Der Zellbezug A2 wird jetzt in der Formel in der Zelle angezeigt (Abbildung 2.6).

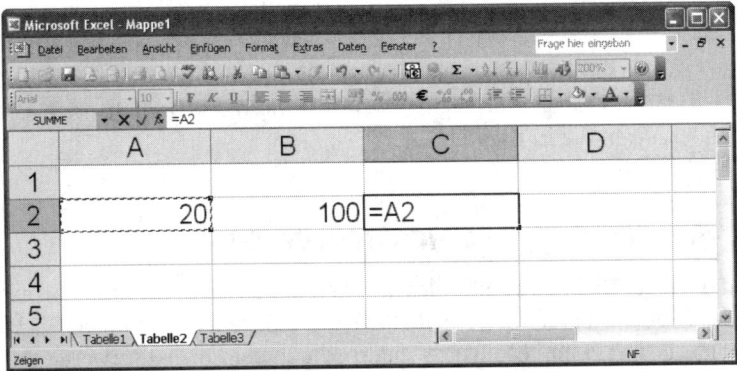

Abbildung 2.6: Sie beginnen die Formel, indem Sie ein Gleichheitszeichen (=) eingeben. Danach markieren Sie die Zelle A2.

4. **Geben Sie * ein.**

   Das Sternchen (*) ist der Operator für die Multiplikation. Sie finden es auch auf der Zehnertastatur. (Bei manchen Zehnertastaturen steht anstelle des Sternchens ein x.)

5. Markieren Sie die Zelle B2 im Tabellenblatt.

Der Zellbezug B2 wird jetzt in die Formel eingefügt (Abbildung 2.7).

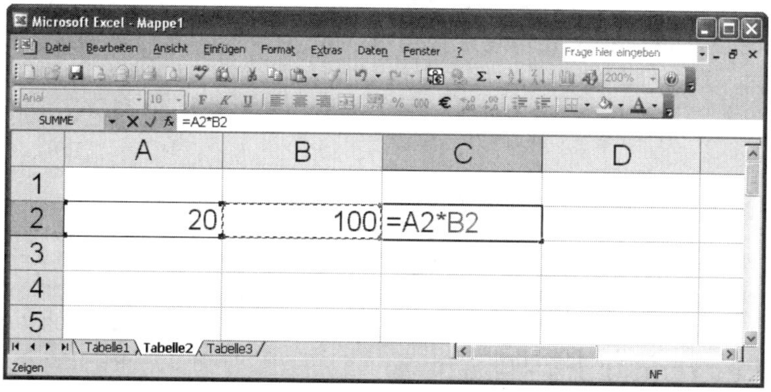

*Abbildung 2.7: Für den zweiten Teil der Formel geben Sie * ein und markieren anschließend die Zelle B2.*

6. Klicken Sie auf die Schaltfläche für Eingeben oder drücken Sie ⏎. (Der Zellcursor sollte in der Zelle C2 bleiben.)

Excel zeigt das Rechenergebnis in Zelle C2 und die Formel =A2*B2 in der Bearbeitungsleiste an (Abbildung 2.8).

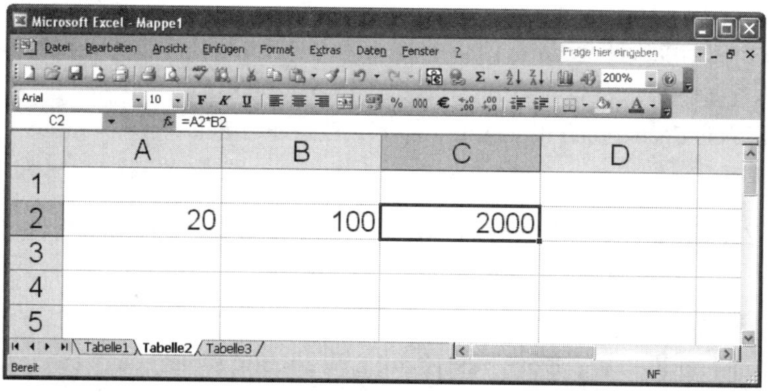

Abbildung 2.8: Klicken Sie auf die Schaltfläche für Eingeben, um das Ergebnis in Zelle C2 anzuzeigen. (Die Formel wird noch immer in der Bearbeitungsleiste angezeigt.)

Nachdem Sie die Eingabe der Formel =A2*B2 in Zelle C2 abgeschlossen haben, zeigt Excel das Resultat entsprechend den aktuell in den Zellen A2 und B2 enthaltenen Werten an. Die große Stärke eines Tabellenkalkulationsprogramms ist nämlich die Fähigkeit der Formeln, die berechneten Ergebnisse automatisch anzupassen, wenn sich die Werte in den Zellen ändern, die als Zellbezüge in den Formeln angegeben sind. Was will man mehr?

Vielleicht sollten wir dieses Spielchen gleich mal ausprobieren. Also, wie gesagt: Wenn Sie eine Formel erstellen, die sich auf Werte in bestimmten Zellen bezieht und Sie diese Werte ändern, dann berechnet Excel die Formel automatisch neu, indem es diese neuen Werte verwendet und das aktualisierte Ergebnis im Tabellenblatt anzeigt. Nehmen wir Abbildung 2.8 als Beispiel: Sie ändern den Wert in Zelle B2 von 100 in 50. Sobald Sie die Änderung in Zelle B2 abgeschlossen haben, berechnet Excel die Formel neu und zeigt als neues Ergebnis in Zelle C2 1000 an.

Würden Sie mir das bitte mal markieren?

Zellen zu markieren, die in einer Formel verwendet werden sollen, anstatt die Zellbezüge über die Tastatur einzugeben, ist nicht nur schneller, sondern auch sicherer. Wenn Sie einen Zellbezug eingeben, kann es leicht passieren, dass Sie den falschen Spaltenbuchstaben oder die falsche Zeilennummer schreiben und Sie Ihren Fehler unter Umständen nicht einmal bemerken.

 Wenn Sie einen Zellbezug in eine Formel einfügen, indem Sie auf die entsprechende Zelle klicken oder den Zellcursor dorthin bewegen (mithilfe der Pfeiltasten), ist die Gefahr eines falschen Zellbezugs um einiges geringer.

Vorfahrt achten!

Viele der Formeln, die Sie erstellen werden, werden mehr als eine mathematische Operation durchführen. Excel führt jede Rechenoperation von links nach rechts aus und hält sich dabei strikt an die mathematischen Vorfahrtsregeln, d. h. Multiplikation und Division vor Addition und Subtraktion. Kurz: Punktrechnung vor Strichrechnung.

Betrachten Sie die Rechenoperationen in der folgenden Formel:

```
=A2+B2*C2
```

Wenn in der Zelle A2 der Wert 5, in B2 der Wert 10 und in C2 der Wert 2 steht, dann setzt Excel die Werte wie folgt in die Formel ein:

```
=5+10*2
```

In dieser Formel multipliziert Excel nun 10 mit 2 (= 20) und addiert dann zu diesem Ergebnis 5 hinzu (= 25).

Wenn Excel die Addition der Werte in den Zellen A2 und B2 vor der Multiplikation ausführen soll, dann müssen Sie die zu addierenden Werte in Klammern setzen:

```
=(A2+B2)*C2
```

Die Klammer verrät Excel, dass diese Rechenoperation vor der Multiplikation ausgeführt werden soll. Wenn die Zelle A2 den Wert 5, B2 den Wert 10 und C2 den Wert 2 enthält, dann addiert Excel 5 und 10 (= 15) und multipliziert dieses Ergebnis dann mit 2 (= 30).

Bei aufwändigeren Formeln kann unter Umständen mehr als eine Klammer oder auch eine Klammer in einer Klammer erforderlich sein, um die Reihenfolge der Rechenoperationen zu kennzeichnen. Wird in eine Klammer eine weitere eingefügt, so berechnet Excel zuerst die in der inneren Klammer stehenden Werte und verwendet dann dieses Ergebnis für die weiteren Berechnungen. Sehen Sie sich z. B. die folgende Formel an:

`=(A4+(B4-C4))*D4`

Excel subtrahiert zuerst den Wert in Zelle C4 von dem in Zelle B4, addiert die Differenz zu dem Wert in Zelle A4 und multipliziert zuletzt das Summenergebnis mit dem Wert in Zelle D4.

Ohne die beiden Klammern hätte Excel zuerst den Wert der Zelle C4 mit dem der Zelle D4 multipliziert, dann den Wert in A4 und den in B4 addiert und zuletzt die Subtraktion durchgeführt.

 Wenn Sie in einer Formel mehrere Klammern verwenden, hilft Ihnen Excel, falls Sie mal vergessen, einer linken Klammer auch wieder eine rechte zuzuordnen. In einem solchen Fall wird Excel eine Warnmeldung anzeigen, sobald Sie ⏎ drücken, und Ihnen einen Korrekturvorschlag für eine richtige Klammersetzung machen. Wenn Sie mit diesem Vorschlag einverstanden sind, brauchen Sie nur noch auf die Schaltfläche JA zu klicken, und der Schaden ist behoben. Achten Sie aber unbedingt darauf, dass Sie nur runde Klammern ( ) in Formeln verwenden. Wenn Sie eckige oder geschweifte Klammern eingeben, ernten Sie sofort eine Warnmeldung!

Wenn Formeln spinnen

Unter bestimmten Umständen können selbst die besten Formeln verrückt spielen. Sie können sofort erkennen, dass eine Formel ihrer Sache nicht mehr gewachsen ist, wenn anstatt des errechneten Wertes eine merkwürdige unverständliche Meldung angezeigt wird, die in Großbuchstaben geschrieben ist, mit dem Zeichen # beginnt und mit einem Ausrufezeichen (in einem Fall mit einem Fragezeichen) endet. Diese Meldungen werden als *Fehlerwert* bezeichnet und wollen Ihnen mitteilen, dass irgendein Element – entweder in der Formel selbst oder in einem Zellbezug – die Ausgabe des erwarteten Ergebnisses verhindert.

 Wenn eine Ihrer Formeln einen dieser Fehlerwerte ausgibt, dann wird ein Alarmsignal (in Form eines Ausrufezeichens auf einem gelben Viereck) links von der Zelle angezeigt, sobald der Zellcursor dort positioniert wird. Außerdem erhält die Zelle in der oberen linken Ecke ein winziges grünes Dreieck. Wenn Sie mit dem Mauszeiger auf dieses Alarmzeichen zeigen, zeigt Excel eine kurze Erklärung zum Fehler in dieser Formel an und fügt eine Dropdown-Schaltfläche direkt rechts daneben ein. Wenn Sie sich Hilfe zu diesem Fehlerwert holen wollen, insbesondere Vorschläge, wie Sie diesen Fehler beseitigen können, dann klicken Sie im Kontextmenü auf die Option HILFE FÜR DIESE FEHLER ANZEIGEN.

Das Schlimmste an Fehlerwerten ist, dass sie andere Formeln im Tabellenblatt anstecken können. Wenn das Programm einen Fehlerwert in eine Zelle schreibt und sich eine andere Formel auf den von der ersten Formel errechneten Wert bezieht, gibt die zweite Formel denselben Fehlerwert aus, die wiederum infiziert die nächste Formel und so weiter.

Sobald ein Fehlerwert in einer Zelle angezeigt wird, müssen Sie herausfinden, was den Fehler verursacht hat, und den Fehler korrigieren. In Tabelle 2.1 sind die Fehlerwerte, die Ihnen in einem Tabellenblatt begegnen können, und ihre gängigsten Ursachen aufgeführt.

Fehlerwert	Ursache
#BEZUG!	Die Formel enthält einen ungültigen Zellbezug. Das kann der Fall sein, wenn Sie Zellen löschen oder überschreiben, die als Zellbezug in einer Formel angegeben sind.
#DIV/0!	Die Formel versucht, durch Null zu teilen, da entweder eine Zelle den Wert 0 enthält oder, was meistens der Fall ist, die Zelle leer ist. Eine Division durch Null darf es aber in der Mathematik nicht geben. Haben wir alle in der Schule gelernt!
#NAME?	Excel erkennt den in der Formel benutzten Bereichsnamen nicht (Kapitel 6 enthält Informationen zum Benennen von Zellen). Dieser Fehlerwert wird ausgegeben, wenn Sie einen falschen Bereichsnamen eingegeben oder Text in der Formel nicht in Anführungszeichen gesetzt haben; Excel behandelt diesen Text dann wie einen Bereichsnamen und kann ihn natürlich nicht finden, da es ihn nicht gibt.
#NULL!	Sie haben wahrscheinlich ein Leerzeichen anstelle eines Semikolons eingegeben, um Zellbezüge als Funktionsargumente voneinander zu trennen.
#WERT!	Das Argument oder der Operator, das/den Sie verwendet haben, hat den falschen Typ oder Sie haben eine mathematische Operation aufgerufen, die sich auf Zellen bezieht, die Texteingaben enthalten.
#ZAHL!	Ein Problem mit einer Zahl, z. B. ein falsches Argument in einer Excel-Funktion oder eine Berechnung, die als Ergebnis eine Zahl ausgibt, die zu groß oder zu klein für die Darstellung im Tabellenblatt ist.

Tabelle 2.1: Mögliche Fehlerwerte

Habe ich Sie jetzt etwas überfordert? Bleiben Sie ganz ruhig. Warum soll ausgerechnet bei Ihnen eine Fehlermeldung angezeigt werden ...?

Fehlersuche und -bekämpfung

Wir wären ja alle zu gerne perfekt, aber leider sind es nur einige wenige von uns. Daher sollten wir uns gegen die Missgeschicke des Alltags wappnen und lernen, wie wir ihnen begegnen können. Wenn wir viele Daten eingeben, machen wir es diesen kleinen schrecklichen Tippfehlern leicht, sich in unsere Arbeit einzuschleichen. Damit Ihr Tabellenblatt weitestgehend sauber bleibt, hier ein paar Erste-Hilfe-Maßnahmen: 1. Lassen Sie Excel bestimmte Tippfehler sofort mit der AutoKorrektur-Funktion korrigieren. 2. Korrigieren Sie lästige Fehlerchen während der Eingabe gleich manuell.

Einmal AutoKorrektur, bitte

Die AutoKorrektur-Funktion ist eine Supererfindung für alle, die immer und immer wieder dieselben Tippfehler machen. Mithilfe dieser Funktion geben Sie Excel den Auftrag, ganz bestimmte blödsinnige Tippfehler zu erkennen und diese dann auch noch automatisch zu korrigieren.

Bei der Installation von Excel hat die AutoKorrektur-Funktion bereits einige Standardeinstellungen im Repertoire: Sie korrigiert automatisch zwei Großbuchstaben am Wortanfang (indem sie den zweiten Buchstaben kleinschreibt), sie schreibt die Wochentage groß (wie sollte man sie sonst schreiben) und ersetzt eine ganze Reihe von typischen Schreibfehlern durch den richtigen Text.

Während Ihrer Arbeit mit Excel können Sie dieser Liste weitere zu korrigierende Eingaben hinzufügen. Excel unterscheidet hierbei zwei verschiedene Typen: Tippfehler, die Ihnen ständig unterlaufen, zusammen mit der dazugehörigen richtigen Schreibweise, sowie Abkürzungen und Kurzformen mit den dazugehörigen ausgeschriebenen Versionen.

Sie wollen von dieser schicken Funktion auch Gebrauch machen? Nun dann:

1. **Wählen Sie im Menü** EXTRAS **die Option** AUTOKORREKTUR-OPTIONEN, **um das Dialogfeld** AUTOKORREKTUR **zu öffnen.**

2. **Geben Sie auf der Registerkarte** AUTOKORREKTUR **den Tippfehler oder die Abkürzung in das Textfeld** ERSETZEN **ein.**

3. **Geben Sie die Korrektur oder die Langform in das Textfeld** DURCH **ein.**

4. **Klicken Sie auf die Schaltfläche** HINZUFÜGEN **oder drücken Sie** ⏎ **, um den neuen Eintrag in das Listenfeld einzufügen.**

5. **Klicken Sie auf OK, um das Dialogfeld** AUTOKORREKTUR **zu schließen.**

Die Regeln der Zellbearbeitung

Die AutoKorrektur-Funktion ist zwar eine wunderbare Hilfe, aber ein Wundermittel ist sie trotzdem nicht. Sie werden sich also darauf einstellen müssen, dass sich immer wieder mal Fehler einschleichen werden. Wie Sie diese dann beheben, hängt ganz davon ab, ob Sie den Fehler entdecken, bevor oder nachdem Sie die Eingabe abgeschlossen haben.

✔ Wenn Sie den Fehler entdecken, bevor Sie die Eingabe abschließen, können Sie den Eintrag löschen, indem Sie so lange ⬅ (direkt über ⏎) drücken, bis Sie alle falschen Zeichen aus der Zelle gelöscht haben. Geben Sie dann den Rest des Eintrags oder der Formel neu ein, bevor Sie den Zelleintrag abschließen.

✔ Wenn Sie den Fehler erst entdecken, nachdem Sie den Zelleintrag bereits abgeschlossen haben, können Sie entweder den Eintrag vollständig überschreiben oder nur den falschen Teil überschreiben.

✔ Wenn der Eintrag relativ kurz ist, ist es vermutlich am einfachsten, ihn komplett zu ersetzen. Dazu brauchen Sie nur den Zellcursor auf die Zelle zu setzen, die neuen Daten einzugeben und das Ganze abzuschließen, indem Sie auf die Schaltfläche für Eingeben klicken, [↵] oder eine der Pfeiltasten drücken.

✔ Wenn sich der Fehler in einem Eintrag leicht beheben lässt, dieser aber unheimlich lang ist, so möchten Sie das Ganze vermutlich lieber bearbeiten, anstatt es zu überschreiben. Um den Zelleintrag zu bearbeiten, doppelklicken Sie auf die Zelle bzw. markieren sie und drücken dann [F2].

✔ In beiden Fällen zeigt Excel in der Bearbeitungsleiste die Schaltflächen für Eingeben und Abbrechen sowie die Schaltfläche für Funktion einfügen an und setzt die Einfügemarke in den Zelleintrag im Tabellenblatt. (Wenn Sie doppelklicken, wird die Einfügemarke an der Stelle angezeigt, auf die Sie klicken; drücken Sie [F2], steht die Einfügemarke am Ende des Zelleintrags.)

✔ Achten Sie darauf, dass auch in der Statusleiste der Bearbeitenmodus angezeigt wird. Sie können nun mit der Maus oder den Pfeiltasten die Einfügemarke an die Stelle in der Zelle bewegen, die bearbeitet werden muss.

In Tabelle 2.2 sind die Tastenkombinationen aufgeführt, mit denen Sie die Einfügemarke im Zelleintrag oder in der Bearbeitungsleiste verschieben und die lästigen Fehler korrigieren können. Wenn Sie an der Position der Einfügemarke neue Zeichen eingeben wollen, schreiben Sie einfach drauflos. Wenn Sie bestehende Zeichen an der Position der Einfügemarke durch Überschreiben löschen möchten, drücken Sie [Einfg], um vom Einfügemodus in den Überschreibemodus umzuschalten. Wenn Sie wieder in den Einfügemodus zurückschalten wollen, drücken Sie noch mal [Einfg]. Wenn Sie die Korrekturen für Ihren Zelleintrag beendet haben, müssen Sie das Ganze – wie gehabt – ganz offiziell in die Zelle übergeben, indem Sie [↵] drücken.

Die Geschichte von den zwei Bearbeitungswegen

Excel bietet Ihnen die Möglichkeit, den Inhalt einer Zelle entweder in der Zelle selbst (hatten wir bereits!) oder in der Bearbeitungsleiste zu bearbeiten. In den meisten Fällen werden Sie wohl den Inhalt direkt in der Zelle bearbeiten. Bei extrem langen Einträgen (wahnsinnig wissenschaftlichen Formeln oder Texteinträgen, die über mehrere Absätze gehen) könnte die Bearbeitungsleiste jedoch hilfreicher sein, da Excel die Bearbeitungsleiste so erweitert, dass der gesamte Inhalt angezeigt werden kann. In der Anzeige im Tabellenblatt könnte Ihnen in diesem Fall der Inhalt der Zelle einfach rechts aus dem Bild laufen ...

Um den Inhalt in der Bearbeitungsleiste anstatt in der Zelle zu bearbeiten, positionieren Sie den Zellcursor in der Zelle und klicken dann in der Bearbeitungsleiste auf die Stelle, die überarbeitet werden muss.

 Solange Sie sich im Bearbeitenmodus befinden, können Sie den bearbeiteten Zell-inhalt nur in die Zelle übergeben, indem Sie auf die Schaltfläche für Eingeben klicken oder ⏎ drücken, nicht aber durch Drücken der Pfeiltasten. Wenn Sie einen Zelleintrag bearbeiten, dienen die Pfeiltasten nur dazu, die Einfügemarke im Eintrag zu bewegen – ansonsten geht nichts!

Taste(n)	Funktion
Entf	Löscht das Zeichen rechts von der Einfügemarke
←	Löscht das Zeichen links von der Einfügemarke
→	Verschiebt die Einfügemarke um ein Zeichen nach rechts
←	Verschiebt die Einfügemarke um ein Zeichen nach links
↑	Verschiebt die Einfügemarke, wenn sie sich am Ende eines Zelleintrags befindet, nach links auf ihre vorherige Position
Pos1	Verschiebt die Einfügemarke vor das erste Zeichen des Zelleintrags
Ende oder ↓	Verschiebt die Einfügemarke hinter das letzte Zeichen des Zelleintrags
Strg + →	Verschiebt die Einfügemarke vor das nächste Wort des Zelleintrags
Strg + ←	Verschiebt die Einfügemarke vor das vorangegangene Wort des Zelleintrags
Einfg	Wechselt zwischen Einfüge- und Überschreibemodus

Tabelle 2.2: Tastenkombinationen zum Bearbeiten von Zelleinträgen in der Bearbeitungsleiste

Keine Angst vor der Dateneingabe

Bevor ich dieses Thema nun endgültig abschließe, fühle ich mich doch genötigt, noch kurz auf die Beschleunigerfunktionen einzugehen, die uns die Dateneingabe dann doch ein wenig versüßen. Hierzu zählen z. B. die Funktionen AutoVervollständigen und AutoAusfüllen sowie die Dateneingabe in einem ausgewählten Zellbereich und die gleichzeitige Eingabe derselben Daten in andere markierte Zellen.

Ohne AutoVervollständigen bin ich ein Nichts

Die AutoVervollständigen-Funktion ist alles andere als ein Spielzeug. Sie sollten während der Dateneingabe dann und wann an ihre (nicht an Ihre!) Existenz denken, denn sie ist eine nützliche Funktion, die freundliche Software-Entwickler bei Microsoft erfunden haben, um uns die Last der Dateneingabe so angenehm wie möglich zu machen.

AutoVervollständigen ist so etwas wie eine Hellseherin, die voraussieht, was Sie als Nächstes eingeben werden (sie stützt sich dabei auf die zuvor von Ihnen eingegebenen Daten). Diese Funktion kommt immer dann ins Spiel, wenn Sie in eine Spalte Text eingeben (also nicht bei Werten oder Formeln). Wenn Sie also Text in eine Spalte schreiben, merkt sich AutoVer-vollständigen, was für Einträge Sie in der Spalte vorgenommen haben, und kopiert diese dann automatisch in nachfolgende Zeilen, wann immer Sie einen neuen Eintrag beginnen, der mit demselben Buchstaben anfängt wie ein bestehender Eintrag.

Angenommen, Sie geben `Marios Pizzastube` in Zelle A3 ein (eines der Unternehmen, die zu Annas Strudelladen gehören) und setzen dann den Zellcursor eine Zeile tiefer in Zelle A4 und drücken `M` (Groß- oder Kleinschreibung – das ist völlig egal). Die AutoVervollständigen-Funktion fügt sofort in diese Zelle hinter dem `M` die restlichen Buchstaben `arios Pizzastube` ein (Abbildung 2.9).

Das ist natürlich eine ganz fantastische Sache, wenn Sie Marios Pizzastube als Zeilenüberschrift sowohl in Zelle A3 als auch in Zelle A4 brauchen. Nehmen wir aber mal an, Sie wollen einen ganz anderen Eintrag schreiben, der aber zufälligerweise auch mit M beginnt. Nun, die AutoVervollständigen-Funktion füllt zwar die Zelle mit dem zuvor eingegebenen Text. Sobald Sie aber weiterschreiben, zieht die Funktion ihren Vorschlag zurück und lässt Sie die Zelle mit Ihrem neuen Eintrag beschreiben (z. B. `Martinas Croissanterie`, auch ein Tochterunternehmen von Annas Strudelladen). Die AutoVervollständigen-Funktion wird dann nicht mehr sofort reagieren, wenn Sie einen Eintrag mit M beginnen; Sie müssen jetzt zumindest so viele Buchstaben eingeben, bis Excel eindeutig weiß, welcher Eintrag nun gemeint ist (in diesem Fall mindestens `Mart`).

 Wenn Sie die AutoVervollständigen-Funktion nervt, weil Ihre Eingaben zwar immer gleich anfangen, aber doch nicht gleich sind, dann können Sie diese Funktion natürlich auch deaktivieren. Wählen Sie hierzu im Menü Extras den Befehl Optionen, klicken Sie auf die Registerkarte Bearbeiten und deaktivieren Sie dort das Kontrollkästchen AutoVervollständigen für Zellwerte aktivieren.

Abbildung 2.9: Die AutoVervollständigen-Funktion dupliziert einen Eintrag, wenn Sie einen neuen Eintrag in derselben Spalte mit demselben Anfangsbuchstaben zu schreiben beginnen.

Abrakadabra - AutoAusfüllen!

In vielen Tabellenblättern, die Sie mit Excel erstellen, werden Sie irgendwann Datums- oder Zahlenreihen eingeben müssen. Angenommen, Sie möchten in einem Tabellenblatt als Spaltenüberschrift die zwölf Monatsnamen oder als Zeilenbeschriftungen die Zahlen von 1 bis 100 anzeigen – was für ein Schreibaufwand!

Mit der Funktion AutoAusfüllen wird diese mühselige Arbeit zum Kinderspiel. Sie müssen nur den Anfangswert einer Reihe eingeben. In den meisten Fällen ist die AutoAusfüllen-Funktion intelligent genug zu erkennen, wie die Reihe fortzuführen ist, wenn Sie das Ausfüllkästchen nach rechts ziehen (um die Reihe über die Spalten nach rechts aufzufüllen) oder nach unten ziehen (um die Reihe auf darunter liegende Zeilen auszuweiten).

 Ich habe noch nicht erwähnt, was das (Auto-)*Ausfüllkästchen* ist? Es sieht etwa so aus – + – und wird nur angezeigt, wenn Sie mit dem Mauszeiger auf die rechte untere Ecke einer Zelle (oder auf die letzte Zelle eines markierten Zellbereichs) zeigen. Wenn Sie jetzt wie oben beschrieben ziehen, nimmt das AutoAusfüllen seinen Lauf. Wenn Sie jedoch einen Zellbereich mit dem Mauszeiger in Form eines dicken weißen Kreuzes (anstelle des Ausfüllkästchens) ziehen, markiert Excel lediglich weitere Zellen (mehr dazu in Kapitel 3). Wenn der Mauszeiger noch die Form eines Pfeils hat und Sie dann ziehen, verschiebt Excel lediglich den markierten Bereich (hierzu Näheres in Kapitel 4). Also: Erst ziehen, wenn Sie das schwarze Kreuz sehen!

Wenn Sie eine Reihe durch Ziehen des Ausfüllkästchens erstellen, können Sie dies nur in eine Richtung tun. Sie können also die Reihe erweitern, indem Sie das Ausfüllkästchen in *eine* Richtung ziehen. Ob nach rechts, links, oben oder unten bleibt Ihnen überlassen. Sie können die Reihe nur nicht in zwei Richtungen gleichzeitig erweitern (z. B. durch diagonales Ziehen des Ausfüllkästchens nach unten und nach rechts). Eigentlich schade!

Während Sie das Ausfüllkästchen ziehen, wird am Bildschirm neben dem Mauszeiger eine QuickInfo angezeigt, die Ihnen verrät, welchen Eintrag Excel in die zuletzt in diesem Bereich markierte Zelle eingeben würde. Wenn Sie die Maustaste loslassen, nachdem Sie das Ausfüllkästchen gezogen haben, kann Ihnen Folgendes passieren: 1. Excel hat in alle von Ihnen markierten Zellen eine fortlaufende Reihe geschrieben (z. B. Januar, Februar, März etc.) oder 2. den gesamten Bereich mit dem Anfangswert ausgefüllt (wenn Sie nur einen Wert, z. B. 1, eingegeben haben und Excel deswegen nicht erkennen kann, welche Art von fortlaufender Reihe Sie wohl gerne hätten). Ganz rechts vom letzten Eintrag dieser Datenreihe zeigt Excel eine kleine Schaltfläche an, die ein Menü mit Optionen enthält. Sie können damit die Standardeinstellungen beim Ausfüllen oder Kopieren nachträglich außer Kraft setzen. Ein Beispiel: Sie haben mithilfe des Ausfüllkästchens einen Anfangswert in einen Zellbereich kopiert. Nach dem Kopieren merken Sie aber, dass Sie keine Kopie, sondern eine fortlaufende Zahlenreihe brauchen. Klicken Sie dann auf die Schaltfläche für Auto-Ausfülloptionen und wählen Sie dort den Eintrag DATENREIHE AUSFÜLLEN.

Die Abbildungen 2.10 und 2.11 zeigen, wie die Funktion AutoAusfüllen eingesetzt werden kann, um eine Reihe von Monaten zu erstellen, die in Zelle B2 mit Januar beginnt und in Zelle G2 mit Juni endet. Um die Reihe zu erstellen, geben Sie in Zelle B2 Januar ein, setzen den Mauszeiger auf das Ausfüllkästchen in der rechten unteren Ecke dieser Zelle und ziehen dann das kleine schwarze Kreuz nach rechts bis zur Zelle G2 (Abbildung 2.10). Wenn Sie die Maustaste loslassen, fügt Excel die restlichen Monatsnamen (Februar bis Juni) automatisch in die markierten Zellen ein (Abbildung 2.11). Die Zellen mit der Monatsnamenreihe bleiben markiert, damit Sie gegebenenfalls Änderungen durchführen können. Falls Sie zu viele Zellen markiert haben, können Sie das Ausfüllkästchen nach links zurückschieben, um die Liste mit den Monatsnamen zu kürzen. Wenn Sie nicht genug Zellen markiert haben, ziehen Sie das Ausfüllkästchen weiter nach rechts, um weitere Monatsnamen hinzuzufügen.

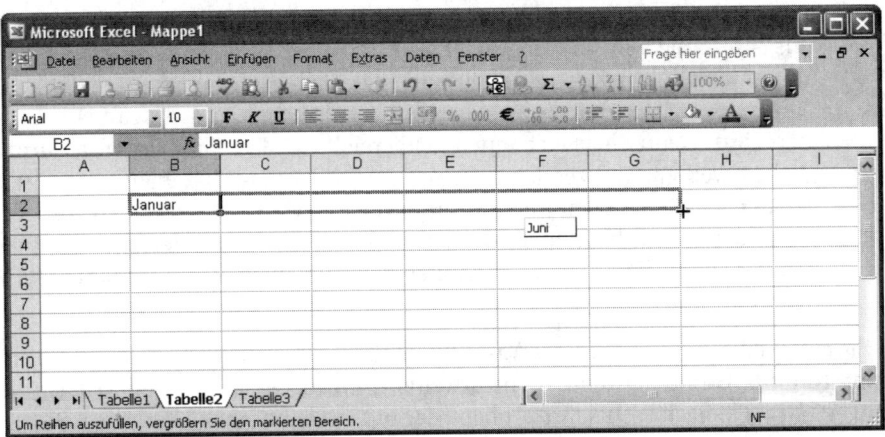

Abbildung 2.10: Um eine Reihe mit Monatsnamen zu erstellen, geben Sie in die erste Zelle JANUAR ein und ziehen dann das Ausfüllkästchen, um den Zellbereich zu markieren, in dem die noch fehlenden Monatsnamen angezeigt werden sollen.

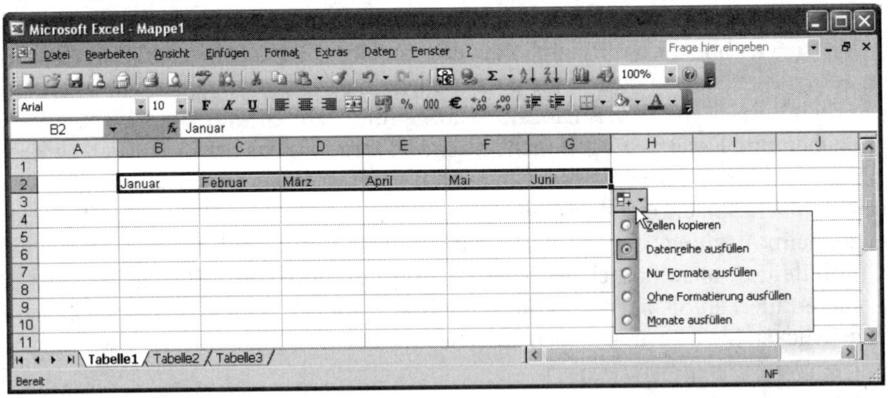

Abbildung 2.11: Sobald Sie die Maustaste loslassen, fügt Excel die restlichen Monatsnamen ein.

Wie Sie in Abbildung 2.11 sehen, hält die Schaltfläche für Auto-Ausfülloptionen eine ganze Reihe von Möglichkeiten für Sie bereit. Je nach Art der kopierten Werte oder ausgefüllten Reihen ändert sich allerdings die Zusammensetzung dieser Befehle. Die folgenden vier werden Ihnen aber (fast) immer über den Weg laufen: Wählen Sie ZELLEN KOPIEREN, wenn beispielsweise keine Datenreihe erstellt werden soll, sondern der Anfangswert (in diesem Beispiel also Januar) in jede Zelle kopiert werden soll. Soll anstelle einer Kopie eine Datenreihe gebildet werden, kommt der Befehl DATENREIHE AUSFÜLLEN zum Tragen. Damit kopierte oder ausgefüllte Zellen dieselbe Formatierung wie die Ausgangszelle erhalten, wählen Sie den Befehl NUR FORMATE AUSFÜLLEN. (Kapitel 3 weiß noch mehr zum Thema Formatierungen.) Wenn jedoch eine Datenreihe erstellt wurde, die Formatierung der Ausgangszelle aber unter keinen Umständen übernommen werden soll, dann entscheiden Sie sich für den Befehl OHNE FORMATIERUNG AUSFÜLLEN.

Tabelle 2.3 zeigt einige Anfangswerte, mit denen Sie mit der Funktion AutoAusfüllen im Handumdrehen fortlaufende Reihen erstellen können.

Daten in erster Zelle	Erstellte Datenreihe in den nächsten Zellen
Juni	Juli, August, September ...
Aug	Sep, Okt, Nov ...
Dienstag	Mittwoch, Donnerstag, Freitag ...
Mo	Di, Mi, Do ...
4.7.04	5.7.04, 6.7.04, 7.7.04 ...
Aug 04	Sep 04, Okt 04, Nov 04 ...
15. Jan.	16. Jan., 17. Jan, 18. Jan. ...
10:00	11:00, 12:00, 13:00 ...
1. Quartal	2. Quartal, 3. Quartal, 4. Quartal
Qrt1	Qrt2, Qrt3, Qrt4 ...
Produkt 1	Produkt 2, Produkt 3, Produkt 4 ...
1. Produkt	2. Produkt, 3. Produkt, 4. Produkt ...

Tabelle 2.3: Beispiele für Datenreihen, die Sie mit AutoAusfüllen erstellen können

Alles serienmäßig

Die Funktion AutoAusfüllen verwendet den von Ihnen markierten Anfangswert (Datum, Uhrzeitangabe, Tag, Jahr etc.), um die Reihe anzulegen. Alle Beispielreihen in Tabelle 2.3 ändern sich um das Inkrement 1 (ein Tag, ein Monat, ein Jahr). Was ist aber, wenn Sie eine Reihe erstellen möchten, die sich z. B. um das Inkrement 2 erhöhen soll? Auch das ist möglich! Schreiben Sie in zwei benachbarte Zellen je einen Wert. Die Differenz zwischen diesen Werten zeigt Excel, in welchen Schritten es die Reihe fortsetzen soll. Markieren Sie die Daten als Anfangsbereich und ziehen Sie dann mit dem Ausfüllkästchen den gewünschten Zellbereich auf.

Angenommen, eine Reihe soll mit Samstag beginnen und jeder zweite Tag in die benachbarten Zellen eingegeben werden (also: Samstag, Montag, Mittwoch etc.). Geben Sie in die erste Zelle `Samstag` und in die benachbarte Zelle `Montag` ein. Markieren Sie dann beide Zellen und ziehen Sie das Ausfüllkästchen so weit nach rechts, wie es Ihnen passt. Nachdem Sie die Maustaste losgelassen haben, ist Excel dem Beispiel in den ersten beiden Zellen gefolgt und hat jeden zweiten Tag eingetragen (Mittwoch neben Montag, Freitag neben Mittwoch usw.).

Kopieren mit AutoAusfüllen

Wenn Sie mit AutoAusfüllen einen Texteintrag über einen ganzen Zellbereich kopieren möchten (anstatt eine Reihe verwandter Einträge zu erstellen), brauchen Sie sich nur der Strg-Taste zu bedienen. Drücken Sie Strg, klicken Sie gleichzeitig mit dem kleinen schwarzen Kreuz (das jetzt den Mauszeiger darstellt) auf die rechte untere Ecke der Zelle und ziehen Sie das Ausfüllkästchen. Ein Pluszeichen wird neben dem Mauszeiger angezeigt, das Zeichen für Sie, dass AutoAusfüllen den Eintrag in der aktiven Zelle tatsächlich *kopieren* wird. (Eine weitere Kontrollmöglichkeit bietet die QuickInfo, die beim Kopieren natürlich denselben Text enthält wie die Originalzelle.) Wenn Sie nach dem Kopieren eines Anfangswerts Ihre Meinung ändern und nun doch lieber eine Datenreihe gehabt hätten, dann klicken Sie doch einfach auf die Schaltfläche, die neben dem Ausfüllkästchen der letzten kopierten Zelle angezeigt wird. Wählen Sie in diesem Menü den Befehl DATENREIHE AUSFÜLLEN und schon ist alles wie gewünscht!

 Die Methode mit der Strg-Taste kopiert zwar einen Texteintrag, bei Werten geht dieser Schuss jedoch nach hinten los. Wenn Sie z. B. die Zahl 17 in eine Zelle eingeben und dann das Ausfüllkästchen ziehen, dann kopiert Excel die Zahl 17 in alle markierten Zellen. Drücken Sie jedoch Strg, während Sie das Ausfüllkästchen ziehen, dann schreibt Excel eine Reihe (17, 18, 19 etc.). Na, so was! Sollten Sie dies jedoch einmal vergessen und kopieren anstatt Datenreihen zu erstellen, dann wissen Sie jetzt ja sicherlich bereits, dass Sie sich nur des Menüs der Schaltfläche für Auto-Ausfülloptionen bedienen müssen, um aus diesem Schlamassel wieder herauszukommen.

Designer-Serien

Sie können nicht nur die Schrittweite einer Serie mit AutoAusfüllen variieren, sondern auch eigene Reihen erstellen.

So gehören zu Annas Strudelladen GmbH folgende Firmen:

- ✔ Marios Pizzastube
- ✔ Martinas Croissanterie
- ✔ Adrians Stehimbiss
- ✔ Sabines Straßencafé
- ✔ Martins Bierstüberl
- ✔ Thorstens Cocktailbar
- ✔ Fraukes Weindepot

Damit Sie nun diese Liste nicht immer wieder in jedes neue Tabellenblatt eingeben (oder gar aus einem anderen Tabellenblatt kopieren) müssen, können Sie eine eigene Datenreihe erstellen, mit der die ganze Unternehmensliste eingefügt wird, wenn Sie in die erste Zelle `Marios Pizzastube` eingeben und dann das Ausfüllkästchen über die leeren Zellen ziehen, in denen die restlichen Unternehmen angezeigt werden sollen.

Das wollen Sie auch können? Also, dann los:

1. **Wählen Sie im Menü Extras den Befehl Optionen, um das Dialogfeld Optionen zu öffnen (Abbildung 2.12).**

2. **Wählen Sie das Register Benutzerdefinierte Listen, um die Listenfelder Benutzerdefinierte Listen und Listeneinträge anzuzeigen.**

   Im Listenfeld Benutzerdefinierte Listen ist automatisch der Eintrag Neue Liste markiert.

   Falls Sie sich bereits die Mühe gemacht haben und die Liste mit den Unternehmen in einem Zellbereich eingegeben haben, dann machen Sie mit Schritt 3 weiter. Wenn Sie Ihre Daten noch nicht in eine aktive Arbeitsmappe eingegeben haben, dann geht's für Sie mit Schritt 6 weiter.

3. **Klicken Sie im Textfeld Liste aus Zellen importieren auf die Schaltfläche für Dialog reduzieren (das Pseudotabellenblatt mit dem roten Pfeil), damit Sie Ihre Liste sehen können, und markieren Sie den Zellbereich. (Mehr Infos zu diesem Thema gibt es in Kapitel 3.)**

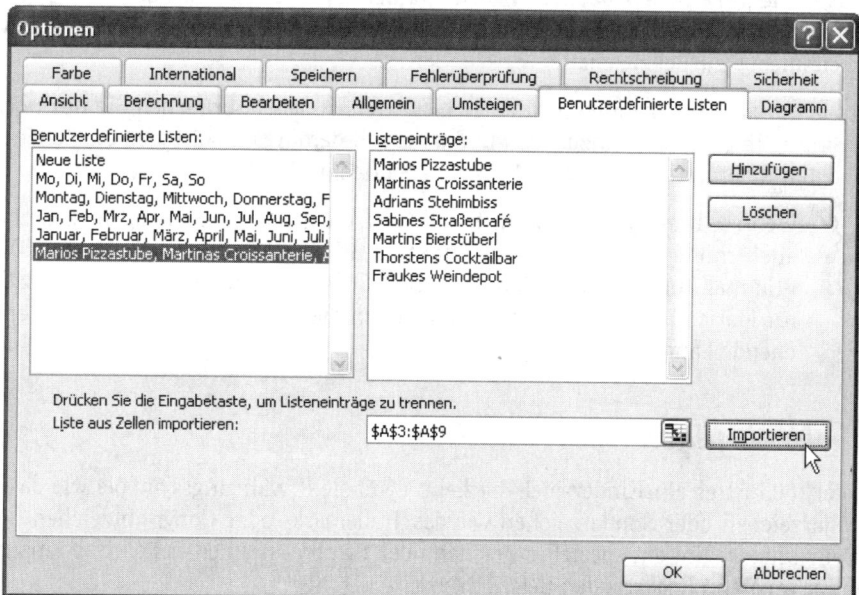

Abbildung 2.12: So erstellen Sie eine Unternehmensliste aus bestehenden Einträgen aus dem Tabellenblatt.

4. **Nachdem Sie die Zellen markiert haben, klicken Sie im Dialogfeld** Optionen **(bzw. was davon übergeblieben ist) auf die Schaltfläche für Dialog vergrößern.**

Diese Schaltfläche hat die Schaltfläche für Dialog reduzieren rechts vom Textfeld Liste auf Zellen importieren ersetzt und lässt sich an dem nach unten zeigenden roten Pfeil ausmachen.

5. **Klicken Sie auf die Schaltfläche** Importieren, **um diese Liste in das Listenfeld** Listeneinträge **zu kopieren (Abbildung 2.12).**

Weiter geht's mit Schritt 8.

6. **Wenn Sie die Unternehmensliste noch nicht in ein Tabellenblatt eingetragen haben, setzen Sie die Einfügemarke in das Listenfeld** Listeneinträge **und geben jeden einzelnen Eintrag (in der gewünschten Reihenfolge) ein, wobei Sie nach jedem Eintrag** ⏎ **drücken müssen.**

Wenn alle Unternehmen in der gewünschten Reihenfolge im Listenfeld Listeneinträge angezeigt werden, machen Sie mit Schritt 7 weiter.

7. **Wählen Sie die Schaltfläche** Hinzufügen, **um die Liste in das Listenfeld** Benutzerdefinierte Listen **einzufügen.**

Erstellen Sie so viele Benutzerlisten, wie Sie brauchen, und machen Sie dann mit Schritt 8 weiter.

8. **Sobald Sie Ihre Arbeit beendet haben, wählen Sie OK oder drücken** ⏎ **, um das Dialogfeld** Optionen **zu schließen und wieder zum aktuellen Tabellenblatt in der aktiven Arbeitsmappe zurückzuschalten.**

Sobald Sie in Excel eine benutzerdefinierte Liste erstellt haben, brauchen Sie nur noch den ersten Eintrag in eine Zelle einzugeben und dann mit dem Ausfüllkästchen die Zellen in der gewünschten Richtung zu erweitern. Alles andere erledigt Excel!

Wenn es Ihnen jedoch zu umständlich ist, die ganze Liste einzugeben, können Sie auch mit der AutoKorrektur-Funktion arbeiten – so wie ich es im Abschnitt »Einmal AutoKorrektur, bitte« vorgestellt habe – und eine Abkürzung, z. B. MP für Marios Pizzastube, festlegen, die dann die AutoKorrektur durch die entsprechende Langform ersetzt.

Symbole einfügen

Mit Excel 2003 ist es ein Kinderspiel, spezielle Symbole – Währungssymbole wie das Euro- und Dollarzeichen oder Sonderzeichen wie das Trademark- oder Copyrightzeichen – in die Zellen einzufügen. Um ein spezielles Zeichen oder Symbol in einen Zelleintrag einzufügen, wählen Sie im Menü Einfügen den Befehl Symbol.

Nachdem Sie diesen Befehl gewählt haben, wird das Dialogfeld Symbol geöffnet (das ähnlich wie in Abbildung 2.13 aussieht). Wie Sie in der Abbildung sehen können, verfügt dieses

Dialogfeld über zwei Registerkarten: SYMBOLE und SONDERZEICHEN. Wenn Sie von der Registerkarte SYMBOLE ein mathematisches Zeichen oder ein Währungssymbol einfügen wollen, klicken Sie auf das entsprechende Symbol im Listenfeld und dann auf die Schaltfläche EINFÜGEN. (Sie können auch auf das Symbol doppelklicken.) Um Buchstaben einzufügen, die zu einer anderen Sprache gehören – beispielsweise Buchstaben mit Akzent –, öffnen Sie das Dropdown-Listenfeld SUBSET und wählen dort ein Sprachensatz aus. Häufig verwendete Währungssymbole oder mathematische Zeichen stehen Ihnen im unteren Teil des Dialogfelds SYMBOL im Bereich ZULETZT VERWENDETE SYMBOLE zum schnelleren Arbeiten zur Verfügung.

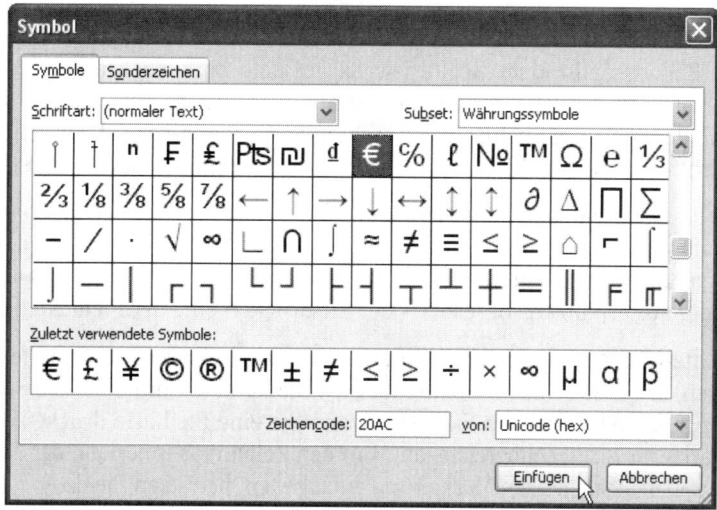

Abbildung 2.13: Sonderzeichen und Symbole werden mit dem Dialogfeld SYMBOL in die Zellen eingefügt.

Wenn Sie Sonderzeichen, wie das für ein eingetragenes Warenzeichen, Trennstriche oder Anführungszeichen, einfügen wollen, dann klicken Sie im Dialogfeld SYMBOL auf das Register SONDERZEICHEN. Suchen Sie das Symbol im Listenfeld, markieren Sie es und klicken Sie dann auf die Schaltfläche EINFÜGEN. (Sie können Sonderzeichen natürlich auch mit einem Doppelklick einfügen.)

Wenn Sie alle gewünschten Sonderzeichen und Symbole eingefügt haben, schließen Sie das Dialogfeld, indem Sie auf die Schaltfläche für Schließen in der rechten oberen Fensterecke klicken.

Das große Zellcursorspringen

Wenn Sie eine Datentabelle in ein neues Tabellenblatt eingeben möchten, können Sie sich die Dateneingabe erleichtern, indem Sie alle leeren Zellen markieren, in die Sie Daten eingeben wollen. Setzen Sie hierzu den Zellcursor auf die erste Zelle der neuen Datentabelle und markieren Sie dann so viele Zellen in den folgenden Spalten und Zeilen, wie Sie benötigen. (Weitere Informationen zum Markieren von Zellbereichen finden Sie in Kapitel 3.) Nachdem Sie den Zellbereich markiert haben, beginnen Sie mit der Eingabe Ihrer Daten.

Wenn Sie einen *Zellbereich* markieren, bevor Sie mit der Dateneingabe beginnen, begrenzt Excel die Dateneingabe in diesem Bereich wie folgt:

✔ Der Zellcursor wird automatisch zur nächsten Zelle im Bereich verschoben, wenn Sie auf die Schaltfläche für Eingeben klicken oder ⏎ drücken, um den Zelleintrag abzuschließen.

✔ In einem Zellbereich mit mehreren unterschiedlichen Spalten und Zeilen verschiebt Excel den Zellcursor in einer Spalte jeweils um eine Zeile nach unten. Wenn der Zellcursor die Zelle in der letzten Zeile der Spalte erreicht, springt er zur ersten Zeile des Bereichs in der nächsten Spalte auf der rechten Seite. Wenn der Zellbereich nur aus einer Zeile besteht, bewegt sich der Zellcursor in der Zeile von links nach rechts.

✔ Wenn Sie die Dateneingabe in der letzten Zelle des Zellbereichs beendet haben, markiert Excel die erste Zelle der gerade erstellten Tabelle. Um die Markierung für den Zellbereich aufzuheben, klicken Sie mit dem Mauszeiger auf eine andere Zelle im Tabellenblatt (innerhalb oder außerhalb des Bereichs) oder Sie drücken eine der Pfeiltasten.

 Achten Sie darauf, innerhalb eines markierten Zellbereichs keine Pfeiltaste zu drücken, um einen Eintrag abzuschließen. Klicken Sie immer auf die Schaltfläche für Eingeben oder drücken Sie ⏎. Wenn Sie eine Pfeiltaste drücken, heben Sie die Markierung des Zellbereichs auf. Um den Zellcursor innerhalb des Zellbereichs zu bewegen, ohne dessen Markierung aufzuheben, benutzen Sie die folgenden Tasten:

✔ Drücken Sie ⏎, um zur nächsten Zelle in der jeweils darunter liegenden Zeile und dann zur nächsten Spalte im Zellbereich zu gelangen. Mit ⇧+⏎ springen Sie nach oben zur vorherigen Zelle.

✔ Drücken Sie ⇥, um zur nächsten Zelle in der rechts liegenden Spalte zu gelangen. Drücken Sie ⇧+⇥, um nach links zur vorherigen Zelle zu springen.

✔ Drücken Sie Strg+⇧+' (Apostroph), um von einer Ecke des Zellbereichs zur anderen zu hüpfen.

Do it again, Excel!

 Sie können sich viel Zeit und Arbeit ersparen, wenn Sie denselben Eintrag (Text, Zahl oder Formel) in vielen Zellen des Tabellenblatts einfügen müssen, da Sie mit Excel die Daten in einem Arbeitsgang in alle Zellen eingeben können. Markieren Sie zunächst die Zellbereiche, in die die Daten eingegeben werden sollen. (Excel lässt Sie mehrere Zellbereiche markieren. Näheres hierzu finden Sie in Kapitel 3.) Schreiben Sie den Eintrag und drücken Sie dann Strg+⏎, um den Eintrag in alle markierten Zellen einzufügen.

up ...

... up ... update

Nutzen Sie den UPDATE-SERVICE
des Dummies-Teams bei Wiley-VCH.
Registrieren Sie sich jetzt!

Unsere Bücher sind mit großer Sorgfalt erstellt. Wir sind stets darauf bedacht, Sie mit den aktuellsten Inhalten zu versorgen, weil wir wissen, dass Sie gerade darauf großen Wert legen. Unsere Bücher geben den topaktuellen Wissens- und Praxisstand wieder.

Um Sie auch über das vorliegende Buch hinaus regelmäßig über die Neuerscheinungen in der Dummies-Reihe zu informieren, haben wir einen besonderen Leser-Service eingeführt.

Lassen Sie sich professionell, zuverlässig und fundiert auf den neuesten Stand bringen.

Lassen Sie sich jetzt auf www.wiley-vch.de registrieren und Sie erhalten zukünftig einen E-Mail-Newsletter mit Hinweisen auf Aktivitäten des Verlages wie zum Beispiel unsere aktuellen, kostenlosen Downloads.

Ihr Dummies-Team von Wiley-VCH

 Wenn diese Aktion erfolgreich sein soll, dann müssen Sie ⌈Strg⌉ und ⌈↵⌉ gleichzeitig drücken. Excel fügt den Eintrag dann in alle markierten Zellen ein. Wenn Sie nur ⌈↵⌉ drücken, wird der Eintrag nur in die erste Zelle des markierten Zellbereichs geschrieben.

Sie können die Dateneingabe in einer Liste beschleunigen, die Formeln enthält, indem Sie das Kontrollkästchen DATENBEREICH UND FORMELN ERWEITERN auf der Registerkarte BEARBEITEN des Dialogfelds OPTIONEN aktivieren. Das Dialogfeld OPTIONEN öffnen Sie, indem Sie im Menü EXTRAS den Befehl OPTIONEN wählen. Wenn diese Funktion aktiviert ist, formatiert Excel automatisch alle neuen Daten, die Sie in die letzte Zeile einer Liste eingeben, so wie die in den vorangegangenen Zeilen und kopiert außerdem eventuelle Formeln, die in vorstehenden Zeilen verwendet wurden. Damit diese Funktion jedoch greifen kann, müssen Sie wenigstens in den letzten drei Zeilen Formeln manuell eingegeben und Dateneingaben manuell formatiert haben. Sie sehen, auch bei Excel gibt es nichts umsonst!

Funktionieren die Funktionen?

Sie haben in diesem Kapitel bereits erfahren, wie Formeln erstellt werden, die einfache Rechenoperationen wie Addition, Subtraktion, Multiplikation und Division durchführen. Anstatt nun kompliziertere Formeln aus dem Nichts zu erstellen, können Sie sich eine Excel-Funktion suchen, die diese Aufgabe für Sie erledigt.

Eine *Funktion* ist eine Art vordefinierte Formel, die eine oder mehrere Rechenoperationen durchführt. Und was müssen Sie dabei noch tun? Sie geben die Werte ein, die die Funktion für ihre Berechnungen benötigt. Diese Werte werden auch als *Funktionsargumente* bezeichnet. Wie bei einfachen Formeln können Sie die Argumente für die meisten Funktionen entweder als numerischen Wert (z. B. 22 oder -4,56) oder – was üblicher ist – als Zellbezug (z. B. B10) oder als Zellbereich (z. B. C3:F3) eingeben.

Wie bei einer Formel, die Sie selbst erstellen, muss auch eine Funktion mit einem Gleichheitszeichen (=) beginnen, damit Excel weiß, dass es die Funktion als Formel und nicht als Text interpretieren soll. Nach dem Gleichheitszeichen schreiben Sie den Namen der Funktion (in Groß- oder Kleinbuchstaben, aber ohne Tippfehler). Hinter den Funktionsnamen schreiben Sie die für die Berechnung erforderlichen Argumente. Alle Funktionsargumente werden in runde Klammern gesetzt.

 Denken Sie daran, auf keinen Fall ein Leerzeichen zwischen das Gleichheitszeichen, den Funktionsnamen und die in Klammern stehenden Argumente zu setzen. Einige Funktionen verwenden mehr als einen Wert für ihre Berechnungen. In diesem Fall trennen Sie jedes Argument durch ein Semikolon (nie durch ein Leerzeichen).

Nachdem Sie das Gleichheitszeichen, den Funktionsnamen und die linke Klammer, die den Anfang eines Funktionsarguments kennzeichnet, eingegeben haben, können Sie mit dem Mauszeiger auf eine Zelle oder einen Zellbereich klicken, die/den Sie als erstes Argument verwenden wollen, anstatt die Zellbezüge selbst zu schreiben. Wenn die Funktion mehr als ein Argument verwendet, zeigen Sie auf die Zelle oder den Zellbereich, die/den Sie als zweites Argument verwenden wollen. (Aber erst nachdem Sie das Semikolon (;) eingegeben haben, mit dem Sie das erste Argument abschließen.)

Wenn Sie das letzte Argument abgeschlossen haben, geben Sie eine schließende runde Klammer ein, um Excel mitzuteilen, dass Ihnen nun die Argumente ausgegangen sind. Klicken Sie anschließend auf die Schaltfläche für Eingeben oder drücken Sie ⏎, um die Funktion in die Zelle zu übertragen und Excel das Ergebnis berechnen zu lassen.

Viel Spaß beim Einfügen von Funktionen

Auch wenn Sie eine Funktion direkt in eine Zelle eingeben können, ist es für Sie sicherlich einfacher, wenn Sie dies mit der Schaltfläche für Funktion einfügen erledigen. Wenn Sie in der Bearbeitungsleiste auf die Schaltfläche mit dem *fx* klicken, wird das Dialogfeld FUNKTION EINFÜGEN angezeigt, aus dem Sie sich die Funktion aussuchen können, die Sie brauchen (Abbildung 2.14). Nachdem Sie eine Funktion ausgewählt haben, öffnet Excel das Dialogfeld FUNKTIONSARGUMENTE, in dem Sie die Argumente für die Funktion festlegen können. Das hört sich in der Theorie ziemlich kompliziert an, ist es aber überhaupt nicht. Dieses Dialogfeld enthält links unten den Hyperlink HILFE FÜR DIESE FUNKTION, mit dem Sie das Hilfefenster der Microsoft Excel-Hilfe öffnen. Sie sollten diesen Link stets nutzen, wenn Sie nicht wissen, wie Sie die Argumente eingeben sollen, oder wenn Sie sichergehen wollen, dass Sie bei der Eingabe der Funktion weder ein Semikolon noch eine Klammer übersehen.

Das Dialogfeld FUNKTION EINFÜGEN enthält drei Felder: das Textfeld FUNKTION SUCHEN, das Dropdown-Listenfeld KATEGORIE AUSWÄHLEN und das Listenfeld FUNKTION AUSWÄHLEN. Wenn Sie das Dialogfeld FUNKTION EINFÜGEN öffnen, wird automatisch im Dropdown-Listenfeld KATEGORIE AUSWÄHLEN der Eintrag ZULETZT VERWENDET angezeigt und im Listenfeld FUNKTION AUSWÄHLEN werden alle Funktionen angezeigt, die Sie häufig verwenden.

Wenn die von Ihnen gesuchte Funktion nicht in dieser Liste enthalten ist, müssen Sie die entsprechende Kategorie im Dropdown-Listenfeld KATEGORIE AUSWÄHLEN markieren. Wenn Sie die Kategorie nicht kennen, müssen Sie nach der Funktion suchen, indem Sie im Textfeld FUNKTION SUCHEN eine Beschreibung eingeben und dann ⏎ drücken oder auf die Schaltfläche START klicken. Wenn Sie beispielsweise alle Excel-Funktionen suchen wollen, mit denen sich Werte addieren lassen, geben Sie in das Textfeld FUNKTION SUCHEN den Begriff Addieren ein und klicken dann auf die Schaltfläche START. Im Listenfeld FUNKTION AUSWÄHLEN wird daraufhin angezeigt, was Excel zu diesem Thema zu bieten hat. Zu jeder Funktion werden unterhalb des Listenfelds die erforderlichen Argumente sowie eine Beschreibung der Funktion angezeigt.

Sobald Sie eine Funktion, die Sie verwenden wollen, gefunden und markiert haben, klicken Sie auf OK, um sie in die aktuelle Zelle einzufügen und das Dialogfeld FUNKTIONSARGUMENTE zu öffnen (Abbildung 2.15). Es enthält die für diese Funktion benötigten Argumente (auch die optionalen). Angenommen, Sie wählen im Listenfeld FUNKTION AUSWÄHLEN die Funktion SUMME (der Hit in der Kategorie ZULETZT VERWENDET) und klicken dann auf OK. Das Dialogfeld

FUNKTIONSARGUMENTE wird geöffnet und sowohl in der markierten Zelle als auch in der Bearbeitungsleiste steht:

```
=SUMME(B3:B9)
```

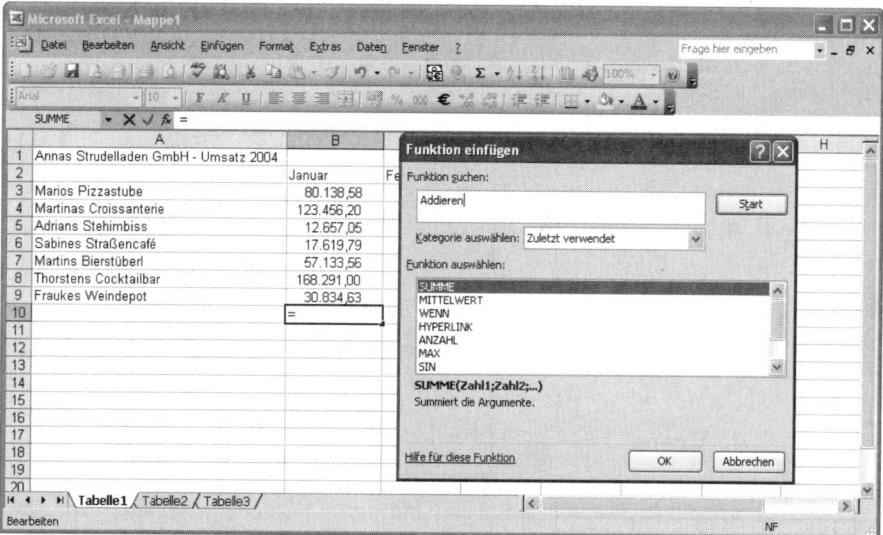

Abbildung 2.14: Markieren Sie im Dialogfeld FUNKTION EINFÜGEN *die gewünschte Funktion oder geben Sie ein, nach welcher Art Funktion Sie suchen.*

Im Dialogfeld selbst wird das SUMME-Argument angezeigt. Wie Sie in Abbildung 2.15 sehen können, können Sie bis zu 30 Argumente für die Berechnung der Summe eingeben. Was jedoch nirgendwo steht, ist, dass sich diese Werte nicht in einer Zelle befinden müssen. Sie werden sicherlich in der Regel eine ganze Reihe von Werten aus verschiedenen Zellen (das ist die Sache mit der Mehrfachauswahl, zu der Sie in Kapitel 3 mehr erfahren) addieren wollen.

Um das erste Zahlenargument einzugeben, klicken Sie auf die betreffende Zelle (oder ziehen den Mauszeiger über einen Zellbereich) im Tabellenblatt. Die Einfügemarke befindet sich bei dieser Aktion im Textfeld ZAHL1. Excel zeigt daraufhin die Zelladresse (oder den Zellbereich) im Textfeld ZAHL1 und gleichzeitig den Wert der Zelle (bzw. die Werte, falls mehrere Zellen markiert wurden) rechts neben dem Textfeld sowie die Gesamtsumme (Formelergebnis =) im unteren Bereich des Dialogfelds an.

Wenn Sie Zellen markieren wollen, ist Ihnen unter Umständen das Dialogfeld im Weg. Aber Excel wäre nicht Excel, wenn es da nicht eine schlaue Möglichkeit gäbe, dies Problem zu beheben. Klicken Sie am Ende des Textfelds ZAHL1 auf die Schaltfläche für Dialog reduzieren (das Feld mit dem roten Pfeil) und schon sehen Sie vom Dialogfeld nur noch die Zeile des Textfelds ZAHL1 und das Gegenstück zur obigen Schaltfläche an dessen rechtem Ende. Nachdem Sie die Zellen markiert haben, die Sie für das erste Argument benötigen, klicken Sie einfach auf die Schaltfläche für Dialog erweitern (die einzige, die ganz rechts angezeigt wird) und schwuppdiwupp ist das gesamte Dialogfeld wieder sichtbar. Natürlich können Sie das Dialogfeld auch ganz einfach aus dem Weg ziehen. Sie wissen schon: drauf klicken und an eine Stelle auf dem Bildschirm ziehen, an der es nicht stört.

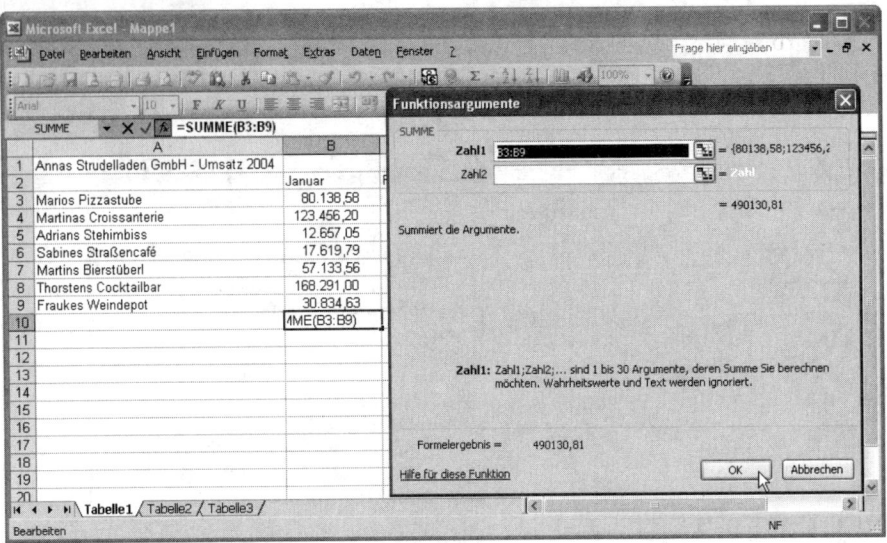

Abbildung 2.15: Im Dialogfeld FUNKTIONSARGUMENTE legen Sie fest, welche Argumente in der ausgewählten Funktion verwendet werden sollen.

Wenn Sie mehr als eine Zelle (oder mehrere Zellbereiche) in einem Tabellenblatt addieren wollen, drücken Sie nach dem Festlegen des Arguments im Textfeld ZAHL1 oder Sie klicken auf das Textfeld ZAHL2, um die Einfügemarke dorthin zu bewegen. (Excel erweitert daraufhin die Argumentliste um das Textfeld ZAHL3.) Im Textfeld ZAHL2 definieren Sie die zweite Zelle (bzw. den zweiten Zellbereich), die/der zum Argument im Textfeld ZAHL1 addiert werden soll. Nachdem Sie auf die Zelle geklickt (bzw. den Mauszeiger über den zweiten Zellbereich gezogen haben), zeigt das Programm die Zelladresse(n) und den/die Wert(e) im rechten Feld neben dem Textfeld ZAHL2 und die aktuelle Gesamtsumme (aus den Argumenten Zahl1 und Zahl2) hinter `Formelergebnis` = im unteren Bereich des Dialogfelds an.

Wenn Sie alle Summenargumente zusammengetragen haben, klicken Sie auf die Schaltfläche OK, um das Dialogfeld zu schließen und die SUMME-Funktion in die aktuelle Zelle einzufügen.

So werden Formeln bearbeitet

Mit der Schaltfläche für Funktion einfügen können Sie Formeln, die Funktionen enthalten, direkt von der Bearbeitungsleiste aus bearbeiten. Sie markieren hierzu einfach in der Zelle mit der Formel die zu bearbeitende Funktion, bevor Sie auf die Schaltfläche für Funktion einfügen (die mit dem *fx*, die direkt vor dem aktuellen Zelleintrag in der Bearbeitungsleiste angezeigt wird) klicken.

Nachdem Sie auf die Schaltfläche geklickt haben, wird das Dialogfeld FUNKTIONSARGUMENTE geöffnet, in dem Sie die Argumente bearbeiten können. Wenn Sie lediglich die Argumente einer Funktion bearbeiten wollen, dann markieren Sie die Zellbezüge in den jeweiligen Textfeldern (ZAHL1, ZAHL2, ZAHL3 etc.) und führen die entsprechenden Änderungen aus oder Sie markieren neue Zellbereiche. Achten Sie jedoch darauf, dass Excel automatisch jede markierte Zelle und jeden markierten Zellbereich dem aktuellen Argument hinzufügt. Sie können das gesamte Argument ersetzen, indem Sie es markieren und ⌷Entf⌷ drücken, um die Zelladressen endgültig loszuwerden. Danach markieren Sie einen neuen Zellbereich, der dann als Argument verwendet wird. (Denken Sie an die schicke Sache mit dem Reduzieren dieses Dialogfelds, falls es Ihnen bei der Auswahl des Zellbereichs im Weg ist!)

Alles richtig eingegeben? Prima! Dann klicken Sie jetzt in diesem Dialogfeld auf OK oder Sie drücken ⌷↵⌷, um die Formel zu aktualisieren.

Ich lasse addieren!

Bevor wir die faszinierende Diskussion über die Eingabe von Funktionen beenden, möchte ich Sie doch noch auf die Schaltfläche für AutoSumme in der Standard-Symbolleiste aufmerksam machen. Das ist die Schaltfläche mit dem griechischen Buchstaben S. Diese kleine Schaltfläche ist ihr Geld wirklich wert, denn es lässt sich damit nicht nur die SUMME-Funktion aufrufen. Sie können damit auch den Mittelwert, die Anzahl der Werte sowie den höchsten und den niedrigsten Wert ermitteln. Mit der Schaltfläche für AutoSumme können Sie Excel auch auffordern, einen Zellbereich in der aktuellen Spalte oder Zeile mit den zu addierenden, zu zählenden, zu mittelnden etc. Werten zu markieren. In neun von zehn Fällen markiert Excel den richtigen Zellbereich. Im zehnten Fall können Sie den Bereich korrigieren, indem Sie den richtigen Zellbereich markieren.

Wenn Sie auf die Schaltfläche für AutoSumme klicken, wird standardmäßig die SUMME-Funktion in die aktuelle Zelle eingefügt. Wenn Sie diese Schaltfläche zum Einfügen einer anderen Funktion verwenden wollen – Mittelwert, Anzahl, Max, Min –, klicken Sie einfach auf den nach unten zeigenden Pfeil neben der Schaltfläche und wählen dann den entsprechenden Namen aus der Liste aus. Wenn Sie auf WEITERE FUNKTIONEN klicken, wird das Dialogfeld FUNKTION EINFÜGEN geöffnet, ganz so, als hätten Sie in der Bearbeitungsleiste auf die Schaltfläche für Funktion einfügen geklickt.

In Abbildung 2.16 sehen Sie, wie man die Schaltfläche für AutoSumme einsetzt, um die Umsätze von Marios Pizzastube in Zeile 3 zu addieren: Setzen Sie den Zellcursor auf Zelle E3, in der die Summe der Umsätze des 1. Quartals angezeigt werden soll, und klicken Sie dann in der Standard-Symbolleiste auf die Schaltfläche mit dem S. Excel fügt die SUMME-Funktion in die Bearbeitungsleiste ein, zeigt einen *Laufrahmen* (die sich bewegende gestrichelte Linie) um die Zellen B3, C3 und D3 an und verwendet den Zellbereich B3:D3 als Argument in der SUMME-Funktion.

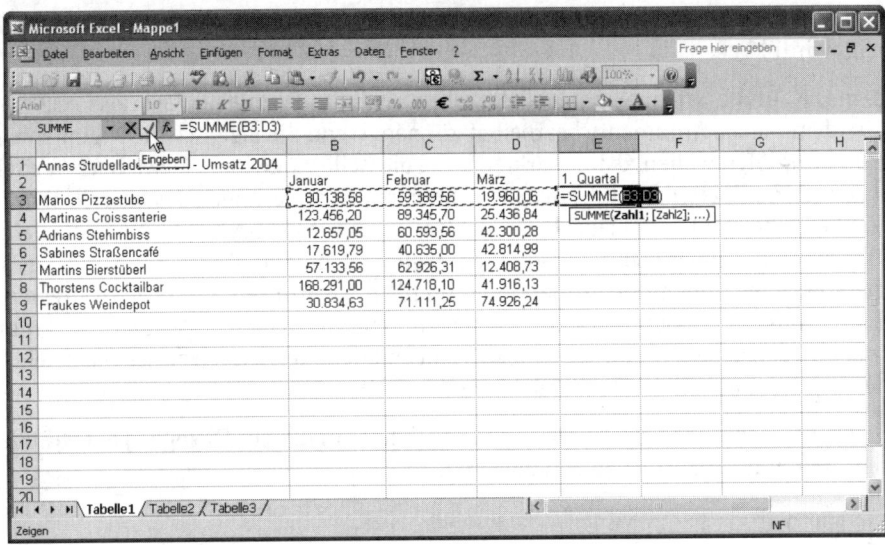

Abbildung 2.16: Mit der Schaltfläche für AutoSumme wird der Gesamtumsatz von Marios Pizzastube in Zelle E3 berechnet.

Abbildung 2.17 zeigt das Tabellenblatt, nachdem die Funktion in Zelle E3 eingefügt wurde. Die errechnete Gesamtsumme erscheint in Zelle E3, in der Bearbeitungsleiste wird die folgende SUMME-Formel angezeigt:

`=SUMME(B3:D3)`

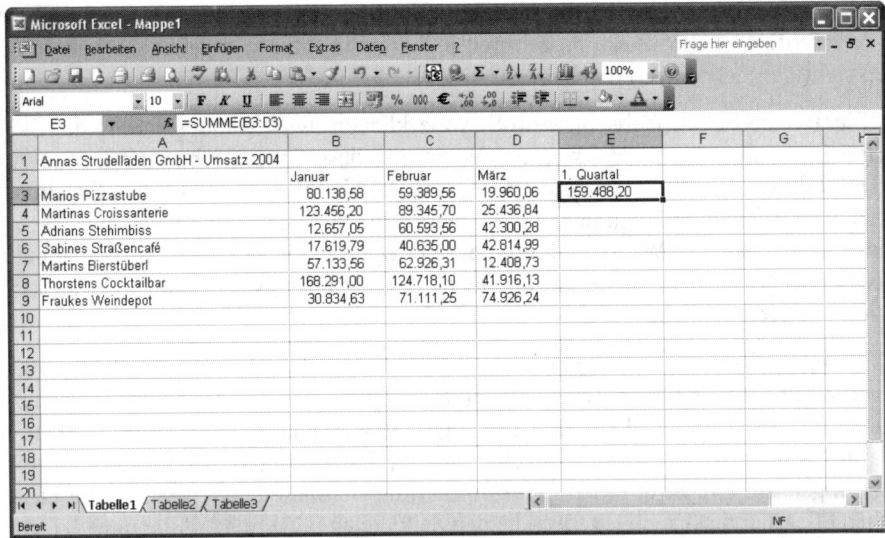

Abbildung 2.17: Das Tabellenblatt mit dem Gesamtumsatz für Marios Pizzastube für das 1. Quartal

Nachdem Sie die SUMME-Funktion für die Berechnung der Umsätze von Marios Pizzastube eingegeben haben, können Sie diese Formel zum Berechnen der Umsätze der restlichen Unternehmen kopieren, indem Sie das Ausfüllkästchen in Spalte E nach unten ziehen, bis der Zellbereich E3:E9 markiert wird.

In Abbildung 2.18 sehen Sie, wie Sie die Schaltfläche für AutoSumme benutzen, um die Umsätze im Monat Januar für alle Unternehmen von Annas Strudelladen GmbH in Spalte B zu addieren. Setzen Sie den Zellcursor auf Zelle B10, um hier die Gesamtsumme anzuzeigen. Wenn Sie auf die Schaltfläche mit dem S klicken, wird ein Laufrahmen um die Zellen B3 bis B9 angezeigt und als Argument für die SUMME-Funktion der Zellbereich B3:B9 angegeben.

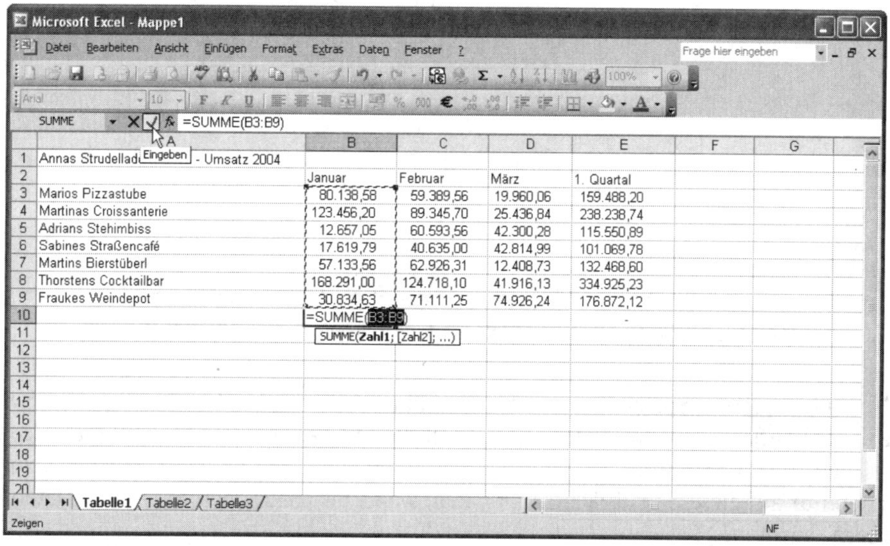

Abbildung 2.18: Mit der SUMME-Funktion werden die Umsätze für Januar in Spalte B addiert.

Abbildung 2.19 zeigt das Tabellenblatt, nachdem ich die Funktion in Zelle B10 eingefügt und mit der AutoAusfüllen-Funktion die Formel in die Zellen C10, D10 und E10 kopiert habe. (Ziehen Sie das Ausfüllkästchen nach rechts bis zur Zelle E10, bevor Sie die Maustaste loslassen.)

Jetzt wird gespeichert

Die gesamte Arbeit, die Sie in ein Tabellenblatt stecken, ist so lange gefährdet, bis Sie das Dokument auf einem Datenträger (beispielsweise auf Ihrer Festplatte) speichern. Wenn der Strom ausfällt oder Ihr Rechner aus irgendeinem Grund zusammenbricht, bevor Sie das Dokument gespeichert haben, haben Sie Pech gehabt. Sie müssen dann Zeichen für Zeichen alles neu erstellen – eine nervtötende Angelegenheit, zumal sie so unnötig ist. Um sich dieses unangenehme Erlebnis zu ersparen, sollten Sie sich an eine goldene Regel halten: Speichern

Sie Ihr Tabellenblatt jedes Mal, wenn Sie so viele Daten eingegeben haben, dass es Ihnen das Herz brechen würde, wenn sie abhanden kämen.

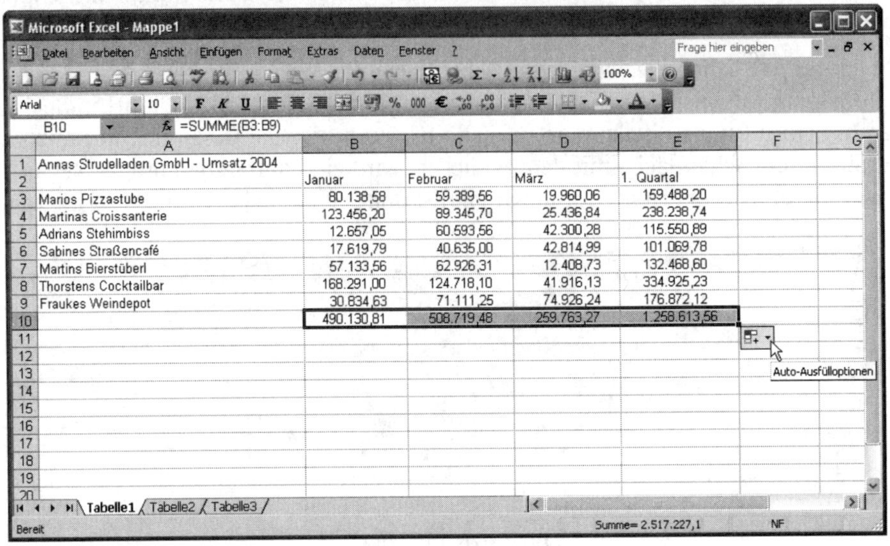

Abbildung 2.19: Das Tabellenblatt nach dem Kopieren der SUMME-Formel

Um Sie zu häufigerem Speichern zu ermuntern, bietet Ihnen Excel in der Standard-Symbolleiste die Schaltfläche für Speichern an. (Das ist die mit der Diskette.) Sie müssen also nicht einmal den Befehl SPEICHERN im Menü DATEI wählen (oder [Strg]+[S] drücken), sondern brauchen nur auf diese Schaltfläche zu klicken, wenn Sie Ihre Arbeit auf einem Datenträger speichern möchten.

Wenn Sie zum ersten Mal auf die Schaltfläche für Speichern klicken, wird das Dialogfeld SPEICHERN UNTER angezeigt. In diesem Dialogfeld ersetzen Sie den temporären Dateinamen (MAPPE1, MAPPE2 etc.) durch einen eigenen Dateinamen und wählen gegebenenfalls ein anderes Laufwerk und einen anderen Ordner, bevor Sie das Dokument speichern. Also los:

✔ Um die Arbeitsmappe neu zu benennen, schreiben Sie den Dateinamen in das Textfeld DATEINAME. Wenn Sie das Dialogfeld SPEICHERN UNTER aufrufen, ist der aktuelle Dateiname (z. B. MAPPE1) markiert und Sie können diesen sogleich durch den neuen Dateinamen ersetzen.

✔ Um das Laufwerk zu ändern, auf dem die Datei gespeichert werden soll, öffnen Sie das Dropdown-Listenfeld SPEICHERN IN und markieren dort das gewünschte Laufwerk, also FESTPLATTE (C:) oder 3,5-DISKETTE (A:).

✔ Um den Ordner zu ändern, in dem die Arbeitsmappe gespeichert werden soll, wählen Sie gegebenenfalls das gewünschte Laufwerk und klicken dann auf den betreffenden Ordner. Wenn Sie die Arbeitsmappe in einem Ordner ablegen möchten, der sich in einem der im

Listenfeld angezeigten Ordner befindet, so müssen Sie auf diesen Ordner nur doppelklicken. Damit dürfte alles erledigt sein. Der Name des Ordners, in dem die Arbeitsmappe gespeichert werden soll, sollte jetzt im Dropdown-Listenfeld SPEICHERN IN angezeigt werden. Wenn die Datei in einem ganz neuen Ordner gespeichert werden soll, klicken Sie auf die Schaltfläche für Neuen Ordner erstellen. Geben Sie einen Namen für den Ordner in das Textfeld NAME ein und klicken Sie dann auf OK oder drücken Sie ⏎.

Das Dialogfeld SPEICHERN UNTER enthält auf der linken Seite in der so genannten Umgebungsleiste eine Reihe von Schaltflächen: ZULETZT VERWENDET, DESKTOP, EIGENE DATEIEN, ARBEITSPLATZ und NETZWERK UMGEBUNG. Hinter diesen Schaltflächen verbergen sich die folgenden Speichermöglichkeiten:

✔ Klicken Sie auf die Schaltfläche ZULETZT VERWENDET, um die Arbeitsmappe im Ordner ZULETZT VERWENDET zu speichern. Dieser Ordner befindet sich am Ende folgender Ordnerschlange DOKUMENTE UND EINSTELLUNGEN\BENUTZERNAME\ANWENDUNGSDATEN\MICROSOFT\OFFICE\ZULETZT VERWENDET.

✔ Wenn Sie auf die Schaltfläche DESKTOP klicken, wird die Arbeitsmappe direkt auf dem Desktop Ihres Rechners gespeichert.

✔ Klicken Sie auf die Schaltfläche EIGENE DATEIEN, um die Arbeitsmappe im Ordner EIGENE DATEIEN abzulegen.

✔ Klicken Sie auf die Schaltfläche ARBEITSPLATZ, um Ihre Arbeitsmappe auf einem der Laufwerke des Computers zu speichern oder sie in Ihren persönlichen Ordner oder in einen gemeinsam genutzten Ordner auf Ihrer Festplatte zu speichern.

✔ Klicken Sie auf die Schaltfläche NETZWERK UMGEBUNG, wenn die Arbeitsmappe in einem der Ordner im Netzwerk abgelegt werden soll.

Unter Windows XP können Dateinamen Leerzeichen enthalten und dürfen bis zu 255 Zeichen lang sein (wer schreibt denn soooo lange Dateinamen?). Das ist natürlich eine erfreuliche Tatsache für alle, die diesbezüglich unter DOS oder Windows 3.1 gelitten haben, weil sie sich mit acht Zeichen für den Dateinamen und drei Zeichen für die Dateierweiterung begnügen mussten. Sie sollten jedoch bei der Benennung der Arbeitsmappen daran denken, dass Sie diese vielleicht mal auf einem PC einsetzen müssen, auf dem weder Windows XP noch Windows Me noch Windows 2000 installiert ist. Dann werden die Dateinamen empfindlich gekürzt und mit der Excel-Dateierweiterung .XLS versehen. (Ihre mit Excel 2003 erstellten Arbeitsmappen enthalten diese Dateierweiterung natürlich auch, nur Windows ist so nett und bietet Ihnen die Möglichkeit, diese verschwinden zu lassen.)

Wenn Sie Ihre Änderungen im Dialogfeld SPEICHERN UNTER vorgenommen haben, klicken Sie auf SPEICHERN oder drücken ⏎, um das Dokument zu speichern. Wenn Excel die Arbeitsmappendatei speichert, werden alle Daten aus sämtlichen Tabellenblättern Ihrer Arbeitsmappe (einschließlich der letzten Position des Zellcursors) in dem angegebenen Ordner abgelegt. Sie brauchen also das Dialogfeld SPEICHERN UNTER nicht wieder zu bemühen, es sei denn, Sie möchten die Arbeitsmappe umbenennen oder eine Kopie davon in einem anderen Ordner ablegen. Dann müssen Sie natürlich, statt auf die Schaltfläche für Arbeitsmappe speichern zu klicken oder ⌈Strg⌉+⌈S⌉ zu drücken, wieder den Befehl Speichern unter im Menü Datei wählen.

AutoWiederherstellen – die Rettung nach dem Crash

Excel 2003 bietet eine Funktion zum Wiederherstellen von Dokumenten an, die sicherlich ganz nützlich sein kann, wenn der Rechner mal wieder abstürzt, weil der Strom ausfällt oder sich das Betriebssystem »aufhängt« und sich weigert weiterzuarbeiten. Die AutoWiederherstellen-Funktion speichert die Arbeitsmappen in regelmäßigen Abständen. Wenn Sie nach einem Absturz den Computer wieder starten, zeigt Excel den Aufgabenbereich Dokumentwiederherstellung an.

 Standardmäßig ist Excel 2003 so eingestellt, dass die AutoWiederherstellen-Funktion die Änderungen an einer Arbeitsmappe automatisch alle zehn Minuten speichert (vorausgesetzt, die Datei wurde bereits einmal von Ihnen gespeichert). Sie können diese Zeitspanne natürlich ändern. Wählen Sie dazu einfach im Menü Extras den Befehl Optionen und klicken Sie im Dialogfeld Optionen auf das Register Speichern. Geben Sie eine Zahl in das Textfeld hinter dem Kontrollkästchen AutoWiederherstellen-Info speichern alle XX Minuten ein oder verwenden Sie die Drehfelder. Klicken Sie dann auf OK, um die neue Einstellung zu übernehmen.

Im Aufgabenbereich Dokumentwiederherstellung werden alle verfügbaren Versionen der Arbeitsmappendateien angezeigt, die geöffnet waren, als der Rechner seinen Geist aufgab. Sie können erkennen, welches das Originaldokument ist und wann es zuletzt gespeichert wurde. Um eine solche wiederhergestellte Version einer Arbeitsmappe zu öffnen (Sie wollen ja schließlich wissen, ob und wenn ja wie viele Daten verloren gegangen sind), zeigen Sie auf die wiederhergestellte Version der Arbeitsmappe. Klicken Sie auf das nach unten zeigende Dreieck, um das Dropdown-Menü zu öffnen, und wählen Sie dort den Befehl Öffnen, um zu sehen, ob sich der Schaden noch in Grenzen hält. Speichern Sie dann – natürlich nur, wenn Sie wollen – die wiederhergestellte Version mit dem Befehl Speichern im Menü Datei.

Sie können eine wiederhergestellte Datei auch speichern, ohne sie vorher zu öffnen. Zeigen Sie einfach auf die Datei, klicken Sie auf das nach unten zeigende Dreieck und wählen Sie im Dropdown-Menü den Befehl Speichern unter. Wenn Sie von den wiederhergestellten Dokumenten nichts wissen wollen – Ihnen bleiben dann nur die Daten der Originalversion –, klicken Sie am unteren Rand des Aufgabenbereichs auf die Schaltfläche Schliessen. Ach herrje, eine Warnmeldung! Die letzte Gelegenheit, um die wiederhergestellten Dateien zur späteren Verwendung an einem sicheren Ort aufzubewahren! Wenn Sie meinen, dass Sie die Dateien vielleicht später noch mal brauchen können, dann wählen Sie Ja. Ich möchte diese Dateien später ansehen. Sollen nur die Originale aufbewahrt werden, die im Aufgabenbereich angezeigt werden, entscheiden Sie sich für Nein, Dateien entfernen. Ich habe die benötigten Dateien gespeichert.

Die Sache mit dem AutoWiederherstellen klappt natürlich nur, wenn Sie eine Arbeitsmappe bereits wenigstens einmal gespeichert haben. Infos zum Speichern von Arbeitsmappen finden Sie im Abschnitt »Jetzt wird gespeichert« weiter oben in diesem Kapitel. Wenn Sie also eine neue Arbeitsmappe erstellen und dieser keinen Namen geben und folglich auch nicht speichern, dann kann Ihnen die AutoWiederherstellen-Funktion auch nicht helfen, wenn das System zusammenbricht. Aus diesem Grund sollten Sie es sich zur Gewohnheit machen, eine neue Arbeitsmappe möglichst bald mit dem Befehl SPEICHERN im Menü DATEI zu sichern. (Sie können natürlich auch ⌷Strg⌷+⌷S⌷ drücken.)

Teil II

Ändern nach Lust und Laune

Smartes Diagramm, Frank, aber nicht unbedingt nötig, oder?

In diesem Teil ...

Die Sache mit der Arbeit wäre eigentlich gar nicht so schlimm, wenn nicht immer genau in dem Moment, in dem Sie mit sich und Ihrem Job zufrieden sind, jemand käme und alles anders haben wollte. Wenn das Leben von Ihnen Flexibilität verlangt, dann wird das ewige Hin und Her Sie mitunter sicherlich ganz schön schaffen. Leider besteht auch der Großteil der Arbeit mit Excel 2003 darin, all das, woran Sie zuerst stundenlang gearbeitet haben, um es so wunderbar einzugeben, mal eben wieder umzuschmeißen und anders zu gestalten.

Der zweite Teil präsentiert Ihnen diesen ganzen Bearbeitungskram in drei Phasen: Formatieren der Rohdaten, Anordnen der formatierten Daten bzw. Löschen derselben und Senden der endgültig formatierten und bearbeiteten Daten an den Kollegen Drucker. Glauben Sie mir, sobald Sie sich mit dem Bearbeiten der Daten auskennen (das, was Sie jetzt in diesem Teil erwartet), fühlen Sie sich in Excel 2003 schon mindestens zu 50 Prozent zu Hause.

Ein bisschen Glanz für nüchterne Zahlen

3

In diesem Kapitel

- Zellen markieren, die formatiert werden sollen
- Mit AutoFormat eine Tabelle auf Vordermann bringen
- Integrierte Zahlenformate auf Zellen anwenden, die Werte enthalten
- Mit Datums- und Zeitangaben rechnen
- Spaltenbreite und Zeilenhöhe im Tabellenblatt ändern
- Spalten und Zeilen im Tabellenblatt verstecken
- Zellen eine andere Schriftart und Schriftgröße zuweisen
- Ausrichtung der Einträge in einem Zellbereich ändern
- Zellen mit Rahmen, Schatten oder Farben versehen

In Tabellenkalkulationsprogrammen wie Excel brauchen Sie sich in der Regel über die Formatierung erst Gedanken zu machen, wenn Sie alle Daten in das Tabellenblatt eingegeben haben (das wissen Sie ja bereits aus den Kapiteln 1 und 2). Dann jedoch wird es Zeit, dass Sie erfahren, wie man diese Daten wirkungsvoller darstellen kann.

Wenn Sie sich zur Formatierung eines Tabellenblattbereichs entschlossen haben, markieren Sie alle gewünschten Zellen und klicken dann auf die entsprechende Schaltfläche oder wählen den entsprechenden Menübefehl. Bevor Sie aber etwas über diese wunderbaren Formatierungsfunktionen erfahren werden, müssen Sie erst einmal wissen, wie Sie einen *Zellbereich markieren* (so heißt das nämlich).

Die Dateneingabe in eine Zelle und die Formatierung dieser Daten sind zwei vollkommen verschiedene Verfahren. Wenn Sie den Eintrag in einer formatierten Zelle ändern, so erhält der neue Eintrag das entsprechende Zellformat. Sie können daher auch leere Zellen in einem Tabellenblatt formatieren und die Daten, die Sie in diese Zellen eingeben, erhalten dann sofort dieses Format.

Sie haben die Wahl!

Aufgrund der überaus rechteckigen Form des Tabellenblatts und seiner Bestandteile sollte es nicht weiter verwundern, dass man beim Markieren von Zellen an diese Form gebunden ist.

Letztendlich ist es ja nichts anderes als ein Zellenverband mit unterschiedlichen Zahlen für Spalten und Zeilen.

Ein *Zellbereich* (auch *Zellauswahl* genannt) besteht aus lauter benachbarten Zellen, die Sie markiert haben, um sie anschließend zu formatieren oder zu bearbeiten. Der kleinstmögliche Zellbereich im Tabellenblatt ist eine Zelle (die so genannte *aktive Zelle*). Der größtmögliche Zellbereich im Tabellenblatt ist das gesamte Tabellenblatt. In der Regel wird die Größe des Zellbereichs, den Sie formatieren wollen, wohl eher zwischen diesen beiden Extremen liegen und aus Zellen in mehreren benachbarten Spalten und Zeilen bestehen.

Ein Zellbereich wird in Excel stets hervorgehoben dargestellt. In Abbildung 3.1 sehen Sie verschiedene Größen und Formen möglicher Zellbereiche.

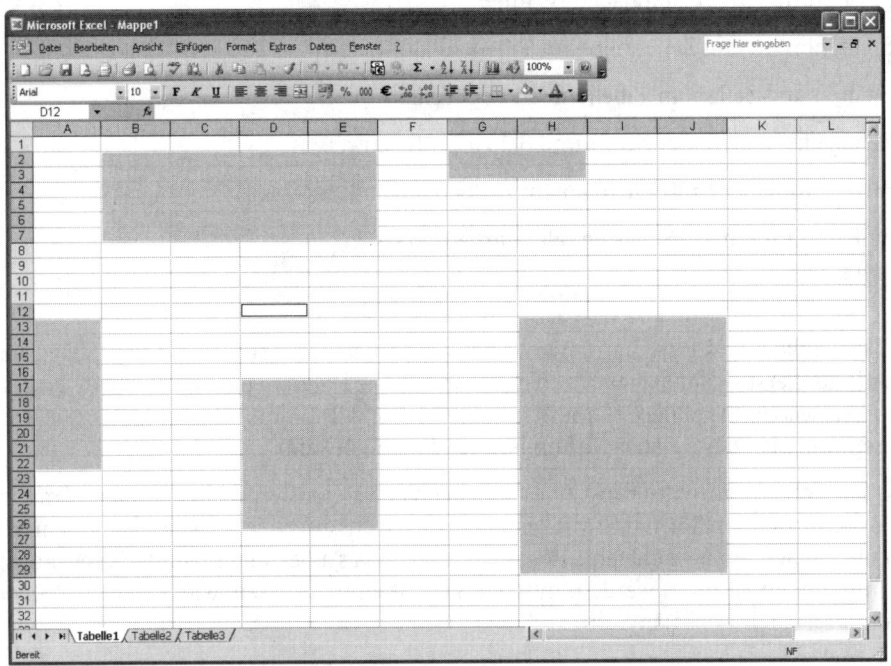

Abbildung 3.1: Verschiedene Formen und Größen von Zellbereichen

Wie Sie sehen, können Sie mit Excel mehrere Zellbereiche auf einmal markieren (die so genannte *Mehrfachauswahl*). Eigentlich handelt es sich dabei aber nicht um verschiedene Zellbereiche, auch wenn ich es hier so bezeichne, sondern nur um einen großen, nicht zusammenhängenden Zellbereich, in dem die Zelle D12 (die aktive Zelle) zuletzt markiert wurde. Wenn Sie es auch mal probieren möchten, dann sprinten Sie doch eben vor zum Abschnitt »Eine Mehrfachauswahl treffen«.

Zellauswahl à la Maus

Die Maus ist für das Markieren von Zellbereichen wie geschaffen. Setzen Sie den Mauszeiger (der jetzt die Form eines dicken, weißen Kreuzes hat) auf die erste Zelle und ziehen Sie in die Richtung, in die Sie den Zellbereich erweitern möchten.

✔ Um den Zellbereich auf Spalten auf der rechten Seite zu erweitern, ziehen Sie nach rechts und markieren so alle benachbarten Zellen.

✔ Um den Zellbereich auf darunter liegende Zeilen auszuweiten, ziehen Sie nach unten.

✔ Um den Zellbereich gleichzeitig nach rechts und nach unten auszuweiten, ziehen Sie diagonal in Richtung auf die Zelle in der unteren rechten Ecke des von Ihnen gewählten Bereichs.

Der Umschalt-Klick

Um die Auswahl zu beschleunigen, können Sie die ⟨⇧⟩ +Klicken-Methode anwenden:

1. **Klicken Sie auf die erste Zelle im Zellbereich.**

   Hiermit markieren Sie diese Zelle.

2. **Zeigen Sie mit der Maus auf die letzte Zelle in dieser Auswahl.**

   Dies ist die Zelle, die im markierten Zellbereich genau auf der gegenüberliegenden Seite der ersten Zelle liegt.

3. **Drücken Sie ⟨⇧⟩ und klicken Sie dabei auf die letzte Zelle des gewünschten Bereichs.**

   Sobald Sie auf die letzte Zelle klicken, markiert Excel alle Zellen in den Spalten und Zeilen zwischen der ersten und der letzten Zelle.

Die ⟨⇧⟩-Taste funktioniert mit der Maus wie eine *Erweiterungstaste*, um eine Auswahl vom ersten ausgewählten Element bis zum letzten auszuwählenden Element zu erweitern (hierzu etwas später mehr unter »Die Erweiterung des Zellbereichs«). Mit ⟨⇧⟩ können Sie also die erste und die letzte Zelle sowie alle dazwischen liegenden Zellen eines Tabellenblatts oder alle Einträge in einem Listenfeld markieren.

Wenn Sie bemerken – bevor Sie die Maustaste loslassen –, dass Sie eine falsche Zelle in Ihre Auswahl eingeschlossen haben, können Sie die Markierung für diese Zelle wieder aufheben, indem Sie den Mauszeiger in die entgegengesetzte Richtung ziehen. Falls Sie die Maustaste bereits losgelassen haben, klicken Sie auf die erste Zelle im markierten Bereich, um nur diese Zelle zu markieren (und die Markierung für alle anderen aufzuheben), und fangen mit der ganzen Prozedur noch einmal von vorne an.

Eine Mehrfachauswahl treffen

Um mehrere, nicht zusammenhängende Bereiche gleichzeitig auszuwählen, markieren Sie den ersten Zellbereich und halten dann Strg gedrückt, während Sie auf die erste Zelle des zweiten Bereichs klicken und den Mauszeiger über die Zellen in diesem Bereich ziehen. Solange Sie Strg bei der Auswahl weiterer Bereiche drücken, wird die Markierung der vorherigen Bereiche nicht aufgehoben.

Die Strg-Taste funktioniert mit der Maus wie eine selektive Markierungstaste, um nicht nebeneinander liegende Bereiche zu markieren. (Näheres hierzu finden Sie etwas weiter unten unter »Mehrfachauswahl mit der Tastatur«.) Mit Strg können Sie also mehrere Zellbereiche oder Einträge in einem Listenfeld markieren, ohne dass die Zellen bzw. Einträge nebeneinander liegen müssen.

Ganze Spalten und Zeilen markieren

Sie können durch Klicken und Ziehen im Tabellenblattrahmen ganze Spalten und Zeilen, ja sogar alle Zellen eines Tabellenblatts markieren.

✔ Um alle Zellen in einer bestimmten Spalte zu markieren, klicken Sie auf den entsprechenden Spaltenbuchstaben oben im Tabellenblattrahmen.

✔ Um alle Zellen in einer bestimmten Zeile zu markieren, klicken Sie auf die entsprechende Zeilennummer auf der linken Seite im Tabellenblattrahmen.

✔ Um einen Bereich mit ganzen Spalten oder Zeilen gleichzeitig zu markieren, ziehen Sie den Mauszeiger über die betreffenden Spaltenbuchstaben oder Zeilennummern im Tabellenblattrahmen.

✔ Um ganze Spalten und Zeilen zu markieren, die nicht nebeneinander liegen (die Sache mit der Mehrfachauswahl), drücken Sie Strg, während Sie auf die Spaltenbuchstaben oder die Zeilennummern klicken, die zu dem Zellbereich gehören sollen.

Um das gesamte Tabellenblatt zu markieren, klicken Sie auf das leere Eck in der oberen linken Ecke des Tabellenblattrahmens (dort, wo Spaltenbuchstaben und Zeilennummern sich schneiden) oder drücken Strg + A.

AutoMarkieren Sie doch mal mit Ihrer Maus!

Excel bietet einen besonders schnellen Weg, alle Zellen eines Datenbereichs zu markieren. Führen Sie hierzu nur die folgenden Schritte aus:

1. **Klicken Sie auf die erste Zelle des Datenbereichs, um sie zu markieren.**

   Mit der ersten Zelle meine ich die, die sich links oben in der Tabelle befindet.

2. **Halten Sie ⇧ gedrückt und doppelklicken Sie auf den Rand der Zelle (rechts oder unten). Der Mauszeiger hat die übliche Pfeilform mit einem zusätzlichen Vierfachpfeil (nicht das kleine Kreuz).**

Abbildung 3.2 zeigt, wie's gehen soll. Wenn Sie auf den unteren Rand der Zelle doppelklicken, erweitert sich der Zellbereich bis zur letzten Zelle in der ersten Spalte, die Daten enthält (Abbildung 3.3). Ein Doppelklick auf den rechten Rand der aktiven Zelle markiert die Zellen bis zur letzten Zelle der ersten Zeile, die Daten enthält.

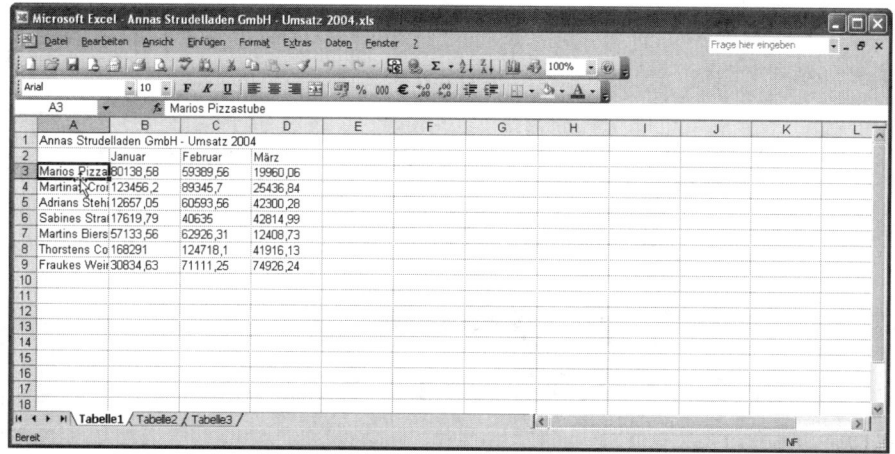

Abbildung 3.2: Setzen Sie den Mauszeiger auf den unteren Rand der ersten Zelle, drücken Sie ⇧ und doppelklicken Sie dann auf den unteren Rand der aktiven Zelle.

3. **Halten Sie ⇧ gedrückt und doppelklicken Sie irgendwo auf den rechten Rand des Zellbereichs (Abbildung 3.3), wenn der Zellbereich bis jetzt aus Zellen besteht, die in der ersten Spalte der Tabelle Daten enthalten.**

Jetzt haben Sie alle anderen Spalten in diesem Bereich der Tabelle markiert, die Daten enthalten (Abbildung 3.4).

Oder

Halten Sie ⇧ gedrückt und doppelklicken Sie irgendwo auf den unteren Rand des aktiven Zellbereichs, wenn der Zellbereich bis jetzt aus Zellen besteht, die in der ersten Zeile der Tabelle Daten enthalten.

Jetzt haben Sie alle weiteren Zeilen in diesem Bereich der Tabelle markiert, die Daten enthalten.

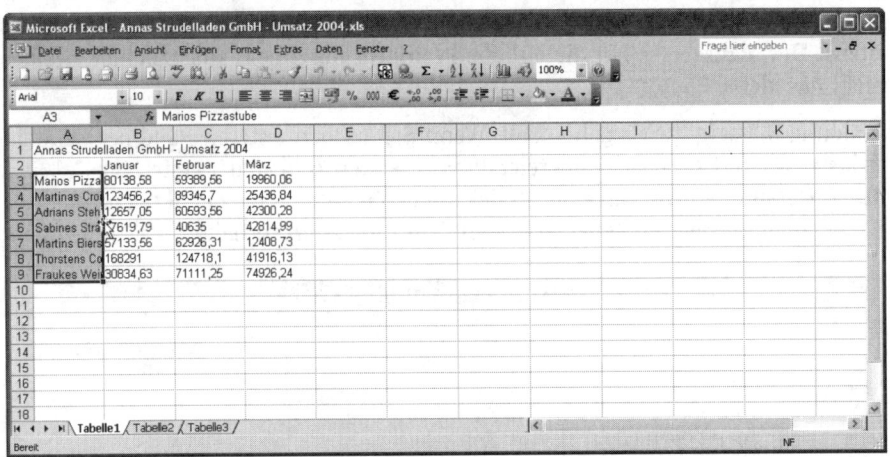

Abbildung 3.3: Alle Zellen in der erste Spalte der Tabelle, die Daten enthalten, werden markiert. Drücken Sie dann ⬛ _und doppelklicken Sie auf den rechten Rand der markierten Spalte._

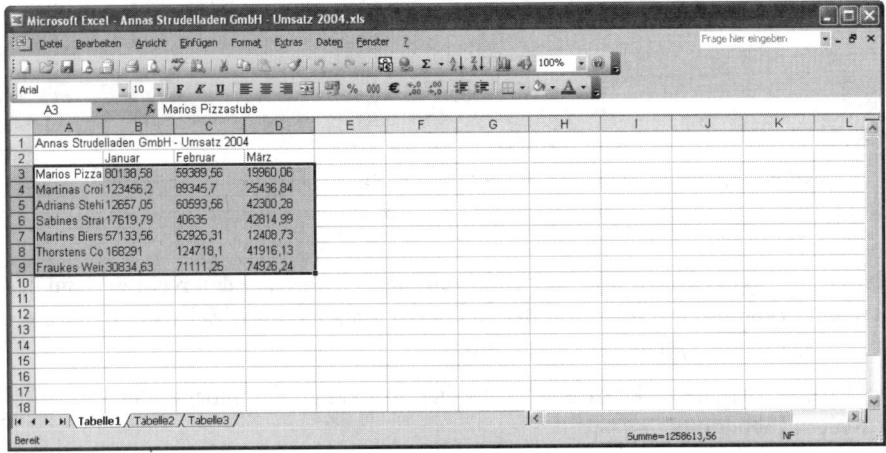

Abbildung 3.4: Dies führt zur Markierung aller Zeilen in diesem Bereich der Tabelle, die Daten enthalten.

Sie könnten jetzt den Eindruck haben, dass man für diese Funktion die erste Zelle einer Tabelle markieren muss. Ich wollte die Sache damit lediglich etwas vereinfachen. Im Grunde genommen können Sie jede der vier Eckzellen der Tabelle nehmen. Dann können Sie bei der Erweiterung des Zellbereichs wählen, ob Sie die erste oder die letzte Zeile bzw. die erste oder die letzte Spalte markieren möchten. Klicken Sie also auf den linken Rand, um nach links zu erweitern, auf den oberen Rand, um nach oben zu erweitern, usw.

Zellauswahl nach Art der Tastatur

Wenn Sie nicht gern mit der Maus arbeiten, können Sie auch die Tastatur zum Markieren von Zellen verwenden. Analog zur ⬜+Klicken-Methode besteht auch mit der Tastatur der einfachste Weg darin, die ⬜-Taste mit anderen Tasten, die den Zellcursor verschieben, zu kombinieren. In Kapitel 1 finden Sie eine Liste dieser Tastenkombinationen.

Setzen Sie zuerst den Zellcursor auf die erste Zelle, drücken Sie dann ⬜, während Sie die entsprechenden Pfeiltasten (⬆, ⬅, ⬇, ➡, Bild⬆ oder Bild⬇) drücken. Excel markiert nun die Zellen ab der aktuellen Zelle. Das heißt also, dass der Zellcursor nicht nur wie sonst verschoben wird, sondern beim Verschieben auch gleich die entsprechenden Zellen markiert werden.

 Wenn Sie Zellen auf diese Weise markieren, können Sie die Größe und Form des Zellbereichs mit den Pfeiltasten ändern, solange Sie ⬜ gedrückt halten. Sobald Sie ⬜ loslassen und eine der Pfeiltasten drücken, ist die Markierung futsch.

Die Erweiterung des Zellbereichs

Wenn Ihnen das Drücken der ⬜-Taste zu ermüdend erscheint, aktivieren Sie den Erweiterungsmodus, indem Sie F8 drücken, bevor Sie eine der Pfeiltasten drücken. In der Statusleiste wird daraufhin unten rechts ERW (= Erweiterungsmodus) angezeigt, um Ihnen mitzuteilen, dass das Programm alle Zellen markiert, über die Sie den Zellcursor bewegen.

Wenn Sie alle gewünschten Zellen markiert haben, drücken Sie nochmals F8, um den Erweiterungsmodus zu deaktivieren. Die Anzeige ERW verschwindet wieder aus der Statusleiste und der Mauszeiger bewegt sich wieder über Ihr Tabellenblatt, als sei nichts geschehen. Allerdings wird auch die Markierung aller zuvor ausgewählten Zellen wieder aufgehoben, sobald Sie nun den Mauszeiger wieder bewegen.

AutoMarkieren mit der Tastatur

Nicht nur mit der Maus lässt sich prima markieren (hatten wir gerade unter »AutoMarkieren Sie doch mal mit der Maus!«), auch mit der Tastatur lässt sich ein Zellbereich ganz schnell im Tabellenblatt markieren, wenn Sie hierzu F8 (oder ⬜) mit Strg+Pfeiltasten oder mit Ende, Pfeiltasten kombinieren, um den Zellcursor von einem Ende des Zellbereichs zum anderen hüpfen zu lassen.

Um einen ganzen Bereich mit ausgefüllten Zellen auszuwählen, gehen Sie folgendermaßen vor:

1. **Setzen Sie den Zellcursor auf die erste Zelle (die Zelle in der oberen linken Ecke des Bereichs, der Daten enthält).**

   Die erste Zelle befindet sich links oben im Tabellenblatt.

2. Drücken Sie [F8] (oder halten Sie [⬆] gedrückt) und anschließend [Strg]+[→] (oder [Ende], [→], wenn Ihnen das sympathischer ist), um die Zellauswahl auf die rechts daneben liegenden Spalten zu erweitern.

3. Drücken Sie dann [Strg]+[↓] (bzw. [Ende], [↓]), um die Auswahl auf die darunter liegenden Zeilen auszuweiten.

 Welche Richtung Sie zuerst angeben, bleibt wiederum Ihnen überlassen – Sie können genauso gut zuerst [Strg]+[↓] (oder [Ende], [↓]) drücken, bevor Sie [Strg]+[→] (bzw. [Ende], [→]) drücken. Sie sollten nur eines bedenken: Wenn Sie [⬆] anstelle von [F8] drücken, dürfen Sie [⬆] erst loslassen, nachdem Sie beide Richtungsmanöver beendet haben. Im Fall von [F8] sollten Sie vielleicht auch nicht vergessen, nochmals [F8] zu drücken, um den Erweiterungsmodus zu beenden. Sonst sitzen Sie morgen noch da und markieren Zellen.

Mehrfachauswahl mit der Tastatur

Mit der Tastatur ist die Auswahl mehrerer, nicht zusammenhängender Zellbereiche etwas umständlicher als mit der Maus. Wenn Sie mit der Tastatur einen Zellbereich markiert haben, müssen Sie den Zellcursor erst mit [⬆]+[F8] lösen, bevor Sie ihn zum nächsten Bereich verschieben können. Mit dieser Tastenkombination aktivieren Sie den Einfügemodus, d. h., Sie können jetzt den Zellcursor zur ersten Zelle des nächsten Bereichs verschieben, ohne dabei weitere Zellen auszuwählen. Excel zeigt jetzt in der Statusleiste ADD an.

Um mehrere Zellbereiche mit der Tastatur zu markieren, versuchen Sie mal Folgendes:

1. Setzen Sie den Zellcursor auf die erste Zelle des ersten Zellbereichs.

2. Drücken Sie [F8], um den Erweiterungsmodus zu aktivieren.

   Verschieben Sie den Zellcursor, um alle Zellen im ersten Zellbereich zu markieren. Sie können auch [⬆] drücken, während Sie den Zellcursor bewegen.

3. Drücken Sie [⬆]+[F8], um den Einfügemodus zu aktivieren.

   In der Statusleiste wird ADD angezeigt.

4. Verschieben Sie den Zellcursor auf die erste Zelle des nächsten (nicht angrenzenden) Bereichs.

5. Drücken Sie [F8], um in den Erweiterungsmodus zurückzuschalten, und verschieben Sie den Zellcursor, um alle Zellen des zweiten Bereichs zu markieren.

6. Wenn Sie noch weitere, nicht angrenzende Bereiche markieren möchten, wiederholen Sie die Schritte 3 bis 5.

Zellauswahl mit Gehe zu

Wenn Sie einen sehr großen Zellbereich markieren möchten und das Drücken der verschiedenen Pfeiltasten leid sind, verwenden Sie den Befehl Gehe zu im Menü Bearbeiten, um den Bereich zu erweitern. Gehen Sie hierzu wie folgt vor:

1. **Setzen Sie zuerst den Zellcursor auf die erste Zelle des Bereichs und drücken Sie dann F8, um den Zellcursor zu verankern.**

2. **Drücken Sie F5, um das Dialogfeld Gehe zu zu öffnen, geben Sie die Adresse der letzten Zelle des Bereichs (die Zelle diagonal zur ersten Zelle) an und drücken Sie dann ↵ .**

Sie erreichen dieses Dialogfeld auch, wenn Sie im Menü Bearbeiten den Befehl Gehe zu wählen.

 Da sich Excel im Erweiterungsmodus befindet, bewegt sich der Zellcursor nicht nur zur angegebenen Zelladresse, sondern markiert gleichzeitig alle dazwischen liegenden Zellen. Nachdem Sie auf diese Weise den Zellbereich markiert haben, sollten Sie nicht vergessen, wieder F8 zu drücken, um das Programm daran zu hindern, Ihrem mühsam markierten Zellbereich noch weitere Zellen hinzuzufügen.

AutoFormatieren – wirklich ein Kinderspiel

Jetzt, da Sie alles über das Markieren von Zellen wissen, die Sie formatieren möchten, erzähle ich Ihnen was von einer Formatierungsart, die keinerlei Zellauswahl erfordert. (Sie sind der Meinung, damit hätte ich auch schon vorher herausrücken können? Na, seien Sie mal ehrlich: Hätten Sie dann die vorangegangenen Seiten gelesen? Sehen Sie ...) Die AutoFormat-Funktion arbeitet nämlich so automatisch, dass Sie den Zellcursor nur irgendwo in der zu formatierenden Tabelle positionieren müssen, bevor Sie den Befehl AutoFormat im Menü Format wählen.

Sobald das Dialogfeld AutoFormat angezeigt wird, markiert das Programm alle Zellen in der Tabelle. (Wenn Sie den Befehl gewählt haben und der Zellcursor befindet sich nicht innerhalb der Tabelle oder auf einer direkt angrenzenden Zelle, macht Excel Sie dezent darauf aufmerksam.)

Diese Option ist übrigens nicht verfügbar, wenn Sie mehrere nicht zusammenhängende Zellbereiche markiert haben.

Mit dem Dialogfeld AutoFormat wird die Formatierungsarbeit zum Kinderspiel. Um eines der 16 integrierten Formate zu wählen, brauchen Sie nur die folgenden Schritte auszuführen:

1. **Wählen Sie im Menü Format den Befehl AutoFormat, um das Dialogfeld AutoFormat zu öffnen.**

2. **Klicken Sie im Listenfeld auf ein Beispielformat, um das Format auszuwählen, das für die Datentabelle im Arbeitsblatt verwendet werden soll (Abbildung 3.5).**

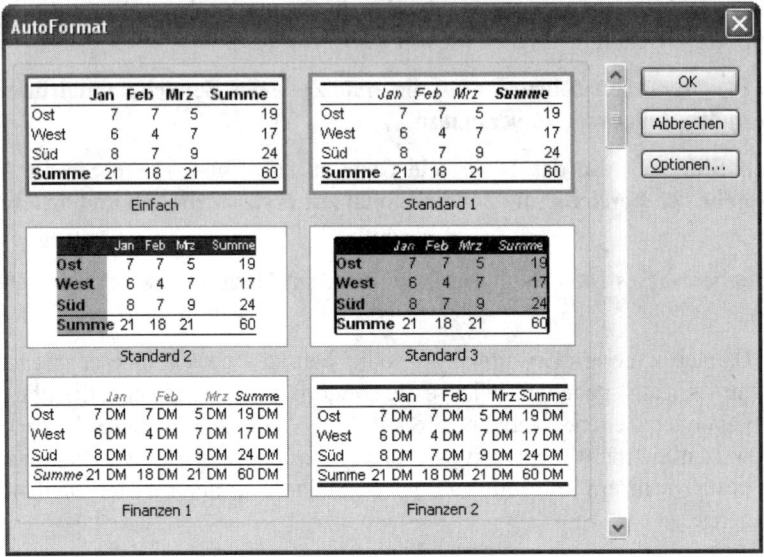

Abbildung 3.5: Im Dialogfeld A∪TOFORMAT das Tabellenformat EINFACH auswählen

Blättern Sie im Listenfeld, um alle verfügbaren Tabellenformate anzusehen. Wenn Sie auf ein Beispielformat klicken, wird dieses mit einem blaugrauen Rahmen versehen, um anzuzeigen, dass Sie sich für dieses Format entschieden haben.

3. **Schließen Sie das Dialogfeld mit einem energischen Klick auf die Schaltfläche OK oder drücken Sie** ⏎ **. Das gewählte Format wird sofort auf Ihre Tabelle angewendet.**

Wenn Sie sich erst einmal mit den unterschiedlichen Formaten auskennen, können Sie auch direkt auf das gewünschte Format im Listenfeld des Dialogfelds AUTOFORMAT doppelklicken und damit sowohl das Dialogfeld schließen als auch die Formatierung auf die markierte Tabelle übertragen.

 Wenn Sie sich wirklich mal vertan und ein Tabellenformat gewählt haben, das Sie absolut unmöglich finden, wählen Sie den Befehl RÜCKGÄNGIG: AUTOFORMAT im Menü BEARBEITEN (oder klicken Sie in der Standard-Symbolleiste auf die Schaltfläche für Rückgängig, bevor Sie irgendetwas anderes tun). Excel stellt dann wieder den alten Tabellenzustand her. Mehr zu dieser überaus wichtigen Rückgängig-Funktion finden Sie in Kapitel 4. Wenn Sie sich ganz zum Schluss doch gegen jedwedes automatisches Tabellenformat entscheiden, so können Sie dieses komplett wieder loswerden (auch wenn es für den Rückgängig-Befehl bereits zu spät ist), indem Sie das Dialogfeld AUTOFORMAT öffnen und sich im Listenfeld für den Eintrag KEINE entscheiden (steht ganz am Ende der Liste), bevor Sie OK wählen oder ⏎ drücken.

Die integrierten Tabellenformate des Dialogfelds AutoFormat sind im Grunde genommen nichts weiter als eine bestimmte Kombination aus verschiedenen Zell- und Datenformatierungen, die Excel einem ausgewählten Zellbereich in einem einzigen Arbeitsgang zuweist. Jedes Format stellt die Überschriften und Daten der Tabelle auf etwas andere Weise dar.

Abbildung 3.5 zeigt das Dialogfeld AutoFormat, in dem ich bereits das Tabellenformat Einfach ausgewählt habe. Dieses Format soll nun auf die Umsätze des ersten Quartals für Annas Strudelladen GmbH, die Sie ja bereits aus Kapitel 2 kennen, angewendet werden. Abbildung 3.6 stellt die Umsatztabelle im neuen Kleid dar. Excel hat die Überschrift und die Spaltenbezeichnungen fett formatiert (Zeile 1 und 2) und zwischen Zeile 1 und 2 sowie zwischen Zeile 2 und 3 eine Linie gezogen, um so jeweils die Überschriften von den Daten zu trennen. Außerdem wird jetzt `Annas Strudelladen GmbH - Umsatz 2004` über den Spalten A bis E zentriert und die Überschriften werden in den Zellen B2 bis E2 in ihren entsprechenden Zellen zentriert. Sogar die Zahlen mit den Gesamtsummen stechen jetzt hervor. Mit dem einfachen Tabellenformat kommen allerdings die Zahlen in der Tabelle nicht besonders gut raus.

	A	B	C	D	E
1		Annas Strudelladen GmbH - Umsatz 2004			
2		Januar	Februar	März	1. Qrt. GESAMT
3	Marios Pizzastube	80138,58	59389,56	19960,06	159488,2
4	Martinas Croissanterie	123456,2	89345,7	25436,84	238238,74
5	Adrians Stehimbiss	12657,05	60593,56	42300,28	115550,89
6	Sabines Straßencafé	17619,79	40635	42814,99	101069,78
7	Martins Bierstüberl	57133,56	62926,31	12408,73	132468,6
8	Thorstens Cocktailbar	168291	124718,1	41916,13	334925,23
9	Fraukes Weindepot	30834,63	71111,25	74926,24	176872,12
10	GESAMT	490130,81	508719,48	259763,27	1258613,56

Abbildung 3.6: Das Tabellenblatt für Annas Strudelladen im einfachen Tabellenformat

Wollen Sie noch ein anderes Format sehen? In Abbildung 3.7 habe ich der Tabelle das Tabellenformat Finanzen 1 zugewiesen. Na, wie gefällt Ihnen diese Version? Excel hat nun die Werte im Währungsformat formatiert. Auch bei diesem Tabellenformat wird eine Linie eingefügt, um die Zeile mit den nun kursiv formatierten Spaltenüberschriften vom Rest der Tabelle abzuheben. Das würde sich ja eigentlich ganz gut machen. Nur haben die Leute bei Microsoft ganz übersehen, dass Tabellen im DM-Format absolut out sind!

Wenn Sie eine Tabelle formatieren, deren Überschrift Sie in einer Zelle zentriert haben, indem Sie in der Format-Symbolleiste auf die Schaltfläche für Verbinden und zentrieren geklickt haben, dann sollten Sie Folgendes beachten: Klicken Sie auf eine Zelle in der Tabelle, die keine mit dieser Schaltfläche zentrierte Überschrift enthält, bevor Sie im Menü Format den Befehl AutoFormat wählen. Wenn

Sie dies nicht tun, wird nämlich nur diese besonders zentrierte Zelle formatiert. Damit also Excel alle Zellen in der Tabelle erfasst (also auch die mit der zentrierten Überschrift), positionieren Sie den Zellcursor auf irgendeiner anderen Zelle und wählen erst dann den Befehl AutoFormat.

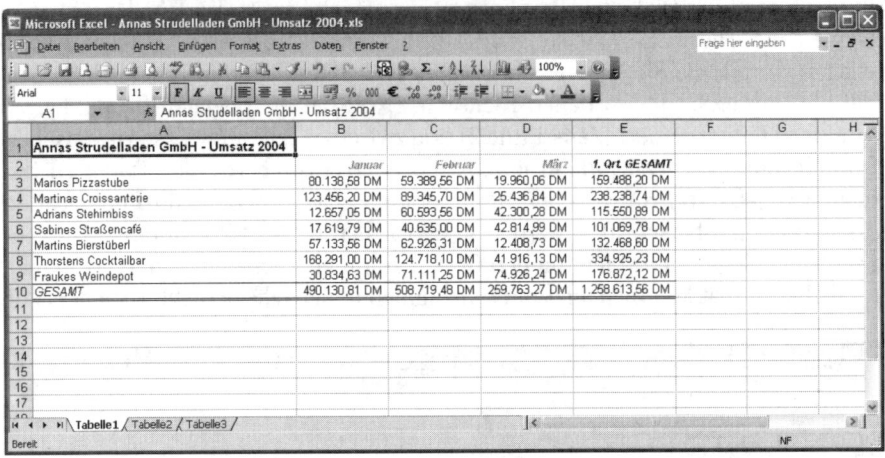

Abbildung 3.7: Das Tabellenblatt im Finanzen 1-Gewand

Formate mit Klick

Bei manchen Tabellenblättern ist die gebotene Vielfalt an AutoFormat-Formaten nicht erforderlich. Vielleicht wollen Sie in einer Tabelle lediglich die Spaltenüberschriften durch Fettdruck hervorheben und die Zeile mit den Gesamtsummen unterstreichen. (Dabei wird die Unterkante der Zellen mit einem Rahmen versehen.)

Die schwebende Menüleiste

Die Standard- und die Format-Symbolleiste sind nicht die einzigen, die in Excel frei herumschweben. Sie können sogar die Menüleiste mit all ihren Menüs beliebig positionieren. (Das ist auch der Grund, warum die Menüleiste wie die beiden anderen Leisten über diesen winzigen Punkte auf der linken Seite verfügt, solange sie an ihrem Stammplatz unterhalb der Excel-Titelleiste hockt.) Wenn Sie ein Menü in einer frei schwebenden Menüleiste wählen, dann kann es Ihnen passieren, dass die Menübefehle oberhalb anstatt unterhalb der Menüleiste angezeigt werden. Das hängt ganz davon ab, wie viel Platz noch bis zum unteren Bildschirmrand ist. Wenn die Menüleiste wieder an ihren alten Platz soll, doppelklicken Sie auf die Titelleiste der Menüleiste oder ziehen sie einfach wieder dahin, wo sie hergekommen ist.

Mit den Schaltflächen in der Format-Symbolleiste, die sich neben oder unterhalb der Standard-Symbolleiste befindet, können Sie die meisten Daten- und Zellformatierungen ausführen, ohne sich durch Kontextmenüs (geschweige denn durch Menüs in der Menüleiste) kämpfen zu müssen.

Mit den Schaltflächen in der Format-Symbolleiste können Sie Zellen andere Schriftarten und Zahlenformate zuweisen, die Ausrichtung des Zellinhalts ändern sowie Zellen mit Rahmen, Mustern und Farben versehen. (Wenn Sie Ihr Gedächtnis hinsichtlich der Namen und Funktionen der Schaltflächen auffrischen wollen, sehen Sie sich noch mal Tabelle 1.2 in Kapitel 1 an.)

Symbolleisten ohne Heimat

In der Regel befinden sich in Excel 2003 die Standard- und die Format-Symbolleiste nebeneinander fest verankert an ihrer Position zwischen Menü- und Bearbeitungsleiste. Excel setzt diese Symbolleisten zwar automatisch an diese Stelle, es steht Ihnen jedoch frei, sie (und alle anderen Symbolleisten, die Sie einblenden) an andere Positionen zu ziehen – am besten packen Sie sie dazu ganz links, dort wo die winzigen Pünktchen sind.

Wenn Sie die Standard- oder Format-Symbolleiste aus ihrer Verankerung lösen wollen, brauchen Sie sie nur irgendwo auf Ihren Bildschirm zu ziehen. Die Symbolleiste wird dann in einem kleinen separaten Fenster angezeigt (das dann alle Schaltflächen dieser Symbolleiste enthält). Wie dies aussieht, sehen Sie in Abbildung 3.8 am Beispiel der Format-Symbolleiste. Eine Symbolleiste, die sich in einem eigenen Fenster befindet, wird auch als *unverankert* oder *frei schwebend* bezeichnet, da sie wie eine Wolke auf dem Bildschirm schwebt. (Ist das nicht romantisch?) Aber damit nicht genug: Sie können nämlich diese kleinen Dinger nicht nur verschieben, sondern auch ihre Form beliebig verändern. Jetzt sind Sie platt, oder?

✔ Wenn Sie an der kleinen Titelleiste ziehen, können Sie eine frei schwebende Symbolleiste beliebig auf dem Bildschirm verschieben.

✔ Wenn Sie einen Rand der frei schwebenden Symbolleiste ziehen, können Sie ihre Form verändern. Setzen Sie den Mauszeiger auf einen Rand (der Mauszeiger nimmt die Form eines Doppelpfeils an) und ziehen Sie den Rand in die gewünschte Richtung.

✔ Während Sie einen Rand ziehen, nimmt der Umriss der Symbolleiste eine neue Form an, um die Schaltfläche in einer festgelegten Anordnung einzupassen. Wenn der Umriss die von Ihnen gewünschte Form hat, lassen Sie die Maustaste los; Excel zeichnet daraufhin die Symbolleiste neu.

✔ Um eine frei schwebende Symbolleiste zu schließen, d. h. sie vom Bildschirm zu verbannen, klicken Sie auf die Schaltfläche für Schließen ganz rechts in der Titelleiste der Symbolleiste.

✔ Um die Symbolleiste wieder auf ihren angestammten Platz zurückzuschicken, doppelklicken Sie einfach auf die Titelleiste der Symbolleiste.

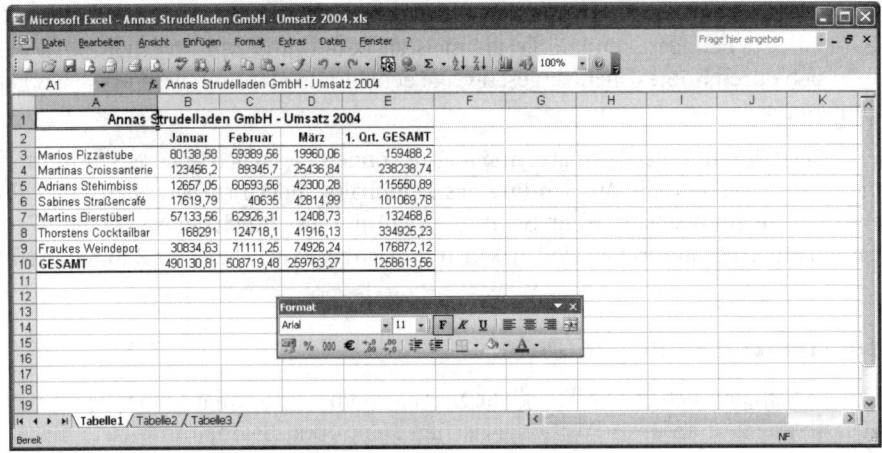

Abbildung 3.8: Die Format-Symbolleiste schwebt frei über der Arbeitsmappe.

Symbolleisten mit festem Wohnsitz

Mal ehrlich: Manchmal kann so eine frei umherschwebende Symbolleiste ganz schön lästig sein. Ständig muss man sie woanders positionieren, weil sie beim Einfügen oder Bearbeiten von Daten im Tabellenblatt im Weg ist. Aber nichts ist leichter, als dieses Problem in den Griff zu bekommen. Sie brauchen nur den Anker auszuwerfen.

Excel bietet Ihnen vier Docks an, an denen Sie Ihre Symbolleisten verankern können. Die vier _Docks_ sind nichts anderes als die vier Seiten des Excel-Programmfensters, also oben, unten, rechts und links. In Abbildung 3.9 habe ich die Zeichnen- und die Überarbeiten-Symbolleiste am unteren Rand des Excel-Fensters nebeneinander aufs Trockendock gelegt.

Um eine unverankerte Symbolleiste an einem dieser Docks vor Anker gehen zu lassen, ziehen Sie ihre Titelleiste (die mit dem Namen der Symbolleiste) so weit wie möglich an den entsprechenden Fensterrand. Dabei zerren Sie wieder nur den Umriss der Symbolleiste hinter sich her. Lassen Sie die Maustaste los, sobald der Umriss im Hochformat (wenn das rechte oder das linke Dock angesteuert wird) oder im Querformat (wenn es das obere oder das untere Dock sein soll) angezeigt wird. Symbolleisten, die Sie an ein Dock auf der rechten oder auf der linken Seite verschieben, ordnen ihre Schaltflächen von oben nach unten an.

Einige Symbolleisten, z. B. die Standard-, die Format- und die Web-Symbolleiste, verfügen über eine Schaltfläche, die ein Popup-Feld enthält (z. B. das Feld zum Auswählen einer Schriftart). Wenn Sie nun eine Symbolleiste, die über so eine Schaltfläche verfügt, auf der rechten oder linken Bildschirmseite verankern wollen, wird diese Schaltfläche nicht mehr angezeigt. Wenn Sie also von der Schaltfläche Gebrauch machen wollen, dann müssen Sie diese Symbolleiste wohl oder übel in der Waagerechten, also am oberen oder unteren Bildschirmrand, anordnen.

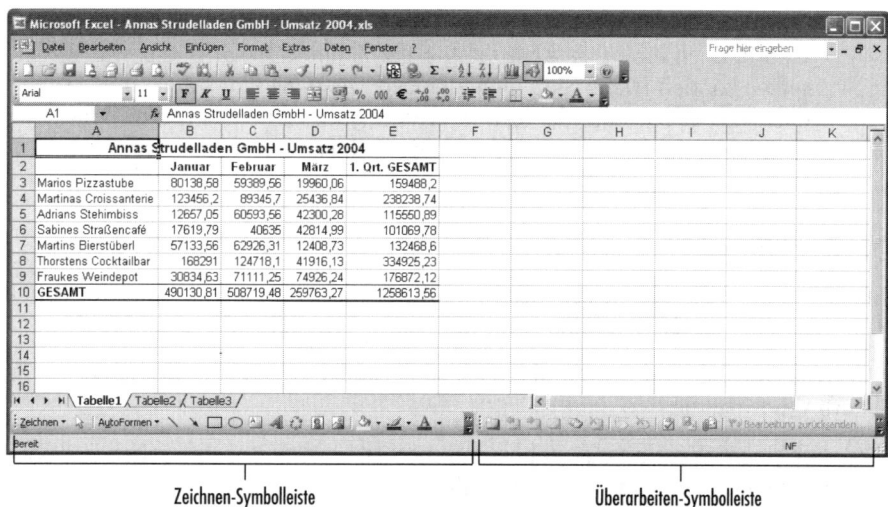

Zeichnen-Symbolleiste   Überarbeiten-Symbolleiste

Abbildung 3.9: Die Zeichnen- und die Überarbeiten-Symbolleiste auf dem Trockendock am unteren Rand des Excel-Fensters

Was noch passieren kann, wenn Sie mehrere Symbolleisten nebeneinander in einer Zeile im Excel-Fenster anordnen, ist, dass Excel von sich aus festlegt, in welcher Größe und mit welchen Schaltflächen die Symbolleisten angezeigt werden. Alles, von dem das Programm meint, dass es nicht unbedingt direkt und sofort angezeigt werden muss, wird in der Palette versteckt, die Sie durch einen Klick auf die Schaltfläche für Optionen für Symbolleisten öffnen können. Natürlich lässt sich die Größe einer Symbolleiste individuell ändern. Klicken Sie dazu auf die vier Punkte am Anfang der jeweiligen Symbolleiste – der Mauszeiger wird zum Vierfachpfeil – und ziehen Sie nach links oder rechts (nach links, um die Symbolleiste zu vergrößern, nach rechts, um sie zu verkleinern).

Auch ein Dialogfeld zeigt Format

Excel verfügt über einen Befehl, mit dem Sie einem Zellbereich eine ganze Palette unterschiedlicher Formatierungen zuweisen können. Wählen Sie den Befehl Zellen im Menü Format (oder drücken Sie [Strg]+[1]), um das Dialogfeld Zellen formatieren zu öffnen, das insgesamt sechs Registerkarten enthält: Zahlen, Ausrichtung, Schrift, Rahmen, Muster und Schutz. In den nächsten Abschnitten dieses Kapitels erzähle ich Ihnen alles Wissenswerte zu den ersten fünf Registerkarten. Über die Registerkarte Schutz lasse ich mich erst in Kapitel 6 aus.

 [Strg]+[1], die Tastenkombination für das Dialogfeld Zellen formatieren, sollten Sie sich merken, denn sie ist ihr Geld wert. Sie werden mit Sicherheit ebenso oft Zellen formatieren wie Daten eingeben. Sie sollten sich jedoch unbedingt merken, dass Sie schlicht und einfach [1] und nicht etwa [F1] drücken müssen. Und er-

schwerend für diejenigen, die Zahlen gerne über die Zehnertastatur eingeben, kommt noch hinzu, dass Sie die $\boxed{1}$ der Zehnertastatur in diesem Fall nicht einsetzen können. Wenn Sie's nicht glauben, versuchen Sie's doch mal: $\boxed{\text{Strg}}$+$\boxed{\text{F1}}$ oder $\boxed{\text{Strg}}$+$\boxed{1}$ auf der Zehnertastatur führt zu ein und demselben Ergebnis, nämlich nicht zum Dialogfeld ZELLEN FORMATIEREN.

Für jede Zahl das richtige Format

Wie Sie bereits aus Kapitel 2 wissen, bestimmt die Art der Zahleneingabe im Tabellenblatt das Zahlenformat. Hier einige Beispiele:

✔ Wenn Sie eine Zahl mit Euro und zwei Dezimalstellen eingeben, weist Excel der Zelle ein Währungsformat zu.

✔ Wenn Sie einen Wert als ganze Zahl zusammen mit einem Prozentzeichen und ohne Dezimalstellen eingeben, weist Excel der Zelle das entsprechende Prozentzahlformat zu.

✔ Wenn Sie ein Datum eingeben – Sie erinnern sich noch? Auch Datumsangaben sind Zahlen! –, das einem der integrierten Excel-Datumsformate entspricht (z. B. 18.08.2004 oder 18. Aug 04), weist Excel ein dementsprechendes Datumsformat zu.

Es ist zwar nicht verkehrt, Zahlen so zu formatieren, aber Sie müssen es nicht. Sie können ein Zahlenformat einer Gruppe von Zellen auch erst nach abgeschlossener Eingabe zuweisen, zumal dies oft der effektivste Weg ist, da hierzu nur zwei Arbeitsschritte erforderlich sind:

1. **Markieren Sie alle Zellen, die formatiert werden sollen.**

2. **Wählen Sie das gewünschte Zahlenformat entweder in der Format-Symbolleiste oder im Dialogfeld** ZELLEN FORMATIEREN **aus.**

 Selbst wenn Sie mit der Tastatur umzugehen wissen und jede Zahl lieber genau so eingeben, wie sie letztendlich im Tabellenblatt angezeigt werden soll, müssen Sie früher oder später die Zahlenformate verwenden, wenn die von Ihnen eingegebenen Zahlen so aussehen sollen wie die, die Excel errechnet. Die Sache ist nämlich die: Sofern Sie selbst keine Formate zuweisen, weist Excel allen Zellen und damit auch allen berechneten Werten zunächst das Standardzahlenformat zu. (Im Dialogfeld ZELLEN FORMATIEREN wird dieses Format so definiert: `Standardzellen haben kein bestimmtes Zahlenformat`.) Das gilt auch für von Ihnen eingegebene Werte, die nicht exakt den anderen Excel-Formaten entsprechen. Das größte Problem mit dem Standardformat ist, dass es Nullen weglässt, die am Anfang und Ende eines Zahleneintrags stehen. Wenn man eine Zahlenkolonne mit untereinander stehendem Dezimalkomma eingeben möchte, kann das sehr lästig sein. Nun ja, wir sind alle nur Sklaven unserer Programme.

In Abbildung 3.10 sehen Sie den eben beschriebenen misslichen Zustand: Im Beispieltabellenblatt mit den Umsatzzahlen für das erste Quartal 2004 wurden die Zahlen noch nicht formatiert. Wie Sie sehen, verlaufen die Einträge in den Spalten mit den Monatsumsätzen im Zickzack. Das liegt, wie schon erwähnt, am Standardzahlenformat; Abhilfe schafft nur die Zuweisung eines anderen Zahlenformats.

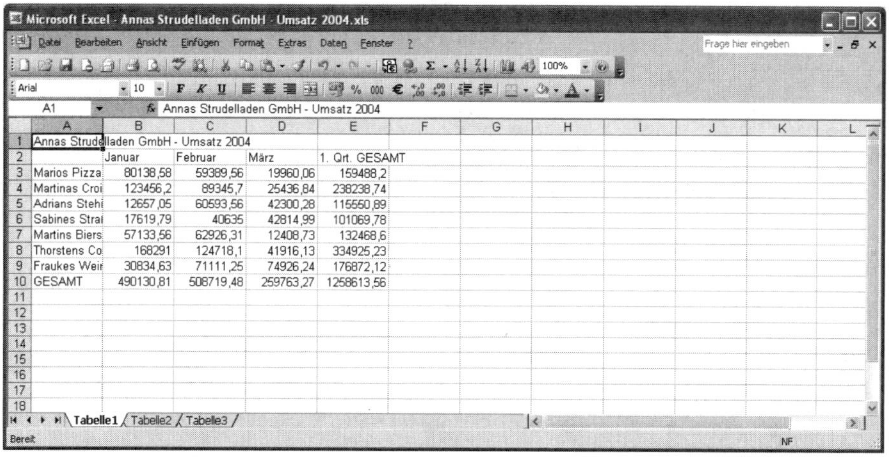

	A	B	C	D	E
1	Annas Strudelladen GmbH - Umsatz 2004				
2		Januar	Februar	März	1. Qrt. GESAMT
3	Marios Pizza	80138,58	59389,56	19960,06	159488,2
4	Martinas Croi	123456,2	89345,7	25436,84	238238,74
5	Adrians Stehi	12657,05	60593,56	42300,28	115550,89
6	Sabines Strai	17619,79	40635	42814,99	101069,78
7	Martins Biers	57133,56	62926,31	12408,73	132468,6
8	Thorstens Co	168291	124718,1	41916,13	334925,23
9	Fraukes Weir	30834,63	71111,25	74926,24	176872,12
10	GESAMT	490130,81	508719,48	259763,27	1258613,56

Abbildung 3.10: Die Umsätze das erste Quartal im Zickzackmuster

Money, money, money

Da die meisten Berechnungen in der Regel irgendetwas mit Geld zu tun haben, werden Sie wohl das Währungsformat häufiger als alle anderen Formate verwenden. Dieses Format ist sehr einfach zuzuweisen, da sich die Schaltfläche für Euro in der Format-Symbolleiste befindet. Damit weisen Sie den markierten Zellen ein Währungsformat mit Euro-Zeichen, Tausendertrennzeichen und zwei Nachkommastellen zu. Sollte eine Zahl in der Zellauswahl negativ sein, wird sie mit einem Minuszeichen versehen. Sie können sie, wenn Ihnen das lieber ist, auch in Rot anzeigen.

Abbildung 3.11 zeigt das Beispieltabellenblatt, nachdem nur die Zellen mit den Gesamtumsätzen (E3:E10 und B10:D10) markiert wurden. Außerdem habe ich auf die Schaltfläche für Euro in der Format-Symbolleiste (die mit dem €) geklickt, um diese Zellen mit dem Euro-Währungszeichen zu formatieren.

Manchmal kann es des Guten zu viel sein, wenn alle Zellen einer Tabelle mit einem Währungszeichen versehen sind (immer dieses €, €, € ...). Schließlich lassen sich ja die Dezimalstellen auch noch auf andere Weise anordnen. Aus diesem Grund habe ich mich in Abbildung 3.11 entschieden, nur die Gesamtumsätze nach Währungsart zu formatieren.

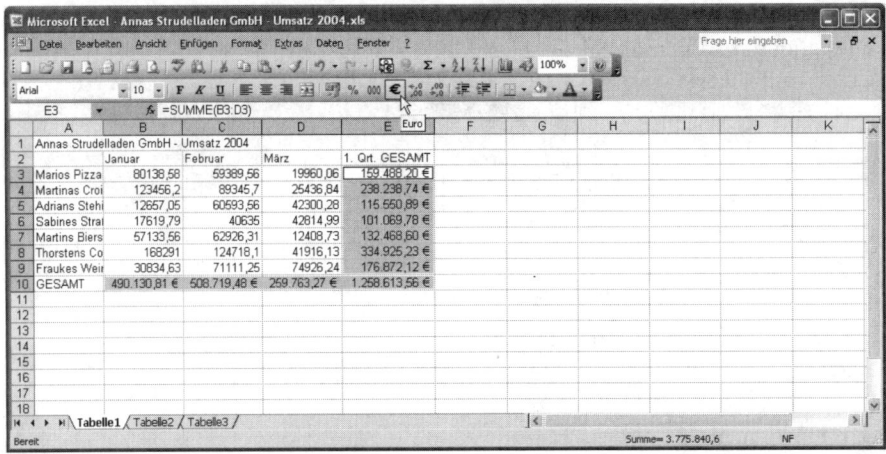

Abbildung 3.11: Die Gesamtumsätze der Tabelle, nachdem ich auf die Schaltfläche für Euro geklickt habe.

Schluss mit

Das Euro-Format hat jetzt in den Zellbereichen E3:E10 und B10:D10 die Zahlen mit Tausendertrennzeichen, zwei Dezimalstellen nach dem Komma und Währungszeichen versehen. Aber nicht nur das! Anders als in älteren Excel-Versionen, in denen es zu merkwürdigen Zeichen – ######### – in den Zeilen kam, um anzuzeigen, dass die Breite der Spalte nicht ausreicht, um dies alles anzuzeigen, wurden die Spalten B, C, D und E automatisch in der Breite so angepasst, dass alles schön ordentlich zu sehen ist.

Wenn Sie die Werte in den Zellen formatieren, passt Excel die Spaltenbreite immer automatisch an, sodass Ihnen diese komischen ######### nur noch über den Weg laufen werden, wenn Sie die Spaltenbreite manuell so verändern, dass Excel nicht mehr alle Zeichen in der Zelle mit den formatierten Werten anzeigen kann. Diese merkwürdigen Zeichen wollen Sie also darauf aufmerksam machen, dass Sie die Spaltenbreite verändern müssen, wenn Sie wissen wollen, welcher Wert in dieser Zelle steht. (Wie Sie die Spaltenbreite von Hand verändern, erzähle ich Ihnen im Abschnitt »Wem die Spaltenbreite nicht passt …« weiter hinten in diesem Kapitel).

Das Tausendertrennzeichen oder bringen wir es auf den Punkt

Das Zahlenformat mit Tausendertrennzeichen ist eine gute Alternative zum Währungs- bzw. Euro-Format. Es fügt ebenso in längere Zahlen Punkte ein, um Tausender, Zehntausender, Hunderttausender, Millionen etc. zu trennen.

Mit diesem Format werden die Zahlen mit zwei Nachkommastellen angezeigt und negative Zahlen mit einem Minuszeichen versehen. Das Währungszeichen ist allerdings bei diesem

Format standardmäßig nicht vorgesehen. Aus diesem Grund ist dieses Format ideal für die Formatierung von Tabellen, bei denen es klar ersichtlich ist, dass es um Euro und Cent geht, bzw. für die Darstellung von größeren Zahlen, die nichts mit Finanzen zu tun haben.

Das Zahlenformat mit den Tausendertrennzeichen eignet sich also hervorragend für die Beispielzahlen mit den Monatsumsätzen. Abbildung 3.12 zeigt diese Tabelle, nachdem die Zellen mit den Monatsumsätzen für die einzelnen Unternehmen von Annas Strudelladen GmbH mit dem Zahlenformat für Tausendertrennzeichen formatiert wurden. Ich habe hierzu den Zellbereich B3:D9 markiert und in der Format-Symbolleiste auf die Schaltfläche für 1.000er-Trennzeichen (die mit den drei Nullen (000) direkt neben der für das Prozentformat) geklickt.

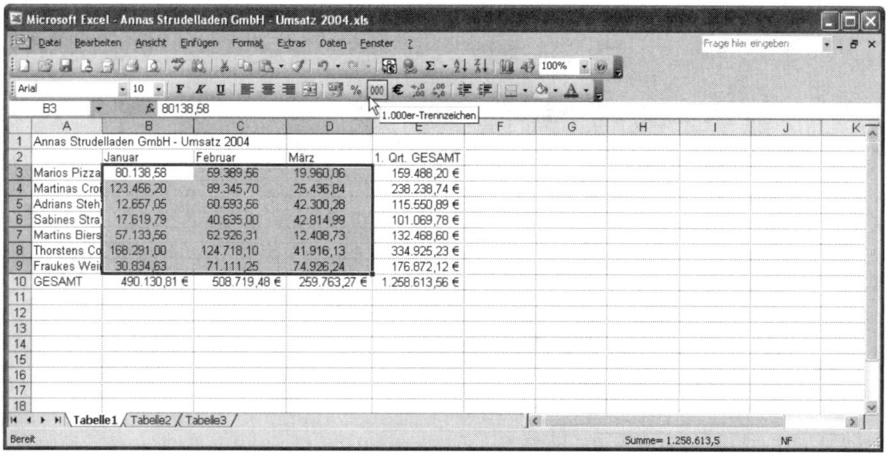

Abbildung 3.12: Die Monatsumsätze, nachdem ich sie mit dem 1.000er-Format formatiert habe

Wie Sie in Abbildung 3.12 sehen, ist durch das neue Format das Problem mit der Ausrichtung der monatlichen Umsatzzahlen so gut wie gelöst. Sie haben aber bestimmt auch bemerkt, dass die Dezimalkommata der Gesamtumsatzzahlen leider nicht präzise untereinander ausgerichtet sind. Wenn Sie jedoch mit dem Befehl ZELLEN im Menü FORMAT alle Zellen mit der Option BLOCKSATZ ausrichten, ist alles in Reih' und Glied. (Wo die Option zu finden ist? Ach ja! Auf der Registerkarte AUSRICHTUNG.)

Jonglieren mit Prozentzahlen

Viele Tabellenblätter verwenden Prozentangaben in Form von Zinssätzen, Wachstumsraten, Inflationsraten etc. Um eine Prozentangabe in eine Zelle einzufügen, schreiben Sie das Prozentzeichen (%) hinter die Zahl. Wenn Sie z. B. einen Zinssatz von 12 Prozent eingeben wollen, schreiben Sie 12% in die Zelle. Excel weist der Zelle dann automatisch das Prozentformat zu, dividiert den Wert durch 100 und zeigt in der Bearbeitungsleiste den errechneten Dezimalwert (0,12 in diesem Fall) an.

Sie werden sicherlich nicht alle Prozentangaben in einem Tabellenblatt auf diese Weise eingeben. Manchmal werden Prozentzahlen auch mit einer Formel errechnet und dann von Excel in den entsprechenden Zellen als Dezimalwerte angezeigt. In diesen Fällen sollten Sie den Werten ein Prozentformat zuweisen, um die errechneten Dezimalwerte durch Prozentzahlen zu ersetzen, d. h., der Dezimalwert wird mit 100 multipliziert und mit Prozentzeichen versehen.

In unserer Beispieltabelle sind in Zeile 12 einige Prozentangaben eingetragen, die mit einer Formel errechnet wurden. Um diese Dezimalwerte als Prozentzahlen darzustellen, weisen Sie ihnen ganz einfach das Prozentformat zu. In Abbildung 3.13 sehen Sie die bereits formatierten Zahlen. Markieren Sie lediglich die Zellen und klicken Sie dann in der Format-Symbolleiste auf die Schaltfläche für Prozentformat (die mit dem %-Zeichen).

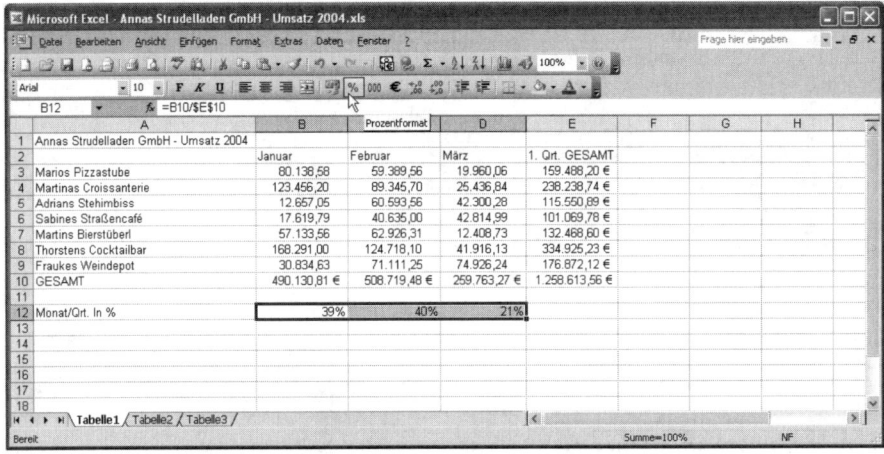

Abbildung 3.13: Verhältnis Monatsumsatz/Quartalsumsatz im Prozentformat

Was kommt nach dem Komma?

Sie können die Anzahl der Dezimalstellen, die in den Währungs-, Prozent- und Tausendertrennzeichenformaten verwendet werden, erhöhen oder reduzieren, indem Sie in der Format-Symbolleiste auf die Schaltfläche für Dezimalstelle hinzufügen bzw. auf die für Dezimalstelle löschen klicken. (Es kann gut sein, dass sie sich auf der Palette mit den weiteren Schaltflächen befindet, die sich öffnet, wenn Sie in der Format-Symbolleiste auf die Schaltfläche für Optionen für Symbolleisten klicken.) Sie müssen natürlich einen Zellbereich markiert haben, wenn Sie auf eine dieser Schaltflächen klicken.

Jedes Mal, wenn Sie auf die Schaltfläche für Dezimalstelle hinzufügen klicken, fügt Excel dem zugewiesenen Zahlenformat eine weitere Dezimalstelle hinzu. Abbildung 3.14 zeigt die Prozentangaben des Zellbereichs B12:D12, nachdem ich die Anzahl der Dezimalstellen im Prozentformat von 0 auf 2 erhöht habe. (Das Standardprozentformat verwendet keine Dezimalstellen.) Hierzu müssen Sie zweimal hintereinander auf die Schaltfläche für Dezimalstelle hinzufügen klicken.

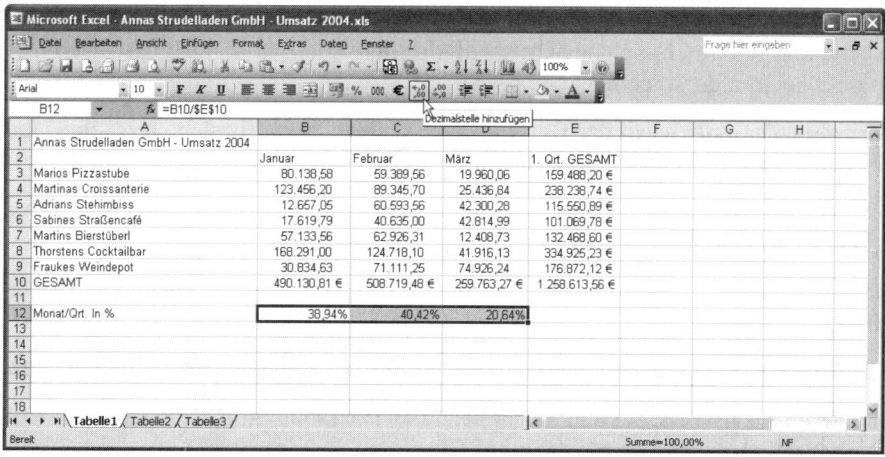

Abbildung 3.14: Verhältnis Monatsumsatz/im Prozentformat mit zwei Dezimalstellen

Nicht immer ist es so, wie es scheint

Lassen Sie sich nicht von den Zahlenformaten täuschen. Sie polieren die Präsentation Ihrer Tabellenblattdaten auf; aber auch wenn sie manchen Eintrag vollkommen neu erscheinen lassen, bleiben es doch immer dieselben alten Zahlen, die Sie eingegeben haben. Nehmen wir beispielsweise an, dass eine Formel den folgenden Wert errechnet hat:

25,6456

Weiter angenommen, dass Sie die Zelle, die diesen Eintrag enthält, mit dem Währungsformat formatieren:

25,65 €

Diese Änderung könnte Sie nun glauben machen, dass Excel den Wert auf zwei Dezimalstellen aufgerundet hat. Tatsache ist aber, dass das Programm nur die Anzeige des errechneten Wertes aufgerundet hat – die Zelle enthält noch immer 25,6456! Falls Sie also diese Zelle an einer anderen Stelle in einer Formel verwenden, dann denken Sie daran, dass Excel den »wahren« Wert für seine Berechnungen verwendet und nicht den in der Zelle angezeigten. (Der »wahre« Wert einer Zelle wird stets in der Bearbeitungsleiste angezeigt.)

 Wenn Sie jedoch unbedingt möchten, dass die Zahlen mit den formatierten Werten im Tabellenblatt übereinstimmen, können Sie dies in einem Arbeitsgang ausführen. Sie können alle im Hintergrund versteckten Zahlen in die am Bildschirm angezeigten Zahlen umwandeln und müssen dazu nur ein einziges Kontrollkästchen aktivieren; Sie können diese Auswahl allerdings nicht durch Deaktivieren dieses Kontrollkästchens wieder rückgängig machen. Diese Aktion ist also mit Vorsicht zu genießen.

Da Sie mich nun so drängeln und unbedingt wissen wollen, wie das mit dem Umwandeln der Werte geht, sage ich Ihnen, welche Schritte hierfür notwendig sind – aber beschweren Sie sich später nicht bei mir, denn ich habe Sie gewarnt:

1. **Bevor Sie die Genauigkeit der Werte ändern, vergewissern Sie sich, dass alle Zahlen mit der richtigen Anzahl an Dezimalstellen formatiert sind.**

   Dieser Schritt ist unbedingt notwendig, bevor Sie die Genauigkeit aller Werte in die im Tabellenblatt angezeigte Form konvertieren.

2. **Wählen Sie dann im Menü EXTRAS den Befehl OPTIONEN, um das Dialogfeld OPTIONEN zu öffnen.**

3. **Klicken Sie auf das Register BERECHNUNG, um die entsprechenden Optionen anzuzeigen.**

4. **Aktivieren Sie im Gruppenfeld ARBEITSMAPPENOPTIONEN das Kontrollkästchen GENAUIGKEIT WIE ANGEZEIGT und klicken Sie dann auf OK.**

   Excel warnt Sie ein letztes Mal mit der Meldung Daten verlieren damit endgültig an Genauigkeit.

5. **Wenn Sie es nicht lassen können und unbedingt mit dem Feuer spielen müssen, dann klicken Sie jetzt auf OK oder drücken ⏎. Das Programm wandelt daraufhin alle Daten entsprechend ihren angezeigten Werten um – und das für immer!**

Nachdem Sie alle Werte eines Tabellenblatts mit der Option GENAUIGKEIT WIE ANGEZEIGT umgewandelt haben, wäre es vielleicht nicht schlecht, den Befehl SPEICHERN UNTER im Menü DATEI zu wählen und den Dateinamen im Feld DATEINAME zu ändern (z. B. durch Anhängen des Zusatzes »wie angezeigt« an den aktuellen Dateinamen), bevor Sie auf die Schaltfläche SPEICHERN klicken oder ⏎ drücken. Auf diese Weise bleibt Ihnen immer noch eine Kopie der ursprünglichen Arbeitsmappe mit den von Ihnen eingegebenen und von Excel berechneten Werten, die Sie im Notfall dann hervorholen können.

Und jetzt ein Datum!

In Kapitel 2 habe ich ja bereits erwähnt, dass sich mit Excel ganz einfach Formeln erstellen lassen, mit denen die Differenz zwischen zwei Datums- oder Zeitangaben, die Sie in ein Tabellenblatt eingeben, errechnet werden kann. Das einzige Problem bei dieser Formel ist, wenn Excel ein Datum vom anderen oder eine Zeitangabe von der anderen abzieht, dass das Programm automatisch das errechnete Ergebnis ebenfalls in einem entsprechenden Datums- oder Zeitangabenformat ausgibt. Wenn Sie also beispielsweise in Zelle B4 das Datum 15.8.04 und in Zelle C4 das Datum 15.4.04 schreiben und dann in Zelle E4 die Formel

=B4-C4

eingeben, um herauszufinden, wie viele Tage Differenz zwischen den beiden Datumsangaben liegen, dann gibt Excel das eigentliche Ergebnis, nämlich 122 Tage, in Zelle E4 als 1.5.1900 aus. Um dieses Ergebnis umzuformatieren, müssen Sie der Zelle das Zahlenformat STANDARD zuweisen. Sobald Sie das Zahlenformat STANDARD der Zelle zugewiesen haben, wird das Datum 1.5.1900 durch den Wert 122 ersetzt und zeigt damit an, dass zwischen diesen beiden Datumsangaben 122 Tage verstrichen sind.

Das Gleiche gilt für Formeln, mit denen Sie die Differenz zwischen zwei Zeitangaben in einem Tabellenblatt errechnen wollen. Auch hier müssen Sie das Ergebnis, das in einem entsprechenden Zeitformat angezeigt wird, in das Zahlenformat STANDARD umformatieren. Angenommen, Sie geben in Zelle C8 8:00 AM und in Zelle D8 4:00 PM ein und erstellen in Zelle E8 die Formel

`=D8-C8`

um die Differenz in Stunden zwischen den beiden Zeitangaben zu ermitteln, dann müssen Sie das Ergebnis in Zelle E8 – das automatisch als 8:00 AM angezeigt wird – in das Format STANDARD umformatieren. Sobald Sie das getan haben, wird in Zelle E8 der Bruch 0,33333333 angezeigt, der den Anteil an dem Gesamtzeitraum von 24 Stunden darstellt. Diesen Bruchteil eines Tages können Sie dann in die entsprechende Anzahl Stunden umwandeln, indem Sie den Wert dieser Zell mit 24 multiplizieren.

Maßgeschneiderte Zahlenformate

Excel unterstützt eine ganze Reihe von Zahlenformaten, die Sie wahrscheinlich nur selten, wenn überhaupt, verwenden werden. Wenn Sie diese Zahlenformate aufrufen möchten, markieren Sie den zu formatierenden Zellbereich und wählen den Befehl ZELLEN FORMATIEREN im Kontextmenü für die Zelle – mit der rechten Maustaste irgendwo innerhalb des Zellbereichs klicken – oder den Befehl ZELLEN im Menü FORMAT (bzw. drücken Strg + 1), um das Dialogfeld ZELLEN FORMATIEREN zu öffnen.

Wählen Sie in diesem Dialogfeld das Register ZAHLEN und markieren Sie das gewünschte Format im Listenfeld KATEGORIE. Die Kategorien DATUM, UHRZEIT, BRUCH und SONDERFORMAT bieten Ihnen im Listenfeld TYP weitere Formatierungsmöglichkeiten. Andere Kategorien – wie ZAHL und WÄHRUNG – verfügen über eigene Listenfelder, in denen man noch speziellere Formate wählen kann. Bei der Suche nach dem geeigneten Format werden Sie feststellen, dass Excel in einem Vorschaufeld zeigt, wie sich das ausgewählte Format auf die Werte in der aktiven Zelle auswirken würde. Wenn Sie ein Format gefunden haben, das Ihren Wünschen entspricht, klicken Sie auf die Schaltfläche OK oder drücken Sie ↵ .

Eine besonders schicke Kategorie unter den Zahlenformaten stellen die SONDERFORMATE dar. Hier sind vier Zahlenformate enthalten, die ganz interessant sein könnten:

✔ POSTLEITZAHL: Hier können Sie zwischen einem neutralen Format sowie Postleitzahlen mit vorangestelltem Länderkennbuchstaben wählen (D für Deutschland, A für Österreich, CH für Schweiz und L für Luxemburg).

✔ VERSICHERUNGSNACHWEIS-NR.: Dieses Format ist speziell für die deutschen Anwender entworfen worden.

✔ SOZIALVERSICHERUNGSNUMMER: Hier stehen Ihnen wieder zwei verschiedene Schreibweisen zur Verfügung, eine für Österreich und eine für die Schweiz.

✔ ISBN-FORMAT: Hier können Sie aus drei verschiedenen Schreibweisen auswählen.

Diese Sonderformate werden Ihnen sicherlich bei der Erstellung von Datenbanken äußerst nützlich sein, da Sie hier ja ständig so Dinge wie Postleitzahlen oder Versicherungsnummern eingeben müssen. (Mehr zum Erstellen von Datenbanken erfahren Sie in Kapitel 9.)

Wem die Spaltenbreite nicht passt ...

Wenn Ihnen die Spaltenbreite nicht passt, dann können Sie von Glück reden, dass das Ändern der Spaltenbreite mit Excel ein Kinderspiel ist. Der einfachste Weg ist das Einstellen der optimalen Breite. Mit dieser Methode bestimmt Excel automatisch die Spaltenbreite entsprechend dem längsten Eintrag in der Spalte.

Und so stellen Sie die optimale Spaltenbreite ein:

1. **Setzen Sie den Mauszeiger im Tabellenblattrahmen auf die rechte Spaltenumrandung der zu ändernden Spalte.**

   Der Mauszeiger nimmt die Form eines Kreuzes mit Doppelpfeil an, der nach links und rechts zeigt.

2. **Doppelklicken Sie.**

   Excel richtet daraufhin die Spaltenbreite nach dem längsten Eintrag in dieser Spalte aus.

Diese Methode können Sie für mehrere Spalten gleichzeitig anwenden. Markieren Sie einfach alle zu ändernden Spalten (bei angrenzenden Spalten durch Ziehen, bei nicht angrenzenden durch Drücken von Strg und gleichzeitigem Klicken auf die einzelnen Spaltenbuchstaben). Sobald alle Spalten markiert sind, doppelklicken Sie auf eine der rechten Spaltenumrandungen der markierten Spalten. (Denken Sie wieder daran, dass der Mauszeiger die Form eines Kreuzes mit Doppelpfeil haben muss.)

Das Einstellen der optimalen Breite mit der Maus liefert leider nicht immer das gewünschte Ergebnis. Für eine lange Überschrift, die über mehrere Spalten hinweg angezeigt wird, wird beispielsweise mit der optimalen Breite eine extrem breite Spalte angelegt.

Wenn die optimale Breite einfach keine Lösung für Ihr Problem ist, *ziehen* Sie (anstatt zu doppelklicken) den rechten Rand der Spalte (am Tabellenblattrahmen), bis sie die gewünschte Breite hat. Diese Technik funktioniert auch mit mehreren Spalten; Sie sollten allerdings bedenken, dass dadurch alle Spalten die Breite der Spalte erhalten, die Sie gerade ziehen.

Sie können die Spaltenbreite auch im Dialogfeld SPALTENBREITE einstellen. Wenn Sie mit dem Dialogfeld arbeiten, geben Sie die Anzahl der Zeichen ein, die in der Spalte angezeigt werden sollen. Um dieses Dialogfeld zu öffnen, wählen Sie im Kontextmenü für Spalten den Befehl

SPALTENBREITE (das Kontextmenü öffnet sich, wenn Sie mit der rechten Maustaste auf eine markierte Spalte oder einen Spaltenbuchstaben klicken) oder im Menü FORMAT den Befehl SPALTE und dann im Untermenü den Befehl BREITE.

Das Textfeld SPALTENBREITE im gleichnamigen Dialogfeld zeigt an, wie viele Zeichen standardmäßig in eine Spalte eingegeben werden können oder wie viele Zeichen in die aktuell markierte Spalte passen, falls Sie deren Breite zuvor bereits geändert haben. Um die Breite aller Spalten des Tabellenblatts zu ändern (mit Ausnahme derer, die bereits manuell oder mit dem Befehl OPTIMALE BREITE FESTLEGEN angepasst wurden), geben Sie den gewünschten Wert in das Textfeld SPALTENBREITE ein und klicken Sie auf die Schaltfläche OK.

Wenn Sie die optimale Spaltenbreite mithilfe der Menüs in der Menüleiste einstellen wollen, wählen Sie den Befehl SPALTE im Menü FORMAT und dann im Untermenü den Befehl OPTIMALE BREITE FESTLEGEN. Mit diesem Befehl können Sie einer Spalte eine optimale Breite zuweisen, die sich lediglich an einigen der Zelleinträge orientiert. Wenn Sie z. B. mit diesem Befehl eine Spalte gerade breit genug machen wollen, um darin mehrere Überschriften, nicht aber den Arbeitsmappentitel (der sich nach rechts über mehrere leere Spalten erstreckt) unterzubringen, brauchen Sie nur die Zellen der Spalte zu markieren, die die Überschriften enthalten, an denen sich die neue Spaltenbreite orientieren soll. Dann können Sie den Befehl OPTIMALE BREITE FESTLEGEN wählen.

Wenn eine markierte Spalte wieder die Standardspaltenbreite erhalten soll, wählen Sie den Befehl SPALTE im Menü FORMAT und im Untermenü den Befehl STANDARDBREITE. Im Dialogfeld STANDARDBREITE wird im Textfeld STANDARDSPALTENBREITE der Wert 10,71 angezeigt. (Die Standardbreite für alle Spalten in einem neuen Tabellenblatt sind 10,71 Zeichen in der Standardschrift, vorausgesetzt, Sie haben dort nichts geändert.) Um alle markierten Spalten wieder auf ihre Standardbreite zurückzusetzen, wählen Sie die Schaltfläche OK oder drücken einfach ⏎ .

Das ist doch die Zeilenhöhe!

Das Ändern der Zeilenhöhe funktioniert eigentlich ähnlich wie das Anpassen der Spaltenbreite. Sie werden allerdings seltener in die Verlegenheit kommen, die Zeilenhöhe anpassen zu müssen, da Excel diese automatisch anpasst, falls z. B. Änderungen in der Schriftgröße oder ein Zeilenumbruch eine größere Zeilenhöhe erforderlich machen. Das Anpassen der Zeilenhöhe ist eigentlich nur dann nötig, wenn Sie den Abstand zwischen einer Tabellenüberschrift und der eigentlichen Tabelle bzw. zwischen einer Zeile mit Spaltenüberschriften und der Tabelle vergrößern möchten, ohne dafür eine leere Zeile einzufügen. Weitere Details hierzu finden Sie weiter unten im Abschnitt »Alles in Reih und Glied bringen«.

Um die Zeilenhöhe zu vergrößern, ziehen Sie den unteren Rand der betreffenden Zeile im Tabellenblattrahmen (der mit den Zeilennummern), bis die Zeile die erforderliche Höhe hat, und lassen dann die Maustaste los. Um eine Zeile zu verschmälern, ziehen Sie den unteren Zeilenrand in die andere Richtung. Wenn Sie eine optimale Zeilenhöhe für ihre Einträge gewährleisten möchten, doppelklicken Sie auf den unteren Rand der Zeile im Tabellenblattrahmen.

Genau wie bei den Spalten können Sie die Höhe der markierten Zeilen auch über ein Dialogfeld anpassen. Um das Dialogfeld ZEILENHÖHE zu öffnen, wählen Sie im Kontextmenü für Zeilen den Befehl ZEILENHÖHE (das Sie durch Klicken mit der rechten Maustaste auf die markierte Zeile oder die betreffende Zeilennummer öffnen). Sie können auch im Menü FORMAT den Befehl ZEILE und dann den Befehl HÖHE wählen. Um eine neue Zeilenhöhe für die markierte(n) Zeile(n) festzulegen, geben Sie die Anzahl der Zeichen im Textfeld ZEILENHÖHE ein und klicken anschließend auf OK. (Die Standardhöhe sind 12,75 Punkt – falls Sie's interessiert!) Um für eine bestimmte Zeile wieder die optimale Höhe einzustellen, wählen Sie den Befehl ZEILE im Menü FORMAT und dann im Untermenü den Befehl OPTIMALE HÖHE.

Das Tabellenblattversteckspiel

Sie können eine Spalte bzw. eine Zeile so schmal werden lassen, dass sie im Tabellenblatt nicht mehr angezeigt wird. Sie fragen sich natürlich, warum Sie Ihre Zeit mit der Eingabe und Formatierung von Daten verschwenden sollen, nur um diese dann hinterher zu »verstecken«.

Wenn Sie allerdings einen Bericht drucken, werden Sie sicherlich häufiger Tabellenblattdaten verstecken wollen. Sie haben z. B. ein Tabellenblatt angelegt, das eine Spalte mit den Angestelltengehältern enthält, die Sie zum Berechnen des Abteilungsbudgets benötigen. Wenn Sie dieses Tabellenblatt drucken wollen, möchten Sie die Gehaltsangaben ganz gerne für sich behalten. Anstatt nun die Spalte mit den Gehaltszahlen aus dem Druckbereich herauszuschieben (auch das lernen Sie noch), können Sie diese Spalte auch vorübergehend verstecken.

Die einfache Variante des Versteckspiels

Um Ihnen eine Menge Frust zu ersparen, erfahren Sie von mir zunächst, wie Sie Spalten und Zeilen mithilfe des Menüs FORMAT oder der Kontextmenüs für Spalten und Zeilen verstecken und wiederfinden. Angenommen, Sie wollen Spalte B verstecken, da sie Daten enthält, die nicht gedruckt werden sollen. Um diese Spalte zu verstecken, gehen Sie folgendermaßen vor:

1. **Klicken Sie auf den Buchstaben B im Tabellenblattrahmen, um die Spalte zu markieren.**

2. **Wählen Sie im Menü FORMAT den Befehl SPALTE und dann im angezeigten Untermenü den Befehl AUSBLENDEN.**

Das war's schon. Spalte B hat sich in Luft aufgelöst! Die gesamten Daten dieser Spalte sind aus dem Tabellenblatt verschwunden. Wenn Sie die Spalte B verstecken, fehlt das B auch in der Leiste mit den Spaltenbuchstaben, sodass dort A, C, D, E, F etc. steht.

Wenn Sie das Tabellenblatt gedruckt haben und Änderungen in Spalte B vornehmen müssen, können Sie die Spalte natürlich auch wieder aus ihrem Versteck hervorholen:

1. **Positionieren Sie den Mauszeiger auf dem Spaltenbuchstaben A und ziehen Sie den Mauszeiger nach rechts, um die Spalten A und C zu markieren.**

   Sie müssen den Mauszeiger von A nach C ziehen, um die versteckte Spalte B in die Spaltenauswahl einzuschließen. Arbeiten Sie nicht mit ⌈Strg⌋, sonst funktioniert's nicht.

2. **Wählen Sie im Menü FORMAT den Befehl SPALTE und dann im angezeigten Untermenü den Befehl EINBLENDEN.**

Excel zeigt die Spalte B wieder im Tabellenblatt an und markiert alle drei Spalten (A, B und C). Klicken Sie mit der Maus auf eine beliebige Zelle im Tabellenblatt, um die Markierung aufzuheben.

Das Ganze funktioniert auch mit den Kontextmenüs für Spalten und Zeilen, die ebenfalls die Befehle AUSBLENDEN bzw. EINBLENDEN enthalten.

Die schwierigere Variante des Versteckspiels

Das Verstecken und Wiederanzeigen von Spalten mit der Maus kann sich zuweilen als trickreich erweisen und erfordert außerdem ein hohes Maß an Genauigkeit, über das Sie vielleicht noch nicht verfügen (vor allem wenn Sie mit Nagetieren nicht so viel Erfahrung haben). Wenn Sie jedoch meinen, dass Sie den Umgang mit der Maus beherrschen, können Sie dieses Versteckspiel auch nur mit Ziehen des Mauszeigers spielen.

✔ Um eine Spalte mit der Maus auszublenden, ziehen Sie im Tabellenblattrahmen die rechte Spaltenumrandung nach links auf die rechte Umrandung der Nachbarspalte, sodass sie übereinander stehen, und lassen dann die Maustaste los.

✔ Um eine Zeile mit der Maus auszublenden, ziehen Sie im Tabellenblattrahmen den unteren Zeilenrand bis auf den oberen Zeilenrand.

Während Sie einen Rand ziehen, zeigt Excel eine QuickInfo mit der aktuellen Spaltenbreite bzw. Zeilenhöhe direkt neben dem Mauszeiger an. Wenn die Anzeige der Breite bzw. Höhe 0,00 erreicht hat, ist es an der Zeit, die Maustaste loszulassen.

Eine Spalte oder Zeile mit der Maus wieder sichtbar zu machen, funktioniert genau umgekehrt. Ziehen Sie jetzt den Spalten- bzw. Zeilenrand, der sich zwischen den jeweiligen Spalten oder Zeilen befindet, in die entgegengesetzte Richtung, d. h. nach rechts bei Spalten und nach unten bei Zeilen. Sie müssen nur aufpassen, dass Sie den Mauszeiger ganz exakt auf dem Spalten- oder Zeilenrand positionieren und dieser nicht wie zuvor die Form eines schwarzen Kreuzes mit Doppelpfeil annimmt, sondern aus zwei parallelen Linien mit jeweils einem Pfeil besteht.

 Falls Sie eine Zeile oder Spalte mithilfe der Maus ausgeblendet haben und es Ihnen partout nicht gelingt, sie wieder anzuzeigen, weil sich der Mauszeiger hartnäckig weigert, die dafür erforderliche Form anzunehmen, so verzweifeln Sie nicht! Markieren Sie einfach die Spalten oder Zeilen, zwischen denen sich die Spalte bzw.

Zeile versteckt hält (also z. B. die Zeilen 8 und 10, wenn die Zeile 9 wieder angezeigt werden soll), und wählen Sie dann im Kontextmenü den Befehl EINBLENDEN. So einfach kann's auch gehen!

Das ist aber schriftartig!

Wenn Sie ein neues Tabellenblatt erstellen, weist Excel allen Zelleinträgen dieselbe Schriftart und -größe zu, allerdings kann sie je nach Druckertyp variieren. Für Laserdrucker wie den HP LaserJet oder den Apple LaserWriter verwendet Excel Arial in der Schriftgröße 10 Punkt. Obwohl sich diese Schriftart für normale Einträge gut eignet, wollen Sie vielleicht doch etwas Aufregenderes für die Überschriften des Tabellenblatts.

 Wenn Ihnen die Standardschriftart, die Excel verwendet, nicht sonderlich gefällt, können Sie diese selbstverständlich ändern. Wählen Sie hierzu den Befehl OPTIONEN im Menü EXTRAS und klicken Sie im Dialogfeld OPTIONEN auf das Register ALLGEMEIN. Im unteren Teil des Dialogfelds sehen Sie das Dropdown-Listenfeld STANDARDSCHRIFTART, in dem Sie sich eine andere Schriftart aussuchen können, die Sie als Standard für alle Ihre Arbeitsmappen verwenden möchten. Falls es auch eine andere Schriftgröße sein soll, dann wählen Sie gleich noch im Dropdown-Listenfeld SCHRIFTGRAD die neue Schriftgröße aus oder geben sie direkt in das Textfeld ein.

Mit den Schaltflächen in der Format-Symbolleiste können Sie die meisten der Schriftartänderungen vornehmen sowie eine neue Schriftart und -größe wählen, ohne den Befehl ZELLEN FORMATIEREN im Kontextmenü für Zellen oder den Befehl ZELLEN im Menü FORMAT aufrufen zu müssen.

✔ Um eine neue Schriftart für einen Zellbereich zu wählen, klappen Sie in der Format-Symbolleiste das Dropdown-Listenfeld für die Schriftart auf und wählen die gewünschte Schriftart in der Liste aus.

✔ Wenn Sie die Schriftgröße ändern möchten, klappen Sie in der Format-Symbolleiste das Dropdown-Listenfeld für den Schriftgrad auf und wählen dort die neue Schriftgröße aus.

Sie können den von Ihnen verwendeten Schriftarten auch verschiedene Stilarten, z. B. Fett, Kursiv, Unterstrichen oder Durchgestrichen, zuweisen. In der Format-Symbolleiste sind die Schaltflächen für Fett, für Kursiv und für Unterstrichen enthalten. Und vergessen Sie nicht: Diese Schaltflächen werden nicht nur verwendet, um diese Stilarten einer Zellauswahl zuzuweisen, sondern auch, um sie wieder zu entfernen. Wenn Sie auf eine dieser Schaltflächen zeigen, bzw. wenn Sie den Zellcursor in einer formatierten Zelle positionieren, ändert sich die Darstellung der jeweiligen Schaltfläche in der Format-Symbolleiste, d. h., sie wird in einem Orangeton angezeigt. Klicken Sie auf so eine »veränderte« Schaltfläche, dann wechselt sie wieder zurück zu ihrer ursprünglichen Form und die Formatierung ist aufgehoben.

Auch wenn Sie die meisten Änderungen der Schriftart und des Schriftstils über die Schaltflächen der Symbolleiste steuern, wird es vielleicht einmal den einen oder anderen Fall geben, in dem Sie lieber auf die Registerkarte SCHRIFT im Dialogfeld ZELLEN FORMATIEREN zurückgreifen wollen (öffnet sich mit $\boxed{\text{Strg}}$ + $\boxed{1}$).

In Abbildung 3.15 sehen Sie dieses Dialogfeld mit der Registerkarte SCHRIFT, auf der Sie aus verschiedenen Schriftarten, Schriftgrößen, Schriftstilarten (z. B. Fett- oder Kursivdruck), Effekten (z. B. Durchgestrichen oder Hochgestellt) und Farben auswählen können. Wenn Sie bei einem Zellbereich sehr viele Änderungen bei der Schrift vornehmen möchten, eignet sich die Registerkarte SCHRIFT hierzu am besten. Besonders vorteilhaft beim Arbeiten mit diesem Dialogfeld ist vor allem, dass es ein Vorschaufeld enthält, in dem Sie sehen können, wie sich die vorgenommenen Änderungen (zumindest auf dem Bildschirm) auswirken.

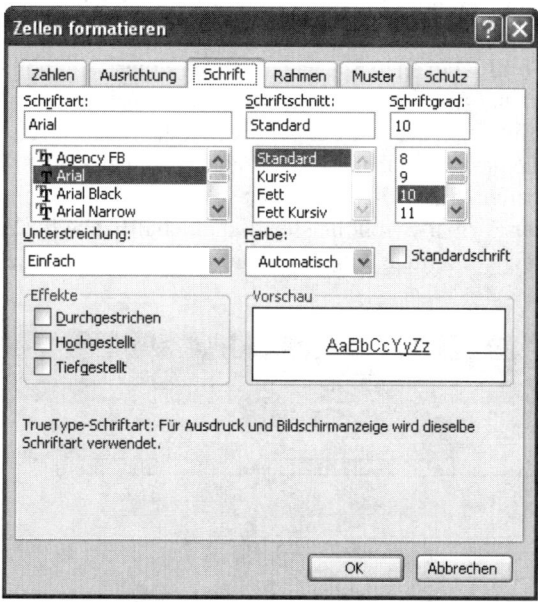

Abbildung 3.15: Im Dialogfeld ZELLEN FORMATIEREN können Sie auf der Registerkarte SCHRIFT jede Menge Änderungen für die Schrift in einem Aufwasch ausführen.

Wenn Sie die Farbe der Schrift ändern (entweder auf der Registerkarte SCHRIFT im Dialogfeld ZELLEN FORMATIEREN oder mit der Schaltfläche für Schriftfarbe in der Format-Symbolleiste), das Tabellenblatt dann aber in Schwarzweiß drucken, werden die Farben in Grauabstufungen gedruckt. Das Dropdown-Listenfeld FARBE enthält neben einer Farbpalette auch den Eintrag AUTOMATISCH; mit dieser Option wählen Sie die Farbe, die Sie in Windows als Fenstertextfarbe definiert haben. Die Windows-Standardeinstellung für die Fenstertextfarbe ist Schwarz, es sei denn, Sie haben über die Windows-Systemsteuerung eine andere Farbe für die Anzeige eingestellt. (Falls Sie gerne mehr zu diesem Thema erfahren möchten, dann sollten Sie zu *Windows XP für Dummies* von Andy Rathbone greifen! – Ist natürlich auch im Wiley-VCH Verlag erschienen.)

Alles in Reih und Glied bringen

Ich habe Ihnen bereits erzählt, dass die Ausrichtung eines Zelleintrags lediglich durch die Art des Eintrags gesteuert wird: Alle Texteingaben werden linksbündig ausgerichtet, alle Zahlen rechtsbündig. Sie können diese Standardeinstellungen jedoch ändern, wann immer es Ihnen einfällt.

Die Format-Symbolleiste enthält drei Schaltflächen für das Ausrichten von Zellinhalten: die Schaltflächen für Linksbündig, für Zentriert und für Rechtsbündig. Direkt neben der Schaltfläche für Rechtsbündig befindet sich die Schaltfläche für Verbinden und zentrieren.

Trotz des langen Namens werden Sie diese Schaltfläche kennen lernen wollen, da sie Ihnen in Sekundenschnelle eine Tabellenblattüberschrift über die gesamte Tabellenbreite zentriert. In den Abbildungen 3.16 und 3.17 sehen Sie, wie das funktioniert. In Abbildung 3.16 ist die Überschrift für das Tabellenblatt mit den Umsätzen für 2004 in Zelle A1 eingegeben worden. Da es sich um einen langen Eintrag handelt, fließt der Text in die rechts angrenzende Zelle (B1). Um die Überschrift über die gesamte Tabellenbreite (also von Spalte A bis E) zu zentrieren, markieren Sie den Zellbereich A1:E1 (die Breite der Tabelle), wie in Abbildung 3.16 dargestellt, und klicken dann in der Format-Symbolleiste auf die Schaltfläche für Verbinden und zentrieren. Abbildung 3.17 zeigt Ihnen das Ergebnis: Die Überschrift steht jetzt ganz genau in der Mitte über der Tabelle.

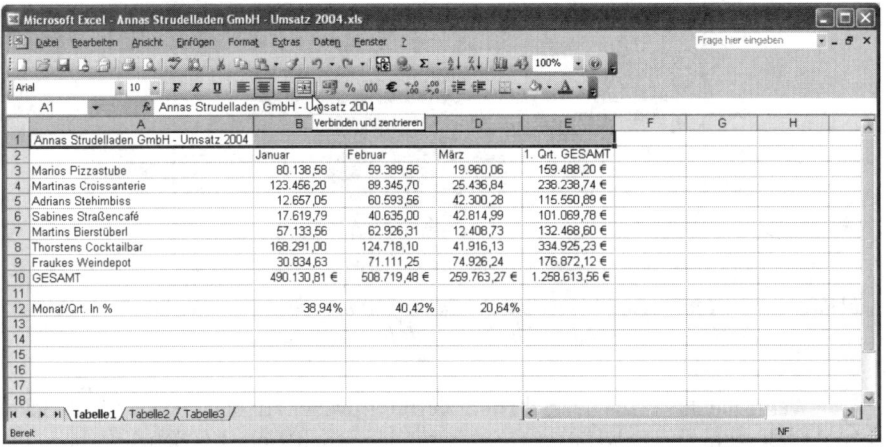

Abbildung 3.16: Erst einmal die Zellen der Spalten markieren, über denen die Überschrift zentriert werden soll.

Wenn Sie mal einen superlangen Zelleintrag, den Sie mit der Schaltfläche für Verbinden und zentrieren ausgerichtet haben, wieder in seinen ursprünglichen Zustand zurückversetzen wollen, dann markieren Sie dazu die Zelle, öffnen das Dialogfeld ZELLEN FORMATIEREN (Strg+1), klicken auf das Register AUSRICHTUNG und deaktivieren dort das Kontrollkästchen ZELLEN VERBINDEN. Klicken Sie dann auf OK oder drücken Sie ↵.

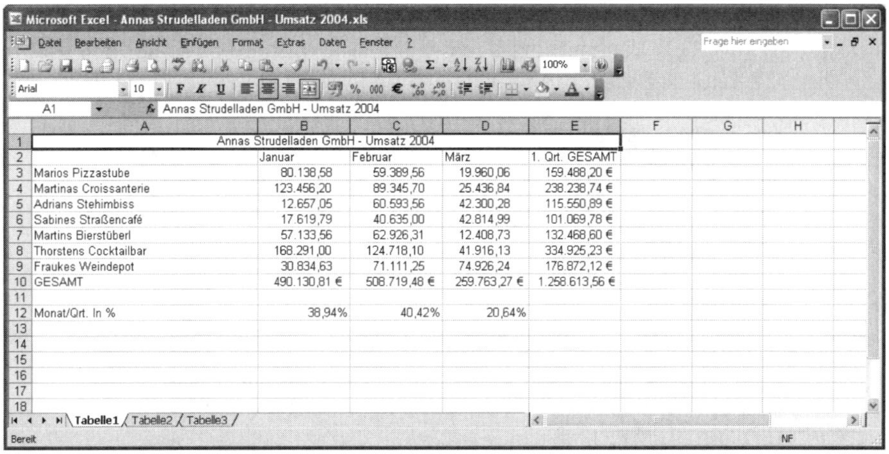

	A	B	C	D	E
1	Annas Strudelladen GmbH - Umsatz 2004				
2		Januar	Februar	März	1. Qrt. GESAMT
3	Marios Pizzastube	80.138,58	59.389,56	19.960,06	159.488,20 €
4	Martinas Croissanterie	123.456,20	89.345,70	25.436,84	238.238,74 €
5	Adrians Stehimbiss	12.657,05	60.593,56	42.300,28	115.550,89 €
6	Sabines Straßencafé	17.619,79	40.635,00	42.814,99	101.069,78 €
7	Martins Bierstüberl	57.133,56	62.926,31	12.408,73	132.468,60 €
8	Thorstens Cocktailbar	168.291,00	124.718,10	41.916,13	334.925,23 €
9	Fraukes Weindepot	30.834,63	71.111,25	74.926,24	176.872,12 €
10	GESAMT	490.130,81 €	508.719,48 €	259.763,27 €	1.258.613,56 €
11					
12	Monat/Qrt. In %	38,94%	40,42%	20,64%	

Abbildung 3.17: So sieht's aus, wenn die Überschrift über den Spalten A bis E zentriert ist.

Die Sache mit dem Einzug

In Excel lässt sich auch der Einzug von Einträgen in einem Zellbereich ändern, indem Sie in der Format-Symbolleiste auf die Schaltfläche für Einzug vergrößern klicken. (Wenn Sie wissen wollen, wie sie genau aussieht, schlagen Sie in Tabelle 1.2 nach.) Jedes Mal, wenn Sie auf diese Schaltfläche klicken, wird die aktuelle Zellauswahl um eine Standardzeichenbreite nach rechts eingerückt. (Wenn Sie sich jetzt nichts unter Standardschriftart vorstellen können, dann blättern Sie noch mal zurück zum Abschnitt »Das ist aber schriftartig!«.)

Wenn Ihnen das mit dem Einzug doch nicht so gefällt, dann entfernen Sie das Ganze wieder, indem Sie auf die Gegenschaltfläche – nämlich die Schaltfläche für Einzug verkleinern – klicken. Aber das ist noch nicht alles! Sie können auch die Anzahl Zeichen festlegen, um die ein Einzug verkleinert bzw. vergrößert werden soll. Öffnen Sie dazu das Dialogfeld ZELLEN FORMATIEREN, klicken Sie auf das Register AUSRICHTUNG und ändern Sie dort im Textfeld EINZUG den eingestellten Wert, indem Sie einen neuen Wert in dieses Feld entweder über die Tastatur oder mithilfe der Drehfelder eingeben.

Ausrichten in der Vertikalen

Die Befehle für linksbündige, rechtsbündige und zentrierte Ausrichtung beziehen sich alle auf das Ausrichten eines Eintrags im Verhältnis zum linken und rechten Zellenrand. In der Vertikalen werden alle Einträge standardmäßig am unteren Zellenrand ausgerichtet. Das können Sie natürlich ändern: Sie können ebenso gut einen Eintrag in der Zelle vertikal zentrieren oder am oberen Zellenrand ausrichten.

Um die vertikale Ausrichtung eines Zellbereichs zu ändern, öffnen Sie das Dialogfeld ZELLEN FORMATIEREN ($\boxed{\text{Strg}}$ + $\boxed{1}$). Wählen Sie das Register AUSRICHTUNG (Abbildung 3.18) und wählen Sie dann OBEN, ZENTRIEREN, UNTEN, BLOCKSATZ oder VERTEILT im Dropdown-Listenfeld VERTIKAL.

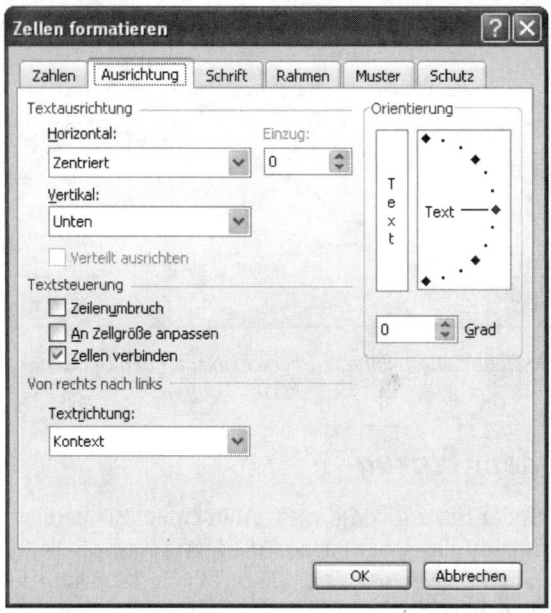

Abbildung 3.18: Die vertikale Ausrichtung eines Zelleintrags ändern Sie mithilfe der Registerkarte AUSRICHTUNG im Dialogfeld ZELLEN FORMATIEREN.

Abbildung 3.19 zeigt die Überschrift für die Tabelle mit den Umsatzzahlen für 2004, nachdem diese vertikal in der Zelle zentriert wurde. (Zuvor wurde dieser Texteintrag über dem Zellbereich A1:E1 zentriert; die Höhe der Zeile 1 wurde von standardmäßig 12,75 Zeichen auf 33,75 Zeichen erhöht. Sie erinnern sich an den Abschnitt »Das ist doch die Zeilenhöhe!« weiter vorne in diesem Kapitel?)

Alles im Umbruch!

Die Spaltenüberschriften im Tabellenblatt sind schon immer ein Problem gewesen, da man sie entweder knapp formulieren oder abkürzen musste, um die Spalte nicht unnötig breit werden zu lassen. Mit Excel können Sie dieses Problem ganz einfach lösen und zwar, indem Sie mit der Funktion ZEILENUMBRUCH arbeiten. In Abbildung 3.20 sehen Sie ein neues Tabellenblatt, in dem die Spaltenüberschriften mit den Namen der zu Annas Strudelladen GmbH gehörenden Unternehmen umbrochen wurden, um die Spalten nicht breiter machen zu müssen, als für die Länge der Firmennamen unbedingt erforderlich ist.

Um den in Abbildung 3.20 gezeigten Effekt zu erzielen, markieren Sie die Zellen mit den Spaltenüberschriften (also B2:H2) und klicken dann auf das Kontrollkästchen ZEILENUMBRUCH auf der Registerkarte AUSRICHTUNG im Dialogfeld ZELLEN FORMATIEREN. (Abbildung 3.18 zeigt dieses Kontrollkästchen.)

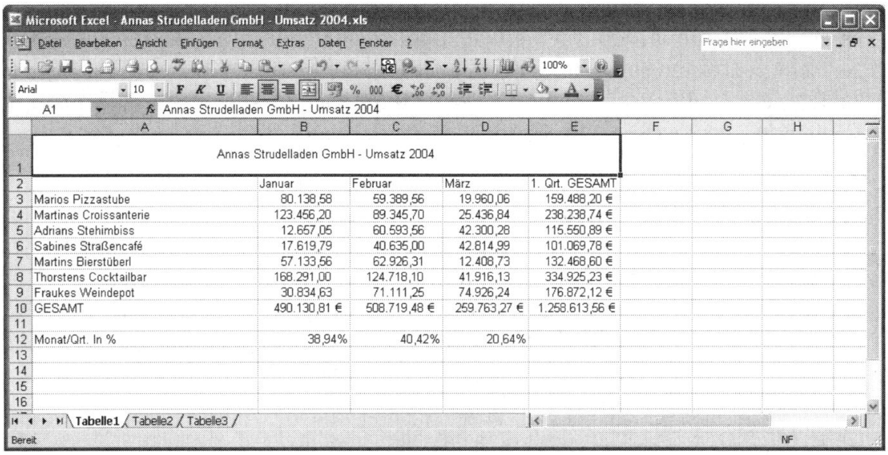

	A	B	C	D	E
1	Annas Strudelladen GmbH - Umsatz 2004				
2		Januar	Februar	März	1. Qrt. GESAMT
3	Marios Pizzastube	80.138,58	59.389,56	19.960,06	159.488,20 €
4	Martinas Croissanterie	123.456,20	89.345,70	25.436,84	238.238,74 €
5	Adrians Stehimbiss	12.657,05	60.593,56	42.300,28	115.550,89 €
6	Sabines Straßencafé	17.619,79	40.635,00	42.814,99	101.069,78 €
7	Martins Bierstüberl	57.133,56	62.926,31	12.408,73	132.468,60 €
8	Thorstens Cocktailbar	168.291,00	124.718,10	41.916,13	334.925,23 €
9	Fraukes Weindepot	30.834,63	71.111,25	74.926,24	176.872,12 €
10	GESAMT	490.130,81 €	508.719,48 €	259.763,27 €	1.258.613,56 €
11					
12	Monat/Qrt. In %	38,94%	40,42%	20,64%	

Abbildung 3.19: Die Tabellenüberschrift wurde in Zeile 1 vertikal zentriert.

Wenn das Kontrollkästchen ZEILENUMBRUCH aktiviert ist, werden lange Einträge (die entweder in benachbarte leere Zellen »überschwappen« oder abgeschnitten werden) in den markierten Zellen umbrochen. Um mehr als eine Textzeile in einer Zelle unterzubringen, ändert das Programm automatisch die Zeilenhöhe, damit der gesamte umbrochene Text angezeigt werden kann.

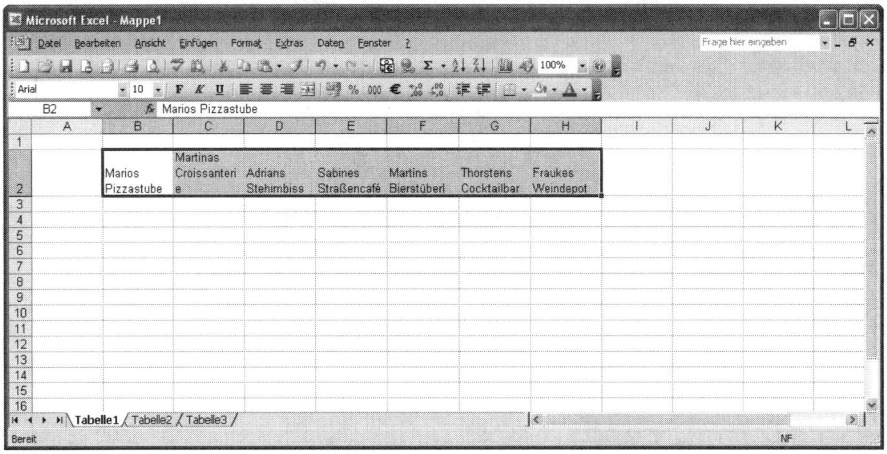

	A	B	C	D	E	F	G	H
1								
2		Marios Pizzastube	Martinas Croissanterie	Adrians Stehimbiss	Sabines Straßencafé	Martins Bierstüberl	Thorstens Cocktailbar	Fraukes Weindepot

Abbildung 3.20: Ein neues Tabellenblatt, dessen Spaltenüberschriften umbrochen wurden

Wenn Sie das Kontrollkästchen ZEILENUMBRUCH aktivieren, verwendet Excel weiterhin die horizontale und vertikale Ausrichtung, die Sie zuvor für die Zelle festgelegt haben. Noch ein Hinweis sei gestattet: Sie können die Einträge im Listenfeld HORIZONTAL relativ bedenkenlos verwenden. Bei der Option AUSFÜLLEN ist jedoch Vorsicht geboten. Wählen Sie diese Option nur, wenn Sie einen Eintrag über die gesamte Breite der Zelle wiederholen wollen.

Wenn Sie einen Zeilenumbruch in einem Texteintrag durchführen möchten und Excel den Text in der Zelle zentrieren soll, markieren Sie die Zelle und wählen in einem der Listenfelder die Option BLOCKSATZ (gibt es sowohl für die vertikale als auch für die horizontale Ausrichtung) auf der Registerkarte AUSRICHTUNG im Dialogfeld ZELLEN FORMATIEREN.

Sie können in einem langen Texteintrag einen Zeilenumbruch durchführen, indem Sie die Einfügemarke in der Zelle (Sie müssen dazu auf die Zelle doppelklicken) oder in der Bearbeitungsleiste an der Stelle positionieren, an der der Text umbrochen werden soll, und anschließend [Alt]+[↵] drücken. Excel weitet daraufhin die Zelle bzw. die Bearbeitungsleiste aus und fängt eine neue Textzeile an. Wenn Sie [↵] drücken, um den Text in die Zelle zu übergeben, führt Excel automatisch einen Zeilenumbruch an der gewünschten Stelle entsprechend der jeweiligen Spaltenbreite durch.

Richtungsänderungen

Anstatt Texteinträge in Zellen zu umbrechen, finden Sie vielleicht mehr Gefallen daran, die Ausrichtung des Texts zu ändern. Abbildung 3.21 zeigt einen Fall, bei dem die Änderung der Richtung der Spaltenüberschriften besser aussieht als der Zeilenumbruch. (Über Geschmack lässt sich zwar bekanntlich streiten, aber mal ehrlich, ganz objektiv betrachtet sind Sie doch auch meiner Ansicht.)

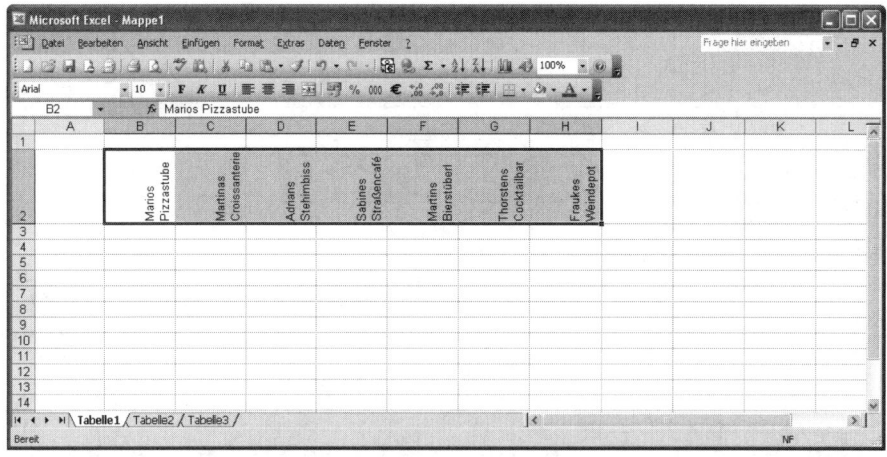

Abbildung 3.21: Das Tabellenblatt mit hochkant verlaufenden Spaltenüberschriften

Ich habe als Beispiel hierzu das Tabellenblatt aus Abbildung 3.20 gewählt und die Ausrichtung der Spaltenüberschriften für die verschiedenen Unternehmen von Annas Strudelladen GmbH geändert.

Um die Richtung des Texts zu ändern, markieren Sie zunächst einmal den Zellbereich (B2:H2), öffnen dann das Register AUSRICHTUNG im Dialogfeld ZELLEN FORMATIEREN ($\boxed{\text{Strg}}$ + $\boxed{1}$) und klicken dort im Gruppenfeld ORIENTIERUNG ganz oben auf die kleine schwarze Raute. (Wenn Sie sich das Ganze als Uhr vorstellen, dann klicken Sie auf 12 Uhr.) Das Wort `Text` zeigt jetzt nach oben, da Sie es quasi um 90° gegen den Uhrzeigersinn gedreht haben. Überprüfen Sie das Ganze mit einem entschlossenen Blick auf das darunter liegende Textfeld GRAD, in dem jetzt die Zahl 90 angezeigt werden sollte.

Sie können die Einträge in der Zellauswahl auch drehen, indem Sie die jeweilige Gradzahl manuell in das Textfeld GRAD eingeben oder die Drehfelder verwenden. Das Kontrollkästchen ZEILENUMBRUCH bleibt aktiviert, um den Text sowohl auf den Kopf zu stellen als auch zu umbrechen. Auf diese Weise wird verhindert, dass zu lange, schmale Spalten entstehen. Sollten Ihnen die Zeilenumbrüche missfallen, passen Sie einfach die Zeilenhöhe etwas an. Na? Sieht schon besser aus, nicht wahr? (Habe ich in Abbildung 3.21 übrigens auch gemacht!) Ganz Penible ändern jetzt natürlich auch noch die Spaltenbreite. Wenn alles wie gewünscht ist, drücken Sie $\boxed{\leftarrow}$ oder klicken Sie auf OK.

Ich habe noch ein bisschen mit der Orientierungsoption im Register AUSRICHTUNG gespielt und die Spaltenüberschriften um nur 45 Grad zu ihrer horizontalen Ausrichtung gedreht. Wie ich das gemacht habe? Nun, ich habe wieder auf die kleine schwarze Raute geklickt und zwar dieses Mal zwischen 12 und 3 Uhr. Ich hätte natürlich auch die Zahl 45 in das Textfeld GRAD eingeben können. Das wäre auf dasselbe rausgekommen!

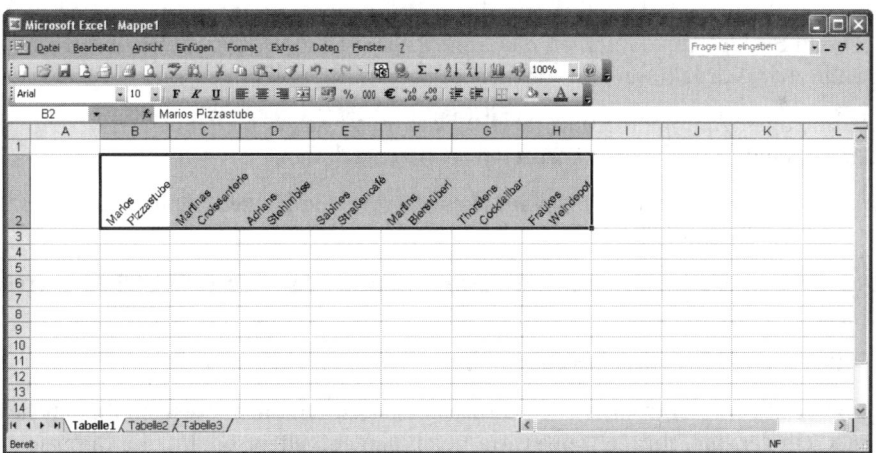

Abbildung 3.22: Das Tabellenblatt mit um 45 Grad geneigten Spaltenüberschriften

Sie können in das Textfeld GRAD jede beliebige Zahl zwischen -90 und 90 Grad für die Ausrichtung des Texts eingeben oder auf die entsprechende Stelle im dargestellten Halbkreis klicken. Eine weitere Möglichkeit ist, die Linie, die im Halbkreis vor dem Wort Text angezeigt wird, auf den gewünschten Winkel zu ziehen. Wenn der Text vertikal so ausgerichtet werden soll, dass die einzelnen Buchstaben in einer Spalte übereinander stehen, dann klicken Sie im Gruppenfeld ORIENTIERUNG auf das Wort Text, bei dem die Buchstaben in dieser Weise ausgerichtet sind.

Raum ist in der kleinsten Zelle

Wenn Sie mal nicht möchten, dass Excel die Spaltenbreite an die Zelleinträge anpasst, weil sich das im Ausdruck nicht immer so gut macht, dann können Sie das Kontrollkästchen AN ZELLGRÖSSE ANPASSEN auf der Registerkarte AUSRICHTUNG im Dialogfeld ZELLEN FORMATIEREN aktivieren. Mit dieser Option wird die Schriftgröße der Einträge im Zellbereich so verkleinert, dass sie genau in die vorgegebene Spaltenbreite passen. Allerdings kann diese Option je nach Länge der Einträge und Breite der Spalten den Text so verkleinern, dass Sie ihn kaum noch mit der Lupe erkennen können! Außerdem lassen sich die Optionen ZEILENUMBRUCH und AN ZELLGRÖSSE ANPASSEN nicht gleichzeitig aktivieren. Eine von beiden ist dann stets abgeblendet!

Auf den äußeren Rahmen kommt es an

Die Gitternetzlinien, die im Tabellenblatt angezeigt werden, sollen Ihnen bei der Arbeit als Orientierungshilfe dienen. Sie können sie zusammen mit Ihren Daten ausdrucken, Sie müssen aber nicht. Um Bereiche des Tabellenblatts oder Teile einer Tabelle besonders hervorzuheben, können Sie bestimmte Zellen mit einem Rahmen oder mit einem Schatten versehen. Verwechseln Sie also einen *Rahmen* nicht mit einer *Gitternetzlinie*, da von Ihnen eingefügte Rahmen immer gedruckt werden – ob mit oder ohne Gitternetzlinien.

Um die hinzugefügten Rahmen im Tabellenblatt besser sehen zu können, entfernen Sie die standardmäßig im Tabellenblatt angezeigten Gitternetzlinien.

1. Wählen Sie den Befehl OPTIONEN im Menü EXTRAS und klicken Sie im Dialogfeld OPTIONEN auf das Register ANSICHT.

2. Deaktivieren Sie im Gruppenfeld FENSTEROPTIONEN das Kontrollkästchen GITTERNETZLINIEN.

3. Wählen Sie OK oder drücken Sie ⏎ .

Mit dem Kontrollkästchen GITTERNETZLINIEN legen Sie nur fest, ob Ihr Tabellenblatt in der Bildschirmanzeige Gitternetzlinien enthalten soll. Um die Gitternetzlinien auch für den Ausdruck Ihres Tabellenblatts zu entfernen, wählen Sie den Befehl SEITE EINRICHTEN im Menü DATEI, klicken im angezeigten Dialogfeld auf das Register TABELLE und deaktivieren im Gruppenfeld DRUCKEN das Kontrollkästchen GITTERNETZLINIEN.

Um einen Zellbereich mit einem Rahmen zu versehen, öffnen Sie das Dialogfeld ZELLEN FORMA-TIEREN (immer noch am schnellsten mit $\boxed{\text{Strg}}$+$\boxed{1}$) und klicken dann auf das Register RAH-MEN (Abbildung 3.23). Wählen Sie im Gruppenfeld LINIEN die gewünschte Linienart und dann im Gruppenfeld RAHMEN die Zellenränder, die mit dieser Linie versehen werden sollen.

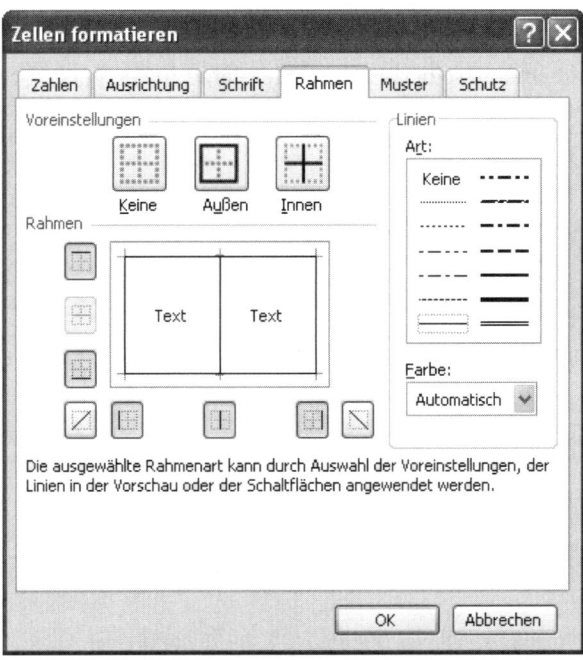

Abbildung 3.23: Auf der Registerkarte RAHMEN im Dialogfeld ZELLEN FORMATIEREN geben Sie Ihren Zellen den entsprechenden Rahmen.

Bedenken Sie Folgendes, bevor Sie sich für einen Rahmen entscheiden:

✔ Um die markierten Zellen vollständig mit einem Rahmen zu versehen, aktivieren Sie auf der Registerkarte RAHMEN im Gruppenfeld VOREINSTELLUNGEN die Schaltfläche AUSSEN.

✔ Wenn nur die Ränder der einzelnen Zellen innerhalb eines Zellbereichs mit Linien verse-hen werden sollen, aktivieren Sie im Gruppenfeld VOREINSTELLUNGEN die Schaltfläche INNEN.

 Wenn Sie eine einzelne Zelle oder die äußeren Kanten eines Zellbereichs mit ei-nem Rahmen versehen möchten, können Sie dies auch ohne die Registerkarte RAHMEN tun. Markieren Sie einfach die Zelle oder den Zellbereich und klicken Sie dann auf den Pfeil neben der Schaltfläche für Rahmen in der Format-Symbol-leiste, hinter dem sich eine Palette verbirgt, aus der Sie einen Rahmenlinientyp für den Zellbereich bzw. die Zelle auswählen können.

Um die Rahmen wieder zu entfernen, müssen Sie die Zellen markieren, die mit einem Rah-men bzw. mit Linien versehen sind, das Dialogfeld ZELLEN FORMATIEREN öffnen, auf das Register

RAHMEN und dann im Gruppenfeld VOREINSTELLUNGEN auf die Schaltfläche KEINE klicken. Wenn Sie lieber mit der Schaltfläche für Rahmen in der Format-Symbolleiste arbeiten, dann klicken Sie in der angezeigten Palette auf die erste Schaltfläche (die, die nur gepunktete Linien außen und innen hat).

In Excel 2003 können Sie auch zu Rahmen kommen, ohne sich mit den Optionen auf der Registerkarte RAHMEN im Dialogfeld ZELLEN FORMATIEREN herumschlagen zu müssen. Zeichnen Sie sich Ihre Rahmen einfach selber! Klicken Sie hierzu in der Format-Symbolleiste auf den nach unten zeigenden Pfeil neben der Schaltfläche für Rahmen und wählen Sie die Option RAHMENLINIEN ZEICHNEN. Ehe Sie sich versehen, wird eine neue Symbolleiste – Rahmenlinien – angezeigt (Abbildung 3.24).

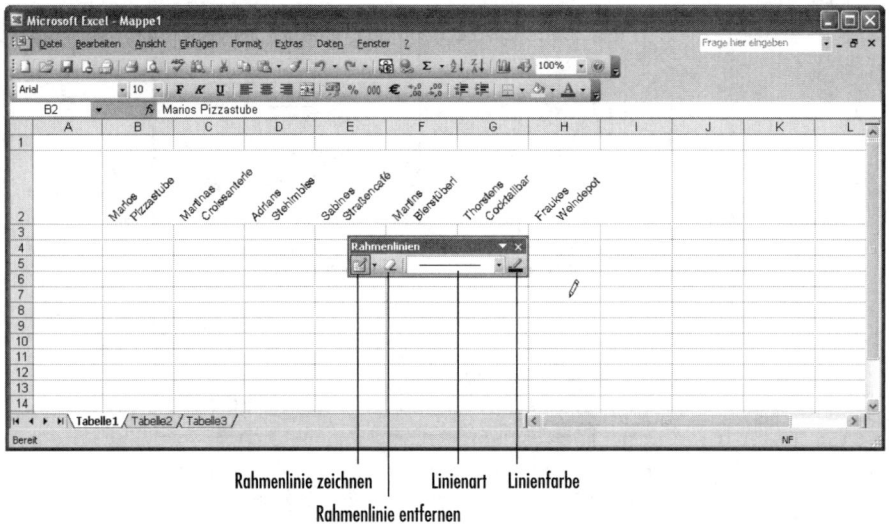

Rahmenlinie zeichnen   Linienart   Linienfarbe

Rahmenlinie entfernen

Abbildung 3.24: Verwenden Sie das Bleistift-Werkzeug aus der Rahmenlinien-Symbolleiste, um Rahmen um die gewünschten Zellen im Tabellenblatt zu zeichnen.

Wenn Sie die Rahmenlinien-Symbolleiste zum ersten Mal öffnen, ist das Bleistift-Werkzeug standardmäßig aktiviert und Sie können es sofort einsetzen, um einen Rahmen um einen ausgewählten Zellbereich zu zeichnen. Wenn Sie Rahmen um jede einzelne Zelle im Zellbereich ziehen wollen, klicken Sie auf den nach unten zeigenden Pfeil neben der Schaltfläche für Rahmenlinie zeichnen und wählen dann die Option RAHMENRASTER ZEICHNEN, bevor Sie mit dem Bleistift-Zeiger über den Zellbereich ziehen.

Um die Linienart bzw. -stärke des Rahmens zu ändern, klicken Sie auf den nach unten zeigenden Pfeil neben der Schaltfläche für Linienart und wählen dann den gewünschten Linientyp aus. Wenn es auch noch etwas Farbe sein soll, dann klicken Sie auf die Schaltfläche für Linienfarbe und wählen dann aus der Popup-Palette eine Farbe aus.

Der Zauber der frei schwebenden Rahmen-Palette

Wie bei der Schaltfläche für Füllfarbe und der Schaltfläche für Schriftfarbe lässt sich die Rahmen-Palette aus der Format-Symbolleiste ziehen. Klicken Sie hierzu mit der Maustaste auf die Punkte am oberen Rand der geöffneten Palette und ziehen Sie sie dann an die gewünschte Stelle am Bildschirm. (Der Mauszeiger wird zum Vierfachpfeil.) Auf diese Weise bleibt die Palette während Ihrer Arbeit ständig geöffnet und damit jederzeit griffbereit. Wenn Sie die Palette wieder schließen wollen, brauchen Sie nur auf die Schaltfläche für Schließen in der rechten oberen Ecke des kleinen Fensters zu klicken, und schwupp ist sie auf und davon. Sie brauchen eine frei schwebende Palette also nicht wieder zurück in die Format-Symbolleiste zu ziehen, weil die Schaltflächen für Rahmen, für Füllfarbe und für Schriftfarbe in der Format-Symbolleiste verbleiben, auch wenn Sie daraus eine frei schwebende Palette gemacht haben.

Sie können Rahmen, die Sie in Ihr Tabellenblatt gezeichnet haben, auch wieder entfernen. Klicken Sie hierzu auf die Schaltfläche für Rahmenlinie entfernen und ziehen Sie dann mit dem Radiergummi-Zeiger über den mit Rahmenlinien versehenen Zellbereich. Sie können Rahmen auch mit dem Bleistift-Werkzeug entfernen, wenn Sie KEIN RAHMEN aus den Optionen der Schaltfläche für Linienart (klicken Sie auf den nach unten zeigenden Pfeil) wählen und die Schaltfläche für Rahmenlinie zeichnen aktivieren.

Mustern Sie mal Ihre Zelle!

Sie können bestimmte Bereiche des Tabellenblatts hervorheben, indem Sie die Farbe und/oder das Muster der Zellen ändern. Wenn Sie mit einem Schwarzweißdrucker arbeiten, sollten Sie sich bei der Farbauswahl in der Farbpalette vielleicht auf Grautöne beschränken. Bei der Verschönerung von Zellbereichen, die Daten enthalten, sollten Sie bei der Wahl eines Musters vorsichtig sein und eher ein schlichtes mit wenigen Punkten wählen. (Unter Umständen ist sonst der Inhalt der Zellen im Ausdruck nicht mehr lesbar.)

Um eine andere Farbe und/oder ein anderes Muster für einen Teil des Tabellenblatts auszuwählen, markieren Sie die Zellen, die Sie etwas aufpolieren möchten, öffnen mit $\boxed{\text{Strg}}$+$\boxed{1}$ das Dialogfeld ZELLEN FORMATIEREN und klicken dann auf das Register MUSTER (Abbildung 3.25). Wenn Sie die Farbe der Zellen ändern möchten, klicken Sie im Gruppenfeld ZELLENSCHATTIERUNG in der Farbpalette auf die gewünschte Farbe. Soll das Muster der Zellen geändert werden, klicken Sie auf den Pfeil des Dropdown-Listenfelds MUSTER, um eine erweiterte Palette anzuzeigen, die eine Reihe Schwarzweißmuster enthält. Klicken Sie auf ein Muster, das Ihnen gefällt. Excel zeigt im Beispielfeld, wie Ihre Kreation aussehen würde.

Um ein Muster wieder zu entfernen, markieren Sie den entsprechenden Zellbereich, öffnen das Dialogfeld ZELLEN FORMATIEREN und klicken auf das Register MUSTER. Wählen Sie dann ganz oben in der Farbpalette die Option KEINE FARBE.

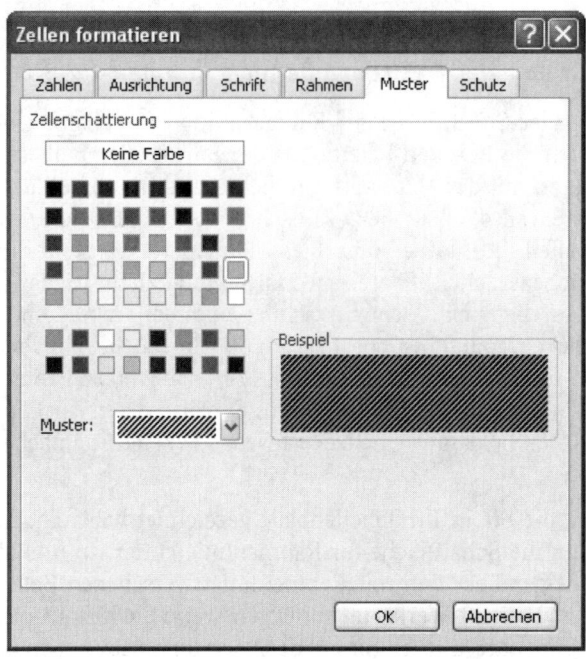

Abbildung 3.25: Auf der Registerkarte MUSTER können Sie Farben und Muster für Ihre Zellen auswählen.

Sie können Zellbereichen auch andere Farben (jedoch keine Muster) mit der Schaltfläche für Füllfarbe in der Format-Symbolleiste zuweisen. Sie brauchen hierzu nur die Zellen zu markieren, die einen neuen Anstrich benötigen, und dann die Palette zu dieser Schaltfläche aufzuklappen. Wählen Sie die Farbe in der angezeigten Palette aus, nach der Ihnen heute gerade ist. (Denken Sie auch ab und zu mal daran, dass die Farbpalette zu denen gehört, die man aus der Format-Symbolleiste ziehen und geöffnet auf dem Bildschirm schweben lassen kann.)

Sie können mit dieser Schaltfläche Zellbereichen zwar keine anderen Muster zuweisen, dafür aber Muster und Farbe auf einen Schlag aus markierten Zellen entfernen: Klicken Sie auf die Schaltfläche für Füllfarbe und wählen Sie in der angezeigten Farbpalette die Option KEINE FÜLLUNG.

Wenn Sie den Text in einem Zellbereich farblich passend zum Hintergrund gestalten möchten, können Sie die Textfarbe mithilfe der Schaltfläche für Schriftfarbe schnell ändern. Klicken Sie in der Format-Symbolleiste auf diese Schaltfläche, um die Farbe für den Text zu ändern, und auf die Schaltfläche für Füllfarbe, um die Hintergrundfarbe zu ändern. Falls der Text dann irgendwann mal wieder wie üblich schwarz werden soll, brauchen Sie nur die Zellen zu markieren und in der Schriftfarben-Palette die Option AUTOMATISCH zu wählen.

Hiermit übertrage ich dir mein Format!

Ab und zu werden Sie sicherlich in die Situation kommen, dass Sie ein bestimmtes Zellformat noch einmal für einen bestimmten Zellbereich in einer Arbeitsmappe verwenden wollen, ohne dafür extra eine Formatvorlage zu erstellen.

Auch in den Fällen, in denen Sie mal eben schnell das Format einer ganz bestimmten Zelle auf eine andere übertragen wollen, arbeiten Sie am besten mit der Schaltfläche für Format übertragen in der Standard-Symbolleiste (die mit dem Pinsel). Mit dieser wunderbaren Schaltfläche können Sie das Format einer Zelle, die Sie vielleicht ganz besonders nett formatiert haben, auf andere Zellen im Tabellenblatt übertragen.

Um nun mit der Schaltfläche für Format übertragen ein Zellformat in andere Zellen des Tabellenblatts zu kopieren, brauchen Sie nur die folgenden drei Schritte auszuführen:

1. **Formatieren Sie eine Beispielzelle oder einen Beispielzellbereich ganz nach Belieben mit Schriftart, Ausrichtung, Rahmen, Muster oder Farbe.**

2. **Setzen Sie den Zellcursor auf eine dieser schick formatierten Zellen und klicken Sie in der Standard-Symbolleiste auf die Schaltfläche für Format übertragen.**

   Der Mauszeiger ist jetzt ein dickes weißes Kreuz mit einem Pinsel. Die Zelle, deren Format übertragen werden soll, umgibt ein Laufrahmen.

3. **Ziehen Sie mit diesem Mauszeiger über alle Zellen, die mit dem Format der Beispielzelle(n) formatiert werden sollen.**

   Sobald Sie die Maustaste loslassen, wendet Excel alle Formatierungsoptionen der Beispielzelle(n) auf die von Ihnen markierte(n) Zelle(n) an.

Wenn Sie ein bestimmtes Format auf verschiedene Zellbereiche anwenden möchten, kann ich Ihnen einen Trick verraten, wie Sie den Mauszeiger fürs Formatübertragen aktiviert lassen können: *Doppelklicken* Sie einfach auf die Schaltfläche für Format übertragen, nachdem Sie die Zelle mit der zu übertragenden Formatierung markiert haben. (Dass es geklappt hat, sehen Sie daran, dass die Schaltfläche aktiviert bleibt!) Sobald Sie alle gewünschten Zellen mit dem Mauszeiger fürs Formatübertragen formatiert haben, klicken Sie wieder auf die Schaltfläche für Format übertragen, um dem Mauszeiger seine normale Form zurückzugeben.

 Mit der Schaltfläche für Format übertragen können Sie auch einen Zellbereich wieder auf das Standardformat zurücksetzen, falls Sie mal übertrieben und in Ihren Zellen ein heilloses Formatierungsdurcheinander angerichtet haben. Markieren Sie hierzu einfach eine leere, noch unformatierte Zelle im Tabellenblatt, klicken Sie auf die Schaltfläche für Format übertragen und ziehen Sie dann den Mauszeiger fürs Formatübertragen über den Zellbereich, der wieder das Standardformat erhalten soll.

Wie Sie Änderungen durchführen, ohne ein Chaos zu veranstalten

4

In diesem Kapitel

▸ Arbeitsmappen öffnen, die bearbeitet werden sollen

▸ Mit der Rückgängig-Funktion arbeiten, um Fehler auszumerzen

▸ Mit »Ziehen und Ablegen« Einträge innerhalb eines Dokuments verschieben und kopieren

▸ Formeln kopieren

▸ Befehle wie AUSSCHNEIDEN, KOPIEREN und EINFÜGEN verwenden, um Informationen zu verschieben oder zu kopieren

▸ Zellen wieder von ihren Einträgen befreien

▸ Zeilen und Spalten aus einem Tabellenblatt löschen und neue einfügen

▸ Mit der Rechtschreibprüfung Rechtschreibfehler aufspüren

Stellen Sie sich folgende Situation vor: Sie haben gerade ein größeres Projekt mit Excel erstellt, formatiert und gedruckt, z. B. eine Arbeitsmappe mit dem Budget Ihrer Abteilung für das kommende Geschäftsjahr. Da Sie sich mittlerweile schon einigermaßen mit Excel auskennen, sind Sie vor dem eigentlichen Termin fertig geworden.

Sie geben also die Unterlagen weiter, damit Ihre Chefin (oder Ihr Chef) die Zahlen noch mal prüfen kann. Es ist ausreichend Zeit für die unweigerlichen Änderungen auf den letzten Drücker – Sie haben alles im Griff.

Doch dann wird's doch noch ernst: Sie kriegen die Unterlagen zurück, versehen mit einer ellenlangen Notiz: »Sie haben die Zeitarbeitskräfte und die Überstunden vergessen! Die müssen unbedingt noch eingefügt werden. Könnten Sie dann auch noch die gekennzeichneten Zahlenreihen nach oben und die Spalten nach rechts verschieben?«

Ihre Euphorie lässt allmählich nach und Sie werden jetzt doch noch nervös. Sie haben eher so etwas erwartet wie: »Ändern Sie bitte diese Spaltenüberschriften von Fett- in Kursivdruck und gestalten Sie die Zeile mit den Endsummen farbig.« Mit den jetzigen Änderungswünschen ist mehr Aufwand verbunden, als Sie eingeplant haben. Schlimmer noch, Sie müssen gravierende Änderungen vornehmen und der Aufbau Ihres wundervollen Dokuments ist in Gefahr.

Was ich Ihnen mit dieser rührenden Geschichte sagen wollte, ist eigentlich nur, dass die Bearbeitung eines Tabellenblatts in einer Arbeitsmappe auf verschiedenen Ebenen ablaufen kann:

✔ Sie können Änderungen vornehmen, die den Inhalt der Zellen betreffen, z. B. Kopieren einer Zeile mit Spaltenüberschriften oder Verschieben einer Tabelle in einen anderen Bereich des Tabellenblatts.

✔ Sie können Änderungen vornehmen, die die Struktur des Tabellenblatts betreffen, z. B. neue Spalten und Zeilen einfügen (um Daten einzufügen, die vergessen wurden) oder nicht erforderliche Spalten und Zeilen aus einer bestehenden Tabelle löschen, ohne dadurch Lücken entstehen zu lassen.

✔ Sie können sogar die Anzahl der Tabellenblätter in einer Arbeitsmappe ändern, indem Sie Blätter einfügen oder löschen.

In diesem Kapitel erfahren Sie, wie Sie diese Arten von Änderungen problemlos durchführen. Sie werden sehen, dass das Kopieren und Verschieben von Daten oder das Einfügen und Löschen von Zeilen eine ganz einfache Sache ist. Die einzige Schwierigkeit liegt darin, die Reichweite zu erkennen, die derartige Aktionen haben können. Aber lassen Sie sich darüber (noch) keine grauen Haare wachsen! Es bleibt Ihnen immer noch die Notbremse mit dem Befehl RÜCKGÄNGIG – für den Fall, dass Sie durch eine kleine Änderung das gesamte Tabellenblatt auf den Kopf gestellt haben!

Arbeitsmappen, wo seid ihr?

Bevor Sie einer Arbeitsmappe überhaupt irgendwelchen Schaden zufügen können, müssen Sie sie erst einmal öffnen. Klicken Sie also auf die Schaltfläche für Öffnen (die mit dem Bild eines sich öffnenden Dateiordners) in der Standard-Symbolleiste oder wählen Sie den Befehl ÖFFNEN im Menü DATEI bzw. drücken Sie die Tastenkombination ⌜Strg⌟+⌜O⌟ (oder ⌜Strg⌟+ ⌜F12⌟, falls Ihnen die Funktionstasten lieber sind).

Egal, was Sie machen: In jedem Fall wird das Dialogfeld ÖFFNEN angezeigt (Abbildung 4.1). Wählen Sie in der Liste das Dokument aus, das Sie bearbeiten wollen, und klicken Sie anschließend auf die Schaltfläche ÖFFNEN oder drücken Sie ⌜↵⌟, um die Arbeitsmappe zu öffnen. Wenn Sie die Technik mit der Maus souverän beherrschen, können Sie auch auf den Dateinamen der Arbeitsmappe doppelklicken, um die Mappe zu öffnen.

Mehr als eine Arbeitsmappe gleichzeitig öffnen

Wenn Sie wissen, dass Sie mehr als eine Arbeitsmappe bearbeiten wollen, markieren Sie im Dialogfeld ÖFFNEN mehrere Dateinamen gleichzeitig. Excel öffnet dann diese Dateien in der aufgeführten Reihenfolge, sobald Sie ÖFFNEN wählen oder ⌜↵⌟ drücken.

 Falls Sie nicht mehr wissen, wie Sie mehrere Dateinamen gleichzeitig markieren: Stehen die Dateinamen alle hintereinander im Listenfeld, klicken Sie auf den ersten Dateinamen, drücken dann ⌜⇧⌟ und klicken gleichzeitig auf den letzten Dateinamen. Falls die gewünschten Dateinamen kunterbunt durcheinander stehen, halten Sie die ⌜Strg⌟-Taste gedrückt, während Sie auf die einzelnen Dateinamen klicken.

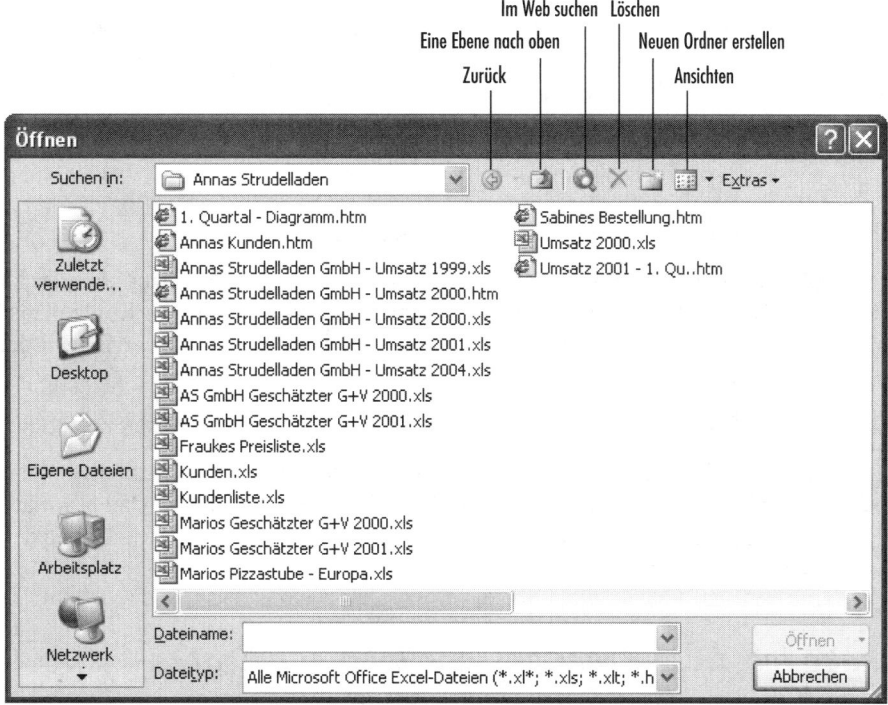

Abbildung 4.1: Das Dialogfeld ÖFFNEN

Wenn alle Dateien geöffnet sind, können Sie zwischen den einzelnen Arbeitsmappen hin- und herschalten, indem Sie deren Dateinamen im Menü FENSTER wählen. (In Kapitel 7 erfahren Sie Näheres zum gleichzeitigen Arbeiten mit mehreren Tabellenblättern und Arbeitsmappen.)

Zuletzt bearbeitete Arbeitsmappen öffnen

Wenn Sie wissen, dass Sie mit der Arbeitsmappe, die Sie öffnen wollen, erst vor kurzem gearbeitet haben, dann können Sie das Dialogfeld ÖFFNEN elegant umgehen. Klicken Sie einfach auf die Verknüpfung zu der Datei im Abschnitt ÖFFNEN im Aufgabenbereich ERSTE SCHRITTE (Strg + F1) oder öffnen Sie das Menü DATEI und wählen Sie dort im unteren Teil des Menüs den Dateinamen aus. (Excel listet die vier Dokumente, die Sie zuletzt geöffnet haben, sowohl im Aufgabenbereich ERSTE SCHRITTE als auch im Menü DATEI auf.) Wenn also die Arbeitsmappe, mit der Sie arbeiten wollen, eine von diesen vieren ist, können Sie sie öffnen, indem Sie mit der Maus auf den entsprechenden Dateinamen im Menü DATEI klicken oder den Dateinamen markieren und dann ↵ bzw. Alt + die entsprechende Zahl (1 , 2 , 3 oder 4) drücken.

Ob Excel mehr oder weniger Dateinamen am Ende des Menüs DATEI oder im Aufgabenbereich ERSTE SCHRITTE anzeigen soll, können Sie individuell festlegen. Wenn Sie wissen wollen, wie das geht, dann lesen Sie weiter:

1. **Wählen Sie im Menü EXTRAS den Befehl OPTIONEN, um das Dialogfeld OPTIONEN zu öffnen.**

2. **Klicken Sie in diesem Dialogfeld auf das Register ALLGEMEIN.**

3. **Geben Sie eine andere Zahl (zwischen 1 und 9) in das Textfeld EINTRÄGE ein oder klicken Sie auf das Drehfeld neben dem Textfeld EINTRÄGE (direkt neben dem Kontrollkästchen LISTE ZULETZT GEÖFFNETER DATEIEN), um die Anzahl der Dateien zu verringern oder zu erhöhen.**

4. **Klicken Sie auf OK oder drücken Sie ⏎, um das Dialogfeld OPTIONEN zu schließen.**

Wenn am Ende des Menüs DATEI oder im Aufgabenbereich ERSTE SCHRITTE gar keine Dateien aufgeführt werden sollen, können Sie im Dialogfeld OPTIONEN natürlich genauso gut das Kontrollkästchen LISTE ZULETZT GEÖFFNETER DATEIEN deaktivieren (das Häkchen entfernen!).

Wo habe ich diese Arbeitsmappe bloß abgelegt?

Eigentlich ist das einzige Problem, auf das Sie beim Öffnen einer Arbeitsmappe stoßen könnten, dass Sie den Dateinamen nicht finden. Solange Sie Ihr Dokument im Dialogfeld ÖFFNEN sehen, ist alles in Butter. Was aber, wenn eine Datei sich anscheinend aus dem Staub gemacht hat und nirgendwo im Listenfeld zu finden ist?

Auf der Suche nach dem Dokument

Wenn Sie den Dateinamen absolut nicht finden können, sollten Sie zuerst herausfinden, ob Sie überhaupt im richtigen Ordner suchen. Welcher Ordner gerade geöffnet ist, erfahren Sie mit einem Blick auf das Dropdown-Listenfeld SUCHEN IN am oberen Rand des Dialogfelds ÖFFNEN (Abbildung 4.1).

Falls sich nun herausstellt, dass der verkehrte Ordner geöffnet ist, dann öffnen Sie jetzt bitte den richtigen! Benutzen Sie hierzu die Schaltfläche für Eine Ebene nach oben im Dialogfeld ÖFFNEN (Abbildung 4.1), um alle Ebenen zu durchsuchen, bis der gesuchte Ordner im Listenfeld angezeigt wird. Um diesen neuen Ordner nun zu öffnen, klicken Sie auf dessen Symbol im Listenfeld und wählen dann die Schaltfläche ÖFFNEN oder drücken ⏎ (mit Doppelklicken auf das Ordnersymbol funktioniert's auch).

Befindet sich die Datei auf einem anderen Laufwerk, klicken Sie so lange auf die Schaltfläche für Eine Ebene nach oben, bis im Dropdown-Listenfeld SUCHEN IN der Eintrag DESKTOP angezeigt wird. Doppelklicken Sie dann im Listenfeld auf ARBEITSPLATZ, um alle auf Ihrem System verfügbaren Laufwerke im Listenfeld anzuzeigen. Doppelklicken Sie dann auf das Symbol des gewünschten Laufwerks und »schon« werden alle Ordner angezeigt, die auf diesem Laufwerk abgelegt sind. Klicken Sie auf den gewünschten Ordner, um die darin enthaltenen Dateien anzuzeigen.

Sobald Sie die gesuchte Datei im Listenfeld sehen, öffnen Sie diese mit einem energischen Klick auf das Dateisymbol und einem Klick auf die Schaltfläche ÖFFNEN oder durch Drücken von ⏎ (Doppelklicken auf das Dateisymbol tut's bekanntlich auch).

Mit den Schaltflächen in der Umgebungsleiste ganz links im Dialogfeld ÖFFNEN (ZULETZT VERWENDET, DESKTOP, EIGENE DATEIEN, ARBEITSPLATZ und NETZWERK UMGEBUNG) können Sie jeden Ordner öffnen, der mit diesen Schaltflächen verknüpft ist und Arbeitsmappen enthält:

✔ ZULETZT VERWENDET: Klicken Sie auf diese Schaltfläche, um die Arbeitsmappe im Ordner ZULETZT VERWENDET zu öffnen. Dieser Ordner befindet sich am Ende folgender Ordnerschlange DOKUMENTE UND EINSTELLUNGEN\BENUTZERNAME\ANWENDUNGSDATEN\MICROSOFT\OFFICE\ ZULETZT VERWENDET.

✔ DESKTOP: Klicken Sie auf diese Schaltfläche, um Arbeitsmappen zu öffnen, die Sie direkt auf dem Desktop Ihres Rechners abgelegt haben.

✔ EIGENE DATEIEN: Klicken Sie auf diese Schaltfläche, um Arbeitsmappen zu öffnen, die im Ordner EIGENE DATEIEN abgelegt sind.

✔ ARBEITSPLATZ: Klicken Sie auf diese Schaltfläche, um Arbeitsmappen zu öffnen, die in einem Ordner auf einem der Laufwerke des Computers gespeichert wurden.

✔ NETZWERK UMGEBUNG: Klicken Sie auf diese Schaltfläche, um Arbeitsmappen zu öffnen, die in Ordnern irgendwo im Firmennetzwerk abgelegt wurden.

Ordner zu meiner Umgebung hinzufügen

Gehen wir mal vom günstigsten Fall aus und nehmen wir an, dass Sie Ihre Datei gefunden haben, indem Sie genau wie eben beschrieben, sich durch die Ordnerstruktur gekämpft haben. Wenn Sie sich für alle Zukunft diese Arbeit ersparen wollen, dann legen Sie jetzt lieber eine neue Schaltfläche für diesen Ordner in der Umgebungsleiste links im Dialogfeld ÖFFNEN an. Wie man das macht? Ganz einfach:

1. **Markieren Sie den Ordner oder das Dateisymbol im Dialogfeld ÖFFNEN auf die gewohnte beschwerliche Weise (hatten wir gerade im vorangegangenen Abschnitt).**

2. **Wählen Sie im Dialogfeld ÖFFNEN im Menü EXTRAS den Befehl ZU MEINER UMGEBUNG HINZUFÜGEN.**

   Eine Schaltfläche zu dem ausgewählten Ordner wird in der Umgebungsleiste auf der linken Seite des Dialogfelds ÖFFNEN ganz unten unterhalb der Schaltfläche NETZWERK UMGEBUNG eingefügt.

Sobald Sie einen Ordner in die Umgebungsleiste eingefügt haben, können Sie diesen im Dialogfeld ÖFFNEN öffnen, indem Sie auf die Schaltfläche für weitere Ordner (die mit dem nach unten zeigenden Dreieck) in der Umgebungsleiste auf der linken Seite des Dialogfelds ÖFFNEN klicken und, sobald Sie die Schaltfläche gefunden haben, darauf klicken. Alles klar?

 Sie können mehr Schaltflächen in der Umgebungsleiste des Dialogfelds ÖFFNEN anzeigen, wenn Sie kleine statt große Symbole für die Anzeige wählen. Klicken Sie hierzu mit der rechten Maustaste auf eine der Schaltflächen und wählen Sie im Kontextmenü den Befehl KLEINE SYMBOLE.

Das Datei-Suchspiel im Dialogfeld Öffnen

Das Dialogfeld ÖFFNEN verfügt über eine Suchfunktion, mit der sich eine bestimmte Datei im geöffneten Ordner suchen (und vielleicht auch finden) lässt. Mithilfe dieser Funktion kann die Suche im Listenfeld des Dialogfelds ÖFFNEN auf diejenigen Dateien beschränkt werden, die bestimmten Kriterien entsprechen (z. B. Dateien, die Sie heute oder irgendwann in dieser Woche geändert haben, Dateien, die einen bestimmten Text enthalten, oder Dateien, die über eine bestimmte Eigenschaft verfügen – z. B. Name des Autors, Stichwort).

Wenn Sie mit der Suchfunktion im Dialogfeld ÖFFNEN arbeiten, können Sie Excel exakt vorschreiben, wie die Suche durchgeführt werden soll. Suchen Sie beispielsweise nach:

✔ Arbeitsmappen, deren Dateinamen einen bestimmten Text enthalten

✔ Dateien, die keine Microsoft Excel-Dateien sind

✔ Arbeitsmappen, die einen bestimmten Text oder eine Eigenschaft enthalten, beispielsweise Titel, Autor oder Stichwörter, die als Dateizusammenfassung abgelegt wurden

✔ Arbeitsmappen, die an einem bestimmten Tag oder innerhalb eines bestimmten Zeitraums erstellt wurden

Sie öffnen das Dialogfeld DATEISUCHE, indem Sie im Dialogfeld ÖFFNEN im Menü EXTRAS den Befehl SUCHEN wählen. Im Dialogfeld DATEISUCHE legen Sie alle Kriterien fest, nach denen eine Suche durchgeführt werden soll (Abbildung 4.2).

Das Dialogfeld DATEISUCHE verfügt über zwei Register: GRUNDLEGEND und ERWEITERTE OPTIONEN. Über die Registerkarte GRUNDLEGEND legen Sie drei Kriterien für die Suche nach Arbeitsmappen fest:

✔ TEXT SUCHEN: In dieses Textfeld geben Sie Stichwörter oder Werte, Wörter und Ausdrücke ein, nach denen gesucht werden soll. Die Funktion macht sich alsdann an drei verschiedenen Orten nach dem von Ihnen eingegebenen Text auf die Suche: in den Dateinamen, im Dateiinhalt und in den Dateieigenschaften.

✔ SUCHEN IN: In diesem Dropdown-Listenfeld legen Sie fest, auf welchen Laufwerken und in welchen Ordnern gesucht werden soll. Sollen alle Laufwerke und Ordner im Computer durchforstet werden, dann öffnen Sie das Dropdown-Listenfeld SUCHEN IN und aktivieren das Kontrollkästchen ALLE. (Statt AUSGEWÄHLTE SPEICHERORTE wird jetzt ALLE angezeigt.) Wenn die Suche auf bestimmte Laufwerke und/oder Ordner eingeschränkt werden soll, dann klicken Sie in diesem Dropdown-Listenfeld auf das Pluszeichen vor dem Kontrollkästchen ARBEITSPLATZ und aktivieren nur die Kontrollkästchen für die Laufwerke oder Ordner (wenn nur ein Laufwerk durchsucht werden soll), die durchsucht werden sollen.

✔ ERGEBNISSE ENTSPRECHEN: Verwenden Sie dieses Dropdown-Listenfeld, um festzulegen, welche Dateitypen in die Suche eingeschlossen werden sollen. Um die Suche auf Excel-Arbeitsmappen einzugrenzen, deaktivieren Sie alle Kontrollkästchen im Dropdown-Listenfeld ERGEBNISSE ENTSPRECHEN bis auf das für Excel-Dateien. Dieses Kontrollkästchen finden Sie, indem Sie das Dropdown-Listenfeld ERGEBNISSE ENTSPRECHEN öffnen und dann auf das Pluszeichen vor OFFICE-DATEIEN klicken, um die Liste nach unten aufzuklappen.

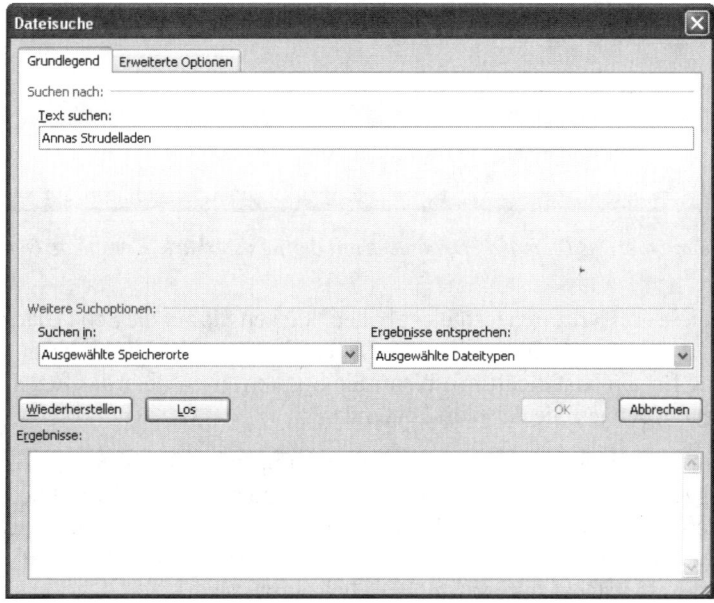

Abbildung 4.2: Das Dialogfeld DATEISUCHE mit der Registerkarte GRUNDLEGEND

Wenn Sie alle drei Suchkriterien auf der Registerkarte GRUNDLEGEND festgelegt haben, klicken Sie auf die Schaltfläche LOS (direkt über dem Listenfeld ERGEBNISSE), um die Suche zu starten.

Um die Suche noch gezielter zu gestalten, klicken Sie auf das Register ERWEITERTE OPTIONEN. Diese Registerkarte enthält drei weitere Felder: EIGENSCHAFT, BEDINGUNG und WERT (Abbildung 4.3)

Um die Suchkriterien zu definieren, wählen Sie im Dropdown-Listenfeld EIGENSCHAFT aus, wonach gesucht werden soll. Legen Sie im Dropdown-Listenfeld BEDINGUNG beispielsweise fest, ob nach einem bestimmten Zeitraum gesucht werden soll, und entscheiden Sie sich im Dropdown-Listenfeld WERT (je nach gewählter Eigenschaft), welcher Wert eingeschlossen, überschritten oder exakt vorhanden sein muss.

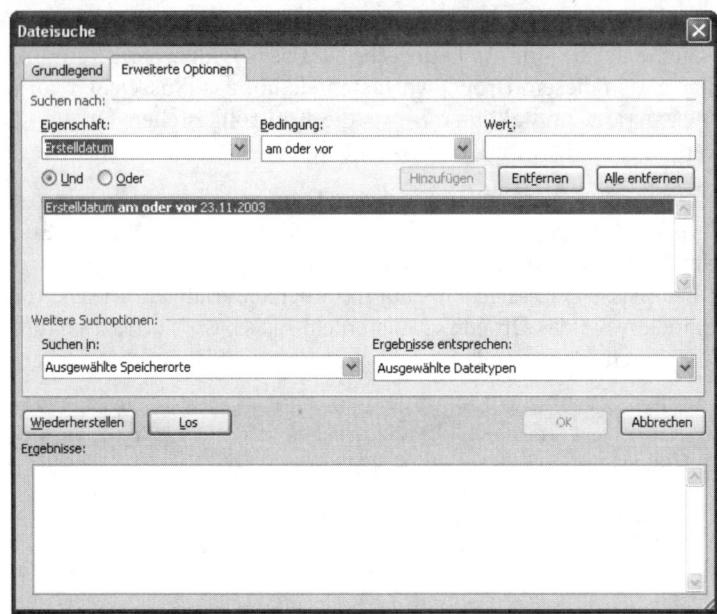

Abbildung 4.3: Das Dialogfeld Dateisuche mit der Registerkarte Erweiterte Optionen

Nachdem Sie diese drei Kriterien festgelegt haben, klicken Sie auf die Schaltfläche Hinzufügen, um die Bedingung in das darunter liegende Listenfeld einzufügen (Abbildung 4.3 zeigt eine Suchbedingung für ein Erstelldatum). Wenn Sie Suchkriterien über das Register Erweiterte Optionen festlegen, denken Sie dabei an Folgendes:

✔ In der Regel sind die Suchkriterien, die Sie im Gruppenfeld Suchen nach definieren, kumulativ, was bedeutet, dass *alle* Kriterien übereinstimmen müssen, damit Excel die passende Datei finden kann. (Das Optionsfeld Und ist automatisch aktiviert.) Falls Excel jedoch eine Datei suchen soll, die nur *einem* der festgelegten Kriterien entsprechen soll, dann müssen Sie das Optionsfeld Oder mit einem Mausklick aktivieren.

✔ Standardmäßig sucht Excel nach Text oder Eigenschaft und vergleicht diese mit dem Eintrag im Textfeld Wert. Wenn Excel nach anderen Eigenschaften suchen soll (z. B. Autor, Inhalt, Erstelldatum), öffnen Sie das Dropdown-Listenfeld Eigenschaft und wählen die gewünschte Eigenschaft in diesem Listenfeld aus.

✔ Für gewöhnlich schaut Excel, ob ein bestimmter Wert oder ein Textelement in der angegebenen Eigenschaft enthalten ist (z. B. Dateiname, Autor). Wenn Sie als Eigenschaft beispielsweise Firma gewählt haben, können Sie definieren, dass nur nach Dateien gesucht wird, deren Eigenschaft exakt einen bestimmten Text oder Wert enthält. Hierzu öffnen Sie das Dropdown-Listenfeld Bedingung und wählen die Option ist (genau).

✔ In das Textfeld WERT geben Sie den Wert oder Text ein, den die gesuchte Datei enthalten soll. Wenn Sie beispielsweise alle Dateien finden möchten, deren Eigenschaft INHALTE den Text Excel enthält, dann schreiben Sie `Excel` in das Textfeld. Sollen alle Dateien gefunden werden, deren Eigenschaft INHALTE die Zahl 1.250.750 enthält, dann geben Sie `1250750` in das Textfeld WERT ein.

Nachdem Sie alle Kriterien für die Suche definiert haben (entweder auf der Registerkarte GRUNDLEGEND oder auf der Registerkarte ERWEITERTE OPTIONEN), klicken Sie auf die Schaltfläche LOS und geben damit Excel den Startschuss für die Suche nach den Dateien, die Ihren Suchkriterien entsprechen. Sobald die Suche beendet ist, werden die gefundenen Dateien (unter denen sich hoffentlich auch die gesuchte Arbeitsmappe befindet) im Listenfeld ERGEBNISSE am unteren Rand des Dialogfelds DATEISUCHE angezeigt.

Sobald die Arbeitsmappe, nach der Sie suchen, im Listenfeld mit den Ergebnissen angezeigt wird, können Sie Excel anweisen, die Suche einzustellen, indem Sie auf die Schaltfläche ANHALTEN klicken. Wenn die Suche sehr viele Ordner einschließt (alle Ordner der Festplatte oder so), dann müssen Sie wahrscheinlich sogar durch die Liste blättern, um alle Dateinamen anzuzeigen. Wenn die Zahl der gefundenen Dateien unendlich erscheint, klicken Sie auf den Hyperlink NÄCHSTE 20 EINTRÄGE ganz unten in dieser Liste. Klicken Sie so oft auf diesen Hyperlink, bis Sie die Arbeitsmappe gefunden haben oder das Ende der Liste erreicht ist.

Wenn die gesuchte Arbeitsmappe im Listenfeld ERGEBNISSE angezeigt wird, doppelklicken Sie auf den Dateinamen (der Mauszeiger hat die Form einer Hand), um das Dialogfeld DATEISUCHE zu schließen und gleichzeitig wieder das Dialogfeld ÖFFNEN anzuzeigen, in dem der Dateiname bereits im Textfeld DATEINAME eingetragen ist. Nun müssen Sie nur noch auf die Schaltfläche ÖFFNEN klicken oder ⏎ drücken, um die Arbeitsmappe zu öffnen.

Das Datei-Suchspiel im Aufgabenbereich Einfache Suchoptionen

Excel 2003 wartet mit einer neuen Variante des Datei-Suchspiels auf: dem Aufgabenbereich EINFACHE SUCHOPTIONEN. Hier können Sie genauso wie im Dialogfeld DATEISUCHE einfache und erweiterte Suchkriterien eingeben. Um nach einer Datei über den Aufgabenbereich EINFACHE SUCHOPTIONEN zu suchen, führen Sie die folgenden Schritte aus:

1. **Wählen Sie im Menü DATEI den Befehl DATEISUCHE.**

   Excel öffnet den Aufgabenbereich EINFACHE SUCHOPTIONEN auf der rechten Seite des Arbeitsmappenfensters.

2. **Um eine einfache Suche auszuführen, geben Sie im Aufgabenbereich EINFACHE SUCHOPTIONEN den zu suchenden Text in das Textfeld TEXT SUCHEN ein.**

   Legen Sie dann den/die Speicherort(e) und den/die Dateityp(en) in den Dropdown-Listenfeldern SUCHEN IN und ERGEBNISSE ENTSPRECHEN fest. (Lesen Sie noch einmal den Abschnitt »Das Datei-Suchspiel im Dialogfeld ÖFFNEN« durch, wenn Sie bei der Auswahl der Suchkriterien noch unsicher sind.)

3. **Um die Suche stärker einzugrenzen, öffnen Sie den Aufgabenbereich ERWEITERTE SUCH-
OPTIONEN (siehe Abbildung 4.4), indem Sie im unteren Teil des Aufgabenbereichs EINFA-
CHE SUCHOPTIONEN auf den Hyperlink ERWEITERTE SUCHOPTIONEN klicken.**

   Wenn Sie sich im einfachen Suchmodus befinden, wird der Hyperlink ERWEITERTE SUCH-
   OPTIONEN angezeigt; befinden Sie sich im Aufgabenbereich ERWEITERTE SUCHOPTIONEN wird
   der Hyperlink EINFACHE SUCHOPTIONEN im unteren Teil des Aufgabenbereichs angezeigt.

4. **Legen Sie die Suchkriterien für Eigenschaft, Bedingung und Wert nacheinander in den
entsprechenden Dropdown-Listenfeldern fest und klicken Sie dann auf die Schaltfläche
HINZUFÜGEN.**

   (Lesen Sie noch einmal den Abschnitt »Das Datei-Suchspiel im Dialogfeld ÖFFNEN« durch,
   wenn Sie bei der Auswahl der erweiterten Suchkriterien noch unsicher sind.)

5. **Nachdem Sie alle Kriterien für die Suche definiert haben, klicken Sie sowohl im Aufgabenbereich EINFACHE SUCHOPTIONEN (Schritt 3) als auch im Aufgabenbereich ERWEITERTE
SUCHOPTIONEN (Schritt 4) auf die Schaltfläche SUCHE STARTEN, um die Suche zu starten.**

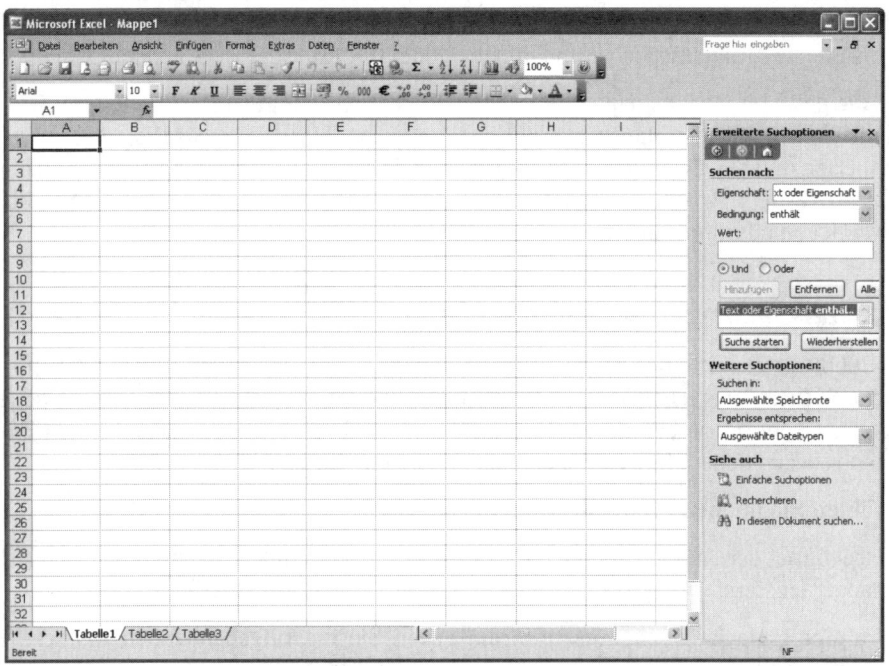

*Abbildung 4.4: Arbeiten Sie mit dem Aufgabenbereich ERWEITERTE SUCHOPTIONEN, um nach der
Arbeitsmappe zu suchen, die Sie bearbeiten wollen.*

Nachdem Sie eine Suche im Aufgabenbereich EINFACHE SUCHOPTIONEN oder ERWEITERTE SUCH-
OPTIONEN gestartet haben, werden die Ergebnisse im Aufgabenbereich SUCHERGEBNISSE ange-

zeigt. Hier werden alle Dateien aufgeführt, die den Suchkriterien entsprechen. Genauso wie nach einer Suche über das Dialogfeld ÖFFNEN, können Sie hier im Aufgabenbereich SUCH-ERGEBNISSE eine bestimmte Arbeitsmappe auswählen, indem Sie auf den Dateinamen zeigen, um ihn zu markieren. Klicken Sie dann auf den nach unten zeigenden Pfeil hinter dem Datei-namen und wählen Sie aus dem daraufhin aufklappenden Menü den Befehl BEARBEITEN MIT MICROSOFT EXCEL.

 Wenn die Option BEARBEITEN MIT MICROSOFT EXCEL nicht verfügbar ist, da die Datei, die Sie ausgewählt haben, von Excel 2003 nicht als Arbeitsmappe identifiziert wird, versuchen Sie es mit der Option HYPERLINK IN DIE ZWISCHENABLAGE KOPIEREN. Öffnen Sie dann das Dialogfeld ÖFFNEN (z. B. mit Strg + O) und fügen Sie die Verknüpfung (mit Strg + V) in das Textfeld DATEINAME ein, bevor Sie auf die Schaltfläche ÖFFNEN klicken.

Dateien - die Pässe, bitte!

Normalerweise zeigt Excel die Ordner und Dateien im Dialogfeld ÖFFNEN nur ganz knapp mit Ordner- oder Dateisymbol plus dazugehörigem Namen an.

Die Anzeige im Dialogfeld ÖFFNEN lässt sich jedoch kinderleicht ändern, indem Sie eine der folgenden Optionen aus dem Menü wählen, das angezeigt wird, wenn Sie in der Symbolleiste des Dialogfelds auf die Schaltfläche für Ansichten klicken (Abbildung 4.1):

✔ Wählen Sie DETAILS, um die Dateigröße in Kilobyte, den Dateityp und das Datum der letz-ten Änderung zusammen mit dem Dateisymbol und dem Dateinamen anzuzeigen (Abbil-dung 4.5).

Schnelle Suche installieren

Um die Suche nach Dateien noch schneller und effektiver zu machen, müssen Sie die Schnellsuchfunktion installieren (falls Sie das nicht bereits getan ha-ben). Um diese Funktion zu installieren, klicken Sie im Aufgabenbereich EIN-FACHE SUCHOPTIONEN auf den Hyperlink INSTALLIEREN. (Wenn Sie die Schnelle Su-che bereits installiert haben, wird dieser Hyperlink natürlich nicht mehr angezeigt.) Eine Warnmeldung wird angezeigt, die Sie darüber informiert, dass die Schnelle Suche nicht gestartet werden kann, weil sie nicht installiert ist, und es wird gefragt, ob Sie sie jetzt installieren wollen. Natürlich klicken Sie auf JA. Legen Sie die Office-CD in das CD-ROM-Laufwerk ein und klicken Sie auf OK, um die Installation auszuführen.

Nachdem die Funktion installiert ist, müssen Sie sie aktivieren. Klicken Sie dazu im Auf-gabenbereich EINFACHE SUCHOPTIONEN auf den Hyperlink SUCHOPTIONEN (dort, wo zuvor IN-STALLIEREN stand). Wählen Sie dann im Dialogfeld INDEXDIENSTEINSTELLUNGEN die Option (JA, INDEXDIENST AKTIVIEREN UND STARTEN, WENN COMPUTER IM LEERLAUF IST) und klicken Sie dann auf OK.

Abbildung 4.5: So sieht das Dialogfeld Öffnen aus, nachdem Sie Details gewählt haben.

✔ Wählen Sie Eigenschaften, um Dateiinformationen neben dem Dateisymbol und dem Dateinamen anzuzeigen, sobald Sie die entsprechende Datei im Listenfeld markieren (Abbildung 4.6). (Wenn Sie Dateiinformationen für eine Datei erstellen wollen, markieren Sie die Datei im Dialogfeld Öffnen und wählen im Menü zur Schaltfläche Extras den Befehl Eigenschaften. Klicken Sie dann im Dialogfeld Eigenschaften auf das Register Zusammenfassung.)

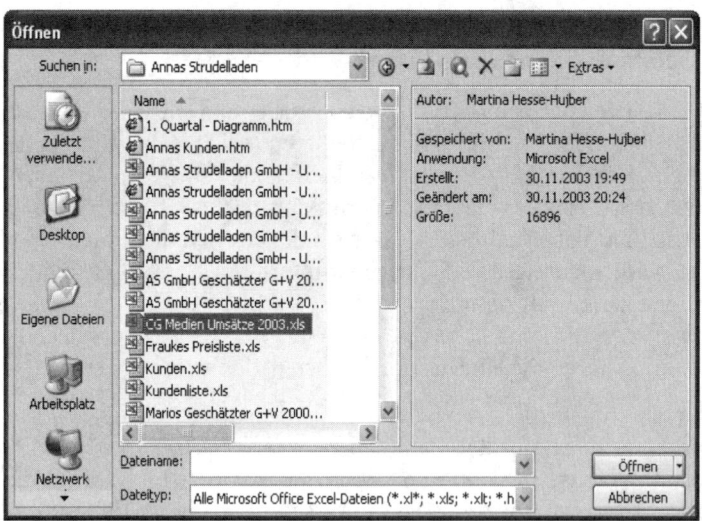

Abbildung 4.6: So sieht das Dialogfeld Öffnen in der Ansicht Eigenschaften aus.

✔ Wählen Sie Vorschau, um eine Minivorschau anzuzeigen. Excel zeigt jeweils die linke obere Ecke des ersten Tabellenblatts (Abbildung 4.7). Sollten Sie sich wundern, dass diese Option bei Ihnen nicht funktioniert, dann könnte das daran liegen, dass Sie das Kontrollkästchen Vorschaugrafik speichern nicht aktiviert haben. Sie finden es ganz unten links auf der Registerkarte Zusammenfassung (im Menü Datei den Befehl Eigenschaften wählen).

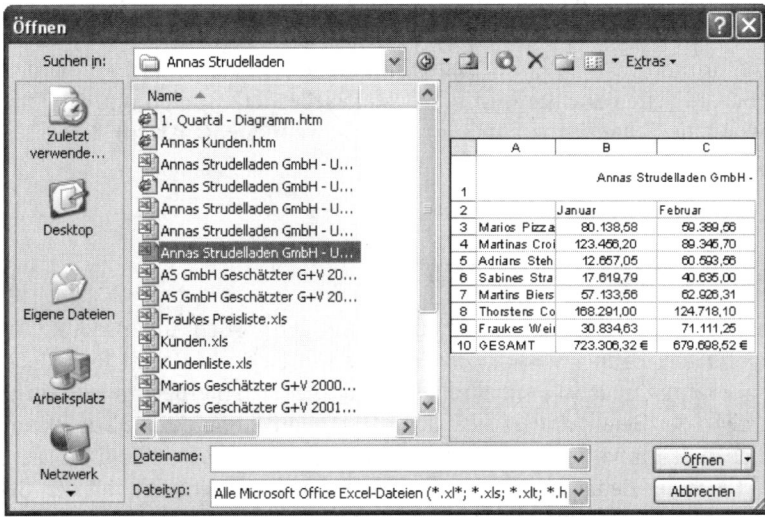

Abbildung 4.7: So sieht das Dialogfeld Öffnen in der Ansicht Vorschau aus.

Was gibt es noch im Dialogfeld Öffnen?

Das Dialogfeld Öffnen verfügt über eine Schaltfläche Öffnen, zu der ein Popup-Menü gehört, mit dem sich die ausgewählten Arbeitsmappen auf besondere Weise öffnen lassen:

✔ Schreibgeschützt öffnen: Dieser Befehl öffnet die Dokumente, die im Listenfeld des Dialogfelds Öffnen markiert sind, als schreibgeschützte Dateien. Was heißt das denn nun schon wieder? Schreibgeschützt heißt, dass Sie die Dateien anschauen dürfen, aber – falls Sie in den Dateien herumpfuschen – die Änderungen nicht speichern können. Und was machen Sie dann? Dann müssen Sie im Excel-Menü Datei den Befehl Speichern unter wählen und der Arbeitsmappe einen neuen Dateinamen geben (hierzu mehr in Kapitel 2 im Abschnitt »Jetzt wird gespeichert«).

✔ Als Kopie öffnen: Mit diesem Befehl öffnen Sie eine Kopie der Dateien, die Sie im Dialogfeld Öffnen markiert haben. Eigentlich keine schlechte Sache, denn wenn Sie mal ein heilloses Durcheinander anrichten, können Sie immer wieder auf das Original zurückgreifen.

✔ Im Browser öffnen: Dieser Befehl öffnet die Arbeitsmappen, die als Webseiten gespeichert wurden (wird in Kapitel 10 beschrieben), in Ihrem persönlichen Lieblingsbrowser (beispielsweise im Microsoft Internet Explorer). Dieser Befehl ist natürlich nur verfügbar, wenn das Programm die ausgewählte Datei als HTML-Dokument erkennt.

✔ ÖFFNEN UND REPARIEREN: Mit diesem Befehl können Sie mit etwas Glück beschädigte Arbeitsmappen reparieren, bevor diese in Excel geöffnet werden. Wenn Sie diesen Befehl wählen, wird ein Dialogfeld angezeigt, das Ihnen zwei Möglichkeiten anbietet. Excel kann entweder die beschädigte Datei reparieren und die wiederhergestellte Version öffnen oder Daten aus einer beschädigten Datei auslesen und diese in einer neuen Arbeitsmappe öffnen (die Sie wiederum mit dem Befehl SPEICHERN im Menü DATEI speichern können). Klicken Sie auf die Schaltfläche REPARIEREN, um die Datei wiederherzustellen und zu öffnen oder klicken Sie auf die Schaltfläche DATEN EXTRAHIEREN, wenn die Reparatur der Datei keinen Erfolg hatte.

Bitte rückgängig machen!

Bevor Sie nun in Ihrer wertvollen Arbeitsmappe mit der großen Änderungsaktion beginnen, sollten Sie – für alle Fälle – wissen, wie überaus hilfreich der Befehl RÜCKGÄNGIG im Menü BEARBEITEN sein kann. Zunächst einmal sei gesagt, dass es sich hierbei um das reinste Chamäleon handelt, denn der Befehl ändert sich je nach der von Ihnen gerade ausgeführten Aktion: Wenn Sie soeben den Inhalt einer Zelle mit dem Befehl LÖSCHEN im Menü BEARBEITEN entfernt haben, ändert sich der Befehl in RÜCKGÄNGIG: INHALTE LÖSCHEN. Wenn Sie mit den Befehlen AUSSCHNEIDEN und EINFÜGEN (beide im Menü BEARBEITEN) Einträge in einen anderen Teil des Tabellenblatts verschoben haben, ändert sich der Befehl in RÜCKGÄNGIG: EINFÜGEN.

Hier noch zwei andere Möglichkeiten, den Befehl RÜCKGÄNGIG aufzurufen: Drücken Sie Strg + Z oder klicken Sie in der Standard-Symbolleiste auf die Schaltfläche für Rückgängig.

Wie gesagt, der Befehl RÜCKGÄNGIG im Menü BEARBEITEN ändert sich je nach der von Ihnen ausgeführten Aktion. Da der Befehl sich also nach jeder Aktion entsprechend wandelt, müssen Sie schnell reagieren, denn wenn Sie erst einmal den nächsten Befehl gewählt haben, können Sie den Fehler in Ihrem Tabellenblatt mit dem Befehl RÜCKGÄNGIG nicht mehr ausmerzen. In einem solchen Fall müssen Sie sich der Schaltfläche für Rückgängig in der Standard-Symbolleiste bedienen. Wenn Sie nämlich auf den Pfeil neben dieser Schaltfläche klicken, werden die Aktionen angezeigt, die Sie zuletzt ausgeführt haben. Klicken Sie auf den Befehl, der rückgängig gemacht werden soll, und Excel macht diesen und alle bis zu diesem Befehl in der Liste enthaltenen Aktionen auf einen Schlag rückgängig.

Das Rückgängigmachen rückgängig machen

Nachdem Sie auf eine der vielen Arten den Befehl RÜCKGÄNGIG gewählt haben, fügt Excel einen neuen Befehl im Menü BEARBEITEN ein: WIEDERHOLEN. Wenn Sie also einen Eintrag aus einer

Zelle mit dem Unterbefehl ALLES des Befehls LÖSCHEN im Menü BEARBEITEN (kommen Sie noch mit?) löschen und anschließend im Menü BEARBEITEN den Befehl RÜCKGÄNGIG: INHALTE LÖSCHEN wählen, dann sehen Sie beim nächsten Öffnen des Menüs BEARBEITEN den folgenden Befehl direkt unter dem Befehl RÜCKGÄNGIG:

```
Wiederholen: Inhalte löschen  Strg + Y
```

Wenn Sie diesen Befehl wählen, führt Excel den Befehl nochmals aus, den Sie gerade zuvor rückgängig gemacht haben. Das hört sich ein bisschen merkwürdig an. Diese Option ist aber äußerst nützlich, wenn Sie sich nicht entscheiden können, ob Sie eine bestimmte Änderung vornehmen sollen oder nicht. Schalten Sie also einfach zwischen den Befehlen RÜCKGÄNGIG und WIEDERHOLEN hin und her und lassen Sie sich so einmal den Zustand vorher und einmal nachher anzeigen.

Sie werden es sicher viel bequemer finden, mit den Schaltflächen für Rückgängig und Wiederholen zu arbeiten, anstatt diese Befehle über die Menüleiste aufzurufen. Die beiden Schaltflächen finden Sie übrigens in der Standard-Symbolleiste; sie fallen durch ihre gebogenen Pfeile angenehm auf. Es ist durchaus möglich, dass Sie die Schaltfläche für Wiederholen, wenn Sie sie zum ersten Mal verwenden möchten, nicht in der Standard-Symbolleiste finden. Wenn nur die Schaltfläche für Rückgängig angezeigt wird, dann müssen Sie die Schaltfläche für Wiederholen über die Schaltfläche für Optionen für Symbolleisten (die mit den >>) auswählen.

Das Schöne an der Rückgängig-Funktion ist, dass man mehrere Aktionen auf einmal ungeschehen machen kann, wenn man in dem Dropdown-Listenfeld dieser Schaltfläche auf die Aktion klickt, die nicht hätte ausgeführt werden sollen. Dass hierbei alle anderen Aktionen, die Sie ausgeführt haben, bis Ihnen der Fehler aufgefallen ist, auch wieder rückgängig gemacht werden, müssen Sie leider in Kauf nehmen.

Wenn mit Rückgängig nichts mehr vorwärts geht

Jetzt glauben Sie bestimmt, dass bei so viel Netz und doppeltem Boden nichts mehr schief gehen kann. Nun, dann sollte ich Sie vielleicht wieder auf den Boden der Tatsachen zurückholen und Ihnen sagen, dass Sie mit RÜCKGÄNGIG nicht alles rückgängig machen können. Sie können zwar die letzte Löschung eines Zellinhalts oder das letzte Ausschneiden, Kopieren und Einfügen von Zellen widerrufen, nicht aber das Löschen einer Datei oder ein falsches Speichern. (Wenn Sie z. B. anstatt des Befehls SPEICHERN UNTER im Menü DATEI, mit dem Sie die bearbeitete Arbeitsmappe unter einem anderen Namen ablegen wollten, den Befehl SPEICHERN wählen und damit alle Änderungen als Teil des aktuellen Dokuments speichern – Pech gehabt!)

Leider teilt Excel Ihnen nicht mit, wann Sie im Begriff sind, etwas zu tun, von wo es kein Zurück mehr gibt. Erst wenn Sie das, was Sie nicht hätten tun sollen, ausgeführt haben, und Sie das Menü BEARBEITEN öffnen und hoffnungsfroh nun den Befehl RÜCKGÄNGIG: ... erwarten, wird ganz keck angezeigt: RÜCKGÄNGIG: NICHT MÖGLICH.

Um dem Ganzen noch die Krone aufzusetzen, wird dieser ganz und gar nicht hilfreiche Befehl auch noch abgeblendet dargestellt, d. h., der Befehl kann noch nicht einmal gewählt werden – was natürlich auch nichts ändern würde!

Es gibt allerdings eine Ausnahme von dieser Regel, nämlich wenn das Programm Sie vor einer Änderung, die normalerweise nicht rückgängig gemacht werden kann, mit einer Meldung warnt. Wenn der Speicherplatz nur noch minimal ist und/oder die Änderung sich grundlegend auf das Tabellenblatt auswirken würde, dann erkennt Excel, dass es nicht in der Lage wäre, diese Änderung rückgängig zu machen. Das Programm meldet Ihnen dann, dass nicht genügend Speicherplatz vorhanden ist, um diese Aktion rückgängig zu machen, und fragt, ob Sie fortfahren möchten. Wenn Sie auf die Schaltfläche JA klicken und die Bearbeitung damit abschließen, sollten Sie sich bewusst sein, dass es jetzt kein Pardon mehr gibt. Falls Sie später – zu spät – bemerken, dass Sie eine Zeile mit wichtigen Formeln gelöscht haben (die Sie vergessen haben, weil sie nicht angezeigt wurden), dann gibt es kein Zurück bzw. Rückgängig mehr. In diesem Fall hilft nur noch eins: Die Datei schließen und die Frage, ob Sie die Änderungen speichern wollen, entschieden verneinen!

Ziehen bis zum Ablegen

Die bedeutendste Bearbeitungstechnik, die Sie unbedingt kennen sollten, heißt _Ziehen und Ablegen_ oder auch _Drag & Drop_. Wie der Name irgendwie schon sagt, ist dies eine Maustechnik, die Sie einsetzen, um markierte Zellen _zu ziehen_, um sie an einer anderen Stelle im Tabellenblatt wieder _abzulegen_. In erster Linie verschiebt man mit »Ziehen und Ablegen« Zellinhalte im Tabellenblatt; Sie können aber auch markierte Zellen damit kopieren. (Falls Sie's nicht mehr, noch nicht oder noch nie wussten: _Ziehen_ heißt, dass Sie ein Element markieren und die linke Maustaste gedrückt halten, während Sie die Maus bewegen, um das Element an die gewünschte Stelle zu verschieben.)

Um »Ziehen und Ablegen« zum Verschieben eines Zellbereichs (das geht immer nur mit _einem_) einzusetzen, gehen Sie so vor:

1. **Markieren Sie einen Zellbereich.**

2. **Setzen Sie den Mauszeiger auf einen Rand des markierten Bereichs.**

    Ihr Startzeichen wird gegeben, wenn sich der Mauszeiger in einen Pfeil mit zusätzlichem Vierfachpfeil verwandelt: Jetzt können Sie den Zellbereich an die neue Position im Tabellenblatt ziehen.

3. **Ziehen Sie den markierten Zellbereich zu seiner neuen Position.**

    Sie ziehen, indem Sie die Maustaste (in der Regel die linke) drücken und diese so lange gedrückt lassen, wie Sie die Maus bewegen.

    Während Sie ziehen, bewegen Sie nur die Umrisse des Zellbereichs. In einer kleinen QuickInfo sagt Excel Ihnen, wo Sie den Zellbereich ablegen würden, wenn Sie jetzt die Maus loslassen.

Ziehen Sie den Umriss weiter, bis er sich über den Zellen im Tabellenblatt befindet, in denen Sie die Einträge ablegen wollen.

4. **Lassen Sie die Maustaste los.**

   Die Zellinhalte dieses Zellbereichs werden an der neuen Position angezeigt, sobald Sie die Taste loslassen.

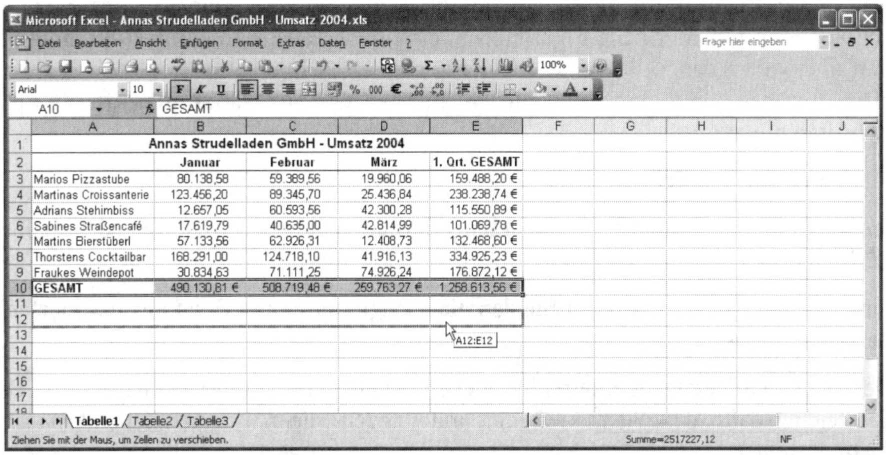

	A	B	C	D	E
1	Annas Strudelladen GmbH - Umsatz 2004				
2		Januar	Februar	März	1. Qrt. GESAMT
3	Marios Pizzastube	80.138,58	59.389,56	19.960,06	159.488,20 €
4	Martinas Croissanterie	123.456,20	89.345,70	25.436,84	238.238,74 €
5	Adrians Stehimbiss	12.657,05	60.593,56	42.300,28	115.550,89 €
6	Sabines Straßencafé	17.619,79	40.635,00	42.814,99	101.069,78 €
7	Martins Bierstüberl	57.133,56	62.926,31	12.408,73	132.468,60 €
8	Thorstens Cocktailbar	168.291,00	124.718,10	41.916,13	334.925,23 €
9	Fraukes Weindepot	30.834,63	71.111,25	74.926,24	176.872,12 €
10	GESAMT	490.130,81 €	508.719,48 €	259.763,27 €	1.258.613,56 €

Abbildung 4.8: Ein markierter Zellbereich wird an eine neue Position im Tabellenblatt gezogen.

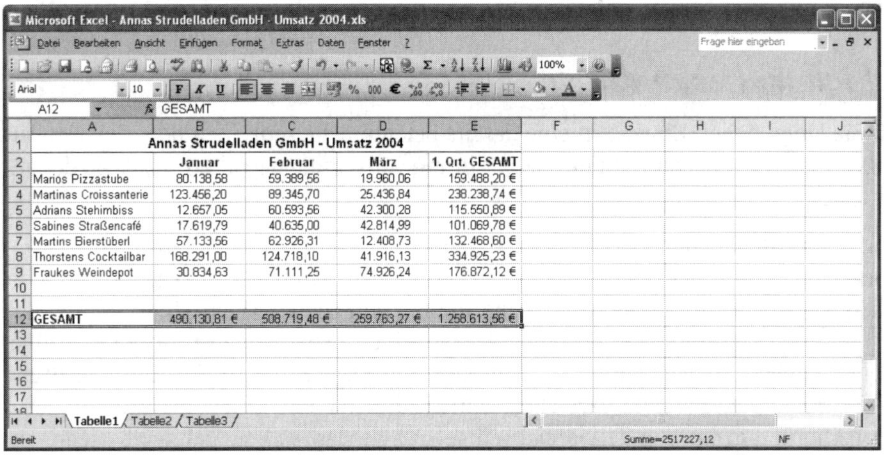

	Januar	Februar	März	1. Qrt. GESAMT
Marios Pizzastube	80.138,58	59.389,56	19.960,06	159.488,20 €
Martinas Croissanterie	123.456,20	89.345,70	25.436,84	238.238,74 €
Adrians Stehimbiss	12.657,05	60.593,56	42.300,28	115.550,89 €
Sabines Straßencafé	17.619,79	40.635,00	42.814,99	101.069,78 €
Martins Bierstüberl	57.133,56	62.926,31	12.408,73	132.468,60 €
Thorstens Cocktailbar	168.291,00	124.718,10	41.916,13	334.925,23 €
Fraukes Weindepot	30.834,63	71.111,25	74.926,24	176.872,12 €
GESAMT	490.130,81 €	508.719,48 €	259.763,27 €	1.258.613,56 €

Abbildung 4.9: Das Tabellenblatt nach Ausführen der Aktion »Ziehen und Ablegen«

In den Abbildungen 4.8 und 4.9 sehen Sie, wie Sie mit »Ziehen und Ablegen« einen Zellbereich verschieben. In Abbildung 4.8 ist der Zellbereich A10:E10 markiert, der in die Zeile 12 verschoben werden soll, damit die Umsatzzahlen von zwei neuen Firmen (Silkes Pilspub und

Gabys Pfannkuchenhaus) eingefügt werden können, die bei der Erstellung dieses Tabellenblatts noch nicht zu Annas Strudelladen GmbH gehörten. Abbildung 4.9 zeigt das Tabellenblatt nach dem Verschieben.

Kopieren mit Ziehen und Ablegen

Das war also die Sache mit dem »Ziehen und Ablegen«. Aber was, wenn Sie lieber einen Zellbereich kopieren möchten? Sie müssen z. B. eine neue Tabelle in demselben Tabellenblatt anlegen und wollen den Zellbereich mit der formatierten Überschrift und den Spaltenüberschriften für diese neue Tabelle kopieren. Spielen wir das Ganze mal für die Spaltenüberschriften durch:

1. **Markieren Sie den Zellbereich.**

   Wenn wir die Abbildungen 4.8 und 4.9 als Beispiel nehmen, müssten Sie den Zellbereich B2:E2 markieren.

2. **Drücken Sie** `Strg`**, während Sie den Mauszeiger auf einen Rand des markierten Zellbereichs setzen.**

   Der Zeiger wird jetzt mit einem Pluszeichen (+) auf der rechten Seite dargestellt. Dies ist das Zeichen dafür, dass Sie mit »Ziehen und Ablegen« die markierten Zellen *kopieren* und nicht *verschieben*.

3. **Ziehen Sie den Umriss des markierten Zellbereichs an die Stelle, an der die Kopie abgelegt werden soll, und lassen Sie dann die Maustaste los.**

Darf ich mal eben dazwischen?

Wenn Sie einen neuen Eintrag in eine bereits belegte Zelle schreiben oder dorthin verschieben bzw. kopieren, überschreibt der neue Eintrag vollständig den alten, so als ob der alte Eintrag nie bestanden hätte.

Wenn Sie einen Zellbereich in einen stark frequentierten Bereich des Tabellenblatts verschieben oder kopieren wollen, ohne dabei versehentlich vorhandene Einträge zu überschreiben, drücken Sie `⇧`, während Sie den markierten Bereich ziehen. (Wenn Sie kopieren, drücken Sie `⇧`+`Strg` während des Ziehens.) Anstatt einen rechteckigen Umriss des Zellbereichs zu ziehen, ziehen Sie jetzt einen schraffierten Balken, der je nach Position die Breite bzw. Höhe des markierten Bereichs darstellt. Wenn Sie diesen Balken auf dem Spalten- oder Zeilenrand positionieren, wo der Zellbereich eingefügt werden soll (Excel zeigt wieder in einer QuickInfo an, an welcher Position Sie sich befinden), lassen Sie die Maustaste los. Excel fügt den Zellbereich ein und verweist bestehende Einträge in benachbarte leere Zellen.

Aber ich habe doch nur gemacht, was Sie gesagt haben ...

»Ziehen und Ablegen«, um Daten einzufügen, ist wohl eine der heikelsten Excel-Funktionen. Selbst wenn Sie alles richtig ausgeführt haben, wird manchmal ein Dialogfeld mit einer Meldung angezeigt, dass Excel jetzt die bestehenden Einträge überschreibt, anstatt sie zur Seite zu schieben. Klicken Sie in diesem Fall immer auf ABBRECHEN. Glücklicherweise bleiben Ihnen ja noch die Befehle AUSSCHNEIDEN und EINFÜGEN, mit denen es sich auch nicht schlecht arbeiten lässt. (Mehr dazu im Abschnitt »Man muss auch einfügen können« weiter unten in diesem Kapitel.)

Was Ihnen natürlich auch passieren kann, wenn Sie einen Zellbereich an eine neue Position ziehen, ist, dass anstatt der Daten nur diese ########## angezeigt werden, da Excel die Spaltenbreite jetzt nicht wie beim Formatieren der Daten automatisch anpasst. Es ist aber ein Leichtes, diese ########## wieder verschwinden zu lassen. Doppelklicken Sie auf die rechte Spaltenbegrenzung und die Spalte wird in der Breite so angepasst, dass wieder alle Daten samt Währungszeichen angezeigt werden können.

Die Formel und das AutoAusfüllen

Sie sollten immer dann mit »Ziehen und Ablegen« arbeiten, wenn Sie mehrere angrenzende Zellen an eine andere Stelle im Tabellenblatt kopieren möchten. Es wird aber sicherlich häufiger vorkommen, dass Sie eine Formel, die Sie gerade erstellt haben, in eine Reihe angrenzender Zellen kopieren wollen, da dort dieselbe Berechnung durchgeführt werden soll (z. B. Errechnen der Gesamtsumme einer Zahlenreihe). Diese Art des Kopierens kann jedoch nicht mit »Ziehen und Ablegen« ausgeführt werden. Verwenden Sie hierzu die bereits in Kapitel 2 beschriebene AutoAusfüllen-Funktion oder die Befehle KOPIEREN und EINFÜGEN (siehe »Man muss auch einfügen können« weiter unten in diesem Kapitel).

In den Abbildungen 4.10 und 4.11 habe ich mit AutoAusfüllen eine Formel in einen Zellbereich kopiert. Abbildung 4.10 zeigt das Tabellenblatt mit den Umsatzzahlen für 2004 von Annas Strudelladen GmbH, nachdem ich die beiden neuen Firmen Silkes Pilspub und Gabys Pfannkuchenhaus in die Liste eingefügt habe. (Sehen Sie sich noch mal Abbildung 4.9 an, wenn Sie nicht mehr wissen, wie ich die Zeile mit den Gesamtsummen in die Zeile 12 verschoben habe.)

Leider hat Excel die Summenformeln nicht aktualisiert. Die SUMME-Funktion verwendet noch immer B3:B9 als Argument, obwohl doch mittlerweile die Zeilen 10 und 11 dazugehören. Die Zellen in Zeile 12 enthalten jedoch eine kleine Markierung in der linken oberen Ecke. Außerdem zeigt ein »Warnschild« an, dass hier irgendetwas nicht stimmt. Wie Sie in Abbildung 4.10 sehen, verbirgt sich hinter diesem Warnschild ein Popup-Menü, das Abhilfe für diese missliche Lage schafft. Wählen Sie den Befehl BEZUG ERWEITERN, UM ZELLEN EINZUSCHLIESSEN und schon wird als neuer Bereich für die SUMME-Funktion B3:B11 angezeigt. Na also, es geht doch! Man muss nur ein bisschen nachhelfen. Dann habe ich das Ausfüllkästchen gezogen (der Mauszeiger nimmt die Form eines kleinen schwarzen Kreuzes an), um den Zellbereich C12:E12 (in den die Summenformel kopiert werden soll) zu markieren und die alte Formel mit der neuen zu überschreiben. Sehen Sie sich in Abbildung 4.11 in Zeile 12 den Zellbereich C12:E12 an: Die Gesamtumsätze für die Monate Februar und März sind jetzt im Tabellenblatt enthalten und auch die Quartalsumsätze in der Spalte 1. Qrt. GESAMT für Annas Strudelladen GmbH wurden mit der SUMME-Funktion aktualisiert.

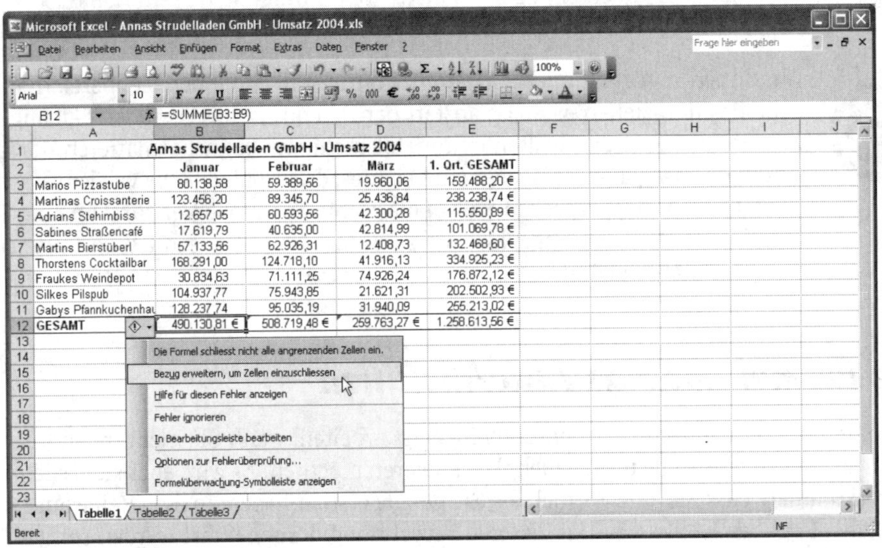

	A	B	C	D	E
1	Annas Strudelladen GmbH - Umsatz 2004				
2		Januar	Februar	März	1. Qrt. GESAMT
3	Marios Pizzastube	80.138,58	59.389,56	19.960,06	159.488,20 €
4	Martinas Croissanterie	123.456,20	89.345,70	25.436,84	238.238,74 €
5	Adrians Stehimbiss	12.657,05	60.593,56	42.300,28	115.550,89 €
6	Sabines Straßencafé	17.619,79	40.635,00	42.814,99	101.069,78 €
7	Martins Bierstüberl	57.133,56	62.926,31	12.408,73	132.468,60 €
8	Thorstens Cocktailbar	168.291,00	124.718,10	41.916,13	334.925,23 €
9	Fraukes Weindepot	30.834,63	71.111,25	74.926,24	176.872,12 €
10	Silkes Pilspub	104.937,77	75.943,85	21.621,31	202.502,93 €
11	Gabys Pfannkuchenhau	128.237,74	95.035,19	31.940,09	255.213,02 €
12	GESAMT	490.130,81 €	508.719,48 €	259.763,27 €	1.258.613,56 €

Abbildung 4.10: Zellen markieren und im Popup-Menü den Befehl BEZUG ERWEITERN, UM ZELLEN EINZUSCHLIESSEN *wählen*

Alles relativ

In Abbildung 4.11 sehen Sie das Tabellenblatt, nachdem ich die Formel aus einer Zelle in den Zellbereich C12:E12 kopiert habe (Zelle C12 ist aktiv). Beim Kopieren der Formeln geht Excel folgendermaßen vor. Die Originalformel in Zelle B12 lautet:

```
=SUMME(B3:B11)
```

Wenn die Originalformel nach nebenan in Zelle C12 kopiert wird, ändert Excel die Formel und zeigt jetzt an:

```
=SUMME(C3:C11)
```

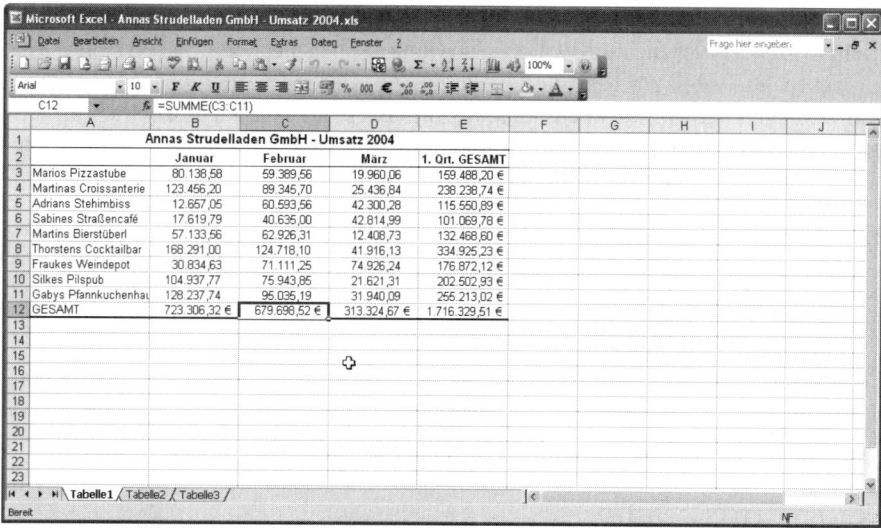

Abbildung 4.11: Das Tabellenblatt mit den aktualisierten Summenformeln

Excel passt also den Spaltenbezug an und ändert B in C, da ich von links nach rechts gezogen habe.

Wenn Sie eine Formel in einen Zellbereich kopieren, der sich über mehrere Zeilen innerhalb einer Spalte erstreckt, passt Excel die Zeilennummern anstatt der Spaltenbuchstaben an. Die Zelle E3 im Tabellenblatt mit den Umsatzzahlen von Annas Strudelladen GmbH enthält beispielsweise die Formel:

```
=SUMME(B3:D3)
```

Wenn Sie diese Formel in Zelle E4 kopieren, ändert Excel die Kopie der Formel in:

```
=SUMME(B4:D4)
```

Excel passt den Zeilenbezug der neuen Position in Zeile 4 an. Da Excel den Zellbezug in den kopierten Formeln relativ zur Kopierrichtung anpasst, werden die Zellbezüge auch als *relative Zellbezüge* bezeichnet.

Absolut richtig

Alle neuen Formeln, die Sie erstellen, enthalten automatisch relative Zellbezüge. Da die meisten Kopien, die Sie von Formeln erstellen, eine Anpassung der Zellbezüge erforderlich machen, brauchen Sie sich darüber keine weiteren Gedanken zu machen. Ab und zu werden Sie allerdings der berühmten Ausnahme begegnen und festlegen müssen, wann und wie Zellbezüge in Kopien angepasst werden sollen.

Eine der häufigsten Ausnahmen ist wohl, wenn Sie einen Bereich mit verschiedenen Werten mit einem Einzelwert vergleichen wollen, also wenn Sie beispielsweise berechnen wollen, welchen prozentualen Anteil ein bestimmter Bereich am Gesamtbereich hat. Angenommen, Sie wollen im Tabellenblatt mit den Umsätzen für Annas Strudelladen GmbH eine Formel erstellen und kopieren, die den prozentualen Anteil des jeweiligen Monatsumsatzes (aus den Zellen B12 bis D12) am Quartalsumsatz (aus Zelle E12) errechnet.

Weiter angenommen, Sie möchten diese Formeln in Zeile 14 des Tabellenblatts eingeben und dabei in Zelle B14 beginnen. Die Formel in Zelle B14 zur Berechnung des prozentualen Anteils des Januarumsatzes am Quartalsumsatz ist recht simpel:

```
=B12/E12
```

Diese Formel dividiert die Gesamtumsätze für Januar aus Zelle B12 durch den Quartalsumsatz in E12. Das war ein Kinderspiel, oder? Wenn Sie jetzt allerdings das Ausfüllkästchen eine Zelle nach rechts ziehen, um die Formel in Zelle C14 zu kopieren, lesen Sie in der Bearbeitungsleiste:

```
=C12/F12
```

Die Anpassung des ersten Zellbezugs von B12 nach C12 hat ja geklappt. Was man allerdings von der Anpassung des zweiten Zellbezugs von E12 auf F12 nicht behaupten kann. Nicht nur, dass dies keineswegs den gewünschten Anteil der Umsätze im Februar aus Zelle C12 am Umsatz des 1. Quartals aus Zelle E12 berechnet, das Ganze endet obendrein in C14 in der Fehlermeldung #DIV/0!.

Um Excel daran zu hindern, einen Zellbezug beim Kopieren einer Formel anzupassen, ändern Sie den relativen Zellbezug in einen absoluten. Wie? Nun, Sie drücken ganz einfach die Funktionstaste [F4], nachdem Sie die entsprechende Zelle markiert haben. Das Programm zeigt Ihnen den absoluten Zellbezug an, indem es $-Zeichen vor den Spaltenbuchstaben und die Zeilennummer einfügt. In Abbildung 4.12 enthält die Zelle B14 die korrekte Formel, die in den Zellbereich C14:D14 kopiert werden kann:

```
=B12/$E$12
```

Abbildung 4.13 zeigt das Tabellenblatt, nachdem diese Formel mit dem Ausfüllkästchen in den Zellbereich C14:D14 kopiert wurde. Die Zelle C14 ist markiert und in der Bearbeitungsleiste wird die folgende Formel angezeigt:

```
=C12/$E$12
```

Da in der ursprünglichen Formel E12 in $E$12 geändert wurde, enthalten jetzt alle Kopien denselben absoluten Zellbezug.

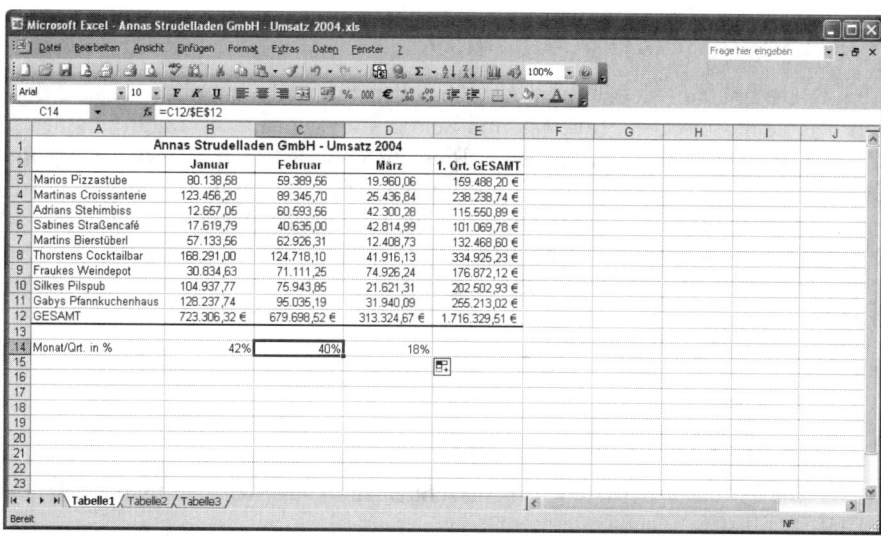

Abbildung 4.12: Die Formel zum Berechnen des prozentualen Anteils der Monatsumsätze am Quartalsumsatz enthält einen absoluten Zellbezug.

Abbildung 4.13: Das Tabellenblatt, nachdem ich die Formel mit den absoluten Zellbezügen kopiert habe

Wenn Sie aus Versehen eine Formel kopieren, in der ein oder mehrere Zellbezüge absolut hätten sein sollen, dann können Sie den Schaden mit den folgenden Schritten beheben:

1. Doppelklicken Sie auf die Zelle, die die falsche Formel enthält, bzw. markieren Sie die Zelle und drücken Sie [F2], um sie zu bearbeiten.

2. Positionieren Sie die Einfügemarke vor dem relativen Zellbezug, der absolut werden soll.

3. Drücken Sie [F4].

4. Wenn Sie den Bearbeitungsvorgang abgeschlossen haben, drücken Sie [↵] und kopieren dann die Formel mit dem Ausfüllkästchen in den betreffenden Zellbereich.

Sie sollten [F4] wirklich nur drücken, um einen Zellbezug – wie oben beschrieben – als absolut zu definieren. Wenn Sie [F4] ein zweites Mal drücken, enden Sie mit einem gemischten Zellbezug, bei dem die Zeile absolut und die Spalte relativ ist (wie bei E$12). Wenn Sie [F4] zum dritten Mal drücken, kommt es zu einer neuen Zellbezugsmischung, bei der die Spalte absolut und die Zeile relativ ist (wie bei $E12). Drücken Sie nun, weil es so schön ist, [F4] ein viertes Mal, ändert Excel den Zellbezug wieder in relativ, also in E12. Sie sind jetzt wieder bei der Ausgangssituation und können nun [F4] wieder so lange drücken, bis Sie die gewünschte Mischung an Zellbezügen erhalten.

Man muss auch einfügen können

Anstatt mit »Ziehen und Ablegen« oder AutoAusfüllen zu arbeiten, können Sie auch die allzeit bereiten Befehle AUSSCHNEIDEN, KOPIEREN und EINFÜGEN verwenden, um Daten in einem Tabellenblatt zu verschieben oder zu kopieren. Diese Befehle bedienen sich der elektronischen Zwischenablage, in der die Daten, die Sie ausschneiden oder kopieren, gespeichert werden, bis Sie sich dazu entschließen, diese Daten irgendwo einzufügen. Weil es diese hervorragende Einrichtung der Zwischenablage gibt, können Sie mit diesen Befehlen Daten auch in eine andere geöffnete Excel-Arbeitsmappe oder sogar in eine andere Windows-Anwendung (z. B. in ein Word-Dokument) verschieben oder kopieren.

Um einen markierten Zellbereich mit den Befehlen AUSSCHNEIDEN und EINFÜGEN im Menü BEARBEITEN zu verschieben, gehen Sie folgendermaßen vor:

1. Markieren Sie die Zellen, die verschoben werden sollen.

2. Klicken Sie auf die Schaltfläche für Ausschneiden in der Standard-Symbolleiste.

Falls Ihnen das lieber ist, können Sie auch im Kontextmenü für Zellen bzw. im Menü BEARBEITEN den Befehl AUSSCHNEIDEN wählen.

Den Umweg über die Menüs und Schaltflächen können Sie sich sparen, indem Sie ganz einfach [Strg]+[X] drücken. Egal auf welche Weise Sie den Befehl AUSSCHNEIDEN aufrufen, Excel versieht in jedem Fall die markierten Zellen mit einem *Laufrahmen* (eine sich bewegende gestrichelte Linie, die den Zellbereich umgibt) und zeigt folgende Meldung in der Statusleiste an:

`Markieren Sie den Zielbereich, und drücken Sie die Eingabetaste.`

3. **Markieren Sie die Zelle in der oberen linken Ecke des Zellbereichs, in dem die Daten dann abgelegt werden sollen.**

4. **Drücken Sie** ⎆ **, um die Aktion abzuschließen.**

Wenn Ihnen keine Anstrengung zu viel ist, dann erzielen Sie dasselbe Ergebnis auch über die Menüleiste mit dem Befehl EINFÜGEN im Menü BEARBEITEN bzw. im Kontextmenü für Zellen oder ganz einfach durch Drücken von Strg + V . Last but not least gibt es in der Standard-Symbolleiste auch noch die Schaltfläche für Einfügen.

Wenn Sie den Zielbereich festlegen, müssen Sie keinen leeren Zellbereich markieren, dessen Form und Größe den markierten Zellen entspricht, die Sie verschieben. Excel muss nur die Position der Zelle in der oberen linken Ecke des Zielbereichs kennen, um die restlichen Zellen unterzubringen.

Das Kopieren markierter Zellen mit den Befehlen KOPIEREN und EINFÜGEN verläuft nach demselben Schema wie das Ausschneiden und Einfügen. Nachdem Sie den zu kopierenden Zellbereich markiert haben, stehen Ihnen wieder viele Möglichkeiten offen, um die Daten in die Zwischenablage zu kopieren. Sie können nicht nur im Kontextmenü für Zellen bzw. im Menü BEARBEITEN den Befehl KOPIEREN wählen. Es gibt da auch noch die Tastenkombination Strg + C oder die Schaltfläche für Kopieren in der Standard-Symbolleiste.

Kopieren wird erst beim zweiten Mal schön

Wenn Sie einen markierten Zellbereich mit den Befehlen KOPIEREN und EINFÜGEN über die Zwischenablage kopiert haben, können Sie diese Daten beliebig oft einfügen. Sie müssen nur darauf achten, den ersten Kopiervorgang nicht mit ⎆ abzuschließen, sondern den Befehl EINFÜGEN (im Kontextmenü oder im Menü BEARBEITEN) zu wählen oder Strg + V zu drücken.

Wenn Sie den Befehl EINFÜGEN verwenden, um einen Kopiervorgang abzuschließen, kopiert Excel die markierten Zellen in den Zielbereich, ohne den Laufrahmen zu entfernen. Das heißt für Sie, dass Sie noch weitere Zielbereiche (in diesem oder einem anderen Dokument) wählen können.

Nachdem Sie die erste Zelle des nächsten Zielbereichs markiert haben, wählen Sie wiederum den Befehl EINFÜGEN. Sie können jetzt beliebig lange so weitermachen. Wenn Sie die letzte Kopie machen, drücken Sie ⎆ , anstatt den Befehl EINFÜGEN zu wählen. Sollten Sie statt ⎆ doch (in alter Gewohnheit) wieder EINFÜGEN gewählt haben, müssen Sie ESC drücken, um den Laufrahmen um den ursprünglichen Zellbereich zu entfernen.

Und noch mehr Optionen fürs Einfügen

Nachdem Sie in der Standard-Symbolleiste auf die Schaltfläche für Einfügen geklickt oder im Menü BEARBEITEN den Befehl EINFÜGEN gewählt haben, um Zelleinträge einzufügen, die Sie in die Zwischenablage kopiert haben (nicht solche, die Sie ausgeschnitten haben), wird die Schaltfläche für Einfügen-Optionen am Ende des eingefügten Zellbereichs angezeigt, die über ein eigenes Popup-Menü verfügt. Klicken Sie auf den nach unten zeigenden Pfeil neben dieser Schaltfläche, um die folgenden Optionen zum Einfügen anzuzeigen:

✔ URSPRÜNGLICHE FORMATIERUNG BEIBEHALTEN: Wenn Sie diese Option auswählen, kopiert Excel die Formatierung der Originalzellen und fügt diese in die Zielzellen (zusammen mit den kopierten Zelleinträgen) ein.

✔ FORMATIERUNG DER ZIELZELLEN ÜBERNEHMEN: Wenn Sie diese Option wählen, formatiert Excel die kopierten Einträge mit dem Format, das Sie dem Zielbereich zugewiesen haben.

✔ WERTE: Bei der Wahl dieser Option kopiert Excel nur die errechneten Werte aus Formeln aus dem Quellbereich in den Zielbereich. Der Zielbereich enthält danach also ausschließlich Beschriftungen und Werte, unabhängig davon, welche Formeln der Quellbereich enthält.

✔ WERTE UND ZAHLENFORMATE: Wenn Sie diese Option wählen, kopiert Excel die berechneten Werte zusammen mit ihrem Zahlenformat in den Zielbereich. Das bedeutet, dass sich alle sonstigen Formatierungen dem Zielbereich anpassen (gilt auch für kopierten Text) und Formeln in Vergessenheit geraten – nur das Zahlenformat des Quellbereichs überdauert diese Kopieraktion.

✔ WERTE UND GESAMTE FORMATIERUNG: Bei dieser Option kopiert Excel Text, Zahlen und berechnete Werte zusammen mit all ihren Formatierung aus dem Quellbereich in den Zielbereich. Mit anderen Worten: Im Zielbereich sieht alles so aus wie im Quellbereich, selbst wenn alle Originalformeln verloren gehen und nur die errechneten Werte kopiert werden.

✔ BREITE DER URSPRUNGSSPALTE BEIBEHALTEN: Wenn Sie diese Option wählen, wird die Spaltenbreite im Zielbereich genauso breit wie die im Quellbereich.

✔ NUR FORMATIERUNG: Bei dieser Option kopiert Excel nur die Formatierung (und nicht die Zelleinträge) vom Quellbereich in den Zielbereich.

✔ ZELLEN VERKNÜPFEN: Wählen Sie diese Option, wenn Formeln in den Zielbereich übernommen und mit dem Quellbereich verknüpft werden sollen, damit Änderungen, die Sie in den Zelleinträgen im Quellbereich vornehmen, sich auch direkt in den entsprechenden Zellen im Zielbereich widerspiegeln.

Einfügen mit dem Aufgabenbereich Zwischenablage

Excel 2003 kann ausgeschnittenen und kopierten Text mehrfach – um genau zu sein: 24 Mal – in der Zwischenablage ablegen. Das ist total praktisch. Sie können so nämlich noch Dinge aus der Zwischenablage in eine Arbeitsmappe kopieren, selbst wenn der Kopier- oder Verschiebevorgang bereits etwas länger zurückliegt. Sobald Sie mehr als eine Zellauswahl ausschneiden oder kopieren und in der Zwischenablage ablegen, öffnet Excel 2003 den Aufgabenbereich ZWISCHENABLAGE und zeigt alle darin abgelegten Elemente an (Abbildung 4.14).

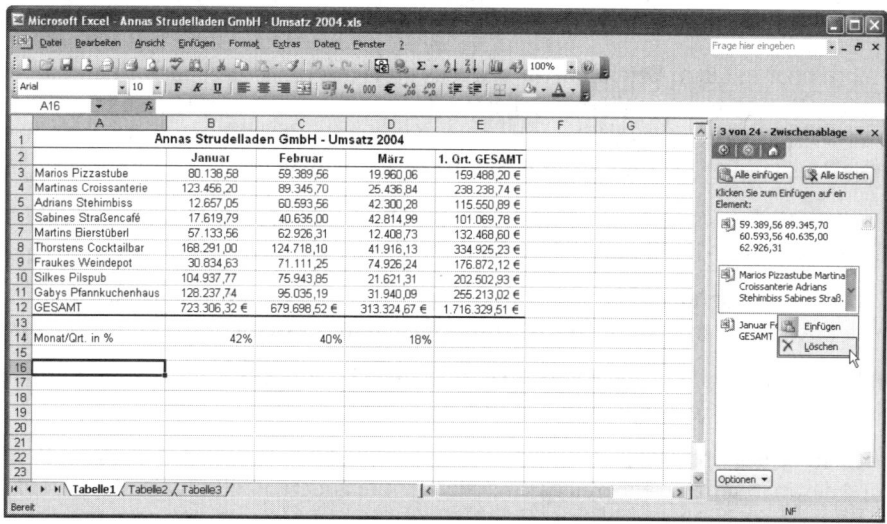

Abbildung 4.14: Der Aufgabenbereich ZWISCHENABLAGE wird geöffnet, sobald Sie mehr als ein Element ausschneiden oder kopieren.

Um irgendein Element (nicht das zuletzt ausgeschnittene oder kopierte) aus der Zwischenablage in eine Arbeitsmappe einzufügen, klicken Sie im Aufgabenbereich ZWISCHENABLAGE auf das entsprechende Element, um es in der Arbeitsmappe an der aktuellen Position des Zellcursors einzufügen.

Sie können alle Elemente, die in der Zwischenablage abgelegt sind, in die aktuelle Arbeitsmappe einfügen, indem Sie ganz oben im Aufgabenbereich ZWISCHENABLAGE auf die Schaltfläche ALLE EINFÜGEN klicken. Um alle Elemente aus der Zwischenablage zu entfernen, klicken Sie auf die Schaltfläche ALLE LÖSCHEN. Wenn Sie nur ein ganz bestimmtes Element aus der Zwischenablage entfernen wollen, zeigen Sie mit dem Mauszeiger auf das entsprechende Element, klicken dann rechts auf den nach unten zeigenden Pfeil und wählen anschließend im Popup-Menü den Befehl LÖSCHEN (Abbildung 4.14).

Auch beim Einfügen sollte man wählerisch sein

Excel kopiert in der Regel die gesamten Informationen, die der markierte Zellbereich enthält, d. h. Formatierungen ebenso wie Formeln, Text und sonstige Daten. Sie haben allerdings – wie im letzten Abschnitt beschrieben – über die Schaltfläche für Einfügen-Optionen die Möglichkeit festzulegen, ob nur der Zellinhalt (ohne Formatierung) oder nur die Formate (ohne den Zellinhalt) kopiert werden. Sie können sogar nur die Werte markierter Zellen kopieren,

d. h., Texteinträge und Werte werden kopiert, nicht aber Formeln oder Formate. (Das entspricht der Option WERTE, die ich im Abschnitt »Und noch mehr Optionen fürs Einfügen« beschrieben habe.) Wenn Sie Werte einfügen, werden alle in den markierten Zellen enthaltenen Formeln herausgefiltert und nur die errechneten Werte beibehalten – diese Werte werden im Zielzellbereich angezeigt, als ob sie manuell eingegeben worden wären.

Excel bietet aber mit dem Befehl INHALTE EINFÜGEN im Menü BEARBEITEN noch eine weitere Möglichkeit, das Einfügen von kopierten Zelleinträgen zu steuern. Im Dialogfeld INHALTE EINFÜGEN können Sie festlegen, welchen Inhalt des aktuellen Zellbereichs Sie einfügen möchten, und außerdem noch weitere Aktionen mit dem Einfügen verbinden:

✔ Standardmäßig wählt Excel das Optionsfeld ALLES im Gruppenfeld EINFÜGEN und fügt damit den gesamten Zellinhalt (Formeln, Formate etc.) des markierten Zellbereichs ein.

✔ Wählen Sie das Optionsfeld FORMELN im Gruppenfeld EINFÜGEN, um Text, Zahlen und Formeln des aktuell markierten Zellbereichs einzufügen, ohne dessen Format zu übernehmen.

✔ Wählen Sie das Optionsfeld WERTE im Gruppenfeld EINFÜGEN, um anstelle der Formeln nur die berechneten Werte aus dem markierten Zellbereich zu übernehmen.

✔ Wählen Sie das Optionsfeld FORMATE im Gruppenfeld EINFÜGEN, um lediglich die Formatierung des markierten Zellbereichs einzufügen. Alle anderen Zellinhalte bleiben bei dieser Option unberücksichtigt.

✔ Wählen Sie das Optionsfeld KOMMENTARE im Gruppenfeld EINFÜGEN, um nur die Kommentare der Zellen einzufügen (hierzu mehr in Kapitel 6).

✔ Wählen Sie das Optionsfeld GÜLTIGKEIT im Gruppenfeld EINFÜGEN, um nur die Gültigkeitskriterien in den Zellbereich einzufügen, die Sie mit dem Befehl GÜLTIGKEIT im Menü DATEN festgelegt haben. Mit diesem schicken Befehl legen Sie Gültigkeitskriterien für eine Zelle oder einen Zellbereich fest.

✔ Wählen Sie das Optionsfeld ALLES AUSSER RAHMEN im Gruppenfeld EINFÜGEN, um den gesamten Zellinhalt des markierten Zellbereichs ohne die dort verwendeten Rahmen einzufügen.

✔ Klicken Sie im Gruppenfeld EINFÜGEN auf das Optionsfeld SPALTENBREITE, um die Spaltenbreite des Zellbereichs, in den eingefügt werden soll, den aus der Zwischenablage einzufügenden Zellen anzupassen.

✔ Wählen Sie im Gruppenfeld EINFÜGEN die Option FORMELN UND ZAHLENFORMATE, um die Zahlenformate zu übernehmen, die den eingefügten Werten und Formeln zugewiesen sind.

✔ Wählen Sie im Gruppenfeld EINFÜGEN die Option WERTE UND ZAHLENFORMATE, um Formeln in ihre errechneten Werte zu konvertieren und die Zahlenformate zu übernehmen, die den eingefügten Werten zugewiesen sind.

✔ Standardmäßig ist im Gruppenfeld VORGANG das Optionsfeld KEINE aktiviert. Diese Auswahl soll signalisieren, dass Excel keine Rechenoperation zwischen den Daten, die Sie in der Zwischenablage abgelegt haben, und den Daten in dem Zellbereich, in den Sie einfügen wollen, ausführen wird.

✔ Wählen Sie das Optionsfeld ADDIEREN im Gruppenfeld VORGANG, um die Daten, die Sie in der Zwischenablage abgelegt haben, zu den Daten in dem Zellbereich, in den Sie einfügen wollen, zu addieren.

✔ Wählen Sie das Optionsfeld SUBTRAHIEREN im Gruppenfeld VORGANG, um die Daten, die Sie in der Zwischenablage abgelegt haben, von den Daten in dem Zellbereich, in den Sie einfügen wollen, zu subtrahieren.

✔ Wählen Sie das Optionsfeld MULTIPLIZIEREN im Gruppenfeld VORGANG, um die Daten, die Sie in der Zwischenablage abgelegt haben, mit den Daten in dem Zellbereich, in den Sie einfügen wollen, zu multiplizieren.

✔ Wählen Sie das Optionsfeld DIVIDIEREN im Gruppenfeld VORGANG, um die Daten in dem Zellbereich, in den Sie einfügen wollen, durch die Daten, die Sie in der Zwischenablage abgelegt haben, zu dividieren.

✔ Aktivieren Sie das Kontrollkästchen LEERZELLEN ÜBERSPRINGEN, wenn Sie vermeiden wollen, dass Werte im Einfügebereich durch Leerzellen im Kopierbereich ersetzt werden. Denn: Eine leere Zelle kann Ihre aktuellen Zellinhalte nicht überschreiben.

✔ Aktivieren Sie das Kontrollkästchen TRANSPONIEREN, wenn Excel die Ausrichtung der eingefügten Inhalte ändern soll. Beispiel: Die ursprünglichen Zellinhalte nehmen mehrere Zeilen in einer Spalte ein; die transponierten eingefügten Zellinhalte stehen in einer Zeile, die sich aber über mehrere Spalten erstreckt.

✔ Wählen Sie die Schaltfläche VERKNÜPFEN, wenn Sie Zellinhalte kopieren und gleichzeitig eine Verknüpfung zwischen den Kopien, die Sie einfügen, und den Originalinhalten herstellen möchten, damit es bei Änderungen im Original gleichzeitig zu einer Aktualisierung der eingefügten Kopien kommt.

 Sie können die Optionen FORMELN, WERTE, KEINE RAHMENLINIEN, TRANSPONIEREN und VERKNÜPFUNG EINFÜGEN direkt über das Menü zur Schaltfläche für Einfügen in der Standard-Symbolleiste wählen, ohne das Dialogfeld INHALTE EINFÜGEN zu bemühen. Klicken Sie auf den nach unten zeigenden Pfeil neben der Schaltfläche für Einfügen, um das Popup-Menü zu öffnen, und wählen Sie dann die gewünschte Option aus. Sie können über dieses Popup-Menü auch das Dialogfeld INHALTE EINFÜGEN öffnen, indem Sie ganz unten im Menü den Befehl INHALTE EINFÜGEN wählen.

Hinweis: Die Option KEINE RAHMENLINIEN (im Menü zur Schaltfläche für Einfügen in der Standard-Symbolleiste) entspricht der Option ALLES AUSSER RAHMEN im Dialogfeld INHALTE EINFÜGEN.

Inhalt oder Zelle löschen, das ist hier die Frage

Ich kann natürlich der Bearbeitung von Daten in Excel kein ganzes Kapitel widmen, ohne Ihnen zum Schluss auch noch zu erzählen, wie Sie Einträge aus einem Tabellenblatt wieder entfernen können. Hierzu stehen Ihnen zwei Möglichkeiten zur Auswahl:

✔ **Zellinhalt löschen:** Sie können den Inhalt einer Zelle löschen, ohne damit die Zelle selbst aus dem Tabellenblatt zu entfernen, da sich dadurch die Struktur der angrenzenden Zellen ändern würde.

✔ **Zellen löschen:** Sie können jedoch auch die Zelle selbst löschen, wobei nicht nur der Inhalt und das Format der Zelle gelöscht werden, sondern die Zelle selbst aus dem Tabellenblatt entfernt wird. Wenn Sie eine Zelle löschen, muss Excel die Anordnung der Inhalte in den angrenzenden Zellen neu gestalten, um mögliche Lücken zu stopfen.

Inhalte löschen

Um den Inhalt eines Zellbereichs und nicht die Zellen selbst zu löschen, markieren Sie den Bereich und drücken $\boxed{\text{Entf}}$ oder wählen im Menü BEARBEITEN den Befehl LÖSCHEN und dann den Unterbefehl INHALTE.

Wenn Sie allerdings mehr als den Inhalt eines Zellbereichs loswerden wollen, wählen Sie in diesem Untermenü einen der drei anderen Befehle, die Ihnen freundlicherweise angeboten werden:

✔ ALLES: Wählen Sie diesen Befehl, um einfach alles, d. h. Formate, Kommentare, Einträge etc., aus der Zelle zu entfernen.

✔ FORMATE: Wählen Sie diesen Befehl, wenn Sie außer mit dem Format mit dem Inhalt der Zelle einverstanden sind.

✔ KOMMENTARE: Diesen Befehl sollten Sie wählen, falls Sie nur die Kommentare aus der Zelle entfernen möchten und alles andere beim Alten belassen wollen.

Das absolute Ende für einen Zellbereich

Um Zellen an sich und nicht nur deren Inhalte zu löschen, markieren Sie den Zellbereich und wählen im Kontextmenü der Zellen bzw. im Menü BEARBEITEN den Befehl ZELLEN LÖSCHEN. Das Dialogfeld LÖSCHEN wird geöffnet, in dem Sie festlegen können, in welche Richtung Excel die verbleibenden Zellen verschieben soll, um die entstehende Lücke zu schließen. Die folgenden Optionen stehen Ihnen zur Verfügung:

✔ ZELLEN NACH LINKS VERSCHIEBEN: Wählen Sie diese Option, damit Excel die Einträge aus den benachbarten Zellen auf der rechten Seite nach links verschiebt und so die Lücken schließt, wenn Sie den Zellbereich mit OK oder $\boxed{\hookleftarrow}$ löschen.

✔ ZELLEN NACH OBEN VERSCHIEBEN: Wenn Sie diese Option wählen, werden die Einträge aus den unten angrenzenden Zeilen nach oben verschoben.

✔ GANZE ZEILE: Wenn Sie im markierten Zellbereich die Zeilen komplett löschen wollen, sollten Sie diese Option wählen.

✔ GANZE SPALTE: Wenn Sie die Spalten im markierten Zellbereich komplett löschen möchten, klicken Sie auf dieses Optionsfeld.

Wenn Sie bereits im Voraus wissen, dass Sie eine ganze Spalte oder Zeile aus dem Tabellenblatt löschen wollen, können Sie auf den Spaltenbuchstaben bzw. die Zeilennummer klicken, um die gesamte Spalte bzw. Zeile zu markieren, und dann den Befehl ZELLEN LÖSCHEN im Kontextmenü für Zellen bzw. im Menü BEARBEITEN wählen. Sie können auch mehrere Spalten oder Zeilen gleichzeitig löschen. Allerdings wird beim Löschen ganzer Spalten und Zeilen kein Dialogfeld mehr angezeigt (zu erkennen an den fehlenden drei Punkten hinter dem Befehl). Wenn Sie also ZELLEN LÖSCHEN wählen, nimmt das Geschehen sofort seinen Lauf.

 Ganze Spalten und Zeilen aus einem Tabellenblatt zu löschen, ist eine riskante Angelegenheit. Sie sollten sich ganz sicher sein, dass diese Spalten und Zeilen nichts Wertvolles enthalten. Wenn Sie nämlich eine vollständige Zeile aus dem Tabellenblatt entfernen, löschen Sie *alle Daten in den Spalten A bis IV* in dieser Zeile (angezeigt werden ja immer nur einige wenige). Entsprechend gilt: Wenn Sie eine ganze Spalte löschen, entfernen Sie *alle Daten in den Zeilen 1 bis 65.536* in dieser Spalte. Das könnte gefährlich werden ...

Vorsicht, Bauarbeiten!

Es wird wahrscheinlich sehr häufig vorkommen, dass Sie neue Einträge in einen bereits belegten Bereich des Tabellenblatts einfügen müssen. Sie können hierzu neue Zellen in den Bereich einfügen, anstatt einzelne Zellbereiche zu verschieben und neu anzuordnen. Um einen Zellbereich einzufügen, markieren Sie die Zellen (von denen einige bereits belegt sein werden), an deren Stelle die neuen Zellen angezeigt werden sollen, und wählen dann den Befehl ZELLEN EINFÜGEN im Kontextmenü für Zellen bzw. den Befehl ZELLEN im Menü EINFÜGEN, um das Dialogfeld ZELLEN EINFÜGEN zu öffnen. Wenn Sie neue Zellen einfügen, können Sie bestimmen, in welche Richtung Excel die bestehenden Einträge verschieben soll:

✔ ZELLEN NACH RECHTS VERSCHIEBEN: Sollen die bestehenden Zelleinträge nach rechts verschoben werden, klicken Sie auf dieses Optionsfeld und wählen dann OK oder drücken ⏎.

✔ ZELLEN NACH UNTEN VERSCHIEBEN: Wenn das Programm die bestehenden Zellen nach unten verschieben soll, klicken Sie auf das Optionsfeld und wählen dann OK oder drücken ⏎. (Diese Option ist übrigens standardmäßig aktiviert.)

✔ GANZE ZEILE oder GANZE SPALTE: Ebenso wie beim Löschen von Zellen, können Sie beim Einfügen von Zellen mit dem Dialogfeld ZELLEN EINFÜGEN ganze Zeilen und Spalten in den Zellbereich einfügen. Klicken Sie hierzu auf das Optionsfeld GANZE ZEILE bzw. auf GANZE SPALTE.

Sie können auch ganze Spalten und Zeilen in ein Tabellenblatt einfügen, indem Sie eine oder mehrere Spalte(n) bzw. Zeile(n) markieren und dann im Menü EINFÜGEN den Befehl SPALTEN bzw. ZEILEN wählen, d. h., Sie brauchen das Dialogfeld ZELLEN EINFÜGEN gar nicht erst zu öffnen.

Denken Sie daran, dass sich – genau wie beim Löschen ganzer Spalten und Zeilen – das Einfügen ganzer Spalten und Zeilen auf das gesamte Tabellenblatt auswirkt und nicht nur auf den Teil, den Sie momentan auf dem Bildschirm sehen. Wenn Sie also nicht wissen, was alles noch in der großen Weite des Tabellenblatts verborgen ist, können Sie nicht mit Gewissheit sagen, ob sich das Einfügen nicht irgendwie auf Einträge in nicht angezeigten Bereichen auswirkt.

Letzte Rettung – die Rechtschreibprüfung

Ich denke, dass es Sie beruhigen wird zu wissen, dass Excel über eine Rechtschreibprüfung verfügt, die alle diese kleinen, mitunter peinlichen Rechtschreibfehler aufspürt und verbessert. Es gibt also keine Entschuldigung mehr für ein Tabellenblatt mit Tippfehlern in den Überschriften.

Um die Rechtschreibung in einem Tabellenblatt zu prüfen, wählen Sie entweder im Menü EXTRAS den Befehl RECHTSCHREIBUNG oder Sie klicken auf die Schaltfläche für Rechtschreibung in der Standard-Symbolleiste (die mit dem ABC und dem Häkchen) oder Sie drücken F7.

Egal, wie Sie die Sache angehen, Excel beginnt sofort mit der Rechtschreibprüfung aller Texteinträge im Tabellenblatt. Wenn das Programm auf ein unbekanntes Wort trifft, wird dieses im Dialogfeld RECHTSCHREIBUNG angezeigt (Abbildung 4.15).

Das Textfeld NICHT IM WÖRTERBUCH enthält das für Excel unbekannte Wort, wobei höchstwahrscheinlich richtige Wörter im Listenfeld VORSCHLÄGE angezeigt werden. Lassen Sie mich auch noch ein paar Worte über die Schaltflächen im Dialogfeld RECHTSCHREIBUNG verlieren. Denn davon gibt es ja wirklich mehr als genug.

✔ EINMAL IGNORIEREN und ALLE IGNORIEREN: Wenn die Rechtschreibprüfung auf ein Wort stößt, das nicht im Wörterbuch enthalten ist, von dem Sie jedoch der Meinung sind, dass es vollkommen in Ordnung ist, dann klicken Sie auf EINMAL IGNORIEREN. Wenn die Rechtschreibprüfung Sie mit diesem Wort nicht mehr behelligen soll, dann klicken Sie auf ALLE IGNORIEREN.

✔ ZUM WÖRTERBUCH HINZUFÜGEN: Klicken Sie auf diese Schaltfläche, um ein (zumindest für Excel) unbekanntes Wort dem Standardwörterbuch BENUTZER.DIC oder einem benutzerdefinierten Wörterbuch hinzuzufügen, damit es die nächste Rechtschreibprüfung »besteht«.

✔ ÄNDERN: Um das Wort im Textfeld NICHT IM WÖRTERBUCH durch das Wort im Listenfeld VORSCHLÄGE zu ersetzen, klicken Sie auf diese Schaltfläche.

✔ IMMER ÄNDERN: Um alle Vorkommen dieses falsch geschriebenen Wortes im Tabellenblatt zu ändern, klicken Sie auf diese Schaltfläche.

✔ AUTOKORREKTUR: Wenn Excel von jetzt an den gerade angezeigten Fehler bereits bei der Eingabe automatisch durch den Vorschlag ersetzen soll, der im Listenfeld VORSCHLÄGE angezeigt wird, dann klicken Sie auf diese Schaltfläche. Das falsch geschriebene Wort und der Vorschlag werden daraufhin in die AutoKorrektur-Liste übernommen – mehr dazu in Kapitel 2 im Abschnitt »Einmal AutoKorrektur, bitte«.

✔ WÖRTERBUCHSPRACHE: Wenn Sie bei der Korrektur eine andere Sprache verwenden möchten (z. B. Englisch, wenn Sie englische Ausdrücke in einer Arbeitsmappe überprüfen wollen), dann klappen Sie hierzu dieses Dropdown-Listenfeld auf und wählen in der angezeigten Liste die gewünschte Wörterbuchsprache aus. Standardmäßig sind neben Deutsch Wörterbücher für Englisch, Französisch und Italienisch enthalten.

Abbildung 4.15: Die Rechtschreibprüfung im Dialogfeld RECHTSCHREIBUNG

Bei der Rechtschreibprüfung werden nicht nur Wörter angezeigt, die nicht im integrierten oder im benutzerdefinierten Wörterbuch gefunden werden, sondern auch Wortwiederholungen in einem Zelleintrag (z. B. in in €) oder Wörter mit eigenartiger Groß-/Kleinschreibung (z. B. UMSatz).

Sie können die Rechtschreibung auch nur für eine bestimmte Gruppe von Einträgen prüfen, indem Sie den Zellbereich markieren, bevor Sie im Menü EXTRAS den Befehl RECHTSCHREIBUNG wählen oder auf die Schaltfläche für Rechtschreibung in der Standard-Symbolleiste klicken bzw. [F7] drücken.

Und jetzt alles aufs Papier gebracht

5

In diesem Kapitel

▶ Seiten vor dem Drucken in der Seitenvorschau prüfen

▶ Aus der Standard-Symbolleiste heraus drucken

▶ Alle Tabellenblätter einer Arbeitsmappe auf einen Streich drucken

▶ Nur einen ganz bestimmten Bereich des Tabellenblatts drucken

▶ Ein ganzes Tabellenblatt auf nur einer Seite drucken

▶ Vom Hochformat zum Querformat und umgekehrt wechseln

▶ Die Ränder für den Ausdruck ändern

▶ Den Ausdruck mit Kopf- und Fußzeilen informativer gestalten

▶ Auf jeder Druckseite die Spalten- und Zeilenköpfe wiederholen

▶ Selbst bestimmen, wo im Ausdruck eine neue Seite beginnen soll

▶ Die Formeln anstelle der Ergebnisse ausdrucken

Wenn alles gesagt und getan ist, wird es höchste Zeit, die Daten aufs Papier zu bringen. Alles, was Sie sich bisher mühsam erarbeitet haben, Dateneingabe, Formatierungen, Formeleingabe etc., dient ja eigentlich hauptsächlich dem Zweck, das Ganze irgendwann einmal schwarz auf weiß in Händen zu halten. In diesem Kapitel erfahren Sie endlich, wie Sie mit Excel drucken. Das wurde auch Zeit, oder? Wie Sie sehen werden, gilt es dabei nur ein paar Formalitäten einzuhalten, und schon erhalten Sie einen Topausdruck – und das bereits beim ersten Versuch (hoffentlich!).

Sie müssen sich lediglich ein bisschen mit der Seitenaufteilung von Excel beschäftigen und lernen, diese Ihren Wünschen entsprechend zu steuern. Angenommen, Sie möchten ein Dokument ausdrucken, das ca. zwei Druckseiten lang ist. Da Sie aber recht viele Spalten mit wichtigen Zahlen versehen haben, ist das Tabellenblatt nicht nur länger als eine Seite, sondern auch noch breiter. Wie um alles in der Welt soll das jemals in ordentlicher Form aus dem Drucker kommen? Excel muss also sowohl einen horizontalen Seitenumbruch (für die Länge) als auch einen vertikalen (für die Breite) durchführen.

Excel geht dabei folgendermaßen vor: Es druckt zuerst in vertikaler Richtung, d. h. alle Zeilen und so viele Spalten, wie auf eine Seite passen (z. B. A bis E). Sobald eine Seite bis unten voll geschrieben ist, wird eine neue Seite begonnen ... und das so lange, bis alle Zeilen mit den ersten Spalten gedruckt sind. Dann blättert Excel zurück zur ersten Zeile und springt nach rechts, um den zweiten Spaltenbereich (z. B. F bis K) für alle Zeilen zu drucken. Das Ganze wird so lange wiederholt, bis alle Daten gedruckt sind.

Wenn Excel seine Druckaufteilung vornimmt, käme es nie auf die Idee, die Daten innerhalb einer Zeile oder Spalte aufzuteilen. Passt eine Zeile nicht mehr aufs Papier, wird sie vollständig auf die nächste Seite geschrieben. Dasselbe gilt für die Spalten.

Sie haben nun mehrere Möglichkeiten, mit diesen Problemen fertig zu werden. Und Sie werden diese auch alle kennen lernen. Denn wenn Sie erst einmal gelernt haben, die Seitenaufteilung von Excel für Ihre Zwecke zu nutzen, muss nur noch der Drucker arbeiten. Sie selbst haben dann Ihre Schuldigkeit getan.

Die Seitenansicht

Tun Sie sich und Ihrer Umwelt einen Gefallen. Verwenden Sie vor dem Drucken stets die wunderbare Einrichtung der Seitenansicht und retten Sie so im Laufe der Zeit ein bis zwei Wälder. In der Seitenansicht können Sie genau sehen, wie Excel Ihre Daten auf dem Papier verteilen wird. Sie haben in der Seitenansicht noch eine Chance, die Ränder anzupassen oder Seiteneinstellungen zu ändern. Schaut alles okay aus, können Sie direkt aus der Seitenansicht heraus drucken.

Um zur Seitenansicht zu gelangen, klicken Sie auf die Schaltfläche für Seitenansicht in der Standard-Symbolleiste (das ist die mit dem weißen Blatt Papier und der Lupe) oder Sie wählen den Befehl DATEI|SEITENANSICHT. Excel wechselt in die Seitenansicht mit eigener Symbolleiste und zeigt alle Informationen der ersten Seite an. Jetzt können Sie zwar nichts mehr lesen, dafür sehen Sie aber genau, wie die erste Druckseite aussehen wird. In Abbildung 5.1 sehen Sie die Seitenansicht mit der ersten Seite eines fünfseitigen Dokuments und dem typischen Mauszeiger der Seitenansicht – dem Zoom-Zeiger (die Lupe).

Was machen Sie, wenn Sie doch zumindest ein bisschen von dem, was da geschrieben steht, lesen möchten, um sich im Tabellenblatt zu orientieren? Sie vergrößern einfach die Ansicht. Sie können die Darstellung bis zu 100 Prozent vergrößern, indem Sie auf die Schaltfläche ZOOM klicken. Alternativ können Sie auch mit dem Mauszeiger auf den Bereich zeigen, den Sie entziffern möchten (der Mauszeiger stellt in weiser Voraussicht eine Lupe dar), und auf eine beliebige Stelle klicken. Abbildung 5.2 zeigt eine Vergrößerung der ersten Seite unseres fünfseitigen Dokuments. Um diese Vergrößerung zu erhalten, klicken Sie mit der Lupe auf den oberen linken Bereich der Seite.

Nachdem Sie die Seite vergrößert haben, können Sie mit den Bildlaufleisten in Ruhe durch die Seiten blättern. Natürlich können Sie auch die Pfeiltasten $\uparrow$ und $\downarrow$ oder $\boxed{\text{Bild}\uparrow}$ bzw. $\boxed{\text{Bild}\downarrow}$ verwenden, um nach oben bzw. nach unten zu blättern, oder $\boxed{\leftarrow}$ und $\boxed{\rightarrow}$ bzw. $\boxed{\text{Strg}}+\boxed{\text{Bild}\uparrow}$ oder $\boxed{\text{Strg}}+\boxed{\text{Bild}\downarrow}$, um nach links bzw. nach rechts zu blättern.

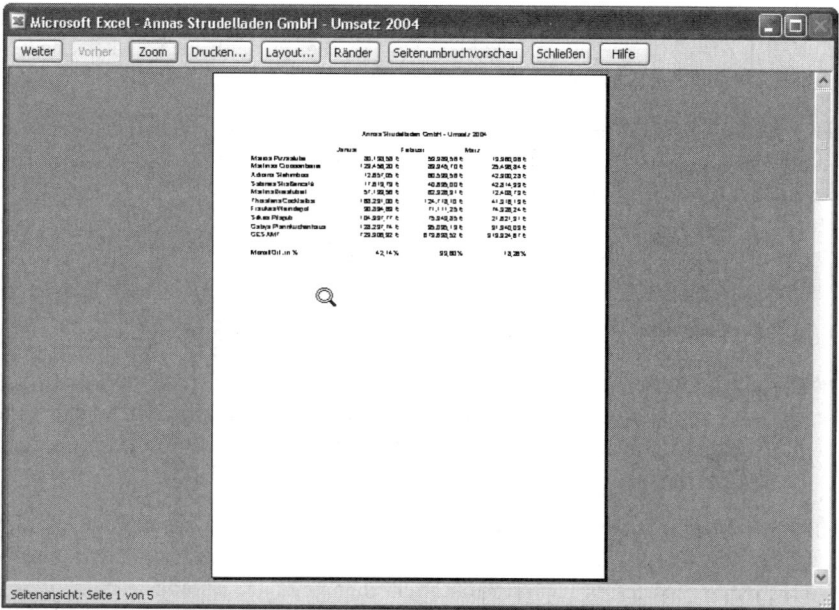

Abbildung 5.1: Die erste Seite eines fünfseitigen Dokuments in der Seitenansicht

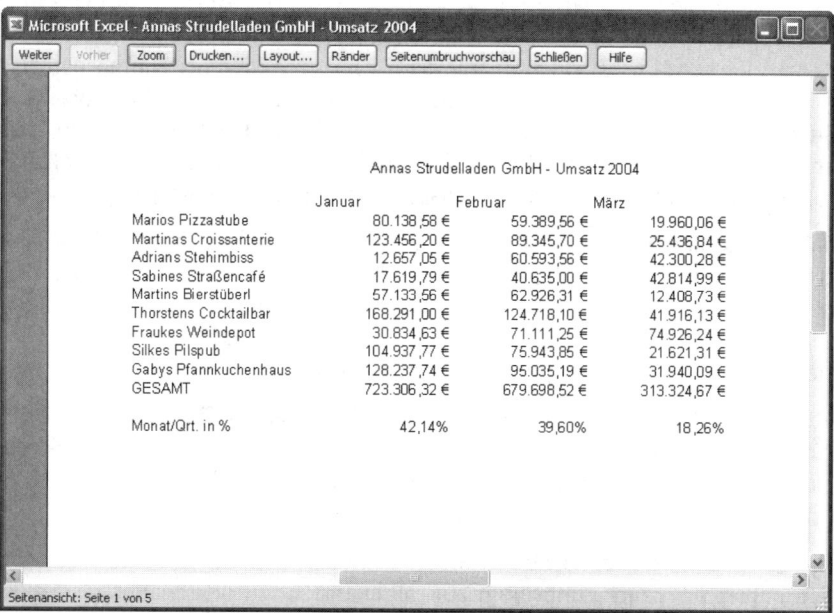

Abbildung 5.2: Die erste Seite in der Seitenansicht wurde durch Klicken auf den oberen linken Bereich vergrößert.

Wenn Sie die ganze Druckseite wieder anzeigen lassen möchten, klicken Sie auf eine beliebige Stelle im Fenster (mit dem Pfeil-Mauszeiger) bzw. wählen erneut die Schaltfläche Zoom. Das Drücken von ↵ hat den gleichen Effekt.

Excel zeigt stets in der Statusleiste an, wie viele Seiten insgesamt gedruckt werden. Mit der Schaltfläche WEITER gelangen Sie zur nächsten, mit der Schaltfläche VORHER zur vorherigen Druckseite. (Letztere wird abgeblendet dargestellt, wenn Sie sich auf der ersten Seite befinden.) Alternativ drücken Sie ↓ oder Bild↓ , um zur nächsten Seite zu gelangen, und ↑ oder Bild↑ , um zur vorherigen Seite zurückzublättern. Das funktioniert aber nur, wenn die Darstellung nicht vergrößert ist.

Wenn Sie alles überprüft haben, stehen Ihnen folgende Möglichkeiten offen:

✔ **Druckbereit:** Haben Sie alle Seiten für gut befunden, klicken Sie auf die Schaltfläche DRUCKEN, um das Dialogfeld DRUCKEN zu öffnen. Von dort aus gehen Ihre Daten dann endgültig an den Drucker. Mehr zu diesem Thema gibt's weiter unten im Abschnitt »Variationen zum Thema Drucken«.

✔ **Probleme beim Einrichten der Seiten:** Einige Dinge waren nicht okay? Na gut, dann klicken Sie auf die Schaltfläche LAYOUT, um das Dialogfeld SEITE EINRICHTEN zu öffnen. Dort können Sie jede Menge reparieren: Papierformat, Seitenreihenfolge, Seitenorientierung oder Ränder – ja sogar die Kopf- und/oder Fußzeile können Sie dort definieren bzw. ändern.

✔ **Probleme mit dem Seitenumbruch:** Wenn Ihnen was am Seitenumbruch nicht gefällt, klicken Sie auf die Schaltfläche SEITENUMBRUCHVORSCHAU. Das führt Sie zurück zum Arbeitsmappenfenster, in dem das Tabellenblatt etwas verkleinert angezeigt wird. Ziehen Sie die Seitenränder nach Lust und Laune mit der Maus, um so den Seitenumbruch zu ändern. Wenn Sie genug davon haben, wählen Sie im Menü ANSICHT den Befehl NORMAL. Sollten Sie endlich zufrieden sein, drucken Sie die Tabelle mit dem Befehl DRUCKEN im Menü DATEI oder Sie klicken auf die Schaltfläche für Drucken in der Standard-Symbolleiste. Mehr hierzu im Abschnitt »Alles an seinem Platz« weiter unten in diesem Kapitel.

✔ **Probleme mit den Rändern und der Spaltenbreite:** Wenn Sie mit den Rändern oder den Spaltenbreiten nicht einverstanden sind, klicken Sie in der Seitenansicht auf die Schaltfläche RÄNDER. Anschließend ziehen Sie einfach die Randmarkierungen (die Ihnen Excel jetzt nicht mehr vorenthält) an die gewünschten Positionen. Mehr zu diesem Thema weiter unten im Abschnitt »Marginales Denken ist angesagt«.

✔ **Probleme mit Tippfehlern:** Sollten Sie allerdings auf einen Tippfehler oder eine falsche Zahl stoßen, dann bleibt Ihnen nichts anderes übrig, als auf die Schaltfläche SCHLIESSEN zu klicken, um zur gewohnten Ansicht des Tabellenblatts zurückzuschalten. Denn nur dort können Sie Ihre Daten direkt bearbeiten.

✔ **Alles paletti und druckbereit:** Wenn Sie Ihre Änderungen im Tabellenblatt durchgeführt haben, müssen Sie nicht unbedingt zur Seitenansicht zurückschalten, es sei denn, Sie wollen auf Nummer Sicher gehen und alles noch einmal prüfen. Wenn Sie nur kleine Korrekturen vorgenommen haben, können Sie auch direkt den Befehl DRUCKEN im Menü DATEI wählen oder auf die Schaltfläche für Drucken in der Standard-Symbolleiste klicken.

Wo hört die Seite auf, wo fängt die nächste an?

Wenn Sie aus der Seitenansicht in die normale Ansicht zurückschalten, zeigt Excel im Arbeitsmappenfenster automatisch an, wie es sich die Aufteilung der Daten auf den Seiten vorstellt. Dort, wo es eine neue Seite beginnen will (Kenner sprechen hier vom Seitenumbruch), wird eine gepunktete Linie angezeigt. Dies gilt sowohl für den vertikalen als auch für den horizontalen Umbruch.

Manchmal kann das ganz schön störend sein – immer diese Punkte. Das lässt sich abschalten. Wählen Sie im Menü EXTRAS den Befehl OPTIONEN und anschließend die Registerkarte ANSICHT. Deaktivieren Sie dort das Kontrollkästchen SEITENUMBRUCH. Einmal auf OK geklickt bzw. ⏎ gedrückt, und es ist Schluss mit den Punkten.

Drucken, wie es Euch gefällt

Solange Sie Excels Standardeinstellungen für das Drucken verwenden, ist das Drucken eines Tabellenblatts ein Kinderspiel: Einmal auf die Schaltfläche für Drucken in der Standard-Symbolleiste klicken (nicht zu übersehen, dort wird ein Drucker dargestellt), und schon geht die Post ab. Alle Daten des aktuellen Blatts werden gedruckt, einschließlich Diagrammen und grafischen Objekten. Die Ausnahme bilden die Kommentare; sie werden nicht automatisch gedruckt. (In Kapitel 6 erfahren Sie alles, was Sie zu Kommentaren wissen sollten, und in Kapitel 8 kriegen Sie jede Menge Infos über Grafiken und Diagramme.)

Was passiert eigentlich beim Drucken? Wenn Sie auf die Schaltfläche für Drucken klicken, übergibt Excel die eigentliche Arbeit (den Druckjob) an die so genannte Druckwarteschlange von Windows. Diese ominöse Schlange fungiert als Bote zwischen Excel und Ihrem Drucker. Je nachdem, wie viel Sie drucken, kann die Übergabe an den Boten etwas Zeit in Anspruch nehmen. Excel hält Sie über ein Dialogfeld auf dem Laufenden (z. B. `Druckt Seite 2 von 100.`). Sobald das Dialogfeld verschwindet, können Sie wieder weiterarbeiten. (Excel ist dann unter Umständen ein bisschen schlapp, da die Warteschlange auch ihren Speicheranteil haben will.) Sollten Sie es sich jetzt doch noch anders überlegen, können Sie dem Druckjob durch Klicken auf ABBRECHEN den Garaus machen. Ansonsten wird der Druckjob jetzt an den Drucker übergeben. Auch das kann wieder etwas dauern. Also keine Sorge, wenn der Drucker nicht sofort reagiert.

Manchmal will man eigentlich nicht drucken und hat es aber trotzdem irgendwie geschafft, riesige Datenmengen an den Drucker zu schicken. (Denken Sie an den Wald.) Wenn man es schnell genug merkt, sind die Daten vielleicht erst in der Warteschlange gelandet oder nur zum Teil bereits von dort an den Drucker weitergeleitet worden. Dann lohnt es sich, den Druck abzubrechen. Und wo? Im Dialogfeld für Ihren Drucker.

Gehen Sie dabei folgendermaßen vor:

1. **Klicken Sie mit der rechten Maustaste in der Taskleiste von Windows auf das Druckersymbol (ganz rechts direkt neben der aktuellen Uhrzeit). Damit wird das Kontextmenü für den Drucker geöffnet.**

    Wenn Sie lediglich mit dem Mauszeiger auf das Druckersymbol zeigen (nicht klicken!), wird dort folgende QuickInfo angezeigt: 1 ausstehende Dokument(e) für »benutzername«.

2. **Wählen Sie im Kontextmenü für den Drucker den Befehl ALLE AKTIVEN DRUCKER UND FAXGERÄTE ÖFFNEN.**

    Damit öffnen Sie das Druckerfenster, in dem der Excel-Druckauftrag angezeigt wird.

3. **Markieren Sie den Excel-Druckauftrag, der gelöscht werden soll.**

4. **Wählen Sie im Menü DOKUMENT den Befehl ABBRECHEN.**

5. **Warten Sie, bis der Auftrag abgebrochen ist. (Kann eine Weile dauern.) Klicken Sie anschließend auf das X ganz rechts in der Titelleiste, um das Druckerfenster zu schließen.**

Variationen zum Thema Drucken

Wenn Sie einen Ausdruck über die Schaltfläche für Drucken in der Standard-Symbolleiste starten, geht Excel davon aus, dass Sie alle Daten des aktuellen Tabellenblatts drucken möchten, wobei keine Kommentare ausgegeben werden. Außerdem wird vorausgesetzt, dass Sie nur eine Kopie drucken möchten und dass Sie alle Standardseiteneinstellungen vorbehaltlos akzeptieren. Sobald eine dieser Vermutungen nicht mehr zutrifft, müssen Sie den Ausdruck über den Befehl DRUCKEN im Menü DATEI aktivieren. Denn nur so haben Sie die Möglichkeit, eigene Druckwünsche durchzusetzen – und zwar im Dialogfeld DRUCKEN (Abbildung 5.3).

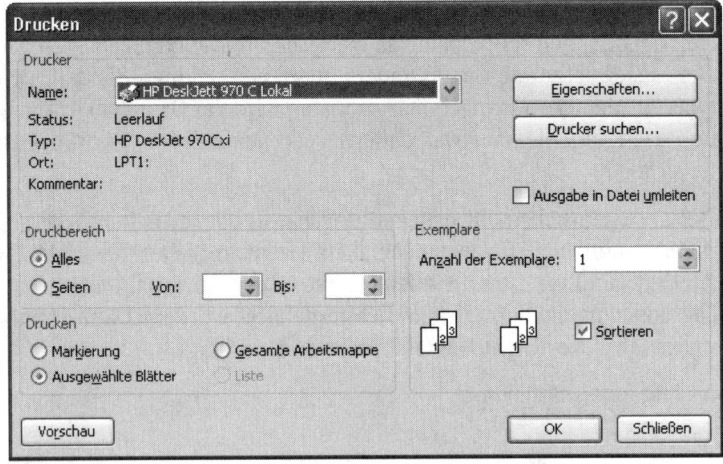

Abbildung 5.3: Das Dialogfeld DRUCKEN

Insgesamt führen gleich drei Wege zu diesem Dialogfeld:

✔ Drücken Sie `Strg`+`P`. (Das P steht für den englischen Befehlsnamen PRINT.)

✔ Wählen Sie im Menü DATEI den Befehl DRUCKEN.

✔ Drücken Sie `Strg`+`⇧`+`F12` (wenn Sie sich das merken können).

Die guten ins Töpfchen, die schlechten ...

Im Dialogfeld DRUCKEN können Sie im Bereich DRUCKBEREICH ganz genau festlegen, was alles gedruckt werden soll, und im Bereich EXEMPLARE, mit wie vielen Kopien Sie Ihren Drucker belästigen möchten. Und hier die Auswahlmöglichkeiten:

✔ ALLES: Das ist der Standard. Excel druckt alle Daten Ihres Tabellenblatts. Dieses Optionsfeld brauchen Sie nur dann zu wählen, wenn Sie sich zuvor beim Drucken auf ein paar Seiten beschränkt haben.

✔ SEITEN VON/BIS: Manchmal möchten Sie vielleicht nur eine bestimmte Seite oder einen bestimmten Bereich drucken, die/den Sie geändert haben. Wenn Sie nur eine Seite drucken möchten, geben Sie die entsprechende Seitennummer in den beiden Feldern VON und BIS ein. Logischerweise müssen Sie dann für das Drucken eines Seitenbereichs die erste Seite im Feld VON und die letzte Seite im Feld BIS eingeben. Sobald Sie eine Zahl in das Feld VON eingeben, wird automatisch die Option ALLES deaktiviert und die Option SEITEN aktiviert.

✔ MARKIERUNG: Wählen Sie dieses Optionsfeld aus, wenn nur die Zellen gedruckt werden sollen, die Sie in Ihrer Arbeitsmappe markiert haben. Allerdings müssen Sie die Zellen zuerst markieren, bevor Sie das Dialogfeld DRUCKEN öffnen und das Optionsfeld auswählen.

✔ AUSGEWÄHLTE BLÄTTER: Dieses Optionsfeld ist standardmäßig ausgewählt. Das heißt, wenn Sie hier nichts ändern, werden immer die Tabellenblätter gedruckt, die in Ihrer Arbeitsmappe gerade markiert sind. In der Regel ist dies das Tabellenblatt, mit dem Sie gerade arbeiten. Wollen Sie mehrere Blätter gleichzeitig drucken, müssen Sie noch mal zurück in Ihre Arbeitsmappe. Klicken Sie dort mit gedrückter `Strg`-Taste auf die Register der Tabellenblätter, die Sie drucken möchten. Wenn Sie alle Blätter der Mappe drucken möchten, klicken Sie auf das erste Blattregister und anschließend mit gedrückter `⇧`-Taste auf das letzte Blattregister. Damit werden automatisch alle Tabellenblätter in der Arbeitsmappe markiert.

✔ GESAMTE ARBEITSMAPPE: Entscheiden Sie sich für dieses Optionsfeld, wenn Excel alle Daten in der Mappe drucken soll.

✔ LISTE: Wenn Sie Datenlisten für eine SharePoint Services-Website (eine ganz spezielle Website, auf der problemlos unterschiedliche Dokument- und Datentypen ausgetauscht und genutzt werden können) bearbeiten, können Sie durch Aktivieren dieses Optionsfelds lediglich den Listenbereich des aktuellen Tabellenblatts drucken. (Kapitel 9 weiß mehr über das Arbeiten mit Listen zu berichten.)

✔ **ANZAHL DER EXEMPLARE:** Manchmal möchten Sie für Ihre lieben KollegInnen gleich eine Kopie miterstellen. Kein Problem. Geben Sie im Textfeld ANZAHL DER EXEMPLARE einfach die Anzahl der gewünschten Kopien ein.

✔ **SORTIEREN:** Für den Fall, dass Sie mehrere Kopien drucken, brauchen Sie keine Angst zu haben, dass Sie die Seiten hinterher mühselig zusammensuchen müssen. Wenn Sie dieses Kontrollkästchen aktivieren, wird jede Datei einmal komplett gedruckt, dann noch einmal, dann noch einmal ... – eben so oft, wie Sie im Feld ANZAHL DER EXEMPLARE angegeben haben.

Wenn alles nach Ihren Wünschen eingestellt ist, klicken Sie auf OK oder drücken ⏎ . Wenn Sie Ihr Dokument sicherheitshalber vor dem Ausdruck noch einmal in der Seitenansicht sehen möchten, klicken Sie auf die Schaltfläche VORSCHAU. Und falls Sie das Ganze auf einem anderen Drucker ausgeben möchten (muss in Windows installiert sein), öffnen Sie das Dropdown-Listenfeld NAME (ganz oben im Dialogfeld) und wählen dort den Drucker aus. Sehr komfortabel!

Das mit dem Druckbereich muss noch geklärt werden

Excel verfügt über eine besondere Druckfunktion, mit der sich ein *Druckbereich* festlegen lässt. Dazu markieren Sie zunächst alle Zellen im Tabellenblatt, die Sie drucken möchten. Dann wählen Sie den Befehl DRUCKBEREICH im Menü DATEI und anschließend den Befehl DRUCK-BEREICH FESTLEGEN. Wenn Sie nun auf die Schaltfläche für Drucken klicken oder den Befehl DRUCKEN im Menü DATEI wählen, wird genau dieser Druckbereich gedruckt – nicht mehr und nicht weniger. Auch wenn Sie versuchen, im Dialogfeld DRUCKEN irgendeinen anderen Bereich zum Drucken einzustellen – es hilft nichts! Der Druckbereich setzt sich durch!

Und wie werden Sie einen einmal festgelegten Druckbereich wieder los? Dazu wählen Sie den Befehl DRUCKBEREICH im Menü DATEI und anschließend den Befehl DRUCKBEREICH AUFHEBEN. Dann haben die Einstellungen im Dialogfeld DRUCKEN wieder das Sagen.

 Sie können einen Druckbereich auch auf der Registerkarte TABELLE im Dialogfeld SEITE EINRICHTEN definieren bzw. löschen (mehr dazu gleich im nächsten Abschnitt). Um auf dieser Registerkarte den Druckbereich zu definieren, setzen Sie die Einfügemarke in das Textfeld DRUCKBEREICH und markieren dann den Zellbereich im Tabellenblatt. (Dieses Dialogfeld lässt sich mit der Schaltfläche für Dialog reduzieren am Ende des Textfelds so minimieren, dass nur noch das Druckbereichfeld angezeigt wird!) Sollten Sie den Druckbereich in diesem Dialogfeld wieder loswerden wollen, brauchen Sie nur die Zelladressen im Textfeld DRUCK-BEREICH zu markieren und Entf zu drücken.

Auf der Jagd nach der perfekten Seite

Wie ich bereits am Anfang dieses Kapitels angekündigt habe, ist die Steuerung der Seitenaufteilung die einzige Schwierigkeit beim Drucken. Gott sei Dank bietet das Dialogfeld SEITE EINRICHTEN jede Menge Möglichkeiten zu bestimmen, wo was wie gedruckt wird. Alle Wege führen nach Rom und einige zum Dialogfeld SEITE EINRICHTEN: Wählen Sie den Befehl SEITE EINRICHTEN im Menü DATEI oder klicken Sie auf die Schaltfläche LAYOUT in der Seitenansicht. Das Dialogfeld SEITE EINRICHTEN enthält gleich vier verschiedene Registerkarten: PAPIERFORMAT, SEITENRÄNDER, KOPFZEILE/FUSSZEILE und TABELLE.

Die Optionen auf der Registerkarte PAPIERFORMAT hängen davon ab, mit welchem Drucker Sie arbeiten. Wenn das Dialogfeld auf Ihrem Bildschirm also etwas anders aussieht als das in Abbildung 5.4, brauchen Sie sich keine Sorgen zu machen. In Abbildung 5.3 wurde der Drucker HP DeskJet 970C als Drucker gewählt. (Alle in dieser Abbildung enthaltenen Optionen stehen auch zur Verfügung, wenn Sie mit einem HP LaserJet arbeiten.)

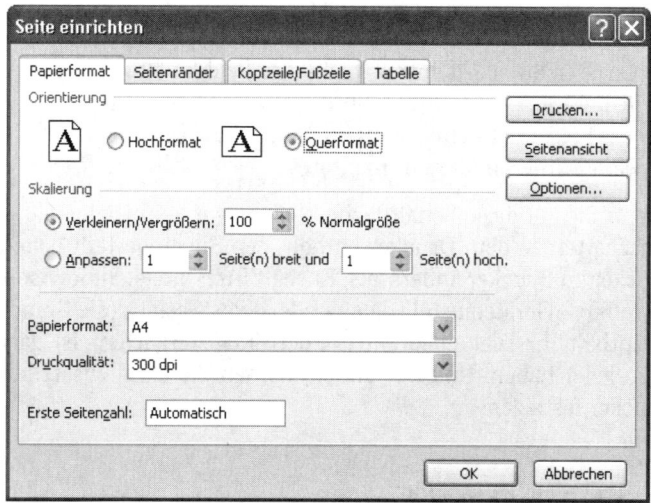

Abbildung 5.4: Die Registerkarte PAPIERFORMAT im Dialogfeld SEITE EINRICHTEN

Für nahezu alle Drucker können Sie auf der Registerkarte PAPIERFORMAT im Dialogfeld SEITE EINRICHTEN die Ausrichtung, die Größe des Ausdrucks, das Papierformat und die Druckqualität ändern. Folgende Optionen stehen Ihnen dort zur freien Verfügung:

✔ **ORIENTIERUNG:** Im HOCHFORMAT wird die kurze Seite des Papiers horizontal bedruckt. Im QUERFORMAT wird – na klar – die lange Seite des Papiers horizontal bedruckt. (Über das Für und Wider dieser beiden Möglichkeiten plaudere ich gleich noch im nächsten Abschnitt etwas ausführlicher.)

✔ **SKALIERUNG:** In diesem Bereich des Dialogfelds können Sie die Größe des Ausdrucks beeinflussen; ob alles auf weniger Seiten oder alles auf mehr Seiten – Sie haben die Wahl.

✔ **VERKLEINERN/VERGRÖSSERN:** Hier können Sie die Größe des Ausdrucks in Prozent angeben (ähnlich wie beim Zoomen auf dem Bildschirm). Wenn Sie einen Wert in das Textfeld eingeben, denken Sie dran, dass 100% die Normalgröße ist. Alles, was unter 100% liegt, verkleinert den Ausdruck. Das heißt, dass mehr Daten auf eine Seite passen. Alles über 100% vergrößert den Ausdruck, was wiederum bedeutet, dass Sie mehr Papier brauchen.

✔ **ANPASSEN:** Wenn Sie dieses Optionsfeld auswählen, versucht Excel, alle Daten auf eine einzige Seite (das ist die Standardeinstellung) oder auf die von Ihnen angegebene Anzahl von Seiten zu pressen (gleich mehr dazu im Abschnitt »Man quetsche alles auf eine Seite«).

✔ **PAPIERFORMAT:** In diesem Dropdown-Listenfeld können Sie eine Papiergröße auswählen. Die Liste enthält nur die Größen, mit denen Ihr Drucker etwas anfangen kann.

✔ **DRUCKQUALITÄT:** Für manche Drucker können Sie die Druckqualität einstellen – von der Rohfassung bis hin zum perfekten Superausdruck. Wählen Sie im Dropdown-Listenfeld aus, wie perfekt Ihr Ausdruck werden soll.

✔ **ERSTE SEITENZAHL:** Hier legen Sie fest, mit welcher Seitenzahl der Ausdruck beginnen soll. Verwenden Sie diese Option nur, wenn Sie in der Kopf- oder Fußzeile eine Seitenzahl eingefügt haben. Der Standardeintrag in diesem Feld lautet AUTOMATISCH. Damit wird auf der ersten Seite die 1 eingefügt. Wenn Sie das so nicht wollen, geben Sie einfach eine Zahl Ihrer Wahl in das Feld ein. (Mehr hierzu im Abschnitt »Wenn der Kopf nicht weiß, was der Fuß macht« weiter unten in diesem Kapitel.)

✔ **OPTIONEN:** Wenn Sie auf diese Schaltfläche klicken, wird ein Dialogfeld geöffnet, das jede Menge Eigenschaften zu dem Drucker enthält, den Sie eingestellt haben. Das Dialogfeld sieht von Drucker zu Drucker anders aus. Enthält Ihres vielleicht Register zu den Themen »Papier«, »Grafik«, »Geräteeinstellungen« oder »PostScript« (die Sprache der Laserdrucker)? Oder enthält Ihr Dialogfeld ganz andere Registerkarten? Ist ganz egal. Ein paar Optionen wird jeder haben. Und mit diesen können Sie dann zusätzliche Einstellungen für Ihren Drucker festlegen.

Wie wär's im Querformat?

Für die meisten Drucker (z. B. Laser- oder Tintenstrahldrucker) gibt es auf der Registerkarte PAPIERFORMAT im Dialogfeld SEITE EINRICHTEN ein Gruppenfeld für die Orientierung, in dem Sie zwischen Hoch- und Querformat wählen können. Normalerweise können Sie für diese Drucker auch die Optionen VERKLEINERN/VERGRÖSSERN und ANPASSEN verwenden, um die Größe des Ausdrucks zu bestimmen (siehe den folgenden Abschnitt). Sie geben einfach einen Prozentsatz für die Verkleinerung bzw. Vergrößerung an oder legen fest, ob alle Daten auf eine Seite gequetscht oder auf mehreren Seiten breitgetreten werden sollen.

Da viele Tabellenblätter breiter als hoch sind (denken Sie nur an ein Budgetblatt mit zwölf Monaten nebeneinander), kann es nur von Vorteil sein, wenn Ihr Drucker in der Lage ist, auch einmal quer zu denken, d. h. das Papier im Querformat zu bedrucken. (Pech, wenn Ihr Drucker das nicht kann.)

In Abbildung 5.5 sehen Sie das Seitenansichtsfenster mit der ersten Seite eines zukünftigen Ausdrucks im Querformat. In diesem Beispiel kann Excel drei Spalten mehr auf eine Seite bekommen als im Hochformat (vgl. Abbildung 5.1). Und die Anzahl der Seiten wird dadurch von fünf auf vier reduziert.

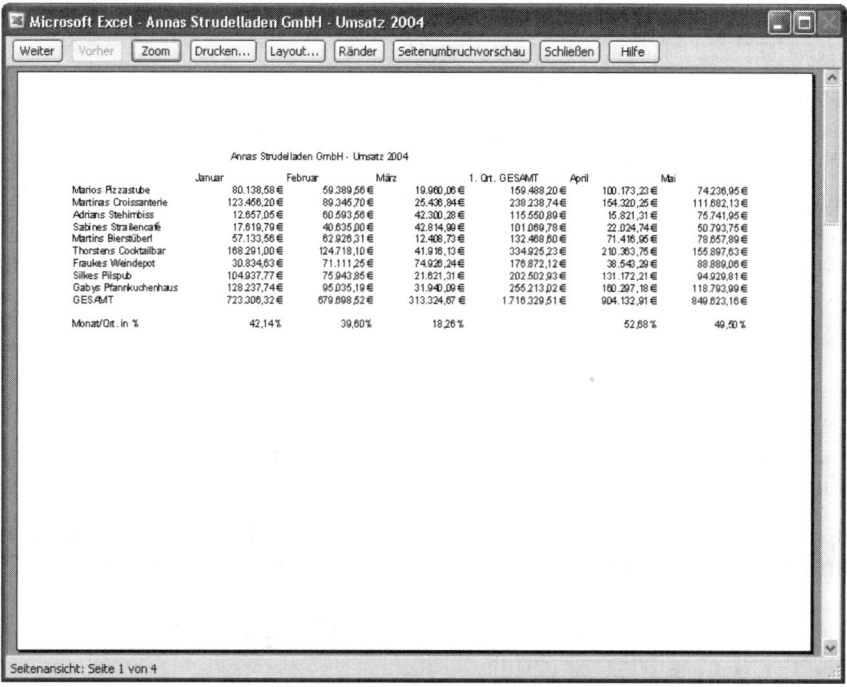

Abbildung 5.5: Die Seitenansicht mit einer Seite im Querformat

Man quetsche alles auf eine Seite

Es hängt von Ihrem Drucker ab, ob Sie die Option ANPASSEN verwenden können. Mithilfe dieser Option können Sie alle Daten Ihres Tabellenblatts auf eine Seite quetschen. Excel berechnet dabei automatisch, um wie viel es das Tabellenblatt verkleinern muss, damit alles auf einer Seite Platz hat.

Sie werden dabei aber häufig in der Seitenansicht bemerken, dass es einfach zu klein geworden ist. Was nützt es, wenig Papier zu verbrauchen, wenn man das Ergebnis hinterher nicht mehr entziffern kann. Wenn es wirklich unleserlich ist, öffnen Sie erneut das Dialogfeld SEITE EINRICHTEN (Befehl SEITE EINRICHTEN im Menü DATEI wählen) und wechseln dann zur Registerkarte PAPIERFORMAT. Geben Sie eine höhere Anzahl Seiten für die Höhe oder Breite an. Bei einer recht breiten Tabelle geben Sie z. B. im Textfeld SEITE(N) BREIT 2 ein und belassen den Eintrag im Textfeld SEITE(N) HOCH bei 1. Bei einer recht langen Tabelle verfahren Sie genau umgekehrt.

Sollten Sie nach dem automatischen Anpassen einsehen, dass das Verkleinern des Tabellenblatts sinnlos ist, klicken Sie einfach auf das Optionsfeld VERKLEINERN/VERGRÖSSERN (es liegt direkt über dem Feld zum Anpassen der Größe) und geben dort in das Textfeld 100 ein – schon ist die alte Größe wiederhergestellt.

Marginales Denken ist angesagt

Wie ärgerlich, alles passt eigentlich recht gut auf eine Seite – nur die letzte Spalte flutscht auf eine zweite Seite. Dafür lohnt es sich fast gar nicht, ein Blatt Papier zu opfern. Kein Problem. Sie haben bei der Seitenplanung immer noch etwas Spielraum, da Excel standardmäßig oben und unten einen Rand von 2,5 cm und rechts und links einen Rand von 2 cm setzt. Wenn Sie nun den rechten und den linken Rand etwas kleiner machen, passt in den meisten Fällen der Ausreißer (die letzte Spalte) doch noch auf die Seite. Reduzieren Sie den oberen und unteren Rand, wenn Sie ein paar Zeilen zu viel haben.

Sie können die Ränder auf zwei Arten ändern:

✔ Öffnen Sie das Dialogfeld SEITE EINRICHTEN (einfach im Menü DATEI den Befehl SEITE EINRICHTEN wählen oder in der Seitenansicht auf die Schaltfläche LAYOUT klicken) und klicken Sie auf das Register SEITENRÄNDER (Abbildung 5.6). Geben Sie dort die neuen Randeinstellungen in die Textfelder LINKS, RECHTS, OBEN und UNTEN ein.

✔ Öffnen Sie die Seitenansicht und klicken Sie dort auf die Schaltfläche RÄNDER. Ziehen Sie dann die Randmarkierungen in die gewünschte Richtung (Abbildung 5.7).

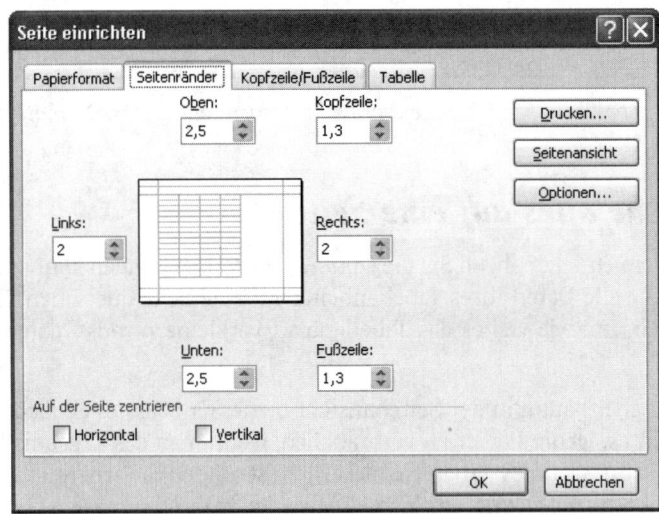

Abbildung 5.6: Die Registerkarte SEITENRÄNDER im Dialogfeld SEITE EINRICHTEN

Im Gruppenfeld AUF DER SEITE ZENTRIEREN auf der Registerkarte SEITENRÄNDER können Sie außerdem eine Seite innerhalb der aktuellen Ränder ausrichten. Mit HORIZONTAL wird die Seite zwischen dem linken und dem rechten, mit VERTIKAL zwischen dem oberen und dem unteren Seitenrand ausgerichtet.

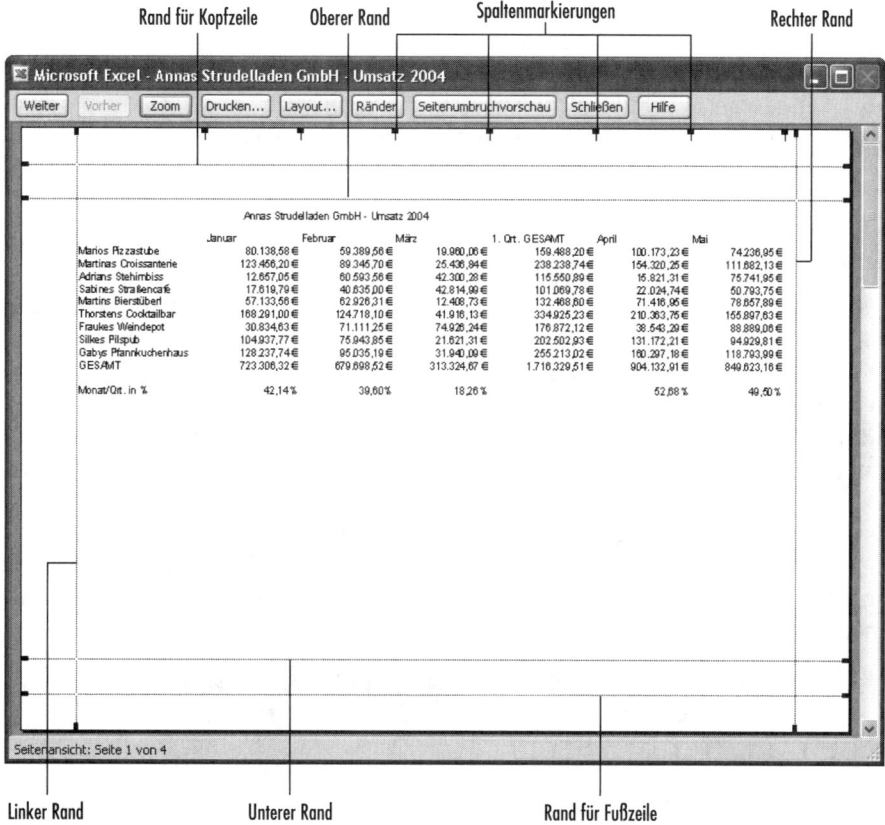

Abbildung 5.7: Die Seitenansicht, nachdem die Schaltfläche RÄNDER aktiviert wurde

Wenn Sie die Ränder in der Seitenansicht ändern, können Sie – falls alle Stricke reißen – auch noch die Spaltenbreite verändern (siehe auch Abbildung 5.7). Um einen Rand zu ändern, setzen Sie den Mauszeiger auf die betreffende Randmarkierung. (Der Mauszeiger wird zum Doppelpfeil.) Ziehen Sie dann die Markierung ganz einfach in die gewünschte Richtung. Sobald Sie die Maustaste loslassen, zeichnet Excel die Seite neu und berücksichtigt dabei die geänderten Randeinstellungen. Dabei kann es passieren, dass Sie Spalten oder Zeilen auf der aktuellen Seite »verlieren«. Aber mit etwas Übung bekommen Sie schnell ein Gefühl dafür, wie weit Sie gehen können. Die Spaltenbreite wird analog dazu geändert. Für jede Spalte zeigt Excel am oberen Seitenrand eine Markierung an, die Sie beliebig ziehen können.

Wenn der Kopf nicht weiß, was der Fuß macht

Kopf- und Fußzeilen sind ganz einfach Textzeilen, die im Ausdruck auf jeder Seite ganz oben bzw. ganz unten gedruckt werden. Dabei wird die Kopfzeile innerhalb des oberen Seitenrands und die Fußzeile innerhalb des unteren Seitenrands gedruckt. Beide werden innerhalb ihrer Randbegrenzung vertikal zentriert. Aber von allein geht nichts. Sie müssen Excel schon anweisen, jede neue Arbeitsmappe mit Kopf- und/oder Fußzeile auszustatten.

Die Kopf- und Fußzeilen sind u. U. recht hilfreich, da sie Zusatzinformationen zum Dokument enthalten können, z. B. den Dateinamen, die Seitennummer, das Druckdatum oder die Druckuhrzeit.

Kopf- und Fußzeilen von der Stange

Wenn Sie eine Kopf- und/oder Fußzeile einfügen, rauswerfen oder ändern möchten, öffnen Sie zunächst das Dialogfeld SEITE EINRICHTEN (wer es vergessen hat: SEITE EINRICHTEN im Menü DATEI wählen) und klicken dann auf das Register KOPFZEILE/FUSSZEILE (Abbildung 5.8). Die beiden Dropdown-Listenfelder KOPFZEILE und FUSSZEILE enthalten eine Fülle von Daten, die Sie in die Kopf- und Fußzeilen einfügen können. Hierzu gehören der Name des Tabellenblatts (stammt aus dem Blattregister – in Kapitel 7 erfahren Sie übrigens, wie Sie ein Blattregister umbenennen), der Name der Person, die das Tabellenblatt erstellt hat (stammt aus dem Textfeld BENUTZERNAME auf der Registerkarte ALLGEMEIN, wenn Sie den Befehl OPTIONEN im Menü EXTRAS wählen), die Seitenzahl, das aktuelle Datum, der Name der Arbeitsmappe etc. Selbstverständlich können Sie alle diese Elemente auch noch untereinander kombinieren. Wer die Wahl hat, hat die Qual.

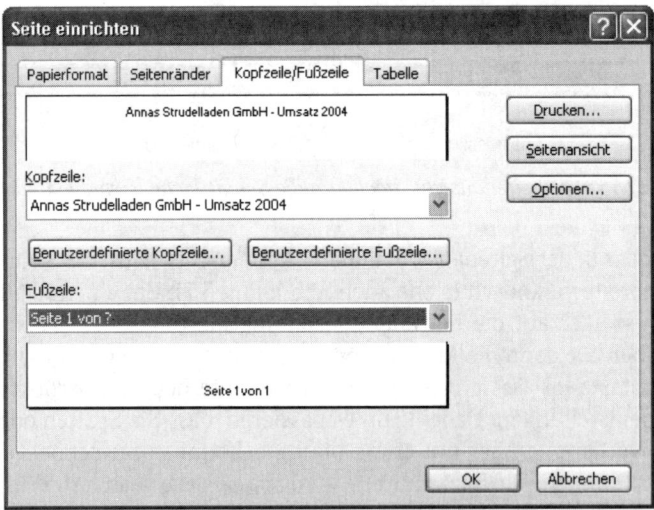

Abbildung 5.8: Die Registerkarte KOPFZEILE/FUSSZEILE im Dialogfeld SEITE EINRICHTEN

In Abbildung 5.8 sehen Sie die Registerkarte KOPFZEILE/FUSSZEILE im Dialogfeld SEITE EINRICHTEN, nachdem ich für die Kopfzeile den folgenden Eintrag gewählt habe:

```
Annas Strudelladen GmbH - Umsatz 2004
```

Für die Fußzeile habe ich mich für den folgenden Listeneintrag entschieden:

```
Seite 1 von ?
```

Bei dem Eintrag in der Kopfzeile handelt es sich um den Dateinamen der Arbeitsmappe. Excel ersetzt den Fußzeileneintrag Seite 1 von ? im Ausdruck durch die aktuelle Seitenzahl und die Gesamtanzahl der gedruckten Seiten. Diese Option können Sie sowohl im Dropdown-Listenfeld KOPFZEILE als auch im Dropdown-Listenfeld FUSSZEILE wählen.

In Abbildung 5.9 sehen Sie die erste Seite eines Dokuments in der Seitenansicht. Hier können Sie prüfen, was aus der Kopf- und Fußzeile im Ausdruck wird. In der Fußzeile sehen Sie den Eintrag Seite 1 von 4. Auf der zweiten Seite steht dann Seite 2 von 4 (was Sie natürlich in Abbildung 5.9 nicht sehen können).

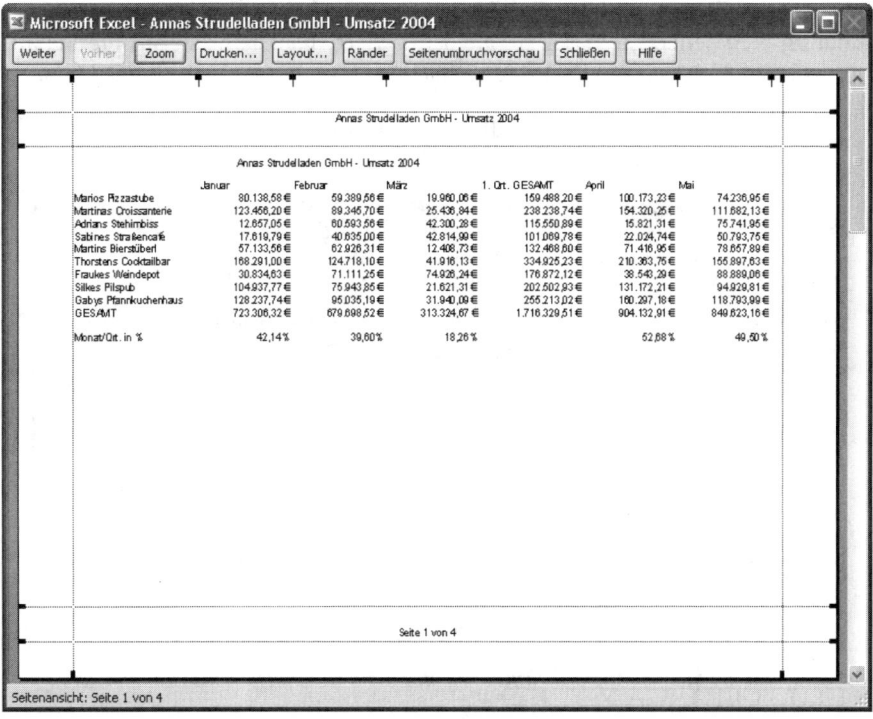

Abbildung 5.9: Die erste Seite eines vierseitigen Dokuments mit der Kopf- und der Fußzeile

Wenn Sie mehrere Elemente in die Kopf- oder Fußzeile eingefügt haben (z. B. links den Datei-namen, in der Mitte den Firmennamen und rechts das aktuelle Datum), dann können Sie in der Seitenansicht auch wunderbar sehen, wie die Kopf-/Fußzeilendaten in der Kopf- bzw. Fußzeile verteilt werden.

 Wenn Sie keine Kopf- und/oder keine Fußzeile in Ihrem Ausdruck mehr haben möchten, klicken Sie einfach im Dialogfeld SEITE EINRICHTEN auf das Register KOPFZEILE/FUSSZEILE und wählen in einem oder in beiden Dropdown-Listenfeldern den Eintrag (KEINE) ganz oben in der Liste.

Kopf- und Fußzeilen selbst gemacht

Meistens reichen die Auswahlmöglichkeiten in den Dropdown-Listenfeldern KOPFZEILE und FUSSZEILE völlig aus. Aber hin und wieder kann es schon mal vorkommen, dass Sie Informationen in die Kopf- oder Fußzeilen einfügen möchten, die es in den Listenfeldern nicht gibt oder die es dort nicht in der von Ihnen gewünschten Kombination gibt. Was tun? Sie wenden sich auf der Registerkarte KOPFZEILE/FUSSZEILE im Dialogfeld SEITE EINRICHTEN den Schaltflächen BENUTZERDEFINIERTE KOPFZEILE und BENUTZERDEFINIERTE FUSSZEILE zu. Mithilfe dieser Schaltflächen können Sie Kopf- und Fußzeilen nach Ihrem ganz persönlichen Geschmack erstellen.

In Abbildung 5.10 sehen Sie das Dialogfeld KOPFZEILE, nachdem ich auf die Schaltfläche BENUTZERDEFINIERTE KOPFZEILE geklickt und ein paar Eintragungen vorgenommen habe.

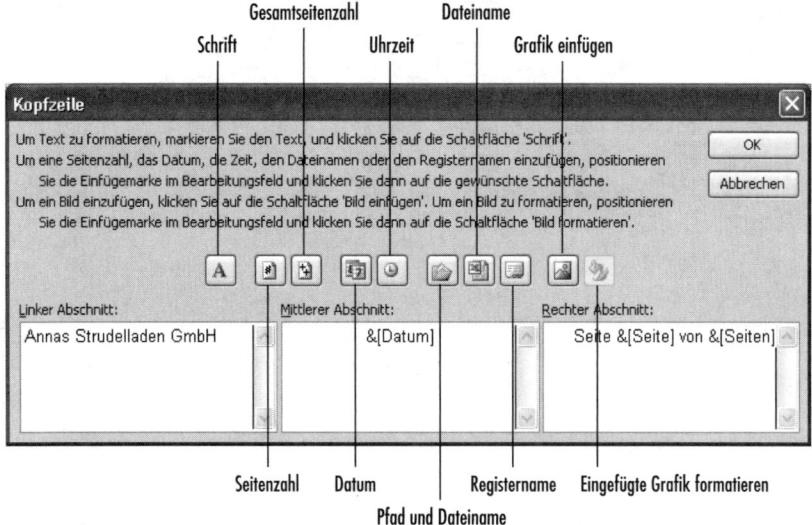

Abbildung 5.10: Benutzerdefinierte Kopfzeile im Dialogfeld KOPFZEILE erstellen

Wie Sie sehen, ist das Dialogfeld in drei Bereiche unterteilt: LINKER ABSCHNITT, MITTLERER ABSCHNITT und RECHTER ABSCHNITT. Alles, was Sie im linken Bereich eingeben, wird links in der Kopfzeile angezeigt. Alles, was Sie im mittleren Bereich eingeben, wird zentriert zwischen dem linken und rechten Rand dargestellt. Und alles, was Sie im rechten Bereich eingeben ... Sie wissen schon, oder?

Mit ⌅ wechseln Sie zwischen den drei Abschnitten der Kopfzeile und markieren den jeweiligen Bereichsinhalt. Stattdessen können Sie auch Alt + L , Alt + M bzw. Alt + R drücken. Wenn Sie ↵ drücken, fügen Sie einen Zeilenumbruch ein. Mit Entf löschen Sie den Inhalt eines Abschnitts.

Wie Sie in Abbildung 5.10 sehen, gibt es in den Bereichen einige äußerst mysteriöse Codes mit so komischen &-Zeichen. In benutzerdefinierten Kopf- und Fußzeilen können Sie diese seltsamen Codes mit konkretem Text kombinieren. Um diese Codes in einen Bereich der Kopf- oder Fußzeile einzufügen, klicken Sie einfach auf die entsprechende Schaltfläche in der Schaltflächenreihe über den drei Bereichen. Es funktioniert so:

✔ **Schrift:** Wenn Sie auf die Schaltfläche ganz links klicken, können Sie für den aktuellen Abschnitt Ihrer Kopf- und Fußzeilen die Schriftart, Schriftgröße und Schriftattribute ändern. Excel öffnet daraufhin das Dialogfeld SCHRIFT, in dem Sie sich austoben können.

✔ **Seitenzahl:** Klicken Sie auf die Schaltfläche für die Seitenzahl. Excel schreibt daraufhin den Eintrag &[Seite] in den entsprechenden Bereich.

✔ **Gesamtseitenzahl:** Klicken Sie auf die Schaltfläche für die Gesamtseitenzahl, um den Code &[Seiten] einzufügen. Wenn Sie Excel dazu bringen möchten, die Information Seite 1 von 3 in einer benutzerdefinierten Kopf- oder Fußzeile anzuzeigen, dann geben Sie zunächst das Wort Seite ein und drücken einmal die Leertaste. Klicken Sie anschließend auf die Schaltfläche für die Seitenzahl, drücken Sie erneut die Leertaste, geben Sie von ein und drücken Sie noch mal die Leertaste. Klicken Sie abschließend auf die Schaltfläche für die Gesamtseitenzahl. Damit fabrizieren Sie folgenden Eintrag im entsprechenden Bereich: Seite &[Seite] von &[Seiten].

✔ **Datum:** Wenn Sie auf die Schaltfläche für das Datum klicken, wird der Code &[Datum] eingefügt. Im Ausdruck wird dann das entsprechende aktuelle Datum angezeigt.

✔ **Uhrzeit:** Analog zum Datum fügen Sie durch Klicken auf die Schaltfläche für die Uhrzeit den Code &[Zeit] ein. Im Ausdruck wird er dann durch die aktuelle Uhrzeit ersetzt.

✔ **Pfad und Dateiname:** Klicken Sie auf die Schaltfläche für Pfad, um den Code &[Pfad]& [Datei] einzufügen. Dieser wird dann durch den Ordnerpfad und den Namen der Arbeitsmappe ersetzt.

✔ **Dateiname:** Klicken Sie auf die Schaltfläche für den Dateinamen, um den Arbeitsmappennamen in Form von &[Datei] einzufügen. Im Ausdruck wird hier dann der Arbeitsmappenname – sprich der Dateiname – eingefügt.

✔ **Registername:** Und dann gibt es da noch die Schaltfläche für den Registernamen. Wenn Sie darauf klicken, wird der Code &[Register] eingefügt. Im Ausdruck wird dann der Name des Tabellenblatts angezeigt.

✔ **Grafik einfügen:** Durch Klicken auf die Schaltfläche für Grafik einfügen zaubern Sie das Dialogfeld GRAFIK EINFÜGEN auf den Bildschirm, in dem Sie eine Grafik auswählen können. Standardmäßig zeigt dieses Dialogfeld alle Bilder im Ordner EIGENE BILDER. Wenn Sie ein Bild ausgewählt und die Auswahl mit OK bestätigt haben, wird der Code &[Grafik] in Ihre Kopf- oder Fußzeile eingefügt.

✔ **Grafik formatieren:** Mit dieser letzten Schaltfläche können Sie keinen Code produzieren. Stattdessen wird damit das Dialogfeld GRAFIK FORMATIEREN geöffnet, in dem Sie Optionen für die zuvor eingefügte Grafik wählen können. Enthält die Kopf- oder Fußzeile noch keine Grafik, können Sie diese Schaltfläche nicht zum Leben erwecken.

Wenn Sie alles im Dialogfeld KOPFZEILE erledigt haben, klicken Sie auf OK, um das Dialogfeld zu schließen. Danach befinden Sie sich wieder auf der Registerkarte KOPFZEILE/FUSSZEILE im Dialogfeld SEITE EINRICHTEN. In den Vorschaufeldern können Sie prüfen, was Sie so angestellt haben.

Der Tabelle zeigen, wo's langgeht

Eine Registerkarte müssen wir noch durchkauen: die Registerkarte TABELLE (Abbildung 5.11). Sie enthält eine Flut von Optionen für den Ausdruck, die Sie sicherlich hier und da gebrauchen können:

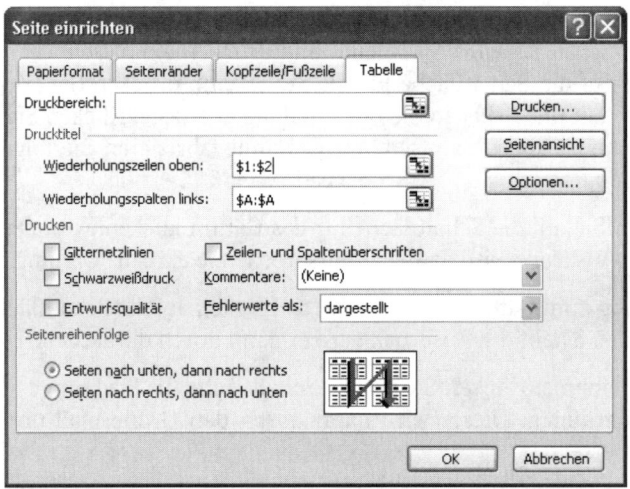

Abbildung 5.11: Druckbereich und Drucktitel festlegen

✔ **DRUCKBEREICH:** Hier wird der aktuelle Druckbereich angezeigt, den Sie mit dem Unterbefehl DRUCKBEREICH FESTLEGEN im Untermenü zum Befehl DRUCKBEREICH im Menü DATEI (puh) festgelegt haben. Hier können Sie also noch in letzter Sekunde einen anderen Bereich zum Drucken definieren. Setzen Sie dazu die Einfügemarke in das Textfeld und markieren Sie dann im Tabellenblatt die gewünschten Zellen. Wer es gerne etwas komplizierter hat, gibt den Zellbereich oder die Bereichsnamen (keine Angst, das lernen Sie in Kapitel 6) in das Textfeld ein. Und stellen Sie sich vor, Sie können dort auch mehrere, nicht zusammenhängende Bereiche eingeben (z. B. A1:G72;K50:M75). Die Bereiche trennen Sie einfach durch ein Semikolon voneinander ab. Dann weiß Excel Bescheid. Wenn Ihnen beim Markieren der Zellen das Dialogfeld im Weg ist, dann können Sie es mit einem Klick auf die Schaltfläche für Dialog reduzieren (ganz rechts im Textfeld – das komische Feld mit dem roten Pfeil) auf die Größe des Textfelds für den Druckbereich verkleinern.

 Wann braucht man denn den komischen Druckbereich? Nun, Sie könnten ja vielleicht einen Bereich in Ihrer Arbeitsmappe haben, der ziemlich oft gedruckt werden soll. Und Sie wollen nicht jedes Mal diesen Bereich markieren und das Optionsfeld MARKIERUNG im Dialogfeld DRUCKEN aktivieren. Warum auch, wenn es so viel einfacher geht.

✔ **DRUCKTITEL:** Legen Sie in diesem Gruppenfeld fest, welche Zeilen und Spalten auf jeder Seite wiederholt werden sollen.

- **WIEDERHOLUNGSZEILEN OBEN:** Mit dieser Option legen Sie einen Drucktitel für die Zeilen fest. Das heißt, Sie geben an, welche Zeilen auf jeder Seite oben als eine Art Titel gedruckt werden sollen (gleich mehr dazu im nächsten Abschnitt). Setzen Sie die Einfügemarke in das Textfeld und geben Sie den Zeilenbezug ein (z. B. $2:$3) oder ziehen Sie mit der Maus über die entsprechenden Zeilen. Im letzteren Fall wird das Dialogfeld auf das Feld WIEDERHOLUNGSZEILEN OBEN reduziert. Dasselbe erreichen Sie auch, wenn Sie auf die Schaltfläche für Dialog reduzieren (die mit dem kleinen roten Pfeil drin) am Ende des Textfelds klicken.

- **WIEDERHOLUNGSSPALTEN LINKS:** Das ist das Drucktitelpendant für die Spalten. Alle Spalten, die Sie hier angeben, werden auf jeder Seite links gedruckt (gleich mehr dazu im nächsten Abschnitt). Setzen Sie die Einfügemarke in das Textfeld und geben Sie den Spaltenbezug ein (z. B. $A:$B) oder ziehen Sie mit der Maus über die entsprechenden Spalten. Im letzteren Fall wird das Dialogfeld auf das Feld WIEDERHOLUNGSSPALTEN LINKS reduziert. Dasselbe erreichen Sie auch, wenn Sie auf die Schaltfläche für Dialog reduzieren (die mit dem kleinen roten Pfeil drin) am Ende des Textfelds klicken.

✔ **DRUCKEN:** Jonglieren Sie mit den folgenden Kontrollkästchen und Dropdown-Listenfeldern, um Formatoptionen zu aktivieren, Kommentare anzuzeigen und die Anzeige von Fehlerwerten zu definieren.

- **GITTERNETZLINIEN:** Mit diesem Kontrollkästchen können Sie bestimmen, dass die Gitternetzlinien der Zellen gedruckt bzw. nicht gedruckt werden sollen.

- **SCHWARZWEISSDRUCK:** Wenn Sie dieses Kontrollkästchen aktivieren, druckt Excel die verschiedenen Farben, die Sie Zellbereichen zwecks optischer Gestaltung zugewiesen haben, in Schwarzweiß. »Geht mich nichts an,« werden Sie sagen, »ich habe eh keinen Farbdrucker«. Es könnte Sie aber doch etwas angehen: Wenn Sie dieses Kontrollkästchen nämlich nicht aktivieren, werden die verschiedenen Farben im Ausdruck in Graustufen umgesetzt. Und das sieht auch recht hübsch aus.

- **ENTWURFSQUALITÄT:** Aktivieren Sie dieses Kontrollkästchen, wenn es mal ganz schnell mit dem Ausdruck gehen soll. Gitternetzlinien werden dann grundsätzlich nicht gedruckt (egal, ob das entsprechende Kontrollkästchen aktiviert ist) und Grafiken werden ebenfalls ignoriert.

- **ZEILEN- UND SPALTENÜBERSCHRIFTEN:** Aktivieren Sie dieses Kontrollkästchen, wenn die Zeilennummern und Spaltenbuchstaben ebenfalls gedruckt werden sollen. Das hat den Vorteil, dass Sie auch im Ausdruck genau nachvollziehen können, in welchen Zellen sich die entsprechenden Daten befinden. Mehr Infos zu diesem Thema gibt es im Abschnitt »Auch Formeln wollen gedruckt werden« am Ende dieses Kapitels.

- **KOMMENTARE:** Diese Option macht natürlich nur Sinn, wenn Ihre Tabelle Kommentare enthält und Sie diese auch drucken möchten. (Mehr zu Kommentaren in Kapitel 6.) Wählen Sie dazu im Dropdown-Listenfeld KOMMENTARE den Eintrag AM ENDE DES BLATTES oder WIE AUF DEM BLATT ANGEZEIGT. Im ersten Fall werden alle Kommentare »kommentarlos« am Ende des Ausdrucks hintereinander aufgelistet. Im zweiten Fall werden nur die Kommentare gedruckt, die aktuell im Tabellenblatt angezeigt werden. (Wie gesagt, Kapitel 6, Abschnitt »Elektronische Kommentare«, weiß mehr dazu.)

- **FEHLERWERTE ALS:** Wenn Sie im Dropdown-Listenfeld FEHLERWERTE ALS den Eintrag <LEER>, -- oder #NV wählen, werden die Fehlerwerte nicht so gedruckt, wie sie in der Arbeitsmappe dargestellt werden. (In Kapitel 2 wird ausführlich über mögliche Fehlerwerte und deren Bedeutung berichtet.) Stattdessen ersetzt Excel alle Fehlerwerte in durcheinander geratenen Formeln durch leere Zellen (wenn Sie sich für die Option <LEER> entschieden haben), durch Bindestriche (wenn die Option -- der Eintrag Ihrer Wahl war) oder durch #NV, was wiederum selbst ein Fehlerwert ist (wenn die Option #NV das ist, was Sie haben wollen).

✔ **SEITENREIHENFOLGE:** Wählen Sie eine der beiden folgenden Optionen, um eine Druckreihenfolge für Ihre Seiten festzulegen.

- **SEITEN NACH UNTEN, DANN NACH RECHTS:** Mit diesem Optionsfeld legen Sie fest, dass in einem mehrseitigen Dokument zuerst von oben nach unten und dann von links nach rechts gedruckt wird. Das ist die Standardeinstellung in Excel.

- **SEITEN NACH RECHTS, DANN NACH UNTEN:** Mit diesem Optionsfeld legen Sie fest, dass in einem mehrseitigen Dokument zuerst von links nach rechts und dann von oben nach unten gedruckt wird.

Jeder hat Anspruch auf einen Titel

Sie erinnern sich noch? Sie können auf dem Bildschirm Zeilen und Spalten »einfrieren« oder – korrekt gesagt – fixieren, damit Sie beliebig im Tabellenblatt blättern können, ohne den Überblick zu verlieren. Dasselbe ist auch beim Ausdruck möglich. Sie können einen Drucktitel definieren – nicht zu verwechseln mit der Kopfzeile des Dokuments. Die Kopfzeile befindet sich über dem oberen Seitenrand, während der Drucktitel zu den Daten des eigentlichen

Tabellenblatts zählt. Sie können Zeilen und Spalten als Drucktitel definieren. Im Fall von Zeilen wird der Drucktitel stets direkt oberhalb der ersten Daten und im Falle von Spalten links neben den ersten Daten ausgegeben.

Und so legen Sie einen Drucktitel für den Ausdruck fest:

1. **Öffnen Sie das Dialogfeld SEITE EINRICHTEN und klicken Sie dort auf das Register TABELLE.**

   In Abbildung 5.11 sehen Sie die Registerkarte TABELLE. Wenn Sie Zeilen als Drucktitel definieren möchten, fahren Sie mit Schritt 2a fort, im Fall von Spalten mit Schritt 2b.

2a. **Setzen Sie die Einfügemarke in das Textfeld WIEDERHOLUNGSZEILEN OBEN und ziehen Sie dann mit der Maus über die Zeilen, deren Inhalt oben auf jeder Seite gedruckt werden soll. Das Dialogfeld wird auf das Feld WIEDERHOLUNGSZEILEN OBEN reduziert. Dasselbe erreichen Sie auch, wenn Sie auf die Schaltfläche für Dialog reduzieren (die mit dem kleinen roten Pfeil drin) am Ende des Textfelds klicken.**

   In Abbildung 5.11 habe ich die Zeilen 1 und 2 der Arbeitsmappe ANNAS STRUDELLADEN GMBH – UMSATZ 2004 (vgl. Abbildung 5.12) als Drucktitel ausgewählt. Folglich steht im Textfeld WIEDERHOLUNGSSPALTEN LINKS der Eintrag $1:$2.

   Haben Sie gesehen, dass Excel beim Ziehen mit der Maus um den Drucktitel einen Laufrahmen setzt – eine gepunktete Linie, die »herumläuft«? Sie soll den Titel und den Rest optisch voneinander trennen und Ihnen als Orientierung dienen.

2b. **Im Fall von Spalten aktivieren Sie das Textfeld WIEDERHOLUNGSSPALTEN links und ziehen dann über den Spaltenbereich, der auf jeder Seite links gedruckt werden soll. Das Dialogfeld wird auf das Feld WIEDERHOLUNGSSPALTEN LINKS reduziert. Dasselbe erreichen Sie auch, wenn Sie auf die Schaltfläche für Dialog reduzieren (die mit dem kleinen roten Pfeil drin) am Ende des Textfelds klicken.**

   In Abbildung 5.11 habe ich Spalte A der Arbeitsmappe ANNAS STRUDELLADEN GMBH – UMSATZ 2004 (vgl. Abbildung 5.12) als Drucktitel ausgewählt. Folglich steht im Textfeld WIEDERHOLUNGSSPALTEN LINKS der Eintrag $A:$A. Beachten Sie auch hier den Laufrahmen um den Drucktitel herum.

3. **Wählen Sie OK oder drücken Sie ⏎ , um das Dialogfeld SEITE EINRICHTEN zu schließen.**

   Sobald das Dialogfeld SEITE EINRICHTEN verschwindet, verduftet auch der Laufrahmen.

In Abbildung 5.11 wurden die Zeilen 1 und 2 mit der Überschrift des Tabellenblatts und den Monats-/Quartalsangaben sowie die Spalte A mit den Filialen von Annas Strudelladen als Drucktitel definiert. Abbildung 5.12 zeigt die Seitenansicht mit der zweiten Seite des Ausdrucks. Wie Sie sehen können, werden die Drucktitel wiederholt.

Wenn Sie genug von den Drucktiteln haben, können Sie sie einfach entfernen, indem Sie im Dialogfeld SEITE EINRICHTEN auf das Register TABELLE klicken und die Einträge in den Textfeldern WIEDERHOLUNGSZEILEN OBEN und WIEDERHOLUNGSSPALTEN LINKS löschen. Auf OK klicken, und weg ist der Drucktitel.

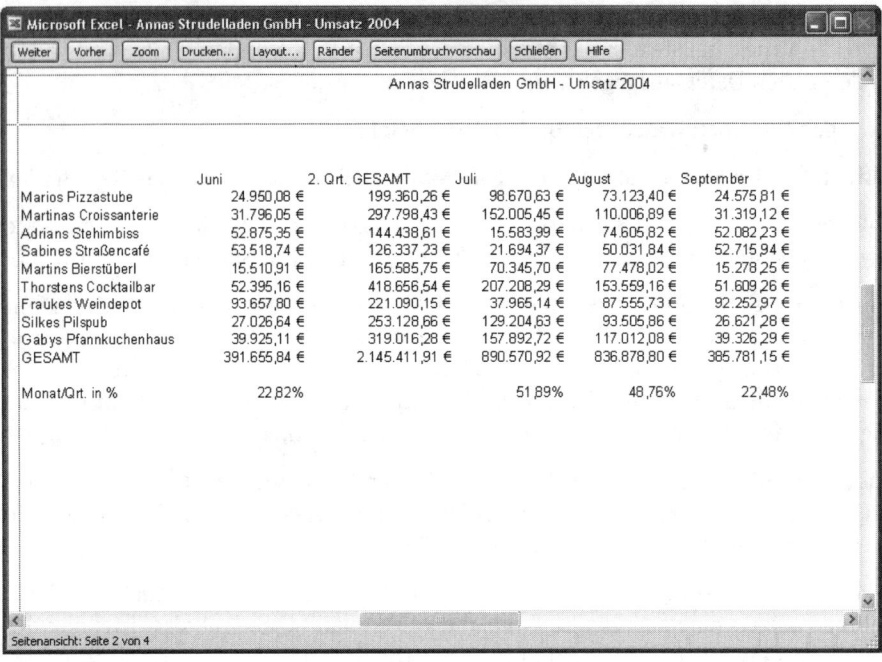

Abbildung 5.12: Die zweite Seite der Umsätze 2004 von Annas Strudelladen in der Seitenansicht mit den Drucktiteln aus Abbildung 5.11

Alles an seinem Platz

Wenn Excel Ihre Daten auf die Druckseiten verteilt, nimmt es natürlich keine Rücksicht darauf, was eigentlich zusammengehört und folglich nicht auf zwei Druckseiten verteilt werden sollte.

In Abbildung 5.13 sehen Sie ein typisches Beispiel für einen unsinnigen vertikalen Umbruch in einem Tabellenblatt. Aber dagegen lässt sich was tun. Was genau stört denn hier? Excel trennt die Kundenliste zwischen den Spalten J und K. Das heißt, die letzte Spalte wird einsam und allein auf eine neue Seite gedruckt.

Um zu verhindern, dass die Spalte mit dem Auftragsvolumen ganz allein auf eine Seite gedruckt wird, müssen Sie den Seitenumbruch um mindestens eine Spalte nach links verschieben. Ich habe mich in diesem Fall für einen Umbruch zwischen den Spalten H und I entschieden. Das heißt, die letzten drei Spalten (die nicht zu den Adressdaten gehören) werden zusammen auf eine Seite gedruckt. Auf den Seiten 1 und 3 des Ausdrucks stehen also die Kunden mit ihren Adressdaten, während auf den Seiten 2 und 4 die auftragsrelevanten Daten stehen.

An die Arbeit! Einen vertikalen Seitenumbruch selbst definieren, das geht so:

1. **Wählen Sie im Menü** ANSICHT **den Befehl** SEITENUMBRUCHVORSCHAU.

   Die Seitenumbruchvorschau wird geöffnet. Dort werden alle Daten verkleinert angezeigt (ca. 60% der Normalanzeige). Die Seitenzahlen sind in großen hellgrauen Buchstaben unterlegt und die Seitenumbrüche sind an den fetten Linien zwischen den Zeilen und Spalten im Tabellenblatt zu erkennen.

   Wenn Sie diesen Befehl zum ersten Mal aufrufen, heißt Sie Excel in einem speziellen Dialogfeld WILLKOMMEN ZUR SEITENUMBRUCHVORSCHAU willkommen (siehe Abbildung 5.13). Wenn Sie dieses Dialogfeld nicht bei jedem Aufruf der Seitenumbruchvorschau wiedersehen möchten, klicken Sie auf das Kontrollkästchen DIESES DIALOGFELD NICHT MEHR ANZEIGEN, bevor Sie das Dialogfeld selbst schließen.

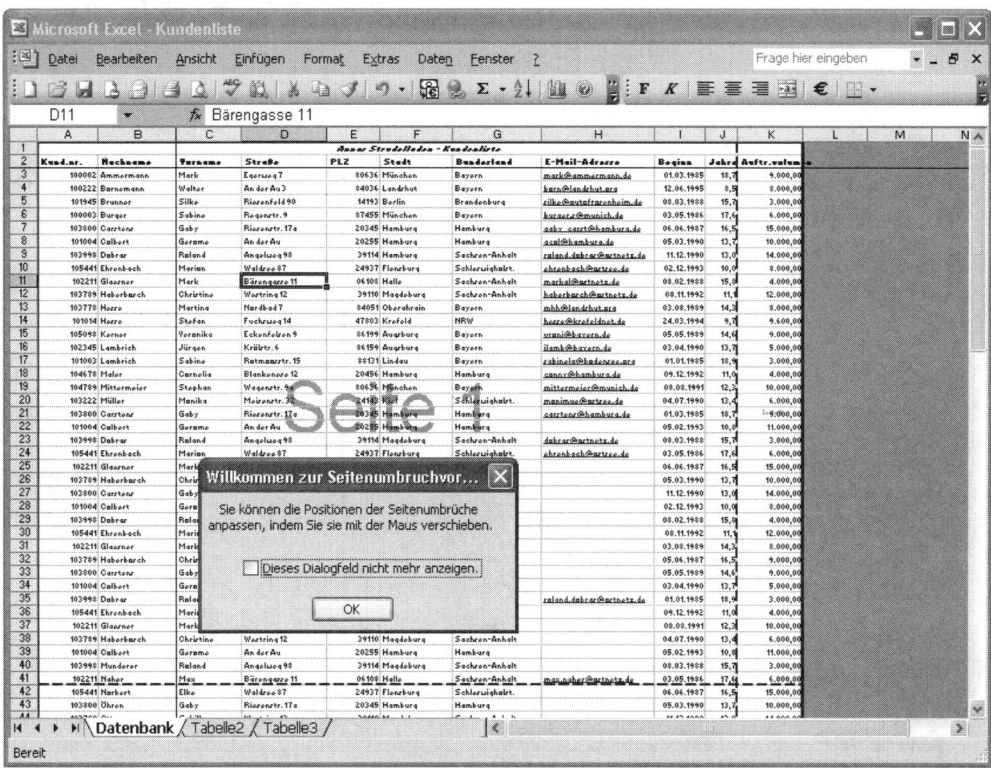

Abbildung 5.13: Die Seitenumbruchslinie soll so verschoben werden, dass die letzten drei Spalten auf eine Seite gedruckt werden.

2. **Klicken Sie auf OK oder drücken Sie** ⏎ **, um den störenden Willkommensbildschirm zu schließen.**

3. **Zeigen Sie auf die Seitenumbruchslinie (die fette, Sie wissen schon), die Sie anpassen möchten. Wenn sich der Mauszeiger dienstbeflissen in einen horizontalen Doppelpfeil wandelt, drücken Sie die linke Maustaste und ziehen die fette Linie bis zur gewünschten Spalte (bzw. Zeile). Dann lassen Sie die Maustaste wieder los.**

In dem Beispiel von Abbildung 5.13 ziehe ich also die Seitenumbruchslinie zwischen Seite 1 und 3 um zwei Spalten nach links. Der Umbruch soll zwischen den Spalten H und I stattfinden, damit die Adressdaten der Kunden auf den Seiten 1 und 3 und die auftragsbezogenen Daten auf den Seiten 2 und 4 gedruckt werden. Das Ergebnis sehen Sie in Abbildung 5.14.

4. **Wenn alle Umbruchslinien so stehen, wie Sie sie haben wollen, wählen Sie den Befehl Normal im Menü Ansicht. Alle Zahlen noch da? Dann kann ja gedruckt werden, oder?**

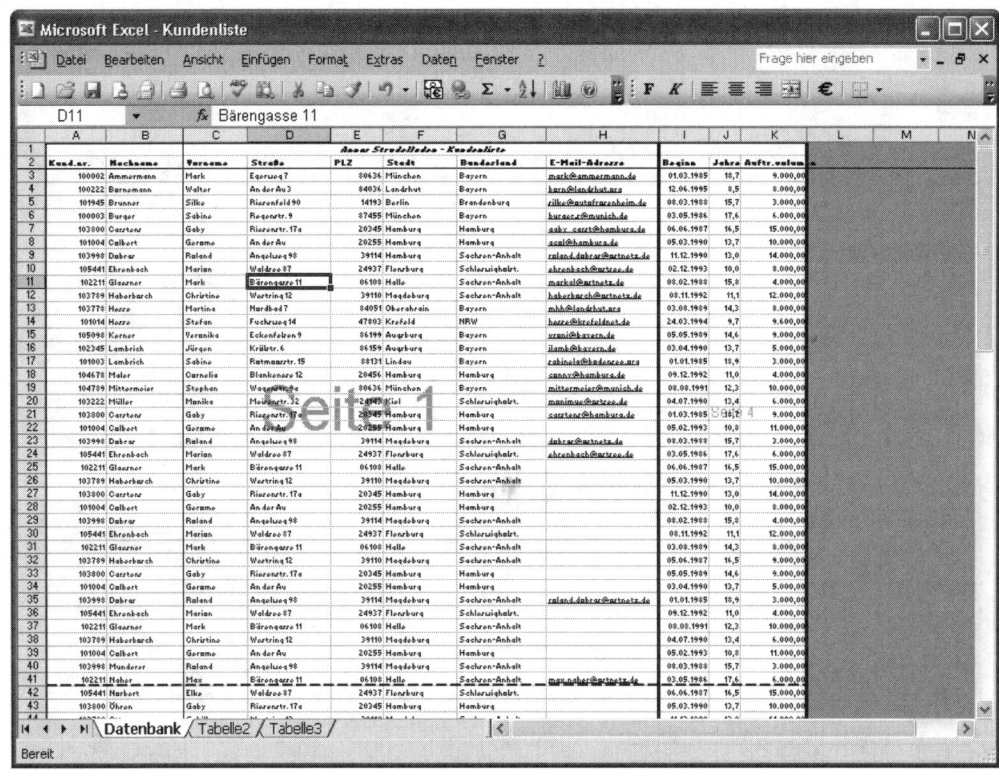

Abbildung 5.14: Jetzt passt der Seitenumbruch.

Auch Formeln wollen gedruckt werden

Jetzt wissen Sie nur noch nicht, wie man Formeln anstelle der berechneten Werte ausdrucken kann. Wozu? Das kann manchmal ganz nützlich sein, wenn Sie in einem recht großen Tabellenblatt mit vielen Formeln rechnen und irgendwann feststellen: Da ist ein Fehler drin. Wenn man alles schwarz auf weiß sieht, besteht eher die Möglichkeit, eine fehlerhafte Formel zu finden. Dazu ist es aber nötig, die Formeln selbst aufs Papier zu bringen.

Zunächst müssen im Tabellenblatt die Formeln anstelle ihrer berechneten Werte stehen:

1. **Wählen Sie dazu den Befehl** OPTIONEN **im Menü** EXTRAS.

2. **Klicken Sie dort auf das Register** ANSICHT.

3. **Aktivieren Sie im Gruppenfeld** FENSTEROPTIONEN **das Kontrollkästchen** FORMELN.

4. **Klicken Sie auf OK bzw. drücken Sie** ⏎ .

Nun zeigt Excel im Tabellenblatt alle Formeln an, wie sie ansonsten nur in der Bearbeitungsleiste zu sehen sind. Excel vergrößert dabei automatisch die Spaltenbreite, da Formeln in der Regel länger sind als berechnete Werte.

 Sie können bequem und einfach zwischen der normalen Darstellung des Zellinhalts und der Formeldarstellung hin- und herschalten, indem Sie Strg + # drücken.

Nun kann gedruckt werden. Es empfiehlt sich, die Zeilen- und Spaltenköpfe ebenfalls auszudrucken, damit Sie Zellbezüge in den Formeln im Ausdruck leichter verfolgen können. Klicken Sie dazu auf der Registerkarte TABELLE im Dialogfeld SEITE EINRICHTEN auf das Kontrollkästchen ZEILEN- UND SPALTENÜBERSCHRIFTEN.

 Wenn Sie die Formeln in einem Tabellenblatt anzeigen lassen, werden alle Einträge – Text, Werte und Formeln – linksbündig und ohne ein Zahlenformat angezeigt.

Wenn Sie das Tabellenblatt mit seinen Formeln gedruckt und hoffentlich auch den Fehler in der Formel gefunden haben, können Sie zur normalen Anzeige (ohne Formeln) zurückschalten, indem Sie auf der Registerkarte ANSICHT im Dialogfeld OPTIONEN das Kontrollkästchen FORMELN deaktivieren. Auf OK klicken oder ⏎ drücken und weg sind die Formeln. Strg + # tut's natürlich auch.

Viel Spaß beim Drucken.

Teil III

Den Daten auf der Spur

Zum Donnerwetter noch einmal! Dieses Gemüseauflaufdiagramm ist genauso verwirrend wie das Sauerbratenchart und das Kürbisdiagramm. Warum kannst du nicht einmal ganz normale Tortendiagramme erstellen wie andere Leute auch?

In diesem Teil ...

Wir wissen alle zur Genüge, wie lebenswichtig und schwierig zugleich es heutzutage ist, stets alles im Griff zu haben. Worauf ich damit hinauswill ist, dass auch die Organisation der Arbeitsmappen, die Sie in Excel 2003 erstellen, von ziemlicher Bedeutung und gelegentlich auch nicht minder problembehaftet ist.

In Teil III geht's in Medias Res und Sie werden erfahren, wie Sie stets, ob nun beim Erstellen oder beim Bearbeiten eines Tabellenblatts, Oberwasser behalten. In Kapitel 6 lernen Sie, die Daten in einem Tabellenblatt nicht aus den Augen zu verlieren, und Kapitel 7 geht sogar so weit, Ihnen zu zeigen, wie Sie Informationen von einem Tabellenblatt zu einem anderen – ja sogar von einer Arbeitsmappe zu einer anderen – schieben.

Wie Sie Ihre Daten in den Griff kriegen

In diesem Kapitel

▶ Mit der Zoom-Funktion das Tabellenblatt in der Bildschirmanzeige vergrößern oder verkleinern

▶ Ein Dokumentfenster in zwei oder vier Ausschnitte teilen

▶ Spalten und Zeilen am Bildschirm als Überschriften »einfrieren«

▶ Kommentare in Zellen einfügen

▶ Daten im Tabellenblatt aufspüren und ersetzen

▶ Zellbereichen allgemein verständliche Namen zuweisen

▶ Selbst entscheiden, wann ein Tabellenblatt neu berechnet wird

▶ Ein Tabellenblatt vor unbefugten Änderungen schützen

Sie wissen ja mittlerweile, dass das Excel-Tabellenblatt Ihnen unsagbar viel Raum für die Unterbringung Ihrer Daten bietet und dass obendrein jede Arbeitsmappe drei von diesen netten Blättchen enthält. Da Ihr Bildschirm Sie aber nur jeweils einen kleinen Ausschnitt von diesem großen Blatt sehen lässt, kann es manchmal zum Problem werden, den Überblick über die Daten zu behalten.

Das Excel-Tabellenblatt verwendet zwar ein zusammenhängendes Koordinatensystem, mit dem Sie sich in dem großen Tabellenblatt zurechtfinden können. Sie werden aber sicherlich zugeben, dass die Bezeichnungen A1, B2 etc. zwar äußerst logisch, jedoch für den menschlichen Denkapparat schwer zu behalten sind. Ich meine damit, dass »Gehe zu Zelle IV88« bei weitem nicht die Aussagekraft besitzt wie »Gehe zur Ecke Badstraße und Turmgasse«. Denken Sie mal darüber nach, wie schwierig es ist, sich eine vernünftige Eselsbrücke für den Abschreibungsplan 2004 und dessen Standort im Zellbereich AC50:AN75 einfallen zu lassen.

In diesem Kapitel lernen Sie, welche Möglichkeiten Ihnen im Kampf gegen das plötzliche Nicht-mehr-Auffinden von Daten zur Verfügung stehen. Zunächst einmal erfahren Sie, wie Sie die Anzeigegröße für ein Tabellenblatt ändern, indem Sie die Anzeige vergrößern oder verkleinern, wie Sie das Dokumentfenster in mehrere kleine Ausschnitte unterteilen und bestimmte Zeilen und Spalten für immer und ewig am Bildschirm fixieren.

Aber damit noch nicht genug! Sie werden auch erfahren, wie Sie Zellen mit Kommentaren versehen, Zellbereichen beschreibende, allgemein verständliche Namen zuweisen und mit den Befehlen SUCHEN und ERSETZEN arbeiten, um Einträge irgendwo im Tabellenblatt zu finden und, falls erforderlich, zu ersetzen. Zu guter Letzt erzähle ich Ihnen dann, wie Sie Excel dazu bringen, das Tabellenblatt neu zu berechnen, und wie Sie eingrenzen können, wo Änderungen durchgeführt werden sollen.

Zoom, zoom, zoom, Fenster zoom herum

Der Chef hat gesagt, es gibt keinen 21-Zoll-Bildschirm für Ihren Rechner. Na, und jetzt? Den ganzen Tag quälen Sie sich und Ihre Augen damit, die Daten in den winzigen Zellen zu lesen, oder führen wilde Bildläufe durch, um eine Tabelle zu suchen, die heute einfach nicht aufzufinden ist. Bleiben Sie gelassen, schließlich gibt es die Zoom-Funktion, die Sie wie ein Vergrößerungsglas zum Vergrößern und Verkleinern einsetzen können.

In Abbildung 6.1 sehen Sie ein Tabellenblatt in der Vergrößerungsstufe 200%. Das heißt, die Darstellung ist doppelt so groß wie normal. Um ein Tabellenblatt derart zu vergrößern, klicken Sie auf den Pfeil der Schaltfläche für Zoom in der Standard-Symbolleiste und wählen dort den Eintrag 200%. Wenn Sie's lieber etwas umständlicher mögen, können Sie auch im Menü ANSICHT den Befehl ZOOM wählen. Im Dialogfeld ZOOM klicken Sie dann im Gruppenfeld ZOOMMODUS auf das Optionsfeld 200%. (Glauben Sie wirklich, dass sich dieser Aufwand lohnt?) Um jetzt die Daten in diesen Zellen zu lesen, werden Sie noch nicht einmal Ihre Lesebrille brauchen! Das einzige Problem mit der 200%igen Vergrößerungsstufe ist, dass Sie nur wenige Zellen gleichzeitig sehen können.

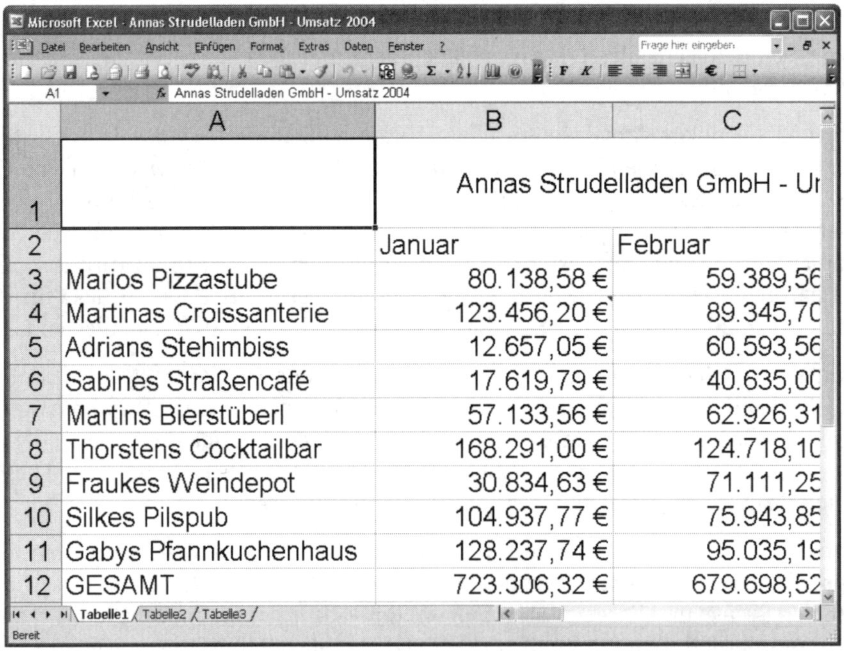

	A	B	C
1		Annas Strudelladen GmbH - Ur	
2		Januar	Februar
3	Marios Pizzastube	80.138,58 €	59.389,56
4	Martinas Croissanterie	123.456,20 €	89.345,70
5	Adrians Stehimbiss	12.657,05 €	60.593,56
6	Sabines Straßencafé	17.619,79 €	40.635,00
7	Martins Bierstüberl	57.133,56 €	62.926,31
8	Thorstens Cocktailbar	168.291,00 €	124.718,10
9	Fraukes Weindepot	30.834,63 €	71.111,25
10	Silkes Pilspub	104.937,77 €	75.943,85
11	Gabys Pfannkuchenhaus	128.237,74 €	95.035,19
12	GESAMT	723.306,32 €	679.698,52

Abbildung 6.1: So sieht das Tabellenblatt in der Vergrößerungsstufe 200% aus.

Abbildung 6.2 zeigt wieder das Tabellenblatt aus Abbildung 6.1, jetzt allerdings in der Vergrößerungsstufe 25% (etwa ein Viertel der normalen Größe). Um die Anzeige auf diese Größe zu verkleinern, klicken Sie wieder in der Standard-Symbolleiste auf den Pfeil der Schaltfläche für Zoom und wählen dort die Einstellung 25%. (Falls Sie es nicht lassen können, steht es Ihnen jedoch ohne weiteres frei, das Dialogfeld ZOOM zu öffnen und auf das Optionsfeld 25% zu klicken.)

Nun ja, bei dieser Größe können Sie dann wenigstens sicher sein, dass Sie garantiert nichts lesen können. Aus dieser Vogelperspektive können Sie jedoch auf einen Blick erkennen, wie sich die Daten in Ihrem Tabellenblatt verteilen.

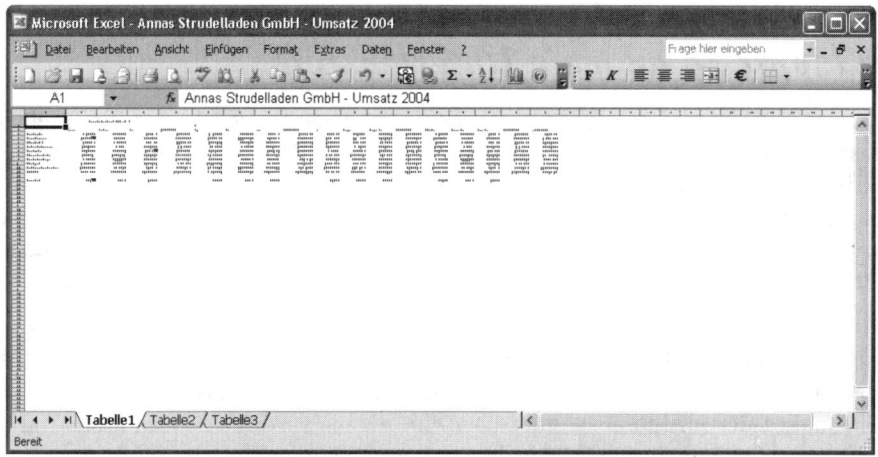

Abbildung 6.2: Darf's auch etwas kleiner sein? Das Tabellenblatt in der Vergrößerungsstufe 25%

Der Befehl ZOOM bzw. die Schaltfläche für Zoom verfügt über fünf integrierte Vergrößerungsstufen (200%, 100% (das ist die normale Bildschirmanzeige), 75%, 50% und 25%). Wenn Sie andere Vergrößerungen einstellen möchten, verwenden Sie eine der beiden folgenden Optionen:

✔ Wenn Sie Vergrößerungsstufen einstellen wollen, die zwischen den vorgegebenen liegen (z. B. 150% oder 85%) oder größer bzw. kleiner als die größte bzw. die kleinste Stufe sind (z. B. 400% oder 10%), setzen Sie die Einfügemarke in das Textfeld der Schaltfläche für Zoom in der Standard-Symbolleiste und geben dort die gewünschte Vergrößerungsstufe ein. Jetzt brauchen Sie nur noch ⏎ zu drücken. Im Dialogfeld ZOOM geben Sie die gewünschte Größe im Textfeld neben dem Optionsfeld BENUTZERDEFINIERT ein.

✔ Wenn Sie nicht wissen, welche Vergrößerung Sie eingeben sollen, um einen bestimmten Zellbereich am Bildschirm anzuzeigen, markieren Sie den Zellbereich und wählen im Listenfeld zur Schaltfläche für Zoom den Eintrag MARKIERUNG. Sie können stattdessen auch das Dialogfeld ZOOM öffnen, auf das Optionsfeld AN MARKIERUNG ANPASSEN klicken und dann OK wählen oder ⏎ drücken. Excel berechnet daraufhin, welche Vergrößerung benötigt wird, um den gesamten aktuell markierten Zellbereich am Bildschirm anzeigen zu können. Das ist doch was, oder?

 Sie können die Zoom-Funktion auch dazu verwenden, zu einem anderen Zellbereich im Tabellenblatt zu hüpfen. Wählen Sie zuerst eine kleine Vergrößerungsstufe, z. B. 50%. Suchen Sie dann den gewünschten Zellbereich heraus und markieren Sie dort eine Zelle. Zoomen Sie dann noch einmal, dieses Mal mit der Einstellung 100%. Wenn Excel die Anzeige wieder auf Normalgröße zurückstellt, wird die von Ihnen markierte Zelle und der dazugehörige Zellbereich am Bildschirm angezeigt.

Wer klopft da an mein Unterfenster?

Auch wenn Sie sich mit Vergrößern und Verkleinern einen Überblick über Ihr Tabellenblatt verschaffen, können Sie damit noch lange nicht zwei separate Bereiche so anordnen, dass Sie die darin enthaltenen Daten am Bildschirm vergleichen können (zumindest nicht in einer Größe, in der Sie die Daten auch lesen können). Um das zu erreichen, teilen Sie das Dokumentfenster in mehrere Unterfenster bzw. Ausschnitte und blättern dann in jedem Ausschnitt so lange, bis alle Daten, die verglichen werden sollen, dort angezeigt werden.

Das Teilen des Fensters ist eine der leichtesten Übungen. Abbildung 6.3 zeigt die prognostizierte Gewinn- und Verlustrechnung für Marios Pizzastube, bei der ich das Tabellenblattfenster horizontal in zwei Ausschnitte unterteilt und im zweiten Ausschnitt zur Zeile 21 geblättert habe. Jeder Ausschnitt verfügt über eine eigene vertikale Bildlaufleiste, mit deren Hilfe Sie verschiedene Teile des Tabellenblatts anzeigen können.

Um ein Tabellenblatt horizontal in zwei Ausschnitte zu teilen, ziehen Sie das Teilungsfeld, das sich direkt über dem oberen Bildlaufpfeil in der vertikalen Bildlaufleiste befindet, nach unten, bis das Fenster so aufgeteilt ist, wie es Ihnen gefällt. Das hört sich jetzt vielleicht etwas kompliziert an, ist aber eigentlich ganz einfach:

1. **Klicken Sie auf das vertikale Teilungsfeld und halten Sie die Maustaste gedrückt.**

   Der Mauszeiger ändert seine Form in einen Doppelpfeil.

2. **Ziehen Sie nach unten, bis Sie bei der Zeile sind, an der das Dokumentfenster geteilt werden soll.**

   Beim Ziehen wird ein grauer Balken im Dokumentfenster angezeigt, der stets die aktuelle Zeile markiert, in der das Fenster geteilt wird, wenn Sie die Maustaste loslassen.

3. **Lassen Sie die Maustaste los.**

   Excel unterteilt das Fenster an der aktuellen Position des Mauszeigers in zwei horizontale Ausschnitte und fügt in den neuen Ausschnitt eine vertikale Bildlaufleiste ein.

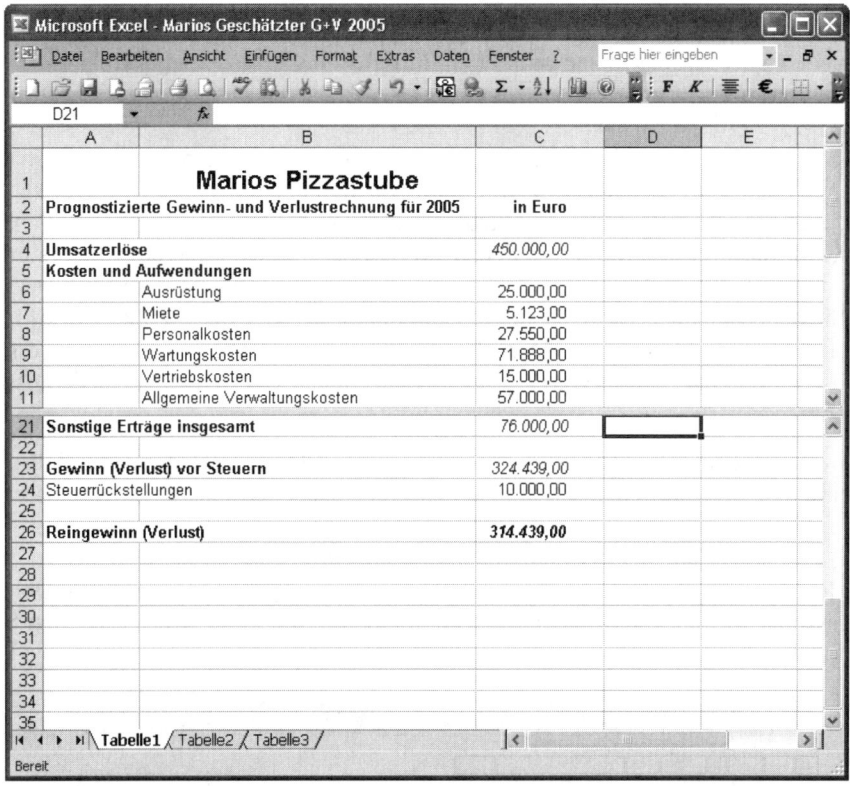

Abbildung 6.3: Das Tabellenblatt in einem geteilten Dokumentfenster, nachdem ich im unteren Ausschnitt mit der Bildlaufleiste nach unten geblättert habe.

Sie können das Dokumentfenster auch vertikal unterteilen. Das geht so:

1. **Klicken Sie auf das Teilungsfeld am rechten Rand der horizontalen Bildlaufleiste.**

2. **Ziehen Sie nach links, bis Sie die Spalte erreicht haben, an der das Fenster unterteilt werden soll.**

3. **Lassen Sie die Maustaste los.**

   Excel unterteilt das Fenster an der aktuellen Spaltenposition und stattet den neuen Ausschnitt mit einer eigenen horizontalen Bildlaufleiste aus.

Verwechseln Sie das Teilungsfeld nicht mit dem Registerteilungsfeld zwischen den Blattregistern und der horizontalen Bildlaufleiste. Sie ziehen das Registerteilungsfeld nach rechts, um zusätzliche Blattregister anzuzeigen, bzw. nach links, um mit einer größeren horizontalen Bildlaufleiste zu arbeiten. Zur Sicherheit noch mal: An der rechten Seite der horizontalen Bildlaufleiste befindet sich das Teilungsfeld, mit dem Sie das Dokumentfenster vertikal in zwei Ausschnitte teilen.

 Wenn Sie die Ausschnitte stören, können Sie sie ganz einfach verschwinden lassen, indem Sie irgendwo auf den Bildschirmteiler doppelklicken, der das Fenster unterteilt.

Wenn Ihnen das mit der Zieherei des Teilungsfelds nicht gefällt, können Sie ein Dokumentfenster auch mit dem Befehl TEILEN im Menü FENSTER unterteilen. Wenn Sie diesen Befehl wählen, wird durch die Position des Zellcursors bestimmt, an welcher Stelle das Fenster unterteilt wird. Das Programm teilt das Fenster vertikal am linken Rand des Cursors und horizontal am oberen Rand. Wenn das Fenster nur in zwei Ausschnitte unterteilt werden soll, setzen Sie den Zellcursor entweder in die erste Spalte der gewünschten Zeile (um in dieser Zeile eine Unterteilung in zwei horizontale Ausschnitte vorzunehmen) oder in die erste Zeile der gewünschten Spalte (um in dieser Spalte eine Unterteilung in zwei vertikale Ausschnitte vorzunehmen).

Wenn Sie den Zellcursor irgendwo in die Mitte der am Bildschirm angezeigten Zellen setzen und den Befehl TEILEN im Menü FENSTER wählen, teilt Excel das Fenster in vier Ausschnitte – einmal am linken Cursorrand und einmal am oberen Cursorrand. Grau ist alle Theorie. Also, in der Praxis könnte das so aussehen: Angenommen, der Zellcursor befindet sich in Zelle C6. Sie wählen den Befehl TEILEN im Menü FENSTER und was passiert? Das aktuelle Dokumentfenster wird zerstückelt – horizontal zwischen Zeile 5 und 6 und vertikal zwischen Spalte B und C. Das Ganze können Sie sich in Abbildung 6.4 genauer ansehen.

	A	B	C	D	E	F	
1						*Annas Strudelladen - Kundenliste*	
2	Kund.nr.	Nachname	Vorname	Straße	PLZ	Stadt	Bundesla
3	100002	Ammermann	Mark	Egerweg 7	80636	München	Bayern
4	100222	Bornemann	Walter	An der Au 3	84036	Landshut	Bayern
5	101945	Brunner	Silke	Riesenfeld 90	14193	Berlin	Brandenb
6	100003	Burger	Sabine	Regenstr. 9	87455	München	Bayern
7	103800	Carstens	Gaby	Riesenstr. 17a	20345	Hamburg	Hamburg
8	101004	Colbert	Gerome	An der Au	20255	Hamburg	Hamburg
9	103998	Dobras	Roland	Angelweg 98	39114	Hamburg	Sachsen-
10	105441	Ehrenbach	Marion	Waldsee 87	24937	Flensburg	Schleswi
11	102211	Glaesner	Mark	Bärengasse 11	06108	Halle	Sachsen-
12	103789	Haberbosch	Christine	Westring 12	39110	Magdeburg	Sachsen-
13	103778	Hesse	Martina	Nordbad 7	84051	Oberahrain	Bayern
14	101014	Hesse	Stefan	Fuchsweg 14	47803	Krefeld	NRW
15	105098	Kerner	Veronika	Eckenfelsen 9	86199	Augsburg	Bayern
16	102345	Lambrich	Jürgen	Krölstr. 6	86159	Augsburg	Bayern
17	101003	Lambrich	Sabine	Rotmoosstr. 15	88131	Lindau	Bayern
18	104678	Maler	Cornelia	Blankenese 12	20456	Hamburg	Hamburg
19	104789	Mittermeier	Stephan	Wagenstr. 9a	80636	München	Bayern
20	103222	Müller	Monika	Meisenstr. 32	24143	Kiel	Schleswi

Abbildung 6.4: So wird das Fenster in vier Ausschnitte aufgeteilt, wenn vor der Wahl des Befehls TEILEN *im Menü* FENSTER *die Zelle C6 markiert ist.*

 Wenn Sie den Zellcursor auf die Zelle A1 setzen und den Befehl TEILEN im Menü FENSTER wählen, dann teilt Excel das Fenster ungefähr in der Mitte der Bildschirmanzeige in vier Ausschnitte.

Wenn das Fenster in Ausschnitte unterteilt ist, können Sie von einem Ausschnitt zum nächsten hüpfen, indem Sie entweder auf eine Zelle im entsprechenden Ausschnitt klicken oder ⌈⇧⌉+⌈F6⌉ drücken. (Sie hüpfen damit entgegen dem Uhrzeigersinn von Ausschnitt zu Ausschnitt.) Um die Ausschnitte wieder zu entfernen, wählen Sie den Befehl TEILUNG AUFHEBEN im Menü FENSTER.

Festgemauert in meinem Fenster sitzt die Überschrift

Ausschnitte sind eine tolle Sache, wenn man verschiedene Teile desselben Tabellenblatts anzeigen lassen will, die man normalerweise nicht gleichzeitig betrachten könnte. Aber da gibt es noch eine andere Art von Ausschnitt, die so genannten *fixierten Ausschnitte*. Was heißt das denn schon wieder? Sie können mithilfe von fixierten Ausschnitten Überschriften in den oberen Zeilen und ersten Spalten »festmauern«, »einfrieren«, »fixieren« ... – nennen Sie das, wie Sie wollen –, damit sie stets am Bildschirm angezeigt werden, ungeachtet dessen, wie oft und wie weit Sie im Tabellenblatt blättern. Derart fixierte Überschriften sind besonders hilfreich, wenn Sie mit einer Tabelle arbeiten, die mehr Daten enthält, als am Bildschirm angezeigt werden können.

In Abbildung 6.5 sehen Sie so eine Tabelle. Das Tabellenblatt mit der Kundenliste enthält mehr Zeilen und Spalten, als Sie auf einmal anzeigen lassen können (es sei denn durch Verkleinern, aber dann wird's unleserlich).

Werden nun im Dokumentfenster die ersten zwei Zeilen fixiert, so können Sie die oberen zwei Zeilen mit der Tabellenüberschrift und den Spaltenüberschriften am Bildschirm anzeigen lassen, während Sie im restlichen Tabellenblatt nach oben oder unten blättern, um die verschiedenen Kundendaten zu prüfen. Wenn Sie im Fenster dann noch die ersten zwei Spalten fixieren, bleiben auch die Kundennummer und der Nachname am Bildschirm »kleben«, wenn Sie nach rechts oder nach links blättern.

Abbildung 6.5 zeigt die Kundenliste, nachdem im Fenster die ersten zwei Spalten und die ersten zwei Zeilen fixiert wurden. Sie wollen wissen, wie das geht? Dann bitte:

1. **Markieren Sie die Zelle C3.**

2. **Wählen Sie im Menü FENSTER den Befehl FENSTER FIXIEREN.**

   Excel fixiert den Ausschnitt oberhalb der Zeile 3 und den Ausschnitt links von Spalte C.

Die Rahmen der fixierten Ausschnitte werden als Linie und nicht wie bei den herkömmlichen Ausschnitten als schmaler Balken dargestellt.

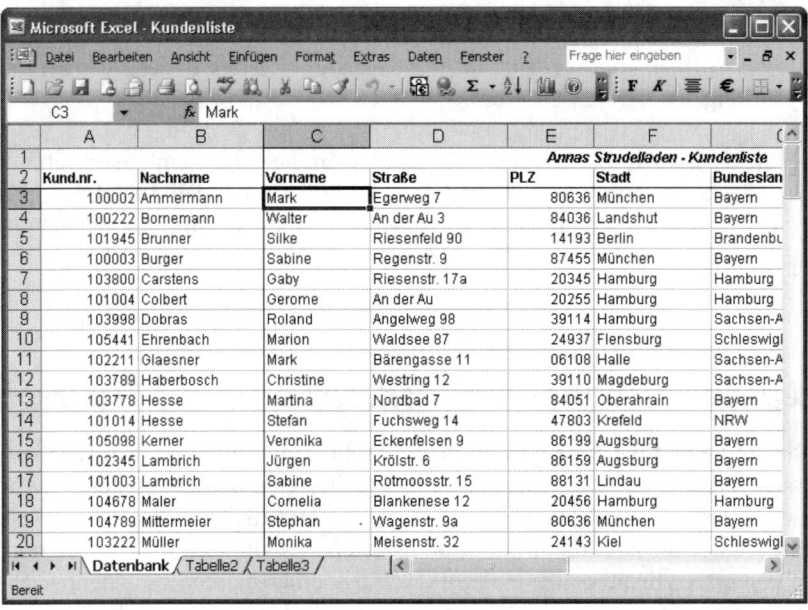

Abbildung 6.5: In den fixierten Ausschnitten stehen die Tabellenüberschrift und die Spaltenüberschriften sowie die Kundennummern und Nachnamen festgemauert am Bildschirm.

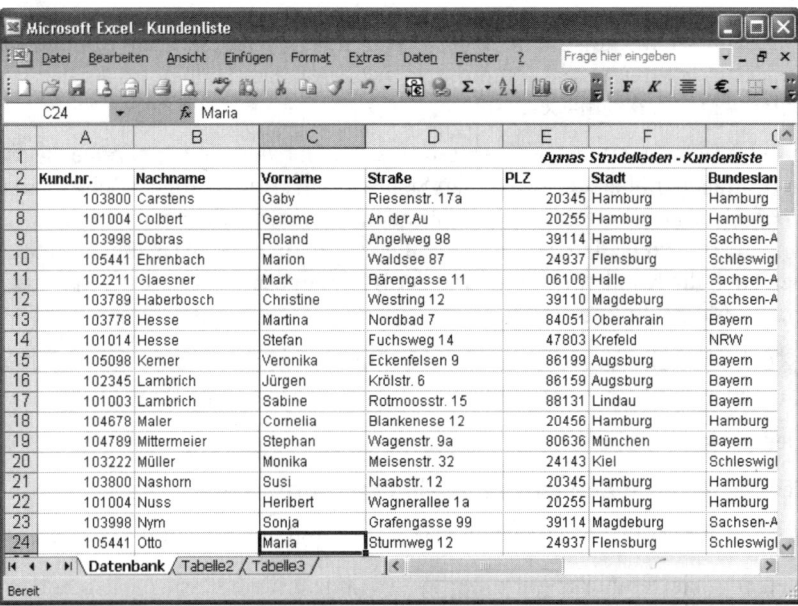

Abbildung 6.6: Blättern Sie in der Kundenliste nach unten, um weitere Zeilen des Tabellenblatts anzuzeigen.

In Abbildung 6.6 sehen Sie, was passiert, wenn Sie nach dem Fixieren der Ausschnitte im Tabellenblatt blättern. In dieser Abbildung habe ich so lange geblättert, bis die Zeilen 7 bis 24 am Bildschirm angezeigt werden. Da der horizontale Ausschnitt mit der Überschrift des Tabellenblatts und mit den Spaltenüberschriften in den Zeilen 1 und 2 fixiert ist, hat der Bildlauf auf sie überhaupt keinen Einfluss.

In Abbildung 6.7 sehen Sie, was passiert, wenn Sie nach rechts blättern, sodass die Spalten G bis K zu sehen sind. Die fixierten Spalten A und B lassen sich hiervon nicht beirren und werden weiterhin am Bildschirm angezeigt. Ohne die Informationen in diesen Spalten hätten Sie ganz schöne Schwierigkeiten, die Daten zuzuordnen!

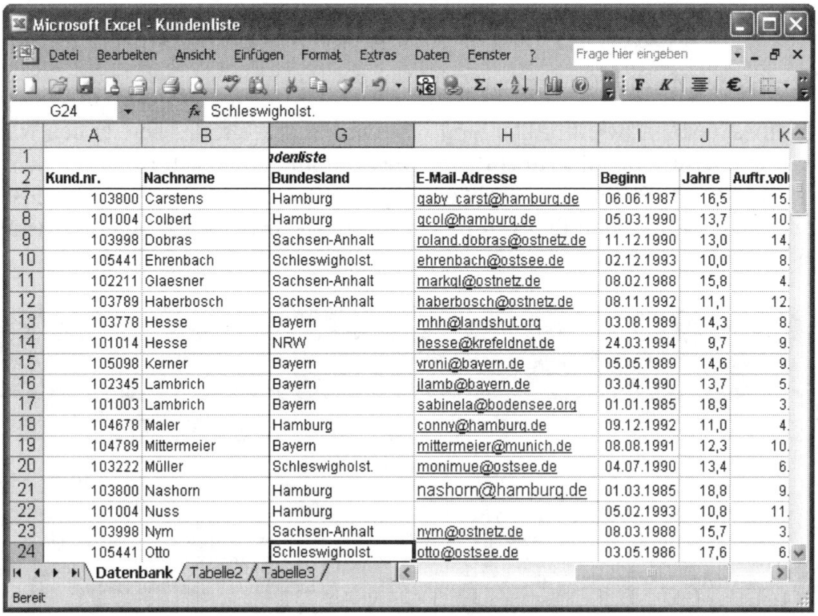

	A	B	G	H	I	J	K
1			denliste				
2	Kund.nr.	Nachname	Bundesland	E-Mail-Adresse	Beginn	Jahre	Auftr.vol
7	103800	Carstens	Hamburg	gaby_carst@hamburg.de	06.06.1987	16,5	15.
8	101004	Colbert	Hamburg	gcol@hamburg.de	05.03.1990	13,7	10.
9	103998	Dobras	Sachsen-Anhalt	roland.dobras@ostnetz.de	11.12.1990	13,0	14.
10	105441	Ehrenbach	Schleswigholst.	ehrenbach@ostsee.de	02.12.1993	10,0	8.
11	102211	Glaesner	Sachsen-Anhalt	markgl@ostnetz.de	08.02.1988	15,8	4.
12	103789	Haberbosch	Sachsen-Anhalt	haberbosch@ostnetz.de	08.11.1992	11,1	12.
13	103778	Hesse	Bayern	mhh@landshut.org	03.08.1989	14,3	8.
14	101014	Hesse	NRW	hesse@krefeldnet.de	24.03.1994	9,7	9.
15	105098	Kerner	Bayern	vroni@bayern.de	05.05.1989	14,6	9.
16	102345	Lambrich	Bayern	jlamb@bayern.de	03.04.1990	13,7	5.
17	101003	Lambrich	Bayern	sabinela@bodensee.org	01.01.1985	18,9	3.
18	104678	Maier	Hamburg	conny@hamburg.de	09.12.1992	11,0	4.
19	104789	Mittermeier	Bayern	mittermeier@munich.de	08.08.1991	12,3	10.
20	103222	Müller	Schleswigholst.	monimue@ostsee.de	04.07.1990	13,4	6.
21	103800	Nashorn	Hamburg	nashorn@hamburg.de	01.03.1985	18,8	9.
22	101004	Nuss	Hamburg		05.02.1993	10,8	11.
23	103998	Nym	Sachsen-Anhalt	nym@ostnetz.de	08.03.1988	15,7	3.
24	105441	Otto	Schleswigholst.	otto@ostsee.de	03.05.1986	17,6	6.

Abbildung 6.7: Blättern Sie nach rechts, um weitere Spalten anzuzeigen.

Um die Fixierung der Ausschnitte aufzuheben, wählen Sie den Befehl FIXIERUNG AUFHEBEN im Menü FENSTER.

Elektronische Kommentare

Mit Excel können Sie in Zellen *Kommentare* erstellen. Sie können sich beispielsweise selbst einen Kommentar schreiben, dass Sie eine bestimmte Zahl nochmals überprüfen müssen, bevor Sie das Tabellenblatt drucken, oder dass Sie daran denken sollten, dass ein bestimmter Wert nur ein Schätzwert ist. Vielleicht hinterlegen Sie aber auch einen Kommentar, um einen Geburtstag oder eine Einladung nicht zu vergessen.

 Ein Kommentar kann also dazu dienen, Sie an etwas zu erinnern, das Sie getan haben oder noch tun müssen; Sie können damit jedoch auch die Position markieren, an der Sie sich gerade in einem großen Tabellenblatt befinden. Wenn Sie dann das nächste Mal dieses Tabellenblatt bearbeiten, können Sie über die Position des Kommentars schnell die Stelle wiederfinden, an der Sie mit Ihrer Arbeit aufgehört haben.

So bekommt die Zelle ihren Kommentar

Um in eine Zelle einen Kommentar einzufügen, machen Sie Folgendes:

1. **Markieren Sie die Zelle, in die Sie den Kommentar einfügen möchten.**

2. **Wählen Sie im Menü EINFÜGEN den Befehl KOMMENTAR.**

   Ein kleines Textfeld (wie in Abbildung 6.8) wird angezeigt, das bereits den Namen des Benutzers oder der Benutzerin enthält. (Diesen Namen holt sich Excel aus dem Eintrag im Textfeld BENUTZERNAME, das sich auf der Registerkarte ALLGEMEIN des Dialogfelds OPTIONEN befindet, das Sie im Menü EXTRAS mit dem Befehl OPTIONEN öffnen! Alle Klarheiten beseitigt?)

	A	B	C	D	E	
1			Annas Strudelladen GmbH - Umsatz 2004			
2		Januar	Februar	März	1. Qrt. GESAMT	Apri
3	Marios Pizzastube	80.138,58 €	59.389,56 €	19.960,06 €	159.488,20 €	
4	Martinas Croissanterie	123.456,20 €	89.345,70 €	25.436,84 €	238.238,74 €	
5	Adrians Stehimbiss	12.657,05 €	60.593,56 €	42.300,28 €	115.550,89 €	
6	Sabines Straßencafé	17.619,79 €	40.635,00 €	42.814,99 €		
7	Martins Bierstüberl	57.133,56 €	62.926,31 €	12.408,73 €		
8	Thorstens Cocktailbar	168.291,00 €	124.718,10 €	41.916,13 €		
9	Fraukes Weindepot	30.834,63 €	71.111,25 €	74.926,24 €		
10	Silkes Pilspub	104.937,77 €	75.943,85 €	21.621,31 €		
11	Gabys Pfannkuchenhaus	128.237,74 €	95.035,19 €	31.940,09 €	255.213,02 €	
12	GESAMT	723.306,32 €	679.698,52 €	313.324,67 €	1.716.329,51 €	
13						
14	Monat/Qrt. in %	42,14%	39,60%	18,26%		

Kommentar bei D7: **Sabine Lambrich:** Frank, bitte die Zahl prüfen!

Zelle D7: kommentiert von Sabine Lambrich

Abbildung 6.8: Geben Sie den Kommentar zu einer Zelle in dieses Textfeld ein.

3. **Geben Sie den Text Ihres Kommentars in das Textfeld ein.**

4. **Wenn Sie die Eingabe Ihres Kommentars beendet haben, klicken Sie auf eine beliebige Stelle im Tabellenblatt.**

   Wenn eine Zelle einen Kommentar enthält, wird dies mit einem winzigen roten Dreieck in der oberen rechten Ecke der Zelle gekennzeichnet.

5. **Um den Kommentar in einer Zelle anzuzeigen, zeigen Sie mit dem Mauszeiger auf die Zelle mit dem kleinen Dreieck.**

Kommentare in Überarbeitung

Wenn Sie in einer Arbeitsmappe jede Menge Tabellenblätter haben, die die verschiedensten Kommentare enthalten, ist es sicherlich ein bisschen mühsam, auf jeden einzelnen mit dem Mauszeiger zu zeigen, um ihn lesen zu können. Für diese Fälle steht der Befehl KOMMENTARE im Menü ANSICHT zur Verfügung. Damit zeigen Sie auf einen Schlag alle Kommentare in der Arbeitsmappe an und bekommen obendrein noch die Überarbeiten-Symbolleiste eingeblendet (Abbildung 6.9).

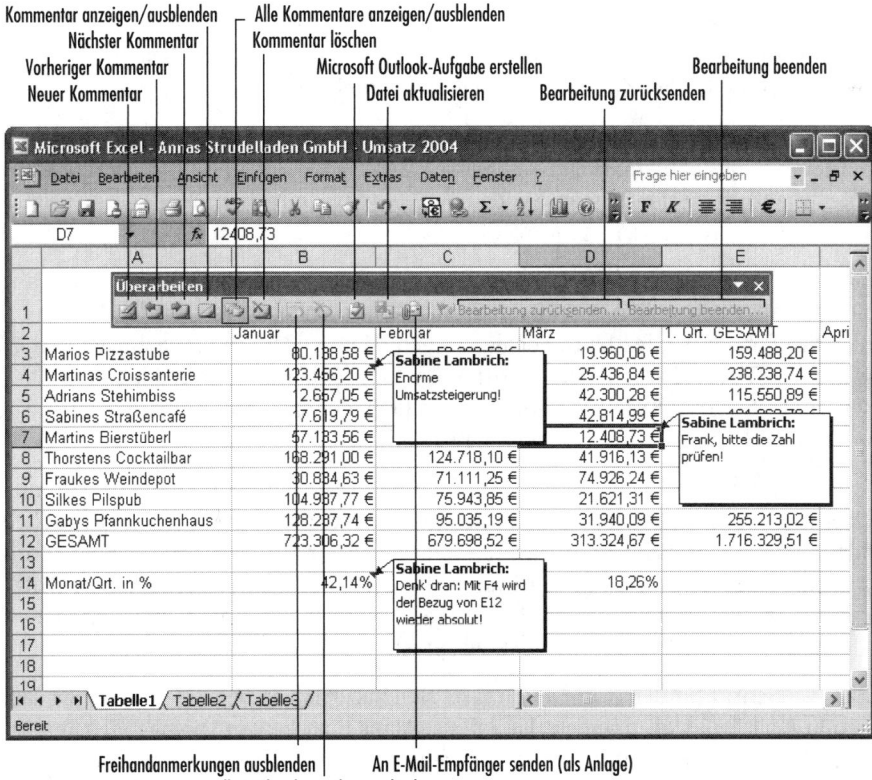

Abbildung 6.9: Die Überarbeiten-Symbolleiste

In der Überarbeiten-Symbolleiste können Sie dann auf die Schaltflächen für Nächster Kommentar und Vorheriger Kommentar klicken, um zwischen den einzelnen Kommentaren hin und her zu wechseln. Wenn Sie beim letzten Kommentar in der Arbeitsmappe angekommen sind, erhalten Sie eine Meldung, in der abgefragt wird, ob mit der Überprüfung der Kommentare wieder von vorne begonnen werden soll. Falls Sie das möchten, wählen Sie OK und fahren mit der Überarbeitung fort. Nach getaner Arbeit lassen sich die Kommentare natürlich auch wieder ausblenden. Klicken Sie dafür einfach in der Überarbeiten-Symbolleiste auf die Schaltfläche für Alle Kommentare ausblenden. Wenn Sie diese Symbolleiste bereits wieder geschlossen haben, können Sie auch noch mal den Befehl KOMMENTARE im Menü ANSICHT wählen.

Was man mit Kommentaren so alles machen kann

Es gibt eine ganze Reihe von Methoden, um den Inhalt eines Kommentars zu bearbeiten. Welche Methode angewendet werden kann, hängt davon ab, ob der Kommentar bereits angezeigt wird oder nicht. Wenn er im Tabellenblatt angezeigt wird, dann bearbeiten Sie ihn, indem Sie mit dem I-Mauszeiger in das Textfeld des Kommentars klicken. Aus dem I-Mauszeiger wird daraufhin eine Einfügemarke, das Textfeld wird markiert und erhält einen schraffierten Rahmen mit Ziehpunkten, mit denen die Größe des Textfelds verändert werden kann. Bearbeiten Sie jetzt einfach den Kommentar und klicken Sie dann auf irgendeine Zelle im Tabellenblatt, um die Markierung für den Kommentar wieder aufzuheben.

Wird der Kommentar noch nicht angezeigt, dann müssen Sie die Zelle markieren, die den Kommentar enthält. Wählen Sie dann im Menü EINFÜGEN den Befehl KOMMENTAR BEARBEITEN bzw. im Kontextmenü der Zelle (wissen Sie es noch? – mit der rechten Maustaste auf die Zelle klicken) den Befehl KOMMENTAR BEARBEITEN.

Falls Sie den Kommentar nicht direkt neben der Zelle, sondern irgendwo anders in der Arbeitsmappe anzeigen wollen, markieren Sie den Kommentar und setzen den Mauszeiger auf einen der vier Ränder des Textfelds. Sobald aus dem Mauszeiger ein Vierfachpfeil wird, ziehen Sie das gesamte Textfeld an die neue Position im Tabellenblatt. Wenn Sie jetzt die Maustaste loslassen, sehen Sie, dass Excel die Linie mit dem Pfeil, der das Textfeld mit dem roten Dreieck in der oberen rechten Zellecke verbindet, neu zeichnet.

Sie können auch die Größe dieses Textfelds verändern. Dazu markieren Sie den Kommentar und setzen den Mauszeiger auf einen der Ziehpunkte und ziehen in die gewünschte Richtung (zur Mitte des Textfelds, um es zu verkleinern, bzw. von der Mitte weg, um es zu vergrößern). Sobald Sie die Maustaste loslassen, wird das Textfeld neu gezeichnet. Wenn Sie die Größe und die Form des Textfelds ändern, umbricht Excel automatisch den Kommentartext so, dass dieser in die neue Form und Größe des Textfelds passt.

Aber auch die Schrift für den Kommentar lässt sich natürlich ändern. Markieren Sie dazu den Kommentar oder Teile davon, indem Sie mit der Maus über den entsprechenden Text ziehen. Danach wählen Sie im Menü FORMAT den Befehl KOMMENTAR. (Stattdessen können Sie auch ⌷Strg⌷+⌷1⌷ drücken – genauso wie beim Öffnen des Dialogfelds ZELLEN FORMATIEREN.) Das Dialogfeld KOMMENTAR FORMATIEREN wird geöffnet, das nur die Registerkarte SCHRIFT enthält (dieselbe wie im Dialogfeld ZELLEN FORMATIEREN – Abbildung 3.15). Ändern Sie hier die Schriftart, Schriftgröße, Schriftfarbe etc. für den markierten Kommentar.

 Ein Kommentar lässt sich natürlich auch wieder löschen. Markieren Sie dazu die Zelle, die den Kommentar enthält, und wählen Sie im Menü BEARBEITEN den Befehl LÖSCHEN und im angezeigten Untermenü den Befehl KOMMENTARE. Falls Ihnen das jetzt zu umständlich war, nehmen Sie den Befehl KOMMENTAR LÖSCHEN aus dem Kontextmenü der Zelle. Der Kommentar wird samt rotem Dreieck aus der Zelle entfernt.

Für die Bearbeitung der Kommentare lässt sich auch die Zeichnen-Symbolleiste ganz gut verwenden. Hiermit können Sie für das Textfeld die Hintergrundfarbe ändern oder auch eine neue Form oder Schattierung auswählen. (Kapitel 8 weiß im Abschnitt »Frei wie ein Vogel (nicht zugeordneter Text)« mehr dazu.)

Der Kommentar im Ausdruck

Wenn Sie ein Tabellenblatt drucken, dann können Sie die Kommentare zusammen mit den ausgewählten Daten im Tabellenblatt drucken. Sie brauchen dazu nur im Dialogfeld SEITE EINRICHTEN auf der Registerkarte TABELLE im Dropdown-Listenfeld KOMMENTARE eine Option auszuwählen. Wenn Sie wissen wollen, was es mit den Optionen AM ENDE DES BLATTES bzw. WIE AUF DEM BLATT ANGEZEIGT auf sich hat, dann lesen Sie in Kapitel 5 den Abschnitt »Der Tabelle zeigen, wo's langgeht«.

Wie heißt denn die Zelle?

Wenn Sie Zellen und Zellbereichen allgemein verständliche Namen zuweisen, werden Sie sehr viel länger den Überblick über den Verbleib wichtiger Daten in einer Arbeitsmappe behalten. Anstatt sich also zu bemühen, die merkwürdigen Zellkoordinaten mit bestimmten Informationen in Verbindung zu bringen, merken Sie sich einfach einen Namen. Mithilfe von Namen können Sie sogar den Druckbereich festlegen. Außerdem können Sie die Namen in anderen Office-Programmen einsetzen, z. B. in Word oder in Access. Und damit nicht genug! Nachdem Sie einen Namen für eine Zelle oder einen Zellbereich festgelegt haben, können Sie ihn mit der Gehe-zu-Funktion anwählen und sogleich zum gewünschten Zellbereich springen.

Das Kind beim Namen nennen

Wenn Sie einen Namen für eine Zelle oder einen Zellbereich festlegen, sollten Sie sich an die folgenden kleinen Regeln halten:

✔ Der Name muss mit einem Buchstaben, nicht mit einer Zahl beginnen, also `Gewinn2004` (nicht `2004Gewinn`).

✔ Der Name darf keine Leerzeichen enthalten. Statt eines Leerzeichens verwenden Sie beispielsweise den Unterstrich (_), um die Bestandteile des Namens zu kennzeichnen (z. B. Gewinn_2004).

✔ Der Name darf weder Zahlen noch Zellbezügen im aktuellen Tabellenblatt ähneln. Sie können z. B. eine Zelle nicht Q1 nennen, da dies ein Zellbezug ist. Verwenden Sie stattdessen Q1_Gesamt oder so ähnlich.

Und so legen Sie einen Namen für eine Zelle oder einen Zellbereich fest:

1. **Markieren Sie die Zelle oder den Zellbereich.**

2. **Klicken Sie im Namenfeld (das ist das Feld ganz links in der Bearbeitungsleiste) auf die Zelladresse der aktuell markierten Zelle bzw. des aktuell markierten Zellbereichs.**

   Die ganze Zelladresse wird jetzt im Namenfeld hervorgehoben dargestellt.

3. **Geben Sie den Namen für die markierte Zelle bzw. den markierten Zellbereich in das Namenfeld ein.**

   Schauen Sie sich noch mal die obige Liste an, um sicherzugehen, dass Sie dem Zellbereich keinen ungültigen Namen zuweisen.

4. **Drücken Sie ⏎.**

Wenn Sie jetzt eine benannte Zelle oder einen benannten Zellbereich in einem Tabellenblatt markieren wollen, klicken Sie im Dropdown-Listenfeld des Namensfelds auf den entsprechenden Namen. Sie öffnen dieses Listenfeld, indem Sie auf den nach unten zeigenden Pfeil gleich rechts neben der Zelladresse klicken.

Abbildung 6.10: Das Dialogfeld GEHE ZU

Dasselbe passiert, wenn Sie F5 drücken oder den Befehl GEHE ZU im Menü BEARBEITEN wählen. Daraufhin wird das Dialogfeld GEHE ZU geöffnet (Abbildung 6.10). Doppelklicken Sie auf den gewünschten Namen im Listenfeld GEHE ZU (bzw. markieren Sie den Namen und wählen

Sie OK oder drücken Sie ⏎). Excel setzt den Zellcursor direkt auf die benannte Zelle bzw. markiert den benannten Zellbereich.

Auch Formeln haben einen Namen

Mit Zellnamen lassen sich Zellen nicht nur hervorragend aufspüren, mit ihrer Hilfe können Sie auch Formeln »lesbarer« machen. Gehen wir mal davon aus, dass Sie in der Zelle K3 eine ganz simple Formel eingegeben haben, die die Stunden, die Sie für einen Kunden tätig waren (in Zelle I3), mit Ihrem Stundensatz (in Zelle J3) multipliziert, um auszurechnen, wie viel Sie dem Kunden in Rechnung stellen können. Normalerweise würden Sie diese Formel in Zelle K3 so eingeben:

`=I3*J3`

Wenn Sie jedoch die Zelle I3 `Stunden` und die Zelle J3 `Stundensatz` genannt haben, dann können Sie als Formel in K3 auch eingeben:

`=Stunden*Stundensatz`

Es lässt sich wohl nicht bestreiten, dass man sich unter der Formel `=Stunden*Stundensatz` sehr viel mehr vorstellen kann als unter `=I3*J3`.

Wenn Sie von dieser Möglichkeit Formeln zu gestalten, angetan sind, dann steht hier, wie's funktioniert:

1. **Geben Sie Ihren Zellen Namen, so wie Sie es bereits gelernt haben. (Jetzt kontrolliere ich, ob Sie auch aufgepasst haben!)**

   Geben Sie für dieses Beispiel der Zelle I3 den Namen `Stunden` und der Zelle J3 den Namen `Stundensatz`.

2. **Setzen Sie den Zellcursor in die Zelle, in der die Formel angezeigt werden soll.**

   Setzen Sie den Zellcursor also in Zelle K3.

3. **Beginnen Sie die Formel mit dem Gleichheitszeichen (=).**

4. **Markieren Sie die erste Zelle, auf die sich die Formel bezieht, indem Sie entweder darauf klicken oder mit den Pfeiltasten den Zellcursor dort hinbewegen.**

   Wählen Sie in diesem Fall I3.

5. **Geben Sie den mathematischen Operator ein, der in der Formel verwendet werden soll.**

   Für dieses Beispiel geben Sie das Sternchen (*) als Multiplikationszeichen ein. (Kapitel 2 enthält eine Liste mit weiteren mathematischen Operatoren.)

6. **Markieren Sie die zweite Zelle, auf die sich die Formel bezieht, wie in Schritt 4 beschrieben.**

   Wählen Sie in diesem Fall J3.

7. Klicken Sie in der Bearbeitungsleiste auf die Schaltfläche für Eingeben (die mit dem Häkchen) oder drücken Sie ⏎, um die Formel zu beenden.

Wenn Sie alle Schritte ausgeführt haben, dann schreibt Excel in Zelle K3 die Formel =Stunden*Stundensatz.

 Formeln, die Zellnamen enthalten, lassen sich mit dem Ausfüllkästchen nicht in andere Zellen einer Spalte oder Zeile kopieren. (Mehr dazu in Kapitel 4 unter »Die Formel und das AutoAusfüllen«.) Wenn Sie eine Formel kopieren, die im Original Zellnamen statt Zelladressen enthält, dann kopiert Excel diese Formel, ohne dabei die Zellbezüge an die neuen Zeilen und Spalten anzupassen.

Wie heißt denn die Konstante?

Manchen Formeln greifen auf Konstanten zurück, die sich so gut wie nie ändern, z. B. 16% für die Mehrwertsteuer oder 10% für einen Rabatt. Wenn Sie nun derartige Konstanten nicht jedes Mal wieder per Hand in eine Formel eingeben oder zu Fuß in einer Formel auf die entsprechende Zelle verweisen möchten, erstellen Sie einfach einen Namen, der den entsprechenden Wert enthält, und arbeiten dann effektiv und schlau mit diesem Namen in Ihren Formeln.

Angenommen, Sie möchten eine Konstante mit dem klangvollen Namen Mehrwertsteuer erstellen. Dann tun Sie Folgendes:

1. Wählen Sie im Menü EINFÜGEN den Befehl NAMEN und danach den Unterbefehl DEFINIEREN, um das Dialogfeld NAMEN DEFINIEREN zu öffnen.

2. Im Dialogfeld NAMEN DEFINIEREN geben Sie dann den Namen (z. B. Mehrwertsteuer) in das Textfeld NAMEN IN DER ARBEITSMAPPE ein.

3. Klicken Sie auf das Textfeld BEZIEHT SICH AUF und ersetzen Sie dort die aktuelle Zelladresse durch den Wert 16%.

4. Klicken Sie auf die Schaltfläche HINZUFÜGEN, um diesen neuen Namen dem Tabellenblatt hinzuzufügen.

5. Jetzt noch schnell auf OK klicken und die Sache ist geritzt.

Nachdem Sie einer Konstanten auf die obige Weise einen Namen verpasst haben, können Sie diesen in Formeln, die Sie in Ihrem Tabellenblatt erstellen, auf folgende Arten verwenden:

✔ Tippen Sie den Namen der Konstanten in einer Formel genau an der Stelle ein, an der der entsprechende Wert benötigt wird.

✔ Fügen Sie den Namen der Konstanten über das Menü genau an der Stelle ein, an der Sie den Wert benötigen. Wählen Sie dazu im Menü EINFÜGEN den Befehl NAMEN und anschließend den Befehl EINFÜGEN. Jetzt noch im Dialogfeld NAMEN EINFÜGEN auf den korrekten Namen doppelklicken und schon wird in der Formel richtig gerechnet.

Wenn Sie eine Formel kopieren, die eine benannte Konstante enthält, bleibt der Wert der Konstanten in allen Kopien, die Sie durch Ziehen des Ausfüllkästchens erstellen, gleich. (Bereichsnamen in Formeln funktionieren eigentlich wie absolute Zellbezüge.) In Kapitel 4 erfahren Sie mehr über das Kopieren von Formeln.

Denken Sie dran: Wenn Sie der Konstanten im Dialogfeld NAMEN DEFINIEREN einen anderen Wert zuweisen, rechnen alle Formeln, in denen die Konstante bereits enthalten ist, mit dem neuen aktuellen Wert.

Wer suchet, der findet

Wenn alle anderen Bemühungen, einen bestimmten Zelleintrag zu finden, bereits fehlgeschlagen sind, sollten Sie Excels Suchfunktion aktivieren, um diese Daten in Ihrem Tabellenblatt aufzuspüren. Wählen Sie im Menü BEARBEITEN den Befehl SUCHEN oder drücken Sie [Strg]+[F] oder [⇧]+[F5] – wie Sie sehen, Sie haben die Qual der Wahl. Das Dialogfeld SUCHEN UND ERSETZEN, wie in Abbildung 6.11 gezeigt, wird geöffnet. Schreiben Sie den Text oder die Werte, die Sie suchen, in das Textfeld SUCHEN NACH und wählen Sie anschließend WEITERSUCHEN oder drücken Sie [↵], um die Suche zu starten. Klicken Sie auf die Schaltfläche OPTIONEN, um das Dialogfeld nach unten aufzuklappen und weitere Auswahlmöglichkeiten hervorzuzaubern (siehe auch Abbildung 6.11).

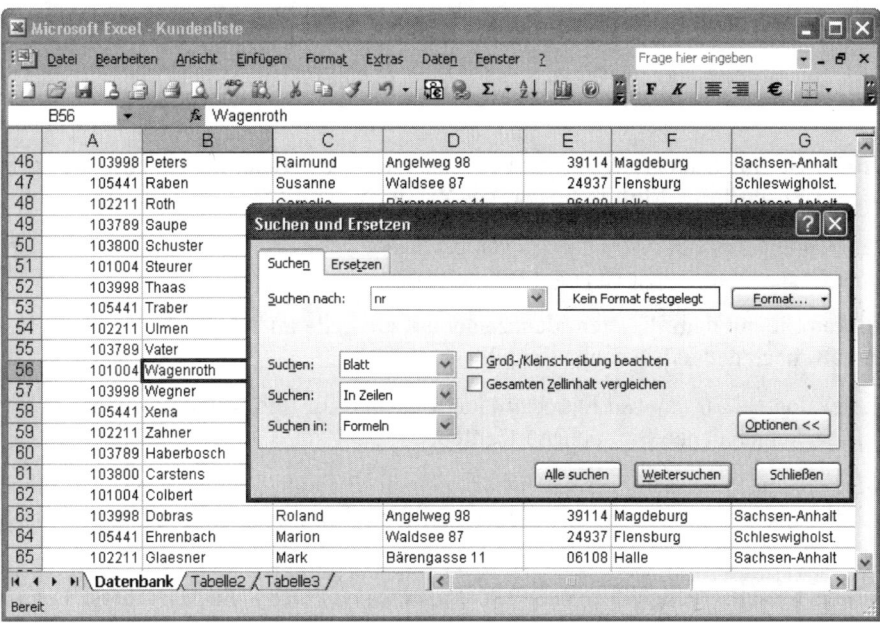

Abbildung 6.11: Das Dialogfeld Suchen und Ersetzen

Das Dialogfeld SUCHEN UND ERSETZEN kann auch mithilfe des Aufgabenbereichs EINFACHE SUCH-OPTIONEN geöffnet werden. Klicken Sie dazu ganz unten im Aufgabenbereich auf den Hyperlink IN DIESEM DOKUMENT SUCHEN. (Für den Fall, dass der Aufgabenbereich EINFACHE SUCHOPTIONEN nicht in Sicht ist: Er kann mit dem Befehl DATEISUCHE im Menü DATEI geöffnet werden.)

Wenn Sie nach einem Eintrag suchen, achten Sie bei der Eingabe in das Textfeld SUCHEN NACH darauf, ob der Text oder der Wert ein vollständiger Zelleintrag ist oder nur einen Ausschnitt aus einem Zelleintrag darstellt. In Abbildung 6.11 ist im Textfeld SUCHEN NACH nr eingegeben. Da das Kontrollkästchen GESAMTEN ZELLINHALT VERGLEICHEN nicht aktiviert ist, findet Excel

✔ den Eintrag nr im Feldnamen Kund.nr in Zelle A2 sowie

✔ den Eintrag nr in Wagenroth in Zelle B57.

Wenn Sie vor Suchbeginn das Kontrollkästchen GESAMTEN ZELLINHALT VERGLEICHEN aktiviert hätten, hätte Excel keinen Eintrag gefunden, da die beiden zuvor gefundenen Einträge den Ausdruck nr ja nur als Bestandteile des Zelleintrags enthalten.

Wenn Sie nach Text suchen, können Sie auch festlegen, ob Excel bei der Suche auf die Groß- bzw. Kleinschreibung achten soll. Standardmäßig legt Excel auf diesen kleinen (aber oft wichtigen) Unterschied keinen Wert. Ist es aber für die Eingrenzung Ihres Suchbegriffs erforderlich, dass Excel zwischen Groß- und Kleinschreibung unterscheidet, dann sollten Sie das Kontrollkästchen GROSS-/KLEINSCHREIBUNG BEACHTEN aktivieren.

Sollte der Text oder der Wert, nach dem Sie suchen, bestimmte Formate enthalten, so können Sie diese Darstellung bei der Suche einschließen.

Damit Excel neben dem Inhalt auch nach übereinstimmender Darstellung sucht, tun Sie Folgendes:

1. **Öffnen Sie im Dialogfeld SUCHEN UND ERSETZEN das Dropdown-Listenfeld FORMAT und wählen Sie dort den Eintrag FORMAT VON ZELLE WÄHLEN.**

   Das Dialogfeld SUCHEN UND ERSETZEN verabschiedet sich vorübergehend. Stattdessen hängt Excel an den Mauszeiger so eine Art Pipette dran.

2. **Klicken Sie mit dem Pipetten-Mauszeiger auf die Zelle im Tabellenblatt, die die Formate enthält, nach denen Sie suchen möchten.**

   Das Dialogfeld SUCHEN UND ERSETZEN taucht wieder auf und weiß nun über die Formate Bescheid, nach denen Sie suchen möchten.

Wenn Sie die zu suchenden Formate lieber in einem Dialogfeld direkt auswählen möchten – nämlich im Dialogfeld FORMAT SUCHEN (das identisch mit dem Dialogfeld ZELLEN FORMATIEREN ist) –, gehen Sie folgendermaßen vor:

1. **Öffnen Sie im Dialogfeld SUCHEN UND ERSETZEN das Dropdown-Listenfeld FORMAT und wählen Sie dort den Eintrag FORMAT.**

2. **Toben Sie sich dann im Dialogfeld** FORMAT SUCHEN **auf der Vielzahl von Registerkarten aus und aktivieren Sie die Formatoptionen, nach denen gesucht werden soll. Beenden Sie das Ganze durch Klicken auf OK.**

Sobald Sie sich für die Suche nach bestimmten Formaten auf die eine oder die andere Art entschieden haben, wird aus dem Feld KEIN FORMAT FESTGELEGT das Feld VORSCHAU. Darin wird das Wort Vorschau angezeigt, das wiederum mehr oder weniger in der Schrift und mit den Schriftoptionen dargestellt ist, die Sie zuvor für die Suche festgelegt haben.

Wenn Sie in einem Tabellenblatt nach Werten suchen, denken Sie immer an den Unterschied zwischen Formeln und Werten. In Abbildung 6.7 wird z. B. in Zelle J11 der Kundenliste der Wert 15,8 angezeigt. Wenn Sie jedoch 15,8 in das Textfeld SUCHEN NACH eingeben und dann ⏎ drücken, um die Suche zu starten, wird sofort eine Meldung angezeigt, dass Excel keine übereinstimmenden Daten finden kann.

Excel konnte den Wert 15,8 in Zelle J11 nicht finden, weil dieser Wert mit der folgenden Formel errechnet wurde und Excel standardmäßig in den Formeln (d. h. nicht in den Werten selbst) nach einer Übereinstimmung sucht:

`=(JETZT()-I11)/365`

Um nach dem Wert 15,8, der in J11 mit dieser Formel errechnet wurde, zu suchen, markieren Sie im Dropdown-Listenfeld SUCHEN IN den Eintrag WERTE. Standardmäßig ist hier die Option FORMELN aktiviert.

Wenn Sie nach Text oder Werten in Kommentaren suchen möchten, markieren Sie in diesem Listenfeld den Eintrag KOMMENTARE.

Wenn Sie nicht wissen, wie ein Wort oder ein Name korrekt geschrieben wird oder wie ein Wert oder eine Formel genau lautet, dann können Sie Platzhalterzeichen verwenden. Nehmen Sie das Fragezeichen (?) für ein einzelnes unbekanntes Zeichen und das Sternchen (*) für eine beliebige Anzahl unbekannter Zeichen.

Versuchen Sie's mal: Geben Sie die folgenden Zeichen in das Textfeld SUCHEN NACH ein und markieren Sie im Dropdown-Listenfeld SUCHEN IN die Option WERTE.

`7*4`

Excel findet damit Zellen, die Werte wie 74, 704 und 75234 oder Texteinträge wie Badstr. 73 4. Stock enthalten.

Wenn Sie tatsächlich einmal nach einem (Multiplikations-)Sternchen suchen wollen, stellen Sie dem Sternchen eine Tilde voran:

`~*4`

Auf diese Weise können Sie nach einer Formel suchen, in der mit 4 multipliziert wird.

Wenn Sie den folgenden Eintrag im Textfeld SUCHEN NACH verwenden, werden Zelleinträge wie Jan, Januar, Juni etc. gefunden:

`J?n*`

 In der Regel sucht Excel nur im aktuellen Tabellenblatt nach dem von Ihnen ein-gegebenen Suchtext. Wenn das Programm alle Tabellenblätter einer Arbeitsmappe durchsuchen soll, öffnen Sie das erste Dropdown-Listenfeld SUCHEN und wählen dort den Eintrag ARBEITSMAPPE.

Wenn Excel eine Zelle im Tabellenblatt findet, die den gesuchten Text oder Wert enthält, wird diese Zelle markiert. Das Dialogfeld SUCHEN UND ERSETZEN bleibt geöffnet. (Sollte es die Sicht auf die gesuchte Zelle versperren, ziehen Sie es einfach auf die Seite.) Um die nächste Überein-stimmung zu suchen, wählen Sie die Schaltfläche WEITERSUCHEN oder drücken ⏎.

Excel sucht normalerweise die Zeilen von oben nach unten durch. Wenn Sie jedoch lieber spaltenweise suchen möchten, markieren Sie im zweiten Dropdown-Listenfeld SUCHEN den Eintrag IN SPALTEN. Wenn Sie einen zuvor gefundenen Eintrag nochmals anzeigen lassen wol-len, drücken Sie ⇧ und klicken dabei auf die Schaltfläche WEITERSUCHEN.

Passen Sie auf bei Zellersatzteilen!

Wenn Sie einen Zelleintrag nur suchen, um ihn anschließend durch etwas anderes zu erset-zen, können Sie diesen Vorgang automatisieren, indem Sie den Befehl ERSETZEN im Menü BE-ARBEITEN wählen oder Strg+H drücken. Wenn Sie sich bereits im Dialogfeld SUCHEN UND ERSETZEN auf der Registerkarte SUCHEN tummeln, können Sie dort auch einfach auf das Register ERSETZEN klicken. Auf der Registerkarte ERSETZEN geben Sie im Textfeld SUCHEN NACH den Wert oder Text ein, der ersetzt werden soll, und in das Textfeld ERSETZEN DURCH den Wert oder Text, durch den ersetzt werden soll.

Wenn Sie den Ersatztext eingeben, müssen Sie darauf achten, den Text genau so zu schreiben, wie er am Bildschirm angezeigt werden soll. Mit anderen Worten: Wenn Sie jedes Mal, wenn `Jan` im Tabellenblatt steht, dies durch `Januar` ersetzen möchten, muss Folgendes im Textfeld ERSETZEN DURCH stehen:

`Januar`

Denken Sie daran, dass Sie im Textfeld ERSETZEN DURCH auf die genaue Groß- oder Kleinschrei-bung eines Wortes achten müssen, auch wenn Sie im Textfeld SUCHEN NACH hierauf keine Rück-sicht zu nehmen brauchen (immer vorausgesetzt natürlich, dass das Kontrollkästchen GROSS/ KLEINSCHREIBUNG BEACHTEN nicht aktiviert ist).

Nachdem Sie eingegeben haben, was gesucht und durch was ersetzt werden soll, lassen Sie Excel die übereinstimmenden Einträge im Tabellenblatt entweder von Fall zu Fall (auf ERSET-ZEN klicken) oder alle in einem Arbeitsgang ersetzen (auf ALLE ERSETZEN klicken). In Abbildung 6.12 können Sie sich einen guten Überblick darüber verschaffen. Abbildung 6.12: Hier werden gerade Formate ersetzt.

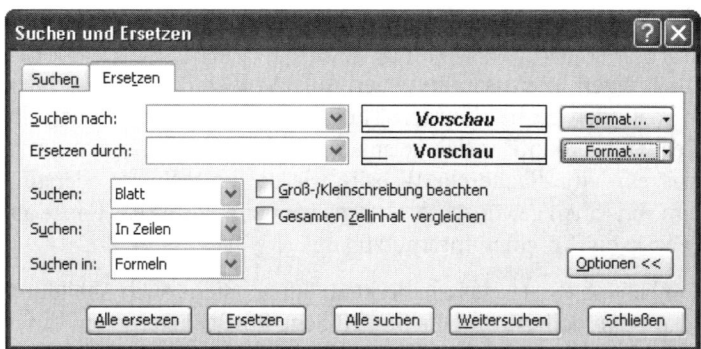

Abbildung 6.12: Hier werden gerade Formate ersetzt.

Seien Sie vorsichtig mit der Wahl der Schaltfläche ALLE ERSETZEN. Ihr ganzes Tabellenblatt kann mit einem Mal durcheinander gewirbelt werden, wenn Sie damit – nichts Böses ahnend – Werte, Teile von Formeln oder Zeichen in Überschriften ersetzen, die Sie eigentlich gar nicht ersetzen wollten. Als Vorsichtsmaßnahme lege ich Ihnen folgende goldene Regel ans Herz:

✔ Führen Sie niemals die Funktion ALLE ERSETZEN in einem nicht gespeicherten Dokument durch!

✔ Vergewissern Sie sich vor dem Ersetzen auch, dass das Kontrollkästchen GESAMTEN ZELLINHALT VERGLEICHEN aktiviert ist. Es könnte Ihnen eine ganze Reihe ungewollter Änderungen bescheren, wenn Sie dieses Kontrollkästchen nicht aktivieren und Sie wirklich nur ganze Zelleinträge ersetzen wollen.

Wenn Sie aber tatsächlich einmal einen Wurm reingebracht haben, wählen Sie den Befehl RÜCKGÄNGIG im Menü BEARBEITEN (bzw. drücken Sie ⌴Strg⌴+⌴Z⌴), um das Tabellenblatt wieder in seinen alten Zustand zu versetzen. Wenn Sie das Problem erst zu spät erkennen und nichts mehr rückgängig gemacht werden kann, schließen Sie das Dokument, ohne es zu speichern, und öffnen dann die vor dem Ersetzen gespeicherte Version. Was für ein Glück, dass Sie dies gelesen haben!

Wenn Excel Ihnen die gefundenen Einträge zuerst anzeigen soll, klicken Sie auf die Schaltfläche WEITERSUCHEN oder drücken ⌴↵⌴. Excel markiert dann die nächste Zelle, die den Text oder Wert enthält, den Sie im Textfeld SUCHEN NACH eingegeben haben. Soll Excel den markierten Text ersetzen, dann klicken Sie auf die Schaltfläche ERSETZEN. Falls Sie gerade diese Übereinstimmung nicht ersetzen wollen, klicken Sie auf WEITERSUCHEN, um mit der Suche fortzufahren. Um das Dialogfeld SUCHEN UND ERSETZEN zu schließen, weil der Suchen-und-Ersetzen-Vorgang für Sie beendet ist, klicken Sie kurz entschlossen auf SCHLIESSEN.

Recherchieren Sie!

Excel 2003 enthält einen interessanten neuen Aufgabenbereich – RECHERCHIEREN –, mit dem Sie online Informationen zu bestimmten Themen recherchieren können. Bei den Online-quellen Ihrer Recherche könnte es sich beispielsweise um ein Nachschlagewerk wie den deut-schen Thesaurus, um eine Recherche-Website wie die MSN-Suche oder um eine sonstige Website zu einem von Ihnen gewünschten Thema handeln. Tja, da das Ganze aber online statt-findet, benötigen Sie hierfür einen Internetzugang.

Um den Aufgabenbereich RECHERCHIEREN direkt zu öffnen (siehe auch Abbildung 6.13), klicken Sie in der Standard-Symbolleiste auf die Schaltfläche für Recherchieren. Um den zuletzt ver-wendeten Aufgabenbereich zu öffnen, drücken Sie ⊡ + ⊡F1⊡ oder Sie wählen im Menü AN-SICHT den Befehl AUFGABENBEREICH. Danach klicken Sie in der Titelleiste des Aufgabenbereichs auf den Pfeil nach unten und wählen in der Dropdown-Liste den Eintrag RECHERCHIEREN, um endgültig zum Aufgabenbereich RECHERCHIEREN vorzustoßen. Uff!

Geben Sie nun den Suchbegriff, nach dem online recherchiert werden soll, im Textfeld SUCHEN NACH ein und wählen Sie im darunter liegenden Dropdown-Listenfeld die gewünschten Online-quellen aus, in denen gesucht werden soll. Folgende Quellen stehen standardmäßig zur Verfü-gung:

✔ **ALLE NACHSCHLAGEWERKE:** Hierzu gehören ein deutscher Thesaurus zum Nachschlagen von Synonymen und Antonymen, eine Übersetzungsfunktion zur maschinellen Online-übersetzung sowie ein deutsches Wörterbuch.

✔ **ALLE RECHERCHE -WEBSITES:** Standardmäßig sind die Websites MSN SUCHE DEUTSCHLAND und FACTIVA NEWS SEARCH für die Onlinesuche nach bestimmten Informationen eingerichtet.

✔ **ALLE WIRTSCHAFTS- UND FINANZWEBSITES:** Hierzu gehört standardmäßig die Website MSN MONEY-AKTIENKURSE DEUTSCHLAND zum Onlinerecherchieren von aktuellen Aktienkursen.

Um die Onlinesuche zu starten, klicken Sie oben im Aufgabenbereich auf die grüne Schalt-fläche mit dem Pfeil nach rechts. Die Verbindung zur gewählten Onlinedatenquelle wird her-gestellt und das Ergebnis im Aufgabenbereich RECHERCHIEREN angezeigt. In Abbildung 6.13 habe ich beispielsweise auf allen Recherche-Websites nach dem Begriff »Microsoft-Aktien« gesucht und auch jede Menge dazu gefunden.

Wenn als Suchergebnis im Aufgabenbereich Websites angezeigt werden, brauchen Sie nur auf den gewünschten Link zu klicken, und schon wird Ihr Webbrowser, z.B. der Internet Explorer, gestartet und die entsprechende Website auf den Bildschirm gezaubert. Wollen Sie später wieder zurück zu Excel, von wo aus Sie ja schließlich Ihre Suche gestartet haben, klicken Sie einfach auf die Schaltfläche für Schlie-ßen in der oberen rechten Ecke, um den Webbrowser zu schließen.

 Selbstverständlich können Sie selbst bestimmen, welche Onlinedienste Ihnen bei der Suche nach Daten zur Verfügung stehen. Klicken Sie dazu unten im Aufgaben-bereich auf den Link RECHERCHE-OPTIONEN. Damit öffnen Sie ein gleichnamiges Dialogfeld, in dem Sie Nachschlagewerke für die Onlinesuche aktivieren bzw. deaktivieren sowie Onlinedienste und Websites hinzufügen bzw. entfernen können.

Abbildung 6.13: Informieren Sie sich über die Aktien von Bill Gates.

Berechnen oder nicht berechnen

Die Suche nach Daten in einem Tabellenblatt ist zwar zugegebenermaßen außerordentlich wichtig; sie ist aber nur eine der Möglichkeiten, die Daten in den Griff zu kriegen. In wirklich umfangreichen Tabellenblättern kann es z. B. interessant sein, die Neuberechnung von Einträgen manuell zu steuern. Dies ist dann von Vorteil, wenn durch das ständige Neuberechnen geänderter oder neu eingegebener Daten das Arbeiten mit Excel nur noch im Schneckentempo vorangeht. Wenn Sie diese Neuberechnung erst durchführen lassen, wenn Sie das Tabellenblatt speichern oder drucken wollen, werden Sie von dererlei Verzögerungen nichts mitbekommen.

Um die Neuberechnung manuell zu steuern, wählen Sie den Befehl OPTIONEN im Menü EXTRAS und klicken dann im Dialogfeld OPTIONEN auf das Register BERECHNUNG (siehe auch Abbildung 6.14). Wählen Sie dann im Gruppenfeld BERECHNUNG das Optionsfeld MANUELL. Deaktivieren Sie auf keinen Fall das Kontrollkästchen VOR DEM SPEICHERN NEU BERECHNEN (d. h., in dem Kästchen *muss* ein Häkchen sein!), damit Excel automatisch alle Formeln neu berechnet, wenn Sie das Tabellenblatt speichern. Wenn Sie dieses Kontrollkästchen aktiviert lassen, können Sie davon ausgehen, dass Sie stets die aktuellsten Werte in Ihrer Arbeitsmappe speichern.

Wenn Sie das Optionsfeld MANUELL aktiviert haben, wird in der Statusleiste die Meldung Berechnen angezeigt, sobald Sie im Tabellenblatt eine Änderung vornehmen, die sich irgendwie auf die aktuellen Werte Ihrer Formeln auswirkt. Die Meldung Berechnen will Sie darauf aufmerksam machen, dass Excel die Formeln aktualisieren, d. h. neu berechnen sollte, bevor Sie die Arbeitsmappe speichern oder drucken.

Um die Formeln in einem Tabellenblatt neu zu berechnen, drücken Sie [F9] oder Sie klicken auf die Schaltfläche Neu berechnen [F9] auf der Registerkarte Berechnung im Dialogfeld Optionen.

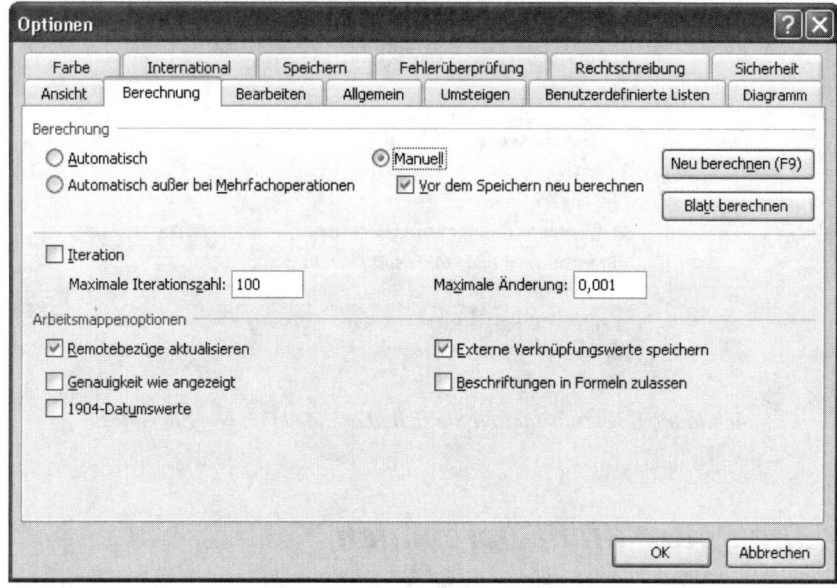

Abbildung 6.14: Entscheiden Sie sich zwischen automatischer und manueller Berechnung.

Excel berechnet daraufhin alle Formeln in allen geöffneten Tabellenblättern der Arbeitsmappe neu. Falls Sie Änderungen nur im aktuellen Tabellenblatt vorgenommen haben und nicht warten wollen, bis Excel jedes einzelne Tabellenblatt neu berechnet hat, können Sie die Neuberechnung auf das aktuelle Tabellenblatt beschränken, indem Sie auf der Registerkarte Berechnung im Dialogfeld Optionen auf die Schaltfläche Blatt berechnen klicken oder [⇧] + [F9] drücken.

Schützen Sie sich!

Sobald Sie ein Tabellenblatt so gut wie fertig gestellt haben, d. h. die Formeln überprüft und den Text nochmals gelesen haben, möchten Sie Ihr Dokument doch sicherlich gern vor unplanmäßigen Änderungen schützen.

Jede Zelle in einem Tabellenblatt kann _gesperrt_ bzw. _nicht gesperrt_ werden. Standardmäßig sind alle Zellen eines Tabellenblatts gesperrt. Das Sperren muss sozusagen nur noch aktiviert werden. Wenn Sie die folgenden Schritte ausführen, dann sind Ihre Daten so sicher wie in Abrahams Schoß.

1. **Wählen Sie im Menü Extras den Befehl Schutz und dann im angezeigten Untermenü den Befehl Blatt schützen.**

   Excel öffnet das Dialogfeld Blatt schützen (siehe Abbildung 6.15), in dem Sie die Kontroll-kästchen aktivieren, deren Funktionen auch in einem geschützten Tabellenblatt verfüg-bar sein sollen. Standardmäßig sind das Kontrollkästchen Arbeitsblatt und Inhalt gesperr-ter Zellen schützen ganz oben im Dialogfeld sowie die beiden Kontrollkästchen Gesperrte Zellen auswählen und Nicht gesperrte Zellen auswählen im darunter liegenden Listenfeld Alle Benutzer dieses Arbeitsblattes dürfen aktiviert.

2. **(Optional) Aktivieren Sie bei Bedarf die Kontrollkästchen im Listenfeld Alle Benutzer dieses Arbeitsblattes dürfen, deren Funktionen auch in einem geschützten Tabellen-blatt aktiv sein sollen.**

3. **Wenn Sie ein Kennwort zuweisen wollen, das eingegeben werden muss, bevor der Schutz für ein Tabellenblatt wieder entfernt werden kann, dann geben Sie dieses Kenn-wort in das Textfeld Kennwort zum Aufheben des Blattschutzes ein.**

4. **Klicken Sie auf OK oder drücken Sie** ⏎ **.**

   Wenn Sie ein Kennwort eingegeben haben, wird anschließend das Dialogfeld Kennwort bestätigen geöffnet. Geben Sie hier das Kennwort erneut ein und achten Sie dabei darauf, es genau so zu schreiben wie im Textfeld Kennwort zum Aufheben des Blattschutzes im Dialogfeld Blatt schützen. Klicken Sie dann auf OK oder drücken Sie ⏎ .

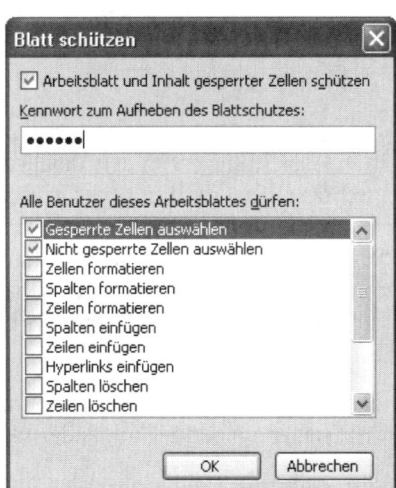

Abbildung 6.15: Vor all diesen Funktionen können Sie Ihr Tabellenblatt schützen.

Sie können auch noch einen Schritt weitergehen und das gesamte Layout der Tabellenblätter in einer Arbeitsmappe schützen. Das geht so:

1. **Wählen Sie im Menü Extras den Befehl Schutz und dann im angezeigten Untermenü den Befehl Arbeitsmappe schützen.**

   Excel öffnet das Dialogfeld Arbeitsmappe schützen, in dem das Kontrollkästchen Struktur bereits aktiviert ist, das Kontrollkästchen Fenster jedoch nicht. Wenn Sie die Struktur einer Arbeitsmappe schützen, können die Tabellenblätter z. B. nicht mehr gelöscht oder neu angeordnet werden. Die Fenster in einer Arbeitsmappe zu schützen, ist dann sinnvoll, wenn Sie Fenster eingerichtet haben (was ich im nächsten Kapitel beschreiben werde).

2. **Wenn Sie ein Kennwort zuweisen wollen, das eingegeben werden muss, bevor der Schutz für eine Arbeitsmappe wieder entfernt werden kann, dann geben Sie dieses Kennwort in das Textfeld Kennwort (optional) ein.**

3. **Klicken Sie auf OK oder drücken Sie** ⏎ **.**

   Wenn Sie ein Kennwort eingegeben haben, wird anschließend das Dialogfeld Kennwort bestätigen geöffnet. Geben Sie hier das Kennwort erneut ein und achten Sie dabei darauf, es genau so zu schreiben wie im Textfeld Kennwort (optional) im Dialogfeld Arbeitsmappe schützen. Klicken Sie dann auf OK oder drücken Sie ⏎ .

Wenn Sie den Befehl Blatt schützen im Untermenü des Befehls Schutz wählen, können in diesem Tabellenblatt die Inhalte der Zellen nicht mehr verändert werden, mit Ausnahme der Funktionen, die Sie im Listenfeld Alle Benutzer dieses Arbeitsblattes dürfen explizit aktiviert haben (siehe weiter oben). Ist die Arbeitsmappe geschützt, scheitern alle Versuche, an ihrem Layout etwas zu verändern.

Wenn Sie versuchen, einen Eintrag in einer gesperrten Zelle zu bearbeiten oder zu ersetzen, zeigt Excel eine Warnmeldung an, dass Sie versuchen, eine Zelle oder ein Diagramm zu ändern, die bzw. das schreibgeschützt ist.

In der Regel wird es nicht in Ihrer Absicht liegen, in den Tabellenblättern einer Arbeitsmappe alle Zellen vor Änderungen zu schützen, sondern nur bestimmte Bereiche. In einem Budget-Tabellenblatt möchten Sie vielleicht alle Zellen schützen, die Überschriften und Formeln enthalten, und Änderungen in den Zellen zulassen, in die Sie die Budgetzahlen eingeben. Mit dieser Vorsichtsmaßnahme verhindern Sie, dass Sie aus Versehen eine Überschrift oder eine Formel aus dem Tabellenblatt löschen, bloß weil Sie einen Wert in eine falsche Zelle eingeben. (Das kommt häufiger vor, als Sie denken!)

Wenn Sie also bestimmte Zellen nicht sperren wollen, um sie auch dann noch ändern zu können, wenn Sie das Blatt geschützt haben, gehen Sie folgendermaßen vor:

1. **Markieren Sie die Zellen, die weiterhin geändert werden dürfen.**

2. **Wählen Sie im Menü Extras den Befehl Schutz und anschließend den Befehl Benutzer dürfen Bereiche bearbeiten.**

3. Klicken Sie im Dialogfeld BENUTZERBERECHTIGUNGEN ZUM BEARBEITEN VON BEREICHEN auf die Schaltfläche NEU.

4. (Optional) Wenn Sie für den Bereich, der ungeschützt bleiben soll, einen beschreibenderen Namen als den von Excel vorgeschlagenen Namen BEREICH1 vergeben möchten, schreiben Sie den neuen Namen einfach im Dialogfeld NEUER BEREICH in das Textfeld TITEL.

Denken Sie beim Eingeben von Namen an den Unterstrich zwischen einzelnen Wörtern. Leerzeichen sind hier leider nicht erlaubt.

5. Prüfen Sie im Textfeld BEZIEHT SICH AUF ZELLEN den enthaltenen Zellbereich, um sicherzustellen, dass auch tatsächlich genau die Zellen enthalten sind, die nicht geschützt werden sollen – nicht mehr und nicht weniger.

Sollten Sie feststellen, dass der Zellbereich einer Überarbeitung bedarf, drücken Sie ⇥, um das Textfeld auszuwählen, und ziehen dann mit dem Mauszeiger umher, um den korrekten Zellbereich zu markieren. Beim Ziehen »zieht« sich Excel automatisch auf die Größe des Textfelds BEZIEHT SICH AUF ZELLEN zurück. Sobald Sie die Maustaste loslassen, kriegt es seine Originalgröße wieder.

6. (Optional) Wenn Sie den Bereich mit einem Kennwort schützen möchten (damit nur die BenutzerInnen Änderungen im Tabellenblatt vornehmen können, die über das Kennwort Bescheid wissen), drücken Sie so lange ⇥, bis Sie das Textfeld KENNWORT DES BEREICHES erreicht haben. Geben Sie nun das Kennwort ein.

Sie werden im Dialogfeld KENNWORT BESTÄTIGEN aufgefordert, das Kennwort noch einmal einzugeben und zu bestätigen.

7. Klicken Sie auf OK, um das Dialogfeld NEUER BEREICH zu schließen.

Jetzt befinden Sie sich wieder im Dialogfeld BENUTZERBERECHTIGUNGEN ZUM BEARBEITEN VON BEREICHEN.

8. (Optional) Falls es noch weitere Bereiche gibt, die nicht gesperrt werden sollen, klicken Sie wieder auf die Schaltfläche NEU und wiederholen die Schritte 4 bis 7.

9. Haben Sie alles freigegeben, was in einem geschützten Tabellenblatt bearbeitet werden kann, klicken Sie auf die Schaltfläche BLATTSCHUTZ, um das Dialogfeld BLATT SCHÜTZEN zu öffnen.

Hier können Sie noch ein Kennwort für das Tabellenblatt definieren und bestimmen, welche Funktionen im geschützten Tabellenblatt verfügbar bleiben sollen (mehr hierzu am Anfang dieses Abschnitts).

Um den Schutz für das aktuelle Tabellenblatt oder die Arbeitsmappe wieder aufzuheben und Änderungen sowohl in gesperrten als auch in nicht gesperrten Zellen durchführen zu können, wählen Sie den Befehl BLATTSCHUTZ AUFHEBEN bzw. ARBEITSMAPPENSCHUTZ AUFHEBEN im Untermenü zum Befehl SCHUTZ im Menü EXTRAS. Wenn Sie ein Kennwort für den Schutz der Arbeitsmappe oder des Tabellenblatts eingegeben haben, müssen Sie dieses jetzt in das Textfeld KENNWORT im Dialogfeld BLATTSCHUTZ AUFHEBEN bzw. ARBEITSMAPPENSCHUTZ AUFHEBEN eingeben.

Schützen und freigeben

Wenn Sie eine Arbeitsmappe erstellen, deren Inhalt von verschiedenen Benutzern in Ihrem Netzwerk aktualisiert wird, dann können Sie mit dem Befehl ARBEITSMAPPE SCHÜTZEN UND FREIGEBEN arbeiten. Diesen Befehl finden Sie im Untermenü des Befehls SCHUTZ im Menü EXTRAS. (Das haben Sie sich fast gedacht, oder?) Hiermit stellen Sie absolut sicher, dass Excel alle Änderungen verfolgt und dass niemand – sei es absichtlich oder unbewusst (man will ja niemandem etwas unterstellen) – diese Überwachungsfunktion wieder ausschaltet. Alles, was Sie zum Schutz der Arbeitsmappe tun müssen, ist das Kontrollkästchen FREIGABE MIT ÄNDERUNGSPROTOKOLL im Dialogfeld FREIGEGEBENE ARBEITSMAPPE SCHÜTZEN zu aktivieren, das angezeigt wird, wenn Sie den Befehl wählen. Nachdem Sie dieses Kontrollkästchen aktiviert haben, können Sie noch ein weiteres Hindernis einbauen und im Textfeld KENNWORT (OPTIONAL) ein Kennwort vergeben. Auf diese Weise erhalten nur diejenigen Zugriff auf Ihre Arbeitsmappe, die das richtige Kennwort wissen.

Mit mehreren Tabellenblättern jonglieren

7

In diesem Kapitel

▶ Zwischen verschiedenen Tabellenblättern in einer Arbeitsmappe hin und her springen

▶ Tabellenblätter in eine Arbeitsmappe einfügen

▶ Tabellenblätter aus einer Arbeitsmappe löschen

▶ Mehrere Tabellenblätter markieren, um sie anschließend auf einen Schlag zu bearbeiten

▶ Blattregister mit klangvollen Namen versehen

▶ Tabellenblätter in einer Arbeitsmappe neu anordnen

▶ Verschiedene Tabellenblätter in unterschiedliche Fenster setzen und alle gleichzeitig am Bildschirm anzeigen

▶ Ein Tabellenblatt aus einer Arbeitsmappe in eine andere kopieren oder verschieben

▶ Formeln fabrizieren, die sich auf Werte in anderen Tabellenblättern einer Arbeitsmappe beziehen

---

Solange Sie noch ein(e) blutige(r) Anfänger(in) im Umgang mit Tabellen sind, haben Sie wahrscheinlich genug damit zu tun, ein einziges Tabellenblatt in den Griff zu bekommen. Allein der Gedanke an das Arbeiten mit mehreren Tabellenblättern bringt Sie schon zum Schwitzen. Sobald Sie aber etwas sicherer geworden sind, werden Sie feststellen, dass das Arbeiten mit mehreren Tabellenblättern in einer Arbeitsmappe auch nichts anderes ist als das Arbeiten mit einem.

 Verwechseln Sie das Tabellenblatt nicht mit der Arbeitsmappe. Die *Arbeitsmappe* stellt das gesamte Dokument (die Datei) dar, das Sie öffnen und speichern, kopieren oder löschen etc. Jede Arbeitsmappe (= jede Datei) enthält standardmäßig drei leere *Tabellenblätter*. Stellen Sie sich diese drei leeren Tabellenblätter wie drei leere normale Blätter in einem Ringbuch vor, die Sie beschreiben, herausreißen etc. können. Damit Sie sich nicht in den drei Tabellenblättern verirren, ist jedes Tabellenblatt mit einem Blattregister versehen (Tabelle1 bis Tabelle3). Die Blätter entsprechen in etwa den Registerblättern in einem herkömmlichen Ringbuch. Sie sehen: Es ist alles mehr oder weniger so wie im wirklichen Leben.

Was ich an Tabellenblättern so liebe

Bevor Sie erfahren, *wie* Sie mit mehreren Tabellenblättern in Excel arbeiten, sollte ich vielleicht zunächst erklären, *warum* man so etwas überhaupt tun sollte. Angenommen, Sie haben ein Bündel von Tabellenblättern erstellt, die alle thematisch zusammengehören und deshalb auch in derselben Arbeitsmappe abgelegt werden sollten. Nehmen wir beispielsweise Annas Strudelladen mit seinen Firmen. Jede Firma hat ihr eigenes Tabellenblatt in der Arbeitsmappe AS GMBH GESCHÄTZTER G+V 2005. In jedem einzelnen Tabellenblatt werden die Jahresumsätze pro Firma dokumentiert. Dadurch, dass Sie die Daten aller Firmen in einer Arbeitsmappe verwalten, haben Sie folgende Vorteile:

✔ Sie haben im Handumdrehen neue Tabellenblätter erstellt, da Sie die allgemein gültigen Daten, die in jedem Tabellenblatt vorkommen, nur einmal in der Arbeitsmappe eingeben müssen. (Mehr Infos zu diesem Thema gibt es im Abschnitt »Gruppenarbeit (oder alle für einen)« weiter unten in diesem Kapitel.)

✔ Sie können Makros, die Ihnen beim Erstellen des ersten Tabellenblatts geholfen haben, mit der aktuellen Arbeitsmappe verknüpfen. Warum denn das? Ganz einfach: Dadurch stehen die Makros auch in allen anderen Tabellenblättern der Arbeitsmappe zur Verfügung. Ein Makro enthält eine Abfolge von häufig ausgeführten, sich wiederholenden Aufgaben und Berechnungen, die Sie aufgezeichnet haben, um sie ganz einfach mit einem Mausklick wieder abzurufen.

✔ In Windeseile haben Sie die Umsätze der einzelnen Unternehmen miteinander verglichen. (Mehr hierzu finden Sie im Abschnitt »In Tabellenblättern ›fensterln‹« weiter unten in diesem Kapitel.)

✔ Sie können alle Tabellenblätter der Arbeitsmappe in einem Aufwasch drucken. (In Kapitel 5 habe ich beschrieben, wie Sie die gesamte Arbeitsmappe oder nur ganz bestimmte Tabellenblätter drucken.)

✔ Eine grafische Darstellung der Zahlen aller Tabellenblätter – nichts leichter als das. Infos hierzu finden Sie in Kapitel 8.

✔ Das Zusammenfassen der Daten aller Tabellenblätter einer Arbeitsmappe, z. B. nach Quartals- oder Jahresumsätzen, ist ein Kinderspiel. (Infos zu diesem Thema finden Sie im Abschnitt »Fassen wir zusammen!« weiter unten in diesem Kapitel.)

Blatt für Blatt aneinander gereiht

Ein kurzes Resümee: Jede Arbeitsmappe enthält drei Tabellenblätter mit den fantasievollen Bezeichnungen TABELLE1 bis TABELLE3. Diese Namen werden unten im Arbeitsmappenfenster in der Registerleiste angezeigt. Um nun zu einem anderen Tabellenblatt zu springen, klicken Sie einfach auf das entsprechende Register. Excel zeigt sofort diensteifrig das gewählte Tabellenblatt am Bildschirm an. Und Sie wissen stets, mit welchem Tabellenblatt Sie gerade arbeiten, da das entsprechende Blattregister weiß statt grau und der Registername fett dargestellt ist.

Wenn Sie eine ganze Reihe von Tabellenblättern eingefügt haben (mehr dazu später), werden wahrscheinlich nicht alle Blattregister gleichzeitig angezeigt. Praktisch, wie Excel nun mal denkt, stellt es deshalb eine Registerleiste mit Registerlaufpfeilen zur Verfügung, mit denen Sie wie mit den Bildlaufleisten blättern können (siehe Abbildung 7.1).

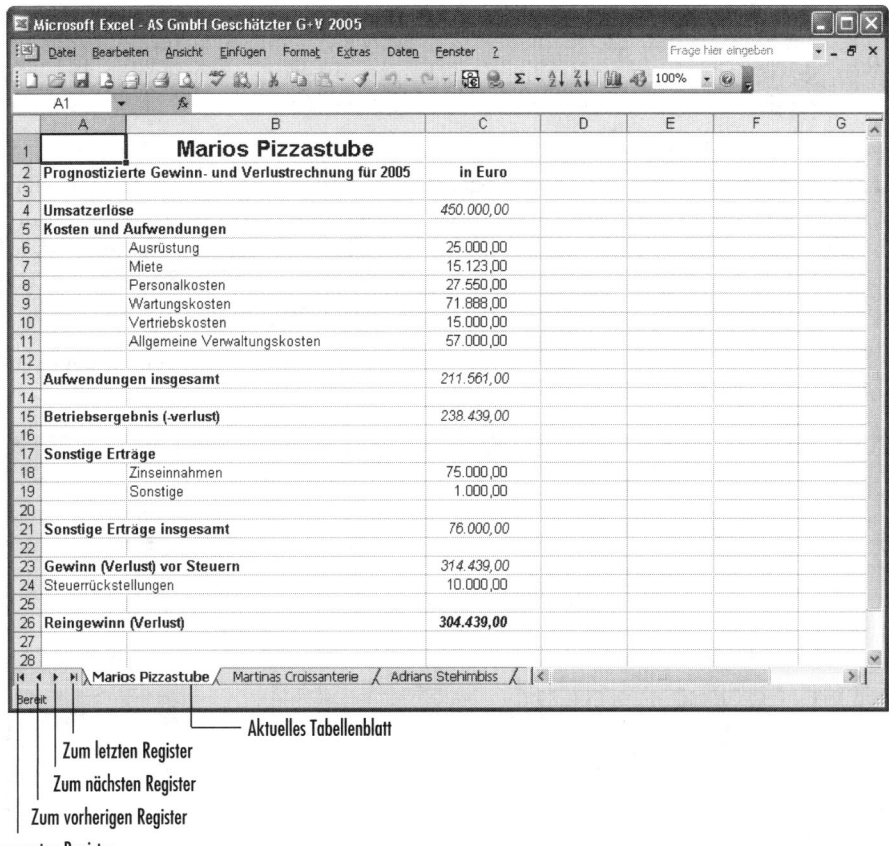

Abbildung 7.1: Haben Sie jede Menge Tabellenblätter eingefügt? Dann können Sie mit den Registerlaufpfeilen gemütlich durch die Register blättern.

✔ Wenn Sie auf den nach rechts zeigenden Registerlaufpfeil klicken, werden die nächsten Register angezeigt, die rechts in der Registerleiste stehen. Wenn Sie dabei ⌂ gedrückt halten, geht das Blättern gleich ein bisschen flotter, weil Excel dann stets ein paar Register gleichzeitig weiter nach rechts blättert.

✔ Mit dem nach links zeigenden Registerlaufpfeil blättern Sie analog dazu nach links. Mit gedrückter ⌂-Taste geht's analog flott und gleichzeitig ein paar Register nach links.

✔ Und da gibt es dann auch noch zwei Pfeile mit einem senkrechten Strich davor: Mit der nach rechts zeigenden Variante wird die letzte Registergruppe (einschließlich letztes Register) angezeigt. Mit der nach links zeigenden Variante kriegen Sie analog dazu die erste Registergruppe (einschließlich erstes Register) zu Gesicht.

 Bitte denken Sie stets daran: Das Blättern zum Sichtbarmachen eines Registers in der Registerleiste hat nichts mit dem Aktivieren eines Registers zu tun. Wenn das gewünschte Register endlich sichtbar geworden ist, müssen Sie trotzdem anschließend noch darauf klicken, um es zu aktivieren.

Damit das Hin- und Herhüpfen zwischen vielen Registern nicht zu kompliziert wird, gibt es noch das Registerteilungsfeld (in Abbildung 7.2 zu sehen) ganz rechts in der Registerleiste. Damit können Sie die Registerleiste verlängern. Der Nachteil dabei ist, dass Sie dadurch die horizontale Bildlaufleiste verkürzen. Wenn Sie nicht allzu viel Wert auf die horizontale Bildlaufleiste legen, können Sie sie auch ganz verschwinden lassen. Ziehen Sie dazu das Registerteilungsfeld so weit nach rechts, bis es an die vertikale Bildlaufleiste stößt.

Wenn Sie später wieder die Originallänge der Registerleiste herstellen wollen, doppelklicken Sie einfach auf das Registerteilungsfeld.

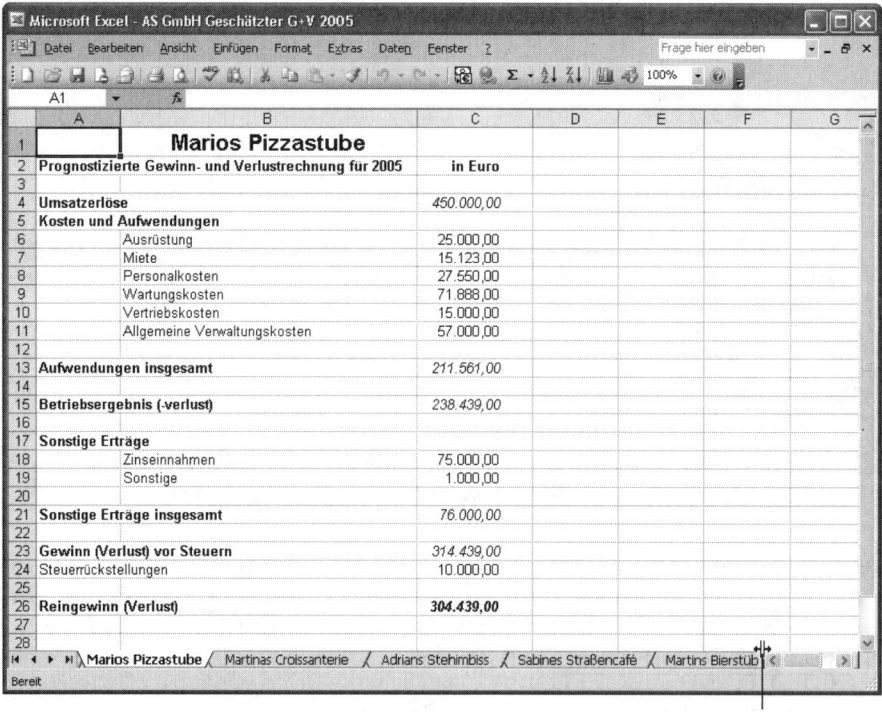

Registerteilungsfeld

Abbildung 7.2: Mit dem Registerteilungsfeld können Sie die Registerleiste verlängern. Dadurch büßt aber die horizontale Bildlaufleiste an Länge ein.

 **Tastatur von Tabellenblatt zu Tabellenblatt hüpfen**

Um mithilfe der Tastatur zum nächsten Tabellenblatt zu springen, drücken Sie `Strg`+`Bild ↓`. Zum vorherigen Tabellenblatt gelangen Sie durch Drücken von `Strg`+`Bild ↑`. Das Nette an diesen Tastenkombinationen ist, dass sie auch dann funktionieren, wenn das nächste bzw. das vorherige Tabellenblatt noch gar nicht in Sichtweite ist.

Gruppenarbeit (oder alle für einen)

Wenn Sie also auf ein Blattregister klicken, wird das entsprechende Tabellenblatt angezeigt und Sie können es nach Herzenslust bearbeiten. Was ist aber, wenn Sie in allen Tabellenblättern dieselben Änderungen vornehmen möchten. Jedes Blatt einzeln? Das kann nicht sein, oder? Nein! Sie können Gott sei Dank mehrere Blattregister markieren. Alles, was Sie anschließend ändern, wird in allen markierten Tabellenblättern übernommen.

Angenommen, Sie müssen drei Tabellenblätter in einer neuen Arbeitsmappe erstellen. Alle Blätter sollen die 12 Monatsnamen in Zeile 3 ab Spalte B enthalten. Bevor Sie auch nur irgendetwas eingeben, markieren Sie zunächst die drei Blattregister (TABELLE1, TABELLE2 und TABELLE3). Danach geben Sie im aktuellen Tabellenblatt in Zelle B3 `Januar` ein und ziehen das Ausfüllkästchen bis zur Zelle M3. (Das AutoAusfüllen ist Thema in Kapitel 2.) Wer es nicht glauben will, der wechsle zum Tabellenblatt 2 oder 3. Unglaublich, aber wahr! Excel hat die Monatsnamen in allen drei Tabellenblättern an der gleichen Position eingefügt. Ganz schön clever, was?

Und noch ein Beispiel: Angenommen, Sie arbeiten in einer anderen Arbeitsmappe und wollen dort die Tabellenblätter TABELLE2 und TABELLE3 loswerden. Sie könnten nun natürlich auf das Register TABELLE2 klicken und den Befehl BLATT LÖSCHEN im Menü BEARBEITEN wählen und dann auf das Register TABELLE3 klicken und den Befehl erneut wählen. Zu umständlich! Markieren Sie die beiden Register und eliminieren Sie sie in einem einzigen Schritt mit dem Befehl BLATT LÖSCHEN im Menü BEARBEITEN.

Jetzt habe ich so viel über das Markieren von Blattregistern erzählt. Aber Sie wissen wahrscheinlich immer noch nicht, wie das geht. Nun, dem kann abgeholfen werden:

✔ Wenn Sie eine Gruppe nebeneinander liegender Register markieren wollen, klicken Sie auf das erste Register und blättern in der Registerleiste so lange nach rechts, bis das letzte Register sichtbar wird, das Sie markieren möchten. Klicken Sie dann mit gedrückter `⇧`-Taste auf das letzte Register. Damit werden das erste Register, das letzte Register und alle Register zwischen dem ersten und dem letzten markiert.

✔ Wenn die zu markierenden Register nicht nebeneinander liegen, klicken Sie auf das erste Register. Danach halten Sie `Strg` gedrückt und klicken nacheinander auf alle weiteren gewünschten Register.

✔ Wenn Sie gleich alle Register der Arbeitsmappe auf einen Schlag markieren möchten, klicken Sie mit der rechten Maustaste auf das Register des Tabellenblatts, das anschließend das aktive Blatt sein soll. Im Kontextmenü für die Register schnell den Befehl ALLE BLÄTTER AUSWÄHLEN gewählt, und schon sind alle Register markiert und das Register, auf das Sie mit der rechten Maustaste geklickt haben, ist das aktuelle.

Damit Sie auch wissen, welche Register markiert und welches Register das aktive ist, stellt Excel alle markierten Register in Weiß dar. Der Name des aktuellen Registers ist zusätzlich fett geschrieben. Außerdem wird in der Titelleiste der Arbeitsmappe hinter dem Dateinamen noch [GRUPPE] angezeigt.

Um nach der Bearbeitung der markierten Register die Markierung wieder aufzuheben, klicken Sie einfach auf ein nicht markiertes – sprich: graues – Register. Der Befehl GRUPPIERUNG AUFHEBEN im Kontextmenü für die Register tut's auch. Oder klicken Sie mit gedrückter ⬆-Taste auf das aktuelle Blattregister.

Mal mehr, mal weniger

Vielleicht werden Sie die drei Tabellenblätter der Arbeitsmappe überhaupt nicht brauchen. Es kann aber durchaus Fälle geben, in denen Sie bedeutend mehr brauchen (wenn Sie beispielsweise die Daten eines Unternehmens mit 20 Niederlassungen oder das Budget für 30 Abteilungen verwalten wollen).

Aber das ist mit Excel kein Problem. Sie können jederzeit Tabellenblätter in eine Arbeitsmappe einfügen (böse Zungen behaupten, bis zu 255 Stück!) oder aus der Mappe löschen.

Um die Arbeitsmappe mit einem neuen Tabellenblatt zu verschönern, gehen Sie folgendermaßen vor:

1. **Markieren Sie das Register, vor dem das neue Tabellenblatt eingefügt werden soll.**

2. **Wählen Sie danach im Menü EINFÜGEN den Befehl TABELLENBLATT. Alternativ dazu können Sie auch den Befehl EINFÜGEN im Kontextmenü für die Register wählen.**

   Mit dem Befehl EINFÜGEN|TABELLENBLATT fügt Excel kommentarlos ein neues Tabellenblatt ein und weist dem neuen Register die nächste verfügbare Zahl zu, z. B. TABELLE4.

   Mit dem Befehl EINFÜGEN im Kontextmenü wird das Dialogfeld EINFÜGEN geöffnet. Auf der Registerkarte ALLGEMEIN können Sie dann wählen, welche Art von Blatt Sie einfügen möchten. Also entweder TABELLENBLATT, DIAGRAMM, MICROSOFT EXCEL 4.0-MAKROVORLAGE, INTERNATIONALE MAKROVORLAGE oder MICROSOFT EXCEL 5.0-DIALOG. Und weiter geht's mit Schritt 3.

3. **Wählen Sie im Dialogfeld EINFÜGEN auf der Registerkarte ALLGEMEIN den Eintrag TABELLENBLATT. Drücken Sie nun ⏎ oder wählen Sie OK und schon wird das neue Tabellenblatt eingefügt.**

Wenn Sie gleich mehrere Tabellenblätter auf einen Schlag einfügen wollen, markieren Sie eine Gruppe von Registern (genau so viele Register, wie Sie einfügen wollen). Denken Sie auch daran, dass die neuen Blätter vor dem ersten markierten Register eingefügt werden. Wählen Sie danach den Befehl TABELLENBLATT im Menü EINFÜGEN.

Jetzt fehlt noch das Löschen von Tabellenblättern, und das geht so:

1. **Markieren Sie das Register des Tabellenblatts, das gelöscht werden soll.**

2. **Wählen Sie dann den Befehl BLATT LÖSCHEN im Menü BEARBEITEN. Der Befehl LÖSCHEN im Kontextmenü für die Register tut's auch.**

   Excel zeigt daraufhin eine Furcht erregende Meldung an, die besagt, dass das Blatt und seine Daten endgültig verloren gehen.

3. **Wenn Sie sich absolut sicher sind, dass Sie das Blatt nicht mehr brauchen, klicken Sie tapfer auf OK.**

Halten Sie sich aber stets vor Augen, dass Sie es hier mit einem der Fälle zu tun haben, bei denen der Befehl RÜCKGÄNGIG im Menü BEARBEITEN nicht verfügbar ist.

Und als Allerletztes gibt es da noch das Löschen mehrerer Arbeitsblätter. Markieren Sie alle gewünschten Register und wählen Sie dann den Befehl BLATT LÖSCHEN im Menü BEARBEITEN oder den Befehl LÖSCHEN im Kontextmenü für die Register. Auch hier erscheint diese schreckliche Meldung, die Sie mit OK bestätigen, wenn es Ihnen wirklich ernst damit ist.

Sollten Sie feststellen, dass Sie immer wieder Tabellenblätter einfügen oder löschen müssen, wäre es vielleicht an der Zeit, die Standardzahl von drei Tabellenblättern zu ändern. Ja, das geht! Um diese magische Zahl in eine für Sie realistische Zahl umzuwandeln, wählen Sie den Befehl OPTIONEN im Menü EXTRAS und klicken auf das Register ALLGEMEIN. Dort gibt es das Feld BLÄTTER IN NEUER ARBEITSMAPPE, in dem Sie die Standardanzahl von Tabellenblättern in einer Arbeitsmappe ändern können (von 1 bis 255).

Jedem Register seinen Namen

Sind wir mal ehrlich: Die Namen, die Excel standardmäßig für die Blattregister vergibt, sind nicht gerade das Gelbe vom Ei. TABELLE1 bis TABELLE3 – wer soll da noch wissen, wo was geschrieben steht. Das können Sie ändern. Sie haben die Möglichkeit, die Register einfach umzubenennen. Jeder Registername darf aber nicht länger als 31 Zeichen sein. Das müsste aber in den meisten Fällen reichen, oder?

> ### Einige gute Gründe dafür, warum Sie sich bei den Registernamen kurz fassen sollten
>
> Auch wenn Excel Ihnen erlaubt, Registernamen mit bis zu 31 Zeichen (einschließlich Leerzeichen) zu vergeben, sollten Sie das nicht schamlos ausnutzen und zwar aus folgenden Gründen:
>
> ✔ Je länger der Registername, umso länger auch das Register selbst. Der Name muss ja irgendwie angezeigt werden. Und je länger das Register, umso weniger Register können in der Leiste angezeigt werden. Dies wiederum hat zur Folge, dass Sie ständig in der Registerleiste blättern müssen, weil dort ja nur so wenig Register angezeigt werden können. Das war der erste Grund.
>
> ✔ Nun zum zweiten: Wenn Sie Formeln erstellen, die auf Zellen verweisen, die sich in verschiedenen Tabellenblättern befinden (ein Beispiel dafür finden Sie im Abschnitt »Fassen wir zusammen!« weiter unten in diesem Kapitel), verwendet Excel als Zellbezug unter anderem die Registernamen. (Denn wie soll Excel denn sonst zwischen der Zelle C1 in TABELLE1 und der in TABELLE2 unterscheiden?) Wenn Sie nun mit ellenlangen Registernamen arbeiten, werden auch Ihre Formeln dementsprechend lang. Das kann ganz schön anstrengend sein, wenn man mal einen Fehler in einer Formel sucht.
>
> Also, in der Kürze liegt die Würze!

Und so benennen Sie Ihre Register um:

1. **Doppelklicken Sie auf das entsprechende Register oder klicken Sie mit der rechten Maustaste auf das gewünschte Register und wählen Sie dann den Befehl UMBENENNEN im Kontextmenü für die Register.**

   In beiden Fällen wird der Name des Blattregisters markiert.

2. **Überschreiben Sie den aktuellen Namen.**

3. **Drücken Sie ⏎ .**

   Der neue Blattregistername wird nun angezeigt.

Jedem Register seine Farbe

Selbstverständlich können Sie auch etwas Farbe in Ihre grauen Register bringen. Andere Farbe – andere Bedeutung. So können Sie beispielsweise rote Register für Tabellenblätter mit Ausgaben und blaue Register für Tabellenblätter mit Einnahmen verwenden.

Um ein Register einzufärben, klicken Sie mit der rechten Maustaste darauf und wählen aus dem Kontextmenü für das Register den Befehl REGISTERFARBE. Damit kommt das Dialogfeld

FARBIGES REGISTER zum Zuge. Klicken Sie dort auf die Farbe, die das Register erhalten soll, und anschließend auf OK. Das Dialogfeld FARBIGES REGISTER verabschiedet sich. Zurück bleibt das Register, dessen Name tatsächlich mit der gewählten Farbe unterstrichen ist. Sobald Sie ein anderes Register markieren, füllt die zugewiesene Farbe das gesamte, jetzt nicht mehr aktive Register. Der Name des Registers wird entweder in Weiß oder in Schwarz angezeigt. Das hängt von der gewählten Farbe ab – je nachdem, was man besser lesen kann.

Wenn Sie genug Farbe gesehen haben, klicken Sie mit der rechten Maustaste auf das farbige Register, wählen im Kontextmenü für das Register den Befehl REGISTERFARBE und entscheiden sich im Dialogfeld FARBIGES REGISTER ganz oben für die Option KEINE FARBE. Klicken auf OK – Farbe ade.

Tabellenblätter nach Belieben anordnen

Manchmal werden Sie vielleicht bemerken, dass es besser wäre, wenn Ihre Tabellenblätter in der Arbeitsmappe anders angeordnet wären. Damit wären wir wieder beim guten alten *Ziehen und Ablegen* bzw. *Drag & Drop*. Sie können ein Blattregister problemlos an eine andere Position in der Registerleiste verschieben. Der Mauszeiger nimmt beim Ziehen die Form einer Seite mit Eselsohr in der oberen rechten Ecke an. Zusätzlich wird beim Ziehen die zukünftige Position der Registermarke durch einen kleinen nach unten zeigenden Pfeil verdeutlicht (siehe Abbildung 7.3). Sobald Sie die Maustaste loslassen, ordnet Excel die Tabellenblätter Ihren Wünschen entsprechend neu an. Das gezogene Tabellenblatt wird genau dort eingefügt, wo Sie es »fallen gelassen« haben (zu sehen in Abbildung 7.4).

 Wenn Sie beim Ziehen eines Registers [Strg] gedrückt halten, fügt Excel eine Kopie des entsprechenden Tabellenblatts ein, sobald Sie die Maustaste loslassen. Damit Sie auch ja wissen, dass Sie ein Register kopieren und nicht verschieben, enthält der Blattmauszeiger (nicht: Blattlauszeiger) zusätzlich ein Pluszeichen. Was macht Excel nach dem Kopieren mit dem Registernamen? Es hängt an den Namen des kopierten Tabellenblatts einfach (2) an. Wenn Sie beispielsweise TABELLE5 kopieren, erhält die Kopie den Namen TABELLE5 (2). Anschließend können Sie für das Register einen etwas verständlicheren Namen vergeben (siehe »Jedem Tabellenblatt seinen Namen« weiter oben in diesem Kapitel).

 Sie können auch Tabellenblätter von einem Teil einer Arbeitsmappe in einen anderen Teil mithilfe des Befehls VERSCHIEBEN/KOPIEREN im Kontextmenü für das Register der gewählten Tabellenblätter verschieben oder kopieren. Mit diesem Befehl wird das Dialogfeld VERSCHIEBEN ODER KOPIEREN geöffnet. Klicken Sie dort im Listenfeld EINFÜGEN VOR auf den Namen des Tabellenblatts, vor dem das aktuelle Tabellenblatt eingefügt werden soll. Soll das aktuelle Tabellenblatt verschoben werden, klicken Sie jetzt einfach auf OK. Soll es kopiert werden, dann müssen Sie noch das Kontrollkästchen KOPIE ERSTELLEN aktivieren, bevor Sie auf OK klicken. Im Fall einer Kopie nummeriert Excel den Blattnamen der Kopie bzw. der Kopien fortlaufend. Die erste Kopie eines Tabellenblatts mit Namen GESAMTEINNAHMEN lautet dann GESAMTEINNAHMEN (2), die zweite Kopie GESAMTEINNAHMEN (3) usw. Und genau diese Namen werden auch auf den entsprechenden Registern angezeigt.

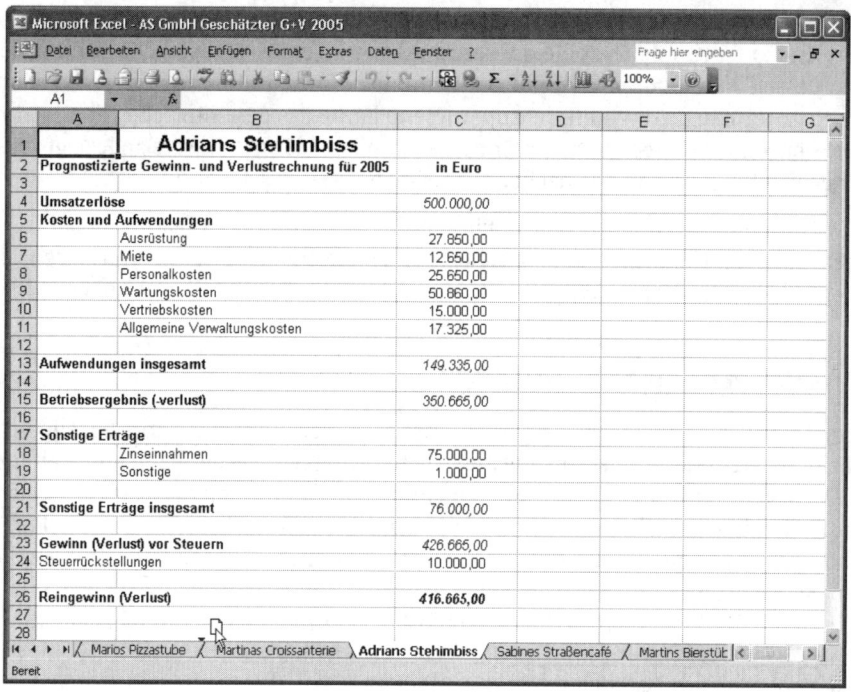

Abbildung 7.3: Die Blätter in der Arbeitsmappe AS GmbH GESCHÄTZTER G+V 2005 werden neu angeordnet: Das Tabellenblatt ADRIANS STEHIMBISS rutscht vor das Tabellenblatt MARTINAS CROISSANTERIE (siehe auch Abbildung 7.4).

In Tabellenblättern »fensterln«

Genauso wie Sie ein einzelnes Tabellenblatt in mehrere Ausschnitte unterteilen können (siehe Kapitel 6), ist es auch möglich, eine Arbeitsmappe in mehrere Tabellenblätterausschnitte aufzuteilen und diese Ausschnitte anschließend beliebig anzuordnen.

Dazu müssen Sie einfach neue Dokumentfenster öffnen (zusätzlich zu dem, das automatisch geöffnet wird, wenn Sie eine Arbeitsmappe laden) und anschließend jedem Fenster ein Tabellenblatt zuweisen. Folgende Schritte sind dafür notwendig:

1. **Wählen Sie im Menü FENSTER den Befehl NEUES FENSTER, um ein zweites Fenster für die aktive Arbeitsmappe zu öffnen.**

2. **Klicken Sie auf das Register des Tabellenblatts, das im neuen Fenster angezeigt werden soll.**

   Das zweite Fenster erkennen Sie an dem Zusatz :2 hinter dem Arbeitsmappennamen in der Titelleiste.

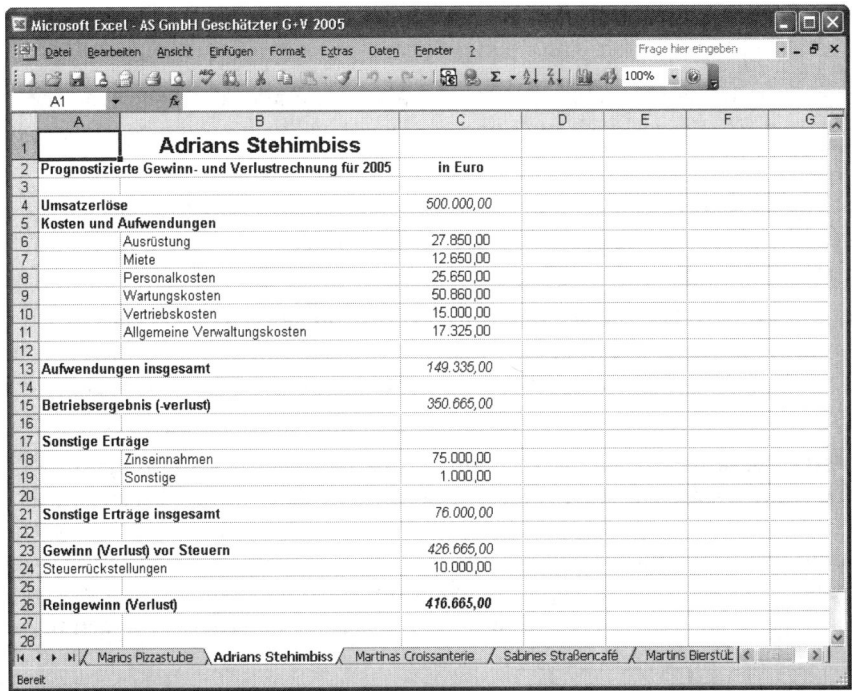

Abbildung 7.4: Die Arbeitsmappe mit ihren neu angeordneten Registern

3. **Wählen Sie erneut im Menü** FENSTER **den Befehl** NEUES FENSTER**, um ein drittes Fenster für die aktive Arbeitsmappe zu öffnen.**

Dreimal dürfen Sie raten, welchen Zusatz dieser Name in der Titelleiste enthält.

4. **Klicken Sie auf das Register des Tabellenblatts, das im dritten Fenster angezeigt werden soll.**

5. **Öffnen Sie so viele neue Fenster, wie Sie benötigen, und weisen Sie ihnen die entsprechenden Tabellenblätter zu.**

So, hoffentlich hat diese mühselige Vorarbeit auch etwas gebracht.

6. **Wählen Sie im Menü** FENSTER **den Befehl** ANORDNEN**.**

Noch etwas Geduld. Jetzt wird erst einmal das Dialogfeld FENSTER ANORDNEN geöffnet.

7. **Wählen Sie eine Option für die Fensterdarstellung aus und bestätigen Sie mit OK.**

Folgende Optionen stehen im Dialogfeld FENSTER ANORDNEN zu Ihren Diensten:

✔ UNTERTEILT: Wenn Sie das Optionsfeld UNTERTEILT auswählen, ordnet Excel alle geöffneten Fenster neben- und untereinander an, sodass sie alle auf den Bildschirm passen – und zwar in der Reihenfolge, in der Sie sie geöffnet haben. Dies bedeutet, dass Sie von jedem

Fenster einen kleinen Ausschnitt sehen können. In Abbildung 7.5 sehen Sie ein Beispiel mit drei Fenstern in dieser Anordnung.

✔ HORIZONTAL: Mit dem Optionsfeld HORIZONTAL können Sie alle Fenster untereinander anzeigen lassen. Ein Beispiel für diese Konstellation sehen Sie in Abbildung 7.6 (ebenfalls mit drei Fenstern).

✔ VERTIKAL: Was horizontal geht, muss auch vertikal möglich sein. Entscheiden Sie sich für das Optionsfeld VERTIKAL, um alle Fenster nebeneinander anzeigen zu lassen. Ein Beispiel dafür finden Sie in Abbildung 7.7.

✔ ÜBERLAPPEND: Last but not least gibt es da noch das Optionsfeld ÜBERLAPPEND. Damit werden die Fenster übereinander gestapelt, sodass von allen Fenstern nur die Titelleiste sichtbar ist. Die Ausnahme stellt natürlich das oberste Fenster dar. Von ihm sieht man alles (Abbildung 7.8).

✔ FENSTER DER AKTIVEN ARBEITSMAPPE: Dann wäre da auch noch das Kontrollkästchen FENSTER DER AKTIVEN ARBEITSMAPPE. Wenn Sie es aktivieren, zeigt Excel nur die Fenster an, die Sie für die aktuelle Arbeitsmappe geöffnet haben. Sollten Sie beispielsweise drei Arbeitsmappen und für jede Arbeitsmappe drei Fenster geöffnet haben, werden normalerweise alle diese Fenster angezeigt. (Ja, ja, das geht schon. Ihr Rechner braucht dafür nur genügend Arbeitsspeicher.) Wenn Sie jedoch das Kontrollkästchen aktivieren, werden nur die drei Fenster der aktuellen Arbeitsmappe angezeigt.

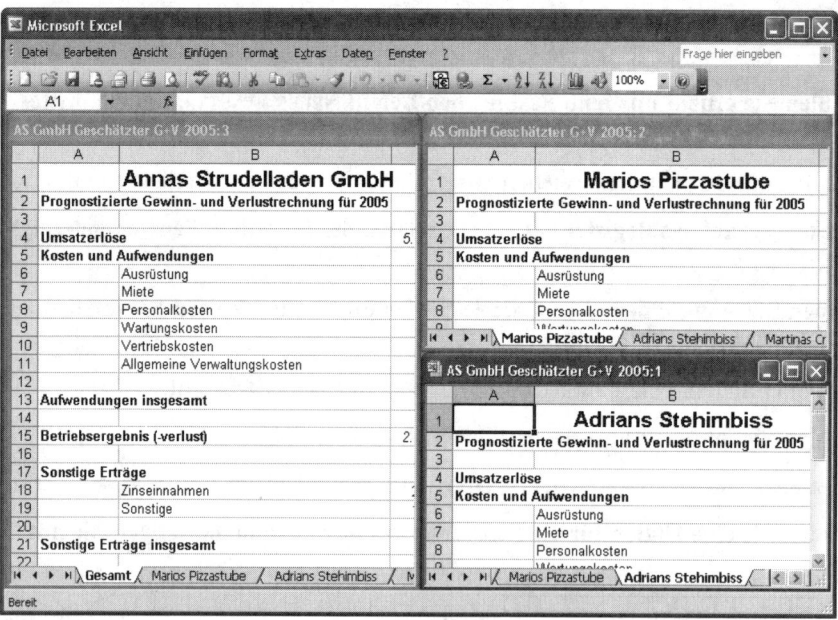

Abbildung 7.5: Fensterln in unterteilter Anordnung

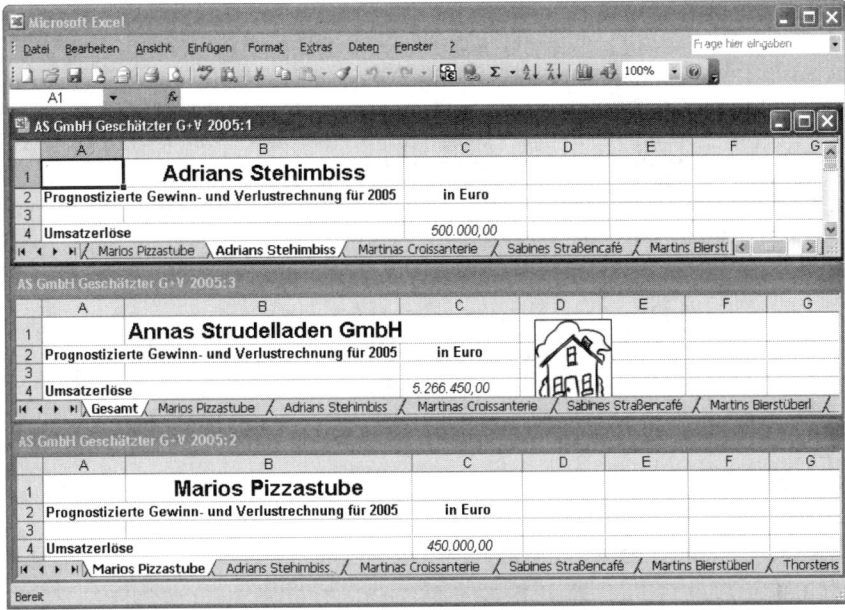

Abbildung 7.6: Horizontal fensterln

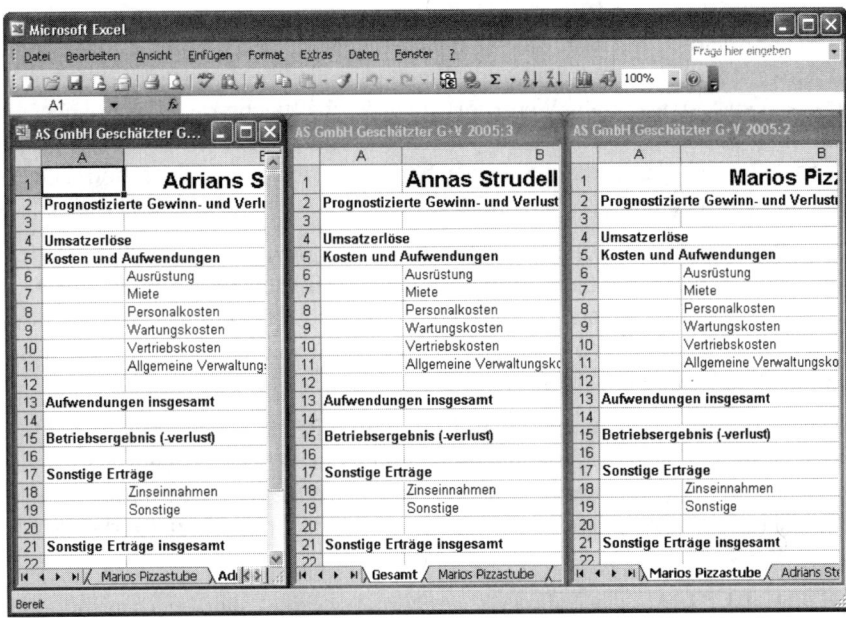

Abbildung 7.7: Vertikal fensterln

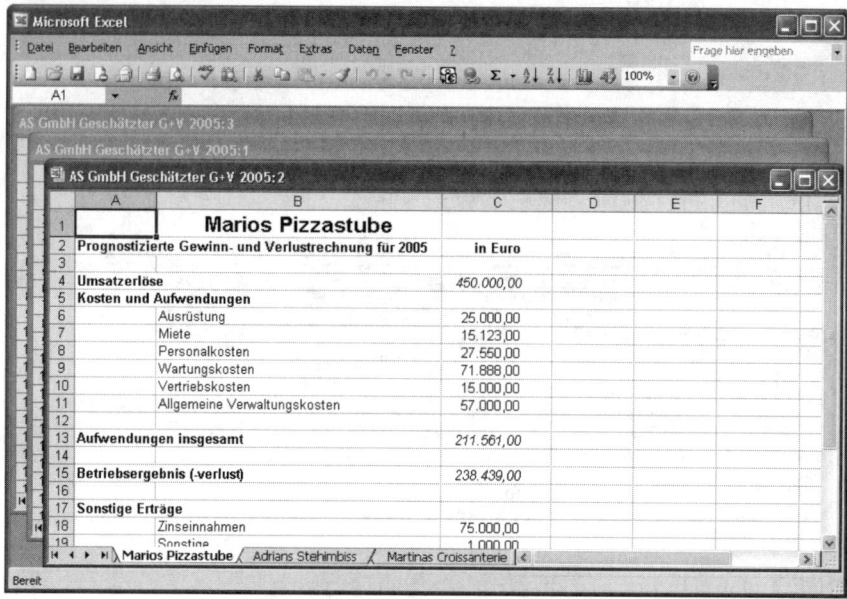

Abbildung 7.8: Fensterln in überlappender Anordnung

Haben Sie alles auf die eine oder andere Art angeordnet, müssen Sie nur auf das Fenster klicken, das Sie bearbeiten möchten. Im Fall der überlappenden Darstellung klicken Sie einfach auf die entsprechende Titelleiste. Sie können auch über die Windows-Taskleiste zwischen den verschiedenen Fenstern wechseln. Wenn dort auf den Schaltflächen aus Platzmangel nicht der komplette Name angezeigt werden kann (Sie müssen ja schließlich wissen, ob ganz hinten nun :1, :2 oder :3 steht), dann zeigen Sie einfach mit der Maus darauf und schon sehen Sie eine QuickInfo mit dem vollständigen Namen.

Bei unterteilt, horizontal oder vertikal angeordneten Fenstern erkennen Sie das aktive Fenster an der dunkel hervorgehobenen Titelleiste und den eingeblendeten Bildlaufleisten. Wenn Sie in der überlappenden Darstellung auf eine Titelleiste klicken, wird das entsprechende Fenster in den Vordergrund geholt. Außerdem ist auch hier die Titelleiste dunkel hervorgehoben und die Bildlaufleisten sind eingeblendet.

Wenn Sie vorübergehend mehr von einem bestimmten Fenster sehen möchten, klicken Sie auf seine Schaltfläche für Maximieren in der oberen rechten Ecke des Fensters (das vorletzte Symbol). Haben Sie alles gesehen, was Sie wollten, klicken Sie auf die Schaltfläche für Wiederherstellen (die mit den zwei Rechtecken – sprich zwei Fenstern), um zur vorherigen Fenstergröße zurückzuschalten.

 Um das nächste der unterteilt, horizontal, vertikal oder überlappend angeordneten Fenster zu aktivieren, drücken Sie [Strg]+[F6]. Zum vorherigen Fenster springen Sie durch Drücken von [Strg]+[⇧]+[F6]. Diese beiden Möglichkeiten funktionieren selbst dann, wenn die Fenster als Vollbild angezeigt werden.

Sobald Sie eines der ach so sorgfältig angeordneten Fenster schließen (auf das entsprechende Systemmenüfeld doppelklicken oder auf das X ganz rechts in der Titelleiste klicken oder `Strg`+`F4` bzw. `Strg`+`W`) drücken), ist es vorbei mit der Ordnung, da Excel die Lücke nicht automatisch auffüllt. Dasselbe Problem tritt auf, wenn Sie nachträglich ein neues Fenster mit dem Befehl NEUES FENSTER im Menü FENSTER öffnen. Hier entsteht zwar keine Lücke, das neue Fenster wird aber einfach über die bereits geöffneten Fenster geklatscht.

Egal, ob Lücke oder aufdringliches neues Fenster: Mit dem Befehl ANORDNEN im Menü FENSTER können Sie dem Chaos Einhalt gebieten. Sie müssen sich natürlich erneut im Dialogfeld FENSTER ANORDNEN für eine Darstellungsform entscheiden bzw. die zuvor gewählte mit OK bestätigen.

 Versuchen Sie ja nicht, irgendein Fenster mit dem Befehl SCHLIESSEN im Menü DATEI loszuwerden. Damit schließen Sie die Arbeitsmappe und verlieren alle Fenster, die Sie mühselig geöffnet und angeordnet haben.

Wenn Sie die Arbeitsmappe speichern, merkt sich Excel auch die aktuelle Fensteranordnung. Dies bedeutet, dass Sie genau dieselbe Anordnung wieder am Bildschirm sehen, wenn Sie die Datei erneut öffnen. Sollten Sie dies nicht wollen, schließen Sie alle nicht benötigten Fenster (auf die entsprechenden Systemmenüfelder doppelklicken oder Fenster aktivieren und danach `Strg`+`F4` drücken). Vergrößern Sie das letzte Fenster anschließend zum Vollbild und klicken Sie auf das Register des Blattes, mit dem Sie später weiterarbeiten wollen. Jetzt dürfen Sie endlich speichern. Wenn Sie die Arbeitsmappe das nächste Mal laden, können Sie sofort loslegen.

Arbeitsblätter Seite an Seite vergleichen

Mit dem brandneuen Excel 2003-Befehl NEBENEINANDER VERGLEICHEN MIT im Menü FENSTER können Sie schnell und einfach zwei geöffnete Tabellenblätter miteinander vergleichen. Angenommen, Sie haben bereits zwei Fenster geöffnet. Nun wählen Sie aus dem aktuellen Tabellenblatt heraus im Menü FENSTER den Befehl NEBENEINANDER MIT "DATEINAME" VERGLEICHEN. Excel zeigt daraufhin die beiden Fenster in horizontaler Anordnung (genauso, als hätten Sie den Befehl FENSTER|ANORDNEN|HORIZONTAL gewählt) an. Außerdem wird noch die Nebeneinander vergleichen-Symbolleiste auf den Bildschirm gezaubert (was in Abbildung 7.9 zu sehen ist).

Wurden bereits mehr als zwei Fenster geöffnet, so lautet der Befehl im Menü FENSTER NEBENEINANDER VERGLEICHEN MIT – ganz ohne Dateiname, denn Excel weiß ja noch nicht, mit welchem Fenster das aktuelle Tabellenblatt verglichen werden soll. Sobald Sie dann den Befehl NEBENEINANDER VERGLEICHEN MIT wählen, wird das Dialogfeld NEBENEINANDER VERGLEICHEN geöffnet. Es enthält eine Liste aller geöffneten Fenster, aus der Sie das zu vergleichende Fenster wählen können. Bestätigen Sie Ihre Auswahl mit OK und schon werden das aktuelle und das gewählte Fenster in trauter Eintracht horizontal angeordnet.

Die Symbolleiste zum Vergleichen der beiden Fenster enthält die folgenden drei Schaltflächen:

✔ **Synchroner Bildlauf:** Wenn Sie auf diese Schaltfläche klicken und danach in einem der beiden Fenster blättern, wird synchron auch im inaktiven Fenster geblättert. Wenn Sie in einem Fenster unabhängig vom anderen Fenster blättern wollen, klicken Sie noch einmal auf die Schaltfläche, um den synchronen Bildlauf zu deaktivieren.

✔ **Fensterposition zurücksetzen:** Wenn Sie die Größe des aktiven Fensters manuell verändert haben (durch Ziehen des Größenfelds), können Sie auf diese Schaltfläche klicken, um die Anordnung beider Fenster in gleicher Größe wiederherzustellen.

✔ **Ansicht "Nebeneinander" schließen:** Wenn Sie auf diese Schaltfläche klicken, kehren Sie zu der Ansicht zurück, die zuvor aktiv war. Wenn Sie vor der Wahl des Vergleichen-Befehls keine bestimmte Fensteranordnung mit dem Befehl FENSTER|ANORDNEN gewählt haben, wird das aktive Fenster in seinem vollen Glanz, d. h. in Vollbilddarstellung, angezeigt.

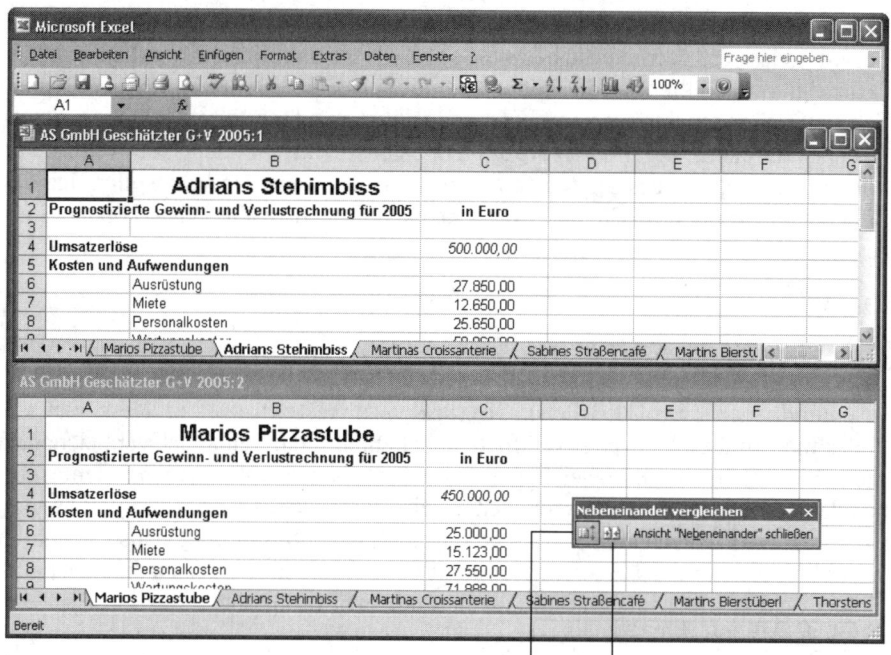

Abbildung 7.9: Zwei Arbeitsblätter miteinander vergleichen

Von Arbeitsmappe zu Arbeitsmappe

Es wird Ihnen sicherlich auch mal passieren, dass Sie ein Tabellenblatt in eine andere Arbeitsmappe verschieben oder kopieren möchten. Und das geht so:

1. **Öffnen Sie sowohl die Arbeitsmappe, die die zu verschiebenden bzw. zu kopierenden Tabellenblätter enthält, als auch die Arbeitsmappe, in die die Blätter verschoben bzw. kopiert werden sollen.**

   Verwenden Sie dazu die Schaltfläche für Öffnen in der Standard-Symbolleiste oder wählen Sie im Menü DATEI den Befehl ÖFFNEN. (`Strg`+`O` wäre eine dritte Möglichkeit.)

2. **Aktivieren Sie die Arbeitsmappe, die die Tabellenblätter enthält, die Sie verschieben oder kopieren möchten.**

   Um die Arbeitsmappe mit den Tabellenblättern auszuwählen, die verschoben oder kopiert werden sollen, wählen Sie deren Namen unten im Menü FENSTER aus.

3. **Markieren Sie die Blattregister der Tabellenblätter, die verschoben oder kopiert werden sollen.**

   Um ein einzelnes Tabellenblatt zu markieren, klicken Sie einfach auf das entsprechende Register. Mehrere benachbarte Blätter markieren Sie, indem Sie auf das erste Register und mit gedrückter `⇧`-Taste auf das letzte Register klicken. Liegen die Tabellenblätter nicht nebeneinander, klicken Sie auf das erste Register und mit gedrückter `Strg`-Taste auf alle weiteren Register.

4. **Wählen Sie im Menü BEARBEITEN den Befehl BLATT VERSCHIEBEN/KOPIEREN oder den Befehl VERSCHIEBEN/KOPIEREN im Kontextmenü für die Register.**

   In beiden Fällen wird das Dialogfeld VERSCHIEBEN ODER KOPIEREN geöffnet (Abbildung 7.10). Dort müssen Sie sich endgültig entscheiden, ob Sie verschieben oder kopieren möchten und wohin Sie verschieben bzw. kopieren möchten.

5. **Wählen Sie im Dropdown-Listenfeld ZUR MAPPE die Arbeitsmappe aus, in die die markierten Tabellenblätter verschoben bzw. kopiert werden sollen.**

   Sollen die Blätter in eine brandneue Arbeitsmappe verschoben werden, wählen Sie im Dropdown-Listenfeld den Eintrag (NEUE ARBEITSMAPPE).

6. **Im Listenfeld EINFÜGEN VOR müssen Sie sich entscheiden, vor welchem Tabellenblatt die markierten Tabellenblätter eingefügt werden sollen. Sollen sie ganz hinten in der Arbeitsmappe landen, wählen Sie den Eintrag (ANS ENDE STELLEN) aus dem Listenfeld.**

7. **Aktivieren Sie das Kontrollkästchen KOPIE ERSTELLEN, wenn die Tabellenblätter kopiert anstatt verschoben werden sollen.**

8. **Wählen Sie OK oder drücken Sie `↵`.**

   Die markierten Tabellenblätter werden in die angegebene Arbeitsmappe verschoben bzw. kopiert.

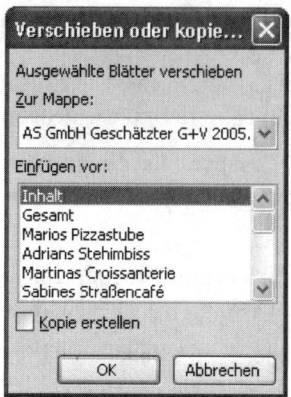

Abbildung 7.10: Das Dialogfeld Verschieben oder kopieren, *in dem Sie die Arbeitsmappe auswählen, in die die Tabellenblätter verschoben bzw. kopiert werden sollen*

Wenn Sie den direkten Kontakt zu Blättern und Mappen bevorzugen, können Sie Tabellenblätter auch durch Ziehen und Ablegen in andere Arbeitsmappenfenster verschieben oder kopieren. Das funktioniert auch mit mehreren Blättern. Prüfen Sie vor dem Ziehen aber noch einmal genau, ob Sie wirklich die Register der Blätter markiert haben, die verschoben bzw. kopiert werden sollen.

Wenn Sie also ein Tabellenblatt oder mehrere von dieser Sorte mit der Maus in eine andere Arbeitsmappe ziehen möchten, müssen Sie beide Arbeitsmappen öffnen und sie mit dem Befehl ANORDNEN im Menü FENSTER nebeneinander oder untereinander anordnen. Außerdem darf das Kontrollkästchen FENSTER DER AKTIVEN ARBEITSMAPPE im Dialogfeld ANORDNEN keinesfalls aktiviert sein.

Haben Sie die Arbeitsmappenfenster angeordnet, ziehen Sie die entsprechenden Blattregister aus dem einen Fenster heraus und legen sie im anderen Arbeitsmappenfenster ab. So viel zum Verschieben. Halten Sie beim Ziehen [Strg] gedrückt, werden die markierten Blätter kopiert. Der kleine nach unten zeigende Pfeil in der Registerleiste zeigt an, an welcher Stelle die Tabellenblätter eingefügt werden, wenn Sie die Maustaste loslassen.

Sicherheitshalber sollte ich Sie noch auf etwas hinweisen: Dieses ganze Hin- und Hergeziehe von Arbeitsmappe zu Arbeitsmappe gehört leider zu den Aktionen, die *nicht* mit dem Befehl RÜCKGÄNGIG im Menü BEARBEITEN rückgängig gemacht werden können. (Falls Sie nicht mehr wissen, wovon ich spreche, wenden Sie sich an Kapitel 4.) Sobald Sie ein Tabellenblatt in der verkehrten Arbeitsmappe oder an der verkehrten Position »fallen« lassen, müssen Sie selbst dafür sorgen, dass das Tabellenblatt seinen korrekten Hafen sicher erreicht.

In den Abbildungen 7.11 und 7.12 sehen Sie, wie einfach es ist, Tabellenblätter mit der Maus in eine andere Arbeitsmappe zu verschieben oder zu kopieren.

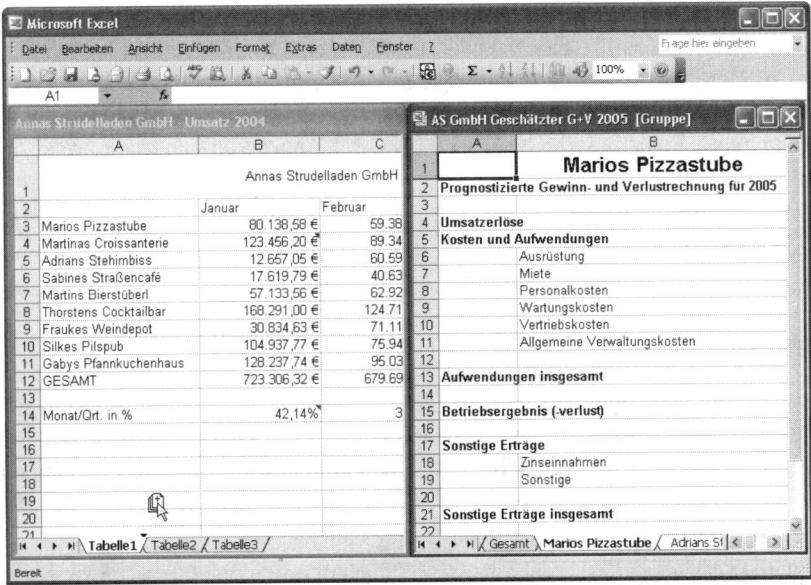

Abbildung 7.11: Die Tabellenblätter MARIOS PIZZASTUBE und ADRIANS STEHIMBISS werden mit der Maus in die Arbeitsmappe ANNAS STRUDELLADEN GMBH – UMSATZ 2004 gezogen.

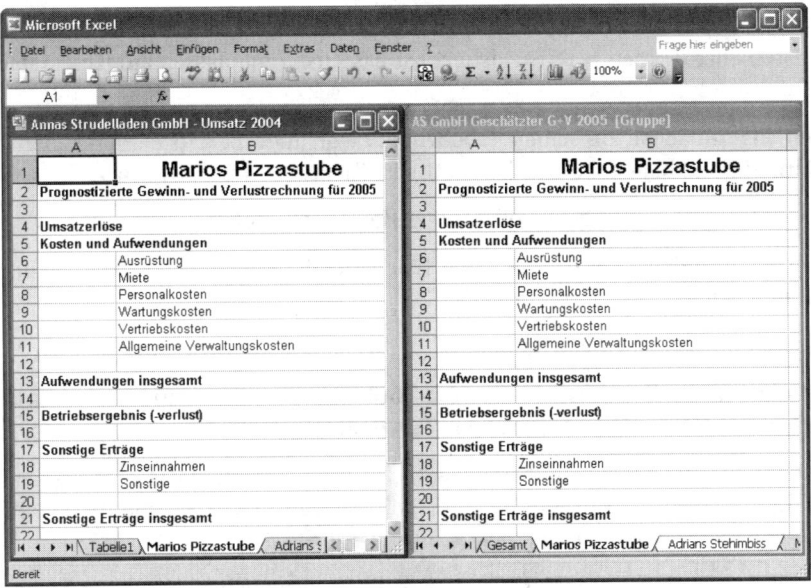

Abbildung 7.12: Die Tabellenblätter MARIOS PIZZASTUBE und ADRIANS STEHIMBISS wurden zwischen die Tabellenblätter TABELLE1 und TABELLE2 in die Arbeitsmappe ANNAS STRUDELLADEN GMBH – UMSATZ 2004 eingefügt.

In Abbildung 7.11 sind zwei Arbeitsmappen bereits geöffnet: Annas Strudelladen GmbH – Umsatz 2004 links und AS GmbH Geschätzter G+V 2005 rechts (wurden mit dem Befehl Anordnen| Unterteilt im Menü Fenster so angeordnet). Ich will nun die beiden Tabellenblätter Marios Pizzastube und Adrians Stehimbiss aus der Arbeitsmappe AS GmbH Geschätzter G+V 2005 in die Arbeitsmappe Annas Strudelladen GmbH – Umsatz 2004 kopieren. Dazu markiere ich die beiden Register und ziehe sie mit gedrückter Strg-Taste in die Arbeitsmappe Annas Strudelladen GmbH – Umsatz 2004 über das Register Tabelle2. Der kleine Pfeil zeigt genau zwischen die Register Tabelle1 und Tabelle2.

Fassen wir zusammen!

Wie immer kommen am Schluss die interessanten Dinge. Ich möchte Ihnen in diesem Abschnitt die faszinierende Welt des Zusammenfassens von Tabellenblättern zeigen. Sie können nämlich ein ganzes Bündel von verschiedenen Tabellenblättern einer Arbeitsmappe in einem separaten Tabellenblatt zusammenfassen. (ExpertInnen sprechen hier auch von *Konsolidieren*.)

Am besten erkläre ich das Ganze an einem Beispiel. Ich werde in den folgenden Schritten erklären, wie ich das zusammenfassende Tabellenblatt mit dem Namen Gesamt in der Arbeitsmappe AS GmbH Geschätzter G+V 2005 erstellt habe, in dem die voraussichtlichen Gewinne und Verluste aller Firmen von Annas Strudelladen für das Jahr 2005 zusammengefasst sind.

Da die Arbeitsmappe AS GmbH Geschätzter G+V 2005 mit den voraussichtlichen Gewinnen und Verlusten aller Firmen bereits existiert, ist das Zusammenfassen ein Kinderspiel. Gehen Sie folgendermaßen vor:

1. **Fügen Sie zunächst ein neues Tabellenblatt vor allen bereits vorhandenen Tabellenblättern ein und benennen Sie das Blatt von Tabelle1 in Gesamt um.**

   Wer vergessen hat, wie's geht, sollte dieses Kapitel noch einmal lesen.

2. **Geben Sie nun den Titel für das neue Tabellenblatt in B1 ein:** Annas Strudelladen GmbH **und den Text** in Euro **in Zelle C2.**

   Markieren Sie dazu die Zelle B1 bzw. C2 und geben Sie den Text ein.

3. **Kopieren Sie die Zeilenbeschriftungen (mit den Gewinnen und Verlusten) aus dem Tabellenblatt Marios Pizzastube in das Tabellenblatt Gesamt.**

   Markieren Sie einfach den Zellbereich A2:B26 im Tabellenblatt Marios Pizzastube und drücken Sie Strg+C. Klicken Sie dann auf das Register Gesamt und markieren Sie dort die Zelle A2. Anschließend müssen Sie nur noch ⏎ drücken.

Nun sind Sie bereit, die Summenformel in die Zelle C4 einzugeben. Mit dieser Formel werden die Erlöse aller Firmen berechnet:

1. **Markieren Sie im Tabellenblatt Gesamt die Zelle C4 und klicken Sie auf die Schaltfläche für AutoSumme in der Standard-Symbolleiste.**

   Excel fügt den Eintrag =SUMME() in C4 ein. Die Einfügemarke befindet sich einsatzbereit zwischen den runden Klammern.

2. **Klicken Sie auf das Register Marios Pizzastube und markieren Sie in diesem Tabellenblatt die Zelle C4 mit den Umsatzerlösen von Marios Pizzastube.**

   In der Bearbeitungsleiste wird nun Folgendes angezeigt: =SUMME('Marios Pizzastube'!C4)

3. **Geben Sie ein Semikolon (;) oder ein Pluszeichen (+) ein (damit beginnen Sie ein neues Argument) und klicken Sie auf das nächste Register (welches Register auch immer nach all dem Hin- und Hergeschiebe in Ihrer Arbeitsmappe kommt). Markieren Sie auch dort C4, um die Erlöse für die entsprechende Niederlassung auszuwählen.**

   In der Bearbeitungsleiste wird nun beispielsweise Folgendes angezeigt: =SUMME('Marios Pizzastube'!C4;'Martinas Croissanterie'!C4)

4. **Das Ganze wiederholen Sie für alle weiteren Firmen.**

   In der Bearbeitungsleiste wird letztendlich die Riesenformel aus Abbildung 7.13 angezeigt.

5. **So, die Formel hätten wir. Jetzt müssen Sie nur noch ⏎ drücken.**

   Abbildung 7.13 zeigt das Ergebnis. In Zelle C4 des Tabellenblatts Gesamt werden die Erlöse aller Firmen addiert. In der Bearbeitungsleiste sehen Sie die imposante Summenformel dazu.

Nun müssen Sie nur noch mithilfe des Ausfüllkästchens die Formel bis runter in Zelle C26 kopieren (so weit runter stehen Formeln):

1. **C4 ist immer noch markiert. Ziehen Sie dort das Ausfüllkästchen bis runter in Zelle C26. Damit werden die entsprechenden Werte für alle Firmen addiert.**

2. **Löschen Sie anschließend die Summenformel in den Zellen C5, C12, C14, C16 etc., kurzum in allen Zellen, die weder Einnahmen noch Ausgaben enthalten.**

In Abbildung 7.14 sehen Sie den ersten Teil des Zusammenfassungsblatts, nachdem die Formel aus Zelle C4 kopiert und in den entsprechenden Zellen wieder gelöscht wurde.

Ich finde das Tabellenblatt Gesamt sieht nach recht viel Arbeit und Aufwand aus. Damit kann man schon Leute beeindrucken. Und dabei war alles recht einfach. Aber das Beste an der Sache habe ich noch gar nicht erwähnt: Die Formeln im Tabellenblatt Gesamt sind mit den entsprechenden Werten in den anderen Tabellenblättern verknüpft. Was heißt das? Nun, sobald Sie einen Wert in einem der anderen Tabellenblättern für die Firmen ändern, wird das Tabellenblatt Gesamt automatisch aktualisiert und zeigt die allerneuesten Werte an. Das nenne ich Service!

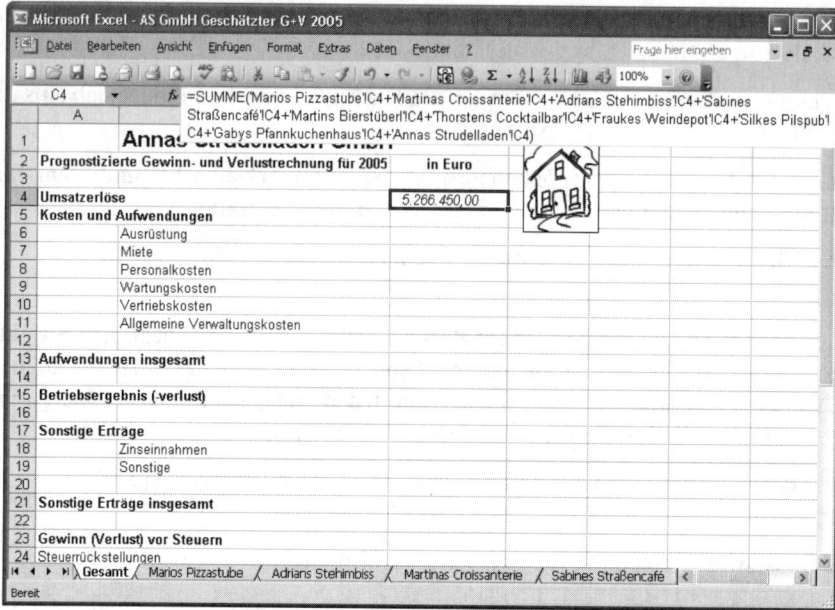

Abbildung 7.13: Das Tabellenblatt GESAMT mit der Summenformel für die Erlöse aller Firmen von Annas Strudelladen

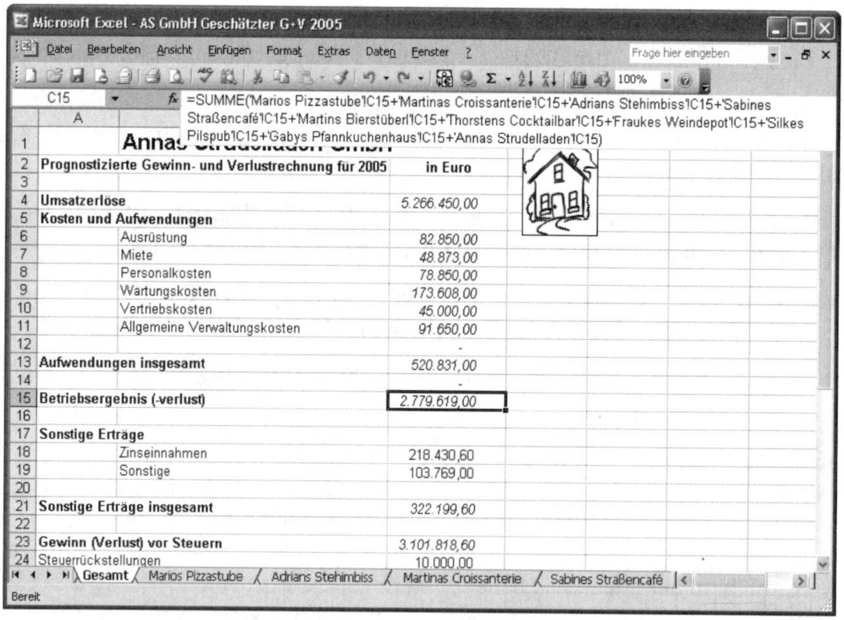

Abbildung 7.14: Der erste Teil des Tabellenblatts GESAMT, in dem die Gewinne und Verluste der Firmen von Annas Strudelladen zusammengefasst sind

Teil IV

Ein Leben nach den Tabellenblättern

Lassen Sie sich nicht irre machen: Tabellenblätter sind das, worum es in Excel 2003 geht. Und für viele von Ihnen – den Tabellenblatt Erstellenden, Bearbeitenden und Druckenden – wird das auch so bleiben. Wer braucht denn schon mehr? Nun vielleicht nicht jetzt, sondern erst eines Tages. Denn, auch wenn Excel 2003 ein Ass im Bereich Tabellenkalkulation ist, heißt das nicht, dass es nicht noch mehr zu bieten hat. Vielleicht kriegen Sie eines Tages einen Job, in dem es von Vorteil ist, wenn Sie wissen, wie man Zahlen grafisch darstellen, Datenlisten erstellen und verwalten und – wer weiß – sogar Tabellenblätter im World Wide Web veröffentlichen können.

Appetit bekommen? Dann los! Zuerst erfahren Sie in Kapitel 8, wie einfach Sie Freunde, Bekannte und Kollegen mit eindrucksvollen Diagrammen und Grafiken begeistern und sogar überzeugen können. Diagramme bringen Leben in Ihre nüchternen Zahlen. Anschließend lernen Sie in Kapitel 9, wie Sie Ihre riesigen Mengen an Fakten und Zahlen pflegen und verwalten. Sie sortieren Ihre Daten nach beliebigen Kriterien, suchen nach bestimmten Informationen und filtern die Daten heraus, die Sie gerade benötigen. Kapitel 10 plaudert ein wenig über Tipps und Tricks zum Erstellen von Hyperlinks und zum Speichern von Tabellenblättern als HTML-Dokumente. Alles in allem sind Sie danach bestens vorbereitet, falls Sie jemals die Grenzen der Tabellenblätter überschreiten müssen bzw. wollen.

Ein Bild sagt mehr als tausend Worte

8

In diesem Kapitel

▷ Mit dem Diagramm-Assistenten ein Diagramm zaubern

▷ Mit der Diagramm-Symbolleiste ein Diagramm auf den Kopf stellen

▷ Ein Diagramm mit einem Textfeld und einem Pfeil informativer gestalten

▷ Die Diagrammachsen aufpeppen

▷ Ihre Arbeitsmappen mit ClipArts und sonstigen grafischen Objekten verschönern

▷ Mit den Zeichenwerkzeugen in Ihren Diagrammen und Tabellenblättern herummalen

▷ Diagramme ohne die restlichen Tabellendaten drucken

»*E*in Bild sagt mehr als tausend Worte« (bzw. mehr als tausend Zahlen). Wenn Sie Ihre Tabellenblätter mit Diagrammen versehen, wecken Sie damit nicht nur das Interesse des Betrachters, sondern betonen auch die Trends und Besonderheiten, die ansonsten vielleicht nicht sofort (oder nie) ersichtlich wären. Mit Excel ist die grafische Darstellung von Zahlenmaterial ein Kinderspiel. Experimentieren Sie einfach mit verschiedenen Diagrammtypen, bis Sie die aussagekräftigste Darstellungsform für Ihre Daten gefunden haben – das Bild, das mehr sagt als tausend Zahlen.

Erinnern Sie sich noch an Ihre Schulzeit? An den Algebralehrer, der mühsam versuchte, Ihnen beizubringen, wie man Gleichungen mithilfe verschiedener x- und y-Achsenwerte grafisch aufs Papier bringt? Wahrscheinlich hatten Sie damals auch Interessanteres zu tun und haben nicht im Traum daran gedacht, dass Sie diesen »Mist« tatsächlich einmal brauchen könnten.

Nun, man sollte niemals »nie« sagen. Denn obwohl Excel die meiste Arbeit beim Umsetzen von Zahlen in Grafiken übernimmt, müssen Sie doch wenigstens die x- und die y-Achse voneinander unterscheiden können, um Excel, falls nötig, zu korrigieren, wenn das Ergebnis nicht Ihren Vorstellungen entspricht. Zur Erinnerung: Die x-Achse ist die horizontale, die y-Achse die vertikale Achse.

In der Regel werden in Diagrammen mit zwei Achsen die Rubriken entlang der x-Achse geschrieben, während die y-Achse die dazugehörigen Datenreihenwerte enthält. Man bezeichnet die x-Achse auch als Zeitachse, da in einem Diagramm Werte häufig über einen Zeitraum – Monate, Quartale, Jahre etc. – dargestellt werden.

Diagramme aus dem Nichts zaubern

Das reicht zunächst an Hintergrundinformationen. Kommen wir gleich zur Sache. Das Erstellen eines Diagramms im Tabellenblatt ist mit Excel ein Kinderspiel, da das Programm den so genannten Diagramm-Assistenten zur Verfügung stellt. Dieser Assistent führt Sie in vier Schritten zu Ihrem ersten, beeindruckenden neuen Diagramm.

Bevor Sie den Diagramm-Assistenten aufrufen, sollten Sie auf jeden Fall den Zellbereich markieren, der die Daten für das Diagramm enthält. Damit das Ergebnis Ihren Vorstellungen entsprechen kann, sollten die Daten in einem normalen rechteckigen Tabellenformat angeordnet sein (so wie in Abbildung 8.1).

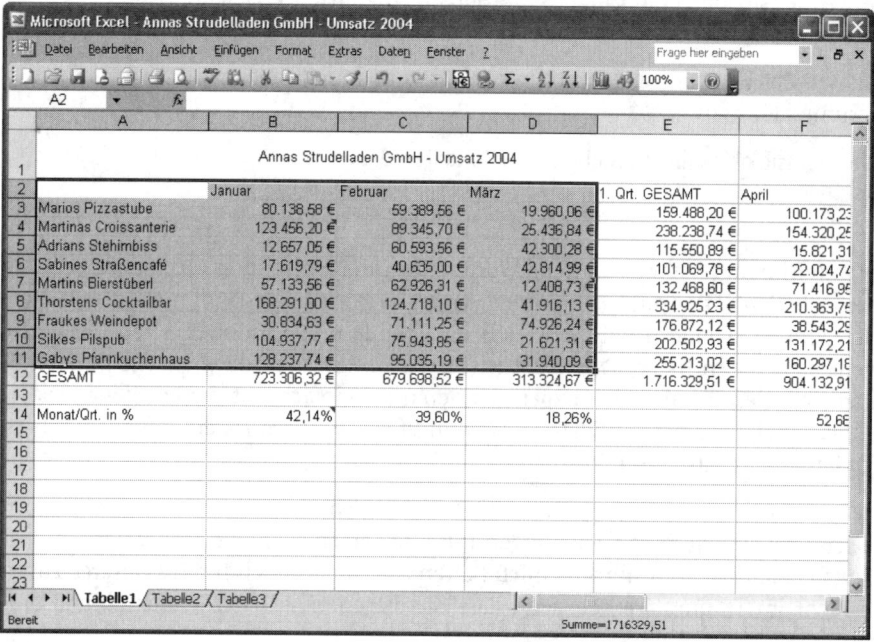

Abbildung 8.1: Die Daten für das Diagramm sind markiert.

Wenn Sie ein Diagramm mit einer x- und einer y-Achse erstellen (das ist bei den meisten Diagrammen so), verwendet der Diagramm-Assistent normalerweise die Spaltenbeschriftungen des gewählten Bereichs als Rubrikentext (entlang der x-Achse). Hat Ihre Tabelle Zeilenbeschriftungen, dann nimmt der Diagramm-Assistent diese als Text für die Legende (wenn Sie sich entschließen sollten, eine Legende anzeigen zu lassen). Mit der Legende wird deutlich gemacht, welche Punkte, Säulen oder Balken im Diagramm zu welchen Werten in der Tabelle gehören. Etwas verwirrend – aber das wird schon.

Nachdem Sie alle Daten für das Diagramm markiert haben, gehen Sie folgendermaßen vor:

1. **Klicken Sie in der Standard-Symbolleiste auf die Schaltfläche für den Diagramm-Assistenten, um den ersten Bildschirm des Diagramm-Assistenten zu öffnen.**

   Das ist die Schaltfläche mit dem Säulendiagramm. Wenn Sie darauf klicken, wird automatisch das Dialogfeld mit der langatmigen Bezeichnung DIAGRAMM-ASSISTENT – SCHRITT 1 VON 4 – DIAGRAMMTYP geöffnet (Abbildung 8.2).

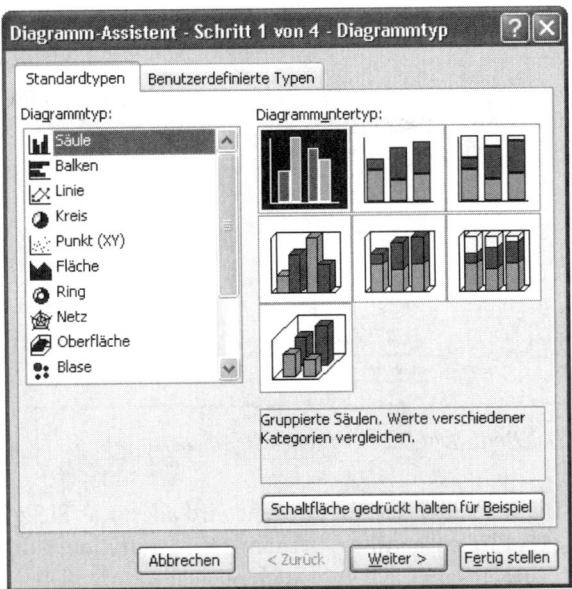

Abbildung 8.2: Das Dialogfeld DIAGRAMM-ASSISTENT – SCHRITT 1 VON 4 – DIAGRAMMTYP

2. **Wenn Sie einen anderen Diagrammtyp als das Standardsäulendiagramm erstellen möchten, wählen Sie einen im Listenfeld DIAGRAMMTYP und/oder DIAGRAMMUNTERTYP auf den Registerkarten STANDARDTYPEN und BENUTZERDEFINIERTE TYPEN aus. Es gibt ja genug davon.**

   Klicken Sie dazu einfach auf den Diagrammtyp, der Ihnen gefällt, und anschließend auf eine Variante des gewählten Typs. Wenn Sie auf die Schaltfläche SCHALTFLÄCHE GEDRÜCKT HALTEN FÜR BEISPIEL klicken und die Maustaste gedrückt halten, kriegen Sie ein Beispiel für den gewählten Diagrammtyp zu sehen.

3. **Klicken Sie auf WEITER oder drücken Sie ⏎, um zum Dialogfeld mit dem noch schrecklicheren Namen DIAGRAMM-ASSISTENT – SCHRITT 2 VON 4 – DIAGRAMMQUELLDATEN zu gelangen.**

   Das Dialogfeld sieht so ähnlich wie das in Abbildung 8.3 aus. Dort können Sie den Datenbereich, der grafisch dargestellt werden soll, noch einmal korrigieren oder ganz neu markieren (falls Sie es am Anfang vergessen haben). Außerdem bestimmen Sie hier, ob die Datenreihen aus den Zeilen oder den Spalten gebildet werden sollen.

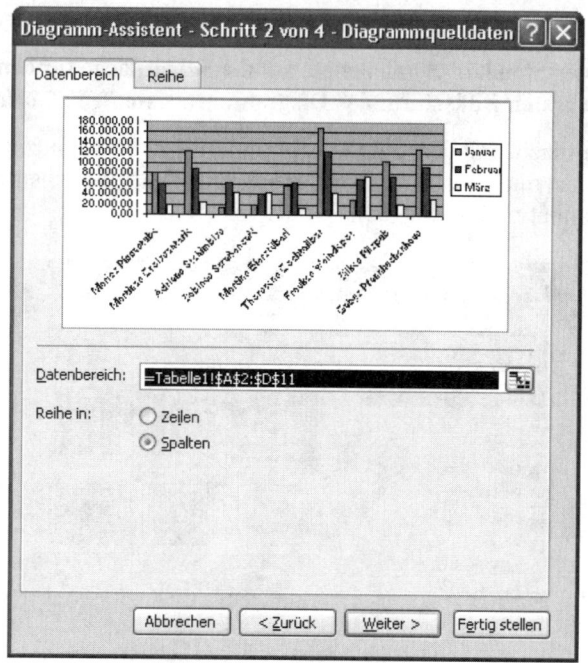

Abbildung 8.3: Das Dialogfeld Diagramm-Assistent – Schritt 2 von 4 – Diagrammquelldaten

Wenn Sie dieses Dialogfeld zu Gesicht kriegen, wird alles, was Sie zuvor im Tabellenblatt markiert haben, von diesem berühmt-berüchtigten Laufrahmen umzingelt. Damit aber nicht genug. Der markierte Bereich wird auch noch auf der Registerkarte Datenbereich im Textfeld Datenbereich als Formel mit absoluten Bezügen angezeigt. Ziemlich abschreckend. Wenn Sie sich den Datenbereich anders vorgestellt haben, dann können Sie entweder wieder wie wild im Tabellenblatt markieren oder die Angabe im Textfeld Datenbereich zu Fuß ändern.

 Sollte das Assistenten-Dialogfeld im Weg sein, können Sie es auf die Größe des Textfelds Datenbereich schrumpfen lassen, indem Sie auf die Schaltfläche mit dem roten Pfeil am Ende des Textfelds klicken. Sobald Sie im Tabellenblatt anfangen, mit der Maus zu ziehen, wird das Dialogfeld sowieso automatisch auf eben dieses Textfeld reduziert. Sobald Sie die Maustaste wieder loslassen, ist das vollständige Dialogfeld wieder da. Service ist eben alles!

4. **Prüfen Sie also den Datenbereich im Textfeld Datenbereich und ändern Sie ihn, falls nötig.**

Der Diagramm-Assistent macht in der Regel aus jeder Wertespalte des markierten Bereichs eine *Datenreihe* im Diagramm. In der *Legende* (das ist das Feld mit den Erläuterungen der Farben oder Muster, die im Diagramm verwendet werden) werden wiederum die verschiedenen Datenreihen aufgeschlüsselt.

Für die markierten Daten in Abbildung 8.1 bedeutet dies, dass jede Säule im Säulen-diagramm jeweils einen Monatsumsatz darstellt und dass die Monatsumsätze pro Firma zusammengefasst sind. Wenn Sie möchten, können Sie die Datenreihen nach Zeilen an-statt nach Spalten bilden. Aktivieren Sie dazu einfach das Optionsfeld ZEILEN. Dann stellt jede Säule eine der Firmen dar, die wiederum nach Monaten zusammengefasst werden.

Wenn das Diagramm die Datenreihen spaltenweise verwenden soll (was in unserem Bei-spiel der Fall ist), nimmt der Diagramm-Assistent die Einträge in der ersten Spalte (die Zeilenüberschriften im Bereich A3:A11) als Beschriftungen für die x-Achse (die so ge-nannte *Rubrikenachse*). Die Einträge der ersten Zeile (die Spaltenbeschriftungen im Be-reich B2:D2) werden automatisch als Überschriften für die Legende eingesetzt.

Wenn Sie noch irgendwelche Namen oder Zellen in den Datenreihen ändern möchten, klicken Sie auf das Register REIHE. Dort kann noch einiges über den Haufen geworfen werden.

5. **Klicken Sie auf WEITER oder drücken Sie ⏎, um zum Dialogfeld DIAGRAMM-ASSISTENT – SCHRITT 3 VON 4 – DIAGRAMMOPTIONEN zu gelangen.**

Dieses Dialogfeld sehen Sie in Abbildung 8.4. Wahnsinn! Da wird was geboten. Hier legen Sie u. a. fest, wie der Diagrammtitel lautet, ob Gitternetzlinien verwendet werden sollen, wo die Legende hin soll, ob Datenbeschriftungen neben den Datenreihen angezeigt wer-den sollen oder ob eine Datentabelle unterhalb des Diagramms mit den Diagrammwerten eingefügt werden soll.

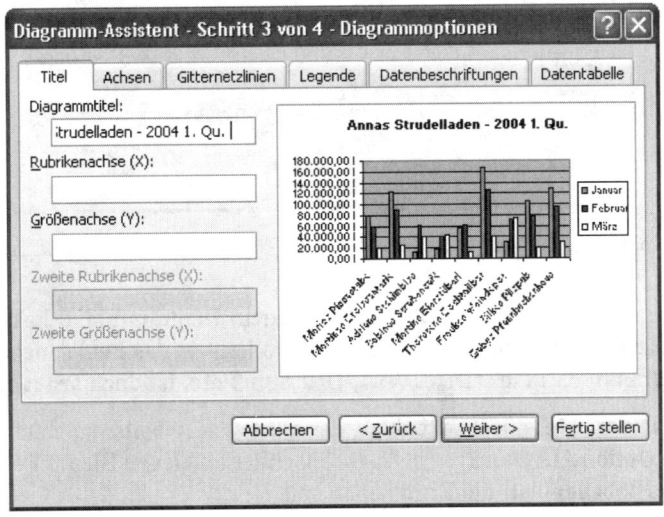

Abbildung 8.4: Das Dialogfeld DIAGRAMM-ASSISTENT – SCHRITT 3 VON 4 – DIAGRAMMOPTIONEN

6. **Klicken Sie auf ein Register Ihrer Wahl (TITEL, ACHSEN, GITTERNETZLINIEN, LEGENDE, DATENBESCHRIFTUNGEN oder DATENTABELLE) und jonglieren Sie mit den Einstellungen.**

Fertigdiagramme

Wenn Sie für den Diagramm-Assistenten und seine vier Dialogfelder keine Zeit haben, können Sie auch ein fix und fertiges Säulendiagramm auf die Schnelle in Ihrem Tabellenblatt fabrizieren. Markieren Sie dazu den Datenbereich, der dargestellt werden soll, klicken Sie in der Standard-Symbolleiste auf die Schaltfläche für Diagramm-Assistent und verabschieden Sie sich auch schon gleich wieder vom Assistenten, indem Sie auf die Schaltfläche FERTIG STELLEN klicken.

Und wenn Sie ein Diagramm im eigenen Diagrammblatt erstellen wollen, geht es sogar noch schneller: Darzustellenden Bereich markieren und F11 drücken. Schwupp, Ihre Daten werden in einem neuen Diagrammblatt als Säulendiagramm angezeigt.

7. **Klicken Sie auf WEITER oder drücken Sie ↵, um zum letzten Dialogfeld DIAGRAMM-ASSISTENT – SCHRITT 4 VON 4 – DIAGRAMMPLATZIERUNG zu gelangen.**

Das sehen Sie in Abbildung 8.5. Hier bestimmen Sie, ob das Diagramm in einem extra Diagrammblatt oder als Objekt in einem Tabellenblatt der aktuellen Arbeitsmappe eingefügt werden soll.

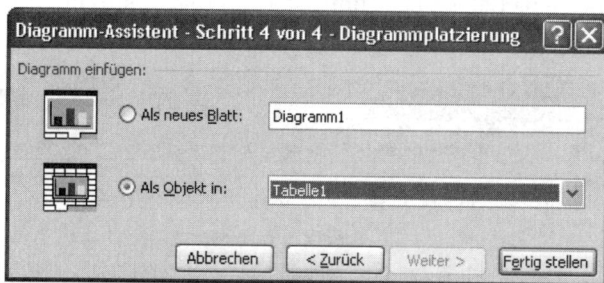

Abbildung 8.5: Das Dialogfeld DIAGRAMM-ASSISTENT – SCHRITT 4 VON 4 – DIAGRAMMPLATZIERUNG

8a. **Soll das Diagramm sein eigenes Zuhause in einem Diagrammblatt bekommen, klicken Sie auf ALS NEUES BLATT und geben – wenn Sie wollen – in das Feld daneben einen Namen für das Diagrammblatt ein. (DIAGRAMM1, DIAGRAMM2 etc. ist doch arg langweilig.)**

8b. **Soll das Diagramm in ein Tabellenblatt der aktuellen Arbeitsmappe eingefügt werden, dann ist die Option ALS OBJEKT IN gefragt. Anschließend legen Sie im Feld daneben noch fest, welches Tabellenblatt die Ehre haben soll.**

9. **Klicken Sie auf FERTIG STELLEN, um den Diagramm-Assistenten zu entlassen.**

Wenn Sie sich für die Option ALS NEUES BLATT entschieden haben, setzt Excel das Diagramm in sein Diagrammblatt und zaubert die Diagramm-Symbolleiste auf den Bildschirm, damit Sie gleich weiterwerkeln können. Haben Sie die Option ALS OBJEKT IN gewählt, wird das

Diagramm im entsprechenden Tabellenblatt eingefügt. Die Diagramm-Symbolleiste ist auch schon da und das Diagramm ist markiert, damit es gleich weitergehen kann. In Abbildung 8.6 sehen Sie, wie der Umsatz für Annas Strudelladen im ersten Quartal 2004 grafisch umgesetzt wurde. Ganz nett, oder?

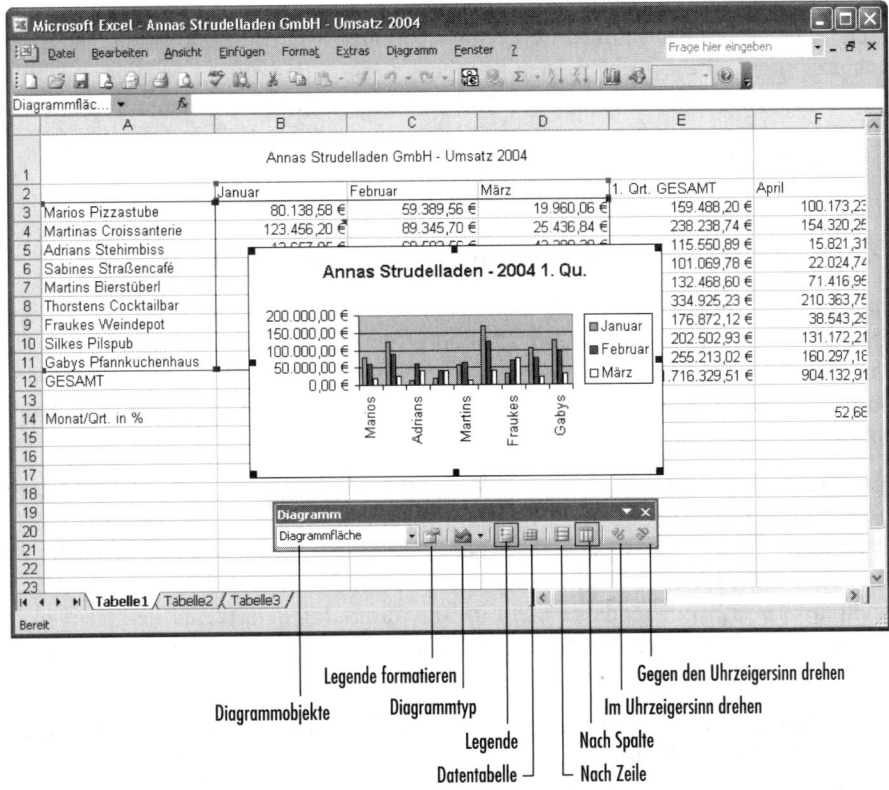

Abbildung 8.6: Das Werk ist vollbracht!

Mal größer, mal kleiner, mal hier, mal dort

Wenn Sie erst einmal ein Diagramm in Ihr Tabellenblatt eingefügt haben, können Sie dessen Position und Größe sofort problemlos ändern, da es nach dem Erstellen noch markiert ist. (Dass ein grafisches Objekt markiert ist, erkennen Sie an den *Ziehpunkten* – die kleinen Quadrate – auf der Objektumrandung.) Sobald Sie ein Diagramm erstellt haben, wird die Diagramm-Symbolleiste »frei schwebend« im Dokumentfenster eingeblendet.

✔ Um das Diagramm zu verschieben, setzen Sie den Mauszeiger in das Diagramm und ziehen es an eine neue Position.

✔ Wenn Sie das Diagramm vergrößern oder verkleinern möchten (weil es vielleicht viel zu groß oder viel zu klein im Vergleich zur Tabelle ist), zeigen Sie mit dem Mauszeiger auf einen der Ziehpunkte. Daraufhin wird der Mauszeiger zu einem Doppelpfeil. Ziehen Sie die gewählte Seite bzw. Ecke (hängt davon ab, welchen Ziehpunkt Sie gewählt haben) in die gewünschte Richtung, um das Diagramm zu vergrößern bzw. zu verkleinern.

Stimmen Größe und Position mit Ihren Wünschen überein, verankern Sie das Diagramm im Tabellenblatt, indem Sie seine Markierung aufheben. (Klicken Sie dazu auf eine beliebige Stelle außerhalb des Diagramms.) Die Ziehpunkte und die Diagramm-Symbolleiste verschwinden daraufhin. Um das Diagramm erneut zu markieren (weil Sie Größe, Position etc. ändern möchten), klicken Sie einfach auf eine beliebige Stelle im Diagramm.

Die Diagramm-Symbolleiste auf das Diagramm hetzen

Nachdem Sie das Diagramm erstellt haben, können Sie es mit den Schaltflächen der Diagramm-Symbolleiste (ist weiter oben in Abbildung 8.6 zu sehen) auf den Kopf stellen. Denken Sie dran: Diese Symbolleiste taucht immer dann auf, wenn Sie das Diagramm im Tabellenblatt markieren. Ist das Diagramm erst einmal markiert, können Sie mithilfe der Diagramm-Symbolleiste Folgendes damit anstellen:

✔ **Diagrammobjekte:** Um das Element des Diagramms zu markieren, das Sie bearbeiten möchten, klicken Sie auf den nach unten zeigenden Pfeil des Dropdown-Listenfelds für Diagrammobjekte – gleich die erste Schaltfläche in der Diagramm-Symbolleiste. Wählen Sie dann das gewünschte Objekt in der Liste aus. Natürlich können Sie auch mit der Maus direkt auf das entsprechende Element im Diagramm klicken. Wenn Sie getroffen haben, wird der Objektname automatisch im ersten Listenfeld der Diagramm-Symbolleiste angezeigt.

✔ **Ausgewähltes Objekt formatieren:** Okay, jetzt ist geklärt, um welches Objekt es sich dreht – dann kann das Formatieren ja losgehen. Klicken Sie auf die Schaltfläche für Formatieren und schon stehen Ihnen quasi alle Möglichkeiten offen. Wie die Schaltfläche für Formatieren genau heißt, hängt davon ab, für welches Diagrammobjekt Sie sich entschieden haben. Haben Sie beispielsweise als Objekt die Diagrammfläche gewählt, dann handelt es sich um die Schaltfläche für Diagrammfläche formatieren. Das sehen Sie, wenn Sie mit dem Mauszeiger ein kleines Päuschen auf der Schaltfläche einlegen. Dann wird die so genannte QuickInfo angezeigt, die wiederum den Namen für die Schaltfläche enthält. Sie haben die Legende als Objekt gewählt? Dreimal dürfen Sie raten! Richtig! Jetzt meldet sich die Schaltfläche als Schaltfläche für Legende formatieren zu Wort.

✔ **Diagrammtyp:** Wenn Ihnen die ewigen Säulen (oder was auch immer Sie verwenden) zum Hals raushängen, dann klicken Sie auf den nach unten zeigenden Pfeil der dritten Schaltfläche in der Diagramm-Symbolleiste. Klapp – eine Liste mit verschiedenen Diagrammtypen fällt Ihnen entgegen.

✔ **Legende:** Klicken Sie auf diese Schaltfläche, um die Legende ein- bzw. auszublenden.

✔ **Datentabelle:** Klicken Sie auf diese Schaltfläche, um eine Tabelle mit den Werten, die im Diagramm dargestellt werden, einzufügen bzw. zu entfernen. (In Abbildung 8.7 habe ich so eine Tabelle für das Diagramm in der Umsatz 2004-Datei reingebastelt.)

✔ **Nach Zeile:** Ein Klick darauf, und schon werden die Datenreihen nach den Zeilen im markierten Datenbereich gebildet.

✔ **Nach Spalte:** Ein Klick darauf, und schon werden die Datenreihen nach den Spalten im markierten Datenbereich gebildet.

✔ **Im Uhrzeigersinn drehen:** Diese Schaltfläche funktioniert nur, wenn Sie die x- oder die y-Achse als Objekt ausgewählt haben. Das ist der Fall? Nun, dann klicken Sie mal drauf. Die Achsenbeschriftungen werden um 45 Grad nach rechts unten gedreht (so wie die Buchstaben auf der Schaltfläche).

✔ **Gegen den Uhrzeigersinn drehen:** Dasselbe wie bei der Schaltfläche für Im Uhrzeigersinn drehen – nur dass hier der Text nach links oben gedreht wird. Logisch, oder?

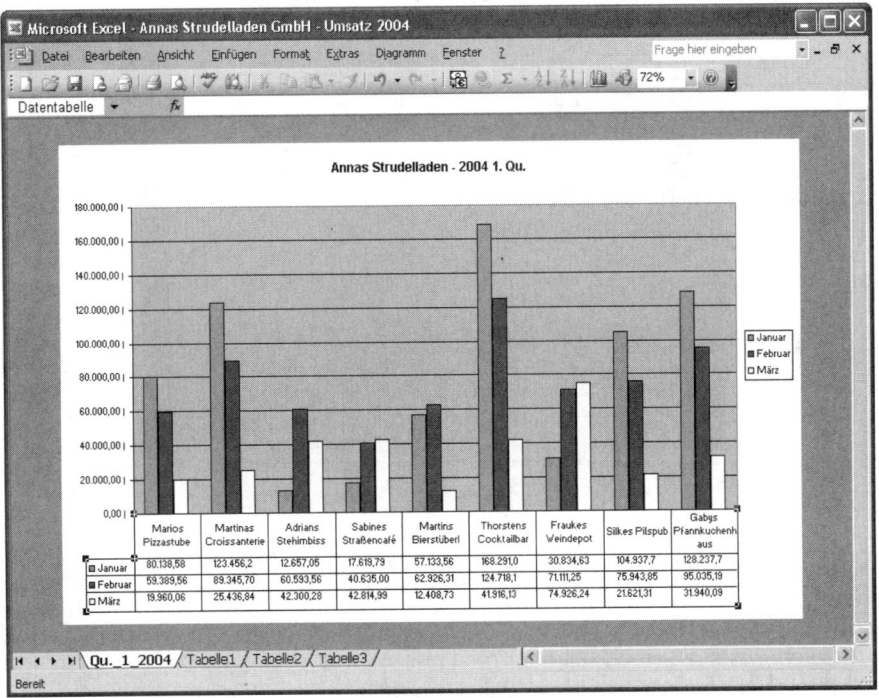

Abbildung 8.7: Ein etwas aufgepepptes Säulendiagramm mit einer Datentabelle für die Umsätze des ersten Quartals

Das Diagramm direkt im Tabellenblatt bearbeiten

Also, wenn Sie mal so auf die Schnelle ein bestimmtes Element des Diagramms bearbeiten möchten (um z. B. eine andere Schrift für den Titel zu wählen oder um die Legende neu zu positionieren), dann doppelklicken Sie auf das entsprechende Element (z. B. auf den Titel, die Legende etc.). Excel markiert es dann brav und öffnet ein speziell für das markierte Objekt zugeschnittenes Formatdialogfeld. Sie haben auf die Legende doppelgeklickt? Wenn Sie gut gezielt haben, wird jetzt das Dialogfeld LEGENDE FORMATIEREN mit seinen drei Registern MUSTER, SCHRIFT und PLATZIERUNG angezeigt (so wie in Abbildung 8.8). Jede Registerkarte ist voll von Optionen, mit denen Sie alles Mögliche vera(u)nstalten können.

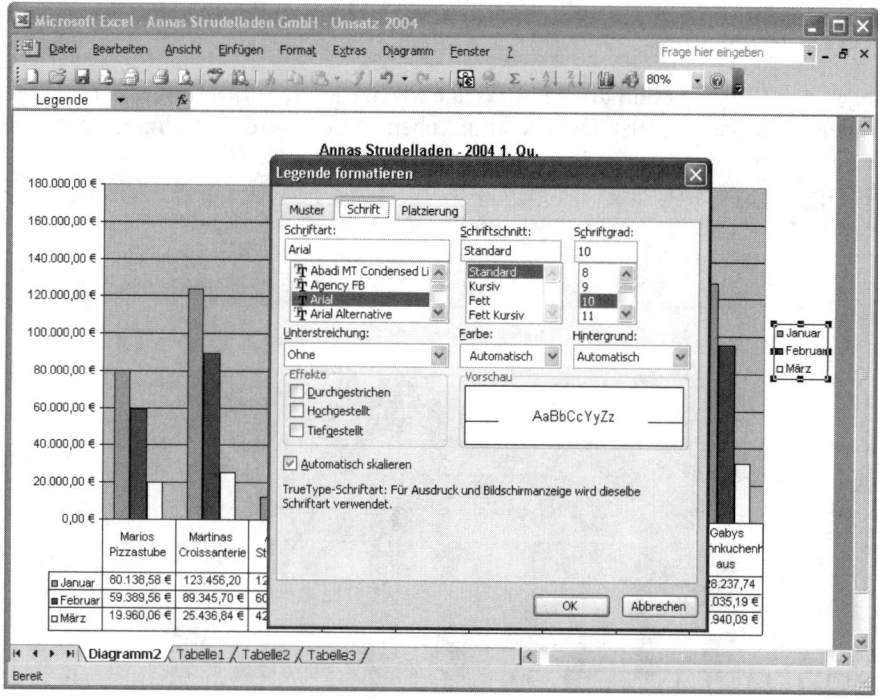

Abbildung 8.8: Wenn Sie beispielsweise auf die Legende doppelklicken, wird das Dialogfeld LEGENDE FORMATIEREN geöffnet.

Es reicht auch, wenn Sie einen Diagrammteil nur markieren, um ihn zu bearbeiten. Ich habe ein paar Punkte zusammengestellt, die dabei von Interesse sein könnten:

✔ Klicken Sie einfach auf das gewünschte Element. Die QuickInfo hilft Ihnen dabei, das richtige Teil zu erwischen. Ist manchmal gar nicht so einfach.

✔ Ein markiertes Element erkennen Sie an den komischen »eckigen« Punkten – den so genannten Ziehpunkten. (Die Legende in Abbildung 8.8 schmückt sich gerade damit.) Manche Elemente können über die Ziehpunkte vergrößert, verkleinert oder gedreht werden.

✔ Sie können bei einigen markierten Elementen auch auf deren Mitte zeigen und das Element mit gedrückter Maustaste von hinnen nach dannen ziehen.

✔ Ein Kontextmenü für das Element gefällig? Nichts leichter als das. Klicken Sie einfach mit der rechten Maustaste auf das gewünschte Element. Den Befehl, der Sie dort interessiert, wählen Sie dann wieder mit der linken Maustaste.

✔ Weg mit dem markierten Element? ⌈Entf⌉ drücken!

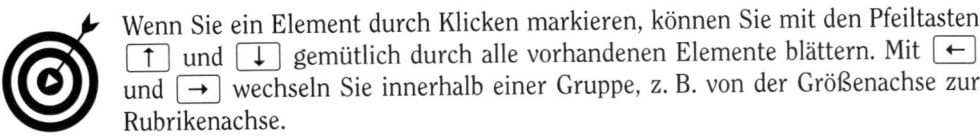

Wenn Sie ein Element durch Klicken markieren, können Sie mit den Pfeiltasten ⌈↑⌉ und ⌈↓⌉ gemütlich durch alle vorhandenen Elemente blättern. Mit ⌈←⌉ und ⌈→⌉ wechseln Sie innerhalb einer Gruppe, z. B. von der Größenachse zur Rubrikenachse.

Wie bereits erwähnt verfügen alle Teile eines Diagramms über ein Kontextmenü. Wenn Sie bereits vorab wissen, dass Sie einen Befehl aus dem Kontextmenü benötigen, sobald Sie einen bestimmten Diagrammpart markiert haben, dann können Sie das Markieren des Diagrammelements und das Öffnen des Kontextmenüs gleich in einem Aufwasch erledigen. Klicken Sie dazu einfach mit der rechten Maustaste auf das gewünschte Diagrammelement. Es wird markiert und sein Kontextmenü geöffnet. Voilà!

Noch etwas zum Diagrammtitel. Wenn er markiert ist, können Sie ihn mit gedrückter Maustaste verschieben. Außerdem können Sie den Titel in mehrere Zeilen aufteilen. Im Dialogfeld DIAGRAMMTITEL FORMATIEREN gibt es dann im Register AUSRICHTUNG verschiedene Möglichkeiten, die einzelnen Zeilen auszurichten.

Um einen Zeilenumbruch im Titel einzufügen, setzen Sie die Einfügemarke an die gewünschte Stelle und drücken ⌈↵⌉. So einfach, dass man schon gar nicht mehr darauf kommt.

Aber nicht nur mit dem Titel lässt sich spielen. Auch für die Datenreihen, die Legende und die beiden Achsen stehen im Kontextmenü jede Menge Befehle zum Ausprobieren zur Verfügung.

Diagrammoptionen wie Sand am Meer

Wenn Sie in Ihrem Diagramm grundlegende Änderungen durchführen möchten, empfiehlt sich hierfür das Dialogfeld DIAGRAMMOPTIONEN. Es enthält dieselben Registerkarten und Optionen wie das Dialogfeld DIAGRAMM-ASSISTENT – SCHRITT 3 VON 4 – DIAGRAMMOPTIONEN (war in Abbildung 8.4 zu sehen). Wie kommen Sie dahin? Sie wählen den Befehl DIAGRAMMOPTIONEN im Menü DIAGRAMM. Sie können auch mit der rechten Maustaste irgendwo im Diagramm klicken (aber ohne dabei ein bestimmtes Objekt zu treffen) und im Kontextmenü den Befehl DIAGRAMMOPTIONEN wählen.

Mensch! Wahnsinn! Gleich sechs Registerkarten! Jedenfalls bei einem Säulendiagramm. Und das alles können Sie dort erledigen:

✔ **TITEL:** Fügen Sie einen neuen Titel hinzu oder werden Sie alte Titel los. Es gibt ja gleich mehrere in einem Diagramm – für das Diagramm, die x- und die y-Achse.

✔ **ACHSEN:** Hier legen Sie fest, ob neben bzw. unter den Achsen eine Achsenbeschriftung angezeigt werden soll. Auch die kleinen Striche auf den Achsen können Sie verschwinden lassen.

✔ **GITTERNETZLINIEN:** Blenden Sie Haupt- und Hilfsgitternetzlinien ein bzw. aus. Das funktioniert sowohl für die Rubriken- als auch für die Größenachse.

✔ **LEGENDE:** Legende ja oder nein, und wenn ja, wohin!

✔ **DATENBESCHRIFTUNGEN:** Hier können Sie Beschriftungen für die einzelnen Datenreihen ein- und ausblenden.

✔ **DATENTABELLE:** Datentabelle ja oder nein. In Abbildung 8.7 sehen Sie ein Beispiel dafür.

Frei wie ein Vogel (nicht zugeordneter Text)

Das Diagramm in Abbildung 8.9 zeigt weitere Darstellungsmöglichkeiten. Die sollten für Sie kein Problem sein. Hier sehen Sie erneut das Diagramm für den Umsatz des ersten Quartals von Annas Strudelladen in der Flächenvariante. Außerdem habe ich ein Textfeld eingefügt. Ein Pfeil zeigt begeistert auf die guten Umsätze von Thorstens Cocktailbar. Auch von der y-Achse konnte ich nicht die Finger lassen. Ich habe die Anzeige etwas vergrößert, damit man die Taler – äh, die Euros – besser erkennen kann.

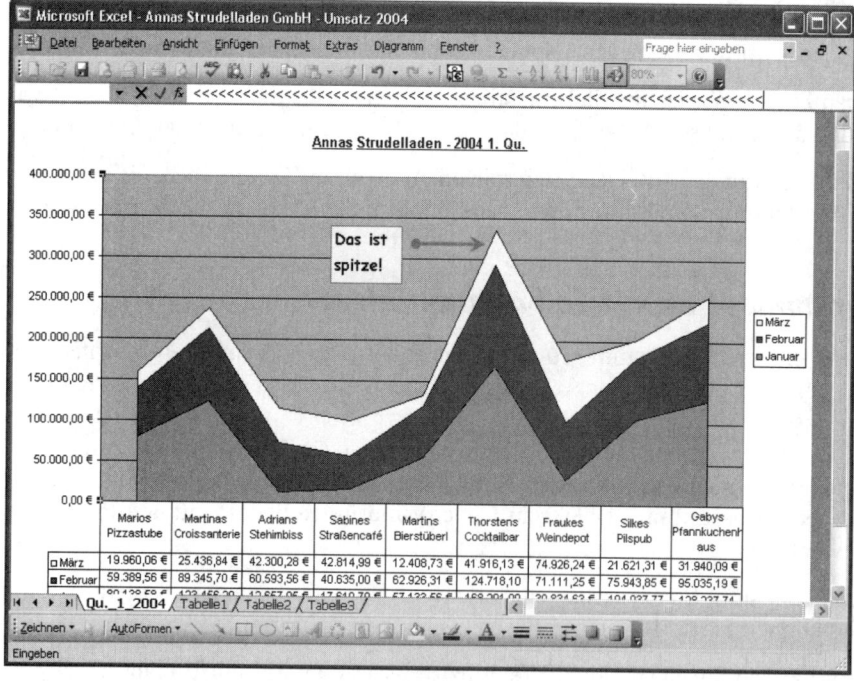

Abbildung 8.9: Hier habe ich ein Textfeld mit einem Pfeil eingefügt und das Ganze noch in Orange-Gelb dargestellt.

Wie kommt nun das Textfeld in das Diagramm? Also, Sie klicken auf die Schaltfläche für Zeichnen in der Standard-Symbolleiste, um die Zeichnen-Symbolleiste zu öffnen. Die Zeichnen-Symbolleiste macht sich automatisch unten im Arbeitsmappenfenster breit. Wenn Sie also jetzt in der Zeichnen-Symbolleiste auf die Schaltfläche für Textfeld klicken, ändert der Mauszeiger seine Form in einen länglichen vertikalen Strich mit kurzer horizontaler Linie, mit dem Sie erst einmal das Textfeld im Diagramm- oder Tabellenblatt aufziehen. Wenn Sie nur klicken, zeichnet Excel ein kleines Textfeld; wenn Sie aber mit gedrückter Maustaste ziehen und die Maustaste anschließend loslassen, kriegt das Textfeld die von Ihnen vorgegebene Form.

Sobald Sie die Maustaste losgelassen haben, springt die Einfügemarke an den Anfang des Textfelds und Sie können sofort mit der Eingabe loslegen. Hack, hack – wenn das Ende einer Zeile im Textfeld erreicht ist, umbricht Excel die Zeile automatisch. (Wissen Sie's noch? Mit ⏎ können Sie einen Zeilenumbruch auch erzwingen.) Sobald Sie sich alles von der Seele geschrieben haben, klicken Sie auf eine beliebige Stelle außerhalb des Textfelds.

Anschließend können Sie ein Textfeld in einem Diagramm- oder Tabellenblatt folgendermaßen verunstalten:

✔ Sie können das Textfeld an eine andere Stelle setzen, indem Sie es einfach hinter sich herziehen.

✔ Sie können die Größe des Textfelds ändern, indem Sie den entsprechenden Ziehpunkt nach innen oder nach außen ziehen.

✔ Um den Rahmen zu ändern oder gänzlich zu eliminieren, markieren Sie den Rahmen des Textfelds und klicken in der Diagramm-Symbolleiste auf die Schaltfläche für Ausgewähltes Objekt formatieren. ⎡Strg⎤+⎡1⎤ tut's auch. Hilfe! So viele Register. Also, klicken Sie auf das Register FARBEN UND LINIEN. Wählen Sie dann im Gruppenfeld LINIE im Dropdown-Listenfeld FARBE die Option KEINE LINIE, um einem vorhandenen Rahmen den Garaus zu machen.

✔ Vertikaler Text gefällig? Einfach den Rahmen des Textfelds markieren und ⎡Strg⎤+⎡1⎤ drücken. Hier ist die Registerkarte AUSRICHTUNG zuständig. Aktivieren Sie sie und lassen Sie Ihren Text zur Abwechslung mal von oben nach unten laufen.

✔ Wie wäre es mit einem hübschen Schatten? Nichts leichter als das. Markieren Sie den Rahmen des Textfelds, klicken Sie in der Zeichnen-Symbolleiste auf die Schaltfläche für Schattenart (die zweite von rechts) und wählen Sie aus, was Ihnen gefällt.

✔ Und dann gäbe es da noch 3D. Markieren Sie den Rahmen des Textfelds und klicken Sie in der Zeichnen-Symbolleiste auf die Schaltfläche für 3D-Art (die allerallerletzte). Da ist bestimmt was für Sie dabei.

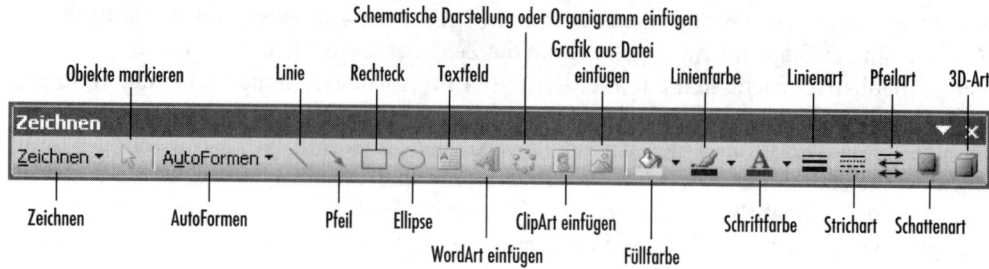

Abbildung 8.10: Die Zeichnen-Symbolleiste

Wenn Sie einem bestimmten Bereich des Diagramms Text zuordnen, möchten Sie sicherlich auch noch einen Pfeil einfügen, der direkt auf das Diagrammelement zeigt, das Sie mit dem Textfeld beschreiben. Klicken Sie dazu in der Zeichnen-Symbolleiste auf die Schaltfläche für Pfeil (die mit dem Pfeil drauf, was sonst). Ziehen Sie das Fadenkreuz anschließend vom geplanten Ende des Pfeils (d. h. das Ende ohne Pfeilspitze) an die Stelle, an der die Pfeilspitze gesetzt werden soll.

Excel zeichnet sofort einen Pfeil. Dieser bleibt gleich markiert, damit Sie ihn bearbeiten können (zwei Ziehpunkte, einer an jedem Ende). Folgendes können Sie Ihrem neuen Pfeil antun:

✔ Um den Pfeil zu verschieben, ziehen Sie ihn einfach an die gewünschte Position.

✔ Um die Länge des Pfeils zu ändern, ziehen Sie einen der beiden Ziehpunkte.

✔ Beim Ändern der Länge können Sie auch die Pfeilrichtung ändern, indem Sie den Mauszeiger um den nicht bewegten Ziehpunkt drehen.

✔ Last but not least können Sie auch noch die Form der Pfeilspitze und die Dicke des Schafts ändern. Klicken Sie dazu in der Zeichnen-Symbolleiste auf die Schaltfläche für Pfeilart und suchen Sie sich was Hübsches aus. Was? Farbe, Linienstärke etc. ist auch noch nicht das, was Sie sich vorstellen? Dann wählen Sie im Popup-Menü der Schaltfläche für Pfeilart den letzten Eintrag WEITERE PFEILE. Das Dialogfeld AUTOFORM FORMATIEREN kommt dann ins Spiel. (Der Befehl AUTOFORM im Menü FORMAT tut's auch.) Nun können Sie loslegen.

x- und y-Achsen aufpeppen

Wenn Sie ziemlich viele Werte in einem Diagramm darstellen, kümmert sich Excel recht wenig darum, wie diese Werte auf der y-Achse (bzw. im Fall von Balkendiagrammen auf der x-Achse) dargestellt werden. Da kann es einen manchmal richtig grausen. Das kann aber geändert werden, und zwar so:

1. **Doppelklicken Sie im Diagramm auf die x- oder die y-Achse oder markieren Sie eine Achse und wählen Sie im Menü** Format **den Befehl** Markierte Achse.

   Excel zaubert das Dialogfeld Achsen formatieren auf den Bildschirm, das mit seinen fünf Registern (Muster, Skalierung, Schrift, Zahlen und Ausrichtung) protzt.

2. **Um die Darstellung der Unterteilungsstriche auf der Achse zu ändern, wenden Sie sich vertrauensvoll an die Registerkarte** Muster. **Die liegt eh oben auf, wenn Sie das Dialogfeld öffnen.**

3. **Sie interessieren sich mehr für den Wertebereich auf der Achse? Dafür ist die Registerkarte** Skalierung **zuständig.**

4. **Um die Schrift für die Achsenbeschriftungen zu ändern, entscheiden Sie sich für die Registerkarte** Schrift **und ändern dort die Optionen nach Lust und Laune.**

5. **Für das Format der Zahlen der markierten Achse ist die Registerkarte** Zahlen **zuständig. Sie wählen dort einfach eine Zahlenkategorie, legen die Anzahl der Dezimalstellen fest und entscheiden sich eventuell noch für ein Währungssymbol.**

   Um beispielsweise die Zahlen im Währungsformat ohne Dezimalstellen anzuzeigen, wählen Sie auf der Registerkarte Zahlen im Listenfeld Kategorie den Eintrag Währung und geben 0 im Textfeld Dezimalstellen ein.

6. **Für die Ausrichtung (Neigung) der Achsenbeschriftungen bleibt dann wohl nur noch die Registerkarte** Ausrichtung **übrig. Hier legen Sie zunächst fest, ob der Text horizontal oder vertikal angezeigt werden soll. Einfach auf das entsprechende Beispielfeld klicken. Danach bestimmen Sie den Winkel. Geben Sie ihn entweder direkt in das Textfeld** Grad **(eine Zahl zwischen 90 und -90) ein oder klicken Sie im Beispielfeld nach Belieben, um sich das Ganze erst einmal in Ruhe anzusehen.**

7. **Klicken Sie auf OK oder drücken Sie** ⏎ **, um das Dialogfeld** Achsen formatieren **zu schließen und die Änderungen zu übernehmen.**

Danach zeichnet Excel die Achse des Diagramms sofort neu, um Ihre Änderungen auf dem Bildschirm anzuzeigen. Haben Sie sich z. B. für ein neues Zahlenformat entschieden, werden alle Zahlen der markierten Achse entsprechend angepasst.

Diagrammwerte im Tabellenblatt ändern

Wenn Sie alle Änderungen im Diagramm ausgeführt haben, wollen Sie sicherlich zum Tabellenblatt zurückkehren. Klicken Sie dazu einfach auf eine Stelle außerhalb des Diagramms. Jetzt können Sie sich wieder frei in Ihrem Tabellenblatt bewegen. Sie sollten aber stets an Folgendes denken: Wenn Sie den Zellcursor im Tabellenblatt mit den Pfeiltasten verschieben, verschwindet der Cursor, sobald Sie eine Zelle markieren, die sich hinter dem Diagramm verbirgt. Und natürlich erwischen Sie zwangsläufig das Diagramm, wenn Sie versuchen, eine solche Zelle mit der Maus zu markieren.

Die Werte im Tabellenblatt, die im Diagramm dargestellt werden, pflegen mit dem Diagramm einen intensiven Kontakt. Dies bedeutet, dass das Diagramm automatisch aktualisiert wird, wenn Sie Werte im Tabellenblatt ändern.

Ein Tabellenblatt ohne grafische Objekte ist wie ein ...

Diagramme sind nicht die einzigen grafischen Objekte, die Sie in Ihren Tabellenblättern einsetzen können. Sie können Ihr Tabellenblatt mit Zeichnungen, Textfeldern, ja sogar mit richtigen Bildern schmücken, z. B. mit gescannten Fotos oder Zeichnungen aus anderen Programmen oder mit grafischen Schmuckstücken aus dem Internet.

ClipArts in Hülle und Fülle

Wenn Sie Ihre Arbeitsmappe mit ClipArts verschönern möchten, wählen Sie im Menü EINFÜGEN den Befehl GRAFIK und dann den Befehl CLIPART. Ist die Zeichnen-Symbolleiste angezeigt, können Sie dort auch auf die Schaltfläche für ClipArt einfügen klicken.

Excel 2003 zeigt stolz seinen Aufgabenbereich CLIPART (den Sie in Abbildung 8.11 bewundern können). Dort können Sie nach jeglicher Form von »Kunst« suchen. Um dabei erfolgreich zu sein, gehen Sie folgendermaßen vor:

Abbildung 8.11: Microsoft Office proudly presents: der Aufgabenbereich CLIP ART

1. **Klicken Sie oben im Aufgabenbereich auf das Textfeld** SUCHEN NACH **und geben Sie ein oder mehrere Schlüsselwörter für den ClipArt-Typ ein, den Sie suchen.**

   Versuchen Sie es am besten mit ziemlich allgemeinen Begriffen, wie Bäume, Blumen, Menschen, Häuser etc.

2. **(Optional) Öffnen Sie das Dropdown-Listenfeld** SUCHEN IN **und deaktivieren Sie die Kontrollkästchen vor den Sammlungen, in denen Sie nicht suchen möchten.**

   Standardmäßig durchforstet Excel alle Sammlungen nach dem von Ihnen eingegebenen Suchbegriff – auch die Sammlungen im Web.

3. **(Optional) Wenn Sie sich bei Ihrer Suche auf ClipArts beschränken möchten, öffnen Sie das Dropdown-Listenfeld** ERGEBNISSE **und deaktivieren die Kontrollkästchen** ALLE MEDIA-TYPEN, FOTOS, FILME **und** SOUNDS.

   Wenn Sie die Auswahl noch weiter eingrenzen wollen, klicken Sie auf das Pluszeichen vor dem Eintrag CLIPART, um die möglichen Dateiformate anzuzeigen. Deaktivieren Sie in der Liste alle Dateiformate, mit denen Sie nichts zu tun haben wollen.

4. **Klicken Sie auf die Schaltfläche OK, um die Suche zu starten.**

Sobald der Startschuss gefallen ist, durchsucht Excel alle im Dropdown-Listenfeld aktivierten Sammlungen und zeigt das Ergebnis im Aufgabenbereich CLIPART an (wie Abbildung 8.12 beweist). Um nun aus der hoffentlich reichen Auswahl ein ganz bestimmtes ClipArt in Ihre Arbeitsmappe einzufügen, klicken Sie einfach darauf oder – für alle, die es umständlich lieben – zeigen Sie darauf und klicken Sie auf den dann angezeigten Pfeil, um aus der ausgeklappten Liste den Befehl EINFÜGEN zu wählen.

 Bevor Sie sich auf die Suche nach ClipArts machen, sollten Sie Ihre Clips mit dem Clip Organizer von Office 2003 indizieren. Klicken Sie dazu unten im Aufgabenbereich CLIPART auf den Hyperlink ORGANISIEREN VON CLIPS. Der Clip Organizer meldet sich daraufhin zu Wort. Geben Sie den Startschuss und lassen Sie ihn Ihre Clips nach Schlüsselwörtern organisieren.

 Wenn Sie feststellen, dass Sie ein ganz bestimmtes ClipArt immer wieder mal vergeblich suchen, dann sollten Sie sich mal dessen Schlüsselwörter vornehmen. Klicken Sie dazu auf den nach unten zeigenden Pfeil des ClipArt-Symbols (zugegebenermaßen müssen Sie es dazu zunächst einmal finden) und wählen Sie im dann aufklappenden Menü den Befehl SCHLÜSSELWÖRTER BEARBEITEN. Das wiederum führt Sie zum Dialogfeld SCHLÜSSELWÖRTER. Geben Sie dort im Textfeld SCHLÜSSELWORT einen Begriff Ihrer Wahl ein und klicken Sie auf HINZUFÜGEN, um ihn aufzunehmen. Wenn Sie ein ClipArt gefunden haben, das dem, was Sie eigentlich suchen, ziemlich nahe kommt, dann klicken Sie auf dessen nach unten zeigenden Pfeil und wählen den Befehl ÄHNLICHE FORMATVORLAGE SUCHEN.

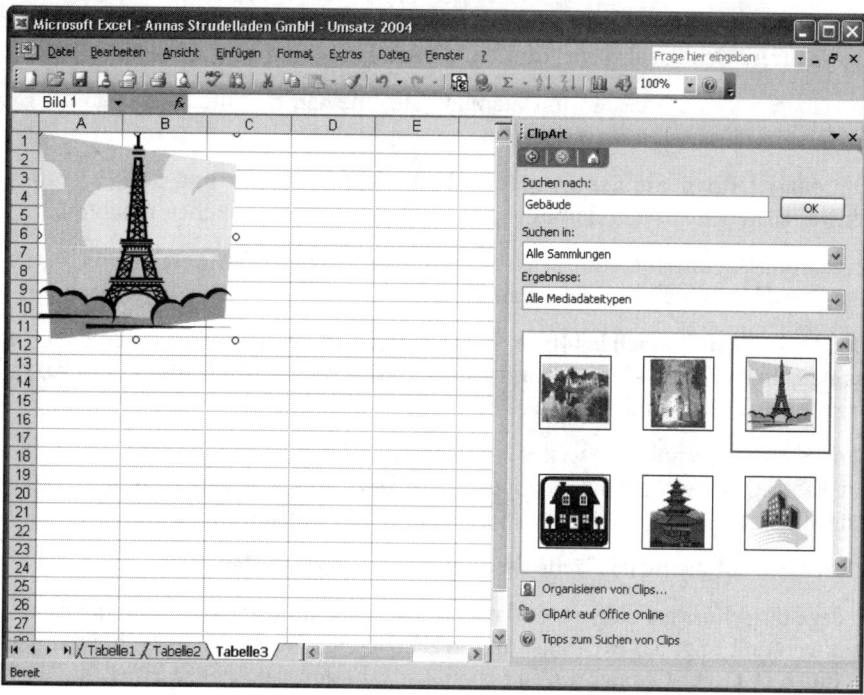

Abbildung 8.12: Wer suchet, der findet: ClipArts in Hülle und Fülle

Grafiken aus anderen Anwendungen mopsen

Wenn Sie sich für ein grafisches Objekt interessieren, das mit einer anderen Anwendung erstellt wurde, dann wenden Sie sich wieder vertrauensvoll an den Befehl GRAFIK im Menü EINFÜGEN und wählen den Unterbefehl AUS DATEI. Markieren Sie anschließend die entsprechende Datei im Dialogfeld GRAFIK EINFÜGEN. Und das war es auch schon. Das Dialogfeld GRAFIK EINFÜGEN funktioniert übrigens genauso wie das Dialogfeld zum Öffnen von Arbeitsmappen.

Ist eine Grafik, die Sie unbedingt haben wollen, nicht als Datei vorhanden, sondern lediglich Bestandteil eines mit einer anderen Anwendung erstellten Dokuments, markieren Sie die Grafik in der entsprechenden Anwendung, kopieren sie in die Zwischenablage (mit dem Befehl KOPIEREN im Menü BEARBEITEN oder durch Drücken von Strg + C) und fügen sie in Ihrem Tabellenblatt an der gewünschten Position ein (mit dem Befehl EINFÜGEN im Menü BEARBEITEN oder durch Drücken von Strg + V).

Selbst ist die Frau/der Mann

Wer's nicht vorgefertigt von der Stange mag, der wende sich vertrauensvoll an die Zeichnen-Symbolleiste. Sie enthält ein Sortiment von Werkzeugen, mit denen Sie eine Vielzahl von leeren oder gefüllten Formen zeichnen können, z. B. Rechtecke, Quadrate, Ellipsen, Kreise und – nicht zu vergessen – gerade Linien und Bögen. Um Quadrate und Kreise zu fabrizieren, bedienen Sie sich der Rechteck- und Ellipsenwerkzeuge und halten beim Zeichnen ⇧ gedrückt.

In der Zeichnen-Symbolleiste gibt es außerdem ein ganz tolles Werkzeug: *AutoFormen* genannt. Hinter dieser Bezeichnung verbergen sich Massen von bereits fertigen Formen und Linien. Um da ranzukommen, klicken Sie einfach in der Zeichnen-Symbolleiste auf die Schaltfläche für AutoFormen und entscheiden sich zunächst mal für eine der Kategorien (LINIEN, VERBINDUNGEN, STANDARDFORMEN, BLOCKPFEILE, FLUSSDIAGRAMM, STERNE UND BANNER sowie LEGENDEN). Jede Kategorie hat wiederum einiges zu bieten. Wer die Wahl hat, hat die Qual.

Anscheinend haben sich einige Leute bei Microsoft beschwert, dass es nicht genügend AutoFormen gibt. Denn es gibt noch eine weitere Kategorie mit der Bezeichnung WEITERE AUTOFORMEN. Damit gelangen Sie in den Aufgabenbereich CLIPART, der dann jede Menge zusätzlicher AutoFormen anzeigt. Das ist was für echte Nimmersatts!

WordArt vom Feinsten

Sollten Ihnen all die Linien und Formen der Schaltfläche für AutoFormen immer noch nicht genügen, versuchen Sie mal was ganz Ausgeflipptes. Und zwar können Sie in der Zeichnen-Symbolleiste mit der Schaltfläche für WordArt einfügen bizarr geformten Text in Ihr Tabellenblatt reinholen. Dazu gehen Sie folgendermaßen vor:

1. **Markieren Sie die Zelle im Tabellenblatt, in die der WordArt-Text eingefügt werden soll.**

 Da auch der WordArt-Text zur Gattung der grafischen Objekte gehört, können Sie den Text nach dem Erstellen beliebig vergrößern und im Tabellenblatt umherziehen.

2. **Klicken Sie in der Zeichnen-Symbolleiste auf die Schaltfläche für WordArt einfügen. (Das ist die mit dem schrägen A drin.)**

   Sofort wird das Dialogfeld WORDART-KATALOG geöffnet (siehe Abbildung 8.13).

3. **Klicken Sie auf das Bildchen, das Ihnen am besten gefällt, und danach auf OK.**

   Das Dialogfeld WORDART-TEXT BEARBEITEN steht zu Ihren Diensten. Dort geben Sie den Text ein, der im Tabellenblatt eingefügt werden soll.

4. **Schreiben Sie in das Textfeld TEXT den Text, der Ihr Tabellenblatt schmücken soll.**

   Sobald Sie damit loslegen, wird anstelle von `Ihr Text` der von Ihnen eingegebene Text angezeigt.

5. **Wählen Sie bei Bedarf im Dropdown-Listenfeld SCHRIFTART eine Schriftart und im Dropdown-Listenfeld SCHRIFTGRAD eine Schriftgröße aus.**

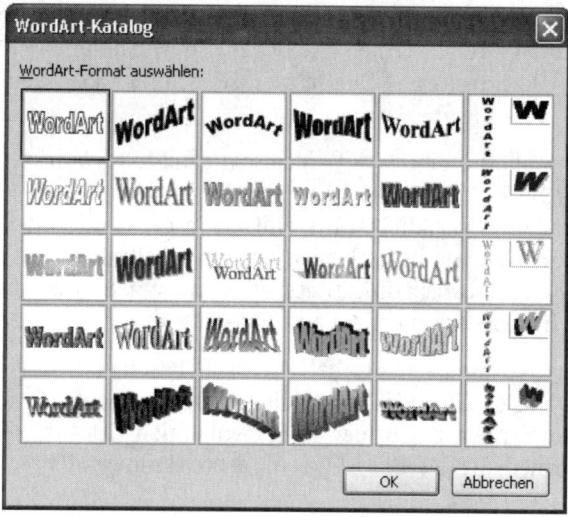

Abbildung 8.13: Der WordArt-Katalog

6. Klicken Sie auf OK oder drücken Sie ⏎ .

Excel zeichnet voll Schwung und Elan den WordArt-Text an der angegebenen Position in das Tabellenblatt. Und die WordArt-Symbolleiste gesellt sich ebenfalls dazu (wie in Abbildung 8.14 zu sehen ist). Mit den Schaltflächen der WordArt-Symbolleiste kann das Ganze noch mehr aufgepeppt werden – für die Unersättlichen unter den LeserInnen.

7. Wenn Größe, Form und Formate passen, klicken Sie auf eine andere Zelle im Tabellenblatt, um das WordArt-Objekt zu deaktivieren.

Wenn Sie auf eine Stelle außerhalb des WordArt-Objekts klicken, wird nicht nur der WordArt-Text deaktiviert, sondern auch die WordArt-Symbolleiste ausgeblendet. Falls Sie sie wieder brauchen, markieren Sie einfach das WordArt-Objekt.

Organisieren Sie sich in Organigrammen

Die Zeichnen-Symbolleiste von Excel 2003 hält noch weitere Überraschungen für Sie bereit. Da wäre beispielsweise noch die Schaltfläche für Schematische Darstellung oder Organigramm einfügen (ist weiter oben in Abbildung 8.10 zu sehen). Mit dieser Schaltfläche können Sie schnell und einfach Ihre Tabellenblätter mit Organigrammen verschönern. Einmal darauf geklickt und schon wird das Dialogfeld DIAGRAMMSAMMLUNG angezeigt (siehe Abbildung 8.15). Markieren Sie dort den gewünschten Diagrammtyp und bestätigen Sie mit OK.

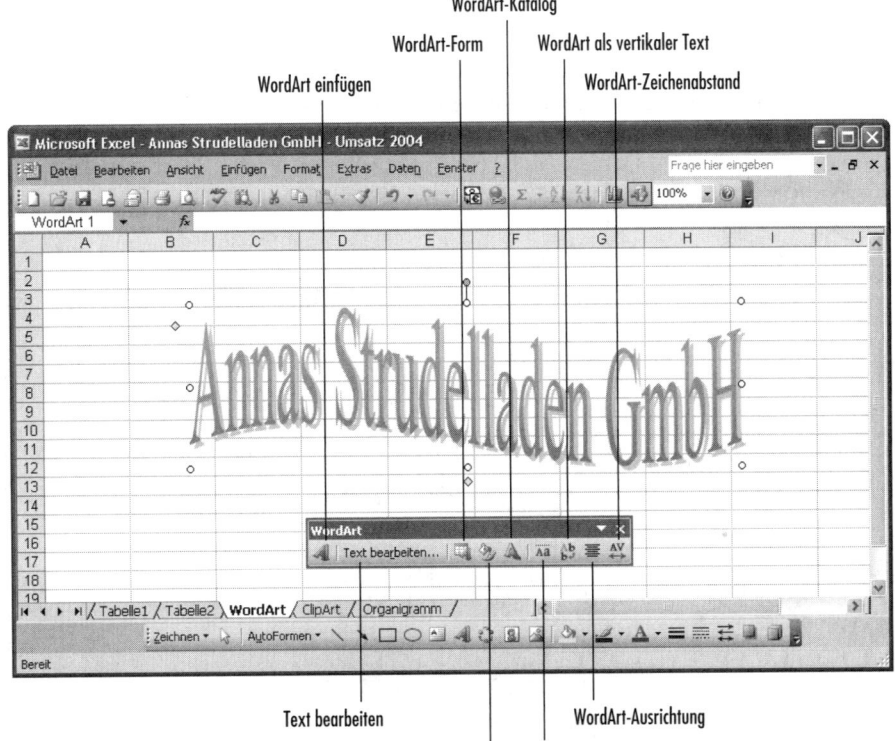

Abbildung 8.14: WordArt-Text im Tabellenblatt – das macht was her, oder?

Abbildung 8.15: Organigramme zu Ihren Diensten

Excel fügt eine Art Gerüst für den gewählten Diagrammtyp in das Tabellenblatt ein. Jedes Kästchen, jede Zeile, jeder Kreis etc. enthält automatisch den Eintrag Text durch Klicken hinzufügen. Halten Sie sich an diese einfache Anweisung: Klicken Sie auf die einzelnen Organigrammelemente und geben Sie den Namen oder den Status einer Person oder eines Ortes ein. (Ein Beispiel dazu ist in Abbildung 8.16 zu sehen.)

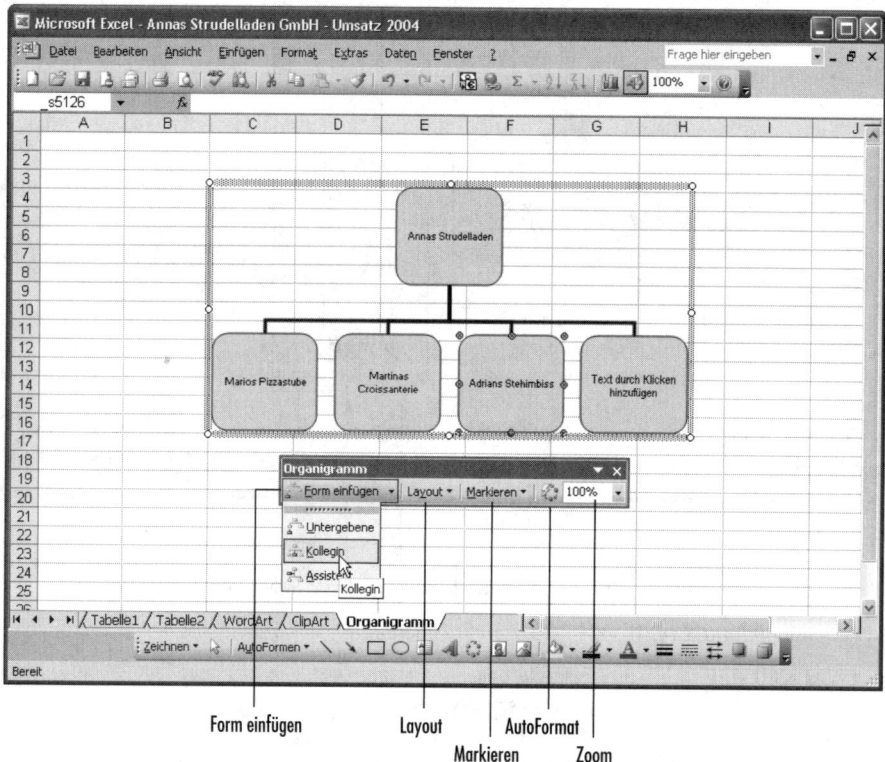

Form einfügen   Layout   AutoFormat

Markieren   Zoom

Abbildung 8.16: Organigramme auf Trab gebracht

 Um ein weiteres Element auf derselben Organisationsebene einzufügen, auf der sich das aktuell markierte Element befindet, öffnen Sie in der Organigramm-Symbolleiste das Dropdown-Listenfeld der Schaltfläche für Form einfügen und wählen dort den Eintrag KOLLEGIN. Wenn Sie eine untergeordnete Ebene für die Ebene des aktuell markierten Elements einfügen wollen, ist der Eintrag UNTERGE-BENE zuständig. Mit dem Eintrag ASSISTENT fabrizieren Sie ebenso eine Unterebene, aber nur zum aktuell markierten Element. Die anderen Elemente derselben Ebene kriegen die neue Unterebene nicht. Was in Worten so kompliziert und unverständlich klingt, wird in den kleinen grafischen Symbolen vor den jeweiligen Befehlen so einfach und verständlich dargestellt. »Ein Bild sagt mehr als ...«

 Um das Aussehen Ihres Organigramms zu optimieren, klicken Sie in der Organigramm-Symbolleiste auf die Schaltfläche für AutoFormat und wählen dann im Dialogfeld ORGANIGRAMMTYPKATALOG (was für ein Wort, und dann noch in Kapitälchen!) einen Diagrammstil für das Organigramm aus.

Eins vor dem anderen

Falls Sie es nicht bemerkt haben: Grafische Objekte schweben sozusagen auf den Zellen des Tabellenblatts. Die meisten grafischen Objekte (einschließlich Diagramme) sind undurchsichtig. Das heißt, sie verdecken die Informationen in den darunter liegenden Zellen. Wenn Sie ein grafisches Objekt auf einem anderen grafischen Objekt positionieren, verdeckt das obere das untere. Es ist also wichtig, stets zu prüfen, ob ein grafisches Objekt andere Objekte bzw. Zellinformationen, die Sie anzeigen lassen möchten, verdeckt.

Auf der anderen Seite kann man durch Überlagerungen von Objekten interessante Effekte zaubern, z. B. wenn Sie ein durchsichtiges Objekt über ein undurchsichtiges legen. Probleme gibt es nur, wenn das undurchsichtige über dem durchsichtigen Objekt liegt. In diesem Fall müssen Sie die beiden vertauschen. Dies geht ganz einfach. Klicken Sie zunächst mit der rechten Maustaste auf das undurchsichtige Objekt und wählen Sie anschließend im Kontextmenü den Befehl REIHENFOLGE und dann den Befehl IN DEN HINTERGRUND. Analog dazu gibt es natürlich auch den Befehl IN DEN VORDERGRUND.

Und dann gibt es noch Gruppen von grafischen Objekten. Wenn Sie beispielsweise mehrere grafische Objekte zusammen bearbeiten wollen (verschieben oder die Farbe ändern etc.) oder wenn mehrere grafische Objekte einfach zusammengehören (z. B. ein Textfeld mit dem dazugehörigen Pfeil), dann empfiehlt es sich, diese Objekte zu gruppieren. Sie markieren dazu einfach die betreffenden Objekte, die zu einer Gruppe gehören sollen (mit gedrückter ⇧-Taste nacheinander auf die einzelnen Objekte klicken), wählen dann im Kontextmenü den Befehl GRUPPIERUNG und dann noch mal den Befehl GRUPPIERUNG. Wenn Sie anschließend auf ein beliebiges Objekt der Mammutgruppe klicken, werden automatisch alle Gruppenbestandteile markiert (drum herum tauchen die berühmten Ziehpunkte auf). (Übrigens: Wenn Sie dann noch einmal auf eines der Gruppenobjekte klicken, wird es separat mit etwas dunkleren Ziehpunkten markiert.)

Sollten Sie sich zu einem späteren Zeitpunkt gegen die Gruppe entscheiden, ist es kein Problem, die Gruppierung wieder aufzuheben. Sie markieren einfach das gruppierte Objekt und wählen im Kontextmenü den Befehl GRUPPIERUNG und dann den Befehl GRUPPIERUNG AUFHEBEN.

Mal sichtbar, mal unsichtbar

Eigentlich müssen Sie jetzt nur noch eines über grafische Objekte im Tabellenblatt wissen: Wie kann man sie zeitweise verschwinden lassen? Wenn Sie Ihr Tabellenblatt mit den verschiedensten grafischen Objekten elegant geschmückt haben, kann es passieren, dass Sie bei jeder Änderung im Tabellenblatt ziemlich lange warten müssen, bis der Bildschirm wieder aufgebaut wird. Dies liegt daran, dass Excel jede Grafik neu zeichnen muss, auch wenn Sie nur ein bisschen im Tabellenblatt blättern. Bevor Sie das ganz verrückt macht, sollten Sie entweder alle grafischen Objekte (einschließlich Diagrammen) ausblenden oder durch graue Rechtecke (so genannte Platzhalter) ersetzen. Letztere kennzeichnen dann weiterhin die Positionen der Objekte im Tabellenblatt, benötigen aber bedeutend weniger Zeit beim Neuzeichnen.

Um die grafischen Objekte zu verbergen oder durch graue Platzhalter zu ersetzen, wählen Sie den Befehl OPTIONEN im Menü EXTRAS und klicken anschließend auf das Register ANSICHT. Und genau dort finden Sie das Gruppenfeld OBJEKTE, mit dessen Hilfe Sie die lästigen grafischen Objekte vorübergehend loswerden können. Klicken Sie auf das Optionsfeld ALLE AUSBLENDEN, um die Grafiken zu verbergen, bzw. auf PLATZHALTER ANZEIGEN, um die Objekte in der Anzeige durch graue Rechtecke zu ersetzen. Letzteres ist die sicherste Lösung, da Sie so immer genau wissen, wie sich Zelländerungen im Tabellenblatt auf die grafischen Objekte auswirken. Das mit den grauen Platzhaltern funktioniert aber nicht für Grafiken, die mit den Werkzeugen der Zeichnen-Symbolleiste erstellt oder in das Tabellenblatt importiert wurden.

Wenn Sie das Tabellenblatt drucken möchten, müssen Sie die grafischen Objekte wieder sichtbar machen. Wählen Sie dazu erneut den Befehl OPTIONEN im Menü EXTRAS und klicken Sie auf das Register ANSICHT. Mit ALLE ANZEIGEN ist die Welt dann wieder in Ordnung.

Nur die Grafik schwarz auf weiß

Manchmal möchten Sie vielleicht nur ein ganz bestimmtes grafisches Objekt im Tabellenblatt drucken. Alle Daten oder sonstiges Zeug sollen im Ausdruck ignoriert werden. Wie bereits erwähnt, müssen alle grafischen Objekte vor dem Ausdruck angezeigt werden. Denn was nicht da ist, kann auch nicht gedruckt werden. Klicken Sie dann auf die Grafik, die gedruckt werden soll. Wählen Sie anschließend den Befehl DRUCKEN im Menü DATEI oder drücken Sie ⌨Strg + ⌨P oder klicken Sie auf die Schaltfläche für Drucken in der Standard-Symbolleiste.

Wenn Sie ein Diagramm markiert und den Befehl DRUCKEN im Menü DATEI gewählt haben, ist im Gruppenfeld DRUCKEN bereits die Option MARKIERTES DIAGRAMM aktiviert. Standardmäßig wird das Diagramm so gedruckt, dass die ganze Seite gefüllt wird. Sicherheitshalber sollten Sie in der Seitenansicht prüfen, wie das Ganze aussieht.

Sollte sich in der Seitenansicht herausstellen, dass Sie die Größe oder die Ausrichtung für den Ausdruck ändern müssen, wählen Sie die Schaltfläche LAYOUT. Für die Ausrichtung und die Papiergröße ist dann die Registerkarte PAPIERFORMAT zuständig. Sobald in der Seitenansicht alles okay aussieht, klicken Sie beherzt auf DRUCKEN, um den Ausdruck zu starten.

Zahlen und Fakten griffbereit

In diesem Kapitel

▶ Eine Datenliste in Excel einrichten

▶ Eine Datenmaske für eine Datenliste erstellen

▶ Datensätze mit der Maske hinzufügen

▶ Datensätze mit der Maske suchen, bearbeiten und löschen

▶ Datensätze einer Datenliste sortieren

▶ Datensätze einer Datenliste filtern

▶ Selbst geschnitzte Kriterien für das Filtern von Datensätzen verwenden

*B*is jetzt haben alle Tabellen, mit denen Sie sich beschäftigt haben, den Zweck verfolgt, einfache Berechnungen durchführen zu können (z. B. die Summenberechnung von Verkaufszahlen pro Monat oder Quartal). Anschließend wurden die Informationen in einer aussagekräftigen Form dargestellt. Mit Excel können Sie aber noch eine andere Art von Arbeitsblatt erstellen: eine *Datenbank*, oder genauer gesagt eine *Datenliste*. Datenlisten dienen weniger der Berechnung von neuen Werten als dem Speichern von Informationen in einer einheitlichen Form. Sie können z. B. eine Datenliste erstellen, die die Namen und Adressen Ihrer Kunden oder alle wichtigen Fakten über Ihre Angestellten enthält.

Was genau ist eigentlich eine Datenliste?

Ob Sie es glauben oder nicht: Sie wissen bereits alles Nötige, um eine Datenliste aufzubauen, da dies im Prinzip wie bei einer Tabelle in einem Tabellenblatt funktioniert. Sie beginnen mit der Eingabe einer Zeile mit Spaltenüberschriften (im Datenlistenjargon werden diese Überschriften *Feldnamen* genannt). Diese Überschriften bezeichnen die verschiedenen Elemente, die Sie in der Datenliste speichern möchten (z. B. Vorname, Nachname, Straße, Stadt etc.). Unterhalb der Feldnamen geben Sie die einzelnen Informationen in die entsprechenden Spalten ein.

Jede Spalte enthält stets denselben Informationstyp, z. B. den Firmennamen oder eine Telefonnummer. Die Zellen in der Datenliste werden als *Felder* bezeichnet. Jede Zeile enthält die gesamten Informationen über eine bestimmte Person oder Sache (je nachdem, welche Daten Sie in Ihrer Datenliste ablegen). Diese Gesamtinformation (in einer Zeile) bezeichnet man als einen *Datensatz* innerhalb der Datenliste. Jeder Datensatz (Zeile) enthält mehrere Felder (Spalten). So viel zur Terminologie.

Eine Datenliste dient aber nicht nur der Aufbewahrung riesiger Datenmengen. Mit Excel ist es ein Leichtes, Ihre Daten zu organisieren und auszuwerten. Im Nu haben Sie nur die Informationen herausgefiltert, die Sie aktuell benötigen.

Sie haben z. B. Ihre Kunden in der Datenliste alphabetisch nach Firmennamen sortiert eingegeben. Jetzt wollen Sie aber, dass die Firmennamen zusätzlich nach Bundesländern und Städtenamen sortiert werden. Kein Problem. Sie sortieren Ihre Datenliste zunächst nach Bundesländern, dann nach Städtenamen und abschließend nach Firmennamen.

Listen erstellen

Excel 2003 enthält ein brandneues Listenfeature, das ich Ihnen hier nicht vorenthalten möchte. Am besten gehen Sie bei der Erstellung einer Liste wie folgt vor. Schreiben Sie zunächst, wenn Sie wollen, eine griffige Überschrift für Ihre Liste beispielsweise in die Zelle A1. Danach geben Sie die Zeile mit den Spaltenüberschriften – die Feldnamen – und einen Beispieldatensatz in die darunter liegenden Zeilen ein (so wie in Abbildung 9.1). Danach markieren Sie den zukünftigen Datenbereich Ihrer Liste (in unserem Beispiel den Bereich A2 bis J3).

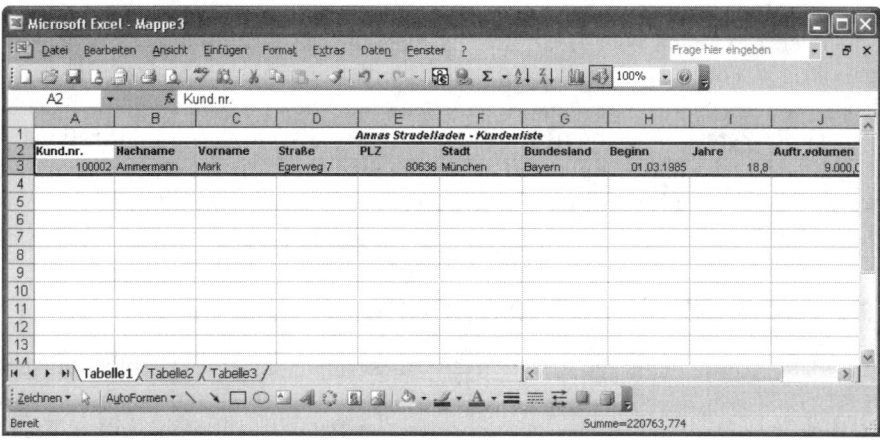

Abbildung 9.1: Die Ausgangsdaten für Ihre brandneue Datenliste

Wählen Sie jetzt im Menü DATEN den Befehl LISTE|LISTE ERSTELLEN. Excel zaubert das Dialogfeld LISTE ERSTELLEN aus seinem Hut, in dem der von Ihnen markierte Datenbereich bereits im Textfeld WO SIND DIE DATEN FÜR IHRE LISTE eingetragen ist (siehe Abbildung 9.2). Jetzt einfach schnell mit OK bestätigen und schon werden Sie von Ihrer funkelnagelneuen Datenliste am Bildschirm geblendet.

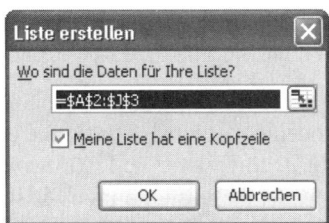

Abbildung 9.2: Das Dialogfeld LISTE ERSTELLEN

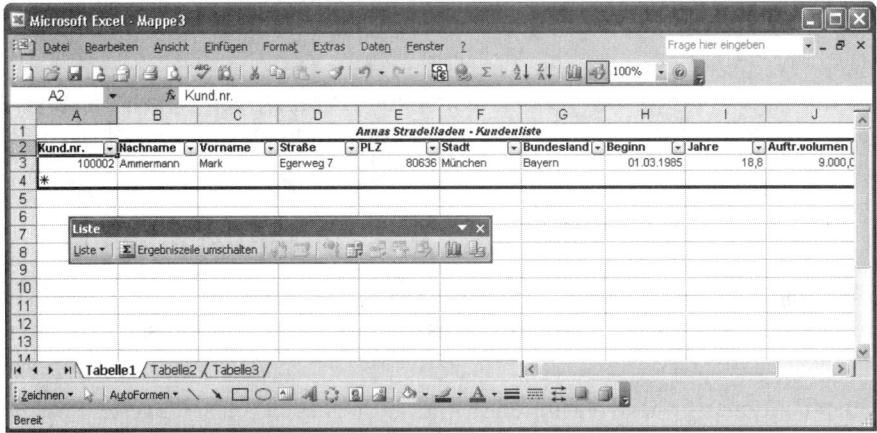

Abbildung 9.3: Hurra, eine Excel-Liste!

 Selbstverständlich funktioniert der Listenbefehl auch mit älteren Datenbeständen, die noch nicht in den Genuss der neuen Excel-Listenfunktion gekommen sind. Öffnen Sie dazu einfach eine Ihrer Datenbanken, die mit einer früheren Excel-Version erstellt wurden. Markieren Sie den Datenbereich (d. h. die Feldnamen und alle Datensätze) und wählen Sie im Menü DATEN – wie bereits gehabt – den Befehl LISTE|LISTE ERSTELLEN. Schnell noch den im Dialogfeld LISTE ERSTELLEN angebotenen Datenbereich prüfen und mit OK bestätigen, und schon sind Sie bzw. Ihre Liste up to date.

Die neuen Excel-Datenlisten erkennen Sie folgendermaßen:

✔ Die Feldnamen werden automatisch mit einem AutoFilter versehen. Das erkennen Sie an dem kleinen Dropdown-Listenpfeil rechts in der Zelle eines jeden Feldnamens. Wenn Sie auf diesen Pfeil klicken, wird eine Liste mit allen Einträgen in der Spalte angezeigt. Mehr zu den AutoFiltern erfahren Sie im Abschnitt »AutoFilter – alles funktioniert automatisch« weiter hinten in diesem Kapitel.

✔ Die gesamte Liste wird durch einen blauen Rahmen optisch hervorgehoben dargestellt.

✔ Am Listenende wird eine zusätzliche Zeile eingefügt, die in der ersten Spalte ein blaues Sternchen enthält. In dieser Zeile wird bei Bedarf der nächste neue Datensatz eingefügt.

✔ Und last but not least gibt es da noch die Liste-Symbolleiste, die beim Erstellen einer neuen Liste automatisch eingeblendet wird. Sobald Sie den Zellcursor in eine Zelle verschieben, die nicht zur Liste gehört, wird die Liste-Symbolleiste ausgeblendet. Mithilfe der Schaltflächen in der Liste-Symbolleiste können Sie Ihre Datenliste bearbeiten. Dafür stehen Ihnen aber auch – wie früher – die Befehle im Menü DATEN zur Verfügung.

 Sie können übrigens in einem Tabellenblatt mehrere Datenlisten definieren und unabhängig voneinander hegen und pflegen.

Und wenn Sie mal genug von der neuen Listenfunktion haben, setzen Sie den Zellcursor in die Liste und wählen den Befehl DATENLISTE|LISTE|IN BEREICH UMWANDELN und alles ist wie früher.

Die Maske, hinter der sich Ihre Daten verbergen

Der Datenlistenaufbau und die Datenlistenpflege ist dank der *Datenmaske* von Excel ein Kinderspiel. Mithilfe dieser Maske fügen Sie Datensätze in die Datenliste ein und bearbeiten oder löschen sie.

Formatieren Sie zuerst jeden Feldeintrag so, wie alle folgenden Felder dargestellt werden sollen. Markieren Sie anschließend die beiden Zeilen, die Sie bereits eingeben haben, und wählen Sie im Menü DATEN den Befehl MASKE. Wenn Sie wollen, können Sie stattdessen auch das Dropdown-Listenfeld LISTE in der Liste-Symbolleiste (das ist gleich die erste Schaltfläche) öffnen und dort den Befehl MASKE wählen.

Sobald Sie den Befehl MASKE gewählt haben, analysiert Excel die Zeile mit den Feldnamen und listet diese links in der Maske auf, die Excel aus dem Nichts gezaubert hat. Abbildung 9.4 zeigt die Datenmaske für die neue Datenliste. Sie sieht wie ein individuell angepasstes Dialogfeld aus. Die Eingaben, die Sie zuvor für den ersten Datensatz durchgeführt haben, sind bereits in der Maske enthalten. Rechts neben den Daten enthält die Maske eine Reihe von Schaltflächen, mit denen Sie Datensätze hinzufügen oder löschen bzw. nach bestimmten Datensätzen suchen können. Oberhalb der ersten Schaltfläche NEU zeigt die Maske die Nummer des aktuellen Datensatzes sowie die Gesamtzahl der enthaltenen Datensätze an (in diesem Beispiel 1 VON 1).

 Vergessen Sie nicht, die Daten des ersten Datensatzes (ebenso wie die Feldnamen) so zu formatieren, wie Sie sie gerne hätten. Denn alle Formate, die Sie dem ersten Datensatz zuweisen, werden in allen folgenden Datensätzen automatisch übernommen. Diesen Service sollte man echt nutzen.

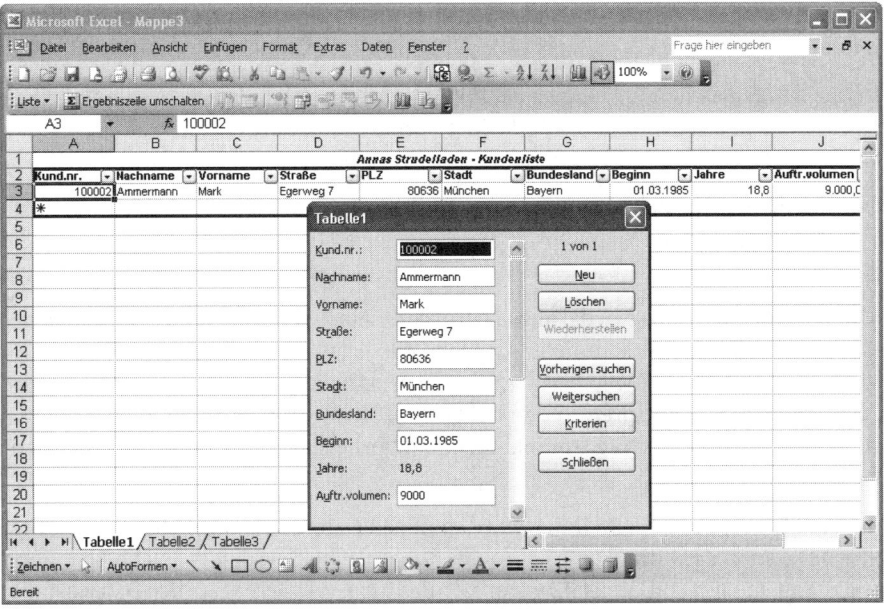

Abbildung 9.4: Die Datenmaske für eine neue Datenliste

Je mehr, desto besser: Neue Datensätze einfügen

Nachdem Sie die Datenmaske mit dem ersten Datensatz erstellt haben, können Sie mithilfe der Maske beliebig viele weitere Datensätze eingeben. Das Verfahren ist ganz einfach. Wenn Sie auf die Schaltfläche NEU klicken, zeigt Excel eine leere Eingabemaske an (und gibt rechts oben in der Maske NEUER DATENSATZ aus). Sie müssen nun lediglich die Maske mit Ihren Daten füllen.

Geben Sie die Daten für das erste Feld ein. Anschließend drücken Sie die ⇥-Taste, um zum nächsten Feld des Datensatzes zu springen.

 Vorsicht – nicht ↵ drücken! Sonst wird der neue Datensatz – unvollständig wie er ist – in die Datenliste eingefügt.

Geben Sie die Daten für jedes Feld ein und drücken Sie jedes Mal ⇥, um zum nächsten Feld zu gelangen.

✔ Wenn Sie einen Fehler bei der Eingabe gemacht haben oder einen Eintrag in einem vorhergehenden Feld bearbeiten möchten, drücken Sie die Tastenkombination ⇧+⇥. Damit springen Sie ein Feld zurück.

✔ Um einen bereits vorhandenen Eintrag in einem Feld zu überschreiben, geben Sie einfach die neuen Daten ein.

✔ Um nur einige Zeichen im Feld zu bearbeiten, drücken Sie ← oder setzen die Einfügemarke an die gewünschte Stelle und bearbeiten die Eingabe.

Bei der Dateneingabe sollten Sie darauf achten, die Daten in einem einheitlichen Format zu schreiben. Wenn Sie eine Zahl mit führenden Nullen eingeben müssen, z. B. die Vorwahl einer Telefonnummer, geben Sie einen Apostroph (') vor der ersten Null ein. Dadurch wird die Zahl wie eine Texteingabe behandelt und die führenden Nullen werden angezeigt, ansonsten nicht.

Wenn Sie in ein Feld immer wieder dieselben Daten eingeben müssen, z. B. immer dasselbe Bundesland, ist es natürlich ziemlich ermüdend für jeden neuen Datensatz im Feld BUNDES-LAND beispielsweise `Baden-Württemberg` eingeben zu müssen. Auch hierfür bietet Excel eine Lösung. Drücken Sie im entsprechenden Feld (also z. B. im Feld BUNDESLAND) einfach Strg + Ä und schon wird der Eintrag im Feld aus dem vorhergehenden Datensatz übernommen. Très comfortable!

Drücken Sie ↓, wenn Sie alle Daten für den neuen Datensatz eingegeben haben. Stattdessen können Sie auch ↵ drücken oder auf die Schaltfläche NEU klicken (siehe Abbildung 9.5). Excel fügt dann den neuen Datensatz unterhalb des letzten Datensatzes der Datenliste ein und zeigt wieder eine leere Datenlistenmaske an, in die Sie den nächsten Datensatz eingeben können (so wie in Abbildung 9.6).

Haben Sie alle Datensätze eingegeben, drücken Sie ESC oder klicken auf die Schaltfläche SCHLIESSEN, um die Datenmaske auszublenden. Wählen Sie dann den Befehl SPEICHERN im Menü DATEI oder klicken Sie auf die Schaltfläche für Speichern in der Standard-Symbolleiste.

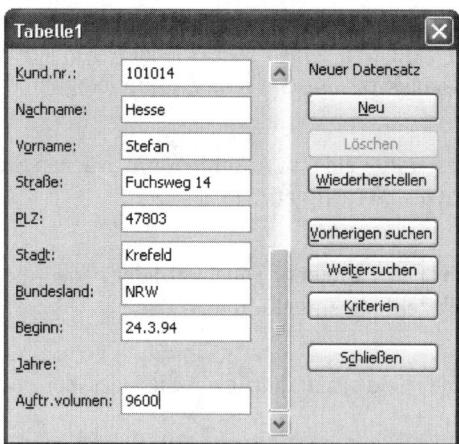

Abbildung 9.5: Dateneingabe für den zweiten Datensatz

Wie bringe ich Excel dazu, ein Feld zu berechnen?

Wenn der Inhalt eines bestimmten Feldes berechnet werden soll, geben Sie im ersten Datensatz die Formel für das Feld ein. Excel kopiert die Formel dieses Feldes in jeden neuen Datensatz, den Sie einfügen.

In unserer Beispieldatenliste wird z. B. das Feld JAHRE in Zelle I3 berechnet. Die Formel lautet: =(JETZT()-H3)/365. Damit wird die Anzahl von Jahren berechnet, die Ihre Kunden schon bei Ihnen einkaufen. In der Formel wird das aktuelle Datum durch die Funktion JETZT ausgegeben. Anschließend wird vom aktuellen Datum das Datum des ersten Auftrags abgezogen und durch 365 geteilt. Wie Sie vielleicht bereits bemerkt haben, fügt Excel das berechnete Feld JAHRE in die Datenmaske ein, stellt aber kein Textfeld zur Verfügung. (Berechnete Felder können nicht bearbeitet werden.) Für jeden neuen Datensatz berechnet Excel das Ergebnis für das Feld JAHRE. Das Ergebnis wird zwar in der Maske angezeigt, kann dort aber nicht geändert werden.

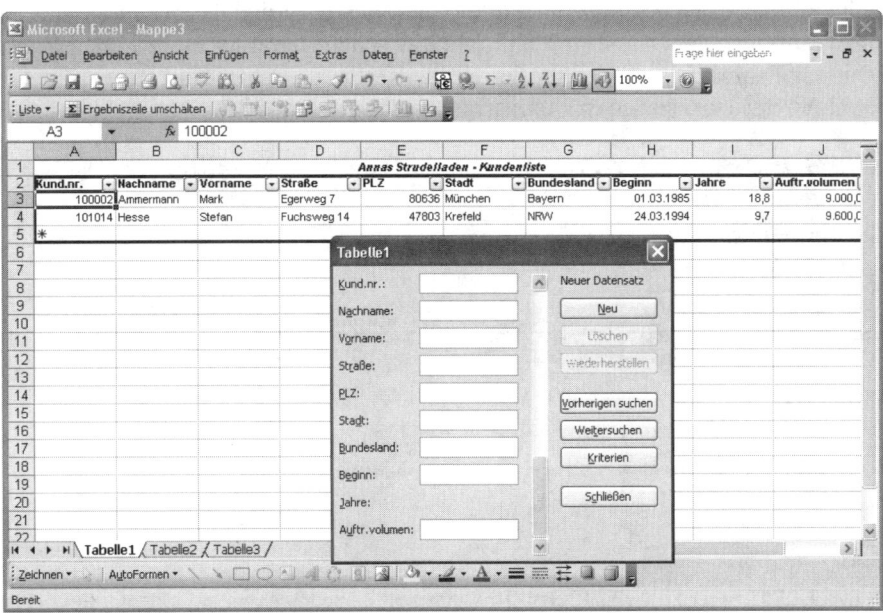

Abbildung 9.6: So sieht die Datenliste nach Abschluss der Eingabe des zweiten Datensatzes aus.

So kommen E-Mail- und Webadressen in die Datenliste

Wenn es Ihnen nicht zu viel Arbeit macht, sollten Sie E-Mail- und Webadressen direkt in die Zellen des Arbeitsblatts eingeben. Auf diese Weise fügen Sie nämlich funktionierende Hyperlinks in die Felder der Datenliste ein. Probieren Sie's aus. Sobald Sie mit der Eingabe der E-Mail- oder Webadresse fertig sind, wandelt Excel die Adresse in einen aktiven Hyperlink um. (Alles so schön blau hier!) Damit Excel aktive Hyperlinks aus Ihren E-Mail-Adressen erstellen kann, müssen Sie sich natürlich an gewisse Formalitäten halten. Eine E-Mail-Adresse sollte in etwa so aussehen: `adrian9697@swingnet.de`. Und auch für die Webadresse erwartet Excel eine gewisse Form: `http://www.wiley-vch.de`.

Wunder kann Excel allerdings auch nicht vollbringen. Das Programm erkennt zwar, ob es sich bei der Eingabe um eine E-Mail- oder Webadresse handelt, allerdings kann es nicht wissen, ob die Adresse auch stimmt. Excel wandelt Ihre Eingabe also nur in einen Hyperlink um, der Sie per Mausklick ins E-Mail-Programm bringt oder gleich in die Weiten des Internets schickt. Sie sind jedoch dafür verantwortlich, dass Ihre Eingaben korrekt sind, damit Sie auch da landen, wo Sie hin wollen.

Nachdem Sie nun die Spalte mit den E-Mail- oder Webadressen in ein Hyperlink-Feld der Datenliste eingegeben haben, können Sie über diese Links Mails verschicken oder Informationen aus dem Internet abrufen. In Abbildung 9.7 sehen Sie die Datenliste mit der neu eingefügten Spalte mit den E-Mail-Adressen. Da alle Hyperlinks aktiv sind, brauchen Sie nur auf den jeweiligen Eintrag in der Datenliste zu klicken und schon startet Excel Ihr E-Mail-Programm (z. B. Outlook Express oder seinen großen Bruder Outlook), in dem im Formularkopf bereits die E-Mail-Adresse eingetragen ist. Kein schlechter Service, oder?

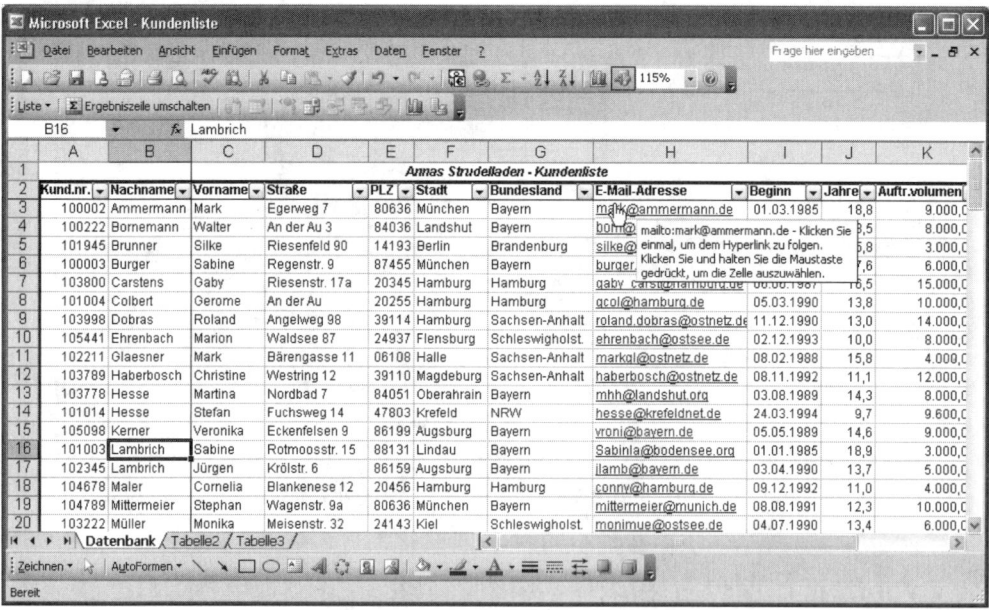

Abbildung 9.7: Die Kundenliste mit der neuen E-Mail-Spalte gespickt mit aktiven Hyperlinks

Hyperlink-Felder sind beispielsweise in einer Lieferantendatenliste ganz nützlich. Sie können dort die Adresse der Website des Unternehmens ablegen. Dann können Sie immer mal wieder einen Ausflug dorthin unternehmen, um zu sehen, ob vielleicht neue Produkte auf dem Markt sind, die Sie dann auch gleich bestellen können. In einer Kundendatenliste richten Sie wiederum ein Hyperlink-Feld für die E-Mail-Adressen der Kunden ein. So können Sie ihnen schnell mal eine Mail mit den neuesten Angeboten senden.

Datensätze suchen, bearbeiten und löschen

Wenn Sie Ihre riesigen Datenbestände eingegeben haben, wird es Zeit, etwas damit anzufangen. Sie können nun z. B. nach einem bestimmten Datensatz suchen und dort gegebenenfalls Änderungen vornehmen oder den gefundenen Datensatz komplett aus der Datenliste löschen.

✔ Blättern Sie zum Datensatz, den Sie bearbeiten möchten. In Tabelle 9.1 und den beiden folgenden Abschnitten gibt es ein paar nützliche Tipps dazu.

✔ Um Felder des aktuell angezeigten Datensatzes zu bearbeiten, markieren Sie das gewünschte Feld ($\boxed{\leftrightarrows}$ oder $\boxed{\triangle}$+$\boxed{\leftrightarrows}$ drücken) und überschreiben den alten Inhalt.

✔ Wenn Sie den Feldeintrag nicht komplett überschreiben möchten, drücken Sie $\boxed{\leftarrow}$ oder $\boxed{\rightarrow}$ bzw. klicken auf den Text und bearbeiten den Eintrag nach Belieben.

✔ Um den Inhalt eines Feldes komplett zu löschen, markieren Sie das Feld und drücken dann $\boxed{\text{Entf}}$.

Sie können auch einen ganzen Datensatz löschen, indem Sie in der Datenmaske auf die Schaltfläche Löschen klicken. Excel gibt daraufhin folgende Warnmeldung aus:

```
Angezeigter Datensatz wird endgültig gelöscht.
```

Wenn Sie diese Warnung mit OK bestätigen, wird der Datensatz gelöscht. Wählen Sie Abbrechen, wenn Sie den Datensatz nicht löschen wollen. Der Datensatz bleibt dann unverändert in der Datenliste erhalten.

Wenn Sie einen Datensatz mit der Schaltfläche Löschen eliminiert haben, lässt sich das nicht mehr mit dem Befehl Rückgängig im Menü Bearbeiten beheben. Excel meint es also wirklich ernst mit dieser Warnung. Die Daten werden endgültig gelöscht. Bevor Sie alte Datensätze löschen, sollten Sie immer eine Sicherungskopie Ihres Tabellenblatts mit der Datenliste erstellen. So kann nichts passieren.

Scroll me up, Scotty

Wenn Sie nach getaner Arbeit gemütlich in der Datenmaske durch Ihre Datensätze blättern möchten, können Sie dies auf verschiedene Weise tun. Falls Sie die Datenmaske bereits geschlossen haben, markieren Sie eine Zelle in der Datenliste und wählen den Befehl Maske im

Menü DATEN. Sie haben jetzt die Wahl zwischen der Bildlaufleiste rechts neben den Feldnamen und verschiedenen Tastenkombinationen (eine Zusammenfassung dazu finden Sie in Tabelle 9.1).

✔ Um zum nächsten Datensatz in der Datenliste zu gelangen, drücken Sie ⬇ bzw. ↵ oder klicken auf den nach unten zeigenden Pfeil in der Bildlaufleiste.

✔ Um zum vorherigen Datensatz in der Datenliste zu springen, drücken Sie ⬆ bzw. ⬆ + ↵ oder klicken auf den nach oben zeigenden Pfeil in der Bildlaufleiste.

✔ Den Sprung zum allerersten Datensatz schaffen Sie durch Drücken von Strg + ⬆ bzw. Strg + Bild ⬆ oder durch Ziehen des Bildlauffelds ganz nach oben in der Bildlaufleiste.

✔ Und zum letzten Datensatz machen Sie einen Riesensprung, indem Sie Strg + ⬇ bzw. Strg + Bild ⬇ drücken oder das Bildlauffeld ganz nach unten in der Bildlaufleiste ziehen. (Um präzise zu sein, befinden Sie sich dann schon hinter dem letzten Datensatz – für diejenigen, die es ganz genau nehmen.)

Tasten	Ergebnis
⬇ bzw. ↵ drücken, auf den nach unten zeigenden Pfeil in der Bildlaufleiste klicken oder die Schaltfläche WEITERSUCHEN wählen	Springt zum nächsten Datensatz in der Datenliste und markiert dasselbe Feld wie zuvor
⬆ bzw. ⬆ + ↵ drücken, auf den nach oben zeigenden Pfeil in der Bildlaufleiste klicken oder die Schaltfläche VORHERIGEN SUCHEN wählen	Springt zum vorherigen Datensatz in der Datenliste und markiert dasselbe Feld wie zuvor
Bild ⬇ drücken	Springt zehn Datensätze in der Datenliste nach unten
Bild ⬆ drücken	Springt zehn Datensätze in der Datenliste nach oben
Strg + ⬆ oder Strg + Bild ⬆ drücken oder das Bildlauffeld in der Bildlaufleiste ganz nach oben ziehen	Springt zum allerersten Datensatz in der Datenliste
Strg + ⬇ oder Strg + Bild ⬇ drücken oder das Bildlauffeld in der Bildlaufleiste ganz nach unten ziehen	Springt zum allerletzten Datensatz in der Datenliste

Tabelle 9.1: So blättern Sie am geschicktesten durch die Datensätze.

Heureka! Ich hab's gefunden!

Bei sehr großen Datenbeständen kann es schwierig werden, einen bestimmten Datensatz zu finden, wenn man datensatzweise in der Datenliste blättert oder in Zehnerschritten in der Datenliste umherspringt. Statt Zeit mit mühseligem Blättern zu verschwenden, können Sie mithilfe der Schaltfläche KRITERIEN gezielt nach einem bestimmten Datensatz suchen.

Wenn Sie auf die Schaltfläche KRITERIEN klicken, zeigt Excel die leere Datenmaske an (anstelle der Datensatznummer wird nun das Wort SUCHKRITERIEN oben rechts im Dialogfeld angezeigt). Nun können Sie die Kriterien, anhand derer gesucht werden soll, in die leeren Textfelder eingeben.

Angenommen, Sie möchten Ihrem Kunden Gerome Colbert einen besonderen Rabatt für den nächsten Kauf einräumen. (Er hat in letzter Zeit so viel gekauft. Das war längst fällig.) Sie möchten nun aber nochmals prüfen, wie hoch sein Auftragsvolumen wirklich war. Und Sie können nirgends seine Kundennummer ausfindig machen. Sie wissen lediglich, dass er in Hamburg wohnt, und Sie sind sich ziemlich sicher, dass sein Name mit C und nicht mit K geschrieben wird.

Diese Informationen schränken die Suche also auf alle Datensätze ein, die den Eintrag Hamburg im Feld STADT enthalten und im Feld NACHNAME als ersten Buchstaben ein C aufweisen. Klicken Sie also in der Datenmaske auf die Schaltfläche KRITERIEN und geben Sie Folgendes in das Textfeld für das Feld NACHNAME ein:

`C*`

In das Textfeld für das Feld STADT geben Sie Folgendes ein:

`Hamburg`

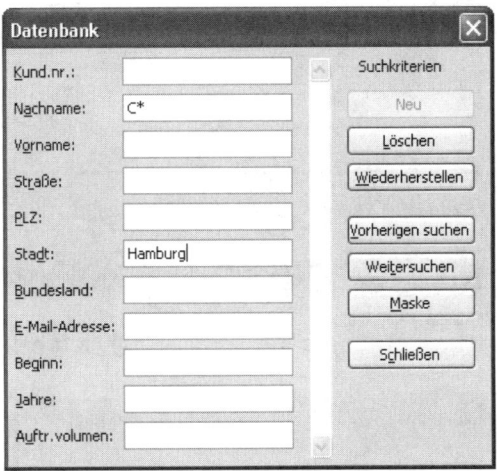

Abbildung 9.8: Die Datenmaske nach der Eingabe der Suchkriterien

 Bei der Eingabe von Suchkriterien können Sie wieder einmal mit den Platzhaltern ? (Fragezeichen) und * (Sternchen) arbeiten. Sie haben diese bereits im Zusammenhang mit dem Befehl SUCHEN im Menü BEARBEITEN eingesetzt. (Mehr Infos hierzu in Kapitel 6.)

Klicken Sie nun auf die Schaltfläche WEITERSUCHEN bzw. drücken Sie ↵. Excel zeigt in der Datenmaske den ersten Datensatz an, der einen mit C beginnenden Nachnamen und die Stadt Hamburg enthält. Wie Sie in Abbildung 9.9 sehen können, ist der erste Datensatz, der mit diesen Suchkriterien übereinstimmt, der Datensatz für Gaby Carstens. (Deren Auftragsvolumen ist ja auch nicht schlecht.) Das heißt, Sie müssen weitersuchen. Klicken Sie noch einmal auf die Schaltfläche WEITERSUCHEN bzw. drücken Sie ↵. Abbildung 9.10 zeigt endlich den Datensatz für Gerome Colbert. Das Auftragsvolumen beträgt 10.000 €. Gut zu wissen. Beim nächsten Auftrag werden Sie ihm einen besonderen Rabatt einräumen. Kleine Geschenke erhalten die Freundschaft. Wenn Sie möchten, können Sie diesen Datensatz jetzt auch bearbeiten. Vielleicht hat sich ja die E-Mail-Adresse geändert? Sobald Sie auf die Schaltfläche SCHLIESSEN klicken, wird der Datensatz mit den Änderungen gespeichert.

Abbildung 9.9: Die Datenmaske zeigt den ersten Datensatz an, der die Suchkriterien erfüllt.

Abbildung 9.10: Treffer! Der gesuchte Datensatz wird angezeigt.

Folgende Operatoren können Sie bei der Eingabe von Suchkriterien einsetzen, um einen bestimmten Datensatz in der Datenliste ausfindig zu machen:

Operator	Aufgabe
=	Gleich
>	Größer als
>=	Größer oder gleich
<	Kleiner als
<=	Kleiner oder gleich
<>	Ungleich

Tabelle 9.2: Operatoren zum Definieren von Suchkriterien

Um z. B. nur die Datensätze anzeigen zu lassen, die ein Auftragsvolumen von weniger als 5.000 € enthalten, geben Sie im Textfeld des Feldes AUFTR.VOLUMEN <5000 ein und klicken dann auf die Schaltfläche WEITERSUCHEN.

Wenn mehrere Datensätze mit den Suchkriterien übereinstimmen, müssen Sie unter Umständen mehrmals auf WEITERSUCHEN bzw. VORHERIGEN SUCHEN klicken, um den gewünschten Datensatz zu finden. Stimmt kein Datensatz mit den Suchkriterien überein, gibt Ihr Rechner ein Piepsen von sich, wenn Sie auf eine der beiden Schaltflächen klicken.

Wenn es nötig ist, die Suchkriterien zu ändern, klicken Sie auf KRITERIEN, um die Daten aus der Datenmaske auszublenden. Klicken Sie dann auf die Schaltfläche LÖSCHEN, um alle bereits definierten Suchkriterien außer Kraft zu setzen. Wollen Sie nur ein Suchkriterium ändern (die anderen sollen weiterhin gelten), dann markieren Sie das entsprechende Suchkriterienfeld und löschen dessen Inhalt, bevor Sie ein neues Suchkriterium eingeben. Wenn Sie zum aktuellen Datensatz zurückschalten möchten, ohne eine Suche zu starten, klicken Sie auf die Schaltfläche MASKE. (MASKE wird anstelle von KRITERIEN angezeigt, wenn Sie zuvor auf KRITERIEN geklickt haben.)

Daten von A bis Z (oder wie bringe ich Ordnung in das Chaos)

Jede Datenliste, die Sie in Excel erstellen, wird irgendein System für die Pflege und Anzeige der Datensätze aufweisen. Je nach Datenliste sind die Datensätze z. B. alphabetisch nach Nachnamen oder Firmennamen oder in numerischer Reihenfolge sortiert. In der Beispieldatenliste in diesem Kapitel sind die Datensätze gerade alphabetisch nach Nachnamen sortiert. Eine andere Möglichkeit wäre eine numerische Reihenfolge nach Kundennummer.

Wenn Sie damit beginnen, Ihre Datensätze in eine neue Datenliste einzugeben, steckt bestimmt ein System in der Reihenfolge der Eingabe. Später werden Sie aber sicherlich mit Bedauern feststellen, dass es keine Möglichkeit gibt, weitere Datensätze an einer bestimmten

Stelle einzufügen. Wann immer Sie mit der Schaltfläche NEU einen neuen Datensatz einfügen, wird dieser gnadenlos am Ende der Datenliste in einer neuen Zeile eingefügt.

Was bedeutet das in der Praxis? Wenn Sie zu Beginn Ihre Datensätze alphabetisch nach Firmennamen sortiert eingegeben haben (ABC GmbH bis Zitrus AG), werden Sie Schwierigkeiten mit Ihrem neuen Kunden Dach&Ziegel bekommen. Excel setzt diesen neuen Datensatz an das Ende der Datenliste hinter die Firma Zitrus AG. Da hat er aber gar nichts zu suchen. Das Chaos beginnt.

Selbst wenn Sie es schaffen, die Reihenfolge Ihrer Datensätze einigermaßen sinnvoll beizubehalten: Was passiert, wenn Sie einmal Ihre Datensätze nach anderen Gesichtspunkten untersuchen und darstellen müssen?

Wenn Sie z. B. Ihre Datenliste normalerweise nach Firmennamen alphabetisch geordnet haben, ist es manchmal sinnvoll – z. B. bei einer Mailingaktion –, die Datensätze nach Postleitzahlen zu sortieren. Wenn Sie für Ihre Außendienstler eine Liste erstellen möchten, aus der hervorgeht, welche Kunden in welchen Gebieten sitzen, benötigen Sie eine Sortierung nach Verkaufsgebieten und vielleicht noch zusätzlich nach Städten.

Wie es scheint, ist die flexible Anordnung der Datensätze das A und O für das Arbeiten mit Ihren Daten. Und dafür steht Ihnen der Befehl SORTIEREN im Menü DATEN zur Verfügung bzw. der Befehl LISTE|SORTIEREN in der Liste-Symbolleiste. Wenn Sie erst einmal das Prinzip verstanden haben, stehen Ihnen alle Sortiermöglichkeiten offen.

Damit Excel korrekt sortieren kann, muss es wissen, welche Felder als Schlüssel für die neue Anordnung verwendet werden sollen. (Deshalb werden diese Felder auch als _Sortierschlüssel_ oder als _Schlüsselfelder_ bezeichnet.) Außerdem müssen Sie die Sortierreihenfolge festlegen. Sie können hierbei zwischen AUFSTEIGEND und ABSTEIGEND wählen.

✔ In der aufsteigenden Sortierfolge werden alle Texteinträge in alphabetischer Ordnung (von A bis Z) und alle Werte in numerischer Reihenfolge (kleinster Wert bis größter Wert) geordnet.

✔ In der absteigenden Sortierfolge ist es genau umgekehrt: die alphabetische Sortierung erfolgt von Z bis A und die numerische Reihenfolge beginnt mit dem größten Wert und endet mit dem kleinsten.

Wenn Sie eine Datenliste sortieren, können Sie bis zu drei Felder (Sortierschlüssel) definieren, nach denen sortiert werden soll. Bei jedem Schlüssel können Sie zusätzlich zwischen aufsteigender und absteigender Folge wählen. Das Sortieren nach mehr als einem Schlüssel ist nur dann nötig, wenn das Feld, nach dem Sie sortieren möchten (in der Datenbanksprache wird es als _Primärschlüssel_ bezeichnet), identische Einträge enthält, die Sie zusätzlich nach einem anderen Schlüssel sortieren möchten. (Wenn Sie für die Duplikate keine zusätzliche Sortierart festlegen, zeigt Excel diese in der Reihenfolge an, in der sie eingegeben wurden.)

Das beste und einleuchtendste Beispiel für das Sortieren mit mehreren Sortierschlüsseln lautet folgendermaßen: Sie arbeiten mit einer riesigen Datenliste, die Sie in alphabetischer Ordnung nach Nachnamen sortieren möchten. Je größer die Datenliste, umso wahrscheinlicher das Vorkommen von identischen Nachnamen. Denken Sie nur an all die Meiers, Müllers, Hubers etc. Wenn Sie für das Sortieren nur den Schlüssel NACHNAME bestimmen, werden alle Meiers, Müllers und Hubers etc. in der Reihenfolge sortiert, in der Sie sie eingegeben haben. Damit auch hier eine sinnvolle Ordnung zustande kommt, sollten Sie einen zweiten Sortierschlüssel, den Vornamen, verwenden. Damit ist absolut gewährleistet, dass Monika Müller vor Richard Müller und Sabine Walter nach Astrid Walter steht. Und so soll es schließlich auch sein.

Aufsteigend und absteigend

VORSICHT TECHNIK!

Wenn Sie für ein Schlüsselfeld, das recht viele verschiedenartige Einträge enthält, die aufsteigende Sortierfolge wählen, sortiert Excel zuerst alle Zahlen (kleinste bis größte), danach alle Texteinträge (A bis Z) und abschließend die logischen Werte (zuerst WAHR, dann FALSCH), dann Fehlerwerte und ganz zum Schluss leere Zellen. Bei der absteigenden Sortierfolge sieht es folgendermaßen aus: zuerst Zahlen (größte bis kleinste), danach Texteinträge (Z bis A), dann die logischen Werte (zuerst FALSCH, dann WAHR) ...

Sie wollen die Datensätze Ihrer Excel-Datenliste auch sortieren? Na dann los!

1. **Markieren Sie den ersten Feldnamen der Datenliste.**

2. **Wählen Sie im Menü DATEN den Befehl SORTIEREN.**

   Excel markiert alle Datensätze der Datenliste (ohne die erste Zeile mit den Feldnamen) und öffnet das Dialogfeld SORTIEREN (Abbildung 9.11). Standardmäßig wird der erste Feldname im Dropdown-Listenfeld SORTIEREN NACH angezeigt. Außerdem ist das Optionsfeld AUFSTEIGEND aktiviert.

3. **Wählen Sie im Dropdown-Listenfeld SORTIEREN NACH den Feldnamen aus, nach dem die Datensätze sortiert werden sollen.**

   Wenn Ihnen die absteigende Sortierfolge lieber ist, aktivieren Sie das Optionsfeld ABSTEIGEND.

4. **Wenn Sie den Verdacht hegen, dass es Duplikate geben könnte, wählen Sie auch noch einen Feldnamen im Dropdown-Listenfeld ANSCHLIESSEND NACH aus. Entscheiden Sie sich auch hier für eine Sortierfolge.**

5. **Wenn es ganz hart kommt, definieren Sie eben auch noch einen dritten Sortierschlüssel und legen die Sortierfolge fest.**

6. **Wählen Sie OK oder drücken Sie ⏎ .**

   Excel sortiert die markierten Datensätze. Sollten Sie feststellen, dass Sie nicht nach dem gewünschten Feld sortiert haben, können Sie, schwupp, alles mit dem Befehl RÜCKGÄNGIG im Menü BEARBEITEN oder durch Drücken von Strg + Z widerrufen. Die alte Ordnung bzw. das alte Chaos ist wiederhergestellt.

Wenn Sie gerade dabei sind, alles für das Sortieren Ihrer Datenliste einzurichten, achten Sie darauf, dass Sie nicht aus Versehen im Dialogfeld SORTIEREN auf das Optionsfeld KEINE ÜBERSCHRIFT klicken (ist in Abbildung 9.11 zu sehen). Wenn Sie das nämlich tun, werden die Feldnamen einfach mitsortiert. Und das wäre doch doof, oder? Mehr zu diesem Thema finden Sie im Abschnitt »Nicht nur Datenlisten lassen sich sortieren« weiter unten in diesem Kapitel.

Abbildung 9.11 zeigt das Dialogfeld SORTIEREN, nachdem ich zwei Sortierschlüssel für die Kundendatenliste definiert habe. Folgendes soll passieren: Alle Datensätze werden in aufsteigender Folge nach Nachnamen und anschließend ebenfalls in aufsteigender Folge nach Vornamen sortiert. Abbildung 9.12 zeigt das Ergebnis.

Abbildung 9.11: Zwei Sortierschlüssel für das Sortieren nach Nach- und Vornamen in aufsteigender Folge

Nicht nur Datenlisten lassen sich sortieren

Der Befehl SORTIEREN ist nicht nur für die Datensätze in Datenlisten zuständig. Sie können so gut wie alles in geordnete Form bringen, sei es Text oder seien es Zahlen. Beim Sortieren müssen Sie lediglich darauf achten, dass alle Zellen markiert sind, die sortiert werden sollen. Erst dann ist es ratsam, den Befehl SORTIEREN zu wählen.

Excel nimmt automatisch an, dass die erste Zeile des markierten Zellbereichs eine Art Überschrift enthält. Deshalb schließt es stets die erste Zeile vom Sortieren aus, ohne überhaupt nachzufragen, ob es so recht ist. Wenn Sie also die erste Zeile des markierten Bereichs mitsortieren wollen, müssen Sie dies Excel explizit mitteilen, indem Sie im Dialogfeld SORTIEREN das Optionsfeld KEINE ÜBERSCHRIFT aktivieren.

Wenn Sie die Datensätze spaltenweise oder zeilenweise sortieren wollen, dann klicken Sie im Dialogfeld SORTIEREN auf die Schaltfläche OPTIONEN. Im Gruppenfeld ORIENTIERUNG gibt's die Optionsfelder SPALTEN SORTIEREN und ZEILEN SORTIEREN. Wählen Sie aus, was Ihnen passt, und klicken Sie anschließend auf OK.

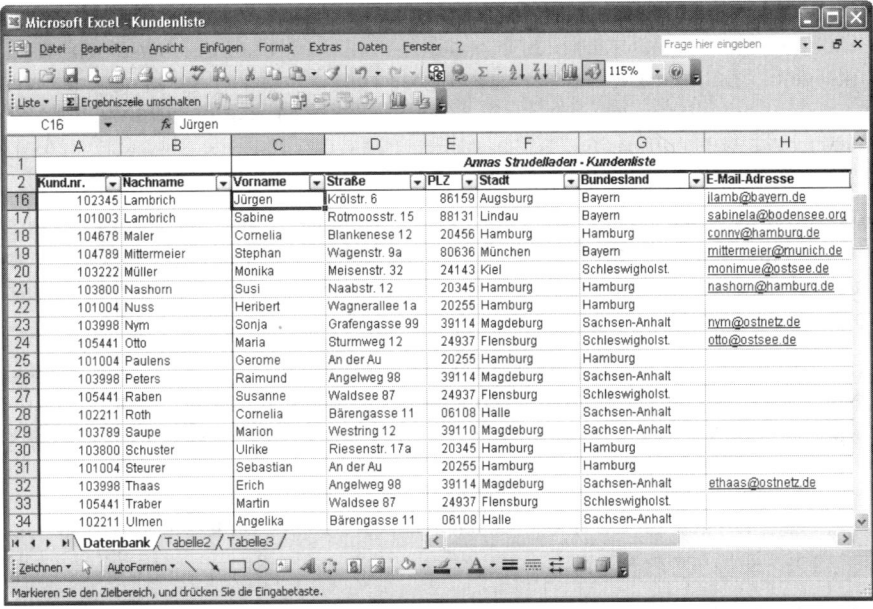

Abbildung 9.12: Die Datenliste ist jetzt sowohl nach Nachnamen als auch innerhalb der Duplikate nach Vornamen alphabetisch sortiert.

 Sie können das Sortieren auch mit den Schaltflächen für Aufsteigend sortieren (die mit dem A über dem Z) und für Absteigend sortieren (die mit dem Z über dem A) in der Standard-Symbolleiste starten.

✔ Wenn Sie die Datenliste nach einem bestimmten Feld in aufsteigender Folge sortieren möchten, markieren Sie es und klicken dann auf die Schaltfläche für Aufsteigend sortieren.

✔ Wenn Sie die Datenliste nach einem bestimmten Feld absteigend sortieren möchten, markieren Sie es und klicken dann auf die Schaltfläche für Absteigend sortieren.

AutoFilter – alles funktioniert automatisch

Da die Spalten der neuen Excel-Listen automatisch mit einem AutoFilter versehen sind (das ist dieser Pfeil rechts vom Feldnamen), können Sie mit dem AutoFiltern gleich loslegen. Sollten Sie keine Liste definiert haben, sondern mit einem herkömmlichen Datenbereich arbeiten, dann müssen Sie diese Zauberfunktion erst einmal aktivieren. Sie setzen den Cursor in ein beliebiges Feld der Datenliste. Danach wählen Sie im Menü DATEN den Befehl FILTER. Ein Untermenü klappt auf. Dort wählen Sie den Eintrag AUTOFILTER. Fantastisch! Excel versieht alle Zellen, die Feldnamen enthalten, mit einem Dropdown-Listenpfeil (Abbildung 9.13).

Um nun die Datenliste so zu filtern, dass nur noch die gewünschten Datensätze angezeigt werden, öffnen Sie das entsprechende Dropdown-Listenfeld. Und, welch Wunder! Es enthält alle Einträge der Datenliste für das entsprechende Feld. Markieren Sie in der Liste den Eintrag, nach dem Sie filtern möchten. Excel zeigt danach nur noch die Datensätze an, die den von Ihnen gewählten Eintrag im entsprechenden Feld enthalten. Alle anderen Datensätze verschwinden, wenn auch nur vorübergehend.

In Abbildung 9.13 sehen Sie die Beispieldatenliste, in der nur die Datensätze angezeigt werden, die im Feld BUNDESLAND den Eintrag Bayern enthalten. Das war überhaupt kein Aufwand. Ich habe einfach das Dropdown-Listenfeld des Feldes BUNDESLAND geöffnet und den Eintrag für Bayern markiert. Das war's!

 Wenn Sie endlich nur die Datensätze am Bildschirm sehen, die Sie gerade brauchen, können Sie sie nach rechts im aktuellen Tabellenblatt (oder besser noch: in ein anderes Tabellenblatt) kopieren. Markieren Sie dazu einfach die entsprechenden Zellen und wählen Sie im Menü BEARBEITEN den Befehl KOPIEREN. (Strg + C tut's auch.) Danach markieren Sie die Zelle, ab der die kopierten Datensätze eingefügt werden sollen, und drücken ↵ . Wenn Sie wollen, können Sie jetzt beispielsweise wieder alle Datensätze anzeigen oder einen anderen Filter wählen.

Kund.nr.	Nachname	Vorname	Straße	PLZ	Stadt	Bundesland	E-Mail-Adresse
100002	Ammermann	Mark	Egerweg 7	80636	München	Bayern	mark@ammermann.de
100222	Bornemann	Walter	An der Au 3	84036	Landshut	Bayern	born@landshut.org
100003	Burger	Sabine	Regenstr. 9	87455	München	Bayern	burger.s@munich.de
103778	Hesse	Martina	Nordbad 7	84051	Oberahrain	Bayern	mhh@landshut.org
105098	Kerner	Veronika	Eckenfelsen 9	86199	Augsburg	Bayern	vroni@bayern.de
102345	Lambrich	Jürgen	Krölstr. 6	86159	Augsburg	Bayern	jlamb@bayern.de
101003	Lambrich	Sabine	Rotmoosstr. 15	88131	Lindau	Bayern	sabinela@bodensee.org
104789	Mittermeier	Stephan	Wagenstr. 9a	80636	München	Bayern	mittermeier@munich.de

Abbildung 9.13: Die gefilterte Datenliste: Nur die Datensätze, die den Eintrag Bayern enthalten, werden angezeigt.

Sollten Sie nach dem Filtern feststellen, dass immer noch zu viele Datensätze angezeigt werden, filtern Sie einfach nach Lust und Laune weiter. Angenommen, Sie haben nach dem Bundesland Bayern sortiert und dieser Filterversuch hat Ihnen Hunderte von Datensätzen am Bildschirm beschert. Das ist zu viel! Sie wollen das Ganze etwas einschränken und filtern noch einmal: dieses Mal im Dropdown-Listenfeld STADT nach dem Eintrag München.

Irgendwann werden Sie von der Filterei genug haben und wieder alle Datensätze anzeigen wollen. Wählen Sie dazu einfach den Befehl FILTER im Menü DATEN und dort im Untermenü den Befehl ALLE ANZEIGEN.

Wenn Sie mehrfach gefiltert haben, können Sie das Filtern auch schrittweise aufheben. Öffnen Sie dazu das Dropdown-Listenfeld, in dem Sie vorher einen Filter definiert haben. Wählen Sie dort den allerersten Eintrag in der Liste: (ALLE).

Wenn Sie nur nach einem Eintrag gefiltert haben, ist dieses Verfahren mit dem Befehl ALLE ANZEIGEN identisch.

Nur die Top 10 bitte

Und dann gibt es da noch den AutoFilter mit der schönen Bezeichnung TOP 10. Verwenden Sie diesen Filter für numerische Felder, um beispielsweise die zehn höchsten oder die zehn niedrigsten Werte anzuzeigen. Um diese Top 10 zu Gesicht zu kriegen, gehen Sie folgendermaßen vor:

1. **Falls die Feldnamen keinen AutoFilter enthalten, wählen Sie im Menü DATEN den Befehl FILTER und danach im Untermenü den Befehl AUTOFILTER.**

2. **Öffnen Sie das Dropdown-Listenfeld, das Sie zum Filtern verwenden möchten.**

   Auch das ist nichts Neues.

3. **Wählen Sie im Dropdown-Listenfeld den Eintrag (TOP 10).**

   Na also! Das Dialogfeld TOP-10-AUTOFILTER macht sich am Bildschirm breit (Abbildung 9.14).

4. **Wenn Sie sich nicht für die »Besten«, sondern für die »Schlechtesten« interessieren, dann wählen Sie im ersten Dropdown-Listenfeld den Eintrag UNTERSTEN.**

5. **Um mehr als zehn Datensätze anzeigen zu lassen, geben Sie einfach die gewünschte Zahl im daneben liegenden Textfeld ein.**

6. **Wenn Sie ganz clever sind und die ersten oder letzten zehn Prozent eines Feldes sehen möchten, dann tauschen Sie im zweiten Dropdown-Listenfeld den Eintrag ELEMENTE gegen den Eintrag PROZENT aus.**

7. **Mit OK geht's los.**

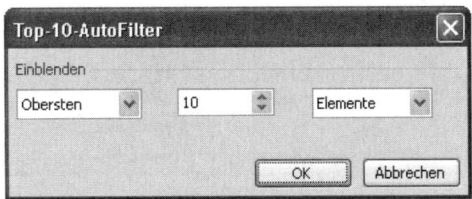

Abbildung 9.14: Das Dialogfeld TOP-10-AUTOFILTERT

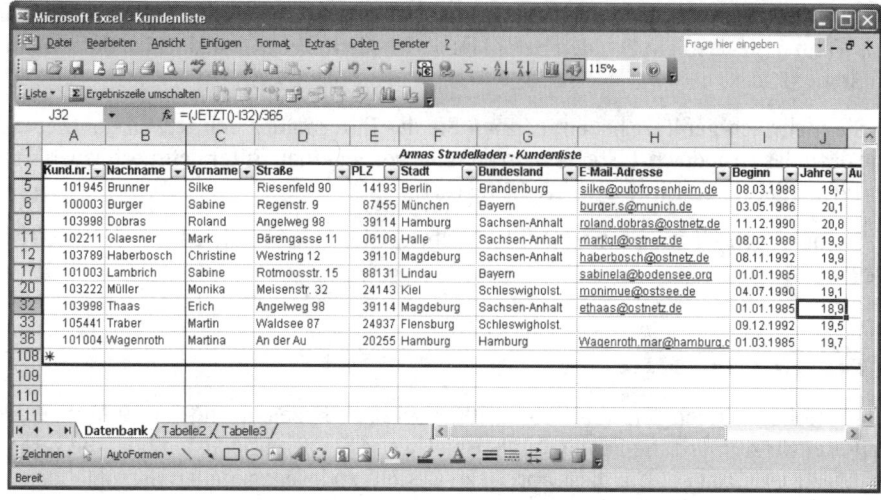

Abbildung 9.15: Die treuesten zehn Kunden

Selbst geschnitzte AutoFilter

Alles schön und gut! Was macht man aber, wenn man beim AutoFiltern etwas flexibler sein und nicht nach einem ganz präzisen Eintrag filtern will? Keine Sorge – auch das ist kein Problem. Sie erstellen einfach einen so genannten benutzerdefinierten AutoFilter, z. B. einen, der nach allen Nachnamen filtert, die mit M anfangen, oder einen, der nach einem Zahlenbereich filtert, z. B. einem Auftragsvolumen zwischen 3.000 und 9.000 €.

Also, Sie öffnen ein Dropdown-Listenfeld für einen Feldnamen und wählen dort den Eintrag (BENUTZERDEFINIERT). Excel zeigt hurtig das Dialogfeld BENUTZERDEFINIERTER AUTOFILTER an (Abbildung 9.16).

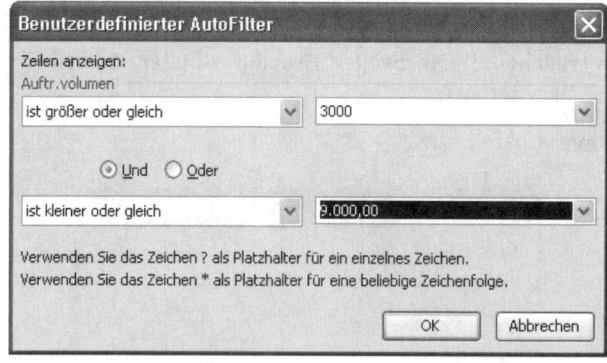

Abbildung 9.16: Das Dialogfeld BENUTZERDEFINIERTER AUTOFILTER

Zunächst müssen Sie dort einen Operator im ersten Dropdown-Listenfeld auswählen. In Tabelle 9.3 finden Sie weitere Infos zu diesem Thema. Geben Sie danach im Textfeld rechts daneben den Wert (Text oder Zahl) ein, nach dem gefiltert werden soll. Das Dropdown-Listenfeld enthält alle Einträge der Datenliste im entsprechenden Feld. Sie können auch wie beim normalen AutoFiltern einen Eintrag in der Liste auswählen.

Aufgabe	Beispiel	Ergebnis
ENTSPRICHT	Nachname=D	Alle Datensätze, deren Nachname mit dem Buchstaben D beginnt
ENTSPRICHT NICHT	Stadt<>Hamburg	Alle Datensätze, die nicht den Eintrag Hamburg enthalten
IST GRÖSSER ALS	PLZ>80636	Alle Datensätze, deren Postleitzahl größer als 80636 ist
IST GRÖSSER ODER GLEICH	Beginn>=1.1.85	Alle Datensätze, deren erster Auftrag ab dem 1.1.85 erfolgt
IST KLEINER ALS	Auftr.volumen<5000	Alle Datensätze, deren Auftragsvolumen unter 5.000 € liegt
IST KLEINER ODER GLEICH	Auftr.volumen<=3000	Alle Datensätze, deren Auftragsvolumen 3.000 € oder weniger beträgt
BEGINNT MIT	Beginnt mit D	Alle Datensätze, deren Eintrag in diesem Feld mit D anfängt
BEGINNT NICHT MIT	Beginnt nicht mit D	Alle Datensätze, deren Eintrag in diesem Feld nicht mit D anfängt
ENDET MIT	Endet mit er	Alle Datensätze, deren Eintrag in diesem Feld mit er endet
ENDET NICHT MIT	Endet nicht mit er	Alle Datensätze, deren Eintrag in diesem Feld nicht mit er endet
ENTHÄLT	Enthält Sabine	Alle Datensätze, die in diesem Feld den Namen Sabine enthalten
ENTHÄLT NICHT	Enthält nicht Sabine	Alle Datensätze, die in diesem Feld nicht den Namen Sabine enthalten

Tabelle 9.3: Die wichtigsten Operatoren für benutzerdefinierte AutoFilter

Wenn Sie Ihre Datensätze lediglich nach einem bestimmten Feldeintrag mit einem bestimmten Operator filtern möchten, dann können Sie jetzt OK wählen oder ⏎ drücken. Das Beste haben Sie dann aber versäumt. Sie können nämlich im Dialogfeld BENUTZERDEFINIERTER AUTOFILTER auch festlegen, dass die Datenliste nach einem bestimmten Bereich gefiltert werden soll oder dass eines von zwei Kriterien erfüllt sein muss.

Einen Wertebereich definieren Sie folgendermaßen: Wählen Sie im ersten Dropdown-Listenfeld für Operatoren den Eintrag IST GRÖSSER oder IST GRÖSSER ODER GLEICH. Danach wählen Sie den niedrigsten (bzw. ersten) Wert des Bereichs aus oder geben ihn ein. Vergewissern Sie sich, dass das Optionsfeld UND aktiviert ist, und wählen Sie im zweiten Dropdown-Listenfeld für Operatoren den Eintrag IST KLEINER oder IST KLEINER ODER GLEICH. Zu guter Letzt geben Sie den höchsten (bzw. letzten) Wert des Bereichs im Textfeld ein oder wählen ihn dort aus.

Das war die graue Theorie. In den Abbildungen 9.16 und 9.17 sehen Sie, wie das in der Praxis funktioniert. In der Kundendatenliste sollen nur die Datensätze angezeigt werden, deren Auftragsvolumen zwischen 3.000 und 9.000 € liegt. Abbildung 9.16 zeigt, wie der Bereich definiert wird. Als erster Operator wird IST GRÖSSER ODER GLEICH gewählt. Der niedrigste Wert im Text lautet 3000. Das Optionsfeld UND ist aktiviert. Als zweiten Operator habe ich IST KLEINER ODER GLEICH gewählt und als höchsten Wert 9000 eingegeben. In Abbildung 9.17 sehen Sie das Ergebnis.

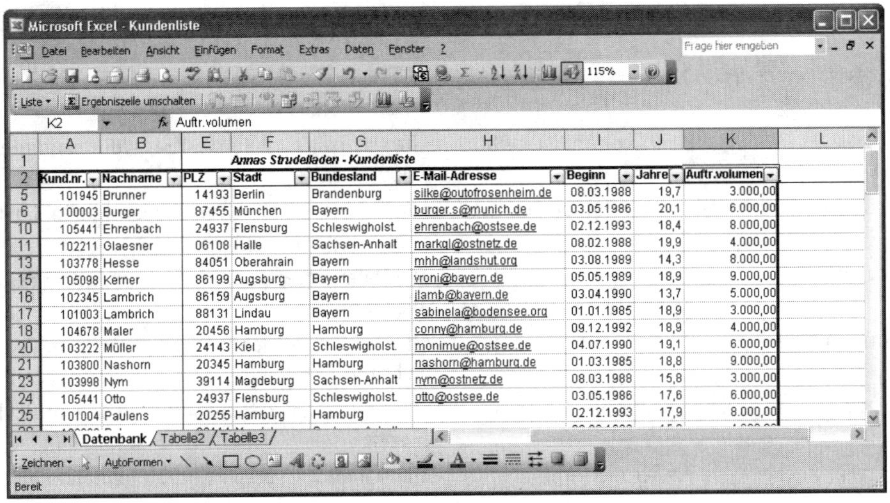

Abbildung 9.17: Der benutzerdefinierte AutoFilter hat funktioniert.

Und dann gibt es noch die Entweder-oder-Möglichkeit. Das heißt, ein Eintrag soll entweder dies oder das sein. Meistens werden dafür die Operatoren ENTSPRICHT und ENTSPRICHT NICHT verwendet. Im ersten Textfeld muss die eine Möglichkeit, im zweiten Textfeld die andere Möglichkeit stehen. Und: ODER muss aktiviert sein.

Angenommen, Sie möchten die Datenliste so filtern, dass nur die Datensätze für Bayern und Sachsen-Anhalt angezeigt werden. Als Erstes wählen Sie den ersten Operator ENTSPRICHT und geben im Textfeld daneben Bayern ein. Anschließend aktivieren Sie das Optionsfeld ODER. (Das ist der entscheidende Punkt!) Danach wählen Sie als zweiten Operator ebenfalls ENTSPRICHT und geben im Textfeld daneben Sachsen-Anhalt ein. Sobald Sie OK wählen oder ⏎ drücken, werden nur die Datensätze angezeigt, die im Feld BUNDESLAND den Eintrag Bayern oder Sachsen-Anhalt enthalten.

Von Hyperlinks und Webseiten

In diesem Kapitel

▶ Hyperlinks erstellen, die auf ein anderes Office-Dokument, eine andere Excel-Arbeitsmappe, ein anderes Tabellenblatt oder einen anderen Zellbereich verweisen

▶ Einen Hyperlink erstellen, der auf eine Webseite verweist

▶ Die Formatvorlagen von Hyperlinks und so genannten besuchten Hyperlinks bearbeiten

▶ Die Daten und Diagramme eines Excel-Tabellenblatts als statische Webseiten speichern

▶ Webseiten mit interaktiven Daten und Diagrammen fabrizieren

▶ Webseiten mit Ihren Daten und Diagrammen im Webseiten-Editor Ihrer Wahl oder in Word 2003 bearbeiten

▶ Tabellenblätter via E-Mail in die weite Welt verschicken

*N*achdem nun quasi Hinz und Kunz das Internetfieber gepackt hat und das World Wide Web zur größten Erfindung aller Zeiten ausgerufen wurde, wen wundert es da, dass auch Excel bestens auf dieses Thema vorbereitet ist. Haben Sie schon mal was von *Hyperlinks* gehört, die Sie in Ihre Tabellenblätter einfügen können? Oder von der Möglichkeit, Ihre Tabellendaten in *Webseiten* umzuwandeln, die Sie über Webserver der Allgemeinheit zugänglich machen können?

Von was ich da eigentlich rede? Also, auf Hyperlinks brauchen Sie nur einmal mit der Maus zu klicken, um wie der Blitz zu einem anderen Office-Dokument, einer anderen Arbeitsmappe oder einem anderen Tabellenblatt zu wechseln. Die Sensation dabei ist, dass es völlig wurscht ist, wo sich diese Dokumente befinden – die können sich auf Ihrer Festplatte, auf einem Server in Ihrem LAN (Local Area Network), auf einem Webserver im Internet oder im Intranet Ihrer Firma tummeln. Ja, es ist sogar möglich, E-Mail-Hyperlinks einzufügen, über die Sie automatisch Nachrichten an Kollegen und Kolleginnen schicken können, mit denen Sie regelmäßig zu tun haben. Und an diese Nachrichten hängen Sie einfach Ihre Excel-Arbeitsmappen oder andere Office-Dokumente dran. Klingt nicht uninteressant, oder?

Und was hat es mit den Webseiten auf sich? Also, wenn Sie Tabellenblätter in Form von Webseiten speichern, können Sie allen, die über einen Internetzugang und einen Webbrowser verfügen (und das sind heutzutage quasi wirklich alle), Ihre Zahlen, Listen und Diagramme aufdrängen. Und dabei ist es völlig egal, mit welchem Computertyp die anderen arbeiten und ob diese Leute überhaupt Excel haben. In Excel 2003 haben Sie beim Speichern von Webseiten die Qual der Wahl: Wollen Sie nun Webseiten mit statischen oder mit interaktiven Daten?

Im Fall von statischen Webseiten sind Ihre geneigten Benutzer darauf beschränkt, Ihre Daten voll Entzücken zu betrachten. Änderungen sind nicht möglich. Wenn Sie aber Tabellenblätter als interaktive Webseiten speichern, können andere Leute (vorausgesetzt, sie arbeiten mit Microsoft Internet Explorer 4.0 oder höher) Ihre Daten nicht nur ansehen, sondern auch bestimmte Änderungen daran durchführen. Angenommen, Sie speichern ein Auftragsformular, in dem Zwischen- und Endsummen berechnet werden, als eine interaktive Webseite. Ein Benutzer dieser Webseite kann dann beispielsweise die bestellte Menge ändern und – man sehe und staune – die Webseite berechnet automatisch die entsprechenden Zwischen- und Endbeträge neu. Ein anderes Beispiel: Sie speichern eine Datenliste (so eine wie in Kapitel 9 beschrieben) als interaktive Webseite. Benutzer dieser Webseite können dann die Daten im Webbrowser nach Bedarf und Belieben neu sortieren und filtern, genauso wie Sie das in Excel 2003 machen. Wow!

Tabellenblätter mit Hyperlinks schmücken

Damit das Ganze nicht zu einfach wird, gibt es gleich mehrere Hyperlink-Typen:

✔ Hypertext, der in der Regel in den Zellen als unterstrichener, blauer Text dargestellt wird

✔ ClipArts und Grafiken aus Dateien, die Sie in das Tabellenblatt eingefügt haben

✔ Grafiken, die Sie mit den Schaltflächen der Zeichnen-Symbolleiste fabriziert haben

Wenn Sie einen Hyperlink als Text oder grafisches Objekt einfügen, können Sie ihn mit einer anderen Excel-Arbeitsmappe, mit einer sonstigen Office-Datei, mit einer Webseitenadresse (das ist die URL (Uniform Resource Locator)-Adresse; Sie wissen schon, diese verwirrenden Einträge, die mit http:// beginnen), mit einem benannten Bereich im selben Tabellenblatt, ja sogar mit einer E-Mail-Adresse verknüpfen. Bei dem benannten Bereich kann es sich um einen Zellbezug oder einen benannten Zellbereich (mehr dazu in Kapitel 6) in einem bestimmten Tabellenblatt handeln.

Also, um die Textvariante des Hyperlinks einzufügen, tun Sie Folgendes:

1. **Markieren Sie die Zelle im Tabellenblatt der Arbeitsmappe, die die Ehre haben wird, den Hyperlink aufzunehmen.**

2. **Geben Sie den Text für den Hyperlink in die Zelle ein und klicken Sie in der Bearbeitungsleiste auf die Schaltfläche für Eingeben oder drücken Sie ⏎.**

Um die Grafikvariante des Hyperlinks einzufügen, sind folgende zwei Schritte erforderlich:

1. **Wählen Sie im Menü EINFÜGEN den Befehl GRAFIK und danach entweder den Befehl CLIPART oder den Befehl AUS DATEI. Suchen Sie sich dann ein Bildchen für den Hyperlink aus.**

   Schwupp, wird die gewählte Grafik in das Tabellenblatt eingefügt. Sie ist auch gleich markiert. (Sie wissen noch? Die »eckigen« Ziehpunkte rund um das Objekt!)

2. **Ziehen Sie bei Bedarf einen der Ziehpunkte, mit denen die Größe verändert werden kann. Soll die Grafik an eine ganz andere Position, packen Sie sie am Kragen und ziehen sie dorthin, wo es Ihnen passt.**

So, Sie haben den Text bzw. das grafische Objekt. So weit, so gut. Jetzt fehlt noch der Hyperlink. Und den fügen Sie so ein:

1. **Markieren Sie die Zelle mit dem Text oder klicken Sie auf das grafische Objekt.**

2. **Wählen Sie im Menü EINFÜGEN den Befehl HYPERLINK oder drücken Sie Strg + K oder klicken Sie auf die Schaltfläche für Hyperlink einfügen in der Standard-Symbolleiste (die mit der Kette vor dem Globus).**

Das Dialogfeld HYPERLINK EINFÜGEN wird geöffnet (wie in Abbildung 10.1). Dort müssen Sie sich für eine Datei, eine Webadresse (URL) oder einen benannten Bereich in der Arbeitsmappe entscheiden.

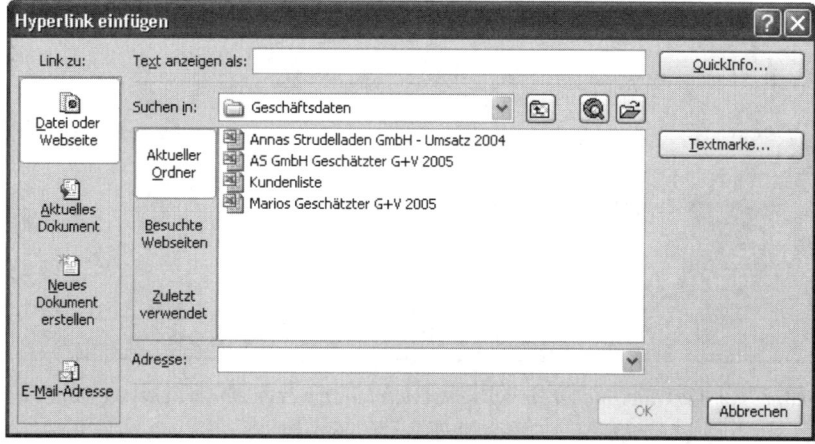

Abbildung 10.1: Verknüpfung zu einer Datei oder einer Webseite im Dialogfeld HYPERLINK EINFÜGEN herstellen

3a. **Variante 1: Um eine Verbindung zu einem anderen Dokument, einer Webseite im Firmenintranet oder einer Website im Internet herzustellen, klicken Sie in der Umgebungsleiste ganz links im Dialogfeld auf die Schaltfläche DATEI ODER WEBSEITE, falls diese noch nicht aktiviert ist, und geben dann den Pfad zum entsprechenden Dokument im Textfeld ADRESSE ein.**

Befindet sich das Dokument, zu dem Sie eine Verknüpfung herstellen möchten, auf Ihrer Festplatte oder auf einer Festplatte, auf die Sie zugreifen können, öffnen Sie das Dropdown-Listenfeld SUCHEN IN und wählen den gewünschten Ordner und dort das gewünschte Dokument aus. Wenn Sie das gewünschte Dokument erst vor kurzem geöffnet haben, dann klicken Sie im Listenfeld auf die Schaltfläche ZULETZT VERWENDET und wählen die gewünschte Datei aus.

Soll eine Verbindung zu einem Dokument auf einer Website hergestellt werden und sollten Sie die Webadresse zufällig auswendig wissen (so was wie `http://www.wiley-vch.de`), dann schreiben Sie sie ganz tapfer in das Textfeld ADRESSE. Haben Sie der gewünschten Website erst vor kurzem einen Besuch abgestattet, dann klicken Sie auf die Schaltfläche BESUCHTE WEBSEITEN.

3b. Variante 2: Wenn Sie eine Verknüpfung zu einer anderen Zelle oder einem Zellbereich in derselben Arbeitsmappe herstellen möchten, klicken Sie in der Umgebungsleiste ganz links im Dialogfeld auf die Schaltfläche AKTUELLES DOKUMENT. Geben Sie anschließend die Adresse der Zelle oder des Zellbereichs in das Textfeld GEBEN SIE DEN ZELLBEZUG EIN ein oder wählen Sie den benannten Bereich bzw. den Zellbezug im Listenfeld ODER WÄHLEN SIE EINE STELLE IM DOKUMENT (siehe Abbildung 10.2).

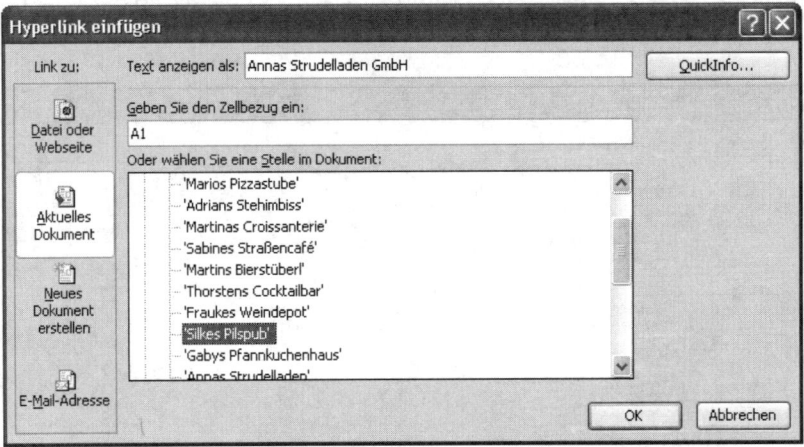

Abbildung 10.2: Verknüpfung zu einem benannten Bereich oder einem Zellbezug im Dialogfeld HYPERLINK EINFÜGEN herstellen

3c. Variante 3: Wenn eine neue E-Mail-Nachricht im E-Mail-Programm geöffnet werden soll, die an einen bestimmten Empfänger adressiert ist, dann klicken Sie in der Umgebungsleiste ganz links im Dialogfeld auf die Schaltfläche E-MAIL-ADRESSE und geben anschließend die E-Mail-Adresse des Empfängers in das Textfeld E-MAIL-ADRESSE ein. (Inzwischen gänzlich Verwirrte werfen bitte einen Blick auf Abbildung 10.3.)

Wenn Sie auf dem neuesten Stand sind, dann arbeiten Sie vielleicht mit Outlook Express des Internet Explorer 6.0. oder mit Outlook 2003 von Office 2003 als E-Mail-Programm.

Sobald Sie mit der Eingabe beginnen, schiebt Excel schwuppdiwupp ein `mailto` vor was immer Sie gerade geschrieben haben. (Das ist das HTML-Tag – ja, ja –, das Excel anweist, Ihr E-Mail-Programm zu öffnen, sobald Sie auf den Hyperlink klicken.)

Soll beim Klicken auf den Hyperlink, was wiederum das Öffnen Ihres E-Mail-Programms bewirkt, auch gleich ein Betreff in die Betreffzeile der neuen Nachricht eingefügt werden (ich hoffe, Sie haben mich noch nicht völlig verloren), dann geben Sie den gewünschten Text im Textfeld BETREFF ein.

Und dann gibt es da noch das Listenfeld ZULETZT VERWENDETE E-MAIL-ADRESSEN. Sollte sich die gewünschte E-Mail-Adresse dort befinden, genügt ein Mausklick darauf, und schon wird die Adresse in das Textfeld E-MAIL-ADRESSE übernommen.

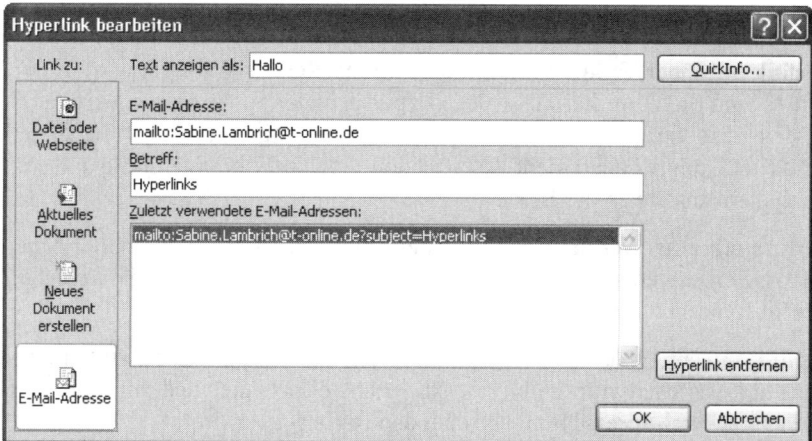

Abbildung 10.3: Verknüpfung zu einer E-Mail-Adresse im Dialogfeld HYPERLINK EINFÜGEN herstellen

4. **(Optional) Um den Hyperlink-Text (das ist der unterstrichene, blaue) in der Zelle zu ändern oder Hyperlink-Text in eine leere Zelle einzufügen, geben Sie einfach den gewünschten Text in das Textfeld TEXT ANZEIGEN ALS ein.**

5. **(Optional – für Perfektionisten) Wenn jetzt auch noch ein erläuternder Text eingeblendet werden soll, wenn Sie mit der Maus auf den Hyperlink zeigen, dann klicken Sie auf die Schaltfläche QUICKINFO und geben im Textfeld QUICKINFO-TEXT den gewünschten Text ein. Das Ganze muss dann noch mit OK bestätigt werden.**

6. **Alles zur Zufriedenheit erledigt? Klicken Sie auf OK oder drücken Sie ⏎, um das Dialogfeld HYPERLINK EINFÜGEN endlich loszuwerden.**

Den Hyperlinks auf der Spur

Nachdem Sie Hyperlinks in ein Tabellenblatt eingefügt haben, können Sie ihnen in ein externes Dokument, zu einer Webseite, zu einem Zellbereich in derselben Arbeitsmappe, bis ans Ende der Welt ... folgen. Zeigen Sie dazu mit dem Mauszeiger auf den unterstrichenen, blauen Text (wenn Sie sich für einen Hypertext entschieden haben) oder auf das grafische Objekt (wenn Sie für den Hyperlink etwas fürs Auge genommen haben). Der Mauszeiger wandelt sich in eine Hand mit erhobenem Zeigefinger um: Achtung, hier ist ein Hyperlink! Klicken Sie beherzt auf den Text bzw. auf die Grafik und schon springt Excel wie der Blitz zur im Hyperlink »hinterlegten« Adresse, sprich zum externen Dokument, zur Webseite oder zum Zellbezug in der aktuellen Arbeitsmappe, zur E-Mail-Nachricht, ans Ende der Welt oder ... Was genau bei diesem Sprung passiert, das hängt vom Ziel des Hyperlinks ab. Folgende Varianten hätte ich zu bieten:

✔ **Hyperlink mit einer Verknüpfung zu einem externen Dokument:** Wenn das Programm, mit dem das Dokument erstellt wurde (z. B. Word oder PowerPoint), noch nicht gestartet ist, wird dies blitzschnell ausgeführt und das entsprechende Dokument geöffnet.

✔ **Hyperlink mit einer Verknüpfung zu einer Webseite:** Die Webseite wird im Webbrowser geöffnet. Sind Sie zum Zeitpunkt des »Hypersprungs« nicht online, wird bei Bedarf das Dialogfeld zum Verbinden geöffnet bzw. die Verbindung automatisch hergestellt. Wurde der Internet Explorer noch nicht gestartet, erledigt das Windows für Sie und dann endlich ist auch die Webseite an der Reihe.

✔ **Hyperlink mit einer Verknüpfung zu einem Zellbereich in der aktuellen Arbeitsmappe:** Excel aktiviert das entsprechende Tabellenblatt und markiert die Zelle bzw. die Zellen, so wie es im Hyperlink definiert ist.

✔ **Hyperlink mit einer Verknüpfung zu einer E-Mail-Adresse:** Excel ruft Ihr E-Mail-Programm auf, das wiederum eine neue Nachricht öffnet, die wiederum die im Hyperlink hinterlegte E-Mail-Adresse (und optional den Betreff) übernimmt.

Wenn Sie einmal die Verfolgung eines Hyperlinks aufgenommen haben, wird er nicht mehr in Blau, sondern in Lila angezeigt, unterstrichen bleibt er allemal. Daran erkennen Sie, dass der Hyperlink verwendet worden ist. (Bei grafischen Objekten werden Sie lange drauf gucken können. Da ändert sich nichts.) Sobald Sie die Arbeitsmappe das nächste Mal öffnen, kehrt der Hyperlink zum erfrischenden, nicht verfolgten Blau zurück.

Bei der Verfolgungsjagd von Hyperlinks kann Ihnen die Web-Symbolleiste behilflich sein. Um sie anzuzeigen, wählen Sie den Befehl SYMBOLLEISTEN im Menü ANSICHT und klicken dann im Untermenü auf den Befehl WEB. (In Abbildung 10.4 ist sie zu sehen.)

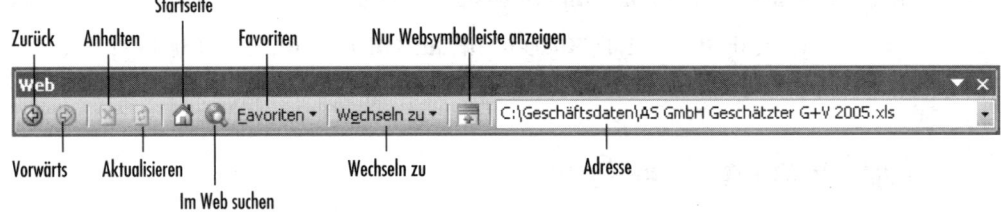

Abbildung 10.4: Die Web-Symbolleiste unterstützt Sie bei der Verfolgung von Hyperlinks.

Mit den Schaltflächen für Zurück und für Vorwärts springen Sie munter zwischen der Zelle mit dem Hyperlink und seinem Ziel hin und her. Nachdem Sie auf den Hyperlink geklickt haben und dieser brav zu seinem Ziel gewechselt ist, können Sie mit der Schaltfläche für Zurück zur Hyperlink-Zelle zurückgehen. Sie haben es sich anders überlegt und wollen wieder zum Ziel? Kein Problem! Einmal auf die Schaltfläche für Vorwärts klicken und schon sind Sie dort.

In den Abbildungen 10.5 bis 10.7 will ich versuchen, Ihnen zu zeigen, wie Sie mithilfe von Hyperlinks von einem Teil der Arbeitsmappe zu einem anderen hüpfen können. Also, in Abbildung 10.5 sehen Sie das Tabellenblatt INHALT, das eine interaktive Tabelle enthält, über die Sie alle anderen Tabellenblätter und Diagramme in der Arbeitsmappe erreichen können. Eine komfortable Sache! Jeder Eintrag (B5 bis B15) ist mit einem Hyperlink versehen, der wiederum auf das entsprechende Tabellenblatt bzw. den entsprechenden Zellbereich verweist.

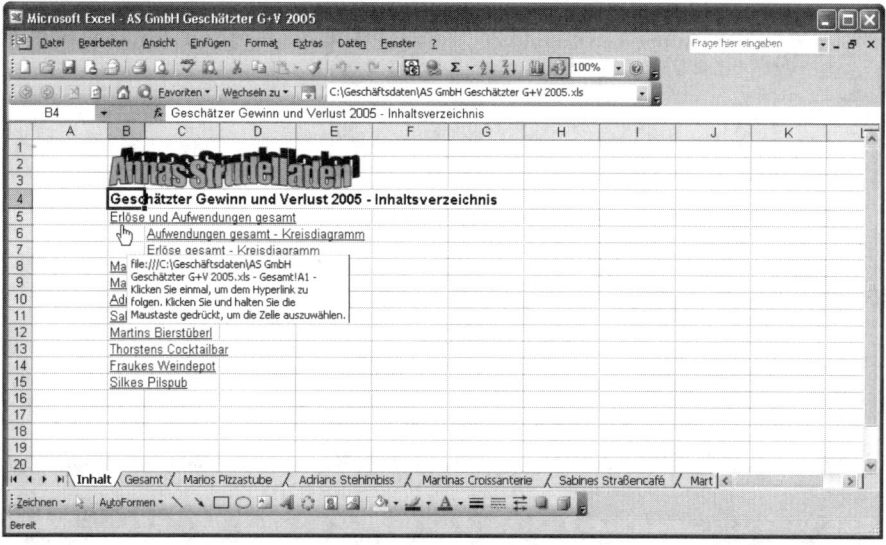

Abbildung 10.5: Vom interaktiven Inhaltsverzeichnis zur Zelle A1 im Tabellenblatt GESAMT

Abbildung 10.6 zeigt, was passiert, wenn ich auf den Hyperlink Erlöse und Aufwendungen gesamt (aus Abbildung 10.5) klicke. Dieser Hyperlink nimmt mich auf der Stelle mit zur Zelle A1 des Tabellenblatts GESAMT. In diesem Tabellenblatt finden Sie rechts oben ein nettes kleines Häuschen. Dieses Häuschen enthält wiederum einen Hyperlink, der mich zurück zur Zelle A1 im Tabellenblatt INHALT trägt. (Das ist dann wieder das Blatt in Abbildung 10.5.)

In Abbildung 10.7 können Sie mit etwas Fantasie nachvollziehen, was passiert, wenn ich im Tabellenblatt INHALT auf den Hyperlink Aufwendungen gesamt - Kreisdiagramm klicke (am besten mal kurz mit Abbildung 10.5 vergleichen). Dieser Hyperlink ist mit dem benannten Bereich GESCHÄTZTE_AUSGABEN im Tabellenblatt GESAMT verknüpft. Das sind die Zellen A27 bis B41. Das sind genau die Zellen, die unter dem Kreisdiagramm liegen, in dem die Ausgaben dargestellt werden. Es gibt leider keine Möglichkeit, mit einem Hyperlink direkt auf ein grafisches Objekt zu verweisen. Daher müssen Sie den Umweg über die darunter liegenden Zellen nehmen.

Rechts neben dem Kreisdiagramm sehen Sie im Tabellenblatt Gesamt ein graues Sternchen. (Das habe ich mithilfe der Zeichnen-Symbolleiste kreiert – mit der Schaltfläche für AutoFormen. Nicht schlecht, oder?) Der Stern enthält denselben Hyperlink wie das nette Häuschen rechts oben im Tabellenblatt Gesamt (Abbildung 10.6). Das heißt, Sie hüpfen zur Zelle A1 im Tabellenblatt Inhalt zurück, wenn Sie auf den Stern klicken.

Abbildung 10.6: Aus dem Tabellenblatt Gesamt gibt's einen Weg zurück in das Tabellenblatt Inhalt.

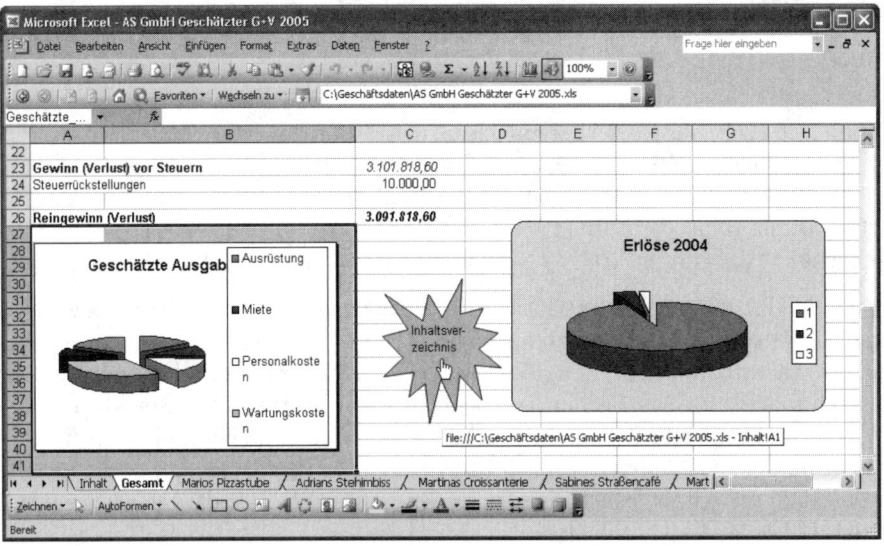

Abbildung 10.7: Vom interaktiven Inhaltsverzeichnis zum Bereich A27:B41 im Tabellenblatt Gesamt

Hyperlinks der Variante »Text« bearbeiten und formatieren

Zellen, die Hyperlinks enthalten, sind in Abhängigkeit von zwei in Excel integrierten Formatvorlagen formatiert: HYPERLINK und BESUCHTER HYPERLINK. Die Formatvorlage HYPERLINK wird jedem neuen Hypertext zugewiesen. Die Formatvorlage BESUCHTER HYPERLINK ist für all diejenigen Hyperlinks vorgesehen, die bereits einmal aktiviert wurden. Wenn Ihnen die Darstellung von HYPERLINK und BESUCHTER HYPERLINK überhaupt nicht zusagt, dann können Sie die beiden Formatvorlagen ändern. Mehr zu diesem Thema erfahren Sie in Kapitel 3, im Abschnitt »Jetzt wird's formatvorlagig!«.

 Wenn Sie das Bedürfnis haben, den Inhalt einer Hyperlink-Zelle zu bearbeiten, und ganz unbefangen auf die entsprechende Zelle klicken – raten Sie mal, was dann passiert? Genau! Sie hüpfen zum entsprechenden Verknüpfungselement. Und das wollten Sie doch wirklich nicht. Was also tun? Am besten gehen Sie folgendermaßen vor:

1. **Klicken Sie mit der rechten Maustaste auf einen Hyperlink.**

2. **Wählen Sie im Kontextmenü den Befehl HYPERLINK BEARBEITEN.**

    (Dieses Dialogfeld sieht eigentlich genauso aus wie das Dialogfeld HYPERLINK EINFÜGEN in Abbildung 10.1.)

3. **Schreiben Sie im Dialogfeld HYPERLINK BEARBEITEN im Textfeld TEXT ANZEIGEN ALS das, was in der Zelle angezeigt werden soll, und bestätigen Sie mit OK.**

 Noch einfacher geht es, wenn Sie mit gedrückter `Strg`-Taste auf den zu bearbeitenden Hyperlink klicken.

Anderes Beispiel: Sie wollen das Ziel eines Hyperlinks ändern? (Ich spreche also nicht von seinem Inhalt, sondern von dem Pfad der Verknüpfung.) Dann klicken Sie ebenfalls mit der rechten Maustaste auf die Hyperlink-Zelle und wählen im Kontextmenü den Befehl HYPERLINK BEARBEITEN. Damit wird das Dialogfeld HYPERLINK BEARBEITEN geöffnet. Hier können Sie dann die Verknüpfung nach Lust und Laune neu definieren.

Das Thema »Löschen« fehlt noch. Wenn Sie den Hyperlink zwar loswerden, den Zelltext aber behalten möchten, klicken Sie mit der rechten Maustaste auf die Hyperlink-Zelle und wählen im Kontextmenü den Befehl HYPERLINK ENTFERNEN. Wenn Sie den Zellinhalt und den Hyperlink in einer Zelle löschen möchten, dann entscheiden Sie sich doch bitte im Menü BEARBEITEN für die Befehlsfolge LÖSCHEN|ALLES.

Hyperlinks der Variante »grafisches Objekt« bearbeiten und formatieren

Sie wollen ein grafisches Objekt bearbeiten, das einen Hyperlink enthält? Am besten klicken Sie mit der rechten Maustaste auf das Bildchen und wählen dann im Kontextmenü den Befehl GRAFIKSYMBOLLEISTE ANZEIGEN. Danach können Sie den markierten grafischen Hyperlink nach Belieben bearbeiten – Farbe, Kontrast, Helligkeit ändern, Grafik zuschneiden und bestimmen, wie sich das Objekt verhalten soll, wenn Sie die darunter liegenden Zellen bearbeiten. Sie können stattdessen auch im Kontextmenü den Befehl GRAFIK FORMATIEREN wählen. Egal für welche Methode Sie sich entscheiden, es stehen in beiden Fällen erschreckend viele Möglichkeiten zum Bearbeiten des grafischen Objekts zur Verfügung.

Wenn Sie die Größe des grafischen Objekts von Hand ändern oder das Objekt an eine andere Position verschieben wollen, dann Strg + klicken Sie auf das grafische Objekt und ziehen entweder einen der Ziehpunkte oder verschieben das gesamte Objekt (dazu muss der Mauszeiger sich aber in einen Vierfachpfeil umwandeln), bis es Ihren Vorstellungen entspricht.

Um ein grafisches Objekt zusammen mit seinem Hyperlink zu kopieren, klicken Sie zunächst – wie gehabt – mit gedrückter Strg -Taste auf das Objekt. Jetzt halten Sie aber Strg gedrückt und ziehen mit einer Kopie des grafischen Objekts von dannen. Diese können Sie an einer beliebigen Stelle in der Arbeitsmappe ablegen. Eine ganz nette Angelegenheit. Sie können aber das grafische Objekt auch mit dem Befehl KOPIEREN im Kontextmenü in die Zwischenablage kopieren und von dort mit dem Befehl EINFÜGEN (im Menü BEARBEITEN) an einer x-beliebigen Stelle wieder einfügen. (Wenn Sie es sich merken können, können Sie für das Einfügen auch Strg + V drücken. Wer noch mehr Möglichkeiten braucht, kann auch die Schaltfläche für Einfügen in der Standard-Symbolleiste nehmen.)

Wer das grafische Objekt samt Hyperlink loswerden will, der Strg +klickt auf das Objekt und drückt dann Entf . Schwupp! Alles futsch! Um den Hyperlink zu eliminieren, ohne dabei die Grafik zu löschen, klicke man mit der rechten Maustaste auf die Grafik und wähle im Kontextmenü den Befehl HYPERLINK ENTFERNEN.

Und für alle, die das Hyperlink-Ziel ändern möchten: Klicken Sie mit der rechten Maustaste auf das Objekt und wählen Sie im Kontextmenü den Befehl HYPERLINK BEARBEITEN. Danach können Sie im Dialogfeld HYPERLINK BEARBEITEN das Ziel ändern.

Tabellenblätter weltweit

Das Konzept, Excel-Tabellendaten im World Wide Web zu veröffentlichen, macht wirklich Sinn – sowohl was das tabellarische Layout als auch was die berechneten Inhalte betrifft. Alle, die schon mal versucht haben, eine HTML-Tabelle manuell zu erstellen, können ein Lied davon singen. Das ist wohl die blödeste Arbeit, die man sich vorstellen kann. Auch die einfachste Tabelle wird zur Qual, weil Sie für alles und jedes so genannte Tags brauchen (das ist so 'ne Art Code) – für die Definition von Spaltenbeschriftungen, Zeilen, Spalten, Spaltenbreiten und und und ... Dann wissen Sie aber immer noch nicht, welche Daten in welche Zellen kommen. Klingt eher abschreckend, oder?

Tja, und dann kommt Excel 2003 daher und lässt Ihnen sogar die Wahl, ob Sie Ihre Daten in statischer Schauen-ja-anfassen-nein-Form oder in interaktiver Schauen-und-anfassen-erwünscht-Form in Webseiten präsentieren möchten. Webseiten mit statischen Daten können von Benutzern zwar in einem Webbrowser angezeigt und bewundert, nicht aber bearbeitet werden. In Webseiten mit interaktiven Daten können Benutzer voller Eifer herumwerkeln und formatieren. Je nachdem, was in der Tabelle dargestellt wird, können sogar Berechnungen durchgeführt und, im Fall von Datenlisten, Daten sortiert und gefiltert werden.

Ja um Gottes willen! Wie um alles in der Welt speichere ich denn meine Tabellenblätter als Webseiten? Nichts leichter als das. Man wähle im Menü DATEI den Befehl ALS WEBSEITE SPEICHERN. Excel 2003 öffnet daraufhin das Dialogfeld SPEICHERN UNTER, das Sie in Abbildung 10.8 sehen können. Die Webseitenversion dieses Dialogfelds unterscheidet sich in einigen Elementen von dem herkömmlichen Dialogfeld zum Speichern von Arbeitsmappen. Dazu gehören die folgenden Elemente:

✔ **GESAMTE ARBEITSMAPPE oder AUSWAHL: TABELLE:** Wenn Sie im Menü DATEI den Befehl ALS WEBSEITE SPEICHERN wählen, können Sie entscheiden, ob Sie alle Daten aller Tabellenblätter (Optionsfeld GESAMTE ARBEITSMAPPE, das standardmäßig aktiviert ist) oder nur die markierten Daten im aktuellen Tabellenblatt (AUSWAHL:) speichern möchten. Übrigens: Wenn nicht gerade ein bestimmtes Diagramm oder ein bestimmter Zellbereich im aktuellen Tabellenblatt markiert ist, heißt das Optionsfeld AUSWAHL: TABELLE. Und wenn Sie genau dieses Optionsfeld aktivieren, dann werden alle Daten des aktuellen Tabellenblatts in die neue Webseite gestopft. Haben Sie ein Diagramm markiert, trägt das Optionsfeld den Namen AUSWAHL: DIAGRAMM; haben Sie einen Zellbereich markiert, nennt sich das Optionsfeld AUSWAHL: plus die Zellbereichadresse.

✔ **VERÖFFENTLICHEN:** Durch Klicken auf diese Schaltfläche wird das Dialogfeld ALS WEBSEITE VERÖFFENTLICHEN geöffnet (zu sehen in Abbildung 10.9). Dort können Sie eine Reihe von Veröffentlichungsoptionen festlegen, unter anderem:

- die Elemente festlegen, die in die Webseite gepackt werden sollen

- falls Interaktivität gewünscht, den Interaktivitätstyp auswählen

- den Dateinamen der neuen Webseite bearbeiten

- die Webseite vor dem Veröffentlichen im Webbrowser öffnen oder nicht

✔ **INTERAKTIVITÄT HINZUFÜGEN:** Aktivieren Sie dieses Kontrollkästchen, wenn Sie möchten, dass Benutzer Ihrer Webseite Tabellendaten bearbeiten und neu berechnen oder, im Fall von Datenlisten, Datensätze sortieren und/oder filtern können. Wenn Sie eine ganze Arbeitsmappe in eine neue Webseite packen möchten, verleiht Excel Ihren Daten automatisch Interaktivität.

✔ **Titel ändern:** Durch Klicken auf diese Schaltfläche wird das Dialogfeld Titel festlegen geöffnet, in dem Sie die neue Webseite mit einem Seitentitel versehen können. Dieser Titel wird dann stets in der Titelleiste des Webbrowsers angezeigt. Sobald Sie einen Seitentitel eingegeben und mit OK bestätigt haben, wird dieser im Dialogfeld Speichern unter angezeigt.

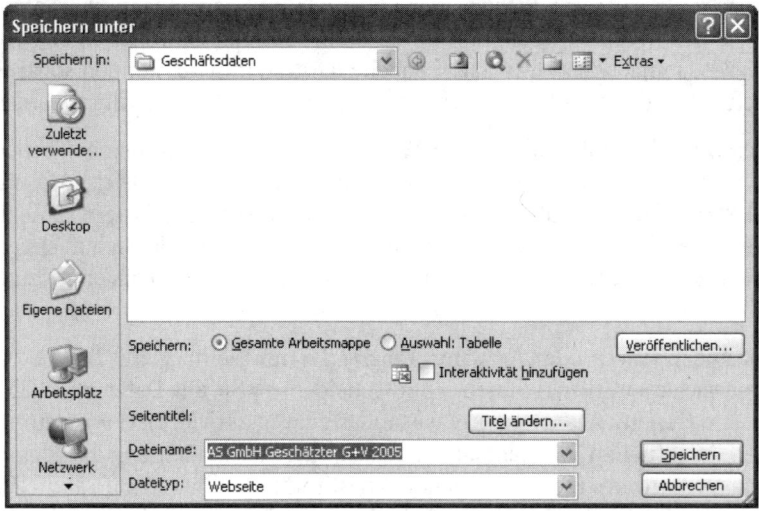

Abbildung 10.8: Das Dialogfeld Speichern unter nach Wahl des Befehls Als Webseite speichern im Menü Datei

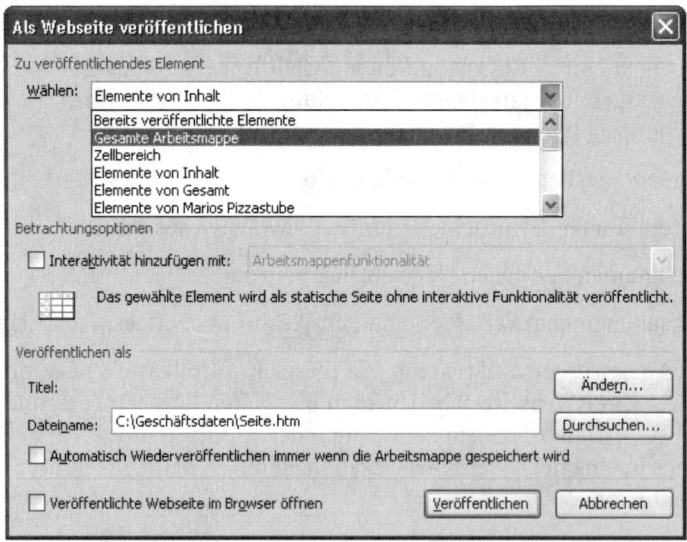

Abbildung 10.9: Das Dialogfeld Als Webseite veröffentlichen

Rühr-mich-nicht-an-Webseiten speichern

Benutzer können die Daten einer statischen Webseite zwar anzeigen, jedoch keinerlei Änderungen darin vornehmen. Folgendes gibt's zu tun:

1. **Öffnen Sie die Arbeitsmappe, die die Daten enthält, die Sie als Webseite speichern möchten.**

2. **(Optional) Soll nicht die gesamte Arbeitsmappe und auch nicht das gesamte aktuelle Tabellenblatt gespeichert werden, markieren Sie die gewünschten Zellen. Im Fall eines Diagramms markieren Sie das Diagramm, im Fall eines Zellbereichs den entsprechenden Bereich.**

   Wie bereits weiter oben erwähnt, wird durch die Markierung der Wortlaut des Optionsfelds AUSWAHL: im Dialogfeld SPEICHERN UNTER (siehe den folgenden Schritt) bestimmt: markiertes Diagramm – AUSWAHL: DIAGRAMM, markierter Zellbereich – AUSWAHL: ZELLADRESSE, keine Markierung – AUSWAHL: TABELLE.

3. **Wählen Sie im Menü DATEI den Befehl ALS WEBSEITE SPEICHERN, um das Dialogfeld SPEICHERN UNTER zu öffnen (siehe Abbildung 10.8).**

4. **Legen Sie fest, welcher Teil der Arbeitsmappe als neue Webseite gespeichert werden soll.**

   Wenn die gesamte Arbeitsmappe rein soll, muss das Optionsfeld GESAMTE ARBEITSMAPPE aktiviert sein. Soll's nur das aktuelle Tabellenblatt sein, ist das Optionsfeld AUSWAHL: TABELLE zuständig.

   Wollen Sie nicht den Inhalt des aktuellen Tabellenblatts, sondern den eines anderen speichern, klicken Sie auf die Schaltfläche VERÖFFENTLICHEN und wählen im Dropdown-Listenfeld WÄHLEN das entsprechende Blatt (ELEMENTE VON TABELLE1, ELEMENTE VON TABELLE2 usw.) aus.

   Sie wollen ein Diagramm speichern und haben es vor dem Öffnen des Dialogfelds SPEICHERN UNTER nicht markiert? Kein Problem! Klicken Sie auch in diesem Fall auf die Schaltfläche VERÖFFENTLICHEN und wählen Sie dann das Diagramm im Dropdown-Listenfeld WÄHLEN aus.

   Und jetzt wollen Sie auch noch einen Zellbereich speichern, den Sie zuvor nicht markiert haben? Dreimal dürfen Sie raten, wie es geht. Richtig! Sie klicken auf die Schaltfläche VERÖFFENTLICHEN, markieren im Dropdown-Listenfeld WÄHLEN den Eintrag ZELLBEREICH und geben dann den Zellbereich direkt darunter ein bzw. markieren ihn im Tabellenblatt.

5. **Vergeben Sie für die neue Webseite einen Dateinamen.**

   Geben Sie im Textfeld DATEINAME den Namen für die neue Webseite ein. Wenn Windows so eingestellt ist, dass Dateinamenserweiterungen angezeigt werden, können Sie sehen, dass Excel automatisch die Dateiendung .HTM vergibt (steht für HyperText Markup und bedeutet, dass es sich um eine HTML-Datei handelt).

6. Legen Sie fest, wo die Webseite gespeichert werden soll.

Wie beim Speichern einer herkömmlichen Excel-Datei müssen Sie auch beim Speichern einer Webseite ganz oben im Dialogfeld im Dropdown-Listenfeld SPEICHERN IN festlegen, auf welchem Laufwerk und in welchem Ordner die Datei abgelegt werden soll. (Sie wissen es nicht mehr? Dann schnell zurück zu Kapitel 2.) Noch mal in aller Kürze:

- Um die neue Webseite direkt auf einem Webserver im Internet oder Intranet zu speichern, klicken Sie in der Umgebungsleiste auf die Schaltfläche NETZWERK UMGEBUNG und öffnen den Ordner, in dem die Datei gespeichert werden soll.

- Um die neue Webseite auf einer FTP (File Transfer Protocol) -Site abzulegen, die Ihr Webadministrator oder Lieblings-IT-Mensch eingerichtet hat, wählen Sie im Dropdown-Listenfeld SPEICHERN IN den Eintrag FTP-ADRESSEN und öffnen den FTP-Ordner, in dem die Datei gespeichert werden soll.

Beachten Sie, dass das in beiden Fällen nur funktioniert, wenn Sie (oder ein Webcrack) die Netzwerkumgebung oder FTP-Adressen bereits vor dem Speichern eingerichtet haben.

7. (Optional) Vergeben Sie für die Webseite einen Seitentitel.

Wenn Sie Lust haben, dann vergeben Sie für Ihre neue Webseite auch gleich noch einen Seitentitel, der in der Titelleiste des Browsers und zentriert über dem gewählten Datenbereich angezeigt wird. Klicken Sie dazu im Dialogfeld SPEICHERN UNTER auf die Schaltfläche TITEL ÄNDERN, geben Sie im Dialogfeld SEITENTITEL FESTLEGEN einen Titel ein und bestätigen Sie mit OK. Wenn Sie es sich später im Dialogfeld ALS WEBSEITE VERÖFFENTLICHEN u. U. anders überlegt haben, können Sie dort den Titel nochmals ändern.

8. Speichern Sie die Webseite.

Sie haben echt Durchhaltevermögen, dass Sie so weit gekommen sind. Also, wenn alle Einstellungen definiert sind, klicken Sie im Dialogfeld SPEICHERN UNTER beherzt auf die Schaltfläche SPEICHERN. (Wer nicht mehr den totalen Überblick hat, sollte noch einmal einen Blick auf Abbildung 10.8 werfen.) Fast haben Sie es geschafft. Eine Sache noch: Wenn Sie Ihre Webseite voller Stolz noch vor dem Speichern bewundern möchten, klicken Sie auf die Schaltfläche VERÖFFENTLICHEN und dann im Dialogfeld ALS WEBSEITE VERÖFFENTLICHEN auf das Kontrollkästchen VERÖFFENTLICHTE WEBSEITE IM BROWSER ÖFFNEN. Noch ein Klick auf die Schaltfläche VERÖFFENTLICHEN oder ein kurzer Druck auf ⏎ – das war's!

Beachten Sie, dass Excel beim Speichern von Daten in einer neuen Webseite automatisch einen neuen Ordner mit demselben Namen wie die .htm-Datei erstellt, der die so genannten Hilfsdateien enthält, z. B. Grafikdateien. Wenn Sie nun die Webseite irgendwann mal auf einen anderen Webserver verschieben, müssen Sie auch an den entsprechenden Ordner denken. Sonst fehlt den Benutzern Ihrer Webseite was.

 Wenn Sie absolut nicht wollen, dass Excel einen separaten Ordner für die Hilfs-dateien erstellt, dann ändern Sie das einfach. Wählen Sie im Menü EXTRAS den Be-fehl OPTIONEN, klicken Sie auf der Registerkarte ALLGEMEIN auf die Schaltfläche WEB-OPTIONEN und deaktivieren Sie auf der Registerkarte DATEIEN das Kontrollkästchen HILFSDATEIEN IN EINEN ORDNER SPEICHERN.

Noch was! Wenn Sie eine komplette Arbeitsmappe als Webseite speichern, die Tabellendaten und Diagramme in verschiedenen Blättern enthält, behält der Internet Explorer die ursprüng-liche Blattanordnung von Excel bei, indem er unten im Internet Explorer in der statischen Webseite Blattregister einfügt. In Abbildung 10.10 kann man das ganz gut nachvollziehen.

Abbildung 10.10: Beim Speichern einer kompletten Arbeitsmappe mit Daten und Diagrammen in verschiedenen Blättern kriegen Sie eine Webseite mit Blattregistern.

Rühr-mich-an-Webseiten speichern

Interaktive Webseiten sind eine der coolsten Webfunktionen in Excel 2003. Stellen Sie sich das einmal vor: Sie veröffentlichen eine Webseite und die Benutzer, die die Seite mit dem Internet Explorer 4 oder höher anzeigen, können darin herumwerkeln und Änderungen vor-nehmen, ohne dass Sie dafür auch nur eine Script- oder Programmierzeile schreiben müssen. Zu den Elementen, die Sie als Benutzer der Webseite nach Herzenslust bearbeiten können, gehören unter anderem:

✔ **Tabellendaten:** In interaktiven Tabellen können Sie Werte beliebig bearbeiten und Berechnungen in Formeln automatisch oder manuell aktualisieren. Auch vor dem Format von Daten brauchen Sie nicht Halt zu machen. Ja, Sie können sogar ändern, welche Bereiche in der Webseite angezeigt werden sollen. (Das Formatieren und Bearbeiten von Daten und Formeln wird bis zum Abwinken in den Kapiteln 3 und 4 besprochen.)

✔ **Datenlisten:** In interaktiven Datenlisten ist es möglich, die Datensätze so wie in einer Excel-Datenliste zu sortieren und zu filtern. (Datenlisten werden in Kapitel 9 durchgekaut.) Das Bearbeiten und Formatieren von Daten ist selbstverständlich auch kein Problem.

✔ **Diagramme:** In interaktiven Diagrammen können Sie einfach die dazugehörigen Daten ändern und schon wird das Diagramm automatisch neu gezeichnet. Auch die Diagrammelemente – Diagrammtyp, Beschriftungen etc. – können beliebig persönlichen Anforderungen angepasst werden.

Bei der Erstellung einer interaktiven Webseite gehen Sie genauso vor wie im Abschnitt »Rühr-mich-nicht-an-Webseiten speichern« beschrieben. (Ich erspare mir mit Ihrer freundlichen Erlaubnis diese langwierige Wiederholung.) Nur auf eines müssen Sie achten: Sie müssen im Dialogfeld SPEICHERN UNTER das Kontrollkästchen INTERAKTIVITÄT HINZUFÜGEN aktivieren, bevor Sie die neue Webseite speichern oder veröffentlichen. Sie erinnern sich? Sie sollten dieses Kontrollkästchen aber nur verwenden, wenn Sie sich für das Optionsfeld AUSWAHL: entschieden haben.

Interaktive Tabellendaten ausprobieren

In Abbildung 10.11 sehen Sie eine Webseite mit einer vollständig interaktiven Umsatztabelle für das erste Quartal von Annas Strudelladen. Genau so wird es im Internet Explorer 6.0 dargestellt. Und es ist überhaupt nicht kompliziert. Ich habe ganz einfach den Zellbereich A1:E12 markiert und danach mit dem Befehl ALS WEBSEITE SPEICHERN im Menü DATEI das Dialogfeld SPEICHERN UNTER geöffnet. Dort habe ich das Optionsfeld AUSWAHL: $A$1:$E$12 und das Kontrollkästchen INTERAKTIVITÄT HINZUFÜGEN aktiviert, den Dateinamen Umsatz 2004 - 1. Qu. vergeben und mutig auf die Schaltfläche SPEICHERN geklickt.

Und woher wissen Sie, ob Ihr Webbrowser eine statische oder eine interaktive Tabelle anzeigt? Ganz einfach. Über einer interaktiven Tabelle wird stets eine Symbolleiste angezeigt, mit deren Schaltflächen Sie die Daten der Tabelle bearbeiten und formatieren können.

Mithilfe der vertikalen und der horizontalen Bildlaufleisten können Sie jeden beliebigen Tabellenbereich herbeiblättern. Sie können auch die Breite der Spalten oder die Höhe der Zeilen ändern, indem Sie auf den entsprechenden Rand zeigen und mit gedrückter Maustaste von dannen ziehen. Auch das Doppelklicken auf den rechten Rand – Sie wissen schon, um die Spaltenbreite an den Inhalt der breitesten Zelle anzupassen – funktioniert vorzüglich. (Wer's vergessen hat, der lese noch einmal Kapitel 3.)

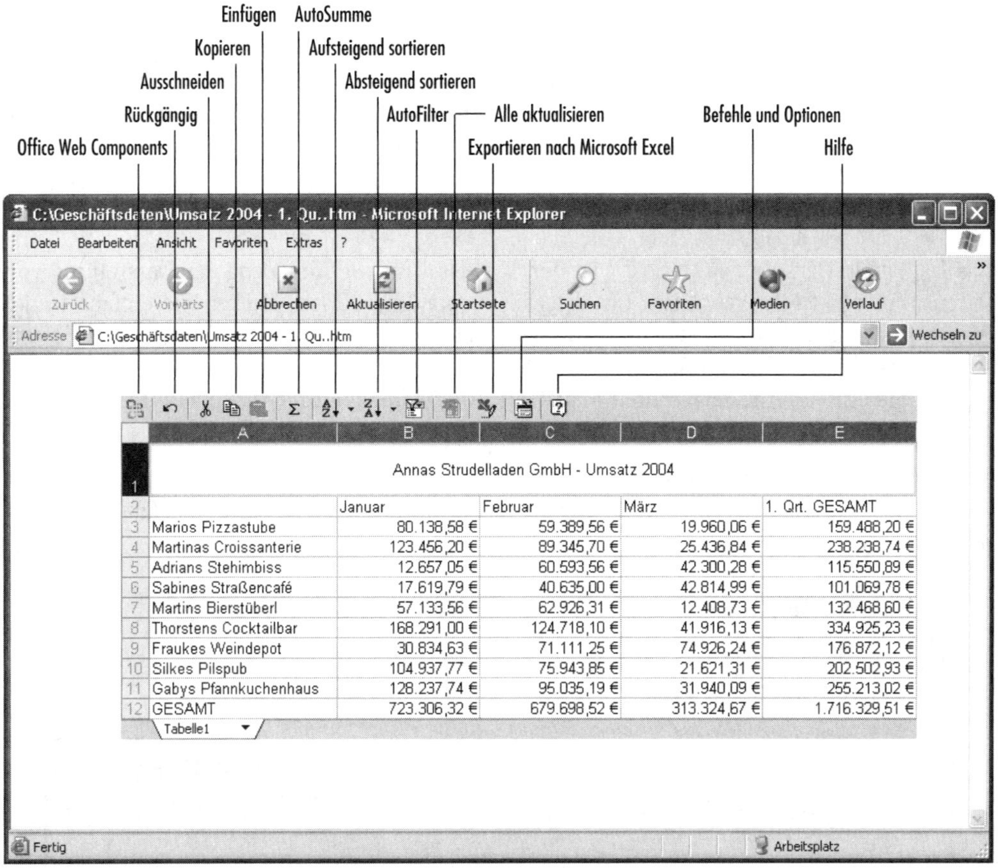

Einfügen   AutoSumme

Kopieren   Aufsteigend sortieren

Ausschneiden   Absteigend sortieren

Rückgängig   AutoFilter — Alle aktualisieren   Befehle und Optionen

Office Web Components   Exportieren nach Microsoft Excel   Hilfe

		A	B	C	D	E
1				Annas Strudelladen GmbH - Umsatz 2004		
2			Januar	Februar	März	1. Qrt. GESAMT
3		Marios Pizzastube	80.138,58 €	59.389,56 €	19.960,06 €	159.488,20 €
4		Martinas Croissanterie	123.456,20 €	89.345,70 €	25.436,84 €	238.238,74 €
5		Adrians Stehimbiss	12.657,05 €	60.593,56 €	42.300,28 €	115.550,89 €
6		Sabines Straßencafé	17.619,79 €	40.635,00 €	42.814,99 €	101.069,78 €
7		Martins Bierstüberl	57.133,56 €	62.926,31 €	12.408,73 €	132.468,60 €
8		Thorstens Cocktailbar	168.291,00 €	124.718,10 €	41.916,13 €	334.925,23 €
9		Fraukes Weindepot	30.834,63 €	71.111,25 €	74.926,24 €	176.872,12 €
10		Silkes Pilspub	104.937,77 €	75.943,85 €	21.621,31 €	202.502,93 €
11		Gabys Pfannkuchenhaus	128.237,74 €	95.035,19 €	31.940,09 €	255.213,02 €
12		GESAMT	723.306,32 €	679.698,52 €	313.324,67 €	1.716.329,51 €

Abbildung 10.11: Eine interaktive Umsatztabelle für das erste Quartal in einer neuen Webseite – das Ganze im Internet Explorer 6.0 angezeigt

Dateninhalte ändern

Um eine bestimmte Zelle einer Tabelle zu ändern, doppelklicken Sie darauf. Enthält die Zelle eine Beschriftung oder einen Wert, ist dieser Inhalt dann markiert, und Sie können ihn ganz einfach durch die Eingabe einer neuen Beschriftung oder eines neuen Wertes ersetzen. Enthält die Zelle eine Formel, wird das berechnete Ergebnis durch die Formel ersetzt, die Sie dann nach Herzenslust bearbeiten können.

Natürlich haben Sie als Publisher von Webseiten (klingt schick und wichtig, oder?) die Möglichkeit, bestimmte Zellen vor Änderungen zu schützen. Das wäre ja noch schöner. Dazu schützen Sie einfach die Tabelle oder das Tabellenblatt, bevor Sie sie/es als Webseite speichern. Sollen die Benutzer Ihrer Webseite beispielsweise in der Lage sein, bestimmte Zellen zu bearbeiten (z. B. die Bestellmenge), andere aber wiederum nicht (z. B. Zellen mit Preisen oder Formeln), dann müssen Sie die Zellen, die die Benutzer ändern dürfen, »entsperren«, bevor Sie das Tabellenblatt schützen (was wiederum notwendig ist, damit die restlichen Zellen nicht bearbeitet werden können). Wenn Sie jetzt vollständig verwirrt sind, lesen Sie mehr zu diesem Thema in Kapitel 6.

Datendarstellung ändern

Das Dialogfeld BEFEHLE UND OPTIONEN ist der Schlüssel für die Änderung der Darstellung von Daten in interaktiven Webseiten. Um dieses Dialogfeld zu öffnen, klicken Sie einfach in der Symbolleiste über den Tabellendaten auf die Schaltfläche für Befehle und Optionen (die vorletzte Schaltfläche). Sollten Sie hier aus welchen Gründen auch immer keinen Erfolg haben, klicken Sie einfach mit der rechten Maustaste auf die Tabelle und wählen im Kontextmenü den Befehl BEFEHLE UND OPTIONEN.

In Abbildung 10.12 sehen Sie die bereits bekannte Umsatztabelle zusammen mit dem Dialogfeld BEFEHLE UND OPTIONEN. Es enthält vier Register, hinter denen sich eine Vielfalt von Optionen verbergen.

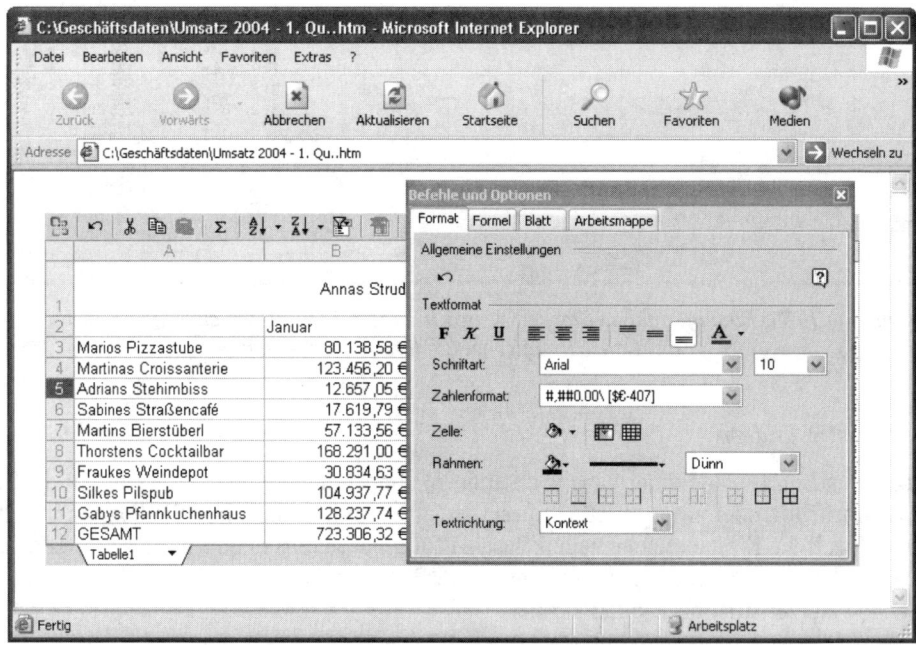

Abbildung 10.12: Interaktive Umsatztabelle in Begleitung des Dialogfelds BEFEHLE UND OPTIONEN

 Bevor Sie sich aber stundenlang hinsetzen, um eine solche Tabelle Ihrem persönlichen Geschmack anzupassen, noch eine kleine Warnung: Alle Änderungen sind temporär. Sie können sie nicht in der Webseite speichern. Wenn Sie etwas eitel sind, dann drucken Sie die bearbeitete Webseite mit dem Befehl DRUCKEN im Menü DATEI. Schwarz auf weiß ist besser als gar nichts. Falls Sie Excel auf Ihrem Rechner haben (was ja nicht unbedingt sein muss, da Sie die Webseite ja in Ihrem Webbrowser anzeigen und bearbeiten), können Sie in der Symbolleiste auf die Schaltfläche für Exportieren nach Microsoft Excel klicken, um die Webseite als schreibgeschützte Excel-Arbeitsmappe zu speichern (mehr dazu im Abschnitt »Interaktive Webseiten zurück nach Excel« weiter unten in diesem Kapitel).

Abbildung 10.13 zeigt die Webseite mit der Umsatztabelle, nachdem ich die Zeilen- und Spaltenköpfe sowie die Gitternetzlinien habe verschwinden lassen (indem ich die entsprechenden Kontrollkästchen auf der Registerkarte BLATT im Bereich EINBLENDEN/AUSBLENDEN deaktiviert habe).

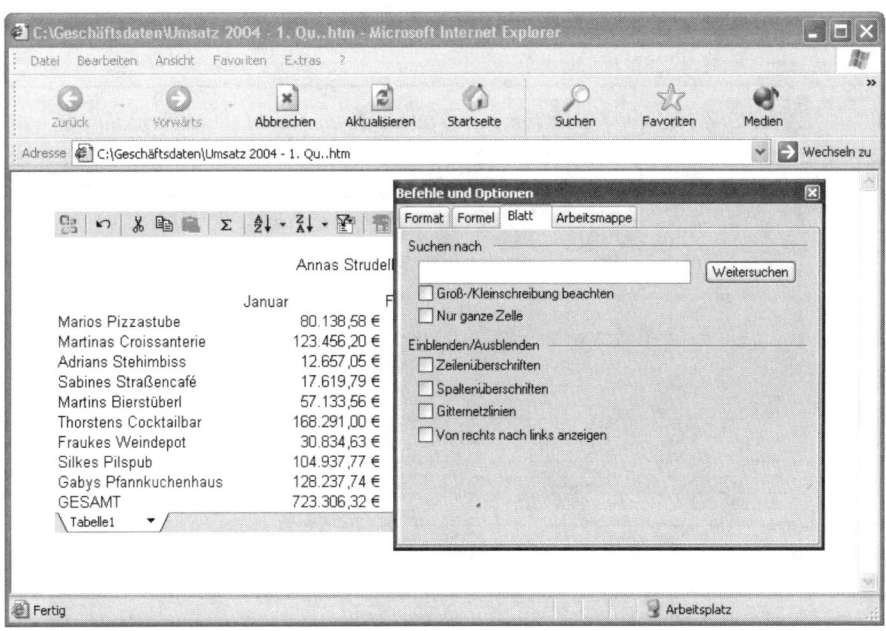

Abbildung 10.13: Die interaktive Umsatztabelle nach kosmetischer Behandlung

In dem Bestellformular, das in Abbildung 10.14 und 10.15 zu sehen ist, habe ich dafür gesorgt, dass die Benutzer nur die schattierten Zellen ändern können. Ich lasse mir nämlich nicht gerne in meine Preise pfuschen. Das habe ich in Excel erledigt, bevor ich das Formular als Webseite gespeichert habe. Ich habe einfach die Sperrung für die schattierten Zellen aufgehoben und dann das Tabellenblatt geschützt. (Kapitel 6 weiß mehr zu diesem Thema.)

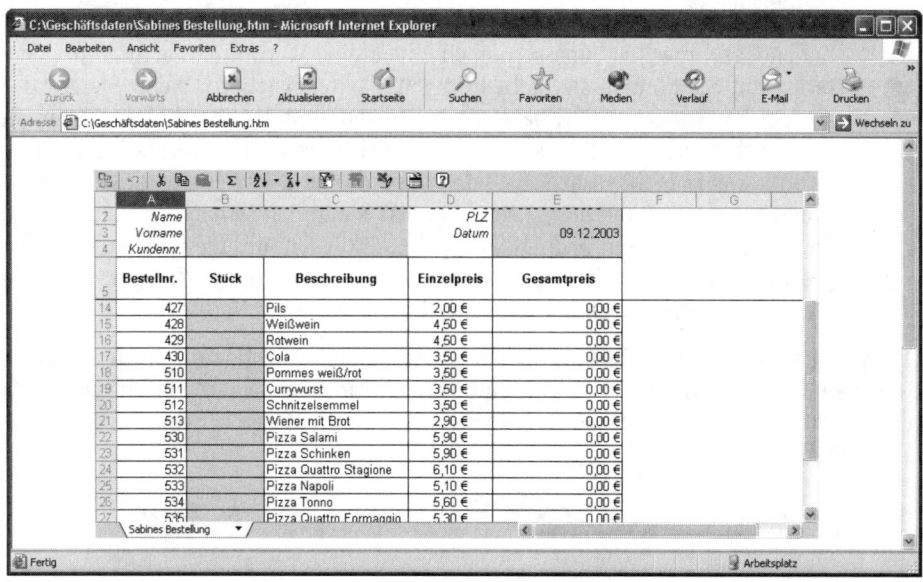

Abbildung 10.14: Webseite mit einem interaktiven, leeren Bestellformular

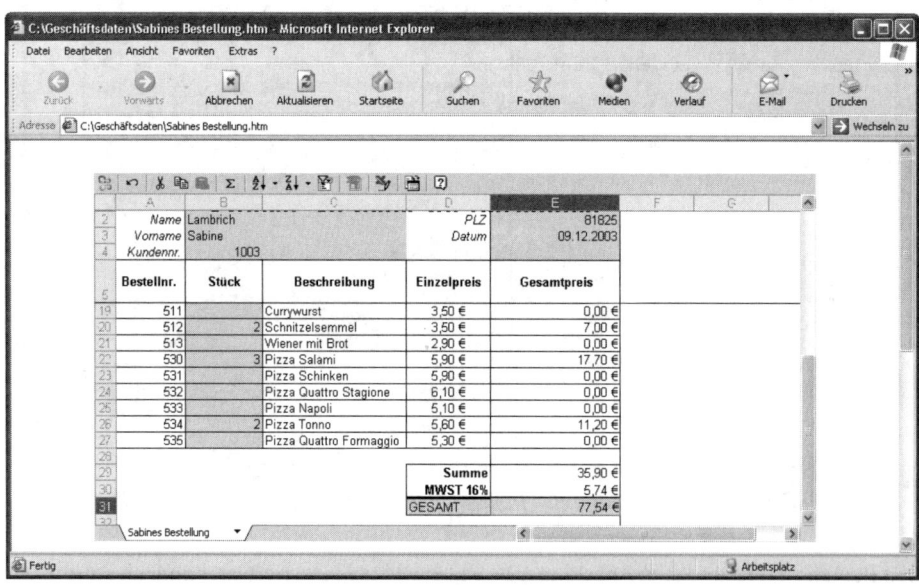

Abbildung 10.15: Webseite mit ausgefülltem und berechnetem Bestellformular

Interaktive Datenlisten ausprobieren

Webseiten mit interaktiven Datenlisten, die in Form einer Datenliste aufgebaut sind (siehe auch Kapitel 9), bieten dieselben Bearbeitungs- und Formatierungsmöglichkeiten wie Webseiten mit Tabellen. Zusätzlich können Sie die Datensätze solcher Listen nach Belieben sortieren. Und noch zusätzlicher gibt es eine Art AutoFilter, mit dem die gewünschten Datensätze aus der Liste herausgefischt werden können.

In den Abbildungen 10.16 und 10.17 können Sie sehen, wie so ein AutoFilter bei einer Webseite funktioniert, die eine interaktive Datenliste enthält. Abbildung 10.16 zeigt die Kundenliste von Annas Strudelladen in Form einer interaktiven Webseite.

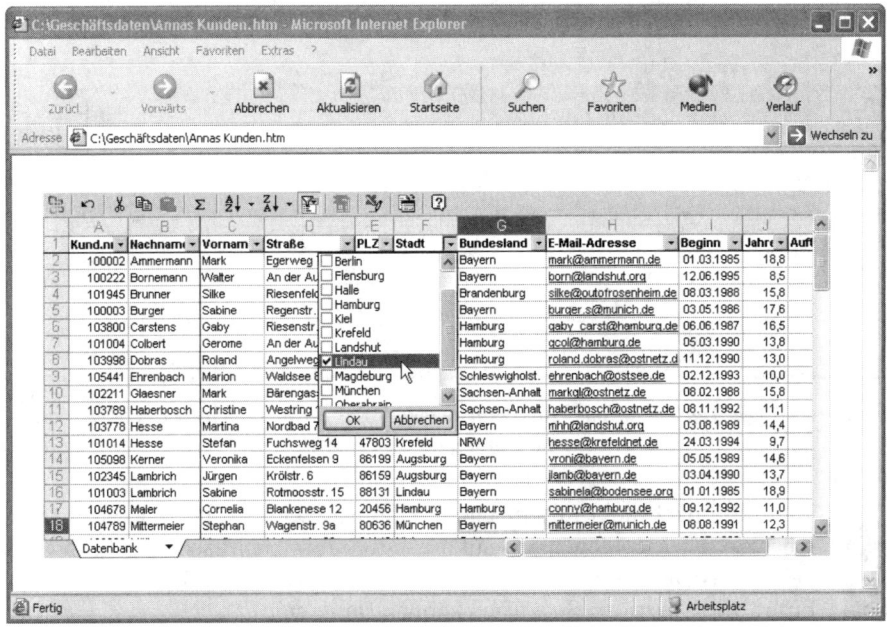

Abbildung 10.16: Webseite mit interaktiver Kundendatenliste mit AutoFilter-Schaltflächen

Damit Sie diese Datenliste im Webbrowser sortiert kriegen, führen Sie einen der folgenden Schritte aus:

✔ Klicken Sie auf das Feld (oder die Spalte), nach dem (der) die Datensätze sortiert werden sollen, und danach in der Symbolleiste auf die Schaltfläche für Aufsteigend sortieren oder für Absteigend sortieren.

✔ Klicken Sie mit der rechten Maustaste auf die Datenliste und wählen Sie im Kontextmenü den Befehl AUFSTEIGEND SORTIEREN oder ABSTEIGEND SORTIEREN. Wählen Sie dann im Untermenü das Feld aus, nach dem die Datenliste sortiert werden soll.

Um die Datensätze einer interaktiven Datenliste zu filtern, klicken Sie in der Symbolleiste auf die Schaltfläche für AutoFilter oder wählen im Kontextmenü den Befehl AUTOFILTER. Hiermit erreichen Sie, dass jeder Feldname der Datenliste mit einer AutoFilter-Popup-Schaltfläche versehen wird (für die etwas Blinderen unter uns: der nach unten zeigende Pfeil rechts neben dem Feldnamen). Danach können Sie nach Lust und Laune filtern: Auf den Pfeil neben dem Feldnamen klicken, nach dem gefiltert werden soll, und Eintrag wählen, das war's.

Abbildung 10.17 zeigt die Kundenliste, nachdem die Datensätze nach dem Feld STADT gefiltert wurden. Es werden nur die Datensätze mit dem Eintrag `Lindau` angezeigt. Dazu habe ich in der Popup-Liste einfach den Eintrag für Lindau aktiviert.

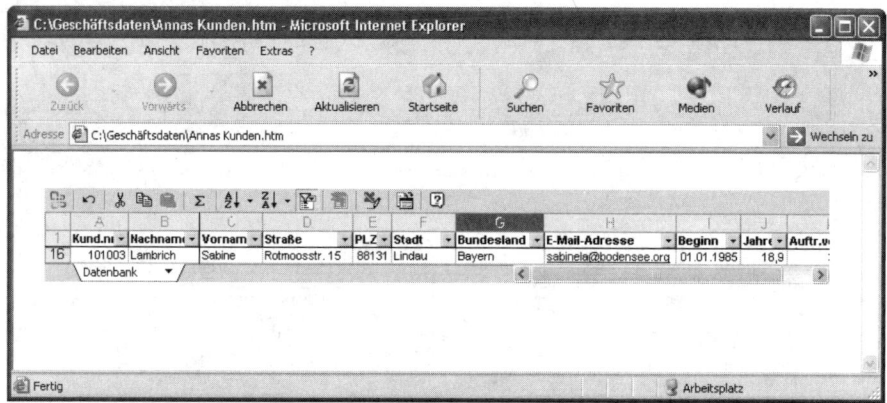

Abbildung 10.17: Die Webseite mit der Kundenliste von Annas Strudelladen – nur die Datensätze aus Lindau wurden herausgefischt.

Wenn Sie nach dem Filtern einer Datenliste wieder alle Datensätze anzeigen möchten, klicken Sie einfach auf die AutoFilter-Schaltfläche des Feldes bzw. der Felder, das/die in die Filterung involviert ist/sind, und wählen in der Liste den Eintrag ALLE ANZEIGEN. So einfach können Dinge sein.

Interaktive Diagramme ausprobieren

Webseiten mit interaktiven Excel-Diagrammen enthalten sowohl das Diagramm als auch die dazugehörigen Daten. Sobald Sie die Daten ändern, auf denen das Diagramm basiert, wird das Diagramm automatisch neu aufgebaut. Natürlich können Sie auch das interaktive Diagramm selbst bearbeiten, z. B. Diagrammtyp, Beschriftungen etc. ändern.

In Abbildung 10.18 sehen Sie eine neue Webseite mit einem interaktiven Diagramm, das den Umsatz des ersten Quartals von Annas Strudelladen zeigt. Die dazugehörigen Daten werden zusammen mit der interaktiven Symbolleiste unter dem Diagramm angezeigt.

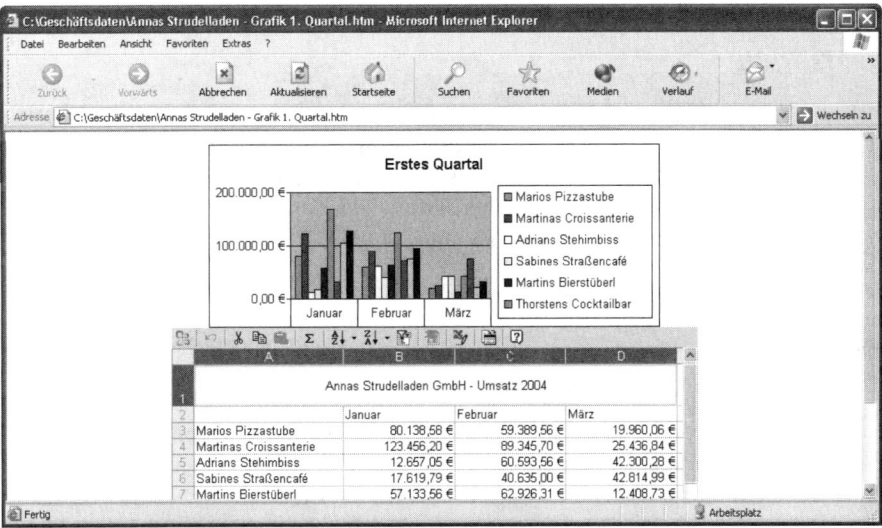

Abbildung 10.18: Webseite mit interaktivem Säulendiagramm und dazugehörigem Zahlenmaterial

Wenn Sie die Werte in den zum Diagramm gehörigen Tabellendaten ändern, wird das Diagramm automatisch aktualisiert. Abbildung 10.19 beweist das. Dort wurde der Wert in Zelle B4 (Martinas Croissanterie) in der Tabelle verkleinert. Sehen Sie nur, wie klein der zweite Balken von links im Vergleich zu dem in Abbildung 10.18 geworden ist.

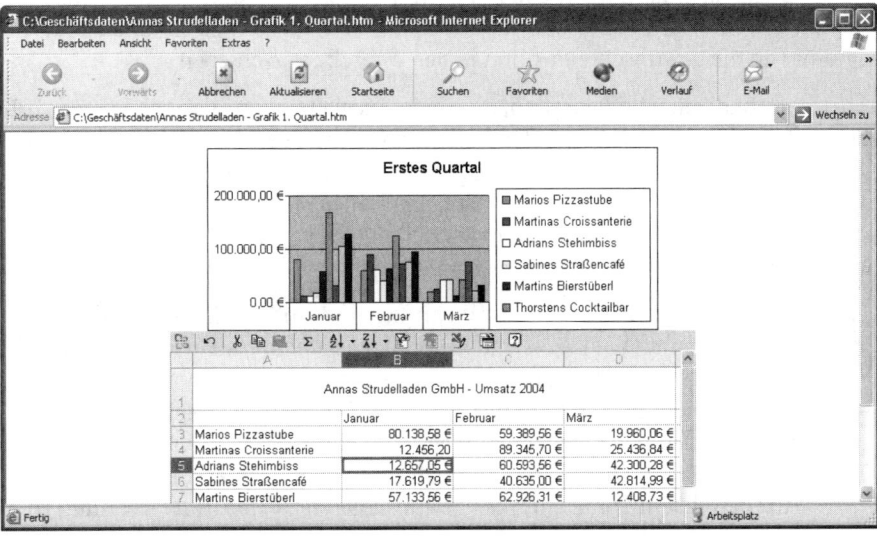

Abbildung 10.19: Das aktualisierte interaktive Säulendiagramm, nachdem ein Wert in der darunter liegenden Datentabelle geändert wurde

Eine Tabelle in eine bereits vorhandene Webseite unterbringen

Sie müssen Ihre Excel-Tabellen nicht immer in einer brandneuen Webseite speichern. Wenn mal was dazukommen soll, können Sie auch nachträglich Daten in eine bereits vorhandene Webseite einfügen. Excel hängt allerdings diese Daten stets unten an die Webseite dran. Wenn Sie sie ausgerechnet dort nicht gebrauchen können, müssen Sie die Webseite bearbeiten. Mehr dazu weiter unten im Abschnitt »Webseiten in Word bearbeiten«.

Um nun eine Excel-Tabelle unten an eine vorhandene Webseite dranzukleben, markieren Sie sie und gehen wie beim Speichern einer neuen Webseite vor. Nur geben Sie keinen neuen Dateinamen an, sondern blättern so lange in der Dateiliste, bis Sie den Namen der entsprechenden Datei gefunden haben, die die neuen Excel-Daten aufnehmen soll.

 Wenn Sie den Namen der bereits vorhandenen Webseite gewählt haben, wird eine Warnung eingeblendet, die die folgenden drei Schaltflächen enthält: DATEI ERSETZEN, DER DATEI HINZUFÜGEN und ABBRECHEN. Es ist die DER DATEI HINZUFÜGEN-Schaltfläche, auf die Sie klicken müssen, und nicht die DATEI ERSETZEN-Schaltfläche. Falls Sie aus Versehen doch die DATEI ERSETZEN-Schaltfläche nehmen, erstellen Sie eine neue Webseite, die die markierten und nur die markierten Daten enthält.

Webseiten in Word bearbeiten

Aber was mache ich – so werden Sie sich jetzt sicherlich besorgt fragen –, wenn ich die zusätzliche Tabelle oder das zusätzliche Diagramm da ganz unten in der Webseite überhaupt nicht gebrauchen kann? Dann müssen Sie sich eben an die Arbeit machen und die Tabelle bzw. das Diagramm an die gewünschte Position in der Webseite verschieben.

Sie können sowohl die neuen Webseiten, die Sie in Excel erstellen, als auch bereits vorhandene Webseiten, die Sie mit weiteren Daten versehen wollen, bearbeiten. Und was braucht man dazu? Einen auf Windows basierenden Webseiteneditor. Aha! Sollten Sie so was nicht haben oder nicht kennen, dann nehmen Sie doch einfach Word 2003, das in Office 2003 enthalten ist. (Es klappt ganz prima damit und Word ist ziemlich gut darin, Sie von abschreckenden HTML-Tags und seltsamen XML-Skripten fern zu halten.)

 Beachten Sie noch Folgendes: Wenn Sie im Windows-Explorer oder im ARBEITS-PLATZ-Fenster auf ein Dateisymbol einer Webseite doppelklicken, wird die Webseite lediglich in Ihrem Standard-Webbrowser geöffnet. (Dort können Sie sie zwar ansehen, aber nicht bearbeiten.) Wenn Sie eine Webseite bearbeiten möchten, müssen Sie zuerst den entsprechenden Webseiteneditor starten (z. B. Word 2003 oder in manchen Fällen auch Excel 2003). Anschließend wählen Sie im Editor im Menü DATEI den Befehl ÖFFNEN, um die gewünschte Webseite zur Bearbeitung zu öffnen.

Um eine Webseite zur Bearbeitung in Word 2003 zu öffnen, tun Sie Folgendes:

1. Starten Sie Word.

Wählen Sie im Start-Menü den Befehl Alle Programme|Microsoft Office|Microsoft Word 2003.

2. Wählen Sie in Word im Menü Datei den Befehl Öffnen oder klicken Sie in der Standard-Symbolleiste auf die Schaltfläche für Öffnen.

Damit öffnen Sie – na was wohl? – das Dialogfeld Öffnen.

3. Wechseln Sie im Dropdown-Listenfeld Suchen in zu dem Ordner, der die zu bearbeitende Webseite enthält, und wählen Sie im Listenfeld die gewünschte Datei aus.

Nachdem Sie die Webseite markiert haben, können Sie die Datei durch Klicken auf die Schaltfläche Öffnen öffnen. Da sich Office aber ganz genau merkt, mit welchem Programm die Webseite erstellt wurde (über dem Webseitsymbol befindet sich auch noch das jeweilige Programmsymbol), kann es sein, dass Sie die Datei nur mit dem Befehl In Microsoft Word Öffnen zu sehen kriegen.

4. Wenn Sie also versuchen, eine Webseite zu öffnen, die in Excel erstellt wurde und noch nie zuvor Word gesehen hat, dann wählen Sie – wenn es Probleme gibt – im Popup-Menü zur Schaltfläche Öffnen den Befehl In Microsoft Word öffnen. Haben Sie die Datei bereits einmal in Word bearbeitet, genügt ein lapidares Klicken auf Öffnen.

Wenn es Ihnen dann gelungen ist, die Webseite in Word zu öffnen, können Sie nach Lust und Laune Änderungen am Inhalt und an der Formatierung vornehmen. Um beispielsweise eine Tabelle oder ein Diagramm, die/das ganz unten an die Webseite dran geklatscht wurde, an eine andere Stelle zu verschieben, markieren Sie einfach das gewünschte Element und bemühen dann entweder die gute alte Ausschneiden-Einfügen- oder die etwas modernere Ziehen-und-Ablegen-Methode. Beim Verschieben einer Excel-Tabelle sollten Sie auf folgende Punkte achten:

✔ Um eine Tabelle mit ihrem gesamten Inhalt zu markieren, positionieren Sie den Mauszeiger irgendwo oben in der Tabelle. Sobald der Mauszeiger die Form eines nach unten zeigenden Pfeils annimmt, klicken Sie beherzt und Word markiert alle Zellen der Tabelle.

✔ Um eine bereits markierte Tabelle mit Ziehen und Ablegen zu verschieben, zeigen Sie mit dem Mauszeiger auf das Viereck mit dem Vierfachpfeil in der oberen linken Ecke der Tabelle. Sobald der Mauszeiger selbst die Form eines Vierfachpfeils annimmt, ziehen Sie den Umriss der Tabelle an die gewünschte Position in der Webseite. Die erste Zeile der Tabelle muss sich an der gewünschten Tabellenanfangsposition befinden, dann können Sie die Maustaste aufatmend loslassen.

✔ Um eine bereits markierte Tabelle mithilfe der Ausschneiden-Einfügen-Methode zu verschieben, wählen Sie zunächst den Befehl Bearbeiten|Ausschneiden (oder drücken ⌷Strg⌷+⌷X⌷), um die Tabelle in der Zwischenablage verschwinden zu lassen. Anschließend setzen Sie die Einfügemarke genau dahin, wo die erste Zeile der Tabelle hin soll, und wählen dann den Befehl Bearbeiten|Einfügen (bzw. drücken ⌷Strg⌷+⌷V⌷).

Auch beim Verschieben eines Excel-Diagramms gibt es ähnliche Dinge zu beachten:

✔ Um ein Diagramm in Word zu markieren, klicken Sie einfach irgendwo auf das Diagramm, genau so, wie Sie es auch in Excel machen. Es kriegt dann seine Ziehpunkte rundherum und die Grafik-Symbolleiste wird eingeblendet.

✔ Um ein bereits markiertes Diagramm mit Ziehen und Ablegen zu verschieben, zeigen Sie mit dem Mauszeiger irgendwo auf das Diagramm. Sobald der Mauszeiger die Form eines Pfeils mit einem kleinen Kästchen daneben annimmt, ziehen Sie diesen Zeiger an die gewünschte Position in der Webseite. Der obere Teil des Diagramms muss sich an der gewünschten Anfangsposition befinden, dann können Sie die Maustaste erleichtert loslassen.

✔ Um ein bereits markiertes Diagramm mithilfe der Ausschneiden-Einfügen-Methode zu verschieben, wählen Sie zunächst den Befehl BEARBEITEN|AUSSCHNEIDEN (oder drücken [Strg]+[X]), um das Diagramm vorübergehend in der Zwischenablage zu verstauen. Anschließend setzen Sie die Einfügemarke genau dahin, wo der Anfang des Diagramms sein soll, und wählen dann den Befehl BEARBEITEN|EINFÜGEN (bzw. drücken [Strg]+[V]).

Webseiten in Excel bearbeiten

Es gibt kein Gesetz, das untersagt, Webseiten in Excel zu bearbeiten. Wenn Sie nämlich nur einige Zahlen in einer Tabelle ändern oder ein paar Datenlisteneinträge korrigieren möchten, ist das durchaus die beste Methode. Und Sie befinden sich auf vertrautem Boden. Um nämlich eine Webseite in Excel zu öffnen, gehen Sie genauso vor wie beim Öffnen einer gewöhnlichen Excel-Arbeitsmappe. (Sollten Sie vergessen haben, wie das funktioniert, dann werfen Sie mal einen Blick in Kapitel 4.)

Sollte sich die Webseite, die Sie in Excel bearbeiten möchten, auf einem Webserver befinden, für den eine Verknüpfung erstellt wurde, dann klicken Sie im Dialogfeld ÖFFNEN ganz links in der Umgebungsleiste auf die Schaltfläche NETZWERK UMGEBUNG und doppelklicken anschließend in der Ordnerliste auf den Webordner, der die gewünschte Webseite enthält. Anschließend markieren Sie die Webseite und klicken auf ÖFFNEN (Doppelklicken auf das Dateisymbol tut es auch).

 Wenn das Dateisymbol der Webseite kein XL oben auf der Seite mit dem Globus enthält (wäre der Fall, wenn Sie die Webseite in einem anderen Programm, z. B. Word 2003, bearbeitet und die Änderungen gespeichert haben), dann tut sich gar nichts, wenn Sie in Excel im Dialogfeld ÖFFNEN auf die Schaltfläche ÖFFNEN klicken. Da müssen Sie dann auf den kleinen Pfeil neben der Schaltfläche klicken. Sie sehen dann ein Menü, in dem Sie sich für den Befehl IN MICROSOFT EXCEL ÖFFNEN entscheiden sollten.

Nachdem es Ihnen gelungen ist, die Webseite in Excel zu öffnen, können Sie fröhlich in den Daten herumwühlen. Haben Sie alles auf den Kopf gestellt, wählen Sie im Menü DATEI den Befehl SPEICHERN. (Klicken auf die Schaltfläche für Speichern in der Standard-Symbolleiste oder Drücken von Strg + S funktioniert ebenfalls.) Befindet sich die bearbeitete Datei auf einem Webserver, öffnet Excel eine Einwählverbindung zum Internet, damit Ihre Änderungen direkt zum Server rüberflutschen und dort gespeichert werden können.

Wenn's bei der Bearbeitung ans Eingemachte geht (Tabellen oder Diagramme verschieben, Webseitenhintergrund ändern, Objekte einfügen etc.), dann sollten Sie die Finger von Excel lassen und sich einem Webseiteneditor (z. B. Word 2003) zuwenden. Es sei denn, Sie wollen sich das Leben so schwer wie nur möglich machen.

Wenn Sie ein Tabellenblatt regelmäßig überarbeiten und anschließend erneut veröffentlichen müssen, dann sollten Sie diese mühseligen Wiederholungsschritte doch besser Excel überlassen. Aktivieren Sie dazu im Dialogfeld ALS WEBSEITE VERÖFFENTLICHEN das Kontrollkästchen AUTOMATISCH WIEDERVERÖFFENTLICHEN IMMER WENN DIE ARBEITSMAPPE GESPEICHERT WIRD, wenn Sie das Tabellenblatt zum ersten Mal als Webseite veröffentlichen. Von nun an veröffentlicht Excel brav Ihre aktualisierte Webseite, sobald Sie die Änderungen in Ihrer Arbeitsmappe speichern.

Interaktive Webseiten zurück nach Excel

Wie bereits weiter vorne erwähnt, können Sie Änderungen, die Sie interaktiven Daten angetan haben, nicht im Webbrowser speichern. Wenn Sie es aber dennoch gerne tun möchten (weil Sie vielleicht mit verschiedenen Was-wäre-wenn-Szenarien herumexperimentiert haben), dann müssen Sie die Webseite nach Excel exportieren und die aktualisierten Daten entweder als Webseite oder als Excel-Arbeitsmappe speichern.

Also, um Änderungen in einer interaktiven Tabelle, in einer interaktiven Datenliste oder in den zu einem Diagramm gehörenden interaktiven Daten (Änderungen im Diagramm selbst sind leider überhaupt nicht zu speichern) zu speichern, klicken Sie einfach in der Symbolleiste über den Daten auf die Schaltfläche für Exportieren nach Microsoft Excel. (Das ist die Schaltfläche mit einem Stift unter einem grünen X.)

Dieser Klick startet Excel und öffnet dort die Webseite mit den bearbeiteten Daten. (Im Fall von interaktiven Diagrammen wird nur die Tabelle mit den geänderten Daten ohne das Diagramm angezeigt.) Wie Sie der Excel-Titelleiste entnehmen können, hat Ihre Datei einen ominösen temporären Namen erhalten (OWCSHEET78891 [Schreibgeschützt] oder etwas ähnlich Furcht erregendes; OWC steht übrigens für Office Web Components, also die Webkomponenten von Microsoft Office).

Da Excel die Webseite im schreibgeschützten Modus öffnet, bleibt Ihnen nichts anders übrig, als im Menü DATEI den Befehl SPEICHERN UNTER zu wählen, um Ihre Änderungen in einer Datei mit einem anderen Namen endlich verewigen zu können. Sollten Sie aus Versehen den Befehl SPEICHERN wählen, wird Excel Sie in einer Meldung daran erinnern, dass es sich um eine schreibgeschützte Datei handelt. Wenn Sie die Meldung mit OK bestätigen, landen Sie auch im Dialogfeld SPEICHERN UNTER.

Standardmäßig speichert Excel die Webseite als XML-Kalkulationstabelle. Wollen Sie Ihre Änderungen als Excel-Arbeitsmappe speichern, ändern Sie einfach im Dialogfeld SPEICHERN UNTER den Dateityp von XML-KALKULATIONSTABELLE zu MICROSOFT EXCEL-ARBEITSMAPPE.

Und ab geht die (elektronische) Post

Nun noch zu einem letzten Highlight von Excel 2003: Sie können das aktuelle Blatt an einen oder mehrere E-Mail-Empfänger als E-Mail-Nachricht oder als Anlage zur Nachricht senden. KollegInnen und KundInnen sind so schnell mit den neuesten Zahlen, Listen und Diagrammen versorgt.

Sollen die Empfänger Ihre Daten nur lesen, dann schicken Sie sie als eigentliche E-Mail-Nachricht. Denken Sie aber dran, dass Sie persönliche Mitteilungen dann nur noch im Textfeld BETREFF oder EINLEITUNG von sich geben können.

Sollen die Empfänger wirklich etwas mit Ihren Daten anfangen können, z. B. aktualisieren, korrigieren etc., dann hängen Sie sie an Ihre Mail dran. Die E-Mail-Nachricht selbst wird dann von Ihnen verfasst und die eigentlichen Daten kommen als Datei rüber, was aber den Empfängern nur dann was nützt, wenn sie Excel 97, 2000, 2002 oder 2003 auf ihren Rechnern installiert haben (oder ein anderes Programm, das mit Excel 2003-Dateien was anfangen kann).

Um Daten als Nachrichtentext zu senden, tun Sie Folgendes:

1. **Öffnen Sie die Arbeitsmappe und markieren Sie das Blatt, dessen Daten per E-Mail gesendet werden sollen.**

2. **Klicken Sie in der Standard-Symbolleiste auf die Schaltfläche für E-Mail oder wählen Sie im Menü DATEI den Befehl SENDEN AN und anschließend E-MAIL-EMPFÄNGER.**

   Excel öffnet das Dialogfeld E-MAIL, in dem Sie wählen können, ob die Excel-Datei als Anlage oder als Textkörper gesendet werden soll.

3. **Entscheiden Sie sich für das Optionsfeld SENDET DAS AKTUELLE BLATT ALS TEXTKÖRPER und bestätigen Sie dies mit OK.**

   Excel fügt dann über dem aktuellen Blatt einen Mailkopf ein, der eine eigene Symbolleiste sowie die Felder VON, AN, CC, BETREFF und EINLEITUNG enthält (siehe Abbildung 10.20).

4. **Geben Sie die E-Mail-Adresse des Empfängers in das Textfeld AN ein oder klicken Sie auf die Schaltfläche AN und wählen Sie die Adresse in Ihrem Outlook- oder Outlook Express-Adressbuch aus.**

5. **(Optional) Wenn Sie Kopien an weitere Empfänger senden möchten, geben Sie deren E-Mail-Adressen durch Semikolon voneinander getrennt in das Textfeld CC ein oder klicken auf die Schaltfläche CC und wählen die Adressen in Ihrem Outlook- oder Outlook Express-Adressbuch aus.**

6. **(Optional) Standardmäßig übernimmt Excel im Textfeld** BETREFF **den Namen der aktuellen Arbeitsmappe. Ändern Sie den Betreff, wenn er Ihnen nicht aussagekräftig genug oder zu unpersönlich erscheint.**

7. **Fromme Wünsche, herzliche Grüße – wenn Sie noch was sagen möchten, dann schreiben Sie es in das Feld** EINLEITUNG.

8. **Um die neue Nachricht endlich auf den Weg zu bringen, klicken Sie in der E-Mail-Symbolleiste auf die Schaltfläche für Dieses Blatt senden.**

Sobald Sie auf die Schaltfläche für Dieses Blatt senden klicken, stellt Excel bei Bedarf eine Verbindung zu Ihrem Internetprovider her und schickt die Mail los. Außerdem blendet das Programm die E-Mail-Symbolleiste und die drei E-Mail-Felder wieder aus.

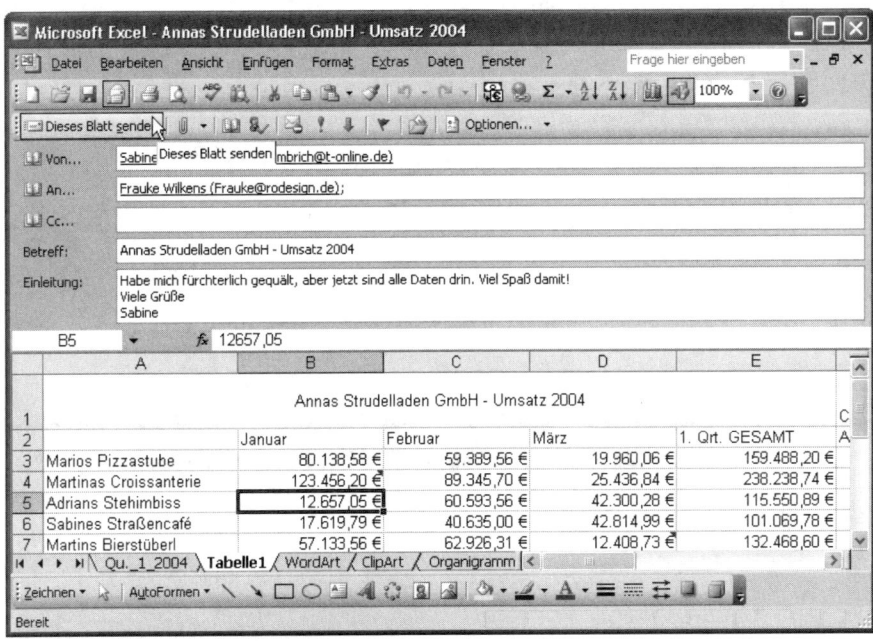

Abbildung 10.20: Ein Tabellenblatt als Nachrichtentext einer E-Mail senden

Und wenn Sie ein Tabellenblatt als Nachrichtenanhang verschicken möchten, dann nehmen Sie im Menü DATEI den Befehl SENDEN AN (so weit nichts Neues) und dann den Befehl E-MAIL-EMPFÄNGER (ALS ANLAGE). Unter Umständen müssen Sie dann noch in einem Dialogfeld Ihr Mailkonto auswählen und mit OK bestätigen. Vielleicht wird Ihr Mailprogramm auch gleich gestartet. Ihr E-Mail-Programm wird mit Ihren Benutzereinstellungen geöffnet und ein neues E-Mail-Fenster steht für Sie bereit (mit allem, was man so braucht (AN, CC, BETREFF etc.) sowie jede Menge Platz für Ihre persönliche Botschaft (siehe Abbildung 10.21)). Und dann gibt es noch das Feld ANFÜGEN, das automatisch den Namen der aktuellen Arbeitsmappe sowie die Größe der Datei enthält.

Geben Sie Absender, Empfänger, Betreff etc. an (siehe auch weiter oben), schreiben Sie, was Sie persönlich zu sagen haben, und klicken Sie dann in der Symbolleiste auf die Schaltfläche für Senden (Drücken von Alt + S oder Wählen des Befehls SENDEN im Menü DATEI ist auch okay). Die Nachricht wird daraufhin samt der Arbeitsmappe an den Empfänger gesendet und das E-Mail-Fenster geschlossen. Jetzt können Sie auf Antwort warten.

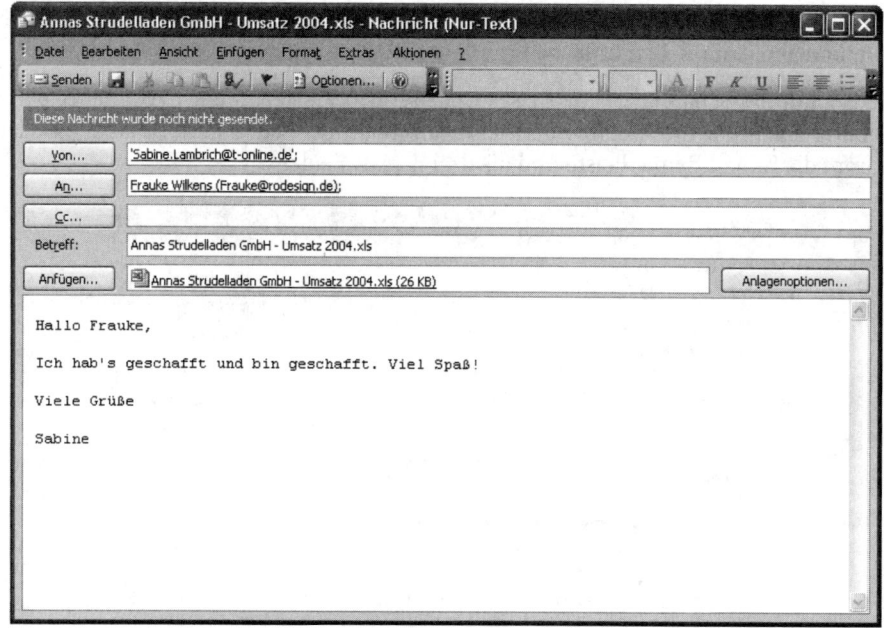

Abbildung 10.21: Eine Arbeitsmappe als Anlage zu einer Mail senden

Teil V

Der Top-Ten-Teil

The 5th Wave By Rich Tennant

Meine Freundin hat mein Leben in einer Tabelle festgehalten und daraus dieses Diagramm erstellt. Das Einzige, was ich jetzt noch hoffen kann, ist, dass sie ihr Informatikstudium abbricht und stattdessen Sozialarbeit studiert.

In diesem Teil ...

Hier lernen Sie auf einen Blick all das kennen, was Sie zum Leben mit Excel unbedingt brauchen. Es wimmelt hier nur so von Geboten und Verboten. Wenn Sie die alle durchgekaut haben, wissen Sie definitiv Bescheid: die neuesten Features, alles, was Anfänger wissen müssen, und die zehn Gebote dessen, was Sie nie, aber auch wirklich nie tun dürfen.

Die Top-Ten-Funktionen von Excel 2003

*W*enn Sie auf der Suche nach einem schnellen Überblick über die echt coolen Features in Excel 2003 sind, dann sind Sie jetzt fündig geworden. Hier sind sie: die offiziellen Top Ten der wichtigen Excel-Funktionen. Werfen Sie mal einen kurzen oder auch längeren Blick auf die Liste. Es ist bestimmt was Interessantes für Sie dabei.

Natürlich habe ich alle Top Ten auch noch mit Querverweisen auf die entsprechenden Kapitel in diesem Buch versehen. Damit Sie – wenn Sie zu den ganz Eifrigen gehören – gleich weiter-lesen können.

10. **Schnell und einfach zwei Dokumente Seite an Seite vergleichen:** Mit dem brandneuen Befehl NEBENEINANDER VERGLEICHEN MIT im Menü FENSTER können zusätzlich zum aktiven Arbeitsmappenfenster noch eine weitere geöffnete Arbeitsmappe (bei mehreren geöffne-ten Arbeitsmappen bestimmen Sie welche) direkt über der aktiven anzeigen lassen. Na und? Tja, weiterlesen! Wenn beide Arbeitsmappen einträchtig untereinander stehen, kön-nen Sie in der einen Mappe blättern und – man sehe und staune – in der anderen Mappe wird automatisch synchron geblättert. In Kapitel 7 berichte ich ausführlicher über diese Funktion.

9. **Hilfe griffbereit – Fragen zu Excel direkt rechts in der Menüleiste in das Feld FRAGE HIER EINGEBEN reinschreiben:** Wenn Sie mal schnell eine Frage an das Hilfesystem von Microsoft Excel haben, geben Sie sie einfach direkt oben in der Menüleiste ganz rechts in das Feld FRAGE HIER EINGEBEN ein. Drücken Sie ⏎ und harren Sie der Antworten, die da kommen. Alternativ dazu können Sie Ihre Frage auch direkt an den Aufgabenbereich EXCEL-HILFE richten, der Sie dienstbereit unterstützt, sobald Sie F1 drücken. Wenn Sie Ihre Frage über das Fragenfeld in der Menüleiste gestellt haben, bietet Ihnen der Auf-gabenbereich SUCHERGEBNISSE (der sich automatisch öffnet) mal mehr, mal weniger Links zum gewünschten Thema an. Wenn Sie Ihre Anfrage im Aufgabenbereich EXCEL-HILFE ge-startet haben, dann kriegen Sie Ihre Hilfelinks auch dort angezeigt. Klicken Sie auf den Link Ihrer Wahl und bilden Sie sich weiter. Mehr Hilfe zur Hilfe finden Sie in Kapitel 1.

8. **Die Einfügeoptionen festlegen, wenn Sie Daten mit dem Ausfüllkästchen kopiert oder ausgefüllt haben:** Wenn Sie Daten mithilfe des Ausfüllkästchens kopieren oder ausfüllen, dann können Sie bestimmen, was genau beim Einfügen der Daten passieren soll. Der Schlüssel dazu ist die Schaltfläche AUTO-AUSFÜLLOPTIONEN. Angenommen, Excel kopiert einen

Wert in einen Zellbereich. Aber eigentlich wollten Sie gar keine Kopie, sondern eine Datenreihe erstellen. Was nun? Kein Problem. Sobald die Kopie erstellt ist, taucht die Schaltfläche AUTO-AUSFÜLLOPTIONEN auf, auf die Sie einfach klicken und dann in der Liste den Eintrag DATENREIHE AUSFÜLLEN wählen. Das war's bereits. Ach? Genau anders herum? Excel hat automatisch eine Datenreihe ausgefüllt, dabei wollten Sie doch Kopien? Nun, dann wählen Sie in der Liste den Eintrag ZELLEN KOPIEREN und schon ist alles erledigt. Zusätzlich können Sie noch mit oder ohne Formate/Formatierungen ausfüllen. So eine ähnliche Schaltfläche gibt es auch, wenn Sie etwas in der Office-Zwischenablage ablegen und danach irgendwo einfügen. Diese Schaltfläche heißt dann EINFÜGEN-OPTIONEN und hilft Ihnen bei der Entscheidung, welches Format die eingefügten Daten erhalten sollen. Näheres zu diesen wahnsinnig flexiblen Schaltflächen finden Sie in Kapitel 4.

7. **Farbige Arbeitsblattregister:** Endlich kommt etwas Farbe in den grauen Registeralltag. Färben Sie die Register Ihrer Arbeitsmappe nach Belieben ein, um nicht nur verbal, sondern auch optisch etwas Aussagekraft in Ihre Arbeitsblattregister zu bringen – z. B. rote Register für Ausgaben, blaue Register für Einnahmen, lila Register für ungeprüfte Daten, gelbe Register für geprüfte Daten. Es liegt bei Ihnen. Mehr dazu finden Sie in Kapitel 7.

6. **Ein Tabellenblatt automatisch erneut als Webseite veröffentlichen, sobald Änderungen in der Arbeitsmappe gespeichert werden:** Diese, vielleicht für manche etwas exotisch anmutende Funktion ist ganz schön praktisch. Wenn Sie nämlich Diagramme und Tabellenblätter als Webseiten veröffentlicht haben, die Daten aber leider regelmäßig aktualisieren oder ändern müssen, dann spart Ihnen das Kontrollkästchen AUTOMATISCH WIEDERVERÖFFENTLICHEN IMMER WENN DIE ARBEITSMAPPE GESPEICHERT WIRD viel Arbeit. Sie aktualisieren dann nämlich Ihre Daten in der Arbeitsmappe, speichern die Mappe und schwupp wird der aktuelle Stand automatisch erneut veröffentlicht. Mehr zu diesem hochinteressanten Thema finden Sie in Kapitel 10.

5. **Im Aufgabenbereich EINFACHE SUCHOPTIONEN nach einer Arbeitsmappe suchen:** Wo ist nur diese verflixte Arbeitsmappe? Da kann der Aufgabenbereich EINFACHE SUCHOPTIONEN weiterhelfen, den Sie mithilfe des Befehls DATEISUCHE im Menü DATEI auf den Bildschirm zaubern. Wenn Ihnen dieser Aufgabenbereich zu einfach gestrickt ist, klicken Sie unten auf den Link ERWEITERTE SUCHOPTIONEN, um zum gleichnamigen Aufgabenbereich zu wechseln. Ob einfache oder komplexe Suche – Kapitel 4 weiß mehr dazu.

4. **Im Aufgabenbereich ZWISCHENABLAGE Daten der Office-Zwischenablage betrachten und von dort aus einfügen:** Sobald Sie zwei oder mehr Dinge in der Zwischenablage abgelegt haben, meldet sich der Aufgabenbereich ZWISCHENABLAGE freiwillig bei Ihnen. Das Drücken von [Strg]+[C]+[C] (ja, zweimal das C drücken) bringt ihn auch auf den Bildschirm. Er zeigt dann die bereits in der Office-Zwischenablage enthaltenen Elemente (bis zu 24 Stück) an, die Sie mit [Strg]+[X] und [Strg]+[C] bzw. mit den Befehlen AUSSCHNEIDEN und KOPIEREN des Menüs EINFÜGEN in diese Ablage befördert haben. Wenn Sie ein ganz bestimmtes Element der Office-Zwischenablage an der aktuellen Cursorposition einfügen möchten, klicken Sie im Aufgabenbereich ZWISCHENABLAGE einfach darauf. Kapitel 4 weiß mehr zu diesem Thema.

3. **Im Aufgabenbereich ClipArt nach ClipArts suchen und diese in Ihr Tabellenblatt einfügen:** Sobald Sie im Menü Einfügen den Befehl Grafik und danach den Befehl ClipArt gewählt haben, ist der Aufgabenbereich ClipArt zuständig. Dort können Sie mithilfe von Schlüsselwörtern nach ClipArts auf Ihrem Rechner oder in den Weiten des World Wide Web suchen. Die gefundenen ClipArts werden dann im Aufgabenbereich ClipArt in Form von kleinen Bildchen angezeigt. Auf welches Sie klicken, um es an der aktuellen Cursorposition einzufügen, das entscheiden ganz allein Sie. Mehr zur Suche nach ClipArts gibt es in Kapitel 8.

2. **Über den Aufgabenbereich Erste Schritte und Neue Arbeitsmappe neue Arbeitsmappen erstellen oder vorhandene Arbeitsmappen öffnen:** Sobald Sie Excel starten, wird zusätzlich zu einer neuen Arbeitsmappe auch gleich der Aufgabenbereich Erste Schritte rechts am Bildschirm angezeigt. Nutzen Sie die Hyperlinks im unteren Teil dieses Bereichs, um eine der vier zuletzt bearbeiteten Arbeitsmappen zu öffnen. Wenn Sie auf den Link Weitere klicken, gelangen Sie in das Dialogfeld Öffnen, in dem Sie wie gehabt ein Dokument Ihrer Wahl öffnen können. Der Link Eine neue Arbeitsmappe erstellen, führt Sie zum Aufgabenbereich Neue Arbeitsmappe, in dem Sie eine neue Mappe erstellen können, die entweder komplett neu und leer ist oder auf einer bereits vorhandenen Arbeitsmappe oder auf einer Ihrer Vorlagen basiert. Sie haben die Qual der Wahl. Mehr dazu in den Kapiteln 1 und 4.

1. **Nach einem Rechnerabsturz nicht gesicherte Dateien mit der AutoWiederherstellen-Funktion wiederherzaubern:** Daten nicht gespeichert, Rechner und/oder Excel abgestürzt, Hilfe, Katastrophe! Denkste! Sobald Sie Ihren Rechner wiederbelebt und/oder Excel neu gestartet haben, überrascht Sie das Programm mit einem quasi unbezahlbaren Aufgabenbereich – dieses Mal auf der linken Seite –, in dem alle Dokumente, mit denen Sie vor dem Crash gearbeitet haben, zur Wiederherstellung angeboten werden. Schlagen Sie dieses großzügige Angebot nicht aus. Es kann allerdings sein, dass ein paar Änderungen doch flöten gegangen sind, weil Excel die Daten zur AutoWiederherstellung standardmäßig nur alle zehn Minuten sichert. (Einmal müssen Sie die Datei aber bereits selbst gespeichert haben.) Wie Sie dieses Zeitintervall ändern und wie Sie sicherstellen, dass dieses nicht ganz unwichtige Feature auch wirklich aktiv ist, das erfahren Sie in Kapitel 2.

Die Top Ten für Anfänger

Auch wenn die folgenden zehn Punkte das Einzige sein werden, was Sie je über Excel wissen, liegen Sie damit sicherlich noch über dem Durchschnitt. Denn nur diejenigen, die über diese Dinge Bescheid wissen, können erfolgreich mit Excel 2003 arbeiten.

10. **Um Excel über die Taskleiste von Windows zu starten,** klicken Sie auf die Schaltfläche START und wählen anschließend im aufklappenden Menü den Befehl ALLE PROGRAMME und danach MICROSOFT OFFICE und danach MICROSOFT EXCEL 2003.

9. **Um beim Starten von Excel auch gleich eine bereits vorhandene Arbeitsmappe zu öffnen,** klappen Sie im Windows-Explorer oder im ARBEITSPLATZ-Fenster einfach den Ordner auf, der das gewünschte Dokument enthält, und doppelklicken dann auf das entsprechende Dateisymbol. Excel und die Arbeitsmappe stehen daraufhin zur Verfügung.

8. **Um einen nicht sichtbaren Teil des Tabellenblatts am Bildschirm sichtbar zu machen,** blättern Sie mithilfe der beiden Bildlaufleisten – kreuz und quer – bequem zu einem anderen Teil im Tabellenblatt.

7. **Um eine brandneue Arbeitsmappe (die automatisch drei Tabellenblätter enthält) aus dem Boden zu stampfen,** klicken Sie in der Standard-Symbolleiste auf die Schaltfläche für Neu oder drücken [Strg]+[N]. (Ganz Umständliche gehen über den Befehl NEU im Menü DATEI und danach über den Aufgabenbereich NEUE ARBEITSMAPPE.) Sollten Sie nachträglich bemerken, dass Sie mehr als drei Tabellenblätter brauchen, können Sie jederzeit ein neues Blatt einfügen. Wählen Sie dazu entweder im Menü EINFÜGEN den Befehl TABELLENBLATT oder drücken Sie [⇧]+[F11].

6. **Um eine geöffnete Mappe zu aktivieren und sie ganz oben über allen anderen Mappen anzuzeigen,** öffnen Sie das Menü FENSTER und wählen dort den entsprechenden Mappennamen bzw. die Mappennummer aus. Um in der aktuellen Mappe wiederum ein ganz bestimmtes Tabellenblatt zu aktivieren (falls Sie ein paar neue Blätter eingefügt haben), klicken Sie unten im Arbeitsmappenfenster auf das betreffende Blattregister. Sollte das Blatt, das Sie brauchen, dort nicht angezeigt werden, können Sie mit den Registerlaufpfeilen nach links und nach rechts blättern.

5. **Um irgendetwas in Ihr Tabellenblatt einzugeben,** markieren Sie eine Zelle und tippen drauflos. Wenn Sie fertig sind, klicken Sie in der Bearbeitungsleiste auf die Schaltfläche für Eingeben (das ist die mit dem Häkchen) oder drücken Sie [⇥], [↵] oder eine der Pfeiltasten.

4. **Um die Dinge zu überarbeiten, die Sie voller Begeisterung in eine Zelle eingegeben haben,** doppelklicken Sie auf die Zelle oder setzen den Cursor auf die Zelle und drücken ⎡F2⎤. Excel stellt dann die Einfügemarke ganz brav an das Ende des Zelleintrags und Sie können korrigieren. (Man spricht hier vom Bearbeitungsmodus, den ich in Kapitel 2 ausführlicher beschrieben habe.) Ist die Zelle überarbeitet, klicken Sie in der Bearbeitungsleiste auf die Schaltfläche für Eingeben oder drücken Sie ⎡↹⎤, ⎡↵⎤ oder eine der Pfeiltasten.

3. **Um einen der vielen Befehle in den Menüs zu wählen,** klicken Sie auf die Menübezeichnung (in der Menüleiste), sodass das Menü aufklappt. Klicken Sie anschließend auf den gewünschten Befehl im aufgeklappten Menü. Und da gibt es dann auch noch die Kontextmenüs mit ihren Befehlen. Um einen Befehl in einem Kontextmenü zu wählen, klicken Sie mit der rechten Maustaste auf das Element (dessen Kontextmenü Sie aufklappen möchten – Zelle, Register, Symbolleiste, Diagramm etc.). Zack, das Menü klappt Ihnen entgegen. Jetzt wählen Sie wie gewohnt den gewünschten Befehl mit der linken Maustaste aus.

2. **Um Ihr Werk das allererste Mal zu speichern,** wählen Sie im Menü DATEI den Befehl SPEICHERN oder SPEICHERN UNTER. Suchen Sie sich im daraufhin angezeigten Dialogfeld SPEICHERN UNTER ein Laufwerk und einen Ordner aus und ersetzen Sie den aktuellen Dateinamen MAPPE1 durch einen Namen Ihrer Wahl. (Wer will, der schwelge in ellenlangen Namen bis zu 255 Zeichen; auch Leerzeichen sind erlaubt.) Bestätigen Sie das Ganze durch Klicken auf SPEICHERN und Ihre Daten sind im Kasten, äh im Computer. Wann immer Sie in dieser Mappe spätere Änderungen speichern möchten, klicken Sie in der Standard-Symbolleiste auf die Schaltfläche für Speichern, wählen im Menü DATEI den Befehl SPEICHERN oder drücken ⎡Strg⎤+⎡S⎤.

1. **Um Excel nach getaner Arbeit zu beenden,** wählen Sie im Menü DATEI den Befehl BEENDEN oder doppelklicken Sie auf das Systemmenüfeld des Anwendungsfensters oder klicken Sie rechts in der Menüleiste auf das Symbol für Schließen (das mit dem x) oder drücken Sie ⎡Alt⎤+⎡F4⎤. Wenn dann noch Mappen geöffnet sind, deren Änderungen Sie noch nicht gespeichert haben, wird sicherheitshalber nachgefragt, ob Sie sie speichern möchten, bevor Sie Excel schließen und zu Windows zurückkehren. Bevor Sie Ihren Rechner ausschalten, sollten Sie unbedingt im Startmenü die Schaltfläche AUSSCHALTEN und anschließend AUSSCHALTEN oder eine andere »Ruheoption« wählen. Windows und Ihr Rechner werden es Ihnen danken.

Die Top Ten für alle

13

Beim Arbeiten mit Excel werden Sie feststellen, dass es für eine Reihe von Dingen Regeln gibt. Und wenn Sie diese Regeln befolgen, dann klappt es auch (jedenfalls meistens). Also, halten Sie sich an folgende Ge- und Verbote und Sie werden ein glückliches und erfülltes Leben führen.

10. Du sollst das regelmäßige Speichern nicht vergessen.

Speichern Sie Ihre Meisterwerke regelmäßig auf einen Datenträger (Diskette oder Festplatte oder was sonst auch immer). Nehmen Sie dazu im Menü DATEI den Befehl SPEICHERN oder drücken Sie [Strg]+[S]. Sollten Sie nach einer Weile zugeben müssen, dass Sie eher zur Sorte der faulen Antispeichertypen gehören, dann sorgen Sie wenigstens dafür, dass die AutoWiederherstellen-Funktion aktiv ist. Wenn Sie schon nicht sichern wollen, dann soll's doch wenigstens Excel tun. Wählen Sie dazu im Menü EXTRAS den Befehl OPTIONEN und aktivieren Sie dann auf der Registerkarte SPEICHERN das Kontrollkästchen AUTOWIEDERHERSTELLEN-INFO SPEICHERN ALLE. Stellen Sie dort gleich noch das Zeitintervall und den Speicherort nach Ihren Wünschen ein – wenn Sie schon gerade dabei sind.

9. Du sollst deine Arbeitsmappe beim allerersten Speichern mit einem klangvollen Namen mit bis zu 255 Zeichen versehen und in den Ordner deiner Wahl ablegen.

Auch Leerzeichen und sonstige geheimnisvolle Symbole sind erlaubt. Achten Sie darauf, dass Sie den gewünschten Ordner beim Speichern auch wirklich erwischen. Ansonsten suchen Sie später verzweifelt nach Ihrer Datei.

8. Du sollst die Daten in deinen Tabellenblättern eng zusammenhalten.

Lassen Sie in Ihren Tabellenblättern keine Zeilen oder Spalten leer. Das zieht das Blatt unnötig in die Länge bzw. in die Breite und frisst kostbaren Speicherplatz.

7. Du sollst alle Formeln mit einem Gleichheitszeichen beginnen.

Ohne das Gleichheitszeichen (=) hat Excel überhaupt keine Ahnung davon, dass Sie eine Formel eingeben möchten. Denken Sie dran! Wenn Sie aber zum alten Stamm der 1-2-3-Benutzer gehören, dann bleibt Ihnen selbstverständlich weiterhin die Alternative, Formeln mit dem Pluszeichen zu beginnen. Da ist Excel ziemlich tolerant.

6. Du sollst deine Zellen markieren, bevor du sie bearbeitest.

Nur markierte Zellen können irgendwie bearbeitet werden. Also, bevor Sie einen Befehl wählen oder unüberlegt in einer der Symbolleisten herumklicken, markieren Sie zuerst die Zellen, mit denen Sie etwas anstellen möchten.

5. Du sollst ohne zu zögern auf den Befehl Rückgängig zurückgreifen, wenn du einen Fehler gemacht hast.

Diesen Befehl müssen Sie sich einfach merken! Er befindet sich im Menü BEARBEITEN. Drücken von ⌷Strg⌷+⌷Z⌷ führt zum selben Ergebnis. Das funktioniert aber nur, wenn Sie diese Notbremse sofort ziehen, sobald Sie einen Arbeitsschritt ausgeführt haben. Später geht nichts mehr, es sei denn, Sie machen über die Schaltfläche für Rückgängig gleich mehrere Arbeitsschritte auf einmal rückgängig.

4. Du sollst keine Zeilen und Spalten im Tabellenblatt einfügen oder löschen, ohne zuvor ausführlich zu prüfen, ob damit nicht großes Unheil angerichtet wird.

Tun Sie beides nur, wenn Sie absolut sicher sind, dass Sie damit keine lebenswichtigen Daten überschreiben oder eliminieren.

3. Du sollst kein Tabellenblatt drucken, bevor du es nicht in der Seitenansicht geprüft hast.

Denken Sie an die Wälder und prüfen Sie vor jedem Ausdruck Ihre Meisterwerke in der Seitenansicht. Wählen Sie dazu im Menü DATEI den Befehl SEITENANSICHT. Wenn dort alles okay aussieht, kann's losgehen.

2. Du sollst die Berechnung deiner Mappen von automatisch auf manuell umstellen, wenn deine Mappen so riesig sind, dass Excel ganz schlapp wird.

Wie und wo geht das denn überhaupt? Im Menü EXTRAS den Befehl OPTIONEN wählen, Registerkarte BERECHNUNG anzeigen, Optionsfeld MANUELL auswählen. Also, wenn Sie merken, dass Excel immer mehr das Tempo einer Weinbergschnecke annimmt, dann sollten Sie Gegenmaßnahmen ergreifen. Es wäre hier auch zu empfehlen, das Kontrollkästchen VOR DEM SPEICHERN NEU BERECHNEN zu deaktivieren. Oder ignorieren Sie die Aufforderung zur Neuberechnung in der Statusleiste und weigern Sie sich einfach, ⌷F9⌷ zu drücken.

1. Du sollst deine Arbeitsmappen mit all ihren Tabellenblättern vor dem Zugriff anderer schützen.

Wählen Sie im Menü EXTRAS den Befehl SCHUTZ. Ein Untermenü klappt auf, in dem Sie u. a. die Wahl zwischen BLATT SCHÜTZEN und ARBEITSMAPPE SCHÜTZEN haben. Und wenn Sie sich zutrauen, ein Kennwort zu definieren, dann sollten Sie dies auch tun. Sicher ist sicher. Wenn Sie das Kennwort allerdings vergessen sollten, ist der Ofen aus.

Stichwortverzeichnis Word 2003 für Dummies

Stichwortverzeichnis Excel 2003 für Dummies

Symbole

A

B

für DUMMIES®

COMPUTER-GRUNDLAGEN UND BETRIEBSSYSTEME

Computerlexikon für Dummies
ISBN 978-3-527-70348-7

iPod und iTunes für Dummies
ISBN 978-3-527-70424-8

Notebooks für Dummies
ISBN 978-3-527-70293-0

PCs für Dummies
ISBN 978-3-527-70400-2

SuSE Linux 10.x für Dummies
ISBN 978-3-527-70205-3

UNIX für Dummies
ISBN 978-3-527-70265-7

Windows Vista für Dummies
ISBN 978-3-527-70277-0

Windows Vista für Dummies,
Alles in einem Band
ISBN 978-3-527-70278-7

Windows XP für Dummies
ISBN 978-3-527-70264-0

DAS NETZ DER TAUSEND MÖGLICHKEITEN ENTDECKEN

Anti-Virus für Dummies
ISBN 978-3-527-70203-9

eBay-Schnäppchen für Dummies
ISBN 978-3-527-70147-6

Google-Suche für Dummies
ISBN 978-3-527-70282-4

Internet für Dummies
ISBN 978-3-527-70399-9

Mein eBay-Shop für Dummies
ISBN 978-3-527-70204-6

Podcasting für Dummies
ISBN 978-3-527-70392-0

Suchmaschinenoptimierung für Dummies
ISBN 978-3-527-70317-3

TCP/IP für Dummies
ISBN 978-3-527-70109-4

VoIP für Dummies
ISBN 978-3-527-70262-6

Wireless LAN für Dummies
ISBN 978-3-527-70170-4

FÜR DUMMIES®

DAS NÄCHSTE OFFICE KOMMT BESTIMMT!

Access 2007 für Dummies
ISBN 978-3-527-70270-1

Excel 2007 für Dummies
ISBN 978-3-527-70276-3

Excel 2007 für Dummies,
Alles in einem Band
ISBN 978-3-527-70271-8

Microsoft Project 2007 für Dummies
ISBN 978-3-527-70275-6

Office 2007 für Dummies,
Alles in einem Band
ISBN 978-3-527-70274-9

Outlook 2007 für Dummies
ISBN 978-3-527-70309-8

PowerPoint 2007 für Dummies
ISBN 978-3-527-70279-4

Word 2007 für Dummies
ISBN 978-3-527-70271-8